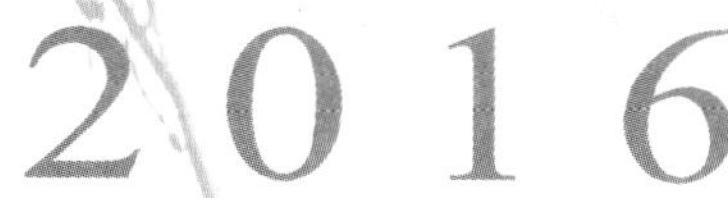

上海工业年鉴

SHANGHAI
INDUSTRIAL YEARBOOK

上海市经济和信息化委员会编

上 海 社 会 科 学 院 出 版 社

上海工业年鉴
编纂委员会

主　　任：周　波

副 主 任：徐逸波　金兴明　陆晓春　陈鸣波

委　　员：吴　磊　傅新华　邵志清　马　静
徐子瑛　戎之勤　原清海　张华芳
伍继宏　陈跃华　史文军

主　　编：陈鸣波

副 主 编：卢力英　郑凯捷

编辑部人员：汪文英　贾国富　刘　芸

承办单位：上海市经济和信息化发展研究中心
上海市产业发展研究和评估中心

编纂说明

由上海市经济和信息化委员会主编的《上海工业年鉴》是一部全面系统反映上海产业发展、经济运行、技术进步和各类所有制工业企业情况的资料性工具书。

2016年版《上海工业年鉴》反映的是2015年上海工业经济的发展情况，设置11个栏目：(1) 特载，刊有市领导及市经济信息化委领导关于上海产业发展的讲话和文章；(2) 综述，概述2015年上海工业发展的特点；(3) 专题，记述全市经济运行、战略性新兴产业发展、"四新"经济、生产性服务业、软件和信息服务业、文化创意产业、都市产业、中小企业、工业投资、技术进步、能源节约、环保治理、对外经济合作、军民产业融化、国资国企改革等方面的发展情况；(4) 区县工业，反映2015年各区县工业的发展情况；(5) 企业简介，介绍一批大中型工业企业2015年的发展情况；(6) 上市股份公司，介绍2015年上海工业类上市股份公司的资产运作、股本结构以及全年主要经济指标；(7) 行业协会简介，介绍80多个工业行业协会2015年的工作；(8) 大事记；(9) 经济法规，刊载2015年上海市颁布的有关工业的主要经济法规；(10) 统计资料，刊载2015年上海工业经济发展的重要统计数据；(11) 企业形象，以彩色版面展示180多户各类企业形象。

《上海工业年鉴》编纂委员会

2016年7月

马凯副总理宣布 2015 第十七届中国国际工业博览会开幕

上海市委书记韩正颁发 2015 第十七届中国国际工业博览会特别荣誉奖

2015 第十七届中国国际工业博览会金奖、创新金奖、工业设计金奖获奖单位代表领奖

第十七届中国国际工业博览会特别荣誉奖——中国航天第八研究院长征六号运载火箭

第十七届中国国际工业博览会金奖——华为科技 FusionInsight 大数据平台

第十七届中国国际工业博览会设计金奖——上海发那科机器人有限公司协作机器人 FANUC Robot CR-35iA

第十七届中国国际工业博览会创新金奖——上汽集团 mgigs 智能驾驶汽车

2015 第十七届中国国际工业博览会展馆现场

2015 年 10 月 9 日工信部与上海市政府签署战略合作协议 建设全国首个“四新”经济实践区

2015 年 4 月 23 日第三届上交会在上海世博展览馆隆重开幕

2015 上海国际车展于 4 月 22 日在国家会展中心（上海）隆重开幕

C919 大型客机总装下线——梦想起航

2015 年 9 月 20 日长征六号发射成功

2015 年 11 月 5 日智慧城市公共安全应急预警物联网正式启动

天翼 3G——网络触手可及

上海超级计算中心是面向社会资源共享的高性能计算公共服务平台

2015 年 9 月 12 日超大型 18000 标准集装箱船“郑和”号命名交付

2015 年 4 月上汽集团 MG 品牌正式推出首款 igs 智能驾驶汽车

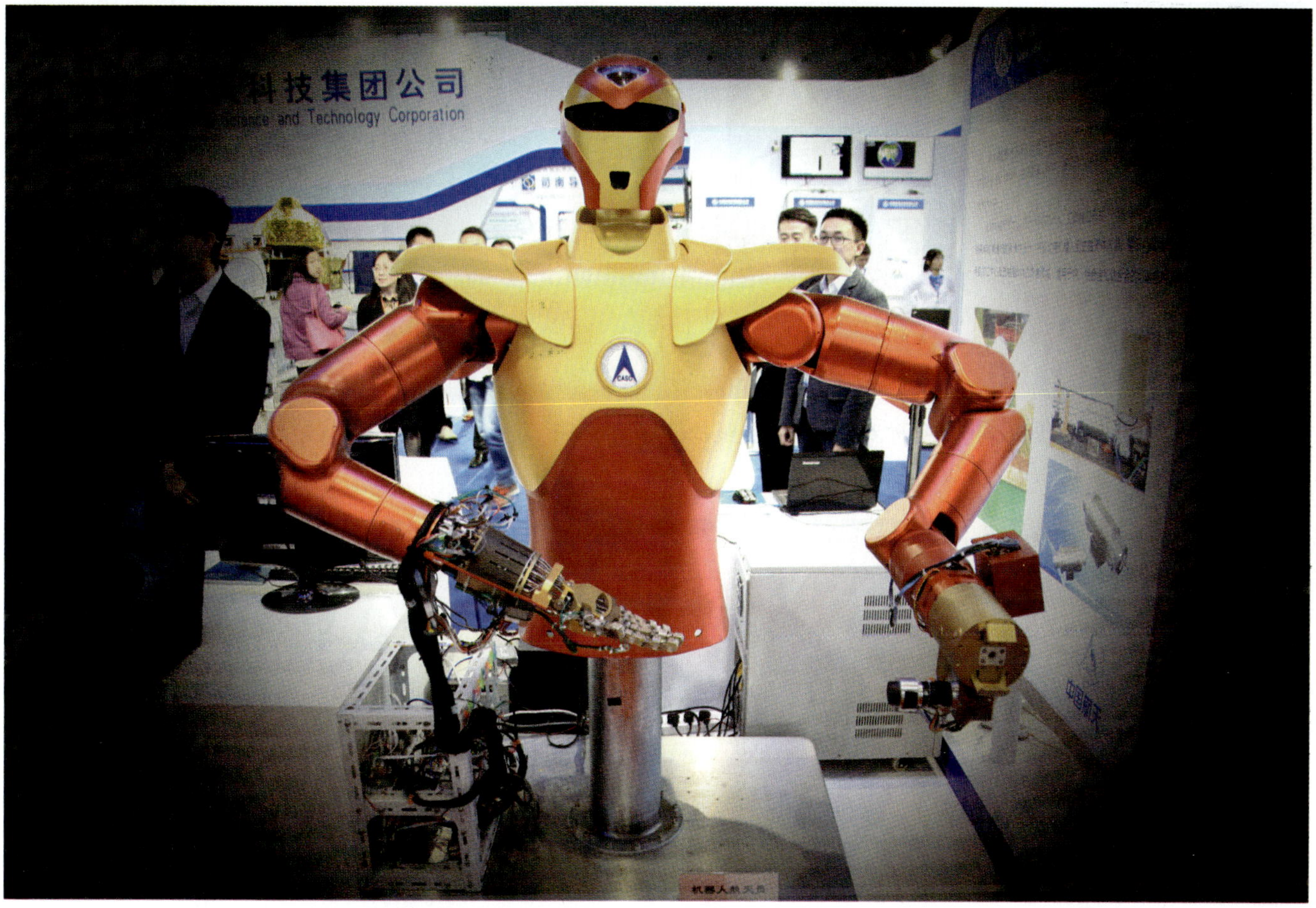

中国航天研发的机器人航天员在工博会亮相

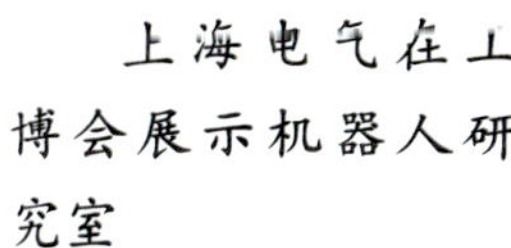
上海电气在工博会展示机器人研究室

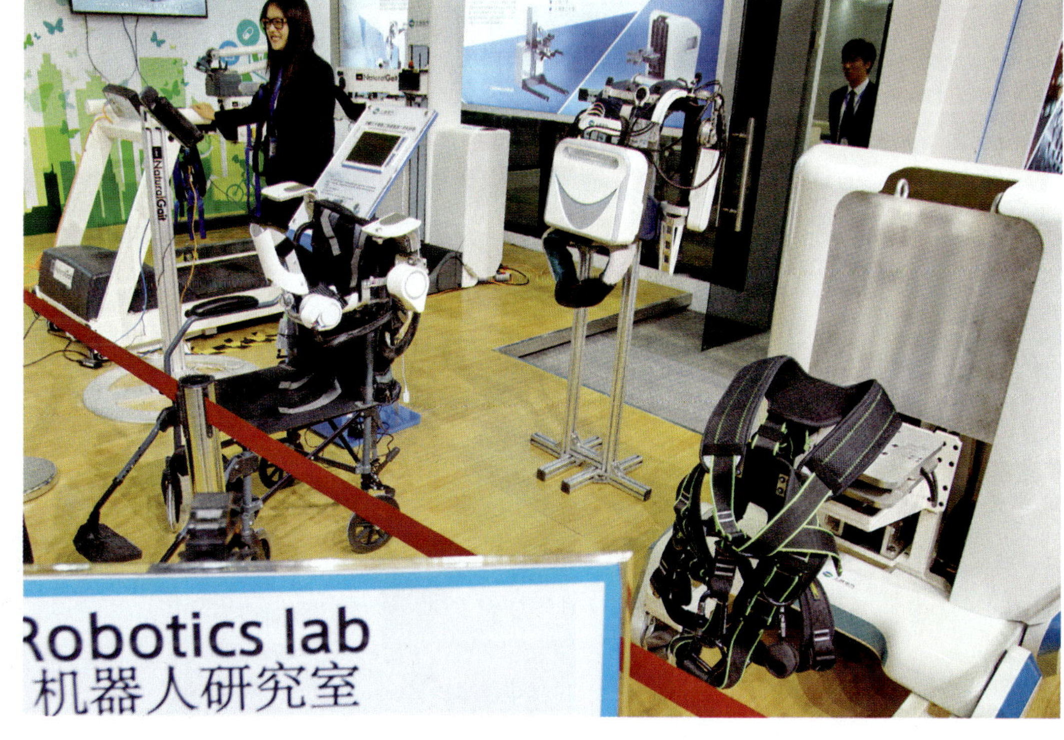

上海翔港印务有限公司8色+双上光+联线冷烫+UV干燥+连线质量检测印刷机是目前亚洲第一台高科技高配置印刷机

纺织行业组织企业展示风采亮相2015华交会

2015上海稀土协会以新模式引导企业亮相国内大展

峨山路 613 号成为上海市“双创”基地

八佰秀文化创意产业示范园区（前身是人民电机厂）门头夜景

上海老凤祥名师设计中心运用 3D 技术开发新品

上海紫竹高新技术产业开发区新貌

上海奉贤经济开发区生物科技园区

上海化工研究院打造高新技术成果“孵化转化中心”

（本栏图片由蔡钧等提供）

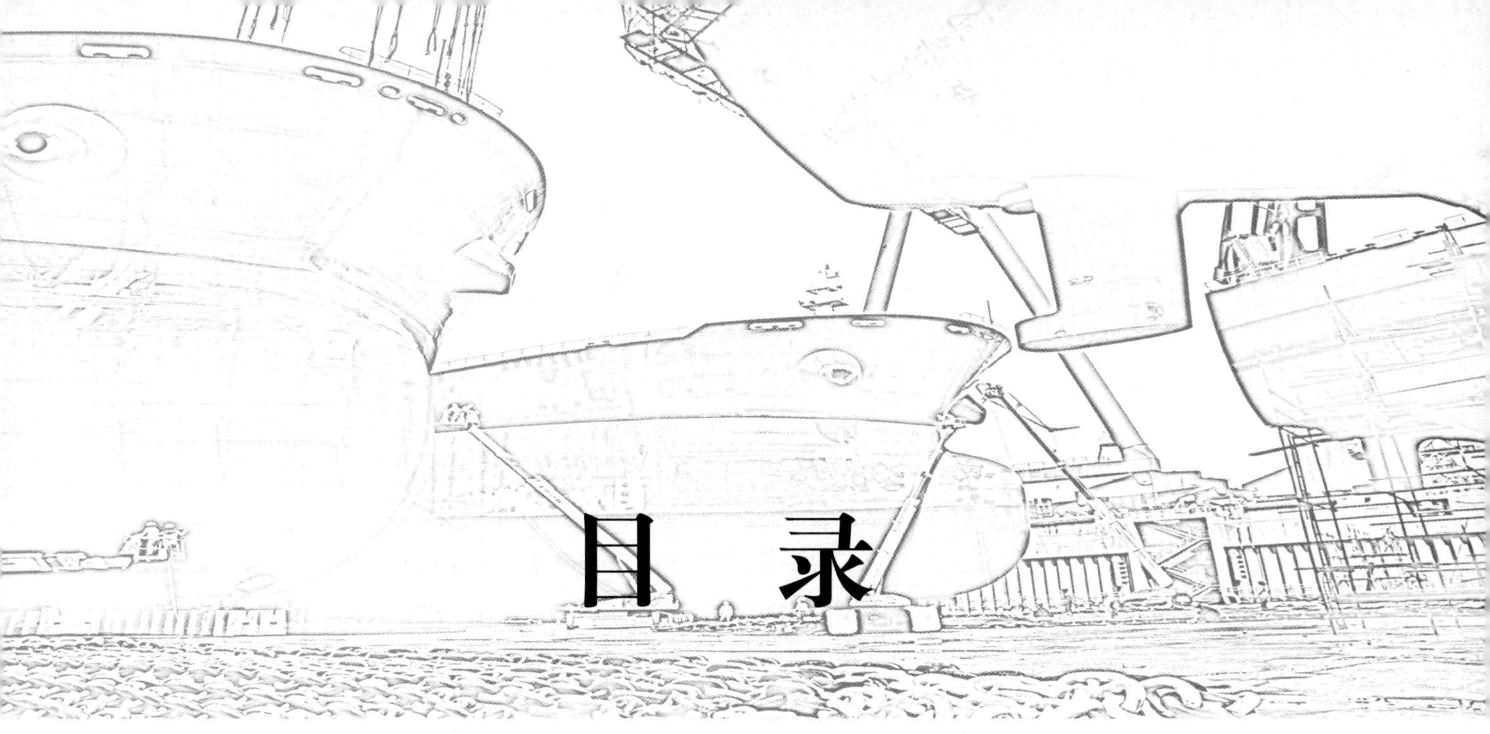

目　录

特　载

综　述

专　题

区县工业

企业简介

上市股份公司

行业协会简介

大事记

经济法规

统计资料

2016·上海工业年鉴

SHANGHAI
INDUSTRIAL
YEARBOOK

以改革创新的精神和勇气　打造上海产业园区“创新版”

上海市委副书记、市长　杨　雄

（2015 年 3 月 31 日）

一、把握“区区合作、品牌联动”的内涵

首先要从上海园区开发的整体历史来看“区区合作、品牌联动”。最早的开发模式，即所谓的 1.0 版是在土地上进行动迁，再把土地卖给企业，由企业来建厂生产，这种模式比较适用于一些传统产业，比如汽车产业；到了 2.0 版本，大多数园区开始建标准厂房，然后进行招商；现在的 3.0 版本更适用于高科技企业，适应于二、三产业融合的产业，比如 3D 打印企业，既有制造也有服务，就是标准的二、三产业融合的企业。

所谓 3.0 版不再只注重硬件，而是要有更全面、更系统的服务体系进行支撑。建立一个园区不仅是圈地盖房，还需要新能源开发利用、产业孵化器、基金＋基地等配套。园区里面不只有工厂，还要有办公楼，还要做产城融合，即园区周边还要有公租房、高档住宅小区作为园区配套服务，这才是真正意义上的 3.0，它会更加适应高新技术企业发展，更适应现在所提倡的“互联网＋”和“四新”发展现状，以上是由开发模式带来的一系列思考。

所以，“区区合作，品牌联动”实际上是开发模式的重大调整。要深刻认识到 3.0 版的真正内涵，看到 3.0 的本质需要，如果还是停留在对 1.0 的认识层次，那么就无法完成园区升级。把握了 3.0 的内涵以后，我们还要鼓励再去研究 4.0，进行开发模式的进一步升级。

二、认清转变开发模式的重要性

当前，很多的乡镇级、村级的集体用地，甚至区级开发区的土地利用水平和效率都很低。以政府为主导是我们过去的开发模式，早期很多开发区基本都沿用这种模式，比如浦东开发初期也是如此。现在市委、市政府提出“创新驱动发展、经济转型升级”，就要思考如何进行开发模式的创新。今天调研的漕河泾松江新桥产业园是一个很好的参照案例。谈到开发区升级，就是要考虑开发模式和方式如何从 1.0 升级到 2.0、3.0。现在松江采取的是当地政府和开发公司合作的模式，这就是开发模式的重大调整。这种模式之下，不是由政府建设园区，而是把规划建设、运营招商都交给品牌公司，由当地政府负责实施动迁，提供社会服务，进行配套建设、维护环境等。

松江模式的成功再次印证了不能再由政府出面招商，因为无论在动力、专业水平、眼界等方面，地方政府招商与企业招商都不一样。但是，这种模式的改变需要区政府、镇政府下决心，要在高品质与低品质之间进行取舍，才能实现开发模式的转变。让政府干政府的事，企业干企业的事，也符合政府和市场关系进一步理顺的要求。从新桥模式的成功经验来看，为保证项目的质量，乡镇、村级开发区不能像过去一样以政府为主进行招商，也不能再由乡镇、村政府制定开发区规划，甚至也不能由规划部门制定，而是应该让开发区自行规划，再由规划部门审定。

开发模式的转变是否需要全市统一，确实不能一概而论，但从现在的情况来看，进行转变还是比较可取的。我们支持区级、市级的开发区发挥品牌开发主体的作用。这些品牌公司不能仅仅局限于上海，而是应该面向全国、全世界，找到最好的开发公司来运作。同时，转变开发模式，也不仅限于科学园区、工业园区，包括城镇开发、第三产业开发、小城镇开发都可以借鉴这种模式。过去城镇开发大多是镇政府、区政府成立开发公司，但往往手

笔低、眼界也低、品位也差，好的确实不多。我们一直在讲开放，这也是开放的问题，就是不能把什么事都捏在自己的手里。

松江新桥产业园有它本身的特点，比如它在沪杭高速走廊上，地理位置比较好，但是别的同样位置好的镇也并没做到像新桥这样的程度。来新桥取经，关键要从体制、机制上去学习，分析和思考如何结合各区实际进行经验移植，如何开发成新桥一样的“科技小镇”、产城融合的小镇。如果上海 104 地块的所有镇级开发区都能做成新桥这样的现代化“科技小镇”，那么不仅可以极大推进本镇甚至本区的经济发展，也会给当地社会、集体经济发展带来巨大的影响，“大众创业、万众创新”的局面就不难形成，“四新”经济发展就会有很好的基础支撑。

三、土地利用与管理要有重大变革

由转变开发模式引申而出的是土地利用与管理的重大变革。过去我们划出的 104 地块全是工业用地，但实际不完全如此。比如松江新桥园区里就不仅有制造，还有服务，包括办公楼和服务设施等。所以我们要研究供地方式、土地管理方式该如何转变，才能适应产业的实际需要，而不能简单延续过去 1.0 版的土地管理方式。比如从前规定工业用地的 7% 可以用于配套，现在却需要 10%，甚至 20%，这种变化的背后就是产业的转变。

我从前强调过，无论是 2.0 版，还是 2.5 版，制定的原则都要紧跟产业发展的需求，而不是照搬土地管理规范。土地管理规范也要根据市场、企业、产业发展、园区开发形势的需要进行调整。当前亟待调整的镇级工业用地、老工业用地很多，“二次开发”土地政策该怎么调整，才能更好地管理和支持这些工业用地，需要大家继续做好功课，认真进行研究。

与此同时，还要大力推动土地节约、集约利用。如果把农村集体建设用地、宅基地归并出来的土地也进行集中开发，探索市场开发主体和农村集体经济组织合作共赢、利益共享新模式，切实提高农村集体经济收益和农民收入，农村就能发生根本性变化。当前面临的问题是集体建设用地分散、居住点分散、低效用地突出。所以要把精力聚焦到镇，进一步探索镇级管理方式、集体经济的发展方向，调动大家的积极性，形成合理的利益格局，甚至包括宅基地该怎么进行集中和管理等。相信经过“十三五”的努力，到了 2020 年，上海农村的面貌将发生巨大变化，成为上海实现“创新驱动、转型发展”，进行科创中心建设的巨大推动力量。

四、重新考量园区开发利益分享机制

众所周知，长期以来沿用的园区开发模式，没有有效化解开发商和当地百姓之间的矛盾。怎样能够形成合力、形成利益共同体、形成共享开发成果的机制成为当前重要的课题。过去强拆造成的历史遗留问题一直存在，该如何调动大家的积极性去支持园区开发建设还要继续突破。松江采用的方式相对较好，可以共享土地开发的利益，形成合力，共享成果，变成了利益共同体，矛盾就少很多。其中的利益关系可以很清晰，大家一起入股，开发区建得好，土地就增值，农民收入也跟着增加。之前的 1.0 版是把土地上的人都迁走；到了 2.0 版，比如在临港是每个镇给 1 平方公里；现在大家一起持股就可以算是 3.0 版。

这又与集体经济组织改革相关。有序推进农村集体经济组织改革将为今后农村生产力发展、农村资本市场发展打下很好的基础。资产关系理清之后，开发主体就很容易进入，农民矛盾就大大减少，大力推进农村集体经济体制改革的道理就在于此。相关村长、镇长要认识到这一层，在这个问题上不要怕困难，争取尽早解决历史问题。要明白现在解决比以后解决更容易，成本要低、矛盾更少，要尽量仔仔细细地把问题理清楚，考虑在开发模式上创新，把二次开发土地上的人动员起来，让大家一起参与，把阻力减到最小。把大家的利益捆在一起，形成共同参与、合作共赢是最好的模式。

五、引入高水准的园区开发品牌公司

品牌开发主体也要努力提升自身水平。现有的一些品牌公司的开发能力、理念都不同，水准参差不齐。甚至有些公司还处于低水平开发阶段，对3.0也不熟悉，只讲求捞现钞问题，不可能和当地政府合作开发出真正高品质的项目，因为他们没有这种追求。

从实际成效来看，到现在也没有看到真正好的作品，比如现在有些园区，听上去名字很高水准，但是实际水平却很一般。市里的几个较大的开发公司要努力向全国、国际上真正好的品牌公司学习，在今后也拿出一些代表性的好作品。

园区开发品牌公司也要不断提升开发水平、提高价值追求。要追求开发一个好的项目和成果，而不单是为了赚钱。有了这种追求，反而更容易赚钱。当然，其中各有各的问题，也不全是开发公司的问题，各级政府一定要有明确的开发目标，找到自身的定位，弄清楚到底想要什么成果，不要舍不得动自己的奶酪。

松江新桥开发区的成功经验值得学习，也要结合自己的情况不断创新，不能再一味延续过去的开发模式、开发方式。政府部门一定要认识到当前的变化，不合理的政策、规范、管理规定要及时进行调整，这就是“创新驱动发展、经济转型升级”的具体抓手。

（摘自在上海产业园区“区区合作、品牌联动”现场推进会上的讲话）

提升上海文化创意产业竞争力　当好上海改革开放排头兵

中共上海市委常委、宣传部长　徐　麟

（2015年4月8日）

2014年，上海文化创意产业发展的成绩有目共睹，上海文化创意产业实现增加值2820亿元，占全市GDP总量12%左右，这既是“十二五”期末的目标，也就是2015年底的目标。“十二五”原定目标提前一年实现。下一步任务更艰巨，社会对这方面期望也更多更高。2014年，国家和市级重大项目加快推进，自贸区文化创意市场建设深入发展，产业融合、园区融合取得实效，工作的重心进一步向区域、区县下移，国内外合作交流频繁，呈现出主体更丰富、领域有拓展、规模再扩大的特点，保持了较快、健康发展的态势。

2015年，上海发展文化创意产业机遇与挑战并存。一方面，经济新常态、建设具有全球影响力的科技创新中心、上海自贸区扩容，给我们提出了新的发展要求、任务和空间；另一方面，在提升核心竞争力、打造优势行业、推进融合发展、发展具有国际影响力的大企业、大品牌等方面，短板依然存在，需要采取有针对性的措施。

贯彻落实习近平总书记对上海提出的继续当好改革开放排头兵、创新发展先行者的要求，围绕韩正书记关于继续着力提升文化产业竞争力的方向，按照杨雄市长在市政府工作报告中提出的要加快发展文化创意产业的部署，下大力气打造上海文化创意产业的核心竞争力。

一、在聚焦科技创新中心建设中加快发展

建设具有全球影响力的科创中心成为上海下一步发展的核心任务。发展文化创意产业是上海建设科创中心的题中之义，又是责任所在，文化创意产业要为科创中心建设作出贡献。要按照中央、市委的总体要求，找准文化创意产业在科创中心建设中的位置、空间、发力点，把工作做好。

要让创新精神融入文化创意产业发展的全过程。牢牢把握科技进步大方向、产业革命大趋势、集聚人才大举措，解放思想、敢为人先，行业要成为创新先导的行业，企业要成为创新驱动的企业，文化创意园区要成为创新创业的集聚地，助推整个城市形成创新的社会氛围和创新的城市文化。

要着力推进体制机制创新，更有力地推动内容创新。彰显时代精神和上海的“精、气、神”，因格局之变，开风气之先，努力塑造文化创新的高地乃至高峰；要更有力地推动融合创新，紧密依靠科技创新转换发展动力，让文化创意产业发展提升到更高层级；要更有力地推动商业模式创新。商业模式的革新进步，是文化创意产业规模、效益、影响力提升的关键要素。只有加快培育适应技术革新、市场趋势和消费需求的新型商业模式，上海文化创意产业才能开创新时代。

要有“互联网+”的发展思维。2015年3月5日，李克强总理在第十二届全国人大第三次会议中提出制定“互联网+”行动计划，强调要推动移动互联网、云计算、大数据、物联网等与现代制造业结合，促进电子商务、工业互联网和互联网金融健康发展，引导互联网企业拓展国际市场。“互联网+”要成为上海推进文化创意产业发展的新思路、新领域。互联网所具有的文化特征决定了互联网与文化创意产业结合的空间，创新性地将两者的优势相互结合，是下一步上海文化创意产业发展的重点方向。

二、在聚焦提升核心竞争力中加快发展

打造上海文化创意产业的升级版，要从形态到功能、从数量到质量、从规模到效益，聚焦重点、加快发展，着力提升核心竞争力。

要把握关键，突出重点。2014年出台了促进上海电影产业发展、文化与金融融合等专项政策，这是对发展传统产业的重要保障和激励。仅从电影来看，2014年上海备案电影数量为192部，相比2013年的98部，同比增长95.9%，这是政策推动的结果，坚定了我们走好传统产业转型升级道路的信心。目前上海的文化创意产业统计口径分为11个大类、30个中类、185个小类，针对这个分类体系，要聚焦核心，推动新闻出版、广电影视、舞台表演等传统行业转型升级；要聚焦工业设计、网络信息、软件与计算机服务等行业，占据行业制高点，形成国内发展优势。要在影视后期制作、数字传播、超高清电视、下一代广播电视网等领域，力争推出一批有重大突破、具有自主知识产权的文化科技创新成果。

要把丰富主体这篇文章做深、做透。激发各类企业、科研机构、高等院校、中介服务机构、社会组织的积极性，从便利创业者、投资人的角度做好服务，让上海文化创意产业的各类资源进一步动起来、活起来。同时，不仅要体现“千军万马”，也要注重打造行业的“巨无霸”，在市场竞争中涌现出更多的具有较强竞争力的大型文化创意企业。

三、在聚焦推进政府职能转变中加快发展

文化创意产业领域全面深化改革，核心是处理好政府和市场的关系。2015年要进一步转变职能，该放的切实放给市场，同时把该管的进一步管好，放管有度，政府才能更好地发挥作用。

首先，战略布局规划好。全市“十三五”规划编制工作正在按时间节点积极推进，市区两级要抓好“十三五”文化创意产业发展前瞻性研究，按照走在前列的要求，对标国际和国内其他地区的先进做法，结合科技创新中心建设、自贸区建设，对上海文化创意产业发展进行合理布局，明确上海新时期文化创意产业的产业体系、空间布局、重点项目等任务，确保上海文化创意产业实现快速、可持续发展。其次，跨界融合推进好。2014年，上海出台了一批政策，推动了一批项目，2015年更要抓执行、抓落地、抓成效，把文化创意跨界融合的政策、资金和项目都落到实处。文化创意与金融合作，要切实缓解文化创意企业融资难困境，创新符合文化创意企业成长需求的金融支持方式；文化创意与贸易融合，要主动对接“一带一路”战略，结合自贸区建设，进一步创新文化创意产品、服务、技术以及资本“走出去”的渠道模式，加快国家对外文化贸易基地建设；文化创意与教育、体育、旅游等融合发展，还要进一步深化，出台政策、形成机制、深化项目合作，给予产业源源不断的创新动力。再次，各项政策落实好。要继续加强市区合力、部门联动，从园区管理、政策资金配套等方面推动工作向区县下沉，形成推动文化创意产业发展的政府合力。要加大市级文化创意财政扶持资金与技术创新相关项目的扶持力度，进一步向民营企业倾斜。

（摘自在2015年上海市文化创意产业推进工作会议上的讲话）

为“四新”经济发展提供制度和环境保障

上海市副市长 周 波

（2015年1月23日）

2014年，面对全球新一轮科技革命和产业变革相互交融的新常态，全市上下积极探索培育以“新技术、新产品、新业态、新模式”为特征的新产业，作为推进创新驱动发展、制造业与服务业融合、产业转型升级的重要突破口。推进“四新”经济发展，不仅得到市委、市政府主要领导的高度重视，更得到了中央领导同志的肯定。

一、各部门、各区县推动“四新”经济发展做了很好的实践探索

“四新”经济是一个新的命题，无论是对市场主体，还是主管部门都是新的挑战。我们欣喜地看到，一年来大家勇于创新、勇于探索，取得了初步成果。

一是“2+X+17”的工作机制成效明显。在市经信委、市发改委共同牵头下，市工商局、商务委、人社局、科委、知识产权局、金融办、教委、卫计委、财政局、税务局等相关委办共同努力，协调解决了一批“四新”企业瓶颈问题，为推动“四新”经济发展创造了良好的环境。市人社局支持建立了一批人才实训基地。

二是各区县“四新”推进工作全面启动。各区县建立了工作机制和服务网络，培育重点产业和抓手型领域，重点推进载体建设和投融资对接。浦东新区探索设立“四新”板；嘉定区重点打造“1+12+33”的工作机制；杨浦区政府出台支持互联网教育“九条”细则；闸北区出台“四新”经济的实施意见；青浦区围绕国家会展中心、北斗导航基地规划布局一批“四新”新载体。各区县推进“四新”工作各有侧重，重点突出。

三是新载体建设助推“四新”经济集聚发展。2014年以来，市委、市政府明确了要充分发挥张江平台作用，将张江高新区作为“四新”主要载体建设的要求。市经信委和张江高新区管委会签署“加强新载体建设，推进产业发展”合作备忘录。同时，长宁德必易园、徐汇漕河泾等一批新载体正成为培育“四新”企业的重要载体支撑。

四是一批“四新”企业发展壮大。2014年，推进“四新”经济发展被列为全市工作重点之一，市委、市政府领导密集调研“四新”企业和新载体的发展情况，有关领导多次专题研究并召开座谈会，大众点评网、小i机器人等一批典型的“四新”企业呈现出较好的成长性。36个抓手型领域涌现出一批具有代表性的企业，智慧照明、网络视听、互联网教育、互联网金融等领域成效明显。

五是全社会鼓励“四新”经济发展的氛围初步形成。《解放日报》《文汇报》等新闻媒体广泛宣传报道，各行业协会、中介组织和金融机构聚焦“四新”领域，开展“四新”研究，共同推进“四新”经济发展。

二、要正确把握上海推进“四新”经济发展的优势和不足

“四新”正处于萌芽阶段，上海在区位、资本、市场、人才、政策上的资源禀赋和先天优势，决定着上海能够率先发展“四新”经济。上海的优势主要体现在四个方面：第一，具有庞大的经济体量；第二，具有培育“四新”经济的市场基础；第三，在吸引资本和人才上更胜一筹；第四，政策环境逐步改善，国家层面的政策优惠不断加强。各委办要明确方向，聚焦重点、形成合力，以问题导向、市场导向、服务导向，加强委办和市区联动，加快推进全市“四新”经济发展，将上海打造成为全国“四新”经济发展的集聚地和策源地。

同时，我们更要清醒地看到，上海推进“四新”经济发展中存在的差距和不足：

从政府自身工作推进上看，主要存在三点问题：

一是对如何确立“四新”企业的主体地位、如何界定“四新”企业，以及如何发挥市场配置要素资源的决定性作用认识不足。要避免在工作推进中的两种倾向：一种是政府大包大揽、主体错位，导致企业对政府部门的非理性依赖；另一种是将“四新”口号化、空洞化，不去主动破解“四新”经济发展的瓶颈问题。

二是现有政策资源条块化、碎片化，未能有效形成合力。“四新”经济涉及各行各业，全市支持创新创业和产业发展的政策资源分散在市、区各职能部门，各部门“公转”和“自转”没有完全统一到发展“四新”经济的轨道上，还未能很好地围绕支持“四新”经济发展形成工作合力。

三是传统工作推进方式方法与培育发展“四新”经济不适应。“四新”具有动态变化的特征，政府的规划布局赶不上市场和技术变化，很难适应“四新”经济的新速度；土地指标、专项资金、税收优惠等传统产业扶持方式难以适应“四新”经济的新需求；各条线、各行业职能部门的政策条块多、思维惯性强，体制机制上难以适应“四新”经济的新要求。

从“四新”企业发展瓶颈上看，主要集中在行业管理和业务准入、政策配套和发展环境、制度环境和要素支持、公共服务和政府采购等问题，制约“四新”企业的快速发展。

三、下一步推进“四新”经济发展的工作要求

推进“四新”经济发展没有现成经验可循，必须根据“四新”经济发展的规律和特点，发挥市场在资源配置中的决定性作用，改变政府原有的资源分配管理和服务方式，按照跨界融合的要求改进行业管理和政策设计，努力营造龙头企业做大做强和初创企业成长环境，为“四新”企业发展提供制度保障和环境保障。

1. 加快形成有利于“四新”经济发展的要素保障体系

一是搭建“四新”经济发展的要素对接平台。通过搭建综合性要素对接的网络平台，对“四新”经济发展所需人才、知识、资源、能源、土地、资金等全生产要素进行统筹规划，实现要素集聚、信息汇聚、交易便捷；比如搭建“四新”信息平台，链接相关联盟、园区、协会、风投机构等。二是助推“四新”经济发展的关键要素升级。根据“四新”经济发展需要，引进、集聚专业技术人才和团队，完善知识产权交易平台，强化品牌、信息网络建设，优化资本、土地的配置效率，助推“四新”经济发展。

2. 优化“四新”经济发展的开放、公平的市场环境

一是创新市场准入和监管模式，营造促进“四新”经济发展的市场开放环境。推广自贸区负面清单模式，放松管制，探索“四新”经济市场准入的“负面清单”管理模式。对再制造涉及的海关通关、检验检疫等进行政策突破和程序简化，加大在第三方支付、电子商务领域的开放度，支持医药服务外包市场拓展等。二是完善“四新”经济发展的法治制度。如强化“四新”经济发展的知识产权保护，拓展知识产权保护范围，完善知识产权交易机制，强化对损害“四新”企业知识产权的惩罚力度等。

3. 优化“四新”经济发展的投融资机制

一是推广“基地+基金”创投模式。加强园区基地化建设，根据“四新”细分领域形成“一区多基地、基金加基地”模式，引进包括龙头企业、关键技术中心等在内的“四新”产业链上下游企业及机构，建立面向基地的产业基金，为基地企业孵化提供优先支持。

二是探索组建产业发展基金和并购基金，形成面向“四新”经济、多主体参与的投融资机制。组建针对“四新”经济的产业发展投资基金和并购基金，提高针对“四新”经济投入资源的市场配置效率。

三是探索在国资国企改革中形成新的投融资平台，撬动多元投资组建发展“四新”的新主体；鼓励和支持金融机构、投资机构和“四新”企业对接等。

四是探索加大政府专项扶持资金“补”改“投”的力度。

五是在上海股权托管交易中心探索设立“四新”股权交易板，集聚上海乃至全国的“四新”企业。

4．深化改革政府职能，完善“四新”服务体系

一是将“四新”企业纳入服务企业机制覆盖范围。依托已有的工作体系，加强部门间协调联动，加强市区联动，发挥“企业服务直通车”功能，实时、积极、有效地帮助“四新”企业解决发展中的困难和问题。

二是探索在高新技术企业认定中向“四新”企业倾斜。市有关部门要探索在认定高新技术企业中，对符合导向的“四新”企业给予倾斜，让其享受所得税优惠等支持。

三是促进财税金融等扶持政策转型。推动财政专项、税收政策、政府采购、金融服务等，由硬件投入向软件投入和成果应用转化转型；如将研发、应用等纳入项目支持条件，推动政府部门带头采购云计算等较成熟的“四新”产品及服务。

四是深入推进政府信息资源公开共享。完善本市政府信息资源公共服务平台功能，扩大政府数据服务试点范围，形成政府数据对外服务统一门户。加大对医疗、交通、教育、征信等领域公共数据资源梳理和整合力度，出台完善的信息资源公开共享标准、目录和渠道接口。

（摘自在上海区县“四新”经济发展工作会议上的讲话）

加快上海政务数据资源共享和开放进程

上海市副市长 周 波

(2015年5月7日)

加快推进政务数据资源共享和开放是我们当前面临的重要任务。今年市委的一号课题将政务数据资源共享和开放作为全社会开放创新环境营造的主要内容之一，市政府的2015年度重点工作把政务数据资源共享和开放摆到了重要位置，3月25日召开的本市网上政务大厅建设与推进工作领导小组第一次全体会议上要求全力推进落实政务数据资源共享和开放，提升政府治理能力。

一、进一步解放思想，增强工作的紧迫感、使命感和责任感

政务数据资源共享和开放是一个国家文明开放程度的标志，也是发达国家战略发展的趋势，更是当前上海建设有全球影响力的科创中心的核心竞争力。韩正书记多次强调“开放成就上海”，所以开放是上海下一步巨大发展的潜力所在。开放政府拥有的丰富数据资源为社会开发利用，也是“互联网＋”时代发展的需要，更是转变政府职能、提升政府服务水平和能力的一项重要工作。

加快推进政务数据资源共享和开放，是实施创新驱动发展战略、建设科创中心的关键要素。在经济新常态下，上海建设全球科创中心是经济发展方式根本转变的战略举措；营造适宜创新的良好环境，是上海建设科创中心的关键；而城市创新软环境的营造，需要加强公共资源的开放利用。政务数据资源作为公共资源的一种，其共享和开放既有利于各类市场主体平等高效使用政府数据资源，促进全社会力量共同参与经济社会管理，又有利于带动新技术、新产业、新业态、新商业模式的“四新”经济发展以及跨界融合的创新应用涌现，促进以信息服务业为代表的现代服务业向高端化、融合化、国际化迈进，填补产业结构调整后腾出的空间，形成新的经济增长点和增长动力，加快推动上海经济转型升级。

加快推进政务数据资源共享和开放，是建设面向未来的智慧城市、实现信息化新发展的核心问题。本市智慧城市建设正在进入新的阶段，逐步向满足实际需求转型，高速泛在的信息网络，大数据、云计算等新兴技术已经广泛应用，新一代的信息技术为数据开发提供了技术支撑和创新条件，加快推动政务数据资源共享和开放是顺应大数据时代发展的必然趋势。但是，传统电子政务模式下的“信息孤岛”、资源浪费、条线分割等问题阻碍了经济社会发展和城市管理，政府掌握的数据也存在着及时性、准确性、完整性的问题。基础数据的质量不高，就会造成政府决策偏差，给我们服务市民、服务经济社会带来麻烦，比如4月份“幼升小”网上信息填报中出现的信息不准确问题。上海已经到了数据资源开放的关键时刻，必须通过政务数据资源的开放和共享，推进本市政务信息化建设迈入“资源集中、建设集约、应用集成、服务集聚”的新阶段，实现公共资源的融合应用和一体化建设。

加快推进政务数据资源共享和开放，是促进职能转变、建立符合创新规律的政府管理制度的有力举措。杨雄市长在3月25日会议上强调：“建设网上政务大厅、完善社会信用体系、政府信息资源共享与开放，都是互联网时代提升政府治理能力的重大基础工作，必须全力推进落实。”政府作为最大的公共数据资源拥有者，有责任和义务率先推进政务数据资源共享和开放。通过共享，增强政府数据资源的采集、存储和处理能力，实现各部门间的资源整合和协同合作，如网上政务大厅建设的关键就是数据融合和共享，打造服务政府、责任政府。通过开放，

推动社会各方对数据资源深度开发和增值利用，激发市场活力，推进法制政府、开放政府、服务政府的建设。加快推进政务数据资源共享和开放，将成为政府服务模式创新的突破口，为深化政府职能转变提供重要基础和保障，进一步提升社会治理能力和公共服务能力。

二、进一步形成合力，充分认识工作的战略性、基础性、持续性

推动政务数据资源共享和开放是一项战略性、基础性、持续性工作，各部门要高度重视、积极推进，增强主动共享和充分开放的意识，做好各项工作的具体落实，要坚持问题导向、需求导向，利用网站、微信、微博、电话等各种渠道收集民意，多种渠道了解社会对政务数据资源的需求，政府部门要与企业加强沟通对接，及时了解市场需求和工作推进中存在的问题；要建立相应工作机制，比如采用委员会制度，由市政府办公厅会同相关政府部门以及第三方专业机构，对有关政务数据资源是否应当开放、如何开放等进行讨论评判；要进一步提升数据质量，确保准确、及时、完整、权威性。

1．夯实基础、摸清家底

本市实有人口、法人和空间地理三大基础数据库是政务数据资源共享和开放的数据基础，三大基础库的数据依赖于各相关职能部门提供和整合，同时也向各部门和区县提供基础数据信息。三大基础库的牵头部门（市公安局、市工商局、市规土局）要重视数据质量的优化提升和监测评估，做好入库数据的清洗和比对，完善数据更新维护机制，并推进数据应用在各级政务机关中的全面共享和深化拓展，真正发挥好基础数据库的支撑作用。另一项基础性工作是政务数据资源目录体系建设，通过实现全市政务数据资源目录的集中存储和统一管理，来保障数据资源的充分共享和有序开放。各部门要摒弃数据资源归属“私有化”的思想，全面梳理资源、摸清资源家底，做好数据资源的目录编制和注册审核，原则上所有数据资源都要共享。编目注册工作纷杂、量大、细致，需要大家长期持续地坚持推进，但今后产生的社会效益和经济效益将是巨大的。

2．整体推进、突出重点

政务数据资源共享和开放是政府信息公开的深化和发展。市政府办公厅和市经信委要借鉴推进政府信息公开时的经验，把数据资源积累丰富、跨部门共享需求量大、企业及公众关注度高的部门作为推进重点，同时要及时总结典型，发挥示范引领作用，从而带动全市政务数据资源共享和开放水平的整体提升。此外，作为本市推进政务数据资源共享和开放的重要抓手和应用典型，网上政务大厅等跨部门重大信息平台的牵头推进部门要适应新形势新要求，进一步加大数据资源共享和业务协同，不断深化完善功能、拓展应用。今后各部门应增强“不求所有、但求所用”的意识，充分依托已建平台开展信息共享和业务协同。

3．适应需求、鼓励应用

政务数据资源开放的目的是为了满足社会各方对政务数据资源的深度开发和增值利用，因此要以需求为导向，高度重视社会需求对于政务数据资源开放的引领作用，注重倾听需求方（尤其是以数据为生产资料的信息服务业）的意见，刚才企业代表在交流发言中就提出了一些很好的意见和建议。接下来，可以进一步利用网站、微博、热线电话等多种渠道收集民意、了解需求，以外促内，对政府数据开放效果进行检验。同时，要积极引导和激励各类主体利用政务数据资源创新产品和服务，通过政府购买服务、专项资金扶持、数据应用竞赛等方式，逐步建立社会各方广泛参与政府数据资源开放利用的良好氛围。2014 年，市经信委牵头组织的大数据应用创意大赛效果就很好，今年要进一步加大宣传力度和推广面，吸引更多参赛者带来更好的创意和产品。

4．加强研究、探索实践

政务数据资源共享特别是开放，尚处于起步探索阶段，相关法律法规尚待健全，因此需要在实践中深化研究、总结经验，适时建立规章完备制度，逐步加以规范。要加快推进政务数据资源共享管理办法的研究和制定，争取年内发布。要加强数据安全和隐私保护等方面的法规制度建设，确保涉及国家利益、商业秘密和个人信息等数据资源受到合理保护。同时，要加快开展数据资产化管理方面的研究，探索数据（特别是政务数据资源）资产化管理和交易的实现路径以及相关政策制定；数据资产化管理目前在国内外都没有较成熟或完整的经验可以借鉴，我们要抓紧研究，力争走在前沿。

5．各司其责，形成合力

要高度重视政务数据资源开放和共享工作，参照网上政务大厅建设，优化工作推进机制，以需求为导向、以技术为支撑、以制度为保障，确保工作稳定持续开展。要研究推进此项工作的“引逼结合”措施，“逼”是以2015年任务目标为后墙，“引”是要让参与的各个单位都感到推进共享和开放的好处。市政府办公厅要继续把政务数据资源共享和开放纳入年度政府信息公开考核序列，加大考核力度，建立重点工作督办制度，加强监督。市经信委和市财政局要将资源共享和开放情况嵌入信息化项目验收及预算资金拨付的工作流程中，加强推进。各部门、各区县要结合自身业务及自身实际积极推进本部门、本区县的政务资源信息共享和开放工作，解放思想，齐心协力，切实推进政府职能转变，提升政府公共服务能力，继续保持在全国的领先地位。

（摘自在上海市政务数据资源共享和开放推进工作会议上的讲话）

推进本市文化创意产业 持续保持健康快速发展

上海市政府副秘书长、市文创办主任 徐逸波

(2015年4月8日)

一、2014年工作总结

贯彻落实国家“10号”、“13号”文件，本市文化创意产业继续保持快速健康发展。发布本市文化创意和设计服务与相关产业融合发展、加快发展本市对外文化贸易等实施意见。出台文化与金融合作、促进上海电影发展等政策；印发上海市设计之都建设、工艺美术产业发展三年行动计划；举办上海文化和科技融合发展等论坛。预计全年实现增加值2820亿元，同比增长8%，占本市GDP的比重为12%左右。

自贸区文创市场建设深入推进，先行先试效应进一步扩大。发布自贸区文化市场开放项目实施细则，规范管理外商独资演出经纪机构等三项文化市场开放政策。Xbox One汉化游戏机在国内正式发售；倪德伦环球娱乐公司在自贸区注册成立中国首家外商独资演出经纪机构。发布自贸区进一步对外开放增值电信业务的意见，试点进一步对外开放增值电信业务；开通运营上海公共信用信息服务平台自贸区子平台。至2014年年底，国家对外文化贸易基地吸引新增入驻企业144家，文化贸易规模超过百亿元。设立了国家版权贸易基地（上海）。

文化创意产业园区实现融合发展，一批项目取得新成效。出台《上海市文化创意产业园区管理办法（试行）》，106家园区获得“上海市文化创意产业园区”称号。2014年，文创扶持资金更加注重鼓励文创产业与其他行业的融合发展；更加注重对具有示范带动作用的创新项目的扶持；加强了对民营文化创意企业的扶持力度，市区两级4.1亿元扶持资金撬动社会资金21.4亿元。

国家和市级重大项目加快推进，产业发展后劲进一步增强。中国工业设计研究院、中国工业设计（上海）研究院股份有限公司成立。国家会展中心项目投入试运营。国家数字出版基地二期项目建设顺利。形成《环上大文化创意产业集聚区发展规划》。上海迪士尼度假区取得新进展。第十六届工博会首次增设“工业设计创新展”，“智慧照明Prona”获德国红点大奖，“空中列车”项目获工博会CIDI金奖。

工作重心向区县下移，形成市区合力推进格局。2014年，推进本市文创产业发展的工作重心进一步向区县下移，基本建立起市区两级统筹兼顾、职责明晰的工作机制，形成了市区合力推进格局。市级层面主要做好规划、布局和政策支撑等，各区县在产业规划、项目推动、专项资金使用、园区建设等方面发挥更为主动的作用。

国内外合作交流活动频繁，影响力进一步提升。全市重大文创活动精彩纷呈，成功举办一系列具有影响力的活动。文创企业“走出去”取得成效，“上海·佛罗伦萨—中意设计交流中心”先后在佛罗伦萨和上海揭牌。组织文创企业参加国内外知名展会。积极服务APEC、亚信峰会、青奥会等国家重要活动和赛事。

2014年，本市文化创意产业发展取得了显著成果，但我们也清醒地看到，对照“国际文化大都市”和“设计之都”建设要求，上海文化创意产业发展还需要进一步提高文化创意设计创新能力，在加快科创中心建设中发挥更大作用；还需要进一步吸引集聚国内外著名企业落户上海，促进文创市场主体更丰富、活力更充沛；还需要进一步培育一批具有高知名度的文化创意品牌，不断提升市场核心竞争力；还需要进一步加强人才培养和高端创意人才引进，推动大众创业、万众创新持续发展。

二、2015 年工作要点

2015 年，我们将以融合发展为主线，以园区为载体，以搭建公共服务平台为手段，以重大文创项目建设为抓手，继续推动文化创意产业快速健康发展，确保全面完成“十二五”规划目标。

围绕科技创新中心建设，进一步推动产业融合发展。加快科技创新和文化创意产业的融合，推动文化产品和服务的数字化、网络化进程，加快出版、广电、电影等产业领域的数字化发展，加强工业设计相关新材料、新技术、新工艺等的研究和应用，加快研发具有自主知识产权的软件产品和技术，加快文化创意和设计服务与实体经济深度融合发展，推动“四新”经济发展和制造业转型升级。加强金融支持文化创意产业发展力度，完善文化金融合作机制，拓展文化金融合作渠道，加快推动文化创意企业上市挂牌，完善文化创投风险引导基金模式，鼓励和引导各类文化创意产业投资基金落户上海。

以深化改革为引领，进一步激发文创企业活力。加快推进本市对外文化贸易发展，积极推动高附加值文化创意产品和服务出口，支持文化创意企业参加境内外文化贸易促进活动，全面提升和建设对外文化贸易基地、版权贸易基地等新型对外文化贸易平台。继续推进自贸区文创领域扩大开放，充分释放自贸区溢出效应；发挥自贸区增值电信业务政策优势，引导市场主体向自贸区集聚；完善负面清单管理模式，加强监管。推进国有企业深化改革，推进传统媒体和新媒体深度融合、一体发展。扶持中小企业加快发展，挖掘、保护、发展中华老字号等民间特色传统技艺和服务理念，推动文创企业开展市场化兼并重组，支持有条件的文创企业通过市场拓展、海外收购等方式“走出去”。

聚焦重大项目建设，引领产业转型升级加快发展。加强部市合作，发挥国家重点项目示范作用，加快推进中国工业设计研究院、国家数字出版基地等一大批重大国家项目建设。加强市区联动，发挥市级重大项目带动作用，推进环上大国际影视产业园区、国际旅游度假区等一批市级重大项目建设。推动现代文化装备园区建设。完成上海市第三批工艺美术大师评选，推进一批国家级的工艺美术产业相关项目、协会落户上海。继续办好 2015 上海国际艺术节、上海“设计之都”活动周等系列文化创意品牌节庆活动；组织本市企业、上海设计和品牌整体走出去。

继续优化产业发展环境，营造良好发展氛围。支持文创园区建设，提升园区发展质量，完成新一轮文化创意产业园区和示范园区的评选认定工作；开展创意设计社区、街区、园区试点，深化产城融合发展模式。提高文化创意产业扶持资金使用效益，积极探索财政扶持资金与风投基金形成合力的项目推进模式，撬动更多社会资本投入。加强知识产权运用和保护，推进商标分类监管，加强商标保护意识，落实创意设计登记备案制度。推进文化创意的品牌建设，加大对文化创意领域品牌的支持力度。扩大文化创意消费规模，鼓励有条件的区县补贴居民文化创意消费；支持企业开展设计服务外包，加大政府购买文化创意服务力度；帮助中小微文化创意企业、创业人才拓展市场。强化文化创意人才培养，推动实施文创人才扶持计划，推进高等院校建立更多的文化创意设计二级学院，探索人才培养新模式。

加强体制机制建设，发挥社会各界合力。强化协调合作，加强长三角等区域协调机制与合作平台建设，促进文化创意和设计服务积极与长三角区域的互动合作。加强“十三五”发展规划研究，编制《上海市文化创意产业发展三年行动计划（2016—2018）》，推动区县文化创意产业规划、计划编制。推动管理重心下移，把区县作为主战场，推进园区融合，促进区域产业特色建设、重大项目落地、城区风貌建设等。发挥社会组织及行业协会力量，鼓励行业协会组织成员单位参加国内外重要展会。

（摘自在 2015 年上海市文化创意产业推进工作会议上的讲话）

把握信息时代机遇　谋划智慧城市建设新思路

上海市政府副秘书长　徐逸波

（2015 年 3 日 12 日）

按照市委、市政府发布的本市推进智慧城市建设 2014—2016 年行动计划，我们要加快各项任务细化分工和落实，形成全市推动智慧城市建设的合力。总体来看，本市智慧城市建设在全市各部门的共同努力下，推进有序、成果丰硕，为提升上海城市竞争力作出了积极的贡献。

一、深刻把握信息化时代的特征、机遇和挑战

信息化已经成为当今最显著的时代特征，作为信息化与城镇化、工业化融合发展的产物，智慧城市建设成为世界各大城市改善发展环境，促进城市功能提升的共识，可以说智慧城市掀起了信息化建设领域的新一轮高潮。纵观国内，围绕智慧城市的探索与实践在各地如火如荼地展开。据不完全统计，全国近 400 个城市和地区开展了智慧城市建设试点，其中不少城市将智慧城市建设作为其发展的核心战略。同时，包括国家发改委、工业信息化部、住建部等在内的相关部委也就智慧城市展开了一系列的调研和试点，相继出台促进发展的相关政策举措。

在此过程中，我们也听到了一些专家的冷静思考，认为智慧城市不宜一哄而上、同质发展，需要因地制宜、紧扣需求、突出重点地加以持续推进。应该说，无论从什么角度来看，智慧城市已经成为这个时代城市创新发展的必然选择，在这股潮流中，我们不进则退。总体来看，智慧城市建设过程中有几方面形势值得我们关注。

1．国际形势

以信息技术为核心的新一轮科技革命正在孕育兴起，互联网、移动互联网日益成为创新驱动发展的先导力量，深刻改变着人们的生产生活方式，推动着社会发展。抓住移动互联网、大数据、云计算、物联网等带来的机遇，加快促进转型升级迫在眉睫。与此同时，发达国家对于核心技术和产业的转移依然采取诸多限制，并在知识产权保护、进出口贸易等方面设置了一系列壁垒，旨在维护自身优势，限制后发国家在这一轮科技革命中“出线”。因此，我们必须要补足核心技术这一短板，以建设科技创新中心，发展“四新”经济为契机，在某些关键领域掌握一批核心信息技术，并加快产业化和实际应用，这是建设智慧城市的根本所在。

2．全国局面

习近平总书记亲自挂帅 2014 年初成立的中央网络安全和信息化领导小组，并提出“没有网络安全就没有国家安全，没有信息化就没有现代化”的重要论断。应该说，网络安全和信息化作为“一体之两翼、驱动之双轮”的辩证关系已经明确，在推动智慧城市建设过程中，我们必须要牢牢把握网络安全这一“底线”，确保在发展的同时不出现重大的网络安全事故。

3．上海自身

未来几年是上海加快建成“四个中心”和现代化国际大都市，加快向具有全球影响力的科技创新中心进军，不断创新社会治理和加强基层建设的关键时期，在此过程中，应当也必须发挥好信息化的引领、带动和支撑作用。与此同时，上海智慧城市建设的重心正逐步从信息基础设施转向智慧化的应用推广，智慧城市建设与全市经济社会发展的各个领域深度融合成为自身发展的迫切需求。

因此，智慧城市建设一定要破除“两张皮”的现象，真正将新一代的信息技术和信息化理念融入上海城市发展、市民生活、政府改革的各个领域，其中有些是政府的工作，要不遗余力做好，有些要充分发挥市场的力量加以引导推进。

二、不断完善智慧城市建设机制、重点和载体

对于智慧城市建设工作而言，找准方法和完善机制尤其重要。下阶段智慧城市建设要聚焦“四个抓”。

1．抓重点

智慧城市涵盖了城市运行、经济发展、政府治理和市民生活的各个领域，作为政府而言，推动智慧城市建设必须要在阶段上和领域上突出重点，有序推进。在阶段重点上，智慧城市建设第一轮三年行动计划确定了基础先行的策略，着力推进光纤宽带网、无线局域网、3G 和 4G 通信网等建设，为大力推动智慧化应用提供了有力的支撑。

现阶段强调应用推进，事实上就是要加强智慧城市建设成果的展现度，把基础设施利用好，把信息资源整合好，把信息服务提供好。同时，信息化应用需要突出领域重点，要把市民、企业以及政府自身的需求作为应用推进的导向，要从上海特大型城市发展和战略定位出发，明确智慧城市应用推进的着力点，避免重复建设和盲目投入。近年来，上海在交通、卫生、城建等领域的信息化应用取得了积极的进展，涌现出交通综合信息平台、医联工程、网格化平台等一批具有代表性的应用项目。

下一步，我们一方面要把这些有较好基础的应用深化好，形成上海智慧城市的“名片”，另一方面要进一步围绕民生服务、社会治理和政府改革，发掘一批信息化应用新亮点，逐步推广智慧城市的应用覆盖面。

2．抓载体

智慧城市是一个相对宏观的概念，在具体工作推进中需要明确若干个具体的区域载体，将智慧城市建设的内容细化分解，并形成有针对性的建设方案。在新一轮三年行动计划中提出，围绕社区、村庄、商圈、园区和新城，形成智慧城市“新地标”，这些“新地标”就是智慧城市建设的重要载体，各个领域的建设内容都要向载体集聚，政府的政策资源要向载体倾斜，市场化的推进力量要向载体引导，要通过三年的持续推进，形成标杆效应和可在全市推广的成功经验。

与此同时，载体建设往往涉及多个部门，以及部门与载体自身的协作配合，特别是智慧新城建设，某种程度上就是智慧城市在新城范围内建设的试验田，具有很强的综合性。因此，在智慧城市“新地标”建设过程中，各部门之间，以及与相关区县或单位要打破行政边界，加强协作，形成合力，不断探索和创新工作机制。

3．抓评估

智慧城市建设是一个长期的过程，政府在此过程中所扮演的应该是引导者和推动者的角色，真正的建设主体是企业。因此，如何发挥好政府的引导和推动作用是我们思考智慧城市建设工作的关键。近两年，在工信部指导下，中国电子信息产业研究院开展了全国信息化发展水平评估工作，并对各省市信息化水平进行了测评，上海连续两年综合指数位居全国第一，有效促进了各省市以及相关企业对信息化建设的投入。上海也借鉴其模式，推动了面向区县的智慧城市发展水平评估，提高区县的积极性。同时，在信息基础设施能级、信息化与工业化融合等专业领域，也探索性开展了评估工作，形成“以评促建”的良好局面。

下阶段，在继续深化完善智慧城市综合性评估的同时，可以结合重点工作推进和示范载体建设，充分依托社会第三方机构开展一些针对性更强的评估，并发布评估报告和建设指南，既形成了公共产品，又强化了市场引导。

4．抓示范

智慧城市建设过程中，政府除了要做好引导，发挥市场主体的力量，同时也要把政府自身的信息化建设作为重要的示范工程推进好，并与政府职能转变和行政体制改革有机结合。目前，抓政府信息化示范，重点是要推进好政府数据资源开放共享，这是政务信息化的基础性工作，同时也是一项协调难度很大的工作，市委、市政府主要领导对此高度重视。市政府办公厅和市经济信息化委作为牵头部门，在各部门的配合下，前期已经开展了大量的工作，出台了相应的实施意见，上海数据服务网也已开通。但也应该看到，在开放数据的质量、数据的领域覆盖面、相应的更新维护机制等方面依然存在一定的差距。

下阶段，各部门要把推进数据资源向社会开放作为一项重要工作，抓紧梳理本部门数据资源的梳理、编目和注册，推进社会关注度高、应用需求迫切的数据资源进一步向社会开放。近期还将召开全市性的专题会议对这项工作进行部署。

三、抓紧谋划智慧城市新的思路、战略和规划

今年是智慧城市新三年行动计划推进落实的重要一年，也是全面完成“十二五”规划，启动谋划新一轮五年规划的关键一年。各部门要对这项工作给予高度重视，安排专人负责，配合市经信委做好规划的编制工作。主要提几方面意见：

1．智慧城市建设要体现好改革和创新的要求

国家对于上海的要求是当好改革开放排头兵和科学发展的先行者，上海承担着国家“两带一路”战略、自贸试验区建设、科技创新中心建设等一系列重大战略任务，同时从上海自身来看，也面临着转变政府职能、优化社会治理、保障民生服务、改善生态品质、推动产业升级等一系列重大课题。因此下阶段的智慧城市建设要充分体现改革和创新的要求，在建设内容上进一步聚焦全市重点任务，在工作机制上积极探索政府和市场的合作模式，在推进举措上创新突破一批政策抓手。

2．智慧城市要与科创中心建设紧密结合

当前全市工作的重中之重就是要拿出建设具有国际影响力的科技创新中心方案，为此今年市委一号课题专门研究这项工作。信息化作为覆盖现代化建设全局的举措，应该在上海建设科技创新中心过程中发挥重要的引领和支撑作用。因此，要把智慧城市建设与科创中心建设有机结合起来，“十三五”期间，要在信息资源开放利用、信息经济发展和信息科技创新、信息基础设施和网络安全支撑等领域聚焦一批重点项目和工程，并成为上海科创中心建设的重要内容。

3．智慧城市五年规划要与三年计划有机衔接

市委、市政府在智慧城市建设领域已经出台了两轮三年行动计划，对智慧城市的建设框架、体系内容和阶段重点都提出了明确的要求。因此编制“十三五”规划必须要承接好两轮三年行动计划的内容，既体现规划的前瞻性和引导性，又在具体工作内容上与三年计划有所呼应。各部门也要对本领域的信息化建设做好顶层设计，按照集约协同的原则规划好一批信息化管理和服务平台，并提出相应的工作举措。

（摘自在 2015 年智慧城市建设工作推进会上的讲话）

深入开展“三严三实”专题教育
锤炼干部队伍　推进科创中心建设

上海市经济和信息化工作党委书记　陆晓春

（2015 年 5 月 14 日）

党的十八大以来，习近平总书记多次强调，党员干部特别是各级领导干部要严以修身、严以用权、严以律己，谋事要实、创业要实、做人要实，体现了党中央驰而不息从严治党的决心和态度，我们要认真学习总书记系列重要讲话精神，提高对开展“三严三实”专题教育重大意义的认识。

借本次机会，主要交流学习思考“三严三实”的体会认识，同时，也对开展“三严三实”专题教育作一次动员和部署：一是谈谈“三严三实”专题教育的重大意义；二是理理“三严三实”丰富的思想内涵；三是讲讲“三严三实”专题教育的实践方法；四是围绕“三严三实”专题教育提提具体要求。

一、深入开展“三严三实”专题教育的重大意义

前期，中央、市委都下发了专题教育方案，4 月 21 日，中央召开专题教育工作座谈会，刘云山同志、赵乐际同志发表了重要讲话，5 月 6 日，韩正同志为全市党员领导干部上了党课，并对全市开展好专题教育作了动员和部署。

从深化作风建设来看，深入开展“三严三实”专题教育是党的群众路线教育实践活动的延展深化。

经过党的群众路线教育实践活动，“四风”蔓延势头得到有效遏制，党风政风呈现出许多新变化新气象。同时也应清醒看到，“四风”问题的病原体还没有根除，顶风违规违纪现象时有发生，许多深层次问题还需要进一步解决。对于不少党员干部来说，在“不敢”上虽已形成强大震慑，但在“不能”上才刚刚起步，在“不想”上的理念远未形成。转作风改作风正处在一个关键点、节骨眼上，乘势而上、持续用力，就能巩固和扩大成果；稍有放松、稍有懈怠，就可能故态复萌、前功尽弃。开展“三严三实”专题教育，就是要在已有基础上，再添把火、再加把力，巩固和拓展教育实践活动成果，把作风建设良好态势保持和发展下去，使好的作风成为党员干部的思想自觉和行为习惯，真正实现从不敢腐、不能腐到不想腐、不愿腐的转变。

从营造良好政治生态来看，深入开展“三严三实”专题教育是严肃党内政治生活、严明党的政治纪律和政治规矩的重要抓手。

当前，一些党员干部不守纪律、不讲规矩的现象，一些地方政治生态不好的问题比较突出。比如，对党不忠诚、不讲政治、自行其是的问题，有令不行、有禁不止、阳奉阴违的问题，组织涣散、纪律松弛、我行我素的问题，团团伙伙、亲亲疏疏、搞小圈子的问题，公器私用、设租寻租、以权谋私的问题。开展“三严三实”专题教育，就是用好思想建党这个传家宝，加强思想政治建设、严肃党内政治生活，始终用党章与党的纪律和规矩严格要求自己，恪守“三严三实”的修身、为政、做事之道，以思想自觉引领行动自觉，以行动自觉深化思想自觉。

从上海改革开放、创新发展来看，深入开展“三严三实”专题教育是稳步推进创新驱动发展、经济转型升级的重要契机。

委巡视组反馈问题清单以及新出现问题清单。要立说立行、边学边改，付诸行动、真改实改。要立规执纪、刚性整改，制定有效管用的制度、强化制度的刚性执行，防止打折扣、搞变通。

3．从严从实组织实施

具体来讲就是做到在三个方面下功夫。

一是要在加强学习、把握精髓上下功夫。开展专题教育，学是第一位的，第一个专题是严以修身，重点加强党性修养，坚定理想信念，把牢思想和行动的“总开关”，第二个专题是严以律己，重点要严守党的政治纪律和政治规矩，自觉做政治上的“明白人”。第三个专题是严以用权，重点是真抓实干，实实在在谋事创业做人，树立忠诚、干净、担当的新形象，要学深悟透、以学促知、以知促行。

二是要在对照检查、解决问题上下功夫。要把问题导向贯穿专题教育的全过程，聚焦问题查、对照问题改，持续向问题“叫板”。紧密联系个人的思想实际和工作实际，紧紧盯住“不严不实”问题的具体表现，一条一条梳理、一项一项分析、一件一件解决。

三是要在“两手抓两促进”、推动工作上下功夫。这次专题教育不是一次活动，是在党的群众路线教育实践活动基础上，融入经常性教育的一次探索实践。要把握常态化教育的特点，注重经常性教育的要求，把讲专题党课与平时的“三会一课”更好地结合起来，把专题学习研讨与平时的中心组学习更好地结合起来，把专题民主生活会与年度民主生活会更好地结合起来。

专题教育搞得好不好，最终要看实绩、看实效。要以更严的作风、更大的担当、更实的干劲，扎实做好上海产业发展和信息化建设的各项工作，让党放心、让人民满意，让上海继续当好全国改革开放排头兵、创新发展先行者，作出应有的贡献。

（摘自在市经信工作系统党员领导干部“三严三实”专题教育党课上的讲话）

求真务实　创新进取　攻坚克难
推动各项工作取得扎实成效

上海市经济和信息化委员会主任　陈鸣波

（2016 年 2 月 26 日）

一、2015 年工作及“十二五”总体情况

（一）产业经济效益和结构向好。规模以上工业增加值增长 0.2%。工业利润率 7.9%，工业利税率 14%，分别高于全国平均水平 2.1 和 3.7 个百分点。战略性新兴产业增加值占全市 GDP 的 15%，比上年提高 0.3 个百分点；生产性服务业重点领域营业收入约 2 万亿元，增长近 15%；软件和信息服务业营业收入约 6000 亿元，增长 18%；文化创意产业增加值占 GDP 比重提高到 12.2% 左右。

（二）重大项目实现新突破。C919 大型客机总装下线，首架商业运营 ARJ21 飞机交付；“1213”国家重大专项顺利推进；核电行业在全国三大核电制造基地中位列第一；北斗卫星导航应用系统迈出重要步伐；新能源汽车累计推广超过 4 万辆，继续位居全国第一。

（三）“四新经济”取得新进展。开展 85 个“四新经济”创新基地试点；新创建 10 个“工业和信息化高技能人才培养基地”，成立智慧医疗、互联网教育等 15 个产业联盟。向 36 家企业发放“四新”服务券，首批 27 家企业在科技创新板挂牌。

（四）产业结构和整体布局进一步完善。调整实施淘汰落后产能项目 1236 项，启动 9 个重点区域调整；发布产业结构调整负面清单（2015 版），建设 15 个国家新型工业化产业示范基地。

（五）融合发展效能进一步提升。开展工业云应用试点，成立 CIO 联盟，提升宽带城市和无线城市服务功能，光纤到户覆盖总量达 880 万户，4G 网络基本实现全市域覆盖。协调保障全市国防科研生产任务和“绿色通道”畅通，国家军民标准通用化试点等政策在上海先行先试；军民融合产业工业总产值 3390 亿元，比上年增长 15%。

（六）政府职能和综合环境进一步优化。自贸试验区信用建设成果在全国复制推广，已建和在建区县子平台 15 个；完成“为全市法人和市民在线免费提供一次信用查询报告”年度市政府实事项目。服务商飞等央企总部入驻世博园区，推进市政府与中核集团等战略合作；支持浦东新区入围国家首批“小微企业创业创新基地城市示范”；制定《上海市政务数据资源共享管理办法》，设立产业转型升级投资基金。

“十二五”期间，全市产业经济加快转型升级和结构优化，各项目标任务基本完成。规模以上工业增加值年均增长约 4.3%，生产性服务业增加值年均增长 13.8%，工业和生产性服务业增加值占 GDP 比重达到 60%。共完成产业结构调整项目 4208 项，涉及产值 1086 亿元，节约标煤 435 万吨；全市规模以上工业单位增加值能耗累计下降 22.9%。同时，推进实施智慧城市建设两个三年行动计划，上海信息化发展水平综合指数、网络就绪度、信息通信技术应用指数连续两年位列全国第一。

二、2016 年重点工作任务部署

2016 年，主要预期目标是：实现规模以上工业增加值增长 0.5% 左右；完成产业结构调整项目 1000 项，工业

增加值能耗下降1%；年内光纤入户率达60%，家庭光纤用户平均互联网接入宽带速率达40兆，固定宽带用户平均可用下载速率超过13.5兆。《2016年工作要点》已印发，请各单位结合实际抓好贯彻落实，我再强调六项重点工作。

（一）夯实基础支撑工作，确保守底线稳增长。一是对接国家部署。二是抓重点项目推进，聚焦10亿元、亿元以上重点项目。三是推动产业、科技与资本对接。四是促进工业品消费升级。五是加强运行监测分析和政策储备。

（二）贯彻中国制造2025，推动产业向高端转型。一是对接中国制造2025“1+11”支撑体系，形成上海实施方案。二是以智能制造作为主攻方向，实施智能制造应用示范、自主突破、标准支撑、平台创建、载体建设五大工程；加大智能制造装备与软件等关键共性技术攻关力度，加快机器人等产业集聚区建设。三是提升新能源汽车产业化能力和自主品牌汽车影响力，深化钢铁供应链建设，推动化工产业重组和布局。四是加快发展生产性服务业，实施服务型制造三年行动计划。五是推动军民融合发展。

（三）大力发展“四新经济”，培育经济新动能。一是加快部市共建“四新经济”实践区。二是促进制造业创新能力建设，对接国家制造业创新中心建设工程，积极争取国家试点。三是深化完善“四新经济”工作机制和工作模式。四是推进战略性新兴产业加快突破。

（四）深化智慧应用，提升智慧城市感知度。一是促进工业化与信息化深度融合。实施互联网与产业融合创新工程；落实“互联网+”行动实施意见；出台大数据发展行动方案，成立上海数据交易中心、大数据发展联盟等功能性机构。二是拓展智慧应用。三是建成宽带城市和无线城市。四是切实保障网络安全。

（五）加大结构调整力度，促进产业绿色发展。一是推进“1350”计划，推进产业基地、产业城区、产业社区与零星工业用地融合发展。二是聚焦重点项目，实施产业结构调整项目1000项。三是优化产业布局，推动产业集聚发展，推进30家左右产业园区转型升级试点。四是推动绿色发展。

（六）转变政府职能，营造良好发展环境。一是建立全过程信用管理模式，强化信用信息共享应用，启动建设市信用平台二期，推动信用体系建设人大立法。二是提升服务企业能力，加强与在沪央企、外资、民营企业对接。三是坚持依法行政、转变职能。

（摘自市经信系统2016年党的工作会议暨两委工作会议上的报告）

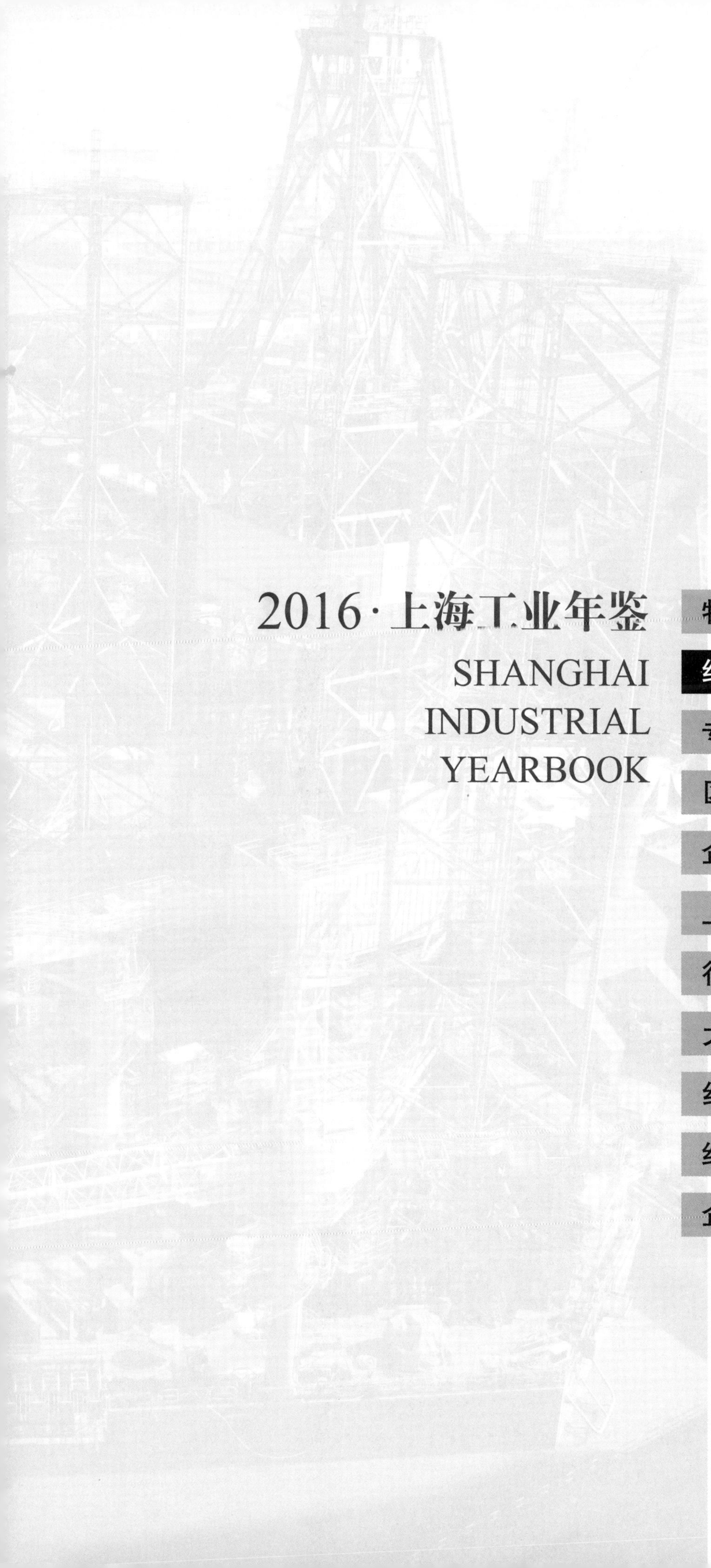

2016·上海工业年鉴

SHANGHAI INDUSTRIAL YEARBOOK

推动创新驱动发展　服务经济转型升级

陈鸣波

一、2015 年工作情况

2015 年，上海市经济和信息化系统围绕市委、市政府关于“创新驱动发展、经济转型升级”的总体要求，以“改革、创新、转型、升级”为工作主线，围绕“五个聚焦，五个突破”，对标“十二五”目标任务收官，凝聚共识，锐意进取，产业持续创新转型，智慧城市建设效果凸显，“十二五”目标任务基本完成，“十三五”规划编制全面启动。部分领域取得新突破，加大调结构工作力度、对接“互联网 +”行动和“中国制造 2025”、扶持“四新”经济等工作被国务院列为地方工作经验做法，在全国通报表扬。

（一）主要指标基本完成

1．顶住经济下行压力，效益和结构向好

规模以上工业增加值增长 0.2%。工业经济效益提升，全年工业利润率 7.9%，工业利税率 14%，分别高于全国平均水平 1.9 和 3.7 个百分点。产业结构优化，战略性新兴产业增加值占全市生产总值 15%，比上年提高 0.3 个百分点；生产性服务业重点领域实现营业收入 2 万亿元，增长 15% 左右；软件和信息服务业实现营业收入 6000 亿元，增长 18% 左右；文化创意产业增加值占 GDP 比重提高到 12.2%。土地利用效率提升，104 区块单位土地产值 70 亿元 / 平方公里，生产性服务业功能区单位土地营业收入 317.2 亿元 / 平方公里。实施产业结构调整项目 1236 项；“十二五”期间规模以上单位工业增加值能耗下降 22%。

2．智慧城市建设水平持续提升，市民满意度不断提高

上海信息化发展综合指数、网络就绪度、信息通信技术应用指数连续两年列全国第一。推进嘉定、金山智慧新城，以及累计 50 个智慧社区、30 个智慧园区、14 个智慧村庄、7 个智慧商圈等“新地标”建设。第四代移动通信（4G）网络基本实现全市域覆盖，第三代 / 第四代移动通信网络（3G/4G）用户总量达到 2400 万。全年新增 40 万户家庭光纤到户覆盖，覆盖总量达到 880 万户。全年新增 55 万户下一代广播电视网（NGB）家庭覆盖，覆盖总量 680 万户。

（二）深入推进产业和信息化重点任务

1．落实科创中心和“四个中心”建设各项任务

围绕科创中心建设“22 条”，深化产业技术创新体系建设，全年新增 7 个国家级企业技术中心、4 家国家认定示范企业、69 个市级企业技术中心、18 家上海市知识产权优势企业，新增 5 个上海市产学研合作创新示范基地。发布《上海市创新产品推荐目录编制办法（试行）》，探索加大对创新产品采购支持。分类推进 Founder 众创社区、腾讯众创社区、零号湾、大麦村等专业化、特色化、集成化的众创空间发展。对接“四个中心”建设，协同推进大宗商品电子交易等平台经济和亚太示范电子口岸建设。完成上海国际经济中心建设等前瞻课题研究。

2．促进“四新”经济蓬勃发展

加强部市合作，市政府与工业和信息化部签订战略合作协议，共同推进上海建设“四新”经济实践区。“四位一体”模式取得新进展，发布《上海“四新”经济发展绿皮书（2015 版）》，抓手型领域从 36 个扩展至 41 个，开展 85 个“四新”经济创新基地试点，新创建 10 个“上海市工业和信息化高技能人才培养基地”，15 人入选

“2016年上海领军人才”，成立智慧医疗、智慧交通、互联网教育等15个产业联盟。联合市教委向36家企业发放“四新”服务券。科技创新板开盘，首批27家企业挂牌。国家机器人检测与评定中心、国家机器人质量监督检验中心落户，3D打印零部件首次用于卫星，光韵达、蔚来汽车、沪江网、优刻得（UCloud）等典型企业涌现。

3．推进制造业向高端发展

全力抓好中国制造2025的贯彻落实，举办全市领导干部贯彻落实《中国制造2025》专题研讨班，发布《关于上海加快发展智能制造助推全球科技创新中心建设的实施意见》，出台高端智能装备首台／套及智能制造示范应用支持政策，推动国家首台／套重大技术装备保险补偿机制试点，实现首台／套保险两个全国第一单。贯彻落实国务院《国家集成电路产业发展推进纲要》，成立上海市集成电路产业发展领导小组，组建集成电路产业发展投资基金。上海国际汽车城的智能网联汽车等3个项目入选工信部2015年智能制造试点示范项目名单。智能制造工业云和大数据标准试验验证等9个项目获得工信部智能制造专项，立项数位居全国前列。重点项目实现突破，C919大型客机总装下线，首架商业运营ARJ21飞机交付；“1213”国家重大专项顺利推进，上海天马5.5代AMOLED项目试生产；国电投在宝山罗泾建设重型燃气轮机试验基地；全市核电行业承接订单55亿元，在全国三大核电制造基地中位列第一，核电主设备国内市场占有率达49%；搭建位置网运营平台，北斗卫星导航应用系统迈出重要步伐；世界首制17.2万立方米薄膜型液化天然气船（LNG船）、国内最大18000TEU集装箱船等高端船型交付，外高桥船厂签订国内首艘豪华邮轮订单；轨道交通17号线搭载卡斯柯信号装备，成为国内首条使用完整信号自主装备的地铁线路；形成临港新材料工程技术中心发展规划；新能源汽车累计推广超过4万辆，继续位居全国第一，新能源汽车制造业全年产值90亿元，增长40%。第十七届中国国际工业博览会成功举办，开幕式评出奖项42项，成为落实《中国制造2025》的成果发布平台。

4．加速发展生产性服务业及服务型制造

发布《上海市推进“互联网+”行动实施意见》，推进市政府与腾讯、阿里巴巴合作落实“互联网+”战略。信息服务业形成竞争优势，全国60%的第三方支付业务量和54家持牌企业汇聚上海；网络游戏占全国市场1/3份额；网络文学占全国市场4/5份额；网络视听占全国市场1/4份额；互联网教育企业近150家，覆盖产业链各环节。发布《关于贯彻〈国务院关于加快发展生产性服务业促进产业结构调整升级的指导意见〉的实施意见》，开展服务业创新发展示范区建设；上海电气（集团）总公司、上海核工程研究院、国核工程等企业加大研发及技术服务力度，积极拓展服务型制造，核电服务业营业收入超过90亿元。“品牌上海”影响力不断提升，成功举办首届中国品牌经济（上海）论坛等活动，联影医疗、光明乳业、晨光文具等新老品牌从产品经济向品牌经济转型；37个园区获评为上海品牌园区。发布《上海市人民政府关于贯彻〈国务院关于推进文化创意和设计服务与相关产业融合发展的若干意见〉的实施意见》。市政府与中国纺织工业联合会合作推进上海国际时尚之都建设。中国工业设计研究院、世界手工艺博览园、宝玉石交易中心等文创项目建设有序推进。认定106个“上海市文化创意产业园区”、10个市级“文化创意产业示范园区”、11个市级工业设计中心。

5．加大产业结构调整和绿色发展

实现由末端治理型的被动调整向战略型主动调整转变，全年调整淘汰落后产能项目减少标煤82万吨，腾出土地1.1万亩，分流职工6.7万人。聚焦重点区域调整淘汰与转型发展，启动金山廊下、嘉定嘉北、浦东合庆等9个重点区域调整，桃浦地区调整完成率超过50%，南大地区已建成绿地、医院等公共设施。发布《上海产业结构调整负面清单（2015版）》，编制《上海产业结构调整重点区域专项1350行动计划》。深入开展节能降耗，完成2394台燃煤锅炉清洁能源替代，超过年度目标22%。编制国内首个绿色产业园区评价标准，5个园区创建绿色产业园区，10家企业创建国家绿色数据中心。加大清洁生产工作力度，实施887项清洁生产方案项目。全年大宗工业固体废弃物综合利用率达96.7%，保持国内领先的资源综合利用水平。加快发展节能环保产业，推广节能产品120个，奖励合同能源管理项目77个。深化产业园区“区区合作、品牌联动”，发布全国首份《产业园区创业服务体系建设导则》，编制《上海产业用地指南（2016版）》。建设15个国家新型工业化产业示范基地，25个产业园区开展转型升级试点。协调推进1200余亩市统筹土地指标用于临港再制造、联影医疗、上汽集团、中航商发等重大项目落地，累计跟踪落地项目2200多个。

6．深化智慧城市建设

加大智慧应用，着眼于服务民生领域和城市运行管理，协助各部门建成市民电子健康档案、养老数据库、公共文化服务信息平台、景区人流量监测系统、食品安全监管和信息服务平台等重点项目。继续推进宽带城市和无线城市建设，全市i-Shanghai接入场所共900处，各类数据中心（IDC）机架总量超过4.4万个，完成亚太海光缆（APG）崇明、南汇登陆段施工，推进国际旅游度假区、虹桥商务区等重点区域信息基础设施配套建设，开展杨浦互联网教育大厦、800秀等重点创客空间的信息基础设施优化。强化信息安全保障，完成中央网信办下达的党政机关云服务网络安全审查试点。按照国家部署完成对本市114家信息安全保障重点单位的网络与信息安全检查。完成对64家单位的107个信息系统的安全测评工作。对全市重点网站实施监测预警和应急处置，全年共发布360个预警信息，妥善处理685个安全风险。启动电力行业工控系统安全加固示范工程。“两化”融合程度提升，开展工业云和BIM技术应用试点，宝钢集团以EVI（供应商早期介入）模式推进智能制造，本市首席信息官（CIO）联盟成立。制定本市大数据发展行动计划，成功举办上海开放数据应用创新大赛（SODA）。探索频率审批领域的先行先试，建成无线电检测开放实验室，完成700MHz兼容性试验测试。第十二届上海国际信息化博览会、2015上海国际信息消费节、第五届上海市信息安全活动周等活动成功举办。

7．不断提升服务企业能力

营造“双创”良好环境，充分发挥“企业服务直通车”、“2+X+16”“四新”服务体系、“1+16+X+N”中小企业服务体系，完善服务企业“绿色通道”，全年解决“四新”企业面临的共性问题29项；对需要国家部委层面解决的5项“四新”发展共性问题，探索在自贸区先行先试。开展涉企收费清理规范专项行动。服务商飞等央企总部入驻世博园区，打造服务外企工作平台。支持浦东新区入围国家首批“小微企业创业创新基地城市示范”。深化“专、精、特、新”中小企业培育工程，推出“专、精、特、新”企业价值增值计划，做好中小企业“战略新兴板”上市准备，推荐市级中小企业服务机构361家。推动银企对接，以基金方式鼓励银行为小微企业提供信贷支持。推进市政府与中核集团、中国核建等央企开展战略合作，浪潮集团云计算总部、中国广播电视集团大数据公司、中移动咪咕视讯公司等项目落户。跨区域产业合作深入推进，与云南、河南、甘肃等产业和信息化主管部门签订合作协议，沪苏大丰产业联动集聚区管委会和开发建设公司挂牌成立。

8．强化社会信用体系建设

初步形成以制度为核心、以数据为基础、以平台为抓手、以应用为关键、以行业为支撑的信用建设运行体系。自贸试验区信用建设成果在全国复制推广，已建和在建的区县子平台15个，覆盖率90%，浦东新区、金山区公共信用信息服务平台上线，并完成与市公共信用信息服务平台对接。拓展市公共信用信息服务平台查询应用，上海诚信网日均点击量从2014年的2400次增加到2015年的10640次，平台累计法人信息查询358万次，累计自然人信息查询1127万次。市公共信用信息服务平台服务社会机构19家；政府部门应用事项214项。圆满完成“为全市法人和市民在线免费提供一次信用查询报告”年度市政府实事项目，多渠道实现信用报告在线查询，自然人累计查询 531 万人，法人累计查 106 万家。

9．持续推进政府效能建设和提升依法行政水平

深化简政放权和放管结合，编制发布行政权力清单和责任清单，取消 4 项行政审批事项，推行“证照分离”改革，率先开展行政审批事项在网上政务大厅的办理和查询试点，并与市网上政务大厅对接。推动政务数据资源共享和开放，制定《上海市政务数据资源共享管理办法》，市级部门累计完成 70% 信息化系统的数据资源目录编制任务，政府数据资源开放数据集达 800 项。完成法人库二期补充项目建设，实现浦东、徐汇等区县法人数据落地。确保全市煤电成品油的能源保障和供应，系统内安全生产保障工作更加有序可控。创新专项资金管理方式，整合财政专项资金，筹备设立产业转型升级投资基金。结合职能转变，修订我委“三定”方案，优化机构设置，完成组建上海市经济和信息化发展研究中心。优化公务员队伍结构，做好招录培训等工作。深化门户网站、微博、微信平台联动，完成门户网站和政务内网的改版升级。承办“两会”书面意见和建议提案 203 件，全部按期办结，反馈总体满意。依法行政能力进一步加强，地方性法规《上海市供用电条例》和政府规章《上海市公共信用信息归集和使用管理办法》通过审议，及时做好规范性文件的立、修、改、废工作，编制公布节能监察等 7 个领域的行政处罚基准裁量，完成系统法宣单位“六五”普法总结验收。今年未发生行政复议和行政诉讼案件。

10．稳步推进国防科工与军民融合

协调保障全市国防科研生产任务和“绿色通道”畅通，“小核心、大协作”的军工配套体系建设取得新进展，国家军民标准通用化试点等政策在上海先行先试，本市民口配套单位首次承担国防总体研制任务，高端装备轻量化材料产业化等重点项目按节点实施。编制《军用技术转民用推广目录》和《民参军技术与产品推荐目录》，推动军民两用技术与产品相互转化。全市军民融合产业工业总产值 3390 亿元，同比增长 15%。

二、2016 年重点工作

（一）指导思想和主要发展目标

1．指导思想

全面贯彻党的十八大和十八届三中、四中、五中全会及中央经济工作会议精神，按照十届市委十次全会要求，牢固树立和贯彻落实创新、协调、绿色、开放、共享的发展理念，适应经济发展新常态，坚持稳中求进工作总基调，保持战略定力，坚定发展信心，坚定不移对接和服务国家制造强国和网络强国战略，坚定不移推进制造业成为上海国际经济中心及具有全球影响力的科技创新中心建设的坚实依托，聚焦痛点与短板，深入落实中国制造 2025，着力推进供给侧结构性改革与需求侧政策性创新并举，坚持稳增长、调结构、促转型、抓创新相结合，更加注重制造业改造提升与培育产业发展新动能，更加注重减与压及园区转型升级，更加注重拓展网络经济空间与智慧城市应用突破，更加注重两化深度融合、军民深度融合，更加注重信用、法治环境与政府效能建设，为实现“十三五”良好开局打下坚实的基础。

2．主要发展目标

2016 年，实现规模以上工业增加值比 2015 年增长 0.5% 左右。完成产业结构调整项目 1000 项，规模以上单位工业增加值能耗下降 1%。年内光纤入户率达 60%，家庭光纤用户平均互联网接入宽带速率达 40Mb/s，固定宽带用户平均可用下载速率超过 13.5Mb/s。

（二）重点任务

1．坚持供给的质量和效率，努力推动工业经济稳增长

顶住经济下行压力，细化落实国务院关于工业稳增长、调结构、增效益等一系列重要举措，及时做好工业经

济变化的预警、研判与措施应对，努力保持工业运行在合理区间。

推进技术改造升级。推进实施新一轮重大技术改造升级工程，支持高端产品、关键环节的技术改造和设备更新，研究股权投资、贴息、事后奖补等支持政策，发挥财政资金引导作用，鼓励企业加大运用先进适用技术开展技术改造。提高技改投资有效性，发布2016年度重点技术改造支持目录，完善重大项目库，加大项目储备力度，编制实施重大项目三年滚动投资计划，引入第三方推进项目评审与验收。

促进工业品消费升级。计划推广新能源汽车4万辆，扩大电动汽车分时租赁模式覆盖范围。开展国家工业电子商务创新区域试点，建设钢铁、石化、农产品等大宗商品跨境电子商务平台、大宗废物资源可追索信息管理和电商平台，逐步实现全球资源集散能力。

开展质量品牌提升行动。以食品、工业消费品为重点，建设一批高水平产品质量控制和技术评价实验室。继续推进品牌培育示范企业和产业集群区域品牌试点示范。探索发展品牌评估、交易、融资租赁等品牌经济要素市场。实施品牌价值提升工程，培育一批能够展示“上海制造”优质形象的品牌与企业。

加强产业与资本对接。发挥产业基金的撬动作用，组建集成电路投资基金，开展项目方案实施的对接，设立实施产业转型升级投资基金，对接国家基金筹建设立上海中小企业发展基金。打通股权投资与政府专项对接通道，对接“科技创新板”、“战略新兴板”，引导社会资本等要素投向，推动上战略新兴板的企业和项目向长三角范围拓展。

保障煤电油运安全运行。强化电力供应与应急保障能力，提升电网调峰水平，落实省间电量置换。落实电力体制改革相关工作，抓好工业领域电力需求侧管理和示范评价。促进新型封闭煤仓开工，提升电煤储备能力和环保水平。加强经典廉价药、紧缺药品生产的沟通协调。守牢安全底线，按责任分工继续落实好安全生产的行业监管工作。

强化预警研判和重大政策研究储备。密切跟踪重点行业和区县，做好监测分析、运行协调和企业服务，关注重大产业项目投资计划。协助开展工业和生产性服务业统计改革试点，开展制造业全产业链指标体系研究，深化产业经济和信息化转型指标体系研究，提出反映质量、效益和可持续发展目标的统计体系。跟踪服务一批全产业链全价值链的重点领域，培育形成新增长点。

2．坚持创新引领发展，加快壮大经济发展新动能

对接中国制造2025“1+X”体系和科创中心建设，抓住建设国家级制造业创新中心的机遇，以“四新”经济实践区建设为依托，以智能制造为主攻方向，加快新兴产业发展。

促进制造业创新能力建设。对接国家制造业创新中心建设工程，打造贯穿产业链、创新链、资金链的创新生态系统，推动企业成为科技创新中心建设的主体，打造共性技术研发平台。实施制造业创新中心培育计划，推动新型研发机构建设，布局一批市级制造业创新中心，争取在国家级制造业创新中心建设方面取得突破。滚动建设产学研合作创新示范基地，建设紫竹创新创业走廊。在智能制造等重点领域开展综合标准化工作，发挥企业在标准制定中的重要作用。发布上海市创新产品推荐目录。

推进国家重大战略领域加快突破。集成电路，继续推进“1213”自主可控芯片和桌面系统建设。大飞机，C919大型客机争取年内试飞，ARJ21支线飞机逐步形成批量生产能力，有序推进商用发动机核心机、验证机研制。燃气轮机，力争国家重型燃气轮机重大专项落地，支持本市重型燃气轮机项目的消化吸收，实现F级325MW燃气轮机的国产化、自主化。卫星导航，加强核心芯片和模块等技术攻关，推进高精度测量、高精度授时等领域重大项目建设，实现在交通诱导、停车诱导、城市供电配送等方面应用。

推进优势领域提升国际竞争力。核电，推进AP1000、“华龙一号”、高温气冷堆等核心装备研制及配套装备发展。风电，推进6MW、8MW平台直驱海上风机的研制。建设国家级的风能勘探设计、海上风电装备质量监督检验等公共服务平台。太阳能，推进光伏电站示范应用，建设国家光伏检测重点实验室、光伏技术公共研发平台。船舶与海洋工程，启动豪华邮轮建造设施建设和中海油深海油气生产装备产业基地建设，打造船舶动力自主研发平台和全系列船舶动力生产基地。

加快培育新兴产业。机器人，推进临港基地建设，加快形成机器人产业集聚区。3D打印，加快3D打印装备在汽车、医疗、航空航天等各领域的集成应用。新型显示，推动和辉光电一期扩产项目及二期项目、天马5.5代线项目建设。推动智慧照明系统研发和产业化。高端医疗装备，形成数字化X射线成像等一批具有自主知识产权的、可与国际巨头比肩的装备产品。物联网，建设传感器生产、技术创新及应用开发体系，支持智能传感器的研发和产业化，支持“传感器＋大数据”的商业模式探索。开展第三方电梯物联网平台试点、个性化全流程的精准医疗试点，在城市基础设施、能源物联网、车联网和智能交通等领域及重点区域探索开展物联网应用示范。新能源汽车，以国际标准加快新一代新能源汽车产品的产业化。车联网及汽车电子，开展汽车电子和车联网应用示范工程建设，建立产品检测、技术成果交易、知识产权服务等公共服务平台。下一代网络和通信，加快5G关键技术研发，构建演示试验系统；促进移动通信网（2G、3G、LTE）与无线局域网（Wi-Fi）技术融合，推动可见光通信（Li-Fi）技术应用推广。智慧照明，结合智慧新城、智慧社区建设，推进集成信息终端的新型路灯在部分区域试点应用。新材料，促进跨国公司先进材料及系统研究平台落户，推进宝山城市工业园区石墨烯产业基地、浦江智谷新材料产业创新园建设。

拓展“四新”经济发展空间。部市合作建设“四新”经济实践区，融合工业园区、大学校区、文创基地、科技孵化器、商圈楼宇、“四新”基地等，打破围墙、放大空间、叠加功能，形成“四新”经济实践区的试点区域，打通瓶颈，推进统筹规划与建设。引导新建一批“四新”基地、孵化器和示范园区等核心载体。发布2016版《上海“四新”经济发展绿皮书》。打造“四新”服务券升级版，拓宽支持对象范围和支持方向。

推进生产性服务业及服务型制造加快发展。实施服务型制造三年行动计划，创建本市服务业创新发展示范区。放大生产性服务业专项资金效应，推进总设计、总集成、总承包、总运维等服务发展。“双推”工程支持政策进一步向产业园区叠加。丰富软件和信息服务业内涵，集中支持互联网金融、数字互动娱乐、网络视听、互联网教育等产业化示范项目和创新示范项目。继续支持文化创意产业发展，建设创新设计研究院，运营上海时尚之都促进中心，探索成立上海品牌之都促进中心，形成本市品牌经济发展公共服务体系。

促进工业化与信息化深度融合。实施互联网与产业融合创新工程，鼓励制造业企业向C2B、O2O、众包众创、柔性生产、制造服务等新模式发展，推荐2-3个工信部“互联网与产业融合创新”试点项目。继续推进智能制造试点示范行动，打造2-3家智能制造示范工厂。建设上海智能制造研究院，打造智能制造基础环境平台。发展工业互联网，突破工业基础软件平台、实时操作系统、工业控制系统等关键技术，形成工业一体化软件等服务产品，协同设计、虚拟生产、协同制造等解决方案，工业大数据分析服务等示范项目。编制云海计划3.0，支持具有自主技术的云计算企业提供基础云服务，推动工业云在中小企业和重点行业的应用和标准化。开展企业两化融合评估诊断和对标引导工作，年度贯标评定达标企业10家。完善信息化人才培养和CIO制度，提高上海首席信息官联盟对长三角地区的影响力。

3．坚持传统产业改造提升，稳妥推进结构调整和产业转型

发挥好传统产业的基础支撑和就业主力军作用，聚焦去产能，改造提升传统产业，化解过剩产能，夯实实体经济发展基础。

实施工业强基工程。聚焦战略性关键新材料绿色制造，加快功能材料、复合材料等研制步伐，开展高温超导、石墨烯等前沿新材料及应用研究；组织开展工业控制、汽车电子等关键领域芯片技术的攻关。扩展首台／套政策覆盖领域，制定软件首版次和新材料首批次政策，支持在核心基础零部件（元器件）、先进基础工艺、关键基础材料等领域应用。依托国家新型工业化产业示范基地，结合工业“四基”发展目录，布局一批产业技术基础平台和服务支撑中心，加快建设“四基”企业集聚区。

优化提升传统产业。升级汽车车型结构，提高关键零部件国产化率，打造高端乘用车制造基地，继续推动零星钢铁减量化，推动上海石化产业整合，加快产业园区外零星化工生产企业调整。建立健全时尚产业要素市场，开展具有国内权威性和国际影响力的流行趋势发布。

加快绿色改造升级。按照三年行动计划目标，全年推进50%以上的集中供热锅炉清洁能源替代，完成30%左右的高效电机推广淘汰计划任务，推动40%的清洁生产技术改造项目。扩大再制造试点领域，鼓励医疗设备、航天设备等高端制造、智能再制造、在役再制造。对接国家绿色制造实施工程，推进绿色工厂、绿色产业园区、绿色数据中心的试点示范。筹建能源大数据联盟。

加大重点行业和重点区域调整。按照环境整治、城市安全、社会治理、低效用地、能效等维度，基本完成正在实施的奉贤金汇、青浦练塘等15个重点区域调整，按照“1350行动计划”路线图，启动实施桃浦地区（三期）等10个重点区域调整。推动重点区域转型发展高端产业集群，集聚厂房、土地等要素，建立信息发布与交易合作平台；集聚投融资机构资源，支撑重点区域发展新兴产业。聚焦重点行业，多措并举化解产能过剩，严格环保、能耗、技术等标准，扩大差别化电价应用范围，研究落实国家推动产业重组、处置僵尸企业总体方案，发挥好国家工业企业结构调整专项奖补资金和地方财政资金的引导作用，梳理本市主要产业领域的产能利用情况，加大过剩产能的化解力度。

推进园区调整转型。推动全市各区县启动构建产业基地、产业城区、产业社区与零星工业用地融合发展的产业园区空间体系，明确现有“104、195、198”的转型路径和管理策略。分类推进并落实30家左右产业园区转型升级试点。深化联动合作，继续推进国家级、市级新型工业化产业示范基地建设，继续开展上海市“四新”经济创新基地试点工作，沿地铁上盖打造一批产业发展走廊。落实土地全生命周期管理，支持重大产业项目落地。

4．坚持应用感知，建设触手可及的智慧城市

围绕50个专项，完成好智慧城市建设2014—2016年行动计划，落实“互联网+”行动实施方案，以智慧城市应用建设为突破口，带动新兴产业发展，进一步提升智慧城市感知度和市民获得感。

推进全社会各领域的信息感知和智能应用。依托智慧照明建设智慧城市感知网。协调推进上海微校、景区实时信息发布系统、数字博物馆群、上海文化云、长三角区域空气质量预报预警系统等智慧民生、智慧治理领域应用项目的建设和完善，在嘉定汽车城开展车路协同试点。继续开展智慧城市区域试点示范，拓展深化智慧社区、村镇、商圈、园区和新城的建设内容和创新模式，启动建设智慧家庭，以多种渠道提供入户端信息服务。

积极落实国家大数据发展战略。出台本市大数据发展行动方案，成立上海数据交易中心、大数据发展联盟等一批功能性机构。建立本市数据交易工作机制，加强数据交易综合协调和市场监管。争创国家大数据综合试验区。制定工业大数据发展计划。发布落实《上海市政务数据资源共享管理办法》，扩大政务数据资源开放共享范围，市级部门全面完成信息化系统编目任务。深化政务数据资源开放和应用，实时、动态数据资源开放所占比例进一步提高。全面开展法人库数据质量管理工作，推进各部门法人一证通应用，提升实有人口、法人、空间地理三大基础库数据质量。

强化信息基础设施建设。发挥市场主体作用，加快构建高速、移动、安全、泛在的新一代基础设施。聚焦提速降费，新增光纤宽带覆盖50万户、i-Shanghai场所600处；推进内容分发网络建设，开展城市千兆大带宽接入扩大规模试点，力争完成10万户覆盖；继续实施宽带用户提速，全市家庭宽带接入用户50Mb/s及以上接入带宽占比超过45%；拓宽第四代移动通信（4G）网络覆盖面，推进产业园区和众创空间光纤宽带网优化覆盖、移动通信网深度覆盖和无线局域网精准覆盖。力争亚太直达海光缆（APG）投入使用。聚焦设施功能创新，加快第五代移动通信（5G）关键技术联合攻关，重点布局车联网、智能交通等新兴领域。支持运营商打造物联专网。开展i-Shanghai和区县公益无线局域网的互联互通。

强化网络安全保障。实施党政机关云计算服务网络安全管理。开展工控系统信息安全风险评估，推进重点行业工控系统安全加固试点。加强重点领域信息安全监管，落实信息安全测评和网络安全检查制度。启动市网络与信息安全应急基础平台建设，开展重点单位信息安全应急演练。在云计算、移动互联网、工控系统等领域拓展安全服务功能。

发展频谱经济。发布实施“重点台站保护专项规划”。加快频谱资源释放，建设700MHz地面无线广播电视网，推动国家级下一代广播电视网无线技术实验室落地，开展基于广电频谱资源的物联专网应用。启动建设频谱资源效用管理体系，结合自贸区率先开展频谱资源优化配置，无线电开放实验室提供免费测试服务，降低创业创新成本。

5．坚持营造环境和总体布局，强化信用体系和服务企业能力建设

立足当前，谋划长远，拓展建设全方位覆盖的社会信用体系，做好为各种所有制企业服务工作，搭建国际国内合作平台，为企业的创新发展和“走出去”营造宽松的市场经营和投资环境。

完善社会信用体系建设。建立全过程信用管理模式，发布数据清单、应用清单、行为清单和实施指南地方标准，制定《个人公共信用数据标准》。强化信用信息共享应用，政府部门应用事项拓展至300项，市信用平台服务社会机构数30家，筹建信用数据交易中心。实现市信用平台与市企业信息公示系统、国家统一信用信息共享平台的对接，启动建设市信用平台二期。支持浦东、嘉定申报创建国家信用建设示范城市，在浦东建设自贸试验区信用云平台。深化长三角区域信用专题组合作，联合创建国家信用建设合作示范区，发布跨省市信用数据清单。

进一步提升服务企业能力。发挥全市服务企业直通车的平台作用，构建国际化、市场化、法治化营商环境，加大对新业态、新模式项目的招商服务力度，加强与在沪重点外资企业的对接。服务好央企总部入驻世博园区工作，全面建成B片区央企总部集聚区。依托“四新”直通车、中小企业服务平台网络，聚焦打通政策落实“最后一公里”，建立常态化、多渠道、广覆盖的企业诉求收集协调机制。开展中小企业服务第三方绩效评估。协调落实国家减轻企业负担要求，优化中小企业发展环境。加大“专、精、特、新”中小企业支持力度，培育壮大一批细分行业“隐形冠军”。做好与“战略新兴板”推出的对接工作和重点培育企业的储备工作。完善人才引进绿色通道，调整人才引进重点机构名录，持续培养领军人才。

促进国际国内市场开拓。围绕“一带一路”和“长江经济带”国家战略，支持工业企业加快“走出去”步伐，搭建上海产业合作交流平台。办好第十八届中国国际工业博览会和第十三届上海国际信息化博览会，利用工博会和信博会的影响力，为工业企业“走出去”提供舞台和窗口。

贯彻落实规划方案。发布执行制造业转型升级、智慧城市和社会信用体系建设等3个“十三五”市级专项规划。聚焦问题和短板，细化行业颗粒度分析，编制发布26个行业和专项的“十三五”规划。坚持有所为、有所不为，对接落实中国制造 2025“1+X”体系和工业和信息化部年度重点工作，制定贯彻落实的实施意见与方案。

6．坚持政府职能转变，持续推进依法行政和提升政府效能

持续推进简政放权、放管结合、优化服务，完善事中事后监管方式，强化内部管控体系，坚持用法治思维与方式，推进依法行政。

进一步加强依法行政。做好《上海市供用电条例》和《上海市公共信用信息归集和使用管理办法》的宣传贯彻，形成社会信用体系建设的地方人大立法调研报告。推进政府运行的法治化，建立政府法律顾问制度，规范行政许可和行政处罚“双公示”制度，实施行政权力和行政责任目录管理，建立动态调整机制，开展部分行政权力标准化建设。

进一步转变政府职能。推行政府目标管理，实现公开行政审批事项网上办理和查询。建立管控制度，深化审批制度改革，开展行政审批事项的全面评估，推进“证照分离”改革，显著提升透明度。充分发挥区县作用，形成事中事后监管体系，开展效能评估，分解落实年度政府效能建设的工作任务。强化行业规范管理，加强行业自律。提高政务公开、新闻宣传工作水平。强化内部管理效能，优化机构设置和职能，加强预算绩效管理和内部审计，规范外事管理。

进一步推进政府作风建设。聚焦经济和信息化发展中存在的瓶颈问题，开展大调研，形成补齐短板目录，抓推进、抓落实、补短板。加强公务员培训，落实公务员岗位履职责任，建立公务员平时考核制度和问责制度。加强信息公开的源头管理和审核。开展信息化手段移动办公试点，提高行政效率。

2016·上海工业年鉴

SHANGHAI INDUSTRIAL YEARBOOK

产业经济运行情况

2015年，上海市产业经济运行保持稳定增长，总体呈现“服务业快速增长、工业探底回升、结构持续向好”的特点。生产性服务业、软件和信息服务业继续保持两位数增长；工业受内需不振、出口疲软、投资下降等因素影响，三季度出现下滑。全市经济和信息化系统迎难而上，努力稳增长、调结构、促转型，四季度初步扭转了工业下滑态势，全年工业增加值比上年增长0.5%，完成“力争全年工业不出现负增长”的目标。

一、产业经济运行基本情况

全市生产总值比上年增长6.9%。第一产业增加值下降13.2%，第二产业增加值增长1.2%，其中工业增加值增长0.5%；第三产业增加值增长10.6%，其中生产性服务业增加值增长10.1%。工业增加值占全市GDP的28.5%，同比降低2.8个百分点。

表1　2015年上海市产业经济运行基本情况

指标	绝对值（亿元）	增幅（%）
工业总产值	33212	−0.5
工业增加值	7110	0.5
战略性新兴产业增加值	3746	4.5
生产性服务业增加值	8489	11.5
产业投资	1411	−
其中：工业投资	957	−17.2
生产性服务业投资	453	8.8
工业利润	2651	−0.9
软件和信息服务产业营业收入	6011	17.7
工业出口交货值	7569	−1.6
工业税收	2954	2.1
单位工业增加值能耗（吨标煤／万元）		0.16

二、2015年工业经济运行情况

2015年，在外需不足、产能过剩、工业通缩等多重压力下，上海工业增长明显趋缓。全口径工业增加值为7110亿元，比上年增长0.5%；规模以上工业总产值31050亿元，可比下降0.8%；规模以上工业增加值同比增长0.2%，在全国仅高于辽宁（−4.8%）和山西（−2.8%）。

1．生产大幅波动。2015年上半年，在国家多次下调存款准备金率和利率，货币政策从稳健走向相对宽松的大环境下，上海工业总产值和增加值实现低速增长。进入三季度后，受到世界经济复苏不及预期，国内经济下行压力加大，加之全国汽车市场不景气、上海汽车厂商限产压库等因素的影响，上海工业生产大幅下降，累计增速转负。四季度，稳增长效用显现，工业止跌回升。

2．重点行业增长分化。一是汽车对工业影响最大，三季度降幅超过20%（7、8、9三个月分别下降17.6%、22.9%、25.2%），四季度在国家减免小排量车购置税刺激和上汽及时调整产品结构的带动下出现回升，带动全市工业扭转快速下滑态势。二是烟草、医药等行业与百姓生活密切相关，受宏观经济影响较小，继续保持增长。三是机电、纺织等出口导向性行业受外需影响下降。四是钢铁、有色、建材等产能过剩行业受去产能影响而下降。

3．利润出现下滑。受企业综合成本快速上升和工业产品出厂价格持续低迷的双重挤压，加之汇率剧烈波动对进口原材料型生产企业带来的冲击，企业盈利空间不断压缩。全年实现工业利润2651亿元，同比下降0.9%。企业亏损面达23.4%，同比上升2.3个百分点。行业间利润水平差距拉大，汽车、烟草、机械、轻工等四个行业集中了全市工业约80%的利润，其中汽车行业利润占比超过40%。

从全国看，上海工业利润率（7.9%）和工业利税率（14.0%）分别高于全国平均水平2.1个和3.7个百分点，也高于东部大部分省市。这一方面得益于上海工业转型升级较早，质量效益相对好于全国；另一方面，由于产品结构以终端消费品为主，消费品价格下降幅度小于原材料价格下降幅度。

4．出口下降，行业下降面接近2/3。2015年，上海工业出口交货值完成7569亿元，同比下降1.6%。在全市31个有出口的工业行业中，20个行业下降，下降面近2/3，仅有11个行业维持增长。其中，纺织服装、服饰业、电气机械和器材制造业、黑色金属冶炼和压延加工业、化学原料和化学制品制造业、造纸和纸制品业、木材加工和木、竹、藤、棕、草制品业等10个行业出口下降10%以上。

三、产业结构不断优化

1．工业增加值增速高于产值增速。工业增加值增速高于工业总产值1个百分点。主要受益于增加值率高的行业如医药、电力、烟草的增长。

2．生产性服务业和信息服务业增长快于全市服务业。全年生产性服务业和信息服务业增加值增速分别为11.5%和12%，高于第三产业增加值增速（10.6%）0.9个百分点和1.4个百分点。

3．投资结构优化。生产性服务业投资增速（8.8%）高于工业投资增速26个百分点。

4．出口结构优化。受全球经济疲软、外需乏力，以及人民币实际有效汇率高企的影响，出口增速一直低位徘徊，但出口商品的附加值有所提高，一般贸易出口增幅高于加工贸易出口3.7个百分点。

5．结构调整力度加大，高耗能行业比重下降。钢铁、石化、有色、建材等四个高耗能行业产值占全部工业总产值的17.8%，比上年下降1.9个百分点。全年启动实施产业结构调整项目1236项（产业结构调整项目1215项，危化企业调整项目21项），超额完成1058项年度目标。

6．用能结构不断优化。用能结构不断优化，天然气用量上升，煤炭消耗下降，用电量平稳上升，工业用电基本持平。

表2 2015年上海市用能结构

项目		绝对值	增幅（%）
全年			
煤炭	消费量（万吨）	4207	−1.6
	电煤（万吨）	2785	−2.4
成品油	重点企业销售量（万吨）	640	1.1
天然气	用气量（亿立方米）	72	5.7
电力	用电量（亿千瓦时）	1406	2.7
	工业用电量（亿千瓦时）	787	0.2

附：2015年上海主要行业和区县运行情况

一、主要行业运行情况

2015年，从全市工业13个主要行业生产情况看，5个行业增长，8个行业下降。

——汽车行业由增转降。受全国汽车销售市场的影响，上海汽车行业生产由增转降。上半年生产曾一度较为稳定，自6月开始产值由增转降，三季度由于限产压库，产值出现大幅下降。自9月底购置1.6升及以下排量乘用车减半征收车辆购置税新政出台后，市场销售情况出现回暖迹象。全年完成工业总产值5168亿元，比上年下降2.3%。

——电子行业波动较大。受订单不确定的影响，电子行业生产波动较大。随着上海制造业产业能级的提升，简单代加工生产线加速转移，结构性矛盾的持续存在加剧了电子行业下行的压力。7、8、9、10月出现较快增长，主要是由于iPhone 6s上市备货的集中生产，短期内代工产量大幅增长，出现暂时性提振。总体上看，仍然难以抵消代工转移带来的减产损失。重点企业持续加大转移力度。全年完成工业总产值5212亿元，比上年下降1.6%。

——机械行业和船舶行业订单承接量下降。受国家宏观政策和市场需求疲软的影响，全年机械行业完成工业总产值5717亿元，比上年下降3.2%。其中，采矿、冶金、建筑专用设备制造下降33.9%；金属加工机械制造下降18%；泵、阀门、压缩机及类似机械制造下降8.4%；集装箱及金属包装容器制造下降7.6%。船舶制造方面，受航运、造船“双过剩”及国际油价下跌的影响，全球新船订单呈现大幅度的下降趋势，造船市场需求疲软，新船成交量萎缩，本市重点企业的新船承接量同比下降80%，海工产品也萎靡不振。

——钢铁行业量价双下降。钢铁行业受产能过剩影响，产量和价格双双下降。全年钢材产量2203万吨，比上年下降4.6%。钢价持续下跌，钢铁企业效益被严重挤压，据钢铁协会监测，CSPI钢材价格综合指数跌60，全年跌幅达到33%。全年完成工业总产值1194亿元，比上年下降7.8%。

——石化行业产值增幅最大，但市场并未明显好转。石化行业是13个主要行业中增幅最大的行业。全年完成工业总产值3482亿元，比上年增长6.1%。主要是由于2014年炼油化工等重大装置大检修，行业保持较高开工率，整体开工率达80%以上。尽管实现增长，但市场并没有明显好转，国际原油价格下降也促使石化产品价格下行，企业生产库存压力增大。

——医药行业保持增长。全年完成工业总产值653亿元，比上年增长3.5%。其中，中药饮片制造增长9.5%，化学药品制剂制造增长4.9%，卫生材料及医药用品制造增长7.6%，生物药品制造增长0.1%，中成药制造下降3%。

二、区县工业运行情况

2015年，区县工业完成工业总产值18678亿元（规模以上属地口径），比上年下降1.4%。9个郊区县中，除浦东新区增长4.4%之外，8个郊区县都下降，其中降幅较大的有：闵行区下降9.2%，宝山区下降8.1%。

表3 2015年各区县工业总产值情况

区县	规模以上属地		规模以上在地	
	产值（亿元）	同比 ±%	产值（亿元）	同比 ±%
闵行区	2051.27	−9.2	3112.63	−7.3
宝山区	671.08	−8.1	1909.4	−5.9
嘉定区	2309.91	−3.2	4902.47	−2.9
浦东新区	5266.43	4.4	9123.9	2.4
金山区	942.49	−0.3	1660.27	1
奉贤区	1444.82	−3.5	1507.07	−4.4
松江区	3410.52	−2.2	3484.24	−2.5
青浦区	1430.4	−3.6	1500.34	−2.9
崇明县	121.07	−2.4	339.11	7.4
黄浦区	30.21	−5.4	89.04	−8.8
徐汇区	499.86	−3.2	552.16	−3.8
长宁区	99.66	1.2倍	109.89	90.3
静安区	3.92	6.1	10.47	−0.4
普陀区	155.02	1.4	193.33	1.2
闸北区	135.33	4.8	232.73	4
虹口区	44.36	3.8	105.35	−0.3
杨浦区	61.2	−8	1172.23	3.3

表4 2015年主要集团工业总产值情况

集团	产值（亿元）	同比 ±%
航天局	76.46	0.1
高桥石化	462.42	16.8
上海石化	677.33	0.7
宝钢集团	1188.69	−4.6
烟草公司	1059.26	8.4
船舶公司	593.6	7.3
电力公司	793.5	2.6
贝尔公司	143.55	−18.5

（续表）

集团	产值（亿元）	同比 ±%
华虹集团	42.58	5.4
上汽集团	4007.03	−3.2
电气集团	928.51	−9.1
仪电控股	243.96	−20.7
华谊集团	356.26	−3.1
光明食品	237.17	−3.6
纺织控股	22.91	−10.7
建材集团	18.5	−10
医药集团	238.08	4.9

表 5　2015 年各区县和集团工业利润情况

区县	工业利润（亿元）	同比 ±%	集团	工业利润（亿元）	同比 ±%
闵行区	167.00	−1.3	航天局	6.57	25.1
宝山区	40.76	−12.9	高桥石化	5.29	去年亏损
嘉定区	191.68	−1.7	上海石化	42.34	去年亏损
浦东新区	246.59	−8.8	宝钢集团	19.2	−75.1

（续表）

区县	工业利润（亿元）	同比 ±%	集团	工业利润（亿元）	同比 ±%
金山区	36.98	−9.1	烟草公司	256.9	9.3
奉贤区	91.37	−7.3	船舶公司	2.34	117.2
松江区	123.92	1.3	电力公司	28.15	−12.9
青浦区	85.37	−1.6	贝尔公司	3.9	6.0
崇明县	3.00	去年亏损	华虹集团	7.89	6.6
黄浦区	4.16	−16.6	上汽集团	987.64	−3.8
徐汇区	27.19	−30.5	电气集团	54.45	−17.1
长宁区	2.96	73.3	仪电控股	9.32	11.4
静安区	12.84	11.1	华谊集团	12.98	−17.5
普陀区	15.03	−14.1	光明食品	36.46	−6.0
虹口区	30.09	120.8	纺织控股	1.74	868.6
杨浦区	3.31	−5.3	建材集团	−0.57	
			医药集团	31.25	22.6

（陈　静）

战略性新兴产业发展和推进情况

2015 年，上海不断优化战略性新兴产业发展环境，组织实施高新技术产业性项目，一批重点项目取得成效，推动了战略性新兴产业新发展。

一、一批重大项目实施取得新成效

在各方全力保驾护航下，大型客机、商用发动机、集成电路、新型显示、燃气轮机、海洋工程装备等领域的一批重大项目进展顺利。C919 大型客机总装下线，首架商业运营 ARJ21 飞机交付；上海华力微电子有限公司 12 英寸生产线项目顺利达产验收；大硅片项目、硅材料集团项目启动实施，“1213”重大专项顺利推进，上海和辉光电有限公司 4.5 代 AMOLED 项目投产，上海天马有机发光显示技术有限公司 5.5 代 AMOLED 项目试生产；国家电力投资集团公司在宝山罗泾建设重型燃气轮机试验基地；全市核电行业承接订单 55 亿元，在全国三大核电制造基地中位列第一，核电主设备国内市场占有率达 49%；世界首制 17.2 万立方米薄膜型液化天然气船（LNG 船）、国内最大 18000TEU 集装箱船等高端船型交付，上海外高桥造船有限公司签订国内首艘豪华邮轮订单；新能源汽车累计推广超过 4 万辆，继续位居全国第一。

二、组织实施战略性新兴产业（高新技术产业化）项目

根据《上海市战略性新兴产业发展专项资金管理办法补充规定》，不再区分重大项目和重点项目。2015 年，在重大项目组织实施方面，市经信委改变以往网上大范围征集的模式，采取业务处室组织推荐的模式，进一步提高项目的质量和水平。全年共组织推荐重大项目 39 个，共有 16 个获得 9.47 亿元专项资金支持。这批项目的实施，有力推动了全市产业的“稳增长、调结构、促转型”。

三、不断优化新兴产业的发展环境

围绕科创中心一号课题的研究，加强政策创新。一是加强政策创新研究，完成市委一号课题交办的各项任务；积极落实“科创 22 条”明确的各项任务，对有关工作任务进行分解、动员和部署。市经信委多次召开专题会议，部署和研究具体工作；深入开展 5 项牵头课题、25 项配合课题的研究，形成专题研究报告。二是围绕智能制造、“四新”经济、信息化、信用体系、重大创新工程等自选主题，开展深入研究，逐步明确市经信委参与科技创新中心建设的总体思路。三是加强与市委研究室、市发改委、市科委的对接，积极参与“科创 22 条”等文件的起草，多次提出完善建议。四是积极参与“1+9”配套政策的制定，对人才发展、成果转化、科技金融、知识产权、国企改革、财政科技投入、众创空间、开放发展等配套政策提出完善意见。五是推动重点领域政策创新工作。根据“科创 22 条”，重点推动《上海加快发展智能制造助推全球科技创新中心建设的实施意见》《上海市高端智能装备首台突破和示范应用专项支持实施细则》《上海市推进互联网 + 行动实施意见》《上海市创新产品推荐目录编制办法（试行）》《上海市公共信用信息归集和使用管理办法》《上海市推进大数据发展的若干意见》等 6 个政策文件的出台。六是提出产业领域的一批重大创新工程和项目。发挥对产业熟悉的优势，会同市科委、市发改委加强重点领域的梳理，围绕服务国家战略、推动产业转型升级、培育发展“四新”经济，提出一批重大创新工程和项目，部分在“科创 22 条”中得到体现。

（王　东）

智慧城市建设情况

2015年，上海市按照推进智慧城市建设2014—2016年行动计划提出的任务，市经信委会同各相关部门，编制2015年智慧城市建设工作要点。3月，市政府副秘书长徐逸波召集领导小组成员单位召开年度工作推进会，部署重点工作，并建立“年初有计划、月度有简报、半年有跟进、年末有评估”的工作机制。全市各部门围绕智慧城市建设五大行动和三大支撑体系的50个专项，有序推进各项任务，重点建设项目大多形成建设方案并启动建设，为完成全年任务和信息化“十二五”规划目标奠定了基础。

一、围绕“活力上海”建设，智慧化应用基本覆盖城市发展的各个领域

实施智慧化引领的“活力上海”（LIVED）五大行动是第二轮智慧城市建设三年行动计划明确的重点发展任务。各部门围绕智慧生活、城管、经济、政务和区域试点示范开展大量工作，取得积极成效。

1．推动惠民服务信息化，智慧生活初具雏形。市民交通出行信息服务更趋完善，推动公交智能调度、公共停车信息平台等建设，电子站牌和公交APP覆盖950余条线路1.4万辆公交车实时到站信息。健康档案为核心的卫生信息化不断深化，建成覆盖各级各类卫生计生机构的人口健康信息网络，启动上海社区医疗综改分级诊疗核心业务系统建设。“一网两平台三中心”的教育信息化顶层设计构架初步形成，启动大规模智慧学习平台（微校）建设。以为老综合信息服务平台为重点的智慧养老工作不断深化，在徐汇等5个区开展老年照护需求评估系统试点。推动整合各区县资源的“文化上海云”建设，完成数字博物馆群公共信息服务系统建设。此外，在智慧旅游、智慧就业、智慧气象等领域启动景点舒适度和人流信息发布、一站式就业自助经办平台、大气感知系统平台等一批重点项目，市民感受度不断提升。

2．深化城市管理信息化，智慧城管效应凸显。围绕城市综合管理，深化推进市、区县、街镇和村居工作站三级网格化管理平台的功能升级，网格化监督管理向食品药品监管、安全生产、技术质量监管、治安维稳等领域有效延伸。推动建筑信息模型技术（BIM）应用，发布《关于在本市推进建筑信息模型技术应用指导意见的通知》，在一定规模的政府投资项目开展BIM技术应用试点。推进食品安全监管信息服务平台、上海市食品安全追溯系统建设，整合了监督执法、督察督办、食品安全追溯、应急处置等功能模块。环保信息化能力不断提升，启动长三角区域空气质量预测预报系统建设，水环境实时监控及预警、重点污染源主要污染物排放许可证监管与信息发布等管理系统投入运行。全面提升公共安全信息系统功能，公安二级网核心层带宽从2.5G升级到40G，新建5850个视频监控探头。此外，房屋信息管理数据库、水资源管理系统、渣土监管系统、城管综合执法信息系统等一批重点领域项目进展顺利，有效支撑相关业务开展。

3．加快“两化”深度融合，智慧经济助力转型。加快发展智能制造，编制发布《上海加快发展智能制造，助推全球科技创新中心建设的实施意见》，修订《上海市高端智能装备首台突破和示范应用专项支持实施细则》，向工信部推荐一批具有带动力和影响力的智能制造试点示范项目。推进两化融合管理体系贯标，8家贯标试点企业通过工信部贯标评定公示，2015年度29家企业列入贯标试点企业。全面开展工业云试点，举办“工业云”服务标准和评估体系研讨会，推进平台标准、服务规范和安全可靠性研究。推动CIO机制建设，成功举办首席信息官论坛暨首席信息官联盟成立大会，上海CIO联盟正式成立。电子商务蓬勃发展，临空经济园区、中环商贸区正式获批为国家电子商务示范基地，推动电子商务“双推”平台服务联盟建设，全面启动亚太示范电子口岸建设。互联网金融等新兴行业健康发展，组建上海市互联网金融行业协会，支持浦东、黄浦、长宁、嘉定等区县建设5个市级互联网金融产业基地。

4．推进政务管理信息化，智慧政务成效显著。推动政府公共数据开放，印发年度政务数据资源共享和开放工作计划，在徐汇、长宁、闵行等三个区启动数据资源开放试点工作，市政府数据资源目录管理系统共汇聚和发布市级预算部门数据资源目录数1.03万条、数据项13.38万个，政府数据服务网累计开放数据集逾500项，涵盖经济建设、资源环境、教育科技、道路交通等11个重点领域。优化完善公共服务渠道，基本完成法人库二期补充项目建设，修订《上海市法人信息共享与应用系统管理办法操作细则》，完善法人“一证通”服务渠道和收费模式，为全市110余万法人单位发放证书。提升网络服务能级，完成公务网骨干网3个核心节点、1个次核心节点、23个汇聚节点的安装和联调工作，政务外网市级骨干网已接入1300多家市级单位，接入终端超过1.7万台。推进电子政务一体化，深化开展电子政务云和大数据平台统筹建设运营模式研究。深化公共信用信息平台建设，2015年累计实现法人信用信息查询约376万次，自然人信用信息查询约 1194 万次。

5．开展智慧城市“新地标”建设，区域示范效应显现。充分发挥市场作用，加快智慧社区、村庄、商圈、园区、新城的试点示范建设。智慧社区方面，完成全市统一社区事务受理系统主体架构设计和开发，民政、公安、人社等 6 个部门完成业务系统改造，启动编制智慧社区评估标准和产品目录，在 50 个社区开展试点。智慧村庄方面，推动涵盖公用事业缴费、三甲医院预约挂号等功能的新版“农民一点通”部署，完成 7 个郊区县、32 个行政村的设备安装和试点应用，制定智慧村庄建设指南，在 5 个行政村开展试点。智慧商圈方面，开展智慧商圈评估体系和建设指南编制，推动智慧商圈联盟化建设机制，在徐家汇等 7 个市级重点商圈开展试点。智慧园区方面，编制完成上海市智慧园区建设指南，推进世博、虹桥商务区、国际旅游度假区开展智慧园区规划，在 22 个园区开展试点。智慧新城方面，指导金山、嘉定制定智慧新城建设总体方案，组织多场智慧新城建设政企对接会，市经信委与金山区签署共建金山智慧新城的合作协议。

二、强化“三大支撑”体系，智慧城市持续发展的综合环境进一步优化

着力加强信息基础设施、信息技术产业、网络安全保障等三方面支撑体系建设，在保障智慧城市应用快速拓展的同时，提升上海信息化核心技术研发和产业化能力。

1．推进以宽带、无线覆盖为重点的信息基础设施建设。继续推进光纤到户覆盖建设，截至 2015 年年底，光纤覆盖用户达到 1146 万户，其中实际用户达到 551 万户；组织开展光纤宽带 1000M 接入能力技术论证工作；在个别居民小区开展基于对称型 10G-PON 技术的光纤到户千兆宽带试点，选取部分客户进行非对称 10GEPONHGU 终端的替换和体验；继续推进郊区城镇化地区的 NGB 网络建设，覆盖总量达 720 万户。加快 4G 网络建设，重点推进全市面上 4G 网络广泛覆盖和重点区域 4G 网络的深度覆盖，全市 4G 网络已基本实现外环内中心城区和郊区城镇化地区连续覆盖，以及中国（上海）自由贸易试验区、国际旅游度假区、虹桥商务区、佘山国家旅游度假区等重大工程、交通枢纽重点区域的有效覆盖。至年底，全市 3G/4G 用户数达到 2211 万，4G 网络实现了规模商用。开展 i-Shanghai 服务优化升级试点，通过引入第三方市场主体，以政府引导、市场为主、社会资本参与的 PPP（公私合作）方式打造全新的公益 WLAN 运营模式，原有 450 处 i-Shanghai 服务场所全面完成新服务模式转化，并新建 450 处服务场所，总量达 900 处。

2．新一代信息技术产业重点领域健康快速发展。集成电路和新型显示领域，推进落户临港的 12 英寸大硅片项目开工，中芯国际 28nm 技术进入量产，推动本市集成电路产业基金设立；推动仪电激光显示项目开展以整机研发带动关键零部件研发的集成创新模式，和辉光电 4.5 代 AMOLED 项目进入审计和产能验证阶段，上海天马 5.5 代项目的厂房完成结构封顶，映瑞光电完成倒装结构基础工艺开发。软件和信息服务领域，对接国家开发银行，支持信息消费重点建设项目，推进信息消费统计体系建设；结合上海市对安全可靠基础软硬件应用和发展的实际需求，推动与国家安全可控攻关基地的对接，部分软硬件产品在工信部标准化研究院开展相关测试和适配；搭建软硬件适配实验室，开展备份、证书、安全等产品的适配性测试。物联网和云计算领域，推进物联网在工业、健康、养老、交通等领域应用，组建智能交通系统联盟，加快推进“车联网、交通网、位置网”三网融合智慧交通专项；以应用带动云计算产业发展，建设以开源为基础的金融云平台，落实国家云计算示范工程专项，对第一批项目进行跟踪评估和服务。

3．不断提升网络安全保障能力。加强重点行业和领域信息安全，开展全市重要工业控制系统信息安全管理调研，召开“工业控制系统信息安全”国家标准专题宣贯会；完成 15 个公共信息系统安全测评工作。加强信息安全制度建设，完成信息安全突发事件影响评估规范初稿；完成市级层面及全市信息安全重点单位应急预案梳理，形成《上海市网络与信息安全事件处置工作手册》初稿。完善互联网内容安全管理，组织上海主要新闻网站、商业网站自查自纠 500 万个用户账号，清理严重违规账户 5 万多个；开展“护苗 2015 网上行动”，对主要网站首页及客户端首屏、重点栏目中危害青少年身心健康的内容进行集中评议；组织网站自查自纠清理各类有害谣言信息 9000 余条，搜索引擎屏蔽相关搜索 2.4 万条。推进网络身份认证，建设个人身份认证平台，基于人脸识别的远程身份识别及证书服务系统在上海诚信网上线运行；完成公务员数字认证“一证通”项目方案初步调研，初步完成政务外网网上身份统一认证方案。

（张　诚）

国家新型工业化产业示范基地建设情况

上海获批的17家国家新型工业化产业示范基地分别是：临港装备制造产业基地、民用航空产业基地、上海化学工业区石油化工产业基地、长兴岛船舶与海洋工程装备产业基地、张江高科技园区生物医药产业基地、嘉定汽车产业基地、漕河泾开发区电子信息产业基地、金桥经济技术开发区电子信息产业基地、闵行区军民结合（民用航天）产业基地、浦东软件园软件和信息服务产业基地、莘庄工业区装备制造产业基地、紫竹高新技术产业开发区区软件和信息服务业产业基地、浦东康桥工业区电子信息（移动智能终端）产业基地、嘉定工业区装备制造产业基地、青浦新材料产业基地、市北高新园区软件和服务业产业基地、宝山区新材料产业基地。2015年，上海第三批两家，即金桥经济技术开发区电子信息产业基地、闵行区军民结合（民用航天）产业基地示范基地各项指标均达到申报时提出的发展目标，并通过工信部复核，实现了产业集约、集聚和集群发展。

一、示范基地经济运行情况

2015年，上海17家国家新型工业化产业示范基地实现工业总产值15208.8亿元，比上年增长7.1%，占全市工业区的57.4%，平均工业总产值894.6亿元。产值突破1000亿元的示范基地达到7家，比上年多1家，分别是嘉定汽车城3037.1亿元、康桥工业区1827.2亿元、金桥经济技术开发区1825.6亿元、嘉定工业区1240.3亿元、莘庄工业区1182.2亿元、宝山新材料产业基地1078亿元、青浦工业区（一园三区）1037.8亿元。实现销售收入33326.9亿元，增长13.9%，占全市工业区的53%。金桥经济技术开发区5977.6亿元、嘉定汽车城5916.4亿元、张江生物医药基地3464.2亿元，位列前三甲。实现利润2486.6亿元，增长7%，占全市工业区的68.1%。上缴税金1558.8亿元，增长12.7%，占全市工业区的32.2%。在经济下行压力大，转型升级日益紧迫的形势下，17家示范基地经济运行始终保持良好的发展势头，充分显示示范基地在全市产业园区中的示范引领作用。

表1 17家产业示范基地经济运行情况

序号	基地名称	工业总产值（亿元）	销售收入（亿元）	利润总额（亿元）	税金总额（亿元）
1	临港装备产业基地	537	549.5	104	26.5
2	民用航空产业基地	207.4	202.8	6.6	7.6
3	上海化学工业区产业基地	809	815.7	34.7	73.7
4	长兴岛船舶与海洋工程装备产业基地	472.2	460.2	2.1	4.1
5	张江高科技园区生物医药产业基地	848.8	3463.2	581.3	196
6	嘉定汽车产业基地	3037.1	5916.4	405.7	317.5
7	漕河泾开发区电子信息产业基地	631.8	2587.7	240.6	95.7
8	金桥经济技术开发区电子信息产业基地	1825.6	5977.6	326.3	228.3
9	闵行区军民结合（民用航天）产业基地	301.4	360.5	25.1	3.5
10	浦东软件园软件和信息服务业产业基地	/	630	44.3	53.2
11	莘庄工业区装备制造产业基地	1182.2	1834.7	124.3	107.7
12	紫竹高新技术产业开发区区软件和信息服务业产业基地	130	433	26	51
13	浦东康桥工业区电子信息（移动智能终端）产业基地	1827.2	2173.8	110.2	67.1
14	嘉定工业区装备制造产业基地	1240.3	2975.9	247.1	126.7
15	青浦新材料产业基地	1037.8	1637.8	75，7	86.3
16	市北高新园区软件和信息服务业产业基地	43	1659	82	50
17	宝山新材料产业基地	1078	1648	50.6	63.9
合计		15208.8	33326.9	2486.6	1558.8

二、示范基地布局和产业领域情况

1．从区域布局看，主要集中在浦东新区6家（临港、民用航空、张江、金桥、浦东软件园、康桥）、闵行3家（民用航天、莘庄工业区、紫竹）、嘉定2家（汽车城、嘉定工业区）、崇明（长兴岛）、徐汇（漕河泾）、静安（市北高新园区）、青浦（新材料）、宝山（新材料）、上海化工区等。松江、奉贤等区正在积极培育主导产业发展，加快推进国家级产业示范基地的创建工作。

2．从产业领域看，示范基地以先进制造业和战略性新兴产业为主导，主要有装备制造（4家）、电子信息（3家）、软件和信息服务（3家）、新材料（2家）、石油化工、民用航空、军民结合（民用航天）、汽车产业、生物医药等产业领域。2015年，完成工业总产值15208.8亿元。其中，电子信息产值达4284.7亿元，占比28.2%；装备制造产值达3431.8亿元，占比22.6%；汽车产业产值达3037.1亿元，占比20%；新材料产值达2115.8亿元，占比13.9%，较上年增长6.5个百分点；生物医药产值达848.8亿元，占比5.6%；石油化工产值达809亿元，占比5.3%；军民结合（民用航天）产值为3301.4亿元，占比2%；民用航空产值为207.4亿元，占比1.4%；软件和信息服务产值为173亿元，占比1.1%。

3. 从产业结构看，17家示范基地实现销售收入33326.9亿元，同比增长13.9%。其中，电子信息产业实现销售收入继续超1万亿元，达10739.1亿元，占比32.2%；汽车产业实现销售收入5916.4亿元，占比17.8%；装备制造产业实现销售收入5820.3亿元，占比17.5%；生物医药产业实现销售收入3463.2亿元，占比10.4%；新材料产业实现销售收入3285.8亿元，占比9.9%；软件和信息服务业实现销售收入为2722亿元，占比8.2%。随着市北高新园区软件和信息服务业、宝山区新材料两大产业示范基地的加入，上海的国家新型工业化产业示范基地的产业结构更趋完整。

三、示范基地主导产业集聚情况

2015年，17家示范基地实现工业总产值15208.8亿元，主导（示范）产业完成工业总产值首次突破1万亿元大关，完成工业总产值10510.6亿元，增长8.2%，产业集聚度达76.9%，比上年增长0.9个百分点。

——临港装备制造产业示范基地。完成工业总产值537亿元，增长9.25%；主导（示范）产业产值484.4亿元，增长12%；产业集聚度90.2%。围绕建设国际智能制造中心目标，临港产业区积极推动“六大装备制造基地”转型升级为“六大工程技术创新中心”，加快园区产业转型升级步伐。同时，积极做好相关部门的协调沟通工作，推动产业项目的落地，中航商发二期、12英寸大硅片、中船动力研究院、中船瓦锡兰发动机、新纶科技等重大产业项目顺利开工，通用电气智能制造和再制造中心、奔驰汽车零部件再制造中心、艾科集成电路及晶圆体测试技术研发和设备制造项目、西门子风力叶片扩建项目、岚辉飞机装备研发制造项目、栋巡时动力设备电力电气系统综合负载测试项目等一批先进制造业等项目签约落地。依托临港产业扶持专项政策，完成新增战略性新兴产业和重点技术改造项目申报近15个，金额约3.5亿元，进一步推动园区转型升级发展。此外，临港新兴产业园引进宇昂新材料、柚柚传媒、宜达圣再制造、江苏艾科半导体、交大航空发动机检测中心等项目；临港再制造园获批国家发改委、财政部“2015年国家园区循环化改造示范试点园区”，并获中央财政补助资金9330万元，成为上海市第一批“四新”经济创新基地建设试点，为临港装备制造产业基地的可持续发展打下了良好基础。

——上海民用航空产业示范基地。完成工业总产值207.4亿元，增长58.8%；主导（示范）产业产值207.4元，产业集聚度100%。基地现有民用航空工业企事业单位共40余家，其中规模以上航空工业企业24家，年产值亿元以上企业18家。主要企事业单位有：中国商用飞机有限责任公司（以下简称中国商飞公司）及其所属中航商用飞机有限公司、上海飞机设计研究院、上海飞机制造有限公司、上海飞机客户服务有限公司、上海航空工业（集团）有限公司；中国航空工业集团公司所属中航商用航空发动机有限责任公司（以下简称中航商发公司）、中航通用电气民用航电系统有限责任公司（以下简称昂际航电公司）、中国航空无线电电子研究所（615所）、上海航空测控技术研究所（633所）、上海航空电器有限公司（118厂）、上海西科斯基飞机公司；零部件配套企业有：上海新华东光电技术研究所、氰特表面技术（上海）有限公司、蒂森克虏伯航空材料（上海）有限公司、上海上飞飞机装备制造有限公司；维修保障企业有：东方航空技术有限公司、上海波音航空改装维修工程有限公司、上海普惠飞机发动机维修有限公司、上海科技宇航有限公司、上海东联航空机轮刹车大修工程有限公司、上海柯林斯航空维修服务有限公司、上海凯迪克航空工程技术有限公司、上海航新航宇机械技术有限公司、上海威克特航空地面设备有限公司、上海才才航空设备有限公司等；航空租赁企业有中航国际租赁有限公司等。

——上海化学工业区产业示范基地。完成工业总产值809亿元，下降5个百分点；主导（示范）产业产值809亿元，产业集聚度100%。上海化学工业区产业示范基地重点跟踪落实投资1.29亿美元的赢创公司甲基丙烯酸酯技术优化（MatchPoint）项目、投资1.13亿美元的巴斯夫汽巴项目等12个储备项目。积极推进低碳工业园区建设，顺利通过由工信部、国家发改委联合组织的试点实施方案专家论证；推进国家级进出口化学品示范基地建设，通过市级示范基地验收考核并正式挂牌。累计利润总额为34.7亿元，增长197.4%；累计上缴税金73.7亿元，同比增长53.9%，创开园以来的最好。

——长兴岛船舶与海洋工程装备产业示范基地。完成工业总产值472.2亿元，与上年基本持平；主导（示范）产业总产值459.8亿元，产业集聚度97.4%。随着中船工业、振华重工、中海工业等大型企业相继在长兴岛建立生产基地，以先进海洋船舶制造业和大型港口机械制造业，以及海洋工程制造业为核心的长兴海洋装备产业发展格局已初具规模。继续支持服务江南造船集团特种项目、中船长兴二期工程、振华重工四五六期扩建工程、中海长兴二期项目前期工作；推动中远、闵南长兴项目加快落地。2015年，岛上船舶企业积极拓展市场，承接LNG船、化学品船、大型集装箱船等高附加值船型，开拓海工市场和非船业务，通过多元化发展抵御风险。例如，振华重工中标全球最大的集装箱全自动化码头——上海洋山港四期自动化码头项目，对于公司进一步开拓国内外自动化码头市场具有重要意义。

——嘉定汽车产业示范基地。完成工业总产值3037.1亿元，主导（示范）产业产值2826.7亿元，产业集聚度93%。在新增企业中，精进百思特电动实现产值5.5亿元，增长323%；汇众汽车车桥系统实现产值7.7亿元，英汇科技实现产值5.5亿元，增长31%。汽车城招商引资项目侧重于商贸、金融服务、生产性服务业等第三产业，其中，核心区外资2000万美元以上的有：建元资本（中国）融资租赁有限公司合同外资9677万美元；上海蔚来汽车有限公司合同外资8000万美元；颖奕生物科技（上海）有限公司合同外资2000万美元；上海欧菲智能车联科技有限公司注册资本20亿元。

——张江高科技园区生物医药产业示范基地。完成工业总产值848.8亿元，与上年基本持平；主导（示范）产业产值216.2亿元，产业集聚度25.5%。张江生物医药基地内销售过亿核心产品超过30个、销售额超过4亿元的企业超过26家、净利润超过2000万元的企业超过29家、全球医药50强中有14家在张江初步形成从新药探索、药物筛选、药理评估、临床研究、中试放大、注册认证到量产上市的完整产业链。2015年重点引进原能细胞、凯普生物、宜明昂科、再鼎医药、赛生医药、索菲里奥、迈动医疗、优卡迪、爱思开、百众源等国内知名生物医药企业和创新研发企业，特别是恒锐佳知识产权代理事务所，是专业提供生物医药行业的知识产权代理服务的机构。这些企业和项目的入驻为园区新一轮的研发创新打下了坚实的基础。

——漕河泾开发区产业示范基地。完成工业总产值631.8亿元，主导（示范）产业产值631.8元，产业集聚度100%。漕河泾开发区产业示范基地主动出击，瞄准“四新”经济、“互联网+”以及战略性新兴产业等重点领域，努力拓展招商新渠道，着力引进一批科技含量高、创新能力强、商业模式好的项目。全年新注册项目307家，新注册项目的注册资本折合人民币71亿元，其中外资项目注册资本8.2亿美元，创近年来新高。新引进一批如飞利浦照明投资、嘉吉投资、长安标致雪铁龙、伟世通汽车电子、浦胜信息、中国电子系统工程、宝格丽、绿叶医疗、赵涌在线、大众点评等世界500强、行业排名领先的项目。

——金桥经济技术开发区产业示范基地。完成工业总产值1825.6亿元，同比下降11%；主导（示范）产业产值462.4亿元，降幅略低于园区整体水平；产业集聚度25.3%。示范基地着力打造电子信息产业链的应用和服务环节，集聚和培育众多重点企业，主要包括上海华为、贝尔软件、网达软件、索广等软件及系统集成类企业；葡萄城、威虎网络通讯等信息技术服务企业；咪咕视讯、天翼视讯、央广视讯、中投视讯、国视通讯等移动视讯运营和应用类企业。2015年，应用环节产业发展风生水起，以5G研发为核心的华为营收达71亿元，增长39%，以移动视讯为核心的天翼视讯、咪咕视讯等均发展强劲，营收增幅为15%以上，以软件集成为核心的网达软件营收为1.9亿元，增长230%。电子信息产业链的应用和服务环节已成为金桥开发区示范基地示范产业的核心动力，未来将进一步加速发展，推动示范产业优化升级。

——闵行区军民结合（民用航天）产业示范基地。完成工业总产值301.4亿元，增长20.6%；主导（示范）产业产值301.4元，产业集聚度100%。目前已有国家北斗导航应用上海产业基地总参管理中心、合众思壮、远景数字科技、国智恒、汉鼎科技、复旦控股等一批卫星导航领域的龙头企业落户航天产业基地。上海复合材料、蒂姆新材料等企业主要立足于高强度、高模量先进碳纤维复合材料制品的研制、生产，提供结构机构、功能结构、结构功能一体化等复合材料制品，基地内先进装备产业主要涉及新能源设备制造、特种传真通讯产品、电机、电源、钣金成型设备、电站液压等。

——浦东软件园产业示范基地。实现销售收入630亿元，增长5.7%。主导产业涵盖服务外包、移动互联、芯片设计、电子商务及互联网、文化创意和行业应用等多个领域，示范和引领作用日渐显著。服务外包聚集花旗软件、群硕软件等大批业界领先的服务外包及软件出口企业，为客户提供贯穿ITO、BPO和KPO的全方位服务。移动互联发展迅猛，其中手机游戏、操作系统、移动广告等领域发展势头良好，乐蛙、魔迅等多家企业获得业界投资。芯片设计规模保持领先，园区不仅拥有高通公司、德州仪器、美满电子等国际知名企业，更有众多像迦美信芯、海斐圣等拥有自主核心技术的创业型企业。电子商务及互联网创新模式不断涌现，包括东方电子支付、二三四五、洋码头等企业在电子支付、网址导航、海外代购等模式下持续创新。文化创意自主创新能力稳步攀升，已经形成了以沪江网、河马动画等为核心代表的文化创意产业集群。行业应用深耕市场做精做强，SAP、思华科技等企业产品已经覆盖到了政府、金融、电信、能源、教育和制造等诸多领域的解决方案。

——莘庄工业区产业示范基地。完成工业总产值1182.2亿元，主导（示范）产业产值984.5亿元，产业集聚度83.3%。引进一批规模较大、技术领先的装备制造企业，三崎马扎克、GE、电装、佛吉亚研发总部、施耐德电气等。已有51家世界500强企业落户；5家企业获得上海市经济百强称号。拥有年销售额100亿元以上特大型企业2家、10亿元以上大型企业14家。2015年第三产业同比增长20.4%，三产占比提高显著，产业结构调整绩效明显，出现了转型发展的特点。

——紫竹高新技术产业开发区产业示范基地。完成工业总产值130亿元，主导（示范）产业产值130亿元，产业集聚度100%；实现销售收入433亿元，增长17.3%，其中主导（示范）产业销售收入283亿元。以集成电路与软件、航空、新能源、数字内容、新材料和生命科学为支柱产业，重点吸引区域总部、研发中心、风险投资公司及高科技研发企业入驻，打造高新技术产业和高科技研发产业集聚基地。中航通用电气航电、中国商飞飞机客服、中广核、电气风电等一批国家和省（市）级重大项目落户，英特尔、微软、意法半导体、GE、可口可乐、博格华纳、埃克森美孚、印孚瑟斯等多家世界500强公司设立的研发中心和地区总部入驻，形成特色鲜明的全球高端研发集聚地。

——浦东康桥工业区产业示范基地。完成工业总产值1827.2亿元，增长18%；主导（示范）产业产值1349.8亿元，产业集聚度74%。在总部经济方面，成功引进前海股交中心上海中天科技园孵化基地、中国电信孵化基地等科创孵化型总部基地。在战略性新兴产业方面，一方面与上海交通大学，ABB签订《康桥机器人产业发展战略合作协议》，联合成立康桥机器人产业发展联合研发中心，并依托康桥先进制造技术创业园集聚中小企业；另一方面引进了华括科技、3D成型等具备高技术含量的智能项目。在二次开发方面，结合自贸区功能定位，推进康桥路沿线企业转型，完成上海鑫业熔铸设备制造有限公司改建商务办公区，格来纳亚洲塑料技术（上海）有限公司改建创意产业园。围绕园区内昌硕、威宏、宏达等龙头企业，以智能手机、笔记本电脑、平板电脑等通信类终端产品为重点，打造融集成电路设计生产和信息服务为一体的电子信息产业链，同时积极推进园区电子信息产业链向微笑曲线的两端延伸，以及推进电子信息领域的智能化制造。

——上海嘉定工业区产业示范基地。完成工业总产值1240.3亿元，主导（示范）产业产值719.4亿元，产业集聚度58%。聚焦优势产业，围绕高端医疗器械、航天产业、工程及精密机械装备、汽车及关键零部件制造等新兴主导产业，重点发展依靠这四大产业领域的先进装备制造业，已形成四条特色装备制造业产业链，以四足鼎立之势支撑嘉定工业区装备产业集聚。在高端医疗器械方面，重点发展以高端医疗仪器设备、专用设备及器械制造医疗等为主的装备制造业。在航天装备零部件制造方面，推进航电、机电、环控以及相关系统等核心零部件的制造和加工产业集群化、规模化发展。在工程及精密机械装备方面，重点发展工业用高功率激光设备、安全监测仪器等各类试验设备及有色金属冶炼、矿山机械制造等装备零配件制造。在汽车及关键零部件制造方面，以汽车安全电子配件、汽车通讯电子配件以及汽车关键设备及零部件制造业。

——上海青浦工业园区（一园三区）产业示范基地。主体园区完成工业总产值1037.8亿元，主导（示范）产业产值343.9亿元，产业集聚效应达到33.1%。引进英威达、金发科技、希悦尔包装、尤妮佳、普利特复核材料、华新丽华特殊钢制品、巴斯夫、奎克化学、巴克曼化工等一批龙头企业。强化招商引资，重点引进新材料龙头企业和产业链上下游企业，发展成为一条包含上中下游产业的全产业链，整体提高新材料产业的集聚度和竞争力。同时，顺应全球产业发展在技术利用、模式创新等方面的新趋势，围绕个性化、柔性化、定制化等消费新特征，大力推进新技术、新工艺、新设备、新模式等在新材料产业的应用和改造，加快产业转型升级。

——市北高新技术服务业园区产业示范基地。完成工业总产值43亿元，主导（示范）产业产值43亿元，产业集聚度100%；实现销售收入1659亿元，第三产业营业收入1613亿元，三产占比达97%以上；上缴税收总额达到50亿元。2015年，园区引进内资企业102家，注册资金合计36.4亿元；引进外资企业9家，注册资金合计9895万美元；其中科技型企业79家，占比71.17%。重点引进软件和信息服务行业代表企业，如浪潮云服务、科众恒盛云计算科技、西南交大（上海）轨道交通研究院、晶赞科技、律金金融信息服务等，龙头企业效应进一步增强。同时，凭借高品质、大规模、多功能的空间载体开发，完成市北·新中新、市北·云立方两个重点项目建设，并依托正在建设中的市北·智汇园和市北·壹中心等产业载体，园区的载体开发迈入了智慧型、生态化的新阶段，为建设云计算、大数据产业基地提供优质空间，吸引更多软件信息服务企业入驻。

——上海宝山区新材料产业示范基地。完成工业总产值1078亿元，基本与上年持平年；主导（示范）产业产值541亿元，产业集聚度50.2%；示范基地内新材料企业共18家，实现主导产业销售收入552亿元，增长4个百分点。其中，产值百亿以上企业2家，分别为宝钢股份、宝钢新日铁；产值10亿元以上的企业5家。各产业之间的联动发展效应不断增强，产业链进一步延伸完善，实施和布局一批重大战略项目：一是石墨烯材料，成功创建了上海市首家石墨烯产业科技园石墨烯产业园，集聚了利物盛超碳石墨烯科研团队，利用技术、人才、院士专家工作站等平台资源优势，重点开展对石墨烯应用领域多产品的研发工作，取得了显著成效。二是超导材料，引进上海电缆所超导电缆产业化和检测中心项目，上海电缆所拥有国家重点实验室、国家电线电缆检测中心、行业工程技术中心、国家科技创新服务平台、国家技术创新联盟、国际及中国多个个标准化机构。三是纳米材料，推动英佛曼纳米材料公司首批挂牌科技创新板，英佛曼与宝钢联合成立了热喷涂工业实验室，全国率先开展纳米材料热喷涂技术的工业应用，被认定为上海市表面纳米工程技术研究中心。四是其他材料，推动飞凯光电、达克罗涂复等一批优势企业竣工投产，达克罗涂复已投产，年产值近3亿元，飞凯光电已竣工，将于2016年下半年投产。

表2 17家产业示范基地产业集聚度情况

序号	基地名称	工业总产值（亿元）	主导（示范）产业产值（亿元）	产业集聚度（%）
1	临港装备产业基地	537	484.4	90.2
2	民用航空产业基地	207.4	207.4	100
3	上海化学工业区产业基地	809	809	100
4	长兴岛船舶与海洋工程装备产业基地	472.2	459.8	97.4
5	张江高科技园区生物医药产业基地	848.8	216.2	25.5
6	嘉定汽车产业基地	3037.1	2826.7	93.1
7	漕河泾开发区电子信息产业基地	631.8	631.8	100
8	金桥经济技术开发区电子信息产业基地	1825.6	462.4	25.3
9	闵行区军民结合（民用航天）产业基地	301.4	301.4	100
10	浦东软件园软件和信息服务产业基地	/	/	/
11	莘庄工业区装备制造产业基地	1182.2	984.5	83.3
12	紫竹高新技术产业开发区区软件和信息服务业产业基地	130	130	100
13	浦东康桥工业区电子信息(移动智能终端）产业基地	1827.2	1349.8	73.9
14	嘉定工业区装备制造产业基地	1240.3	719.4	58
15	青浦新材料产业基地	1037.8	343.9	33.1
16	市北高新园区软件和信息服务业产业基地	43	43	100
17	宝山新材料产业基地	1078	541	50.2
合计		15208.8	10510.6	76.9

四、国家新型工业化产业示范基地技术创新情况

为深入贯彻落实中央和中共上海市委、市政府关于上海建设具有全球影响力的科技创新中心的重大战略部署，着力发展以科技创新为引领的新技术、新业态、新模式、新产业，上海17家国家新型工业化产业示范基地始终保持相当规模的创新投入，核心技术创新能力不断增强。2015年，17家示范基地研发投入总额达1136.7亿元，研发投入占销售收入的比重为3.41%，比上年小幅上涨。浦东软件园、张江生物医药产业基地、紫竹、闵行区军民结合（民用航天）产业基地等4家示范基地的研发投入占销售收入比重超过7%，分别为13.7%、8.5%、8%和7%。2015年，示范基地有效发明专利数量达32523件，同比增长5个百分点。国内外领先的科技成果不断呈现，据不完全统计，示范产业企业获得的有效发明专利数量有15697件，示范产业国内驰名商标拥有量为110个。示范产业省级以上企业技术中心或研发机构365家，同比增长10.3%。示范基地全部年末从业人员145.6万人，研发人员达23万人，占全部从业人员的16%。

表3 17家产业示范基地技术创新情况

序号	基地名称	研发投入（万元）	有效发明专利（件）	研发人员（人）
1	临港装备产业基地	160604	239	2668
2	民用航空产业基地	80414	147	3000
3	上海化学工业区产业基地	214150	6	480
4	长兴岛船舶与海洋工程装备产业基地	101741	42	1504
5	张江高科技园区生物医药产业基地	2951300	3133	53803
6	嘉定汽车产业基地	1183280	2422	12764
7	漕河泾开发区电子信息产业基地	865600	6357	63000
8	金桥经济技术开发区电子信息产业基地	1491600	3026	34773
9	闵行区军民结合（民用航天）产业基地	253380	1126	8671
10	浦东软件园软件和信息服务产业基地	861543	/	/
11	莘庄工业区装备制造产业基地	397501.2	737	7446
12	紫竹高新技术产业开发区区软件和信息服务业产业基地	346166	257	5402
13	浦东康桥工业区电子信息(移动智能终端）产业基地	434768	341	5011
14	嘉定工业区装备制造产业基地	654696	3425	15983
15	青浦新材料产业基地	328000	1353	5940
16	市北高新园区软件和信息服务业产业基地	451000	1280	4050
17	宝山新材料产业基地	591127	8632	5342
合计		11366870.2	32523	229837

（徐静娴）

产业园区经济运行情况

2015年，上海开发区（按104个产业区块口径，下同）经济运行呈现以下主要特点：一是开发区经济总量基本保持稳定。开发区营业总收入62884.54亿元，比上年增长0.39%。二是工业生产呈现较大波动，再次出现年度可比下降。开发区规模以上工业企业完成工业总产值24162.84亿元，占全市规模以上工业总产值的77.7%，可比下降1.3%，占全市的比重也有所下降。三是开发区工业企业销售出现一定困难，第三产业保持稳定。开发区规模以上工业企业实现主营业务收入26553.59亿元，同比下降4.6%。国家级开发区和产业基地同比出现一定下降。开发区第三产业完成营业收入33039.55亿元，同比增长2.39%。国家级开发区第三产业完成营业收入23240.35亿元，同比下降1.29%。四是工业企业利润大幅波动。开发区规模以上工业企业利润总额为2062.98亿元，占全市规模以上工业企业利润的77.8%，同比下降2.3%。五是自贸区影响持续扩大，项目质量提升。开发区引进外资项目4353个，同比增长31.87%，吸引合同外资金额745.59亿美元，同比增长261.31%。开发区引进内资项目37571个，同比增长9.65%。落户内资企业注册资金为9873.63亿元，同比增长93.23%，开发区引进项目的金额增长远高于项目数的增长，说明引进项目质量有较大提升。六是开发区工业固定资产投资连续下降。开发区完成固定资产投资金额为1561.79亿元，同比下降6.37%。2015年，全市开发区累计完成工业固定资产投资778.79亿元，同比下降11.86%，连续3年工业投资呈现下降。但比重提升1个百分点，占全市工业投资的81.36%。

一、开发区经济总量保持稳定

园区经济规模从2012年的5万亿元到2013年的5.5万亿元，2014年一举超过6万亿元规模，2015年，经济规模总量保持稳定，2015年，本市开发区营业总收入62884.54亿元，同比下降0.39%，其中国家级开发区营业总收入下降1.63%，产业基地下降了6.81%，是影响营业总收入下降的主要原因。

表1 开发区2015年营业总收入情况

单位：亿元、%

序号	类别	2015年	同比增长
1	开发区	62884.54	0.39
2	市级以上开发区	50358.28	1.24
	国家级开发区	34275.89	−1.63
	市级开发区	16082.38	7.95
3	产业基地	9108.61	−6.81
4	城镇工业地块	3417.65	9.53

数据来源：开发区。

二、工业生产呈现较大波动，向好基础未稳

开发区规模以上工业企业完成工业总产值24162.84亿元，占全市规模以上工业总产值的77.7%，可比下降1.3%，2015年再次出现负增长。

表2 开发区规模以上工业企业工业总产值完成情况

单位：亿元、%

序号	类别	2015年	可比增幅
1	全市工业企业	31049.57	−0.8
2	开发区	24162.84	−1.3
3	占比	77.7	
4	市级以上开发区	16882.94	−1.7
	其中：国家级开发区	8438.56	−4.5
	市级开发区	8444.37	1.2
5	产业基地	5400.92	−0.7
6	城镇工业地块	1878.99	1.0

数据来源：统计局。

开发区全口径完成工业总产值26492.27亿元，占全市工业总产值的79.77%，同比下降3.02%，说明开发区产值下降。

表3 开发区工业总产值完成情况

单位：亿元、%

序号	类别	1—12月	比去年同期增长
1	全市	33211.57	−0.5
2	开发区	26492.27	−3.02
3	占比	79.77	
4	市级以上开发区	18195.12	−1.52
	其中：国家级开发区	9067.05	−4.77
	市级开发区	9128.06	1.94
5	产业基地	6097.20	6.2
6	城镇工业地块	2199.95	−0.34

数据来源：开发区。

开发区规模以上工业企业市级以上开发区、产业基地和城镇工业地块完成产值比重，产业基地为22%，城镇工业地块为8%，市级以上开发区是工业生产的重点区域。

开发区规模工业生产8月触底后，持续反弹，生产规模扩大，但12月可比出现较大下降，开发区工业生产呈现较大波动。

从重点行业分析，开发区五大重点行业共完成规模以上产值15364.4亿元，占全市开发区规模以上产值的63.6%。汽车制造业仍是本市开发区第一大行业。五大行业只有化学制品制造业全年实现可比增长，其他4个行业可比出现下降，其中汽车制造业下降2.8%。总体上五大行业生产规模

受市场影响，都呈现较大幅度上下波动，特别是汽车与计算机、通信和其他电子设备制造业。

表 4 规模以上工业企业重点行业工业总产值完成情况

单位：亿元、%

行业	1–12 月	可比增幅
汽车制造业	4795.2	−2.8
计算机、通信和其他电子设备制造业	4736.7	−2.2
化学原料和化学制品制造业	2076.9	7.4
通用设备制造业	2051.5	−1.6
电气机械和器材制造业	1704.3	−3.2
小计	15364.4	
占比	63.6	

数据来源：统计局。

从行业增长分析，开发区 14 个行业实现增长，其中烟草制品业可比增长 355.6%，排名第一；废弃资源综合利用业增长 15.7%，排名第二；化学纤维制造业可比增长 10.8%，排名第三。20 个行业出现负增长，其中燃气生产和供应业下降 20.1%、木材加工和木、竹、藤、棕、草制品业、专用设备制造业和造纸和纸制品业下降超过 10%。

从园区总量分析，国际汽车城以产值 2765.4 亿元排名第一，上海浦东康桥工业园区以产值 1807.48 亿元排名第二，上海金桥经济技术开发区和松江出口加工区排名三、四名，全市共有 6 个园区规模以上工业产值超过千亿元。

从重点园区增幅分析，33 个园区可比增长，其中杨王工业园以增长 117.95% 排名第一，上海富盛经济开发区、浦东康桥工业园区排名二、三。上海浦东康桥工业园区、桃浦科技智慧城、张江高科技园区和上海南汇工业园区增幅排名重点园区前四，增长超过 13%；64 个园区负增长，上海紫竹高新技术产业开发区和漕河泾新兴技术开发区是下降最大的两个重点园区。

从单位土地产业水平分析，根据规模以上工业企业产值预计开发区工业用地平均产出率为 70.52 亿元／平方公里（按已经建成工业用地计算）。其中国家级开发区为 110.44 亿元／平方公里，市级开发区为 59.8 亿元／平方公里，而城镇工业地块为 41.6 亿元／平方公里。

三、工业企业销售出现困难，工业企业利润上下波动较大

（一）工业企业销售出现一定困难

开发区规模以上工业企业实现主营业务收入 26553.59 亿元，同比下降 4.6%。其中国家级开发区下降 4.9%，产业基地下降 11.7%，市级开发区保持稳定，国家级开发区与产业基地工业企业销售出现一定困难，特别是产业基地内的大型国有企业销售有一定困难。

表 5 开发区规模以上工业企业主营业务收入情况

单位：亿元、%

序号	类别	1–12 月	同比增幅
1	全市工业企业	33956.13	−4.1
2	开发区	26553.59	−4.6
3	占比	78.2	
4	市级以上开发区	18967.87	−2.6
	其中：国家级开发区	10048.67	−4.9
	市级开发区	8919.20	0.1
5	产业基地	5631.60	−11.7
6	城镇工业地块	1954.13	−1.1

数据来源：统计局。

开发区工业企业主营业务收入同比在 7 月触底后，逐月向上反弹，12 月再次出现下降。

从行业销售分析，共有 14 个行业产销率在 100% 或以上，其中木材加工和木、竹、藤、棕、草制品业、农副食品加工业和造纸和纸制品业排名前三，产销率超过 101%。计算机、通信和其他电子设备制造业销售率超过 100%，黑色金属冶炼和压延加工业、通用设备制造业、汽车制造业等重点行业低于 99%。汽车制造业和计算机、通信和其他电子设备制造业略好于上年。石油加工、炼焦和核燃料加工业和黑色金属冶炼和压延加工业比上年低。

开发区 10 个行业营业收入同比增长，其中烟草制品业增长 328.67%，是销售状况最好的行业，金属制品、机械和设备修理业增长 14.4%，医药制造业增长 7.1%，排名二、三；24 个行业同比下降，其中黑色金属冶炼和压延加工业、燃气生产和供应业与石油加工、炼焦和核燃料加工业下降 18%，汽车制造业下降 2.1%，计算机、通信和其他电子设备制造业下降 3%。

根据工业总产值、产销率与主营业务收入推算，开发区 34 个行业有 31 个行业的企业实现的营业收入部分是在外省生产的，估算在外生产的规模达 2564.6 亿元，占比 9.83%，其中汽车制造业有 1342.8 亿元是在外省生产，外省生产占比最高的行业是汽车制造业，为 22%，黑色金属冶炼和压延加工业超过 15% 在外省市生产。

（二）工业企业利润上下波动较大

开发区规模以上工业企业利润总额为 2062.98 亿元，占全市规模以上工业企业利润的 77.8%，同比下降 2.3%，主要是产业基地同比下降 11.5% 与城镇工业地块下降 9%，各月利润增长上下波动较大，其中 8 月下降 51%，11 月增长 79.7%，12 月又下降 35.4%，呈现不稳定态势。

表 6 开发区规模以上工业企业利润情况

单位：亿元、%

序号	类别	1–12 月	同比增幅
1	全市工业企业	2650.59	−0.9
2	开发区	2062.98	−2.3

（续表）

序号	类别	1-12 月	同比增幅
3	占比	77.8	
4	市级以上开发区	1534.94	1.1
	其中：国家级开发区	924.51	1.9
	市级开发区	610.44	0.0
5	产业基地	398.11	-11.5
6	城镇工业地块	129.93	-9.0

数据来源：统计局。

从重点园区分析，国际汽车城以实现利润 387.46 亿元排名第一，其次是张江高科技园区和上海金桥经济技术开发区，金山石化基地等 4 个园区扭亏为盈，而吴淞工业基地、上海长兴海洋装备产业基地、闵行老工业基地等 6 个园区出现亏损。园区中工业企业利润同比保持增长的园区有 35 个，其中吴泾工业基地、上海化学工业经济技术开发区、海港综合经济开发区增幅超过 200%。重点园区中，上海化学工业经济技术开发区增长 393%、漕河泾新兴技术开发区增长 48.8%，而宝山钢铁基地和松江出口加工区下降超过 49%。

从行业分析，开发区 34 个行业中，33 个行业实现盈利，本市开发区工业企业利润主要来源汽车制造业、化学原料和化学制品制造业与通用设备制造业，前三名行业贡献了开发区规模以上工业企业利润总额的 64.09%，其中汽车制造业实现利润 1052.11 亿元，排名第一。

15 个行业利润同比增长，石油加工、炼焦和核燃料加工业扭亏为盈，烟草制品业增长超过 1551%，排名第一；金属制品、机械和设备修理业增长 508.8%，排名第二。重点行业中化学原料和化学制品制造业、医药制造业保持增长，汽车制造业、通用设备制造业、电气机械和器材制造业、专用设备制造业、黑色金属冶炼和压延加工业和计算机、通信和其他电子设备制造业都出现下降。

从利润增减额分析，开发区工业企业利润同比减少 47.92 亿元，金山石化基地、漕河泾新兴技术开发区、上海化学工业经济技术开发区和高桥石化基地是排名利润增加前四的园区，而国际汽车城、宝山钢铁基地、张江高科技园区和杨王工业园是利润减少最多的 4 个园区。从行业分析主要是石油加工、炼焦和核燃料加工业、化学原料和化学制品制造业和医药制造业增加超过 30 亿元，而黑色金属冶炼和压延加工业、汽车制造业和计算机、通信和其他电子设备制造业是利润减少最多的 3 个行业。

（三）工业企业销售利润率达到近几年高点

开发区规模以上工业销售利润率为 7.77%，其中市级以上开发区销售收入利润率为 8.09%。园区中，张江高科技园区销售利润率最高，达到 39.21%，其次是上海奉贤经济开发区生物科技园区、上海未来岛高新技术产业园区，97 个园区中有 14 个园区销售利润率超过 10%。

表 7 开发区规模以上工业企业销售利润率情况

单位：%

月份	全市规模以上工业	开发区	市级以上开发区	其中		产业基地	城镇工业地块
				国家级	市级开发区		
1-12 月	7.81	7.77	8.09	9.20	6.84	7.07	6.65

数据来源：统计局。

开发区工业企业销售利润率从 2010 年的 7.07% 下降到 2011 年的 6.18% 后逐年增加，2015 年达到近 6 年最高点。

34 个行业中，销售利润率超过开发区平均水平的行业有 9 个，水的生产和供应业、汽车制造业、医药制造业、烟草制品业和家具制造业等 5 个行业销售利润率超过 13%。

四、开发区引进外资金额大幅增加，项目质量不断提升

1-12 月，本市开发区引进外资项目 4353 个，同比增长 31.87%，其中国家级开发区引进外资项目 3733 个，增长 45.99%。开发区吸引合同外资金额 745.59 亿美元，同比增长 261.31%。其中国家级开发区同比增长 314.66%。本市开发区引进外资合同金额增长远高于项目数的增长，说明引进外资质量有较大提升。

表 8 开发区合同外资完成情况

单位：亿美元、%

序号	类别	合同外资		引进外资项目数	
		1-12 月	同比增长	1-12 月	同比增长
1	开发区	745.59	261.31	4353	31.87
2	市级以上开发区	732.62	280.1	4167	36.53
	其中：国家级开发区	701.16	314.66	3733	45.99
	市级开发区	31.46	33.03	434	-12.32
3	产业基地	8.54	55.55	55	-5.17
4	城镇工业地块	4.43	-45.51	131	-31.41

数据来源：开发区。

1-12 月，本市开发区引进内资项目 37571 个，同比增长 9.65%。1-12 月，本市开发区落户内资企业注册资金为 9873.63 亿元，同比增长 93.23%，注册资金增幅高于项目数的增幅说明本市开发区内资项目质量进一步提升。

表 9 开发区落户内资完成情况

单位：亿元、%

序号	类别	落户内资企业注册资本金		落户内资企业数	
		1-12 月	同比增长	1-12 月	同比增长
1	开发区	9873.63	93.23	37571	9.65
2	市级以上开发区	8971.96	90.84	25989	5.02
	国家级开发区	8208.63	99.20	14675	7.65
	市级开发区	763.32	31.51	11314	1.79
3	产业基地	632.72	131.41	8558	11.49
4	城镇工业地块	268.96	98.98	3024	64.17

数据来源：开发区。

五、固定资产投资持续下滑

1—12 月，全市开发区完成固定资产投资金额为 1561.79 亿元，占全社会固定资产投资的 24.58%，同比下降 6.37%。市级以上开发区同比下降 6.75%，产业基地下降 13.5%，是开发区全社会固定资产投资下降的主要原因。

表 10　开发区全社会固定资产投资完成情况

单位：亿元、%

序号	类别	1—12 月	同比增长
1	全市	6352.70	5.60
2	开发区	1561.79	−6.37
3	占比	24.58	
4	市级以上开发区	1160.18	−6.75
	其中：国家级开发区	668.44	−10.99
	市级开发区	491.73	−0.29
5	产业基地	246.52	−13.5
6	城镇工业地块	155.10	11.68

数据来源：市统计局和开发区。

开发区累计完成工业固定资产投资 778.79 亿元，占全市工业投资的 81.36%，同比下降 11.86%，主要是国家级开发区工业投资同比下降较大。

表 11　工业区工业固定资产投资完成情况

单位：亿元、%

序号	类别	1—12 月	同比增长
1	全市	957.17	−17.2
2	开发区	778.79	−11.86
3	占比	81.36	
4	市级以上开发区	535.44	−18.19
	其中：国家级开发区	233.61	−27.55
	市级开发区	301.83	−9.11
5	产业基地	136.60	1.77
6	城镇工业地块	106.75	12.51

数据来源：市统计局和开发区。

六、上缴税金保持一定增长

1—12 月，开发区上缴税金 4843.73 亿元，同比增长 8.88%，占全市上缴税金的 34.62%，占比接近 1/3。市级以上开发区上缴税收 4843.73 亿元，产业基地上缴税金 690.23 亿元。

表 12　开发区上缴税金情况

单位：亿元、%

序号	类别	1—12 月	同比增长
1	全市	13989.51	15.8
2	开发区	4843.73	8.88
3	占比	34.62	
4	市级以上开发区	3982.95	7.43
	其中：国家级开发区	3181.24	7.1
	市级开发区	801.70	8.75
5	产业基地	690.23	17.87
6	城镇工业地块	170.56	9.61

数据来源：开发区统计和上海税务局。

七、第三产业全年保持增长

第三产业完成营业收入 33039.55 亿元，同比增长 2.39%。国家级开发区第三产业完成营业收入 23240.35 亿元，同比下降 1.29%，对开发区第三产业增长有较大影响。

表 13　开发区第三产业情况

单位：亿元、%

序号	类别	1—12 月	同比增长
1	开发区	33039.55	2.39
2	市级以上开发区	9416.56	1.43
	国家级开发区	23240.35	−1.29
	市级开发区	6176.21	13.15
3	产业基地	2480.45	0.9
4	城镇工业地块	1142.54	41.11

数据来源：开发区。

（刘亚斐）

产 业 投 资 情 况

2015 年，上海产业固定资产投资共完成 1410.6 亿元，其中工业固定资产投资完成 957.2 亿元，比上年下降 17.2%，生产性服务业固定资产投资完成 453.4 亿元，比上年增长 8.8%。投资结构调整步伐加快，产业转型升级效果显现，有力保障了全社会经济社会的健康平稳发展。全年产业投资呈现如下特点：

一、工业投资下行压力较大，努力支撑产业发展

2015 年，国内外经济整体放缓，宏观经济数据屡创新低，产能过剩局面没有明显改善，工业发展形势依然严峻。低迷的经济形势伴随着土地资源约束、环境保护约束和劳动力成本不断攀升等制约因素，上海工业投资特别是制造业投资规模出现明显下滑。其中制造业投资完成 757.8 亿元，同比下降 22.6%，占工业投资总额的 79.2%，同比下降 5 个百分点，制造业投资意愿不足；电力、自来水、煤气生产和供应业完成投资 199.2 亿元，同比增长 11.9%，黄浦江上游水源地金泽水库工程、上游水源地连通管工程、奉贤燃机发电有限公司燃机发电厂等大型供水电力项目的建设为制造业后续发展提供了基础保障。

表 1　2014 年、2015 年上海工业投资情况

项目名称		2014 年数值（亿元）	占比（%）	2015 年数值（亿元）	占比（%）
工业投资		1156.4	100	957.2	100
其中	制造业	978.4	84.6	757.8	79.2
	电煤水生产和供应业	178	15.4	199.2	20.8
	采矿业	0.08	/	0.2	/

二、技改投资比重稳步上升，专项资金促进产业升级

2015 年，技术改造投资达 564.7 亿元，占工业投资总额的 59%，同比提高 1 个百分点。汽车、电子信息、装备制造、轻工、新材料等重点领域的多个项目获得国家和市级技改补贴，有力提高了企业工艺水平及技术能力。国家资金方面，两家企业纳入重点产业振兴和技术改造专项资金支持，拟支持资金 3363 万元；3 个项目纳入电子信息产业振兴和技术改造专项支持范围，拟支持资金 1.1 亿元。同时，推荐 5 个项目参与工业强基示范工程的投标，总投资 5.9 亿元，申请专项资金总额 1.1 亿元。市级资金方面，完成两批市级技改项目推进，104 个项目纳入专项资金的支持范围，总投资 140.8 亿元，专项资金支持额度超过 8.9 亿元。宝钢新日铁汽车板有限公司、伊顿上飞（上海）航空管路制造有限公司等一批技术创新和产品升级的重大技改项目获得立项支持。

表 2　2015 年上海工业重点技术改造项目分类情况

项目名称		项目数	总投资（亿元）	占比（%）
部分重点行业	汽车	25	23	16.4
	装备	16	18.2	13
	电子信息	10	10.2	7.3
	轻工	15	34.7	24.8
	石油化工	4	5.5	3.9
	新材料	9	19.1	13.6
	生物医药	12	16.9	12

三、资金来源降幅较大，工业投入资金趋紧

2015 年，上海工业投资资金来源共有 1091.3 亿元，同比下降 18.7%，降幅比上年提高 14 个百分点。资金来源中，自筹资金 783.5 亿元，同比下降 17.1%，占全部资金来源的 71.8%，比上年提高 1 个百分点；国内银行贷款投入 63.5 亿元，同比下降 43.8%，增幅比上年下降 65 个百分点。

表 3　2015 年上海工业投资到位建设资金情况

项目名称		数值（亿元）	同比（%）	占比（%）
资金来源合计		1091.3	−18.7	100
其中	自筹资金	783.5	−17.1	71.8
	国内贷款	63.5	−43.8	5.8
	利用外资	68.6	−17.8	6.3

四、重点行业投资整体下降，电子信息行业逆势增长

2015 年，六大重点行业共完成投资 556.33 亿元，同比下降 19.4%；占工业投资总额的 58.12%，比上年下降 1.6 个百分点。其中，电子信息产品制造业投资同比增长 6.3%，比上年提高 28.2 个百分点，是六大重点行业中唯一实现正增长的行业。其余 5 个行业皆出现负增长。精品钢材制造业、生物医药制造业投资分别同比下降 27.9% 和 21.7%，分别比去年下降 31.6 和 22.7 个百分点；汽车制造业、成套设备制造业投资分别同比下降 17.2% 和 25.7%，分别比上年提高 16.4 和 5.6 个百分点；石油化工及精细化工制造业投资从上年增长 27.5% 大幅下降到 44.4% 负增长，降幅将近 72 个百分点。

表 4　2014 年、2015 年上海工业支柱产业投资情况

	2015 年投资（亿元）	同比增长	2014 年投资（亿元）	同比增长
六个重点发展行业工业	556.33	−19.4%	690.16	−7.0%
电子信息产品制造业	173.28	6.3%	163.08	−21.9%
汽车制造业	118.10	−17.2%	142.67	−0.8%
石油化工及精细化工制造业	67.09	−44.4%	120.58	27.5%
精品钢材制造业	40.35	−27.9%	55.94	3.7%
成套设备制造业	98.30	−25.7%	132.31	−20.1%
生物医药制造业	59.21	−21.7%	75.59	1.0%

五、产业转型升级加速，生产性服务业投资势头良好

2015 年，生产性服务业固定资产投资稳步增长，全年完成 453.4 亿元，同比增长 8.8%。其中研发设计服务业完成投资 44.4 亿元，同比下降 11.9%。其中工程和技术研究和试验发展行业规模最大，完成投资 28.8 亿元，同比增长 4.8%，主要是巴斯夫研发服务平台一体化－研发中心（二期）、临港海洋高新科技创业园、中欧能源新技术（上海）发展合作中心有限公司新建产研中心等项目。

（陈　敦）

产 业 技 术 创 新 情 况

2015 年，上海市切实落实“创新驱动发展、经济转型升级”的要求，围绕《上海市产业技术创新“十二五”发展规划》，大力推动以企业为主体的产业技术创新体系建设，在企业技术中心建设、知识产权推进、产学研合作、前瞻性研究等多个方面加大工作力度，实现了一系列突破。

一、加强以企业为主体的技术创新体系建设

加强顶层设计，探索制度创新。在前期研究基础上，印发《上海市企业技术中心认定管理办法》。开展市级企业技术中心两年一次的评价工作，对企业技术中心提交的数据和书面材料进行核查和综合评价。进一步壮大企业技术中心队伍。组织市级企业技术中心认定申报受理工作，全年共有69家企业认定成为市级企业技术中心。做好市级企业技术中心能力建设项目申报和管理工作，共有66个项目立项，得到项目支持。树立标杆企业，形成企业创新梯队。组织开展国家技术创新示范企业和国家认定企业技术中心的申报工作，2015年共认定国家技术创新示范企业4家，6家企业成为第22批国家认定企业技术中心，组织52家国家级技术中心参加了国家发改委的2015年度考评评价工作。

二、深入推进企业知识产权和标准化建设工作

深入推进知识产权优势企业创建工作。经过申报、企业答辩、专家评审等程序，认定网宿科技股份有限公司等18家企业为2015年上海市知识产权优势企业。对新认定及复审共37家企业的知识产权投入情况按相关规定进行审核。深入推进知识产权运用能力建设。积极对接工业和信息化部的工业企业知识产权创造运用能力培育工程，总结上海市工业企业知识产权运用能力培育工程，报送国家企业知识产权标杆企业，充分发挥知识产权在提高企业市场竞争和持续发展中的作用。探索开展产业创新联盟标准化建设专项。经研究并征求市质监局意见，增设产业创新联盟标准化建设专项。主要用于支持产业创新联盟“四新”重点领域，开展基于技术标准和产业链合作标准化体系的研发创新工作，形成联盟标准，填补领域标准空白，对本领域创新成果的产业化起到了积极作用，对本市“四新”经济起到提升和促进作用。上海电生理与康复技术创新战略联盟的“心电物联网和云服务技术标准研究”等7个项目列入本年度产业创新联盟标准化建设专项。开展标准化体系、知识产权政策等方面的研究。围绕上海市智慧城市建设过程中需要解决的标准体系开展研究，结合智慧交通专项中标准化的要求，对标准化现状进行调研、分析，对标准需求进行分类、整理。加强同知识产权局合作，研究探索创新券模式支持小微企业和知识产权服务机构创新发展。

三、深入推进产学研协同创新

一是深化同市教委等有关部门的工作联动。共同围绕产业链，聚焦重点方向，形成项目联合支持机制，加快创新成果产业化。会同市教委形成对重大协同创新平台滚动支持、对重点领域联合攻关项目聚焦支持、对中小企业校企合作项目以“四新券”支持的联合支持机制。二是创新专项资金支持方式。借鉴发达国家和兄弟省市的经验，利用存量资金开展小范围试点，重新构建工作流程，完成“四新服务券”（产学研合作）的试点发行，共发放36张，涉及支持金额720万元。同时，通过与市教委、市财政局多次协调，年内落实对商用航空发动机协同创新平台进行两委联合的滚动支持。三是加强产学研合作创新示范基地建设。命名上海化工研究院、上海微创医疗器械（集团）有限公司等5家第二批上海市产学研合作创新示范基地的基础上，进一步加强跟踪管理，促进示范基地同高校知识服务平台间的协作和联动。四是聚焦支持一批协同创新项目。本年度支持22个项目突出了“三个导向”：以机制突破为导向，鼓励企业整合创新资源探索合作模式；以协同创新为导向，支持一批产学研示范基地牵头开展的项目；以培育“四新”为导向，支持一批“四新”经济创新创业项目和产业链重点领域项目。

四、完成引进技术的吸收创新计划

一是做好2015年度引进技术的吸收创新计划项目立项。围绕具有全球影响力的创新中心建设和产业转型发展，以市场需求为导向，鼓励本市企业开展海内外研发团队、研发机构或科技型企业的并购，或通过购买、许可、合资合作等多种形式，引进境内外高端技术成果进行创新应用开发，尽快掌握一批核心关键技术。重点支持各类投资机构参与投资的吸收与创新项目，推动产业与资本的紧密结合，提升上海产业的核心竞争力，更好地发挥技术创新对培育“四新”建设，发展战略性新兴产业和提升先进制造业的促进作用。二是做好引进技术的吸收创新计划立项项目的跟踪和服务工作。在项目执行期内，分阶段对项目单位进行情况跟踪，掌握项目单位的项目执行进度，监督项目单位规范执行。

（孙 跃）

上海推进“互联网＋”发展情况

党中央、国务院高度重视互联网融合发展，习近平总书记和李克强总理多次作出重要指示和批示，指出“互联网＋”具有广阔的前景和无限的潜力，对提升产业乃至国家综合竞争力将发挥关键作用，要顺应未来市场趋势，大胆探索，积极推动。上海积极贯彻国家战略部署，2015年上半年启动《实施意见》的编制工作，市经信委和市发改委联合交通、金融、健康、教育等多个委办在广泛听取各方面意见的基础上，共同起草《实施意见》。

《实施意见》强调以创新、开放和包容的“互联网 +”思维改革创新，促进实体经济转型升级、促进民生改善、促进政府职能转变，营造文化发展繁荣环境，形成以“互联网 +”为特色的新型产业发展模式和“大众创业、万众创新”的良好生态。

一、上海发展“互联网 +”意义

1.“互联网 +”的理解

“互联网 +”是互联网发展的全新阶段，以移动互联网、云计算、大数据、物联网为代表的新一代信息通信技术，与经济社会各领域、各行业的跨界融合和深度应用，已经成为全球新一轮科技革命和产业革命的核心内容。互联网经济蓬勃兴起，发展势头不可阻挡，正加速推动技术进步、效率提升和组织变革，提升实体经济创新力和生产力，形成更广泛的以互联网为基础设施和创新要素的经济社会发展新形态。

2. 发展“互联网 +”的战略意义

当前，上海正处于转型关键期，把握“互联网 +”具有重要意义，主要体现在三个方面：

一是助力科创中心的建设。建设具有全球影响力的科技创新中心与“互联网 +”的时代大背景紧密相连，推进“互联网 +”有利于把握科技进步大方向、产业革命大趋势，围绕激发创新主体、创业人才的动力、活力和能力，培育鼓励支持创新创业的良好环境。

二是带动产业转型升级。“互联网 +”引领经济发展新常态，带动制造业和服务业转型升级，促进网络经济与实体经济协同发展，提升生产效率增强内生动力，培育和发展新模式新业态，形成新的经济增长点，构筑新常态下竞争优势。

三是创新政府服务模式。“互联网 +”推动公共服务供给创新和信息资源开放共享，提升了公共服务能力和普惠水平。同时，对政府传统的管理服务产生颠覆性挑战，推动以“互联网 +”的思维不断改革创新管理服务。

二、上海推进“互联网 +”具有良好基础

“互联网 +”发展的核心在于与经济社会各领域的深度融合，上海具备雄厚的工业和现代服务业基础，在信息基础设施、智慧城市等要素资源上具有优势，尤其是互联网产业成为新兴经济增长点的集聚领域，孕育了庞大的市场空间。

1. 信息服务业稳步增长，资本高度集聚

上海信息服务业实现稳步增长，经营收入从 2006 年的 1000 亿元到 2015 年突破 6000 亿元，9 年增长 6 倍。同时，上海作为国内互联网投融资最为活跃、资本聚集度最高的城市之一，得到资本市场的高度关注。中介机构统计的投融资案例 324 笔，占全国的 17.7%，已披露投资额的案例中，超过 5000 万美元的达到 40 笔。

2. 产业载体初具规模，创客空间活跃

经过 10 年的发展，上海初步形成以浦东张江、漕河泾等园区为核心，以市北高新、创智天地等园区为支撑的产业载体布局，市级信息服务产业基地 36 个，载体空间面积达到 765 万平方米，形成完备的产业集聚生态圈。创客空间大量涌现，原有众多孵化器、科技园区、老厂房向创业空间转型，呈现便利化、小型化、专业化的发展趋势。如腾讯上海创业基地，一期办公区面积 2360 平方米，250 个工位，集聚了多个互联网创业项目。

3. 通信基础设施优良，网络覆盖加速

持续扩容、优化城域网络，建设 APG 海光缆，保持出口带宽资源优势。积极推动绿色节能技术运用和已有 IDC 升级改造，在全市电力、通信资源优势区域，推进高端、自给、集聚的数据中心建设，各类 IDC 机架总量超过 4.5 万个。加速光纤到户覆盖，截至年末，新增 70 万户家庭光纤，累计覆盖家庭达 910 万户，新增 120 万户 NGB 家庭覆盖，累计达 720 万户。在移动通信 4G 网络建设上，全市 4G 网络已基本实现全市区域覆盖，全市 3G/4G 用户数已超过 2360 万，用户普及率达 98%。

4. 智慧城市不断深化，创新政府服务

实施数字惠民、智慧城管、两化融合和电子政务行动，初步实现智慧城市建设应用领域全覆盖。基本建成覆盖全市的人口库、法人库和空间地理信息库，在信息公开基础上推动政府数据资源向社会开放，开通国内首个“政府数据服务网”；网上行政审批平台在内资企业设立、建设工程等领域实现并联审批；“12345”市民服务热线、法人数字证书“一证通用”等渠道整合不断深化。以市民服务为例，上海成为华东地区首个接入微信“城市服务”入口的城市，向市民提供查询天气、支付账单、预约护照办理、违章查询等多项便民服务。

三、上海《实施意见》的主要内容

《实施意见》以落实国家《指导意见》和体现上海特点为出发点，主要内容包括指导思想和目标、专项行动、推进举措三部分。

在指导思想和目标方面，《实施意见》以“促进实体经济转型升级，推进政府职能转变和民生改善，形成‘互联网 +’新型生态环境”为主线，坚持“需求主导、融合创新，资源整合、普惠民生，开放共享、安全有序，宽松环境、创新监管”四项原则。提出“到 2018 年，实现互联网与经济社会各领域的深度融合，形成经济发展新动力、营造互联网发展新环境、打造互联网城市新品牌”的发展目标。

在专项行动方面，《实施意见》以专项行动为抓手，结合上海市互联网资源优势，对接国家《指导意见》重点方向，提出 21 个具体专项，概括起来主要包括三个方面：一是与传统产业深度融合，加速经济转型升级领域的 13 个专项，分别是“互联网 +”研发设计、虚拟生产、协同制造、供应

链、智能终端、能源、金融、电子商务、商贸、文化娱乐、现代农业、新业态和新模式、众创空间；二是面向广大市民的衣食住行，提升生活品质领域的5个专项，分别是“互联网+”交通、健康、教育、旅游、智能家居；三是建设服务型政府，提升城市管理能力领域的3个专项，分别是“互联网+”公共安全、城市基础设施、电子政务。

在推进举措方面，《实施意见》围绕“互联网+”发展面临的瓶颈，聚焦“创新体制机制、资源开放共享、优化产业环境、鼓励创新创业”，提出了统筹协调落实政策保障、推进关键平台和示范工程、优化产业发展支撑环境、构建跨界融合标准体系、拓宽互联网企业融资渠道、强化信息基础设施和安全保障、提升政府公共服务能效、引进和培养行业人才等八项具体举措。

（孙德功）

工业品牌建设情况

“十二五”期间，面对世界经济形势低迷、国内经济增速放缓以及本市用地刚性约束加剧、商务成本不断攀升等严峻经济形势，上海坚持“高端化、集约化、服务化”的产业发展方针，积极推动制造业转型升级和结构优化，不断提升发展质量和效益水平。到2015年，全市规模以上工业增加值年均增长4.3%，工业利润年均增长3.6%，战略性新兴产业增加值占GDP比重达到15%，工业增加值占GDP的28.5%，与制造业密切相关的生产性服务业增加值占GDP的31.5%，工业税收占全市税收的贡献约40%。根据《关于本市加强品牌建设的若干意见》精神，加强工业品牌建设，全社会品牌经济发展意识明显增强，多层次品牌经济发展构架正在形成，取得了较好成效。

一、创新驱动发展，促进提质增效

创新、转型、提质、增效，一直是上海品牌建设的重要内容，科创中心建设和发展“四新”经济，为上海品牌建设增添了新的内涵。

一是注重质量品牌提升。落实《上海市质量发展规划(2011—2020年)》，持续组织开展上海市政府质量奖评选表彰工作；实施质量振兴攻关计划，积极开展质量标杆活动，率先试点启动地方“企业创新百强工程”；大力推广卓越绩效模式、六西格玛管理、精益生产等质量管理方法，引导企业积极采用ISO9000系列质量管理标准，形成了重视质量、严守质量、提升质量的良好氛围。光明乳业华东中心工厂引进WCM和MES系统，实现智能化生产的飞跃。外高桥第三发电公司靠技术创新，成为“世界最高效、最清洁的燃煤发电厂”。工信部公布的2015年中国品牌力指数（C-BPI）报告显示，上海市共有中华、圣象、太太乐、白猫、三枪等11个品牌入选行业标杆第一品牌；在国家质检总局每年对全国制造业质量竞争力的综合评价中，“十二五”期间上海的质量竞争力指数得分连续保持全国第一。

二是注重创新创意融合。按照习近平总书记“围绕产业链部署创新链”的要求，上海注重科技创新和创意设计的融合发展，探索“基地+基金+实训基地+创新联盟”相结合的全新运作方式，积极打造新产业、新业态、新技术、新模式“四新”经济发展的产业生态系统，打造细分行业的“单项冠军”、“隐形冠军”。2015年新评选出202家科技小巨人（含培育）企业，截至目前，全市累计有科技小巨人408家、科技小巨人培育企业1019家，涌现出一批具有自主知识产权的科技企业品牌和网络服务品牌；1323家中小企业获得2015年度上海市“专、精、特、新”中小企业认定，其中有众多企业位居全国细分市场占有率第一位。

三是注重品牌培育发展。按照工信部《品牌培育管理体系实施指南／评价指南》精神和国家有关部委质量品牌工作要求，本市组织专门的第三方机构，在强化企业品牌战略的基础上，帮助企业按照品牌定位的要求梳理并优化现有的科技研发、质量管理、市场营销、供应链管理等各类管理体系，促进企业从“微笑曲线”的两端提升品质和价值、生产制造段减少费用和成本，并将相关工作从消费品领域延伸到工业品领域，取得较好成效，吸引越来越多的企业加入品牌培育管理体系的试点和示范行列。2015年，汉钟精机、南方寝饰两家获得国家品牌培育示范企业，至此，全市品牌培育示范企业共计9家。

二、加强协同发展，振兴品牌经济

构建产品品牌、企业品牌、行业品牌、区域品牌以及上海城市品牌为一体的品牌经济发展框架，努力建设国际设计之都、时尚之都、品牌之都。

一是“品牌上海”影响力得到提升。人民网上海频道百个上海品牌故事的“品牌上海”栏目影响深远，人民网总网也推出“品牌中国”专栏；SMG制作《品牌上海》三集纪录片，上海电视台“新闻透视”连播三集上海品牌报道，用影像呈现“品牌上海”；举办首届中国品牌经济论坛、第二届中国商标金奖颁奖大会、设计之都活动周、国际时装周、中华老字号博览会、长三角品牌发展论坛、上海国际创意城市设计创新论坛等展会，支持中国国际服装服饰博览会、劳伦斯世界体育奖颁奖典礼等具有国际影响力的盛会在上海举行，提升上海城市品牌形象、增强上海国际影响力；“上海－纽约创新设计对话”活动在美国举行，上海设计走出去项目在东京举行，组织企业参加2015中国－南亚博览会、第4届中国－阿拉伯国家博览会等，上海时装周走进伦敦时装周，使中国近百位设计师跻身国际时尚舞台；组织光明集团、上海纺织、亚振家具、瀚艺服饰等品牌企业参加米兰世博会，展示上海品牌企业风采，不断提升“品牌上海”的国际国内影响力。

二是行业（区域）品牌不断涌现。围绕虹桥商务区、世博园区、上海国际旅游度假区、临港地区、前滩地区和黄浦江两岸等六大重点功能区建设，积极推进产城融合，培育和建设大虹桥、徐汇西岸、环同济、江南智造等区域品牌；按照国家质检总局要求，继续组织开展“知名品牌创建示范区”建设，市北高新技术工业园区完成验收，正式获批“质量服务全国知名品牌示范区”，截至目前，全市共有张江等6家国家级和36家市级知名品牌创建示范区；结合特大型城市产业园区、集聚区、开发区多的特点，积极开展品牌园区建设工作，张江、金桥、漕河泾等37家园区被评为上海品牌园区，18家被评为上海品牌建设优秀园区。

三是产品（企业）品牌逐步壮大。鼓励企业以品牌建设为核心，不断完善创新体系、质量体系、诚信体系以及品牌培育管理体系等。支持企业通过兼并收购、市场开拓、连锁经营等方式积极实施走出去战略，振华港机、联影医疗、上海电气、光明集团、海立压缩机、上工申贝、老凤祥首饰等一大批企业走出国门、走向世界。欧蒂芙女装成为第一个由中国设计师创建并走进纽约时装周主秀场的品牌。中昊针织提供自行设计的具有自主知识产权的产品，年出口丝袜、棉袜、裤袜等各类袜子超过4亿双，位居全球第二。截至目前，全市共有中国驰名商标184个、中华老字号180个、上海市著名商标1300个、上海名牌1240项、上海老字号42个。

三、坚持多管齐下，营造良好环境

发展品牌经济是一项凝聚全社会力量的系统工程。充分发挥发挥政府、社会、市场、企业等各方作用，整合资源、凝聚力量、共同推进。

一是部门联手、市区联动，形成工作合力。在市品牌建设工作联席会议机制下，各部门积极开展资源整合、政策引导、宣传推介、品牌培育、渠道拓展、质量提升和知识产权保护等相关工作，取得了较好成效。2015年，市政府1号文《关于贯彻＜国务院关于推进文化创意和设计服务与相关产业融合发展的若干意见＞的实施意见》正式发布；市质量技监局在征求各方意见和论证的基础上完成修订并发布《上海名牌管理办法》；市科委积极推动“政策惠万企”行动计划，科技企业服务通道每周向近6万家企事业用户推送各类创新政策信息等。市区两级政府加强联动，在市级专项资金基础上，黄浦、静安等区也专门设立了品牌专项资金，越来越多的区县也提供了区级配套支持，还在开展区域品牌建设、发掘民营优秀品牌、优化贴身便利服务、提供信用资讯信息等方面加强市区联手，发挥区县在品牌建设上的主战场作用。

二是政策引导、社会参与，铸就市场张力。加强规划引导，品牌建设和品牌经济发展作为一项重要内容，已被纳入本市“十三五”的各类规划之中；加强政策引导，建立健全企业、市场、社会和政府的信息沟通纽带和品牌建设桥梁。在品牌培训方面，以品牌掌门人培训为切入口，一手牵品牌企业，一手牵专业机构，搭建一个面向全社会优秀专业服务机构开放的、与品牌企业广泛接触的对接平台，以此激发企业品牌建设内在动力。2014年共举办包括区县、行业、大集团等专场在内的掌门人培训和品牌创新沙龙14场，受众面800人次左右。在市场建设方面，积极探索品牌评估交易、融资租赁等品牌金融服务。在工商银行、中信银行等相继在上海成立“品牌银行”，在品牌无形资产价值评估、品牌交易、品牌质押贷款等方面作了有益的尝试，不断开创品牌无形资产的投融资新渠道。在区域合作方面，依托长三角30个城市经济合作平台，建立长三角品牌合作机制，继续推进苏浙皖赣沪名牌产品50佳的互认工作，为长三角品牌企业发展提供便利。

三是产权保护、诚信建设，营造环境魅力。良好的营商环境是上海品牌之都建设的重要基础。上海在加强知识产权保护方面不遗余力，按照韩正书记关于“没有知识产权保护，就没有创新创造”的指示要求，一方面支持鼓励企业开展知识产权保护利用，加强自律管理和自主维权工作，如上海锅炉厂、神开石化装备等一批企业建立了自上而下的知识产权管理架构，另一方面继续深入开展“双打”等工作，营造严厉打击假冒侵权行为的知识产权保护环境，2015年，全市共查处商标违法案件1340件，全年接受创意设计登记备案78件。同时，加强诚信体系建设，开通上海市公共信用信息服务平台，组织99个部门和单位，提供信息事项3441项，可供查询数据近3亿条，覆盖本市138万法人和2400万自然人，为上海推进品牌建设创造“让守信者得益、失信者惩戒”的良好外部环境。再者，开展公共服务平台建设，支持品牌标准制定、价值评估、设计咨询、交易运作、宣传推广、人才培训、信息追溯等各类公共服务平台建设，基本形成涵盖信息服务、展览展示、产业研究、人才服务、产业合作交流、投融资服务等六大核心功能的公共服务平台体系。

（徐　铭）

工业利用外资情况

2015年，上海以深化自贸区建设为契机，对标国际贸易投资规则，全面提升开放型经济发展水平，不断完善法治化、国际化、便利化的营商环境，全年利用外资规模持续增长，质量和水平进一步提高。

一、上海利用外资总体情况

2015年，新设外资项目6007项，比上年增长27.9%；合同利用外资达到589.4亿美元，增长86.5%，再创年度引资新高，规模居全国首位。实际利用外资在上年高位运行的基础上继续保持增长，达到184.6亿美元，增长1.6%，实现16年连续增长，实到外资约占全国的15%。截至2015年年底，上海累计引进外资项目8.23万个，合同外资3330.5亿美元，实际利用外资1876.2亿美元。

从结构上来看，2015年，服务业实际利用外资159.4亿美元，占全市的86.3%，下降2.7%，主要是由于房地产业实到外资同比下降32.8%；商贸业、租赁和商务服务业实到外资分别达到26.6亿美元、28.2亿美元，分别增长41.7%、5%。以融资租赁为主的金融服务业、以互联网+为代表的信息服务业是2015年利用外资增长最快的领域，实到外资分别达到21.1亿美元、7.82亿美元，分别增长84.6%、74.3%；金融服务业实到外资占全市的比重首次超过10%。

2015年，跨国公司加快在上海的投资战略布局，地区总部数量稳步增加、能级持续提升，功能不断拓展。全年新设跨国公司地区总部45家，其中汉高、恩智浦、亚什兰等15家企业设立亚太总部，新增投资性公司15家。截至2015年年底，累计在上海落户的跨国公司地区总部达到535家，其中亚太区总部41家；投资性公司312家，上海继续成为中国内地跨国公司地区总部落户最多的城市。95%以上的地区总部具有两种以上功能，82%具有投资决策功能，61%具有资金管理功能，54%具有研发功能，35%具有采购销售功能。同时，积极鼓励外资研发中心参与上海科技创新中心建设，全年共引进费森尤斯医药、中心国际集成电路等外资研发中心15家，累计达到396家。

截至2015年年底，在上海投资的国家和地区增至165个。中国香港、日本、美国和欧洲仍然是上海主要的外资来源地，但结构出现变化，欧洲、美国投资增长，中国香港、日本投资下降。欧洲对沪投资实到外资13.1亿美元，增长33.3%，主要是德国、法国、荷兰、西班牙等国的投资增长较快。美国对沪投资实到外资10.0亿美元，微增0.5%。香港投资实到外资113.0亿美元，占比为61.2%，下降2.5%。日本对沪投资延续下降趋势，实到外资下降60.7%，同期合同外资下降46.2%。此外，“一带一路”沿线国家合计对沪投资项目611个，实到外资22.3亿美元，增长164.8%，主要是新加坡投资实到外资21.7亿美元，增长161.5%。

二、工业利用外资情况

2015年，上海制造业实到外资出现明显增长，达到24.9亿美元，增长42.8%，占全市实到外资的比重由2014年的9.6%提高到13.5%。主要原因是2015年下半年以来，华宏宏力半导体制造（3.2亿美元）、光明荷斯坦牧业（2.49亿美元）、罗氏制药、拜耳材料科技、巴斯夫化工建材等大项目资金陆续到位。

但是，受到资源环境承载力接近极限及劳动力成本上升等影响，2015年制造业合同外资为18.9亿美元，下降15.9%。新增项目以装备、汽车零部件、生物医药制造为主，如瓦锡兰公司与中国船舶工业集团公司合资成立中船瓦锡兰发动机（上海）有限公司，总投资7851万美元，从事大型缸径柴油机和双燃料发动机制造；又如引进梅赛德斯－奔驰零部件制造服务有限公司，总投资9976万美元，从事汽车零部件再制造领域的技术开发。

2015年，上海外商投资企业为上海工业发展作出重要贡献，共完成工业总产值18953.20亿元，下降2%，占全市工业总产值的57.1%；工业利润总额1535.4亿元，下降2.3%，占全市规模以上工业企业利润总额的57.9%；外商投资企业运行的质量和效益不断提高，工业品产销率99.89%，高于全市规模以上工业0.49个百分点。

外商继续成为推动上海工业投资的重要力量，受经济放缓和市场疲软影响，整体投资出现下降。2015年，外商工业投资完成249.5亿元，下降21.5%，占全市工业投资的26%。上海通用汽车设计与工程技术中心金桥基地暨金桥扩能、诺华中国生物研发中心、拜耳20万吨／年聚碳酸酯扩建项目等多个总投资10亿元以上的重点外资项目投资进展顺利。

（黄治国）

工业进出口情况

2015年，受全球经济总体复苏乏力，外资需求持续低迷等影响，上海工业进出口受到抑制，出现双双下滑的形势。

一、上海进出口双双下降，进出口总值仍列全国前三

2015年，全球经济总体复苏乏力，前景艰难曲折，国内经济下行压力较大，对外贸易也随着全球经济低速增长进入新常态发展阶段。我国进出口总值双双下降，加工贸易和传统的劳动密集型产品出口下降较多，上海所受影响尤为明显，这也与本市产业结构转型相关，随着外资结构调整，一部分制造业转移到成本更低的地区，从而反映到进出口增速上。

据上海海关统计，2015年，上海进出口总额4517.3亿美元，比上年下降3.2%，占同期全国进出口总额的比重为11.4%，进出口总额仍列全国第3位。其中，出口额1969.7亿美元，同比下降6.3%；进口额2547.6亿美元，同比下降0.6%。

纵观全年进出口走势，4个季度分别为−3.1%、−3.6%、−0.8%和−5.2%，呈低位徘徊态势。其中，出口分别为−1.9%、−8.7%、−3.5%和−10.6%；进口分别为−4%、0.6%、1.5%和−0.7%。全年贸易逆差578亿美元，比上年净增117.3亿美元。

二、工业进出口双双下滑，贸易顺差收窄

2015年，全市工业进出口总额1958.5亿美元，同比下降9.5%，占同期全市进出口总值的比重为43.4%。其中，出口额1152.8亿美元，占全市出口总额的58.5%，同比下降9.1%；进口额805.8亿美元，占全市进口总额的31.6%，同比下降10.1%。

全年各季度工业进出口均比上年同期有不同程度的下降，分别为−3.8%、−11.3%、−7.7%和−14.6%。其中，出口分别为−5.5%、−12.7%、−4.3%和−13%；进口分别为−1.3%、−9.1%、−12.1%和−16.9%。2015年，工业进出口贸易均保持顺差，全年贸易顺差347亿美元，同比减少24亿美元。

2015年，工业出口下降的主要原因：一是外贸需求持续低迷，出口受到抑制；二是综合成本居高不下，出口竞争力削弱。进口增速下降的主要原因：一是国际大宗商品价格大幅下跌，导致大宗商品进口额减少；二是经济结构深度调整，导致能源资源产品进口量大幅下滑；三是加工贸易出口生产下滑，原材料零部件进口减少。

三、区县工业出口降幅扩大，进口降幅低于出口

2015年，区县工业出口额967.5亿美元，同比下降8.6%，降幅较上年上升6.1个百分点，但略低于全市工业出口下降幅度；进口额656.5亿美元，同比下降7.3%，降幅低于全市工业进口。进出口总额完成1623.9亿美元，同比下降8.1%，占全市工业进出口总额的82.9%。

从全年情况来看，区县工业4个季度的出口分别为−4.6%、−8.7%、−4.6%和−15.3%；进口分别为3.2%、−5.8%、−9.7%和−15.4%。

在全市17个区县中，浦东新区、松江区、闵行区、嘉定区和青浦区5个区全年进出口总额合计为1457.3亿美元，占全市区县进出口总值的89.7%。

2015年名列前五区县的进出口值及同比增速

区县	全年出口额（亿美元）	同比增速（%）	全年进口额（亿美元）	同比增速（%）
浦东新区	342.9	−2.5	360.3	−5.2
松江区	303.4	−8.1	77.8	−13.6
闵行区	98.5	−24.9	79	4.4
嘉定区	61.7	−12.2	37.6	−12.6
青浦区	55.8	−1.5	40.2	−11.8

经过近几年来的产业结构调整，上海工业企业大都布局于近郊和远郊，出口加工区集中于浦东、松江、闵行、嘉定和青浦等5个区。2015年，5个区的出口额合计为862.3亿美元，进口额合计为595亿美元，分别占全市工业出口、进口总额的74.8%和73.8%。

四、市属集团公司进出口大幅下滑，进口降幅大于出口

2015年，市属集团出口额185.3亿美元，同比下降11.5%；进口额149.3亿美元，同比下降20.7%。进出口总额完成334.6亿美元，同比下降15.8%，占全市工业进出口总额的17.1%。

从全年的进程来看，市属集团公司4个季度的出口分别为−9.9%、−30%、−3.1%和1.5%；进口分别为−16.9%、−21.5%、−20.9%和−23.3%，且全年各月均为负增长。

五、多个重点行业进出口低迷，部分行业出现大幅下滑

2015年，全市工业12个重点行业出口额1133.3亿美元，同比下降9.2%；进口额791亿美元，同比下降9.8%。进出口总额1924.3亿美元，同比下降9.5%。

1．电子行业受制外需和成本影响，出口增速下滑。电子行业进出口总额为1015.3亿美元，同比下降7.4%，占全市工业进出口总额的51.8%。其中，出口额659.8亿美元，同比下降9.3%，进口额355.5亿美元，同比下降3.7%。

电子产品在全市工业外贸中有较大的影响，但其加工贸易占比较大，受外需不振的影响也较大，前三季度的出口分别为-6%、-9.4%和-3.7%，第四季度为-16.5%，呈两位数下降，为全年最大降幅，主要是一些电子代工重点企业出口有较大回落。

2. 机械行业进出口均呈两位数下降，出口降幅大于进口。由于世界经济进入深度调整阶段，全球需求显著下滑，机械工业呈现减速下行趋势。全市机械行业进出口总额为239.6亿美元，同比下降12.6%，占全市工业进出口总额的12.2%。其中，出口额147.2亿美元，同比下降13.7%，进口额92.4亿美元，同比下降10.9%。

4个季度机械行业出口均出现负增长，分别为-10.5%、-20%、-10%、-13.6%。

3. 纺织行业持续近年来低迷态势，进出口仍在低位徘徊。纺织行业进出口总额为89.3亿美元，同比下降7.2%。其中，出口额73.6亿美元，同比下降6.5%，进口额15.7亿美元，同比下降10.6%。

在国际市场需求持续下滑、国内成本优势逐步弱化的背景下，4个季度纺织行业出口分别为-5%、-6.6%、-4.4%和-10.1%，但全年降幅小于全市工业出口的平均降幅，且较2014年的-7.9%有所收窄。

4. 受制内外需求不振，钢铁行业进出口额大幅下滑。钢铁行业进出口总额48.6亿美元，同比下降30.6%。其中，出口额15.6亿美元，同比下降21.3%；进口额33亿美元，同比下降34.3%。

4个季度，钢铁行业的出口分别为-5.3%、-32.2%、-26.5%和-18.2%。其中6月份下降42.4%，创下自2009年11月来的最大降幅。进口方面，受国内经济增速放缓和钢铁行业下行的严重影响，4个季度的进口分别为-36.9%、-39.5%、-16.7%和-40.5%。

5. 化工行业出口同比由增转降，进口同比降幅扩大。化工行业进出口总额101.5亿美元，同比下降17.7%。其中，出口额45.7亿美元，同比下降12.9%；进口额55.8亿美元，同比下降21.3%，降幅较上年上升17.8个百分点。4个季度化工行业的出口分别为-8%、-11.8%、-14.9和-15%，呈逐季回落态势。

（陈　静）

工业结构调整情况

2015年，上海工业结构调整健康、平稳进行，在市相关部门和区县的共同努力下，创新方法和工作机制，完成全年目标任务，达到预期效果。

一、工作完成情况

目标指标超额完成。2015年，全市启动实施产业结构调整项目1236项，完成1058项调整项目目标进度的117%，其中，单项调整556项，重点区域调整680项，实现年减少能源消费量超过82万吨标准煤，涉及工业产值282亿元、土地3.1万亩、低技能劳动岗位6.7万个。减少危险化学品生产、存储9.7万吨，其中易燃、易爆化学品7.3万吨，其他有毒和腐蚀化学品2.4万吨。

重点区域有序推进。围绕城乡一体化建设、工业区转型升级、198土地减量、郊野公园建设和生态环境治理等工作，加快推进普陀桃浦、浦东合庆等17个产业结构调整重点区域专项，区域覆盖面积近150万亩，涉及企业约2000家，预计腾出土地近1.5万亩，分流职工约5万人。其中闵行浦江、金山行业专项、桃浦科技智慧城（一期）基本完成调整。桃浦科技智慧城（二期）、奉贤金汇、青浦练塘、浦东四大工艺、奉贤江海、宝山南大（三期）等6个专项调整过半，2016年年底完成调整。2015年分别启动实施青浦华新、松江新浜、松江新桥、嘉定嘉北、浦东合庆、浦东周浦、金山廊下、青浦金泽、奉贤生物科技园等9个产业结构调整重点区域专项。按照重点区域专项任务两年内完成的进度，除奉贤生物科技园完成计划任务相对滞后外，其余专项均按进度要求完成计划任务。

二、工作成效

1. 有力推进198区域减量化。调整项目中位于198区域的占总数47%，占地5135亩，用于198区域企业调整资金约占资金总量的45%，启动实施的9个重点区域专项调整中6个与198区域减量化工作相结合，充分发挥政策叠加效用，腾出土地纳入复垦计划。

2. 持续改善就业人口结构。关停落后企业直接分流职工6.7万人，持续减少低技术劳动密集型就业岗位，其中90%以上都是外来人口，外来人口就业规模继续压缩，就业结构不断优化。

3. 支撑环境整治重点工作。70%以上调整项目存在环境污染问题，50%以上的项目直接与大气污染防治相关，关停无法完成燃煤锅炉清洁能源替代企业40家，对照金山地区环境综合整治任务清单，明确259家环境综合整治企业关停，初步测算市级支持资金3亿元用于关停调整存在环境污染问题的企业。

4．城市安全运行指数不断提升。“十二五”期间，上海累计调整434家危化企业，共计减少危险化学品生产、储存量181万吨，其中包括剧毒化学品3万吨、易燃易爆化学品96万吨，其他有毒和腐蚀化学品82万吨，基本完成本市工业园区外危险化学品生产、储存企业的调整，有效地消除了城市安全隐患，保障城市安全运行。

三、完善机制措施

1．强化工作推进机制。一方面加强市级层面的统筹协调，明确重点调整区域和行业，下达年度调整计划任务清单，另一方面落实工作责任，加大考核督办力度，将产业结构调整作为专项工作纳入中共上海市委对各区县及部门的经济责任考核，每季度发布调整进度晴雨表。

2．制定重点区域调整1350行动计划。为有效应对解决重点区域产业能级低、环境污染重、“五违”现象突出，市经信委创新编制《上海产业结构调整重点区域专项1350行动计划》，旨在通过市级层面制定重点区域调整推进路线图，列出“十三五”调整任务清单，“锁定区块、锁定项目、锁定时间、锁定主体责任”，按图索骥，系统性地推动50项重点区域专项完成调整，打通前期淘汰与后续转型的关联环节和壁垒，破解以往重点区域推进缺乏整体协同的难题。

3．扩充调整负面清单。在2014版负面清单基础上，从纵横两个方面对清单条目进行拓展，新增和提升限制类、淘汰类条目共106条，横向拓展包括产业布局、环境保护、能源利用效率、水资源利用效率、安全生产等方面；纵向拓展包括未列入负面清单的行业和已列入但需增加的条目。

4．修订资金管理办法。为更好地发挥“十三五”期间本市产业结构调整专项资金的引导和带动作用，进一步贯彻落实韩正书记关于“要创新方法和工作机制，坚定不移淘汰落后产能”要求，对现有资金管理办法开展修订工作，在资金支持方式、补贴标准、调整模式等方面开展研究，修改完善资金管理办法，研究探索引入多元化社会资本参与结构调整转型的可行性。

5．推进差别化电价工作。按照差别电价管理办法的规定，推进环境违法类企业执行差别电价，组织环保部门研究制定《关于对环境违法类企业实施差别电价措施的操作流程（试行）》，并对环境违法案例进行试点征收；组织区县实施差别电价认定、执行、退出等工作，共完成6家企业实施执行差别电价、16家企业退出实施差别电价，完成差别电价办法实施情况的后评估报告。

（殷和栋）

工业节能和综合利用工作情况

2015年是“十二五”的收官之年，也是节能减排形势较为复杂严峻的一年。上海工业和通信业系统坚持“探索节能降耗新模式、开创工业节能新局面”的工作主线，围绕工业增加值能耗下降和完成工业分散燃煤锅炉清洁能源替代两大目标，明确目标任务，扎实推进各项工作，取得了积极成效：

一是超额完成“十二五”工业节能目标。规模以上工业单位增加值能耗下降22.8%，超额完成单位增加值能耗下降22%的年度目标。

二是加快实施燃煤锅炉清洁能源替代。在原有1964台工作目标基础上加大工作推进力度，完成2442台燃煤（重油）锅炉清洁能源替代或关停。

三是成功举办2015年节能宣传周系列活动，举行《长三角燃煤锅炉清洁能源替代及节能环保综合提升工作合作备忘录》签约仪式。

四是加快推进分布式光伏产业发展。制定分布式光伏上海市地方标准和联盟标准，开通上海市分布式光伏产业联盟微信公众号，并在嘉定区、静安区等园区举办规划分布式光伏“园区行”活动，组织项目对接，搭建企业合作平台。

五是加强对节能工作的监察管理和执法。对不落实能源利用状况报告制度，且多次催促拒不整改的企业，予以正式立案，并处以罚款5万元。

六是做好工业环境治理工作。按照加强大气、水、土壤污染防治和环保三年行动计划、清洁空气行动计划的有关要求，抓紧组织开展落实工业领域污染防治相关工作，继续启动实施产业结构调整，持续开展198区域复垦工作，逐步推进工业园区循环化改造，完成70%重点行业清洁生产技术改造。

七是各项重点工作取得积极进展。奖励节能技改项目80项，节能量约22.5万吨标煤。实施电机能效提升三年行动计划，回收低效电机5万千瓦，推广高效电机4.5万千瓦。奖励合同能源管理项目78个，节能量4.9万吨标准煤；成功对接合同能源管理融资项目100余个，落实融资贷款10亿元；协调支持节能服务企业参加股权交易、新三板等挂牌融资，已有10家企业成功挂牌。

重点开展以下工作：

一、确保完成工业和通信业系统节能各项节能任务指标

一是超额完成“十二五”工业节能目标。规模以上工业单位增加值能耗下降22.8%，超额完成单位增加值能耗下降22%的年度目标。二是在与各区县经委、集团公司多次沟通上，核准下发24个工业集团（含上海化学工业区）、17个区县工业2015年度节能目标。三是组织落实132个上海市节能技改项目审核的跟踪管理，组织实施123个节能技改项目节能量审核。四是滚动实施电机能效提升三年行动计划，回收低效电机5万千瓦，推广高效电机4.5万千瓦。

二、圆满完成燃煤锅炉清洁能源替代

按照“目标全覆盖、措施全覆盖、政策全覆盖”的要求，细化落实“一区一对接、一企一策、一锅炉一方案”措施，完善名单化推进制度，协调推进中的瓶颈问题，开展专题宣贯培训、政策指导、进度排摸、督促检查等系列工作，清洁能源替代推进工作取得重要的阶段性成果，全面取消分散燃煤锅炉。全年替代燃煤锅炉2442台，超额完成年初1964台的目标任务。

三、加强节能与综合利用能力建设

一是编制2015版负面清单，遵循“全行业、全要素、全面提升和深化”的总体思路，从纵横两个方面对负面清单进行拓展：将约束条件横向拓展至产业发展、环境保护、安全生产、能效提升、资源利用、土地产出等六个方面；纵向拓展条目涉及钢铁、化工、建材、轻工、医药、印刷、纺织等8个行业，共107项内容（淘汰类17项、限制类90项）。二是启动100幢大型公共建筑温控监管平台。抽查发现，被监控的100幢大型公共建筑在4个高温日里，平均温度为26.3℃，总体情况良好。三是持续推进工业企业落实能源利用状况报告工作，开展能源利用状况报告、节能月报等13期专项培训，共计629人次参加；对22家未按要求报送企业，签发责令整改通知书。最终除1家企业外，均完成上报并通过审核。针对这家多次催促拒不整改的企业，落实自由裁量权，予以正式立案，并处以罚款5万元。四是发布《上海市绿色产业园区评价标准体系》，制定绿色产业园区创建及园区循环化改造工作方案，指导推进不少于5家园区开展创建工作，研究园区绿色公共服务平台建设方案及支持办法，指导园区开展平台建设。五是围绕“节能有道、节俭有德”，市经信委会同市发改委等17个相关部门，举办2015年上海节能宣传周主题日活动，开展“2015长三角锅炉清洁能源替代综合解决方案展”，举行《长三角燃煤锅炉清洁能源替代及节能环保综合提升工作合作备忘录》签约。六是开展系列课题研究，开展工业重点节能技术、通信业重点节能技术、内燃机产品调研与推广等课题研究，夯实工作基础。

四、加快发展节能环保产业

一是积极推进节能服务业发展，召开节能服务产业发布会，发布《2014上海节能服务业发展报告》，成功对接合同能源管理融资项目100余，落实融资贷款约10亿元；修订了合同能源管理项目奖励办法，起草《节能服务业管理规范》《合同能源管理项目服务规范》《合同能源管理项目节能量审核办法（电机）》3个地方性标准。二是探索发展环保服务业。经排摸，全市环境污染第三方治理企业180余家，从业人员9600余人，产值规模60亿元左右；初步形成电镀废水第三方治理试点方案、环境污染第三方治理行业规范和合同环境服务扶持办法。三是扶持发展资源综合利用产业。发布《上海市资源综合利用产业发展报告（2015）》，全市250家资源综合利用企业，就业人数1.4万人，实现产值81.1亿元，享受减免税额6.1亿元；培育城市矿产源综合利用产业化示范基地，推进中冶宝钢国家级钢渣综合利用产业示范基地、伟翔环保国家循环经济教育示范基地、城建物资再生骨料生产示范基地、森蓝环保老港城市矿产资源化利用基地等创建。四是搭建产业发展服务平台。建立上海绿色金融联盟，落实两项未来收益权质押项目及3项锅炉信贷项目，融资总额为2522万元；建立实分布式光伏联盟，开通上海市分布式光伏产业联盟微信公众号，发布分布式光伏发电政策、规划、工作动态，开展分布式光伏“园区行”活动，与9个园区、单位组织项目对接，搭建企业合作平台，召开3次交流会。五是开展节能产品评审推广工作，编制《2014年上海市节能产品汇编》，共79家企业的120个产品获得“上海市节能产品”称号。组织开展节能产品“能效之星”申报工作，推荐5家企业为2015年度节能机电设备（产品）“能效之星”。六是积极对接本市节能惠民产品推广工作，近年来，完成对高效节能台式微型计算机、容积式空气压缩机、清水离心泵、配电变压器和电机等四大类工业产品，节能平板电视、空调、冰箱、洗衣机、热水器等七大类家电产品，以及节能汽车推广信息的核查工作。

（肖　榕）

工业环保治理情况

2015年是上海市第六轮三年环保行动计划的起步之年，工业系统通过源头引导、过程控制、末端防治，积极推动工业环保治理工作取得新进展，圆满完成各项任务目标。

一、持续推进清洁生产

一是组织开展清洁生产申报、验收工作，自愿开展清洁生产审核企业233家，强制开展清洁生产审核企业104家，完成清洁生产评估150家，验收83家，实施清洁生产无／低费方案960项，中／高费方案125项，节约标煤1.9万吨，减排二氧化碳4.9万吨、废水4.46万吨、废气285万立方米、粉尘147吨、固体废弃物250吨、危险废弃物815吨。二是组织清洁生产培训，对近500名清洁生产内审员进行培训。三是开展清洁生产先进企业评选工作，10家企业获得“清洁生产先进企业”称号。组织评选清洁生产示范项目，12家企业申报，目前进入网上评选阶段。

二、积极开展资源综合利用

一是全年冶炼渣、粉煤灰、脱硫石膏等大宗工业固体废弃物排放总量1935万吨，利用量1872万吨，综合利用率超过97%，保持国内领先。二是指导完善临港再制造产业园区建设方案，协调落实再制造园区用地指标。三是搭建固体废弃物信息服务平台，推动东方循环、恒源宝、绿智汇等固废资源化信息管理、电商和网站建设。四是做好认定取消后的后续工作，解读政策，开展政策和技术咨询，对企业的需求进行调研，初步形成咨询流程和规范。五是积极推广脱硫石膏资源化、脱硝粉煤灰应用和建筑废弃物再生利用等资源综合利用共性技术和装备，研发和推广钢渣矿渣微粉深度利用生产低碳型配置水泥。

三、切实做好工业污染防治工作

一是积极开展第六轮环保三年行动计划有关工作，实现198区域土地减量，关停无法完成燃煤锅炉清洁能源替代企业40家。二是落实清洁空气行动计划各项工作，参与清洁空气行动计划年中督查，完成89项技术改造项目，投入资金9.5亿元，实现经济效益5.4亿元。三是协调推进杨浦区、宝山区的建成区14家央企20家辖下单位直排污染源截污纳管工作。四是完善空气重污染专项应急预案工作，更新工业行业空气重污染应急工作网络和企业、措施名单，开展工业行业空气重污染应急演练，落实了重点赛事、应急预警保障措施。

（肖　榕）

电力运行情况

一、电力建设情况

截至2015年年底，上海电网内共有发电厂54座、总装机容量2310.8万千瓦，其中100万千瓦机组4台、90万千瓦机组2台、60万千瓦机组6台、30万千瓦（含35万千瓦、40万千瓦）机组25台、30万千瓦以下机组117台；接入500千伏电网的发电容量为700万千瓦，8台机组（石洞口二厂120万千瓦，外高桥二厂180万千瓦，外高桥三厂200万千瓦，上电漕泾电厂200万千瓦）；接入220千伏电网的发电容量为1310.7万千瓦，58台机组；接入110千伏及以下电网的发电容量为300.7万千瓦，88台机组。其中公用可大范围调节出力的电厂10座计1330万千瓦，占总装机容量的57.56%，其调节容量计798万千瓦（按60%调节容量计），占34.53%。

上海电网共有1000/500千伏和220千伏变电站138座，变压器358台，总变电容量10356.3万千伏安，其中1000/500千伏变电站13座（不含外高桥三厂、外高桥二厂、上电漕泾电厂和石洞口二厂），1000/500千伏联络变压器2台，变电容量600万千伏安；500/220千伏联络变压器39台，变电容量为3690万千伏安；220千伏变电站125座，变压器317台，变电容量为6066.3万千伏安。

1000千伏线路2条，长度33.78千米（上海段），500千伏线路52条（含汾三5902/汾林5912线、牌渡5903/5913线、太徐5923/太行5933线的上海段），总长度为1183.722千米；220千伏线路409条，总长度为4185.596千米。

二、电力供应情况

2015年，按中共上海市委、市政府对上海电力迎峰度夏工作的要求是“三个确保，一个坚持”，即确保城市运行和电网运行安全有序，确保居民生活用电不受影响，确保重要用户用电需要，坚持限电不拉电。

在中共上海市委、市政府的领导和统一指挥下，上海电力企业坚持厂网协调，科学合理运行，保证市外来电受电安全，加强电网调度运行控制，优化电力资源配置，圆满完成年度电力供应目标，确保电网安全稳定运行。

1．发用电情况

（1）用电情况

全社会用电量为1404.27亿千瓦时，比上年1367.74亿千瓦时净增长36.54亿千瓦时，增长率为2.67%。最高日用电量5.8174亿千瓦时(8月4日)，比上年日最高用电量5.2367亿千瓦时增长0.5807亿千瓦时，增长率为11.09%。全社会用电量按产业分：第一产业完成7.35亿千瓦时，增长1.3%；第二产业完成800.37亿千瓦时，增长0.14%；第三产业完成412.34亿千瓦时，增长6.09%；居民生活用电完成185.49亿千瓦时，增长6.67%。

（2）发电情况

统调发电量完成819.92亿千瓦时，比上年806.50亿千瓦时净增长13.42亿千瓦时，增长率为1.66%。全年最高出力达1877.8万千瓦，比上年1758万千瓦净增119.8万千瓦，增长6.81%；最高日发电量达3.6221亿千瓦时，比上年的3.4917亿千瓦时净增0.1304亿千瓦时，增长率为3.73%。

（3）受电情况

2015年，电网总受电量为584.36亿千瓦时，比上年561.24亿千瓦时增加23.12亿千瓦时，上升4.12%。全年最高受电为1358.3万千瓦（7月2日），比上年1500.3万千瓦净减少142万千瓦，下降9.46%。最高受电1358.3万千瓦，比上年1500.3万千瓦减少142万千瓦，下降9.46%。最高受电1358.3万千瓦由以下成分构成：统配97.8万千瓦、天荒坪发电50万千瓦、桐柏发电37.5万千瓦、琅琊山发电14.7万千瓦、响水涧发电23万千瓦、秦山二期16.6万千瓦、秦山三期31.7万千瓦、三峡计划348.9万千瓦、川电东送65.4万千瓦、皖电东送192.9万千瓦、向家坝送上海529.8万千瓦、上海与江苏置换送出50万千瓦。

2．夏季电力供需情况

2015年夏季，上海连续12天的高温天气，极端最高气温达39.2℃，夏季最高用电负荷超过2600万千瓦共10天，超过2500万千瓦共11天。最高用电负荷达到2981.9万千瓦，比上年最高用电负荷2680.2万千瓦净增长301.7万千瓦，增长11.26%。最大市外来电1358.3万千瓦，下降9.46%；日最大峰谷差达1313.7万千瓦，增长8.95万千瓦；最大本市发电出力1877.8万千瓦，增长6.81%；最大电力供应能力达3359.1万千瓦

3．冬季电力供需情况

2015年迎峰度冬期间，上海出现持续受强冷空气的影响，气温较常年明显偏低。最大用电负荷达到2543.9万千瓦，比上年净增230.5万千瓦，增长9.96%，发电出力最高达到1778.7万千瓦，区外来电最高达到1207.1万千瓦。

三、加强制度和能力建设，确保电力供应安全

1．强化运行监控，优化要素协调

积极应对电力供大于求的新常态，缓解电网低谷调峰困难等问题，顺利完成电力迎峰度夏（冬）工作：

（1）完善电力运行实时监控系统，密切关注发供用整体情况，优化安全风险预警机制与数据校验机制。

（2）完成电力迎峰度夏（冬）能源保障工作，加强发电机组并网运行考核，优化电网运行方式，完善与华东电网各省的日常错峰和应急支援，根据电力供需整体形势和热点地区平衡情况，优化有序用电方案。

（3）加强电力供需研判，科学统筹电力能源供应分配，合理安排本市年度发电量计划，优化电力运行方式，提前谋划落实省间置换电量，解决低谷调峰问题。

（4）妥善安排燃气机组发电运行方式，积极协调推进气电运行安全，充分发挥顶峰发电作用。同时加强气电联调，合理消纳天然气，帮助解决天然气涨库问题。全年燃气机组消纳天然气量19.8亿立方米。

（5）根据运行实际，优化节能发电方案，进一步挖掘潜力，提升节能发电调度水平，并根据用电实际和外来电情况优化电力调度方式。2015年预计高效机组替代低效机组基数发电量30亿千瓦时，为上海减少发电消耗标准煤量达32.46万吨，减少排放二氧化碳74.658万吨、二氧化硫3500吨、氮氧化物3100吨。

2．深化电力安全，提高保障能力

（1）面向相关部门和电力企业宣贯培训新修订的《上海市处置供电事故应急预案》，强化应急电力抢修力量的配置，重点保障两会期间、国定节假日等重要时段、重要场所供电安全可靠，并开展上海市电力负荷控制系统应急演练等。

（2）继续梳理各行业重要电力用户供用电安全情况，加强安全隐患排查，强化迎峰度夏（冬）期间重要电力用户供用电安全管理工作。

（3）结合季节和行业特点开展电力设施保护专项整治行动，加强巡线力度，有效落实各项保护措施，确保夏冬两季电力设施运行安全。

（4）继续推进电网企业开展配电网改造提升工程和供电服务水平提升工作，推动热点地区的电网建设，在迎峰度夏前实现一批变电站、线路增容项目落地。

（5）深化电力设施保护区内的违法违规建筑物治理，梳理可能影响夏季电力安全的违章建筑情况。联合相关部门共同推进违章建筑拆除、电力设施安全保护等工作。

（6）开展电力安全大检查，排查电力运行安全隐患、电网薄弱环节以及重要电力设施安全风险，有效防范电力安全事故发生。

（7）开展地下空间电力供用电安全检查，重点排查重要电力用户地下空间供用电安全与应急电源配置管理风险隐患，落实重要地下变电站、用户地下站消防、防洪防涝等安全措施，梳理排查电力地下管线安全隐患风险等。

（8）研究电力体制改革与电力运行优化提升机遇和电网安全防控风险，主要涉及发用电计划放开、电力市场建设、售电侧放开、交易中心独立等。

3．提升用户管理，健全服务体系

（1）加强重要电力用户管理，完成重要电力用户名单梳理核定工作，同意 20 户退出，新增 23 户，共 403 户。

（2）优化有序用电管理，以通过电力负荷管理系统直接调节用户可控负荷为主要手段，以传统轮休、错避峰措施为补充，加快传统有序用电措施向需求响应升级转型，有效减少对用户的影响。

（3）继续推进电力需求响应与市场管理模式研究，深化试点成效，完成电力需求响应潜力分析与市场机制探索，建立完善上海市电力需求响应管理平台，完成跨省需求侧管理考核任务，并审核同意对参与 2014 年需求响应的电力用户给予经济补偿。

（4）会同政府相关部门研究发电企业与电力用户直接交易的实施细则，建立交易平台。完善大用户直供方案，待各方条件成熟，推出直接交易试点工作。

（5）继续营造良好的安全有序用电氛围，优化推进公益广告播放，充分发挥行政违法信息录入市公共信用平台的教育引导作用。

（6）协调推进上海石化暂供区和洋山深水港供电营业区调整工作，加快现状梳理、问题厘清和方案制定，稳步推进区域内供电可靠性提升。

（7）与市建设管理委、市水务局继续联合开展水电煤集中抄收试点工作，选取仁恒森兰雅苑二期、临港新城等地作为第二批试点对象，在第一批试点的基础上，提升水电煤公用事业集中抄表、集中支付服务管理平台建设水平，优化试点集约、高效、智能的优质服务模式。

（8）参与供用电条例地方立法工作，学习和调研国内其他省市的先进经验，完善草案建议稿。与法规处一起听取各方意见，报市政府常务会审议后已报市人大审议。

（9）参与对用户出资电力配套工程框架招标现场监督，对招标采购评标专家抽取、开标、评标等具体环节进行现场监督，切实维护市场秩序，保障用户权益，及时满足用户供电需求。

（陈伟丽）

信息化与工业化深度融合发展情况

2015 年，市经信委相继出台《上海市推进智慧城市建设 2014—2016 年行动计划》《关于上海加快发展智能制造助推全球科技创新中心建设的实施意见》《上海市推进“互联网＋”行动实施意见》等文件，基本形成由人才、标准、研究等基础性工作，企业信息化应用深化与集成、智慧园区和服务平台建设、重点领域信息化等提升性工作，智能制造、产业互联网、工业大数据等创新性工作，以及信息基础设施、信息安全等保障性工作组成的“3×3＋2”工作推进模式，以传统产业改造提升和“四新”经济培育发展为目标，助力上海具有全球影响力的科技创新中心建设。在工信部组织开展的区域两化融合发展水平评估中，上海连续多年位列前茅。

一、加强能力建设，夯实两化融合发展基础

1．大力推进企业首席信息官制度建设。成功举办首席信息官论坛暨上海首席信息官联盟成立大会，上海 CIO 联盟正式成立。启动开展优秀 CIO 和产品评选、首届两化融合创新高峰论坛、信息化大咖走进金山、专题交流近 20 场次等活动；联合中国浦东干部学院等启动的上海首席信息官培训工程被纳入上海市经济和信息化人才发展“十三五”规划。此外，由上海首席信息官联盟推荐的上海地区 22 名候选人中，有 14 位当选为全国优秀首席信息官，6 位当选为全国百佳首席信息官。

2．全面推进两化融合管理体系贯标试点。联合市国资委、行业协会和园区等，在全市范围内进行广泛动员和宣贯培训，启动开展企业两化融合评估诊断和对标引导工作；本市首批 8 家贯标试点完成达标评定，2015 年新增试点企业 29 家，由市经信委牵头协调，48 家试点企业、3 家服务机构、1 家评定机构和多家全国或地方性服务机构多方参与和协同推进的工作推进格局日益健全；分类分批召开贯标动员会、交流沟通会、专题培训会、供需对接会等约 20 场次；建立企业贯标工作、年度测评工作推广和跟踪反馈机制，通过企业贯标和等级评定，促进两化融合管理体系的社会化；推动上海市信息化发展专项资金支持贯标试点，对达标企业给予一定资金支持。

3．夯实两化融合综合支撑体系。发挥复旦大学等 4 个研究中心和中国商用飞机有限责任公司等 10 个重点实验室的支撑作用，如编印 2015 年度上海信息化与工业化融合发展报告，正式发布2014年度上海市两化融合发展水平评估报告，比上年增加1.84，较2010年提高近12分；依托上海社会科学院启动《上海市两化融合“十三五”规划》编制；依托上海华东电信研究院启动工业大数据专项课题研究，调研相关重点企业约30家，编印工业大数据典型案例，并开展重点工作思路研讨和系列宣传报道。

二、深化重点工作，促进上海产业转型升级

1．推进企业信息化应用深化与集成。聚焦钢铁、装备制造、汽车等重点产业，围绕传统产业信息化改造提升，支持传统企业开展新技术新模式创新、产业服务公共平台建设和信息化系统集成应用等，如宝钢集团有限公司通过整合集团内部以及外部相关交易平台、加工配送、支付结算、金融服务等资源和业务，打造国内钢铁交易和服务的综合性平台——欧冶云商，实现集团从制造向服务转型的战略目标。晨光集团有限公司通过企业云平台建设，打造了一个以晨光品牌为中心，开放和重塑供应链，集成所有相关软件，连接6万家加盟店，22万个出货终端和内部用户，为最终实现模式和资本联合驱动，成就产业生态系统运营商的目标奠定基础。

2．推动智慧园区和公共服务平台建设。鼓励智慧园区建设引入“园区服务云”或行业性公共服务平台，目前已完成三批共30家智慧园区试点单位申报认定，并加强重点项目建设落实，助力园区企业创新、创业发展。如浦东软件园的“浦软汇智云”，依托园区云平台和资源服务，帮助小微型初创企业无需IT投入，就可以实施创业。纺织（集团）有限公司“时尚产业园区综合服务平台”，800秀创意园“创意秀场公共服务支撑平台”，漕河泾松江园区“知识产权统计服务平台”等项目建设，不仅显著提升了园区运营管理效率、专业信息服务能力，而且为建立智慧园区发展生态体系提供了大力支撑。

3．推进安全、节能等重点领域两化融合。以钢铁、石化、装备、汽车等行业为重点，加快节能减排与新一代信息技术的融合创新。如远景能源科技有限公司通过打造能源互联网平台，借助大数据和高性能计算技术，实现能源管理、能源供应、供需匹配等智慧能源管理云服务，成为全球最大的智慧能源资产管理服务企业，上海禾丰制药有限公司基于大数据打造的智能制造平台，将信息技术、自动化技术融入GMP的执行，实现管理和监控药品生产全过程的生产质量，保证了国家紧缺急救药品的高效、安全生产和质量可追溯性。

三、强化融合创新，激发两化融合发展动力

1．工业互联网。一是互联网与工业融合创新。中国东方航空股份有限公司等3家企业列入工信部2015年互联网与工业融合创新试点企业名单。二是“工业云”创新服务，上海作为全国16个“工业云”创新服务试点省市之一，支持和挖掘一批重点“工业云”项目，发布试用“工业云”服务平台，聚合了近30多家企业100多项资源，指导上海“工业云”创新联盟开展工作，推动平台标准、服务规范和安全可靠性研究形成阶段性成果。三是发展工业电子商务，重点围绕宝山区钢铁主导产业，依托“欧也云商”构建构建涵盖智能制造、供应链金融、大数据分析、钢贸交易、研发设计、物流配送等六大类产业服务的钢铁行业综合服务体系。宝山区被认定为全国首家“中国产业互联网创新实践区”及全国6家“国家工业电子商务区域试点”之一。

2．工业大数据。围绕“智能化生产”、“协同化管理”、“平台化服务”、“个性化定制”和“大数据应用安全”等方向，支持引导一批工业大数据重点示范项目。如中国商用飞机有限责任公司开展了提升飞机研制能力的大数据应用示范工程建设，基于总装制造管理运营中心的现有数据，建立适合我国航空制造业发展的研制数据分析平台，通过对海量数据有针对性的分析，提升我国飞机研制能力。上海汽车集团股份有限公司的数据云平台既实现企业内部不同系统不同格式数据的打通与集成，又实现与其他汽车生产商、电信运营商、互联网公司数据交换，可推动数据在改造生产制造体系、创新供应链管理、建立新型营销服务体系等多领域应用，例如在改造生产体系方面，上汽已经实现同一工厂制造6个平台，生产30多种不同车型。

3．智能制造。开展智能制造试点示范工程，加强数字化协同研发平台、智能化制造执行系统、工业机器人、自动化物流系统等深度应用；围绕智能制造生产模式培育，鼓励企业通过互联网与产业链各环节紧密协同，发展众包、众创、众筹、O2O营销等新技术和新模式创新应用。如上海国际汽车城的智能网联汽车等3个项目入选工信部2015年智能制造试点示范项目名单。上海和鹰机电科技有限公司“以3D技术为核心的未来服装店”系列产品的推出更将颠覆服装行业以往的产销定式，通过打造C2B模式的智能化服装定制服务平台，集合200位客户服务工程师、50辆服务车、遍布产业密集区的20家4S服务中心，实现了119分钟售后响应速度。

四、优化发展环境，提升两化融合保障水平

1．信息基础设施转型发展。贯彻落实国家宽带中国战略，光纤宽带网络覆盖全市90%以上区域，4G网络已基本覆盖全市域，全市3G/4G用户数超过2400万。开展i-shanghai服务优化升级试点，通过引入第三方市场主体，加强与电信运营企业合作，以公私合作方式打造全新的公益WLAN运营模式。积极推动绿色节能技术运用和已有IDC升级改造，完善功能性设施和通信枢纽建设。以自贸区、国际旅游度假区、虹桥商务区等重大工程为重点，推进信息基础设施配套建设。

2. 加强重点领域工控安全。将工控系统信息安全事件纳入《上海市网络与信息安全事件专项应急预案》管理，开展本市重点行业、企业工控系统信息安全现状调研和重点工控单位信息安全标准宣贯，启动电力行业工控系统安全加固示范工程。推动工控系统信息安全监测预警、监测评估等技术服务平台及支撑能力建设。加大对信息安全产业和重点项目的资金支持，推动网络信息安全服务方向的"四新"经济发展，强化重点领域信息安全自主可控。

（张　诚）

国资国企改革工作情况

2015 年，在中共上海市委、市政府的正确领导下，在全市各部门的支持配合下，在企业集团的共同努力下，上海国资国企深入贯彻党的十八大和十八届三中、四中、五中全会，以及习近平总书记系列重要讲话精神，按照国有企业改革"三个有利于"的标准，全面落实中央《指导意见》和"上海国资国企改革 20 条"，坚持改革转制与创新转型"双轮驱动"、改革发展与党建党风"同频共振"，实现了国有经济运行健康、国资国企改革取得突破、国有企业党建得到加强、职工队伍和谐稳定的目标，全面完成 2015 年和"十二五"期间国资国企改革发展的各项任务。

一、注重质量效益提升，保持国有经济运行稳速增势

面对宏观经济下行压力，上海国资国企坚持发展是第一要务，稳中有进，重在有进，主动适应新常态，谋势而动、顺势而为、乘势而上，大力拓市场、加快调结构、努力转方式、管理提能级，实现"效益优先、速度稳健、质量优化"的目标，为全市经济社会发展作出了积极贡献。上汽集团坚持自主创新、全球经营，实现持续发展，2015 年销售整车同比增长 5.0%，国内市场占有率达到 23.3%，继续保持全国第一。申能集团发挥产融结合优势，在保证全市供电供气的同时，实现营收利润双增长，主业利润增速排名系统企业第一。上港集团集装箱"水水中转"比例达到 44.5%，吞吐量 3650 万标准箱，连续多年保持世界第一。机场集团旅客吞吐量突破 9900 万人次、货邮吞吐量达 327 万吨，均居国内第一。东浩兰生集团人力资源业务与会展业务共同形成发展支撑点，平均增速达到两位数。东方国际以内贸补外贸，保持营收利润平稳增长，净利润创集团成立以来历史最高。

2015 年本市地方国有企业实现营业总收入 2.96 万亿元，同比增长 5.3%；利润总额 3272.22 亿元，同比增长 24%；归属母公司净利润 2115.59 亿元，同比增长 30.4%；缴纳税金 1809.36 亿元，同比增长 17.6%。截至 2015 年年底，地方国有及国有控股企业资产总额 15.57 万亿元，同比增长 19.1%，其中，国有权益 2.21 万亿元，同比增长 19.1%。据国务院国资委统计，上海市国资委系统企业资产总额、营业收入、净利润分别约占全国地方省市国资委系统企业 1/10、1/8、1/5。2015 年，本市地方国有企业创造的生产总值、新增固定资产投资、缴纳税金占比均超过全市 20%。2015 年上海纳税百强企业中，上海地方国有企业进入工业榜单的数量超过 1/3，进入第三产业榜单的数量占 1/5，上海地方国有企业在全市经济社会发展中的地位进一步显现。

二、坚持整体推进改革，形成国资国企改革联动机制

学习领会和贯彻落实中央的《指导意见》，以制定《上海国资国企改革发展"十三五"规划》为抓手，形成深入推进未来 5 年上海国资国企改革发展的主要目标和行动计划。集全市之力，建立健全五项工作推进机制：一是协同推进机制。2014 年成立市国资国企改革工作推进领导小组后，2015 年又成立深化国有企业领导人员薪酬制度改革工作领导小组、国有资本运营平台投资决策委员会等机构，负责推进全市层面重点领域的改革。二是责任落实机制。市国资国企改革工作推进领导小组各成员单位坚持目标、节点和责任"三落实"，认真完成全市深化国资国企改革 8 个方面 32 项重点任务。市委组织部牵头探索建立符合市场定位、企业特点，有别于党政干部管理的企业领导人员管理制度。市交通委牵头形成调整出租车运价结构及完善燃油附加费机制，推动强生出租车实施专项改革。市住房和城乡建设委牵头制定燃气成本规制管理办法。市经信委、市科委聚焦重大科技创新项目与重大产业创新工程，支持国有企业承接国家科技重大专项。市商务委鼓励国有企业充分利用境内外市场资源，加大研发创新和拓展市场。市政府外办制定鼓励企业开展国际创新合作交流的出入境管理服务制度。市知识产权局将专利质押融资和保险纳入全市专利试点企业的考核范围。三是改革联动机制。深化落实市国资两委领导全覆盖联系企业、服务改革的机制，通过定期走访和政策辅导，上下联动制定方案，协调推进改革。四是政策落地机制。继 2014 年出台与"上海国资国企改革 20 条"配套的 24 个实施细则后，进一步聚焦科技创新、薪酬分配、境外监管、简政放权、党建党风等重点领域，出台 14 个配套文件或细则，累计达到 38 个。五是督促检查机制。每季度、半年和年度开展工作督查，将改革发展目标完成情况纳入政府机关和职能部门的绩效考核。

三、分类改革分类发展，增强国有企业整体竞争实力

坚持在分类定责基础上，实施分类改革、分类发展，有效激发不同类型企业的内在动力，综合市场竞争力明显增强。竞争类企业加快整体上市或核心业务资产上市。绿地集团、上海城建（隧道股份）、现代设计集团（华建集团）实现整体上市，市国资委系统整体上市公司已占竞争类产业集团总数的1/3；华谊集团、临港集团等实现竞争类核心业务资产上市，市国资委系统核心业务资产集中在上市公司的企业，已超过竞争类产业集团总数的1/3。国泰君安、东方证券IPO上市，上市金融企业由4家增加至6家，市属金融国资证券化率提升至71%。百视通与东方明珠重组，创造A股市场配套融资最高纪录，东方网正式挂牌“新三板”。充分利用各类各层次资本市场，提高国有资本运营效率，29家地方国有控股上市公司通过证券市场，募资或重组资产1611.32亿元，目前，70家地方国有控股上市公司国有股东平均持股比例41.21%，总市值2.36万亿元，国有股市值突破1万亿元。61家地方国有企业通过债券市场新发行各类债券10492.55亿元。联交所、产管办完善产权市场功能，累计完成国有产／股／物权交易或转让项目1018宗，总金额1155.25亿元。截至2015年年底，上海国资委系统混合所有制企业已占系统企业总户数的65%、资产总额的58%、主营业务收入的84.5%、净利润的93.4%。

功能类企业全力实施战略任务或重大专项。申迪集团、临港集团、同盛集团、世博发展集团、申虹集团等承担的国际旅游度假区、迪士尼园区、临港先进制造业装备基地、虹桥商务开发区、洋山深水港区、世博园区等重点功能区域建设按节点完成任务。地产集团联手上海交大、闵行区建设零号湾全球创新创业集聚区，入住创新团队130支650人。上海信投与京东集团合作打造跨境电子商务全产业链。公共服务类企业按照现代企业制度要求，优化配置公共服务资源，形成市场化运营模式，公共服务效率不断提高。久事公司完成公司制改革，并与市体育局东亚集团等5家企业联合重组，实现上海体育产业资源进一步集聚。申通集团提高数字化集成和管理能力，加强区域联建共建，安全运营轨道交通里程617公里，日均客流838万人次，网络规模排名世界第一。

四、有序推进平稳起步，国资流动平台运作初见成效

坚持国资流动平台“部分国有股权的持股主体、国资运营的执行主体、部分一般性竞争领域国资退出的主要通道”的职能定位，通过公开透明运作，初步实现在更大范围、更高层面统筹资源和盘活存量的目标。按照“规范透明、程序科学”要求，国资流动平台建立健全“以股权运作为核心、以运营规则为基础、以业务细则为补充”的运营制度体系，并坚持以创新应对市场波动、以布局拓展运作空间、以盘活推动流动变现，实现平稳起步有序运转的目标，先后划转7个项目资产总额约500亿元。国际集团完成上港集团与锦江航运重组，国盛集团发行以上海建工为标的的可交换公司债，创造了国内证券市场发行规模最大的可交换公司债纪录。

五、探索制度机制突破，推动创新转型实现内涵增长

按照中央对上海建设具有全球影响力的科技创新中心要求，落实市委、市政府对国资国企改革“四个一”目标，出台鼓励和支持国有企业加快科技创新的9条措施，落实国资收益支持科技创新项目、“三个视同于一个单列”考核等政策，全年安排26.5亿元国资收益，支持33个市级重大战略项目或企业创新项目，24家企业在62个项目上投入的118.7亿元创新研发等费用视同考核利润。市国资委系统企业承担的477个省部级以上科技计划或专项项目按计划推进，上海电气交付首个海外E级150兆瓦燃机机组EPC工程，研制CAP1400核电主泵达到设计标准。联和投资上海兆芯国家重大专项国产CPU项目进入示范应用阶段，和辉光电4.5代线实现批量生产，联影128层CT投放市场。华虹集团建成国内首条12英寸集成电路全自动生产线，28纳米通信芯片试生产，申请知识产权受理数466项，96%是发明专利。上海城投“上海中心”以40多项绿色建筑技术，成为全球第一栋400米以上绿色白金级建筑。化工院、仪表院、电缆所承担并发挥公共检测平台作用，实现社会效益和经济效益联动发展。

六、优化布局调整结构，主动走出去拓宽发展新空间

着眼与上海城市功能定位相适应，制定“重组整合一批、创新发展一批、清理退出一批”清单，推动企业转型升级、加快发展。完成光明食品集团与良友集团重组，完善食品全产业链。完成上海仪电与电动所联合重组，聚焦大数据、云计算、物联网，实现向智慧城市整体解决方案提供商和运营商转型。完成供销社系统综合改革试点方案，建科院混合所有制改革有序推进，生产合作联社稳妥实施集体企业重组。2015年，系统企业新增投资3471亿元，同比增长5.5%，当年完成2700亿元，85%以上投向战略性新兴产业、先进制造业、现代服务业以及基础设施与民生保障等四大领域。目前市国资委系统资产超千亿的企业11家，营业收入超千亿的企业7家，利润超50亿元的企业6家。

立足比较优势，面向两个市场，用好两种资源，积极参与“一带一路”和长江经济带国家战略，加强国际产能合作，努力打造具有国际竞争力和影响力的跨国企业。锦江国际集团并购投资法国卢浮酒店集团、铂涛集团，通过品牌互换、渠道共享，实现锦江这个民族品牌“走出去”，酒店规模升至全球第五。光明食品集团收购意大利萨洛夫公司、以色列特鲁瓦乳业、西班牙米盖尔公司，打通国内外生产和销售渠道。上海建工在东南亚、南亚、加勒比海和非洲等四大

海外根据地市场建设取得突破，完成和在建项目累计21项。上实集团与美国爱康公司合作生产制造水陆两用飞机，收购复旦水务等8个项目，水处理能力居全国前列。上海仪电收购喜万年国际照明集团，布局欧洲、美洲和亚洲国家市场。目前，市国资系统企业集团境外设立企业近400家，沿“一带一路”设立企业183家，境外资产总额超过3000亿元。

七、实行任期契约管理，探索建立长效激励约束机制

重视德才兼备、善于经营、充满活力的企业家队伍建设，市管国有企业基本实现法定代表人任期制契约化管理全覆盖。优化配置调整43家企业领导人员及董（监）事243人次。竞争类企业探索市场化选聘和管理经理层，锦江国际等企业集团选聘多名经理班子副职。上海仪电下属企业试行职业经理人制度。制发外部董事、外派监事工作指引，规范董事监事履职行为。坚持“水平适当、结构合理、管理规范、监督有效”，深化市管国有企业领导人员薪酬制度改革，建立符合上海国有企业领导人员特点的薪酬分配制度。进一步规范企业领导人员履职待遇和业务支出。上港集团、上汽集团探索员工或核心骨干持股，华虹半导体实施股票期权激励计划，上汽“车享家”、上海微电子等高新技术企业实施“张江办法”。进一步完善企业职工收入正常增长、低收入群体提低和工资集体协商机制。生产经营正常、工会组织健全的企业工资集体协商比例持续保持在90%以上，预计2015年市国资委系统在岗职工平均工资同比增长10%，低收入群体比重下降0.5个百分点，平均工资同比增长高于11%。

八、依法监管创新方法，加强重点领域环节风险管控

按照市委、市政府关于“管好国资、放活国企，不干预企业日常生产经营”原则，牢牢把握依法履行出资人职责的定位，努力从管企业为主向管资本为主转变。加强章程管理，规范市国资委与董事会之间权责关系。世博发展集团、科创投公司等10余家企业完成公司章程制定或修改工作。加强契约管理，签订企业法定代表人任期目标责任书，明确相关责权利。加强清单管理，形成出资人监管和行政监管两个系列清单。其中，出资人监管清单包括“管好资本、服务企业履职清单”、“事中事后监管事项清单”；行政监管清单包括权力清单、责任清单。加强协同管理，搭建政府委办、社会第三方参与平台，重点完善功能类和公共服务类企业的服务和监管。

按照“全覆盖、全控制、全过程”目标，加强重点领域和关键环节监管，守住不发生系统性和区域性风险的底线。制发加强境外资产监管意见和检查制度。落实“重大投资、重大融资、重大担保和重大资金活动”报告制度，构建全面预算管理、资金管理、内控建设、风险管理和信息化建设“五位一体”的风险管控体系。建设国资VPN专网，推动国资监管数据集中采集，全系统80%企业实施资金集中管理，70%实现账户统一，静态资金集中度达到50%。协调处置33件重大法律纠纷案件，挽回经济损失2.4亿元。

九、深化国资统一监管，区县国资国企改革步伐加快

进一步完善“直接监管为主、委托监管为辅、指导监管为要”的上海国资监管全覆盖体系。推动产业、金融、文化、体育国资在管理和资源上的协同互补。完成市体育局、市侨办、市质监局直属企业政企分开工作。在市金融办的指导下，市属金融企业由2014年13家整合至9家。浦发银行启动伦敦代表处升级和新加坡分行设立工作，上海银行引入西班牙桑坦德银行，海通证券收购葡萄牙圣灵投资银行，业务覆盖欧美和亚非南美新兴市场。在市委宣传部的指导下，报业集团搭建文化与新媒体、地产与金融股权两大投资管理平台。同时，推进清理亏损企业、缩减投资层级工作，关闭退出调整121家企业，完成“亏损数量减半，亏损金额减半”的目标。

区县国资国企改革加快步伐，浦东新区国资委出台国资国企改革18条，重点在科学布局、混合发展和高效流动三个环节上加大力度。杨浦区国资委围绕区域经济发展定位，退出注销或清理80余户劣势企业。黄浦区、徐汇区、长宁区国资委坚持制度创新，老凤祥、新世界等一批企业成为支撑区域经济发展的重要力量。

十、围绕改革服务发展，发挥党组织的政治核心作用

认真落实中央关于在国有企业改革中坚持党的领导、加强党的建设意见，牢固树立抓好党建党风是本职、不抓党建党风是失职、抓不好党建党风是不称职的理念，坚持围绕改革抓党建，抓好党建促发展，切实发挥党组织在国资国企改革中的把关定向、鸣锣开道、鼓劲加油和保驾护航作用。市国资委系统企业集团实行“双向进入、交叉任职”领导体制的企业达100%，其中竞争类企业实行“党委书记与董事长一肩挑、配备专职副书记”模式，不设董事会的功能类和公共服务类企业实行“双向进入、交叉任职”模式。与国资国企改革目标节点相匹配，全系统近1万个党组织13多万名在职党员开展“改革当先锋、为民作表率”党建主题活动，通过“网友点赞国企党建故事”等载体，形成一批亮点特色经验，百联集团实施“企情民意气象站”星级管理，加快构建企业形象文化体系。上海交运建立93支1700多名党员组成的“党员志愿者队伍”，在轮渡、长途客运、加油站和社区为民服务。创新理论学习载体，建立党委中心组与区县、企业集团联组学习长效机制，开展“上海国资科技创新在路上”系列报道、“聚焦一号课题，建设科创中心”全媒体访谈。上海纺织实施报刊网、微信视频联动宣传，营造和谐奋进良好氛围。在全国国资系统率先制定完整的《市国资委系统落实党风廉政建设责任制的责任清单》，探索建立巡视整改问题销号制度。开展“三重一大”决策制度、“制度＋科技”风险防控机制、“党务公开”、“厂务公开”等专项检查和系统企业领导人员利益输送问题专项查纠。认真查核中央巡视组移交信访件，整改销号市委巡视办移交问题线索。全年受理举控件913件，立案101件，党政纪处分71人次。水产集团各级领导人员签署《自查表和承诺书》，做到“张张有签名、张张有承诺、张张有审核”。长江发展集团查找党建党风建设中的问题，对22项需要解决的重点难点问题，按ABC三类落实责任人加强整改。衡山集团坚持干部考核述职与述廉述学相结合，任期检查、考核结果在适当范围内通报。

加强统战工作，制发2015—2017系统党外代表人士教育培养规划；落实老干部关怀机制，开展“展示阳光心态、体验美好生活、畅谈发展变化”活动。坚持党建带群建，做好工青妇等群众组织工作。严格落实安全生产“党政同责、一岗双责、齐抓共管”责任体系，配合完成南大地区、桃浦地区企业动迁工作。立足源头防范化解矛盾，初信初访转送交办、受理告知、按期办结实现“三个100%”，新增重复率继续保持为零，全年全系统未发生重大安全责任事故和大规模集访。

（鲍晨骏）

在沪中央企业发展情况

2015年，在沪中央企业及以办事处或窗口公司形式设立的分支机构（简称“在沪央企”）共有3022家，资产总额14.5万亿元，其中，由国务院国资委监管的在沪央企2337家，资产总额3.5万亿元；由国家金融部门监管的金融央企87家，资产总额10.3万亿元；由其他国家部门监管的在沪央企598家，资产总额0.7万亿元。

2015年，面对国际经济复杂多变、内外需持续低迷的发展环境。在沪央企积极对接“互联网+”行动和中国制造2025、大力发展“四新经济”（即新技术、新业态、新模式、新产业），更加注重“创新转型、做强做优”，着力助推上海“创新驱动发展、经济转型升级”，实现速度、效益、规模总体平稳增长，完成“十二五”发展既定的目标和任务。

一、在“稳增长”中继续发挥支撑作用

在上海产业和信息化发展中，央企继续发挥重要的支柱作用。以工业为例，2015年上海规模以上（年销售收入在2000万元以上）工业央企有150家，占全市规模以上工业企业总数的1.66%。尽管继续受到全国制造业“内需不振、出口疲软、投资下降”等因素影响，但在沪工业央企奋力“稳增长、调结构、促转型”，总体保持平稳发展势头，全年资产总额累计达到9364.1亿元，比上年增长5.4%，占全市规模以上工业资产总额的25.2%，同比提高0.6个百分点；完成工业总产值（可比价）6581.1亿元，增长3.8%，占全市规模以上工业总产值的20.4%，同比提高2.2个百分点；实现主营业务收入6183.8亿元，占全市规模以上工业主营业务收入总额的18.2%，同比提高0.1个百分点；实现利润总额450.9亿元，增长15.5%，占全市规模以上工业企业利润总额的17%，同比提高2.6个百分点；完成出口交货值766.6亿元，增长6%，占全市规模以上工业出口交货总值的10.1%，同比提高0.9个百分点；全年工业产销率达到99.2%。

据统计，17个主要集团工业总产值增长率前6名均为在沪央企，依次为中国石化股份有限公司上海高桥分公司、上海烟草集团有限责任公司、上海船厂船舶有限公司、国网上海市电力公司、中国石化上海石油化工股份有限公司和上海航天局。

二、在创新驱动中继续发挥引领作用

领衔重大突破项目。中国商飞公司C919大型客机总装下线，首架商业运营ARJ21飞机交付；华力微电子12英寸生产线项目顺利达产验收；上海天马微电子5.5代AMOLED项目试生产；国家电力投资集团公司在宝山罗泾投资建设重型燃气轮机试验基地；世界首制17.2万立方米薄膜型液化天然气船（LNG船）、国内最大18000TEU集装箱船等高端船型交付，外高桥船厂签下国内首艘豪华邮轮订单。

助推“四新”经济发展。一些央企支持上海建设具有全球影响力的科技创新中心，注重发挥自身要素汇聚的综合优势，率先探索发展“四新”经济，加快培育增长新动能、开辟转型升级新通道，在智能制造、北斗导航、智慧城市建设（包括智慧医疗、智慧交通、智慧社区、智慧照明等）、互联网金融与教育、信息传输、软件和技术服务、机器人、3D打印等领域实现新突破，培育了一批提质增效升级的新亮点、经济稳增长的新增长点。中科院微系统研究所成功研制国内第一台仿生双目智能机器人。

强化产学研用合作。中国商用飞机有限责任公司联合36所高等院校参与大型客机项目700余项科研合作，打造“以中国商飞公司为主体，市场为导向，产学研相结合”的我国民机技术创新体系。中航商用航空发动机有限公司加强产学用一体化，与相关高校、科研单位密切合作，共同打造商用航空发动机产业创新基地。上海航天局与国内外著名企业、高校联手合作，共建上海市产学研合作创新示范基地。华东电力设计院与国家电网联手开展超、特高压同塔四回路杆塔、输变电钢管塔架焊缝连接等设计研究，参与了中国电力工程有限公司一批中大型科研项目研究。中国电子科技集团公司第三十二研究所与众多国内著名高校合作，完成世界首台拟态计算机PRCA原理验证硬件平台，突破了传统计算机的“应用服从”架构。上海宇航系统工程研究所与国核电站运行服务技术有限公司合作，以机器人技术自主化发展为主攻方向，促进了军民融合，形成了一批创新成果。

三、在投资合作中继续发挥主导作用

深化战略合作。2009—2015年，市政府与中国航空工业集团公司、中国石油化工集团公司、中国电子科技集团公司、中国长江三峡集团公司、中国北车股份有限公司、中国大唐集团公司、中国移动通信集团公司、中国联合网络通信集团有限公司、中国电信集团公司、中国核工业集团公司、中国核工业建设集团公司、中国兵器工业集团公司等21家央企签订了26份战略合作协议，确定了一批重大投资合作发展项目。

投资重点领域。2015年，在沪央企累计完成固定资产投资约550亿元，占全市固定资产比重为近9%。虽然投资增幅不大，但投资结构逐步优化，聚焦重点领域的趋势进一步显现。第二产业投资聚焦电力建设、精品钢材制造业和石油化工及精细化工制造业等重点领域；第三产业投资聚焦房地产开发、商务服务和信息传输等重点领域。

助力自贸区建设。众多央企看好上海自贸试验区建设，聚焦总部经济、技术研发、现代服务及高端制造等重点领域，先行先试，投资参与。交通银行设立自贸试验区分行、航空航运子公司；中外运华东公司成立专业化保税物流公司；外高桥造船公司新设国际贸易有限公司；发电设备成套院迁入了其下属的国际总承包工程公司。

发展总部经济。截至2015年年末，已有16家央企入驻世博园区发展总部经济。B片区，正在加紧打造国际一流、绿色智能化的央企总部集聚区，按照市领导“建设高品质的企业总部集聚区和国际一流商务区”的要求，B片区，13家央企的28幢总部大楼已全部结构封顶，中国商飞总部已入驻办公，预计2016年大多数央企总部可入驻办公。A片区，3家央企进入项目前期准备阶段，中国电子科技集团公司已举行开工仪式，中航国际租赁有限公司进入建设方案设计阶段；C片区，不久将进入详规公示阶段，可望再吸引若干央企入驻发展总部经济。

四、在转型升级中继续发挥率先作用

加快战略转型，提升发展内涵。上海航天局以电站建设板块拉动多晶硅、电池片、组件生产销售，实现产业链联动。上海电力股份有限公司不断优化电力生产布局与结构，火电形成了30、60、100万千瓦的燃煤发电系列，燃机形成了E、F级以及分布式供能小型燃机等燃机系列，新能源形成了风电、太阳能光伏系列，带来了百年企业“脱胎换骨”。

加快业务转型，促进高端发展。国药控股股份有限公司构建全国营销网络体系；引入互联网思维和技术，加快发展电子商务、供应链金融、融资租赁等新业务。江南造船（集团）有限责任公司为防范造船“一业独大”的风险，实施“智慧营销”，建立民船市场营销体系；延伸发展军品及高端产品维修业务，拓展非船产业。中国航油集团物流有限公司从主要承担集团内部物流业务转向延伸拓展集团外物流市场，实现了“企业物流”向“物流企业”的发展转型。

加快结构转型，淘汰落后产能。“十二五”期间，在沪央企年均承担上海市产业结构调整重大项目10项左右，项目数只占全市不到1%，调整后统计减少能耗却占全市总量70%左右，减少COD（化学需氧量）占全市45%左右；减少氨氮占全市75%左右、二氧化硫占全市80%左右、氮氧化物占全市35%左右，为上海淘汰落后产能作出了重大贡献。

加快绿色转型，注重节能环保。“十二五”期间，国务院国资委所辖2337家在沪中央企业平均每年累计支出节能减排费用近10亿元，主要用于结构调整、技术改造、工艺创新、管理优化等多途径节能减排。宝钢集团有限公司、中石化上海石化股份有限公司、上海市电力公司、上海电力股份有限公司等央企着力培育节能服务产业，分别成立了专业化的服务企业；中石化上海石化股份有限公司推进“碧水蓝天”环保专项行动计划，COD总量、二氧化硫、氮氧化物年均下降率保持在两位数以上，“三废”达标率保持100%。

五、在城市运行中继续发挥保障作用

贡献可观税收。2015年，上海规模以上工业企业实现税收收入2049.2亿元，同比增长10.2%，其中工业央企为1188.7亿元，增长16.7%，增长率高于全市工业6.5个百分点，占全市工业企业税收总额58%，同比提高3.4个百分点。市税务局公布的“2015年上海纳税工业百强企业排行榜”显示，工业企业中央企占1/4（有25家），其中十强企业，央企占六成，上海烟草集团有限责任公司名列全市第一，年税收达到762亿元；中国石化上海石油化工股份有限公司、中国石油化工股份有限公司上海高桥分公司、上海市电力公司、宝钢股份公司、上海高扬国际烟草有限公司分列第三、第四、第六、第七和第八名。“2015年上海纳税第三产业百强企业排行榜”中，央企占1/3。其中十强企业中央企有6家，交通银行股份有限公司名列全市第一，年税收达到137.1亿元。

保障能源供应。在成品油供应上，2015年全市成品油零售量为640万吨，其中，中国石油化工集团公司、中国石油天然气集团公司和中国海洋石油总公司三大央企在沪企业成品油零售量占全市总量93%。在电力保障上，本市全年总用电量为1406亿千瓦时，其中华能、华电、国电投发电集团在沪主要发电厂发电量占全市发电总量50.7%。上海市电力公司全年售电量达到1158.7亿千瓦时，确保了城市用电需求。在煤炭保障上，本市全年煤炭消费总量为4207万吨，其中，上海神华煤炭运销有限公司年和上海中煤华东有限公司两家央企供应量占全市消费总量30%左右。

参建智慧城市。上海市电信有限公司、上海移动通信有限责任公司、中国联合网络通信有限公司上海市分公司、中国铁通集团上海分公司是上海智慧城市建设的绝对主力。4家电信运营商继续发力，着力提升上海智慧应用水平，加快智慧社区、村庄、商圈、园区、新城的试点示范建设，提升宽带城市和无线城市服务功能。

（马 峰）

促进中小企业发展工作情况

2016，上海围绕中小企业发展，积极开展各项服务工作，促进了中小企业的发展。

一、细化落实扶持政策

协调贯彻落实“国发52号文”。发挥上海市促进中小企业发展工作领导小组作用，协调23个部门报送贯彻落实《国务院关于扶持小型微型企业健康发展的意见》工作情况，组织召开上海市促进中小企业发展工作领导小组各成员单位联络员会议，推进政策落地。协调各相关委办局，完成市人大“中小企业活力竞争力”专项监督审议意见办理工作。

组织召开政策宣传月活动。根据工信部要求，8月20日—9月20日，组织开展“小微企业政策宣传月”活动，收集国家及本市上百项小微企业政策，各区县、服务机构开展近千场服务活动，服务企业上万家。

研究制定中小企业服务“十三五”规划。依托专业机构，组织开展“上海市优化中小企业服务十三五规划”编制工作，形成了规划初稿。

二、深化培育“专、精、特、新”企业

出台上海市发展“专、精、特、新”三年行动计划。6月29日，市经信委、市商务委、市科委、市国资委、市人社局、市质量技监局、市金融办七部门印发《上海市发展“专、精、特、新”中小企业三年行动计划（2015-2017）》，提出3年培育目标，即滚动培育1500家“专、精、特、新”中小企业，其中国内“隐形冠军”150家、国际“隐形冠军”15家。经组织申报和复核，发布2015年度1323家的“专、精、特、新”企业名单。据企业自主申报和初步统计，其中，产品细分市场占有率位于国际和国内前三名的有560家，处于第一名的有345家。

推出“专、精、特、新”企业价值增值计划。利用信息化手段，搭建“专、精、特、新”企业合作平台，开通“专、精、特、新”企业号（微信版），完成内部试运行；组织举办“专、精、特、新”企业“走进央企”系列活动，分别与中国商用飞机有限责任公司、江南造船厂、中国航天科技集团第八研究院（上海航天技术研究院）、上海电器科学研究院（集团）有限公司等大型企业开展了航空、船舶、航天、智能制造产业链的专项对接活动。组织质量服务机构为“专、精、特、新”企业开展质量诊断及咨询培训服务，完成2014年度1459家“专、精、特、新”企业知识产权情况调研，据统计，有授权专利的企业1079家、有注册商标的企业1006家、有登记的软件著作权的469家。联合中国移动上海市分公司和上海市计算机行业协会，开展两场针对“专、精、特、新”中小企业信息化推广活动。

推动企业间“联谊、联智、联业”。支持组建上海市“专、精、特、新”企业家联谊会及上海市“专、精、特、新”智能制造、绿色食品、绿色消费品专业委员会，支持筹建科技创新、合作交流、企业发展和品牌推广等小组，支持开展“联谊、联智、联业”活动；改版升级“企业家联谊会”会刊（微信号），按周推送联谊会动态、企业风采等内容；组织开展合作交流，举办企业家沙龙活动，组织“专、精、特、新”企业参加米兰世博会、第12届中国中小企业博览会、第12届中国－东盟博览会、第11届中国新疆喀什－中亚南亚商品交易会和2015两岸企业家紫金山峰会等展会及论坛活动。利用各种媒体加强“专、精、特、新”企业宣传，在《解放日报》集中报道15家“隐形冠军”企业典型。

加强企业家培训和企业服务。委托复旦大学、上海交通大学开展两期中小企业领军人才培训，新培训企业家近百名。组织企业家参加《中国制造2025》专题培训，参加党委党外人士专题培训等。配合委人教处开展“上海市领军人才”和“优秀农民工”推荐和申报。联合市科协、市人才办公室、市发改委、市科委、市国资委等相关部门，继续推动“专、精、特、新”企业院士专家工作站的建站工作，提高“专、精、特、新”企业的技术创新能力，截至2015年年底，累计建站企业41家。针对企业需求，市级服务中心组织“半月坛”、政策解读、安全等各类公益性专业培训近40期次，培训人员2500余人次。

三、优化服务体系运转

做好“上海市中小企业服务互动平台”运营。集聚服务资源，完善平台功能，做好平台运营。2015年年底，平台集聚上线的服务机构345家，服务志愿者120名，服务档案29782条，平台注册企业数35291家。依托本市产业园区（商务楼宇），研究探索服务中小企业的“创＋服务站”模式。

探索中小企业服务第三方绩效评估工作。在工信部指导下，探索开展中小企业服务第三方绩效评估工作，走访相关部门，召开系列座谈会，听取专家学者、政府部门、区县、服务机构及企业对评估工作的意见建议，筹建评估工作专家委员会和咨询委员会，设计评估指标体系、评估流程，形成并完善评估工作方案。选定了委托的专业机构，动员全部服务机构参加试验性评估，试点开展第三方绩效评估工作。

完成2015年上海市中小企业服务机构申报、复核工作。组织开展市级中小企业服务机构组织申报和复核，发布2015年度上海市中小企业服务机构名单。截至2015年年底，新申报和复核通过的市级中小企业服务机构总数达到361家。对7家中小企业公共服务示范平台进行测评。

办好《信息速递》。完善推送渠道，丰富信息内容，结合“双创”工作推进，2015年推出3期《上海中小企业信息速递》（创业者）专刊，增加区县政策举措内容介绍，分6期推出6个区县的政策举措，通过纸质版、网络版、手机版、微信版每月向10万家以上中小企业免费推送，截至2015年年底，累计推送45期。发放《上海市中小企业发展志愿服务指引2015》4300份，提供现场咨询近500人次。

四、推进大众创业、万众创新

开展国家双创基地城市示范试点。贯彻落实“大众创业、万众创新”战略，支持浦东新区成功申报入围国家首批“小微企业创业创新基地城市示范”，获得6亿元的国家资金资助（分3年到位）。指导浦东新区细化小微企业创业创新政策举措，引导其他区县争创“小微企业创业创新基地城市示范”。

组织开展“双创活动周”活动。根据工信部要求，10月中旬组织区县及各类中小企业服务机构开展“双创活动周”活动，引导制定完善及宣传双创政策，组织开展各类双创服务和展览展示活动上百场，营造良好的创业创新氛围。

加强小微企业创业创新服务。根据工信部关于“扶助小微企业专项行动”要求，组织开展“扶持小微企业，发展专、精、特、新”主题服务活动，支持小微企业创业创新。继续发挥中小企业发展服务志愿团作用，深化“走进产业园服务中小微”专题活动，全年开展19场志愿者服务活动，直接服务中小企业900多家次，累计开展志愿者服务活动42场，服务企业2700余家次。联合市质量协会以及市标准化协会等专业化机构，开展3次质量提升和两期标准化公益性培训。组织100多家中小企业参与2015年全国中小企业网上百日招聘高校毕业生活动。

五、创新融资服务

召开季度中小企业信贷工作例会。按季度组织召开信贷工作例会，交流中小企业金融创新产品和融资服务经验，帮助商业银行开发针对性的信贷产品，评选2015年度上海中小企业融资服务最佳合作伙伴。2015年度信贷例会共帮助企业融资对接近10亿元。组织7次融资服务沙龙活动，帮助银企对接。据上海银监局统计，至年末，上海银行类小微企业贷款余额10541.27亿元，比年初增加267.33亿元，增幅为2.60%，低于同期银行类各项贷款增幅6.18个百分点。同期，上海银行类小微企业贷款户数16.51万户，较年初增长3.58万户；上海法人银行小微企业申贷获得率约95.97%，比去年同期增长23.9个百分点。2015年年末，上海银行类金融机构小微企业贷款覆盖率21.59%，比年初上升4.55个百分点；小微企业综合金融覆盖率307.5%，比年初增长45.99个百分点。

备战上交所“战略新兴板”。加强与上交所沟通协调，积极参与“战略新兴板”的推进。加紧首批上市企业资源培育的工作筹备，建立完善重点培育企业数据库，会同市金融办、市科委、上海证监局等相关部门、区县、机构，形成2248家“战略新兴板”后备企业名单和近200家重点培育企业名单；召开系列重点培育企业座谈会开展企业情况梳理工作，全面掌握拟上市企业的主要信息；联合上交所共同举办“第18期百家中小企业改制上市系列培训暨第1期高级研修班”，对本市60余家战略新兴产业和“互联网＋”为代表的重点拟上市企业的近120名高管开展系统性培训。同时，协调推进“战略新兴板”产业导向及相关机制建设，探讨研究解决共性问题。支持中小企业各类资本市场挂牌上市，编印《上海市中小企业改制指南2015版》（修订）《2015上海中小企业风投与私募指南》和《2015上海E板挂牌企业项目与募资推介手册》等手册，举办6场对接资本市场的培训活动，培训440家企业700余人次。2015年，全市新增主板、创业板上市公司17家，累计募集资金93.65亿元。其中主板上市12家，募集资金81.16亿元；创业板上市5家，募集资金12.49亿元。全市共有6家企业通过发审会审核待发行上市，其中主板4家，创业板2家。另有62家本市中小企业向中国证监会报送IPO申请材料（主板46家、中小板2家、创业板14家）。此外，全市共有813家中小企业在场外市场挂牌，其中全国中小企业股份转让系统490家、上海股权托管交易中心323家。

研究制定“四新”企业、小微企业助贷金方案。根据工信部要求，形成四新企业、小微企业“助力贷”方案，联合商业银行、担保机构，以基金方式鼓励商业银行为小微企业提供信贷支持。

支持担保行业的发展。研究制定《关于进一步促进本市融资担保行业持续健康发展的若干意见》，通过组建大型政策性担保机构、完善市区政策性融资担保体系、探索搭建“投、贷、担”联动平台、推进银担合作风险分担、落实资金补贴扶持等措施，有效放大担保业务倍数。通过专项资金倾斜，引导担保机构开展小微企业融资担保业务，将微型企业担保业务的资助比例提高到2%，小型企业则为0.2%。2015年，市中小企业发展专项资金支持10家担保机构1000万元。

做好中小微企业融资运行监测工作。重点围绕银行信贷、小额贷款和P2P三条融资成本曲线开展运行监测工作。在分析三种利率趋势的基础上，每个季度发布《上海中小企业季度融资报告》，分析中小企业融资运行情况，推动和引导全社会关心中小微企业融资工作。

六、做好专项资金管理和运行监测

开展专项资金申报工作。编制年度资金预算安排，完成2015年上海市中小企业发展专项资金项目指南下发、组织申报、项目审核、管理合同签订、资金安排等工作。全年共受理区县上报项目341个，第一批资助中小企业116个，安排市级财政专项资金9800万元。其中，小微企业资金支持比例约占72%。

研究设立上海市中小企业发展基金。根据国家部署，市经信委、市财政局共同研究上海市中小企业发展基金设立工作，形成上海市中小企业发展基金管理办法（初稿）。

开展中小企业运行监测。开展优化小微企业运行监测指标体系的课题研究，设置适合的报送内容，建立专项运行监测机制，强化本市小微企业运行监测工作。加强专项运行监测，提升中小企业运行监测质量。2015年，小微企业运行监测样本企业每月平均数量为1078家，月上报率79%左右，基本覆盖全行业、全地区。及时将相关数据报送工信部，月平均上报企业数550家左右。

（卫丙戌）

电子信息产业发展情况

2015年，面对工业经济下行压力持续加大的困难与挑战，上海电子信息制造行业认真贯彻中共中央、市委、市府的决策部署，迎难而上，主动作为，行业整体运行平稳，转型升级成效显著，创新能力明显提升，产业体系不断完善。全年完成工业总产值6159.6亿元，占全市工业总产值的20%，顺利完成“十二五”既定目标。

一、2015年产业发展情况

1．创新能力提升

在芯片领域，中芯国际28纳米进入量产、14纳米工艺关键节点技术FinFET的专利申请数量跃居世界第6位，华力微电子40纳米工艺进入量产、28纳米工艺完成研发，展讯通信14纳米4G基带完成研发，2015年基带芯片全球市占率超过20%，格科微电子的CMOS图像传感器芯片全年出货超过10亿颗、全球市占率近30%。

在面板领域，和辉光电AM-OLED屏在国内率先实现量产，成为华为、中兴等终端龙头企业的国内唯一供货商，“缺芯少屏”局面逐渐扭转。

高精度便携式化学气体和PM2.5传感器研制成功；面向手机、无人机等消费品市场的传感器每月出货突破100万颗；硅麦克风芯片制造工艺为苹果手机供应商提供量产服务；自主研发的智能家居短距离通信技术被思科、英特尔等国际大厂批量采购。上海交通大学高清视频网络化及时服务技术与应用获国家科技进步二等奖。

2．产业体系优化

原先占据电子信息制造业半壁江山的电子组装加工业主动调整产品结构，在沪产品从桌面电脑、笔记本电脑逐渐向智能手机、服务器等高端产品转型。2015年，电子计算机制造业工业总产值在电子信息制造业工业总产值中的占比为30.4%，比“十一五”末下降24个百分点。集成电路产业在政策、资金、人才聚焦下，实现销售收入950亿元，继续保持两位数增长，是上海电子信息制造业发展的核心竞争力。

3．带动作用明显

除直接贡献外，信息技术在经济社会各领域的应用渗透日趋广泛和深化，有力促进了生产生活效率的提升。智慧城市、智慧医疗、智能交通等建设步伐不断加强，物联网产业应用示范成果显著。

在工业物联网领域，电梯物联网已接入5万台电梯，成为原厂维保模式的典型案例。钢铁热轧智能车间示范项目入选工信部智能制造首批试点示范项目。为奔驰、丰田等公司提供车轮装配产线解决方案和服务，具备智能物流、智能检测和混线共用等能力，大幅度提高了客户生产质量水平和自动化水平。

在健康物联网领域，第三方医院药品供应链平台在新华医院的试点减少医院库存75%，有效降低药品流通成本，实现药品全程可追溯；在此基础上向全国推广，已经实施超过80家医院、100家药商。远程心电服务覆盖600多家基层或小型医疗机构，累计诊断超过160万人次，年均增长100%。

同时，物联网技术也已用于食品安全、公共交通等市民生活的方方面面。如上海率先将RFID技术应用于生猪饲养、屠宰、加工、销售以及能繁母猪保险和动物无害化处理全过程，实现从生产到消费的全程溯源，每年为全市提供70万头生猪的溯源管理。“上海公交APP”实现955条公交线路、约1.4万辆公交车到站信息预报。巴士集团已在4635个站点设置二维码标识，实现手机扫描即可知晓该站经停公交车的信息，范围覆盖整个中心城区；在916个站点，利用1600块公交站亭LCD55寸屏实现车辆预计到达信息的发布。浦东公交完成约1700根具有实时动态信息发布的太阳能电子站牌，及70余块具有中英文发布功能的首末站智能发车屏。

4．投资保持增长

2015年，电子信息制造业完成投资173.3亿元，比上年增长6.3%，高于全市工业投资增速23个百分点，成为六大支柱工业中唯一保持增长的行业。集成电路制造业投资增长33.8%。

二、存在的问题

1．技术创新能力仍无法支撑进一步参与国际竞争

上海电子信息制造业企业普遍技术储备薄弱、科技研发投入不足。“十二五”以来，尽管上海电子信息制造业技术实力有显著提升，部分领域产品开始进入国际主流市场，但上海电子信息制造业的主要核心技术依靠购买授权许可、关键零部件大量依赖进口的局面没有发生根本改变。同时，计算机等整机组装类企业比重依然较高，产品技术含量低、附加值不高；而集成电路、光电子等新一代信息技术重点领域仍未能进入国际高端产业技术联盟，缺乏技术、品牌主导权。

2．企业竞争力依然不足

上海电子信息制造业产业链的加工制造和组装环节比重仍然较高，产业链两端的研发设计、供应链管理以及产品销售、品牌运营等缺乏掌控。主要表现为信息产品出口体量大，但贸易竞争力不强；企业盈利水平相对较低，自主发展能力不足。同时，上海电子信息制造业重点领域大企业带动作用有限、中小企业创新活力不足。经过多年的发展，上海电子信息制造业重点领域已形成若干有代表性的龙头企业，但这些企业在收入规模、持续投入以及技术创新能力等方面，与领先跨国企业还存在较大差距，对相关产业带动作用依然有限。中小企业已经成为上海信息产业的重要组成部分，但是中小企业创新活力与美国硅谷地区以及国内的深圳、中关村等地区的企业仍存在一定差距，尚不足以形成对上海信息产业发展的有力支撑。

3．产业链各环节仍未真正形成发展合力

上海电子信息制造业产业链各环节当前仍存在相互割裂现象，尚未真正形成发展的合力。主要表现为：产学研衔接不畅，高校、科研院所的研究成果脱离生产实际，难以在量产线上进行推广复制；产业链缺少纵向合作，代工企业由于缺乏IP积累工艺平台不能满足国内设计企业的加工要求，芯片、零部件企业由于缺乏测试、验证平台产品难以进入下游品牌商的供应链，设备、材料企业产品也难以进入本地信息制造企业的量产线；产业链缺乏横向整合，由于缺少本地品牌整机和系统集成的龙头企业，难以形成整机系统企业带动整个产业链合作创新、协同发展的局面。

4．未能形成与国内其他省市差异化发展态势

上海电子信息制造业在国内具有先发优势，但是在发展重点、发展模式均未能与国内其他省市形成差异化。近年来，随着国内其他省市电子信息制造业的快速崛起，加上上海土地、人力等商务成本上涨，上海电子信息制造业难以避免地出现增速放缓、投资下降及重点领域国内竞争地位下降的现象。“十二五”以来，由于缺少新建大项目支撑，上海电子信息制造业已陷入投资增长乏力的困境。

5．外需、要素环境约束不断增强

一直以来，上海电子信息制造业对海外市场的依赖较大，出口占上海电子信息制造业产值比重超过90%。当前，全球经济仍未从金融危机中完全恢复，发达国家市场需求仍未有效启动，电子信息产品对外出口短期难有大的提升，上海信息产业发展面临市场转换的风险。

上海土地、能源、环境等资源的约束越来越明显。在土地供应方面，工业项目用地资源的供需矛盾正进一步显现，许多项目推进过程中遭遇到土地指标供应的瓶颈，而无法实现落地；在能源环境方面，随着政府对绿色发展理念的重视，今后一段时间节能减排、环境保护的力度不断加大，产业发展面临的资源、环境等压力也会越来越大。

（王　雷）

大数据产业发展情况

2015年，上海积极贯彻落实“国家大数据战略”和国务院《促进大数据发展行动纲要》要求，率先以“三定”方案形式明确市经济信息化委大数据发展综合职能，稳步推进大数据应用和产业发展工作。

一、政策规划

组织编制《上海市大数据发展实施意见》（征求意见稿），初步形成围绕大数据“资源、技术、产业、应用、安全”联动一条主线，塑造政府治理与公共服务、产业链综合竞争优势两种能力，营造大数据“交易机构＋产业基金＋创新基地＋发展联盟＋研究中心”五位一体产业生态，实现数据资源新型生产要素供给、关键技术突破、应用模式创新和基础设施保障等四个加强的工作思路。提出到2020年，大数据对本市创新社会治理、推动经济转型升级、提升科技创新能力作用显著，上海市政府数据服务网站开放数据集超过3000项，形成3–5个大数据产业基地，引进和培育50家以上大数据骨干企业，数据驱动型产业经济总量达到千亿级别，率先成为国内领先的集数据贸易、应用服务、先进产业为一体的战略高地的工作目标。

二、政务服务

结合信息化项目归口把关工作，以使用财政资金建成并投入运行的信息化业务系统为重点，开展政务数据资源目录编制工作。截至2015年年底，已完成市级预算单位70%的业务系统目录编制工作，累计编制资源目录数逾1.16万条、数据项达15.77万个。上海市政府数据服务网开放内容已基本覆盖各部门主要业务范围，涉及经济建设、资源环境、教育科技、道路交通、社会发展、公共安全、文化休闲、卫生健康、民生服务、机构团体、城市建设等11个重点领域，累计开放数据资源逾800项。

三、产业发展

经市政府第106次常务会议审议通过，市经信委会同市商务委批复成立上海数据交易中心股份有限公司。作为上海市大数据发展规划布局内重要功能性机构，上海数据交易中心承担着促进商业数据市场流通、跨区域的机构合作和数据互联、政府数据与商业数据融合应用等工作职能。市经信委会同市科委加快大数据联盟资源整合，基于上海大数据发展联盟、上海大数据产业技术创新联盟基础上共同成立上海大数据联盟。上海交通大学、复旦大学、同济大学、财经大学、华东师范大学、华东理工大学、华东政法大学等10余所高校已开展大数据研究工作，静安区市北高新大数据产业基地建设方案深化完善，跨校跨区域的产学研合作机制正在逐步形成。

（张敏翀）

软件和信息服务业发展情况

2015年，上海软件和信息服务业以创新驱动发展、经济转型升级为总体要求，抓住建设全球科技创新中心、启动中国制造2025、发展“互联网＋”的契机，鼓励发展新业态、新模式，不断拓展新兴经济增长点，对接国家部署，增强试点示范效应，实现经营收入突破6000亿元的“十二五”产业发展目标。

一、总体情况

2015年，上海软件和信息服务业全行业实现经营收入6010.86亿元，比上年增长17.7%；实现增加值1753.49亿元，同比增长12.0%，占全市生产总值的比重达到7%，占第三产业增加值的比重达到10.4%。其中软件产业实现经营收入3526.16亿元，增长17.5%；互联网信息服务业实现经营收入1425.56亿元，比上年增长30%；电信传输服务业实现经营收入689.45亿元，与上年基本持平。截至2015年年底，上海规模以上软件和信息服务企业超过5000家，从业人员达到62.1万人；其中2015年经营收入超亿元企业达到494家。

1．软件产业经营效益提升显著

2015年，上海软件产业实现经营收入3526.16亿元，比上年增长17.5%。实现利润总额532.45亿元，比上年增长30.4%，平均营业利润率为15.1%。上海软件出口产值达到35.52亿美元，比上年下降7.73%。出口企业主要集中在浦东、徐汇和杨浦等7个中心城区，占全市出口的比重超过90%。至年底，软件从业人员达到44.9万人。经营收入超亿元软件企业409家，其中经营收入超10亿元企业44家。累计有299家企业获得计算机信息系统集成资质。中国银联等

7家企业入围2014年中国软件业务收入百强企业。

2．互联网信息服务业保持高速增长

2015年，上海市互联网信息服务业继续保持高速增长态势，实现经营收入1425.56亿元，比上年增长30%。其中网络游戏发展进入转型期，经营收入近450亿元，增长19.2%，增速放缓。上海从事网络游戏运营研发的企业近500家，从业人员超过6万人。上海共有317款游戏被广电总局批准出版，其中移动游戏占比不断提高，出版游戏占全国比重达到49.8%；互联网金融呈现规模发展态势，互联网金融经营收入达到385亿元，比上年增长48%。其中第三方支付收入达到270亿元；重点跟踪的18家网络信贷企业交易额达到452.13亿元，经营收入达到29.34亿元，上海网贷行业交易达到1126.63亿元；网络视听优势资源不断汇集，吸引了一批领先企业、培育了一批高成长性企业，竞相推出的一批创新产品对接市场多元化需求准确，经营收入近170亿元，比上年增长50%以上，占据全国市场约1/4份额。

3．电信传输服务业发展步入稳定期

2015年，上海电信传输服务业实现营业收入689.5亿元，与上年基本持平。究其原因：一是上海电信市场已趋于饱和，用户增长空间有限；二是在微信等网络社交平台的大规模应用下，其传统的语音、短彩信业务受到巨大冲击。截至年底，上海电话用户数达到4057.2万户，其中固定电话用户数797.3万户，比上年末减少42.9万户，固定电话普及率达到32.9部/百人；移动电话用户数3259.9万户，比上年末减少32.8万户，移动电话普及率达到134.4部/百人。

二、运行特点

1．产业能级稳步提升，基础性作用愈加突出

软件和信息服务业产业能级稳步提升，由两年上一个台阶发展到一年上一个台阶，2015年突破6000亿元大关，其中软件产业营业收入达到3526.16亿元，软件和信息服务业从业人员达到62.1万人，经认定的市级信息服务产业基地累计达到36个，并为新型就业和创业模式提供众创空间，顺利完成“十二五”既定目标。以软件和信息技术服务为基础构建的国民经济和社会生活体系，越来越智能化和便利化，对其他上下游产业的带动作用突出，对社会保障和民生改善多个领域的改善作用愈加明显。

2．特色优势逐步形成，新兴产业蓬勃发展

上海软件和信息服务业在基础软件、工业软件、互联网金融等领域形成自身的特色和优势、技术水平、服务能力和市场占有率在国内处于领先水平。一是基础软件初步形成完整的自主可控基础软件产业链条，集聚了普华基础软件股份有限公司、中标软件有限公司、普元软件技术（上海）有限公司、上海金蝶软件科技有限公司和上海锐道信息技术有限公司等一批国产基础软件龙头企业和具有竞争力的基础软件产品。随着全社会的安全可控需求逐步增加，上海基础软件企业也迎来一个新的发展高潮，普元软件技术（上海）有限公司、上海爱数信息技术股份有限公司等自主可控基础软件供应商，市场开拓顺利，均实现30%左右的增长。二是工业软件特色鲜明，在汽车、轨道交通、钢铁、石化等诸多产业领域处于国内领先水平。如宝信软件公司在全国钢铁领域成为最重要的产业中坚；卡斯柯信号公司占据国内轨道交通信号领域市场重要份额。三是国内第三方支付领域50%以上的业务量在上海，除银联总部和17家全国性银行的8家信用卡中心在上海外，全国1/5有第三方支付牌照公司的公司都在上海，而且银联商务、快钱和汇付天下3家企业位列第三方支付市场前5名。四是以携程为代表的在线旅游积极转型移动领域的战略不断取得突破，通过资本运作，入股艺龙、去哪儿，整合产业链上下游，进一步巩固其在在线旅游领域的龙头地位，全年营收将超百亿元，在线旅游领域优势明显。五是互联网教育企业已近150家，沪江网是国内最大的互联网学习平台，拥有注册会员8000万，其中付费会员300万。卓越睿新公司的“智慧树”平台，与高校课程紧密结合，并采用线上线下互动式教学，已有近200所高校加入，覆盖在校生300万，学生通过平台自主选课，并实现学分互认。六是互联网健康组合产生全新商业形态，赋予移动医疗健康服务更多新的活力。如金仕达卫宁为医疗卫生领域全方位的信息化管理提供完整解决方案，连续两年在IDC评选的我国“医疗整体解决方案十大供应商”中均位居第一。

3．创新能力有所增强，核心竞争力不断提高

企业不断加大研发投入力度，2015年软件和信息技术企业研发投入比超过10%，远高于全国平均水平。在工业软件、大数据、云计算等多个领域取得技术突破。将炼钢连铸部分的数字化仿真成果与MES产品化系统进行集成和整合的工业软件初步形成炼钢MES系统的仿真支持方案和功能扩充；星环信息科技（上海）有限公司的hadoop架构产品取得一定进步，并开始向分布式内存数据库层面进军；基于大数据的点融网P2P信用模型取得突破；基于大数据的网宿科技内容分析与分发平台取得实质进展；Ucloud云主机、七牛云存储日趋成熟与应用广泛；万达信息、华东电脑、爱数软件等公司形成面向企事业单位的私有云解决方案；新跃物流平台为5000多家物流企业实现资源有效对接；帜讯信息移动业务平台的企业用户已经接近1.8万家；安捷力医药数据管理平台覆盖一百家药厂和7400多家经销商；小i机器人的人工智能技术不断走向成熟；上海玻森语义识别的“风报”企业舆情监控产品已有40家大中企业应用。鲁班和蓝色星球的BIM技术已在迪斯尼和上海中心项目建设中得到应用。

4. 资本市场表现活跃，新兴领域备受关注

2015年，资本市场表现活跃，软件和信息服务领域的并购、融资活跃度高于上年。百视通完成资本重组与并购后实现产业与资本的对接，借助强大的资本平台，提高外部资源整合的能力，形成了包括“内容、平台与渠道、服务”在内的互联网媒体生态系统和产业布局；巨人网络借壳世纪游轮回归A股；金仕达卫宁通过一系列收购，成功巩固了国内HIS龙头地位；携程通过与百度的股权置换，拥有了去哪儿约45%的总投票权；东方财富凭借收购同信证券，从原来的互联网＋资讯、基金代销拓展至相关证券业务，一跃成为“一站式互联网金融大平台”。据统计，全国公布的互联网产业投融资2015年共有1826笔，上海以324笔排名第二，仅次于北京。根据项目领域分布情况来看，上海投资热点主要集中在以下领域，即生活服务领域（99项）、电商平台（41项）、互联网金融领域（38项）、互联网教育（23项）、休闲娱乐（22项）、健康医疗（21项）等。从公布投资总额来看，超过（含）5000万美元的投资共发生40笔，占披露金额项目数的19.2%。上海市互联网产业投资数量总额占前6位的是浦东区（含自贸区）、嘉定区、杨浦区、徐汇区、闵行区、长宁区。

5. 优化产业布局，提升产业载体层次

上海软件和信息服务产业基地大都紧临轨道交通网络和城市交通主干道，呈现网状分布格局，主要集中在浦东、徐汇、杨浦、长宁、普陀、静安等中心城区。上海规模以上软件和信息服务产业基地共有50多个，其中经认定的市级信息服务产业基地累计达到36个，基地建筑面积达到949.5万平方米，集聚7430家企业、23.6万人，2015年实现经营收入2401.3亿元，单位面积产值为2.54万元／平方米，人均产出101.96万元。形成了以漕河泾开发区、紫竹高新区、浦东软件园、天地软件园等为代表的综合基地和以云计算、数字内容、数据服务、移动互联网、互联网金融等为重点的特色基地。同时，不断推动特色产业向特色园区集聚，提高特色产业集聚度，提升园区品牌知名度，提升园区的竞争力。

（杨立哲）

高端装备产业发展情况

2015年，上海市装备产业（按工业和信息化部口径）完成工业总产值12003亿元，比上年下降3.8%。完成出口交货值1958亿元，同比下降0.5%。实现利润1486亿元，同比下降7%。

重点领域发展情况如下：

一、能源装备保持稳定增长

产业规模超过1000亿元，同比增长2.7%。其中，煤电装备受到产业结构转型市场去产能等因素的影响，总产值同比下降11.1%，为311亿元。核电装备受到核电政策逐步放开和央企总部落户上海的影响，总产值同比增长23.9%，为145亿元。风电设备总产值同比增长10%，为110亿元，基本实现陆上风电装备居国内第六、海上风电装备居国内第一。光伏同比增长16.4%，为16.4亿元，重大事件是协鑫集成重组ST超日成功。

二、机器人保持快速增长

产业规模突破220亿元，同比增长46.6%。上海已形成全国最大的机器人产业集聚区，机器人产业已成为智能制造业发展的重要方向。主要企业中，上海ABB工程有限公司产业规模突破60亿元，上海发那科机器人有限公司产业规模实现54亿元。机器人产业能级不断提升，创造多个国内第一，如国家第一家机器人检测和评定中心总部、质量监督检验中心落户上海，国内第一家机器人产品认证机构（上海添唯认证）得到授权，上海智臻网络科技有限公司（小i机器人）发布国内首套智能机器人操作系统，上海明匠智能系统有限公司发布国内第一个智能采集平台（“牛顿1.0”操作系统），中科院微系统研究所成功研制国内第一台仿生双目智能机器人。市场应用领域不断扩大，海立集团工业机器人累计356台，工业机器人密度达到630台／万人；小i云平台广泛应用于社区、电信、银行等领域；弗徕威智能机器人科技（上海）有限公司、上海未来伙伴机器人有限公司在细分领域的国内市场占有率超过一半以上。

三、飞机制造、轨道交通设备、电梯制造等产业实现增长

飞机制造增长19.6%，我国自主研制的C919大型客机正式下线，我国首架商业运营的国产新支线飞机“ARJ21—700飞机106架机”正式交付给成都航空公司。轨道交通设备制造受到大订单的拉动，增长17.5%。据不完全统计，全国正在施工建设的地铁线路超过70条，仅开工建设地铁的城市就达28个。电梯制造增长5.2%，总产值为506.8亿元，运行维护等服务占比不断增加，主要企业中三菱电梯股份有限公司50万台保有量中4万台实现自主保养，其中4万台实现远程监控。

四、汽车制造业细分发展特征明显

2015年年中，汽车制造业持续3月呈现两位数下跌。年

末受到小排量汽车购置税减半等政策影响，出现大幅翘尾行情，全年同比下降 3.3%。其中新能源汽车产业呈爆发式增长，全年累计推广应用 44247 辆，比上年增长 4.15 倍；汽车零部件及配件制造因新兴增长的汽车后服务业的拉动，逆势上涨 5.5%。

五、电线电缆、基础零部件、机床行业、港口及工程机械出现下降

电线电缆产值为 489 亿元，下降 9.3%。基础零部件产值为 853 亿元，下降 13.3%；机床行业产值为 107.6 亿元，下降 17.1%，港口及工程机械产值为 366.1 亿元，下降 20%。

（张钰良）

重化产业发展情况

2015 年，上海原材料工业规模以上完成总产值 5387.18 亿元，占规模以上工业总产值的 17.77%，比上年下降 14.24%，去除价格因素影响，可比增加 1.55%。主营业务收入 5826.5 亿元，下降 14.06%，利润总额 203.91 亿元，增长 15.95%。

2015 年，上海市材料产业发展呈现四个特点：

1. 原材料工业增长乏力

上海原材料工业规模以上完成总产值模 5387.18 亿元，下降 14.24%，去除价格因素影响，可比增加 1.55%。

2. 材料工业效益整体有所改善，但分化严重

原材料工业实现利润总额 203.91 亿元，增长 15.95%，但增长主要来自石油化工行业的利润增长 105%，钢铁、有色、建材利润下滑 30% 以上。

3. 材料工业趋向高端化，新材料规模逐步提高

新材料产业实现规模以上产值 1966.85 亿元，可比增长 1.6%；新材料产值占六大战略性新兴产业比重为 24.39%，占材料工业比重为 36.51%，比去年明显提高。规模以上新材料企业 521 家，新材料“专、精、特、新”企业 153 家。

4. 新材料产业化成果显著，多项关键技术获得突破

“十二五”期间，上海市一大批新材料关键技术获得突破，稀土功能材料、半导体材料、高品质精品钢材、高端装备配套金属材料、高性能高分子材料等材料和生产制备技术取得突破。

一、石油化工产业发展情况

2015 年，国内经济总体放缓、化工产品价格同比大幅下降，其中，乙烯、聚氨酯等大宗基础化工产品的价格降幅达到 30% 左右，导致化工产业整体产值和主营业务收入同比下降，但在原料成本下降和赛科等重点企业产能释放、新项目如期投产的利好影响下，企业效益回升明显。石油化工完成工业总产值 3482.1 亿元，占全市规模以上工业的 11.48%，产值下降 12.7%，降幅较上半年扩大 2.2 个百分点，去除价格因素影响，可比增加 6.1%；主营业务收入 3661.76 亿元，下降 11.7%；利润总额 170.76 亿元，增长 105%。全年上海完成原油加工量 2521.82 万吨，增长 12.6%；乙烯 210.76 万吨，增长 11.8%。

1. 上海化学工业区

2015 年，上海化工区再次被中国石化联合会评为全国 20 强化工园区之首，连续第四次荣获“上海品牌园区”称号。全年，化工区（包括金山、奉贤分区）完成工业总产值 915.74 亿元，销售收入 948.72 亿元；引进项目投资 10.73 亿美元，完成固定资产投资 64.39 亿元；区内注册企业实现利润 41.94 亿元，实缴税金 80.42 亿元；万元产值能耗 1.05 吨标准煤。截至 2015 年年底，化工区累计批准项目总投资 255.81 亿美元，累计完成固定资产投资 1280.95 亿元。

2. 上海石化

至 2015 年年底，上海石化具有年综合加工原油能力和乙烯 70 万吨／年、塑料树脂 100 万吨／年，合纤原料 109 万吨／年，合纤聚合物 59 万吨／年、合成纤维 28 万吨／年的生产能力，并拥有独立的公用工程、环境保护系统及海运、内河回航运、铁路及公路运输配套设施。

3. 华谊集团

2015 年，集团主要经济指标完成情况：工业产值 358 亿元；主营业务收入 635 亿元，同比下降 4.78%；利润总额 4.3 亿元，归母净利润 2.2 亿元。

主要产品完成情况：集团全年共生产化工品 511 万吨；生产装置平均开工率 82.8%，比 2014 年低 5 个百分点，但高于行业平均水平。主要产品产量：甲醇 145.3 万吨，下降 9.5%；醋酸 107.6 万吨，下降 2.6%；醋酸乙酯 16 万吨，增长 30.1%；全钢载重子午线轮胎 624.3 万套，下降 3.9%；烧碱 68.8 万吨，下降 5.8%；液氯 58 万吨，下降 5%；聚氯乙烯 7 万吨，下降 11.6%；聚四氟乙烯 1665 吨，下降 69.5%；氟橡胶 1202 吨，增长 0.6%；丙烯酸 16.3 万吨，下降 3.2%；丙烯酸丁酯 13.1 万吨，下降 6.8%；油漆 18.2 万吨，下降 4.1%。

4. 高桥石化

2015 年，高桥石化实现工业总产值 448 亿元，下降

12.57%；实现销售收入453亿元，下降10.83%；实现利税133亿元，增长79.73%。产品方面，加工原油1061万吨，增长27.18%。汽、煤、柴、润四大类石油产品725万吨，增长25.68%，其中汽油增加23.31%，柴油增长20.06%，航空煤油增长37.44%，润滑油基础油增长69.78%。化工产品总量71万吨，下降5.82%。其中，苯酚产量15.43万吨，下降23.09%；丙酮产量9.58万吨，下降23.78%；橡胶产量12.95万吨，下降14.78%；ABS产量16.58万吨，增长54.22%；聚醚产量14.58万吨，下降0.7%；DCP产量1.78万吨，下降12.06%。发电量9.17亿千瓦时，增长0.81%。

二、钢铁产业

2015年，钢铁完成工业总产值1193.62亿元，占全市规模以上工业的3.94%，下降20%，降幅较上半年扩大4.9个百分点，去除价格因素影响，可比下降7.8%；主营业务收入1424.65亿元，下降21.3%；利润总额15.46亿元，下降76.3%，下半年行业亏损严重。完成生铁产量1686.66万吨，增长2.6%；粗钢产量1783.77万吨，增长0.5%；钢材产量2202.72万吨，下降4.6%。

宝钢集团大力实施钢铁行业产业结构调整，着力推动服务转型，全年完成工业总产值（现行价格）2179.63亿元，工业销售产值2147.91亿元，资产总值5293.32亿元，营业总收入2300.59亿元，实现利润总额10.34亿元，净资产收益率−0.55%；完成铁产量3491万吨，钢产量3611万吨；对外捐赠5773.12万元，连续第六次被民政部授予“中华慈善奖”，并获“最具爱心捐赠企业”称号。连续第12年进入《财富》世界500强，位列第218位，并再次当选最受赞赏的中国公司，成为钢铁行业唯一入选公司；国际三大信用评级机构标准普尔、穆迪和惠誉继续给予宝钢集团全球综合类钢铁企业中最高信用评级，分别为A−、A3和A−，评级展望均为“稳定”。宝钢湛江钢铁有限公司1550毫米冷轧主体工程开工建设，一号高炉点火出铁，二号转炉、二号连铸机和2250毫米热轧机组热负荷试车。

在自主创新方面，2015年，宝钢的研发投入率2.06%，申请专利1957件，其中发明专利932件。高性能碳钢产品方面，全球首发冷轧中锰钢1180MPa、高磁感取向硅钢B18R065等新产品牌号；成功研制宝钢概念白车身（BCB），向业界用户全面展示汽车用材解决方案能力。高端不锈钢产品方面，成功开发并批量试制超纯铁素体不锈钢B446，填补国内空白；全球首发B436M等两个超纯铁素体不锈钢产品，并成功应用于商用车领域。高性能特种材料方面，全球首发CAP1400核电蒸发器用690合金水室隔板产品；为第三代核电关键装备配套研制的系列耐蚀合金，特殊不锈钢板、管、锻件产品在国家示范工程得到应用；国内首次批量试制700℃超超临界火电机组用高温合金材料，成功用于国家关键部件验证试验平台；中国商用飞机有限责任公司C919起落架用300M钢获得德国利勃海尔公司的认可，成为国内唯一一个大飞机项目A类钢种供应商。民用航空发动机用特殊不锈钢锻件与锻棒获得英国罗罗公司的认可并批量供货，在国际民用航空领域实现突破。COREX-3000在原有引进技术的基础上，结合新疆资源特点自主创新，在宝钢集团八一钢铁有限公司成功点火投产；宝钢历时15年自主集成的高效节能薄带连铸项目进入试生产运行阶段。

在智慧制造方面，宝山钢铁股份有限公司（简称“宝钢股份”）主动把握中国制造2025发展机遇，在国内钢铁行业首家系统规划“智慧制造”方案，以物联网、互联网、云计算、大数据等新技术与公司全供应链的深度融合应用为基本路径，逐步推进宝钢制造装备、全供应链管控、分析决策过程的智能化，构建集智能装备、智能工厂、智慧运营于一体的智慧制造体系，选取8个项目开展试点，其中“热轧1580车间”获工信部2015年智能制造示范试点资格，成为钢铁行业唯一入选的示范点。

三、有色金属产业

2015年，实现工业总产值464.49亿元，下滑0.2%；主营业务收入467.33亿元，增长5.9%。实现利润总额13.65亿元，增长24.3%。完成10种有色金属产量4.56万吨，下降52.8%；铜材产量29.7万吨，下降3.8%；铝材产量50.86万吨，增长2.2%。

1．竞争日益激烈，企业积极寻找新的突破口

近年来，有色金属产能不断增大，产能过剩问题日益凸显，行业产能利用率持续下降，竞争日益激烈。同质化竞争令加工费不断下滑，企业经营环境日益恶化。2015年，一些企业通过开发新产品、调整产品结构、积极寻找新的突破口，以求在日益激烈的竞争中突围。

上海鑫益瑞杰有色合金有限公司大力发展汽车行业ABS阀体及保险杠防撞梁用铝型材，配套汽车行业生产。上海日光铜业积极开发无氧铜管、大口径白铜管等来增强产品竞争力。上海鑫冶铜业积极研发99.999%高纯铜，以替代进口。上海沪鑫铝箔有限公司则着手关停其熔炼产能，优化产品结构，积极开拓东南亚市场，同时积极转型，打造营销、分切、物流配送和仓储中心。

此外，企业积极抓住“一带一路”契机，寻找发展机遇。多家企业赴甘肃和被打造为丝绸之路经济带核心区的重要基地进行实地考察，并与甘肃当地企业对接，达成了多项合作意向，签署两个合作框架协议。

2．标准引领，规范上海废铅酸蓄电池回收

为了规范上海废铅酸蓄电池回收，上海有色金属行业协会和上海蓄电池环保产业联盟通过制定标准，试行实施等推动配送回收中心基地成立等，探索上海铅酸蓄电池配送回收

创新体系。于2015年12月完成《铅酸蓄电池营销及回收管理规范（试行）》的起草工作。同月，《铅酸蓄电池营销及回收管理规范（试行）》举行实施仪式，共有16家企业名单参与试运行，企业自律将涉及6省2市的48家单位，基本涵盖蓄电池生产、销售代理、回收、物流、再生等整个产业链的各个环节。《铅酸蓄电池营销及回收管理规范（试行）》具有多个创新点，如第一次把铅酸蓄电池营销和回收紧密联系在一起，突出了铅酸蓄电池零售商参与废铅酸蓄电池回收的必要性，强调了铅酸蓄电池生产者应践行责任延伸制和在废铅酸蓄电池回收体系建设中的作用，以标准化来规范铅酸蓄电池回收体系建设。

上海鑫云蓄电池配送回收中心（宝山基地）通过上海市环境保护局的环评审批，正式运行。宝山基地仓储面积为5800平方米，年配送和回收蓄电池能力各200万只（折合各4万吨），是以蓄电池贮存、配送、回收为一体化物流服务平台，也是上海首家同时获得废铅酸蓄电池短期中转暂存和集中收集资质的企业，建设有贮存、配送等作业场所，并配有专用车辆；对作业场所实施24小时监控管理。宝山基地的运行也将进一步推动上海铅酸蓄电池配送回收创新体系的建设。

3．上海自贸区现货交易平台建设取得新进展

1月，上海有色网金属交易中心有限公司、上海华通铂银交易市场有限公司成为上海自贸区首批通过评审的大宗商品现货交易市场，为上海有色金属行业产销、流通产业交易模式的创新与升级等方面作出了积极的探索。其中，上海有色网金属交易中心于7月通过验收并正式启动。首个上海自贸区内白银国际现货交易平台——上海华通铂银交易市场也在积极筹建中。

上海自贸区有色金属现货交易的开展，将有利于我国有色金属行业对接国际市场，促进我国有色金属期货、现货的融合与互动。

四、建材产业

2015年，实现工业总产值357.23亿元，增长3.8%；主营业务收入379.66亿元，增长4.4%；实现利润总额13.96亿元，同比增长20.6%；完成水泥产量433.59万吨，下降36.8%。

（金　叶）

都市产业发展情况

都市产业是重要的民生产业，是上海工业结构中的支柱性产业和国际竞争优势产业，为上海经济的发展作出了重要贡献。2015年，上海都市产业在经济下行压力和产业结构调整等诸多困难之下，积极探索产业转型升级途径，践行“四新经济”发展要求，实现平稳运行。

一、上海消费品工业整体发展平稳

2015年上海市都市产业和重点子行业的主要经济指标

	可比价产值（亿元）	同比	出口交货值（亿元）	同比	利润（亿元）	同比	税收（亿元）	同比
全市工业	31558.5	−1%	7525.2	−1.5%	2615.8	−1%	2034.6	10.4%
都市产业	5572.9	−3%	1054.1	−8.4%	419.6	12.4%	201.3	4.1%
轻工	4939.6	−2.7%	886.8	−8.1%	400.7	13%	185.4	4.2%
塑料制品	702.3	1.3%	290.6	7.5%	42.7	10.8%	21.2	3.3%
食品	1065.9	−2.1%	46.0	−4.4%	71.6	13.8%	56.3	9.7%
家电	345.9	−9%	180.5	−4.3%	33.4	3.4%	7.7	−7.5%
日化	340	16%	29.1	7.5%	69.4	70.8%	22.8	17.7%
工美	290.1	7.2%	4.1	5.6%	18.9	27.1%	3.9	13.8%
纺织	633.3	−5.8%	167.2	−9.6%	18.9	0.3%	15.8	2.5%
服装	348.9	−8.8%	109.9	−10.3%	3.8	17.6%	7.9	−7.3%
家纺	73.6	−5.9%	12.3	−15.8%	6.7	2.4%	2.1	5.5%

数据来源：上海市统计局和上海各行业协会。

1．整体数据小幅下降，产业运行提质增效

2015年，上海轻纺产业3375家规模以上企业实现工业产值5461.1亿元，比上年下降5%（其中轻工4838.3亿元，下降4.7%，纺织622.8亿元，下降7.3%），占全市工业的18%；产业运行提质增效，实现利润总额419.6亿元，同比增长12.4%，主营业务收入增速优于主营业务成本1.5个百分点，优、劣势企业进一步分化，盈利企业盈利额增长10.7%，亏损企业亏损额加大2.5%；贡献税金总额201.3亿元，同比增长4.1%。

2．时尚创意与品牌引领，相关行业逆势增长

日化行业实现产值330.1亿元，逆势增长12.7%，实现利润69.4亿元，同比增长70.8%。作为时尚产业主要组成之一，行业加快自主品牌建设、严控质量安全，上海家化、百雀羚等老品牌企业焕发活力，珈蓝集团、韩束、相宜本草新兴品牌企业快速崛起。工艺美术行业通过创意设计和品牌建设提升产品附加值，克服黄金零售价下降困难，实现产值277.8亿元，同比增长0.5%；实现利润18.9亿元，增长27.1%。眼镜制造与光学仪器行业产值增长13.2%，利润增长31.6%。产业用纺织品领域形成以汽车内饰和新型膜结构材料为代表的业务群，并在市场占有率等方面处于领先地位。30余家汽车内饰配套企业成为大众、通用、奥迪、奔驰、宝马等各大车企供应商。

3. 转型升级之路前途光明，任重道远

总体上看，上海轻纺产业拥有较好的工业基础和技术研发能力，拥有高素质的人才队伍，上海城市的文化底蕴和部分老品牌在全国享有盛誉，但转型升级依然任重道远：一是受制于土地、劳动力成本劣势和区县的产业规划导向，轻纺产业被动向周边省市和中西部地区转移，2013—2015 年，规模以上企业数量从 3686 下降至 3375 家。二是轻纺产业率先走向市场化竞争，原先较为完整的产业链已经打散，呈现碎片化和缺失状态。三是出口形势依然严峻，2015 年实现出口 1054.1 亿元，同比下降 8.4%；同时上海作为国际化大都市，轻纺产业与国际、国内优秀品牌同台竞争，国际快时尚品牌比如 Zara，H&M，优衣库等近年来在上海攻城掠地。

二、转型升级，推进都市产业发展

以品牌建设为引领，与创意设计融合发展，弘扬工匠精神和海派时尚内涵，加快推进消费品领域向时尚产业转型升级。

1. 与中国纺织工业联合会签订战略合作协议

上海市人民政府与中国纺织工业联合会签订共建上海国际时尚之都战略合作框架协议，主要内容包括：组建中国时尚产业发展有限公司，以市场化方式推进时尚产业发展；设立中国时尚趋势研究院，开展中国色彩流行趋势、中国化纤流行趋势、中国纺织面料流行趋势、中国服装流行趋势以及中国家纺流行趋势等研究；推进国家级时尚产业基地“中国纺织服装品牌创业园”建设，不断集聚国内外优秀品牌发展，加强中国色彩研究应用中心、中国流行面料发布展示中心、中国时尚信息服务中心、时尚设计师俱乐部等公共服务平台建设，推进中国时尚艺术中心等载体建设，打造一批国家级大师工作室。

2. 落实《上海市工艺美术产业发展三年行动计划》

推进中国工艺美术协会首饰专业委员会等项目落地上海，推动上海工艺美术设计服务平台、尊木汇国际艺术广场等重大项目建设，指导行业协会开展第三届市工艺美术大师评选工作，指导举办首饰艺术博览会等多项展览展示活动，推动国内外行业交流。推进宝玉石交易中心建设，完成沪滇产业战略合作签约，沪滇珠宝玉石及文创产业战略合作签约。

3. 推进工艺美术产业要素市场建设

推进世界手工艺产业博览园、世界手工艺教育联盟项目建设，规划总投资约 18 亿元，由“世界你好”美术馆、“世界手工艺五大洲主题馆”等核心场馆构成，形成世界手工艺大师创作基地、世界礼物设计创新基地等，同步建立手工艺发展产业基金。推进成立上海工美艺术品交易中心，通过信息化支撑，使用线上线下交易方式，形成工艺美术作品和产品的价格发现机制和流通机制。

4. 加快纺织服装行业时尚化、科技化

推进海派时尚流行趋势公共服务平台、上海国际时装周、上海米兰时尚月等一批行业资讯、设计、推广公共服务平台建设，推动中国国际服装服饰博览会落户上海，扶持一批具有品牌发展潜力的企业做优做强，推动行业走时尚化、科技化转型道路，完成工信部纺织服装和家纺行业品牌建设情况调查分析工作，开展印染行业准入公告管理工作。

5. 做好消费品行业其他行业相关工作

食品行业，完成市食安办和工信部交办的各项任务，重点推进食品工业企业诚信体系和追溯体系建设，开展食品工业企业诚信管理体系培训，依托第三方指导企业建立实施诚信管理体系；承办市食品安全宣传周 6 月 30 日乳制品（婴幼儿配方乳粉）安全深度行主题日活动。非机动车行业，组织开展电动自行车产品目录编制工作，协调推进残疾人机动轮椅车带雨棚新车型研制工作，开展工信部铅蓄电池行业准入公告管理工作。室内装饰行业，推动国际室内建筑设计师团体联盟亚洲分部项目落地上海，指导举办上海国际室内设计节和中国国际家具展览会。

三、品牌引领，大力发展品牌经济

以发展品牌经济作为经济转型升级的重要抓手，推动产业从注重规模和数量向注重品质和价值的转型发展，以实现制造到创造、速度向质量、产品向品牌的根本转变。

1. 成功举办首届中国品牌经济（上海）论坛

在工信部指导下，市经信委联合市知识产权局、市品牌建设工作联席会议办公室、市知识产权联席会议办公室，共同举办首届中国品牌经济（上海）论坛。工信部怀进鹏副部长、中纺联王天凯会长、市政府周波副市长等领导出席并致辞，Interbrand 全球 CEO 杰兹 · 弗拉普顿、欧洲营销之父夏代尔、德稻学院品牌战略大师白福瑞等中外顶级专家，以及 700 位全国知名企业代表出席论坛。人民网、东方网作实况直播，《解放日报》整版报道，第一财经频道进行专题报道，新华社、《人民日报》、新浪、腾讯等其他主流媒体都进行了报道，影响深远。

2.“品牌上海”影响力提升

一是人民网开设“品牌上海”专栏，深度挖掘上海品牌故事，完成百个上海品牌的专题报道工作，取得巨大反响。人民网总网借鉴上海频道做法，开出“品牌中国”专栏。二是上海电视台制作《品牌上海》三集纪录片，用影像呈现“心尖上的上海”，播出后产生很大影响。三是 SMG 发动社会播客力量，开展“上海品牌故事”微电影征集，整合社会资源和民间力量，扩大上海品牌影响。四是组织和支持中华老字号博览会、长三角品牌发展论坛等，特别是支持劳伦斯世界体育奖颁奖典礼在上海举行，提升上海城市品牌在全球的影响力。

3. 积极探索金融支持上海品牌建设

继工商银行在自贸区开出全国首家“品牌支行”后，积极筹备和探索成立上海品牌发展基金、上海品牌交易中心、上海品牌经济研究院等，推动建立一批市场化、专业化的品牌无形资产评估机构，探索开展品牌资产存储、担保、托管、融资、租赁等一系列的品牌金融服务；按照品牌价值评估标准，建立基于互联网＋的品牌测算方式，发布品牌价值指数、品牌竞争力指数、品牌活跃度指数、品牌发展潜力等品牌上海指数，形成品牌定价中心；充分依托金融服务，挖掘和发现品牌的收入价值、生产要素价值和无形资产价值，形成市场化的品牌价值发现、交易机制。

4．全方位加强品牌建设工作

一是相关品牌工作写进与工信部的部市合作协议，包括支持举办中国品牌经济论坛、探索建立品牌评估交易中心、成立中国品牌专业服务联盟等内容，以实现整合全国资源和上海服务全国的目的。二是开展品牌培育管理体系的试点、示范活动，以及产业集群区域品牌的试点、示范活动，市经信委对上海国资品牌现状进行摸底调研，继续开展掌门人培训，并与市国资委共同举办上海国资集团企业家品牌沙龙。三是召开上海品牌建设联席会议，通报上海市品牌建设2014年工作总结和2015年工作要点。四是编制印发《上海市推进品牌经济发展专项支持实施细则》和《2015年上海市产业转型升级发展专项资金（品牌经济发展）项目申报指南》，经过规定程序，2015年先期拨付2357.2万元，共有32个项目获得支持。

（陈建林）

创意产业和设计服务业发展情况

2015年，上海市文创产业继续保持健康快速发展，重大项目加快推进，文创园区和众创空间规模扩大，文化创意和相关产业跨界融合，国内外合作交流精彩纷呈，各区县发挥主战场作用，文创资金促进民营经济释放活力，文创产业对本市经济发展的贡献度率进一步提高，战略性支柱产业地位进一步夯实。

一、文创产业保持健康快速发展，“十二五”规划圆满收官

“十二五”规划各项目标顺利完成。全市文创产业总产出和增加值从“十一五”末的5499亿元和1673亿元，快速增长至2014年年末的9054亿元和2833亿元；2015年继续保持快速增长，实现全年增加值3020亿元，占本市GDP的12.1%，年平均增长率接近14%。文创产业结构更趋优化，市场主体活力明显增强，产业布局更趋合理，人才队伍建设进一步加强，发展环境进一步优化，产业竞争力进一步提升。

传统优势领域改革创新。上海纺织集团整合全球设计资源，实施时尚与科技战略转型；华东建筑设计研究院登陆上证主板，进一步夯实行业龙头地位。新兴领域拥抱互联网＋。创意设计领域虚拟现实技术与仿真技术加快应用，集成创新与服务设计能力提升。木马设计的普罗娜智慧路灯等7个作品荣获全球权威红点奖，上海洛可可的“黑玛瑙”高密度LED拼接屏等9个作品荣获IF产品设计大奖，飞利浦专业级行车记录仪ADR810等7个作品荣获中国设计红星奖。信息服务业形成竞争优势，互联网金融规模化发展，全国60%的第三方支付业务量和54家持牌企业汇聚上海；网络文学占全国市场90%份额；网络游戏占全国市场1/3份额；网络视听占全国市场1/4份额；互联网教育企业近150家，覆盖产业链各环节。

领军人才与大师作品百花齐放。岸峰设计创意总监谢春雷荣获全球仅10位的“联合国教科文组织创意设计新锐奖”。吴德昇大师的罗汉、颜桂明大师的忠孝结义、陆莲莲大师的凤歌鸾舞等55件作品在全国工艺美术百花奖、天工奖、精品奖“百花杯”中荣获22金13银20铜。

二、加强顶层设计、优化产业布局，绘制文创产业“十三五”新蓝图

编制《上海市文化创意产业发展三年行动计划（2016–2018年）》。以创新融合为发展主线，以供给侧结构性改革、市场消费需求和品牌建设为抓手，以知识产权保护利用和人力资源开发为保障，明确三个层次发展目标、五大行动任务、十条重点举措和四项保障措施，提升本市文创产业国际竞争力，服务上海科创中心建设和创新创业中心工作，推动上海国际文化大都市和设计之都、时尚之都、品牌之都建设。

进一步优化文创产业布局。坚持部市合作、市区联手，着力产业基地和产业园区功能建设和内涵提升，推进“一轴、两河、多圈、金腰带”产业布局，形成产城融合发展新态势。拓展“一轴”功能，西起朱家角、虹桥商务区，经延安路高架，至张江、迪士尼，重点推进大虹桥会展产业园区、昌平路设计集聚带等建设。丰富“两河”内涵，在黄浦江滨江、苏州河滨河文化创意产业集聚带基础上，拓展徐汇西岸传媒文化走廊、世博城市最佳实践区等建设。深化“多圈”层级，推进环同济创意设计集聚区，上海虹桥时尚创意产业集聚区等园区建设，发挥产业规模集聚效应。形成“金腰带”新经济圈，顺应城市规划战略调整，重点提升金领之都、木文化博览园、智慧照明四新经济产业基地等园区竞争力，在中、外环附近的金腰带上实现珍珠串联。

三、加快文创产业重大项目建设，发挥示范引领带动作用

加强国际交流与部市合作，引进文创产业重大项目。上海市政府与中国纺织工业联合会签订共建上海国际时尚之都协议，设立中国时尚趋势研究院，发布年度色彩、化纤、纺织面料、服装、家纺五大流行趋势，引入中国国际服装服饰博览会等一批重点展会，推进国家级时尚产业基地“中国纺织服装品牌创业园”等载体建设。推进世界手工艺产业博览园建设，一期“世界你好”美术馆落成，举办多场大师作品展览交易；规划建设世界手工艺五大洲主题馆、大师创作基地、世界礼物设计创新基地等。

完善产业发展要素市场，加快文创重大项目建设。上海工美艺术品交易中心成立试运行，通过线上线下结合交易，形成工艺美术作品和产品的价格发现机制和流通机制。上海时尚之都促进中心成立，推进时尚之都功能、载体、人才和品牌四位一体建设，打造符合产业发展需要的开放服务平台。环东华智尚源以“互联网＋设计师＋技术服务”模式，提供从流行趋势、服装设计、个性化定制到产品交易的一站式服务方案。同济大学加快建设国际设计创新学院，引进国际教育资源，培养高层次艺术设计人才。上海视觉艺术学院探索大师教学模式，艺术与设计学科排名跃居全球100强。

四、落实国务院政策与上海市实施意见，深入推进文化创意与相关产业融合发展

文创与制造业、科技融合。推动上海战略性新兴产业、高端装备制造业、消费品产业向“智能型制造、服务型制造”方向发展，助力国产大飞机C919总装下线、国产支线飞机ARJ21首架交付。2015年工博会设计创新展集中120余家知名企业，展出工业设计、数字化创新、产品创新三大主题千余件展品，同步举办“创新＋智造”设计论坛，展现文化创意和设计服务在制造业转型升级和“四新”经济发展中的创造力和驱动力。2015年上海创博会汇集千余种智能硬件，展现文创与制造业、科技融合发展成果。

五、推进文创园区能级提升与众创空间建设，服务创新创业中心工作

引导园区规范化、品牌化、特色化发展。制定出台《上海市文化创意产业示范园区认定和管理实施细则》，认定首批10家“市级文化创意产业示范园区”。组织开展第三批市级文化创意产业园区评审，新认定22家市级文化创意产业园区。推动文化创意产业园区品牌化、连锁化发展，“德必易园”、“越界”等品牌文创园区已经走向全国并走出国门；鼓励园区运营企业做强做大，支持锦和、德必等企业进入上市程序。引导文创园区特色化、专业化发展，涌现M50、8号桥、田子坊等文化艺术类、创意设计类、创意生活类等各具特色和产业定位明晰的园区。截至目前，市级文创园区共128家。

推进众创空间建设，服务大众创业万众创新。积极推进本市文创园区和相关企业积极发挥自身的空间和平台资源优势开展众创空间建设，搭建服务平台和通道，建设线上线下联动的低成本、便利化、开放式的众创空间。支持各类众创空间为创新创业主体提供创业辅导、法律、财务、人力、投融资、知识产权、品牌建设、研发测试等专业服务。腾讯创业基地、海星客创意产业分享办公平台、创梦众创空间、优客工场、蚂蚁空间、SOHO3Q、乐波空间等各具特色；方糖小镇已在全球签约打造众创空间60余家，服务创新创业项目数百个，与浦东国际机场联合打造上海地标性众创空间，将上海的创新创业服务体系带往全球。

六、发挥区县主战场作用，优化市区合力推进机制

市区文创资金促进民营经济释放活力。2015年共扶持263个优秀文创项目和课题，市区两级约4亿元财政资金撬动社会投入近24亿元，超过75%投向民营企业，进一步推动民营经济释放活力。文创资金实施4年来，一是聚焦文化创意产业重大、关键和基础性项目，在产业布局、空间结构和公共服务平台三方面进行重点支持，推动文创产业整体战略布局实施；二是注重支持产业创新模式的发掘，鼓励跨界融合发展，支持以新技术应用为手段，以文化、创意、设计品牌为引领的项目建设，在促进产业转型升级过程中发挥重要作用；三是积极扶持企业的技术创新和模式创新，如智慧照明PRONA项目的集成创新等，打通科技成果转化的最后一公里；四是注重对民营和小微企业倾斜扶持，支持创新创业，推动民营经济释放活力，扶持项目数量和金额逐年递增，晨光文具、慈文传媒、曼恒科技、中仿科技、玛戈隆特等一大批具有创新能力的文创领域民营企业脱颖而出。

七、推进国内外合作交流，增强文创产业辐射力和影响力

全市大型文创活动精彩纷呈。上海设计之都活动周、上海国际时装周等一系列活动参与人数屡创新高，国内外影响力逐年递增。首届中国品牌经济（上海）论坛举行，共议文创产业与品牌建设促进产业转型升级；2015上海国际室内设计节汇聚百余个国家和地区设计师1500多名，发布国际室内建筑设计流行趋势《走向后碳空间》。

文创产业“引进来、走出去”交流频繁。“海峡两岸文创中心”成立，加强两岸文创产业交流和共同发展；“上海－纽约创新设计对话”活动在美国举行，牵手共谋创意设计产业发展；上海设计走出去项目在东京举行，探索激活生活美学，突出设计原创性和包容性。

上海文创企业积极服务国家重大活动。组织光明集团、上海纺织、亚振家具、瀚艺服饰等企业参加米兰世博会，展示上海文创企业风采，亚振家具为中国馆提供的家具诠释“包容和创新”主题，展现中国家具传统榫卯技术和海派家具特殊工艺；程美华大师的丝毯作品、钱月芳大师的顾绣作品、瀚艺服饰的海派旗袍惊艳亮相。上海丝绸之路文化发展公司等文创企业和工艺美术大师组团服务抗战70周年国宴，以荷花为主题，以丝绸、云锦、木雕等工艺制作国宴用具，呈现我国以和为贵、以德为邻的外交文化。

（陈建林）

生产性服务业发展情况

2015年，上海市生产性服务业深入贯彻落实《国务院关于加快发展生产性服务业促进产业结构调整升级的指导意见》，聚焦主要任务，大力推进各重点领域发展，基本完成年初制定的目标和各项工作任务。

“十二五”期间，上海生产性服务业继续保持领先增长，质量效益持续提高，总集成总承包、金融专业服务、电子商务和信息化服务等生产性服务业十大重点领域发展亮点频现。2015年，全市生产性服务业重点领域营业收入达2万亿元，比上年增长15%。其中，总集成总承包服务领域实现营业收入4670亿元，增长16%；研发设计服务领域实现营业收入1505亿元，增长14%；供应链管理服务领域实现营业收入3324亿元，增长4.7%；金融专业服务领域实现营业收入1599亿元，增长22%；节能环保服务领域实现营业收入109亿元，增长16%；检验检测服务领域实现营业收入105亿元，增长9.2%；专业中介服务领域实现营业收入4574亿元，增长8.9%。

2015年，上海继续深入贯彻落实《国务院关于加快发展生产性服务业促进产业结构调整升级的指导意见》。在广泛征求各相关部门意见的基础上，市发改委、市经信委联合研究制定并正式发布首个发展生产性服务业的指导性文件——《上海市人民政府关于贯彻＜国务院关于加快发展生产性服务业促进产业结构调整升级的指导意见＞的实施意见》，明确上海加快发展生产性服务业的指导思想、基本原则和主要目标，确定优先发展重点领域、提升服务创新能力、推进产业融合发展、加强产业载体建设、培育壮大企业主体等主要任务，提出深化改革开放、强化要素支撑、优化发展环境、完善政府服务、加强统计监测等政策举措。为加快落实《上海市人民政府关于贯彻＜国务院关于加快发展生产性服务业促进产业结构调整升级的指导意见＞的实施意见》文件精神，市发改委、市经信委启动上海服务业创新发展示范区创建申报工作，计划在“十三五”期间认定10家左右服务业创新发展示范区。

在生产性服务业发展载体建设方面，由于《关于推进本市生产性服务业功能区建设的指导意见》《上海市经济信息化委关于进一步推进本市生产性服务业功能区建设的意见》两个关于本市生产性服务业功能区建设的规范性文件到期，7月，市经信委会同市发改委、市规土局、市环保局共同制定并发布《关于促进本市生产性服务业功能区发展的指导意见》，以“三规合一，建管并举”为总体指导思想，明确生产性服务业功能区发展的定位、目标、规划、内容及建设、复审等程序。同时，市经信委会同市发改委、市规土局、市环保局委托上海生产性服务业促进会深入开展2015年度生产性服务业功能区复审，复审结果显示，上海生产性服务业功能区每平方公里产出达317.2亿元，充分体现了产业集聚效应。

2015年，上海创新设立“生产性服务业专项资金”，加大生产性服务业发展政策支持力度。市经信委在原“总集成总承包”专项资金的基础上，研究制定《上海市生产性服务业发展专项支持实施细则》，正式设立“上海市产业转型升级发展——生产性服务业专项”，重点聚焦“总集成总承包”、电子商务“双推工程”及生产性服务业功能区提升发展三个重点支持方向。全年生产性服务业专项资金支持“总集成总承包”工程项目11个，支持生产性服务业功能区项目5个；通过生产性服务业专项资金的引导支持，电子商务“双推工程”13家平台企业累计新发展中小企业客户达1646家。

上海生产性服务业统计工作继续深化推进。上海对接国家相关部委，积极推动生产性服务业统计分类标准成为国家标准。4月，国家统计局以上海标准为蓝本，正式发布全国统一的生产性服务业统计分类标准并推广实施。同时，在落实生产性服务业专项统计调查制度基础上，市经信委与市统计局联合建立全市生产性服务业季度数据发布机制，并进一步梳理与制造业及全市统计工作的关系，做好相关衔接工作。

结合贯彻落实“中国制造2025”，市经信委开展服务型制造和制造业服务化等开拓性问题研究，破解生产性服务业发展瓶颈。市经信委联合相关委办和区县，听取全市近百家生产性服务业企业和生产性服务业功能区在发展中存在的问题，梳理企业在“营改增”放大效应、生产性服务业融资成本、行业准入等方面面临的关键瓶颈，形成了加快生产性服务业发展和开放的相关意见和建议。

2015年，市经信委组织开展生产性服务业“十三五”规划编制工作。在充分依托上海生产性服务业“十三五”规划前期研究、生产性服务业开放发展建议等工作研究成果的基础上，针对生产性服务业发展中的重点、难点，深入开展对相关区县、重点企业、园区等的调研，形成了《上海生产性服务业发展“十三五”规划》。

上海持续推进生产性服务业领域“四新”经济发展。围绕电子商务、检验检测、供应链管理等“四新”经济重点，市经信委联合市发改委、市商务委、市质量技监督局等相关部门，持续推进生产性服务业领域的“四新”经济发展，深入挖掘领域内典型企业，对领域内的“四新”企业开展持续跟踪、服务，搭建平台开展产业链对接，支持企业开拓长三角及国内市场。

在已有生产性服务业功能区联盟、电子商务“双推”企业联盟的基础上，上海继续积极推进生产性服务业领域联盟经济发展。依托上海生产性服务业促进会，联合生产性服务业领域重点企业和研究机构，创新设立“手牵手·众创空间”联盟、上海能源互联网产业创新联盟等，推进“大众创业、万众创新”和联盟经济发展。

此外，上海加强生产性服务业重点领域前瞻性研究，深入开展“生产性服务业功能区联动互动发展平台研究”、“‘手牵手’众创空间运营模式研究”、“能源互联网联盟创新协同发展效应研究”等相关课题研究，启动编制《上海生产性服务业发展绿皮书》。开展总集成总承包模式创新、生产性服务业功能区公共服务平台建设和服务能级提升、以“互联网+”带动产业互联网应用发展等重点领域前瞻性研究与工作谋划。

（陈琦芳）

社会信用体系建设情况

2015年是全面落实《上海市社会信用体系建设2013-2015年行动计划》的收官之年，也是“十三五”规划编制年。围绕落实国家规划纲要和中共上海市委、市政府《意见》要求，围绕“四个中心”建设和自贸试验区扩区深化，强化顶层设计，突出制度创新，以信用信息记录、共享、披露、应用为主线，加快推进市公共信用信息服务平台建设，信用信息归集应用稳步拓展，信用服务行业持续加快发展，全社会对信用建设的关注度显著提升，社会信用体系建设支撑政府职能转变、服务经济社会发展的作用日益显现，社会信用体系建设工作取得新进展。

一、推进信用制度建设

2015年，全市按照市社会信用体系建设联席会议统一领导、向市信用平台统一归集、统一建立市信用平台查询服务窗口的“三统一”工作导向，初步形成“五位一体”（以制度为核心、以数据为基础、以平台为抓手、以应用为关键、以行业为支撑）信用建设运行体系。

1．编制五年规划。本着“开门办规划”精神，组织联席会议各成员单位编制《上海市社会信用体系建设“十三五”规划》和《上海市社会信用体系建设2016-2018年行动计划任务分工表》，已完成多轮意见征询和规划专家论证，今年上半年发布。

2．制定一部规章。会同市政府法制办公室抓紧研究制订市政府规章《上海市公共信用信息归集和使用管理办法（草案）》，12月23日，市政府常务会议审议通过《办法》，将正式发布。

3．开展立法调研。配合上海市人大做好2015年度重点课题调研项目，完成《信用信息概念、归集和共享机制》《关于完善本市信用联动奖惩机制》等专题研究。

4．立项三个地标。推进全过程信用管理标准化工作，“三清单”编制指南列为地方标准正式项目，完成编制工作及地方标准审定。

5．召开市府专题会。8月、10月市政府两次召开专题会，听取上海信用体系建设及制度推进情况，对信用体系建设推进思路和工作表示充分肯定。

6．自贸试验区信用建设经验复制推广。围绕服务自贸试验区制度创新和政府职能转变需求，创新形成基于数据、行为、应用清单、覆盖事前告知承诺、事中评估分类、事后联动奖惩的“三清单”、“三阶段”全过程信用管理模式。结合自贸试验区扩区和管委会机构调整，会同浦东新区（管委会）积极落实工作机制，新区公共信用信息服务平台一期建设上线，共归集数据超430万条，完成与市公共信用信息服务平台对接。自贸试验区服务窗口升级，同时开展公共信用信息和金融信用信息的查询，并积极推动自贸试验区服务窗口向扩区后的其他片区拓展。制定发布《复制推广自贸试验区经验推进区县社会信用体系建设行动方案》（沪经信征〔2015〕1号），指导区县信用体系建设，重点抓好区县“三清单”落实、信用实事项目推进以及子平台和服务窗口试点工作。

二、加强信用信息基础建设

2015年，上海市公共信用信息服务平台（以下简称市信用平台）数据归集不断深化、服务功能不断完善、信息应用逐步拓展。

1．深化数据归集。2015版数据清单中包含的3441项信息事项，实际归集信息1165项，89项重点数据基本归集完成，如市工商局动产抵押登记信息、股东信息；市公安局饮酒后驾驶机动车信息、造成交通事故后逃逸信息；市公积金中心单位不缴或少缴公积金信息；市食药监局食品药品严重违法行为生产经营者与相关责任人员黑名单；市高院失信被执行人名单、贪污贿赂罪信息；公共事业单位水、电、燃气、通信欠费信息，地铁、铁路逃票信息等。同时探索开展与企业掌握的社会信用数据合作。

2．完善平台建设。结合市政府信用实事项目实施，推动上海诚信网、手机APP、市民信箱、电子银行、短信、支付宝、微信、法人一证通等渠道实现信用报告在线查询功能。上海诚信网日均点击量从2014年不到2400次增加到2015年的1.48万次。编制发布《2014年上海市公共信用信息服务平台运行情况报告》，发布2015版“三清单”，包含全市99家单位的3441项信息事项和547项应用事项。面向联席会议成员单位开展“三清单”编制培训，并结合2016版编制工作，创新报送形式，开发完成上海诚信网网上申报系统。同时在政务外网开发统计分析功能，实现以图表、地图等显而易见的呈现形式，平台一期建设将于2015年底完成验收工作。

3．加强市区联动。将子平台和服务窗口建设作为支撑区县和重点部门数据归集与应用的重要载体，区县子平台已建和在建子平台达15个，覆盖率90%；服务窗口4家，涵盖金山、崇明等偏远区县。同时，推动以“三清单”为基础，覆盖“三阶段”的全过程信用管理模式向区县延伸。从7月中旬始，每两周公布委办、区县“三清单”落实情况综合排名，并以清单编制落实情况为重点，调整完成区县2015年度社会信用体系建设绩效考核。

4．服务政府职能转变。围绕服务政府管理方式转变、城市管理、社会治理、公共服务、经济建设和产业发展等多个方面，政府部门带头应用、分类试点，在表彰奖励、行政处罚、行政审批、日常监管、招标投标、政府采购、资金扶持等环节，加强市信用平台信息查询。72家政府部门开通699个平台账户，通过账户或后台批量查询方式，政府部门法人信息查询量约61万次，自然人信息查询量逾104万次。

三、促进信用信息应用

1．拓展政府应用。以应用清单编制和落实为抓手，实现市级部门向区县政府的全覆盖。政府部门应用事项214项，涉及综合执法、拆违治理、评奖评优、公务员招录及资金管理等方面；同时，积极服务委综合规划处形成我委信用信息“三清单”，服务结构调整处结合信用信息形成针对全市“三高一低”特征的企业失信程度的评估方法。

2．拓展市场应用。以试点项目为抓手，市信用平台服务金融、国企、行业协会、p2p等社会机构达19家。涉及信用卡管理、普惠金融发展、供应商分类管理及图书馆免押金办证服务等领域。

3．圆满完成市政府2015信用实事项目。全力推进2015年市政府实事项目第5件——“为全市法人和市民在线免费提供一次信用查询报告”，开通信用文化列车、播放公益宣传片、建设地铁文化长廊，开展“走进区县、走进园区、走进商圈、走进社区、走进工博会、走进两委机关”等系列活动，结合线上线下多样化查询渠道，推动广大市民和法人踊跃参与。截至2015年底，市民累计查询超过500万人，法人累计查询超过106万家，超额完成预期目标，2015年底并将形成本市市民和法人信用状况统计报告报市政府。

市信用平台累计接受法人信息查询377万次，自然人信息查询1194万次。

四、发展信用服务行业

1．加强信息支撑。通过两期市公共信用信息服务平台应用试点，支持5家符合条件的信用服务机构以安装查询终端或专线方式接入市信用平台，不断完善有利于信用服务市场发展的信用信息采集机制，推动公共信用信息向符合条件的机构提供便利化服务。

2．用好专项资金。加大社会诚信体系建设专项资金对信用服务机构产品研发、服务推广和“互联网＋征信”等创新模式的支撑，推动信用产品的使用，扩大信用服务市场，培育综合服务能力强化，专业化信用服务机构创新发展。

3．发挥行业组织作用。支持市信用服务行业协会成立新金融信用管理专业委员会，助力普惠金融发展，制定《上海市信用服务机构推荐扶持发展名录实施办法》，协会首批30余家成员单位进入名录。

五、营造社会诚信氛围

2015年，上海积极、深入推进各项诚信文化、信用建设宣传活动，营造诚信社会环境，普及推广信用知识，长三角区域信用合作深入推进。

1．配合人大督查。按照市人大常委会开展社会信用体系建设专项监督和专题询问的各项工作要求，组织全市各部门、各区县围绕信用制度建设、信用平台建设、信用市场建设和信用监督管理等四项重点深入进行监督调研并撰写相关报告。专题询问中，26位常委会组成人员和市人大代表先后就信息共享、失信惩戒、公众个人信息保护、信用服务市场发展状况等群众高度关注的内容进行了询问，市经信委、市建设管理委等17个政府部门负责人对每个问题作了实事求是的回应。

2．促进区域合作。深化长三角区域信用专题组合作，共同发布三省一市信用信息规范标准，完善信用平台互联互通，持续打造“信用长三角”合作品牌。积极推动“一带一路”、“长江经济带”信用建设合作，推动信用制度、标准、技术和信用服务“引进来”、“走出去”。

3．营造社会氛围。会同苏、浙、皖推进长三角区域信用联动奖惩机制建设试点，围绕旅游领域旅行社和导游、环保领域国控重点企业，强化信用联动机制建设，探索跨省市重点领域信用应用，联合召开信用长三角第21、22次专题例会。周波副市长到市信用中心调研并参加上海市信用服务行业座谈会，举办“2015上海诚信活动周”，发布十大典型优秀案例，组织开展各类信用宣传、教育和培训活动，举办信用高峰论坛，充分利用手机APP、微信、微博、电商平台等新兴媒介，发布信用应用典型案例，推广线上线下信用享惠，推出以“信用文明”为主题的头脑风暴等。活动周期间，全市共举办30余场形式多样、内容丰富的诚信创建活动，多维度、全方位、立体式地展示上海市社会信用体系建设成果，进一步营造了“知信用、守信用、用信用”的良好氛围。

（陈　思）

军民产业融合发展情况

2015年，按照国家军民融合发展战略，上海积极探索产业发展之路。杨雄市长亲自推动上海市与军工集团的战略合作。周波副市长多次带队走访有关部队机关、军工集团，协调相关重大事项。市经信委、市国防科工办公室积极协调落实重大项目落沪；市发改委通过战略性新兴产业等渠道支持军民融合项目实施；市财政局落实军民融合专项扶持资金；市科委促进军民两用技术双向转移；市国资委、市教委推进地方国有企业、在沪高校参与国防科研生产项目；市技监局试点推进军民两用标准化试点和体系建设；市人事局、市环保局、市规土局协调落实人才政策、重点项目环评和用地指标等绿色通道事宜。各部门协同共建，有力推进了军民融合产业发展。

2015年，实现军民融合工业总产值3390亿元，比上年增长15%，占全市工业总产值的11%，成为推进上海工业经济稳增长、调结构、促转型的重要力量。

一、重大项目牵引，提升产业能级

中国兵器工业集团公司、中国核工业集团公司、中国核工业建设集团等一批大项目相继落沪。其中中国兵器工业集团公司与阿里巴巴合资成立的中国位置网注册资金20亿元，计划总投资42.8亿元，大力推进数据服务运营平台、区域加密基站、数据中心建设、区域级行业子公司等能力建设。

二、坚持开放发展，吸引优势企业

发挥上海在国防科技工业的综合优势，吸引国内优势军工集团、军事院校来沪发展。推动上海电气（集团）总公司与同海军工程大学、701所、704所、712所开展项目合作，建立了科研生产平台。

三、促进军工溢出，推动创新发展

支持军工单位加大军工优势技术向民用领域溢出，发挥军工技术对高端产业的带动作用，支持科创中心建设。如航天八院发挥航天科技工业高端装备轻量化技术优势，推进上海利正卫星应用技术有限公司实施的高端装备轻量化镁合金材料产业化项目建设，总投资8亿元，产值10亿元。

四、围绕强军建设，鼓励民企参军

全市通过军工保密认证的民口配套单位177家，比上年增加11%，产品范围涉及航空、航天、船舶、核、兵器、军用电子、材料等行业，解决了国家急需。慧石（上海）测控科技有限公司自主研发的航空发动机高温、高压及振动传感器，填补国内空白。上海微小卫星工程中心首次承担总体研制任务，实现民口企业从一般配套建设到总体研制的跨越。

五、整合发展资源，打造产业基地

市国防科工办会同闵行区政府启动市级军民融合产业基地建设，形成市、区联动推进机制，已梳理产业化项目15项、孵化项目25项入驻园区。市科委启动临港新城军民融合科技创新基地建设，该基地由金桥、临港集团共同投资，已有国防科大精密加工技术、北斗信号模拟产品等入驻。

六、开展信息交流，促进供需对接

组织编写《上海市新材料领域民参军技术与产品推荐目录》，共收录101项先进适用的技术与产品向军工集团推荐；梳理7项军工技术、75项重点技术与产品上报工信部和国防科工局，用于《军用技术转民用推广目录》和《民参军技术与产品推荐目录》。借助第17届上海工业博览会平台，举办北斗导航技术成果展示；配合市科委举办2015年“军民融合技术交流与产品展览会”，集中展示107家军队单位、300项产品技术。

七、注重规划引导，营造发展环境

在发展重点方面，初步确定了航天、船舶、核能、航空、空间信息及应用等5个典型军民融合产业，以及智能装备、电子信息与元器件、军民两用新材料等3个战略性新兴产业作为发展重点。在资金引导方面，会同市发改委为3家企业获得国家发改委军民融合专项基金支持1.55亿元。组织实施军民融合扶持专项，带动产业投资7.1亿元。组织上海大学、上海融军科技公司、上海优纳科技公司与海军装备部门对接。

八、获取国家支持，开展先行先试

推动国防科工局与上海市签订战略协议，重点支持上海科创中心建设和军民融合发展。争取国防科工局共建上海大学、上海理工大学等地方高校，共同支持国防特色学科建设。争取原总装备部首批“全军武器装备采购信息涉密查询点”落沪。

（陈松青）

对口支援与合作交流情况

2015年，在上海市对口支援与合作交流工作领导小组的领导下，在市政府合作交流办公室的支持下，市经信委积极开展对口支援与合作交流工作，着力推进跨区域产业合作。

一、沪苏大丰产业联动集聚区进入新阶段

不断加强与江苏省发改委、盐城市、大丰市的沟通，积极协调上海临港、光明集团，推进沪苏大丰产业联动集聚区开发建设涉及到的两省市扶持政策、土地转让价格、基本农田、考核办法等实际问题，集聚区的正式启动奠定基础。召开沪苏大丰产业联动集聚区开发建设推进协调领导小组第一次联席会议，党工委、管委会和开发投资公司正式挂牌。积协调沪苏大丰产业联动集聚区消防、交通、安全生产等监管权限问题。

二、对口支援工作接受新任务

根据时光辉副市长指示要求，积极推进就业援疆工作。市经信委领导带领市经信委相关处室、相关行业协会和企业赴喀什调研就业援疆工作，提出工作思路，部分企业有了初步的投资意向。根据工信部第三次全国工信系统产业援藏工作筹备会要求，积极与日喀则市工信局对接，制定对口支援工作协议，做好签约准备。全面完成市经信委2015年度5个对口支援地区人力资源开发项目。

三、对口帮扶遵义取得新进展

在遵义召开遵义（上海）产业园开发建设推进协调委员会第一次全体会议，部署2015年沪遵两地产业合作工作要点，确定委员会及办公室工作职责和成员单位主要分工安排。全年组织40批次沪遵产业对接，包括央企遵义行、中小企业遵义行等对接活动，加强沪遵两地企业的对接交流。参与编写对口帮扶遵义“十三五”规划。

四、国内合作打开新格局

市经信委分别与云南、河南、甘肃省产业和信息化主管部门签署战略合作协议。搭建上海产业合作交流平台，成功举办“上海产业合作交流平台——凤凰联盟（一期）”信息发布会。圆满完成渝洽会、喀交会上海展区的组展任务。组织上海珠宝玉石文创企业赴滇进行考察和对接。谋划市经信委“一带一路”工作思路，形成工作举措。

（黄治国）

上海制造业“十二五”发展规划执行情况

一、“十二五”期间上海制造业面临的机遇和挑战

“十二五”期间，国内外形势发生巨大变化，上海经济转型升级进入攻坚期，不稳定、不确定因素增多，上海制造业既面临重大机遇，又面临严峻挑战。

（一）制造业成为全球竞争新焦点

新科技革命和产业变革孕育突破，新一代信息技术推动产业组织和制造方式产生重大变革，新材料、新能源在制造业领域大规模深度应用，工业和服务业的融合催生新的行业和生产方式。全球产业竞争格局发生重大调整，发达国家大力实施“工业4.0”、“再工业化”战略，发展中国家加快承接产业和资本转移，对我国制造业形成高端回流和中低端分流的“双向挤压”。

（二）我国制造业发展面临新形势

我国经济发展进入新常态，主要依靠资源要素投入、规模扩张的粗放发展方式难以为继，制造业下行压力大，转型升级日益紧迫；供给侧结构性改革和消费结构升级换代，加快去产能、去库存、去杠杆、降成本、补短板，倒逼中国制造提升竞争力。国家实施“中国制造2025”和“互联网+”战略，推进“一带一路”，要求制造业实现由大变强的新跨越。

（三）上海制造业转型升级进入新阶段

上海进入后工业化时代，产业组织和分工体系发生明显变化，同时面临人口、土地、环境和安全的底线约束，经济发展综合成本持续上升，必须改变传统依赖低成本要素投入的制造业发展模式；同时，上海具备发展先进制造业的基础、条件和优势，建设具有全球影响力的科技创新中心与中国（上海）自由贸易试验区将带动制造业焕发创新活力。上海制造业要结合城市转型，增强忧患意识、创新意识和机遇意识，着力解决突出矛盾和瓶颈问题，切实转变发展方式，持之以恒促进产业转型升级。

二、上海制造业的完成情况

“十二五”期间，上海根据高端化、集约化、服务化和二、三产业融合发展的产业发展方针，全市制造业积极推动转型升级和结构优化，不断提升发展质量和效益水平。至2015年，全市规模以上工业增加值年均增长约4.3%，工业利润年均增长3.6%，战略性新兴产业增加值占GDP比重达到15%，工业增加值占GDP的比重28.5%，与制造业密切相关生产性服务业增加值占GDP的比重近31.5%，工业税收占全市税收的贡献约40%。工业发展“十二五”规划确立的主要指标中，基本实现预期目标，其中，反映创新能力、结构优化和资源环境指标完成较好，单位工业增加值能耗等6项约束性指标全部完成。

（一）高端发展取得较大进步

1．国家战略项目加快实施

华力微电子12英寸生产线全面建成，中芯国际28纳米工艺投入量产，MOCVD等先进半导体设备实现国产化，ARJ－21新支线客机获得适航证，首架C919大型客机总装下线，“海洋石油721”大型深水物探船交付，AP1000核电设备引进消化吸收及自主化取得全面进展。和辉光电4.5代线、联影医疗128层CT、112环PET－CT等项目打破国际垄断，上汽自主品牌荣威550插电式混合动力车上市。同时一批重大项目正在培育建设中，如华虹和中芯国际的两条12英寸集成电路量产线、天马与和辉的高世代AM－OLED生产线、中国位置网、研制远程宽体客机等。

2．推进产业技术创新体系建设

规模以上工业企业研发投入占主营业务收入之比逐年增加。产业技术创新平台加速集聚，拥有宝钢集团、上汽集团、建工集团等63家国家级企业技术中心；电气集团、上海医药、中航商发等496家市级企业技术中心，以及1100家区级企业技术中心。同时，推进产学研合作，依托市级以上企业技术中心建立了200多家各类产学研合作机构，形成了项目联合攻关、共建研发机构、组建产业创新联盟、建立产业技术研究院等多种模式。知识产权和标准化工作持续推进，在专利创造实力方面，在全国排名前列。企业发明专利申请量和授权量分别占全市的64%和61%，推动企业知识产权、技术创新体系和标准有效结合，积极鼓励优势企业积极参与国际、国家标准制定。

（二）集约发展取得明显成效

1．产业园区集约水平稳步提升

工业向开发区集中度达到80%，建成15个国家新型工业化示范基地，占全市工业比重超过50%，13家国家新型工业化示范基地对全市工业增长贡献率18%以上。千亿元级园区从2010年的5个增至7个，占全市工业比重从1/3提高到1/2。工业园区单位土地工业总产值（已供应工业用地）达到70亿元／平方公里，单位土地营业收入为126亿元／平方公里，分别比2010年提高19.4%和57.2%。

2．结构调整取得明显成效

提前两年完成了“十二五”国家下达本市淘汰落后产能任务。共完成产业结构调整项目4208项，年节约标煤合计435万吨，减排COD 2.64万吨、二氧化硫9.64万吨，调整项目共涉及产值约866亿元，腾出土地近8.8万亩。焦炭、铁合金、平板玻璃、制革行业已全行业退出，造纸、印染已基本完成行业落后产能调整，炼钢、炼铁、水泥、铅蓄电池行业整合调整已基本完成。深入支撑了城市安全、环保整治及土地减量化工作。结合郊野公园（单元）建设、水源地区环境整治、乡村工业点整治等。

3．能源利用效率显著改善

规模以上工业单位增加值能耗累计下降22.9%，工业固废综合利用率保持在97%，工业用水重复利用率达到83.4%，全面取消工业分散燃煤，完成替代燃煤锅炉2442台。

（三）融合发展持续深化

1．制造与服务协同融合发展

促进生产性服务业快速增长，生产性服务业占全市GDP比重40%左右，规模、税收、利润、就业等指标实现两位数增长，生产性服务业增加值增速快于服务业增加值增速。全市已建成33家、45.04平方公里生产性服务业功能区，单位土地年营业收入达到311亿元／平方公里。在生产性服务业重点领域中，总集成总承包、研发设计、电子商务、节能环保、检验检测等领域增长较快。生产型制造向服务型制造转变，与制造业密切相关的生产性服务业营业收入年均增长约17%，总集成总承包、研发设计等重点领域快速增长。

2．推动实施“制造＋服务”

在“营改增”、制造业主辅分离等政策支持下，以制造为中心逐步转向“制造＋服务”；制造业企业以服务带动工业设计、品牌、标准“走出去”。重点制造业行业生产性服务业占比大幅提升，主要大集团生产性服务业占制造业收入比重约30%。逐步实现由提供设备向提供系统集成总承包服务转变，由提供产品向提供整体解决方案转变；借助“两头在沪”，参与跨界合作提供全产业链服务。如上海电气电站、安吉物流等转变成为全生命周期服务、第三方物流服务供应商；振华重工、宝钢工程技术集团等，通过总集成总承包，积极实施“走出去”战略。

3．积极培育“四新”经济

通过发展“新技术、新业态、新产业、新模式”，破解制约企业创新发展的瓶颈问题，加快科技成果的产业化、商品化，培育一批“四新”经济成果，实现产业链、价值链的高端化。工业云、智慧照明、工业机器人、3D打印、网络视听、车联网、分布式光伏发电等领域取得成效；涌现出一批典型代表的“四新”企业，自主知识产权的技术和产品达到国际先进水平，初步形成了培育发展“四新”经济的良好氛围。

4．信息化与工业化融合不断深化

两化融合指数从2010年的75.5提高到2015年的85，位居全国前列，基本形成以传统产业改造提升和“四新”经济培育发展为目标，以企业为主体，园区为载体，政府政策推动和项目支持为引导，高校、科研机构等社会各方积极参与的“两化融合”推进格局，汽车、装备、钢铁、纺织等重点产业加快信息化集成应用和产业互联网创新，实现改造提升和转型发展；如宝钢集团通过推进EVI（供应商早期介入）模式，全面介入用户从研发到量产的各个环节，实现智能制造，打造“优势服务”。推进两化融合管理体系贯标，开展30个智慧园区建设试点，建立首席信息官（CIO）联盟，基本形成以企业为主体、园区为载体、政府推动和项目引导，高校科研机构等多方参与的“两化融合”推进格局。

（四）开放发展不断深入

1．多种所有制企业联动发展

发挥央企在落实国家战略方面的引领作用，深化国企混合所有制改革，扩大自贸试验区外商准入开放领域，促进中小企业和民营经济发展，形成多种所有制企业共同推动制造业发展的格局。2015年在沪央企、国有及国有控股企业、外商投资企业和中小企业实现工业总产值占全市工业总产值比重预计分别达到19.2%、37.1%、61%和46.5%。

2．统筹发展格局基本形成

加强与长三角、全国乃至全球的产业合作，充分利用国际、国内两个市场，发展国际总集成、总承包等模式，拓展制造业发展空间；汽车、钢铁、化工等重点行业积极开展国内外并购和股权投资，市外投资占比约50%，制造业集聚辐射能力进一步增强。

在取得以上成效的同时，上海制造业也面临一些问题和短板：主要是缺乏具有国际影响力的自主品牌，战略性新兴产业仍处在培育期，传统优势制造业需加快转型提升，关键核心技术和零部件亟需突破，与制造业相配套的高端生产性服务业发展滞后，企业跨区域、跨国经营能力不足。

下一步，面对外部环境和自身条件的变化，上海制造业必须紧紧抓住机遇，积极应对挑战，找准发展定位，保持战略定力，增强使命感和责任感，率先转变经济发展方式，坚持强动力、增活力、补短板，立足“求质求新求实求进”，改造提升传统动能，推动形成增长新亮点，实现上海制造向上海智造、上海速度向上海质量、上海产品向上海品牌的转变。

（赵广君）

附件：上海制造业转型升级“十三五”规划简要

一、关于发展思路和主要目标

1．发展思路

牢固树立创新、协调、绿色、开放、共享的发展理念，落实制造强国、网络强国战略，更加注重质量效益、着力加强供给侧结构性改革，更加注重创新驱动、着力培育“四新”经济，更加注重集群集聚、着力促进产业联动发展，更加注重开放融合、着力增强企业国际影响力；加快构建战略性新兴产业引领、先进制造业支撑、生产性服务业协同的新型工业体系，坚定不移推进制造业成为上海建设具有全球影响力科技创新中心的主战场。

2．发展方针

——高端化。坚持走创新引领、品牌带动、智能升级、集约高效的高端发展之路，提升上海工业在全球价值链、产业链、创新链的影响力。

——智能化。推动信息化与工业化深度融合，全面提升制造业重点行业和企业的智能化、信息化水平。

——绿色化。大力推广清洁生产和绿色制造，建立高效、清洁、低碳、循环的制造体系，促进产业绿色发展。

——服务化。发挥制造业对服务业的支撑作用，推动生产性服务业向专业化和价值链高端延伸。

——集群化。按照制造业产业链联动发展要求，推动产业集群集聚发展。

3．主要目标

到2020年，制造业保持基本比重和合理规模，力争成为具有高附加值、高技术含量、高全要素生产率的国际高端智造中心之一。到2025年，落实“中国制造2025”取得显著成效，力争成为世界级新兴产业创新发展策源地之一。

二、关于重点产业发展和空间布局

积极落实“中国制造 2025”战略，加快发展战略性新兴产业，改造提升传统优势制造业，积极推进生产性服务业，培育发展新技术、新产业、新业态、新模式，促进制造业集群集聚，形成经济发展新动能。

（一）加快发展战略性新兴产业

1. 新一代信息技术

集成电路。以自主突破、协同发展为重点，坚持集成电路芯片设计和制造并重、装备和材料协同、封装测试长三角联动；到 2020 年，努力建设成为国内技术水平最高、产业链最完整、综合实力最强的集成电路产业基地。下一代网络。以聚焦前沿、促进融合为重点，突破 5G 等领域前沿技术；到 2020 年，巩固提升国内第一梯队的地位。汽车电子。以提升技术、高端配套为重点，发挥上海整车和信息技术的优势；到 2020 年，国际市场竞争能力进一步增强。新型显示。以提升能级、联动发展为重点，聚焦 AM-OLED 中小尺寸屏幕；到 2020 年，建成国内中小尺寸屏幕技术高地和能级领先的 LED 产业集群。卫星导航。以多元融合、创新应用为重点，突破以高精度、高动态、高可靠为重点的核心模组技术；到 2020 年，产业规模和国际化水平大幅提升，形成具有较强竞争力的卫星导航产业链。软件和信息服务业。以强化基础、做大做强为重点，到 2020 年，努力进入市场竞争力强、技术水平高、跨领域应用广、经济效益好的软件和信息服务业国内外先进行列。

2. 生物医药与高端医疗器械

生物医药。以强化创新、促进转化为重点，以药物一致性评价为契机，大力发展高端高品质药物；到 2020 年，努力建设成为国家生物医药高端产品制造中心和创新研发中心。高端医疗器械。以突破关键、发展高端为重点，加快高性能医疗设备的国产化进程，加强关键技术和核心零部件的创新突破；到 2020 年，努力建设成为国家高端医疗器械创新中心和智慧医疗示范基地。

3. 智能制造装备

机器人。以突破瓶颈、集成应用为重点，工业机器人和服务机器人并举；到 2020 年，努力建设成为我国机器人产业高度集聚的研发、制造、服务和应用中心。高档数控机床及专用加工装备。以精益制造、智能升级为重点；到 2020 年，努力建设成为在航空、航天、汽车、核电等领域具有明显特色优势的智能专用加工装备集聚区。增材制造装备。以聚焦高端、加快应用为重点；到 2020 年，努力建设成为国内增材制造产业技术创新和应用中心。传感控制与仪器仪表。以突破技术、加强互联为重点；到 2020 年，努力打造成为国内具有较大影响力的传感控制与仪器仪表基地。智能检测与物流装备。以加强精度、提升效率为重点。

4. 新能源与智能网联汽车

以加强研发、示范推广为重点，发展纯电动、插电式混合汽车，核心技术达到国际先进水平，聚焦突破无人驾驶、辅助驾驶系统、车载信息终端、汽车进程服务人机交互系统等车联网各项关键技术；到 2020 年，努力建设成为国家新能源汽车示范区和智能网联汽车领航者。

5. 航空航天

航空产业。以聚焦核心、完善配套为重点，推进 ARJ21-700 新支线客机、C919 单通道干线客机，突破商用航空发动机研制关键技术；到 2020 年，布局形成较为完善的航空产业链。航天产业。以前瞻布局、构建体系为重点，发展新一代运载火箭、应用卫星平台、深空探测平台、系统及设备的研发制造；到 2020 年，努力构建门类齐全、技术领先的航天产业体系。

6. 海洋工程装备

以深海开发、系统配套为重点；到 2020 年，努力建设成为国内最具实力的海洋工程装备研发、设计和总集成总承包基地。

7. 高端能源装备

高效清洁煤电装备。以保持一流、稳定发展为重点，大力发展二次再热超超临界发电机组、先进的 700℃超超临界机组等；到 2020 年，打造成为国际一流的绿色煤电装备产业基地。核电装备。以突破核心，集成发展为重点，自主研制 AP1000 的核心装备，重点发展“华龙一号”配套装备和技术；2020 年，打造国际领先、产业链齐全的核电装备制造和技术服务产业基地。气电装备。以联合攻关、健全品类为重点，实现 F 级 325MW 和 H 级 400MW 燃气轮机的国产化和联合研制；到 2020 年，打造成为具有较强竞争力的气电装备产业基地。风电及光伏能源装备。以主攻高端、拓展服务为重点，突破提升 6MW 和 8MW 大型平台直驱海上风机技术；到 2020 年，努力建设成为高技术、高附加值的可再生能源装备产业基地。智能电网与分布式能源装备。以突破瓶颈、示范带动为重点，重点突破大规模电力储能系统、二代高温超导带材及制造装备；到 2020 年，努力打造成为具有重大示范带动效应的智能电网与分布式能源装备自主创新区。

8. 新材料

以围绕高端、应用对接为重点，聚焦先进基础材料、关键战略材料和前沿材料，研发创新 3D 打印、石墨烯、新一代生物医用、特种光纤等战略性新材料；培育提升高温超导、功能陶瓷等为重大工程配套的新材料；壮大发展超高强韧汽车用钢、大尺寸电路级硅单晶及硅片等具有一定基础和规模优势的新材料，到 2020 年，努力把上海建设成为国内领先、产学研用紧密结合的新材料生产研发基地之一。

9. 节能环保

高效节能。以推广应用、服务引领为重点，构建“一站式”合同能源管理综合服务体系；到2020年，形成技术含量、市场占有率国内领先的高效节能装备产品体系。先进环保。以示范带动、模式创新为重点，提升烟气脱硫脱硝除尘技术集成和成套服务能力；到2020年，成为国内最重要的先进环保总集成总承包基地。资源循环利用。以高端突破、调整提升为重点，推进航空发动机、汽车零部件、高端装备等再制造；到2020年，建设成为具有国际先进水平的再制造和工业固废利用示范基地。

（二）改造提升传统优势制造业

1. 汽车产业

以高端定位、打造品牌为重点，大力发展高端乘用车型，促进自主品牌乘用车和新能源汽车批量化生产，开发高品质商用车与专用车新车型；搭建全球零部件研发设计平台，自主掌握高效内燃机、先进变速器等动力总成，以及驱动电机、汽车电子、轻量化材料及智能控制等关键零部件核心技术。

2. 钢铁产业

以精品提升、绿色发展为重点，控制原材料规模，提升优化精品钢材，巩固提升新一代汽车用钢、高等级硅钢技术水平和市场能力，研发突破高强工程机械用钢、高性能能源用钢，提升钢铁制造智能化水平，拓展钢铁供应链；落实不锈钢结构调整。

3. 石化产业

以安全环保、集约发展为重点，发展精细化工，升级传统化工，提升油品质量和标准，提高化工新材料整体自给率，加快精细化工的绿色工艺和产品开发，重点突破微电子行业的各类化学用剂等特种功能化学品；加快技术改造和园区产业链一体化发展，继续推进高桥、吴泾等地区转型升级。

4. 船舶产业

以坚持高端、优化船型为重点，大力发展豪华邮轮、20000TEU级集装箱船等高技术高附加值船舶；到2020年，努力建设成为具有国际竞争力的高端船舶产业基地。

5. 都市产业

以创意设计、时尚引领为重点，加强设计领域的共性关键技术研发，发展快时尚服装服饰、智能家居应用，开发绿色食品、化妆用品、老年保健、可穿戴设备等健康产品，做精做优传统工艺美术产品。

此外，加快推动电子、机械等传统制造业加大技术创新和改造力度，增强企业研发和设计能力，提高产品附加值，保持发展优势。

（三）积极发展生产性服务业

1. 总集成总承包

以延伸服务，提升价值为重点，大力发展成套设备等领域的“交钥匙”工程和战略性新兴产业领域的总集成总承包服务。

2. 研发设计

以满足需求，提高能力为重点，大力发展关键领域的研发创新，鼓励企业发展第三方研发设计服务。

3. 检验检测认证

以培育主体，健全体系为重点，积极发展面向重大装备、战略性新兴产业、医疗健康和食品安全产业的第三方检验检测认证服务。

4. 供应链管理

以提升效率，协同共享为重点，推进直接为制造业供应链服务的嵌入式物流、以第四方综合物流服务为特征的供应链服务。

5. 电子商务

以模式创新，产业应用为重点，积极发展服务于区域、行业、中小企业的第三方电子商务服务平台、工业云平台。

此外，大力发展知识产权、科技金融、融资租赁、服务外包、商务咨询、人力资源服务等服务型制造和生产性服务业的相关领域。

（四）优化空间布局

按照上海新一轮城市总体规划要求，根据资源禀赋、产业基础和环境容量等因素，郊区集聚发展先进制造业，中心城区优先发展高附加值都市型工业和高端生产性服务业，形成“带状引领、集群集聚”的产业空间布局。促进长三角地区制造业协同发展，提升制造业国际影响力。

三、关于实施转型升级新作为

1. 提高技术创新能力

围绕产业链部署创新链，完善以企业为主体、市场为导向、政产学研用相结合的制造业技术创新体系，实施市级重大产业科技攻关项目，促进科技成果产业化，完善配套环境建设，突破制约制造业发展的核心技术瓶颈，提升制造业参与全球竞争的能力。

2. 推进两化深度融合

加快推动新一代信息技术与制造技术融合发展，把智能制造作为信息化和工业化深度融合的主攻方向，着力发展工业互联网，促进大数据、云计算应用，加强两化融合基础建设，全面提升在新要素、新引擎背景下的制造业竞争能力。

3. 强化工业基础能力

加强技术创新和示范应用，突破长期制约制造业发展的基础零部件（元器件）、先进基础工艺、关键基础材料和产业技术基础，实现制造业创新发展和质量提升。

4. 加强质量品牌建设

把质量和品牌作为产业竞争力的核心要素，坚持标准引领、质量取胜、品牌培育，完善质量管理机制，加快提升产品质量，实施品牌发展战略，推进制造业品牌建设，提升上海品质、打造“品牌之都”。

5．全面推行绿色制造

坚持示范引领和全面协调推进，深化制造业节能低碳、清洁生产和资源循环利用，实现物耗、能耗、污染物和碳排放强度显著下降，基本形成高效清洁低碳循环的绿色制造体系。

6．稳定工业有效投资

深入贯彻供给侧结构性改革，充分发挥市场配置资源的决定性作用，以重大项目为引领，技术改造为动力，保持工业投资适度规模，优化投资结构，提升投资质量和效益。

7．深入推进结构调整

坚持调整淘汰与转型发展并举，锁定区块、锁定项目、锁定时间、锁定责任主体，综合运用法律、标准、市场及政策扶持等手段，全面实施负面清单管理，研究出台产业结构调整企业信用管理办法。

8．推动园区集约提效

按照集约集聚、转型升级的总体要求，聚焦细分领域、龙头企业、服务平台建设，优化产业空间布局，全面提升产业园区的能级和效益。

9．增强中小企业活力

发挥市场机制和政府扶持作用，以优化中小企业发展环境为基础，以完善全覆盖服务体系为重点，激发中小企业创新创业活力，鼓励中小企业向“专、精、特、新”方向发展，全面提升中小企业竞争力。

10．促进军民融合发展

聚焦国家战略，加强国防技术转化和军民资源共享，鼓励各类企业参与国防建设，推动国防和经济建设融合发展，初步形成全要素、多领域、高效益的军民深度融合发展格局。

四、关于实现体制机制新突破

1．加强政策协调创新

深化供给侧结构性改革，围绕降本增效、拓展市场等要求，加强财政、产业、投资等创新政策、规划引领和改革举措的统筹协调和有效衔接。

2．加强土地统筹利用

新增土地资源重点保障战略性新兴产业和传统优势制造业改造升级，加强闲置低效工业用地综合治理，积极盘活存量开展土地资源二次开发。

3．加大财税支持力度

加大国家首台套重大技术装备的支持力度，研究制定新材料首批次、新软件首版次突破及示范应用政策，探索建立创新产品政府采购支持政策。实施有利于制造业转型升级的税收政策，切实减轻企业税收负担。

4．拓宽金融支持渠道

推动产业转型升级投资基金运作，鼓励企业利用多层次资本市场进行上市融资和再融资，建立产融信息对接服务平台。

5．构建产业人才体系

引进制造业领域前沿、具有国际视野和能力的领军人才和创新团队，实施“首席技师”千人计划等培养项目，在住房、社保、高端医疗、教育机构等方面对产业人才予以扶持。

6．提高对外开放水平

推动企业开展产能合作和国际化经营，实施海外投资并购，探索产业园区“走出去”的联动发展新模式，积极引进国内外先进制造业企业。

7．创新政府管理方式

实施负面清单管理，加强事中事后监管，探索建立制造业结构调整的长效机制。

8．健全组织实施机制

建立制造业转型升级协调推进机制，调动全社会力量共同参与规划实施。

“四新”经济发展情况

2015年，上海市认真贯彻党中央、国务院关于简政放权，推动大众创业、万众创新的决策部署，着眼于建设具有全球影响力的科技创新中心，注重发挥改革前沿、要素汇聚的综合优势，率先提出推动新技术、新业态、新模式、新产业“四新”经济发展，加快培育增长新动能、开拓转型升级新通道。全市第三产业增加值比上年增长10.6%，社会消费品零售总额增长8.1%，网上商店零售额增长31.6%，机器人、3D打印、新能源汽车等产业蓬勃兴起，“四新”经济生态雨林系统加速成长，成为稳增长的支撑点和经济提质增效升级的新亮点。

一、革新理念、放松管制，鼓励多元探索

上海市适应“四新”经济新特点，勇于打破思维定式，既做行政指导干预的“减法”，也做市场自主选择的“加法”，以包容的心态、宽松的环境，引导各区县和市场主体主动探索，多元发展。

1．因势利导谋划发展战略

为更好发挥人才、技术、市场等要素汇聚的优势，破解资源环境约束，2013年，市委、市政府提出要正确处理减与增、旧与新的关系，寻求转型升级的新路。2014年6月，市政府常务会议正式作出发展"四新"经济的战略部署。此后连续召开多次专题工作会议，明确按照"高端化、集约化、服务化和推动三二一产业融合发展"的"四新"经济发展方针，聚焦智能制造、互联网金融、私人定制销售、信息技术等有优势、有前景的重点领域，促进技术创新、应用创新、模式创新的融合升级，努力在"双创"和新的产业发展中抢先一招，领先一步。

2. 转变思路营造宽松环境

针对"四新"经济交融性、动态化、轻资产、高成长的特点，主动改进政府服务的方式方法。一方面，在思路上实现"三转"，即从抓大企业、大项目向扶持小微、草根企业转变；从强调有形资产投资向更加注重研发、人力资本等无形资产投入转变；从偏好给予优惠政策向着重营造良好的营商环境转变。另一方面，在服务商做到"四宽"，即宽广的视野、宽松的管制、宽容的氛围和宽心的体制环境，提高政府服务的针对性、有效性，在市场准入上探索推广"负面清单"管理方式，给企业创新发展充分"留白"。

3. 因地制宜鼓励多元探索

鼓励各区县立足本地优势，自主选择发展方向，引导错位发展、多元发展，避免出现恶性竞争和同质化建设。在实践中遵循两个基本原则：一是市和区县都想干的，一起干；二是符合政策规定，区县很想干的，随你干。比如杨浦区将复旦大学、同济大学、上海财经大学等高校资源，与复旦软件园、云计算基地等园区平台相结合，着力打造"互联网+教育"新型产业基地。松江区利用雄厚的工业基础，坚持做强基地与拓宽金融并重，通过深化产业园区与金融机构的合作、设立3D产业引导基金等方式，探索"基地+基金"的发展新模式。

二、问企之需、解企之难，破解发展瓶颈

上海市以解决制约"四新"企业发展的制度性障碍为重点，建立面向企业、服务企业的工作机制，深入一线搜集和梳理问题，聚焦痛点、攻关难点，及时拆除藩篱，打破瓶颈制约。

1. 搭建桥梁，发现、搜集、研究企业意见建议

坚持面向企业需求，以发现和解决企业难题为导向，建立多渠道、互动式的问题搜集、反馈机制。一是在各区县设立"四新"经济联络员，开通"四新直通车微信群"，随时随地搜集问题。在对问题逐一梳理之后，及时反馈各有关部门研究，并向企业跟踪了解问题解决进展。截至目前，已梳理出互联网电视产业准入受限、在线医保支付和处方药销售限制、央行征信系统开放度不够、组织机构代码证查询不便等各类问题107项。二是定期召开重点领域专题座谈会，建立政府部门、"四新"企业、行业协会、学术专家的交流平台，面对面研究探讨，提出技术瓶颈、行业管制、政策障碍等问题的解决方案。

2. 落实责任，分类、分层、分责推进问题解决

为更好服务企业，上海建立市经信委、发改委牵头，各相关职能部门和17个区县参与的"2+17+X"工作机制。根据问题产业原因和层级，第一时间落实责任主体，该由市级部门解决的由部门解决，该由区县解决的由区县解决，该争取国家部委支持的积极对接。2014年共解决企业瓶颈问题23项。2015年又继续梳理出需市本级解决的问题49项，已实际解决29项。如市交通委解决康迪电动公交汽车牌照额度问题，市经信委解决人本集团申报国家级企业技术中心等。此外，对梳理出需国家有关部委解决的11项问题，市级主管部门积极主动与国家部委沟通，争取政策突破或先行先试。如市税务局向国家税务总局反映铼钠克公司降低资本公积金转增资本金问题，市食品药品监管局积极向国家层面争取，成功将医药CMO（合同生产外包）审批制度改革纳入上海自贸试验区先行先试项目。

三、创新支持、深耕细作，打造发展新生态

上海市不断完善政策支持方式，专门针对"四新"企业研发投入大、创新风险高等突出问题，创新政策供给，构建支持"四新"经济发展的新生态。

1. 整合财政资金，支持企业加大研发投入

整合市级、区级专项资金，探索发行"四新"服务券，从"返税"转向"返服务"。2014年，先行发行的"四新"服务券1.0版，采取网上实名登记发放的方式，每套金额为20万元，由企业和合作高校分别向市经信委和市教委申请兑现，支持企业与高校开展合作开发、技术转让等活动。目前，共累计发行720万元。此外设立"四新"模式与产品推广运用专项资金，安排1200万元重点支持各类O2O（线上线下融合）企业，创新服务模式、加大产品推广力度；设立"四新"产业创新联盟标准化建设专项资金，引导智能制造、智慧医疗等重点领域准化体系研发创新工作，形成联盟标准，填补领域标准空白。

2. 注重"首台套"扶持，加速高端装备制造应用

探索创新"装备首台套"政策，通过采取联合申报、提高支持额度、拓宽支持范围等方式，鼓励产学研深入合作，打通装备设备研发、制造、应用产业链。一是要求研制企业和用户联合申报，确保研制装备能够投放市场，实现销售。二是针对新一代半导体、传感器等关键部件单价低、批次多的特点，将支持范围从首台、首套拓展到首批，加大支持力度。三是提高单个项目支持额度和比例，对首台突破项目的最高支持比例从20%提高到30%，支持限额从800万元提高到3000万元。四是将外地用户纳入首台套风险补贴政策范围，支持装备研发企业拓展国际国内市场。首台套专项资金

共支持重大技术装备研制项目411个，首台装备风险补贴项目21个，总计补贴资金5.88亿元，其中80%的装备已实现量产。

3．加快新型股权交易市场建设，拓宽企业融资渠道

一方面，在上海股权托管交易中心探索建立“科技创新板”，为尚未成熟但具有成长潜力的“四新”中小企业提供定向增资、自募债、股权质押贷款等多种融资服务。初期重点面向张江国家自主创新示范区企业，待平稳运行后再逐步扩大范围。另一方面，支持上海证券交易所研究设立“战略新兴板”，采取与主板差异化的上市财务标准体系，重点服务高速成长期的新兴产业和创新型企业。初步筛选近200家重点企业，主要涉及智能制造、高端装备制造、产业互联网、新一代信息技术、节能环保、生物制药、新材料、文化传媒等行业。

4．打造产业基地，发挥集团联盟优势

依托创意产业集聚区、生产性服务业功能区等园区的软硬件优势，着力打造一批具有国际竞争力的“四新”创新基地，首批50家已开始试点，涉及工业机器人、3D打印、高端医疗器械、互联网金融等30多个产业领域。同时，建立网络视听、智慧照明、集成电路、物联网等8个人才实训基地，着力培养一批满足“四新”经济发展需要的高技术尖端人才。上海还十分注重产业创新联盟建设，先后成立智慧应急产业联盟、上海智能交通系统产业联盟、上海首席信息官联盟，积极推动同业企业的沟通交流和科研合作，集众智推“四新”企业发展。

四、两手发力、重点突破，“抓手型行业”迅速成长

上海市对发展“四新”经济不定框框，在政府服务和市场内生机制的作用下，一批“抓手型行业”迅速成长，产业结构向高端化、智能化、集约化迈出新的步伐。

1．新技术异军突起

3D打印、机器人等12个以高新技术为基础，引领制造业发展趋势的行业迅速成长。比如，3D打印领域，漕河泾开发区松江园形成了3D打印产业集聚，培育出多个年销售额千万级的优势企业。在机器人制造领域，集聚了一批机械传动、控制器、减速机等关键零部件制造企业和系统集成商，国际“四大”机器人装备生产商均在上海设立专门机构，形成了研发、生产、应用的完整产业链。

2．新业态加速集聚

互联网教育、互联网金融等14个“互联网＋传统服务业”的新业态初具规模。如互联网金融领域，汇集1000余家互联网金融公司，2015年经营收入近384.9亿元，其中第三方支付收入近270亿元。在互联网教育领域，全市拥有互联网教育企业近150家，产品包括教育平台、教育工具、内容提供、开放课程、技术支撑等五类，一些知名度高的企业注册会员近亿人，实现经营收入超亿元。

3．新模式蓬勃涌现

上海市在继续推进O2O（线上线下融合）模式发展的同时，进一步探索发展网订店取、前店后库、个性定制等新型销售模式。百货公司、大型超市等零售企业通过开发自有品牌，实行买断经营（以优惠价格从厂家大批量采购产品，并以较低的价格进行销售）等方式，提升盈利能力。2015年，全市社会消费品零售总额比上年增长8.1%，网上商店零售额占比上升到10.9%。比上年提高1.5个百分点。

4．新产业初具规模

制造业与服务业深度融合的车联网车联网、北斗导航、智慧照明等10个新产业，已逐步从试点转向应用。如在车联网领域，已形成嘉定区“产业基地”、浦东新区“综合示范”、徐汇区“前沿技术”3个集聚区。在北斗导航领域，卫星导航类企业已超过百家，2015年总产值达70亿元，增长超过55%。

（葛文政）

中国国际工业博览会情况

中国国际工业博览会（简称中国工博会）前身是诞生于1999年的上海国际工业博览会。2005年11月，经国务院批准，自2006年起更名为中国国际工业博览会，至此中国工博会正式由区域性展会提升为国家级展会。

中国工博会由国家发展和改革委员会、工业和信息化部、商务部、科学技术部、中国科学院、中国工程院、中国国际贸易促进委员会、联合国工业发展组织和上海市人民政府共同主办，中国机械工业联合会协办，上海东浩兰生国际服务贸易（集团）有限公司承办，以装备制造业为展示交易主体的国际性工业类展会，具有展示、交易、论坛、评奖四项功能。中国工博会自创办以来，通过市场化、专业化、国际化和品牌化运作，已发展成为通过国际展览联盟（UFI）认证、中国装备制造业极具规模、水平和影响力的品牌展会。

一、第17届中国工博会概况

第17届中国工博会于2015年11月3—7日在新落成的国家会展中心（上海）举办。展览面积230656平方米。本

届工博会聚焦“中国制造 2025”国家战略，顺应智能制造大趋势，突出展示制造业重点发展领域的前沿技术与解决方案，展会规模、国内外展商的地域分布、专业观众数再创历史新高，中国工博会地区辐射力和全球影响力进一步提升。

本届工博会参展企业 2270 家，其中涉外参展商 665 家，参展展位 2763 个，比上届展会分别增加 11.6% 和 13.6%，分别来自美国、加拿大、巴西、德国、法国、瑞典、捷克、澳大利亚、韩国、日本、印度及中国香港、台湾地区等 27 个国家和地区。前五大境外参展国家和地区分别为日本、德国、中国台湾地区、美国和韩国。境内上海以外地区参展商 913 家，参展展位 5104 个，分别比上届增加 2.4% 和 55.1%，境内参展企业则分布在除西藏以外的 31 个省市自治区和大连、青岛、宁波、厦门、深圳 5 个计划单列市。

据统计，本届中国工博会观众数为 157785 人次。上海市内参展商 692 家，参展展位 3359 个，分别比上年增加 12.9% 和 41.3%。其中专业观众和买家 136598 人次，来自全球 82 个国家和地区及境内的 31 个省市自治区。

二、展示、论坛与评奖

1．展示

第 17 届中国工博会以“创新、智能、绿色”为主题，设置九大专业展，分别是：

数控机床与金属加工展，展示内容主要有：金属切削机床、金属成型机床、特种加工机床、机床零部件、检测设备及工夹量具等。

工业自动化展，展示内容主要有：生产自动化、过程自动化、电气系统、工业自动化信息系统及控制软件等。

机器人展，展示内容主要有：工业机器人、服务机器人、特种机器人整机，机器人核心部件、工程系统整体解决方案。

新能源及电力电工展，展示内容主要有：太阳能、风能、核能发电技术及设备，电力电工测控仪器、电气自动化技术与设备，输电、配电设备及附件等。

信息与通信技术应用展，展示内容主要有：智慧城市解决方案、两化融合 / 物联网、云计算、大数据，智能硬件、新型显示及其他等。

节能与环保技术设备展，展示内容主要有：空气治理及烟气净化技术与设备、清洁机械与设备、节能技术与设备、水处理技术与设备、环境监测与实验室设备等。

节能与新能源汽车展，展示内容主要有：节能汽车、新能源汽车、节能减排动力驱动系统、新能源汽车零部件、基础设施及相关配套产品、与电动汽车有关的的智能充电装备等。

航空航天技术展，展示内容主要有：航空航天技术及装备、机场设施、航空物流系统等。

科技创新展，展示内容主要有：科技部、教育系统和中科院三大国家科研机构应用科研成果的展示及产业化推广。并设北斗导航系统的应用、工业设计、新材料应用三大孵化板块以及中国智能制造试点示范项目展示专区。

2．论坛

第 17 届中国工博会举办 44 场专题论坛、会议活动。论坛紧扣“创新、智能、绿色”主题，设发展论坛、科技论坛、行业与企业论坛三大系列板块，形成以论坛呼应展览、让展览诠释论坛这种一种互动、互补局面。

发展论坛围绕经济转型、智能制造、高端装备展开，包括“第四届中国工业机器人高峰论坛”、“中国智慧城市产业发展（上海）论坛”、“工业设计创新论坛”等 3 项活动。

科技论坛秉乘高层次、综合性、学科交叉性的特点，以“院士圆桌会议”为核心，同时举办 13 项专题学术交流活动。

行业与企业论坛以展会现场展出的新产品、新技术的发布与专业观众交流互动，共同探讨产业发展趋势。

本届论坛选题适应我国转型发展的要求，应对全球能源、资源、环境等约束条件和世界经济全球化、多极化发展的挑战，选择世界装备制造业发展中的理念、技术、经济及管理方面的前沿议题，重点突出前沿性、前瞻性、专业性、学术性的特点，取得很好的反响。

3．评奖

第 17 届中国工博会共收集 278 项展品申请评奖，参评展品数量比上届增加 46 项。经过专家网上材料评审、现场答辩和专家复审、评奖工作指导委员会终审、大会组委会审批的层层筛选，最终形成评奖结果，其中产品金奖 4 项、银奖 14 项；工业设计金奖 4 项；创新金奖 4 项、创新奖 14 项。同时，经权威推荐，还产生两项特别荣誉奖。这些获奖展品既体现制造业创新转型的成果，又顺应“跨界、协同、融合、创新”的发展潮流。

（赵　焱）

政策法规建设情况

2015年是全面推进依法治国的开局之年，紧密结合党和国家关于依法治国总体要求，围绕中共上海市委、市政府“转职能、提效能、稳增长、促转型”的工作部署，深入推进政府职能转变，着力提升依法行政能力。

一、围绕简政放权转变职能，深入推进政府效能建设

1．行政审批制度改革

按照国务院和上海市关于行政审批制度改革工作要求，积极开展行政审批事项清理相关工作。取消“软件产品登记的核报”、“软件企业认定的审核”、“资源综合利用企业（含电厂）认定”、“中小企业信用担保机构免征营业税审批（初审）”等行政审批事项。截至2015年年底，市经信委保留行政许可事项14项，集中在涉及国家安全、公共安全以及关系人身健康、生命安全等领域。

2．“证照分离”改革

根据上海开展“证照分离”改革试点工作部署，对工业领域相关事项进行改革，进一步提高透明度和可预期性，强化准入监管。调整“对成品油零售经营的许可”、“对农药生产企业核准的初审”等四项行政许可事项调整为工商登记后置审批；同时以“互联网＋政务”思维做好行政审批事项接入网上电子政务大厅工作，年内实现网上办理，方便行政审批相对人办理行政审批业务。

3．行政权力及责任清单

实施目录清单管理，体现政府部门“法无授权不可为、法有规定必须为”的要求，分类编制行政权力清单。按照“有权必有责、权责一致”的原则，编制了相应的行政责任清单，并按规定在市经信委门户网站公开。同时，推动行政权力规范化、透明化、标准化建设，对行政审批事项逐一编制办事指南和业务手册，规范审批流程，建立行政权力和行政责任动态清理机制。

4．政府效能评估

开展2014年度市经信委政府效能建设评估，形成评估报告。建立政府效能持续改进机制，在专项资金使用绩效、行政审批服务效率、机关工作质量、政府数据共享互通、信用平台利用等方面显著提升；还在政务内网开设政府效能建设专栏，发布政府效能建设相关信息。市经信委《试点政府效能建设，创新政府服务管理》案例获得第六届（2014年度）“上海依法治理优秀案例”入围奖。

二、加强法律制度建设，着重提升依法行政能力

1．地方性立法工作

积极推进《上海市供用电条例》地方性法规的立法审议，该地方性法规于2015年12月30日由市第十四届人大常委会第二十六次会议审议通过，自2016年6月1日起施行。积极开展《上海市公共信用信息归集和使用管理办法》市政府规章的制定，该政府规章经于2015年12月23日由市政府第103次常务会议通过，2015年12月30日市政府令第38号公布，自2016年3月1日起施行。

2．规范性文件管理

修订发布《上海市经济和信息化委员会行政规范性文件管理工作规则》（沪经信法〔2015〕45号），规范市经信委规范性文件制定发布流程，建立市经信委规范性文件数据库。根据本市规范性文件有效期制度，结合科技创新中心建设，开展规范性文件清理，经清理共失效规范性文件26件、废止7件、修订3件、延长有效期5件。2015全年，市经信委共制定规范性文件15件，全部通过规范性文件备案审查。加强“过路文件”审核，对50余件法律法规或文件提出70余条意见。

3．行政执法监督情况

2015全年，共完成44件电力领域行政处罚案件，并以市经信委名义作出行政处罚，累计处罚金额达80余万元。编制发布《上海市经济和信息化领域行政处罚裁量基准（节能执法类）》（沪经信法〔2015〕128号）和《上海市经济和信息化领域行政处罚裁量基准（信息安全、监控化学品、煤炭、农药、民用爆炸物品、军工执法类）》（沪经信法〔2015〕128号），约束和规范行政处罚自由裁量。

4．法治宣传培训活动

完成“六五”普法总结验收，编印了《为了让法律铭刻在心——上海市经济和信息化系统“六五”普法案例特辑（2011—2015）》。拓宽法治宣传途径，全年组织开展普法讲座3次，通过各类媒体宣传报到系统法治建设信息10篇，组织系统单位开展第二个国家宪法日暨上海市第27届宪法宣传周活动。组织召开2015年度系统法治宣传教育工作经验交流会，举办市经济和信息化系统2015年度法制业务培训会，启动“七五”普法工作。

（蔡朋朋）

2016·上海工业年鉴

SHANGHAI INDUSTRIAL YEARBOOK

区县工业

浦东新区工业

【概况】

2015年，浦东新区工业在国内外市场需求依然低迷，船舶、化工、家电等行业产能过剩，汽车整车库存居高不下等不利因素影响下，实现工业总产值9123.9亿元，占全市工业总产值的27.5%，比上年增长2.4%；区属规模以上工业产值5266.43亿元，占全市区县规模以上工业总产值的17%，增长4.4%。实现销售产值9091.63亿元，按现价计算下降0.3%，产销率为99.6%，同比微升0.3个百分点。出口交货值为2969.87亿元，增长14.4%，增幅同比提高9.8个百分点。

【2015年发展情况】

一、内资企业和外商独资企业拉动作用明显

2015年，浦东内资企业实现工业总产值3244.28亿元，占浦东工业总量的35.6%，增长6.5%，增幅比浦东面上企业高4.1个百分点，对浦东工业新增产值贡献率达98.5%。其中，股份制企业产值占72.5%，增长8.2%，是拉动内资企业增长的主要力量。在内资企业中，国有企业产值848.19亿元，增长2.2%；集体企业产值25.97亿元，增长8%；私营企业产值639.87亿元，下降0.3%。外商及港澳台投资工业总产值为5879.61亿元，占浦东工业总量64.4%，增长0.1%，增幅低于全区工业产值增幅2.3个百分点；其中独资企业产值3300.29亿元，增长5.9%，对浦东工业新增产值的贡献率为85.1%；合资企业产值2579.32亿元，占浦东工业总量的28.3%，下降6.5%，是对浦东工业增长产生负面影响的主要因素。

二、“三大三新一优化”产业总体良好

浦东“三大三新一优化”产业产值6604.37亿元，占浦东工业总量的72.3%，增长3.8%，增幅比浦东面上企业高1.4个百分点。在7个产业中，除汽车制造业产值下降3.9%外，其他行业均有不同程度增长。

1.“三大”产业

电子信息、汽车、成套设备等“三大”产业实现产值5138.36亿元，占浦东工业总量的56.3%，占比较上年略降0.3个百分点；产值增长2.8%，增幅同比回落1.4个百分点。其中，电子与信息制造业产值2609.22亿元，增长7.3%，增幅较上年提升8.6个百分点，主要是个别大企业产值大增，拉动行业产值快速增长。汽车制造业实现产值1473.51亿元，下降3.9%。成套设备制造业产值1190.63亿元，增长2.3%，增幅较上年回落6.4个百分点。

2.“三新”产业

航空航天、生物医药、新能源等“三新”产业实现产值513.95亿元，增长3.6%，增幅同比回落1.3个百分点。其中，航空航天产业产值9.25亿元，增长9.5%，增幅同比下降4.4个百分点。生物医药制造业产值406.72亿元，增长2.9%，增幅同比回落6.6个百分点。新能源行业产值97.98亿元，增长6.1%，增幅同比提升3个百分点。

3.传统优势行业

2015年，国际原油价格依然在低位徘徊，市场低需求的基本面也未明显改善，国内石化行业产能过剩，产品低价竞争现象没有明显好转。由于高桥石化公司全年没有停产检修，因此拉动行业产值由上年下跌9.7%转升为增长9.2%。

三、重点开发区占比提升

浦东重点工业开发区实现工业总产值5465.88亿元，增长2.8%，占浦东工业总量的59.9%，同比提升1.7个百分点，从各开发区看，张江、康桥、临港、南汇工业园区和国际医学园区工业产值均有不同程度增长，外高桥保税区（自贸区）、金桥技术开发区因区内大企业生产外移和停产检修等原因产值较上年下降。其中，金桥经济技术开发区区产值1825.63亿元，下降10.3%，占浦东工业总量的20%；外高桥保税区（自贸区）产值509.83亿元，下降9.2%，占浦东工业总量的5.6%；张江高科技园区产值848.82亿元，增长13.1%，占浦东工业总量的9.3%；康桥工业区产值1827.26亿元，增长19.6%，占浦东工业总量的20%；临港产业区产值262.96亿元，增长3.2%，占浦东工业总量的2.9%；南汇工业园区产值149.2亿元，增长6.1%，占浦东工业总量的1.6%；国际医学园区产值42.2亿元，增长3%，占浦东工业

长宁区工业

【概况】

2015年，长宁区工业经济稳步发展，全年实现工业总产值104.52亿元，比上年增长103.8%；实现工业销售产值103.74亿元，增长114.8%；工业产品销售率99.2%，增长5.1个百分点。

【2015年发展情况】

一、加快推进优质企业进入资本市场

春秋航空首次公开发行股票成功上市，成为春秋航空发展过程中的一个里程碑，也是长宁区企业上市工作取得的重大进展。新增上海唯尔福集团股份有限公司等9家企业在“新三板”挂牌，至此长宁共计有14家企业在“新三板”正式挂牌；一家企业上海股交中心挂牌。另有30多家企业已启动“新三板”挂牌进程。

二、举办多层次资本市场系列讲座

全年举办多层次资本市场系列讲座，吸引来自上市企业、园区、“专、精、特、新”企业和有关服务机构140多人参加。讲座围绕科创中心的建设与多层次资本市场、“新常态”下的中国多层次资本市场、宏观经济形势与多层次资本市场的发展、当前股市的现状和前景分析等专题内容，让参加讲座的人员更深入地了解当前的宏观经济环境和多层次资本市场相关情况，取得良好效果。

三、组织企业积极申报市级、区级各类专项资金项目

全年组织25家“专、精、特、新”中小企业申报上海市有关专项资金，有13家企业通过评审并被立项，其中，获得市级地方技术改造专项资金1家，市级知识产权优势企业2家，市级产学研专项资金2家，市级“四新”服务券专项资金1家，市级电子商务“双推”1家，获得市级企业技术中心4家，市级中小企业发展专项2家，共获得市级专项扶持资金1000余万元。同时，长宁区扶持政策有序推进，评审通过3家区级企业技术中心，合计申请扶持资金150万元。至年底，全区共有市级企业技术中心10家，区级企业技术中心12家。

四、以第三方评估为抓手，严格管理专项资金的使用

为做好全区“专、精、特、新”中小企业发展专项资金项目的建设情况和专项资金的使用效益的考核，区政府委托上海市物联网行业协会、上海市质协用户评价中心两家机构，分别对区内2014年“专、精、特、新”中小企业发展专项资金的17个项目进行验收及绩效评估，取得积极成效。

五、做好小微企业政策宣传和运行监测工作

积极配合工业和信息化部开展“小微企业宣传周”活动，加强小微企业政策宣传，推进小微企业政策落地，切实提高小微企业政策知晓度。同时，做好小微企业运行监测工作，区里召开由40家单位参加的上海市小微企业运行监测工作样本专题工作会议，下发《关于做好中小微企业经济运行监测工作的通知》。各有关企业均安排专人负责运行监测工作，保持人员的稳定和延续性，确保监测工作的准确性和持续性。此外，建立长宁区小微企业运行监测微信群，邀请上海市中小企业服务互动平台的技术老师加入微信群，及时给予技术支持和指导。

【2016年发展趋势】

2016年，长宁区继续推进企业上市工作，根据资本市场的新变化、新进展举办相应的专业知识讲座，以及开办培训班，召开座谈会，及时让企业了解资本市场新政策、新动向。充分利用第三方评估机构，做好企业走访调研和政策宣讲工作。落实国家、市级、区级相关扶持政策，做好各相关部门的衔接协调工作，保证政策的执行到位。深入推进项目申报工作，鼓励动员“专、精、特、新”企业积极申报市级、区级专项资金项目，通过项目对企业进行资金扶持；加强项目网上申报平台建设，加大企业网上申报的宣传力度。

（张亦易）

普陀区工业

【概况】

2015年，普陀区面对严峻复杂的经济形势，主动适应和引领经济发展新常态，保持工业经济平稳健康运行，总量虽有所下降，但质量有所提升。近几年工业投资和制造业投资增速逐渐放缓，2011年以来年均增速每年回落2—3个百分点。全年完成工业总产值213.07亿元，比上年下降4.7%，其中，规模以上工业总产值为193.33亿元，下降2.5%。产销率达100.2%，比上年提高1.42个百分点。出口交货值

16.16亿元，下降14.9%。实现增加值73.33亿元，可比增长1.4%。房地产开发投资和开发速度明显慢于往年，以造成区内相关产业链整体低迷。造币行业长梯度调整，上海印钞厂结算因素造成较大扰动，但其作为龙头的产业能级基本不变，这也成为稳定全区工业产值和税收的主力。

【2015年发展情况】

一、鼓励企业向生产性服务业或者嵌入式生产性服务业转型

全区加大结构调整力度，增强发展后劲。在区内产业结构与布局不相适应的情况下，做到积极作为，有扶有控，夯实经济产业和社会发展根基。引导企业在调整通道中，着力培育新的增长点，促进服务业加快发展，支持发展移动互联网、高端装备制造、机器人等战略性新兴产业，促进电子商务等新业态快速成长，引导文化创意产业蓬勃发展。

二、继续发挥自由贸易示范区的政策高地作用并强化陆交中心的特殊作用

大胆引进民间资本，并对引入企业有所区分，有利于有效完善企业法人治理结构，充分发挥市场竞争机制优胜劣汰作用，工业要优化资源配置、减少重复投资和有效缩减淘汰落后产能。同时加大规范化市场的制度建设，进一步规范市场竞争秩序，营造良好的经营环境，焕发企业市场经营活力。

三、“互联网+”工业迈上新台阶

施耐德工业控制等企业组织实施工业互联网化，重构工业流程、激发生产力，达到工业生产更美好、更快速、更安全、更清洁且更经济的成效。索雷博光电等企业增长势头不变。

【2016年发展趋势】

2016年，普陀区积极落实国家战略，在继续推进战略性新兴产业发展、深化两化融合的基础上，结合区域特点和转型要求，做好工业的去留筛选，更多关注新技术、新产业、新模式、新业态培育，通过推动产业的高端化、国际化、市场化、智能化和集约化发展加强自身工业能级的提升。既体现产业发展最新趋势，也包括对传统产业的改造升级，让普陀工业在去留之间逐步融入商贸科技区的整体布局，形成综合性、系统性的经济部门。

2016年，普陀区工业主要增长点：

1．自贸示范区的制度高地作用进一步显现

普陀区自贸区“溢出效应”逐步成为现实。通过区域的“虹吸效应”，吸引附近更多的产业，特别是高端工业和生产性服务业进入普陀区。

2．高端制造产业是制造业价值链的高端环节，具有技术知识密集、附加值高、成长性好、关联性强、带动性大等特点。全区集聚着50所科研院所、华东师范大学等院所与高校

随着新型工业化和机器人、智能电网等新工业产品产业链逐渐完善，全区留存工业的品级大大提升；随着创新驱动发展战略的继续实施，着力打通科技成果转化通道，扩大高校和科研院所的产业孵化力度，推进科技资源开放共享，并以此促使科技人员创新活力不断释放。

3．努力克服行业产品价格低迷，相关企业利润下降的局面

下大力抓好高科技工业企业的产能、质量和效益。同时对一部分传统型的、以产品为核心的纯生产型企业，千方百计地寻求订单增长，严防利润下降的倒挂现象。

（高　远）

闸北区工业

【概况】

2015年，闸北区工业以“调结构、促转型”为主攻方向，培育扶持中小企业和“四新”经济产业，以提高经济增长质量和效益为中心，推进自主创新，促进技术进步，推进重点产业、特色产业、绿色节能环保产业发展。全区规模以上工业完成税收总额（制造业）18.9亿元，比上年下降0.4%，其中区级税收完成3.97亿元，下降1.6%；18个都市型工业园区实现总税7.28亿元，增长0.15%；区税1.97亿元，下降3.61%。9个市级文化创意产业园区总税7.7亿元，下降17.69%；区税3.09亿元，下降4.42%。

【2015年发展情况】

一、推进园区转型升级完善园区管理

以做强、做优、培育、调整一批为抓手，以整合、建管、创新、引入、保障等“五大机制”为保障，产业园区转型升级工作，建立闸北区推进产业园区转型升级工作小组，由23个成员单位组成，工作小组下设规划编制组、发展改革组和政策创新组3个专项工作组，形成“1+3”工作构架。全年完成《闸北区产业园区转型升级专项规划》《闸北区老厂房改造项目管理办法》《闸北区产业园区星级评定方案》《闸北区促进产业园区转型升级的实施细则》等制定工作。同时建立园区微信群、周联系制度，召开园区负责人座谈会、例会等，依托区中小企业服务中心，市、区级公共服务机构，积极为产业园区搭建创业辅导、法律咨询等服务平台。积极对接科创中心建设，引进“飞马旅”、workface等众创空间，

推进健康智谷“HealthWork”孵化平台、环上大国际影视园区创客空间。

二、推动技术进步工作

一是开展工业投资备案工作。全区共备案（核准）技术改造项目两个，总投资共计4700万元，其中建设投资共计4500万元、设备投资共计4150万元。该批项目达纲后预计可新增产值15000万元。二是组织申报重点技术改造项目。全区共有4项目申报本年度市级重点技改专项资金，其中列入资金计划1个，涉及总投资4000万元，建设投资3900元，获得市级专项资金扶持390万元。三是组织申报引进技术的吸收与创新计划项目和产学研项目。鼓励以企业为主体、以市场为导向、产学研相结合的技术创新体系建设，更好发挥技术创新对培育战略性新兴产业和提升先进制造业的促进作用。四是组织申报上海市高端智能装备首台突破和示范应用项目。鼓励和引导装备制造企业开展高端智能装备自主创新，积极研制首台装备，实现首台业绩突破，以示范应用带动高端智能装备突破，提高装备制造业高端化、智能化、自主化水平。卡斯柯信号有限公司的首台套突破项目获得市级财政扶持资金250万元。五是组织申报总集成总承包项目。鼓励企业延长服务半径、延伸服务链条，在模式创新、管理创新和技术创新等方面实现新突破、增强竞争力，实现服务业专精化发展。上海欧忆智能网络有限公司的“双总”项目因其模式创新获得市级财政扶持资金200万元。六是推进企业技术中心建设。全年共认定区级企业技术中心5家，助力建设具有全球影响力的科技创新中心。

三、积极开展中小企业服务

1．完善中小企业服务体系，开展各类活动

联合区域16家市级中小企业服务机构定期开展服务园区、服务中小企业的活动。上海刘春雷律师事务所为企业宣讲如何预防企业诈骗；大宁德必易园、新慧谷园区开展志愿者进园区活动，为园区企业服务。

2．积极组织企业申请专项基金

组织上海新慧谷科技产业园有限公司等12家企业申请2015年上海市中小企业发展专项资金，项目总投资1699.69万元，申请资助资金470万元。

3．组织区内中小企业社会服务机构申报及复核上海市中小企业公共服务机构

全区共有上海青少年活动中心、上海私营企业协会等16家市级服务机构，服务类别涵盖创业辅导、法律咨询、市场开拓等。

4．加强对“专、精、特、新”及小微企业的扶持工作

组织“专、精、特、新”企业复核及申报，全区已有44家“专、精、特、新”企业。同时，组织5位企业高管参加2015年“专、精、特、新”中小企业领军人才培训班。在小微企业服务方面，做好46家中小微企业运行监测工作，召开“2015年度闸北区小微企业运行监测工作会议”，部署工作任务。

四、加快推进中小企业上市

1．组织开展一系列企业改制上市推进工作

开展“闸北区中小企业对接新三版研讨会”。邀请全国中小企业股份转让系统的黄福宁博士对操作实务和真实案例作深入浅出的讲解，鼓励企业登陆新三板挂牌，扩大企业知名度，实现融资。

2．开展“中小企业投融资实战培训”活动

邀请业内知名专家从企业发展规划、战略布局、财务控制、融资渠道等多方面进行指导，为企业上市保驾护航。

3．协调解决企业上市过程中遇到的各类问题

通过联席会议制度，为企业上市所需出具的各类无违规证明开设“绿色通道”，限时办结。

4．落实企业上市各类扶持资金

针对处于上市（挂牌）不同阶段企业的实际情况，分类施策，争取市区两级上市（挂牌）扶持资金，缓解企业聘请中介机构的费用压力。截至年底，全区已有鼎捷软件登陆创业板上市，一嗨租车登陆纽交所上市，宝尊电商登陆纳斯达克上市，欣影科技、智通建设等12家企业登陆新三板挂牌，格州电子、斯篮搏体育等5家企业在上海股交中心挂牌；另有6家企业完成股改，进入IPO申报流程。

五、推进电子商务产业迈上新台阶

全区电子商务企业，涉及应用领域广泛，行业特色鲜明，如东方CJ、付费通、房多多、洋码头、飞牛网、一嗨租车、筑想网、宝尊、钻石小鸟等，均在细分领域占据一席之地。全年，纳入统计范围的电子商务企业共80家，实现交易2400亿元。其中商品类电子商务交易额为2300亿元，占总交易额的96%；服务类电子商务交易额100亿元，占总交易额的4%。与此同时，组织企业申报电子商务“双推”平台项目。上海网班教育科技股份有限公司的“微学堂”获评2015年度上海市“双推”平台项目，为广大中小企业员工内部培训开辟了新的方式。

六、深入开展节能降耗工作

1．推进工业企业关停并转

欣丰卓群电路板有限公司已停产关闭，包括用电耗能大、用水耗能大的车间在内的所有生产车间停止生产，搬迁至江苏昆山生产。

2．加强重点用能企业监控跟踪

抓好区域内11家年耗能600吨标煤以上的重点工业用能企业，进行目标分解，会同区统计局对开展月度分析监控工作。

3．开展能源利用状况报告制度

指导督促列入上海市重点用能单位的飞利浦等企业开展能

源利用状况报告工作，对企业内部用能部门、用能设备、所用能源品种、能源管理状况等方面作全面自查，摸清用能底细。

4. 完成燃煤锅炉清洁能源替代工作

全区 16 台燃煤（重油）锅炉部分已经全部完成改造。年内，帮助上海大学、菲特尔莫古轴瓦厂等锅炉使用单位申报上海市燃煤锅炉清洁能源替代专项扶持资金，两家企业共计获得 120 万元。

5. 鼓励企业开展清洁生产

雷迪埃电子、自仪公司、金水湾大酒店等企业正在积极开展清洁生产。

6. 帮助企业申请扶持资金

组织菲特尔莫古轴瓦有限公司、威旭半导体、欣丰卓群等 6 个项目申报区节能减排扶持资金，共计获得约 58.5 万元资金扶持。

【2016 年发展趋势】

（注：静安区和闸北区合并后，2016 年闸北区工业纳入静安区工业之中）

（周利韬）

虹口区工业

【概况】

2015 年，虹口区积极应对经济下行压力，促进产业结构优化升级，加快培育和发展新兴产业，推动工业在转型中发展。全区规模以上属地工业总产值 44.36 亿元，可比增长 3.8%；实现工业利润 30.09 亿元，同比增长 120.8%。

【2015 年发展情况】

一、企业创新能力不断提升

2015 年，虹口区长园维安等 7 家企业共获得市、区两级各类专项资金扶持 1210 万元，带动研发投入 3700 万元。美钻石油进行水下油气田电液复合式生产控制系统研究，填补国内海洋钻采技术空白；科泰信息持续开展国外光缆监测总集成总承包工程，开拓业务新模式；安悦节能申领首批四新券（产学研），开展节能环保综合解决方案的研究与应用；创盟国际实施数字建造首台装备突破，数字化设计带动建造技术革新。

二、企业积极实施“走出去”战略

上海家化投资 1 亿元，打造国际级实验室，开展新产品研发，在海外设立旗舰店，与阿里巴巴达成战略合作，基于大数据分析，共同创建草本指数相关标准，在行业内推广产品研发与技术创新。普利特拓展海外业务，实施海外并购，收购一家美国再制造公司，开展资源综合利用业务。

三、积极推动企业建设技术中心

安悦节能和勘测设计研究院成功通过上海市企业技术中心认定，认定嘉春装饰等 5 家企业为虹口区企业技术中心。新兴医药等 8 家上海市企业技术中心全部通过年度评价。修订虹口区企业技术中心管理办法。

【2016 年发展趋势】

2016 年，虹口区按照中共上海市委、市政府的要求，认真找差距、补短板、抓推进、抓落实，提质增效，确保工业稳增长。重点做好三方面工作：

一、加快发展先进制造业，推动制造业升级

主动对接“中国制造 2025”，抓住“互联网 +”带来的新一轮发展空间。充分发挥《虹口区加快培育发展新兴产业的意见》等政策的引导作用，推动产业向高端转型。同时，加强合作，整合各方资源。吸引高校、科研院所和金融机构参与，加强产业内、企业间和相关产业的交流合作。此外，鼓励企业围绕提高企业自主创新能力为目标，加大科技投入，创建和完善国家级、市级和区级企业技术中心，推动制造业向“智”造升级。

二、优化产业发展布局，推进生产性服务业的发展

进一步统筹全区工业用地资源，搭建 3+1 体系，优化产业空间资源的中长期配置，为产业发展提供载体。大力发展生产性服务业。进一步提升现有低碳经济生产性服务业功能区的能级，由注重建设向联动发展转变；加快发展总集成总承包、供应链管理、融资租赁、电子商务、服务外包等生产性服务业，强化企业服务化转型。与此同时，切实推进工业用地再利用项目建设。重点做好纪念路铁路项目、岳州路项目的规划引导，引入附加值高、有示范引领作用的产业与企业，提高工业用地的产出效益。

三、聚焦低碳产业，“三个带动”发展“四新”经济

实施“低碳街区”项目，联手市经信委、市建交委，以四川北路低碳街区打造为切入点，将低碳产品供应商、服务供应商、金融机构、评估机构、碳交易机构吸纳进来，搭建集新模式、新技术、新产品于一体的低碳产业发展平台。充分发挥上海材料所、申能能源、安悦节能、伊尔姆环境、星星充电等龙头企业的带动引领作用。着眼于碳排放权交易，依托上海环交所的核心要素资源，围绕全国碳市场的建设，探索碳货币证券化、大宗交易、碳排放权期货和期权等多元化交易产品的发展。

（田　晶）

杨浦区工业

【概况】

2015年，杨浦区规模以上工业企业数量76家，比上年减少7家，规模以上企业实现工业产值1172.23亿元，现价增长3.1%，可比增长3.3%，工业产值总量位列中心城区第一，工业增速位列全市第四；实现销售收入1146.53亿元，增长1.81%；实现利润235.28亿元，增长5.85%。

【2015年发展情况】

一、重点企业运行质量良好

随着杨浦国家创新型试点城区建设的推进，杨浦区产业结构发生重大变化，一些产能落后的制造业已明显不适应杨浦的产业转型和发展。为此，区政府根据企业规模和企业的核心竞争力等要素，将现有工业企业划分出30家重点企业，对重点企业进行定期走访、专人跟踪、专人服务，及时协调解决企业生产经营过程中出现的问题。2015年，全区30家重点工业企业实现产值为1153.3亿元，占全区规模以上工业总产值的98.39%；增长3.97%，高于同期规模以上工业增速0.87个百分点；30家重点工业企业实现销售收入1127.21亿元，增长2.66%，占全区规模以上工业销售收入的98.31%，高于同期规模以上销售收入增速0.85个百分点；30家重点工业企业实现利润235.15亿元，增长5.86%，占全区规模以上工业企业利润的99.94%。这说明杨浦区现有的30家重点工业企业盈利能力强，企业运行状况良好，产品呈现产销两旺态势，是全区重要的支柱企业。

二、企业创新能力不断增强

杨浦区修改完善区级企业技术中心管理办法，加大国家级、市级、区级企业技术中心的培育力度，新认定区级企业技术中心8家。对印刷三厂、华拓医药、大亚科技等3家企业的技改项目进行验收，促进技改项目早投产早使用早受益，推动杨浦产业的转型和发展，提升杨浦产业的能级。全年，大力推动中国工业设计研究院项目建设，协助研究院完成工业和信息化部下达的《设计服务与制造业融合发展的路径和政策研究》《互联网经济与大数据时代的工业设计发展战略研究》等课题的编制，建成CIDI数字化实验室，承办当年工博会工业创新展和论坛、上海开放数据创新应用大赛等，推动设计创新，设计服务功能逐步完善。组织推荐文创园区参加市级"四新"经济创新基地试点建设，提升园区的整合、集聚和孵化能力；合力建设众创空间，推动软通动力、中国电信天翼基金等众创空间项目落户杨浦，为"四新"经济发展提供优质的平台和空间支持；组织企业参与市级相关园区评选，其中10家获评市级文创园区，1家获评市级文创示范园区、1家获评市品牌园区；指导企业申报文创专项，其中13个项目获市级文创专项，获扶持资金共计1595万元。鼓励中小企业创新发展，帮助成长性较好的企业申报市级"专、精、特、新"项目扶持，其中114家企业获评。

三、结构调整力度不断加大

组织开展全区工业用地基本情况调查，对现有410块工业用地的面积、产权、实际使用情况等进行梳理排摸；加快淘汰落后产能，完成5家"三高一低"企业的关停并转迁，腾出载体空间14.76万平方米；帮助园区进行腾笼换鸟、调整业态，其中复地四季广场、上海国际设计交流中心分别清退调整出3000平方米和3800平方米载体资源，打造"创客平台"，引入龙头企业；推动园区品牌化建设，整体打造，形成系列，提升园区服务、吸引和集聚企业的能力，如上海智慧树创意产业园主导产业占比率超过85%。梳理全区产业结构调整情况，分析案例、总结经验、引导企业加快转型发展。

【2016年发展趋势】

2016年，杨浦工业经济将继续贯彻中共上海市委、市政府"稳增长、调结构、增效益"的要求，牢牢抓住"创新发展"这条主线，预计全年规模以上企业实现工业产值1200亿元左右，同比增幅为2.37%。

一、加快发展先进制造业

发挥产业专项资金的引领作用，鼓励企业开展技术引进、吸收和创新；深化产、学、研对接，引导创新要素向企业集聚，加快重点领域科技成果产业化；根据新修订的区级企业技术中心认定办法，鼓励企业增加投入，提升技术研发能力；建立重点企业联络机制，详细调研"四新"经济实际发展状况；系统梳理全区老厂房资源，完善相关制度，支持老厂房开展市场化、专业化、集成化、网络化的"众创空间"建设。进一步增强中国工业设计研究院、上海设计之都促进中心的各项功能；吸引设计领域龙头企业入驻，引导研究院、促进中心与复旦、同济等高等院校开展合作，提升孵化、设计、研发和创新能力。

二、提升园区发展水平

按照"一带一廊、三圈、多点"的"十三五"文化创意规划布局，充分发挥轨道交通站点优势，着力打造长阳路文创走廊，整合沿线各文创园区资源，重视文创走廊的整体风格，逐步形成全区文化创意的"新地标"；进一步完善文创园区考核机制，引导园区合理利用载体资源，提高入驻企业的质量和数量；进一步加大园区品牌化建设力度，发挥创智天地、上海国际设计交流中心等市级园区的示范作用，加快品牌园区创建，有效提高园区对优质企业、成长性企业的吸引力。

三、加大招商引资的力度

充分利用市有关单位的招商引资平台走出去，推介杨浦资源和优势，有效吸引具有总部功能的跨国公司落户杨浦，发展总部功能；发挥社会力量作用，依托行业协会、第三方机构，开展外资项目引进，带动杨浦产业创新发展。对接市级部门，举办杨浦外资招商专场；继续深化与区投促中心、园区定期例会制度；建立全区外资企业共享服务中心，提高外资信息和载体资源的有效性对接；联动相关部门，引导优质外资地产企业参与滨江地区项目开发以及挖掘楼宇资源，为外资项目发展提供载体支持。

四、提升服务企业的能级和水平

加强对产业趋势、产业政策的研究分析，扩大运行分析监测工作网络，提高运行分析的针对性和有效性。主动对接市级相关部门，争取更多自贸区新政在杨浦先行先试，抓住杨浦国家创新型试点城区新一轮建设与发展专项安排的契机，充分发挥战略性新兴产业、总部经济、电子商务“双推”平台、“专、精、特、新”中小企业等领域扶持政策的引导作用，为企业加速发展提供有力支撑。做好重点企业服务，帮助全区跨国公司落实地区总部相关政策；继续推动区级总部经济企业的认定；加强针对区内沿江国企的服务，助推滨江地区整体开发。完善企业服务体系，发挥“1+6+12+X”的企业服务架构优势，培育市级公共服务机构，促进企业服务的市场化、专业化；定期组织培训，帮助企业及时了解经济动态和政策导向。

五、推进结构调整和节能降耗

加快“三高一低”项目的关停并转迁，促进全区土地、厂房等资源的集约化利用，为经济转型发展腾出更多空间；加强节能工作责任制建设，引导企业积极开展合同能源管理，支持节能服务和节能环保企业发展；在工业领域实施节能改造，全年计划完成节能技改项目6个，组织第三方机构对其中3个节能量较大的项目开展节能诊断；引导企业实施清洁生产，积极参与电力迎峰度夏工作。

（殷亚萍）

黄浦区工业

【概况】

黄浦区位于上海核心城区，历来以商贸、金融等服务业作为区域经济发展的主业，加以区域范围狭小，缺少成规模的工业生产基地，规模以上企业不断关停并转，原有老厂房资源也不断调整置换为文化创意等产业基地。根据这一特点，2015年，黄浦工业发展总体仍以都市型工业为主，侧重于旅游纪念品、食品、服装等行业持续发展。根据区域自身优势及经济发展需要，更致力于挖掘文化历史内涵，强化特色品牌培育，促进创意园区建设，坚持以科技创新促进优势产业发展，使工业仍能保持一定的发展势头。

【2015年发展情况】

2015年，黄浦区工业经济由于受大气候影响，呈现下降趋势，全年完成工业总产值79.59亿元，比上年下降11.99%。其中在地企业完成49.38亿元，下降14.54%；属地企业完成30.21亿元，下降7.48%。

一、品牌企业稳步上升

食品龙头企业江崎格力高发展稳健，作为一家休闲饼干类食品制造商，在国内市场上已占有相当份额，工业总产值达7.02亿元，增长0.38%。古今内衣有限公司在拓展销售渠道上下功夫，加大电子商务市场开拓力度，同时开发定牌监制，使产品研发和生产紧密结合，产值增长9.95%。老字号食品企业哈尔滨食品厂增长强劲，工业总产值增长44.77%，增速位居各企业第一。与此同时，充分发挥品牌创新发展政策的引导作用，鼓励广大中小企业积极实施品牌发展战略，不断提高企业的自主创新能力、电子商务能力和品牌经营能力，切实增强广大中小企业的核心竞争力。全年共计落实品牌创新发展专项资金2540.5万元，共有105家企业单位，179个项目获得专项资金扶持。

二、技术进步初显成效

1．完成技改及各类技术进步投资项目6个，投资总金额2.8亿元，获得政策性支持1800万元。

2．推动区企业技术中心工作，申报企业6家，通过区认定企业技术中心4家，政府政策支持资金120万元。

三、部分行业下滑减缓

由于受宏观经济运行增长放缓，固定资产投资下降等因素影响，建材行业相关企业经过努力下滑减缓。如在地企业上海涂料有限公司，上海建筑集团水泥有限公司全年合计实现工业总产值8.4亿元，下降29%。金饰品制造业受国际金价下跌因素影响，投资需求减少，市场消费谨慎。各主要相关企业虽然生产规模有较大缩减，但经过不懈拼博，老凤祥金银珠宝有限公司产值下降14.88%。

四、大力推进中小企业服务体系建设

1．基本完成黄浦区中小企业服务系统建设项目建设工作，进入试运行阶段。

2．完成全年上海市中小企业公共服务机构申报及复核工作，全区共有5家机构申报，22家机构复核。

3．做好上海市中小企业发展专项资金、上海市特色产业中小企业发展专项资金项目的管理工作，配合市中小企业办完成2012年上海市中小企业发展专项资金项目的专项审计工作。

4．组织本区企业参加产品网上申报标准化培训、场外市场专题培训、中小企业改制培育系列培训等公益服务活动。

5．与市工美协会组织区有关企业参加“中国青岛第50届工业美术展”、扬州“第十六届中国工艺美术大师作品暨国际艺术精品博览会”以及“2015首饰设计国际论坛”等系列活动。

【2016年发展趋势】

2016年是“十三五”的开局之年，面临较为复杂的经济形势，黄浦区工业要在“四新”经济的引领下，运用新技术、寻找新动力，谋求新发展，运用创新思维加快推进黄浦都市型工业转型发展，重点在老字号及品牌工作上谋求新突破。

1．研究制定新一轮品牌发展战略。在全面总结回顾“十二五”黄浦区老字号自主品牌规划实施情况的基础上，编制形成《黄浦区老字号自主品牌“十三五”发展规划纲要》，形成黄浦老字号自主品牌发展的系统性思路。制定黄浦区老字号自主品牌发展三年行动计划，引导企业积极创新发展思路和帮助企业努力增强发展活力。

2．优化完善新一轮品牌扶持政策。在继续设立每年3000万元黄浦区品牌创新发展专项资金的基础上，主动适应黄浦品牌发展趋势要求，紧密结合黄浦区老字号自主品牌“十三五”发展规划纲要和三年行动计划的制定实施，进一步完善、优化《黄浦区品牌创新发展专项资金扶持办法》，切实加强政策的引领性、针对性、有效性。

3．组织开展新一轮礼品征集活动。依托旅游纪念品产业大区强区的独特地位，借助上海迪士尼乐园开业的有利时机，结合购物节和旅游节活动的开展，联手组织开展上海伴手礼征集评选活动，鼓励创新设计理念，革新制作工艺，在作品中融入浓郁的海派文化特色。力求使评选出的上海伴手礼能够真正受到上海市民和国内外游客的欢迎，成为大众的首选礼品。

（吴培民）

静安区工业

【概况】

2015年，静安区围绕上海市科技创新中心建设的发展目标，积极对接上海国际文化大都市和设计之都、时尚之都、品牌之都建设，结合现有区域资源及优势，全力促进文化创意产业发展。2015年，全区文化创意产业（市口径）税收总收入58.8亿元，比上年增长1.43%，产业规模逐步显现，对区域财政收入的贡献日益突出。

【2015年发展情况】

一、产业特色逐步培育形成

静安区立足区位优势，依托现有产业基础，培育市场主体，大力推动产业集群式发展。按行业划分，咨询服务业、广告会展业、建筑及工业设计、媒体业、艺术业是静安区的优势行业，其中咨询服务业、广告及会展服务业是区文化创意产业发展的“航母力量”，以其厚重底气助力静安经济的平衡发展；建筑及工业设计业、传媒业、艺术业作为静安区经济创新型发展的主要力量，是做强全区现代服务业的核心要素之一，这两大行业板块已成为推进静安文化创意产业发展的“双引擎”。

二、载体园区主题逐步显现

静安区创意产业园区以品牌园区建设为契机，立足园区特点，不断创新发展，明确自身定位，产业园区特色凸显。例如，800秀园区以时装周、壹戏剧大赏、国际创意城市网络智库论坛等区域性重大活动为标志，树立品牌园区形象，创建文化创意产业高地；源创创意园与入驻其中的静安文史馆联合，借助上海戏剧学院等优质资源，重点打造园区活动品牌“源创微电影展赛”，塑造产业园区文化名片；同乐坊园区不断进行业态调整，优化园区内产业布局，以巴塞艺术、蓝舍艺术为代表的文化艺术主题园区已经初现雏形；推进“静安梅迪亚工场”园区（威海路696号）、“华山创意园区”园区（华山路600号）、“七立方科技园”园区（威海路777号）建设；提升昌平路文化创意产业集聚带产业能级，以新业态助力园区经济的发展。

三、重大活动营造产业氛围

静安区积极与上海市时装周组委会、市经信委等部门、行业协会机构对接，引入上海时装周、上海设计之都活动周、奔牛展、设计上海等时尚设计类活动及展览，为静安区时尚、设计资源的导入与集聚搭建平台，为各类文化创意项目的落地及发展提供契机。进一步促进区域产业经济的发展，助力静安区成为中心城区新标杆、上海发展新亮点。

四、有序开展节能减排工作

1．完成节能减排指标任务。积极落实恒隆广场、中信泰富、梅龙镇广场、久光百货4家市重点用能单位2015年节能减排目标任务，推进商业商务楼宇节能技术改造项目实施，完成区政府下达的目标任务。

2．拓展新能源试点的建设。制定《静安区创意产业园区节能环保指南及细则》，并同步推进新能源利用——光伏发电示范性项目，实施产业园区光伏发电设备的安装与使用，以点带面创建节能型环保园区的建设。

3．开展与市级节能服务机构的合作。加强与市经信委业务条线的合作，继续强化双方在业务培训、技术指导、节能技改项目验收、高效节能产品推广等方面的合作力度，借助市层面的专家资源，通过培训与讲座等服务形式，有针对性地为静安楼宇、园区节能项目提供技术支撑，进一步做好节能工作。

【2016年发展趋势】

2016年，是静安区与闸北区合并（以下简称新静安区）之后工业经济整体运行的第一年。在经济发展处于下行压力加大的“新常态”态势下，新静安区工业经济要在区委、区政府的领导下，坚持以供给侧结构性改革为主线，用好创新、协调、绿色、开放、共享五大发展理念，继续坚持稳中求进的总基调，调结构，促转型，稳增长，在适当调整、合理重组和兼并融合中，达到新一轮发展目标和任务。重点抓好以下四项工作：

1．加强产业引导和整合。落实品牌建设、文化创意产业等相关政策，积极指导企业开展申报。协调指导企业申报相关国家、市级财政专项资金扶持项目。

2．关注区域中小企业发展。积极关注非公有制经济健康发展，重点加强中小微企业政策扶持，优化扶持方式，构建中小微企业融资平台，营造促进中小微企业发展的良好政策环境。

3．健全服务企业机制。加强企业走访调研，有效回应企业推出的相关诉求。与相关中介机构及社会组织保持紧密沟通，搭建良好的企业与政府沟通平台。

4．抓好闸北区与静安区工业经济对接，制定新的工业经济发展规划，并组织实施。

（周利韬）

宝山区工业

【概况】

2015年，宝山区经委（信息委）按照区委、区政府密切对接上海建设具有全球影响力的科技创新中心战略布局，大力推进全区“中国产业互联网创新实践区”和“国家工业电子商务试点区”建设，积极推动智慧宝山建设，促进质量型增长、内涵式发展，各项工作按计划有序推进，较好地完成各项目标任务。宝山区获工信部授牌，成为全国6家“中国工业电子商务试点区”之一；成功获批“国家新型工业化产业示范基地（新材料）”，成功推动宝山工业园区获批“上海市智慧园区试点”。

全年实现工业销售产值1400亿元，完成工业固定资产投资16亿元；完成生产性服务业固定资产投资27亿元；完成产业结构调整转型升级项目76个，腾出盘活利用土地1733亩。完成软件和信息服务业营业收入90亿元，比上年增长35%。182户重点文化创意企业完成营业收入106亿元，增长18%。规模以上工业企业实现万元产值能耗下降6%，综合能耗39万吨标煤。完成193台燃煤（重油）锅炉／窑炉清洁能源替代和关停工作，超额完成市下达宝山区156台的任务目标。

【2015年发展情况】

一、编制产业和信息化发展“十三五”规划

编制完成《宝山区产业经济转型发展“十三五”规划》《宝山区深化智慧城市建设“十三五”规划》等4个专项规划和三个部门规划。产业经济转型发展方面，以新一代信息通信技术与工业深度融合为主线，基本建成中国产业互联网创新实践区；智慧城市建设方面，以技术引领、深化应用为主线，推动信息化与城市发展全面深度融合。

二、推进“中国产业互联网创新实践区”和“国家工业电子商务试点区”建设

1．重视强化顶层设计。研究制定《国家工业电子商务区域试点工作实施方案》和《关于中国产业互联网创新实践区建设的实施方案》等一系列政策方案，组织区内欧冶云商等重点企业参加2015年全国工业电子商务区域试点工作交流会，并获工信部授牌“国家工业电子商务区域试点”。同时，加强与中国互联网协会的沟通合作，组织召开“2015中国产业互联网高峰论坛”，“中国产业互联网促进中心”落户宝山。

2．推动张江宝山园建设。完成宝山工业园区北郊未来

产业园项目建设一期前期手续办理。编制完成城市工业园区石墨烯产业园建设方案，成立上海超碳石墨烯产业技术有限公司，启动建设单层石墨烯示范生产线项目。推动美钻集团与中海油合作深海采油装备项目完成签约。

3．探索科技创新实施路径。加强对区域产业互联网发展调研与思考，按照“传统企业互联网化，互联网企业推动传统行业转型升级，为产业互联网提供技术、产品、服务等支撑的企业”等三大类，提出发展产业互联网的重点方向与路径，并梳理建立宝山产业互联网第一批、第二批重点企业库。

4．优化区域创新环境。推动“上海机器人产业园综合金融服务工作站”挂牌成立，完成宝钢包装等6家区级企业技术中心和景峰制药等3家市级企业技术中心创建。配合做好宝钢包装和新通联等企业的上市工作。组织74家中小企业申报市“专、精、特、新”中小企业；建立“宝山区企业服务平台”，为区内各类企业提供个性化、专业化服务。组织区内发那科等39家企业（集团）参展第17届中国工业博览会；组织参展第二届中国国际石墨烯创新大会，宣传展示全区上海石墨烯产业园，打造“上海烯谷”平台高地。全年经委行政服务窗口接待事项办结率、满意率均达到100%。

三、加快推进高端企业、新兴产业集聚发展

1．主动对接大型国企、央企的转型创新战略。围绕宝山区钢铁主导产业，依托宝钢集团核心龙头企业，以“欧冶云商”电子商务体系建设为核心，构建“1+6”电子商务平台体系。加快推进宝钢新材料研发中心、青岛啤酒全球营销中心等一批调整转型项目启动建设。推动中国机械设备工程公司、国药集团上海医疗器械公司贸易互联网化。

2．推进“四新”经济发展。研究形成“四新”经济发展报告，组织13家载体（企业）争创市“四新”经济创新基地建设试点。

3．文化创意产业。修改并讨论通过区文创产业引导资金管理办法。组织发动38个企业（项目）申报上海市文创产业专项扶持，8家企业（项目）成功获批。

4．卫星应用产业。启动建设由北斗创业孵化器、上海北斗卫星导航平台总部等组成的上海空间技术应用产业基地。协调引进复控华龙、首戎北斗云等一批重点卫星应用企业。

5．大数据产业。推动宝山区与复旦大学签订《共同推进大数据应用及产业协同创新的合作备忘录》，培育扶持一批重点企业。

6．航空航天产业。引进中航工业飞机飞行模拟器项目，项目总投资2亿元，建成后将形成具有自主知识产权，国际领先的一体化产业平台。

四、积极谋划众创空间建设，推进产业转型升级

会同区相关部门研究制定《宝山区关于加快发展众创空间推进大众创新创业的实施意见》，推进全区众创空间示范基地等认定授牌。成功推动吴淞煤气公司转型建设上海能源创新中心项目完成签约，中铝吴淞科技园（一期）总投资3.4亿元的上海数据港宝山数据中心项目基本建成并投入使用，机器人产业园总投资13亿元的保集智谷创新产业项目一期完成备案，总投资11.8亿元的“宝之云”IDC三期项目建设进展顺利。重点推进克来罗锦智能装备及机器人应用等9个集中开工项目年内启动建设。

五、加快推进智慧宝山建设

1．加强顶层设计。完成“十三五”智慧城市建设规划，明确智慧城市政府服务一体化、市民生活便捷化、城市管理精细化、产业发展网络化的重点任务和工作举措。

2．推进智慧宝山建设。一是智慧政务。全面启动建设14个信息化专项资金项目，居委会电子台账升级到3.0版，加快推进网上政务大厅、行政服务中心信息化系统等一批重点项目建设，启动宝山区电子政务数据中心前期准备工作。推动区政府常务会率先应用无纸化移动会议系统，区人大等部门无纸化办公系统建设。二是智慧生活。推进总投资1.4亿元的智慧医疗信息化项目建设，开展区政府实事项目养老服务信息管理系统建设，“市民百事通”智能问答机器人系统建成上线运行。三是智慧城市。完成《关于加快推进公共安全视频监控共享平台建设的工作方案》，研究推动项目采用PPP模式建设。推进友谊路街道等市级智慧社区、星星村智慧村庄试点建设。

3．信息基础设施建设。累计实现光纤到户覆盖62万户，家庭平均接入带宽达到30M，完成数字电视整转用户62万户，光缆总长近100万芯公里，无线局域网热点总量超3000处，实现65处公共场所免费无线上网。

4．社会信用体系建设。建成上海市公共信用信息服务平台宝山子平台，发布《宝山区“数据清单”（2015版）》。制定《宝山区公共信用信息归集管理办法》，探索企业信用记录在各领域的应用。落实2015年市政府“为全市法人和市民在线免费提供一次信用查询报告”实事项目，完成1496家法人，10.1万自然人信用报告查询任务，分别完成计划的106.79%和101.44%。

【2016年发展趋势】

2016年是“十三五”规划的开局之年，区经委（信息委）全面贯彻六届区委九次全会的各项部署，牢固树立创新、协调、绿色、开放、共享五大发展理念，积极对接“中国制造2025”战略、互联网＋行动计划、“双创四众”政策和上海建设科技创新中心配套文件，紧密围绕9项区政府重点工作目标任务，重点聚焦“调结构、稳增长”，加快全区“战略性新兴产业重要承载区”和“中国产业互联网创新实践区”建设，挖掘“潜力”、汇聚“活力”、培育“动力”，

共同铸就宝山发展的“实力”。

一、围绕调整转型升级，挖掘经济发展“潜力”

围绕功能型平台项目建设、园区低效土地盘活、195区域地块调整转型、传统行业升级改造、落后产能淘汰等方面，全区调整、盘活利用土地面积目标为1500亩。重点推动工业园区去低效产能，充分发挥工业园区战略性新兴产业承载区作用。

二、围绕生产性服务业，汇聚经济发展“活力”

不断做大生产性服务业规模、提升发展质量和效益，实现生产性服务业持续壮大的良好局面，为经济发展汇聚源源不断的活力。

继续以产业互联网为引领，全力推动传统制造企业向生产性服务业企业转型。同时，加强生产性服务业经济运行分析监测和对重点企业、载体的跟踪服务。

三、围绕十大重点领域，培育经济发展“动力”

根据全区“十三五”期间建设成为发展战略性新兴产业的重要承载区、城市功能转型的最佳实践区的总体目标，指导推动各街镇、园区着力围绕十大领域，加强对重点企业聚焦扶持，加快形成区域经济发展新动力。进一步加快发展工业机器人系统集成、海洋装备工程、生物医药、移动互联网、高端工业软件设计产业等五大重点领域。继续培育发展卫星应用、石墨烯材料、飞机飞行模拟器、大数据、3D打印软件设计与应用产业等五大重点领域。

（王　琳）

闵行区工业

【概况】

2015年是“十二五”规划实施的收官之年，闵行区工业把握和适应经济发展新常态，坚持创新驱动和经济转型升级，经济运行处于合理区间，结构转型成效明显，工业生产降幅持续收窄，经济发展形势总体趋好。全年实现工业总产值3327.6亿元，比上年下降6.7%，现价下降8.7%，完成工业投资56.21亿元，下降14.3%。

重点行业和重点企业产值略降，四大重点行业工业总产值1743.82亿元，下降10.6%；30家重点企业工业总产值1337.16亿元，下降14%。战略性新兴产业发展较好，实现工业总产值1187.97亿元，下降3.6%，产值降幅低于全区平均水平3.1个百分点。工业经济效益相对平稳，规模以上工业利润总额243.28亿元，增长1.5%。“四英”企业合计实现工业总产值259.26亿元，下降40.4%，合计减少产值176.06亿元。

在工业向园区集中发展的政策引导下，闵行工业园区规模以上工业企业完成产值占工业经济的比重不断提升，继续发挥产业集聚功能。四大园区累计完成产值1728.57亿元，下降10.9%，主要受“四英”产业转移影响。

在“持续调结构、转型促发展”的政策指引下，闵行区战略性新兴产业保持稳健的发展势头。2013年工业总产值比上年增长3.6%，2014年比上年增长4.9%。2015年比上年下降3.5%，降幅小于规模以上工业3.8个百分点；占全部工业的比重由上年的34.2%，上升到35.7%，上升1.5个百分点，工业结构调整初见成效。七大战略性新兴产业产值三增四降，生物医药增长10.9%，新能源汽车增长5.2%、节能环保产业增长0.5%。新材料、新一代信息技术、高端装备制造和新能源产业产值分别下降0.3%、3.3%、12%和35%。

新能源产业受太阳能、风能等产能过剩影响，行业景气度回落，下降35.0%；高端装备制造业在七大战略性新兴产业中的产值比重最高，下降12%，主要由于上海电气集团所属装备制造企业增速回落；生物医药制造业完成产值156.7亿元，增长10.9%，主要由于中美施贵宝药业有限公司的产值增长27.8%所致；新一代信息技术产业完成产值196.1亿元，下降3.3%，其中物联网产业增长12.1%；新材料产业完成产值110.3亿元，微降0.3%；节能环保产业主要由于上海三菱电梯有限公司等生产保持稳定，整个产业增长0.5%。新能源汽车总量较小，增长5.2%。

【2015年发展情况】

一、先进制造业提质增效

1．重大产业项目推进总体顺利。全区69个重大产业项目中，除3个项目（通意新材料、光线传媒、衣恋）推进进度慢于预期外，其余66个项目推进正常，年底完成率达到96%以上。

2．产业能级提升。一是加强重点技术改造。支持装备制造、新材料、电子信息、核心基础零部件等行业技改，上海至正道化高分子材料股份有限公司超高压（110-220KV）特种电线电缆高分子材料产业化项目等5个项目成功申报市产业转型升级发展专项资金项目，上海诺玛液压系统有限公司成功申报2015年国家工业强基工程项目。二是加强产业项目准入管理。严格项目准入评审，完善联合评审制度，进一步提高评判标准，强化工业用地项目准入指导，对具体项目加强准入评审的服务指导及培训。全年共计15个项目通过“三委一局”评审。三是加强产业项目储备和跟踪管理。

建立工业投资三年滚动项目库，梳理掌握全区工业固定资产投资情况，为2016年项目建设持续推进和固定资产投资的增长提供坚实支撑。全年工业投资项目累计备案103个，总投资126.46亿元。

3．“区区合作、区企合作”深化。一是加快园区转型升级。整体转型试点全力推进，按照“成熟一个、申报一个”原则，成功推荐颛桥镇光华路沿线两侧区域、莘庄工业区西区列入上海市产业园区转型升级试点。研究推进莘庄镇195区域整体转型升级。一批成熟项目转型加快，莘庄工业区沪闵路沿线、华漕汉阳光电地块、梅陇立波啤酒地块、颛桥松弈实业地块、莘庄锦江城地块转型方案评审通过。二是打造“紫竹创新创业走廊”。与市经信委、上海交通大学、华东师范大学、闵虹集团及紫竹高新区等单位签署合作框架协议，通过市、区、校、企全面合作，在申嘉湖高速公路以南、以东川路为轴线的产业地带，以创新驱动发展、产业优化升级为战略定位，创新机制、整合资源、形成合力，创建“紫竹创新创业走廊”，打造成为上海南部科技创新中心的主要核心区、中国高端制造产业的重要集聚区、具有全球影响力的创新示范区。三是与市属大集团合作拓展。联合闵行经济技术开发区管委会推进闵开发西区开发建设。加强与仪电集团战略合作，完成战略合作框架协议签约，深化在产业发展、科创载体建设、科技金融、智慧城区等领域密切合作。与仪电协商机关节能事宜。推动国内优秀开发主体联东集团与区内相关镇、公司对接。

4．产业结构调整加快。一是制定产业结构调整方案。重点开展区内落后产能、低端企业及重点成片调整区域的调查排摸，拟定《闵行区关于加快产业结构调整促进经济社会转型发展的实施意见》及《闵行区产业结构调整专项补助办法》，聚焦“重点区域、重点行业、重点专项、重点企业”，3年内调整1218家各类落后产能企业及高危企业，清腾土地3000亩以上，建立整合、关停、收储、复垦、转型的综合体制，为城市创造更加生态文明的发展环境。二是产业结构调整项目推进有序。全区累计完成产业结构调整项目达到358项（含物流企业99家），节能量达到6.3万吨标煤，其中浦江郊野公园一期调整项目72项，节能量达到1.7万吨。

5．节能降耗完成良好。一是各项指标任务完成较好，全面完成市下达任务，全区单位增加值能耗为0.255吨标煤／万元，下降3.2%；能源消费总量为241.02万吨，下降1.7%，其中工业能源消费量为143.93万吨标煤，下降3%。二是节能技术改造推进顺利。完成节能技术改造的37项，节能量达7193.76吨标准煤。完成10家重点企业清洁生产审核评估。完成第六、七批区级节能技术改造的评审工作。三是全面完成燃煤锅炉清洁能源替代。共完成54台锅炉、12台窑炉、7台集中供热，共计73台锅炉的清洁能源替代工作。四是“以业控人”推进顺利。累计调整低端企业调减462家，调减人数14614人。

二、加快培育“四新”经济

1．加强课题研究。参与关于《闵行区推进建设科技创新中心功能集聚区课题报告》研究，形成主要方案和思路。完成《“十三五”闵行区推动“四新”经济和产业融合发展研究》课题研究，加快“四新”专项规划编制工作。

2．成功打造新型产业载体及主题化基地。网络视听产业基地、智能制造产业基地、工业机器人产业基地、网络信息安全服务产业基地、大数据云平台产业基地（奇士产业园）、大数据云平台产业基地（TMT产业园）等6个功能性载体获评市级“四新”经济创新基地，筹备紫竹创新创业走廊方案，创建TMT产业联盟，检验检测产业联盟，启动打造零号湾全球创新创业集聚区。积极推进上海军民融合产业基地的筹建，形成初步方案，召开上海市军民融合产业联盟预备会。召开第七届移动互联网产业发展高峰论坛。启动建设家庭主机游戏娱乐产业集聚区，区政府与百视通签署战略合作框架协议，组建国内首个家庭游戏产业孵化基地。

3．企业创新能力提高。推进各类创新项目申报市级专项。8家企业申报市级“四新”企业应用示范工程项目，涉及健康物联网、新型显示、新能源汽车、智能制造等产业领域，带动投资4843万元。14家企业获“首台突破／应用示范、平台建设”领域专项扶持。3家企业获得市级企业技术中心认定。至年底，共有国家级企业技术中心8家、市级企业技术中心54家、区级企业技术中心87家。

4．加强活动推介及企业信息排摸。举办互联网高峰论坛、新形势下网络与信息安全产业发展圆桌会议等活动促进“四新”经济发展。与重点企业共同举办“四新”产业论坛、“四新”企业宣传展览，营造创新创业生态圈。排摸和建立“四新”企业数据库，涵盖20多个重点领域、350多家企业。

【2016年发展趋势】

2016年是实施“十三五”规划的开局之年，闵行区工业牢固树立和贯彻落实创新、协调、绿色、开放、共享的发展理念，坚持“创新驱动发展、经济转型升级、产业融合提升”的工作思路，着力推进供给侧结构性改革与需求侧政策性创新并举，坚持稳增长、调结构、促转型、抓创新相结合，全力支持实体经济发展，促进形成以先进制造业为支撑、战略性新兴产业为引领的现代产业体系，推动全区经济持续健康发展。

1．建立统筹区域经济发展工作机制。牵头完成区委常委会重要议题，落实统筹经济重点工作。

2．挖掘先进制造业动力。进一步优化产业园区布局，加快推动制造业转型升级，严抓产业项目建设，深化产业结构调整和节能降耗。

3．激发“四新”经济活力。全力打造“四新”产业载体，集聚创新政策、资源，大力提高企业创新能力，优化创新氛围。

（张　鲁）

嘉定区工业

【概况】

2015年，国内外经济形势错综复杂，经济新常态特征进一步凸显。嘉定区工业经济发展面临较大压力，但是工业内生经济结构同步优化，产业运行质量在“新与增”、“压与减”之间实现进一步提升。

嘉定区规模以上工业企业实现产值4895.3亿元，比上年下降4.6%，其中区属3029.6亿元，下降4.4%；实现规模以上工业利润252.8亿元，下降1.8%；完成工业固定资产投资86亿元；规模工业单位增加值能耗0.228吨标煤／万元，可比下降3.39%；实现劣势企业淘汰137家。

【2015年发展情况】

一、传统产业面临发展压力

2015年，宏观经济下行压力加大，全区四大传统支柱产业发展面临困境。因国内汽车销售波动剧烈，汽车产业发展受到明显拖累，共实现产值3557.6亿元，下降2.7%。其中，汽车零部件业实现产值1691.9亿元，下降0.2%。电子电器业、机械设备制造业、金属加工业等同步下滑，工业整体“稳增长”形势较为严峻。从效益看，区属规模以上工业利润近年来首次出现负增长，为252.8亿元，下降1.8%。在产值、利润双降的情况下，多数企业经营压力日趋加重。

二、重点企业发展总体平稳

产值亿元以上企业实现产值2673.6亿元，下降0.5%，降幅明显好于工业平均水平，并成为遏制工业生产大幅滑坡的关键力量。其中，产值百强企业贡献突出，共实现产值1823.8亿元，增长0.6%，占区属工业比重突破六成，达到60.2%。此外，工业高新技术企业凸显竞争优势，企业生产稳定，全年共实现产值1393.8亿元，增长0.2%。

三、工业项目投资规模符合预期

全年共有工业固定资产投资项目160个，完成投资总额86亿元，下降13.6%，完成市下达年度目标任务，也基本符合年初的预期判断。项目方面，基本实现联影医疗、迅达电梯、汽车电驱动等重点项目的投产运营，加快推进上海金融谷、汽车金融港、同济产业园等功能载体的项目建设，也加强组织和引导企业开展技术改造，不断提升企业技术能力，精进百思特、宏信设备工程等26个项目获得市转型升级发展专项资金扶持。

四、工业经济内生结构呈现优化

高性能医疗设备及精准医疗、集成电路及物联网、新能源汽车及汽车智能化、智能制造及机器人等四大产业集群实现产值153.3亿元，增长4.8%，领先区属工业增长9.2个百分点，为全区工业发展注入新活力，日渐成为“十三五”时期全区工业发展的重要支点。园区二次开发示范效应进一步体现，“现厂一期”、健康产业园一期、智地越界产业园一期等5个项目实现竣工。工业绿色发展体现成效，规模工业单位增加值能耗降至0.228吨标煤／万元，可比下降3.39%；完成劣势企业淘汰137家、实施节能技改项目10个，可年节约标煤近3.5万吨；替代和关停锅炉、窑炉309台，“十二五”期间累计达到780台，超额完成目标任务。

【2016年发展趋势】

2016年，嘉定区经济发展所面临的宏观形势依旧复杂、严峻，特别是汽车产业发展不确定性，对全年工业经济影响较大。全区汽车产业占比已经超过70%，汽车工业的不确定性是影响全区工业经济发展的最大因素，中小排量汽车购置税减半政策溢出效应将逐步减弱，后期发展仍需观察。新兴产业发展提上日程，但产业规模仍偏小、偏弱。综合以上各因素的分析判断，全区工业发展以“稳增长”为基础目标，进一步简政放权，清理不合理收费，降低企业赋税，切实为实体经济让利，推进经济向好的方面提升，并进一步聚焦重点产业发展，着力推动经济稳中有进。

全区增加值增长7%左右；规模以上工业产值增长3%左右。为确保这一目标的完成，重点推进以下工作。

1．提升发展先进制造业。

2．稳步发展战略性新兴产业。

3．深入推进劣势企业淘汰。

4．优化资源配置推进园区二次开发。

5．聚焦产业集聚做好招商引资工作。

（许朝军）

金山区工业

【概况】

2015年，面对错综复杂的经济形势和经济下行压力，金山区工业主动适应经济发展新常态，牢牢把握“稳中求进”的总基调，按照“创新驱动发展、经济转型升级”的总要求，着力稳增长、调结构、转方式、增效益、谋发展。全区实现属地生产总值611.7亿元，比上年增长7.3%。产业结构进一步优化，三次产业结构比为2.2∶56.8∶41，其中完成工业生产总值322.2亿元，增长4.3%。工业性投入93亿元，合同外资3.7亿美元，外资到位资金2.6亿美元，均较好完成年度目标。受经济下行压力影响，属地规模以上工业企业完成产值942.5亿元，下降5.5%；工业利润37亿元，下降9.1%。

【2015年发展情况】

一、产业进一步集聚，经济结构不断优化

全区重点产业集群企业完成产值770.4亿元，下降4%，占规模以上工业产值的81.7%，同比提升0.8个百分点。新能源、电子信息集群分别增长27.1%、17%。产值规模过亿元的工业企业214家，累计实现产值717亿元，下降1.8%，低于规模以上工业总产值降幅4.7个百分点，占规模以上工业产值的76.1%。三资企业产值345.7亿元，增长3.3%，占规模以上工业产值的36.7%。工业园区规模以上工业企业实现产值844.1亿元，下降4.7%，降幅小于园区外企业，占规模以上工业产值的89.6%。

二、项目推进情况良好，工业投入平稳

全区26个先进制造业项目，易通、臼井、艾录等23个项目完成年度目标。亿元以上投资项目支撑作用明显，累计投入亿元以上项目共19个，完成工业固定资产投资39.1亿元，占总投入的42%。新建项目累计完成工业固定资产投资71.9亿元，占总量的77.3%；技改项目投入11亿元，占11.8%。

三、产业结构调整力度加大，土地“二次开发”提速

结合金山地区环境综合整治目标任务，对聚焦工业区块外的小化工、零星小钢铁、有色金属、纺织印染、普通建材等“高投入、高消耗、高污染、低效益”的重点行业，深入开展产业结构调整。全年完成产业结构调整项目172项，减少能源消费10.6万吨标煤，调整涉及产值约20.6亿元，腾出土地2705.3亩。全面完成365项清洁能源替代任务，减少燃煤重油消耗约18万吨。产业结构调整为产业发展腾出了新的空间，全年共盘活存量用地26幅，用地面积1271.2亩。其中11幅已与新的意向项目方对接，涉及投资总额20.1亿元，建设用地面积571.4亩；完成园区平台回购收储120.3亩。

四、创新体系日益完善，经济转型步伐加快

全区企业不断推进技术创新，科技创新能力不断加强，技改备案（核准）项目33个，计划总投资9.1亿元（其中设备投资7.3亿元）。蓝滨、富山等两家企业被认定为上海市企业技术中心，乘鹰等17家企业被评定为区级企业技术中心。现有上海市企业技术中心18家，区级企业技术中心95家。2015年共培育区级“专、精、特、新”企业174家，其中列入市“专、精、特、新”企业135家，占全市“专、精、特、新”企业10.2%，位居全市第三。现有高新技术企业276家，其中属于规模以上工业企业167家，实现产值356.2亿元，下降1.6%，好于全区平均水平，有研发投入的企业产值占规模以上工业产值的比重达70%。现有战略性新兴企业171家，产值322.6亿元，占规模以上工业产值的34.2%，同比上升7.5个百分点。品牌建设水平进一步提升，新增上海市著名商标4件，新增上海名牌24项，新增上海市知名品牌创建示范区和上海市品牌建设园区各2个。现有中国驰名商标6件，上海著名商标49件，上海市名牌产品76项。

五、园区转型成果显著，招商引资砥砺前行

推进“创新、升级、改造、转型、联动”五大工程，金山第二工业区获批中国高性能涂料示范基地和中国表面活性剂产业基地，金山工业区新型显示产业创新基地、生物医药产业区域联动模式创新基地、绿色印刷产业创新基地获批上海市“四新”经济创新基地，枫泾镇获批上海市乡镇工业园区转型升级试点。工业园区亩均投入279万元，产出300万元，税收12万元。招商引资工作迎难而上，成效明显。内外资签约项目共计183个，计划投资总额约94.5亿元，同比增长2%。

六、外向型经济稳步发展，制造业合同外资有所下降

全年实现合同外资（含增资）37305万美元，下降23.7%。受合同外资减少以及由实缴制改为认缴制等因素影响，实到外资26013万美元，下降5.5%。外资结构变化明显，新批的制造业合同外资金额有所下降，服务业合同外资大幅上升，服务业合同外资17456万美元，占新批合同外资88.8%。外贸总值81.5亿美元，减少11.6%，其中，出口值42.9亿美元，减少5.6%；进口值38.6亿美元，减少17.4%；贸易顺差4.36亿美元。

七、二、三产业逐步融合，生产性服务业发展迅速

全区第三产业增加值250.8亿元，增长12.2%，增速高于一、二产业。生产性服务业与制造业协同发展势头良好，

34家生产性服务业样本企业全年累计完成营业收入150亿元（含上海化交90亿元），利润总额6.2亿元。交通运输、仓储和邮政业、信息传输软件和信息技术服务业等五大领域税收达27.8亿元，占第三产业税收的30.6%，同比提升1.5个百分点。上海化工品交易市场平台交易额101.8亿元，增长37.6%。上海新跃物流平台实现税收2.2亿元，增长15%，服务上海市30%的省际陆路货运企业。金石湾国际化工生产性服务业功能区历年入驻企业327户，实现营业收入152.6亿元，实现税收1.3亿元。上海市产业互联网生产性服务业功能区平台覆盖877家企业，累计纳税3731万元。

【2016年发展趋势】

一、坚持综合施策，全力推动产业经济稳中有增

注重存量挖潜提升，落实重点企业生产计划，引导企业优化生产方式，提升高附加值产品比重，同步实现生产增长和转型升级。注重新增动能培育，明确项目意向、签约、在建、投产四个阶段重要时间节点，实施分阶段、精细化和全过程管理。建立信息报送、项目预警和协调推进机制，促进产业项目早落地、早开工、早投产，切实提高资源利用效率和项目投资效益。注重供需对接，强化优质产能利用跟踪服务，推动产业链上下游对接，鼓励企业抓住展会、论坛等机遇，促进产能合理消化。

二、坚持规划引领，着力推进产业规划细化落地

按照“十三五”规划，集群发展高端智能装备、新一代信息技术、生命健康、新材料四大先进制造业，调整提升化工、食品加工、机械电子、纺织服装四大传统产业，大力发展研发设计和创意产业、节能环保、检验检测认证、软件和信息服务、大宗商品交易服务、供应链管理、专业维修和售后服务、职业教育培训八大生产性服务业。在此规划基础上，制定金山区产业指导目录，探索正面引导和负面清单相结合的管理模式，推动产业高端化、智能化、绿色化、集群化、服务化发展。

三、坚持集群发展，持续深化招商引资引税工作

面向智造产业集群、生产性服务业、“四新”经济等重点领域，开展产业链价值链招商，加快引入地区总部、研发中心、运营中心、结算中心等功能性项目。完善区投资促进服务中心运作机制，强化信息发布、资源统筹、审批服务等平台功能，充分调动园区招商积极性，推动信息共享、资源共享、利益共享。加强与市投资促进中心、协会、驻沪外资机构等中介机构对接合作，深化战略招商、联盟招商、平台招商。整合金山招商网、金山投资微信公众号等网络平台，加大线上宣传的深度、力度、广度。

四、坚持绿色发展，深化产业结构调整

制定实施《金山区产业结构调整三年行动方案（2015—2017年）》，重点聚焦环境综合整治重点地区、成片调整区域、重点行业调整，按照区产业结构调整总体计划和任务安排，加快推进104区块提升、195区域转型及198区域调整，确保如期完成企业调整指标任务。坚持依法调整、主动调整，坚持引逼结合、综合施策，同步推进转型发展与调整淘汰，进一步提升产业布局调整效应、行业结构优化效应、节能减排环境效应、城市安全管理效应。

五、坚持高端发展，加快推进产业创新体系建设

进一步推进以企业为主体、以市场为导向、产学研结合的技术创新体系建设，鼓励设立企业技术中心，加大技术研发和技改投入，支撑关键共性技术、关键技术研发。进一步加快培育“四新”经济创新基地建设，推进“四新”模式与产品推广运用、引进技术的吸收与创新、产业创新联盟标准化建设、重大项目产学研联合攻关，促进科技创新成果产业化。进一步加快标志性智能工厂及数字化车间建设，提高工业智能化水平。加强质量品牌建设，推动产业升级。

（沈燕金）

松江区工业

【概况】

2015年，在全球经济复苏乏力、复杂多变的客观形势下，松江区全力稳增长、调结构、促转型，保持经济稳定增长。全年完成工业增加值509.8亿元，比上年增长0.2%。完成工业总产值3718.5亿元，下降3.9%，其中规模以上企业工业总产值3422.1亿元，下降4.1%。实现工业利润总额144.3亿元，增长6.6%；实现工业税收140.6亿元，下降11.5%。完成工业固定资产投资44.3亿元，下降33.6%。

2015年，全区累计实现进出口额471.8亿美元，下降7.7%。其中，累计出口额347.1亿美元，下降6.2%；进口额124.7亿美元，下降11.6%；进出口总值、出口、进口增速分别落后全市5.6、0.9和12.1个百分点。

【2015年发展情况】

一、创新企业服务工作，支持企业做大做强

1. 推进20项政策出台。松江区出台产业政策3个，科技政策9个，人才政策6个，产业结构调整及工业用地收购政策2个，共计20个。政策扶持对象涵盖制造业、现代服务业、金融业以及园区等行业及业态，为科技创新、两化融

一、千方百计稳增长

健全重点企业运行监督机制。对区内产值100强企业，增幅、降幅前20位企业加大跟踪服务力度；协同相关部门、镇、开发区，加强规模以上工业企业和重点外资企业预警监测，增强对企业的微观调控；加强行业分析、产能调查和问题排摸，准确研判宏观经济运行情况，具体分析外部环境对区内企业影响。做到及早发现，及时预警，务求全面准确掌握经济运行态势；继续依托四套班子力量加强重点企业联系走访。

二、坚定不移调结构

1. 继续推进重点项目调整。2016年是第一轮产业结构调整三年行动计划实施的收官之年，要以第一轮三年行动计划推进成效和经验为基础，从实际情况出发，认真制定第二轮奉贤区产业结构调整三年行动计划。重点锁定“104”板块内的“D类”企业，确保每年腾出土地面积不少于2400亩。

2. 继续推进重点区域行业调整。加大对零星工业用地上传统“三高一低”劣势企业和“198”、“195”区域内“D”类企业的淘汰调整，每年腾出土地面积不少于3000亩。重点推进柘林、化工分区和星火开发区内化工企业整治调整；浦江南岸、沿江沿河地区企业调整和全区“四大工艺”企业调整。

3. 继续推进重点专业市场调整。按照《奉贤区专业市场经营状况摸底》情况，针对30个市场不同特点，按照关闭（合同到期关闭、限期强制关闭、兼并重组）、改造、提升三种手段分类处置，研究细化推进方案，分步分类促进调整转型。全年争取关闭专业市场8家。

三、有效投入促转型

1. 严控产业项目准入标准。追求质量为先，注重发展品质和环境质量，围绕“东方美谷”打造，加强产业项目对接嫁接力度，加大“领军、领袖、领航”项目引进，提高土地利用效益。

2. 促进产业经济求新求变。大力促进产业经济从制造向创造转变，从速度向质量转变，从产品向品牌转变，从单纯的制造向“制造＋服务”转变。

3. 推动“四新”经济发展。坚持眼睛向外，引进借鉴新技术、新业态、新模式；坚持眼睛向内，依托国家、市级相关政策扶持；坚持眼睛向下，关注企业创新创业团队；坚持眼睛向上，将“四新”经济发展作为全区产业创新转型的重要部分。继续加强“四新”经济示范企业评选，树立一批重点标杆。

（谢新超）

青浦区工业

【概况】

2015年，面对复杂的国内外经济环境，在产能过剩、杠杆高企、库存过多的大背景下，青浦区工业经济总体呈现下滑态势。全区规模以上工业产值完成1519.1亿元，比上年下降3.8%，完成全年确保目标的96.2%；实现工业增加值421.7亿元，下降0.2%；完成工业投资43.6亿元，为确保目标的108.9%。

【2015年发展情况】

一、经济发展趋势企稳

青浦区完成地区生产总值878.2亿元，增长6.1%。区财税完成情况良好，全口径税收337.4亿元，增收42.3亿元，增长14.3%。其中，区级税收109亿元，增收11.5亿元，增长11.8%。当年度新增企业14333户，新增纳税额6.2亿元，占全区税收总额的1.8%，占税收增量部分的14.7%。

二、产业转型升级得到提升

1. 产业结构调整。完成产业结构调整项目782项，调整土地面积7952.96亩，完成全年计划的122.35%。按调整类型分：关闭、停产或搬迁的661项，调整土地面积5480.83亩；盘活存量低效工业用地项目121项，调整土地面积2472.13亩。按调整区域分：104区块完成168项，调整土地面积2865.38亩，完成年度计划的107.72%；195区域完成86项，调整土地面积1245.79亩，完成年度计划的116.1%；198区域完成528项，调整土地面积3841.79亩，完成年度计划的138.84%。

申报市重点调整扶持资金项目4项，危化企业调整两项。2015—2016年间，练塘镇村级工业重点区域调整专项计划完成86家村级工业企业的调整关停，其中2015年完成调整54家；苏州河上游地区（吴淞江青浦华新段）重点区域调整专项计划，完成125家企业的调整关停，其中2015年完成调整41家；金泽镇黄浦江上游饮用水水源保护区重点区域调整专项计划，完成104家工业企业的调整关停，其中2015年完成调整55家。

2. 工业园区转型升级。根据《青浦区工业区转型升级三年行动计划（2014—2016年）》以及年初制定的《青浦区工业区转型升级创新2015年重点工作安排和部门分工》，各街镇、园区继续以“升级工程、延伸工程、扶植工程、调整工程”四大工程为抓手，加快实施转型升级与有序调整。

全区十大工业园区完成规模以上工业产值1249.7亿元，

下降3.8%，占全区规模以上工业产值的82.3%，比上年提高0.1个百分点。其中“一园三区”合计完成规模以上工业产值888.9亿元，下降3.5%，好于全区平均水平0.3个百分点，占全区规模以上工业产值的58.5%，同比提高0.2个百分点。全区104区块单位土地工业总产值45.05亿元／平方公里、单位土地税收2.96亿元／平方公里、单位土地营业收入59.81亿元／平方公里，三项指标比上年均有所上升。

3．清洁能源替代。根据《青浦区推进燃煤（重油）锅炉和窑炉清洁能源替代三年行动计划（2013—2015年）》，在各镇、街道积极努力和相关职能部门的配合下，全年共完成锅炉86台、窑炉12台清洁能源替代，均完成年度目标，全面完成三年行动计划。制定并实施《2015年青浦区节能宣传周系列宣传活动方案》。配合区环保局实施清洁生产，全年共有11户企业通过验收，21户企业通过评估。

4．推进产业功能平台建设。编制实施北斗导航产业发展规划，举办北斗园区建设与产业发展战略研讨会，出台实施北斗导航专项扶持政策。推进北斗导航西虹桥基地建设，获批上海市服务贸易示范基地；全年基地已入驻企业72家，实现销售收入3.7亿元、税收2700万元。举办上海民用航空青浦园区论坛，编制实施《上海市争创国家新型工业化产业示范基地（民用航空·青浦园区）实施规划与咨询成果》，出台民用航空产业专项扶持政策；全年基地入驻企业13家，实现收入22亿元、税收4622万元。

青浦工业园区（一园三区）获批“国家新型工业化产业示范基地（新材料）”，新增获批“上海市‘四新’经济创新基地建设试点”11家；对一园三区和徐泾等6个开发区实施循环化改造，一园三区获批“国家循环化改造示范试点”；赵巷镇赵巷新城经济区二区、徐泾镇金博及“E通世界”地块、华新镇华新工业园区、练塘镇练塘绿色工业园区获批“上海市产业园区转型升级试点”；E通世界和移动智地获批“上海市生产性服务业功能区”。

5．开展“十三五”产业规划研究。编制形成青浦区产业结构调整与转型升级、先进制造业等4个“十三五”产业专项规划中期成果；编制完成“四新”经济、北斗导航等4个“十三五”产业专项规划；参与青浦区国民经济和社会发展“十三五”规划纲要和市经信委“十三五”产业专项规划编制，建言献策。

三、服务企业水平获得提高

聚焦重点企业，组织编印完成2014年度纳税百强企业、规模以上工业百强企业、外贸百强企业、战略性新兴产业重点企业、第三产业重点企业和社零重点企业名录等6本重点企业名录。新增152家企业获批2015年度上海市“专、精、特、新”中小企业。推进企业改制上市，新增主板上市企业两家：创力股份和全筑股份。继续加大财政扶持力度，区财政扶持产业发展专项资金4.4亿元。其中，发展先进制造业1.3亿元。加强产业项目“闭环”管理，每季度定期召开工作例会，联合跟踪、协调推进产业项目建设，编印完成《上海市青浦区重点在推产业项目名录（2015）》。推动工业项目共计263个（投资376亿元、用地6038亩）。

与市产业项目落地跟踪服务系统对接，全区产业项目实现在线跟踪推进。全区市级中小企业服务机构共计24家，1家被认定为2015年度国家中小企业服务示范平台。区中小企业服务业中心连续三年被评为“上海市服务中小企业先进集体”。

【2016年发展趋势】

2016年是实施“十三五”开局之年。面对经济新常态，必须积极转变观念，以新常态的视角分析判断当前经济形势，主动顺应规律，积极开展工作，奋力改革创新，着力转型升级，坚持“创新、协调、绿色、开放、共享”五大发展理念，采取切实有效的举措，追求有质量、有效益、可持续、包容性的发展。

主要目标：规模以上工业总产值达到1519.1亿元；实现工业固定资产投资30亿元；产业结构调整项目不少于300个，面积4150亩，一园三区规模以上工业总产值占全区比重达到58.8%以上；培育发展“四新”经济，重点推进11家“四新”经济创新基地建设试点。

主要工作：

1．深化招商引资平台，促进增量发展。

2．深化服务企业平台，促进存量发展。

3．深化产业结构调整平台，促进质量发展。

4．深化经济运行分析平台，促进总量发展。

（顾长炜）

崇明县工业

【概况】

2015年，崇明工业在县委、县政府的正确领导下，以全面推进生态岛建设为主线，坚持创新驱动、转型发展，努力应对严峻复杂的外部环境，做到抓落实、强服务、求实效，较好地完成了各项目标任务。全县工业企业实现工业总产值371.8亿元，比上年增长5.4%，其中规模以上工业企业实现产值339.1亿元，增长5.9%。实现销售产值369.8亿元，增长4.9%。产销率达99.5%。出口交货值实现112.3亿元，增长30.3%。工业增加值实现93.3亿元，可比增长0.5%。

【2015年发展情况】

一、海洋装备产业稳中有升

全县海洋装备产业在船舶修造企业生产经营复苏性增长的有效拉动下，实现产值255.3亿元，增长14.4%，占全县总量的68.7%。其中，中船长兴3条生产线实现产值211.3亿元，增长14.9%；华润大东实现产值15.4亿元，增长31.0%；中海长兴实现产值8.3亿元，增长23.9%；振华重工配套企业实现产值9.5亿元，下降24.9%。

二、乡镇园区工业生产存在隐忧

全县较多企业受成本上涨、竞争加剧、订单流失等不利因素影响，使得企业压缩用工、负债加深、盈利困难，生产经营面临较大压力。18个乡镇实现工业总产值341.4亿元，增长6.1%。其中，产值同比增长的只有7个单位，增幅第一位是建设镇，增长15.8%；其次是长兴镇，增长12.1%。工业总产值绝对额前三位的单位分别是长兴镇232.2亿元、建设镇17.5亿元、陈家镇15.3亿元。园区工业稳中有降，三大园区共实现工业总产值29亿元，下降3%，占全县总量的7.8%。其中，崇明工业园区实现产值12.6亿元，下降18.2%；富盛开发区和长兴产业基地由于新增企业的投产，分别实现产值3.9亿元和12.5亿元，增长11.9%和13.1%。

三、服务中小企业全力以赴

接受商务部组织实施对崇明县国家船舶出口基地3年一次的考核汇报和现场考察，并在全国12个基地中排名第三。上报2014年度市公共服务平台项目3个，申请专项扶持资金248万元。审定2014年度县扶持工业企业发展专项资金项目72个，涉及企业49家，扶持资金1016.19万元。指导帮助88家岛内外企业获市专项扶持资金4528.8万元。7家企业被认定为市中小企业服务机构。复评并新认定市“专、精、特、新”中小企业42家，推荐6家“专、精、特、新”企业在《上海商报》免费宣传报道。1家企业被认定市级企业技术中心，新认定第三批县级企业技术中心5家，完成前两批复审14家。举办中小企业业务培训6次、培训260多人。开展企业融资需求调研和银企对接活动。建立企业“绿色信贷联盟”。完善岛内外企业数据库，其中录入岛内企业1266家，岛外29430家。“崇明中小企业合作交流平台”和“崇明乡镇园区经济工作”微信群开通运行。

四、产业结构调整继续深化

实施产业结构调整项目20个，其中市、县推进各10个，超额完成市下达8个项目的目标，拨付专项资金600万元，降耗折合标煤约7810吨，减少产值1.6亿元，约腾出土地286亩，涉及职工665人。实施差别电价企业5家。完成列入市粘土砖专项整治中3家砖瓦企业的调整工作。

五、工业节能降耗成效明显

全县规模以上工业综合能源消耗量为14.53万吨标煤，同比下降8.6%，万元产值能耗0.1212吨标煤，同比下降2.4%。分解2015年度乡镇、园区节能降耗和燃煤锅炉替代目标。2014年度工业节能降耗考核排名全市第一。全县190台燃煤锅炉和工业窑炉清洁能源替代任务全部完成，排名郊区县第二。9家企业通过市清洁生产审核，6家通过市预评估。对3家企业固定资产投资项目节能评估并备案登记6家。

六、工商投资有力推进

全县核准备案工商领域投资项目55个，总投资15.74亿元。完成工业投资约15.89亿元，下降6%。联合会审利用乡镇存量地块技改项目3个，总投资约1.95亿元。编制2016—2018年工业投资三年滚动计划。组织5家企业申报2015年市第一、第二批重点技术改造专项资金项目。完成本年度外资企业年报审核。

【2016年发展趋势】

一、主要目标

预计全年完成工业总产值372亿元左右，与上年持平。工业投资18亿元左右。启动实施产业结构调整项目5个。规模以上工业企业能耗总量控制在16万吨标煤以内，万元产值能耗同比持平。

二、主要任务

1. 提升经济运行监测水平。
2. 推动工业区转型升级。
3. 深入推进结构调整和节能降耗。
4. 加强产业投资管理。
5. 加大央企服务力度。
6. 主动服务中小企业。

（陈　彪）

2016·上海工业年鉴

SHANGHAI INDUSTRIAL YEARBOOK

宝钢集团有限公司

【概况】

宝钢集团有限公司（以下简称宝钢集团）是全球现代化程度最高、钢材品种规格最齐全的特大型钢铁联合企业之一，是国有独资公司（国务院国资委代表国务院履行出资人职责），注册资本5279110万元。总部设在上海市浦东新区浦电路370号。至年末，宝钢集团员工总数为126272人，遍布全球各地。

宝钢集团（1993年前称上海宝山钢铁总厂）始建于1978年12月23日，是中国改革开放的产物。1985年9月15日，由国家投资建设的一期工程建成投产；2000年，由企业自筹资金建设的三期工程全部完成，跻身世界千万吨级特大型现代化钢铁企业行列。1998年11月17日，联合重组上海冶金控股（集团）公司和上海梅山（集团）公司。2007年4月28日，重组新疆八一钢铁有限公司。2009年3月1日，并购宁波钢铁有限公司；2014年年底，宝钢集团调整为宁波钢铁有限公司第二大股东。2011年4月18日，宝钢湛江钢铁有限公司注册成立；2012年5月31日，宝钢广东湛江钢铁基地项目举行开工仪式；2015年9月25日，宝钢湛江钢铁有限公司一号高炉点火。2012年4月18日，重组广东韶关钢铁有限公司；4月19日，与广州钢铁企业集团有限公司共同出资组建广州薄板有限公司。

宝钢集团以钢铁为主业，生产高技术含量、高附加值钢铁精品，已形成普碳钢、不锈钢、特钢三大产品系列。这些钢铁精品通过遍布全球的营销网络，在满足国内市场需求的同时，还出口至亚非欧美的40多个国家和地区，广泛应用于汽车、家电、石油化工、机械制造、能源交通、金属制品、航天航空、核电、电子仪表等行业。在汽车板领域，宝钢集团成为世界上第一个具备第一、二和三代先进高强钢供货能力的厂商。围绕钢铁主业的发展需求，宝钢集团还着力发展相关多元产业，重点围绕钢铁供应链、技术链、资源利用链，加大内外部资源整合力度，提高综合竞争力及行业地位，形成了资源开发及物流、钢材延伸加工、工程技术服务、煤化工、金融投资、生产服务、信息服务、钢铁服务、不动产开发等相关产业板块，并与钢铁主业协同发展。

【2015年经济工作情况】

2015年，中国钢铁工业依然处于“高产量、低价格、高成本、低效益”的市场“寒冬”。宝钢集团大力实施钢铁行业产业结构调整，着力推动服务转型，全年完成工业总产值（现行价格）2179.63亿元，工业销售产值2147.91亿元，资产总值5293.32亿元，营业总收入2300.59亿元，实现利润总额10.34亿元，净资产收益率−0.55%；完成铁产量3491万吨，钢产量3611万吨，商品坯料3646万吨；对外捐赠5773.12万元，连续第六次被民政部授予“中华慈善奖”，并获“最具爱心捐赠企业”称号。连续第12年进入《财富》世界500强，位列第218位，并再次当选最受赞赏的中国公司，成为钢铁行业唯一入选公司；国际三大信用评级机构标准普尔、穆迪和惠誉继续给予宝钢集团全球综合类钢铁企业中最高信用评级，分别为A−、A3和A−，评级展望均为“稳定”。宝钢湛江钢铁有限公司1550毫米冷轧主体工程开工建设，一号高炉点火出铁，一号转炉、二号连铸机和2250毫米热轧机组热负荷试车。

一、深化国资国企改革

宝钢积极探索混合所有制改革，引入多元资本推进混合所有制改革，宝钢金属有限公司与美国华平投资集团合资组建宝平能源投资有限公司，上海欧冶金融信息服务股份有限公司与上海钢联电子商务有限公司合资成立诚融动产信息服务公司，宝钢发展有限公司与上海市环科院合资成立宝发环科公司。加大资产证券化力度，宝钢包装股份有限公司成功上市。利用杭钢集团转型升级时机，将宁波钢铁有限公司股权置换，实现评估增值。深化三项制度改革，制定出台《关于加强亏损子公司扭亏增盈工作的管理办法》，与重点亏损单位签订扭亏增盈目标责任状，通过劳动竞赛、工序对标等活动，实现降本增效64.4亿元。积极应对市场挑战，进一步建立完善激励有效、约束有力的薪酬管理体系。提高劳动效率，全年减员8816人；加强协力管理，全年精简协力用工13442人。

二、推进产业结构调整

宝钢积极贯彻落实国家产业政策。在上海地区，按照“减量、增效、调整、发展”方针，推进钢铁产业结构调整，加紧实施不锈钢板块转型发展，提前关停宝钢不锈钢有限公司750立方米高炉和二号烧结机。优化整合宝钢特钢有限公司和宝钢集团广东韶关钢铁有限公司的长材资源，打造以汽车零部件用钢为代表的高端长材基地。宝钢集团广东韶关钢铁有限公司关闭两座小高炉和1座电炉，压缩产能80万吨。在新疆地区，根据国家的区域战略安排，以“压产能、提效率、去杠杆”为总体工作目标，有序推进宝钢集团新疆八一钢铁有限公司的经济运行。9月25日，以打造世界最高效率钢铁“梦工厂”为目标的宝钢湛江钢铁有限公司一号高炉成功点火，至年底累计生产铁水74.74万吨、钢水71.41万吨、板坯64.72万吨，拓展钢种97个，2250毫米热轧实现热负荷试车。

三、自主创新取得显著成效

2015年，宝钢的研发投入率2.1%，申请专利1957件，其中发明专利932件。高性能碳钢产品方面，全球首发冷轧中锰钢1180MPa、高磁感取向硅钢B18R065等新产品牌号；成功研制宝钢概念白车身（BCB），向业界用户全面展示汽车用材解决方案能力。高端不锈钢产品方面，成功开发并批量试制超纯铁素体不锈钢B446，填补国内空白；全球首发B436M等两个超纯铁素体不锈钢产品，并成功应用于商用车领域。高性能特种材料方面，全球首发CAP1400核电蒸发器用690合金水室隔板产品；为第三代核电关键装备配套研制的系列耐蚀合金，及特殊不锈钢板、管、锻件产品在国家示范工程得到应用；国内首次批量试制700℃超超临界火电机组用高温合金材料，成功用于国家关键部件验证试验平台；中国商用飞机有限责任公司C919起落架用300M钢获得德国利勃海尔公司的认可，成为国内唯一一个大飞机项目A类钢种供应商。民用航空发动机用特殊不锈钢锻件与锻棒获得英国罗罗公司的认可并批量供货，在国际民用航空领域实现突破。COREX-3000在原有引进技术的基础上，结合新疆资源特点自主创新，在宝钢集团八一钢铁有限公司成功点火投产；宝钢历时15年自主集成的高效节能薄带连铸项目进入试生产运行阶段。

四、率先进入“智慧制造”示范试点

宝山钢铁股份有限公司（以下简称“宝钢股份”）主动把握中国制造2025发展机遇，在国内钢铁行业首家系统规划“智慧制造”方案，以物联网、互联网、云计算、大数据等新技术与公司全供应链的深度融合应用为基本路径，逐步推进宝钢制造装备、全供应链管控、分析决策过程的智能化，构建集智能装备、智能工厂、智慧运营于一体的智慧制造体系，选取8个项目开展试点，其中“热轧1580车间”获工信部2015年智能制造示范试点资格，成为钢铁行业唯一入选的示范点。

五、有序发展多元产业

宝钢金属有限公司与美国华平集团战略合作的晋开气体项目投入运营；以越南宝钢制罐有限公司为起点，推动国际化运营。宝钢资源有限公司发起成立上海矿石国际交易中心，合资成立第三方电商平台“全仕宝”公司及“车宝网”。上海宝信软件股份有限公司紧跟“互联网+”战略，成功进入金融软件和金融服务市场，互联网数据中心业务保持快速增长。上海宝钢化工有限公司针状焦产品质量接近国外同行领先水平，浸渍剂沥青、同性焦等新产品投放市场。宝钢工程技术集团有限公司加强冶金等业务集中管控力度，推进模式创新、协同运营、市场开拓、降本增效等举措。宝钢发展有限公司加大冶金工业和城市领域固废资源综合利用研究力度，探索建设环保服务运营平台。

六、打造服务新兴产业共享平台

宝钢以“共建、共享、值得信赖”为价值观，着力打造钢铁服务共享平台——欧冶云商股份有限公司（以下简称“欧冶云商”），构建钢铁服务共享生态圈，确立以电商平台为界面和入口、以物流为线下基础能力、以产业链金融体现核心服务价值、以钢铁技术服务能力为核心竞争力、以大数据运用为远景价值目标的服务体系。2月4日，欧冶云商注册成立，注册资金20亿元，宝钢股份持股51%，宝钢集团持股49%。至年底，已形成欧冶电商、欧冶物流、欧冶金融、欧冶材料、欧冶数据5个交易及配套服务平台，初步构筑面向钢铁行业开放的第三方服务体系，实现宝钢有关服务资源的集聚和平台化。年内，欧冶云商与河北钢铁集团、广州金博物流贸易集团有限公司、浙江物产集团公司、上海交运集团等6家单位签订战略合作协议，完成全国各地52个服务站点和710家仓库布局。全年钢铁交易平台累计实现交易1018万吨。

七、实现安全生产管理目标

宝钢以提升安全管理体系能力为主题，提高整体安全管控水平，全方位筑牢安全生产防线，确保区域范围内杜绝群死群伤事故。全年事故总量比2013年分别下降58%、74%和45%，全面实现2013年设定的“不发生较大及以上生产安全事故，工亡人数同比下降30%以上”的3年管理目标。

八、环境经营业绩凸显

宝钢加大资金投入力度，推进节能环保技改项目65项，结合合同能源管理模式，提升清洁能源使用比例，推进煤炭总量控制工作，加强环保前沿技术开发和应用。宝钢股份电厂完成燃煤机组烟气SCR脱硝改造，启动超净排放改造；宝钢湛江钢铁有限公司实现国内首台套大型高炉TRT设备国产化和国内首家焦炉脱硫脱硝装置应用，出口烟气污染物浓度达到特别排放限值要求。二氧化硫排放总量下降16%，化学需氧量排放总量下降10%，氮氧化物排放总量下降13%。吨钢综合能耗598千克标准煤／吨，下降1.5%；万元产值综合能耗（可比价）0.9吨标准煤／万元，下降2.2%；被中华环保联合会授予“中华环保爱心企业”称号。

【2016年发展趋势】

在制定的《宝钢集团2016—2021年发展规划》中提出，公司愿景：成为“全球钢铁业引领者”；公司使命：“驱动绿色钢铁产业生态圈发展，成为员工与企业共同发展的公司典范”；战略定位：打造“一体两翼”（以钢铁产业为主体，以绿色精品智慧制造和钢铁生态圈平台化服务为两翼）的国有资本投资运营公司。

2016年，宝钢集团的生产经营目标是：粗钢产量4222万吨，营业收入2100亿元，利润总额10亿元。

总体指导思想是：深入贯彻党的十八大及十八届三中、四中、五中全会和中央经济工作会议精神，按照“四个全面”战略布局要求，牢固树立创新、协调、绿色、开放、共享的发展理念，以改革为纲、以转型为本、以创新为要，全面推进“一体两翼”发展战略，全力实施扭亏增盈各项举措，努力实现经营绩效平稳回升，积极优化资产结构和运营效率，切实推动国有资本提质增效，坚决打赢宝钢改革转型攻坚战。

（张文良）

上海汽车集团股份有限公司

【概况】

上海汽车集团股份有限公司（以下简称上汽集团，股票代码“600104”）是国内A股市场的汽车上市公司，截至2015年年底，上汽集团总股本达到110亿股。目前，上汽集团主要业务包括整车、零部件、汽车服务贸易和金融业务4个板块，并形成了以整车为龙头、相互协同、较为完整的产业链布局。2015年，上汽集团实现国产整车销售590.2万辆，同比增长5%，国内市场占有率达到23.2%，较上年提高0.2个百分点，继续保持国内汽车市场领先优势。同时，上汽集团以2014年度合并销售收入1022亿美元，第11次跻身《财富》杂志世界500强企业行列，排名第60位，较前一年上升25位。

【2015年经济工作情况】

一、积极应对市场变化，发挥板块协同，确保经济增长

1．上汽集团整车企业充分发挥品牌和产品优势，以市场为导向，优化产品结构和产能配置，努力创新营销模式，千方百计满足用户需求。

上汽大众面对市场快速变化，着力从零售、品牌、渠道、体验四个方面加强营销工作。通过调整销售策略，下乡进村举行多样化的主题巡展活动，与综艺媒体合作精准投放广告，并运用金融、置换等营销工具，提升潜在用户转化率，加速覆盖空白市场。

上汽通用由于上半年金桥工厂停产改造，全年产销节奏受到一定影响。三大品牌中别克品牌表现突出，新英朗成为细分市场的明星产品；凯迪拉克品牌表现较好，在豪华品牌第二阵营中，批发总量和零售已跃居第二；雪佛兰品牌市场销售压力较大，新迈锐宝、新科鲁兹等主力车型市场表现进一步增强。

上汽通用五菱继续深耕三四五线市场，加大对空白县乡市场的网络覆盖，精准辨识客户需求，用可靠的品牌口碑、极具竞争力的产品、以及购车置换补贴等针对性的营销举措，引领基盘用户消费升级。在乘用车市场，宝骏品牌在宝骏730MPV和宝骏560SUV两款“爆款”车型带动下，跻身主流自主乘用车品牌前列。在传统微车市场，虽然细分市场呈现下滑，但上汽通用五菱通过投放前置前驱结构的微车产品五菱荣光V，进一步引领微车产品变革。

自主品牌乘用车公司推进实施“上能力、提盈利”项目，MG名爵锐腾上市后市场反映良好，带动MG品牌价格重心逐步上移，提升了经销商的信心和盈利水平；荣威360和350的“双车战略”初见成效，荣威360“全方位高品质”的产品形象基本得到市场认可。

商用车板块受国内商用车市场总体萎缩影响，整体销量和经营效益都面临很大的下行压力。上汽大通面对轻客市场增速放缓的不利影响，进一步优化经销商网络布局，加快营销渠道向三四五线市场下沉，并以新品上市为契机，抓住产品差异化优势，加强行业用户开拓，进一步提高新能源和房车的销售；同时，上汽大通加快开拓海外市场，已向37个国家／地区实现出口，其中包括英国、爱尔兰、澳大利亚等发达地区市场，实现“重返英伦”的战略目标。

2．零部件、服务贸易和金融业务板块企业，为实现集团全年产销目标，提供有效的产业链保障和协同支持。

面对产销波动巨大、车型冷热不均的局面，华域下属各零部件企业与各整车企业密切协同，快速响应、及时调整优化排产计划，加强运营管控，对重点产品的生产状况和质量表现进行密切跟踪，在市场剧烈波动的情况下确保供货稳定。上汽变速器和联合电子等关键零部件企业以充分满足主机厂需求为导向，进一步改善现场管理，在稳质量、保供应方面，开展扎实有效的工作，业外市场得到进一步拓展。

服务贸易板块中安吉物流在加快完善口岸资源战略布局、提升运营效率的同时，积极协助主机厂和零部件企业解决异地建厂中的生产物流保障问题，提供定制化的解决方案，并运用“安吉助手”微信号、APP软件等移动端智能应用，完善物流服务，提升用户满意度。

金融板块中上汽财务公司与集团整车企业密切合作，共同应对市场下行压力，在确保风险可控的前提下，进一步提高促销力度、放宽审批政策，并对集团自主品牌乘用车加大

贴息促销支持力度，为集团商用车企业提供融资租赁支持，有力地促进了集团主业发展，同时也推动汽车金融业务再上台阶。

二、聚焦创新驱动战略，加紧全面布局，推动业务转型

上汽集团实现创新转型，一是做到稳大局，发展好合资企业、做强传统业务，保持上汽发展稳定，为创新提供资源给养；二是做到创新局，把创新的“血液”融入产业链的各个环节，重塑传统产业链；三是做到通全局，把创新的链条相互连接并前后打通，形成新的“生态圈”。

1．2015年是上汽集团创新转型的全面布局之年。在新能源布局方面，在加快提升产能、抓紧对现有产品进行升级降低成本的同时，加紧完善未来新能源产品的型谱规划和产品研发；在互联网汽车开发方面，已基本完成产品软硬件开发工作，并进入测试验证阶段，首款产品将于2016年8月上市销售；在前瞻技术研究布局方面，加快大数据和云计算平台建设，并以VC风投方式重点在互联互通、智能驾驶、人机交互、软件工程、材料科学、能源技术等领域进行布局，全年上汽智能驾驶汽车完成1.4万公里的试验场道路模拟测试和高速公路实车测试，同时在嘉定建设智能交通系统示范区；在车享电商平台建设方面，深化O2O业务链建设，电商平台日均访问流量和平台交易量稳步增长，“车享汇”会员俱乐部初具规模，已推出上汽－中石油联名加油卡，并开通“车享付”功能，打造交易支付金融平台，线下推出“e享天开”汽车分时租赁产品，“车享家”服务网点大规模重新布局；在新能源汽车充电桩建设方面，成立上汽安悦充电科技有限公司，计划至2020年建设5万个公共充电桩；在探索产融结合方面，成立金融事业部，集团金融资源进一步整合，“X+项目”获得股东大会高票通过，华域汽车完成非公开发行项目，成功募集现金44.62亿元。

2．上汽集团国际经营全面加速。“十三五”时期海外发展战略及行动路线图得以明确，上汽进出口公司转型工作取得重要进展。首次参加迪拜国际车展，在澳大利亚设立海外公司，并在伊朗、南非、马来西亚和沙特新设4个海外办事处，泰国公司、英国公司海外销量大幅提升，中东和南美公司销量实现逆势增长，上汽通用五菱印尼项目顺利推进。

三、落实安全生产责任，夯实质量基础，壮大人才队伍

1．上汽集团积极建构“党政同责、一岗双责、齐抓共管”的安全生产机制，狠抓安全生产体系建设，认真落实标准化工作，切实贯彻防火安全评价标准，积极开展职业病防治，持之以恒抓好安全生产培训和队伍建设，并加大施工项目和危险化学品安全专项整治的力度，较好地完成各项安全生产任务，各项事故指标均低于年初确定的目标，未发生生产安全死亡事故、重伤事故和职业病事故，未发生影响生产的严重火灾和水淹事故，确保安全生产形势总体平稳有序。

2．上汽集团质量工作总体平稳，质量体系运行基本有效，没有发生影响重大的质量事项；市场上也没有发生重大质量投诉事件。年内，上汽通用荣获全国质量奖，延锋荣获上海市市长质量奖。

3．在人才队伍建设方面，围绕上汽集团创新转型需要，在继续做好专业技术人才、高技能人才选拔培养工作的同时，进一步加快海外人才队伍建设；进一步完善创新激励方式，在电商、互联网汽车、金融投资业务领域，逐步探索建立利益共享、风险共担的激励机制。

【2016年发展趋势】

2016年是“十三五”开局之年，也是上汽集团加快创新转型、升级发展的关键之年。上汽集团将继续认真贯彻落实党的十八届三中、四中、五中全会精神，按照上海市建设具有全球影响力科技创新中心的要求，紧密跟踪市场走势，抢抓市场机遇；紧扣改革创新主题，善于破解难题，勇于变革创新，真抓实干，开拓进取，全面加快创新转型升级发展，努力把上汽集团建设成为富有创新精神的世界著名汽车公司。

（倪立诚）

中国石化上海石油化工股份有限公司

【概况】

中国石化上海石油化工股份有限公司（以下简称上海石化）位于上海市金山区，占地面积9.4平方公里，是中国最大的炼油化工一体化综合性石油化工企业之一，也是中国第一家股票在上海、香港、纽约三地同时上市的股份制企业。上海石化前身为创建于1972年的上海石油化工总厂，1993年6月改制为上海石油化工股份有限公司，2000年10月更名为现名。上海石化下设炼油部、烯烃部、芳烃部、化工部、腈纶部、涤纶部、塑料部、热电部、物资供应部、销售部、储运部、环保水务部、公用事业部和精细化工部以及质量管理中心等单位，并由资本运营部管理对外投资企业。2015年年底，上海石化总资产280.22亿元，在职员工总数12032人。上海石化具有1600万吨／年综合加工原油能力和乙烯70万吨／年、塑料树脂100万吨／年、合纤原料109万吨／

年、合纤聚合物59万吨/年、合成纤维28万吨/年的生产能力。上海石化主要生产石油制品、中间化工原料、合成树脂及塑料制品、合纤原料及合成纤维四大类产品。是年，公司被复评为全国用户满意企业；蝉联全国文明单位称号，已连续4届荣获该荣誉；在上海市2015年工业税收排名前100位企业名单中列第3位；在2014年度上市公司信息披露工作评价中被认定为A级；名列中国上市公司环境责任信息披露前5位，在上海上市公司社会责任发展指数评价中，获得四星级评价。

【2015年经济工作情况】

2015年，面对复杂多变的市场形势，上海石化认真贯彻落实集团公司和上海市的工作部署，在广大干部职工的共同努力下，安全环保工作持续平稳，生产经营水平不断提升，优化工作持续推进，降本减费措施成效明显，项目建设和科研开发工作稳中有进，企业管理和信息化工作日趋完善，整体运作和谐稳定，经济效益大幅提升，利润达到历史第二高的好成绩，综合排名位列中国石化集团公司（炼化一体）第三名。全年加工原油1479.53万吨，比上年增长4.41%；生产汽油、柴油、航空煤油等成品油897.59万吨，增长6.55%；乙烯83.65万吨、丙烯53.3万吨，分别增长3.99%、4.47%；对二甲苯65.97万吨，下降3.07%；塑料树脂及共聚物（不包括聚酯和聚乙烯醇）104.27万吨，增长0.04%；合纤原料80.16万吨，增长13.56%；合纤聚合物41.66万吨，下降0.1%；合成纤维22.38万吨，下降3.7%；发电28.97亿千瓦时，下降7.34%。累计实现工业总产值677.33亿元，下降22.78%；营业收入808.03亿元，下降20.92%；合并口径利润总额42.09亿元；利税总额215.6亿元，增长97.02%。

一、生产经营保持安全稳定运行

上海石化全面落实修订HSE责任制，强化作业环节监管，全面启动环境综合整治工作，安全环保工作保持了较好的态势，实现安全环保“七个为零”目标，全年COD、二氧化硫、氮氧化物排放总量同比分别下降0.69%、4.08%和9.63%，“三废”排放达标率和处置率均达100%，实现三年内固废下降90%的目标，火炬气排放量下降约75%，顺利通过上海市清洁生产验收。修订完善非计划停车管理和考核办法，顺利完成4套主要装置的检修工作，以及21套装置的消缺、换剂、陪停检修工作。内部监控的67套主要生产装置非计划停车次数和时间同比分别下降9.09%和44.81%。在列入考核的113项主要技术经济指标中，67项指标好于上年，同比进步率59.29%，21项指标达到行业先进水平，行业先进率28.00%。

二、系统优化和费用管控不断深入

上海石化充分发挥炼油化工一体化生产优势，坚持全流程优化理念，将优化工作贯穿于原油采购和调配、产品结构优化、生产方案优化、燃料结构优化等各个环节，实现效益最大化。坚持每天计算产品边际效益，加强化工装置边际贡献追踪，为效益最大化奠定基础。优化常减压等装置的运行方式，调整装置产品分布；优化装置工艺操作，压减柴油，增产航煤和高牌号汽油。加强重点费用管控工作，降低原油途耗、物料消耗，以及辅料、燃料动力等费用。根据美元和欧元汇率情况，及时调整贷款结构，降低融资成本。拓展融资渠道，利用金贸国际公司平台，规避汇率风险，减少汇兑损失。

三、节能减排工作继续深化

上海石化继续按照国家节能减排的有关要求，落实各项节能减排措施，全面完成上海市政府下达的节能减排目标。全年万元产值综合能耗为0.807吨标煤/万元，同比下降5.17%。同时，加热炉平均热效率达92.45%，同比提高0.03个百分点。实施合同能源管理，首个合同能源管理项目3号常减压装置机械抽真空项目投入试生产。

四、项目建设、科研开发和信息化项目有序推进

以“做强炼油、做精化工、做实炼化一体化”为总体思路，编制完成“十三五”项目建设发展规划初稿；稳步推进EVA项目、间苯二甲酸改造项目、2号柴油加氢装置质量升级等项目的前期工作；完成热电部锅炉脱硫改造项目和储运部化工码头改扩建项目、外排污水提标升级改造项目实现中交。全年完成投资8亿元。积极推进重大科研项目建设，“劣质油浆生产优质针状焦技术开发及工业应用”项目通过鉴定，PAN基碳纤维原丝和碳纤维质量获得突破，实现SCF35S碳纤维的稳定生产，开展后加工应用技术研究，碳纤维抽油杆已在油田下井试验；强化新产品生产、研究、销售、客户模式，推进氢调法制备高融指PP专用料等10个新产品的放量生产和市场推广。全年生产新产品28.14万吨，合成树脂新产品及聚烯烃专用料77.41万吨，化纤差别化率69.20%；申请专利53件，获得专利授权7件。在信息化建设方面，完成文印系统集中管理，启动并实施智能化管线推广项目、投运操作管理和DCS操作管理等项目。

五、企业管理进一步加强

上海石化引进先进绩效考核模式，优化考核方法，完善考核内容，规范考核方式。全面梳理业务流程，初步完成以部门职责分工向业务流程对象职责分工的转变，开展业务流程信息化试点。深化管理体系认证工作，成为全国首批“两化融合”管理体系达标企业，推进能源和测量体系贯标工作。加强管理制度建设，持续完善公司管理职责和组织机构，先后完成合作商管理准入、电气集中管理后评估、部分装置的组织机构调整等工作。

六、积极履行国有企业社会责任

上海石化从责任战略、责任治理、责任融合、责任绩效、责任沟通、责任能力六个方面全面实践企业社会责任的各项工作，将社会责任与企业日常生产经营相融合，持续做好区域环境综合整治、成品油质量升级、环保型新产品开发、落后产能淘汰等各项工作。全年共开展7次公众开放日活动，邀请公众实地了解公司环境保护工作，提高企业的可持续发展能力。同时，积极参与志愿者服务、捐款捐物、无偿献血、捐献造血干细胞等公益活动，全年累计组织志愿者活动50余场，参与1500余人次。在首届中国（上海）上市公司企业社会责任峰会上，上海石化荣获社会责任发展四星级评价，公司董事长、总经理王治卿荣获杰出企业家奖。

【2016年发展趋势】

2016年，面对复杂多变的市场和依然严峻的经营形势，上海石化将认真学习贯彻党的十八大和十八届三中、四中、五中全会、中央经济工作会议及集团公司年度工作会议精神，积极落实集团公司会议精神和上海市的各项工作部署，以提质增效升级为中心，打赢转方式调结构攻坚战，大力弘扬石油石化优良传统，激发创新活力，凝聚发展动力，加快体制机制改革，培育新的效益增长点，为公司“十三五”时期发展开好局、起好步。

一、继续做好安全环保工作

健全HSE责任体系，严格落实各项制度，防范各类事故发生；完善企业地方联动机制，加大隐患排查与现场监管力度，提高油气管线的安全水平；强化HSE全过程监管，不断消除安全隐患；建立HAZOP（危险与可操作性分析）工作机制和管理制度，全面开展HAZOP风险评估工作。细化环保责任制，实施责任追究制，提高员工环保意识；持续开展环保隐患排查和LDAR（泄露、检测与修复）工作，加强环境监测；加强“三废”管理，重点开展水体环境风险防控，推进危险废弃物焚烧项目建设；加强对职业卫生的监督检查，完善生产作业现场安全防护措施，保障职工职业健康。

二、确保生产平稳运行

加强精细管理和生产重大作业的组织与协调，抓好装置工艺技术管理，严格监控装置运行情况，减少非计划停车；针对生产装置的改造和停工检修，做好物料平衡安排，确保整体生产体系运行平稳；加强质量管理和控制，强化质量全过程监管，为生产平稳运行奠定基础；继续深化设备的量化巡检工作，加强设备故障管理，强化检修质量管理，确保设备运行完好。

三、深化系统优化和降本减费工作

坚持“每天计算产品边际效益，每周挖掘公司潜力”的做法，利用全公司主要产品优化模型，加强化工装置边际贡献跟踪，根据效益变化适时调整装置负荷；根据原油和成品油价格变化情况，优化调整成品油结构，提高高等级汽油产品的比例和产量；继续做好乙烯裂解原料优化，利用SPYRO软件，选取最佳乙烯原料结构，提高烯烃收率、降低乙烯生产成本；根据天然气和液化气的价格，及时调整制氢原料和燃料结构，降低生产成本。继续抓好生产经营过程中的费用管控，努力压缩开支，节约成本；进一步优化财务结构，加强财务风险防控；加强财税政策研究，积极争取各项税收优惠政策。

四、推进项目建设、科技进步和信息化工作

依托现有企业资源，统筹协调新建项目和旧装置升级改造，加大对隐患治理、节能减排、产业升级项目的投资力度，逐步淘汰落后产能，加快实施热电部锅炉脱硫改造等项目，启动热电联产机组“超低排放和节能”项目、30万吨/年烷基化等项目建设。加大科研开发力度，着力推进碳纤维、催化柴油加氢转化等重点科研项目的实施；着力推进新产品技术开发、产业化开发和市场开拓，进一步调整产品结构。进一步规范ERP、MES、LIMS应用，将信息化技术融入到企业生产各个环节，进一步扩大先进过程控制（APC）系统应用，完成综合统计信息系统等信息化项目的建设。

五、努力提升内部管理水平

进一步完善公司考核体系和业务流程，整体优化从原油到产品供应链等流程，以效益最大化为目标，完善绩效考核模式。加强员工队伍建设，强化用工管理，优化人员结构；加强员工培训，全面推进员工素质工程建设；加强企业文化建设，努力打造和谐稳定的企业发展环境。

（耿树歧）

中国石化上海高桥分公司

【概况】

中国石化股份有限公司上海高桥分公司、中国石化集团资产经营管理有限公司上海高桥分公司（以下合并简称高桥石化）的前身是上海高桥石化公司，成立于1981年11月，是我国第一个跨行业、跨部门的特大型经济联合体，隶属于中国石油化工集团公司。

公司占地面积420公顷，共有76套生产装置，可生产300余种产品，主要产品有汽油、航空煤油、柴油、润滑油基础油、石蜡、合成橡胶、有机化工原料、合成塑料以及精细化工产品等，公司拥有年原油加工能力1250万吨，年化工产品生产能力100万吨，自备电厂具有装机容量17.5万千瓦。

公司加强对外经济合作与交流，先后与世界著名大公司如德国巴斯夫公司、美国加德士公司、日本三井石化株式会社、韩国SK公司等分别成立了合资企业。

【2015年经济工作情况】

2015年，高桥石化实现工业总产值448亿元，比上年下降12.57%；实现销售收入453亿元，下降10.83%；实现利税133亿元，增长79.73%。

全年，高桥石化加工原油1061万吨，比上年增长27.18%。汽、煤、柴、润四大类石油产品725万吨，同比增长25.68%，其中汽油增长23.31%，柴油增长20.06%，航空煤油增长37.44%，润滑油基础油增长69.78%。化工产品总量71万吨，下降5.82%。其中，苯酚产量15.43万吨，降幅23.09%；丙酮产量9.58万吨，降幅23.78%；橡胶产量12.95万吨，降幅14.78%；ABS产量16.58万吨，增长54.22%；聚醚产量14.58万吨，降幅0.7%；DCP产量1.78万吨，降幅12.06%。发电量9.17亿千瓦时，增长0.81%。

一、经过不懈努力首次达到盈利

高桥石化将扭亏脱困作为年度首要任务，全面落实目标引领、机制创新、措施保障各项工作，全年整体实现利润1.59亿元，实现自2011以来的首次盈利。推进产品结构调整，国V汽油的生产比例由15.87%提升至16.71%，车用柴油由19.15%提升至22.17%，航煤由11.65%提升至13.58%，全年高附加值成品油增产139万吨，合计增效5亿元。加大市场拓展力度，高附加值的重质润滑油、变压器油分别同比增加217%和96%，石蜡产销量由6.08万吨增加至8.86万吨，白油产销量由历史最高的4.86万吨增加至11.3万吨，工业液化气销量由3.33万吨跃升至9.58万吨。通过技术攻关、科研开发，成功产出70B、70A道路沥青、低烟防水环保沥青、热拌用沥青再生剂等新产品。

二、全国做好设备预检测、预维护和预维修工作

高桥石化强化设备预检测、预维护和预修理工作，主要设备故障率同比下降10.1%；有效落实各级责任，层层签署安全生产《承包责任书》，开展“安全环保1000班组”星级竞赛、“我为安全作诊断”等活动；完成20项企业级以上安全隐患治理项目、11项列入中国石化集团公司“碧水蓝天”专项行动的治理项目、8项作为上海市级大气污染防治任务；开展了厂际管道和罐区隐患排查整治攻坚战。

三、持续推进发展建设各项工作

持续完善炼化一体化项目可研，推进项目环评，优化项目一期实施方案；300万吨／年柴油加氢质量升级项目可研获得批复，“十三五”环保治理规划编制完成，锅炉烟气脱硝改造等一批项目建成投产。

四、坚持加强队伍建设

从严实施干部管理，以“三严三实”专题教育为抓手，加强干部队伍作风建设；扩展干部“跟班劳动”对象，推动管理人员与班组职工同劳动、同生活，体会一线甘苦、倾听群众呼声；加强干部履职情况考察，按月对外派人员履职情况进行评价考核，提高了选人用人的满意度。高度重视青年技术人员培养，实施新进大学生专项培养计划，开展职业生涯规划，推进“十佳”青年知识分子评选表彰活动，鼓励青年职工岗位成才。坚持面向基层、面向一线、面向职工，加大关心关怀力度，建立双月“作业部长例会”机制和“基层服务会”制度，每季度召开厂情发布会；补充医保基金出资1863.95万元、帮困基金出资173.5万元，为855人次困难职工“雪中送炭”。坚持在一线树标杆，从基层选典型，用身边事感动身边人，通过群众投票评选产生“十佳”“身边的感动”、“最美操作工”。

【2016年发展趋势】

2016年，高桥石化总体要求是深入贯彻党的十八大和十八届三中、四中、五中全会精神，全面落实中国石化集团公司工作会议决策部署，以创新、协调、绿色、开放、共享的发展理念为统领，强化实施“十八字”工作方针，夯实安环基础，提升创效水平，推动持续发展，为“十三五”规划开好局、起好步，实现“三个高桥”建设新突破。

按照总体要求，预定主要经营目标是完成原油及原料油加工量1045万吨，力争化工产品总量70万吨，确保发电总量7.9亿度。实现利润1.2亿元。实现上报事故为零，公司级事故同比减少30%；外排废气、工业废水达标率 > 98%；产品出厂合格率、上级抽检符合率100%。

重点抓好以下四项工作：

1. 价值引领、创新驱动，开拓发展之源。固化保效益工作机制，要固化完善价值增值导向机制，保持既有创效工作优势，运用创新精神持续增效。

2. 文化先行、始终如一，巩固发展之基。培育企业安全文化，全面巩固安环管理基础，强化风险隐患排查治理，着力提升环保管理水平。

3. 夯实基础、把握机遇，深植发展之根。贯彻落实“十三五”发展规划，推进体制机制改革创新，切实加强“三基”工作。

4. 锤炼队伍，关爱职工，凝聚发展之力。严格干部管理，加强作风建设。加强培训培养，提升能力素质，重点要加强班组建设。落实关心关怀，营造和谐氛围。

（陈建浩）

上海电气（集团）总公司

【概况】

上海电气（集团）总公司（以下简称电气集团）是中国最大的综合性装备制造集团之一，其历史可追溯到中国最早的机器电气工业。电气集团前身是上海市机电工业管理局，1995年改制为上海机电控股（集团）公司，1996年改制为上海电气（集团）总公司。

电气集团已与西门子、三菱、ABB、阿尔斯通、施耐德等跨国公司共同投资建立60多家中外合资企业，拥有电站、重工、输配电、电梯、制冷压缩机、机床、轨道交通设备、印刷机械、机械基础件、工业自动化等产业，具有设备总成套、工程总承包和提供现代装备综合服务的优势。

电气集团核心竞争力不断增强，自主创新能力不断提高，成功制造了中国第一台6000千瓦火电机组、世界第一台双水内冷发电机、中国最大的12000吨水压机、世界第一台镜面磨床、中国第一台30万千瓦核电机组、中国第一根大型船用曲轴、中国第一台百万千瓦超超临界火电机组。

【2015年经济工作情况】

2015年是实现“十二五”目标任务的最后一年，电气集团积极按照年初确定的各项目标任务，抓紧各项工作的落实。

一、经济保持稳定增长

电气集团在市场需求不足，产能严重过剩，竞争十分激烈的情况下，保持了稳健发展态势。新接订单1200亿元，比上年增长11%；营业收入960亿元，增长1.1%；实现净利润44.4亿元，增长0.2%；经营性现金流净流入65亿元，净增15亿元。基本完成年初确定的各项目标和任务。

二、技术高端化、结构轻型化有新进展

电气集团编制完成“传统产品改造提升计划”和“全新产品研发和产业化计划”，成立集团技术委员会，探索中央研究院科研成果商业化新的途径。一批新科技创新成果涌现出来。百万千瓦二次再热技术成功应用到泰州电厂，发电煤耗降至256.86克／千瓦时，刷新世界新的发电煤耗纪录。CAP1400核电主泵研制项目取得阶段性突破，通过专家评审会。上海三菱电梯LEHY−H8m/s高速电梯研制成功，并获得5项发明专利。

三、兼并收购有新成效

电气集团收购安萨尔多溢出效应显现，技术培训加快进行，新产品研发计划深入展开，新承接15台燃机订单。内德史罗夫经营稳定，全年实现营业收入5.8亿欧元，同比增长5.6%，实现净利润1900万欧元，同比增长11.8%。同时集团针对环保技术和压缩机技术，分别并购成功瑞士环球清洁技术有限公司和德国CEF公司。

四、新产业培育有新业绩

列入电气集团统计范围的12家新产业企业共实现营业收入67.6亿元，实现净利润7.7亿元，分别占集团的比重为7%和17.3%。此外，围绕集团发展战略，一批有发展潜力的项目正在加快谈判中。VC业务加快进行，骨骼机器人、超级电容、3D打印、水处理、液压伺服等项目都在加快进行。

五、管控集团化、运作扁平化有新起色

电气集团管控顶层设计方案形成初步成果，共享服务中心建设初见成效，职级体系建设工作稳步推进，激励机制取得新的突破，制定“T5”激励计划，并在所属企业进行试点。

六、改革工作有新突破

电气集团整体上市取得积极进展，形成两步走战略，制定与总公司资产置换方案并实施。上重厂、机床厂、印包集团、太平洋机电集团、非上市公司管理部改革都取得新的成效，非上市公司中的12家已基本完成年度改革调整任务。

【2016年发展趋势】

2016年，电气集团积极贯彻和落实中央和市委的各项工作要求，对接中国制造2025，以“一个主题、五个化”统领集团工作，坚持onecompany的理念，坚持稳健原则，坚持现金为王，练好内功，以发展带动技术进步和新增长点培育，以发展带动改革，以发展带动管理提升，作好过紧日子的各种准备，促进集团向质量效益型转变。

努力做好10项工作。

1．深化战略研究工作。梳理集团“十三五”发展规划，开展集团“3+3”战略动态管理和评估。

2．确保主体产业健康发展。不断提高竞争能力和盈利能力。每个主体产业确定2−3项年度重点突破事项。

3．着力抓好产业结构调整工作。加快新产业布局，积极稳妥推进兼并收购，加快VC发展。

4．大力推进管控集团化、运作扁平化。推进管控顶层设计方案落地，加快企业服务中心建设。

5．抓好科技创新工作。推进上海电气产品研发计划的落地，推广集团科技评价工作，进一步提高科技投入集中度。

6．积极开拓国内外市场。组建市场拓展部，在一带一路战略下挖掘新的增长点。

7．提高企业的健康程度。抓好重点企业的扭亏减亏工作，改善企业经营质量指标，加快异地布局。

8．加强人力资源管理。推进集团职级体系建设，深化激励机制，加强高素质人才队伍建设。

9．提高资本运作能力。加强金融板块力量，促进产融结合，发挥上市公司融资功能。

10．做好安生生产和质量工作。

（肖玉满）

上海华谊（集团）公司

【概况】

上海华谊（集团）公司是由上海市人民政府国有资产管理委员会授权，通过资产重组建立的大型企业集团，前身为成立于1957年4月的上海市化学工业局，1995年12月28日改制为上海化工控股（集团）公司，1996年11月重组改制为上海华谊（集团）公司（以下简称华谊集团），集团总部位于上海市常德路809号。集团所属全资和控股的主要企业有双钱集团股份有限公司、上海华谊能源化工有限公司、上海天原（集团）有限公司、上海氯碱化工股份有限公司、上海华谊丙烯酸有限公司、上海华谊精细化工有限公司、上海三爱富新材料股份有限公司、上海华谊集团投资有限公司、上海华谊工程有限公司、上海华谊集团财务有限责任公司等22家，其中双钱集团、氯碱公司、三爱富公司为上市公司，双钱集团、氯碱公司同时发行A、B股。集团拥有8家设计、研究院所，3家国家级企业技术中心，5家市级企业技术中心，两家上海市工程研究中心，并设有博士后科研工作站。集团总资产606亿元，净资产266亿元。集团员工总数27328人。其中上海地区15072人。集团二级层面形成化工制造业、化工服务业。通过化工制造业、化工服务业的协同发展，形成“双核驱动”（化工制造业和化工服务业）的业务新模式。集团产品主要涉及基础化学品、清洁能源、轮胎、涂料、氟化工、塑料、染料和颜料、试剂、助剂、化工设备等行业。

华谊集团是上海化学工业区发展有限公司的主要股东之一。集团名列2015年中国企业500强排行榜第203位，中国制造业企业500强第94位，上海企业100强第23位，上海制造业企业50强第9位。集团获中国石油化工行业“美丽化工——风云十二五”精英十佳单位。华谊集团通过加快产业结构调整，实施“一个华谊、全国业务、海外发展”的产业布局，坚定不移地实施“走出去”战略，向“有资源、有市场、有效益”的地区拓展，充分发挥集团品牌、技术、管理、人才等优势，在江苏如皋建设全钢子午胎项目，在重庆双桥建设全钢载重轮胎及橡胶制品生产基地，在江苏常熟建立氟化学品生产基地，在安徽无为建立煤基多联产精细化工生产基地和轮胎制造基地，在内蒙古鄂尔多斯达拉特旗建立大型资源型化工生产基地，在新疆乌鲁木齐建立双钱集团（新疆）昆仑轮胎有限公司，在山东烟台建立山东烟台天原胜德材料科技有限公司。

华谊集团注重吸引外资和加强对外合作，与杜邦、米其林、亨斯迈、卡博特、巴斯夫、拜尔、阿科玛等国际著名化工公司合资建立中外合资合作企业。还与宝钢、中石化、神华集团等国内著名企业建立合作关系。

华谊集团拥有“双钱”、“上焦”、“申峰”、“飞虎”、“回力”、“眼睛”、“光明”、“牡丹”、“一品”、“白象”等众多的著名品牌。

【2015年经济工作情况】

2015年，华谊集团完成工业产值358亿元；主营业务收入609亿元，比上年下降3.5%；利润总额4.3亿元，归母净利润2.2亿元。

2015年，华谊集团共生产化工品511万吨；生产装置平均开工率82.8%，比2014年低5个百分点，但高于行业平均水平。主要产品产量：甲醇145.3万吨，下降9.5%；醋酸107.6万吨，下降2.6%；醋酸乙酯16万吨，增长30.1%；全钢载重子午线轮胎624.3万套，下降3.9%；烧碱68.8万吨，下降5.8%；液氯58万吨，下降5%；聚氯乙烯7万吨，下降11.6%；聚四氟乙烯1665吨，下降69.5%；氟橡胶1202吨，增长0.6%；丙烯酸16.3万吨，下降3.2%；丙烯酸丁酯13.1万吨，下降6.8%；油漆18.2万吨，下降4.1%。

一、安全环保与运营总体受控

1．加强HSE制度建设与安全投入。通过细化HSE责任书、风险抵押、承诺和KPI考核指标等强化责任落实。推出《安全隐患公示制度》《事故案例汇编》《常见安全隐患300项》《突发事故——人员应急救治指导手册》等宣传指导书，不断完善体系建设。推进集团安全生产管理可视化建设，提升应急处置能力。

2．加大环保消防综合整治。认真贯彻落实新《环保法》《大气污染防治法》及《上海环保三年行动计划》等法规，正式启动VOCs综合整治，明确到2017年完成VOCs削减30%的目标。对集团36处出租场所开展消防专项检查并督促完成整改。

3．强化运维管控，推动节能减排。建立大修作业日报制度，加大对大修作业的现场监管，加强对关键设备、特种设备的检查、监督整改。在节能减排方面，通过结构调整、技术节能和机制节能三个抓手，完成氯碱公司PVC产品调整和双钱集团东海公司斜交轮胎调整。

4．加强采购和销售管理。在集中采购管理上，加强对合格供应商管理，优化通用物料的采购模式，利用成熟的平台来降低采购成本。在销售管理上，推行“一司一策”，明确各业务板块的销售重点和业务导向，制造型企业以实物量销售为主、贸易型企业则以净利润考核为主，使得各不同类型的板块能找准自身的发力点，做出各自的亮点。

二、编制完成“十三五”规划，发展新业务

在全面总结集团“十二五”规划执行成果与不足、组织大量的业内外交流学习、完成七大重点课题研究的基础上，重点研究行业趋势、发展规律、新技术新领域、重点新兴市场、国家战略等课题，并全面对标巴斯夫，确定“智能制造、价值增长、效益提升、海外发展”战略落地方针，编制完成集团“十三五”规划，明确加快发展智能制造，推进基于大数据的“制造＋服务”的“双核驱动”业务发展模式，加快发展“能源化工、绿色轮胎、先进材料、精细化工”四大产业业务，培育新的核心业务，加快发展化工服务业。

三、推进技术创新，加快集团科研体系建设

第六届科技大会制定出台《集团技术创新三年行动计划(2016—2018)》和技术创新奖励激励政策，确定十大院企联合攻关项目。结合集团技术研究院二期建设，完成五大功能性技术研发平台建设，逐步推进科技资源向华谊科技园集聚，推动研发人员、研究设施、分析仪器等技术资源共享，并逐步将工程公司、信息公司纳入到华谊科技园体系；明确突出市场导向和客户导向，以应用研究为主的集团技术研究院定位。9月，启动科研门径系统建设项目，邀请软件供应商作门径管理系统培训及案例分享，制定完成集团项目分类及门径流程初步方案，包括各阶段模板、各关口把关者定位和把关规则等内容确定，2016年系统上线运行，促进集团技术研发能力及效率提升。推进重点科研项目，十大重点科技项目中有9个项目完成年度目标。

四、推进重大资产业务重组。

1．完成核心资产上市。集聚各方资源和力量，按照时间节点把能源化工公司、天原集团、精细化工公司、新材料公司、投资公司、信息公司、财务公司7家优质资产注入双钱集团，实现核心资产上市。完成37亿元募集资金，支持上海化工区32万吨／年丙烯酸及酯、华谊涂料公司、昆山宝盐公司等重点项目建设。同时，三爱富公司完成15亿元募集资金。

2．加快结构调整，优化业务组合。以股权管理为抓手，完成投资公司下属合成树脂所和橡胶制品研究所划转至塑料研究所（三所合一）、天原集团下属汇丰树脂公司和氯碱创业公司划转至企发公司等；加速吴泾区域内的调整，重点对氯碱公司进行一系列的减亏调整，将达凯公司100%股权和天坛公司44%股权转让给企发公司，同时将氯碱公司位于吴泾的建构筑物等资产转让给集团，以此支持推动氯碱公司本部加快调整。

3．提高集团融资能力，降低财务成本。在债务融资方面，按时兑付40亿元短期融资券及20亿元中期票据，兑付过桥资金成本均为央行基准贷款下浮10%；完成40亿元短期融资券及20亿元中期票据的续发工作；完成海外发债首年度利息偿付，启动对海外资金跨境使用的探索。

五、推进组织变革

启动集团组织架构调整。根据“十三五”发展和核心资产上市要求，组织应与战略匹配，集团启动组织架构调整，组织横向调研和上下沟通，聘请咨询公司为集团的组织架构、岗位体系和流程优化进行了全方位的咨询，第一阶段已完成组织架构和部门职责的调整，第二阶段进行岗位设置、价值评估和流程优化。形成匹配战略目标的绩效考核体系和与市场逐步接轨的薪酬管理体系，建立精干高效、快速反应、权责明确、管理到位的组织体系，对集团整体战略目标的实现提供有力支撑。

六、推进集团管理信息化基础建设

实施“三个一”工程，即一张网、一个平台、一朵云，初步建成集团大OA办公系统，提高运转效率。完成精细化工公司、投资公司、企发公司、天原集团等企业系统全面上线，使集团下属主要企业均纳入统一的ERP管理平台。启动ERP监控及商务智能项目，建成并试运行生产运营及应急联动的一体化监控系统，集成PI实时数据库，初步实现数据的共享与可视化。在集团总部启动“云桌面”项目，运用云桌面、云存储、云文印等新型高效的集中办公工具，初步形成统一管理、统一调度的“云计算”模式，为向大数据迈进打下基础。

【2016年发展趋势】

2016年，华谊集团预定完成主营业务收入620亿元，利润总额5亿元，归母净利润2.1亿元，生产制造成本下降3%，三项费用下降5%。通过推进卓越运营降本增效，加快“走出去”企业上海本部深度调整减亏扭亏；通过并购重组，合资合作，增加下游产品；持续推进科技创新，实现转型发展。重点抓好五方面工作：

1．完善HSE管理和“三基”责任体系，确保安全环保受控，有评估有举措。

2．推进精益运营，实现降本增效，有目标有机制。

3．推进深度调整，实现“走出去”企业上海本部减亏扭亏，有方案有支持。

4．拓展新业务，实现转型发展，有想法有成效。

5．加强集团总部能力建设，创造价值增长，有指标有效率。

（祁崇元）

上海纺织（集团）有限公司

【概况】

上海纺织（集团）有限公司（以下简称纺织集团）是一家以科技为先导，品牌营销和进出口贸易为支撑，以纺织先进制造业和时尚产业为依托，拥有较完整的纺织服装产业链的集科工贸为一体的企业集团，同时也是上海最大的国际贸易集团。纺织集团现拥有总资产322亿元，员工2万人，所属企业212家，上市公司两家（申达股份、龙头股份）。2015年实现营业收入461亿元，利润总额10.2亿元，进出口总额48.4亿美元（其中，出口37.6亿美元，进口10.8亿美元）。纺织集团名列中国企业500强排名第295位，中国纺织服装行业百强企业第6位，中国进出口500强排名第52位，中国纺织品服装出口排名第2位。

【2015年经济工作情况】

2015年，纺织集团围绕“扎实推进改革发展总体方案”主线，通过加快总部企业化步伐、加快国际化步伐、加快资本运作步伐、加快存量资源开发步伐、加快转型升级步伐等切实举措，进一步防范风险、提升业务质量和效益，增强集团综合竞争能力，顺利完成年度工作目标、任务以及“十二五”规划目标、任务，为“十三五”时期发展奠定了坚实的基础。

一、加强总部实体化建设，增强集团发展动力

1．制定纺织集团“十三五”发展规划。规划提出：到2020年，纺织集团要实现营业收入上千亿元，成为一家以时尚为核心，全球知名、中国最大的综合性纺织服装贸易跨国集团。

2．聚焦战略重点强势推进十大战役。通过强化督办（周报、月报以及专项督导），十大战役29个重点项目中全部完成共计27项，完成大部分工作的有两项。一批时间紧、困难大、难度高的项目取得突破，如并购投资达到17.4亿元，项目并表收入达38.2亿元、利润4亿元。

3．人才建设工作有新突破。召开2015年人才工作会议。举办中青年干部“30专项培训”班和“直管单位中层干部培训班”。加强领导班子建设，直管干部中70后比例达到24%。成立“30/200”专项工作组，“30/200”学员中提拔或压实担培养使用率分别达到50%、43%。全年累计引进社会人才244名。同时建立离岗退休人员专业管理平台，首批11家企业、3690人作为试点纳入平台管理。

4．启动新一轮信息化建设。成立信息化推进工作小组，聘请安永作为集团信息化专项咨询顾问，制定信息化专项规划。同时启动外贸信息化项目，完成制造板块信息化调研与诊断项目，资金管理系统125户企业上线运行；人力资源信息系统GHRS（二期项目）即将上线试运行。

5．提升财务管理水平。制定全面预算管理的整改方案，聘请会计事务所进行评估，为全面预算工作上台阶奠定基础。此外，通过市审计局的经济责任审计。

6．拓展与相关单位的战略合作。纺织集团先后与上海海关、上海市出入境检验检疫局、杨浦区政府、阜阳市政府以及中信保上海分公司、哥本哈根皮草、大华集团、新疆建设兵团建工集团、上海工程技术大学、上海国际舞蹈中心发展基金会等签订战略合作协议；进一步深化与进出口银行、国家开发银行的战略合作关系。上海国际棉花交易中心与10家银行签署银企战略合作协议。

二、加快国际化步伐，促进贸易转型

1．加快海外生产基地建设。与新疆建设兵团等单位合作，进军非洲打造苏丹新型纺织产业园，在“中非论坛”上与苏丹财长签署《“苏丹高科技纺织产业园项目”谅解备忘录》，一期棉纺厂项目已进入实质性前期工作阶段。推进与孟加拉国纺织部的“双优”贷款合作项目，已提交立项申请；启动中大型服装厂的合资项目。新联纺在缅甸投资服装加工检品厂。申达外贸收购柬埔寨服装生产厂70%股权。华申通过订单控制柬埔寨生产加工基地。

2．加快投资并购步伐。全年投资并购达到14亿元，项目业务收入46亿元、利润4.3亿元，实现并表收入27亿元、利润3亿元。其中，纺织装饰并购香港慧联51%股权，为纺织集团跻身全球毛衫制造行业前列奠定基础。申达外贸收购美国MMR公司资产并接手其原有女装业务、收购PFI家纺公司100%股权、上海优墣服装有限公司51%股权。

3．持续开拓业务新模式。纺织集团与丹麦哥本哈根皮草合作的皮草保税物流项目正式投入商业运行，皮草“区外公共型保税仓库”正式开业，已有8万余张水貂皮生皮顺利入库，为上海成为中国最大皮草物流中心奠定基础。上实国贸与合作伙伴共同投资成立香港公司，形成以镍矿“贸易+物流”的新的合作模式，单品创利同比增长70.6%；成立以无烟煤销售为主的天津公司，实供洁净型煤21万吨；婴儿有机奶粉业务销售量同比增长50%；推进柬埔寨粮仓、酒精厂等项目的前期工作。原料公司在新疆设立棉业公司，开拓新疆地产棉业务，并拓展中亚地区的棉花、棉纱贸易业务。

4．增强自营贸易能力。申达外贸通过海外并购，自营

能力进一步提升，自营品牌在北美销售业绩良好；通过日本的设计研发团队，获得大量服装一手订单。新联纺推进贸易专业化管理，浦东公司自营比例达到100%，利润创历史新高。华申自营业务同比增长50%，自营比重达38%，全年突破1亿美元。龙头外贸持续推进内外贸业务联动，帮助三枪等内贸企业进口棉纱，同比增长90%以上，有效降低了采购成本。

三、加快市场拓展力度，推动科技与制造融合发展

1. 产业用纺织品上新台阶。申达股份收购美国NYX公司35%股权，实现从纺织内饰件（软饰）向附加值更高的汽车内饰件（硬饰）拓展；实现松江埃驰控股，成功对奔驰、捷豹路虎等高档车型的配套。多个汽车内饰生产基地建成并投产，设立上海地毯总厂沈阳研发中心，成为宝马供应商的标杆工厂；长沙工厂项目实现批量生产；宁波工厂项目开始厂房设计；中联增能扩产项目实现投达产；中联广东佛山项目正在建设中。申达科宝在德国注册设立销售子公司。

2. 科技与制造融合发展显成效。纺织研究院建设了技术研发公共实验室，为芳砜纶、里奥Lyocell竹等产业链协同攻关提供技术支撑和服务。特安纶与纺研院、川岛联手开发成功航空座椅面料和门帘。上海纺织检测标准有限公司实质性运作，设立阜宁滤料实验室、松江汽车检测实验室、南通纺织品实验室。智能成衣项目完成定制软硬件技术联通，纺研院、龙头股份正在与上海工程技术大学开展商业化运营的配套研究。全年专利申请数共127件（发明专利59件），获得授权发明专利17项。

四、创新发展模式，提升品牌与时尚影响力

1. 积极探索品牌集成店模式。集聚三枪、海螺、民光等老字号品牌资源，在全国打造上海纺织品牌生活馆。首家上海纺织品牌生活馆在山东济南市开业，已在济南、西安、郑州、开封、昆明、合肥、济宁等省会城市和主要地级城市开出品牌生活馆10家。

2. 继续加强新老品牌终端建设。三枪、海螺、民光等老字号品牌累计新开直营终端273家。三枪启动新版第五代终端形象；与Navigare合作建设高端百货销售渠道，开出10家百货专厅。龙头股份成功收购女子内衣品牌“百利安”。Prolivon新开门店5家，高级定制店6月开业；与哥本哈根皮草合作皮草产品开发。此外，纺织集团出色地完成为钓鱼台国宾馆“纪念抗日战争胜利70周年”国宾晚宴提供迎宾旗袍、国宴台布的设计制作任务，获得国家领导好评。

3. 电商业务继续保持快速发展。龙头股份旗下品牌B2C实现销售3.8亿元，同比增长70%。建成首个电子化物流仓库，迪士尼品牌率先试点运作。

4. 提升上海时装周的运作水平。上海时装周2016秋冬和春夏两季发布作品共100场，原创设计师超过50%，商业品牌近30%，海外品牌所占比率达20%，直接参与活动总人数超过20万人次。尚街官方旗舰店成功打造为独立设计师线上全渠道运营服务平台，入驻设计师达70位。重启海尚国际论坛，与伦敦、米兰时装周负责人进行时空对话；与哥本哈根皮草合作组织“绿动时尚”论坛。米兰世博会期间，与米兰时装周组委会签订战略合作协议，巨型环保中国结得到国务院副总理汪洋以及中外游客的好评。中英文化交流年活动期间，与英国时装协会签署合作备忘录。与荷兰国家贸易委员会共建上海纺织荷兰时尚产业贸易合作促进中心。为上海时装周配套的MODE服装服饰展集合31家高品质品牌资源的Showroom，660个国内外设计师品牌和商业品牌参展，到场专业观众逾万人次，其中买手和代理商近五成，为时装周从秀场向市场过渡提供有力支撑。

5. 强化时尚产业专业能力建设。上海国际时尚中心全年精品仓开业率97.1%，联营收入3亿元，同比增长25.4%。新引入26个轻奢品牌、4家轻奢品集成店、12家餐饮店；承办各类品牌、公关等时尚活动近百场。M50plus创意设计展售平台正式运转。参股的迪士尼衍生品项目（城烁公司）拿到近100个上海迪士尼乐园的专用开园商品（食品、文具）设计订单。时尚教育先后成立海宁分校（皮草基地）、海阳分校（羊毛衫编织基地）、SIFEC巴黎分院、SIFEC首尔时尚学院，初步实现了国内外布局。

6. 时尚地产向外拓展取得突破。与中投发展公司、杨浦区政府成立杨浦滨江项目三方工作小组，正在进行总体概念性设计。与美国富顿集团成立闵行滨江项目联合工作小组，共同推进项目开发。获得绍兴胜利东路1号地块开发权。与阜阳市政府合作的阜王路等地产项目正在进行前期准备。完成绍兴鉴湖项目设计、“迎恩门”项目策划。

五、强化融资能力建设，为集团发展提供了资金保障

1. 融资能力建设实现新跨越。全年融资总额度达到493亿元。成功首发短融和中票。

2. 利用自贸区平台成功搭建跨境人民币现金池，实现集团境内外人民币资金的互通。搭建了外汇现金池。

3. 上海国际棉花交易中心顺利通过上海自贸区的开业行政审核，成为首批通过验收的八家大宗商品现货交易市场之一，也是国内唯一交易进口棉花及纺织品的国际性电商平台。已发展线上交易商100余家，拥有指定交收仓库为8家（其中4家具备保税仓库资质）。

4. 资本市场融资能力得已恢复。申达股份时隔15年再次启动通过非公开发行股份计划募集资金12.5亿元，标志着资本市场的融资能力得到恢复。

【2016年发展趋势】

2016年，上海纺织集团的总体思路是深入贯彻党的十八届五中全会、中央经济工作会议和市委十届十次全会的精

神，认识新常态，适应新常态，引领新常态，紧紧围绕集团“十三五”发展规划，全力推进国际化战略，全力推进业务协同发展，全力推进信息化建设，全力推进证券化整改，全力推进经营风险防范，提高集团核心竞争力和盈利能力，努力实现集团“十三五”规划的良好开局。

1. 强化总部建设，推进战略规划落地。构建全国布局、海外发展“6+6”网络；提升全面预算管理，强化风险防范；加强业务协同发展，提升集团竞争能力；优化人才队伍建设，创新用人体制机制；加大投资并购力度，完善资产证券化方案；推进信息化项目建设，提升总部管控能力；做好新版规章制度宣贯，确保安全生产可控；围绕改革发展需要，扎实推进集团企业文化建设。

2. 加快海外拓展步伐，加大贸易转型力度。加快海外拓展步伐，推进重点项目建设；提高自营业务比重，推进贸易转型升级；强化专业能力建设，贸易管理水平有新提升。

3. 加强协同发展，提升科技制造能级。加强协同发展，推进重点项目建设；完善产能布局，推进产业用纺织品建设。

4. 聚焦关键环节，提升时尚产业运作能级。深化品牌运营模式，提升新老品牌价值；丰富上海时装周内涵，继续完善商业模式；提升时尚教育能级，创新园区运营模式。

5. 加快重点项目建设，打响时尚地产品牌。打响星海尚品牌，加快重点项目建设；优化资产结构，进一步盘活存量资源；深化时尚地产内涵，提升综合竞争力。

6. 提升融资服务能力，助力集团改革发展。加大银企合作，优化融资结构；完善现金池建设，提升资金管理水平；上海国际棉花交易中心正式对外开业运行。

（詹理敏）

上海医药集团股份有限公司

【概况】

上海医药集团股份有限公司（以下简称上海医药）全力推进业务发展，提升管控能力，打造集团核心竞争力，较好地完成了年初确定的各项重点工作目标。2015 年，上海医药实现营业收入 1055.17 亿元，比上年增长 14.2%。实现归属于上市公司股东净利润 28.77 亿元，增长 11.03%。

【2015 年经济工作情况】

一、医药制造稳步增长

2015 年，上海医药实施重点产品聚焦战略，60 个重点品种销售收入 67.9 亿元，同比增长 12.52%，销售占工业比重为 57.43%，重点品种毛利率 67.04%。截至年底，按现有批文计数，上海医药共有 300 个品种入围《国家发展改革委定价范围内的低价药品清单》，其中，西药 210 个品种共 893 个品规，中成药 90 个品种共 205 个品规。上海医药下属 41 家药品生产企业中 40 家通过 GMP（药品良好生产规范）(2010 年版）认证。下属 41 家药品生产企业全部通过 GMP 认证，取得 91 张 GMP（2010 年版）证书，其中涉及无菌生产 26 张证书，涉及非无菌生产 65 张证书。经过新一轮 GMP 改造与认证，上海医药药品生产的技术装备、生产管理、质量管理能力得到全面提升，确保稳定生产符合预定用途和注册要求的药品。

全年，医药工业销售收入 118.24 亿元，增长 6.49%，其中，生物医药销售收入 4.09 亿元，增长 7.91%，化学和生化药品销售收入 53.31 亿元，增长 8.92%，中成药、中药饮片销售收入 44.06 亿元，增长 5.26%，原料药、保健品、医疗器械销售收入 16.78 亿元，增长 2.06%，毛利率 49.72%，提高 1.49 个百分点，营业利润率 12.44%，提高 0.42 个百分点。销售超亿元产品数量 24 个。

二、医药服务持续推进

1. 医药分销。上海医药分销业务实现销售收入 937.17 亿元，同比增长 15.47%；毛利率 6.02%，下降 0.04 个百分点。持续优化产品结构，保持合理的纯销比例，推进精益六西格玛管理加强费用控制，拓展医院供应链创新服务，托管医院药房达 84 家。继续扩大和丰富产品线，新引进 10,119 个品种，其中进口品种 418 个，国产品种 9701 个。在分销各区域中，华东区域销售占比为 65.44%，华北区域销售占比为 28.25%，华南区域销售占比为 5.41%。保持合理的分销业务结构，医院纯销的占比为 61.42%，与上年基本持平。截至年底，分销业务所覆盖的医疗机构为 20970 家，其中医院 20630 家，医院中三级医院 1271 家，占全国三级医院 72.39%，CDC(疾病预防控制中心）340 家。

2. 药品零售。上海医药药品零售业务实现销售收入 47.95 亿元，同比增长 13.68%；毛利率 15.64%。截至年末，上海医药下属品牌连锁零售药房 1769 家，其中直营店 1167 家，与医疗机构合办药房 29 家。

3. 医药电商。3 月，上海医药投资设立上海医药大健康云商股份有限公司（以下简称上药云健康）。作为融通线上解决方案和线下零售资源的处方药电商，上药云健康致力于为患者提供专业、安全、便捷的处方药购买和健康管理服务。10 月，上药云健康完成对 DTP（数据工具平台）的整合，全年实现销售收入6.06亿元。DTP业务覆盖24个城市、30家DTP定点药房，全年业务平台实现销售收入24.78亿元。上药云健康先后与京东、万达、丁香园等开展战略合作，引进京东、IDG(美国国际数据集团)等战略和财务投资者，推动医药电商战略布局进一步深化。上药云健康推进B2C和B2B两大业务板块的发展，与B2C相关的电商业务模式探索已初步完成。推出面向患者"益药·健康"，以APP/微信等为手段，方便患者以便捷的电商渠道购买处方药，通过APP/微信等电商渠道实现订单量已占全部订单的40%以上。推出面向医院的"益药宝"项目，运用"互联网+"手段，帮助医院实现医药分开，与医院进行电子处方对接，实现为患者送药到家服务。推出旗舰店"益药·药房"，为患者提供全面的增值服务，包括金融服务、患者教育、慈善赠药等。

三、医药研发实现突破

上海医药研发投入6.18亿元（不包括公司中试基地建设投入），占工业销售收入的5.22%。其中，26.98%投向创新药研发，23.46%投向首仿、抢仿药研发，49.56%投向现有产品的二次开发。全年申请发明专利110件，获得发明专利授权51件。截至年末，公司拥有发明专利267件。是年，上海医药研发上市的新产品销售收入为17.07亿元，占公司工业销售收入的14%。上海医药持续优化研发体系，提高研发效率，加强研发立项和过程管理，启动集团科研管理信息化系统建设，推进实施项目经理制度，提高研发人员积极性和整体项目研发效率。完成上海医药与中国人民解放军第二军医大学转化医学联盟、沈阳药科大学、四川大学等29个新产品合作项目的启动立项及中期检查。推进化学原料药以及高端制剂的研发、中试和产业化开发为一体的上海医药集团（本溪）北方药业有限公司基地建设，解决研发成果产业化过程中的资源配置瓶颈问题，第一期建设项目已于10月土建施工结构封顶。年内，上海医药分别获得国家重大专项、上海市科委生物医药科技支撑计划专项、上海市国资委2015年企业创新和技术能级提升专项等10项资助，获得专项资助资金3500万元。上海医药入选2015年中国医药研发产品线最佳工业企业20强。由上海医药旗下上海市药材有限公司与中国医学科学院药物研究所、中国中药公司、山东宏济堂制药集团有限公司和北京联馨药业有限公司等单位共同合作完成的《人工麝香研制及其产业化》获得"2015国家科技进步一等奖"。上海中西制药有限公司的《抗抑郁药盐酸度洛西汀合成新工艺和制剂制备新方法》项目获得2014年度上海市技术发明奖二等奖；上海上药新亚药业有限公司的《盐酸头孢替安的技术质量创新及规模化生产》项目获得2014年度上海市科技进步奖三等奖。

四、对外投资取得进展

1．实现互联网＋产业契合。上海医药运用互联网＋产业契合模式，上海医药大健康云商股份有限公司设立后引入了京东，完成A轮融资，发挥和利用双方资源优势及互联网平台作用，加强与医疗机构的信息对接，扩大DTP药房销售，为解决医药配送打下良好基础。

2．完善产业链整合。年内完成收购云南大理中谷红豆杉生物有限公司、新设山东丹参产地公司、新设上药桑尼克融资租赁（上海）有限公司，从源头建构中药材质量可追溯体系，控制原料成本，提升产业链价值，拓展医疗器械业务门类，打造医疗器械业务的核心竞争力，创新医疗器械板块的业态，推动以服务业促医疗板块的升级转型。

3．商业战略布局带动填平补齐短板。上海医药以收购吉林友邦医药有限公司、增资辽宁省医药对外贸易有限公司、新设江西南华上药医药有限公司为代表，完成在吉林、辽宁、江西的战略布局，填补业务空白短板，增强业务控制力。通过重组杭州凯仑医药股份有限公司、江苏宏康医药有限公司、江西上饶医药股份有限公司，推动浙、苏、赣等传统商业优势地区医药深度融合。通过对山东上药医药有限公司、芜湖上药控股有限公司、福建雷允上医药有限公司增资，增强存量商业企业的竞争优势。

4．利用资本市场工具做好并购布局。上海医药参与新设上海健康医疗产业股权投资基金合伙企业，利用资本市场工具对并购目标的远近结合、大小结合做好铺垫。运用公开市场与内部市场相结合的方法，接受天大药业有限公司定向增发和对杭州胡庆余堂国药号的增持，扩大合作领域，促进资金向优质资产的配置。

5．加强科研投入提升中试及产业化环节能力。上海医药在本溪高新区投资设立上海医药集团（本溪）北方药业有限公司，依靠开发区区位优势和当地医学院校科研人才优势，推动了上海医药化学药战略实施和化学药研发和中试产业化基地建设。

【2016年发展趋势】

2016年，上海医药继续把控"稳中求进"的总基调，坚持经营工作总方针。精益化制造，降本增效质量至上；互联网思维，模式创新服务为荣；适应新常态，面向市场快速响应；续航新3年，聚力发展再创新高。

（黄郁波）

上海仪电（集团）有限公司

【概况】

上海仪电（集团）有限公司（原上海仪电控股（集团）公司）于2015年2月完成公司化改制并更名（以下简称上海仪电）是上海市国有资产监督管理委员会所属具有独立法人资格的国有独资控股集团公司。

2015年，面对外部环境复杂多变、我国经济发展进入新常态、市场竞争加剧等新形势，上海仪电以深化国资国企改革、推进发展战略实施为工作主线，坚持抓改革、促转型、稳增长的工作方针，围绕成为新一代信息技术产业集团、智慧城市整体解决方案提供商和运营商的新定位，加快推进实体化、扁平化改革，加大资源整合力度，努力提升服务智慧城市建设的系统化、专业化能力，从拓展市场、提升效率、控制风险三方面抓好经营管理，较好完成全年预算目标和重点工作任务，为集团“十三五”时期发展打下重要基础。

【2015年经济工作情况】

2015年，上海仪电全年完成合并口径营业收入193亿元，比上年增长19%。完成主营业务收入188亿元，增长16.8%。实现利润总额19.21亿元，增长38.2%。归属母公司净利润8.31亿元，增长13.68%。主业利润15.56亿元，增长84%。净资产收益率10.39%，下降0.16个百分点。

一、推进业务架构重构、组织结构调整、管控模式完善

1．以公司化改制为契机，强化集团本部的实体化管理职能。梳理完善本部部门职能和定编定岗工作，对职能有拓展的部门充实力量。强化运营管理职能，成立经济运营部，重点加强和完善日常经营活动的组织协调、经营计划制定与实施、运营风险监控和运营绩效管理。

2．启动并顺利完成仪电电子股份重大资产重组，将集团智慧城市核心资产和业务注入上市公司并剥离部分非核心业务，仪电电子股份成为仪电智慧城市建设的主要平台。华鑫置业集团和华鑫股份完成有关不动产业务托管和人员归集工作，华鑫股份成为仪电商务不动产的主要平台。

3．根据新的管理架构，梳理完善内部决策管理体系，修订《董事会议事规则》《境外企业管理规定》，制定《投资及资产处置管理规定》《委派董事、监事管理规定》《委派董事表决事项管理办法》等制度。

二、加大投资并购合作力度，加快产业布局

1．飞乐音响提出并实施品牌、国际、资本三大战略，在加快拓展海外业务的同时，抓住全球照明行业洗牌的窗口期，积极实施国际并购，通过艰难谈判，12月10日，正式签约收购喜万年公司80%股权。通过进一步拥有国际一流品牌和全球销售渠道，飞乐音响有望成为国内照明行业第一、跻身全球前列，为未来发展奠定了坚实基础。

2．其他投资及并购项目也取得积极进展。完成对上海物联网中心有限公司股权投资的前期准备工作；参与发起设立上海数据交易中心股份有限公司。仪电电子股份推进实施龙放建筑、雷磁创益股权收购，以及与上安集团联合收购昂泰科技等项目。仪电电子集团完成Japan Information System（JIS）公司股权收购；启动钧普科技股权收购项目。云赛信息集团与城投水务集团合资成立云瀚科技公司，推进智慧水务示范区项目。

3．与国际知名企业积极开展智慧城市领域的合作和交流。与罗兰贝格签订战略合作协议，开展智慧城市项目顶层设计、规划咨询方面的合作；与松下开展智慧城市解决方案及产融结合领域的合作；与富士通开展多个业务领域合作的探讨，将合作开展仪电显示材料工厂的智能制造示范项目。

4．积极构建创新创业生态链。第一批5个创新孵化项目处于孵化培育阶段；通过工会、团委组织“创智汇、筑未来”创新创业大赛，继续推进内部创新创业孵化工作；调整云赛创投投资运作机制，参与设立天使接力基金，成立上海云赛股权投资基金管理有限公司；研讨创新孵化园区方案；筹建“内部孵化－接力基金－创业投资－PE基金－并购基金”的创新孵化全生命周期管理。

三、加强现有产业资源整合、业务协同和市场拓展

1．推进业务整合和管理重构工作。仪电电子股份通过重大资产重组有序推进原仪电电子股份、云赛信息集团和仪电科学仪器的业务整合，形成智慧城市业务的主要平台。飞乐音响重组后全面实施业务整合和管理融合，形成六大中心、十大基地的实体化、扁平化运营体系，经营规模和效益取得跨越式增长。仪电电子集团整合系统内智能溯源平台业务，组建上海仪电溯源科技有限公司作为智能溯源业务载体；汽车电子业务新平台成立后，加强技术、市场、采购三大平台建设，实施内部科研资源整合，并完成汽车电子业务战略的制定。

2．加快核心业务培育。智能照明业务制定新的战略和业务发展规划，通过设立产业基金、内保外贷等融资方式，积极拓展国内外照明工程业务，海外业务取得显著进展；推进智能路灯项目，完成落地项目21个；启动合同能源公司改制，向工程服务公司转型。智能安防业务聚焦智慧楼宇、智

慧园区及交通枢纽等优势应用行业，开发基于高清视频信息分析的智慧停车场系统、智能楼宇信息综合管理系统等解决方案，与业内企业联动，推进一批重点项目实施和拓展，销售收入突破6亿元，基本形成产品、渠道、工程的产业链布局。智能溯源业务推进上海市食品安全信息追溯平台建设，10月上线运营；食品安全网格化管理平台完成闵行区、松江区部分实验室建设；餐厨废弃油脂回收管理系统实现覆盖本市各区县。科技网公司荣获“2015年中国数据中心运营管理杰出服务商”大奖。

3．加强大市场、大基地、大客户、大项目工作。上海仪电先后与松江、闵行区政府，以及上海工程技术大学、上海邮政集团、成都工投集团、新疆喀什行署、河北张家口市、辽宁沈阳市和印度哈维尔公司签署战略合作框架协议，与申通地铁集团签署战略合作意向书。经过梳理，确定以辽宁沈阳市、河北张家口市、湖南株洲市、新疆喀什行署等作为智慧城市整体解决方案落地试点城市，牵头组织相关企业与当地政府和企业加强合作对接，推进项目落地。经过调研，已在24个省及直辖市的43个城市布局15个自有土地的生产基地、27个办事处、25个分公司及58个营业部。

4．加强智慧城市整体解决方案的整体策划、整体包装和整体营销工作。实施对外宣传载体的更新改版工作，完成集团网站、宣传册、宣传片改版和智慧园区、智慧溯源等相关行业解决方案宣传册设计。开通“仪电互联”微信公众服务号。通过举办上海仪电与罗兰贝格战略合作签约仪式暨智慧城市生态系统研讨会，配合布展“喀交会”、筹办“丝路经济带”与智慧城市发展论坛，参加“2015年工博会”、“2015中国（上海）国际技术进出口交易会”等展会，参加中国电子企业高峰论坛等现场教育等活动，取得良好效果。

5．支撑产业与核心主业加强融合、协同发展。商务不动产板块积极推进项目建设，剑腾三期、金领之都一区二期、外滩204号D楼竣工，一号地块A块、B块、华鑫金融大厦提前开工，按进度推进剑腾项目一期、一号地块C块建设；加大项目租售力度；资源拓展取得突破性进展，年内基本完成4号地块清退工作；调整融资结构，积极探索多渠道社会化融资；加强对外合作，提升物业管理水平。华鑫智慧园区解决方案获2015上海智慧城市建设十大创新应用奖。

6．非银行金融服务板块抓住证券市场环境相对较好的有利形势，强化内部协同机制，加大业务拓展力度，各项业务取得良好业绩，部分业务取得历史性突破。同时，协同飞乐音响创设产业基金，积极参与探索智慧城市产融一体化业务模式。与摩根士丹利有关合作谈判取得重大进展。

四、加快培育智慧城市整体解决方案提供商和运营商的系统化、专业化能力

1．完成上海仪电智慧城市整体解决方案编制，全面反映集团致力于构建覆盖智慧城市顶层设计与规划、集成与实施、运营与维护以及融资保障的全产业链生态圈。

2．与罗兰贝格合作拓展智慧城市业务。云赛信息集团与国家智慧城市联合实验室签约设立智慧城市联合云计算数据中心实验室。科技网公司推进云平台建设，完成平台搭建和用户接收测试（UAT）等工作。南洋万邦公司成立专业从事软件开发的上海云海万邦数据科技有限公司并投入运营。华鑫置业集团与云赛信息集团等单位筹备设立集智慧园区专业规划咨询、项目建设、维护管理和运营服务一体化的专业运营公司。

3．仪电中央研究院初步完成智慧城市整体解决方案的技术需求分析与技术研发路径规划。重点开发仪电i-Stack智慧城市操作系统平台，初步完成仪电商用物联云平台架构、智慧城市共享综合数据平台整体架构的规划设计，初步完成i-Stack云计算、物联网模块基本功能框架的研发和测试，初步完成i-Stack大数据模块的架构设计和研发。

4．在工博会期间举办“构建智慧之城”科技论坛。围绕智慧城市产业加强科技情报工作。修订科技配套政策，实施“2015年度集团重点研发（新产品）”计划，加强集团重点项目的进度和资金管理。与清华大学、上海交通大学、复旦大学、同济大学等院校加强有关预研项目及政府申报项目的产学研合作，参与发起设立智慧城市协同创新中心。中央研究院被市经信委认定为上海市产学研合作创新示范基地，并与上海工程技术大学合作推进上海工程技术研究中心建设。同时，积极探索智慧城市建设的商业模式，提升融资保障能力。

五、完成上海仪电与电动所联合重组工作

1．根据中共上海市委、市政府关于上海仪电与上海电动工具研究所联合重组的决定，在市国资委的部署和支持下，成立领导小组和工作小组，全面推进联合重组工作。经过4个多月扎实有效的工作，已于当年底前将市国资委持有的电动所全部产权划转到上海仪电，电动所同步完成公司化改制，更名为上海电动工具研究所（集团）有限公司，同时集团对电动所进行增资。12月28日举行电动所改制更名揭牌仪式。

2．联合重组工作推进扎实有序。通过调研交流，对电动所的资产和业务进行了全面梳理和分析论证，基本明确电动所下一步业务定位和发展重点。电动所与CQC签约合资成立中认尚动（上海）有限公司，整合系统内部相关资源，有效拓展检测认证业务；在集团支持推动下，岸电项目取得重要进展，将与上港集团合作在洋山深水港开展项目试点。

六、强化企业经营管理和全面风险管理

1．推进落实全面预算管理，做好预算执行分析，持续关注运行质量，推动财务风险预警体系建设。月度重点分析预

算执行差异的情况及运行质量指标，关注和分析毛利情况、主业利润、经营性现金流等指标，加强对应收账款和存货等风险资产的监控，揭示应收账款周转率、存货周转率、经营性利润占比等风险指标状态，提示做好应对和防范风险。

2．跟踪推进相关产业集团实施项目制收入核算办法，总结试行情况，组织信息服务相关企业在完善项目制收入核算的基础上，探索与项目制收入匹配的成本核算管理，形成完整的项目制核算制度。

3．按新会计准则执行财务决算工作，优化财务决算工作体系。组织重大事项财务论证及专题分析，持续跟踪重大业务事项落实情况与预算方案的符合性。完成集团税务稽查的自查、抽查各项工作。拓展新的债务融资工具，发行第二期12亿元短期融资券，完成注册50亿元永续债券并启动申请注册50亿元超短融的工作。完善资金管理平台功能，盘活集团自有资金，节约财务成本。

4．配合市审计局完成主要领导任期经济责任审计，部署和落实审计整改工作，建立健全相关制度。开展集团本部和产业集团“三重一大”决策制度和加强“制度加科技”风险防控机制建设自查和督查工作。全年完成涉及经济责任、绩效、工程项目、内控评价、信息系统、财务收支等类型237个内部审计项目，提出审计建议100余条。

5．全面梳理集团内控制度，完成2015年版《内控制度汇编》修订审核并提交集团董事会审议。按照制度规定和规范程序，加强中介机构选聘和过程管理。对各产业集团、上市公司及新投资并购企业的章程和对赌条款进行梳理，提出规范建议。开展法务工作调研和法律管控指标要素对标工作。

七、推进机制改革创新，加强人才队伍建设

1．探索经营团队任期激励改革。华鑫证券制定并实施“1+3”任期激励机制改革方案，通过将业绩指标与行业中位数对标，调整经营团队薪酬结构，加大业绩激励比重，自上而下分解落实任期激励指标，加快公司向市场化整体转型的步伐。

2．探索中长期激励改革。对3家上市公司实施经营团队和员工持股计划进行可行性调查分析。飞乐音响作为试点，研究制定股权激励构想方案。仪电电子股份在重组中试点探索上市公司高管通过有限合伙方式持股的方案。修订《中央研究院中长期激励办法》，结合研发队伍现状和项目情况，探索以项目开发节点或阶段性研发成果为绩效的考核激励模式。同时，探索业务职衔制（MD）改革试点。

3．以“新战略、新思维、新能力”为主题，继续开展领导干部能力提升系列培训，增强互联网思维意识，引导企业领导人员提升融入智慧城市建设的意识和能力。紧贴产业发展，组织开展PMP项目管理专项技能培训。开展紧缺人才需求情况调研，修订紧缺人才目录，加大校园招聘力度，通过集团官网平台、与人才服务机构合作和网络招聘等多种渠道，招聘、储备集团转型发展中所需的各类人才。

八、组织编制集团“十三五”规划和三年行动计划

认真回顾总结集团“十二五”规划实施情况，根据仪电发展战略，积极谋划未来发展。在上半年组织各产业集团编制“十三五”发展规划（初稿）、完成集团“十三五”发展规划（初稿）编制和上报的基础上，下半年全面启动集团和重点子公司新的三年（2016—2018年）行动计划编制工作，同时对“十三五”规划进行修改完善。经过多轮沟通反馈，各重点子公司于年内完成三年行动计划编制和上报工作。此外，同步启动与之相配套的三年投资计划、三年财务计划等专项计划编制工作，并研究制定新的三年任期业绩考核方案。

九、稳步推进非主业调整，解决历史遗留问题

1．围绕产业结构调整和资源优化配置，集团和相关企业按照年度计划稳步推进非主业调整工作，坚决退出不符合战略方向和扭亏无望的资产和业务。全年完成企业调整24家，其中注销14家、股权转让1家、净壳等9家，超额完成调整工作目标（原计划21家）。完成将中铝上铜股权转让到仪电资产。

2．扎实推进企业经营、资产经营、人员服务、企业维稳四个平台建设，优化内部资源配置，推进企业调整归并；夯实经营管理基础，提升资产运作和管理水平；加大资产处置力度，强化人员服务管理；积极妥善应对东方资产、九凌公司、中国五冶等历史遗留问题，规避司法诉讼风险，促进企业和谐稳定，在集团推进战略实施、转型发展中发挥了重要的后方保障作用。

3．加强安全生产管理，完善安全生产责任体系，加强安全生产监管和隐患排查整改，全系统安全生产始终处于受控状态。积极开展节能降耗工作，年能耗总量、万元产值能耗、产品单耗全面完成市政府下达的考核目标。

【2016年发展趋势】

2016年是“十三五”开局之年，是上海仪电打造智慧城市整体解决方案提供商和运营商的关键之年，也是上海仪电进一步深化改革之年。

上海仪电认真贯彻党的十八大和十八届三中、四中、五中全会和中央经济工作会议精神，以中央《关于深化国企改革的指导意见》、上海市国资国企改革20条和《加快建设具有全球影响力的科技创新中心的意见》为指导，坚定不移地实施仪电发展战略，坚持改革创新精神破解发展难题，进一步深化体制机制改革，着力提升服务智慧城市建设的系统化、专业化能力，加快打造智慧城市整体解决方案提供商和运营商，围绕拓展市场、提升效率、控制风险三方面，提升

企业经营质量和效益，努力完成全年预算目标和各项重点工作，为集团“十三五”发展开好局。

2016年，上海仪电主要预算目标确定为：合并口径营业收入205亿元，同比增长6%。主营业务收入200亿元，增长6.5%。利润总额19.4亿元，增长1%。归属母公司净利润8.8亿元，增长6%。主业利润13.2亿元，下降16%。净资产收益率9.63%，下降0.76个百分点。

重点工作安排是：

1. 加快推进城市级智慧城市整体项目和商业模式的落地。

2. 加大投资并购力度，加快形成新型产业架构布局。

3. 加快推进智慧城市生态圈的打造。

4. 加快推进新的市场布局，做好大市场、大基地、大项目、大客户工作。

5. 继续推进集团实体化、扁平化进程。

6. 加强科技创新和人才工作。

7. 加强经营管理，提升运营效率。

8. 继续推进体制机制改革创新。

9. 推进非主业调整工作，集聚发展资源。

此外，还要做好法律风险防控、安全生产管理、节能和环境保护等工作。

（陈 栋）

上海航天局

【概况】

上海航天局（又称上海航天技术研究院、中国航天科技集团公司第八研究院）创建于1961年8月，是中国航天科技集团公司三大总体院和八大科研生产联合体之一。

上海航天局是国家高新技术企业，主要承担防空导弹、运载火箭、应用卫星、载人航天和探月工程等航天型号产品研制生产任务。此外，通过坚持军民融合发展，还形成以光伏产业、高端汽配、锂电系统、燃气装备、机电制造、进出口贸易等为核心的航天技术应用产业和航天服务业。

上海航天局拥有12家研究所和11家全资或控股企业，其中包括我国第一家以航天命名的上市公司—上海航天汽车机电股份有限公司（股票代码：600151）。已经形成“一城三区”的产业布局，研发和产业基地分布于上海、江苏、浙江、安徽、内蒙古等地。截至2015年年末，上海航天局从业人员近19400余人。

【2015年经济工作情况】

2015年，上海航天局取得显著的经济效益，经济规模再创历史新高。全年实现营业收入360.49亿元，比上年增长13.13%；利润总额27.1亿元，增长17.93%；经济增加值18.06亿元，增长6.74%；成本费用率94.24%，净资产收益率12.56%，资产负债率67.1%，实现“十二五”规划的圆满收官。

一、圆满完成宇航型号研制任务

上海航天局现役运载火箭圆满完成以长征六号1箭20星首飞为代表的9次宇航发射任务，长征二号丁运载火箭42天内成功完成3次发射，应对高强密度研制发射的能力不断增强。长征二号丁苏丹遥感卫星发射服务项目正式签约，沙特4发火箭发射服务合同正式生效，国际市场开拓成果显现。应用卫星领域成功实现3星发射、3星交付。空间科学领域任务进展有序，嫦娥五号圆满完成海南发射场合练任务，保证了国家重大工程按计划推进。6月26日，上海航天局研制的长征四号乙遥三十运载火箭在太原卫星发射中心成功将高分八号卫星送入预定轨道。8月27日，上海航天局研制的长征四号丙遥十八运载火箭和遥感卫星二十七号发射任务取得圆满成功。9月14日，上海航天局研制的长征二号丁遥二十一运载火箭在酒泉卫星发射中心成功将高分九号卫星送入预定轨道。9月20日，上海航天局研制的长征六号运载火箭在太原卫星发射中心首飞，成功将20颗小卫星送入预定轨道。此次一箭20星成功，标志着在一箭多星发射技术领域，我国已跻身世界三甲。长征六号运载火箭获得第十七届中国国际工业博览会特别荣誉奖。9月25日，上海航天局研制的浦江一号卫星在酒泉卫星发射中心由长征十一号运载火箭发射升空。10月7日，上海航天局研制的长征二号丁遥三十七在酒泉卫星发射中心成功将吉林一号光学A星和三颗灵巧星送入预定轨道。10月26日，上海航天局研制的长征二号丁遥二十六在酒泉卫星发射中心成功将天绘一号03星送入预定轨道。11月8日，上海航天局研制的长征四号乙遥二十四在太原卫星发射中心成功将遥感卫星二十八号送入预定轨道。11月27日，上海航天局研制的长征四号丙遥八和遥感卫星二十九号发射任务取得圆满成功。12月17日，上海航天局研制的长征二号丁遥三十一在酒泉卫星发射中心成功将暗物质粒子探测卫星送入预定轨道。

二、优化产业发展模式

上海航天局航天技术应用产业和航天服务业在国内经济增速放缓的不利环境下，实现总收入164.4亿元，同比增长11.17%。航天光伏产业圆满完成年度自主开发电站项目建设指标／备案，外接电站开发及电站建设等各项指标，加速由生产制造向终端市场转型，累计转让电站293.8MW，实现收益3.9亿元。光伏电池组件销售825MW，实现超产能产销；锂电产业实施“电芯外移”战略，手持订单同比增长30多倍。“申航通”电商贸易平台、光伏海外销售平台成功设立，航天机电定向增发通过国资委审批，完成神舟电力股权转让，德尔福50%股权收购等工作，一举扭转民用产业长期经营亏损的局面。

三、全面推进深化改革

上海航天局坚持问题导向和目标导向，以“一个优化、两个转型、三个战略落地”为核心内容推动全面深化改革，并取得阶段性成效。优化总部组织机构和管控模式，推动科研生产管理模式转型，推进民用产业经营管理模式转型，对标国内外优秀企业和集团公司战略要求，积极谋划八院“十三五”发展，贯彻创新发展理念，确立以“企业化、市场化、产业化、国际化”为方针，“四个能力”为支撑，“五大创新”为途径，推动军品、民品和军民融合产业“三驾马车”协同共进的发展思路。

四、创新驱动战略成效明显

上海航天局深入推进创新体系建设，成立空间科学、机载武器总体部，落实融合创新主体责任，促进跨领域集成创新。空间电源技术国家重点实验室获批建设，空间结构与机构国防重点实验室启动试运行，金属近净成型等4个工程中心获上海市批准建设，进一步促进上海航天融入上海市科创中心建设。

上海航天局国家级基础前沿领域研究取得重要进展。1项国防973立项，两项探索一代、10项国家自然科学基金项目成功获批。智力成果获得广泛认可。全年获省部级以上奖项44项，其中国家科技进步特等奖1项。累计授权专利742件，获得中国专利优秀奖3项，149厂、802所被评为国家知识产权优势企业。

五、落实人才兴企战略

上海航天局获批成为“上海市产学研合作创新示范基地”，并推荐14名专家担任上海交通大学兼职博士生导师，面向42家国内优势高校发布以“SAST基金”为代表的科研基金。建立型号领域（系列）项目人员的任职资格及选拔、评价、考核、退出等机制，推动型号项目队伍和产品队伍相对分离，逐步建立独立的运载火箭测发队伍、卫星测试队伍和战术导弹售后服务队伍。建立符合市场化的薪酬激励和考核机制，强化薪酬向一线骨干倾斜的导向等措施，促使薪酬分配更富有弹性和活力，为进一步提升型号研制队伍胜任力、竞争力和活力奠定基础。

【2016年发展趋势】

2016年是“十三五”开局之年，上海航天局系统面对全面深化改革的艰巨挑战，将大胆解放思想、勇于直面挑战，全力确保以长征五号和风云四号首飞、载人航天系列任务等为代表的科研生产任务圆满成功。

一、主要经济目标：

全年实现营业收入415亿元，实现利润29亿元，实现经济增加值（EVA）19亿元、成本费用率94%、净资产收益率12.5%，实现全员劳动生产率38万元／人•年。

二、重点工作和措施：

1．充分认清当前严峻形势，进一步提高思想认识。

2．强化各领域科研生产管理，确保型号责任令任务全面完成。

3．深化质量管理理念转变，全面提升质量管理科学性。

4．发挥战略引领作用，加快全面深化改革。

5．落实创新驱动战略，提升企业自主创新能力。

6．创新产业发展模式，大力推动军民融合发展。

7．积极拓展国际视野，提升国际化发展水平。

8．深化支撑能力建设，筑牢企业发展基础。

9．落实人才兴企战略，激发队伍发展活力。

10．持续强化综合管理，防范各类经营风险。

11．发挥党群组织优势，优化企业发展环境。

（王晓东）

中国商用飞机有限责任公司

【概况】

中国商用飞机有限责任公司（以下简称中国商飞公司）是经国务院批准成立，由国务院国有资产监督管理委员会、上海国盛（集团）有限公司、中国航空工业集团公司、中国铝业公司、宝钢集团有限公司、中国中化股份有限公司共同出资组建，由国家控股的有限责任公司，是实施国家大型飞机重大专项中大型客机项目的主体，也是统筹干线飞机和支线飞机发展，实现我国民用飞机产业化的主要载体。

中国商飞公司于2008年5月11日在上海成立，注册资本242亿元，总部设在上海。按照现代企业制度组建和运营，实行“主制造商－供应商”发展模式，实施市场化、集成化、产业化、国际化的建设方略，全力打造更加安全、经济、舒适、环保的国产民用大型客机。公司的使命是“让中国的大飞机翱翔蓝天”，愿景是“为客户提供更加安全、经济、舒适、环保的民用飞机”，目标是“把大型客机项目建设成为新时期改革开放的标志性工程和建设创新型国家的标志性工程，把中国商飞公司建设成为国际一流航空企业”。

中国商飞公司的主营业务是：主要从事民用飞机及相关产品的设计、研制、生产、改装、试飞、销售、运营、维修、服务、技术开发和技术咨询；与民用飞机生产、销售相关的租赁和金融服务；经营本公司或代理所属单位进出口业务；承接飞机零部件的加工生产业务；从事业务范围内的投融资、外贸流通经营、国际合作、对外工程承包和对外技术、劳务合作等业务以及经国家批准或允许的其他业务。

截至2015年年末，下辖7家所属单位，包括上海飞机设计研究院（设计研发中心）、上海飞机制造有限公司（总装制造中心）、上海飞机客户服务有限公司（客户服务中心）、北京民用飞机技术研究中心（北京研究中心）、民用飞机试飞中心（试飞中心）、上海航空工业（集团）有限公司（基础能力中心）和上海《大飞机》杂志社有限公司（新闻中心）。在北京、美国、欧洲设立办事机构，在四川设立地区分公司，在美国设有全资子公司，控股成都航空公司，参股浦银租赁公司，与伊顿公司合资成立伊飞公司，与拉比纳公司合资成立赛飞公司。

【2015年经济工作情况】

2015年，中国商飞公司坚持“中国设计、系统集成、全球招标，逐步提升国产化”发展原则，坚持“产业化、市场化、国际化”发展方向，坚持“自主研制、国际合作、国际标准”技术路线，举全国之力，聚全球之智，全力推进国产民机项目研制，加快建设国际一流航空企业新进程，积极探索实施国家重大科技专项新路子，奋力开创民用航空产业发展新模式。各项工作取得新突破。

一、学以致用，知引合一

深入学习贯彻习近平总书记视察公司重要讲话精神和关于C919大型客机重要指示精神，深入开展“三严三实”专题教育，全力支持配合中央专项巡视，认真抓好巡视整改，把巡视整改成果转化为推动型号研制和公司发展建设的强大动力。

二、深化企业发展战略

确定到2020年“公司力争进入全球先进民机制造商行列”的阶段目标，抓好中长期发展战略和“十三五”发展规划制定，进一步明确了发展目标、发展理念、发展原则、发展模式。

三、全力推进项目研制

C919大型客机总装下线，标志着项目研制取得重大进展，在我国民用航空工业发展史上具有重要里程碑意义，为首飞奠定坚实基础。ARJ21新支线飞机交付用户，标志着我国航线上首次拥有了自己的喷气式支线客机，标志着我国走完了喷气式支线客机设计、试制、试验、试飞、取证、生产、交付全过程。远程宽体客机完成立项准备。

四、完善运行体制机制

“一个总部、六大中心”能力建设基本完成，总部建成并进驻，总装制造中心浦东基地整体入驻，客服中心开展二期工程建设，北研中心国际合作中心开工建设，试飞中心东营基地揭牌运行，四川民机示范运营基地开工建设。

五、“三大体系”建设取得新进展

推进COMAC管理体系建设，完成公司总部组织机构调整。建设“政产学研用”相结合的民机技术创新体系，带动36所高等院校参与大型客机项目。推进我国民机产业体系建设，国内22个省市、200多家企业、36所高校参与大型客机项目研制，促成16家机载系统合资企业，提升了我国民用飞机产业配套能级。

六、拓展国际合作，推进产融结合，积极开拓市场

C919大型客机新增订单84架，ARJ21新支线飞机新增订单44架。

七、实施人才强企战略

实施“商飞之星”人才培养行动计划，选聘型号总设计师、主任设计师等共168人，入选首批中央“万人计划”2人，长期聘用海外人才和外国专家135人，中央“千人计划”40人，引进培养飞行员22名、试飞工程师41名。员工数量达到9600多人。

八、落实全面从严治党要求。把管党治党贯穿大飞机研制全过程，推进领导班子、基层党组织、反腐倡廉、企业文化“四大建设”和青年英才、职工关爱“两大工程”，涌现出“大国工匠”胡双钱等一批先进典型。

【2016年发展趋势】

2016年是实施“十三五”规划的开局之年，是C919大型客机成功首飞、ARJ21新支线飞机安全运营、中俄远程宽体客机立项研制的关键一年。任务更加繁重，工作更加艰巨，时间更加紧迫，继续弘扬航空报国精神，坚持“长期奋斗、长期攻关、长期吃苦、长期奉献”，一以贯之、锲而不舍、扎扎实实、脚踏实地，建设让中央放心、为国家争光、让人民满意的国际一流航空企业，为提升我国装备制造能力、让中国的大飞机早日翱翔蓝天再作新贡献。

总体思路和要求：深入学习贯彻党的十八届五中全会精神、习近平总书记等中央领导重要指示批示精神，以完成C919大型客机首飞为代表的型号研制重大节点、抓好ARJ21新支线飞机项目首家用户示范运营、建设技术体系和专业能力、夯实管理基础和推进管理变革为主要目标，脚踏实地，砥砺前行，做精做细做严做实，打赢“三大战役”，建设“三大体系”，全面完成2016年各项任务目标。

主要工作措施：深化对民机系统工程、民机企业组织和民机企业能力三方面认识；牢记做精做细做严做实、群策群

力、系统工程、全员素质、危机意识5个关键词；盯住重点，落实责任，加强过程控制，确保型号重大目标节点；未雨绸缪、系统策划，主动适应公司发展新阶段；深化变革，规范管理，推进一体化建设，提升管理效率；落实经营班子“一岗双责”，营造风清气正、廉洁奉公的创业氛围。

（任建党）

上海建材（集团）有限公司

【概况】

上海建材（集团）有限公司（以下简称建材集团）隶属于上海地产集团，是集设计研发、生产制造、工程应用、集成服务于一体的国有独资产业集团，成立于1994年，其前身为上海建筑材料工业管理局。主导产业包括以高端制造及深加工应用为主的先进制造业务；以工业化预制建材及绿色建材为主的新材料业务；以既有建筑改造升级为主的节能环保业务；以建材集成供应及检测认证为主的生产性服务业务四大板块。主要提供浮法玻璃、建筑玻璃、光伏玻璃、汽车玻璃、保温材料、管材、防水材料、混凝土预制构件等产品，以及幕墙工程、装饰装潢、建筑节能、电子商务等专业服务，产品广泛应用于上海中心大厦、浦东国际机场、洋山深水港等一大批标志性建筑和重大工程项目。应用领域涵盖房地产、市政建设、汽车、环保、造船、新能源等。

【2015年经济工作情况】

2015年，上海建材集团加快实施“制造＋服务”转型战略，面对复杂的经济形势和外部环境，主动作为、攻坚克难、聚焦转型，产业投资、科技创新、市场拓展、生产运营等各项工作取得新突破，保持集团持续健康发展。

一、主营业务实现平稳增长

1．销售收入稳中有升。全年建材集团主营业务收入57.5亿元，比上年增长23%，创历史最高水平。其中耀皮汽玻公司、国际贸易公司、经营科技发展公司销售收入增长幅度较大。

2．主要经营企业保持较好盈利能力。耀皮汽玻公司、水泥公司、防水材料公司、国际贸易公司、经营科技发展公司、玻机幕墙公司等6家主要经营企业利润实现同比增长，其中汽车玻璃板块营业收入增长39.5%。

二、产业转型升级取得成效

1．战略定位进一步清晰。编制完成建材集团2015—2017年三年行动计划，提出了集团未来3年的总体定位和发展目标，即由单纯制造向“制造＋服务”转型，努力打造中国优秀的节能环保新材料制造和服务商，以做优做强为目标，加快四个体系建设，推进三个领域技术创新，不断开拓国内外两个市场。

2．产业转型升级取得成效。建材集团重点产业向服务延伸取得快速发展，成功投资玻机幕墙公司，与耀皮玻璃形成上下游产业链关系，并将“墙管家”业务发展成为服务上海城市公共安全的平台之一，成为集团新的经济增长点；成立节能环保公司，开展建筑、工业、市政节能业务，开拓楼宇综合节能改造、锅炉工业改造、光伏发电等一批新的示范项目，并实现当年盈利。

3．产业战略布局更趋优化。建材集团制造类企业坚持“走出去”战略，加快全国布局，耀皮重庆、江苏、湖北基地先后投入生产，岩棉生产线向成都迁建，环保涂料基地在常熟筹建。

三、重点投资项目进展迅速

1．建材集团全年投资5.1亿元，投资业务高度集中于集团主业。重点发展建筑工业化项目，集团整合各方资源，发挥股东优势，联手现代、宝业集团合资成立建筑工业化公司，对集团集成绿色建材、服务绿色建筑产业打开了新的空间。

2．3个重点固定投资项目完成建设并进入试生产。武汉汽车玻璃项目完成设备安装和调试，并进行试生产；大丰岩棉保温管生产线项目已竣工，设备运行状态、产品质量已达设计要求；天津耀皮环保改造项目已竣工，投入正常运行。一批节能改造项目按计划动工或完成。

3．适时推进混合所有制，激发企业经营活力，在上建网公司、工装公司等两家公司中引入跟投制度，实行经营者团队持股。

四、市场开拓取得新突破

1．发展互联网＋业务。大胆突破传统的销售模式，探索将电子商务与传统产业结合，与浙江中建网络携手打造建材电商平台，成立上建网络科技有限公司，通过电子商务平台，推动建材产品线上线下交易，提升集团产品供应、销售网络、配送终端、服务体系全方位建设。

2．装潢业务渠道拓展。工装公司与地产优家公司强强联手，推出新的业务模式，由工装公司为地产优家租赁房提供标准化装修服务，量身定做推出以优创、优适、优静冠名的“三优”系列室内装修产品，为用户提供安全、稳定、舒适、便捷的宜居环境。

3．拓展产品的应用领域。玻璃、岩棉、管业等一批产品进入造船行业，打开国内造船业市场，其中岩棉产品成功出口韩国造船市场。耀皮汽玻新开发上海大众三角窗玻璃，获得快速样品的开发订单，使汽玻产品拓宽了应用领域。

五、科技研发获得新成效

1. 建材集团与昆钢水泥集团合作的资源综合利用课题被列入沪滇合作项目、耀皮的新型可钢化LOW–E玻璃新产品成果转化、新疆水泥项目、百姓公司“互联网+”项目共获得600万元政策支持。

2. 以耀皮玻璃市级技术中心为基础，努力向国家级技术中心迈进，开展对标工作；围绕集团建筑工业化项目，筹备建立建筑工业化技术中心和环境服务技术中心，为集团发展提供科技保障。

3. 推进产学研合作，加强消化、吸收和二次创新工作，形成一批具有自主知识产权和市场领先水平的新产品并实现销售，耀皮公司浮法玻璃、加工玻璃、汽车玻璃均成功研发出新产品，并快速推广市场运用。全年集团系统获得18项专利成果，申请12项专利。

六、存量资产有效盘活

1. 结合地产集团城市更新平台建设，合理利用存量工业用地，挖掘和提升不动产资产价值，重点推进内江路项目、真大路项目。年内启动内江路空置厂房的改造工作。

2. 大中地块清理工作平稳有序推进。对地块建筑物情况、租赁户情况进行深入摸底，配合政府部门进行综合整治。实施截污纳管工程和厂区内道路维修工程并加强管理，大中地块厂区的面貌得到较大改善。

七、管理水平进一步提升

1. 完善法人治理结构，加强董事会、监事会建设，落实公司董事会、监事会的决策权和监督权，制定产权代表管理等制度，集团管控体系进一步完善。进一步加强子公司财务管控，财务总监委派面达到72%。

2. 企业风险管控进一步加强。加大对集团重点项目风险评估力度，加强对子公司的监管，维护股东方权益，开展经济责任审计、内部风险测试、股东查账等工作。建立健全规章制度，修订“三重一大”集体决策制度，制定投资管理、中介选聘和服务采购等制度。

3. 干部人才队伍建设不断强化。以“年轻化、市场化、专业化”为要求，及时调整、配备所属企业领导班子成员，年内共对11家企业领导班子成员进行充实调整。加大内部人才提拔使用力度，新提任领导人员9名。注重规范干部选拔任用程序，增强干部选拔任用过程的公开透明程度。

4. 安全生产形势总体受控，集团所属企业未发生生产安全工伤死亡事故。企业精神文明建设更上一层楼，涌现一批精神文明单位与获奖个人。党风廉政建设常抓不懈，严格贯彻落实八项规定。关心职工民生，继续做好帮困送温暖工作，努力构建和谐企业。

【2016年发展趋势】

2016年，建材集团工作思路是深入贯彻落实党的十八届五中全会和中央经济工作会议精神，围绕打造“中国优秀的节能环保新材料制造和服务商”的战略定位，进一步完善集团“制造＋服务”的转型思路，继续推进“432”战略体系建设。积极推进高端玻璃、建筑工业化、节能环保三大领域创新，以“修枝强干、服务转型、两个市场、产投联动”四项措施保障集团目标实现。

主要抓好五项重点工作：

1. 抓好重点项目建设，加快形成产业新优势。

2. 积极推进技术创新，不断增强核心竞争力。

3. 大力拓展两个市场，努力创新营销新方法。

4. 加强人才队伍建设，进一步优化人才配置。

5. 夯实内部管理基础，提升运营效能和收益。

（邓国英）

上海市机械设备成套（集团）有限公司

【概况】

上海市机械设备成套（集团）有限公司（以下简称成套集团）前身是上海市机械设备成套局，成立于1959年。经中共上海市委、市政府批准于1999年改制为有限公司。

成套集团系国内大型企业，拥有工程总承包、国际国内招标、进出口代理和外经权、甲级国家设备成套、甲级工程咨询等20余种资质。近3年，成套集团经营规模年均达370亿元。

50多年来，成套集团为国家和上海市重点工程、重大技改项目，实施过上万个项目，提供了近千亿元成套设备，积累了丰富的设备集成经验，集聚了宝贵的专业人才。多年来，成套集团连续评为上海市合同信用最高等级AAA级企业，多次被评为上海市重点实事立功竞赛优秀公司。

经过多年发展，成套集团的业务范围已从设备成套扩展到工程总承包与设备集成、招标代理、进出口贸易、国内贸易、设备租赁、工程监理、汽车销售与维修、工程咨询、项目管理等领域。

成套集团将充分发挥整体优势，增强核心竞争能力，坚持创新发展，秉承企业经营理念“诚信服务，合作共赢，共创未来”。

【2015 年经济工作情况】

2015 年，成套集团认真贯彻落实党的十八大和十八届三中、四中、五中全会和中央经济工作会议精神，以及习近平总书记一系列重要讲话精神。全体员工坚持创新驱动，转型发展，面对国内外宏观经济的调整变化和愈加激烈的市场竞争环境，统一思想，上下一致，不断开拓。进一步巩固和发展传统业务，坚持“走出去”战略实施；进一步强化内控管理，增强风险防范意识；进一步推进结构调整，不断完善经营者和员工考核机制；进一步推进“联盟”合作，不断延伸产业链。全年完成经营规模 376.53 亿元，利润总额 7100 万元。

一、经济运行继续保持发展态势

1. 招标业务有新业绩。招标公司面对激烈的市场竞争形势，以积极的姿态迎接挑战，发挥全体员工的积极性，及时适应政策法规的出台和变更，不断规范内部工作管理，全面提升业务质量，加强员工教育与培训，提高员工素质，增强品牌意识，维护企业形象，不断提升业务开拓能力，继续保持招标业务的平稳发展。全年完成委托金额总计 262.67 亿元，其中国标招标项目 9.55 亿美元，国内招标项目 203.48 亿元；完成中标金额总计 291.08 亿元，其中国标招标项目 12.05 亿美元，国内招标项目 212.84 亿元。

2. 进出口贸易有新增长。进出口贸易，受内外环境等诸多因素影响，不断强化创新驱动和转型发展，稳定主营业务，提升服务质量，强化风险防范，夯实业务根基，积极维护老客户同时，不断开拓新客户，着力推进出口业务稳定发展。全年围绕城市基础建设所需要的工程机械设备的这一传统领域，抓住特定区域发展的机遇，积极开拓进出口业务，承接了上海隧道工程股份有限公司北横通道的盾构进口项目，上海轨道交通 3 号、13 号线以及南宁地铁信号系统进口设备和卡斯柯信号有限公司的轨道交通 1 号线改造采购项目。

3. 国内贸易有新气象。注重以市场和消费需求为导向，努力转换思路，拓展视野，把握市场机遇，积极探索业务经营的新品牌、新模式、新领域，形成稳中求进的良好态势。广汽传祺、浦星福特、郑州日产 4S 店、南通申成汽车销售公司都取得良好业绩，形成上海成套汽车连销经营、集约化管理模式。与此同时，与净能达净化机组织召开华中地区经销大会，扩大了市场的影响力；与霍尼韦尔共同开展产品新渠道，在净能达二代、车载净化器、家用净化器等领域取得良好的合作效果。此外，中成租赁开业营运，取得良好开局、稳定发展的目标，业务拓展行业涉及工程、食品加工、机械加工、印刷、制药、环保类等机械，地区遍及上海、山东、江苏、湖南、江西等 10 个省市。

4. 工程总承包业务有新发展。积极参加市场竞争，转变观念，转型发展，在巩固本市业务的同时，开拓国内外市场，逐步形成新的业务领域，呈现良好发展态势。全年新签合同 5.78 亿元，为预算的 231.30%；完成营业额 24918 万元，为预算的 83.06%。成套集团共有在建项目 38 个，其中外省市项目占项目总数的 50%。承接河南郑州马头岗污水处理厂十期污泥处理工程，为传统业务向产业链纵深拓展和延伸进行积极探索。在全国轨道交通市场上，年内首次进入深圳、郑州、合肥、福州等地市场，逐步扩大了全国轨道交通市场，形成优势产业，树立成套品牌形象。

5. “走出去”战略有新亮点。进一步加大“走出去”战略实施力度，取得新业绩，形成新亮点。工程总承包，承接能力有新的提升。在深圳、郑州、合肥、福州、大连等地实现零的突破，为下一步深耕这些市场打下良好的基础。监理业务，在重庆、江苏、云南、武汉等省市办理入户备案手续，为进一步开拓外省市市场奠定基础。进出口业务，成套新加坡公司成立，是成套集团在海外的第一个平台，也是“走出去”战略布局的重要举措。招标业务，紧贴项目单位，跟踪国家核电项目取得重大突破，与国药集团合作，在河南、山西、山东等地，承接国药集团的区域物流中心的工程及设备采购招标项目。贵州分公司成立，是招标走向外省市的又一重要举措，也是贵州省新蒲新区引进的第一家招标公司，为两地合作共赢创造有利条件。

二、内部管理能力和水平得到提升

1. 加强内控管理。围绕成套集团工作主线，执行内控管理制度，落实内控与风险管理工作，根据内控手册内容，组织内控知识、内容、流程的学习与培训，深化对内控管理的认识。员工以内控管理为要求，检查相关工作节点记录性文件，提高企业内部控制与经营管理规范化水平。组织开展内控管理评审，对评审出的问题责成相关部门进行限期整改。

2. 加强财务管理。注重财务预算管理，不断提高财务预算编制的合理性、准确性和预算执行的可控性，有效性。实施财务工作检查，严格资金使用程序和审批。加强监控力度，提高资金使用效率，并按要求定时进行财务分析，为企业经营决策提供科学、准确的数据支持。

3. 加强合同管理。严格履行项目工程专职律师“合同三级审核”管理制度，针对每项工程合同及施工组织设计等文件，从技术条款、合同履约、风险控制、法律责任进行审核，维护企业权益。并按批准流程加盖合同章或公章，及时对合同文件进行催讨，做好归档工作。

4. 注重人力资源建设。组织实施对各类人才引进培训计划，加大培养和引进力度，进一步满足业务开拓和企业管理等人才资源的需求。对新拓展的业务领域，以市场化要求来引进中高级人才，保证新业务以市场化模式来运行。积极推进师徒带教活动，增强员工忠诚度和归属感，提高员工胜任岗位要求的综合素质。努力落实人才招聘工作，提供优质人才需求。组织教育培训，提高员工知识水平和专业能力，为成套集团发展提供重要保障。

5．加强信息化建设。实施信息化平台建设，实现高效管控，固化制度流程，确保管理落地。信息化办公平台上线运行，使成套集团内控管理上了一个台阶，有效地推进标准化，流程化进程，管理能力与水平有很大的提升。

6．加强廉政建设。全面落实重大经济事项的监督、控制和审计，加强工程项目监督，完成集团下属公司主要负责人离任审计两人。充分发挥落实各公司（部门）《党风廉政建设责任书》贯彻情况监督检查，与新进员工签订《廉洁自律公约》。

【2016年发展趋势】

2016年，成套集团坚持创新驱动，转型发展，稳中求进的工作总基调，围绕集团“十三五”规划的实施，进一步巩固和发展传统业务，不断延伸产业链，坚持“走出去”战略，增强风险意识、危机意识。进一步推进结构调整，不断完善经营者和员工责任考核及分配机制。进一步强化内控管理，不断完善管理流程。进一步加强企业文化建设，不断推进“创建文明单位建设”，弘扬企业精神，打造企业核心价值观。进一步做实“抓发展，增效益，促和谐”，不断推进成套集团各项工作健康、有序、平稳发展。预定经营规模283亿元，利润总额6200万元。主要举措是：

1．落实“十三五”规划开局之前的各项工作。

2．转型创新，巩固和提升传统业务。

3．加强管理，提高精细化管理水平。

4．增强团队合作，推进“走出去”战略实施。

5．不断推进共享机制建设。

6．加强企业文化建设。

（曹伟康）

上海烟草集团有限责任公司

【概况】

上海烟草集团有限责任公司（以下简称上海烟草集团）是一家以卷烟工业为主的多元化、集约化、现代化的大型国有企业。2015年，上海烟草集团实现税利1165.79亿元，比上年增长7.57%；实现利润276.29亿元，增长4.34%；上缴财政总额达到1107亿元，增长14.8%。公司名列上海市2015年工业纳税百强企业榜首；被上海市企业联合会、企业家协会、经济团体联合会评为2015年度“上海企业100强”第9位；被中国烟草总公司评为烟草行业“精益十佳”标兵单位；荣获国家烟草专卖局、中国烟草总公司授予的商业卷烟营销特别贡献奖、工业税利增长特别贡献奖。

上海烟草集团拥有一流水准的卷烟工业企业以及烟草储运、印刷、机械、材料等配套工业企业，并涉足商业、物流产业以及宾馆酒店、金融保险等行业。2003年和2004年，上海烟草集团先后与北京卷烟厂和天津卷烟厂实现战略性联合重组。

上海烟草集团出品的主要卷烟品牌有“熊猫”、“中华”、“红双喜”、“中南海”、“牡丹”、“大前门”、“孟菲斯”、“江山”、“恒大”、“金鹿”等。多年来，以“中华”卷烟为代表的集团名优品牌以其高知名度和高品质赢得全国卷烟消费市场的推崇，并始终保持畅销不衰。

【2015年经济工作情况】

2015年，上海烟草集团坚持“发展、改革、规范”工作主线，突出“稳字当头、规范为先”经济运行总体要求，聚焦打造中华品牌“百万千亿”升级版，积极应对经济下行、提税顺价、控烟履约的巨大压力，扎实开展“三严三实”专题教育，保持了持续平稳健康发展。

一、强化战略驱动，着力稳中求进，经济运行质量和效益稳步提升

1．扎实推进“十三五”规划编制。围绕国家局对上海烟草发展的新要求和对中华品牌发展目标的新定位，着力把握经济发展新常态下的大势大局，主动适应集团发展的阶段性特征，聚焦“在经济发展做加法中求质量，在改革创新做乘法中求稳定，在烟草控制做减法中求空间，在精益管理做除法中求效率”要求，广泛听取意见，抓牢问题短板，研究对策措施，形成《上海烟草“十三五”发展规划基本框架》（审议稿）。

2．全力打赢“提税顺价”攻坚战。按照国家局的部署要求，把坚决执行卷烟提税顺价重大决策作为集团头等大事，科学制定方案，精心组织实施，确保平稳运行。通过加强数据采集分析，加强终端经营指导，有效改善供求关系，提振客户信心，稳定市场价格，确保上海市场卷烟销售总体平稳。

3．切实加强经济运行调控。坚持“总量控制、稍紧平衡”调控方针，认真落实行业经济运行调控措施，进一步健全以市场价格为主导、存销比为关键的市场表现指标系统，

更加注重品牌状态，更加注重产销协调，更加注重降本增效，更加注重资源配置，实现集团经济运行稳中向好。全年共完成卷烟产量280.3万箱，同比增长0.45%；卷烟商业销量294.88万箱，增长0.59%。

二、聚焦中华品牌，加强市场建设，集团重点品牌保持良好发展状态

1．扎实推进卷烟品牌发展。中华品牌价值持续提升。切实加强技术和市场“两个维护”，全员开展“我为品牌发展做什么”主题实践活动，保持产销总量、商业销售收入、税利总额“三个持续增长”，确保品牌价值、产品品质、品牌形象“三个持续提升”，进一步增强中华品牌科技力、营销力、文化力。实现中华品牌商业销量153.61万箱，商业销售收入1674.08亿元，同比分别增长7.55%和10.22%；在零售价400元／条以上的市场份额为65.18%，同比提高1.77个百分点。高端品牌集群初步成型。稳步推进中华（大中华）、中华（全开式）升级改造，有序开展罐装熊猫、中华研发工作，切实加强熊猫（硬经典）、中南海（硬1毫克）、恒大（烟魁）系列市场培育，着力激活市场消费，满足个性化、多元化需求，进一步提高集团高端品牌的市场影响力。中端品牌规格不断丰富。完善中端品牌主体规格构建，加强市场分析，把握消费趋势，着力打造一批质量高、结构优、效益好的中端卷烟品牌。中南海、红双喜品牌规模基本稳定。加强产品创新和新品培育。

2．持续提升市场营销水平。全面深化精准营销。聚焦中华品牌，不断完善精准营销体系，覆盖地市、深入区县，积极实施“一地一策”，针对不同区域、不同客户、不同时间节点采取差异化投放策略，努力保持良好的市场状态。持续推动驱动营销。加快构建驱动营销体系和标准，加大新品推广力度，进一步加强品牌培育、完善品类结构、优化市场布局。不断提升终端服务水平。深入开展直营终端达标创星活动，持续深化“两个一”配送服务承诺，切实保证中小客户盈利能力和满意度，初步形成以服务零售终端为中心的卷烟销售网络。坚持“走出去”发展战略。明确中华品牌国际化战略定位、实施路径和经营方案，创新国际市场拓展方式，推进境外产销基地建设，集团拓展国际市场能力持续增强。实现卷烟境外销售17.96万箱，卷烟出口创汇2.46亿美元。

3．切实发挥专销聚力作用。围绕“网络终端无假烟”，扎实推进打假打私、市场监管、行政许可“三个体系”建设，有效遏制假烟私烟抬头，坚决打击真烟非法流通，严格规范行政审批行为，切实维护上海卷烟市场良好秩序。全年，上海市内共查获违法卷烟61.5万条（其中假烟11万条），涉案金额9643万元；破获符合国家局标准网络案36起，其中部级督办案1起；全市卷烟市场净化率达98.4%。

三、持续深化改革，完善创新体系，集团发展新的活力动力不断激发

1．不断加大内部改革力度。全面推进浦东科技创新园区建设。建立园区项目领导小组，按照国家局把园区建设成为行业“跨越发展、创新发展、集约发展”新标杆的要求，统筹规划园区硬件建设、软件设置，积极构建工艺先进、绿色节能、数字智慧的园区运行模式，探索推进卷烟制造升级版和科技研发升级版的有机融合、无缝连接，着力打造“速度快、水平高、质量优、投资省、廉洁好”的标杆工程。持续推进商业企业“三管一加强”工作。聚焦“归核、瘦身、提升、稳定”，紧扣控规模、提素质，推进商业公司从定额定员管理向人力资源管理转变，试点开展营销、专卖人员“星级达标评优”活动；以市场化为取向，以消费者为导向，稳步推进卷烟市场化取向改革，上海市场卷烟营销平台建设初见成效。有序完成市局所属部分机构更名工作。

2．不断加大技术创新力度。积极推进新型烟草制品发展。根据国家局的部署要求，认真做好上海新型烟草制品研究院筹建成立工作，初步建立基础研究、资源整合、合作攻关、产品研发四个平台，着力在核心专利、技术合作、中式口味、体制机制上取得突破。进一步健全创新体系。聚焦“四个一流”，形成了由技术创新、产品研发、卷烟技术研究、创新文化四大体系组成的集团创新体系构架。进一步加强技术攻关。围绕重大专项，积极开展消费需求、产品设计、一致性维护、降本增效、基础技术五个方面研究，在叶组配方、减害降焦等关键领域取得新的突破。《滤嘴吸附材料评价体系构建与应用》项目获得国家局科技进步二等奖。进一步推动“两化融合”。以“数字＋服务”为导向，从“大数据、云计算、物联网、移动互联、智能制造”五个方面探索研究“互联网＋”应用试点，确定“厚平台、薄应用”策略，初步构建集团特色信息化智能构架和标准体系框架。集团ERP（一期）项目销售、计划、采购模块投入试运行；“两化融合”管理体系通过贯标认定。进一步深化群众性创新活动，加强活动策划，强化组织引导，更加注重广泛性、突出实效性，全年共取得QC成果800项，成果率达94.67%。围绕精益管理、降本增效，广泛开展合理化建议活动。

四、坚持严格规范，深化精益管理，集团生产经营管理水平持续提升

1．持续强化从严管理。严格落实中央八项规定精神。印发《机关国内公务接待管理补充规定》《业务招待费、车辆运行费、会议费、职工培训费报销管理规定》等制度规定，持续深化“五多”问题整改；通过专项检查、巡视工作等监督制度的执行，不断强化源头预防和过程监督，充分体现了作风建设常态化、制度化、长效化成果。2015年业务招待费等重点控制费用比2014年减少3519万元，下降5.64%。切

实加强内部审计监督。配合做好国家局对集团的经济责任审计，重点对国家局延伸审计整改落实、“两方案一计划”专项整治、重点控制费用执行等方面情况进行全面检查，强化对重大工程、采购等重点领域、重要风险点的全过程审计监控，进一步增强审计工作“免疫力”。不断加大“两项工作”力度。严格“两项工作”规范管理体系审核整改，建立健全“应招尽招”、“真招实招”、“办事公开民主管理同业务工作深度融合”保障机制，有效保障职工“四权”。全年集团公开招标金额占比为95.89%。

2．持续强化依法治企。健全依法决策机制。全面完成董事会换届工作，坚决执行“三重一大”集体研究制度，充分发挥投资、薪酬、预算委员会在决策过程中的作用。加强法律风险防控。在试点推进基础上，全面完成集团本级和各工商单位法律风险防控体系框架搭建工作，形成一系列配套制度。加强普法宣传教育。全面落实“六五”普法相关工作，进一步增强领导干部依法行政、依法管理、依法组织生产经营的能力。加强法规服务保障。认真贯彻落实新修订的《广告法》，加强合同管理、知识产权保护，确保重大事项决策纳入合法性审查范围，促进集团法治化水平再上新的台阶。

3．持续强化精益管理。加强对标工作。围绕精益生产、精益研发、精益营销、精益物流，将精益管理与基层创建有机结合，积极开展“精益十佳”创建活动，集成运用精益管理工具，深入分析对标数据背后的管理问题，建立健全集团精简高效的绩效指标体系，有效提升管理增效占集团新增效益的比重。确保质量安全。持续推进原料“一生管理”，深度介入烟叶基地单元建设，不断深化清洁仓间建设；组建行业卷烟包装印刷标准研究室，加强卷烟质量安全风险防范与技术研究；积极开展“Q3A0”工程，保证产品质量稳定受控；深化生产和质检系统过程控制，不断提高市场检测能级。推进降本增效。严格费用预算安排，细化定额标准，加大成本费用考核力度。着力优化结构、开源节流、降本增效，有计划、有步骤实施改善、提高效率。强化大额资金预算管理，增强资本运作水平，提高资金使用效率和国有资产保值增值率。强化安全工作。进一步完善安全生产责任体系，加大隐患排查和治理力度，加强对重点危险源的安全监管。集团本级和各工商单位全部实现安全生产标准化二级以上达标。

五、践行“三严三实”，持续改进作风，集团员工队伍整体素质不断提升

1．扎实开展“三严三实”专题教育。按照中央和国家局党组的部署，在“三严三实”专题教育中坚持做到“自我学”与“集中学”并重、“抓关键”与“全覆盖”并重、“抓重点”与“面上推”并重。同时，通过“两方案一计划”的方式，对上一年集团两级党组民主生活会确立的整改内容落实系统整改，整改率达到100%。截至党组“三严三实”专题民主生活会召开前，汇总各方意见归纳为修身做人、用权律己、谋事创业方面10条“不严不实”问题。对照“三严三实”要求，班子成员进行深刻的党性分析，在民主生活会上开展严肃认真的批评和自我批评，明确下阶段各项整改措施。

2．切实加强领导干部队伍建设。认真执行集团两级中心组学习制度，加强学习型、服务型、创新型领导班子建设，进一步提高领导班子创造力、凝聚力、战斗力。把党建工作和中心工作同步部署、同步推进、同步落实、同步考核，重点抓好基层党组织换届改选、党务干部培训等各项工作，全面落实管党治党主体责任。坚持“以德为先”用人标准，积极宣贯落实《集团厂处级干部选拔任用工作实施办法》及相关配套制度办法，扎实开展人事档案专项审核工作，切实增强了干部人事制度执行的规范性和严肃性。全面落实党风廉政建设主体责任和监督责任，加强纪检机构设置和人员配置，推动纪检监察工作“转职能、转方式、转作风”，强化监督执纪问责。

3．不断提升职工队伍素质。强化职工教育培训。全面推行“学时学分制”，全年实施集团公司层面培训项目88个；校企联合实施会计从业人员资格培训，有序开展新型商业营销专业系列培训，进一步提升了员工队伍专业能力。深入推进职业技能鉴定工作，深化高技能、高技术人才队伍建设。深化企业文化建设。开展弘扬优秀文化主题系列活动，进一步深化“和搏一流”企业精神内涵，抓好“两个服务、两个确保”主题实践活动，倡导以“一丝不苟，支支一流；一包一箱，不优不休”质量方针为核心的工匠精神，积极培育和践行社会主义核心价值观，保持了职工队伍锐意进取、奋发有为的精神状态。

4．不忘“报效国家、回报社会”。向市慈善基金会、老年基金会、爱心基金会和“双拥”基金会等捐款总计2000万元；向云南、湖南、山东等烟叶受灾烟区捐款870万元；向云南、福建、青海、江西等全国14个省市的老少边穷地区捐赠校车74辆，不断传递负责任的良好企业形象。

【2016年发展趋势】

2016年，上海烟草集团以党的十八大以来的会议精神为指导，认真贯彻行业年度工作会议精神，按照“贯彻发展新理念、再上卷烟新水平”的要求，围绕“品牌保状态、税利保增长”年度工作目标，有力实施“创新驱动、转型发展”主战略，聚焦以中华“百万千亿”升级版为核心的“1+3”品牌发展新目标，以“全面从严治党、全面提升素质”为保证，积极落实“加减乘除”重点任务，大力推进浦东科技创新园区建设、技术创新、精准营销、精益制造、“三管一加强”五项年度重点工作，持续抓好依法治企和精益管理两项基础工作，努力打造“新标杆”，为“十三五”时期的发展

开好局，打牢基础。

上海烟草集团方针目标简称“1252”，即聚焦一个发展新目标，提供两大软实力保证，推进五项重点工作目标，夯实两大管理基础。聚焦一个发展新目标——聚焦“1+3”品牌发展新目标，实现有质量、可持续的经济效益增长；提供两大软实力保证——从严治党落实责任，队伍素质稳步提升；推进五项重点工作目标——浦东科技园区建设有新进展、技术创新有新突破、精准营销有新举措、精益制造有新目标、“三管一加强”水平有新提升；夯实两大管理基础——推进依法治企、深化精益管理。

1．聚焦发展目标，加强品牌建设。强化中华品牌维护，坚持高端品牌集群，推动中端品牌升级，推进品牌海外发展，促进经济效益提升。

2．全面从严治党，提升队伍素质。全面从严治党，落实主体责任；抓好“三支队伍”，着力提升素质；深化作风建设，推进文化培育。

3．突出工作重点，实现创新突破。浦东科技创新园区建设有新进展；技术创新有新突破，精准营销有新举措，精益制造有新目标，“三管一加强”水平有新提升。

4．夯实管理基础，推进持续发展。持续推进依法治企。持续深化精益管理。

（吴敏竹）

中船上海船舶工业有限公司

【概况】

中船上海船舶工业有限公司是中国船舶工业集团公司在上海及苏、皖地区的派出机构，主要任务是受中船集团公司委托，对中国船舶工业集团公司所属上海、江苏、安徽地区企事业单位行使“管理、协调、服务、监督”的职能。

上海地区集中了中船集团绝大部分骨干船厂，造船产量约占全集团造船总量的80%以上，技术和管理水平在国内处于领先地位，具有较强的国际竞争力，承担着我国机电行业出口创汇和海军装备生产的重要任务。

通过多年的发展，上海船舶工业具备建造吨位大中小型，技术含量高中低档的各类用途水上、水下军民用船舶产品、海洋工程产品和配套设备、产品的开发能力、技术能力、生产能力。产品种类从普通油船、散货船到具有当代国际水平的化学品船、客滚船、大型集装箱船、大型液化气船、大型自卸船、液化天然气船、超大型油轮（VLCC）及海洋工程等各类民用船舶与设施。同时在大型钢结构制作等多方面具有优势。

在做大做强造船主业的同时，积极发展壮大修船业、船用配套以及钢机构等非船业务。能够从事从一般海损坞修到大工程改装修理，建造了多型号、多系列的大型船用中、低速柴油机，在其他配套产品的开发生产上也取得了骄人的业绩。积极参与上海和全国各地城市的基础建设，先后承接建造了上海南浦、杨浦、徐浦、卢浦大桥，上海东方明珠、上海大剧院、浦东国际机场、八万人体育场等为代表的大型市政工程的钢结构制作和安装，以及地铁、隧道盾构的制作、维修，为市政建设作出了重大的贡献。

【2015年经济工作情况】

2015年，上海船舶工业应对造船、航运业经济下行压力，坚持做稳主业和效益导向，坚持强化管理和质量至上，攻坚克难，实现民船产业稳中有升，多元产业快速发展，较好地完成了“十二五”时期主要工作目标。

一、主要经济指标情况

上海船舶工业主要经济指标出现分化，经济运行质量比上年有所提升。全年完工船舶吨位下降，工业总产值、工业增加值继续保持增长。完工船舶81艘，比上年下降3.6%；其中完成造船产量736万吨，下降15.6%；完成工业总产值594亿元，增长6.8%；销售产值594亿元，增长6.8%；出口交货值355亿元，增长14.3%；生产柴油机253台，增长30.4%；功率为376万千瓦，增长24.5%；造船主业合同金额760亿元，增长13.5%；其中，签约新船订单429万吨，下降46%

二、订单下降合同金额增长

2015年，船舶行业遇到航运市场持续萧条、国际船市低位震荡，船舶、海工装备建造市场成交量急剧萎缩等困难。上海船舶工业造船订单、手持船舶订单有所下降，多元化、高端化产品加快发展，手持合同金额增长。各单位共承接合同金额1220亿元，同比增长25.3%；造船主业承接合同金额实现增长。手持造船订单同比下降13.6%，手持合同金额1580亿元，同比增长10.1%。

上海外高桥造船有限公司（以下简称外高桥造船）手持订单金额增长10%以上，10艘40万吨VLOC船已签订意向书。沪东重机有限公司低速柴油机全球市场占有率持续提升，达到20%以上；中速机承接取得重大突破，增长38%。七〇八所积极应对市场低迷，三大主力船型设计合同收获颇丰，集装箱船设计覆盖2700EU-21000TEU全系列，承接合同稳步增长。

三、产品结构持续升级

上海船舶工业转方式、调结构，推进产品结构转型、产品能级提升。江南造船（集团）有限责任公司（以下简称江南造船）成功承接欧洲主流液化气船船东的VLGC订单，标志着江南造船进入主流VLGC市场。沪东中华造船（集团）有限公司（以下简称沪东中华）、外高桥造船均承接批量超大型集装箱船。其中，外高桥造船新承接的15.8万吨苏伊士油轮、11.3万吨阿芙拉油轮，8.5万立方米VLGC，40万吨VLOC都是首次承接的新产品，产品线进一步丰富；豪华邮轮项目实质性起步，已签署成立邮轮船东公司协议。

交付船舶产品亮点纷呈。沪东中华建造完成的全球首艘G4型4.5万吨集装箱滚装船“大西洋之星”号，是目前世界上最大、最新、最先进的集装箱滚装船。外高桥造船交付的我国首批“达伽马”号、“郑和”号、“本杰明·富兰克林”号18000TEU超大型集装箱船，揭开我国批量承接超大型集装箱船的新篇章。江南造船独立研发和建造完成的首艘8.3万立方米超大型液化气体运输船（VLGC），创造国内该型首制船最短周期记录。

四、创新驱动成效明显

上海船舶工业加大科技投入，以科技创新引领市场，取得不俗成绩。上海船舶研究设计院研发引领市场的优秀船型，自主设计完成3.7万吨全球最大独立货灌型沥青船，实现沥青船系列化开发；研制的新一代40万吨矿砂船受市场青睐；海工辅助船、勘察船、风机安装船、作业船、海洋救助船等船型，实现30余型海工船型的技术储备。沪东重机成功研制全球首台Wärtsilä（瓦锡兰）低速柴油机SCR，实现实船使用；成功研制国内首台MAN柴油机SCR系统，得到各大船级社的认可，为上海船舶后续柴油机的市场营销打下坚实基础。

五、转型发展继续深化

上海船舶工业全面推进转型发展。外高桥造船组建智能制造研究所，推进数字化装备、智能化焊接机器人的应用，着力打造智能工厂；以信息化手段推动“两岸三地”业务流程变革和管理模式创新。中船工业成套物流有限公司促进业务联动发展，业务结构进一步优化，注重优势资源向能源业务倾斜；推动融合发展，传统钢贸物流向现代钢铁物流快速转型。沪东重机完成“一院两中心”为核心的动力板块研发体系，完善动力研发平台与技术中心相结合的科研体系；开拓新产品、新领域，健全成套设备业务架构。中船第九设计研究院工程有限公司积极拓展市场取得较好成效，新承接设计合同创近年来新高，海外业务突破传统优势，借船出海策略得到进一步延伸。

【2016年发展趋势】

2016年是推进供给侧结构性改革的攻坚年。中船上海船舶工业要重点落实四个方面工作。

1. 全力以赴，全力完成今年的生产经营任务。
2. 创新驱动，全面推进改革深化。
3. 夯实基础，全面提升管理增效。
4. 从严治党，夯实思想政治基础。

（张水灿）

上海化学工业经济技术开发区

【概况】

上海化学工业经济技术开发区（以下简称上海化工区）位于杭州湾北岸，规划面积29.4平方公里，管理面积36.1平方公里，是以石油化工及其衍生产品为主的专业开发区，已经构建以乙烯为龙头的循环经济产业链，形成以化工新材料为主导的特色产业集群，成为全国集聚知名跨国化工企业最多、经济开放度最大、循环经济水平最高的开发区之一。2015年，上海化工区再次被中国石化联合会评为全国20强化工园区之首，连续第四次荣获“上海品牌园区”称号。上海化工区（包括金山、奉贤分区）共完成工业总产值915.74亿元，销售收入948.72亿元；引进项目投资10.73亿美元，完成固定资产投资64.39亿元；区内注册企业实现利润41.94亿元，实缴税金80.42亿元；万元产值能耗1.050吨标准煤。截至2015年年末，上海化工区累计批准项目总投资255.81亿美元，累计完成固定资产投资1280.95亿元人民币。

【2015年经济工作情况】

一、坚持改革，促进石化产业新一轮发展转型

1. 学习复制自贸区改革试点经验。上海化工区加强顶层设计，编制出台《化工区重点发展产业指导目录》（正面清单）、《化工区禁止、限制和控制危险化学品与化工工艺目录（2015版）》以及《化工区产业准入负面清单—环境保护篇（2015版）》，进一步确立以化工新材料和高端精细化工为主体的招商引资方向，明确入区项目应采用符合环保、安全要求的先进设备和工艺技术，对于环保、安全不达标的项目和企业不准予引进，形成今后招商引资工作的实施准则。另外，编制《化工区行政权力清单、行政责任清单》，划定权力边界，强化制约监督。

2. 谋划编制化工区“十三五”规划。贯彻落实有关文

件精神，编制形成化工区“十三五”发展规划。“十三五”期间，化工区将坚持“立足上海、放眼全国、对接全球”的战略定位，围绕建设国际水平的先进化工制造基地、打造功能完善的生产性服务业示范区、探索特色鲜明的化工科技创新中心、推进内联外通的区域协同发展模式、构筑绿色生态的安全环境保障体系五项重点工作任务，构建先进制造业与生产性服务业融合发展的产业体系。到2020年，上海化工区（包括金山、奉贤分区）批准项目投资增加175亿美元，固定资产投资增加500亿元，销售收入达到1500亿元，年缴纳各类税收100亿元，万元产值能耗0.8吨标准煤。

3．提高园区公共行政事务服务效率。成立管委会行政管理事务受理服务中心，构建一门式受理窗口，提供从项目送审材料的预审、受理、咨询、协调和审理“一对一”服务，一站式解决企业申报问题，提升政府服务水平；整合职能设立化工区公共事务中心（市土地储备中心化工区分中心），为管委会承担应急响应、国有资产管理、建设工程安全质量监督管理、土地储备等相关事务性提供有效的支撑和保障。

二、聚焦重点，落实区域环境综合整治任务

1．全部完成阶段整治任务。按照中共上海市委、市政府关于“金山区、化工区和上海石化当前的主要任务是全力加强区域环境保护和污染治理，积极回应群众的合理诉求”的工作指示，上海化工区开展一系列调查研究和项目排查工作，在坚持以往对标欧美先进国家和地区环保指数的基础上，积极回应市民新要求与社会新期待，率先发布《上海化学工业区区域环境综合整治行动方案》，计划在2015年起的3年内投资10多亿元，落实整治项目91个，年内已经推进并实施综合整治任务48项。

2．切实提升环保工作水平。编制并发布《化工区挥发性有机物（VOCs）排放管理指导意见》和相关实践案例，全面推动园区挥发性有机物减排工作；基本完成园区环境综合监管系统的一期项目建设，并将相关数据上传至市环境监测中心；建立园区生产企业“异味”零报告制度，进一步加大环境执法力度，推动园区企业环境隐患整改工作；制定并发布《化工区关于对环保违法行为实施有奖举报的规定》《化工区环境保护监督员管理办法（试行）》，邀请周边区域18个村镇和居委的共计34名市民担任化工区环保监督员。

3．分析厘清园区环保现状。依托区内院士专家工作站，启动化工区挥发性有机物排放控制与监管体系研究项目，调研掌握园区挥发性有机物排放基准量以及各类有机物排放来源，建立健全园区挥发性有机物排放监管体系。同时，启动化工区申领排污许可证企业现状调查工作，着力摸清企业污染物排放实际情况，完成12家重点监管企业的排污许可证发放工作。

三、优化管理，不断提升园区产业竞争实力

1．区内企业效益增长明显。2015年，国内化工产品价格同比大幅下降，乙烯、聚氨酯等大宗基础化工产品的价格降幅达到30%左右，导致园区整体工业产值和销售收入同比下降，但在原料成本降低和赛科等重点企业产能释放、新项目如期投产的利好影响下，化工区内企业效益回升明显。全年利润总额同比增长175%，上缴税金增长50.6%，创历年最好水平。年内，赛科三期项目全面建成投产，包括新建26万吨／年丙烯腈装置、新建9万吨／年丁二烯抽提装置、乙烯装置优化等；西萨化工苯酚丙酮、巴斯夫聚酰胺6和6/6.6、巴斯夫化工树脂等项目相继建成投产。

2．争取国家政策进园落地。化工区积极推进低碳工业园区建设，通过国家低碳工业园区试点实施方案论证；推进国家级进出口化学品示范基地建设，通过市级示范基地验收考核并正式挂牌；正式启动建设国家化学品安全检测重点实验室项目，打造全国化学品检测和研究“技术高地”，推进上海化工产业出口基地建设，获批为上海市市级外贸转型升级示范基地，实行开放的进入和退出机制，并首批确认19家单位为该基地重点企业，优先享受国家及本市鼓励政策。

3．提升政府机关服务水平。着力打造具有化工区特色的封闭管理模式，实现封闭式管理由“半开放”到“全天候”、由“粗放型”到“智能型”的升级转变；实施“三个一”通关模式，提高化工区口岸大宗散装资源性货物的通关效率，降低企业通关成本，促进贸易便利化和外贸稳定增长；开展东航道联合整治，全年未发生航道封堵现象，安全通航率实现自开通以来首个100%。

四、强化监管，创新园区安全依法治理工作机制

1．践行生产安全监管新要求。化工区贯彻落实《上海市建立党政同责一岗双责齐抓共管安全生产责任体系的暂行规定》要求，进一步明确园区“党政同责、一岗双责、齐抓共管”的安全管理责任；制定出台《生产经营企业安全生产管理工作约谈制度》和《安全生产事故隐患排查治理规定》，提高依法治理水平；探索实施安委会成员单位工作情况通报制度，实现对年度安全重点工作的督办督查，确保各成员单位守土有责、守土负责、守土尽责。

2．探索区域安全监管新途径。以安全生产“三区联动联控”工作实体化运作为抓手，推进“三区联动联控”审改工作有序开展，由市安监局选派骨干入驻园区联动工作，初步形成综合监管、专业监管、直接监管和属地管理协调融合的大安全监管工作格局；积极推行第三方安全环保巡检，在企业容易发生事故的各个环节提供规范的技术服务和监督指导，通过系统化、专业化、个性化的安全技术服务，有效遏制各类事故的发生；制定出台《安全生产举报奖励规定》《安全生产“黑名单”制度》，修订《生产安全事故上报规定》，

完善园区安全治理体系。

3．完善应急响应和预案报备新要求。编制《化工区空中应急救援处置专项预案》，进一步提升园区突发事件应急处置综合能力和人员快速应急救护能力；联合举办2015年化工区特种设备事故指挥部桌面演练，由欧盟专家担任观察员进行全程评估；协助配合国家质检总局特种设备局等单位，开展特种设备事故应急处置综合演练，进一步提高园区特种设备管理及事故应急处置能力。

此外，化工区牵头组织编制杭州湾北岸石化区块一体化管理和综合执法工作方案，以期通过实施统一的安全环保标准、统一的准入管理服务、统一的产业规划布局、统的一执法监督管理，着力解决产业发展能级提升问题、安全环保水平提高问题、行政管理体制创新问题、化工产业布局优化问题，推进淘汰落后污染的劣势企业、开展面向社会的责任关怀、加强基础设施的建设投入、引进符合导向的优势企业等四项重点工作，协同各方，努力将杭州湾北岸石化区块建设成为世界一流、绿色环保、高附加值的化工示范区。

【2016年发展趋势】

2016年是"十三五"规划和全面建成小康社会决胜阶段的开局之年，也是推进供给侧结构性改革的攻坚之年。上海化工区全面贯彻落实党的十八届五中全会、中央经济工作会议和十届市委十次全会的部署，牢固树立创新、协调、绿色、开放、共享的发展理念，主动适应经济发展新常态，坚持稳中求进工作总基调，把改革创新贯穿于园区开发建设各个领域与环节；主动对标世界一流目标，围绕杭州湾北岸石化区块一体化管理和区域环境综合整治工作，找不足补短板；主动推进转型升级，在总结园区20年开发经验的基础上，以创新为核心、以提升为抓手、以防范为底线，推动园区"十三五"发展开好局、起好步。

全年计划完成招商引资7亿美元，销售收入950亿元，固定资产投资35亿元，保持园区经济平稳健康发展和社会和谐稳定。

重点抓好以下重点工作：

1．以"一体化"为重点，推进区域转型升级。推进杭州湾北岸石化区块一体化管理是市政府推进环境整治、加快产业升级、实现区域发展的重大举措，也是上海石化产业机构调整的关键一环。抓紧编制杭州湾北岸石化区块一体化管理方案，明确杭州湾北岸石化区块发展定位，推进一体化管理区域共同转型提升，全力推进区域环境综合整治。

2．以项目引资为抓手，确保经济平稳增长。主动适应我国经济发展新常态，积极引领化工产业发展新常态，坚持"二三"产业协调发展战略，形成先进制造业与生产性服务业融合发展的良性发展格局。进一步拓展招商引资项目渠道，保持经济平稳增长态势，进一步推进园区开放发展，推进生产性服务业集群发展。

3．以精细管理为目标，全面提升园区能级。加强园区精细化管理，自觉运用互联网＋思维、法治思维，加强安全生产、环境保护和污染治理，推进基础设施建设，提升科学管理、依法管理水平。切实提升园区信息化水平，提升依法治区能力，提升安全管理水平，切实加快推进基础设施建设，提升综合监管能力。

4．以社会责任为切入，推进共识共享发展。以园区周边一公里范围为重点，开展多种形式的责任关怀活动，让村民走进园区、走进企业，了解化工产业，让化工产业与周边地区共同发展成为共识，促进园区新一轮发展，共享园区发展的更多红利。深化"公众开放日"活动，筹建上海化工区企业协会，推进企业践行社会责任。

（方　敏）

国网上海市电力公司

【概况】

国网上海市电力公司（以下简称电力公司）隶属于国家电网公司，是从事上海地区电力输、配、售的特大型企业，统一调度上海电网，参与制定、实施上海电力、电网发展规划和农村电气化等工作，并对全市的安全用电、节约用电进行监督和指导。国网上海市电力公司管辖的上海电网位于长江三角洲的东南前缘，北靠长江，东临东海，与江苏、浙江两省接壤。供电营业区覆盖整个上海市行政区。截至2015年年末，公司直接管理24家单位、职工14095人，其中包括11家地市级供电公司以及检修公司、信通公司等13家专业公司；代管单位1家。服务客户993.4万户。

【2015年经济工作情况】

2015年，全市发电装机容量为2343.68万千瓦，最大市外来电1358.3万千瓦，最高用电负荷2982万千瓦，实现售电量1158.68亿千瓦时，比上年增长3.13%。全市35千伏及以上变电站913座，变电容量15861万千伏安，输电线路20649千米。

电力公司坚决贯彻中共上海市委、市政府和国家电网公司党组各项决策部署，坚持目标引领、问题导向，强化责任落实、制度保障，全面完成了电网发展、经营管理、优质服务等全年各项任务目标，多项工作实现重大突破，实现“十二五”圆满收官。迎峰度夏“攻坚战”取得完胜，特高压等重大工程攻坚推进，经营效益继续保持稳健增长，12345市民热线考核成绩优秀并获第一名，超额高标准完成122万户政府实事工程老旧小区电能表前设施改造任务，创新成果、先进表彰数量为历年最多，创造多个率先和多个第一。

一、安全管控成效明显

贯彻落实新《安全生产法》，进一步强化各级安全保证体系和监督体系的责任落实。深入开展安全大检查和缺陷隐患整治。“全面风险质量管控手册”荣获国家安全生产科技成果二等奖。完善区域联防机制和跨省电能置换机制，强化电网运行安排和设备运维保障，经受住三大特高压直流满功率送电和500千伏主网解环运行26天考验。积极应对台风、高温等恶劣天气，打赢迎峰度夏攻坚战。圆满完成花滑世锦赛、抗战胜利70周年纪念活动等70余项重大保电任务。

二、电网发展步伐加快

高标准做好电网规划、建设和改造。编制完成2040上海城市总体规划电力专项规划和“十三五”公司、电网发展规划，制定2015—2020年配电网建设改造实施方案。完成35千伏及以上输变电项目核准84项；特高压等重大工程有序推进。虹杨站成为全市文明施工典范，老旧变电站改造等一批220千伏重大工程按期完成，140项迎峰工程按期建成，12座轨交站点实现“双电源”供电，新增城农网改造全面开工，进一步提升了电网安全水平和供电能力。建成浦东核心区现代配电网示范区。东海风电二期工程顺利投运。

三、供电服务优质高效

开展“服务民生、电靓申城”主题活动，推出O2O营销服务、电费充值卡、“一站式”业扩报装等服务新举措。认真落实政府实事工程和民生项目，超计划安全优质完成老旧小区电能表前设施改造122万户。实施大型居住社区电力配套专窗服务、手续简化和费用优惠。开辟绿色通道，“零距离”服务自贸区、上海商飞、迪士尼等重点区域、重要产业、重大项目，超前做好相关电力配套建设工作。全年消纳市内外清洁电力374.78亿千瓦时，占全社会用电量的26.7%。落实“以电代煤、以电代油”战略，完成电能替代项目1410个、替代电量29.37亿千瓦时，增和改造电锅（窑）炉572台。推动出台充换电设施、港口岸电支持政策，累计建成充换电站27座、充电桩2160个；完成居民充电桩接电1.25万户，增长7.6倍。

四、经营管理稳步提升

落实增收节支专项行动计划，经济效益保持较好水平。加强线损精细化治理，微小用电专项普查和反窃电工作取得实效。加大资金运作力度，超额完成“两金”（应收账款、存货）清理压降目标。提前完成亏损企业治理。连续七年获评3A级企业资信等级。“三集五大”体系不断巩固提升，实现营财一体化系统贯通，创新开展现场移动收货，推行骨干分包队伍管理模式，实现配网全面监控、营配调贯通、地调备用调度支持系统高度集约，完成综合计划与预算等全面监测分析推广应用。

五、改革创新有力推进

全力支持改革、参与改革，加强改革政策研究，积极对接政府部门、监管机构，完成输配电价测算，建成全国统一电力市场交易平台上海支持系统，做好各项前期准备工作。制定全球能源互联网上海行动方案，编制参与上海科创中心建设行动计划，广泛开展宣讲和主题传播。获上海市和国网公司科技奖项20项、管理创新奖58项。获专利授权206项。24项职工创新成果获上海市优秀发明奖。两人获评“上海市十大工人发明家”。110千伏鹤墙新一代智能变电站建成投运。首批通过国家工信部“两化融合”管理体系评定。国内首次主导制定IECTC14国际标准。

【2016年发展趋势】

2016年，电力公司全面贯彻落实国家电网公司党组和中共上海市委、市政府决策部署，大力弘扬“努力超越、追求卓越”的企业精神，保持“争先、领先、率先”的工作状态，坚持改革创新和夯实基础并重，坚持依法治企和以德育企并重，坚持发展质量和效率效益并重，深入推进“两个转变”，高质量推动构建全球能源互联网，高标准完成全年目标任务，高水平实现“十三五”良好开局。

电力公司一要全力确保安全稳定和优质服务；二要统筹推进电网发展；三要全面提升经营管理效益效率；四要积极推进改革创新和人才强企；五要强化“三个建设”和法治企业建设。

站在“十三五”新起点上，电力公司坚持以安全、质量、效率、效益为中心，以改革创新为动力，以“三个建设”为保证，凝心聚力，锐意进取，持续深化“两个转变”，全力推动构建全球能源互联网，高质量完成全年各项目标任务，不断推动公司和电网实现更安全、更高效、更优质发展，为率先全面建成“一强三优”现代公司、更好地服务上海经济社会发展和民生改善作出新的更大贡献！

（龙　鹏）

上海漕河泾新兴技术开发区总公司

【概况】

上海漕河泾新兴技术开发区总公司（以下简称漕河泾开发区）是1988年6月经国务院批准设立的国家级经济技术开发区、高新技术产业开发区和出口加工区。同年7月，由上海漕河泾新兴技术开发区更名为上海市漕河泾新兴技术开发区总公司。开发区原规划面积近6平方公里。2004年7月，国务院批准扩建发展，建议的浦江高科技园占地面积10.7平方公里。开发区内开发的主要产业有信息技术、新材料、生物医药以及生产性服务业等。

【2015年经济工作情况】

2015年，漕河泾开发区继续保持转型升级良好势头，启动建设具有全球影响力科技创新中心重要承载区的工作，全面启动实施总公司中长期发展战略规划落地，完成“十二五”规划的圆满收官，为迎接“十三五”期间新发展打下坚实基础。

一、转型升级深入推进开拓新的局面

1．园区经济转型特点明显。对比“十二五”目标，开发区在结构调整、产业集聚、创新创业、生态环境等方面完成较好，尤其是本部，在年销售收入、年税收、服务业占总销售收入比、企业研发机构、生态环境等指标方面，规划中期即已提前实现目标，服务经济发展快速，充分体现了“创新驱动、转型发展”的积极成效。2015年，开发区完成销售收入2700亿元，其中三产收入有望首次突破2000亿元，占总销售收入之比为74%（2011年占比46%）；地区生产总值940亿元（2011年752亿元）；税收总额（不含关税）则有望首破100亿元（2011年69亿元），其中徐汇区域税收可实现78亿元，实现5年翻倍。

2．“走出去”和园区二次开发加快推进。漕河泾开发区与青浦区赵巷镇政府合作开发的青浦赵巷项目、与徐汇区政府和百联集团合作开发的北杨地块项目以及宝山区南大核心综合商务区等项目均在积极的洽谈与推进过程中，并有望在2016年取得实质性突破。开发区还积极参与区内英业达、宜汇等项目二次开发的合资与合作。与徐汇区政府共同启动园区城市更新规划，期望通过今后若干年的逐步改造、更新，将开发区真正打造成宜业和谐的美丽漕河泾。

3．品牌知名度进一步提升。开发区顺利通过国家知识产权服务业集聚发展试验区验收，通过“上海品牌园区”复审。在全市开发区综合评价体系排名中，开发区获中型园区综合发展指数第一。与新闻晨报共同主办上海市创客大会等活动，进一步扩大“漕河泾”品牌的社会影响力和美誉度。

二、科创中心建设抓住机遇取得新的成效

2015年，国务院颁布关于推进大众创业、万众创新的一系列文件，中共上海市委出台《关于加快建设具有全球影响力的科技创新中心的若干意见》，漕河泾开发区被确定为上海科技创新六个重要承载区之一，迎来新的发展机遇。

1．积极制定行动方案。制定《漕河泾开发区加快建设上海科创中心重要承载区行动方案》，通过对标分析，明确发展定位、发展目标、具体任务，并进行细化。

2．加快推进载体建设。众创空间“创营·ICE”已投入使用，引进16个项目团队；众创空间“大学生园”完成装修；“创营·宝石园”和“国际孵化联合体”2016上半年可开业启用。与国内外知名孵化器展开合作洽谈，与创业邦签约共建上海DEMO SPACE创新孵化空间，与思科以及Founders Space等国外先进创业服务机构、区内大型科技企业通过合资、联合运营、服务换股等多种形式展开合作，共建孵化创业基地，形成全方位、多维度孵化链条，搭建中外项目交流平台。支持腾讯创业基地、COCO SPACE可可空间、创嘉站、游族空间等多家区内众创空间开展科技创业服务，营造了园区良好的创新氛围。

3．大力加强科技创新工作。开发区获批集成电路产业和核电服务产业“四新”经济创新基地、上海市服务贸易示范基地，蝉联获得上海市明星软件园（领先型）称号。开发区拥有国家级高新技术企业348家，软件企业158家。在科技政策方面，开发区建立一支587人的联络员队伍，发布政策信息73条、覆盖10700余人次，举办政策培训10场、参加企业650余家次，走访企业100余家次。在知识产权方面，知识产权服务业集聚发展试验区年内通过国家验收，成为国家首批3家示范区之一。开发区累计申请专利21245件，其中发明专利10830件，占比超过51%。在大张江资金方面，2015年获批资金5730万元，累计获得扶持资金超过4亿元。

4．努力开展科技金融服务。在上市服务方面，新推动1家企业上市创业板、11家挂牌新三板，截至2015年，开发区共有72家上市（挂牌）企业。在融资服务方面，第三轮中小科技企业融资平台2015年7月合作到期，2009年至今累计向255家次企业发放贷款8.004亿元，很大程度上帮助区内创新型企业解决融资难问题，推动创新企业健康、快速发展。第四轮融资平台将扩大合作面，已确定交通银行、上海银行、浦发银行3家合作银行。在投资服务方面，与徐汇区政府共同发起成立1000万元区区合作天使基金，专门投资区内处于孵化阶段的早期小微企业。此外，与61家企业签订增值服务协议，举办创投对接会和原创新动力创业大赛，以及对接投资人一对一活动，加大优质项目与创投机构对接机率，帮助20家孵化企业获投资资金总额超过4.6亿元。在服务入股方面，12个项目获得立项，其中7个项目完成签约持股，爱会客项目以3倍回报成功实现期权退出。

三、招商引资质优量增取得新的突破

开发区聚焦重点领域，努力拓展招商渠道，切实抓好税收落地，招商引资工作取得新的突破。主动出击，瞄准“四新”经济、“互联网+”以及战略性新兴产业等重点领域，努力拓展招商新渠道，着力引进一批科技含量高、创新能力强、商业模式好的项目。2015年，开发区共新注册项目307家，注册资本71亿元，其中本部新注册205家，新注册资本66亿元，外资项目注册资本7.8亿美元，创近年来新高。

新引进一批如飞利浦照明投资、嘉吉投资、长安标致雪铁龙、伟世通汽车电子、浦胜信息、中国电子系统工程、宝格丽、绿叶医疗、赵涌在线、大众点评等世界500强、行业排名领先的项目。

四、投资环境优化完善展现新的形象

开发区继续推进环境建设，建设“高端产业、低碳发展、生态文明、宜业和谐”的“美丽漕河泾”，推动投资环境优化完善，展现了产业和城市形态协同发展的新形象。

生态园区方面，做好生态园区复评工作，27项考核指标全面达标；推动区内企业实施节能减排，对园区建筑用电开展分项计量，提升节能管理水平和用能效率。

智慧园区方面，制定“智慧漕河泾”WiFi项目整体方案；在国商中心开展ICAOHEJING无线全覆盖和智能访客系统试点；实施园区智能停车系统改造和联网平台管理，本部90%以上园区通过改造或新建接入区域停车管理平台，园区临时停车收入同比增加48%。

国际园区方面，顺应大众创业、万众创新形势，积极探索与国际园区间在科技创新方面的合作。与美国孵化器SDC合办中美创业项目联合路演，10多个两地项目团队参与活动；参与组织2015创新中国硅谷峰会；组织上海创业者与欧洲顶尖孵化器Startup Bootcamp进行项目交流。

五、核心服务强化特色塑造新的优势

开发区紧紧围绕解决企业需求、人的需求，按照“国际化、专业化、市场化、标准化”要求，努力在双创服务、人才服务、区域服务、协会服务、物业服务、园林生态服务等方面强化特色，进一步提升了开发区核心竞争能力和服务水平。同时，贯彻集团要求，服务进一步走入临港，为各分园区发展提供有效支撑。

1．人才服务为创新人才高地建设提供有力支撑。人才公司坚持发展定位，做到“企有所呼，我有所应”，服务各分园区企业需求，在人才招聘、人事代理、人才培训等方面开拓创新，做大做强品牌，全年营业收入和利润创下历史新高，其中营业收入首破6亿元。人才招聘方面，通过校园招聘、猎头招聘、批量招聘、网络招聘等方式，为3000多家（次）单位提供招聘服务，达成录用意向2.12万人；人事代理方面，通过雇员派遣、专员派驻、服务外包、证照代理等方式，为1400多家单位提供人事代理服务，服务2.13万人；人才培训方面，培训中心资质由C级升为B级，通过企业内训、高端讲座、技能实训、政府项目承接等方式，共开设各类培训班400期，培训2.61万人。同时，推进临港、漕河泾两个高技能人才培养基地建设，努力实现经济效益与社会效益的双赢。服务方式上，坚持“互联网+人力资源服务”思路，健全网上服务功能，人才绿洲网增设微信简历投递、移动端人事代理信息查询等功能，点击量突破1300万人次，加强了企业人才库的建设；同时，培训信息管理软件、培训结算软件、培训定制软件获批3项国家计算机软件著作权，软件著作权总数增至6项，为人才公司成功申报高新技术企业发挥了积极作用。

2．企业服务重点培育核心业务和长效盈利模式。企业服务公司发力破题，在建设成为开发区大服务体系“配套枢纽”方面做了卓有成效的探索。一是明确以对客服务、团膳服务为核心的基础服务板块，以及以互联网服务、商务服务、酒店服务为核心的拓展业务板块，努力培育核心业务，形成长效盈利模式。二是整合“e服务”平台资源、对客服务资源、品牌战略合作资源，探索服务创新，以漕河泾一卡通在线支付打通线上支付环，以创新型企业“快速递”构建园区内物流环，以“奔驰车分享”构建园区特色交通环，充分挖掘服务新潜能。三是探索团膳升级突破，在集聚区二期采取“大食代”式团膳运营管理模式；在集聚区一期采取“基础团膳+小食代”式模式；在C3餐厅采取租赁模式，既丰富了餐饮种类，受到员工欢迎，也有效降低总公司对餐厅的投资和补贴成本。四是围绕树立服务品牌，编制完成《餐饮标准化建设标准手册》《商业配套营运管理标准手册》，为持续优化园区供餐和商业配套管理，培育标准化、可复制的核心服务，打下坚实基础。同时，组织开展各种服务资源对接活动，优化调整商业实体店业态，完善和延伸协同服务平台，响应和处理企业服务需求，进一步完善了开发区服务软环境。

3．物业管理以改革促服务助力服务核心竞争力提升。物业公司以开发区服务“第一门户”为定位，深度整合园区服务资源，积极引入互联网、物联网等新技术手段和创新理念，加速园区服务多元经营和跨界发展，在培育市场化、专业化、标准化、品牌化核心竞争力方面取得了新突破。一是优化重塑扁平化、平台化组织体系，充分释放企业活力，成功组建“营运中心”、“工程中心”、“培训学院”三大中心，实现公司架构重组和资源整合，有效促进服务效率提升与资源配置的合理高效。二是部署“走出去”战略，成功拓展市场化新项目7个，面积超过30万平方米，公司在管物业总面积突破600万平方米。三是挖掘距离客户最后一百米的巨大资源和入口优势，整合资源，加快向物业服务产业链上游延伸，并创新性地推出漕河泾“一本通”DM服务手册，为园区客户提供新鲜、全面的服务资讯，探索跨界经营新局面。全年实现营业收入首度突破3亿元，利润比上年增长70%。四是“标准化”建设取得再突破，实现中国第一部《产业园区物业服务企业标准》升级改版和运作，以中国产业园区物业管理标杆企业身份，被住建部聘任为中国物业管理标准建设委员会副主任单位。公司在全国物业企业综合实力排名中跃升29位至百强榜第56名，并正式加入国际金钥匙物业联盟，致力打造国际化高品质物业服务，获得“中国金钥匙服务精选物业”和“6S管理创新奖”两项大奖，标志着公司品牌影响力和行业竞争力迈上一个新的高度。

4．园林生态服务推进四个中心建设提升市场竞争能力。环建公司以精益管理为手段，初步构建由标杆管理、项目管理、人才培养和文化建设四大板块组成的管理体系，推进四个中心（设计中心、工程中心、科研中心、生产中心）建设，有效提升市场竞争能力，在业内影响力也逐步提升。全年营业收入1.2亿元，区外市场份额显著提高，公司承接的2015米兰世博会中国企业联合馆整体绿化景观项目获好评，参展2015上海（国际）花展项目“岁月”获最佳创意奖。

5．协会服务促进交流合作活跃园区文化。企业协会遵循“为企业发展服务，为投资环境服务，为科技创新服务”的宗旨，发挥协会和各专业委员会的桥梁与纽带作用，推动各政府部门、社会组织、总公司系统各专业性服务公司，与开发区内各企业的进一步对接。同时，积极组织“瞩目漕河泾”创新文化节，举办了职工长跑、城市定向、乒乓球邀请赛、飞镖赛、职工趣味赛等一系列文体活动，吸引园区企业150多家、员工10万余人参加，极大丰富区内员工业余生活，为园区企业文化增添亮色。

【2016年发展趋势】

2016年是“十三五”规划开局之年，漕河泾开发区总的工作思路是坚持“稳中求进”的基调，深化供给侧结构性改革，围绕创新、协调、绿色、开放、共享的发展理念，深入转型升级发展，抓住科创中心建设历史机遇，提升招商引资的质量和效益，进一步完善优化投资环境，强化核心服务特色，努力实现科技进步、经济效益和社会效益迈上新的台阶，再创历史新高。

（任　朕）

光明食品（集团）有限公司

【概况】

光明食品（集团）有限公司（以下简称光明食品集团）是一家以食品产业链为核心的综合性食品产业集团。2015年，按照“改革转型、提质增效、管控协同、稳中有进”的工作主基调，主动适应经济发展新常态，经济运行总体平稳，稳中有进。全年实现营业总收入1475亿元，比上年增长22%。年末，集团有员工6.19万人，从业人员9.73万人。

全年完成农业总产值60.2亿元，比上年增长9.2%。种植业和养殖业的产值比例为1 ∶ 1.66。完成工业总产值341.2亿元，增长16.9%；工业销售产值339亿元，增长16.7%；产品销售率达99.4%。商贸连锁业持续发展，批发零售业网点4659个，增加15.9个百分点；全年营业收入871.2亿元，增长3%。

【2015年经济工作情况】

一、围绕战略目标，聚焦核心主业

光明食品集团围绕实现第三个三年（2013－2015年）战略目标，聚焦核心主业发展，不断提升整体实力。乳业：营业收入增长27.27%，莫斯利安酸奶销售收入达到60多亿元。成功实施集团内部牧业资源重组。糖业：营业收入增长13.02%，因糖价回升，糖业板块整体扭亏为盈。肉业：营业收入增长13.02%。成功实施集团内部肉业资产重组，肉业绩效指标有所提升。粮油：营业收入增长13.14%，全面完成粮食储备任务。蔬菜：营业收入增长24.02%。整体农产品批发量稳步增加，蔬菜成交量价齐升。现代农业：营业收入增长6.97%。种植业稳步发展，水产、畜牧等养殖业营收实现翻番，菌菇、禽蛋产业均实现扭亏为盈。品牌食品：营业收入增长9.75%。并购新增橄榄油等项目，对品牌食品业的营业收入增长贡献较大。分销零售：集团连锁商贸业门店数量继续萎缩，营业收入呈延续下降趋势。地产物流：营业收入增长8.82%。金融业：集团财务公司于2015年1月正式开业。

二、举办展会展销活动，积极拓展市场

11月13－15日，光明食品集团成功举办’2015中国·

上海国际食品博览会暨光明食品节，期间同步开展’2015中国食品产业发展论坛、电商分论坛、’2016中国食品产业发展趋势发布会等活动，全球500多家食品龙头企业参展，7万余人次现场参观、洽谈，实现现场销售3200多万元，订单2.1亿元。年内，集团先后组团参加米兰世博会、第十三届农交会、’2015上交会、’2015中华老字号博览会、波兰国际食品博览会等国内外大型展示展销活动，展示集团“从田头到餐桌”全产业链经营理念以及优质产品和服务，提升集团整体形象、行业竞争力和国际影响力。

三、推进科技和品牌建设，持续深化转型

光明食品集团聚焦科技、品牌等要素，持续深化商业模式转型。推进新品研发和科创中心平台建设。启动益民食品一厂技术中心暨中试线建设项目，与上海市农科院达成科技创新战略联盟，共建上海都市现代农业科技创新中心，实现产学研、育繁推一休化。全年集团系统获得受理的专利共118项，其中发明专利109项；获得授权的专利共78项，其中发明专利76项。光明米业集团和思乐得不锈钢制品公司技术中心新获上海市级企业技术中心认定。品牌影响力不断提升。“光明地产”图形商标被认定为中国驰名商标，“雪雀”、“果立方”等商标首次获得上海市著名商标称号，“崇蟹”中华绒螯蟹、“九道菇”食用菌等产品首次获得上海名牌产品称号。截至2015年年末，集团累计获得国家级品牌荣誉27项，省（市）级品牌荣誉92项。

四、推进资产重组，深化国企改革

5月7日，光明食品集团与上海良友集团联合重组后，集团顺应布局优化、结构调整，做强、做优、做大食用农产品企业的发展要求，对良友集团与光明米业集团进行联合重组，促进企业资源互补和健康发展。年内，集团继续推进产业整合、资产重组等国资国企改革工作，完成海博股份重大资产重组、资产交割及后续发行工作，重组后的海博股份更名为光明地产。按照专业化、证券化、全产业链的重组原则，完成集团肉业、牧业上市公司重组工作。推进企业改制，清理退出企业22家。

五、推进投资并购管理，提升发展后劲

全年实际启动投资项目完成投资额比上年增长20.69%。扎实开展投资项目后评估工作，通过相关企业自评、典型项目现场评估、重大项目部门会审等流程，对投资项目作了后评估，良好率达到88.1%。年内，完成光明国际收购以色列特鲁瓦公司77%股权，糖酒集团收购西班牙米盖尔公司72%股权，澳大利亚玛纳森公司收购香港永兴太平洋贸易有限公司股权项目等。

六、强化海外企业风险管控和业务协同

集团先后出台海外企业投资、资产、财务、审计，以及业务协同等方面的规章制度和管理意见。11月11日，集团召开海外企业工作会议，围绕“协同融合与管理提升”的主题，就加强集团与海外企业之间沟通与对接，强化海外企业管理提出要求。推进集团国内外企业在业务、品牌、管理及技术等方面的协同，玛纳森公司利用中澳双方优势资源，完成450个货柜甜橙进口到中国市场，约占中国澳橙市场的40%。

七、推进现代生态高效循环农业建设

集团全年粮食种植面积61.2万亩，其中麦子种植27.9万亩，水稻种植33.3万亩，稻麦合计单产1046公斤，再创历史新高。光明米业集团长江农业公司万亩麦子示范方获上海市万亩方一等奖。按照环保部、市环保局的要求，集团全面开展畜禽养殖场粪污综合治理专项整治工作，制定畜禽养殖综合整治工作方案，并对区域内畜禽养殖场粪污治理开展多次专项督查，确保限期完成整改并达到农业排放环保要求。

八、加强干部队伍和人力资源建设

集团举办以“形势、任务、责任、操守、能力”为主题的领导干部学习班，学习贯彻习近平总书记系列讲话精神。举办中青年人才培训班，41人参加培训。集团共完成21个培训项目，培训人次3165人。继续实施人力资源信息化二期项目，15家单位已上线，录入590个法人单位，5300多个部门，1.8万多个岗位，4万多名员工，基本实现了全覆盖。

九、强化内部管控体系建设

集团推进专项治理工作，1月，开展“以案为鉴、强化内控、遵守准则、筑牢防线”为主题的管理警示教育月活动。4月，开展以“风险、责任、诚信”为主题的食品安全警示教育月活动，强化领导干部的底线思维、责任意识、诚信意识和规范意识。全年共新制定14项制度，修订5项制度，废止1项制度。抓好内审工作，全年完成审计项目937件。

十、改善民生，构建和谐企业

推进农场职工旧住房综合改造工作。构建和谐劳动关系，落实企业员工收入和发展效益同步增长机制，集团全部从业人员报酬同比增长超过8%，全部在岗职工报酬同比增长超过9%。继续抓好信访稳定和安全生产工作，全年未发生重大的不稳定事件和安全生产事故。

【2016年发展趋势】

2016年，光明食品集团的总体思路是以“夯实基础，稳中求进，聚焦重点，提质增效，放大优势，狠抓落实”为工作主基调，推进实施融合、品牌、渠道和平台等四大战略；推进食品产业和地产、金融的“一体两翼”产业布局和建设；推进以“环境优美、产业先进、生活优越”为标志的殷实农场建设；推进“盘土地、盘资源、盘人才、盘资金、盘规则”等重点工作；推进集团全面信息化体系和风险防范控制体系建设，努力使集团成为上海特大城市主副食品供应的底板，安全、优质、健康食品的标杆，世界有影响力的跨国食品企业集团。

主要工作任务是：扎实推进殷实农场建设；着力推进模式转型和创新工作；进一步强化投资并购和全过程评估工作；继续推进改革改制和清产核资工作；积极推进集团品牌一体化建设；不断加强人力资源和人才队伍建设；全面构建内部管控和风险防范体系；继续做好保障和改善民生工作。

（朱 平）

中国华信能源有限公司

【概况】

中国华信能源有限公司（以下简称中国华信，CHINA CEFC ENERGY COMPANY LIMITED，英文缩写 CHINA CEFC）是集体制民营企业，2002 年由叶简明创立，主营能源、金融。目前拥有两大集团公司、9 家一级公司和 A 股上市公司，参股海外多家上市企业，各类人才近 3 万人。

中国华信以获取海外资源为战略，通过产业经营和产业投资带动，建设有组织的能源国际投行与投资集团。公司在欧洲建立油气下游终端，依托终端获取上游油气股权与权益，组建强大的金融与投行团队和独立国际贸易商团队，建设金融全牌照推动公司战略，通过能源产业经营和金融体系服务带动，降低成本，增加金融与物流利润。同时，公司在捷克设立第二总部，开展国际投行与投资，参股主要财团，控股银行，对接服务国家“一带一路”战略，重点投资航空、飞机制造、特种钢、食品、核电等企业，与国有大型企业发展混合经济走出去，引进先进技术和管理经验，推动国内国际产能合作，助力国内产业升级和供给侧改革。

中国华信积极探索民营企业发展之路，以“由力而起，由善而达”的为商之道构建企业核心价值体系，创新经营管理模式，实行总部战略与财务管控及子公司合伙制相结合的运营机制，推进业务专注化、人才专业化、资产证券化和管理精细化。2015 年蝉联《财富》世界 500 强，进入世界品牌 500 强，被评为“中国最具影响力企业”“中国最具国际竞争力十大领军企业”，连续 5 年荣获“中国十大慈善企业”称号。

【2015 年经济工作情况】

2015 年，中国华信在多个战略结点取得突破性进展，通过谈判达成战略合作协议，参与组织实施的重大合作项目有：

1 月 21 日，与中国太平签订战略合作协议，双方将共设投资基金平台，在项目资源整合、金融资产交易、资产证券化和互联网金融等多领域积极探索、深度合作、创新发展。

5 月 6 日，与阿布扎比控股集团签订《关于金融与能源领域合作的谅解备忘录》。

6 月 4 日，与俄罗斯联邦印古什共和国签订战略合作协议，双方就印古什境内油田改造与开发、成立能源投资银行、推动人民币境外结算等领域进行合作。

7 月 6 日，与俄气石油在圣彼得堡签署合作协议，收购俄气石油东西伯利亚贝加尔项目三个油田区块部分股权。

7 月 22 日，与中国化工油气公司签订全面合作框架协议，双方将在油气贸易、仓储物流、资本运作等方面展开合作。

9 月 5 日，捷克总统泽曼访问中国华信总部，并与上海市市长杨雄共同见证中国华信与捷克 Smart wings 航空、Medea Group 与 Empresa Media 传媒等多家企业签订战略合作协议。

10 月 10 日，捷克总理博胡斯拉夫 · 索博特卡、众议院议长扬 · 哈马切克与中国驻捷克大使马克卿共同见证中国华信与捷克足协签约收购捷克布拉格斯拉维亚足球俱乐部 60% 股份。

11 月 27 日，中捷两国总理共同见证中国华信与中捷中医项目合作方签订谅解备忘录，中国华信作为首席合作伙伴全力支持中捷中医项目合作。

12 月 14 日，中哈两国总理共同见证中国华信与哈萨克斯坦国家石油公司签署协议，收购哈萨克斯坦国家石油国际公司 51% 股份。

12 月 25 日，中国华信与台湾地区“中油”签署乍得油气区块股权转让协议，中国华信获得台湾地区“中油”乍得三个油气区块 35% 的股权及油气权益。

【2016 年发展趋势】

2016 年 3 月 30 日，在中捷两国元首共同见证下，中国华信与捷克 J&T 金融集团签订协议，控股 J&T 银行 50% 股权，成为首家控股欧洲银行的中国民企。公司将通过 J&T 银行获取海外低成本资金，进一步加大贷款换石油业务获取上游油气权益，同时与国内外银行等金融机构开展同业合作及跨境结算业务，并通过 J&T 银行进一步在捷克及欧洲收购银行，扩大银行及金融体系规模，以金融服务产业战略，对接“一带一路”投资合作。

中国华信控股哈萨克斯坦国家石油国际公司，迅速建立欧洲油气终端规模化体系，并利用哈石油国际在多个国家的分支机构，扩大上游资源空间和发展下游终端体系。公司将进一步收购意大利、西班牙、罗马尼亚、保加利亚、德国和瑞士等国家的1万多座加油站和配套油库，并依托欧洲终端，重点在中亚、中东和非洲地区投资开发上游油气资源，获取油气股权及长期稳定的石油权益。

中国华信继续推动国内外石油中转站和储备基地建设，完善在欧洲和中东地区的石油储备库系统，加快海南洋浦二期及日照、青岛、珠海等地石油储备基地和原油码头建设，加速与中铁、国储、中船合作的石油储运物流体系建设，提高储备周转率和利润。

中国华信以捷克为支点加大投行投资，重点打造航空旅游和工业制造两大板块，与大型国有企业共同整合国内外资源，实现资产证券化。

（办公室）

上海锅炉厂有限公司

【概况】

上海锅炉厂有限公司是中国创建最早、规模最大的大型电站锅炉、核电设备及压力容器制造企业，是共和国锅炉产业的摇篮。经过半个多世纪的开拓进取，公司围绕发电装备、环保装备、化工装备、成套服务四大市场板块，形成了超超临界技术、特殊煤种锅炉技术、超净排放技术、煤气化技术、先进加工制造工艺技术、成套技术等六项核心技术，现已成为国内最具技术竞争力、最具市场影响力的电站锅炉成套设备供应商。

公司现有产品涵盖50MW~1240MW燃煤／燃油／燃气发电机组锅炉，6B~9H联合循环发电余热锅炉，电站锅炉脱硫、脱硝、除尘成套超净排放设备以及大型化工装备等。产品遍及国内各省、市、自治区，行销世界几十个国家，并创下数十个“中国第一”。

【2015年经济工作情况】

2015年，公司围绕“始终坚持以先进的技术为客户提供优质的产品和高效的服务”的指导思想，全体员工团结一致，奋发进取，实现了“开源节流，订单实现，实现订单”的年度发展目标，平稳推动了公司各方面的发展。

一、市场销售取得新业绩

公司配合集团全年完成新接锅炉订单43台，订单承接金额再次突破百亿元。其中，山西盂县2×1000MW超超临界塔式锅炉，是至今为止公司签定的主蒸汽量最大的间接空冷项目；赵庄金光项目，是电站集团十年来承接的最大国内EPC项目，粉煤灰、渣、石膏等100%综合利用，废水100%回收利用，真正实现“零排放”，达到业界领先水平；华电莱州二期项目，是公司继泰州项目、北海项目成功中标的又一个高参数、大容量机组。

公司在新产业板块取得巨大突破：首个海外余热锅炉供货合同——具有自主技术的土耳其卡赞HRSG锅炉岛项目，实现余热锅炉业务海外市场零的突破；国产首台质子仪旋转机架项目中标，是公司在医疗装备领域获得的又一里程碑；台湾和平电厂GGH传热元件备件合同，成为公司成功进入台湾市场的首面旗帜。

二、项目执行获得新进展

2015年，世界首台——泰州百万千瓦超超临界二次再热锅炉成功投运，其发电效率、发电煤耗和环境指标创下三个“世界之最”；国内首台——淮北平山66万千瓦超超临界塔式锅炉投运，标志着国内首台66万千瓦超超临界国产塔式锅炉、国内首次优化设计66万千瓦超超临界机组回热系统的成功；公司首台——朔州35万千瓦超临界循环硫化床锅炉正式投运，其系统安全性、稳定性、可靠性和主要经济技术指标均处于国内同类型机组的优秀水平；公司自主知识产权——660MW超超临界Ⅱ型锅炉多台投运，为进一步开拓市场，尤其海外市场，奠定坚实基础；锅炉岛成套业务——泰国SKIC硫化床锅炉岛项目完成试运行和性能考核试验，充分证明公司在成套工程方面的实力。

三、技术发展赢得新突破

公司不断推进产品系列化、部件模块化、组件通用化、零件标准化工作。开发关键技术，发挥试验平台作用，提升产品的市场契合度。加强工艺研究能力，改进工艺措施，促使产品结构优化，巩固和提高产品制造的可靠性。全年公司获得各类科技奖10项，有力支撑了市场竞争。

此外，质量管控方面，公司高度关注并有序开展体系及资质维护工作，确保体系高效运作；全面梳理产品实现过程中的风险点，全方位监控产品制造，有效提升产品实物质量；积极推进信息化管理手段，完善供应链建设；加强质量意识教育和质量文化宣贯，将质量条文演变成员工实实在在的行为。公司多措并举，进一步提升产品质量，筑牢企业发展的生命线。

四、生产制造得到新提升

1．生产制造方面，创新实施“大计划”方案，确保公司一、二级计划的衔接与配合，提高计划执行准点率。梳理生产瓶颈，平衡厂内外产能，整合厂内外资源，为厂内外制造单位满负荷生产创造有利条件，满足项目关键节点需求。

2．高效服务方面，不断优化工地问题处置流程，缩短处理时间，并施行调试服务前期介入机制。从全年客户的反馈情况来看，业主对上锅技术服务的专业水准、工作责任心和服务意识满意度都在上升。

3．管理改进方面，不断优化现有的制度体系，打造出一套系统、科学、严密、规范的企业内部制度流程体系，同时以“中国制造 2025”为契机，发挥信息系统优势，促进数据的真实、透明，实现从静态的事后管理到动态的事前、事中管理。

4．安全管理方面，层层落实安全生产责任制，形成了“广覆盖、专业化、高效率”的安全管控模式，全年多次开展安全大检查、危险化学品专项检查、“打非治违”行动，加强了相关方安全监管，确保了安全生产大局稳定。

五、人力资源达到新水平

公司着眼人才战略，强化人力资源管理，不断优化人员结构，为企业发展提供强有力的支撑。建立科学的人员流动机制，为员工搭建发挥能力的舞台，实现企业与员工的双赢。优化绩效管理模式，加大绩效考核力度，落实绩效考核结果，形成覆盖全员的绩效反馈沟通机制。围绕“鹰系列”人才培养和各级各类岗位人才培训，全年共开办 128 个班级，培训 10400 人次。组织全体中层干部进行《干部领导力提升》的线上、线下培训，组织后备干部参加电气党校专项培训，为公司可持续发展提供不竭动力。

【2016 年发展趋势】

2016 年，公司继续打造“始终坚持以先进的技术为客户提供优质的产品和高效的服务”为主的核心竞争力，通过“创造力、市场力、产品力、执行力、管理力、凝聚力”等“六个力”的建设，持续改进，补足短板。

提升“六个力”的建设。一是提升创造力，增强培育先进技术的能力，在产品和技术上实现更高的参数、更高的可靠性、更高的效率、更低的排放、更广的煤种、更好的调节性；二是提升市场力，从产品技术、成本控制、客户沟通与产品推介等方面进行市场支持，以提高获取订单的能力；三是提升产品力，合理调配资源，优化业务流程，攻克项目执行、物料采购、生产制造等方面的瓶颈，强化产品实现的能力；四是提升执行力，通过全面的管控能力、先进的设计技术、高超的制造水平、明确的施工指导和精确的产品调试，来提升保障优质产品的能力；五是提升管理力，以持续的管理改进与创新，解决管理实践中遇到的各种问题，推动企业高效管理，为客户提供高效的服务；六是提升凝聚力，通过员工和干部队伍建设，形成企业的活力和合力。

（何　早）

上海电气电站设备有限公司上海汽轮机厂

【概况】

上海电气电站设备有限公司上海汽轮机厂（以下简称上海汽轮机厂）是国家装备制造业大型重点骨干企业，担负着电站设备制造的重任，是我国汽轮机生产的摇篮。

上海汽轮机厂创建于 1953 年，1995 年后与西门子西屋公司合资成立上海汽轮机有限公司。2007 年，上海汽轮机厂与上海汽轮发电机有限公司、上海动力设备有限公司新设合并成立上海电气电站设备有限公司。产品以火电汽轮机、核电汽轮机、燃机及联合循环机组为主。现有员工约 3000 人。占地面积约 50 多万平方米，其中厂房面积约 21 万平方米。公司主要生产设备 1000 余台，计量、理化试验手段先进，拥有计算机中心、自动化控制中心。

【2015 年经济工作情况】

2015 年，是“十二五”规划的收官之年。上海汽轮机厂面对国内外市场竞争激烈、产能过剩的严峻考验，立足当前、着眼长远，积极应对困难，制定中长期发展规划。在全厂员工的共同努力下，全年圆满完成了各项任务。

一、经济运行步伐稳健

2015 年，上海汽轮机厂实现营业收入 60.17 亿元，在全面完成销售任务的同时，较好实现对存货和现金流的有效控制，应收账款也控制在预期范围内，有力地抵御和防范风险，使企业经济运行始终处于健康态势。

二、产量继续保持高位

面对再创新高的排产任务，上海汽轮机厂以用户需求为导向，紧抓重点机组和用户急需机组，细化排产、整合资源，优化人员配置，强化计划、制造、技术、采购协同机制，围绕关键路径梳理低压转子加工、转子轴颈堆焊、核电焊接转子、阀门堆焊、装配等制造瓶颈，及时协调各类资源提升效率和产能；针对技术瓶颈，完善技术准备计划管理；针对部分长周期关键资源的保障，推进供方提前介入和计划框架协同。通过采取一系列举措，确保了机组按时出产，企业整体交货能力得到提升，共完成商品成套 3354.11 万千瓦，完成机组成套93台。

三、技术创新取得成果

上海汽轮机厂依托“六大领域”战略，在技术创新上取得一定突破。大火电领域：自主设计的世界首台超超临界二次再热1000MW汽轮机组已成功投运，其综合性能达到全球最优。大核电领域：依托于卡拉奇项目，在国内竞争对手中率先获得百万等级核电汽轮机整机出口的业绩，机组设计性能达到同类产品的世界水平。燃机产业通过建立自主技术体系，推进技术资料转化，全面引进多种机型的燃机。工业透平领域：顺利实现首台海外生物质发电投运。服务领域：积极开展现场加工能力提升的研究，极大地提高了现场加工部件的能力。海外市场：无论是我国首台出口的百万等级核电汽轮机卡拉奇项目，具有热耗优势的印尼棉兰项目，还是常规燃煤发电项目均以更新的技术、更高的质量、更好的服务，不断开拓海外市场，提高机组在国际市场的竞争力。

四、企业管理水平不断提升

上海汽轮机厂在工业4.0的背景下，围绕中国制造2025理念，信息化建设树立全局观念，绘制一幅符合企业未来业务发展前景的数据化企业蓝图。在充分调研的基础上，制定了数字化企业的蓝图制定和具体方案，并在车间展开试点，逐步实现从技术、工艺到车间的现场管理，在整体业务流程上实现数字化管理。

现场管理是企业管理的基础，是产品质量的基本保证，更是提升企业竞争力非常重要的内容。上海汽轮机厂以车间创星级管理现场为契机，通过现场咨询诊断，找出管理上的短板，吸收先进管理理念，不断推动管理水平地提升。2015年又有两个管理项目分别获得上海五星级现场和上海四星级现场。至此，企业所有制造车间均获得星级现场评价。

【2016年发展趋势】

2016年是“十三五”开局之年，也是上海汽轮机厂转型发展的关键阶段。全厂将始终聚焦国家能源战略，以市场为导向，加快“六大领域”转型发展，建立企业新的竞争优势；持续深化竞争力提升，不断降低企业盈亏平衡点，努力实现效益提升；始终坚持“技术领先、质量可靠”的市场竞争策略，巩固行业排头兵地位，迈入国际第一梯队。

主要措施：巩固提升技术优势，主要产品确保达到国际先进水平；持续改善竞争能力，实现产品成本和固定成本双下降；加快转型发展，提升服务业务能力和规模；对标分析差距，改进提高，推进企业国际化进程。

（从　茜）

上海上电电力运营有限公司

【概况】

上海上电电力运营有限公司（简称公司）系上海电力股份有限公司（简称上海电力）旗下全资子公司，为央企国家电力投资集团公司（简称国家电投）三级单位。公司是一家以电力运营服务为主要经营活动的企业，拥有丰富的电厂运行管理经验。近年来，随着上海电力实施“走出去”战略，公司也走出国门运营服务，成为上海电力践行“一带一路”战略的重要平台。

【2015年经济工作情况】

2015年，公司践行“一带一路”战略，坚持精益管理、坚持创新发展，取得良好的社会效益和经济效益。

一、转型升级，着眼两大市场机遇，多领域提升价值创造能力

自2014年以来，公司先后开发青海西宁火电、新疆哈密燃机、伊拉克华事德、土耳其阿特拉斯等项目，这些项目的地域均处于“丝绸之路”和“一带一路”的核心地带，战略意义与发展前景十分深远与光明。

1．国内市场：调整结构开辟高效项目

公司重视项目的调整结构和优化布局，通过承接具有较高科技含量的项目，做实专业化公司。6月，公司在承接漕泾电厂2号机组洁净排放工程基础上，又承接漕泾电厂1号机组洁净排放工程的生产运行管理工作。此外，与青海黄河上游水电开发有限责任公司签订西宁火电2台60万超超临界机组生产准备阶段的技术支持服务项目，与新疆哈密宣力燃机电厂签订两台9E级燃机的投产前委托运行和咨询服务项目。

2．国外市场：优化资源辐射品牌效应

（1）伊拉克华事德项目。华事德电厂在完成一期4台30万千瓦的基础上，2015年完成二期2台60万燃油机组的全部生产准备工作，并于6月底顺利结束RTR试验，投入使用。为应对伊拉克高温缺电局势，公司制定详细的保电措施，将职责落实到岗位与个人，确保一、二期6台机组顺利完成迎峰度夏工作，以优异的服务提升上海电力“海外品牌”形象。

（2）土耳其阿特拉斯项目。阿特拉斯电厂两台机组自2014年8月9日和12月20日分别投入商业运行以来，公司通过精细化管理和精心操作、维护，确保机组安全、高效运行。按合同要求，该项目于9月20日结束。但由于公司出

色的服务和精湛的技术，业主方要求在原合同上再延续两个月的运行指导和监督服务合同。11月20日，在经过精心准备后，两台机组顺利移交给业主方。业主方专门致函到上海电力，对公司的工作给予充分的肯定和感谢，并表达继续合作的愿望。该项目还获得中国电力建设企业协会颁发的2016年度中国电力优质工程奖（境外）。

二、精益管理，注重系统工具创新，高层次提升价值创造能力

从4月起，公司分别开展精益化管理提升、企业资源体系（ERP）建设等工作。按照上海电力的要求，从市场开拓、项目管理、运行管理、班组管理、党支部建设等14个方面多层次地开展精益管理提升工作。

1．精益管理增效益。严格控制各项成本，通过引入精益管理，在深化标准化流程的同时，用管控一体化标准来指导、监督各项工作。同时，大力压缩"三公经费"及非直接生产性费用开支，积极开展应收款项追讨等活动，年内共收到税收返还及财政补贴1125万元，其他费用支出也比上年减少1132万元。

2．精益管理保安全。牢固树立安全生产"底线"意识和"红线"意识，积极开展QHSE精益管理提升行动，成立精益QHSE专项提升小组，编制《工作任务分解表》；10月，依据安健环体系评估结果，运用"PDCA"闭环循环管理方法，对精益QHSE专项提升工作进行诊断，出台《精益QHSE专项提升诊断报告》。全年开展60余次的全厂停电、防汛防台、危险品泄漏、消防、反恐袭击等实际演练，共排查安全隐患975项，并有效治理。

3．精益管理出人才。为培养出符合公司发展的复合性人才，采用50：35：15薪酬分配体系中发展潜力奖金，促进员工跨专业、多岗位学习，并以此作为奖励的依据。

三、从严从实，增进党群工作和谐，纵深度提升价值创造能力

1．"三严三实"扎实开展活动。公司多次举办"三严三实"专题教育党课，学习贯彻习近平总书记系列讲话、"三严三实"专题教育活动要求，严格遵守党中央"八项规定"和国家电投"5条禁令，23个不准"要求，全年固定成本比计划值下降39%、生活费用成本比计划值降低16.89%；严格落实党委主体责任和纪委监督，强化干部的拒腐防变能力，全年未发生任何干部违法违纪事件；严格执行《贯彻落实"三重一大"决策制度实施办法》，对重大决策、重要人事任免、重大项目安排和大额度资金运作等事项，遵循集体决策、科学决策、民主决策、依法决策原则，由领导班子集体讨论作出决定。

2．"大党建"格局初见雏形。公司构建大党建工作格局就是以主辅并行为核心内容的各级党建工作网络建设。主线方面，以党委为核心，以支部为重点，以党小组为骨干，以广大党员为基础，形成"四位一体"的工作组织，实现由封闭型向开放型区域化转变；辅线方面，同步建设海外党支部，建立公司、项目部、党小组（班组）三级组织，形成横向部门联动、纵向三级互动，各负其责的工作网络。

3．"和文化"形成有益氛围。开展各项和谐活动，为职工多做实事，如组织"一日捐"、创建"工人先锋号"、评选服务明星、组织劳动竞赛及技术比武、参加上海电力首届龙舟赛及上海市"安康杯"竞赛（获优胜单位称号）等活动，其中，"一日捐"共收到捐款76830元，并为患病住院及特种重病职工理赔、支付帮困与助学金。

公司获上海市政府颁发的"上海市文明单位"，另有华事德项目运行部获"全国模范职工之家"、漕泾发电项目部辅控五值获上海市团队创新特色班组等荣誉。

【2016年发展趋势】

党的十八届五中全会提出创新、协调、绿色、开放、共享的发展理念，为公司新一年的工作指引了方向。

一、着力创新驱动，以精益管理思路，提升核心能力

1．创新驱动谋规划。公司提出"经济价值与社会价值双平衡"的价值定位，从市场营销、项目管理、客户服务等领域制定企业《战略地图》。根据国家电投、上海电力"十三五"规划要求，对《战略地图》给予完善及补充。

2．精益管理重服务。"精益管理的核心目标就是价值创造"，公司开展精益管理提升活动，根据落实情况，形成反馈意见并及时整改，以"首问负责制"要求，提升企业核心竞争力，从而反过来更好促进服务。

二、着力协调共进，以和谐促进观点，增强整体实力

1．实现安全生产与科技进步的协调。牢固树立安全生产"底线"与"红线"意识，坚持以问题为导向，定期分析、诊断和评估安全生产。在开展QHSE精益管理提升活动中，重视科技力量的运用，通过成立相关专业技术小组、建立生产管理流程系统、组织专业现场诊断等一系列精益化技术措施，及时分析、指导各生产任务，保证安全与生产的有效协调运转。

2．实现企业与业主方的协调。在提供优质电力运维服务的同时，必须保证业主的利益。实现与各方协调共进，确保企业间和谐共赢。

三、着力绿色环保，以永续发展理念，实现战略转型

1．拓展绿色能源项目。发挥在管理浦东机场能源上积累的热电联供经验优势，拓展更具绿色环保及科技含量的分布式供能项目。继续优化项目布局，调整资源结构，重点做好浦东前滩地区分布式供能项目的标准化流程开发，使之成为公司又一个具有竞争力及技术优势的专业工种。

2．做实优势资源项目。抓住上海电力陆续统筹各大电

厂的脱硫超净排放改造的机遇，以脱硫超净排放改造为契机，做实公司的优势项目，为公司可持续发展及转型升级打下坚实基础。

四、着力开放进取，以敢于向外气魄，践行“一带一路”战略

1．以开放的姿态去开拓。国家电投定下“到2020年海外装机容量达800万千瓦”的目标，为公司开拓和承接海外运维服务带来良机。公司要以开放姿态，敢于走向海外，发挥专业化技术及人才优势，建立一支精干的项目拓展及管理的团队，为上海电力践行“一带一路”战略当好先行者。

2．以创新的思维去经营。公司已取得商务部《对外劳务合作经营资格证书》及正努力争取海外电站O&M资质，这有利于公司对海外项目的整体推动。公司必须建立完整的风险评估体系及风险管控，适时在海外成立相应公司，以利于国际化经营的提升。

五、着力共享成果，以兼顾利益纽带，推动价值创造

1．完善保障体系。加大凝聚力建设，深化职工诉求、联系网络和后方服务队职责，坚持抓好外派职工、困难职工、离休职工的帮扶慰问，落实职工劳动保护、后勤保障和互助医疗保障措施，特别是保障职工在生产过程中的安全与健康，要健全职业健康档案管理的归口部门及工作流程，保护职工的各类权益。

2．完善分配机制。进一步完善薪酬分配体系及基于EVA价值创造的全员绩效考核体系，按照岗位、绩效、能力50:35:15的薪酬激励机制，引导和激励关键、核心岗位人才，促进人才梯队建设，实现创新分配模式，使“收入凭贡献”的分配理念制度化、长效化。

3．完善人事制度。发挥选人用人机制的驱动及“双通道”的作用，加快岗位胜任能力的培训及人才引进，加强一岗多能和“一备一”备岗培训，重点培养项目拓展与管理、海外发展等领域人才，解决公司转型升级的人才瓶颈制约。

（陈忠惠）

沪东重机有限公司

【概况】

沪东重机有限公司（以下简称沪东重机）诞生于1958年，现为中国船舶工业股份有限公司全资子公司。截至2015年12月31日，注册资本28.46亿元，公司在职员工3444人（含子公司）。

沪东重机于1958年成功制造出中国第一台船用大功率低速柴油机，1974年自主研制出中国第一台船用大功率中速柴油机，1978年起，陆续引进国外著名品牌大功率中、低速柴油机。经过近60年的风雨洗礼和历史积淀，沪东重机已经成长为国内最具实力的船舶动力装备企业。随着公司规模的扩大及业务的不断拓展，公司下属有中船动力研究院有限公司、上海中船三井造船柴油机有限公司、上海沪临重工有限公司、上海沪东造船柴油机配套有限公司、上海沪江柴油机排放检测科技有限公司等5家投资企业。

沪东重机在船用低速柴油机动力领域具有雄厚实力，大型船用主动力柴油机制造居国内龙头地位、跨入世界一流方阵。产品随船出口世界各地，获得了良好的市场声誉。2015年年底公司低速机年生产能力达到550万马力，产量位列世界第二，订单承接量位居世界第一，国际市场占有率达20%以上。秉承深化军民融合的理念，公司已形成完整的中、高速机产品系列，并在逐步加大军工能力建设。大功率防务主动力中速机国内份额第一，并开始进入高速机制造领域。截至2015年年底，沪东重机共制造各类柴油机2904台/4102万马力。成套设备方面，公司建造的地铁盾构、柴油机陆用电站以及为通用电气公司配套的产品已拥有良好的市场业绩，核电应急机组、动力系统打包等产品也逐步获取订单、打开市场。

1998年至今，沪东重机被认定为上海市高新技术企业。2004年被认定为上海市企业技术中心企业，2005年被认定为国家级企业技术中心（分中心），2009年被正式认定为国家级企业技术中心，成为国家船舶动力工程实验室的成员。公司通过了中国新时代认证中心GJB9001B-2009认证，获得了国家核安全局颁发的民用核电安全电气设备设计许可证和民用核电安全设备制造许可证。1999—2015年，沪东重机连续16年被授予“上海市重合同守信用单位”称号。

【2015年经济工作情况】

2015年，沪东重机经营范围：船用柴油机及备配件、铸锻件的设计、制造、销售；陆用电站、冶金设备、工程机械等成套设备、机电设备的设计、制造、安装、维修；相关的技术服务与咨询；建设工程钢结构制作及经商务部批准的进出口等业务转变为船用柴油机及备配件、工程机械成套设备、电站设备、机电设备、铸锻件和非标准钢结构件的设计、制造、销售、安装、维修及相关的技术咨询和技术服务，金属制品的检测服务，仓储（除危险品），贸易经纪与

代理，从事货物与技术的进出口等业务，新增了金属制品的检测服务、仓储（除危险品）、贸易经纪与代理等业务。

沪东重机完成工业总产值 59.01 亿元，比上年增长 6%。柴油机完工 253 台 /511 万马力，台份数增长 30%，马力数增长 25%，年产量创历史新高，首次突破 500 万马力。全年经营承接完成 69.69 亿元。柴油机承接 212 台 /466 万马力 /55.37 亿元，其中：中速机承接取得重大突破，达到 44 台 /36 万马力 /6.25 亿元，金额增长 33%；低速机承接完成 168 台 /430 万马力 /49.12 亿元，全球市场占有率达到 20% 以上。营业收入完成 61.64 亿元，增长 12%。利润总额超额完成集团下达的考核目标，实现效益持续增长。

沪东重机成功研制全球首台 WinGD 柴油机 SCR 系统，并实船使用；成功研制国内首台 MAN 柴油机 SCR 系统；自主品牌中速机 12MV390、小缸径低速机 6EX34/160EF 完成组装动车，并在 2015 年海事会上进行全球发布；WinGD 正式纳入技术研发体系。开展首台 MTU 高速机的试制、装配，并成功实现 MTU956-04、1163-03 技术许可协议的签订，扩大机型型谱；舰船动力能力提升全面启动；中船瓦锡兰中速机合资公司正式运行，完成中船三井二期厂房建设。

【2016 年发展趋势】

2016 年，沪东重机工作的指导思想是：全面贯彻党的十八大，十八届三中、四中、五中全会和习近平系列重要讲话精神，牢固树立创新、协调、绿色、开放、共享的发展理念，适应新常态，全面贯彻落实集团公司年度工作会议上提出的“改革创新、开放合作、调整结构、持续发展”的工作方针，履行好军工报国使命，改革创新、优化结构，为“十三五”发展开好局起好步。

沪东重机主要经济目标为：完成工业总产值 61.9 亿元，实现销售收入 66.9 亿元，承接金额 69.46 亿元，柴油机商品 250 台 /542 万马力。

主要工作为“六个着力”和“九项转型发展专项工程”。六个着力为：着力推进军工业务发展；着力推进安全质量管理；着力推进降本增效；着力推进业务拓展和能力提升；着力推进管理提升；着力推进党建、廉洁工作。九项转型发展专项工程为：加强党的建设，完成“十三五”规划和目标；改革管控模式，形成简洁、高效的运营中心；创新研发体系，重铸“中国动力”世界品牌；改革生产模式，实现模块化的智能制造方式；军民深度融合，力争成为世界第一动力装备；夯实配套基础，整合动力核心部件制造能力；创新体制机制，建设国际化的全球服务公司；优化业务架构，促进成套设备业务占比提升；整合监督资源，确保持续发展、盈利、受控。

（吕洪亮）

上海外高桥造船有限公司

【概况】

上海外高桥造船有限公司成立于 1999 年，地处长江之滨，是中国船舶工业集团公司（以下简称中船集团）旗下的上市公司——中国船舶工业股份有限公司的全资子公司，是一个注重可持续发展的现代化大型船舶总装制造企业，从业人员过万。公司全资拥有上海外高桥造船海洋工程有限公司、控股上海江南长兴重工有限责任公司、上海外高桥造船海洋工程设计有限公司、中船圣汇装备有限公司、上海中船船用锅炉有限公司。

公司自成立起就确立建造世界一流产品的目标，产品类型覆盖散货轮、油轮、超大型集装箱船、海洋工程钻井平台、钻井船、浮式生产储油装置、海洋工程辅助船等。公司自主研制的好望角型绿色环保散货轮已成为国内建造最多、国际市场占有率最大的中国船舶出口“第一品牌”。好望角型散货船多次荣获“上海市名牌产品”；11 万吨级阿芙拉型原油轮获得“中国名牌产品”称号。在海洋工程业务领域，公司先后承建并交付了 15 万吨级、17 万吨级、30 万吨级海上浮式生产储油装置（FPSO），标志着我国在 FPSO 的设计与建造领域已位居世界先进行列。3000 米深水半潜式钻井平台是世界上最先进的第 6 代深水半潜式钻井平台，作业水深 3000 米，钻井深度达 1 万米，被列入国家“863”计划项目。公司于 2011 年圆满完成“海洋石油 981”项目的建造、调试任务及其相关的国家“863”计划和上海市重大科技专项的结题工作，填补了我国在深水特大型海洋工程装备制造领域的空白。2014 年，该项目荣获国家科技进步特等奖。公司正在建造的海洋工程产品有 JU2000E 型和 CJ46 型、CJ50 型自升式钻井平台。公司在自升式钻井平台领域已形成了系列化、批量化的建造和交付能力。自 2005 年起，公司造船总量和经济效益始终保持国内造船企业前列。2011 年，公司完工交船 36 艘，成为国内首家年造船完工总量突破 800 万载重吨大关的船厂。2013 年 10 月，公司成功交付建厂以来的第 300 条船。截至 2015 年 12 月，公司已累计交船 370 条船。

【2015 年经济工作情况】

经济贡献方面：公司完成营业收入 164.53 亿元，实现工业总产值160亿元。

经营承接方面：公司新船承接、手持订单、造船完工三大指标国内排名第一，国际排名继续位居前5。新船承接逆势增长，重点关注当前细分市场行情较好的油轮、气体运输船、集装箱船，抓住“国轮国造”的政策机遇，统筹做好经营承接。公司全年承接新船订单24艘，年末手持订单金额比上一年度增长12%。订单结构进一步优化，公司手持订单84艘（座），合计1356.82万载重吨。10920/20000/21000箱三型集装箱船，15.8万吨苏伊士油轮、11.3万吨阿芙拉油轮、8.5万方VLGC都是首次承接的新产品。公司经营总体呈现出超大型集装箱船表现突出，油轮总体稳定，气体运输船稳中有升，形成丰富的产品线。2015年也是公司豪华邮轮项目的实质性起步年。在中船集团的总体部署下，已签署成立邮轮船东公司协议，正在紧密协商成立邮轮造船总包公司协议。邮轮建造所需设施投资方案已上报中船集团审批，公司豪华邮轮项目部正式成立。民船方面，完工交船29艘，在交船项目中，新产品亮点突出，首次建造的3艘18000箱集装箱船全部比合同期提前交付，获得船东的奖励，首船建造周期14个月，接近韩国水平；首次批量承接的8.3万方VLGC全部实现高质量完工交付，一举奠定公司在超大型集装箱船和气体运输船建造领域的世界领先地位，极大提升我国船舶工业的国际市场形象。海工方面，完成海工平台生产大节点8项，实现1座开工、2座下坞、4座出坞、1座技术完工，海工生产总体上稳中有进，并完全掌握“陆地建造”和“船坞建造”两大技术，形成JU2000E、CJ46、CJ50三大主流船型多元化、批量化建造格局。

【2016年发展趋势】

2016年，公司经营方针是：做稳主业、突破高端、深化内控、防范风险。管理主题是：稳定、执行。在国家关于“发展海洋经济”、“建设海洋强国”等一系列强有力政策的指引下，造船企业在艰难的市场形势中也蕴含着独特的发展机遇。公司将更加注重创新驱动、更加注重协调发展，更加注重绿色发展，更加注重合作开放，更加注重和谐共享，不断提升公司在国际市场上的综合竞争力。做好六项工作：确保实现经济发展目标；千方百计加强订单承接；继续把安全和质量管理作为第一要务；加快豪华邮轮项目推进步伐；以建模2.0为抓手，大力推进智能制造；加强重大风险识别、分析和应对。

（严　超）

江南造船（集团）有限责任公司

【概况】

江南造船（集团）有限责任公司（以下简称江南造船）是中国船舶工业集团公司的控股子公司，是我国最大、历史最悠久的造船企业之一，是国家特大型骨干企业和国家重点军工企业，是首批40家国家级技术中心单位之一，全国首批6家技术创新重点单位和16家国外智力引进试点企业之一。

公司的前身是国内外闻名的江南造船厂，诞生于1865年，1953正式更名为江南造船厂，在中国近代史上被誉为“中国产业工人的摇篮”。1994年，江南造船厂进入百家国有企业现代企业制度试点行列，1996年顺利实行公司制改制。2000年中船集团公司内部优化组合，江南造船（集团）有限责任公司与求新造船厂实施资产重组。2005年为贯彻落实党中央、国务院领导关于“大力发展造船工业”的精神和配合上海世博会的召开，公司开始搬迁至长兴岛，并于2008年完成公司整体搬迁。

现今的江南造船按照现代化造船模式的要求规划布置，并按区域化生产组织体系进行造船生产，形成军民结合的现代化总装建造生产线。公司拥有现代化的军、民品建造体系，不仅完全具备承接各类水面、水下高新产品的能力，同时还可建造各型散货船、集装箱船、油船、液货船、海工辅助船、科考船、海监船等各类民用船舶产品。年造船能力逾150万载重吨。其中，巴拿马型散货船在国内外享有声誉，新型的第七代“中国江南型”巴拿马型散货船各项指标处于国际领先水平。除满足国内用户需要外，公司民品还远销国际市场，包括德国、美国、意大利、加拿大、比利时、瑞士、丹麦、挪威、希腊、马来西亚、新加坡和中国香港等多个国家和地区。

以全面搬迁长兴岛为标志，江南造船又站在新的历史起点。公司将继续弘扬“爱国奉献、求实创新、自强不息、打造一流”的江南精神，以“讲百年信誉，出一流产品”的质量方针为指导，为实现“第一军工造船企业”而不懈奋斗。

【2015年经济工作情况】

2015年，江南造船完工量70.59万载重吨，完成修正总吨60.86万修正总吨，交船19艘，全面完成公司的交船目标。全年实现收入131.48亿元，利润总额2.16亿元。

一、加快产品结构调整，多元化发展初见成效

江南造船大力发展液化气船、科考船等高端产品，通过

产品结构转型，做强了江南液化气船、公务船品牌。在年度民船承接业绩中包含3型液化气船及1型深远海科学考察船，其中1艘8.4万立方米VLGC项目，是中国船企首次取得欧洲主流液化气船船东的VLGC订单，标志着江南造船正式进入主流超大型液化气船市场。同时，江南造船在年底交付由公司独立设计并制造的首艘8.3万立方米VLGC，此船安全顺利交付为江南在VLGC设计和建造领域赢得了良好的业界口碑。在公务科考船领域，江南造船在经历激烈的投标竞争后，最终凭借着优秀的建造方案及令人信服的建造能力夺得中国海洋大学新型深远海综合科学考察实习船（“东方红3”船）的建造标。具备“东方红3”船高技术要求的科考船在国内尚无首例，在国际上也是屈指可数。该项目的顺利承接对于公司拓展公务科考船领域市场具有十分重要的经营战略意义。

二、坚持“军民融合”，自主创新，加快科研步伐

江南造船集中优势科研力量开展极地科考船、远洋科考船、新型深远海综合科考实习船、化学品船、水声船、浮标船等高技术船项目的研究开发，科技投入金额达47239万元，研发金额达40779万元，分别占主营业务收入4.22%和3.64%。江南造船完成专利申请53件，其中发明专利18件（包括国防专利3件），获得授权的专利共34件。截至2015年年末，江南造船共拥有有效专利161件，其中发明专利36件（包括国防专利4件），实用新型专利125件。针对公司主营船型之一的液化气船开展的“液化气船百件专利工程”已初具规模，专利申请量达到66件，其中发明专利申请量43件，占比65.2%。

三、突出质量策划，强化自主管理，持续质量改进

在质量量化指标考核方面，全面超额完成公司既定的各项质量目标：民品对外一次交验合格率96.6%（考核指标≥87%），高新对外一次交验合格率100%（考核指标≥98%），各项指标均达到考核要求，未发生重大质量事故。同时，为了确保公司质量管理文件的充分性、适宜性与有效性，公司继续建立健全质量管理体系，对质量管理方面的管理制度进行修订，共完成《供应商违纪违规问题处理的管理规定》《船用合格供方管理规定》《不合格品管理规定》《可靠性信息处理管理规定》等14篇质量管理规定，细化各相关部门职能职责、业务流程等。此外，注册QC小组数86个，历年来已登记注册QC小组累计数达到2503个，QC小组普及率为25%，共取得QC成果30个。

四、全面推进信息化建设、大力推进“两化融合”贯标

江南造船公司大力推进数字化车间建设，结合数控设备和关键工位的数字化改造，紧扣关键工序数字化，生产现场物流化，促进预处理、成型、切割、焊接等关键制造环节的数字化技术应用，提升船舶制造精度及建造质量。另外，成立两化融合领导小组和两化融合工作小组，开展从高层管理者到一般管理人员的宣传落实，完成企业两化融合水平测评工作，形成《两化融合管理体系现状调研及差距分析报告》和《两化融合现状评估报告》，编制1份两化融合管理手册、14份程序文件，梳理31份相关管理规定，建立两化融合管理体系，完成试运行，并顺利通过内审、管理评审以及三方认证审核，为公司更好开展信息化建设提供制度和体系保障。

【2016年发展趋势】

一、进一步理清公司的产业发展思路

在做大做强主业的同时，进一步推动公司辅业的专业化发展。以构建高新产品全寿命保障服务体系的机遇，做大公司修船业务，最终形成主辅协同、结构合理的良性产业结构。在加强与江南造船协同发展的同时，江南管业要进一步强化自身产品能力建设，拓宽产品范围，加强其他市场和非船市场的开拓。在做好保障房业务的基础上，地产业务要加强工程管理能力的提升，为承接更多其他业务做好准备。随着江南职工医院的批建，进一步做大做强做精公司的医疗服务业务。

二、进一步强化构建面向造船主业方面的管理能力

构建全过程的成本管控体系，以目标成本和费用预算为核心，有效管控成本。在生产管控方面，以推进建模2.0为契机，推动公司形成军民一体的计划调度体系。进一步促进公司造船模式的转变，形成规范化以中间产品为中心的现代化区域造船模式。

三、进一步提升公司全面信息化水平

以两化融合体系建设为抓手，加快通过部署GS数字造船系统和CATIA三维建模仿真系统，全方位推进两化融合。通过GS系统，将公司的质量管理、生产计划管控、物资物流与配套、财务管理等各项管理流程有效集成。打通与生产现场装备的数字集成与应用，最终实现生产、设计、建造和管理的全面信息化。

（陈桂明）

沪东中华造船（集团）有限公司

【概况】

沪东中华造船（集团）有限公司（以下简称沪东中华公司）是中国船舶工业集团公司所属的骨干核心企业，是集造船、海洋工程、非船三大业务板块为一体的综合性产业集团，主要生产区域分布在上海的浦东、浦西、长兴岛和崇明岛。

沪东中华公司具有雄厚的船舶开发、设计和建造实力，产品以军用舰船、大型LNG船、超大型集装箱船、海洋工程及特种船为主。公司先后为商船三井、东方海外、地中海航运、中远集团、中海集团等国内外船东建造过LNG船、LPG船、大中型集装箱船、化学品船、滚装船、油船、散货船、客货船、特种工作船、军舰和军辅船等各类船舶3000多艘。产品远销亚洲、欧洲、非洲、大洋洲、南美洲等40多个国家和地区，广受国内外船东和各界好评。同时，公司建造的南浦大桥、京城大厦、上海证券大厦和干式30万立方米煤气柜等大型钢结构工程在国内有较大的影响。

沪东中华公司管理的资产规模超过380亿元，生产与配套基地近480万平方米，码头岸线7300米，系泊码头19座，30万吨VLCC级干船坞5座，7座600吨以上龙门式起重机，大量自动化设备，以及国际先进的生产流水线。公司拥有一流的国家级企业技术中心、国家能源LNG海上储运装备重点实验室、博士后工作站以及1100余名科研开发技术人员，科研开发力量强大，信息化管理手段先进。

【2015年经济工作情况】

2015年，沪东中华公司实现工业总产值183.7亿元，比上年增长6.6%；实现营业收入181亿元，增长10.2%，产值及营业收入均创造历史新高；实现利润2048万元，增长27%。公司完成大节点106项，上升3.9%，造船完工24艘/140.35万吨。全年承接合同金额202.44亿元，增长29.6%。在民船行情极其低迷的态势下，军工经营发挥了中流砥柱作用。至12月底，公司手持船舶订单72艘/478.003万吨，手持合同总金额417.03亿元。世界首创G4型4.5万吨集滚船首船顺利交船，C28A军贸项目首船实现国内交付，美孚LNG船连续交付3艘，尤其是所有军品项目全部实现节点目标。

沪东中华公司完成63个询价及招标项目的报价及方案准备工作，新研发19500TEU集装箱船等8型新船具备接单条件，自主研发的LNG-FSRU项目已签署合同，即将宣布生效，中国LNG高端装备领域的重大突破在即。公司向国家有关部委新申报科研项目5项；开展各类国拨经费支持科研项目32项；成功申请专利130项；主编完成国家和行业标准14项，制修订企业标准105项；6项科技成果获奖。公司获得2015年国家质检总局颁布的“中国质量奖”提名奖荣誉称号，并通过“中国工业大奖”初评。LNG船获国防科技工业军民融合发展“产业先锋奖”荣誉称号。

【2016年发展趋势】

2016年是我国推进供给侧结构性改革的攻坚之年、“十三五”开局之年。沪东中华公司要进一步强化科研开发和基础技术研究，不断优化和开发满足市场需求，性能优异的领先产品，确保核心产品技术优势；提前介入军工装备总体设计和工艺工法研究，确保在新型首舰研制方面的优势占位；全面深化改革，转变造船模式，推进管理创新，提高生产效率和经济效益，突破接单和盈利瓶颈，实现公司平稳持续健康发展。

2016年，预计完成工业总产值195亿元，同比增长6.3%；营业收入195亿元，增长8.3%；利润2500万元，增长22.1%；经营承接214亿元，增长5.7%；承接5万吨钢结构填补2016年物量缺口。造船完工任务目标为27艘/157.663万载重吨，工作目标为31艘/183.928万载重吨。

（庄建国）

上海航海设备有限责任公司

【概况】

上海航海设备有限责任公司是由历史悠久、在船舶业享有盛名的中国船舶工业集团公司(CSSC)直属上海航海仪器总厂利用数十年军工技术成果开发成功的主要民品和军民共用产品的经营实体改制组建的现代企业。公司早在1996年11月就通过ISO9001质量认证，公司主营的船用设备及机舱自动化系统、液压元件及系统等，其制造质量在国内堪称一流。

2015年，公司正在进行“上市新三板”的筹备工作，定于2016年1月更名为上海史密富智能装备股份有限公司，从事智能装备、机电一体化自动控制的设计与制造。加强并参与哈尔滨机器人集团下属的上海历炫智能科技有限公司、摯优机器人（上海）有限公司、国家电网下属的上海置信电气等单位的合作与改造项目。

【2015年经济工作情况】

2015年，公司完成工业总产值5050万元，其中出口产值21万美元；销售收入5115万元，税利总额515万元。完成船用产品产值175船/套合2200万元，完成非船产值2850万元。

公司平均从业人数为140人。

公司多年被评为上海市高新技术企业和上海市科技小巨人（培育型）企业。用于船用驾驶室控制台配套的航行灯/信号灯控制系统产品取得了中国船级社颁发的船检认可证书。用于变压器行业的新型非晶合金带剪切生产线已被国家电网各大变压器及铁芯制造企业广泛应用。船用液压舱盖系统已大批量实现装船使用。此外，公司研发的用于船舶舵机、锚绞机等液压控制阀组被各大船厂所选用，手动比例流量方向复合阀系列已研制成功可将替代进口并提供用户使用。

公司主导产品二通插装阀通过一系列的技术改进和升级换代，整体上达到优于或领先于国内同类产品，接近或同步于国际产品的水平，可以替代国外Rexroth等进口产品。

【2016年发展趋势】

2016年，更名后的上海史密富智能装备股份有限公司坚持以科技创新为宗旨，注重新技术、新领域的开拓和发展。利用雄厚的技术力量和先进的管理机制，不断调整产品结构，重点加强机器人智能装备、机电自动化控制、液压元件及系统的市场开拓与应用。加强船用液压控制系统产品的开发。公司愿以“一流产品、一流服务”与广大客户共创未来。

（刘国跃）

上海船厂船舶有限公司

【概况】

上海船厂船舶有限公司（以下简称上海船厂）创建于1862年，至今已有150多年的历史，是我国最早的修造船厂之一，现隶属于中国船舶工业集团公司，是一家以造船、海洋工程、钢结构生产为主体的国有大型骨干企业，曾多次获得“上海市优秀企业”、“上海市文明单位”、“上海市高新技术企业”等称号。至2015年年末，公司在册人员数为9500人；生产人员7227人，占从业人员的80%。

上海船厂拥有国家级及上海市认定的企业技术中心。已先后取得GB/T19001-2008质量管理体系认证证书、GB/T24001-2004环境管理体系认证证书、GB/T28001-2011职业健康安全管理体系认证证书、GB/T50430-2007工程建设施工企业质量管理规范证书。

【2015年经济工作情况】

2015年，上海船厂在中船集团公司的正确领导下，紧紧围绕公司年度目标任务和重点工作，全力以赴推进全年生产经营任务的完成和管理提升，转型发展取得了阶段性成果，企业运营发展态势整体稳定。

完成工业总产值370066万元，其中海工完成232526万元，造船完成133909万元，非船完成3631万元。实现营业收入380621万元，实现利润总额626万元。

实现完工交船12艘、44.74万载重吨，计划大节点共计48项，完成年度计划的100%，大节点遵守率同比上升5.7个百分点。

上海船厂按照中船集团公司经营方针要求，主动出击，抓住机遇，精心谋划，发挥物探船、海工项目及重吊船、中型箱船等产品优势，在重吊船和物探船方面承接多艘订单。在新工艺工法的研究应用方面，船台一条半串联法已在4艘船舶上得到实施，最大滑移总段重量达2275吨，3.2万吨重吊船S1225比计划提前12天下水；机舱艉部总段建造法、港池大型总段滑移法等大工艺也得以实施；巨型总段载运小车、双层滑板和集装箱船舱口围安全护栏工装件的开发设计及应用，提升了效率，产生明显效益。

【2016年发展趋势】

2016年是“十三五”的开局之年，也是百年上船转型发展的重要一年。上海船厂领导班子将继续团结带领全体干部职工，深入领会党的十八大和十八届历次全会精神，牢固树立创新、协调、绿色、开放、共享五大发展理念，抓住发展机遇，发扬优良传统，深化改革创新，推动转型发展，全面完成2016年各项经营生产任务。

主要经济目标是：预计完成工业总产值40亿元，营业收入46亿元，经营承接50亿元，造船完工12艘。

（李晓磊）

2016·上海工业年鉴
SHANGHAI INDUSTRIAL YEARBOOK

上海工商类上市公司行业分类

序号	代码	公司简称	行业
1	000668	荣丰控股	房地产 — 房地产业
2	000863	三湘股份	房地产 — 房地产业
3	002022	科华生物	制造业 — 医药制造业
4	002028	思源电气	制造业 — 电气机械和器材制造业
5	002058	威尔泰	制造业 — 仪器仪表制造业
6	002116	中国海诚	科学研究和技术服务业 — 专业技术服务业
7	002158	汉钟精机	制造业 — 通用设备制造业
8	002162	悦心健康	制造业 — 非金属矿物制品业
9	002178	延华智能	科学研究和技术服务业 — 专业技术服务业
10	002184	海得控制	制造业 — 电气机械和器材制造业
11	002195	二三四五	信息传输、软件和信息技术服务业 — 软件和信息技术服务业
12	002252	上海莱士	制造业 — 医药制造业
13	002269	美邦服饰	制造业 — 纺织服装、服饰业
14	002278	神开股份	制造业 — 专用设备制造业
15	002324	普利特	制造业 — 橡胶和塑料制品业
16	002328	新朋股份	制造业 — 汽车制造业
17	002346	柘中股份	制造业 — 电气机械和器材制造业
18	002401	中海科技	信息传输、软件和信息技术服务业 — 软件和信息技术服务业
19	002451	摩恩电气	制造业 — 电气机械和器材制造业
20	002454	松芝股份	制造业 — 汽车制造业
21	002486	嘉麟杰	制造业 — 纺织服装、服饰业
22	002506	协鑫集成	制造业 — 计算机、通信和其他电子设备制造业
23	002527	新时达	制造业 — 电气机械和器材制造业
24	002561	徐家汇	批发和零售业 — 零售业
25	002565	上海绿新	制造业 — 造纸和纸制品业
26	002568	百润股份	制造业 — 酒、饮料和精制茶制造业
27	002605	姚记扑克	制造业 — 文教、工美、体育和娱乐用品制造业
28	002636	金安国纪	制造业 — 计算机、通信和其他电子设备制造业
29	002669	康达新材	制造业 — 化学原料和化学制品制造业
30	002706	良信电器	制造业 — 电气机械和器材制造业
31	300008	天海防务	科学研究和技术服务业 — 专业技术服务业
32	300017	网宿科技	信息传输、软件和信息技术服务业 — 软件和信息技术服务业
33	300039	上海凯宝	制造业 — 医药制造业
34	300059	东方财富	信息传输、软件和信息技术服务业 — 互联网和相关服务
35	300061	康耐特	制造业 — 其他制造业
36	300067	安诺其	制造业 — 化学原料和化学制品制造业
37	300074	华平股份	信息传输、软件和信息技术服务业 — 软件和信息技术服务业
38	300126	锐奇股份	制造业 — 通用设备制造业
39	300129	泰胜风能	制造业 — 电气机械和器材制造业
40	300153	科泰电源	制造业 — 电气机械和器材制造业
41	300168	万达信息	信息传输、软件和信息技术服务业 — 软件和信息技术服务业
42	300170	汉得信息	信息传输、软件和信息技术服务业 — 软件和信息技术服务业
43	300171	东富龙	制造业 — 专用设备制造业
44	300180	华峰超纤	制造业 — 橡胶和塑料制品业
45	300222	科大智能	制造业 — 电气机械和器材制造业
46	300225	金力泰	制造业 — 化学原料和化学制品制造业
47	300226	上海钢联	信息传输、软件和信息技术服务业 — 互联网和相关服务

（续表）

序号	代码	公司简称	行业
48	300230	永利股份	制造业—橡胶和塑料制品业
49	300236	上海新阳	制造业—化学原料和化学制品制造业
50	300245	天玑科技	信息传输、软件和信息技术服务业—软件和信息技术服务业
51	300253	卫宁健康	信息传输、软件和信息技术服务业—软件和信息技术服务业
52	300262	巴安水务	水利、环境和公共设施管理业—生态保护和环境治理业
53	300272	开能环保	制造业—电气机械和器材制造业
54	300286	安科瑞	制造业—仪器仪表制造业
55	300326	凯利泰	制造业—专用设备制造业
56	300327	中颖电子	制造业—计算机、通信和其他电子设备制造业
57	300330	华虹计通	信息传输、软件和信息技术服务业—软件和信息技术服务业
58	300336	新文化	文化、体育和娱乐业—广播、电视、电影和影视录音制作业
59	300378	鼎捷软件	信息传输、软件和信息技术服务业—软件和信息技术服务业
60	300380	安硕信息	信息传输、软件和信息技术服务业—软件和信息技术服务业
61	300398	飞凯材料	制造业—化学原料和化学制品制造业
62	300442	普丽盛	制造业—专用设备制造业
63	300462	华铭智能	制造业—专用设备制造业
64	300469	信息发展	信息传输、软件和信息技术服务业—软件和信息技术服务业
65	300483	沃施股份	制造业—其他制造业
66	300493	润欣科技	信息传输、软件和信息技术服务业—软件和信息技术服务业
67	300501	海顺新材	制造业—医药制造业
68	300508	维宏股份	信息传输、软件和信息技术服务业—软件和信息技术服务业
69	600000	浦发银行	金融业—货币金融服务
70	600009	上海机场	交通运输、仓储和邮政业—航空运输业
71	600018	上港集团	交通运输、仓储和邮政业—水上运输业
72	600019	宝钢股份	采矿业—黑色金属冶炼和压延加工业
73	600021	上海电力	电力、燃气及水的生产和供应业—电力、热力生产和供应业
74	600026	中海发展	交通运输、仓储和邮政业—水上运输业
75	600061	国投安信	金融业—资本市场服务
76	600072	钢构工程	制造业—铁路、船舶、航空航天和其他运输设备制造业
77	600073	上海梅林	制造业—食品制造业
78	600081	东风科技	制造业—汽车制造业
79	600088	中视传媒	文化、体育和娱乐业—广播、电视、电影和影视录音制作业
80	600094	大名城	房地产—房地产业
81	600104	上汽集团	制造业—汽车制造业
82	600115	东方航空	交通运输、仓储和邮政业—航空运输业
83	600119	长江投资	交通运输、仓储和邮政业—道路运输业
84	600150	中国船舶	制造业—铁路、船舶、航空航天和其他运输设备制造业
85	600151	航天机电	制造业—计算机、通信和其他电子设备制造业
86	600170	上海建工	建筑业—土木工程建筑业
87	600171	上海贝岭	制造业—计算机、通信和其他电子设备制造业
88	600193	创兴资源	采矿业—黑色金属矿采选业
89	600196	复星医药	制造业—医药制造业
90	600210	紫江企业	制造业—橡胶和塑料制品业
91	600272	开开实业	批发和零售业—零售业
92	600278	东方创业	批发和零售业—批发业
93	600284	浦东建设	建筑业—土木工程建筑业
94	600315	上海家化	制造业—化学原料和化学制品制造业

（续表）

序号	代码	公司简称	行业
95	600320	振华重工	制造业—专用设备制造业
96	600420	现代制药	制造业—医药制造业
97	600490	鹏欣资源	制造业—有色金属冶炼和压延加工业
98	600500	中化国际	制造业—化学原料和化学制品制造业
99	600503	华丽家族	房地产—房地产业
100	600508	上海能源	采矿业—煤炭开采和洗选业
101	600517	置信电气	制造业—电气机械和器材制造业
102	600530	交大昂立	制造业—医药制造业
103	600597	光明乳业	制造业—食品制造业
104	600601	方正科技	制造业—计算机、通信和其他电子设备制造业
105	600602	仪电电子	制造业—计算机、通信和其他电子设备制造业
106	600604	市北高新	房地产—房地产业
107	600605	汇通能源	批发和零售业—批发业
108	600606	绿地控股	房地产—房地产业
109	600608	ST 沪科	制造业—有色金属冶炼和压延加工业
110	600610	中毅达	建筑业—土木工程建筑业
111	600611	大众交通	交通运输、仓储和邮政业—道路运输业
112	600612	老凤祥	制造业—其他制造业
113	600613	神奇制药	制造业—医药制造业
114	600614	鼎立股份	制造业—有色金属冶炼和压延加工业
115	600615	丰华股份	制造业—金属制品业
116	600616	金枫酒业	制造业—酒、饮料和精制茶制造业
117	600618	氯碱化工	制造业—化学原料和化学制品制造业
118	600619	海立股份	制造业—通用设备制造业
119	600620	天宸股份	综合
120	600621	华鑫股份	房地产—房地产业
121	600622	嘉宝集团	房地产—房地产业
122	600623	双钱股份	制造业—化学原料和化学制品制造业
123	600624	复旦复华	综合
124	600626	申达股份	批发和零售业—批发业
125	600628	新世界	批发和零售业—零售业
126	600629	华建集团	科学研究和技术服务业—专业技术服务业
127	600630	龙头股份	制造业—纺织业
128	600634	中技控股	制造业—非金属矿物制品业
129	600635	大众公用	电力、热力、燃气及水生产和供应业—燃气生产和供应业
130	600636	三爱富	制造业—化学原料和化学制品制造业
131	600637	东方明珠	信息传输、软件和信息技术服务业—电信、广播电视和卫星传输服务
132	600638	新黄浦	房地产—房地产业
133	600639	浦东金桥	房地产—房地产业
134	600640	号百控股	租赁和商务服务业—商务服务业
135	600641	万业企业	房地产—房地产业
136	600642	申能股份	电力、热力、燃气及水生产和供应业—燃气生产和供应业
137	600643	爱建集团	金融业—其他金融业
138	600647	同达创业	批发和零售业—批发业
139	600648	外高桥	批发和零售业—批发业
140	600649	城投控股	房地产—房地产业
141	600650	锦江投资	交通运输、仓储和邮政业—道路运输业

（续表）

序号	代码	公司简称	行业
142	600651	飞乐音响	制造业 — 电气机械和器材制造业
143	600652	游久游戏	信息传输、软件和信息技术服务业 — 软件和信息技术服务业
144	600653	申华控股	批发和零售业 — 零售业
145	600654	中安消	信息传输、软件和信息技术服务业 — 软件和信息技术服务业
146	600655	豫园商城	批发和零售业 — 零售业
147	600662	强生控股	交通运输、仓储和邮政业 — 道路运输业
148	600663	陆家嘴	房地产 — 房地产业
149	600665	天地源	房地产 — 房地产业
150	600675	*ST 中企	房地产 — 房地产业
151	600676	交运股份	交通运输、仓储和邮政业 — 道路运输业
152	600679	上海凤凰	制造业 — 铁路、船舶、航空航天和其他运输设备制造业
153	600680	上海普天	制造业 — 计算机、通信和其他电子设备制造业
154	600688	上海石化	制造业 — 石油加工、炼焦和核燃料加工业
155	600689	上海三毛	制造业 — 纺织业
156	600692	亚通股份	交通运输、仓储和邮政业 — 水上运输业
157	600695	绿庭投资	制造业 — 农副食品加工业
158	600696	匹凸匹	房地产 — 房地产业
159	600708	光明地产	房地产 — 房地产业
160	600741	华域汽车	制造业 — 汽车制造业
161	600748	上实发展	房地产 — 房地产业
162	600754	锦江股份	住宿和餐饮业 — 住宿业
163	600767	运盛医疗	房地产 — 房地产业
164	600816	安信信托	金融业 — 其他金融业
165	600818	中路股份	制造业 — 铁路、船舶、航空航天和其他运输设备制造业
166	600819	耀皮玻璃	制造业 — 非金属矿物制品业
167	600820	隧道股份	建筑业 — 土木工程建筑业
168	600822	上海物贸	批发和零售业 — 批发业
169	600823	世茂股份	房地产 — 房地产业
170	600824	益民集团	批发和零售业 — 零售业
171	600825	新华传媒	文化、体育和娱乐业 — 新闻和出版业
172	600826	兰生股份	批发和零售业 — 批发业
173	600827	百联股份	批发和零售业 — 零售业
174	600833	第一医药	批发和零售业 — 零售业
175	600834	申通地铁	交通运输、仓储和邮政业 — 道路运输业
176	600835	上海机电	制造业 — 通用设备制造业
177	600836	界龙实业	制造业 — 印刷和记录媒介复制业
178	600837	海通证券	金融业 — 资本市场服务
179	600838	上海九百	批发和零售业 — 零售业
180	600841	上柴股份	制造业 — 通用设备制造业
181	600843	上工申贝	制造业 — 专用设备制造业
182	600844	丹化科技	制造业 — 化学原料和化学制品制造业
183	600845	宝信软件	信息传输、软件和信息技术服务业 — 软件和信息技术服务业
184	600846	同济科技	建筑业 — 土木工程建筑业
185	600848	上海临港	房地产 — 房地产业
186	600850	华东电脑	信息传输、软件和信息技术服务业 — 软件和信息技术服务业
187	600851	海欣股份	制造业 — 纺织业
188	600895	张江高科	综合

（续表）

序号	代码	公司简称	行业
189	600958	东方证券	金融业 — 资本市场服务
190	601021	春秋航空	交通运输、仓储和邮政业 — 航空运输业
191	601211	国泰君安	金融业 — 资本市场服务
192	601231	环旭电子	制造业 — 计算机、通信和其他电子设备制造业
193	601328	交通银行	金融业 — 货币金融服务
194	601519	大智慧	信息传输、软件和信息技术服务业 — 软件和信息技术服务业
195	601601	中国太保	金融业 — 保险业
196	601607	上海医药	批发和零售业 — 零售业
197	601616	广电电气	制造业 — 电气机械和器材制造业
198	601727	上海电气	制造业 — 通用设备制造业
199	601788	光大证券	金融业 — 资本市场服务
200	601866	中海集运	交通运输、仓储和邮政业 — 水上运输业
201	601872	招商轮船	交通运输、仓储和邮政业　水上运输业
202	601968	宝钢包装	制造业 — 金属制品业
203	603003	龙宇燃油	批发和零售业 — 批发业
204	603006	联明股份	制造业 — 汽车制造业
205	603009	北特科技	制造业 — 汽车制造业
206	603012	创力集团	制造业 — 专用设备制造业
207	603020	爱普股份	制造业 — 食品制造业
208	603022	新通联	制造业 — 造纸和纸制品业
209	603030	全筑股份	建筑业 — 建筑装饰和其他建筑业
210	603108	润达医疗	批发和零售业 — 批发业
211	603128	华贸物流	交通运输、仓储和邮政业 — 装卸搬运和运输代理业
212	603718	海利生物	制造业 — 医药制造业
213	603729	龙韵股份	租赁和商务服务业 — 商务服务业
214	603868	飞科电器	制造业 — 电气机械和器材制造业
215	603885	吉祥航空	交通运输、仓储和邮政业 — 航空运输业
216	603899	晨光文具	制造业 — 文教、工美、体育和娱乐用品制造业
217	603918	金桥信息	信息传输、软件和信息技术服务业 — 软件和信息技术服务业

上海工商类上市公司2015年度经营情况之一

（单位：万元）

序号	代码	公司简称	资产总计	股东权益	主营业务收入	利润总额	净利润
1	000668	荣丰控股	144122.89	64814.61	10662.07	3883.47	2549.19
2	000863	三湘股份	1347658.05	297387.75	51950.29	10299.88	10463.66
3	002022	科华生物	207159.14	167404.95	115578.33	24823.48	21062.49
4	002028	思源电气	619271.14	392281.35	399742.07	48487.03	38211.58
5	002058	威尔泰	22477.51	18239.08	9796.45	−1072.78	−1113.32
6	002116	中国海诚	352511.55	110110.43	469302.08	26410.61	22800.03
7	002158	汉钟精机	227901.59	184005.6	88907.56	18047.5	15671.29
8	002162	悦心健康	214363.17	81685.05	68420.22	2078.5	1443.41
9	002178	延华智能	211579.34	115347.96	111659.35	13248.79	10222.39
10	002184	海得控制	193916.87	81314.33	174198.39	10070.99	7786.04
11	002195	二三四五	482151.3	444306.28	146991.48	46610.17	41718.34
12	002252	上海莱士	1155601.17	1065847.24	201332.16	174919.18	144241.43
13	002269	美邦服饰	695496.92	310419.43	629478.38	−13239.66	−43192.15
14	002278	神开股份	174730.18	117328.99	61384.36	1658.24	1111.91
15	002324	普利特	291817.01	183957.97	278742.42	31466.43	26039.43
16	002328	新朋股份	388827.69	225211.06	395602.13	18210.52	9081.68
17	002346	柘中股份	200098.96	148880.79	43757.26	13372.82	11582.23
18	002401	中海科技	121537.41	70879.89	65056.72	6811.58	5484.24
19	002451	摩恩电气	181907.92	67885.09	57660.59	2418.56	1456.46
20	002454	松芝股份	436995.46	251200.9	300097.72	40517.19	31019.67
21	002486	嘉麟杰	160846.96	91420.51	70082.52	−11052.97	−10231.95
22	002506	协鑫集成	1478585.84	357852.55	628384.07	40978.54	63850.22
23	002527	新时达	341306.67	218477.57	150703.3	21443.33	18964.18
24	002561	徐家汇	241496.66	196645.38	199568.09	35037.94	25313.25
25	002565	上海绿新	342903.06	176655.77	185576.41	18597.87	14347.58
26	002568	百润股份	181943.19	99632.68	235119.77	65940.87	50019.77
27	002605	姚记扑克	145067.28	104481.11	81232.14	12917.88	9504.19
28	002636	金安国纪	268701.4	139003.53	254513.03	6056.35	5412.06
29	002669	康达新材	90497.41	72073.65	72698.05	13240.99	11254.42
30	002706	良信电器	123229.96	91111.08	101304.92	14796.13	12513.55
31	300008	天海防务	170213.38	93861.27	119684.27	6883.57	5553.55
32	300017	网宿科技	350573.77	250309.06	293166.15	87845.22	83134.81
33	300039	上海凯宝	242666.85	200550.93	139578.86	33481.53	28164.85
34	300059	东方财富	2373347.57	816928.95	292587.94	217092.63	184857.12
35	300061	康耐特	83088.02	42963.31	69444.12	6428.01	5121.33
36	300067	安诺其	137247.76	92861.15	68994.88	7534.57	6195.67
37	300074	华平股份	124450.79	105067.4	33121.31	3433.11	3350.5
38	300126	锐奇股份	126610.76	104853.32	55715.37	812.64	767.89
39	300129	泰胜风能	311009.1	196272.87	159697.66	19874.84	16940.52
40	300153	科泰电源	135784.8	95429.02	81735.63	5763.96	4121.49
41	300168	万达信息	507608.24	193173.53	186856.16	27425.76	23082.05
42	300170	汉得信息	210838.02	173190.9	121879.81	19911.73	21424
43	300171	东富龙	406221.38	287083.51	155555.61	45842.42	38668.53
44	300180	华峰超纤	264384.94	152542.2	113695.79	13537.29	11893.65
45	300222	科大智能	218840.97	145905.8	85788.63	17514.15	13668.87
46	300225	金力泰	107150.36	83153.5	70249.66	7081.53	6924.02
47	300226	上海钢联	187087.54	7723.13	2135713.57	−44234.3	−25038.53

（续表）

序号	代码	公司简称	资产总计	股东权益	主营业务收入	利润总额	净利润
48	300230	永利股份	168182.55	101250.16	92843.79	11731.04	9392.26
49	300236	上海新阳	115995.99	90568.38	36848.02	4849.53	4232.63
50	300245	天玑科技	81591.5	68264.05	39499.56	4571.38	4530.21
51	300253	卫宁健康	173485.5	101321.53	75315.77	15450.67	15250.37
52	300262	巴安水务	176804.99	67195.25	67926.74	10039.57	7710.26
53	300272	开能环保	126818.06	60866.47	45684.14	8682.77	7601.26
54	300286	安科瑞	67274.51	53706.49	30717.15	7368.95	6412.41
55	300326	凯利泰	169574.19	116786.95	46288.52	17313.55	12064.81
56	300327	中颖电子	74022.87	61407.06	41137.14	5407.62	4978.32
57	300330	华虹计通	55153.9	41579.53	21209.12	−1392.23	−1361.48
58	300336	新文化	372256.56	264845.36	102608.74	33039.38	24817.07
59	300378	鼎捷软件	155070.79	112794.22	102011.66	1807.58	1166.35
60	300380	安硕信息	53616.91	42439.85	30325.19	2124.08	2138.97
61	300398	飞凯材料	99583.13	73378.64	43207.27	12169.81	10521.34
62	300442	普丽盛	125936.25	97014.03	54061.19	5837.83	5006.53
63	300462	华铭智能	68874.85	50400.52	18707.96	5001.11	4234.95
64	300469	信息发展	68815.46	34138.12	43790	4277.86	3824.24
65	300483	沃施股份	55124.6	39074.93	38492.87	2860.27	2319.12
66	300493	润欣科技	64843.76	45411.03	114340.07	4995.19	4120.19
67	300501	海顺新材	33883.23	26932.32	29397.84	6849	5876.74
68	300508	维宏股份	21243.92	19374.09	13057.72	5895.84	5168.97
69	600000	浦发银行	504435200	31517000	14655000	6687700	5060400
70	600009	上海机场	2563941.38	2031960.48	628540.03	338043.59	253143.3
71	600018	上港集团	9851491.73	5960819.74	2951083.19	985154.52	656245.35
72	600019	宝钢股份	23412314.7	11280324.38	16411713.55	185413.07	101287.17
73	600021	上海电力	5199075.34	1025709.9	1700634.39	284540.4	133244.26
74	600026	中海发展	6837865.33	2569720.55	1277652.9	56469.97	38968.57
75	600061	国投安信	14114065.55	2644219.78	1784681.76	621279.24	452259.27
76	600072	钢构工程	219210.44	115354.91	91359.03	2399.51	2245.72
77	600073	上海梅林	768975.71	296795.86	1223344.57	29215.19	16349.84
78	600081	东风科技	430317.25	107927.3	482492.71	31431.24	15315.44
79	600088	中视传媒	147090.5	114958.99	51355.04	3826.02	2638.01
80	600094	大名城	3647638.31	499391.99	516757.19	81611.66	45724.16
81	600104	上汽集团	51163069.08	17512873.87	67044822.31	4580967.65	2979379.07
82	600115	东方航空	19570900	3513700	9384400	567100	454100
83	600119	长江投资	232496.77	83878.78	235168.67	10568.92	8502.09
84	600150	中国船舶	5133178.65	1754947.31	2776384.63	−5826.89	6184.95
85	600151	航天机电	1079995.79	412513.02	403994.01	19565.09	17261.55
86	600170	上海建工	14220024.71	2203560.93	12543070.74	258685.16	187053.64
87	600171	上海贝岭	206780.47	182745.04	48921.02	5023.29	5114.33
88	600193	创兴资源	40325.79	38399.4	1855.19	7215.76	6436.49
89	600196	复星医药	3820172.58	1818157.01	1260864.83	337183.15	246009.36
90	600210	紫江企业	1079590.26	407790.21	838975.36	17637.93	10715.19
91	600272	开开实业	103154.96	51141.21	88127.91	3164.03	1984.7
92	600278	东方创业	623738.24	291972.91	1417438.59	24976.86	14735.22
93	600284	浦东建设	1336437.5	502692.91	316361.25	61388.69	37915.78
94	600315	上海家化	815939	572874.75	584586.53	261146.02	220996.1

（续表）

序号	代码	公司简称	资产总计	股东权益	主营业务收入	利润总额	净利润
95	600320	振华重工	5902075.23	1486957.29	2327239.47	27173.56	21241.2
96	600420	现代制药	413741.01	132842.17	268224.47	35262.7	22105.27
97	600490	鹏欣资源	451864.24	175080.95	178806.1	5009.23	1962.04
98	600500	中化国际	4033781.73	1130573.29	4374569.19	138645.78	48049.98
99	600503	华丽家族	541748.81	362719.19	43022.92	4062.69	2125.62
100	600508	上海能源	1367037.93	798242.53	496039.29	6144.24	1140.69
101	600517	置信电气	888812.21	318416.1	637695.89	58420.63	44357.61
102	600530	交大昂立	268803.71	183403.15	26834.16	13954.78	9929.67
103	600597	光明乳业	1544681.24	453856.72	1937319.3	70490.89	41833
104	600601	方正科技	946228.84	365111.28	651566.92	15897.94	10998.81
105	600602	仪电电子	458244.86	329278.63	299738.6	25422.27	16187.77
106	600604	市北高新	880556.18	288629.03	99119.6	17108.06	13166.07
107	600605	汇通能源	126219.8	55538.89	184224.56	1230.75	1027.51
108	600606	绿地控股	60043607.04	5307575.45	20753378.49	1057528.07	688642.67
109	600608	ST 沪科	26768.3	1064.74	19017.16	5228.67	3499.16
110	600610	中毅达	124190.98	115892.6	6716.74	10103.86	−654.63
111	600611	大众交通	1470202.44	857266.55	239914.66	69513.66	51196.09
112	600612	老凤祥	1156011.8	454240.04	3571237.29	190118.67	111735.17
113	600613	神奇制药	267081.7	223001.32	159291.25	25878.68	21673.04
114	600614	鼎立股份	830494.91	453398.34	171656.71	5073.68	4707.92
115	600615	丰华股份	62899.22	47692.91	8184	842.18	356.33
116	600616	金枫酒业	246546.41	195726.41	106721.5	1416.92	622.93
117	600618	氯碱化工	484785.44	226154.5	617087.42	10956.19	9561.5
118	600619	海立股份	1058917.22	389286.73	589625.58	13361.43	6844.31
119	600620	天宸股份	539471.19	423835.37	4463.73	5516.32	4968.95
120	600621	华鑫股份	359959.26	185047.9	36533.8	12383.16	13038.73
121	600622	嘉宝集团	927909.19	314956.01	209554.24	39756.42	27463.75
122	600623	双钱股份	3278720.43	1607787.63	4070256.99	71779.76	70407.33
123	600624	复旦复华	183714.01	106411.44	71765.28	7535.48	5224.87
124	600626	申达股份	481536.71	235561.65	770624.94	24852.87	16995.56
125	600628	新世界	478475.47	253646.47	311415	14492.88	5220.75
126	600629	华建集团	418838.11	73785.61	426780.19	20507.16	14664.29
127	600630	龙头股份	239878.52	169469.97	426331.64	10079.14	8092.12
128	600634	中技控股	664306.58	249451.9	184106.16	17954.76	12248.75
129	600635	大众公用	1449300.28	577422.85	457136.22	57049.19	46113.46
130	600636	三爱富	456997.28	278687.44	357119.06	−28564.29	−31101.36
131	600637	东方明珠	3527898.11	2500255.67	2112597.12	389595.11	290671.73
132	600638	新黄浦	937881.2	361761.1	121848.08	27862.56	22676.22
133	600639	浦东金桥	1770166.08	909842.76	149964.41	62033.39	47151.95
134	600640	号百控股	368861.16	254669.14	338098.91	6926	4625.25
135	600641	万业企业	674937.05	370954.93	243764.52	35285.9	21147.25
136	600642	申能股份	5156262.82	2387632.36	2864892.84	324515.8	213148.06
137	600643	爱建集团	1072827.51	574614.04	132417.15	77081.85	55468.08
138	600647	同达创业	54455.14	27402.34	9989.77	9287.08	6813.76
139	600648	外高桥	2897998.28	901661.7	789484.6	85411.3	53941.71
140	600649	城投控股	4381941.2	2024806.75	797694.54	457916.55	361195.15
141	600650	锦江投资	495472.24	346725.71	219211.15	30694.7	22160.31

（续表）

序号	代码	公司简称	资产总计	股东权益	主营业务收入	利润总额	净利润
142	600651	飞乐音响	837041.67	325846.43	507181.12	48617.91	37613.81
143	600652	游久游戏	244619.5	207456	142047.7	−2268.48	7461.67
144	600653	申华控股	865457.1	181107.97	715235.03	6625.04	5298.45
145	600654	中安消	640621.39	290695.54	197616.43	32661.46	28011.58
146	600655	豫园商城	1715561.25	795137.66	1755148.04	96647.97	80720.42
147	600662	强生控股	690563.71	317846.99	472328.69	33123.67	18015.88
148	600663	陆家嘴	5244890.28	1299726.24	563135.79	277503.15	190002.35
149	600665	天地源	1734498.72	269936.76	297453.49	27492.54	20691.82
150	600675	*ST 中企	3661757.33	271912.36	465446.89	−250396.91	−248707.27
151	600676	交运股份	735552.95	371133.35	821092.96	49911.29	34185.12
152	600679	上海凤凰	167865.01	121859.1	46074.94	1074.07	365.6
153	600680	上海普天	317124.88	127212.96	125546.3	−9817.84	−9512.85
154	600688	上海石化	2802217.1	1983886.2	8080342.2	420872.9	324584.9
155	600689	上海三毛	76400.7	32897.52	112847.7	−4676.27	−3876.88
156	600692	亚通股份	251378.96	58690.87	52285.95	7398.99	4122.42
157	600695	绿庭投资	128196.48	77719.22	24216.92	4787.27	4826.24
158	600696	匹凸匹	137120.96	50421.37	2104.58	−16203.37	−10242.49
159	600708	光明地产	4992481.81	794275.31	1238728.51	84782.28	51027.16
160	600741	华域汽车	9015588.26	3065605.93	9112020.45	772675.27	478338.23
161	600748	上实发展	2727518.41	477117.13	661917.51	97923.43	51965.47
162	600754	锦江股份	2702637.85	828379.9	556270.31	88012.33	63760.95
163	600767	运盛医疗	58330.96	29619.02	5033.8	−6977.04	−7024.38
164	600816	安信信托	915895.12	630891.93	295476.73	236143.57	172214.85
165	600818	中路股份	94487.48	48864.11	65636.62	6300.28	5192.71
166	600819	耀皮玻璃	820265.22	287638.95	274774.33	−46561.69	−36426.72
167	600820	隧道股份	6288691.81	1664947.19	2680317.46	195152.5	148063.66
168	600822	上海物贸	538702.09	27728.72	5702594.6	−167351.55	−158440.47
169	600823	世茂股份	6534777.67	1946163.69	1503280.48	398863.82	204563.4
170	600824	益民集团	276498.22	195478.73	315130.66	27133.74	19302
171	600825	新华传媒	432294.33	255932.44	157270.68	7612.75	5779.48
172	600826	兰生股份	452720.08	322479.79	239348.02	66862.86	51092.7
173	600827	百联股份	4223554.3	1513892.25	4921816.23	192638.66	127546.16
174	600833	第一医药	123013.47	77608.36	149095.98	5455.12	4116.85
175	600834	申通地铁	248296.15	140637.76	77404.93	9202.95	6896.52
176	600835	上海机电	2985273.41	811911.14	1929553.47	319485.78	183457.21
177	600836	界龙实业	369646.27	87765.69	154292.06	5212.57	1825.34
178	600837	海通证券	57644889.23	10769454.47	3808626.77	2111886.85	1583885.09
179	600838	上海九百	144807.79	115146.52	9064.26	9230.39	9230.39
180	600841	上柴股份	531943.06	347217.36	216318.46	8233.98	9293.29
181	600843	上工申贝	314670.17	177467.41	231403.96	22953.98	15741.71
182	600844	丹化科技	306542.41	81878.4	104521.85	−5580.77	−3066.78
183	600845	宝信软件	637702.12	391461.25	393768.48	38215.57	31238.22
184	600846	同济科技	848372.04	178706.11	326729.31	29832.46	16025.33
185	600848	上海临港	698003.95	311377.53	90107.83	32152.47	23935.56
186	600850	华东电脑	477232.69	165909.27	606137.89	38854.21	30620.39
187	600851	海欣股份	604434.25	457439.37	105182.02	18408.29	15743.01
188	600895	张江高科	1853058.92	756177.64	241916.98	56734.43	48160.83

（续表）

序号	代码	公司简称	资产总计	股东权益	主营业务收入	利润总额	净利润
189	600958	东方证券	20789756.25	3495811.93	1543470.51	949908.53	732522.45
190	601021	春秋航空	1602898.88	653977.9	809367.25	180402.22	132785.88
191	601211	国泰君安	45434238.72	9532441.47	3759663.04	2205111.69	1570029.1
192	601231	环旭电子	1447373.63	699303.01	2132307.73	75755.29	69051.65
193	601328	交通银行	715536200	53488500	19382800	8601200	6652800
194	601519	大智慧	289514.53	260309.41	65134.11	−43238.16	−45601.66
195	601601	中国太保	92384300	13333600	24720200	2431100	1772800
196	601607	上海医药	7434421.05	2993030.96	10551658.73	417185.43	287698.91
197	601616	广电电气	299831.43	249404.03	77697.24	883.45	794.98
198	601727	上海电气	16212365.7	3725108.6	7800944.8	613110.6	212857.4
199	601788	光大证券	19707282.07	4048259.84	1657108.72	984628.94	764651.61
200	601866	中海集运	10754612.42	4010091.69	3186146.86	−289672.4	−294911.4
201	601872	招商轮船	3124011.98	1369760.96	615702.55	208170.94	115368.01
202	601968	宝钢包装	517340.44	200579.42	329999.39	11805.9	8734.81
203	603003	龙宇燃油	284247.45	63008.53	1087027.73	−16585.97	−16042.14
204	603006	联明股份	93376.97	72100.09	68363.52	12705.08	9773.28
205	603009	北特科技	110128.76	51771.26	70662.48	5877.22	4643.43
206	603012	创力集团	320622.34	234287.4	100711.38	15246.67	12633.75
207	603020	爱普股份	205191.08	176492.02	183099.27	22819.14	17843.48
208	603022	新通联	66102.56	55836.01	50285.8	4139.75	3226.84
209	603030	全筑股份	372532.22	174419.64	139728.9	18877.68	16026.52
210	603108	润达医疗	169381.56	92401.99	162864.19	12593.26	9176.03
211	603128	华贸物流	306316.7	151453.61	797801.5	19610.33	14313.73
212	603718	海利生物	124031.71	92404.34	31657.76	10834.39	9540.26
213	603729	龙韵股份	110681.19	97565.1	132043.89	6016.27	4066.05
214	603868	飞科电器	169023.41	110439.35	278262.68	66554.19	50171.14
215	603885	吉祥航空	1340457.12	336510.13	815823.81	140145.75	104728.76
216	603899	晨光文具	290214.03	216700.02	374911.25	48980.39	42264.67
217	603918	金桥信息	77676.16	46382.02	63983.62	4259.7	3676.94

上海工商类上市公司 2015 年度经营情况之二

（单位：元、%）

序号	代码	公司简称	每股收益	每股净资产	净资产收益率	每股经营现金净流量
1	000668	荣丰控股	0.17	4.4139	4.01	−1.0819
2	000863	三湘股份	0.11	3.1092	3.51	−0.8039
3	002022	科华生物	0.4164	3.266	13.89	0.4376
4	002028	思源电气	0.61	6.2626	10.2	0.854
5	002058	威尔泰	−0.08	1.2715	−5.88	0.0084
6	002116	中国海诚	0.56	2.6993	23.13	1.2357
7	002158	汉钟精机	0.5561	6.2448	10.78	0.6654
8	002162	悦心健康	0.022	1.2461	1.78	0.0374
9	002178	延华智能	0.15	1.5799	11.15	0.1096
10	002184	海得控制	0.3539	3.6961	9.85	0.0594
11	002195	二三四五	0.48	5.0968	9.83	0.5549
12	002252	上海莱士	0.52	3.8635	14.88	0.2764
13	002269	美邦服饰	−0.17	1.2289	−13	−0.0732
14	002278	神开股份	0.03	3.2241	0.94	−0.1051
15	002324	普利特	0.96	6.8133	15.31	0.9061
16	002328	新朋股份	0.2	5.0047	4.07	0.1926
17	002346	柘中股份	0.26	3.3716	7.93	0.0357
18	002401	中海科技	0.1809	2.3374	7.97	0.5599
19	002451	摩恩电气	0.03	1.5457	2.17	−0.1001
20	002454	松芝股份	0.76	5.9418	12.86	0.8489
21	002486	嘉麟杰	−0.123	1.0988	−10.56	0.0017
22	002506	协鑫集成	0.25	0.7091	99.27	−0.2085
23	002527	新时达	0.32	3.7045	9.06	0.1833
24	002561	徐家汇	0.609	4.7297	13.39	0.6526
25	002565	上海绿新	0.21	2.5357	8.47	0.1579
26	002568	百润股份	0.56	1.112	46.22	0.4278
27	002605	姚记扑克	0.2541	2.7936	9.53	0.5235
28	002636	金安国纪	0.074	1.9094	3.97	0.2411
29	002669	康达新材	0.56	3.6037	16.79	−0.1538
30	002706	良信电器	1.11	7.905	14.9	1.4548
31	300008	天海防务	0.222	3.7115	6.39	−0.2482
32	300017	网宿科技	1.187	3.5355	40.96	1.0141
33	300039	上海凯宝	0.3381	2.4056	14.25	0.3923
34	300059	东方财富	1.0897	4.4066	66.42	0.2953
35	300061	康耐特	0.21	1.7239	12.43	0.3138
36	300067	安诺其	0.12	1.7632	6.86	−0.0484
37	300074	华平股份	0.0635	1.9899	3.25	0.0539
38	300126	锐奇股份	0.025	3.4139	0.74	−0.0974
39	300129	泰胜风能	0.26	2.674	10.72	0.0846
40	300153	科泰电源	0.13	2.9822	4.36	0.0071
41	300168	万达信息	0.2319	1.9286	12.7	0.0125
42	300170	汉得信息	0.26	2.0901	13.58	0.2488
43	300171	东富龙	0.62	4.5226	14.11	0.2216
44	300180	华峰超纤	0.3	3.8618	8.08	0.2719
45	300222	科大智能	0.2411	2.4209	10.07	0.2678
46	300225	金力泰	0.147	1.7679	8.48	0.0756
47	300226	上海钢联	−1.61	0.4951	−99.22	−1.0138

（续表）

序号	代码	公司简称	每股收益	每股净资产	净资产收益率	每股经营现金净流量
48	300230	永利股份	0.503	4.9457	11.38	0.3389
49	300236	上海新阳	0.28	4.9217	4.81	−0.0298
50	300245	天玑科技	0.17	2.5034	6.65	0.1246
51	300253	卫宁健康	0.2783	1.825	17.86	0.1431
52	300262	巴安水务	0.2064	1.799	12.12	−0.3546
53	300272	开能环保	0.2309	1.8343	13.4	0.2424
54	300286	安科瑞	0.46	3.7597	12.7	0.5862
55	300326	凯利泰	0.3426	3.3164	10.91	0.3157
56	300327	中颖电子	0.292	3.5433	8.39	0.2537
57	300330	华虹计通	−0.08	2.457	−3.16	−0.0505
58	300336	新文化	0.47	4.9269	10.24	−0.097
59	300378	鼎捷软件	0.06	5.6188	1.03	0.6264
60	300380	安硕信息	0.16	3.0879	5.1	0.1938
61	300398	飞凯材料	1.01	7.0556	15.33	0.853
62	300442	普丽盛	0.55	9.7014	6.22	−0.4759
63	300462	华铭智能	0.34	3.6586	10.77	−0.1939
64	300469	信息发展	0.654	5.1105	15.27	−0.4857
65	300483	沃施股份	0.43	6.3536	7.53	0.1652
66	300493	润欣科技	0.46	3.7843	14.46	−0.285
67	300501	海顺新材	1.47	6.7331	23.99	1.3319
68	300508	维宏股份	1.15	4.31	30.29	1.1
69	600000	浦发银行	2.665	15.292	18.82	19.237
70	600009	上海机场	1.31	10.5449	13.05	1.6645
71	600018	上港集团	0.2853	2.5722	11.53	0.4172
72	600019	宝钢股份	0.06	6.85	0.9	1.286
73	600021	上海电力	0.6227	4.7936	13.31	2.1643
74	600026	中海发展	0.098	6.3733	0.78	1.2813
75	600061	国投安信	1.33	7.1579	19.75	2.9408
76	600072	钢构工程	0.047	2.4111	1.93	0.1741
77	600073	上海梅林	0.17	3.165	5.08	0.2554
78	600081	东风科技	0.4884	3.442	14.74	1.7934
79	600088	中视传媒	0.08	3.4687	2.31	−0.14
80	600094	大名城	0.2273	2.4826	8.45	−3.3412
81	600104	上汽集团	2.702	15.8839	17.91	2.3575
82	600115	东方航空	0.355	2.674	14.73	1.8512
83	600119	长江投资	0.28	2.7287	10.57	−0.2501
84	600150	中国船舶	0.04	12.7344	0.35	−2.9556
85	600151	航天机电	0.1381	3.2996	4.34	0.0987
86	600170	上海建工	0.31	3.7077	9.78	1.4729
87	600171	上海贝岭	0.08	2.7121	3.1	0.0751
88	600193	创兴资源	0.15	0.9027	9.78	−0.0663
89	600196	复星医药	1.07	7.8569	14.21	0.7005
90	600210	紫江企业	0.071	2.6886	2.78	0.6363
91	600272	开开实业	0.08	2.1046	4.8	0.0501
92	600278	东方创业	0.28	5.5908	4.98	0.4277
93	600284	浦东建设	0.5471	7.2534	7.76	−0.3315
94	600315	上海家化	3.31	8.4992	46.5	0.7456

（续表）

序号	代码	公司简称	每股收益	每股净资产	净资产收益率	每股经营现金净流量
95	600320	振华重工	0.05	3.3869	1.41	−0.4173
96	600420	现代制药	0.7683	4.6168	17.72	0.7877
97	600490	鹏欣资源	0.01	1.1838	1.2	0.2662
98	600500	中化国际	0.23	5.4276	4.25	1.1289
99	600503	华丽家族	0.0133	2.2638	0.59	0.3975
100	600508	上海能源	0.02	11.045	0.14	0.8957
101	600517	置信电气	0.33	2.3479	14.55	0.1261
102	600530	交大昂立	0.318	5.8783	5.06	0.0736
103	600597	光明乳业	0.34	3.688	9.34	1.5166
104	600601	方正科技	0.0501	1.6635	3.05	0.2798
105	600602	仪电电子	0.125	2.4817	5.17	−0.0223
106	600604	市北高新	0.2	3.7963	5.24	−1.6694
107	600605	汇通能源	0.07	3.7693	2.1	0.1098
108	600606	绿地控股	0.58	4.3619	14.12	−1.992
109	600608	ST 沪科	0.11	0.0324	328.64	0.2955
110	600610	中毅达	−0.01	1.0818	−0.61	−0.0938
111	600611	大众交通	0.32	5.4392	6.88	0.7901
112	600612	老凤祥	2.1359	8.6833	26.09	1.8289
113	600613	神奇制药	0.44	4.1755	10.45	0.0564
114	600614	鼎立股份	0.05	2.5867	1.83	−0.1637
115	600615	丰华股份	0.019	2.5366	0.72	−0.1017
116	600616	金枫酒业	0.15	3.8033	4.01	0.3117
117	600618	氯碱化工	0.0827	1.9557	4.31	0.2645
118	600619	海立股份	0.09	4.4936	2.39	0.5853
119	600620	天宸股份	0.11	9.2584	1.96	−0.0139
120	600621	华鑫股份	0.2488	3.5309	7.22	−0.0313
121	600622	嘉宝集团	0.534	6.1239	8.99	1.5353
122	600623	双钱股份	0.38	7.5931	5.68	1.8478
123	600624	复旦复华	0.099	2.02	5	0.1323
124	600626	申达股份	0.2393	3.3166	7.34	0.2045
125	600628	新世界	0.1	4.7696	2.03	0.9402
126	600629	华建集团	0.4181	2.055	22.44	0.5796
127	600630	龙头股份	0.19	3.9888	4.86	−0.1116
128	600634	中技控股	0.21	4.3328	5.04	0.4267
129	600635	大众公用	0.19	2.3403	9.03	9.03
130	600636	三爱富	−0.696	6.2354	−14.09	−0.1663
131	600637	东方明珠	1.5332	9.5192	14.49	0.3785
132	600638	新黄浦	0.404	6.4466	6.37	0.8794
133	600639	浦东金桥	0.4706	8.1061	6.35	−1.6719
134	600640	号百控股	0.0864	4.7569	1.82	0.223
135	600641	万业企业	0.2623	4.6015	5.74	1.865
136	600642	申能股份	0.468	5.2452	9.1	0.7963
137	600643	爱建集团	0.386	3.9983	10.18	0.4491
138	600647	同达创业	0.4897	1.9694	26.41	0.083
139	600648	外高桥	0.48	7.9417	6.03	−0.3044
140	600649	城投控股	1.21	6.7775	19.57	1.0523
141	600650	锦江投资	0.402	6.2857	7.65	0.5947

（续表）

序号	代码	公司简称	每股收益	每股净资产	净资产收益率	每股经营现金净流量
142	600651	飞乐音响	0.382	3.3073	12.16	−0.5776
143	600652	游久游戏	0.0896	2.4914	3.68	0.4287
144	600653	申华控股	0.0303	1.037	2.88	0.1698
145	600654	中安消	0.22	2.2657	8.34	−0.8946
146	600655	豫园商城	0.562	5.5321	10.48	−0.2136
147	600662	强生控股	0.171	3.0175	5.72	0.8
148	600663	陆家嘴	1.0173	6.959	15.66	1.7687
149	600665	天地源	0.2395	3.1238	7.88	−1.6191
150	600675	*ST 中企	−1.332	1.4564	−63.77	2.6394
151	600676	交运股份	0.4	4.3036	9.52	0.7969
152	600679	上海凤凰	0.0103	3.0298	0.55	0.0741
153	600680	上海普天	−0.249	3.3282	−7.18	−0.4532
154	600688	上海石化	0.301	1.837	17.83	0.476
155	600689	上海三毛	−0.19	1.64	−10.37	0.0002
156	600692	亚通股份	0.1172	1.6685	7.28	1.8158
157	600695	绿庭投资	0.0677	1.0897	9.1	−0.1592
158	600696	匹凸匹	−0.3	1.4805	−18.82	−0.6415
159	600708	光明地产	0.4637	6.0231	8.8	0.696
160	600741	华域汽车	1.852	11.8675	18.89	2.2685
161	600748	上实发展	0.48	4.404	11.59	−1.2462
162	600754	锦江股份	0.7925	10.2966	7.55	1.3974
163	600767	运盛医疗	−0.206	0.8686	−21.2	−0.0479
164	600816	安信信托	1.0482	3.5646	42.73	1.0207
165	600818	中路股份	0.16	1.5201	11.6	0.3301
166	600819	耀皮玻璃	−0.39	3.0766	−12.19	0.5679
167	600820	隧道股份	0.47	5.3	9.15	0.4732
168	600822	上海物贸	−3.19	0.5591	−890.05	0.5449
169	600823	世茂股份	1.16	10.1688	11.95	0.2326
170	600824	益民集团	0.183	1.8546	10.27	0.2636
171	600825	新华传媒	0.06	2.4494	2.27	0.2377
172	600826	兰生股份	1.215	7.6664	12.12	−0.1816
173	600827	百联股份	0.74	8.7889	8.08	0.9287
174	600833	第一医药	0.18	3.4788	5.8	0.2188
175	600834	申通地铁	0.1445	2.946	4.98	0.0295
176	600835	上海机电	1.79	7.9386	22.76	1.309
177	600836	界龙实业	0.057	2.6485	2.83	−1.524
178	600837	海通证券	1.48	9.3634	17.56	1.3548
179	600838	上海九百	0.2303	2.8723	10.35	−0.0168
180	600841	上柴股份	0.11	4.0062	2.69	0.4583
181	600843	上工申贝	0.2869	3.235	9.4	0.0928
182	600844	丹化科技	−0.0394	1.0516	−3.68	0.2923
183	600845	宝信软件	0.847	9.9958	10.99	0.6993
184	600846	同济科技	0.26	2.8604	9.21	−2.6903
185	600848	上海临港	0.47	3.4784	10.38	−0.5142
186	600850	华东电脑	0.9517	5.1565	22.39	1.5803
187	600851	海欣股份	0.1304	3.7897	3.17	−0.0977
188	600895	张江高科	0.31	4.8827	6.56	0.9483

（续表）

序号	代码	公司简称	每股收益	每股净资产	净资产收益率	每股经营现金净流量
189	600958	东方证券	1.46	6.6187	25.11	−2.6043
190	601021	春秋航空	1.68	8.1747	23.01	2.0129
191	601211	国泰君安	2.21	12.5	23.65	3.693
192	601231	环旭电子	0.32	3.2138	10.57	0.5979
193	601328	交通银行	0.9	7	13.46	5.1051
194	601519	大智慧	−0.229	1.3096	−16.24	−0.1651
195	601601	中国太保	1.96	14.71	14.2	4.51
196	601607	上海医药	1.0699	11.131	9.98	0.5018
197	601616	广电电气	0.0085	2.6678	0.31	0.0611
198	601727	上海电气	0.17	2.9047	5.87	0.5975
199	601788	光大证券	2.1354	10.3624	23.67	0.1389
200	601866	中海集运	−0.2524	3.4324	−12.56	0.0786
201	601872	招商轮船	0.23	2.5847	10.01	0.4325
202	601968	宝钢包装	0.12	2.407	5.12	0.4466
203	603003	龙宇燃油	−0.7942	3.1192	−22.66	−2.017
204	603006	联明股份	1.03	7.6301	14.02	0.8285
205	603009	北特科技	0.43	4.7048	10.27	0.617
206	603012	创力集团	0.42	7.361	6.07	−0.4479
207	603020	爱普股份	1.1896	11.0308	11.82	1.1755
208	603022	新通联	0.45	6.9795	7.39	0.6557
209	603030	全筑股份	1.54	16.7711	9.56	1.1319
210	603108	润达医疗	1.09	9.8168	12.59	−2.4083
211	603128	华贸物流	0.1788	1.8736	9.95	0.3386
212	603718	海利生物	0.38	3.3002	12.8	0.7203
213	603729	龙韵股份	0.65	14.63	4.73	−2.1424
214	603868	飞科电器	1.28	2.8173	55.23	1.08
215	603885	吉祥航空	0.97	2.9622	36.11	1.7391
216	603899	晨光文具	0.9289	4.7109	21.44	1.081
217	603918	金桥信息	0.47	5.2707	9.77	0.39

上海工商类上市公司 2015 年度资产总额排序

（单位：万元）

序号	代码	公司简称	资产总额 2015 年	资产总额 2014 年	序号	代码	公司简称	资产总额 2015 年	资产总额 2014 年
1	601328	交通银行	715536200.00	621271800.00	47	600655	豫园商城	1715561.25	1383091.42
2	600000	浦发银行	504435200.00	395664200.00	48	601021	春秋航空	1602898.88	1126148.89
3	601601	中国太保	92384300.00	82510000.00	49	600597	光明乳业	1544681.24	1302212.09
4	600606	绿地控股	60043607.04	50895866.15	50	002506	协鑫集成	1478585.84	310761.32
5	600837	海通证券	57644889.23	35262214.87	51	600611	大众交通	1470202.44	1124005.97
6	600104	上汽集团	51163069.08	41487067.35	52	600635	大众公用	1449300.28	1230575.71
7	601211	国泰君安	45434238.72	31930245.38	53	601231	环旭电子	1447373.63	1233357.44
8	600019	宝钢股份	23412314.70	22865251.40	54	600508	上海能源	1367037.93	1403557.09
9	600958	东方证券	20789756.25	8967600.46	55	000863	三湘股份	1347658.05	1151822.18
10	601788	光大证券	19707282.07	11494478.63	56	603885	吉祥航空	1340457.12	793222.22
11	600115	东方航空	19570900.00	16354200.00	57	600284	浦东建设	1336437.50	1490352.32
12	601727	上海电气	16212365.70	14355056.40	58	600612	老凤祥	1156011.80	1157177.60
13	600170	上海建工	14220024.71	11788212.98	59	002252	上海莱士	1155601.17	937945.90
14	600061	国投安信	14114065.55	9946324.11	60	600151	航天机电	1079995.79	921260.03
15	601866	中海集运	10754612.42	5354115.09	61	600210	紫江企业	1079590.26	1079526.91
16	600018	上港集团	9851491.73	9427950.04	62	600643	爱建集团	1072827.51	815315.34
17	600741	华域汽车	9015588.26	6324157.35	63	600619	海立股份	1058917.22	865139.56
18	601607	上海医药	7434421.05	6434055.82	64	600601	方正科技	946228.84	917609.87
19	600026	中海发展	6837865.33	6575040.16	65	600638	新黄浦	937881.20	1010618.98
20	600823	世茂股份	6534777.67	5890051.44	66	600622	嘉宝集团	927909.19	892793.34
21	600820	隧道股份	6288691.81	5881443.95	67	600816	安信信托	915895.12	295394.41
22	600320	振华重工	5902075.23	5802486.92	68	600517	置信电气	888812.21	742712.78
23	600663	陆家嘴	5244890.28	4562074.66	69	600604	市北高新	880556.18	526928.70
24	600021	上海电力	5199075.34	4151087.13	70	600653	申华控股	865457.10	800709.13
25	600642	申能股份	5156262.82	4475649.22	71	600846	同济科技	848372.04	668132.62
26	600150	中国船舶	5133178.65	5178532.90	72	600651	飞乐音响	837041.67	554280.63
27	600708	光明地产	4992481.81	4432699.77	73	600614	鼎立股份	830494.91	629146.49
28	600649	城投控股	4381941.20	4162056.96	74	600819	耀皮玻璃	820265.22	795931.49
29	600827	百联股份	4223554.30	4450972.21	75	600315	上海家化	815939.00	553363.37
30	600500	中化国际	4033781.73	3918180.16	76	600073	上海梅林	768975.71	744999.76
31	600196	复星医药	3820172.58	3533627.73	77	600676	交运股份	735552.95	724690.06
32	600675	*ST 中企	3661757.33	4081447.18	78	600848	上海临港	698003.95	534555.52
33	600094	大名城	3647638.31	2152855.45	79	002269	美邦服饰	695496.92	698674.27
34	600637	东方明珠	3527898.11	2794648.97	80	600662	强生控股	690563.71	621672.64
35	600623	双钱股份	3278720.43	3438815.88	81	600641	万业企业	674937.05	720074.84
36	601872	招商轮船	3124011.98	2813804.31	82	600634	中技控股	664306.58	677366.57
37	600835	上海机电	2985273.41	2976909.47	83	600654	中安消	640621.39	512741.25
38	600648	外高桥	2897998.28	2615655.87	84	600845	宝信软件	637702.12	517166.21
39	600688	上海石化	2802217.10	3114598.30	85	600278	东方创业	623738.24	617811.47
40	600748	上实发展	2727518.41	2746721.12	86	002028	思源电气	619271.14	543455.55
41	600754	锦江股份	2702637.85	1136250.71	87	600851	海欣股份	604434.25	726571.15
42	600009	上海机场	2563941.38	2301506.25	88	600503	华丽家族	541748.81	439430.97
43	300059	东方财富	2373347.57	618277.40	89	600620	天宸股份	539471.19	86035.27
44	600895	张江高科	1853058.92	1769778.62	90	600822	上海物贸	538702.09	864244.75
45	600639	浦东金桥	1770166.08	1241576.97	91	600841	上柴股份	531943.06	555640.05
46	600665	天地源	1734498.72	1401834.02	92	601968	宝钢包装	517340.44	483119.36

（续表）

序号	代码	公司简称	总股本		序号	代码	公司简称	总股本	
			2015年	2014年				2015年	2014年
185	600272	开开实业	24300.00	24724.67	202	000668	荣丰控股	14684.19	25105.89
186	002184	海得控制	23939.34	25342.05	203	002058	威尔泰	14344.83	14661.57
187	600833	第一医药	22308.63	22551.47	204	300286	安科瑞	14284.70	14490.65
188	603030	全筑股份	20800.00	10403.33	205	600647	同达创业	13914.35	15910.64
189	300230	永利股份	20472.29	16676.46	206	300462	华铭智能	13776.00	12017.63
190	603003	龙宇燃油	20200.00	20752.48	207	300380	安硕信息	13744.00	6990.28
191	600689	上海三毛	20099.13	20827.88	208	300493	润欣科技	12000.00	8432.80
192	300378	鼎捷软件	20074.61	15442.78	209	603009	北特科技	11004.00	10614.98
193	002669	康达新材	20000.00	73493.07	210	300398	飞凯材料	10400.00	7999.98
194	603022	新通联	20000.00	5378.82	211	300442	普丽盛	10000.00	7499.98
195	300236	上海新阳	19474.11	11521.52	212	603918	金桥信息	8800.00	6604.32
196	603006	联明股份	19251.76	9680.73	213	300469	信息发展	6680.00	4051.37
197	600615	丰华股份	18802.05	18744.46	214	603729	龙韵股份	6667.00	5016.78
198	300327	中颖电子	17330.30	17036.93	215	300483	沃施股份	6150.00	4229.46
199	300330	华虹计通	16922.78	17007.28	216	300508	维宏股份	5682.00	8232.32
200	300226	上海钢联	15600.00	29929.86	217	300501	海顺新材	5338.00	4030.15
201	600605	汇通能源	14734.46	14734.46					

上海工商类上市公司2015年度净资产排序

（单位：万元）

序号	代码	公司简称	净资产		序号	代码	公司简称	净资产	
			2015年	2014年				2015年	2014年
1	601328	交通银行	53809200.00	45788000.00	47	300059	东方财富	817679.34	187970.75
2	600000	浦发银行	31860000.00	23449900.00	48	600895	张江高科	792216.35	747777.72
3	600104	上汽集团	21091728.57	18499907.70	49	603885	吉祥航空	759150.80	299752.57
4	601601	中国太保	13568200.00	11919500.00	50	601231	环旭电子	699437.34	632606.27
5	600019	宝钢股份	12214642.50	12420482.61	51	600635	大众公用	683535.12	536629.85
6	600837	海通证券	11692767.09	7226420.26	52	600284	浦东建设	680170.50	644757.29
7	601211	国泰君安	10163672.13	4729866.62	53	601021	春秋航空	653977.90	355329.01
8	600606	绿地控股	7183293.89	6123116.04	54	600816	安信信托	630891.93	180463.73
9	600018	上港集团	6714456.27	6022739.82	55	600662	强生控股	613822.29	321610.55
10	601727	上海电气	4963017.40	4542506.80	56	600643	爱建集团	575590.58	516279.67
11	601788	光大证券	4242361.57	2662031.44	57	600315	上海家化	572874.75	380520.65
12	601866	中海集运	4059846.63	2487748.21	58	600612	老凤祥	542664.53	462938.43
13	600115	东方航空	3765100.00	2948700.00	59	600597	光明乳业	526314.70	520992.19
14	600741	华域汽车	3710573.07	2851738.17	60	600851	海欣股份	480314.91	554012.32
15	600958	东方证券	3537574.54	1713936.20	61	600619	海立股份	470773.70	311542.15
16	601607	上海医药	3380803.93	3109915.18	62	600614	鼎立股份	465782.82	266224.27
17	600642	申能股份	3087804.41	2991883.91	63	002195	二三四五	444616.98	407242.89
18	600748	上实发展	2724144.40	908260.64	64	601968	宝钢包装	442080.72	151292.03
19	600637	东方明珠	2697937.02	1764998.78	65	600210	紫江企业	432353.82	391696.03
20	600026	中海发展	2652320.24	2264772.99	66	600675	*ST中企	426502.48	734903.72
21	600061	国投安信	2648274.14	1731704.58	67	600620	天宸股份	419499.17	79074.87
22	600823	世茂股份	2465518.16	2003502.12	68	600151	航天机电	418791.27	384666.52
23	600170	上海建工	2380248.18	1938326.07	69	600676	交运股份	414281.07	388405.50
24	600009	上海机场	2069770.97	1882527.31	70	002028	思源电气	411298.08	376753.03
25	600196	复星医药	2066964.87	1910300.19	71	600845	宝信软件	397385.47	262488.36
26	600649	城投控股	2065910.42	1707136.56	72	600822	上海物贸	394391.10	120799.66
27	600688	上海石化	2013590.00	1684201.80	73	600641	万业企业	394160.76	379530.97
28	600500	中化国际	1962623.75	1916886.71	74	600638	新黄浦	393444.07	377823.41
29	600150	中国船舶	1944463.59	1959152.61	75	600650	锦江投资	378586.57	262394.21
30	600827	百联股份	1931229.93	1946103.83	76	600601	方正科技	365572.85	353414.63
31	600623	双钱股份	1878964.30	1472406.08	77	600503	华丽家族	365398.74	363704.84
32	601872	招商轮船	1825922.06	1351956.76	78	600073	上海梅林	358432.12	352049.82
33	600820	隧道股份	1688587.49	1595999.64	79	002506	协鑫集成	358284.27	32396.56
34	600663	陆家嘴	1623981.27	1524365.17	80	600604	市北高新	358277.92	233928.67
35	600320	振华重工	1578664.93	1560860.11	81	600602	仪电电子	357981.59	344196.21
36	600021	上海电力	1575106.50	1233825.05	82	600848	上海临港	351478.58	223199.14
37	002252	上海莱士	1071237.05	795972.38	83	600490	鹏欣资源	350191.49	325339.81
38	600835	上海机电	1048648.54	861190.47	84	600622	嘉宝集团	349014.68	345207.12
39	600094	大名城	983664.60	711651.37	85	600841	上柴股份	347719.14	339997.72
40	600648	外高桥	939711.18	926397.59	86	600819	耀皮玻璃	347276.95	389637.98
41	600611	大众交通	913476.40	693847.96	87	600517	置信电气	339121.84	307635.57
42	600639	浦东金桥	909842.76	626629.33	88	600651	飞乐音响	336463.54	301098.51
43	600754	锦江股份	847450.52	872759.63	89	600636	三爱富	332050.75	211728.65
44	600508	上海能源	845997.56	853715.18	90	600826	兰生股份	326358.04	405893.53
45	600655	豫园商城	842418.92	803112.78	91	600278	东方创业	317348.59	320860.75
46	600708	光明地产	841121.47	751392.32	92	600846	同济科技	312109.19	240842.36

（续表）

序号	代码	公司简称	净资产		序号	代码	公司简称	净资产	
			2015年	2014年				2015年	2014年
93	002269	美邦服饰	310419.43	363653.18	139	300180	华峰超纤	152542.20	141883.91
94	600640	号百控股	307066.11	303704.90	140	002346	柘中股份	148880.79	143337.23
95	000863	三湘股份	301376.83	307110.87	141	300222	科大智能	147834.43	132519.14
96	300171	东富龙	294799.76	267652.76	142	600834	申通地铁	140637.75	136486.06
97	600654	中安消	290695.54	277192.16	143	002636	金安国纪	139003.53	133581.73
98	600665	天地源	273771.91	261515.70	144	300326	凯利泰	131653.19	109504.15
99	002328	新朋股份	272909.83	265539.49	145	600680	上海普天	129501.58	140153.76
100	600626	申达股份	272028.04	244484.61	146	002178	延华智能	126680.36	76231.16
101	002454	松芝股份	267762.26	245492.11	147	002278	神开股份	123012.05	124237.06
102	300336	新文化	266778.46	105001.53	148	600072	钢构工程	121917.18	119996.10
103	601519	大智慧	260489.67	304306.47	149	600088	中视传媒	119448.50	118180.35
104	600634	中技控股	260276.16	247375.42	150	600610	中毅达	115892.60	88667.58
105	600628	新世界	259804.92	261998.63	151	600838	上海九百	115146.52	75427.51
106	600825	新华传媒	257492.88	253271.99	152	300378	鼎捷软件	113294.19	114675.02
107	601616	广电电气	253768.11	256498.97	153	600624	复旦复华	112960.21	108631.48
108	300017	网宿科技	251393.57	163596.77	154	600119	长江投资	110679.25	98808.90
109	603012	创力集团	240686.14	130109.17	155	603868	飞科电器	110439.34	82220.21
110	600613	神奇制药	228584.01	199797.39	156	002116	中国海诚	110110.44	88559.44
111	600618	氯碱化工	226997.60	225626.16	157	300230	永利股份	108522.30	59820.12
112	002527	新时达	223967.48	204113.17	158	002605	姚记扑克	106188.47	96544.69
113	603899	晨光文具	223243.90	127652.58	159	300074	华平股份	105309.84	101427.01
114	600653	申华控股	216162.42	230969.50	160	300253	卫宁健康	104767.34	79209.14
115	600652	游久游戏	207456.00	267091.60	161	300126	锐奇股份	104723.32	104845.31
116	600843	上工申贝	205053.27	163616.48	162	300153	科泰电源	100673.28	93889.86
117	600824	益民集团	201015.50	187825.57	163	002568	百润股份	99632.67	95417.16
118	300039	上海凯宝	200550.93	188711.35	164	300442	普丽盛	98814.06	49904.15
119	002561	徐家汇	199181.09	188763.23	165	603729	龙韵股份	98586.93	54445.14
120	300168	万达信息	197864.26	168085.51	166	300067	安诺其	97118.41	89550.67
121	600616	金枫酒业	197179.20	30590.08	167	603718	海利生物	96330.75	50066.48
122	300129	泰胜风能	196318.52	171309.25	168	300008	天海防务	94386.90	84222.93
123	600530	交大昂立	196135.85	221749.92	169	600836	界龙实业	94383.79	57487.37
124	002565	上海绿新	195269.68	181814.87	170	002184	海得控制	93494.43	88499.50
125	600621	华鑫股份	192252.53	184286.53	171	002486	嘉麟杰	93105.07	105013.30
126	600850	华东电脑	185593.78	152957.45	172	603108	润达医疗	92855.03	47562.52
127	600171	上海贝岭	185107.74	178077.21	173	600679	上海凤凰	91611.65	69261.02
128	002158	汉钟精机	184005.60	96698.32	174	002706	良信电器	91111.08	78673.91
129	002324	普利特	183957.96	158222.80	175	300236	上海新阳	90706.07	85716.66
130	603020	爱普股份	177970.23	88873.70	176	300272	开能环保	89392.95	77143.23
131	603030	全筑股份	174501.66	162084.92	177	300225	金力泰	85456.43	80144.54
132	300170	汉得信息	174247.10	144304.33	178	002162	悦心健康	81669.72	81360.78
133	002022	科华生物	172562.31	126767.04	179	600695	绿庭投资	78862.68	52298.69
134	600630	龙头股份	169587.22	163278.95	180	600833	第一医药	78309.10	65097.07
135	600420	现代制药	161162.82	139215.17	181	600629	华建集团	76928.25	59840.47
136	603128	华贸物流	155263.83	140586.81	182	300398	飞凯材料	73378.65	64439.05
137	600844	丹化科技	154782.80	159707.97	183	000668	荣丰控股	72809.84	106456.50
138	600081	东风科技	153163.80	144567.02	184	603006	联明股份	72100.09	68926.81

（续表）

序号	代码	公司简称	净资产		序号	代码	公司简称	净资产	
			2015 年	2014 年				2015 年	2014 年
185	002669	康达新材	72073.65	62219.23	202	603918	金桥信息	46382.01	26549.36
186	603003	龙宇燃油	71586.15	80880.71	203	300493	润欣科技	45613.44	23864.81
187	002401	中海科技	71572.66	72590.62	204	300380	安硕信息	44717.26	42361.11
188	002451	摩恩电气	70164.64	68059.49	205	300330	华虹计通	41579.53	43707.00
189	300245	天玑科技	69559.89	69094.69	206	603022	新通联	40627.72	24419.83
190	300262	巴安水务	69204.13	60777.56	207	300483	沃施股份	38941.40	21327.88
191	600692	亚通股份	65507.47	57085.59	208	600193	创兴资源	38399.40	33557.45
192	300327	中颖电子	61407.06	57857.40	209	600767	运盛医疗	36425.78	39674.86
193	600696	匹凸匹	58526.40	65330.53	210	300469	信息发展	34844.36	12892.66
194	600605	汇通能源	55538.89	48533.84	211	600689	上海三毛	34367.84	42072.32
195	600818	中路股份	54650.41	48429.22	212	600647	同达创业	30861.81	27555.64
196	300286	安科瑞	54096.19	49688.43	213	300226	上海钢联	29460.00	85066.64
197	603009	北特科技	52937.55	44145.56	214	300501	海顺新材	27092.06	23213.65
198	600272	开开实业	51810.59	41547.34	215	300508	维宏股份	19374.09	15312.12
199	300462	华铭智能	50400.51	21742.29	216	002058	威尔泰	18396.99	20073.15
200	300061	康耐特	48441.54	45192.23	217	600608	ST 沪科	2360.95	−1136.65
201	600615	丰华股份	47718.93	49110.48					

上海工商类上市公司2015年度主营业务收入排序

（单位：万元）

序号	代码	公司简称	主营业务收入		序号	代码	公司简称	主营业务收入	
			2015年	2014年				2015年	2014年
1	600104	上汽集团	67044822.31	63000116.44	47	603128	华贸物流	797801.50	796693.10
2	601601	中国太保	24720200.00	21977800.00	48	600649	城投控股	797694.54	493073.78
3	600606	绿地控股	20753378.49	26195509.65	49	600648	外高桥	789484.60	776113.42
4	601328	交通银行	19382800.00	17740100.00	50	600626	申达股份	770624.94	701807.11
5	600019	宝钢股份	16411713.55	18778900.99	51	600653	申华控股	715235.03	629964.67
6	600000	浦发银行	14655000.00	12318100.00	52	600748	上实发展	661917.51	605645.69
7	600170	上海建工	12543070.74	11552793.83	53	600601	方正科技	651566.92	686248.67
8	601607	上海医药	10551658.73	9239889.36	54	600517	置信电气	637695.89	534216.47
9	600115	东方航空	9384400.00	8974600.00	55	002269	美邦服饰	629478.38	662076.75
10	600741	华域汽车	9112020.45	7397259.23	56	600009	上海机场	628540.03	575088.29
11	600688	上海石化	8080342.20	10218286.10	57	002506	协鑫集成	628384.07	269927.85
12	601727	上海电气	7800944.80	7678451.60	58	600618	氯碱化工	617087.42	575471.76
13	600822	上海物贸	5702594.60	6962603.30	59	601872	招商轮船	615702.55	260215.03
14	600827	百联股份	4921816.23	5196052.04	60	600850	华东电脑	606137.89	575045.55
15	600500	中化国际	4374569.19	4494166.05	61	600619	海立股份	589625.58	680844.72
16	600623	双钱股份	4070256.99	3394072.62	62	600315	上海家化	584586.53	533465.93
17	600837	海通证券	3808626.77	1797847.44	63	600663	陆家嘴	563135.79	511689.88
18	601211	国泰君安	3759663.04	1788160.34	64	600754	锦江股份	556270.31	291310.48
19	600612	老凤祥	3571237.29	3283501.81	65	600094	大名城	516757.19	537990.33
20	601866	中海集运	3186146.86	3623348.22	66	600651	飞乐音响	507181.12	213414.69
21	600018	上港集团	2951083.19	2877870.35	67	600508	上海能源	496039.29	635164.67
22	600642	申能股份	2864892.84	2557284.19	68	600081	东风科技	482492.71	490161.46
23	600150	中国船舶	2776384.63	2832366.59	69	600662	强生控股	472328.69	455568.23
24	600820	隧道股份	2680317.46	2542181.14	70	002116	中国海诚	469302.08	547018.82
25	600320	振华重工	2327239.47	2547701.11	71	600675	*ST中企	465446.89	441523.16
26	300226	上海钢联	2135713.57	755711.02	72	600635	大众公用	457136.22	415333.09
27	601231	环旭电子	2132307.73	1587300.10	73	600629	华建集团	426780.19	456427.44
28	600637	东方明珠	2112597.12	1558807.71	74	600630	龙头股份	426331.64	412726.18
29	600597	光明乳业	1937319.30	2065016.50	75	600151	航天机电	403994.01	383929.64
30	600835	上海机电	1929553.47	2077893.32	76	002028	思源电气	399742.07	367130.48
31	600061	国投安信	1784681.76	1157100.78	77	002328	新朋股份	395602.13	366156.12
32	600655	豫园商城	1755148.04	1915289.35	78	600845	宝信软件	393768.48	407189.82
33	600021	上海电力	1700634.39	1610196.68	79	603899	晨光文具	374911.25	304328.00
34	601788	光大证券	1657108.72	660142.29	80	600636	三爱富	357119.06	393993.31
35	600958	东方证券	1543470.51	549960.30	81	600640	号百控股	338098.91	238127.42
36	600823	世茂股份	1503280.48	1270095.43	82	601968	宝钢包装	329999.39	346406.57
37	600278	东方创业	1417438.59	1454868.77	83	600846	同济科技	326729.31	412285.63
38	600026	中海发展	1277652.90	1233382.04	84	600284	浦东建设	316361.25	376531.58
39	600196	复星医药	1260864.83	1202553.20	85	600824	益民集团	315130.66	312314.40
40	600708	光明地产	1238728.51	1333321.81	86	600628	新世界	311415.00	333262.83
41	600073	上海梅林	1223344.57	1310143.50	87	002454	松芝股份	300097.72	252724.62
42	603003	龙宇燃油	1087027.73	527880.90	88	600602	仪电电子	299738.60	279955.47
43	600210	紫江企业	838975.36	850135.05	89	600665	天地源	297453.49	321746.56
44	600676	交运股份	821092.96	893548.53	90	600816	安信信托	295476.73	180937.98
45	603885	吉祥航空	815823.81	664686.36	91	300017	网宿科技	293166.15	191076.71
46	601021	春秋航空	809367.25	732761.35	92	300059	东方财富	292587.94	61200.70

（续表）

序号	代码	公司简称	主营业务收入		序号	代码	公司简称	主营业务收入	
			2015 年	2014 年				2015 年	2014 年
93	002324	普利特	278742.42	202576.68	139	300493	润欣科技	114340.07	101061.00
94	603868	飞科电器	278262.68	240086.95	140	300180	华峰超纤	113695.79	97031.31
95	600819	耀皮玻璃	274774.33	286491.30	141	600689	上海三毛	112847.70	128493.67
96	600420	现代制药	268224.47	274883.57	142	002178	延华智能	111659.35	82420.73
97	002636	金安国纪	254513.03	226119.09	143	600616	金枫酒业	106721.50	94154.85
98	600641	万业企业	243764.52	182590.05	144	600851	海欣股份	105182.02	111019.37
99	600895	张江高科	241916.98	300221.28	145	600844	丹化科技	104521.85	102700.23
100	600611	大众交通	239914.66	293524.51	146	300336	新文化	102608.74	62068.63
101	600826	兰生股份	239348.02	153776.99	147	300378	鼎捷软件	102011.66	105318.67
102	600119	长江投资	235168.67	152712.15	148	002706	良信电器	101304.92	12513.55
103	002568	百润股份	235119.77	113430.53	149	603012	创力集团	100711.38	136812.47
104	600843	上工申贝	231403.96	197124.48	150	600604	市北高新	99119.60	16745.95
105	600650	锦江投资	219211.15	218215.99	151	300230	永利股份	92843.79	39919.65
106	600841	上柴股份	216318.46	277688.80	152	600072	钢构工程	91359.03	97974.38
107	600622	嘉宝集团	209554.24	163737.15	153	600848	上海临港	90107.83	83912.79
108	002252	上海莱士	201332.16	131973.52	154	002158	汉钟精机	88907.56	98973.82
109	002561	徐家汇	199568.09	206207.52	155	600272	开开实业	88127.91	88279.82
110	600654	中安消	197616.43	157871.58	156	300222	科大智能	85788.63	61472.38
111	300168	万达信息	186856.16	154280.58	157	300153	科泰电源	81735.63	63453.53
112	002565	上海绿新	185576.41	194525.21	158	002605	姚记扑克	81232.14	75191.28
113	600605	汇通能源	184224.56	212305.38	159	601616	广电电气	77697.24	794.98
114	600634	中技控股	184106.16	282326.86	160	600834	申通地铁	77404.93	74457.97
115	603020	爱普股份	183099.27	165889.91	161	300253	卫宁健康	75315.77	49141.16
116	600490	鹏欣资源	178806.10	215563.44	162	002669	康达新材	72698.05	52718.97
117	002184	海得控制	174198.39	154409.21	163	600624	复旦复华	71765.28	100789.78
118	600614	鼎立股份	171656.71	127000.38	164	603009	北特科技	70662.48	63444.64
119	603108	润达医疗	162864.19	135850.33	165	300225	金力泰	70249.66	69335.61
120	300129	泰胜风能	159697.66	143818.64	166	002486	嘉麟杰	70082.52	87260.94
121	600613	神奇制药	159291.25	129371.33	167	300061	康耐特	69444.12	62073.79
122	600825	新华传媒	157270.68	178901.39	168	300067	安诺其	68994.88	74636.23
123	300171	东富龙	155555.61	125869.37	169	002162	悦心健康	68420.22	84539.38
124	600836	界龙实业	154292.06	198474.13	170	603006	联明股份	68363.52	64357.16
125	002527	新时达	150703.30	130507.56	171	300262	巴安水务	67926.74	35071.77
126	600639	浦东金桥	149964.41	191425.10	172	600818	中路股份	65636.62	66271.22
127	600833	第一医药	149095.98	141474.54	173	601519	大智慧	65134.11	82045.15
128	002195	二三四五	146991.48	65408.43	174	002401	中海科技	65056.72	65609.11
129	600652	游久游戏	142047.70	167523.82	175	603918	金桥信息	63983.62	58794.22
130	603030	全筑股份	139728.90	126087.97	176	002278	神开股份	61384.36	67138.68
131	300039	上海凯宝	139578.86	162084.33	177	002451	摩恩电气	57660.59	64665.13
132	600643	爱建集团	132417.15	110927.45	178	300126	锐奇股份	55715.37	67387.36
133	603729	龙韵股份	132043.89	117729.95	179	300442	普丽盛	54061.19	58159.06
134	600680	上海普天	125546.30	178692.08	180	600692	亚通股份	52285.95	47298.51
135	300170	汉得信息	121879.81	100902.39	181	000863	三湘股份	51950.29	127081.02
136	600638	新黄浦	121848.08	103454.12	182	600088	中视传媒	51355.04	75603.83
137	300008	天海防务	119684.27	84666.94	183	603022	新通联	50285.80	51457.13
138	002022	科华生物	115578.33	121788.57	184	600171	上海贝岭	48921.02	46790.22

（续表）

序号	代码	公司简称	主营业务收入		序号	代码	公司简称	主营业务收入	
			2015年	2014年				2015年	2014年
185	300326	凯利泰	46288.52	22235.56	202	600530	交大昂立	26834.16	38843.02
186	600679	上海凤凰	46074.94	60941.24	203	600695	绿庭投资	24216.92	27055.60
187	300272	开能环保	45684.14	37473.77	204	300330	华虹计通	21209.12	22705.47
188	300469	信息发展	43790.00	36832.88	205	600608	ST沪科	19017.16	59700.40
189	002346	柘中股份	43757.26	46331.08	206	300462	华铭智能	18707.96	18154.06
190	300398	飞凯材料	43207.27	40241.76	207	300508	维宏股份	13057.72	7811.33
191	600503	华丽家族	43022.92	41196.28	208	000668	荣丰控股	10662.07	1082.33
192	300327	中颖电子	41137.14	37107.32	209	600647	同达创业	9989.77	12816.82
193	300245	天玑科技	39499.56	40904.07	210	002058	威尔泰	9796.45	12337.45
194	300483	沃施股份	38492.87	38787.56	211	600838	上海九百	9064.26	10977.95
195	300236	上海新阳	36848.02	37617.03	212	600615	丰华股份	8184.00	7054.32
196	600621	华鑫股份	36533.80	59738.70	213	600610	中毅达	6716.74	6971.60
197	300074	华平股份	33121.31	22087.95	214	600767	运盛医疗	5033.80	18336.48
198	603718	海利生物	31657.76	28527.20	215	600620	天宸股份	4463.73	3681.40
199	300286	安科瑞	30717.15	28347.85	216	600696	匹凸匹	2104.58	1004.83
200	300380	安硕信息	30325.19	22003.46	217	600193	创兴资源	1855.19	5123.80
201	300501	海顺新材	29397.84	28984.97					

上海工商类上市公司2015年度利润总额排序

（单位：万元）

序号	代码	公司简称	利润总额		序号	代码	公司简称	利润总额	
			2015年	2014年				2015年	2014年
1	601328	交通银行	8601200.00	8492700.00	47	601231	环旭电子	75755.29	81116.75
2	600000	浦发银行	6687700.00	6203000.00	48	600623	双钱股份	71779.76	179691.82
3	600104	上汽集团	4580967.65	4268879.52	49	600597	光明乳业	70490.89	71737.16
4	601601	中国太保	2431100.00	1450000.00	50	600611	大众交通	69513.66	19942.10
5	601211	国泰君安	2205111.69	947660.09	51	600826	兰生股份	66862.86	66882.13
6	600837	海通证券	2111886.85	1042039.43	52	603868	飞科电器	66554.19	49398.04
7	600606	绿地控股	1057528.07	927098.82	53	002568	百润股份	65940.87	37456.38
8	600018	上港集团	985154.52	982908.37	54	600639	浦东金桥	62033.39	66127.18
9	601788	光大证券	984628.94	284943.19	55	600284	浦东建设	61388.69	56813.68
10	600958	东方证券	949908.53	293368.82	56	600517	置信电气	58420.63	56976.97
11	600741	华域汽车	772675.27	698194.14	57	600635	大众公用	57049.19	41676.42
12	600061	国投安信	621279.24	208469.14	58	600895	张江高科	56734.43	51199.90
13	601727	上海电气	613110.60	562102.10	59	600026	中海发展	56469.97	32354.61
14	600115	东方航空	567100.00	412000.00	60	600676	交运股份	49911.29	45940.49
15	600649	城投控股	457916.55	249802.47	61	603899	晨光文具	48980.39	39924.70
16	600688	上海石化	420872.90	−91414.90	62	600651	飞乐音响	48617.91	9923.41
17	601607	上海医药	417185.43	379973.18	63	002028	思源电气	48487.03	56240.27
18	600823	世茂股份	398863.82	348805.12	64	002195	二三四五	46610.17	11679.77
19	600637	东方明珠	389595.11	327636.32	65	300171	东富龙	45842.42	41476.72
20	600009	上海机场	338043.59	280609.56	66	002506	协鑫集成	40978.54	246933.54
21	600196	复星医药	337183.15	271805.36	67	002454	松芝股份	40517.19	35808.98
22	600642	申能股份	324515.80	332295.69	68	600622	嘉宝集团	39756.42	51766.69
23	600835	上海机电	319485.78	212670.91	69	600850	华东电脑	38854.21	33899.56
24	600021	上海电力	284540.40	249788.19	70	600845	宝信软件	38215.57	36254.72
25	600663	陆家嘴	277503.15	224362.60	71	600641	万业企业	35285.90	61777.96
26	600315	上海家化	261146.02	114210.20	72	600420	现代制药	35262.70	29713.98
27	600170	上海建工	258685.16	242202.34	73	002561	徐家汇	35037.94	35726.96
28	600816	安信信托	236143.57	137721.97	74	300039	上海凯宝	33481.53	41740.89
29	300059	东方财富	217092.63	19725.38	75	600662	强生控股	33123.67	30426.02
30	601872	招商轮船	208170.94	28124.81	76	300336	新文化	33039.38	16184.27
31	600820	隧道股份	195152.50	185651.50	77	600654	中安消	32661.46	30232.48
32	600827	百联股份	192638.66	193767.47	78	600848	上海临港	32152.47	17721.88
33	600612	老凤祥	190118.67	164134.39	79	002324	普利特	31466.43	23213.80
34	600019	宝钢股份	185413.07	827777.38	80	600081	东风科技	31431.24	45524.61
35	601021	春秋航空	180402.22	121585.74	81	600650	锦江投资	30694.70	31928.17
36	002252	上海莱士	174919.18	60198.17	82	600846	同济科技	29832.46	34222.19
37	603885	吉祥航空	140145.75	59697.44	83	600073	上海梅林	29215.19	15421.88
38	600500	中化国际	138645.78	201077.03	84	600638	新黄浦	27862.56	19199.45
39	600748	上实发展	97923.43	134045.17	85	600665	天地源	27492.54	38008.79
40	600655	豫园商城	96647.97	116759.66	86	300168	万达信息	27425.76	22402.27
41	600754	锦江股份	88012.33	66559.80	87	600320	振华重工	27173.56	17779.20
42	300017	网宿科技	87845.22	50140.44	88	600824	益民集团	27133.74	25829.87
43	600648	外高桥	85411.30	101471.40	89	002116	中国海诚	26410.61	23727.40
44	600708	光明地产	84782.28	119517.61	90	600613	神奇制药	25878.68	21416.76
45	600094	大名城	81611.66	80943.70	91	600602	仪电电子	25422.27	22501.58
46	600643	爱建集团	77081.85	69264.19	92	600278	东方创业	24976.86	22294.26

（续表）

序号	代码	公司简称	利润总额		序号	代码	公司简称	利润总额	
			2015年	2014年				2015年	2014年
93	600626	申达股份	24852.87	21010.29	139	600647	同达创业	9287.08	−1096.37
94	002022	科华生物	24823.48	35306.37	140	600838	上海九百	9230.39	4397.63
95	600843	上工申贝	22953.98	29150.97	141	600834	申通地铁	9202.95	14032.75
96	603020	爱普股份	22819.14	19019.01	142	300272	开能环保	8682.77	8081.77
97	002527	新时达	21443.33	22665.62	143	600841	上柴股份	8233.98	15529.21
98	600629	华建集团	20507.16	18886.81	144	600825	新华传媒	7612.75	6634.73
99	300170	汉得信息	19911.73	17927.46	145	600624	复旦复华	7535.48	5375.84
100	300129	泰胜风能	19874.84	13201.32	146	300067	安诺其	7534.57	13085.32
101	603128	华贸物流	19610.33	15396.59	147	600692	亚通股份	7398.99	4211.95
102	600151	航天机电	19565.09	8681.51	148	300286	安科瑞	7368.95	8351.99
103	603030	全筑股份	18877.68	19638.00	149	600193	创兴资源	7215.76	−39679.78
104	002565	上海绿新	18597.87	−3736.48	150	300225	金力泰	7081.53	10215.57
105	600851	海欣股份	18408.29	37836.23	151	600640	号百控股	6926.00	12236.38
106	002328	新朋股份	18210.52	18794.40	152	300008	天海防务	6883.57	5692.02
107	002158	汉钟精机	18047.50	21148.32	153	300501	海顺新材	6849.00	6389.85
108	600634	中技控股	17954.76	19832.07	154	002401	中海科技	6811.58	6252.05
109	600210	紫江企业	17637.93	23013.29	155	600653	申华控股	6625.04	−17145.52
110	300222	科大智能	17514.15	9486.75	156	300061	康耐特	6428.01	4690.12
111	300326	凯利泰	17313.55	7766.53	157	600818	中路股份	6300.28	−677.55
112	600604	市北高新	17108.06	2672.12	158	600508	上海能源	6144.24	2679.93
113	600601	方正科技	15897.94	36274.63	159	002636	金安国纪	6056.35	4700.12
114	300253	卫宁健康	15450.67	12899.67	160	603729	龙韵股份	6016.27	9560.34
115	603012	创力集团	15246.67	28196.92	161	300508	维宏股份	5895.84	4036.72
116	002706	良信电器	14796.13	11942.15	162	603009	北特科技	5877.22	5438.39
117	600628	新世界	14492.88	33196.47	163	300442	普丽盛	5837.83	10872.82
118	600530	交大昂立	13954.78	11116.75	164	300153	科泰电源	5763.96	3516.87
119	300180	华峰超纤	13537.29	13149.79	165	600620	天宸股份	5516.32	7854.99
120	002346	柘中股份	13372.82	9595.54	166	600833	第一医药	5455.12	4979.86
121	600619	海立股份	13361.43	16565.89	167	300327	中颖电子	5407.62	3019.50
122	002178	延华智能	13248.79	7012.86	168	600608	ST 沪科	5228.67	−1383.23
123	002669	康达新材	13240.99	8308.51	169	600836	界龙实业	5212.57	6028.53
124	002605	姚记扑克	12917.88	16620.90	170	600614	鼎立股份	5073.68	9613.79
125	603006	联明股份	12705.08	13399.66	171	600171	上海贝岭	5023.29	4531.65
126	603108	润达医疗	12593.26	10309.05	172	600490	鹏欣资源	5009.23	19607.39
127	600621	华鑫股份	12383.16	18277.72	173	300462	华铭智能	5001.11	6046.43
128	300398	飞凯材料	12169.81	10499.28	174	300493	润欣科技	4995.19	4477.44
129	601968	宝钢包装	11805.90	15786.72	175	300236	上海新阳	4849.53	7928.70
130	300230	永利股份	11731.04	7125.54	176	600695	绿庭投资	4787.27	−4956.06
131	600618	氯碱化工	10956.19	−58296.80	177	300245	天玑科技	4571.38	8668.94
132	603718	海利生物	10834.39	11700.73	178	300469	信息发展	4277.86	4255.55
133	600119	长江投资	10568.92	7442.76	179	603918	金桥信息	4259.70	4477.87
134	000863	三湘股份	10299.88	18091.12	180	603022	新通联	4139.75	7228.60
135	600610	中毅达	10103.86	−564.52	181	600503	华丽家族	4062.69	3598.60
136	600630	龙头股份	10079.14	7858.52	182	000668	荣丰控股	3883.47	−5020.82
137	002184	海得控制	10070.99	7643.00	183	600088	中视传媒	3826.02	7512.56
138	300262	巴安水务	10039.57	9928.76	184	300074	华平股份	3433.11	3755.06

（续表）

序号	代码	公司简称	利润总额		序号	代码	公司简称	利润总额	
			2015 年	2014 年				2015 年	2014 年
185	600272	开开实业	3164.03	4675.22	202	600689	上海三毛	−4676.27	7040.78
186	300483	沃施股份	2860.27	4028.67	203	600844	丹化科技	−5580.77	6231.40
187	002451	摩恩电气	2418.56	3712.61	204	600150	中国船舶	−5826.89	−3039.64
188	600072	钢构工程	2399.51	1178.56	205	600767	运盛医疗	−6977.04	3086.82
189	300380	安硕信息	2124.08	4100.14	206	600680	上海普天	−9817.84	1354.96
190	002162	悦心健康	2078.50	2690.14	207	002486	嘉麟杰	−11052.97	2614.84
191	300378	鼎捷软件	1807.58	8308.78	208	002269	美邦服饰	−13239.66	24627.77
192	002278	神开股份	1658.24	6587.22	209	600696	匹凸匹	−16203.37	8117.91
193	600616	金枫酒业	1416.92	9453.32	210	603003	龙宇燃油	−16585.97	1032.39
194	600605	汇通能源	1230.75	1099.84	211	600636	三爱富	−28564.29	8833.22
195	600679	上海凤凰	1074.07	6970.11	212	601519	大智慧	−43238.16	18009.93
196	601616	广电电气	883.45	4322.21	213	300226	上海钢联	−44234.30	1159.35
197	600615	丰华股份	842.18	1640.09	214	600819	耀皮玻璃	−46561.69	4297.62
198	300126	锐奇股份	812.64	7118.14	215	600822	上海物贸	−167351.55	8041.82
199	002058	威尔泰	−1072.78	706.18	216	600675	*ST 中企	−250396.91	−10579.23
200	300330	华虹计通	−1392.23	1532.37	217	601866	中海集运	−289672.40	164200.02
201	600652	游久游戏	−2268.48	−22109.64					

上海工商类上市公司 2015 年度每股收益排序

（单位：元）

序号	代码	公司简称	每股收益		序号	代码	公司简称	每股收益	
			2015 年	2014 年				2015 年	2014 年
1	600315	上海家化	3.31	1.36	47	300171	东富龙	0.62	0.54
2	600104	上汽集团	2.70	2.54	48	002028	思源电气	0.61	0.74
3	600000	浦发银行	2.67	2.52	49	002561	徐家汇	0.61	0.62
4	601211	国泰君安	2.21	1.11	50	600606	绿地控股	0.58	0.50
5	600612	老凤祥	2.14	1.80	51	600655	豫园商城	0.56	0.70
6	601788	光大证券	2.14	0.61	52	002116	中国海诚	0.56	0.50
7	601601	中国太保	1.96	1.22	53	002568	百润股份	0.56	0.32
8	600741	华域汽车	1.85	1.73	54	002669	康达新材	0.56	0.35
9	600835	上海机电	1.79	0.84	55	002158	汉钟精机	0.56	0.69
10	601021	春秋航空	1.68	1.47	56	300442	普丽盛	0.55	1.21
11	603030	全筑股份	1.54	1.96	57	600284	浦东建设	0.55	0.51
12	600637	东方明珠	1.53	2.07	58	600622	嘉宝集团	0.53	0.70
13	600837	海通证券	1.48	0.80	59	002252	上海莱士	0.52	0.22
14	300501	海顺新材	1.47	1.36	60	300230	永利股份	0.50	0.35
15	600958	东方证券	1.46	0.55	61	600647	同达创业	0.49	−0.02
16	600061	国投安信	1.33	0.42	62	600081	东风科技	0.49	0.65
17	600009	上海机场	1.31	1.09	63	002195	二三四五	0.48	0.69
18	603868	飞科电器	1.28	0.95	64	600648	外高桥	0.48	0.64
19	600826	兰生股份	1.22	1.26	65	600748	上实发展	0.48	0.85
20	600649	城投控股	1.21	0.66	66	600639	浦东金桥	0.47	0.46
21	603020	爱普股份	1.19	1.29	67	300336	新文化	0.47	0.29
22	300017	网宿科技	1.19	0.70	68	600820	隧道股份	0.47	0.51
23	600823	世茂股份	1.16	1.61	69	600848	上海临港	0.47	0.31
24	300508	维宏股份	1.15	0.76	70	603918	金桥信息	0.47	0.58
25	002706	良信电器	1.11	0.91	71	600642	申能股份	0.47	0.46
26	603108	润达医疗	1.09	1.07	72	600708	光明地产	0.46	0.77
27	300059	东方财富	1.09	0.10	73	300286	安科瑞	0.46	0.51
28	600196	复星医药	1.07	0.92	74	300493	润欣科技	0.46	0.43
29	601607	上海医药	1.07	0.96	75	603022	新通联	0.45	0.87
30	600816	安信信托	1.05	0.90	76	600613	神奇制药	0.44	0.40
31	603006	联明股份	1.03	1.07	77	300483	沃施股份	0.43	0.72
32	600663	陆家嘴	1.02	0.86	78	603009	北特科技	0.43	0.48
33	300398	飞凯材料	1.01	1.39	79	603012	创力集团	0.42	0.96
34	603885	吉祥航空	0.97	0.86	80	600629	华建集团	0.42	0.39
35	002324	普利特	0.96	0.73	81	002022	科华生物	0.42	0.59
36	600850	华东电脑	0.95	0.78	82	600638	新黄浦	0.40	0.30
37	603899	晨光文具	0.93	0.85	83	600650	锦江投资	0.40	0.39
38	601328	交通银行	0.90	0.89	84	600676	交运股份	0.40	0.37
39	600845	宝信软件	0.85	0.90	85	600643	爱建集团	0.39	0.36
40	600754	锦江股份	0.79	0.79	86	600651	飞乐音响	0.38	0.09
41	600420	现代制药	0.77	0.66	87	600623	双钱股份	0.38	0.70
42	002454	松芝股份	0.76	0.68	88	603718	海利生物	0.38	0.48
43	600827	百联股份	0.74	0.63	89	600115	东方航空	0.36	0.27
44	300469	信息发展	0.65	0.71	90	002184	海得控制	0.35	0.25
45	603729	龙韵股份	0.65	1.57	91	300326	凯利泰	0.34	0.19
46	600021	上海电力	0.62	0.62	92	300462	华铭智能	0.34	0.50

（续表）

序号	代码	公司简称	每股收益		序号	代码	公司简称	每股收益	
			2015 年	2014 年				2015 年	2014 年
93	600597	光明乳业	0.34	0.47	139	002401	中海科技	0.18	0.17
94	300039	上海凯宝	0.34	0.43	140	600833	第一医药	0.18	0.17
95	600517	置信电气	0.33	0.32	141	603128	华贸物流	0.18	0.14
96	002527	新时达	0.32	0.37	142	600662	强生控股	0.17	0.18
97	600611	大众交通	0.32	0.27	143	000668	荣丰控股	0.17	−0.31
98	601231	环旭电子	0.32	0.34	144	300245	天玑科技	0.17	0.27
99	600530	交大昂立	0.32	0.27	145	600073	上海梅林	0.17	0.08
100	600170	上海建工	0.31	0.30	146	601727	上海电气	0.17	0.20
101	600895	张江高科	0.31	0.28	147	300380	安硕信息	0.16	0.28
102	600688	上海石化	0.30	−0.07	148	600818	中路股份	0.16	0.02
103	300180	华峰超纤	0.30	0.29	149	002178	延华智能	0.15	0.09
104	300327	中颖电子	0.29	0.18	150	600193	创兴资源	0.15	−0.94
105	600843	上工申贝	0.29	0.38	151	600616	金枫酒业	0.15	0.14
106	600018	上港集团	0.29	0.30	152	300225	金力泰	0.15	0.19
107	300236	上海新阳	0.28	0.37	153	600834	申通地铁	0.14	0.22
108	600119	长江投资	0.28	0.13	154	600151	航天机电	0.14	0.03
109	600278	东方创业	0.28	0.26	155	600851	海欣股份	0.13	0.24
110	300253	卫宁健康	0.28	0.22	156	300153	科泰电源	0.13	0.10
111	600641	万业企业	0.26	0.50	157	600602	仪电电子	0.13	0.12
112	002346	柘中股份	0.26	0.19	158	300067	安诺其	0.12	0.19
113	300129	泰胜风能	0.26	0.15	159	601968	宝钢包装	0.12	0.21
114	300170	汉得信息	0.26	0.22	160	600692	亚通股份	0.12	0.11
115	600846	同济科技	0.26	0.29	161	000863	三湘股份	0.11	0.19
116	002605	姚记扑克	0.25	0.33	162	600608	ST 沪科	0.11	−0.04
117	002506	协鑫集成	0.25	1.07	163	600620	天宸股份	0.11	0.18
118	600621	华鑫股份	0.25	0.30	164	600841	上柴股份	0.11	0.17
119	300222	科大智能	0.24	0.16	165	600628	新世界	0.10	0.45
120	600665	天地源	0.24	0.34	166	600624	复旦复华	0.10	0.08
121	600626	申达股份	0.24	0.21	167	600026	中海发展	0.10	0.09
122	300168	万达信息	0.23	0.20	168	600619	海立股份	0.09	0.14
123	300272	开能环保	0.23	0.19	169	600652	游久游戏	0.09	−0.23
124	600838	上海九百	0.23	0.11	170	600640	号百控股	0.09	0.16
125	600500	中化国际	0.23	0.55	171	600618	氯碱化工	0.08	−0.51
126	601872	招商轮船	0.23	0.04	172	600088	中视传媒	0.08	0.16
127	600094	大名城	0.23	0.21	173	600171	上海贝岭	0.08	0.06
128	300008	天海防务	0.22	0.18	174	600272	开开实业	0.08	0.15
129	600654	中安消	0.22	0.65	175	002636	金安国纪	0.07	0.06
130	002565	上海绿新	0.21	−0.08	176	600210	紫江企业	0.07	0.11
131	300061	康耐特	0.21	0.15	177	600605	汇通能源	0.07	0.05
132	600634	中技控股	0.21	0.23	178	600695	绿庭投资	0.07	−0.07
133	300262	巴安水务	0.21	0.20	179	300074	华平股份	0.06	0.06
134	002328	新朋股份	0.20	0.19	180	300378	鼎捷软件	0.06	0.32
135	600604	市北高新	0.20	0.03	181	600019	宝钢股份	0.06	0.35
136	600630	龙头股份	0.19	0.15	182	600825	新华传媒	0.06	0.05
137	600635	大众公用	0.19	0.14	183	600836	界龙实业	0.06	0.05
138	600824	益民集团	0.18	0.17	184	600601	方正科技	0.05	0.12

（续表）

序号	代码	公司简称	每股收益		序号	代码	公司简称	每股收益	
			2015年	2014年				2015年	2014年
185	600320	振华重工	0.05	0.05	202	002058	威尔泰	−0.08	0.04
186	600614	鼎立股份	0.05	0.13	203	300330	华虹计通	−0.08	0.08
187	600072	钢构工程	0.05	0.02	204	002486	嘉麟杰	−0.12	0.03
188	600150	中国船舶	0.04	0.03	205	002269	美邦服饰	−0.17	0.06
189	600653	申华控股	0.03	−0.11	206	600689	上海三毛	−0.19	0.30
190	002278	神开股份	0.03	0.17	207	600767	运盛医疗	−0.21	0.08
191	002451	摩恩电气	0.03	0.06	208	601519	大智慧	−0.23	0.05
192	300126	锐奇股份	0.03	0.21	209	600680	上海普天	−0.25	0.02
193	002162	悦心健康	0.02	0.02	210	601866	中海集运	−0.25	0.09
194	600508	上海能源	0.02	0.07	211	600696	匹凸匹	−0.30	0.21
195	600615	丰华股份	0.02	0.07	212	600819	耀皮玻璃	−0.39	0.06
196	600503	华丽家族	0.01	0.02	213	600636	三爱富	−0.70	0.02
197	600679	上海凤凰	0.01	0.11	214	603003	龙宇燃油	−0.79	0.04
198	600490	鹏欣资源	0.01	0.04	215	600675	*ST 中企	−1.33	−0.26
199	601616	广电电气	0.01	0.04	216	300226	上海钢联	−1.61	0.12
200	600610	中毅达	−0.01	0.09	217	600822	上海物贸	−3.19	0.03
201	600844	丹化科技	−0.04	0.02					

上海工商类上市公司 2015 年度净利润排序

（单位：万元）

序号	代码	公司简称	净利润		序号	代码	公司简称	净利润	
			2015 年	2014 年				2015 年	2014 年
1	601328	交通银行	6652800.00	6585000.00	47	600611	大众交通	51196.09	12152.78
2	600000	浦发银行	5060400.00	4702600.00	48	600826	兰生股份	51092.70	52795.60
3	600104	上汽集团	2979379.07	2797344.13	49	600708	光明地产	51027.16	83258.73
4	601601	中国太保	1772800.00	1104900.00	50	603868	飞科电器	50171.14	37072.33
5	600837	海通证券	1583885.09	771062.36	51	002568	百润股份	50019.77	28688.02
6	601211	国泰君安	1570029.10	675791.25	52	600895	张江高科	48160.83	43597.67
7	601788	光大证券	764651.61	206830.75	53	600500	中化国际	48049.98	113560.25
8	600958	东方证券	732522.45	234167.12	54	600639	浦东金桥	47151.95	42973.38
9	600606	绿地控股	688642.67	556979.36	55	600635	大众公用	46113.46	34047.05
10	600018	上港集团	656245.35	676654.82	56	600094	大名城	45724.16	34543.33
11	600741	华域汽车	478338.23	445572.10	57	600517	置信电气	44357.61	42892.88
12	600115	东方航空	454100.00	341700.00	58	603899	晨光文具	42264.67	33957.00
13	600061	国投安信	452259.27	89604.33	59	600597	光明乳业	41833.00	57040.95
14	600649	城投控股	361195.15	196842.04	60	002195	二三四五	41718.34	11838.98
15	600688	上海石化	324584.90	−71642.70	61	600026	中海发展	38968.57	31096.56
16	600637	东方明珠	290671.73	230511.18	62	300171	东富龙	38668.53	33541.11
17	601607	上海医药	287698.91	259112.91	63	002028	思源电气	38211.58	45628.85
18	600009	上海机场	253143.30	209553.52	64	600284	浦东建设	37915.78	35271.09
19	600196	复星医药	246009.36	211286.95	65	600651	飞乐音响	37613.81	6462.78
20	600315	上海家化	220996.10	89792.08	66	600676	交运股份	34185.12	32070.64
21	600642	申能股份	213148.06	210430.23	67	600845	宝信软件	31238.22	32170.08
22	601727	上海电气	212857.40	255448.70	68	002454	松芝股份	31019.67	27635.27
23	600823	世茂股份	204563.40	189214.64	69	600850	华东电脑	30620.39	24967.45
24	600663	陆家嘴	190002.35	160150.04	70	300039	上海凯宝	28164.85	35192.12
25	600170	上海建工	187053.64	179471.75	71	600654	中安消	28011.58	25808.33
26	300059	东方财富	184857.12	16572.38	72	600622	嘉宝集团	27463.75	35864.63
27	600835	上海机电	183457.21	85788.21	73	002324	普利特	26039.43	19604.50
28	600816	安信信托	172214.85	102352.79	74	002561	徐家汇	25313.25	25801.46
29	600820	隧道股份	148063.66	139366.80	75	300336	新文化	24817.07	12134.25
30	002252	上海莱士	144241.43	51085.49	76	600848	上海临港	23935.56	11823.29
31	600021	上海电力	133244.26	132564.06	77	300168	万达信息	23082.05	18992.89
32	601021	春秋航空	132785.88	88418.19	78	002116	中国海诚	22800.03	19918.45
33	600827	百联股份	127546.16	108715.99	79	600638	新黄浦	22676.22	16970.94
34	601872	招商轮船	115368.01	20026.42	80	600650	锦江投资	22160.31	21421.19
35	600612	老凤祥	111735.17	93989.94	81	600420	现代制药	22105.27	18999.10
36	603885	吉祥航空	104728.76	42768.57	82	600613	神奇制药	21673.04	18017.01
37	600019	宝钢股份	101287.17	579234.91	83	300170	汉得信息	21424.00	17730.24
38	300017	网宿科技	83134.81	48370.02	84	600320	振华重工	21241.20	20222.33
39	600655	豫园商城	80720.42	100296.41	85	600641	万业企业	21147.25	40049.43
40	600623	双钱股份	70407.33	128409.26	86	002022	科华生物	21062.49	29197.39
41	601231	环旭电子	69051.65	70139.40	87	600665	天地源	20691.82	29468.48
42	002506	协鑫集成	63850.22	269431.62	88	600824	益民集团	19302.00	18164.80
43	600754	锦江股份	63760.95	48716.82	89	002527	新时达	18964.18	20327.51
44	600643	爱建集团	55468.08	51245.79	90	600662	强生控股	18015.88	18711.35
45	600648	外高桥	53941.71	69798.10	91	603020	爱普股份	17843.48	15469.13
46	600748	上实发展	51965.47	91931.65	92	600151	航天机电	17261.55	3643.54

（续表）

序号	代码	公司简称	净利润		序号	代码	公司简称	净利润	
			2015年	2014年				2015年	2014年
93	600626	申达股份	16995.56	14762.23	139	600652	游久游戏	7461.67	−13729.01
94	300129	泰胜风能	16940.52	9706.58	140	300225	金力泰	6924.02	8776.64
95	600073	上海梅林	16349.84	6799.72	141	600834	申通地铁	6896.52	10517.47
96	600602	仪电电子	16187.77	15603.42	142	600619	海立股份	6844.31	9351.85
97	603030	全筑股份	16026.52	16592.54	143	600647	同达创业	6813.76	−336.48
98	600846	同济科技	16025.33	18208.45	144	600193	创兴资源	6436.49	−39820.25
99	600851	海欣股份	15743.01	29093.29	145	300286	安科瑞	6412.41	7137.93
100	600843	上工申贝	15741.71	19761.61	146	300067	安诺其	6195.67	10087.14
101	002158	汉钟精机	15671.29	18334.76	147	600150	中国船舶	6184.95	4418.91
102	600081	东风科技	15315.44	20293.67	148	300501	海顺新材	5876.74	5422.41
103	300253	卫宁健康	15250.37	12097.16	149	600825	新华传媒	5779.48	5042.16
104	600278	东方创业	14735.22	13495.19	150	300008	天海防务	5553.55	4591.50
105	600629	华建集团	14664.29	13403.95	151	002401	中海科技	5484.24	5180.14
106	002565	上海绿新	14347.58	−5105.45	152	002636	金安国纪	5412.06	4261.72
107	603128	华贸物流	14313.73	11595.51	153	600653	申华控股	5298.45	−19894.99
108	300222	科大智能	13668.87	7688.74	154	600624	复旦复华	5224.87	4052.09
109	600604	市北高新	13166.07	2439.57	155	600628	新世界	5220.75	23965.12
110	600621	华鑫股份	13038.73	15474.49	156	600818	中路股份	5192.71	632.04
111	603012	创力集团	12633.75	22842.53	157	300508	维宏股份	5168.97	3415.04
112	002706	良信电器	12513.55	10027.48	158	300061	康耐特	5121.33	3672.64
113	600634	中技控股	12248.75	13479.85	159	600171	上海贝岭	5114.33	3869.30
114	300326	凯利泰	12064.81	6223.03	160	300442	普丽盛	5006.53	9083.64
115	300180	华峰超纤	11893.65	11549.37	161	300327	中颖电子	4978.32	3120.42
116	002346	柘中股份	11582.23	8441.51	162	600620	天宸股份	4968.95	8018.78
117	002669	康达新材	11254.42	6990.83	163	600695	绿庭投资	4826.24	−4956.06
118	600601	方正科技	10998.81	26170.23	164	600614	鼎立股份	4707.92	7688.37
119	600210	紫江企业	10715.19	16192.62	165	603009	北特科技	4643.43	4409.16
120	300398	飞凯材料	10521.34	9008.10	166	600640	号百控股	4625.25	8770.65
121	000863	三湘股份	10463.66	14615.27	167	300245	天玑科技	4530.21	7234.74
122	002178	延华智能	10222.39	5790.91	168	300462	华铭智能	4234.95	5182.33
123	600530	交大昂立	9929.67	8487.14	169	300236	上海新阳	4232.63	6821.41
124	603006	联明股份	9773.28	10083.83	170	600692	亚通股份	4122.42	3829.46
125	600618	氯碱化工	9561.50	−59250.25	171	300153	科泰电源	4121.49	3132.72
126	603718	海利生物	9540.26	10122.14	172	300493	润欣科技	4120.19	3831.23
127	002605	姚记扑克	9504.19	12230.74	173	600833	第一医药	4116.85	3702.48
128	300230	永利股份	9392.26	5656.77	174	603729	龙韵股份	4066.05	7834.17
129	600841	上柴股份	9293.29	15017.07	175	300469	信息发展	3824.24	3533.93
130	600838	上海九百	9230.39	4397.63	176	603918	金桥信息	3676.94	3810.59
131	603108	润达医疗	9176.03	7516.21	177	600608	ST 沪科	3499.16	−1256.51
132	002328	新朋股份	9081.68	8582.72	178	300074	华平股份	3350.50	3100.88
133	601968	宝钢包装	8734.81	12862.33	179	603022	新通联	3226.84	5238.86
134	600119	长江投资	8502.09	4075.51	180	600088	中视传媒	2638.01	5270.41
135	600630	龙头股份	8092.12	6346.29	181	000668	荣丰控股	2549.19	−4608.53
136	002184	海得控制	7786.04	5543.79	182	300483	沃施股份	2319.12	3320.98
137	300262	巴安水务	7710.26	7528.28	183	600072	钢构工程	2245.72	1032.95
138	300272	开能环保	7601.26	6423.66	184	300380	安硕信息	2138.97	3861.26

序号	代码	公司简称	净利润		序号	代码	公司简称	净利润	
			2015 年	2014 年				2015 年	2014 年
185	600503	华丽家族	2125.62	1981.54	202	300330	华虹计通	−1361.48	1329.67
186	600272	开开实业	1984.70	3634.53	203	600844	丹化科技	−3066.78	1743.04
187	600490	鹏欣资源	1962.04	6213.03	204	600689	上海三毛	−3876.88	6000.74
188	600836	界龙实业	1825.34	1470.86	205	600767	运盛医疗	−7024.38	2598.37
189	002451	摩恩电气	1456.46	2641.82	206	600680	上海普天	−9512.85	912.30
190	002162	悦心健康	1443.41	1436.33	207	002486	嘉麟杰	−10231.95	2762.97
191	300378	鼎捷软件	1166.35	6324.51	208	600696	匹凸匹	−10242.49	7107.63
192	600508	上海能源	1140.69	4844.27	209	603003	龙宇燃油	−16042.14	739.51
193	002278	神开股份	1111.91	6084.09	210	300226	上海钢联	−25038.53	1877.57
194	600605	汇通能源	1027.51	795.82	211	600636	三爱富	−31101.36	646.68
195	601616	广电电气	794.98	3876.56	212	600819	耀皮玻璃	−36426.72	5335.40
196	300126	锐奇股份	767.89	6208.42	213	002269	美邦服饰	−43192.15	14564.05
197	600616	金枫酒业	622.93	7135.20	214	601519	大智慧	−45601.66	10692.41
198	600679	上海凤凰	365.60	3859.39	215	600822	上海物贸	−158440.47	1434.00
199	600615	丰华股份	356.33	1315.62	216	600675	*ST 中企	−248707.27	−48855.51
200	600610	中毅达	−654.63	9995.36	217	601866	中海集运	−294911.40	106128.20
201	002058	威尔泰	−1113.32	584.17					

上海工商类上市公司2015年度每股净资产排序

（单位：元）

序号	代码	公司简称	每股净资产		序号	代码	公司简称	每股净资产	
			2015年	2014年				2015年	2014年
1	600104	上汽集团	15.88	14.30	47	300483	沃施股份	6.35	5.04
2	600000	浦发银行	15.29	13.15	48	600650	锦江投资	6.29	4.21
3	601601	中国太保	14.71	12.93	49	002028	思源电气	6.26	5.74
4	603729	龙韵股份	14.63	10.85	50	002158	汉钟精机	6.24	3.66
5	600150	中国船舶	12.73	12.63	51	600636	三爱富	6.24	4.26
6	601211	国泰君安	12.50	6.89	52	600622	嘉宝集团	6.12	5.76
7	600741	华域汽车	11.87	9.14	53	600708	光明地产	6.02	12.40
8	601607	上海医药	11.13	10.35	54	002454	松芝股份	5.94	5.71
9	600508	上海能源	11.05	11.03	55	600530	交大昂立	5.88	6.68
10	603020	爱普股份	11.03	7.31	56	300378	鼎捷软件	5.62	7.43
11	600009	上海机场	10.54	9.58	57	600278	东方创业	5.59	5.68
12	601788	光大证券	10.36	7.55	58	600655	豫园商城	5.53	5.22
13	600754	锦江股份	10.30	10.81	59	600611	大众交通	5.44	4.02
14	600823	世茂股份	10.17	13.71	60	600500	中化国际	5.43	5.38
15	600845	宝信软件	10.00	7.00	61	603030	全筑股份	5.31	3.52
16	603108	润达医疗	9.82	6.74	62	600820	隧道股份	5.30	4.97
17	300442	普丽盛	9.70	6.65	63	603918	金桥信息	5.27	4.02
18	600637	东方明珠	9.52	13.66	64	600642	申能股份	5.25	5.09
19	600837	海通证券	9.36	7.13	65	600850	华东电脑	5.16	4.37
20	600620	天宸股份	9.26	1.82	66	300469	信息发展	5.11	3.18
21	600827	百联股份	8.79	9.34	67	002195	二三四五	5.10	11.65
22	600612	老凤祥	8.68	7.54	68	002328	新朋股份	5.00	4.89
23	600315	上海家化	8.50	5.66	69	300230	永利股份	4.95	3.59
24	601021	春秋航空	8.17	11.84	70	300336	新文化	4.93	5.39
25	600639	浦东金桥	8.11	6.26	71	300236	上海新阳	4.92	7.44
26	600648	外高桥	7.94	7.83	72	600895	张江高科	4.88	4.60
27	600835	上海机电	7.94	6.12	73	600021	上海电力	4.79	4.56
28	002706	良信电器	7.91	8.89	74	600628	新世界	4.77	4.82
29	600196	复星医药	7.86	7.21	75	600640	号百控股	4.76	4.72
30	600826	兰生股份	7.67	9.57	76	002561	徐家汇	4.73	4.48
31	603006	联明股份	7.63	7.12	77	603899	晨光文具	4.71	3.09
32	600623	双钱股份	7.59	13.29	78	603009	北特科技	4.70	4.16
33	603012	创力集团	7.36	5.20	79	600420	现代制药	4.62	4.06
34	600284	浦东建设	7.25	6.85	80	600641	万业企业	4.60	4.48
35	600061	国投安信	7.16	28.01	81	300171	东富龙	4.52	8.20
36	300398	飞凯材料	7.06	8.05	82	600619	海立股份	4.49	3.59
37	601328	交通银行	7.00	6.34	83	000668	荣丰控股	4.41	4.24
38	603022	新通联	6.98	4.54	84	300059	东方财富	4.41	1.55
39	600663	陆家嘴	6.96	6.17	85	600748	上实发展	4.40	7.45
40	600019	宝钢股份	6.85	6.94	86	600606	绿地控股	4.36	3.99
41	002324	普利特	6.81	5.86	87	600634	中技控股	4.33	4.10
42	600649	城投控股	6.78	5.58	88	300508	维宏股份	4.31	1.86
43	300501	海顺新材	6.73	5.76	89	600676	交运股份	4.30	4.03
44	600958	东方证券	6.62	4.35	90	600613	神奇制药	4.18	4.42
45	600638	新黄浦	6.45	6.18	91	600841	上柴股份	4.01	3.95
46	600026	中海发展	6.37	6.05	92	600643	爱建集团	4.00	4.66

（续表）

序号	代码	公司简称	每股净资产		序号	代码	公司简称	每股净资产	
			2015 年	2014 年				2015 年	2014 年
93	600630	龙头股份	3.99	3.84	139	300153	科泰电源	2.98	2.93
94	002252	上海莱士	3.86	6.31	140	603885	吉祥航空	2.96	4.01
95	300180	华峰超纤	3.86	8.98	141	600834	申通地铁	2.95	2.86
96	600616	金枫酒业	3.80	3.70	142	601727	上海电气	2.90	2.67
97	600604	市北高新	3.80	2.27	143	600838	上海九百	2.87	1.88
98	600851	海欣股份	3.79	4.41	144	600846	同济科技	2.86	2.71
99	300493	润欣科技	3.78	2.83	145	603868	飞科电器	2.82	2.10
100	600605	汇通能源	3.77	3.29	146	002605	姚记扑克	2.79	2.54
101	300286	安科瑞	3.76	3.43	147	600119	长江投资	2.73	2.53
102	300008	天海防务	3.71	3.33	148	600171	上海贝岭	2.71	2.41
103	600170	上海建工	3.71	3.97	149	002116	中国海诚	2.70	2.85
104	002527	新时达	3.70	5.19	150	600210	紫江企业	2.69	2.55
105	002184	海得控制	3.70	3.49	151	300129	泰胜风能	2.67	4.67
106	600597	光明乳业	3.69	3.67	152	600115	东方航空	2.67	2.19
107	300462	华铭智能	3.66	1.81	153	601616	广电电气	2.67	2.71
108	002669	康达新材	3.60	0.85	154	600836	界龙实业	2.65	1.33
109	600816	安信信托	3.56	3.97	155	600614	鼎立股份	2.59	3.46
110	300327	中颖电子	3.54	3.40	156	601872	招商轮船	2.58	2.14
111	300017	网宿科技	3.54	5.16	157	600018	上港集团	2.57	2.40
112	600621	华鑫股份	3.53	3.35	158	600615	丰华股份	2.54	2.62
113	600833	第一医药	3.48	2.89	159	002565	上海绿新	2.54	2.33
114	600848	上海临港	3.48	5.20	160	300245	天玑科技	2.50	3.68
115	600088	中视传媒	3.47	3.44	161	600652	游久游戏	2.49	2.39
116	600081	东风科技	3.44	3.15	162	600094	大名城	2.48	2.76
117	601866	中海集运	3.43	2.12	163	600602	仪电电子	2.48	2.61
118	300126	锐奇股份	3.41	3.38	164	300330	华虹计通	2.46	2.57
119	600320	振华重工	3.39	3.41	165	600825	新华传媒	2.45	2.41
120	002346	柘中股份	3.37	3.25	166	300222	科大智能	2.42	7.86
121	600680	上海普天	3.33	3.59	167	600072	钢构工程	2.41	2.37
122	600626	申达股份	3.32	3.17	168	601968	宝钢包装	2.41	2.19
123	300326	凯利泰	3.32	5.93	169	300039	上海凯宝	2.41	2.34
124	600651	飞乐音响	3.31	2.94	170	600517	置信电气	2.35	1.73
125	603718	海利生物	3.30	2.61	171	600635	大众公用	2.34	2.68
126	600151	航天机电	3.30	3.04	172	002401	中海科技	2.34	2.38
127	002022	科华生物	3.27	2.55	173	600654	中安消	2.27	2.41
128	600843	上工申贝	3.24	2.91	174	600503	华丽家族	2.26	2.24
129	002278	神开股份	3.22	3.76	175	600272	开开实业	2.10	1.68
130	601231	环旭电子	3.21	5.81	176	300170	汉得信息	2.09	2.94
131	600073	上海梅林	3.17	3.39	177	600629	华建集团	2.06	18.98
132	600665	天地源	3.12	2.99	178	600624	复旦复华	2.02	2.53
133	603003	龙宇燃油	3.12	3.90	179	300074	华平股份	1.99	3.08
134	000863	三湘股份	3.11	3.21	180	600647	同达创业	1.97	1.73
135	300380	安硕信息	3.09	6.06	181	600618	氯碱化工	1.96	1.87
136	600819	耀皮玻璃	3.08	3.40	182	300168	万达信息	1.93	3.28
137	600679	上海凤凰	3.03	1.88	183	002636	金安国纪	1.91	4.77
138	600662	强生控股	3.02	2.95	184	603128	华贸物流	1.87	3.45

序号	代码	公司简称	每股净资产		序号	代码	公司简称	每股净资产	
			2015年	2014年				2015年	2014年
185	600824	益民集团	1.85	2.04	202	002058	威尔泰	1.27	1.37
186	600688	上海石化	1.84	1.53	203	002162	悦心健康	1.25	1.84
187	300272	开能环保	1.83	2.09	204	002269	美邦服饰	1.23	3.60
188	300253	卫宁健康	1.83	3.52	205	600490	鹏欣资源	1.18	1.10
189	300262	巴安水务	1.80	2.25	206	002568	百润股份	1.11	5.96
190	300225	金力泰	1.77	3.07	207	002486	嘉麟杰	1.10	1.23
191	300067	安诺其	1.76	2.67	208	600695	绿庭投资	1.09	0.71
192	300061	康耐特	1.72	2.70	209	600610	中毅达	1.08	0.94
193	600692	亚通股份	1.67	1.55	210	600844	丹化科技	1.05	1.08
194	600601	方正科技	1.66	1.61	211	600653	申华控股	1.04	1.07
195	600689	上海三毛	1.64	2.02	212	600193	创兴资源	0.90	0.79
196	002178	延华智能	1.58	1.94	213	600767	运盛医疗	0.87	1.07
197	002451	摩恩电气	1.55	1.51	214	002506	协鑫集成	0.71	0.13
198	600818	中路股份	1.52	1.26	215	600822	上海物贸	0.56	1.96
199	600696	匹凸匹	1.48	1.75	216	300226	上海钢联	0.50	2.84
200	600675	*ST 中企	1.46	2.72	217	600608	ST 沪科	0.03	−0.07
201	601519	大智慧	1.31	1.52					

上海工商类上市公司2015年度净资产收益率排序

（单位：%）

序号	代码	公司简称	净资产收益率		序号	代码	公司简称	净资产收益率	
			2015年	2014年				2015年	2014年
1	600608	ST沪科	328.64	–	47	600606	绿地控股	14.12	12.62
2	002506	协鑫集成	99.27	−90.10	48	300171	东富龙	14.11	13.52
3	300059	东方财富	66.42	9.38	49	603006	联明股份	14.02	17.32
4	603868	飞科电器	55.23	53.35	50	002022	科华生物	13.89	24.74
5	600315	上海家化	46.50	26.53	51	300170	汉得信息	13.58	13.08
6	002568	百润股份	46.22	32.82	52	601328	交通银行	13.46	14.87
7	600816	安信信托	42.73	76.89	53	300272	开能环保	13.40	12.67
8	300017	网宿科技	40.96	35.30	54	002561	徐家汇	13.39	14.46
9	603885	吉祥航空	36.11	23.71	55	600021	上海电力	13.31	14.96
10	300508	维宏股份	30.29	51.09	56	600009	上海机场	13.05	11.77
11	600647	同达创业	26.41	−1.54	57	002454	松芝股份	12.86	12.42
12	600612	老凤祥	26.09	25.56	58	603718	海利生物	12.80	19.96
13	600958	东方证券	25.11	13.81	59	300168	万达信息	12.70	12.57
14	300501	海顺新材	23.99	26.27	60	300286	安科瑞	12.70	15.63
15	601788	光大证券	23.67	8.57	61	603108	润达医疗	12.59	17.11
16	601211	国泰君安	23.65	18.04	62	300061	康耐特	12.43	8.92
17	002116	中国海诚	23.13	25.12	63	600651	飞乐音响	12.16	5.33
18	601021	春秋航空	23.01	28.31	64	300262	巴安水务	12.12	13.32
19	600835	上海机电	22.76	14.34	65	600826	兰生股份	12.12	20.54
20	600629	华建集团	22.44	25.24	66	600823	世茂股份	11.95	12.43
21	600850	华东电脑	22.39	18.69	67	603020	爱普股份	11.82	19.10
22	603899	晨光文具	21.44	31.83	68	600818	中路股份	11.60	1.68
23	600061	国投安信	19.75	7.86	69	600748	上实发展	11.59	12.85
24	600649	城投控股	19.57	12.77	70	600018	上港集团	11.53	12.40
25	600741	华域汽车	18.89	20.76	71	300230	永利股份	11.38	10.09
26	600000	浦发银行	18.82	21.02	72	603030	全筑股份	11.35	19.62
27	600104	上汽集团	17.91	18.97	73	002178	延华智能	11.15	7.90
28	300253	卫宁健康	17.86	17.62	74	600845	宝信软件	10.99	14.23
29	600688	上海石化	17.83	−4.17	75	300326	凯利泰	10.91	9.32
30	600420	现代制药	17.72	17.69	76	002158	汉钟精机	10.78	20.29
31	600837	海通证券	17.56	7.13	77	300462	华铭智能	10.77	21.95
32	002669	康达新材	16.79	11.80	78	300129	泰胜风能	10.72	6.54
33	600663	陆家嘴	15.66	14.68	79	600119	长江投资	10.57	5.41
34	300398	飞凯材料	15.33	24.76	80	601231	环旭电子	10.57	16.72
35	002324	普利特	15.31	12.97	81	600655	豫园商城	10.48	14.42
36	300469	信息发展	15.27	22.17	82	600613	神奇制药	10.45	9.61
37	002706	良信电器	14.90	13.79	83	600848	上海临港	10.38	10.17
38	002252	上海莱士	14.88	15.76	84	600838	上海九百	10.35	5.95
39	600081	东风科技	14.74	22.11	85	600824	益民集团	10.27	10.52
40	600115	东方航空	14.73	12.34	86	603009	北特科技	10.27	13.20
41	600517	置信电气	14.55	15.66	87	300336	新文化	10.24	12.68
42	600637	东方明珠	14.49	16.49	88	002028	思源电气	10.20	13.15
43	300493	润欣科技	14.46	15.59	89	600643	爱建集团	10.18	10.38
44	300039	上海凯宝	14.25	20.61	90	300222	科大智能	10.07	7.42
45	600196	复星医药	14.21	13.38	91	601872	招商轮船	10.01	2.00
46	601601	中国太保	14.20	10.25	92	601607	上海医药	9.98	9.67

（续表）

序号	代码	公司简称	净资产收益率		序号	代码	公司简称	净资产收益率	
			2015年	2014年				2015年	2014年
93	603128	华贸物流	9.95	8.67	139	601727	上海电气	5.87	7.65
94	002184	海得控制	9.85	7.37	140	600833	第一医药	5.80	6.31
95	002195	二三四五	9.83	8.59	141	600641	万业企业	5.74	12.10
96	600170	上海建工	9.78	11.13	142	600662	强生控股	5.72	6.10
97	600193	创兴资源	9.78	−76.83	143	600623	双钱股份	5.68	11.24
98	603918	金桥信息	9.77	15.31	144	600604	市北高新	5.24	1.14
99	002605	姚记扑克	9.53	13.64	145	600602	仪电电子	5.17	5.25
100	600676	交运股份	9.52	9.65	146	601968	宝钢包装	5.12	9.82
101	600843	上工申贝	9.40	14.39	147	300380	安硕信息	5.10	9.92
102	600597	光明乳业	9.34	13.10	148	600073	上海梅林	5.08	3.86
103	600846	同济科技	9.21	11.41	149	600530	交大昂立	5.06	4.98
104	600820	隧道股份	9.15	10.80	150	600634	中技控股	5.04	5.84
105	600642	申能股份	9.10	9.74	151	600624	复旦复华	5.00	5.25
106	600695	绿庭投资	9.10	−12.96	152	600278	东方创业	4.98	5.07
107	002527	新时达	9.06	11.58	153	600834	申通地铁	4.98	7.90
108	600635	大众公用	9.03	8.13	154	600630	龙头股份	4.86	3.97
109	600622	嘉宝集团	8.99	12.78	155	300236	上海新阳	4.81	8.32
110	600708	光明地产	8.80	13.88	156	600272	开开实业	4.80	9.27
111	300225	金力泰	8.48	11.25	157	603729	龙韵股份	4.73	15.56
112	002565	上海绿新	8.47	−2.82	158	300153	科泰电源	4.36	3.37
113	600094	大名城	8.45	10.18	159	600151	航天机电	4.34	0.96
114	300327	中颖电子	8.39	5.39	160	600618	氯碱化工	4.31	−24.45
115	600654	中安消	8.34	51.53	161	600500	中化国际	4.25	9.47
116	300180	华峰超纤	8.08	8.26	162	002328	新朋股份	4.07	3.96
117	600827	百联股份	8.08	7.46	163	000668	荣丰控股	4.01	−7.13
118	002401	中海科技	7.97	7.43	164	600616	金枫酒业	4.01	4.07
119	002346	柘中股份	7.93	6.06	165	002636	金安国纪	3.97	3.21
120	600665	天地源	7.88	11.41	166	600652	游久游戏	3.68	−12.79
121	600284	浦东建设	7.76	7.30	167	000863	三湘股份	3.51	7.32
122	600650	锦江投资	7.65	9.43	168	300074	华平股份	3.25	3.09
123	600754	锦江股份	7.55	10.41	169	600851	海欣股份	3.17	6.99
124	300483	沃施股份	7.53	14.49	170	600171	上海贝岭	3.10	2.17
125	603022	新通联	7.39	21.16	171	600601	方正科技	3.05	6.75
126	600626	申达股份	7.34	6.74	172	600653	申华控股	2.88	−10.20
127	600692	亚通股份	7.28	7.27	173	600836	界龙实业	2.83	3.46
128	600621	华鑫股份	7.22	9.03	174	600210	紫江企业	2.78	4.38
129	600611	大众交通	6.88	7.15	175	600841	上柴股份	2.69	4.46
130	300067	安诺其	6.86	12.13	176	600619	海立股份	2.39	3.92
131	300245	天玑科技	6.65	11.43	177	600088	中视传媒	2.31	4.69
132	600895	张江高科	6.56	6.20	178	600825	新华传媒	2.27	2.01
133	300008	天海防务	6.39	6.60	179	002451	摩恩电气	2.17	4.00
134	600638	新黄浦	6.37	4.99	180	600605	汇通能源	2.10	1.65
135	600639	浦东金桥	6.35	8.24	181	600628	新世界	2.03	9.59
136	300442	普丽盛	6.22	20.02	182	600620	天宸股份	1.96	9.78
137	603012	创力集团	6.07	19.20	183	600072	钢构工程	1.93	0.91
138	600648	外高桥	6.03	9.84	184	600614	鼎立股份	1.83	6.49

序号	代码	公司简称	净资产收益率		序号	代码	公司简称	净资产收益率	
			2015 年	2014 年				2015 年	2014 年
185	600640	号百控股	1.82	3.52	202	600844	丹化科技	−3.68	2.05
186	002162	悦心健康	1.78	1.88	203	002058	威尔泰	−5.88	3.00
187	600320	振华重工	1.41	1.36	204	600680	上海普天	−7.18	0.67
188	600490	鹏欣资源	1.20	1.98	205	600689	上海三毛	−10.37	14.78
189	300378	鼎捷软件	1.03	5.73	206	002486	嘉麟杰	−10.56	2.70
190	002278	神开股份	0.94	5.17	207	600819	耀皮玻璃	−12.19	1.63
191	600019	宝钢股份	0.90	5.16	208	601866	中海集运	−12.56	4.37
192	600026	中海发展	0.78	1.46	209	002269	美邦服饰	−13.00	4.00
193	300126	锐奇股份	0.74	6.16	210	600636	三爱富	−14.09	0.39
194	600615	丰华股份	0.72	2.71	211	601519	大智慧	−16.24	3.60
195	600503	华丽家族	0.59	0.83	212	600696	匹凸匹	−18.82	12.69
196	600679	上海凤凰	0.55	6.28	213	600767	运盛医疗	−21.20	7.35
197	600150	中国船舶	0.35	0.25	214	603003	龙宇燃油	−22.66	0.94
198	601616	广电电气	0.31	1.51	215	600675	*ST 中企	−63.77	−9.06
199	600508	上海能源	0.14	0.61	216	300226	上海钢联	−99.22	4.69
200	600610	中毅达	−0.61	21.00	217	600822	上海物贸	−890.05	1.47
201	300330	华虹计通	−3.16	3.01					

上海工商类上市公司2015年度每股现金流量排序

（单位：元）

序号	代码	公司简称	每股经营现金净流量		序号	代码	公司简称	每股经营现金净流量	
			2015年	2014年				2015年	2014年
1	600000	浦发银行	19.24	10.25	47	300398	飞凯材料	0.85	1.01
2	601328	交通银行	5.11	0.67	48	002454	松芝股份	0.85	0.56
3	601601	中国太保	4.51	4.42	49	603006	联明股份	0.83	1.20
4	601211	国泰君安	3.69	8.10	50	600662	强生控股	0.80	0.69
5	600061	国投安信	2.94	34.79	51	600676	交运股份	0.80	0.76
6	600675	*ST中企	2.64	−0.07	52	600642	申能股份	0.80	0.98
7	600104	上汽集团	2.36	2.11	53	600611	大众交通	0.79	0.41
8	600741	华域汽车	2.27	2.36	54	600420	现代制药	0.79	0.90
9	600021	上海电力	2.16	1.26	55	600315	上海家化	0.75	1.68
10	601021	春秋航空	2.01	3.59	56	603718	海利生物	0.72	0.52
11	600641	万业企业	1.87	0.79	57	600196	复星医药	0.70	0.52
12	600115	东方航空	1.85	0.97	58	600845	宝信软件	0.70	0.63
13	600623	双钱股份	1.85	0.97	59	600708	光明地产	0.70	−9.18
14	600612	老凤祥	1.83	4.93	60	002158	汉钟精机	0.67	0.80
15	600692	亚通股份	1.82	−1.55	61	603022	新通联	0.66	0.65
16	600081	东风科技	1.79	1.15	62	002561	徐家汇	0.65	0.69
17	600663	陆家嘴	1.77	−0.53	63	600210	紫江企业	0.64	0.58
18	603885	吉祥航空	1.74	1.73	64	300378	鼎捷软件	0.63	−0.01
19	600009	上海机场	1.66	1.55	65	603009	北特科技	0.62	1.48
20	600850	华东电脑	1.58	0.86	66	601231	环旭电子	0.60	0.89
21	600622	嘉宝集团	1.54	−3.09	67	601727	上海电气	0.60	0.34
22	600597	光明乳业	1.52	0.27	68	600650	锦江投资	0.59	0.62
23	600170	上海建工	1.47	−0.23	69	300286	安科瑞	0.59	0.69
24	002706	良信电器	1.45	0.95	70	600619	海立股份	0.59	0.69
25	600754	锦江股份	1.40	0.70	71	600629	华建集团	0.58	1.82
26	600837	海通证券	1.35	0.92	72	600819	耀皮玻璃	0.57	0.24
27	300501	海顺新材	1.33	1.57	73	002401	中海科技	0.56	0.02
28	600835	上海机电	1.31	1.75	74	002195	二三四五	0.55	0.34
29	600019	宝钢股份	1.29	1.72	75	600822	上海物贸	0.54	0.97
30	600026	中海发展	1.28	0.94	76	002605	姚记扑克	0.52	0.20
31	002116	中国海诚	1.24	0.42	77	601607	上海医药	0.50	0.50
32	603020	爱普股份	1.18	0.98	78	600688	上海石化	0.48	0.37
33	600500	中化国际	1.13	1.09	79	600820	隧道股份	0.47	1.15
34	300508	维宏股份	1.10	0.69	80	600841	上柴股份	0.46	0.31
35	603899	晨光文具	1.08	0.86	81	600643	爱建集团	0.45	−0.75
36	603868	飞科电器	1.08	1.38	82	601968	宝钢包装	0.45	0.51
37	600649	城投控股	1.05	0.38	83	002022	科华生物	0.44	0.51
38	600816	安信信托	1.02	0.38	84	601872	招商轮船	0.43	0.23
39	300017	网宿科技	1.01	1.64	85	600652	游久游戏	0.43	0.13
40	600895	张江高科	0.95	0.95	86	002568	百润股份	0.43	3.25
41	600628	新世界	0.94	0.88	87	600278	东方创业	0.43	−0.47
42	600827	百联股份	0.93	1.24	88	600634	中技控股	0.43	0.64
43	002324	普利特	0.91	0.81	89	600018	上港集团	0.42	0.45
44	600508	上海能源	0.90	1.09	90	600503	华丽家族	0.40	0.04
45	600638	新黄浦	0.88	0.56	91	300039	上海凯宝	0.39	0.45
46	002028	思源电气	0.85	−0.03	92	603918	金桥信息	0.39	1.03

（续表）

序号	代码	公司简称	每股经营现金净流量		序号	代码	公司简称	每股经营现金净流量	
			2015 年	2014 年				2015 年	2014 年
93	600637	东方明珠	0.38	2.32	139	600647	同达创业	0.08	−0.25
94	300230	永利股份	0.34	0.30	140	601866	中海集运	0.08	0.25
95	603128	华贸物流	0.34	0.59	141	300225	金力泰	0.08	0.36
96	600818	中路股份	0.33	0.01	142	600171	上海贝岭	0.08	0.02
97	300326	凯利泰	0.32	0.41	143	600679	上海凤凰	0.07	0.31
98	300061	康耐特	0.31	0.30	144	600530	交大昂立	0.07	−0.09
99	600616	金枫酒业	0.31	0.16	145	601616	广电电气	0.06	0.04
100	600608	ST 沪科	0.30	−0.02	146	002184	海得控制	0.06	0.10
101	300059	东方财富	0.30	1.95	147	600613	神奇制药	0.06	−0.02
102	600844	丹化科技	0.29	0.42	148	300074	华平股份	0.05	0.06
103	600601	方正科技	0.28	0.38	149	600272	开开实业	0.05	0.11
104	002252	上海莱士	0.28	0.34	150	002162	悦心健康	0.04	0.08
105	300180	华峰超纤	0.27	0.77	151	002346	柘中股份	0.04	0.39
106	300222	科大智能	0.27	0.29	152	600834	申通地铁	0.03	−0.61
107	600490	鹏欣资源	0.27	0.37	153	300168	万达信息	0.01	−0.21
108	600618	氯碱化工	0.26	−0.03	154	002058	威尔泰	0.01	0.06
109	600824	益民集团	0.26	0.31	155	300153	科泰电源	0.01	−0.04
110	600073	上海梅林	0.26	0.29	156	002486	嘉麟杰	0.00	0.08
111	300327	中颖电子	0.25	0.30	157	600689	上海三毛	0.00	−0.03
112	300170	汉得信息	0.25	0.11	158	600620	天宸股份	−0.01	0.22
113	300272	开能环保	0.24	0.31	159	600838	上海九百	−0.02	−0.01
114	002636	金安国纪	0.24	0.35	160	600602	仪电电子	−0.02	−0.03
115	600825	新华传媒	0.24	−0.03	161	603030	全筑股份	−0.03	−0.48
116	600823	世茂股份	0.23	0.07	162	300236	上海新阳	−0.03	0.19
117	600640	号百控股	0.22	0.10	163	600621	华鑫股份	−0.03	−0.03
118	300171	东富龙	0.22	0.17	164	600767	运盛医疗	−0.05	0.30
119	600833	第一医药	0.22	0.09	165	300067	安诺其	−0.05	0.00
120	600626	申达股份	0.20	−0.03	166	300330	华虹计通	−0.05	−0.23
121	300380	安硕信息	0.19	0.56	167	600193	创兴资源	−0.07	0.00
122	002328	新朋股份	0.19	1.11	168	002269	美邦服饰	−0.07	1.31
123	002527	新时达	0.18	0.22	169	600610	中毅达	−0.09	−0.02
124	600072	钢构工程	0.17	−0.23	170	300336	新文化	−0.10	−0.61
125	600653	申华控股	0.17	0.03	171	300126	锐奇股份	−0.10	0.11
126	300483	沃施股份	0.17	0.46	172	600851	海欣股份	−0.10	0.03
127	002565	上海绿新	0.16	0.33	173	002451	摩恩电气	−0.10	−0.02
128	300253	卫宁健康	0.14	0.20	174	600615	丰华股份	−0.10	−0.12
129	601788	光大证券	0.14	5.12	175	002278	神开股份	−0.11	0.08
130	600624	复旦复华	0.13	0.09	176	600630	龙头股份	−0.11	0.22
131	600517	置信电气	0.13	−0.42	177	600088	中视传媒	−0.14	0.28
132	300245	天玑科技	0.12	0.30	178	002669	康达新材	−0.15	0.27
133	600635	大众公用	0.12	0.42	179	600695	绿庭投资	−0.16	−0.15
134	600605	汇通能源	0.11	0.99	180	600614	鼎立股份	−0.16	−0.34
135	002178	延华智能	0.11	0.21	181	601519	大智慧	−0.17	−0.27
136	600151	航天机电	0.10	0.24	182	600636	三爱富	−0.17	−0.09
137	600843	上工申贝	0.09	0.19	183	600826	兰生股份	−0.18	−0.04
138	300129	泰胜风能	0.08	0.22	184	300462	华铭智能	−0.19	0.72

序号	代码	公司简称	每股经营现金净流量		序号	代码	公司简称	每股经营现金净流量	
			2015年	2014年				2015年	2014年
185	002506	协鑫集成	−0.21	−0.44	202	600654	中安消	−0.89	−0.03
186	600655	豫园商城	−0.21	0.25	203	300226	上海钢联	−1.01	−2.76
187	300008	天海防务	−0.25	−0.09	204	000668	荣丰控股	−1.08	1.10
188	600119	长江投资	−0.25	0.07	205	600748	上实发展	−1.25	−1.51
189	300493	润欣科技	−0.29	−0.05	206	600836	界龙实业	−1.52	0.85
190	600648	外高桥	−0.30	0.22	207	600665	天地源	−1.62	−0.68
191	600284	浦东建设	−0.33	0.36	208	600604	市北高新	−1.67	−1.03
192	300262	巴安水务	−0.35	0.52	209	600639	浦东金桥	−1.67	0.31
193	600320	振华重工	−0.42	−0.20	210	600606	绿地控股	−1.99	−4.55
194	603012	创力集团	−0.45	0.81	211	603003	龙宇燃油	−2.02	1.16
195	600680	上海普天	−0.45	−0.70	212	603729	龙韵股份	−2.14	0.64
196	300442	普丽盛	−0.48	0.61	213	603108	润达医疗	−2.41	0.51
197	300469	信息发展	−0.49	0.19	214	600958	东方证券	−2.60	1.16
198	600848	上海临港	−0.51	−0.90	215	600846	同济科技	−2.69	−0.17
199	600651	飞乐音响	−0.58	0.01	216	600150	中国船舶	−2.96	−0.65
200	600696	匹凸匹	−0.64	−0.39	217	600094	大名城	−3.34	−1.31
201	000863	三湘股份	−0.80	−1.54					

2016·上海工业年鉴

SHANGHAI INDUSTRIAL YEARBOOK

上海市工业经济联合会
上海市经济团体联合会

上海市工业经济联合会成立于1991年3月。2008年9月，经市有关部门同意，上海市工业经济联合会同时使用“上海市经济团体联合会”的名称。上海市工经联、市经团联是上海经济类行业协会、专业性协会、经济团体联合组织，以及相关的企业、经济研究单位、大专院校和经济界知名人士等自愿组成的联合性的非营利性的社会团体法人。现有会员单位404家，其中经济类行业协会、专业性协会会员186家、企业会员186户。2015年年底，市经团联现有副会长单位45个，理事单位233个。行业协会会员涵盖机械、电子、汽车、计算机、通信、电器、仪器仪表、化工、生物医药、汽车销售、信息服务、贸易、会展等生产性服务业和现代服务业。企业会员主要由中央在沪企业，以及上海各行业中有影响的领军企业和在全国知名的民营企业组成。

2015年主要工作：

一、围绕产业创新转型，助推产业平稳发展

编制上海部分重点行业“十三五”发展规划建议。市工经联、市经团联从2014年下半年开始，组织行业协会编写“十三五”行业发展规划建议。至2015年11月，共有25个行业协会提交行业“十三五”发展规划建议。市工经联、市经团联在综合梳理、分析的基础上撰写总建议报告，将26篇编印成册，提交市经信委、市发改委等政府部门参考，并转发各行业协会交流。

举办高层次专题报告会、“双月”座谈会、专题讲座等，邀请周波副市长等领导作专题报告，与行业协会、企业进行互动交流，帮助行业协会和会员企业了解宏观经济形势和市委、市政府的工作部署。

二、开展行业协会规范化建设评估，促进行业协会健康发展

受市社团局委托，市工经联、市经团联组织专家开展行业协会评估新标准修订和培训工作，共有7家行业协会符合条件通过第三方评估。同时，加强会员数据库建设，统一会员代码，及时更新会员数据；坚持每月走访行业与企业会员，了解企业生产经营情况与行业状况。

三、坚持管理创新，推进企业社会责任建设

继续组织开展上海市企业管理现代化创新成果评审工作，对相关企业进行专场培训。全年共申报管理成果210项，经过多轮评审，有183项成果被审定为2015年上海市企业管理现代化创新成果。其中，一等奖13项，二等奖84项，三等奖86项。

继续推进企业社会责任建设，举办7期企业社会责任培训班，超过350位企业主要领导及社会责任推进部门负责人、有关职能部门负责人、主要管理人员参加培训。在此基础上，举办企业社会责任报告发布会，参与发布单位171家。

四、开展节能减排（JJ）小组活动，促进绿色发展

组织行业协会和会员企业召开JJ小组活动座谈会、经验交流会、报告会、政策宣讲、组织节能项目现场参观考察等活动，会同市有关职能部门领导走访电机、船舶、有色金属、化工等20多家行业协会和企业单位，开展调查研究，指导和推进节能减排工作。全年申报节能减排（JJ）小组项目392个，已完成323个，占申报数的82.40%。同时，选录2014年具有示范意义的43个（JJ）小组活动典型案例，汇编出版《上海市节能减排（JJ）小组活动案例集（六）》。

五、推广应用创新成果，开展专题创意研究

上海市制造业创意促进中心发挥以推广应用创新成果为重点的产业化对接平台作用，引入科技成果，进行展示推广，组织对接活动。在工博会和上海设计周期间，开展创新成果转化、交易、应用推广活动。积极进行以专题项目为主攻的创意研究，完成《设计服务资源调研分析研究》《设计服务与相关产业融合发展的政策研究》等课题。

六、积极开展人才培训，助推产业转型升级

有序开展各种职业培训。市工经联、市经团联全年完成国际财务管理师1个班的培训，完成124名政工专业人才培训、110名经济类专业人才培训、2500名管理人员岗位培训、440人节能减排JJ小组活动人才培训，与市涂料协会合作完成市经信委委托的继续教育高级人才研修班80人培训，以及与上海外国语大学合作招收3个专业8个班级共计118名新生。

推进高技能人才培养基地建设。市工经联、市经团联申报的上海市光电子技术高技能人才培养基地，于11月获得市人力资源和社会保障局的审核批准，12月被授牌“上海市光电子技术高技能人才培养基地”。同时获得市经信委授予的“上海市四新人才实训基地”称号。

七、开展国内外交流合作，拓展对外服务功能

推进海峡两岸中小企业合作发展。设在市工经联、市经团联的两岸企业家峰会成长型企业合作推进小组，成功推进上海自贸区台湾商品中心的建立，并于2015年10月正式授牌运作；推进上海金山台湾中小企业产业园、海峡两岸青年创业基地挂牌成立。在2015年11月两岸企业家南京峰会上，举办“两岸中小企业融合发展与青年创业”专题论坛，签署13个合作协议，其中11个为产业投资项目。另外，上海金山、江苏南通、昆山、浙江温州的4个台湾中小企业工业园区（青创园）获得两岸企业家峰会授牌。

开展国际交流，扩大经贸活动。市工经联、市经团联与上海贸促会共同组织相关行业、企业参加德国汉诺威国际论坛博览会和展会活动，组织有关机械企业参加西班牙机械展会等活动，组织会员单位参加2015亚洲电子展、上海市旅游创意日等活动，与相关机构、会员单位合作，先后参与华交会、上交会、国际水展、工博会智慧城市公共安全论坛、2015中国产业园区大会等。

加强境内外合作交流。举办长三角工经联联席会议，开展与有关外国驻沪机构，总领事馆、境外团体的合作，共同举办多次论坛和合作交流会，参与印度总领事馆、印度工业联合会举办的“印度投资说明会”，与日本关西经济联合会、台湾“三三会”等社会组织保持交流合作。

八、增强服务能力，努力服务行业协会和会员企业

提供信息服务。全年撰写《经团联简报》10期，及时报道市经团联重要会议和重要活动，并上报市委、市政府领导及有关部门。编辑出刊《经济信息摘编》24期，共计77万字，为行业协会和企业会员单位提供有较好参考价值的经济信息。编辑出版《上海工经联》杂志6期，设置栏目近30个，及时报道市工经联、市经团联各阶段的工作动态，以及行业协会和企业会员单位的工作经验、重要信息。编纂出刊《2015上海市经济团体联合会年鉴》计120万字，以资料存史为特征，记载市工经联、市经团联及各行业协会一年的工作。同时，注重门户网站建设，抓好信息员队伍建设，共发布信息8997条，比上年增加2000余条；网站浏览量达到276067人次，比上年增加39%。

开展专业服务。市工经联、市经团联邀请上海品牌发展研究中心副主任、副理事长邢冬生就“2014年新《商标法》和《商标法实施条例》”作讲座，帮助行业协会、企业领导和相关人员及时了解和掌握商标注册、使用、保护和管理等工作的最新信息和要求。

加强协调服务。组织、推荐上海联影医疗器械、外高桥造船、延锋汽车饰件和华谊能源化工等4家企业参加第四届中国工业大奖评选，列入中国工业大奖提名奖候选名单；会同青年报社主办第四届“上海十大杰出青商”评选活动，组织44家行业协会参加评选，最终评出10位杰出青商、10位新锐青商。

九、认真做好筹备工作，顺利实现理事会换届

认真落实中组部、中办、国办一系列规范行业协会、商会转型发展的文件精神，为使换届工作顺利进行，成立领导小组和工作小组，制定总体工作方案，对新一届领导人选报批手续进行协调，对副会长、主席团主席单位、理事候选人等信息进行反复组织征询、核对、确认、登记，撰写会议文件，编辑《创新·使命2010—2015》纪念册，安排会议议程和会务，从而保证新一届理事会领导班子顺利产生。

（杨　磊）

上海市创业投资行业协会

上海市创业投资行业协会成立于2000年11月17日，是由从事创业投资、投资管理、咨询和中介服务企业、金融证券机构、律师和会计事务所以及其他相关单位自愿组成的行业性非营利社会团体组织。现有会员单位192户。

2015年主要工作：

一、搭建融资平台，拓宽创业投资渠道

积极组织项目对接活动。协会继续强化组织项目对接活动的力度，与市科委、市经信委、漕河泾开发区、张江高新技术园区创业服务中心、科技成果转化促进会等单位合作，共举办12场项目对接会，累计有72个项目进行路演；会员单位约1258人次参加项目对接会。对接会涉及生物医药、医疗器械、互联网+、智能硬件、新能源等新兴领域，重点聚焦新技术、新产业、新模式、新业态的四新经济企业。参加对接的项目都是协会或合办单位通过认真收集筛选的优质科技创新项目。为了提高对接效果，会前都按协会制订的项目路演要求进行预路演，这一做法得到投资机构和企业界代表的肯定。

为融入大众创业、万众创新的时代热潮，协会与上海科技成果转化促进会、上海股权托管交易中心联合举办2014−2015第七届上海市中小企业投融资峰会，与上海漕河泾新兴技术开发区科技创业中心成功举办“瞩目漕河泾—原创新动力”暨天使中国Angel China创新创业大赛互联网专场，与上海张江高新技术创业服务中心合作举办2015创业企业项目投融资对接会，对接活动具有形式新颖、规模较大、气氛热烈、参与人数多（200人以上／场）的特点。

广泛开展信息沙龙活动。协会举办信息沙龙活动6场，约有220人参加，通过研讨、交流，相关各界代表对各自关心的问题增加了解和认识，沟通了信息。协会主动与上海战略新兴产业发展基金会以及申能集团下属的诚毅创投联系，共同主办“光伏产业信息沙龙”。在信息共享的原则下与会者共同分享本行业的工作经验和体会，活动广受欢迎，与会者还建立微信群，保持着相互间的沟通。

6月，协会举办“VC、PE行业的金融数据和智能数据”沙龙活动，就数库未来如何更好的针对创业投资行业所关注的行业数据进行挖掘、建模，以及精准定义企业行业分类，深度分析各产品业务的盈利能力及成长趋势等方面进行有益的探讨。

上半年，协会配合市科委举办创新创业大奖赛的座谈会。7月，协会邀请上海股权交易中心负责人介绍科技创业板相关筹备工作情况。

积极参与中国上海技术交易会活动。由科技部、国家知识产权局和上海市政府联合举办的中国上海技术交易会是国家级的对外技术进出口交易的平台。从2014年开始，协会与活动主办方东浩兰生集团进行联系与沟通并提供免费展位，寅嘉创投、小村资本、睿立资本等6家会员单位参展，上海科技创业投资（集团）有限公司独立参加展会。展会期间，协会举办海归人士创业项目投融资对接专场活动，包括潮汐能发电等6个项目进行路演，吸引近百位投资者参加。

协会与市经信委中小企业上市促进中心合作，编印《2015上海中小企业风投与私募指南》一书，下发全市近万家小企业，扩大协会及会员单位的社会影响。

二、积极开展国内外合作交流

为了给国有大企业提供全球创投及国际上大企业开展创业投资的经验，协会邀请国际风险投资研究专家马丁博士专程来沪介绍近期全球创业投资发展，特别是国际知名企业设立创投机构的概况，向国有大企业负责人介绍国际大企业创投发展情况。时任上海科创集团王品高总经理介绍市政府创业投资引导基金运行情况，理事单位天翼创投介绍依托中国电信开展创业投资的情况，具有美国和以色列创投背景的华登国际和英菲尼迪分别介绍与大企业合作开展创业投资的情况。

协会还邀请马丁博士为协会会员单位作关于国际创业投资进展的专场演讲。

8月初，协会举办中外VC、PE投资交流会，瑞士私募股权和公司金融协会代表团一行30人与协会成员20多家投资机构的代表共60多人出席交流会，为中外投资界增进了解、加强合作提供很好机会。9月初，成功举办2015中韩创业投资交流会，科投股份、创业接力基金、中同资本等会员单位的高管和韩国风险投资界的代表近30余人出席交流会，双方就风险投资现状、瓶颈以及未来规划进行交流。两国从事政府引导基金运作的代表还就引导基金运行情况交流各自做法。会上，协会与韩国大广三和投资管理公司及上海对外科技开发交流中心三方就建立合作交流平台签署合作文件。

三、认真组织会员企业专业培训与交流

10月，协会与相关单位协作举办张江高新区企业投融资政策和操作方法培训。来自各区的科技园区、创新企业、天使、VC、PE等投资机构及银行、证券、保险、金融服务机构的代表约300余人参加培训。培训工作起到引领各园区、创新企业更有效地对接各类投资机构和金融服务机构的效果，银行、证券、保险等创新科技金融产品得到推送，为“大众创业、万众创新”搭建金融支持的平台。

2015年泛长三角地区创业投资峰会在杭州举行，10余家会员单位的董事长、总经理由协会会长率队参加会议。来自江苏、浙江、安徽、山东、福建、天津的创投行业协会会长、秘书长济济一堂，交流各自工作体会并就行业中遇到的热点、难点等共性问题进行探讨。科投股份王建平、睿立资本吴忧、接力基金刘春松作为论坛嘉宾参与“新常态下长三角创业投资发展机遇与挑战”、“创业资本与创新成果对接的主要渠道、模式、思路和建议”主题论坛的发言。

为扩大协会的影响，增进与相关各界的交流，协会除了主办以上培训交流活动外，还协助举办“创新中国2015国际论坛”、“张江高新区科技金融服务月”开毕幕式、天津“首届社会山机器人开发投资大会”等7场活动，参与人数达2230人，收到较好效果，并受到相关单位的好评。

四、遵循协会章程加强会员管理

协会利用举办各类活动的机会，积极做好对外宣传工作，通过宣介和会员单位之间推荐，全年共发展新会员30家。同时，协会对会员单位进行梳理。截至2015年年底，协会会员单位总数为192家。

在市委组织部和主管部门市发改委的关心和安排下，协会安排副会长戴燕琳、郭蔺、吴忧、顾雪平，理事王建平、祁玉伟、李德春参加市委组织部举办的领导干部推进上海科技创新中心建设专题研讨班。

定期出版《上海创业投资》内刊，网站内容推陈出新，使广大会员及时了解协会信息与行业动态。内刊在内容编排上紧扣“大众创业、万众创新”的时代大潮和国内外创业投资的主旋律，及时将国家相关政策法规及协会相关活动编写成简讯编入杂志，使会员单位及时了解协会的动态。全年通过期刊发布的简讯、动态23条。保证协会网站内容及时更新，全年通过网站发布的新闻稿20篇。

五、配合完成政府委托的专项任务

创投行业统计工作已完成，《2015上海市创业投资行业调查报告》已经印制。受市发改委和市税务局委托，2015 年度协会备案年检工作共审查 129 家创投企业。127 家创投企业获得通过，比 2014 年增加 7 家。协会对 38 家创投机构提交的申报材料进行审核，经审核符合创投机构登记要求的 31 家，不符合创投机构登记要求的 7 家，并出具审核意见函。

协会承担组织社会专家评审的任务，对专家库进行更新，吸收一批熟悉 VC/PE 的专家入库。组织召开 2015 年度创投引导基金专家评审会，对 12 家申请创投引导基金的机构进行评审，整个评审流程严格按照工作规范操作，充分体现公开、公平、公正的原则。

根据市发改委、市科委和市财政局要求，协会聘请审计事务所对 2012—2015 年风险救助专项账户账目进行审计，在审计的基础上，协会提出的相关单位缴纳准备金退还和历年产生的银行利息分配方案得到认可。

协会共受理生物医药专业、信息技术专业中级职称申报 25 人，经过有关方面的评审有 20 人获得中级专业技术职称任职资格。

受市发改委委托，协会完成《上海创业投资助推全球创新中心建设前瞻研究》《上海科技金融热点问题研究》两个软课题的研究。

（李忠湖）

上海市工业合作协会

上海市工业合作协会（简称“上海工合”）成立于 1983 年 11 月，是中国工业合作协会最具代表性的地方组织。协会形成市、区两级协会体系。拥有团体会员单位 600 多个，工合企业员工逾万名。上海工合涵盖工业制造、现代物流、商业贸易、房产开发、金融服务、信息技术、生物医药、出口加工、广告装潢、旅游休闲、教育培训、三产服务等众多领域。

2015 年主要工作：

一、指导协调市、区两级工合工作

年初，召开七届四次常务理事会、各区工合秘书长工作会议、各工作部部长工作会议，讨论布置全年工作计划，统一思想、协调行动。3 月 30 日，召开七届三次会员代表会议，及时调整工作队伍，增加了新生力量。

二、帮助会员企业拓展视野、开拓市场

组织会员企业参加、参展华交会、上交会、工博会、上海国际水展、艺博会等。还组织编著响应“一带一路”发展战略的白皮书。

三、提高会员企业人才素质

组织“创新发展与技术转移转化”专题培训；组织工合企业家俱乐部成员赴杭州青山湖科技城考察培训。

四、服务会员企业

推荐工合相关企业积极参加上海百强企业评选活动；市工合系统福耀集团等 6 家企业进入上海市 50 强，市工合还通过举办“国内外经济形势报告会”，建立会员微信群，加强为会员企业的服务；为企业的优质产品如滨知谷磁养花盆进行宣传推介；探望走访会员及企业。

五、提升企业文化建设

年初，举办市工合系统企业文化展示汇报会；3 月初，与中国马来西亚华商会联手举办企业家新春联谊会；举办音乐知识普及沙龙；组织由留美博士徐嘉主讲的逆转慢性病（心血管疾病和糖尿病）专题健康讲座。

六、加强与国内外相关经济组织联系

组织会员参加中国工合厦门合作交流会，并与波兰华商会建立战略合作关系。

七、加强组织建设

新发展 5 家优质企业入会，同时继续壮大高新技术分会的队伍，推荐并邀请原市科委张江高新开发区的领导担任高新技术产业分会的副理事长。

2015 年，市工合参加上海市社团局社会组织规范化建设评估工作，被评为 3A 社团组织。

区级工合工作取得新成绩：

青浦工合积极探索电子商务平台建设，努力加强与各地工合的联系，开阔视野和业务范围。在统战工作方面，青浦工合也走在前列。

杨浦工合保持服务政府服务企业服务社会的优良传统，在发展优质企业家入会和搭建政府与会员企业的沟通渠道和桥梁方面作出突出成绩。核心会员企业罗曼照明在米兰世博会上一举中标，夺得整体设计标书。杨浦工合在将互联网＋引入协会工作上也取得新成绩。

奉贤工合在新班子带领下，工作有条不紊、丰富多彩，全年组织各种讲座、学习考察活动。探索工合与工业总公司合作共赢的新模式。

徐汇工合三合一的体制创新整合工合、企联和服务业促进中心的三方面资源，为会员企业服务的内容和手段更丰富更灵活。联合 7 家机构主办首届企业社会责任推广活动，得到政府部门的积极支持，提升工合组织为会员企业服务的能力。

闵行工合发扬老领导的好传统，关心会员企业的需求，积极主动为会员企业服务，并保持着协会党组织建设的良好基础。

浦东工合吸收一批优秀企业家入会，增强班子队伍建设，还成立经济工作部，更好地开展为会员企业的服务工作。

宝山工合充分发挥协会内部的优质资源，企业之间做到互帮互助，取长补短，合作共赢。

金山工合将工合工作与经济小区工作结合起来，不断探索工合工作新路子，并取得初步成果。

松江工合新班子发展一批优秀企业家入会，全年工作开局良好。

（俞纯红）

上海漕河泾新兴技术开发区企业协会

上海漕河泾新兴技术开发区企业协会成立于1998年9月，是由上海市漕河泾新兴技术开发区发展总公司等企业发起，漕河泾开发区内各企事业单位自愿组织起来的社会团体。会员单位410户，下设集成电路、通讯、金融、软件和现代服务业、人力资源专业委员会等。

2015年主要工作：

一、夯实基础，加强协会自身建设

协会根据国家和上海市关于社会团体领导任职的最新要求，在2014年底召开四届二次理事会的基础上，于2015年初完成理事长的变更调整等全部工作。

协会全年走访约200家会员企业。截至12月底，2015年新入会企业30家。

协会“双创分会”坚持针对高科技中小企业开展特色服务；浦江分会和盐城分会围绕企业发展开展丰富多彩的活动；协会还积极与海宁、枫泾等分区合作交流，共同探索跨区域的合作。

协会严格遵守非营利组织财务制度，年初顺利通过市社团局的抽检；认真做好项目预算与日常财务管理工作，做好财务监管；对浦江分会做好财务指导。

除原有协会网站外，协会的微信订阅号从1月中旬开始启用，全年推送各类政策法规、协会活动预告、会员单位风采等信息50余条。推送协会各类新闻报道、会员单位咨询等信息72条。为规范宣传管理，制定协会微信公众号管理办法，协会还专门设计制作DM宣传册，让更多的企业和员工知晓协会、参与协会。

二、深化主题活动，推进专业委员会工作

协会以专业委员会为活动抓手，融合多方资源，积极服务园区、服务产业、服务企业、服务员工。3月，人力资源专委会举办职业彩妆应用讲座。4月，法律专委会举办2015房产新政专题解读活动；汽车和金融专委会联合赴成都龙泉驿经济开发区考察。5月，通信专委会组织会员单位参加2015CC-CMM年度论坛。6月，人力资源专委会举办中国经济的深层问题与发展对策专题讲座。4—6月，参与发起主办徐汇区首届企业社会责任案例征集（推广）活动，开发区内共有23家企业获评各类奖项。7月，软件专委会联合软件评测中心举办软件测试沙龙。8月，软件、通信和金融专委会联合举办“产业协同与科技转化服务平台”主题沙龙。11月，通信和集成电路专委会组织参观第86届中国电子展。12月，法律专委会举办企业合同风险防范及管理专题讲座；生物医药专委会举办“基因检测与重大疾病防预”讲座。

现代服务业专委会在3月、5月、8月、11月，4次联合小石头儿童健康公益分别举办主题为正面管教、儿童反复呼吸道感染和哮喘、儿童意外伤害预防和处理儿童性心理及防性侵儿童健康公益讲座。

全年各专委会通过主动发起、联合组织等形式，开展形式多样，丰富多彩的各项活动近30场。

三、融合资源，服务园区，不断完善投资环境

园区内新增各类仪器设备50多台，该服务平台现有各类仪器设备631台。累计服务园区内企业3200多家，服务9500多次，服务金额达7235万元，为企业节约资金720多万元。

协会与政府加强合作互动，协助企业解决重要人才户口、子女入学。举办市质监局现场调研会、海关工单式核销总结暨推广会、出入境政策细则解析会等协助政府政策的宣传与落实。联合市人才交流中心及市委党校举办两次有针对性的高级管理人员培训班。多次协助解决企业发展中遇到的劳资纠纷、商检质检、工商年检、企业入驻、政务咨询等问题。参与组织义务献血、高新技术企业申报、职称申报等工作，进一步完善开发区的投资环境。

协会对开发区内“核电四新”产业进行梳理分析和整理汇总，历经3个月努力最终获得上海市唯一以核电为特色的“核电服务产业创新基地”授牌。

四、丰富园区生活，铸造“漕河泾”品牌

发挥“瞩目漕河泾”品牌优势，活跃开发区文体氛围。

与徐汇区体育局、虹梅街道联动开展“瞩目漕河泾”体育系列活动。作为徐汇区第一届白领运动会的主要承载区域，举办职工长跑、城市定向、乒乓球、飞镖、篮球、棋牌、职工趣味、羽毛球、网球等比赛。创造性地将飞镖、跳绳、指压板、平板支撑等趣味项目引进园区、楼宇，使得众多白领可以在工作间隙、用餐时间参与。园区直接参与企业有150多家，累计参与人员近10万人次。8月，举办音乐剧赏析和“海上明珠－漫谈上海老歌”讲座，让园区广大企事业单位员工近距离体会高雅艺术的魅力。

注重公益性活动，积极履行社会责任。4月，组织法液空、安普泰科、思科、专商所等多家会员单位参与开发区植树造绿活动。7月和12月，“相约漕河泾”青年联谊活动分别走入江苏天目湖和金山廊下。通过交友活动使有情人喜结连理。5–6月，参加由徐汇区商委牵头举办的徐汇区首届企业社会责任案例征集（推广）活动。开发区内有23家企业获得各类奖项。其中，腾讯和星巴克获得示范企业最高荣誉，捷普、瑞侃、总公司、瓦克化学和航天动力荣获十大示范案例奖，占据全部奖项的半壁江山。

五、一岗多能，积极承担侨联和科协工作

在做好日常工作的同时，协会还发挥一岗多能的作用。在一套班子、几块牌子的工作架构下，同时做好开发区侨联、开发区科协工作。2月，漕河泾开发区侨界联合会举办新春座谈会，8月召开全体委员会议，探索在上海科创中心建设过程中和经济新常态下如何更好的发挥侨界人士作用。在5、6月份对大量企业走访摸底的基础上，与交大侨联联合开展上海交大与开发区企业的产学研对接。

开发区科协以中国科协和上海市科协建家活动为全年活动主线，除与企业协会联合举办学术交流、健康宣传及文化讲座外，还积极组织科技工作者参加市科协组织的报告会，发放科普场馆和科技电影观摩券以丰富科技工作者的业余生活，同时以临港漕河泾人才公司为具体承办点，完成市科协职称申报受理点工作。

（杨　伟）

上海市股份合作制企业协会

上海市股份合作制企业协会成立于2008年1月18日，是由上海股份合作制企业和与股份合作制相关的组织自愿组成的专业性的非营利性的社会团体法人。

2015年主要工作：

一、协会工作贵在服务贵在坚持

协会共举办专题研讨活动8次、大小会议和咨询沟通活动15次，为企业搭建沟通协调交流平台26次、接待来信来访咨询服务近330余次、化解大小冲突和矛盾9次，协会还数次组织国内外的学习交流研讨活动；在帮助企业解决历史遗留问题和困难的同时，给予必要的协会支持和改革方向的引导，自市政府27号文给予市股份合作制企业深化改革三条出路起，帮助上海大众汽车徐汇区维修站、卫星特供单位上海弹簧垫圈厂、高新企业上海四通仪表厂等数十家企业完成改制。帮助上海开通商社、上海长江企业发展合作公司、上海华东木器厂等20余家企业解决各类矛盾。在有关部门领导和专家的指导下，以及有一定资质的律师和中介部门的参与下，完成上海沪光制衣厂近600名员工和关联人员以及上海实用干燥剂厂等多家企业的平稳退市，帮助市政府化解企业的上访和集访。为社会的维稳和企业的发展作出应有的贡献。

二、协会工作贵在探索贵在创新

协会将探索改革发展之路的研究和服务方向相结合，形成2014–2016年协会工作的研究探索新课题，以“新形势下股份合作制企业的改革探索”为主线，围绕股份合作制企业发展和生存及历史遗留的问题和难题，进行有效的探索和服务。该课题不仅在上海的股份合作制企业中进行宣传、学习和组织多次研讨，还在全国城镇集体经济研究专委会工作会议上进行交流，并作为“十三五”期间股份合作经济和混合所有制经济的专题研究，定于2016年3月在北京召开京津沪冀混合所有制改革探索专题研讨会，既能使协会继续落实研究课题提升理论功底，又能为中央和有关部门提供具体实施的可行性论证。

三、协会工作贵在责任贵在担当

协会组织数十家企业参加浙江义乌国际小商品博览会（简称义博会），组织企业采购团参会并与供应商对接，进行一对一商谈，帮助股份合作制企业寻找对口供应商。协会在企业报名参加公布义博会采购商对接供应商目录，帮助一些企业拿到订单和项目。协会还组织20余家企业参加东盟博览会，走访捷克皮尔森啤酒股份合作制企业。

协会在服务股份合作制企业工作中以诚信责任担当为基础，坚持党建工作、精神文明建设、企业改革和经济建设同步协调发展，工作中坚持责任意识和担当意识，坚持多样性和有效性，为改革改制企业在生产转型发展中再创经济效益新亮点作出贡献。

四、协会工作贵在管理贵在提升

2015年是协会计划中第二届理事会换届改选年。由于上级部门新政出台，原定会长候选人无法出任，理事会按照市社团局关于延期换届的要求，办理申请手续并获得市社团局批准；协会进一步完善规章制度，完成换届工作要求的专项财务审计工作，使在今后各项工作中能更好地做到有规可循、有据可依。

协会参加市各部门组织的论坛、讲座、研讨活动，特别是市经团联及市经团联联合党支部举行的各种类型的学习研讨交流活动，提高协会工作执业资格和能力。协会继续与国际合作联盟和工合国际委员会协同将中国的合作社发展情况对外进行宣传，并对国外劳动协同合作的做法、混合所有制经济对股份合作制企业存在与发展的机遇、如何将中小企业纳入国有企业改制行列中等课题进行深入探讨和研究。

为适应市场化改革，强化个人资格管理，完善自律机制建设，学习国外个人会员管理的经验，拟建立个人会员制度。9月，召开会长工作会议，讨论拟定设立协会监理和《会员会费标准和缴费办法》，获原则同意。全年接纳新会员单位3家，增补理事单位5家。出版协会会刊12期，设立市级研究课题项目1个。

五、协会工作贵在改革贵在发展

近年来协会参与属地化管理试点，在静安区商务委的关心支持下，部分企业会员单位纳入政府经济运行的统计范围，为国家关注中小微企业发展提供基础依据。协会参与上海开开集团有限公司所属开通商社深化股份合作制改革改制新模式的试点，这是协会首次协助由国资委管辖的企业深化改革的案例，也是协会服务企业深化改革，继续探索和推进混合经济新形式的一次有益尝试。

协会在探索研究发展的基础上，力争把混合所有制利好政策更好地引用移植到股份合作制企业运行发展中去，使它不仅能开花结果还能再拓展，学习新型的农村合作社股份合作制办社机制，使股份合作制企业散发出耀眼光芒。

（朱桂芬）

上海市企业法律顾问协会

上海市企业法律顾问协会现有个人会员1544人，团体会员96户。在党的十八届三中、四中全会精神鼓舞下，在市经信委、市国资委、市经团联和市社团局的关心指导下，协会根据企业法律顾问执业资格取消后出现的新情况、新问题，立足转型发展，积极开拓思路，坚持发挥社会功能，勇于承担社会责任，在新的起点上迈出新的步伐，取得了宝贵而可喜的成绩。

2015年主要工作：

一、坚持凝心聚力，团结法务队伍

2014年7月22日，《国务院关于取消和调整一批行政审批项目等事项的决定》公布取消企业法律顾问准入类职业资格后，原执业企业法律顾问不再实行注册管理。协会及时采取以下措施：

正面宣传国家有关文件精神。通过报告会、研讨会和理事沙龙活动，讲清取消行政审批项目对贯彻《行政许可法》、简政放权的意义，讲清国家在部分准入类职业资格取消后一定会有相关后续衔接政策。原有证书继续作为具有相应专业技术能力和水平的凭证，原有资格继续作为聘任经济系列相应专业技术职务的依据。

向上级部门反映基层企业法律顾问的意见和建议。及时做好应对上海企业法律顾问执业资格取消后可能出现事件的预案，对会员单位进行调研，向市经信委和国资委报送《关于反映企业法律顾问在执业资格审批取消后的若干问题的报告》，引起上级部门的重视。

做好企业法律顾问最后一次执业资格考试。5月，举办“考前冲刺班”。坚持通过学员QQ群，为他们释惑解疑、学习互动。在6月举行的全国企业法律顾问执业资格扫尾考试中，有116人取得合格证书，培训班考试合格率达37.30%。

适应企业需求继续培养合同管理师。协会组织举办两期合同管理师培训班，特邀华东政法大学教师为学员们授课辅导，并组织他们参加上、下半年分别举行的全国CETTIC合同管理师考试，有70多位学员分别取得中级或高级合同管理师的培训合格证书，合格率达95%以上。

做好来信来访工作维护合法权益。协会先后对个别区人才服务中心对已经取得企业法律顾问执业资格的外地来沪工作人员以不再实行注册管理为由，拒绝给予累计计分或发放上海居住证的举措提出交涉，促其纠正。还对通过企业法律顾问执业资格扫尾考试取得执业证书人员反映的单位加薪时遇到障碍之事及时与相关领导进行沟通、解释。

主动顺应形势发展修改协会章程有关注册的规定。1月15日，协会召开三届三次理事会，审议通过《会员注册管理暂行办法》，把原对企业法律顾问的执业资格注册改为会员注册，将入会条件修改为所有企业法务人员。实行新的会员注册制敞开入会大门后，全市有1008位人员加入协会，实现“保800争1000”的原定目标，其中新会员占10%。

二、打造精品服务，促进依法治企

切实抓好会员四次大培训。分别聘请市律协公司法委员会副主任曹志龙、协会副会长王杰、交大凯原法学院院长季卫东和协会副会长郭俊秀，为会员进行“混合所有制背景下的国资国企改革”、“企业国际投资的法律新思维和新技术”、“中国法治的理念与现实”、“如何依法保障企业合规经营”培训。

针对企业关注的法律实务问题适时举办研讨会。先后举办有关企业法律风险控制、股权转让纠纷的处置与防范、PPP项目的风险防范、国际贸易与海商事实务、企业重大变革过程中的劳动关系处理技巧、中小企业如何在股权交易市场挂牌、企业劳动合同解除关键规律与风险控制、企业并购中隐藏的债务风险、依法治国战略中的法务挑战和机遇、公司（企业）并购中的法律风险与防范等10场研讨会。

精心组织每季度一次的理事沙龙活动。分别以“探索依法治企新问题，欣赏和谐企业新文化”、“走近仲裁圆桌，促进企业维权”、“在依法治国深化企业改革背景下，企业法律顾问制度建设与企业法律顾问作用”以及“科技+制度——以信息化手段实现企业风险管控”为主题，开展研讨交流。

应邀为企业提供量身定制的内部培训。协会与上海石油化工研究院签订长期培训合同，组织资深专家为该单位举办4次培训讲座。应上海国际机场股份有限公司综合管理部和证券法务部的要求，特邀知名律师为该企业提供两场专题培训。

为会员提供电子业务学习资料和电子会刊。《业务学习资料》双月电子刊物借助著名国际出版商集团CCH威科集团的力量，开辟“法律速递”、“立法解读”、“案例精选”等栏目，坚持收集、推介最新最全的法规、文件、司法解释和典型案例资料，受到会员好评。

通过传授优秀文化提升会员综合素养。协会邀请《道德经》同步思维解读版著作人林才松，以“传承优秀文化，促进依法治国”为主题，讲述《道德经》的文化价值及对建立法治中国的促进作用；福卡智库首席研究员王德培主讲“经济发展中的热点、难点、敏感点”报告会。

三、推进合作共赢，扩大协会影响

为帮助企业积极培养跨国经营管理人才，年初，协会与上海交通大学凯原法学院、威科集团合作，组织120余名会员参加初级跨国经营人才法律必修班。与中国企业法律顾问在线合办两次《企业劳动用工法律风险防范实务与操作技巧》高级研修班。

组织会员参加中欧商学院举办的2015律商联讯“国际投资仲裁论坛——中国企业如何利用仲裁解决跨国投资纠纷”法律高峰论坛；参加律商联讯举办的主题为“新时代法务——齐家、治国、平天下”的第二届律商联讯法律高峰论坛（上海专场）。天津滨海新区爆炸事故发生后，协会组织部分单位的法务人员，参加由协会与上海市律协联办的“构建危化品安全管理长效机制法律研讨会”。协会参与举办威科第四届中国企业法务大会，围绕“新常态下企业法务职责的新趋势”议题，展开研讨交流。协会组织60多名会员参加第七届陆家嘴法治论坛，聚焦企业“走出去”中的法律服务问题，深入探讨法律护航所面临的机遇与挑战。

协会与市经信委、法学家企业家联谊会联合组织“当前商事纠纷中需要注意的几个问题”专题报告会，特邀原市二中院副院长高长久解读2015年新颁布的《民事诉讼法司法解释》，使与会会员对企业间借贷等法律新规定有更全面、清晰的了解。

协会组织会员分别参加北京威科亚太信息技术有限公司主办的“境外商标注册与申请的常见问题”线下培训，律商联讯集团主办的“反商业贿赂”、“反垄断和外商投资企业在中国的合规”两次线上培训。

10月，协会派员参加全国第六届地方企业法律顾问协会论坛。常务副会长陈露洁在会上作“充分发挥协会服务功能，积极促进企业法治建设”的交流发言。

四、争取购买服务，当好桥梁纽带

承接市经信委研究课题，通过座谈、走访、市场调研等，提出中小企业防范企业法律风险的对策和措施，完成《上海市中小企业法律风险防范研究》课题报告，于8月下旬通过专家评审。此后，又向政府有关部门提出“依托协会开展《指南》贯彻工作”、“搭建远程法律服务平台”等6条建设性意见。

完成中小企业服务机构年度复核工作，开展面向中小企业的专项法律服务。一季度，通过信函、网上通知等多种形式招募近40名志愿者，充实加强协会“联合调解中心”的调解员队伍。全年联合调解中心处理劳动争议调解纠纷185件，纠纷化解额达225万多元；纠纷化解率达到87.1%。

承接完成经信系统的法宣工作。协会对西气东输管道公司、中航油物流公司、上海超级计算中心等8家单位进行调研，总结“西气东输管道公司‘六五’普法完成‘三级跳’”，“符合识别+适用评价——超算中心为学法用法提供‘导航仪’”，“制度保障阵地保障体系保障——中国航油物流公司‘六五’普法抓出实效”等典型经验。指导27家基层单位形成“六五”普法总结，提炼13家单位普法工作的典型经验，出版《为了让法律铭刻在心——上海市经济和信息化系统‘六五’普法案例特辑》。协会利用会刊《法宣之窗》栏目，宣传普法先进典型；通过东方网法治频道等社会传媒，扩大经信系统普法工作的社会影响。至11月，已向东方法治网、《法治宣传手册》报送稿件10余篇。年底，协会协助配合经信系统法宣办完成全系统年度法宣工作总结和“六五”普法工作总结。

承接完成市经信委“12345”市民服务热线知识库的日常维护与管理工作。一抓库内信息维护，截至11月，库内信息总存量达823条。库内信息变动量达73条，其中主动更新的信息25条（占34.25%），被交办处理的信息48条（占65.75%）。二抓库内信息的集中梳理，根据需要将知识库内所有信息按处室进行梳理和更新。三抓相关文件起草，及时撰写“12345”市民服务热线有关活动的新闻稿，相关的年中、年终总结报告，按季度上报“12345”知识库管理维护情况的说明。

五、提升综合能力，坚持自强不息

坚持思想先行，正确把握方向。协会党支部通过组织生活统一秘书处工作人员的思想，年初组织学习“2015中纪委的反腐新布局”以及“习近平的反腐大白话”两篇文章。引导大家认真研读党的十八届五中全会公报和深化国有企业改革的政策解读文件等，对协会发展大方向有了清晰了解，进一步增强使命感和责任感。

坚持“三严三实”，弘扬核心价值。协会秘书处要求工作人员按照习总书记“三严三实”要求，自觉践行社会主义核心价值观，提倡奉献精神，创建学习型组织。先后派3位同志参加民政部组织的社团组织改革政策培训班学习，两位同志学习观摩2015年“全国互联网＋法律”高峰论坛。1位同志代表协会自贸区专业委员会，会同5位理事赴中国（广东）自贸试验区考察学习前海自贸区法律制度建设情况。

坚持规范管理，严格执行制度。秘书处坚持每周一次的工作例会，精心组织3次会长联席会议。加强财务管理，按财税规定报表纳税，做到日结月清。加强资产管理，厘清固定资产存量情况，组织专人对协会成立以来的历年企业法律顾问执业资格注册档案和协会会员档案进行全面核实、整理。

（虞敏洁）

上海市质量协会

上海市质量协会（原名“上海市质量管理协会”）成立于1982年9月，是由致力于质量事业的组织和个人自愿参加组成的专业性的非营利性社会团体法人。现有团体会员企业1500余户。

2015年主要工作：

一、推动国际质量学术交流与合作，创造共同繁荣的质量时代

1．成功举办第21届亚太质量组织国际会议，提高国际质量学术交流的成效。2015年11月10—11日，市质协承办的第21届亚太质量组织国际会议暨第10届上海国际质量研讨会在上海国际会议中心隆重举行。本次大会汇集了21个国家和地区的600多位质量界、学界、企业界等专业人士，围绕“创造共同繁荣的质量时代”主题共同交流探讨。

互联网与质量创新、“中国制造2025”、2015版ISO9001标准应用、可持续发展与质量教育、复杂服务与顾客体验、老龄化与医疗保健、中小企业的集群服务、食品与安全、公共服务与社会责任等，都在本届大会得到深入交流研讨。

大会得到国家质检总局质量司、市经信委、市质监局等政府主管部门领导的关心和支持。美国质量协会、德国质量协会、欧洲质量组织等国际质量组织的领导和国际质量科学院的院士专家悉数到会，亚太质量组织理事长查尔斯·奥布瑞、美国质量协会会长派翠西亚·隆德、国际质量科学院理事长梅塔、德国质量协会会长乌多·汉森、加拿大魁北克大学教授让·哈维、中国台湾“清华大学”教授苏朝墩等都在会上作精辟论述。华为公司副总裁李刚、海尔集团副总裁任贤全、上海核工院院长郑明光、上海海立集团董事长沈建芳等企业高层领导的交流，博得各国质量专家和企业界人士的喝彩。

2．不断拓宽国际质量学术交流与合作的渠道，唱响中国的“质量好声音”。市质协组团参加世界质量与改进大会暨美国质量学会第69届质量大会与欧洲质量组织第59届年会等5个颇具影响的国际质量会议。

市质协探索让中国的质量标杆企业和质量专家成为国际质量舞台上的“主角”，推动企业和专家参与国际会议的论文发表交流、参加国际卓越团队比赛和申报推荐国际质量奖。在2015亚太质量组织国际会议期间，经市质协推荐，上海电力设计院、大众汽车租赁等5家企业获亚太质量组织颁发的全球卓越绩效奖。国家质检总局黄国梁司长应邀代表中国政府在欧洲质量组织大会上致辞；在美国质协发布的《2015质量未来报告》中，由市质协推荐的唯一一名来自中国的质量专家上海核工院院长郑明光，在报告中诠释了能源的未来对质量所发挥的作用，成为美国质协在全球范围内海选的12位质量专家之一，展现出中国质量学术研究的国际影响力。

2015年亚太质量组织国际会议前夕，国际质量科学院在上海举行院士会议，16位国际质量科学院院士出席，并一致通过组成“国际质量科学院（中国）”的动议，同时进行揭牌仪式。

3．积极引进国外先进质量管理方法、技术和高端人才，服务企业质量创新与发展。作为美国质量学会的全球合作伙伴，市质协就进一步开展质量未来研究、专业人员培训、质量技术交流等方面与其达成新的合作共识。7月，与德国质量学会确立战略合作关系，形成有关举办中德质量发展论坛，组织工业4.0、公共管理与中小企业的质量人员培训以及有关专业书籍、研究课题等10个方面的合作内容。

在此基础上，市质协先后导入国际上卓越绩效评价、卓越团队建设、创新战略管理、服务体验与管理、公共服务与管理等先进的质量管理方法与技术，邀请德国质量学会会长乌多·汉森，美国质量学会检测分会主席海瑟·韦德、创新分会主席彼特·梅瑞尔，加拿大魁北克大学教授哈维等国际知名的质量管理专家前来访问、讲课与研讨等，带来最新的质量管理创新理念、知识和实践，助力企业的质量创新与发展。

二、积极推广先进质量管理方法的普遍应用，助力企业提质增效升级

1．开展形式多样的会员活动，提高企业质量工作的有效性。年初，对173家会员企业调研质量提升需求，召开3次专题座谈会，广泛听取意见建议，认真策划协会年度活动内容和计划，组织会员企业开展现场交流、专家讲座、成果分享以及质量月专题活动，内容涉及卓越绩效推进、两化融合、企业品牌建设与品牌推进、现场管理等十大领域，对推动上海企业转型发展提供了新动力。2015年，市质协组织各类会员活动30余次，参加会员单位800家次，计1800人次。

新成立市质协自贸区企业大组，围绕质量创新、标准化建设、质量技术工具等区内企业的实际需求开展各种形式的活动与服务，使得自贸区内很多企业逐渐认识到质量的重要性和质量管理的有效性。

2．全面推进卓越绩效，实现供给侧创新与增值。围绕中国制造2025的战略布局，根据市经信委进一步推进“质量标杆”活动的要求，深入在汽车、电子、航空、造船等上海重点产业开展质量标杆推进工作。通过标杆培育与成果分享，总结经验成效，形成可复制、可推广的管理模式，提升企业质量管理的有效性和效率。如振华重工通过全面实施卓越绩效管理，着力推进“无人码头”智能制造＋服务的自主创新，全面系统地建设质量效益型企业。几年来始终保持全球港口机械市场份额第一，产品远销89个国家和地区。

在市经信委的指导下，市质协通过在上海电气电站集团的智能化工厂、上海电力设计院的风光储联合发电系统、上汽集团的O2O在线服务、光明乳业的食品工业智能化管理系统等方面，培育一批企业品牌质量创新的新成果，得到工信部、中质协的高度评价。

通过与会员企业的共同努力，国网上海市电力公司浦东供电公司等33家企业为“2015年上海市质量管理奖”。其中，上海通用汽车有限公司获得全国质量奖荣誉称号。

3．重点推进服务业现场管理星级评价活动的深入开展。市质协着重在地铁、机场、物业管理等公共服务领域，推动企业开展现场管理星级评价活动，促进服务质量的持续改进与提升。上海申通地铁的车站现场管理、上海浦东国际机场航站楼的服务质量链管理获得全国的五星现场荣誉，成为现场管理的创新典范。按照《企业现场管理准则》（GB/T29590—2013）和《现场管理星级评价管理方法》的要求，经审定，上海电气电站设备有限公司上海汽轮机厂汽轮机车间等37个现场为“2015年上海市现场管理星级评价星级现场”，上海国际机场股份有限公司航站区管理部等13个现场获得全国星级现场。

三、充分发挥质量组织专业优势，服务社会民生质量提升

1．加强行业企业的合作，共同推进电商服务质量提升。市质协加强与电商、物流、软件、物联网等行业协会的合作，共同推进上海电商企业服务质量的提升行动。在国内率先引入ISO10008有关电商质量管理指南的国际标准，与电商行业协会共同发起，联合5家行业协会、8家企业，制定并正式发布国内首个有关电商交易质量管理的团体标准，并推进电商企业学习标准实施标准，先后开展电商的服务质量指数测评，开展1号店、东方CJ、菜管家等5家电商企业的服务试点认证。国家认监委已批准上海质量体系审核中心开展电商服务认证，将更好地助力电商企业的标准化建设和质量提升。

2．组织开展4项涉及社会民生的公益性调查活动。关注少儿用品的质量安全问题，开展本市少儿用品的质量舆情监测，及时提出少儿用品质量的社会热点和公众诉求。6月3日，市质协用户工作委员会举办“少儿用品／服务品牌企业座谈会”，与生产少儿用品的会员企业一起探讨如何共筑少儿用品安全底线、有效提升质量水平的意见与建议，对提高企业的质量诚信意识起到促进作用。

针对市民普遍关注的住宅电梯安全管理问题，开展“上海市电梯安全管理办法施行情况及管理现状调查”，选取与上海市住宅电梯相关的维保单位140家（约占维保单位总量的40%），以及电梯使用单位、业主委员会等，共计420个对象。市质协及时将调查报告上报政府有关部门，推进上海电梯安全工作。和上海电梯行业协会一起共同推动有关电梯维保服务质量的上海地方标准的制修订工作。

市质协连续第7年开展上海老年人生活质量系列调查，2015年的调查主题是“上海居家养老服务需求与现状调查”，为本市构建社会养老服务体系提出对策和建议。市质协用户评价中心持续第9年与新民晚报社合作，开展“‘夏令热线’（投诉／报修处理）市民满意度测评”工作。测评报告得到市领导的高度评价，也得到各级政府部门以及各行业主管部门的高度重视。

按照国家质检总局的要求，建立第三方评价机制，推动公共服务质量监测制度建设。聚焦公用设施服务、信息化服务、养老服务、行政事务办理等11个领域设置50项重点监测指标。经过对华东地区6省1市76个城市的问卷调查和互联网舆情大数据分析，7月，上海质量管理科学研究院发布国内第一份华东地区2014年城市公共服务质量监测报告，得到国家质检总局领导以及国际质量科学院院士和质量专家的高度评价。

四、搭建多层面的质量推进活动服务平台，帮助企业夯实以质取胜战略基础

1．进一步深化中小企业服务平台建设，着力推进中小企业管理质量的提升。聚全市质量专家之力，编写出版《中小企业管理质量》培训教材，以大质量理念为基础，从12个方面总结中小企业质量管理的核心知识，获得市中小企业发展协调办公室和市中小企业发展服务中心的认可，被指定为中小企业质量管理教材。上海质量教育培训中心举办18期中小企业免费培训、讲座，1000多名企业领导和质量工作者参加。在市总工会的指导和支持下，配合各产业和各区县工会，举办班组长培训工作，共有6500多人参加培训，帮助企业进一步提升班组长的质量管理能力。

2．配合市工经联建设企业社会责任发布平台，推进企业履行社会责任。6月，第四届上海企业社会责任报告发布会顺利举行，来自172家企业和行业协会集中参与社会责任报告发布。为确保企业正确理解社会责任标准，掌握编写社会责任报告的基本要求，市质协配合市经团联开展企业辅导、专家评审的活动，组织开展12期企业社会责任免费培训，600多家企业的800多名企业社会责任推进人员参加培训。

3．推进群众性质量管理活动的深入开展。市质协与市总工会、团市委、市妇联在推进全市群众性质量管理活动中，以群众性质量管理小组为基础，推进企业一线员工尤其是服务员工的质量素质提升工程。首先是创立刘源张蓝领质量贡献奖。首批获奖的12名同志来自全市多项工种，代表了新时代一线员工崇尚质量的精神风貌。其次是举办企业品牌故事比赛。通过喜闻乐见的形式，在一线员工中传播分享“创新为先、质量为优”的品牌价值理念。第三届全国品牌故事演讲比赛上海赛区的比赛以“中国品牌我们的故事”为主题，吸引本市75个单位，160名一线员工到场参赛观摩。最终7个故事入围全国总决赛，其中上海虹桥国际机场、上海电力设计院、上海国际港务集团获得了1个二等奖和2个优秀奖。

进一步推动全市QC小组的发展与建设。据不完全统计，2015年，全市共注册QC小组17304个，普及率达到35.09%，成果率达97.76%，年创可计算的经济效益达27.17亿元。在全市273个上海市优秀质量管理小组和90个上海市质量信得过班组中好中选优，上海宇航系统研究所等27个小组荣获“全国优秀质量管理小组”；上海信谊药厂等30个班组荣获“全国质量信得过班组”。

五、不断加强自身建设，弘扬质量文化履行社会责任

1．不断加强协会规范化建设。严格执行中央八项规定等有关文件精神，从健全民主制度、加强财务管理、规范服务行为、实行信息公开制度、强化审计等方面、加强廉洁自律，加强协会和分支机构的规范管理，完善内部治理。努力办好《上海质量》杂志、网站等载体，开发协会的APP服务，通过信息平台的在线服务，及时向会员企业传递与分享最新活动资讯。

2．积极履行社会责任，组织近20家企业、100余名质量志愿者为本市近20个社区和园区，1700余位市民开展现场咨询、上门服务、讲座、参观企业等11场次社区公益活动，受到广大市民的欢迎。

（华蔚筠）

上海市开发区协会

上海市开发区协会成立于2002年9月，是以上海市从事开发区规划设计、土地厂房开发、信息服务、环境建设、对外交流、招商引资、中介服务和投资融资的企事业单位为主体的社会团体。现有136户会员单位。

2015年主要工作：

一、深化研究咨询工作，为园区健康发展出谋划策

承担完成上海各级政府部门委托的研究任务。受市经信委委托，协会组织撰写《2015年上海市开发区发展报告》，开展《上海产业用地指南－2016版》修订工作，编制完成《上海工业区转型升级“十三五”规划》初稿，协助完成《2015年开发区综合评价研究报告》。受市商务委委托，完成《上海国家级经开区转型升级主要瓶颈和对策研究》和《上海国家级经开区“十三五”发展规划》。受宝山区经委委托，完成《宝山区工业区转型升级调研报告》。受浦东新区经委委托，进行《国内产业园区合作发展模式研究》。根据市交通委的要求，参与《工业区和开发区等道路现状调研及全覆盖管理对策制订项目》的课题调研和课题报告撰写工作。

承担完成会员单位委托的研究工作。完成宝山区创建国家新型工业化产业示范基地申报文件，以及漕河泾松江高科技园区创建上海市新型工业化产业示范基地咨询项目；配合完成浦东康桥工业区和漕河泾浦江园区的产业用地调查，数据已经上报至系统；完成《2015年度浦东康桥工业区综合评价》工作；完成松江经济技术开发区和浦东康桥工业区《十三五发展规划》研究工作；完成《104地块研究与合作探索》项目；进行《上海化学工业区同创共建文明园区工作》研究，初稿已经完成。

探索并进行开发区行业研究工作。与华东师范大学城市发展研究院合作开展《上海产业园区体制机制创新研究》，与上海转型升级研究院合作进行《上海开发区转型升级研究》。

继续拓展研究领域和合作对象。完成《上海市“四新”经济创新基地试点建设手册》项目、上海市90余家“四新”经济创新基地实地调研和初审工作；受中国开发区协会委托，完成《华夏幸福固安开发区开发模式调研报告》，得到中央领导的肯定。

二、细化完善统计分析，为园区长效管理打好基础

开展开发区统计分析和综合评价。在市统计局和市经信委的指导下，开发区统计工作从无到有，逐步形成市、区两级统计员网络，建立了比较完整的开发区统计服务体系。编辑完成《上海市开发区统计手册》和工业区每月经济运行统计、排名与分析的简报，建立开发区土地节约集约利用统计评估指标体系。以提高统计服务质量为目的，组织全市开发区统计人员对开发区热点、重点、焦点等问题撰写统计分析，提供决策参考。完成《2015年上海开发区综合评价报告》，修订《上海市开发区综合评价办法》，形成《2016版上海市开发区综合评价办法》。

维护产业用地数据库。协会积极参与全市开发区数据统计及地理信息系统的建设，建立开发区及产业项目的综合信息动态更新和检测的长效管理机制，完成2014年度上海市104产业区块产业用地调查更新工作。

三、强化园区规范化管理，为园区建设提供多方位服务

组织编制《产业园区服务规范》工作。协会于2014年设立标准化工作办公室，负责协调与组织各方力量制定涉及园区建设、经营、管理和服务等方面的标准体系。协调开展各园区相关评价活动，负责对参与园区评价活动的第三方评价机构资质审核和监督。协会组织漕河泾新兴技术开发区、上海陆家嘴（集团）有限公司、上海金桥（集团）有限公司、上海张江（集团）有限公司和上海地产闵虹（集团）有限公司等近10家国家级、市级开发区和社会第三方机构，共同编制完成《产业园区服务规范》，经上海市质量技术监督局组织专家评审通过，6月被正式列为上海市地方标准，并上报国家标准化委员会备案公告。

全面开展园区管理人员培训工作。协会开展《上海产业园区创业服务导则》与《金山区招商干部培训班》等培训活动，培训人员近150人次。做好外省市园区干部培训工作。举办云南省产业园区创新管理干部培训班与嘉兴市秀洲区招商选资与招才引智培训班，培训人员近百人。相关培训活动受到各园区一致好评。

发挥协会平台优势服务园区招商工作。协会与星火、医学、市北、奉贤、莘庄等开发区建立商业性招商合作方案。与安徽郎溪、江苏江都、贵州遵义、河南濮阳等开发区建立招商项目推介、招商信息提供等市场化服务工作；为开发区引进国内外知名的优质产业地产开发商和园区运营商，如东久（中国）投资管理咨询有限公司、亿达软件新城管理有限公司等。

四、优化品牌园区推选工作，为园区创新驱动扩大影响力

组织开展第四次品牌园区推选活动，有37家园区获“上海品牌园区”，18家园区获“上海品牌建设优秀园区”称号。自8月起，把产业园区的品牌建设拓展到园区开发运营机构，引导园区不断提升发展内涵和质量。为创新品牌园区宣传推介理念和方式，促进品牌园区信息服务平台和“智慧园区”建设，设计和参展“上海品牌园区永不落幕的展示会－移动终端APP宣传推介活动”，并在第三届“上海品牌发展论坛”上发布，扩大了品牌园区的影响力。

五、推动宣传平台建设，丰富信息服务功能

《上海开发区》杂志出刊6期，反映开发区的建设成就、发展趋势。报道对象覆盖20多家国家级、市级开发区，十数家园区企业、特色园区。出版专刊3期。

完成《上海开发区》简报21期。创建“上海产业园区”公众微信号，便于受众及时了解协会最新动态。

六、推进《开发区分志》修志，确保编撰工作质量

在市方志办、市经信委、协会会长单位等大力支持下，协会组织成立由各参编园区领导共76人参加的编纂委员会，召开《上海市志·开发区分志》编委会会议，明确责任和分工。加强编纂办公室力量，组织10期业务培训班、2次专题交流活动和9次座谈会。编辑出版10期《修志工作简报》。已有67家园区参编，修志人员达150人以上，已收集整理近500万字的资料卡片，并编纂部分资料长编；各开发区收集近400万字的资料卡片。

七、推进园区的沟通和合作，加强制度和队伍建设

开展园区的交流与合作。在青浦召开协会理事单位办公室主任会议，介绍园区及协会的工作动态；组织会员单位近70人次前往浙江海盐开发区进行学习交流；接待山东省开发区、云南临沧工业园区、安徽池州开发区、贵州新蒲开发区、山东德州开发区等园区同行来沪考察学习。协会分别为紫竹高新区、临港产业区、曹路工业区、嘉定外冈工业区等园区进行多方位的协调和服务。

组织上海产业园区沙龙活动。协会组织5次沙龙活动。首次举办沙龙进区县系列活动，如在普陀区的沙龙活动，旨在全面发动社会力量，引进国内优秀开发主体走进普陀。

加强秘书处制度建设。协会修订完善协会各项管理制度，调整各部门工作职能，每个岗位都制定细致严明的标准和程序。全年发展新会员单位16家。

（严　佳）

上海市节能协会

上海市节能协会成立于1985年3月21日，是使用能源、生产能源和生产用（节）能产品的企业单位，能源管理、科研、设计、教育、信息等事业单位，社区管理单位及有志于节能事业的个人自愿组成的上海市节能行业专业类非营利性的社会团体法人。下设分布式供能专业委员会、合同能源管理专业委员会、制冷冷冻节能专业委员会、汽车工业工作委员会、化工行业工作委员会、纺织行业工作委员会、电气行业工作委员会嘉定区联络站、崇明县联络站等9个分支机构。现有团体会员821户。

2015年主要工作：

一、丰富“三为”服务内容，拓展服务深度广度

举办沙龙活动。梳理会员单位需求：一是供需双方希望在协会搭建的平台上精诚协作携手双赢；二是及时了解政府关于节能减排低碳方面的优惠政策；三是希望协会在企业突破节能减排瓶颈方面发挥引领作用。协会以会员单位需求为导向，明确服务形式和内容，拓展服务深度和广度。

走访会员单位。先后前往黄浦区节能协会、长宁区发改委低碳办和协会汽车分会、冷冻专委会、东智屏科贸有限公司等，了解开展节能减排情况和相关需求、遇到的瓶颈问题，联手开展建筑节能、优化服务方式、丰富服务内容等工作。

开展课题研究。开展政府和企业委托课题研究项目共计14项，其中政府项目5项，企业项目8项，外省市项目1项。

进行《公共机构物业节能管理标准体系建设》课题研究，开展市、区38家单位座谈和现场调研，为全面探讨公共机构物业体制机制、物业节能管理技术应用和具体措施落实等打下扎实基础。

参与《张江国家自主创新示范区专项发展资金及财税政策支持高新技术产业和创新创业调研》活动，收集近百家本市大中小微企业相关数据并汇总整理上报。参与《上海市能效对标实施方案》项目，为政府出台《关于开展能效对标及创建能效“领跑者”制度实施方案的通知》文件提供决策依据。参与《上海推进实施岸基供电实施方案及相关政策研究》，该方案已在上海港洋山集装箱码头和吴淞国际邮轮码头岸基供电试点。完成上海瑞金医院北院天然气分布式供能系统后评估工作，作为本市首例天然气分布式供能系统后评估项目，具有可复制性。就八届八次理事长会议提出的关于实施合同能源管理模式和发电厂开展节能工作遇到的瓶颈等问题开展专项研究。

承担节能产品评审。云计算节能终端设备、智能电网监控设备太阳能灭虫设备、LED各类照明设备以及适用于企业、社区的节能锅灶等30个节能产品通过评审获得“上海市节能产品”称号，经过宣传和推介，有效提升节能产品的使用率。

开展节能知识竞赛。节能宣传周期间组织开展“莱奥得杯”节能知识竞赛，吸引企业、区县、高校和社区约12万人参与。举办培训、参观研讨和对接活动。应水利部太湖流域管理局和黄浦区第二牙防所之邀，举办节能宣传讲座，介绍相关节能技术和管理。

举办黄浦节能分会“2015年酒店行业节能培训”，分析LED照明、太阳能技术、光伏发电并参观LED展示厅；举办“节水培训”，介绍水资源现状和水资源保护案例并参观青草沙水源地；举办“2015年上海市工业绿色智能照明研讨会”，为企业合作提供机会。

举办节能环保企业金融对接会，帮助企业开启进入资本市场的思路和途径。参与组织“绿色星期六”活动，推动公众形成绿色化生产生活方式。

利用社会资源开展活动。先后组织百余家会员单位参观“第八届国际污水处理展”“2015年上海国际供热锅炉暨生物质能展览会”“环保工业锅炉及改造案例交流会”和“上海－大阪环境节能技术研讨会”，帮助会员单位了解国内外先进理念和先进技术、先进产品，为会员单位深入开展节能工作提供储备。

二、优化杂志、网站和微信，提升服务品质

《上海节能》杂志改版，增设“节能战略与政策”、“节能工程与经济”栏目。发表的《长三角煤炭流向与消费总量控制目标分析》《上海能源发展的重要判断与建议》《国际化视野下的高校能源管理体系初探》等文章得到读者好评。版面升级为彩版，增强可看性和关注度。加强编辑校对等环节，在2015年新闻出版局组织的审读中获得通过。《上海节能》杂志首次列入中国学术期刊影响因子年报（人文社会科学2015版）经济与计划管理排序第24名；（自然科学与工程技术2015版）能源与动力工程排序第36名。

上海节能网站日常宣传与改版同步进行。截至年底，网站累计点击率突破15万次，节能观察栏目发布具有一定深度及参考价值相关文章182篇。改版后的“上海节能网”于12月正式上线，新增“节能经济”“节能科普”“活动专题”“视频信息”等频道，新增“在线入会申请”“期刊管理”“宣传投放”“会务管理”等功能模块。

微信公众平台增加政策类、技术类及具有前瞻性信息类文章的发送频率，增强信息时效性，获得较大转发量。截至年底，微信累计阅读量已超14万次。建立区县经委通讯员微信群，优化微信用户端布局和互动功能，新增“信息发布”“关于协会”等基础栏目，发布有价值的文章及协会宣传片，引导用户浏览协会核心内容。

三、举办协会成立30周年活动，扩大协会影响力

以协会30华诞为契机积极开展“五个一”活动。一是借第三届中国（上海）国际技术进出口交易会举办之际，举办“能源与环境问题思考”高峰论坛；二是举办老领导、老专家座谈会，为协会转型发展建言献策，提供宝贵经验；三是开展“携手节能三十载，共创低碳新时代”社区活动，以多种形式引导居民加入绿色消费、低碳生活行列；四是举办“携手节能三十载，共创低碳新时代”摄影比赛；五是制作“携手节能攻坚，共创低碳发展”宣传片和宣传画册等。

四、开展对外交流，寻求合作机会

应美国密歇根州经济发展署和密歇根中国中心的邀请，参加其在上海举办的招待会，了解美国和中国、密歇根州和上海在经济领域以及能源、低碳和环保等方面的合作意向。接待香港经贸局，拟开展沪港两地节能减排技术交流。

五、规范内部管理，夯实工作基础

根据协会现有属性、特点和工作规律，导入新的理念和方法，制订或修订数项工作条例和规章制度。着手建设数据库，实现信息化建设和体系建设的融合。调整专家委员会成员，涉及电力、汽车、建筑、环保等多个领域。分布式供能专委会、汽车专委会和黄浦区节能专委会等分支机构积极开展活动，在各自领域中推动节能减排低碳工作深入开展。

（徐莉莉）

上海市包装技术协会

上海市包装技术协会成立于1978年10月28日，为上海市包装行业企事业单位与科技工作者自愿组成的非营利性的社会团体法人。现有团体会员400余户，下设纸容器包装委员会、塑料制品委员会、包装印刷委员会、木制品包装委员会、绿色包装委员会、包装设计委员会、金属容器委员会、包装机械委员会、包装标准委员会、包装工程师分会等10个专业委员会。

2015年，协会以“改革创新、服务转型”作为发展方向，始终坚持创新和服务的理念，围绕行业中热点和难点开展工作，不断增强协会的影响力和凝聚力。在创意包装、服务包装、绿色包装、安全包装上下功夫，开展形式多样、丰富多彩的活动。

2015年主要工作：

一、抓调研、拓思路、探索行业转型发展

打造旅游产品印刷包装创意设计服务平台。在上海市新闻出版局支持下，开展包装创意方面的研究，打造印刷包装创意设计产业链，提升旅游产品附加值、增强上海旅游产品竞争力。

开展发展上海旅游食品包装的课题研究。与市食品协会等协会联合开展上海旅游商品课题的研究，剖析上海旅游食品包装的现状，研究旅游食品包装发展趋势，提出发展上海旅游食品包装的新建议。

二、直面热点难点问题，配合政府部门做好包装服务工作

认真做好上海市著名商标推荐工作。协会对提出申请包装企业进行审核，深入企业现场开展调查，结合所掌握的行业数据，认真填写协会的推荐意见。

组织参与编写《出版志》。接受市新闻出版局委托，组织《上海市志 · 新闻出版分志 · 出版志》中“包装印刷”篇的编纂工作，牵头业内有关企业共同参与编写。

三、以创意为龙头、创新为驱动、绿色为导向，推动行业转型发展

以创意设计为抓手，加快产业与创意设计的融合。5月14—19日，由协会副会长、上海界龙集团董事局主席费钧德为团长的上海代表团一行38人，参加第十四届2015韩国首尔APD亚洲包装设计展示交流会。上海参赛的三项作品获“APD韩国2015最佳创意大奖”。与济丰包装（上海）有限公司联合主办“济丰杯”校园包装设计创意大赛。在全国

10多所高校师生的支持和参与下，成功打造一个包装行业创意设计的品牌，为包装院校的大学生们提供展示自己才华的平台。

鼓励企业自主创新、推动行业技术进步。一是帮助企业开展包装行业高新技术研发资金项目的申报工作。做好动员、调查、咨询、申报、推荐、上报以及培训等工作。2005—2012年上海地区共上报41个项目，有24项获国家财政资助，共获资助资金1756万元。在市财政局的指导下，2015年协会对这24个项目组织专家开展验收工作。二是开展科技评价工作。协会在2010年获得市科协授予第二批科技评价机构资格以来，依托协会的专家委员会认真开展工作。2013年通过市科协科技评价机构的复审，继续获得2014—2016年科技评价的资格。

倡导绿色与环保，推动行业可持续发展。协会开展弘扬低碳包装理念一系列活动，就包装业“低碳减排”、实现“绿色低碳”的措施等内容进行宣传、演讲和研讨。协会绿色包装委员会从2009年起开展上海市优秀绿色包装评选工作，并大力宣传推广应用优秀绿色包装产品。共有31个包装产品被评为上海市优秀绿色包装产品。

四、提升服务能级，不断拓宽服务领域

重视食品包装安全，推动旅游食品发展。与食品、旅游协会、食品学会共同组织开展上海特色旅游食品评选活动。年初，协会召开“经济新常态包装产业发展研讨会”，特邀包装行业部分企业家及协会相关专业委员会秘书长研讨上海包装产业发展的新思路。协会与各专业委员会开展各类专业技术培训，提高服务企业的能力。主要有“出口危包企业培训”、“商品条码印刷企业资格认定申领资格证书企业培训班”、“木制品防霉技术”和“制造业如何进军移动互联网”培训、“加强科技人员培训、提高企业创新能力”和“包装机器人应用技术发展论坛”等培训班。

五、加强国内外交流，提升行业影响力

纸容器包装委员会组团赴俄罗斯考察交流；木制品包装委员会组团20余人赴日本考察；包装机械委员会组团16人赴美国进行交流考察，并参观2015年美国国际包装展览会。协会举办“两岸包装设计高层论坛”，邀请由台湾包装设计协会理事长黄国洲先生领衔的演讲团来沪交流，近200名包装设计师和高校师生踊跃参加；组织上海市包装设备、印刷及配套企业30余名企业家前往浙江与诸暨、杭州的包装企业进行交流考察活动；塑料制品委员会组织会员参加在河北沧州召开的“上海包装袋生产企业联谊会”，并与当地包装企业交流；协会接待日本包装技术协会越野滋夫秘书长一行4人。

六、加强自身建设，强化协会服务功能

充分发挥理事会领导作用，协会办事机构与理事保持密切联系，在他们支持下开展各项工作。

协会秘书处和各专业委员会走访理事，深入企业，虚心听取和征求理事与会员的意见，了解企业对协会工作看法和建议，掌握企业动态、关注重点以及急需解决的难点与问题，帮助企业解决问题。

发挥协会党的工作小组作用，加强协会办事机构党支部组织建设，提高党支部的战斗力和凝聚力，进一步发挥党员的模范带头作用。

各专业委员会增强服务意识，深入会员企业，开展调研、服务与指导等工作。开展专业委员会总结考评工作，根据“组织工作”“工作创新”“专业活动”“行业职能”四大部分19项内容打分考评，衡量各专业委员会工作完成情况。

继续做好信息服务工作，重点做好每年6期的《上海包装》杂志和《纸包装工业》以及每月一期的《上海包装》信息报的出版工作，杂志和报纸各有侧重、相互补充，发挥上海市包装网的作用，完善和健全协会的信息网络。

（舒仁厚）

上海市环境保护工业行业协会

上海市环境保护工业行业协会成立于1992年11月，是由上海地区从事环保工程设计、环保装备、仪器仪表、环保药剂和新材料的开发、研制、生产，环保教学和环保运行技术服务等设计院所、高等院校和企事业单位自愿组建的跨部门、跨所有制的非营利性具有法人资格的社会团体。现有会员企业266家。

2015年主要工作：

一、积极组织参与环保装备相关标准的研究制定

一是完成上海市环保产品评审方法和程序的地方标准。2014年12月，市质检局下达制定上海市环保产品标准的任务。协会立即开始筹划，一方面进行资料的收集调研专家咨询等工作，另一方面整理掌握国内外对环保产品的相关定义分类规范等信息，同时开展对本市行业内环保产品装备现状发展趋势调研和了解我国环保产品装备的界定情况。2015年3月，成立标准起草组。3月20日，完成编制大纲。4月9日，编制组完成征求意见稿并分别召开座谈会专家咨询会等。6月10日，形成送审稿。7月17日，完成报批稿。该标准的发布实施提升了上海环保产品的市场竞争力，推动了上海环保装备产业健康持续发展的进程。二是完成室内空气净化器净化性能评价要求的修订；完成市科委下达的空气净化器性能检测与评价方法研究课题；承担政府下达的开展环保装备发展相关政策的调研工作。

二、开拓进取努力为会员和行业服务

协会先后举办国际电子印刷术处理论坛、上海市机动车节能减排论坛、空气净化器高峰论坛，并组团参加环博会和第16届工博会。与上海市社科院新华网联合举办长三角生态文明发展论坛等。推进企业间的交流，开拓了企业视野。

做好调研工作，为行业发展代言。协会多次邀请部分企业就有关环保行业税负、产业扶持等进行座淡，举行多种形式的沟通和互动，为政府制定相关政策和企业获得支持创造条件。

为企业提供一对一的定向服务。协会为会员企业的招投标承接工程提供相关证明，为企业申请高新企业和申报专项资金提供证明。

3月，市经信委下达编制上海市工业大气污染治理技术和产品指南的任务。协会组织并邀请上海市机电设计院等单位及行业专家成立编写组，历时半年完成报批稿。该指南即将出版，对推动企业的科技创新很有帮助。

三、加强协会自身建设，提高会员覆盖面

协会规模不断扩大，新增会员40家，覆盖大中小多种规模企业。非传统环保企业进入环保行业成为趋势，从行业细分领域来看，环保新热点领域的室内空气净化、家用水净化等新会员的加入成为协会发展的又一亮点。

不断拓展中小企业综合服务机构平台，协会成为上海市中小企业服务中心的综合服务机构进入第三个年头，摸索并积累不少为中小企业在融资、产能升级、科技创新的渠道。2015年，协会还组建上海市诚信建设推进平台，完善协会各项规章制度、提高工作效率和水平，使协会工作有了新的进步。

（周树鹃）

上海市室内环境净化行业协会

上海市室内环境净化行业协会成立于2006年8月，是由从事洁净和净化的研发、生产、销售、检测、咨询、洁净工程、污染治理服务及其他相关的企业自愿组成的非营利性社会团体法人。现有会员单位272户。

2015年主要工作：

一、规范行业，服务会员，与同行形成良好互动

全年开展会员免费交流活动22次，标准宣贯及相关会议4次，举办质量分析会两次，与韩国大使馆中外会员企业交流合作对接两次、荷兰大使馆对接1次。组织会议共计出席达上千人。协会参加展会共计10次，成功主办展会1次，主办论坛3次。在上下游展会及同行业的各种净化展上做技术交流和行业推广月12次。为会员企业对接客户和介绍的业务项目28次，走访会员68家。共培训室内环境治理员中级248人，高级54人，工业洁净中级80人，洁净室专业检测技术人员18人。评出室内环境治理服务资质一级企业15家，二级企业3家，三级企业28家。审核通过新增协会能力评定证书的企业5家。

出席广东省室内环境卫生协会举办的展览会。支持广东省洁净行业协会举办的洁净制冷展。拜访香港生产力促进局和香港空气质素中心负责人，与香港空气协会初步达成在展会、技术交流、技术评估、培训、联手申请香港政府资金补贴等方面的项目合作。举办第二届全国室内环境净化行业协会联席会议，推荐广东为轮值主席。举办十二届上海国际室内环境、空气净化、新风系统展览会。展会参展企业98家，国际展商5家，展位面积近万平方米。在6月5日世界环境日，协会联合上海新浪家居网、博华展览公司、上海志真检测技术有限公司共同举办上海市新装修房的空气调查活动。

召开第二届西部“好空气，好未来”论坛暨2015中国成都国际室内环境及空气净化展。百度搜索“上海室内空气治理”，抽查排名前20家治理公司，结合9.5质量月主题，针对企业网站是否假冒协会会员、资质证书、夸大宣传、检测治理同时收费等违规现象进行调查。调查结果有5家企业出现以上问题，协会通过电话、走访等形式对问题企业提出相关整改意见及措施，最终均已改正。

举办第九届中国食品药品行业洁净技术（上海）研讨会，围绕“洁净技术为产品生产安全保驾护航”主题，讨论被收回GMP认证证书原因和改进措施，通过分析和探讨提升参会人员的专业技术能力。

二、稳步推进各项工作，积极主动承接政府职能转移

加强对“上海市特种专业工程（空气净化）专业承包资质证书”能力评定的宣贯，开展资质证书申领后的动态管理和调研，配合市建委最新资质标准培训交流会3次。4月，根据市建委要求，提供新的空气净化地方专项资质草稿。

院士专家服务中心开展促进业内产学研合作。为企业提供专利、技术嫁接、帮助企业建立院士工作站等服务。2015年新增1名专家，并帮助企业成功和专家对接且签订相关的技术合作协议，完成服务中心绩效考核。

根据《上海市质量技术监督局关于下达 2014 年度上海市第一批战略性新兴产业及社会团体标准联盟试点项目计划的通知》，自 2014 年 6 月起协会承担为期两年的“室内环境净化社会团体标准试点”示范项目。在示范期内完成起草社团组织联盟标准《动态空气消毒机》、建立协会的标准化组织构架以及组织两次标准宣贯会议等任务。

1 月 15 日，召开三届一次换届大会。4 月，市经信委将协会划到生产性服务处，对提高室内环境净化在上海产业中的战略地位，为行业争取权益都有重要意义。

2 月 2 日，协会负责承办市质量技术监督局委托的 2014 年度空气净化器质量风险会议。还先后承办 3 月 4 日的市质量技术监督局召开的 2015 年第一次上海市质量促进会议和 4 月 16 日的市社团局组织的“行业协会互联互动创新发展”工作交流会。

根据《上海市质量技术监督局通告》，协会被列入上海市产品质量鉴定组织单位名录（第三批）。自 4 月起，协会接受司法机关、仲裁机构、行政管理部门、处理产品质量纠纷以及产品质量争议双方当事人的委托组织开展产品质量鉴定。6 月，协会申报“上海市室内环境净化行业信用信息共享平台建设”专项资金项目，建立室内环境净化行业信用信息共享平台，制定和实施企业信用档案制度，12 月，成功召开项目启动大会，落实首批试点 30 家企业。

做好上海市地方标准 DB31/T889-2015《室内环境治理服务规范》标准宣贯工作。8 月，受市经信委委托开展《室内环境标准化体系研究》课题研究。10 月，申报市质量技术监督局委托《2015 年度空气净化剂产品质量安全风险监测》项目。10 月 30 日，通过专家评审。由市经信委、市人社局提出，协会作为第五批“上海市高技能人才培养基地”单位，已开展各项工作，为建立上海室内环境净化行业高技能人才培养基地，承担管理工作。

编制完成 2014—2015 年上海现代服务业行业发展报告——室内环境净化篇；市经信委统筹的“十三五”行业发展规划建议。

三、努力加强自身能力建设，搭建好协会专业团队

2015 年，共出版电子快讯 11 期，微信平台发布信息 320 条，媒体发布新闻 15 篇，制作全新彩色宣传单页两幅。拜访上海市集成电路行业协会，借鉴好的工作思路及做法，改进工作。党支部发展 1 名同志成为预备党员，接收 1 名同志的入党申请书。调整更新协会内部《员工手册》。安排员工参加标准化人员培训，为协会开展标准化工作打好基础。

（陈　玲）

上海市机电设备招标投标协会

上海市机电设备招标投标协会成立于 2004 年 8 月，是由从事机电设备招标代理业务的机构和与招标投标活动相关的机电设备制造企业及供应商、咨询单位、设计研究机构、高等院校等自愿组成的非营利的社团法人组织，现有会员单位 41 户。

2015 年主要工作：

一、协助行政监督部门积极推进电子行政监督平台建设

为贯彻落实国家《电子招标投标办法》精神，市经信委启动本市机电设备国内招标投标活动电子行政监督平台建设工作。协会抓住这一工作契机，与行政监督部门联系沟通，参与制订电子行政监督平台建设方案，通过调研部分会员骨干单位电子操作平台运行情况，协助行政监督部门数易其稿，此项工作顺利完成，得到行政监督部门相关领导的认可。

二、筹划上海市机电设备国内招投标实施办法的研究

《上海市机电设备采购招标投标管理办法（暂行）》于 1998 年颁布实施，由于颁布日期早于《招标投标法》，其中一些条款与现行法规存在差异，已予清理，给本市机电设备招投标市场带来许多问题。针对这一状况，协会开展《上海市机电设备国内招标投标实施办法的研究》等课题，呼吁行政监督部门尽快制定出台相关制度，为依法推进机电设备国内招投标活动持续健康发展保驾护航。这项工作得到市经信委有关部门大力支持。

三、坚持招标专业人员培训扩大招标专业队伍提升招标价值

协会举办全国招标师考前培训辅导班已 7 年。2015 年起招标职业水平评价及考试上升为招标师职业资格及考试，启用全新的辅导教材、考试实施办法等，协会举办辅导培训的内容、师资队伍及要求也要随之调整。协会以为会员单位服务、壮大招标专业队伍、提升招标价值为宗旨，招聘辅导授课老师，充实师资队伍，为协会新一轮开展辅导培训工作打下基础。8—10 月，有 46 名学员参加培训，表明新推出的招标师职业资格考试得到广大同仁的极大关注和重视。

四、坚持搭建立功竞赛平台树立重大工程项目服务标杆

协会坚持开展本市重点工程实事立功竞赛设备赛区优秀集体和个人评选推荐工作。11 月，组织相关单位开展这项工作，经会员单位上报、协会推荐、网上公示和有关政府管理部门核准，上海三菱电梯有限公司李红军同志获2015年上海市重点工程实事立功竞赛优秀建设者荣誉称号，7家会员单位分别获2015年度市重大工程立功竞赛设备赛区优秀企业、优秀团队、优秀现场服务组、优秀建设者和优秀组织者荣誉称号。此外，经其他设备赛区推荐和评比，上海国际招标有限公司和上海机电设备招标有限公司分别获“2015年度上海市重大工程立功竞赛优秀公司”荣誉称号。

五、充分发挥信息平台作用提供广大会员单位有益服务

协会秘书处坚持与时俱进，不断创新简报内容，新增我国电子招投标发展动态、相关经济业态、“互联网+”等内容，并通过协会信息网平台同步转载简报信息，赢得会员单位及社会业内人士的欢迎和认同。截至12月，出版通讯141期，协会信息平台网访问总数53309人，访问总流量达148493次，协会信息平台为广大会员单位提供信息服务取得明显效果。

（董红生）

上海市设备管理协会

上海市设备管理协会成立于1986年5月，具有独立的社团法人地位，现有会员单位1196家，下辖仪电、医药、纺织、轻工、宝钢、船舶、电气、维修、调剂、状态监测等10个行业工作委员会。

2015年主要工作：

一、顺应改革要求，加强协会自身建设

3月27日，协会召开七届四次理事会议，选举产生协会新的会长及秘书处领导。5月6日，召开七届三次会员代表大会，审议通过《上海市设备管理协会章程（修改草案）》及修改说明。8月25日，召开理事会七届五次会议，审议并通过《关于调整第七届理事会法定代表人的提议》，并于10月初完成协会的法人变更。

二、组织开展全国和本市设备管理评优表彰工作

7月31日，召开第十届上海市设备管理优秀单位和第六届上海市设备管理优秀工作者表彰大会。共评选出107家企业为“第十届上海市设备管理优秀单位”；授予106位个人“第六届上海市设备管理优秀工作者”荣誉称号。获表彰的名单在7月31日当天的《解放日报》上公告刊出。全国设备管理先进表彰大会于11月22日在北京人民大会堂召开，经协会推荐的27家企业和22位个人分别获“第十届全国设备管理优秀单位”和“第六届全国设备管理优秀工作者”称号。

三、持续开展行业企业诚信创建活动

为做好前期宣传引导工作，协会与上海市企业诚信创建活动组委会办公室联合举办培训专场，得到越来越多企业的响应，在上年的基础上又有68家企业参加诚信创建活动。参加企业诚信创建活动的会员企业累计达161家，其中处于创建的81家，一星的53家，二星的7家，三星的12家，四星的7家，保五星的1家。

四、组织开展各类设备管理交流研讨活动

5月15日，召开“迈向工业4.0时代的设备维护与管理——设备信息化建设”交流研讨会。与会代表就信息化建设中物联网、云计算、大数据等方面的应用，以及在智能点检、设备故障远程会诊、基于大数据的预测维修等方面的探索实践进行交流研讨。期间，代表们还参观上海宝信的数字化制造体验中心和位于罗泾的IDC数据中心。

7月10日，召开“发挥专业服务优势提高设备运行效益——社会化、专业化设备维修与管理的实践与探索”交流研讨会。与会代表就设备维修外包的管控、运维服务模式的创新、工业集成服务的提供、差异化竞争能力建设等议题进行交流研讨。

10月16—17日，召开“新常态下设备管理的策略与变革”经验交流及协会2016年工作计划研讨会。与会代表就“新常态”下维修策略的调整、推进技术创新和核心技术能力的提升、设备的智能化维护、维修队伍建设及企业间设备与技术能力的分享合作等进行交流研讨。对协会2016年在行业标准的制定、推进“互联网+”的应用和加强信息化建设、交流合作平台的拓展等工作提出意见和建议。

五、加强基础管理和自律建设，促进设备维修行业规范发展

完善制度建设和基础管理工作。对《上海市设备维修企业资质等级认证管理办法》和《上海市设备维修企业安全生产合格证认证管理办法》进行修改，对相关《申报表》进行梳理，增设新的统计指标，进一步规范行业统计。

开展《上海市设备维修行业年度发展报告》的编写工作。协会就“行业发展报告”的整体框架结构、内容、指标体系的选取等多次听取业内专家的意见和建议，全面反映行业的发展状况，为政府有关部门制定产业政策和产业规划提供科学依据和有力支持，为企业发展和市场拓展提供有价值的信息，为行业前行发展创造动力。

提高服务水平，促进行业自律发展。新申请的维修资质初审企业 59 家，年审企业 335 家，复审企业 124 家。有 140 名设备维修安装企业的负责人及专职安全干部参加了安全生产法规培训，比上年增加 25%，有 61 家企业根据协会有关《认证管理办法》，通过第三方安全机构的评估，取得《安全生产合格证》，111 家企业通过《安全生产合格证》的复审。同时，在安全生产合格证的审核中强调了“痕迹管理”，对安全生产隐患的整改项目要求按时回复。

推进安全生产标准化咨询服务工作。协会“安全生产标准化推进办公室”通过加强培训和咨询服务，引导企业实施安全生产标准化，推动安全生产标准化创建工作深入开展，提高维修行业的安全生产管理水平，年内为 5 家企业提供咨询服务，并通过安全生产标准化达标评审。

六、开展各项专题培训和技术咨询工作

举办 1 期“设备管理岗位资格”培训班、1 期设备状态监测培训班，3 期“注册设备维修工程师”考证培训班，来自 187 个单位的 227 名学员参加培训。

持续开展设备评估和技术鉴定服务工作。继续与评估机构合作，配合各系统做好企业闲置报废设备的技术鉴定等工作，提高服务质量。全年完成设备评估项目 32 项，共 1168 台／套，账面原值 8700 万元，评估净值 4200 万元，技术鉴定项目 10 项、30 台／套。

（夏仁海）

上海市新材料协会

上海市新材料协会成立于 2000 年 12 月，是上海市从事新材料工作的企业、高等院校、科研院所自愿组成的跨部门、跨所有制的非营利的行业性社会团体法人。现有会员单位 260 户，内设粉末冶金、硬面技术、青浦新材料基地分会以及改性塑料、降解材料、无机材料专委会等 6 个分支机构。

2015 年主要工作：

一、坚持当好政府参谋，努力完成重点课题任务

在市经信委的指导下，经过多次调研、座谈，几易其稿，编制出上海“十三五”新材料产业发展规划的中期意见稿。进一步完善新材料产业信息监测和数据库建设的课题研究，编制完成《上海市新材料产品统计指导目录》（第四版），完成“上海市新型功能新材料标准化体系的课题研究”，开展《民参军技术与产品推荐目录》的编制工作；协助完成青浦新材料产业基地“十三五”发展规划预研报告，并协助市经信委编制“上海石墨烯行动方案”等课题任务，为政府有关部门在制定产业发展方向、政策扶持以及统计数据、引导决策等方面提供有价值的参考。

二、发挥公共服务平台作用，助推中小企业健康发展

发挥协会“市中小企业服务机构”“市公平贸易行业工作站”“诚信企业创建办公室”“品牌孵化基地”等公共服务平台的作用，为中小微企业开展多形式、多类型的服务活动。针对企业关心的热点、难点问题，在投融资、公平贸易、专利申请、项目申报以及标准化管理、争创名牌产品等方面提供专项培训，助推企业成长与发展。

组织企业赴江苏、浙江、江西等兄弟省市经济开发区和企业进行考察交流。4、5 月，分别组织部分企业赴韩国、以色列进行学习考察交流，为企业寻求商机、开拓视野、开展合作交流创造机会。协会通过网站、杂志宣传交流先进会员单位的工作经验和优秀企业家、专家教授的先进事迹。组织专家上门进行咨询服务，走访 100 多家会员单位，为会员单位送温暖、送智慧，助企业解困，帮企业发展。

三、积极开展标准化体系活动，提高企业市场核心竞争力

协会开展一系列质量与标准化活动。如组织部分会员单位参加“3 · 15”国际消费者权益日活动。4 月初，举行“2015 年上海新材料协会（邳州）工作会议”，请有关领导、专家进行“团体标准申报”“名牌孵化基地”“信用知识”等培训。4 月下旬，举行“2015 上海市新材料名牌孵化创新论坛”活动，会上为“上海市新材料协会名牌战略推进委员会”举行揭牌仪式，并推出协会名牌孵化创新专项行动计划。9 月中旬，开展“世界标准日”与“质量月”主题活动、公平贸易培训和名牌宣传教育等系列活动。年内，协会申报的地方标准《上海名牌（明日之星）评价细则第 1 部分：新材料》获市质监局批准，列入 2015 年下半年上海市地方标准制修订立项计划。

四、拓展信息化服务体系，提升协会创新服务水平

5 月，协会与市知识产权服务中心共同研发的“新材料专利库”正式上线试运行，库内有 375 万多条专利，自 7 月起已向理事单位免费提供查询。6 月，运用互联网＋思维，向市经信委申报批准“上海新材料产业信用信息采集、监察及评价系统”专项课题；该项目将于 2016 年底完成，属国内新材料企业信用试点项目（先试先行），是适应“四新经济”发展，提高协会管理创新的重要手段。年内，继续完善《上海市新材料产业基础资料数据库》和《上海市新材料产业信息监测研究报告》课题任务。为促进“两化深度融合”，适应发展“互联网＋”新形势打下良好基础。

五、举办专业论坛和展会，促进“产学研用”对接交流

4月22日，协会与健康产业、医疗器械等协会联合举办“上海生物医用材料发展战略研讨会”，60余位代表参加会议。10月中旬，举行主题为“推动中国智造、引领产业发展”的2015首届中国聚酰亚胺材料和应用技术研讨会，全国聚酰亚胺业界等170多名代表参加会议，会上发起筹建“聚酰亚胺产业创新发展联盟”的倡议。

在11月的工博会上，上海新材料产业展首次登场，华谊（集团）、宝钢集团以及镜湖日丽、汇得化工、化工研究院等会员单位参加展示。11月4日，协会组织部分企业到新材料展大学生获奖成果项目展位前，举行新材料产品发布和新材料技术项目现场对接活动。为配合新材料展，围绕“中国制造2025”“工业4.0”和“互联网＋”等专题，在上海国际（虹桥）会展中心举办2015中国（上海）新材料产业发展高峰论坛，相关专家作演讲。

六、加强产业联盟工作，促进区域联动发展

上半年，协会先后与江苏镇江、邳州市、通州湾、如东、沭阳、东台以及山东、天津等省市经济开发区开展互访交流活动，帮助会员单位选择新的生产加工基地。并与如东招商局、洋口港经济开发区签订战略合作协议。7月中旬，会同市钢铁服务、工具、电机、食品行业等协会前往如东考察循环经济产业园区等。11月底，协会与泛长三角新材料产业联盟组团参加“2015中国（宁波）国际新材料科技与产业博览会暨中国（宁波）新材料与产业化国际论坛”活动，期间举行产业联盟工作交流会。12月，组织部分新材料企业家、专家和开发区领导前往中国硅都江西省永修有机硅产业基地学习考察。

年内，新增泛长三角产业联盟会员5家（邳州、沭阳、如东、通州湾、镇江等开发区），通过联盟成员互访交流，促进两地新材料产业的联动发展。

七、加强协会自身建设和分会专委会工作

年初，组织秘书处和分会专委会成员举行新材料工作专题研讨和学习交流活动。平时除参加市工经联、市经信委、国防科工办、市商贸委举办的学习培训外，还组织学习中央领导讲话和建设上海科创中心22条实施意见等文件精神，拓宽工作思路和服务创新意识。协会与华东理工大学、市有色金属行业协会等单位联合向市人社局申报建立《上海市新材料高技能人才培训基地》，年底前经评审获批，该培训基地将逐渐开发相应的职业标准和培训科目，为会员单位培养初、中、高人才梯队提供服务。

各分会配合协会做好企业创新人才培训，组织企业参加协会的论坛展会活动，参与质量月和标准化试点工作，促进各专业领域技术创新和产业发展。各分会、专委会还参与企业诚信建设、技术职称评定、大学生招聘会等活动，从各方面调动会员单位和科技人员积极性，增强协会的凝聚力和影响力。

八、坚持民主办会原则，顺利完成协会理事会换届改选

11月20日，举行上海市新材料协会协会第四届会员大会暨第一次理事会，汇报三届理事会5年来的主要工作。协会成立15年来，从起步发展、壮大，正走向创新提升阶段，已获得4A级协会和5星级社团党组织荣誉称号。经这次换届改选，选举产生协会第四届77名理事单位和1名监事单位，刘训峰当选为协会会长，理事会选举产生25名副会长。大会希望第四届理事会带领广大会员按照党中央的要求，牢固树立并坚持贯彻“创新、协调、绿色、开放、共享”的理念，为实现上海“十三五”规划的目标任务，为建设上海具有全球影响力的科技创新中心而努力奋斗！

（魏安卿）

上海电子商会

上海电子商会（上海电子制造行业协会）成立于2002年4月，具有社团法人资格，是上海市4A级社会组织。由上海从事电子业制造、服务、采购经销企业，相关大学、科研院所、信息中心以及协会、学会等单位自愿组成的地区性跨部门、跨所有制的行业社团组织。商协会下设流通分会、表面贴装技术专业委员会、绿色照明应用专业委员会、智能安防专业委员会等分支机构，具有较强的行业代表面和广泛的行业基础。电子商会现有会员单位180户。

2015年主要工作：

一、创新服务模式，做好三个服务

1．服务企业，搭建多元化平台

搭建资本运作平台。根据会员企业资本运作的需求，助力中、小微企业经济的发展，顺应时代的生存和发展，利用会员单位特殊资源，先后举办两期“新三板”推介会。

搭建业务合作平台。本着“互惠互利，共同发展”的原则，开展业务对接活动，为会员单位牵线搭桥，促使会员单位之间在业务上有更多的合作机会，开拓市场，共享资源，实现双赢。

搭建企业沙龙平台。通过沙龙活动，使会员企业有机会在业务上形成对接，共谋发展。

搭建校企互动平台。依据会员单位高校研发的电子废弃物资源化处理研发平台的开发信息，组织相关人员与高校研发骨干进行产学研合作互动，挖掘研发人员的潜力，降低研发成本，为高校和企业培养优秀科研人才和技术骨干。

搭建微信交流平台和女企业家交流平台。通过一系列的平台搭建活动，有效增强会员单位间的了解，增进商协会的凝聚力和向心力。同时通过会员企业间交流学习，创造出更多的商机，使会员单位共同进步。

2．服务政府，为政府建言献策

一是做好行业统计分析。对上海电子信息制造重点企业运行情况进行长期跟踪，为政府提供详实统计分析，受到政府有关部门高度评价。二是创新节能培训形式。根据市节能监察中心2015年节能技术培训工作计划要求，完成市节能监察中心委托的系列培训，全年共有800余人次参加培训。三是为张江管委会的园区发展服务。根据张江管委会园区社会组织年度工作指南要求，联合相关协会，通过资源互补、整合，促进电子信息产业链的联动和发展，为促进张江高科技园区和浦东新区的电子信息产业发展做出不懈努力。完成2015年张江高科技园区社会组织工作计划和基础工作预算计划。商协会还多次精心组织、有效实施、增强张江园区影响力论坛活动。

3．服务行业，推进产业发展

一是参与组建全国产业联盟。由商协会共同发起的“中国可穿戴产业推进联盟”于3月在上海挂牌成立。二是配合政府开展调研工作。反映企业诉求、提出对策建议，为政府宏观决策提供依据。

二、以专委会为抓手，促进行业发展

上半年，由工业和信息化部电子贸促会主办、商协会SMT专委会协办的“2015（第二十届）上海国际SMT技术高级研讨会”在上海世博展览馆举行。下半年，成功举办中国SMT30年学术研讨会。

三、加强内外合作，扩大服务辐射圈

加强与台湾电电公会的协同联动、合作，建立两岸产业优势互补的合作机制，逐渐形成两岸电子信息产业分工合作布局。参加张江园区企业与澳大利亚大学技术对接交流会。组织会员单位参加、参观各类展会。与国内外相关社会团体交流合作进一步拓展。

四、积极开展商协会日常工作

对“上海电子网”开展网站改版工作。完成上海电子信息行业协会的调研。举办“2015年企业用工及居住证政策解读”座谈会。开展安全生产专项检查活动。在走访会员单位同时，秘书处对部分重点会员单位加强安全生产现场的检查，对检查出的问题逐一落实整改措施，确保企业安全发展。

组织推荐评选活动。开展2015年度上海市重点工程实事立功竞赛设备赛区先进集体、先进个人的评选推荐活动。推荐出市级优秀集体1个，市级优秀个人2名，设备赛区优秀集体7个，优秀个人7名，优秀组织者7名。

主动作为，切实有效地做好服务工作。对已享受政府资助项目单位做好项目实施进程中的跟踪和项目验收咨询；协助会员企业员工做好申报专业技术职称的辅导工作。

继续开展贫困助学帮困活动。帮助江西省新余市水西镇、马洪镇贫困学生完成学业。

商协会继续开展企业诚信创建活动，引导企业共建诚信营商环境。进一步完善商协会内部管理制度。

（李　瑾）

上海市计算机行业协会

上海市计算机行业协会成立于1988年5月，是上海市及周边地区计算机行业及相关单位自愿组成的非营利性社会团体法人。现有会员单位近550户。

2015年，协会以国家战略部署为行动指南，紧紧围绕“互联网+”思维，大数据思维，为实现计算机行业跨越式发展做了大量工作，取得明显成效。

2015年主要工作：

一、创新服务方式，提升服务品质

举办政府资助项目和企业资质申报政策解读培训会。参与并组织企业参加韩国贸促会主办的“2015IT在中国·上海洽谈会”。与市工商局联合举办“上海市著名（驰名）商标培训会”。帮助企业进行著名商标的申报认定。组织并赴韩国参加首尔全球采购洽谈会。与市商务委、宁波市商务委主办，鄞州区人民政府共同举办“2015上海·宁波周”电子商务对接会，为两地搭建电子商务企业交流与合作的平台。举办“新形势下的知识产权工作”张江园区巡讲，上海知识产权服务中心、上海对外经贸大学教授出席活动并为企业演讲。举办国际市场开拓中的知识产权策略研究专题讲座。与中国惠普有限公司、ENI经济和信息网联合主办“2015‘创新IT驱动产业升级’城市CIO论坛”。组织会员企业参加“厄瓜多尔投资高层会议”，帮助企业通向南美洲的商业大门。

与上海市中小企业上市促进中心联合主办“成长型企业上市融资峰会‘互联网+’路演专场”活动。召开“家用无线路由器”产品质量分析会，对家用无线路由器产品质量进行检测分析和专家指导，为消费者保驾护航。与上海市新材料协会联合举办主题“打造名牌孵化基地开创新材料质量时代”质量月活动。与上海现代服务业联合会、上海源邮网络科技有限公司共同举办“互联网+创业资源整合暨269微管家私有云服务器”活动。举办“公共信息平台与查新咨询”张江园区活动。与上海物联网协会、上海市互联网协会主办，上海蓝天经济城共同召开“上海市互联网+物联网+创新产业对接会”。与会企业参观物联网智慧健康（医疗）创科基地，到南翔智地园智能硬件、智能软件园区参观体验互动。

承办2015年上海市中小企业主管部门及部分企业人员信息化培训班（第二期）。此次培训以2015互联网／物联网发展趋势及示范案例应用解析为主题。市各区、县服务中心主任或分管信息化推进工作的主管及各区、县服务中心推荐的近70家企业代表参加培训会。

二、完善行业规范自律机制，加快推行行业标准化体系建设

在耗材领域，一是5次召开标准化培训宣贯会，提高企业在耗材生产过程中的质量意识。召开标准化工作小型专家会议，研讨成立标准化委员会。二是RQ标志的使用，已有18万的再生耗材贴标出售，推进再生耗材市场的规范。三是修改《再制造打印耗材生产企业技术规范》和《再制造打印耗材生产过程环境控制要求》两项技术标准，为再生耗材行业健康有序的发展作铺垫。四是与市经团联共同推进“办公室JJ小组”的工作，使计算机打印耗材生产和使用企业之间实施点对点式的“以旧换再”对接服务试点。五是与上海现代服务业联合会开展“绿色办公、循环利用”电脑捐赠活动，促进废旧电子信息产品有序回收。

在技术服务领域，一是开展计算机维修人员岗前培训工作，完成计算机维修岗位各类培训近20人，比上年提高5.2%。二是依托会员资源，深入打造上海市计算机维修服务示范平台，促进计算机及外设设备维修服务市场有序、健康发展。

三、开展职业培训，提升企业软实力

配合上海市工程系列计算机技术及应用专业高级技术职称和计算机专业中级技术职称评审委员会开展职称评审的宣传和培训工作，扩大职称评审工作的辐射面，帮助企业在提高科技创新能力、储备人力资源、保障从业人员资质能力体系建设等方面不断实现新进步。全年，工程师、高级工程师申报咨询约300人次，服务量增长40%。

精心组织职称申报辅导培训。先后为漕河泾园区，浦东软件园职业培训中心、浦东新区经信委中小企业办作职称申报辅导报告，给予申报单位、申报人员在申报方面予以帮助。年内报名参加职称评审的超过300人，通过审核进入专家评审的有200多人。其中，中级工程师，共有134人进入最后评审阶段，通过专家评审122人，通过率为91.04%；高级工程师，共有108人进入最后评审阶段，最终通过评审88人，通过率为81.48%。

四、建立海外维权服务基地联盟，积极开展海外维权服务

2015年，协会设立海外维权服务基地联盟，为全市协会与企业更好开展知识产权服务。统筹开展知识产权风险防范、信息咨询、应诉指导、案例分析、培训宣传等工作，全面推进知识产权海外维权工作，帮助企业有效防范、应对知识产权纠纷。

组织并参与各类国际贸易知识产权活动，做好基地培训和宣传工作。4月10日，与市工商局共同举办上海市著名（驰名）商标培训会。4月23日，参与同济圆桌会议，研讨当前知识产权保护司法程序、仲裁和调解的特点及热点问题，提供建设性意见。4月23日，参加美国商会职务发明条例草案的讨论，共同探讨《职务发明条例草案》并提出修正意见及建议。4月23日，参与第一届上海知识产权商用化国际会议。4月24日，参加第三届上交会UNIDO主题日活动。5月29日，举办“新形势下的知识产权工作”张江园区巡讲活动。6月19日，举办“国际市场开拓中的知识产权策略研究专题讲座”活动。7月15日，与美国专利商标局－中国外商投资企业协会优质品牌保护委员会联合举办打击网络售假研讨会。7月27日，与上海物联网协会、上海市互联网协会共同举办“上海市互联网+物联网+创新产业对接会”。10月14日，会见伦敦大学玛丽学院知识产权学院院长Professor Spyros Maniatis一行共同商讨知识产权高级研修班合作事项。10月19—20日，参加中美知识产权与贸易国际论坛——司法、行政与创新会议。12月30日，召开“一带一路”视野下的产业联盟建设研讨会。

五、提升计算机司法鉴定质量，服务社会需求

协会计算机司法鉴定所承接7起计算机司法鉴定案例，数量明显提升，鉴定工作精度和质量大幅提高。协会参与司法鉴定机构认证认可工作，于12月24日正式获得市技监局颁发的《检验检测机构资质认定证书》，证书编号：15090734290。

六、建立和完善本市电子费弃物回收网点

协会建立1146个电子废弃物回收点。上半年，除了换发新证外，又开拓45家新网点。并与浦东物业管理企业协会商讨居住小区内设立回收网点事宜。

七、完善质量鉴定测试中心，提升质量鉴定服务品质

协会建立质量鉴定测试中心，坚持“科学、独立、客观、公正”的原则，面向全社会提供质量鉴定服务。承接网鱼公司关于一体机质量检测项目，并至网鱼游戏公司仓库进行电脑取样，完成并出具质量检测报告。

八、建立上海市产学研见习中心，提供人才输送服务

协会与上海第二工业大学建立上海市产学研见习中心。使学校应届毕业生不再为找工作而烦恼，也使企业发现和培养适合的专业人才，拥有稳定的人才资源。协会还与上海第二工业大学合作研发产学研见习中心数据库系统，实现学生信息，企业信息的导入，并具有信息查询等功能。2015 年，完成校企人才输送近 20 人。

九、成立中国科学院上海科技查新咨询中心 / 上海产业与技术情报研究中心上海信息技术分中心

为企业提供科技查新服务；专利、商标等知识产权咨询服务；产业政策、行业研究和技术发展路径等咨询服务。

十、创新党建工作，促进协会健康发展

协会紧紧围绕党建教育中心工作，切实加强思想、组织、作风、反腐倡廉和制度建设，推动党建工作创新争优，提升党建工作水平。年内发展新党员 1 名，成立党建工作站青年学习小组及学习小组微信公共平台，旨在吸收新鲜血液，壮大党员队伍，增强党组织活力。

（周晓婷）

上海市信息服务业行业协会

上海市信息服务业行业协会（原上海市互联网信息服务业协会）成立于 2001 年 1 月 18 日，是由上海信息服务业企业自愿组成的非营利性社会团体。现有会员单位 511 户。下设 9 个专业委员会、4 个中心、3 个联盟、1 个分会、1 个工作组、1 个办公室和 1 个基金会。

2015 年主要工作：

一、用规划强化着力点，发挥分支机构积极作用

年内协会吸收新会员 128 家，向会员单位推送政府项目申报信息 10 余项，协助申报上海名牌、上海著名商标等荣誉 16 家；推荐申报“上海市企业诚信创建”60 多家；组织会员单位参与“2015 上海十大互联网创业家”、“2015 上海十大互联网创业新锐”评选 80 多家。建立法务、税务、会务等专业机构汇集的会员服务体系。帮助 270 家会员单位进入本市 10 所高校招聘人才。

协会建立互联网 + 专委会青浦工作站和金山工作站，开展多次论坛沙龙活动，帮助传统企业拥抱互联网；协会获批建立上海市信息服务业高技能人才培养基地，帮助企业员工职业培训 1500 人次；协会牵头发起中国大协同联盟和中国互联网教育产业联盟，开展联盟活动 7 次，并筹备开展行业标准化工作；协会运营的上海市互联网违法和不良信息举报中心接入全国互联网举报体系，指导本市 100 家网站建立了互联网举报工作机制，规避互联网内容法律风险。

二、用定位找准坐标点，围绕产业发展开展相关活动

一是承办上海国际信息消费节。7 月 15—24 日，协会作为第一承办单位，承办“2015 上海国际信息消费节”系列活动。消费节由“上海国际信息消费博览会”“2015 世界移动大会 · 上海”两个博览会以及“众联杯”双创大赛、“商圈秀”活动等 17 个线下活动组成。聚焦“医、食、住、行、学、娱、信、金”八大领域，展示“互联网 +”前沿生活方式与优秀创新示范项目。

协会独立完成全展馆 2.3 万平米参展任务的近 50%，组织一系列活动：带你去看“临港”&“嘉定”，5 个主题论坛（2015 互联网 + 技术创新大会、中国协同创新联盟成立大会、第七届移动互联产业发展高峰论坛、互联网 + 内容国际高峰论坛、中国互联网教育产业联盟成立大会暨 2015 年中国互联网教育高峰论坛），分别在静安、杨浦、徐汇、金山组织 4 场商圈秀活动。整个消费节参与人数超过 10 万人次，并通过触动传媒、分众传媒、楼宇海报、媒体报道等进行多渠道立体式、多层次的媒体宣传。

二是承办上海市智慧城市体验周。12 月 1—14 日，承办 2015 上海智慧城市体验周，围绕 14 个主题日，共计 61 个高质量活动，邀请市民共同参与，参与市民达百万以上。活动通过官方网站、微信平台、触动传媒、分众传媒、东方明珠移动电视、市民信箱、BBS 等线上媒体，以及解放日报、人民网、新华网、文汇报、新民晚报、晨报、劳动报、IT 时报、新闻热线等 40 家传统媒体，进行全方位、立体式、分批次、多层次的宣传报道，提高了上海市智慧城市建设的知晓度。

三是数字营销行业标准通过国标立项。中国数字化营销与服务产业联盟建设取得成绩，联盟成员单位达到 106 个，新增理事单位 1 个，新增副理事长单位 1 个，并于 5 月成立广告委员会与专家委员会。11 月，在重庆成立联盟西南基地。

联盟秘书处共组织召开标准制定会议 16 次，内部进行标准评审7轮，发布联盟标准6个。7月，在全国信息技术标准化技术委员会（以下简称“信标委”）ITSS分委会第二次主任委员办公会议上，呈报四个标准全票通过国家标准立项审查。这是国内首个关于数字营销行业的标准通过国标立项。

四是举办其他产业促进活动。分别是2015中国互联网公益高峰论坛、上海市诚信活动周、中国工业互联网技术创新大会、2015中国O2O践行峰会、中国“互联网+体育”高峰论坛、GDC China、2015黄浦区春季O2O购物节、2015上海信息服务（互联网）行业校园招聘会等活动，参与人数累计超过万人。

三、用创新营造闪光点，勇攀两新党建和协会荣誉新高度

协会党委共有党支部38个，党总支1个，党员1015名。全年增补党委委员1人、发展新党员1人、党员转正9人、支部书记变动2人。党组织关系转入164人，转出153人。

为了更好加强两新党建双覆盖，2月，协会党委召开“放飞青春梦想”迎新联谊会。3月，协会党委组织38个党支部，1015名党员开展2015年度党员民主评议工作。6月26日，《解放日报》两新天地栏目发表党委书记马海湧“两新党建贵在创新”的党建经验介绍文章。7月1日，协会党委召开庆祝中国共产党建党94周年大会。会上对优秀党支部书记、优秀党员、失联党员管理研讨文章进行表彰。会议还举行失联党员管理方法研讨圆桌会，以及14名新党员参加入党宣誓仪式。

党委负责编撰《梦想实现再梦想》图书，并召开“梦想实现再梦想——上海市信息服务业行业协会创新发展成果分享会”，支持参与协会的中心工作。如：引导企业诚信办网，鼓励企业申报名牌、品牌的评审，推荐优秀人才参加领军人才和上海十大新锐的评选等。

协会积极承担社会责任。2014年12月31日上海发生踩踏事件，36名同胞不幸遇难。协会快速做出“微公祭”的H5平台，开展网上公祭活动。“微公祭”2015年1月1日17:45分上线，1月6日24时下线访问人次约250万人次，点击献花祭奠约176万人次，五大洲共有121个国家、地区的人员访问“微公祭”，取得较好的社会效果，得到市经信委党委高度评价。上海《文汇报》以《独家！为什么是我们在做12.31外滩踩踏事件公祭？》《指尖上的默哀有眼泪有温暖》《点亮温暖蜡烛：愿逝者安息》为题进行了报道，上海电视台、东方电视台在新闻时段也进行了报道。此外，协会党委还组织对云南地震、尼泊尔地震、天津爆炸事故的捐款，帮助受灾人民早日渡过难关。

2015年，协会所属上海市互联网违法与违规信息举报中心获全国先进集体称号。上海市信息服务业行业协会执行会长兼党委书记、举报中心主任马海湧获全国先进个人称号。协会秘书长陆雷获2015年上海市统一战线（工作）先进个人称号。

（贺 静）

上海市通信制造业行业协会

上海市通信制造业行业协会成立于2002年3月26日，是经上海市社会团体管理局登记的具有社会团体法人资格的行业社团组织。

上海的大中型通信设备制造商和主要研发机构均是协会会员单位，如上海贝尔股份有限公司、上海大唐移动通信设备公司、上海普天邮通科技股份有限公司、上海华为技术有限公司、中兴通讯股份有限公司、诺基亚西门子通信（上海）有限公司、联芯科技有限公司、展讯通信有限公司、希姆通信息技术（上海）有限公司、上海闻泰电子科技有限公司等。

协会有较强的行业代表面和扎实的行业基础，有政府主管部门、行业资深专家的指导和支持，有业内众多企业的支持和帮助，这些优势将有助于协会大力开展各项工作，共同促进上海通信制造业的发展和进步。

2015年主要工作：

一、服务政府，建言献策

协会配合相关市级政府部门开展“十三五”系列预研工作。一是协会三次参加由市经信委电子信息产业处组织的“十三五”行业规划研讨会，针对有线通信、无线通信、智能终端、智能制造等进行专题汇报；二是协会配合市科委高新处编写“十三五”期间信息安全规划之移动互联分报告。

协会重点关注行业“新常态”，通过研讨、调研及媒体等形式开展主题活动。4月，举办上海优秀通信领域“四新”企业颁奖仪式。4月上旬，协会陪同市经信委邵志清副主任一行至深圳开展智能硬件众创环境调研及第三届电博会参观活动，并参加由智能硬件产业生态联盟（SDA）组织召开沪深智能硬件创业座谈会。7月30日，协会受东方财经频道“632观察”节目组邀请，就“国产手机‘红海’背后价格战还能打多久？”录制访谈节目。

协会完成4项课题研究，分别是：《上海市通信产业转型升级对策研究》《上海市数据中心发展现状、问题及对策研究》《上海市数据中心规划布局研究（政府）》《浦东新区信息产业发展年报通信设备业分报告》。另有《上海智能硬件创业创新模式研究》、《淮北市电子信息产业发展规划研究(2016—2025)》两项课题正在进行调研及编写。

二、服务行业，扩大影响

协会加强与专业机构合作，开展丰富多样的行业活动。4 月，与励展公司合作组织 20 余家专业企业参观 NEPCON 上海电子展。6 月，与以色列驻上海总领事馆商务中心共同举办“以色列移动通信产业发展分享会”。11 月，与上海联通公司合作协办“新一代移动通信智能制造发展高峰论坛”。12 月，组织品牌战略培训实战课程，邀请迈迪品牌咨询公司的尚晓鸣讲师，帮助企业系统掌握品牌战略规划方法，助力企业品牌力提升。

上海 TD–LTE 产业技术创新战略联盟围绕会展、行业标准制定及项目申报等方面开展系列工作。一是继续作为 GSMA 战略合作伙伴，参与“2015 年世界移动大会”专业观众组展工作，还与以色列驻沪领事馆商务中心及西班牙加泰罗尼区上海贸易代表处合资，为会员企业免费提供与外方企业的一对一商务对接交流活动。二是主办“新一代移动通信智能制造发展高峰论坛”。三是携业内企业成功组展工博会“通信 +”专区，展示多样化的通信新业态。年内联盟多次开展项目征集、企业调研等工作。

协会走访了解企业发展需求，开展智慧养老产业推动工作，召开 3 次专题会议及 1 次学习考察活动。2 月中旬，协会召开智慧养老企业座谈会，围绕养老平台、增值服务、终端等领域探讨下一步发展方向和需求。12 月，协会举办健康养老领域专题对接交流会，为企业之间搭建交流对接平台。协会建议发起筹建标准工作组，推动智慧养老领域标准化制定工作。

三、服务企业，精准专业

协会结合行业热点、会员需求，举办 3 次沙龙及培训活动，搭建互动交流平台。年初，协会与会员企业上海平显公关顾问有限公司合作举办“手机产业链企业新春年会”，20 余家企业的近 50 位代表参会。年内分别召开“‘一带一路’战略与中国企业知识产权保护培训会”和“专利保护范围的确定及侵权判定原则讲座”，为中小企业提升自身知识产权保护的海外思维模式和创新商标保护意识具有较好的借鉴意义和启发。

协会通过实地走访、书面征询等方式开展 60 余次调研工作，根据企业个性化需求做好对接服务。一是帮助会员企业上海誉盈光电科技有限公司开展融资对接服务。二是为上海同耀公司进口的路由器、综测仪、手机等设备办理清关手续，与浦东出入境检验检疫局领导沟通协调，邀请商检部门领导到企业实地考察并提出解决方案。三是陪同奇力浦、亿水文化两家公司对接晨讯集团云贸自动售货机项目公司就针对企业的需求与售货机制造商、运营商对接。四是组织闻泰、晨讯、展唐、华勤 4 家单位与和辉光电开展产业对接。协助会员单位索高公司筹建“上海市基层网络医疗服务联盟”，为上海市的医疗服务作出一定贡献。

为了帮助企业调整产业结构，促成产业项目对接，协会重点对接淮北和遵义两地，开展 4 次外省考察、项目引荐、交流对接活动。5 月和 12 月，分别组织企业代表开展“沪淮互动共发展——淮北市通信制造领域产业发展考察交流”活动，促进上海与淮北围绕智慧城市建设及通信领域人才、产业、技术交流方面的合作互动。10 月，由市经信委指导、遵义市政府主办、遵义市工能委承办、协会协办的遵义—上海重点行业协会（企业）产业合作暨项目推介会在上海举行。12 月上旬，组织会员对遵义实地考察，就深化沪遵两地产业合作交流发展进行深入探讨，与遵义方面达成共识与合作机制，共同为两地企业、产业做好后续的项目推进与服务工作。

四、自身建设，规范务实

4 月 7 日，召开第四届第四次理事会和会员大会，会议明确指出行业协会要将工作重心放在营造“大众创业、万众创新”的氛围上，进一步提升自身服务能力，发挥政府和企业间的桥梁作用。年内发展企业数 10 家，另以会员身份申请理事单位的企业有 8 家。

协会进一步加强行业统计与经济运行分析工作。定期收集月、季度统计报表及经济运行情况，年内召开两次统计联络员相关会议。配合政府开展统计和政府专项申报等工作，对 2015 年年报收集整理及进行编辑审核。

协会广泛服务于业内企业，通过每周的信息汇编发放至理事单位及会员单位让大家获得更多资讯信息，通过每月的简报和协会的网站信息发布使得会员单位更好了解协会动态。协会定时更新微信公众平台，开展好对接工作。

五、党建引领，特色公益

协会党支部按照上级党委统一部署，开展党的群众路线教育实践活动和“三严三实”专题学习教育活动。还利用微信、邮件、简报等即时通信方式快捷发布党建要问、动态和支部信息等，使党员随时了解党内重大事件、新闻和文件精神。

党支部本着“资源共享、相互沟通、相互支持、优势互补”的原则，开展社区特色公益活动。5 月，牵头组织会员单位“卡布奇诺公司”参与浦东塘桥社区组织服务中心举办的“拥抱老伙伴——预防社区老年失智项目”的公益活动，推进“科技助老”公益行动。6 月，党建工作站和欣耕工坊联合以自然、养生、人文为主线组织工作站党员到青浦区金泽镇岑卜村开展自然农耕公益活动，使党员深刻体会到“谁知盘中餐，粒粒皆辛苦”的真谛和意义，懂得珍惜和感恩。

党支部以社区党组织为依托，根据党员的个人能力开展重阳节献爱心活动，为社区老人做好事。工作站全体党员到塘桥社区开展便民帮困活动。每位党员都自愿捐款走访5家高龄无保障、残疾、身患多种疾病的老人，给老人送上重阳糕和慰问金。还组织会员企业“卡布奇诺公司”专门设摊免费教社区近百位老人使用微信和手机等基本操作方法，充分体现党支部及会员企业热心参与社会公益事业，履行社会责任，敬老、助老的良好道德风貌。

（孙逸瑾）

上海通信广播电视行业协会

上海通信广播电视行业协会成立于1985年，为上海通信广播电视设备开发、制造和服务行业企事业单位自愿组成的跨部门、跨所有制、非营利的行业性社会团体法人。现有各种所有制会员单位100余户。

2015年主要工作：

一、融入创新服务理念，架起政府与企业间的信息桥梁，努力当好政府决策的助手和参谋

服务政府，积极承接市经信委专项研究课题。协会成功申报《通信行业两化融合管理体系贯标研究》新课题，针对电子通信行业的特点，摸索一套适合电子通信行业的贯标服务流程与体系，提升电子通信行业企业两化融合管理水平，实现示范效应。

向工信部推荐“两化融合贯标试点企业”，促进产业转型升级和发展方式转变。按照《工业和信息化部办公厅关于继续做好信息化和工业化融合管理体系贯标试点企业推荐工作的通知》精神和市经信委布置，协会连续两年推荐在两化融合管理开展得较好、企业效益明显提升的企业参与上报国家工信部评选。

配合政府，当好桥梁，做好信息调研。8月，市商务委公平贸易处下发《关于征求企业调查问卷意见的通知》，协会选择上海仪电电子多媒体有限公司和上海仪电显示材料有限公司两家企业，参与对问卷设计意见研讨，根据企业反馈意见，提出对商务委问卷调查的总体想法和建议。

与市质量和标准化研究院行业发展研究中心合作，完成行业企业《产品合格率市场调查报告》专题调研。年内，协会完成7家企业近20份主要电子产品市场抽检质量报告，并附有由第三方权威专业机构出具的《产品检验报告》书，通过业内专家有针对性的质量分析，将产品质量与经济发展质量有机结合，积极主动为地方和行业经济发展提供参考依据，为政府研究部门提供研究素材，起到协会桥梁纽带作用。

二、融入创新服务理念，大力开展行业公益活动，有所作为，提高行业协会的公信力

开展“企业诚信创建活动”，宣传诚信企业，壮大诚信队伍，创新互动模式。最早加入行业诚信建设队伍的企业，已有12家企业达到四星级高信誉度，新加入的3家企业也迈入一星级诚信度行列。

开展“上海城市公众满意度调查活动”。该活动改变过去社会管理的传统思路，跟上互联网+的时代发展步伐，充分尊重市场与公众的评价，体现改革让“市场在资源配置中起决定作用”的全新实践。首批有上海亿人通信终端有限公司、上海仪电电子多媒体有限公司、上海仪电信息网络有限公司3家企业参加活动。

推动产业发展，参与大型电子信息技术展览活动。9月16—18日，上海通信广播电视行业协会、中国电子视像行业协会大屏幕投影显示设备分会等行业协会联合主办的2015年中国数字标牌及视听集成技术展在上海新国际博览中心盛大开幕。上海仪电的INESA品牌激光智能显示终端精彩亮相，吸引不少观众的目光。4月23-25日，由国家商务部、上海市政府等单位主办的第三届（上海）国际技术进出口交易会在上海世博展览馆隆重开幕。协会连续二年积极参与上交会，组织行业内会员企业和苏州市工业经济联合会等兄弟单位内专业人士组团参观学习，交流洽谈。展览会期间，推荐上海普天能源科技有限公司参加展会学术论坛，发布普天能源的智慧能源技术最新信息，扩大行业的影响力。

推动低碳绿色发展，持之以恒开展节能减排（JJ）小组活动。协会为上海松下微波炉有限公司和上海夏普电器有限公司开展节能减排（JJ）小组活动知识和操作方法的培训，参加培训一线员工多达143人。至年底，业内会员单位累计已有30余家企业、662人次参加培训。

三、融入创新服务理念，关注企业动态，搭建多元化平台，共享资源，共谋发展

积极调动协会资源，支持仪电（集团）完成《2014社会责任报告》的撰写工作。一是会同市经团联、市质量协会联合发出《企业社会责任培训班》培训邀请12家会员单位，14位学员踊跃参加。二是邀请专家学者指导，为仪电撰写高质量《2014年度社会责任报告》提供建设性意见。

参与协办论坛，引导企业新常态下开拓“大众创业、万众创新”的众创视野。9月10日，上海仪电（集团）有限公司主办，上海电子商会承办的中国（上海）自贸区经济发展论坛暨张江全球科技创新中心政策推介会在上海举行。协会邀请十余家企业参会，反响很好。

拓展服务功能，创新服务机制，搭建资本运作服务平台，服务实体经济。9月，协会走访上海华鑫证券责任有限公司，就直接融资、股权转让、并购重组需求等方面内容，与华鑫证券达成共识，双方共建协会的资本运作平台，促进实体经济发展。联手上海文新信息科技有限公司共同构筑新平台，帮助企业申报科技开发、高新技术成果、创新基金申请、税收扶持等政府优惠政策方面提供指导服务。协会会员高新技术企业申报事宜通过该平台运作。

实现信息集中资源共享，加强行业人才培育工作。协会于2013年被市商务委授予“公平贸易行业工作站”。2015年两次组织会员企业参加市商务委举办的“国际商贸商事调解员高级研修班”。上海丰宝电子信息科技有限公司、上海华益律师事务所等单位参加研修班，并获颁中国商事调解员培训证书和中国商事调解员资格证书。

四、融入创新服务理念，加强自律，规范运作，增强协会影响力

关心协会发展，探索协会特色。7月下旬，协会会长上海仪电（集团）有限公司蒋松涛副总裁专程到协会指导工作，听取协会工作汇报，并对下半年工作提出建设性意见。

遵循《章程》规定，召开理事会，实施民主选举，改选新会长。1月28日，协会召开六届五次理事会，通过上海仪电控股（集团）副总裁蒋松涛担任上海通信广播电视行业协会第六届理事会新一任会长。4月23日，协会召开六届四次会员大会，通报六届五次理事会关于协会法人变更决议等有关事项。按照市社团局有关规定，协会法人变更资料正式送市社团局报批，并于5月10日获批。

积极与失联会员单位沟通联系，为2016年换届改选作好组织准备。协会重点走访多家民营企业，互通信息和了解情况，为换届改选打好基础。

积极发展新会员，不断扩大行业覆盖面。年内发展3家新会员单位：上海南洋万邦软件技术有限公司、上海仪电汽车电子系统有限公司、上海证大喜马拉雅有限公司。其中上海证大喜马拉雅有限公司是一家新媒体产业的民营企业，是中国最大的音频分享平台及音频市场的领军品牌。

认真做好协会秘书处的日常服务工作。做好行业统计工作，编辑发行协会双月刊《上海通广信息》和网站建设等，为相关部门和企业提供及时有效的信息服务。

（程明华）

上海电子元器件行业协会

上海电子元器件行业协会成立于1989年5月，是上海电子元器件企事业单位自愿组成的跨部门、跨所有制的非营利的行业性社团法人。现有会员单位131余户。

2015年主要工作：

一、创建12个服务会员平台，成绩斐然

一是搭建供销平台，创新多种形式，开展会员企业业务对接活动，促进会员企业共享资源、合作共赢、抱团取暖、共同发展。协会与上海索广映像公司联合举办“CDVA推介会”，组织会员企业参加索尼召开的产品供需研讨会。多家企业与索尼进行业务对接，取得成功。

二是鼓励产融创新，举办“新三板”推介会。协会联合华鑫证券公司主动到有关会员企业开展咨询和指导活动。协会在五届四次会员大会上安排已通过“新三板”上市的企业作“企业为什么要证券化”的介绍，分享企业融入资本市场后的优势和机会。

三是创建企业管理学习平台，组织部分会员企业参观上海亚尔公司，学习亚尔公司精益求精的工作态度和科学的管理方法。会后应上海长园维安公司、上海松山公司、上海三悦公司要求，协会再次组织现场学习交流。另外，协会组织数十家会员企业参观上海爱普生磁性器件有限公司。

四是创建协会微信群交流平台，以微信群平台等即时通讯工具为载体，创建上海电子元器件行业协会微信群，参加微信群的会员单位达115家。通过协会微信群，整合信息和服务资源，实现信息共享，增强会员之间交流互动，深受会员单位的欢迎。

五是通过电子展、工博会展览平台，提高会员企业产品知名度，展示会员单位的形象。

六是创建著名商标和名牌推荐平台，支持和开展会员企业申报上海市名牌、上海市著名商标以及领军人物推荐工作，为两家企业申报上海市著名商标做好推荐工作。

七是创建业务互助平台，加强资源整合，完善和推进会员之间，以及会员与外部相关方面的交流合作。把服务企业、规范行业出发点和落脚点定位在发展产业上。

八是创建职称申报技能等级培训平台，为协会成员单位专业技术人员申报职称发表论文提供帮助，举办职称专场培训；为专业技术人员申报职称，提供个性化服务，进行申报材料撰写指导和审核，确保通过率。为帮助会员单位提高一线员工的技能等级，对农民工开展上岗培训，取得市人社局技能鉴定中心颁发的上岗证，并获得政府培训补贴资金。有多名员工获得国家职业资格二级（技师）证书、三级（高级工）证书和四级（中级工）证书。

九是创建安全检查督促平台，开展“安全生产月”活动，做好安全生产督查工作。多次在协会《电子元器件》上发布“上海电子元器件行业安全生产倡议书”，并抽查多家会员企业的安全生产。

十是完善协会月刊宣传平台，《电子元器件》月刊，定期登载行业经营情况统计分析和市场需求、发展趋势的分析，供会员企业参考。全年12期月刊的“政策导读”、“经营之道”、“技术交流”、“会员风采”、“协会花絮”等栏目及图片，内容充实，获会员企业好评。

十一是借助校企合作互助平台，与上海交通大学继续教育学院培训部合作，开展相关培训工作，进一步加强协会会员单位与上海大学和科研所的合作。

十二是创建文体平台，增强协会凝聚力。年初，组建协会合唱团，并创作《歌唱协会》的歌曲。年内，举办乒乓球友谊赛、单位个人自费参加的协会第六届“联合协会杯”高尔夫友谊对抗赛。协会建立以人为本的机制，如节假日和会员单位负责人生病探访、生日送生日礼物以及向会员单位企业家赠送体检卡等制度。会员单位普遍反映：协会体现出“协会是我家”的浓浓人情味。

二、抓住四个切入点服务政府，为政府谏言献策

一是抓住对电子元器件行业统计分析的切入点为政府谏言献策。协会对上海电子元器件重点企业运行情况进行长期跟踪，为政府提供详实统计分析。出席市经信委电子信息产业处召开的“2015上海电子信息制造业行业协会秘书长工作会议”，并在会上发布《上海电子元器件行业分析和发展简析》报告。

二是抓住对“上海市行业协会发展专项资金”课题调研的切入点为政府提供技术服务。协会承担的软课题“电化学分析法在食品安全快速检测中的应用和发展趋势”立项《上海市经济信息化行业协会发展专项资金》，通过项目验收获得政府资金资助。协会承担的软课题《智能路灯“互联网+”的应用和跨界发展趋势》项目获上海市经济信息化行业协会发展专项资金专家评审通过，成功立项。

三、抓住专委会和项目咨询两个突破口，服务于行业发展

一是抓住6个专委会活动为突破口，服务于行业发展。先后召开器件专业委员会工作会议、“磁性电声、电阻电位器、接插件、继电器专业委员会2015年上半年（联席）工作会议”、“电容器专业委员会2015年工作会议”，为行业发展提供服务。

二是抓住技术项目咨询为突破口，服务于行业技术发展和进步。协会秘书处与上海亚明照明有限公司合作项目《基于智慧城市的大空间LED智能照明系统》成功立项；协助上海沪工汽车电器有限公司项目《汽车前后舱电器控制组件自动装配关键设备技术改造》成功立项；协助上海亚尔光源有限公司承担的国家中小企业发展专项资金“节能环保型高压钠灯零部件生产线项目”通过竣工验收。

四、开源节流创新购买服务活动，财务良性运行

协会近几年资产总额上升较快，其主要原因有两个方面：一是开源，经几年努力，服务收入成为协会主营收入的主流；二是节流，协会秘书处精打细算，做到会员会费全部用于会员活动，秘书处购买服务收入很大部分用于会员活动。协会财务进入良性运行轨道。

五、加强自身建设，协会进入规范、健康的发展轨道

根据协会发展需要，完善和建立17项内部管理制度，做到有章可循。同时，落实检查责任，做到违章必究。

5月11日，市委巡视组派专人来协会进行严格检查；10月12日，市社团管理局派专人来协会检查，并进行专项审计。

（尤致先）

上海市软件行业协会

上海市软件行业协会成立于1986年6月，是国内最早成立的软件行业协会之一，下设软件质量管理与过程改进、软件服务、软件知识产权、嵌入式系统与软件、开源软件和教育软件6个专业委员会，会员单位超过1200家。协会遵循“行业代表、行业服务、行业自律、行业协调”的工作宗旨，根据政府主管部门的授权或委托，按照公开、公平、公正的原则承担行业管理职能，积极开展各项活动。20多年来，协会形成服务企业、软件工程规范和行业自律的工作特色，积极发挥行业组织优势，为推动软件产业的发展竭诚服务，获得了政府、企业和上级协会的认可，连续7年被中国软件行业协会评为“先进行业协会”。

2015 年主要工作：

一、配合政府部门，做好产业政策建言和落实工作

协会继续做好产业主管部门委托的“双软”认定（软件企业认定、软件产品登记）、软件企业年审、软件设计人员奖励支撑、市级重点软件企业认定支撑等产业政策落实工作，并根据年度产业政策重点，加强对研发费用加计扣除等相关产业政策的宣贯和落实，参与政策实施成效评估等工作。

协会走进杨浦、长宁、青浦、张江等区县和园区，与各区县软件产业主管部门联手举办活动，扎实开展新软件企业认定和年审政策培训工作。2015 年新认定软件企业 89 家，新登记软件产品 723 款。

2 月 10 日，协会组织承办“2015 上海骨干软件企业工作通气会”，回顾 2014 年度上海软件产业发展情况，通报 2015 年度重点工作安排，传达工信部杨学山副部长等领导关于“新常态”下软件产业发展形势的讲话精神，通报协会相关工作安排。

3 月起，“软件企业认定备案”和“国家规划布局内重点软件企业的认定”两项非行政许可审批事项先后取消。协会根据会员企业呼声，提出以团体标准的形式，服务企业需要、规范行业管理，服务产业发展。协会提出的《软件企业评估规范》和《软件产品评估规范》由 23 家企业和 3 家专业服务机构共同提出并声明实施。两项规范分别在第四季度先后获得市质监局备案登记，团体标准编号分别为：T/310104003-F001-2015 和 T/310104003-F002-2015。年底，协会“双软评估”平台调试完毕正式上线。同时，协会面向全市软件企业开始培训巡讲，计划安排培训 10 场次，培训规模近 2000 人次。

开展研发人员专项奖励。7—8 月，协会完成网上预审 8553 条人员信息，协助各区县审核 271 家企业的纸质材料，保证奖励工作顺利完成。协会协助市经信委及税务、财政等部门做好汇总检查工作，仔细核对奖励金额、撰写相关报告、搜集公示反馈意见。最终，256 家软件企业共可获得约 1.1 亿元奖励。

二、做好产业研究与分析

协会发布《2014 年上海软件产业年度发展研究报告》和《上海软件企业兼并重组情况报告》，其中后文参与上海市决策咨询奖评选，编撰并在《软件产业与工程》上发布《对国家规划布局内重点软件企业认定工作的回顾和思考》。完成版权服务中心委托编撰的《2014 年度上海市计算机软件著作权登记资助工作分析报告》，并于 12 月通过市版权局组织的专家验收。

协会与浦东信息化推进中心合作，编辑和刊登“浦东新区四新和两化融合案例”，开展相关人员培训、编写《2015 浦东电子信息产业发展报告》和《软件人才薪酬报告》，编印《浦东新区“四新”和“两化融合”案例集》和《2015 浦东电子信息产业发展报告》等服务。与闸北科委、青浦信息委开展合作，取得较好的服务效果。

完成张江高新园区委托的“十二五”期间张江国家自主创新示范区专项发展资金及财税政策支持高新技术产业和创新创业的软件产业绩效与需求情况分析报告。

三、关注高技能人才培养，推进人才基地建设

4 月，上海市软件产业高技能人才基地由市领导正式授牌。之后，协会成立上海市软件产业高技能人才基地联盟，协助副理事长单位智翔“移动应用开发高技能人才培养项目”设施设备费用的申报，收集、整理万达、卫宁、新致与景格 4 家副理事长单位开发课程的设想与计划。协会《软件开发质量控制》课程已立项，完成基地鉴定所的设施设备费用申请，并协助智翔完成设施设备费用的申请。

结合“上海市软件产业高技能人才培养基地”建设，打造“上海软件人才公共服务平台”，以公益性服务促进产业发展为目的，力求为上海软件企业提供人才招聘、培养与能力提升的复合式服务载体。项目完成各项考核指标，于 6 月通过市经信委组织的验收。

1 月，“上海软件企业研发费用加计扣除研究”项目通过市经信委验收。该项目编写出版《软件企业研发费用加计扣除操作指引》一书，首印 5000 册已基本售罄，销往深圳、广东、湖北、山东、浙江、江苏、厦门、西安等省市。

上半年，完成协会北上海服务中心场地装修和人员配备工作，7 月正式开始对外服务，为闸北、宝山、普陀等位于上海北部地区的软件企业提供服务。

协会组织 3 所学校的 5 位老师参加，分别安排在软件中心、幻维数码与申瑞电力。由协会配备班主任，组织开学典礼、调研会、参观上海信息消费展等 3 次集体活动，在相关朋友圈、群组发送基地介绍、学员风采等微信 7 条。因成功开展中职校项目，获得市经信委人教处及教委装备中心的认可，协会被评为 2015 年度优秀中职教师实训基地，由协会推荐的实践学员和企业带教老师双双获优。15 名高职老师为期 6 个月的实践项目正在启动。

四、服务产业发展，展示上海软件风采

组织上海展团参展软博会。5 月 27—29 日，工信部主办的第 19 届中国国际软件博览会在北京举行。协会受托第七次组团并第三次以“中国软件名城”名义亮相软博会，组织以国家和上海市级重点软件企业和市级软件园为主体的 30 家单位集体参展。会后，市经信委、协会分别获软博会组委会颁发的“优秀组织单位”奖。

组织以万达、东方财富、大智慧、2345、金仕达卫宁、世纪佳缘等上市公司和微软、天翼视讯、汇付天下、益盟软件等行业领先企业为主体，结合小i机器人、易果网、多利农庄、果壳电子、众人网络、我查查等新秀企业共同组成强大展团全方位展示上海信息消费发展成果。参展面积达约2000平方米。

协会联合浦东新区经信委、长宁区科委、闸北区科委、互联网金融千人会等共同策划举办“互联网＋消费金融”、第八届中国软件渠道大会、“互联网＋”主题论坛、Hadoop中国技术峰会上海站（第七届）、第三届上海项目管理高峰论坛等一系列论坛活动；联络31会议网对部分论坛进行网上报名、现场签到全程免费支持；联络TV189对“互联网＋”主题论坛和“互联网＋消费金融”进行全程网络直播。全部论坛活动参与总人数近3000人次。

10月22日，协会主办的“2015上海软件创新论坛（第七届）”成功举行。论坛的主题是“创新、服务、人才”，邀请上海交通大学软件学院院长臧斌宇教授作“软件产业高层次人才培养和发展战略思考”的主题报告。论坛还举行2015年度上海软件“四名”颁奖仪式。

上半年，举行第五届“2014年度上海市软件行业标兵、服务明星”（“双百”名人）评选。3月开展软件行业标兵、服务明星评选工作，共有256名个人参加活动，评选出100名软件行业标兵及100名服务明星，并在2015协会工作年会上举行颁奖仪式。协会连续第三年将“双百”名人和“四名”获奖名单套红刊登在《文汇报》上，为上海软件产业发展、产业形象推广提供宣传平台。

在市经信委的指导和支持下，协会承担上海BIM技术创新联盟成立筹备工作，包括设计入盟申请书，起草和修改联盟倡议书、章程；与相关企业协作设计联盟网站，并负责日常网站信息维护。注册“上海BIM技术创新联盟”微信公众号，至少每两天发布一则BIM业内新闻，维护上海BIM技术创新联盟微信群，搜集企业诉求，发布相关新闻。

协会不断探索多模式服务和创新。为18家会员单位申请上海市著名商标、名牌产品的推荐意见；为十多家企业提供产业链上下端技术或产品对接、政府项目申报咨询服务；为需要接受人力资源外包的本市3家软件企业介绍了常熟、常州和西安的软件企业人员对接合作等。

4月，组织8家软件企业和1家产业联盟访问日本近畿信息产业联盟，开展项目合作交流，促成1家软件企业和日方企业就药品智能识别机的共同开发，已经应用于宝山区卫计委下属医院药房供应链管理系统中。12月，协会与上海知识产权法院就诉讼与非诉讼相衔接多元化纠纷解决机制合作协议进行签约。协会作为第三方专业机构参与并介入调解，在解决软件行业知识产权纠纷中起到积极的作用。

办好《软件产业与工程》（双月刊），出版6期，全国公开发行约2.4万份，为多家优势软件企业机构刊文进行有针对性的宣传，并与浦东新区经信委、浦东新区国民经济与信息化推进中心合作，从第2期开始，刊登浦东新区“四新”和两化融合典型案例共12篇。全年发表字数共计约43万字，每期平均约7万字。

五、关注企业需求，不断增强协会凝聚力

全年新入会会员100家，会费收缴率达90%以上。3月27日，协会召开2015年工作年会暨六届四次会员代表大会，举行“2014年度上海市软件行业标兵与服务明星”颁奖仪式。

受中国软件行业协会委托，开展软件企业信用评价工作。年内新申报企业17家，换证企业3家，根据公示结果，18家为最高等级3A级，两家为2A级。协会组织相关企业参与上海市诚信创建活动换证培训，共发放证书累计35张。

协会根据企业需求共组织培训活动16次，参加培训人数近1000人次。

发布《2014年度上海软件行业社会责任报告》，获多方好评。协会受邀成为第四届“上海市企业社会责任报告发布会”的协办单位，组织10家会员企业参与发布活动，并获“推进企业社会责任建设优秀组织奖”。

（姚宝敬）

上海仪器仪表行业协会

上海仪器仪表行业协会成立于1988年6月4日，现有会员单位139户。

2015年主要工作：

一、完成行业协会发展专项资金项目

根据市经信委《行业协会发展专项资金课题委托协议》，承接《上海仪器仪表产业“十三五”发展规划前期研究》。先后召开4次课题组会议，秘书处汇编的初稿在听取8个重点企业的意见和5个专家的评议意见后修改成送审稿上报市经信委。经过项目验收完成终稿上报市经信委综合规划处和装备产业处，并在“智能制造专题报告暨经济运行成果表彰会”上作成果发布。

二、学习工业4.0迎接工业新革命

为帮助会员单位顺应“互联网＋”的发展趋势，推动上海仪器仪表行业的发展，秘书处对33家重点企业，举办重点企业工业4.0学习班，开展学习、讲座、参观、研讨、交流等系列活动。

3月5日，举行学艺德国，备战工业4.0讲座。3月25日，市经信委装备产业处夏有胜作加快推进“工业4.0”中国版演讲。6月3日，组织学员参加“智能互联，驱动工业革命”主题大会。此外，协会还分别组织两名学员参加德国工业4.0暨2015汉诺威工业博览会标杆学习之旅和“中国制造2025”实施战略暨工业4.0创新驱动发展实务研修班。活动期间，出版简报两期。学员撰文畅谈学习体会，并在会刊《上海仪器仪表》上发表。

三、顺应历史潮流迎接《中国制造2025》

10月21日，协会在江苏安科瑞电器制造有限公司召开智能制造专题报告暨经济运行成果表彰会。上海工业自动化仪表研究院资深专家彭瑜教授代表协会副理事长、上海工业自动化仪表研究院徐洪海院长作智能制造专题报告，还以视频资料生动展示海尔智能工厂，使与会代表受益匪浅。

四、学习标杆企业推进行业“两化融合”

11月19日，协会在“仪器仪表行业两化深度标杆企业”“两化融合贯标试点示范企业”“两化融合”示范基地——上海辰竹仪表有限公司，召开“两化融合”工作推进会，介绍辰竹公司发展历史和推进“两化融合”取得的成效，“两化融合”的实施方案和有关实务。

会后，秘书处对参会及其他相关的58家企业发放《上海仪器仪表行业协会企业信息化现状调查表》，回收到35份调查表，整理汇总后得出结论是会员单位中两化融合工作进展缓慢，有一定差距。但也有一些会员单位两化融合工作做得比较好。在调查表涉及的六大类信息化软件37个应用模块中，有6个企业应用模块达到较好水平。

五、抓评选促进行业“创新驱动、转型发展”

2015年，协会第三次对会员单位经济运行评选活动。对14项经济运行指标按权值综合排序，拟定初选名单并报知理事长。8月10日，将初选结果在协会网站和《上海仪器仪表》微信公众平台公示，征求社会意见，公示至8月20日截止，没有收到有异议的反馈意见。

评选结果有6家企业连续3年荣获十佳企业，两家企业连续两年荣获十佳企业，1家企业由上两个年度的单项标兵企业荣升为十佳企业，1家企业首次荣获十佳企业。10月21日，协会对十佳企业进行表彰。

六、努力打造“上海仪器仪表”大品牌

以2015中国国际传感器、测试测量展览会为契机（展览会涉及传感器、测试测量、智能仪器仪表、射频识别、嵌入式技术、机器人等多个行业），努力打造“上海仪器仪表”大品牌，组织11家会员单位和相关企业，以实物和新产品参加展览会，组织22家会员单位用“上海仪器仪表行业协会”统一标识的展板，以大联合方式向专业观众和客户展现了企业形象、经营成果和产品信息。

此外，在展会现场举行产品技术交流会，协会会员单位海得公司作题为“H & IServer高可靠性容错云平台”的交流；洛丁森公司作题为“高稳定性单晶硅压力差压变送器的实现”的交流；兰斯汀公司作题为“宽频电流传感器的原理和应用”的交流，受到与会专业观众和用户的好评。

（鲍亦廉）

上海照明电器行业协会

上海照明电器行业协会成立于1996年10月，是由上海地区为主从事照明电器、光源、灯具产品研发、生产、经营单位自愿组成的社会团体组织，现有会员114户。

2015年主要工作：

一、办好有特色、有创意的论坛

5月15日，举行第五届“上海照明科技及应用趋势论坛”。论坛的主题思想是“智慧城市、智慧照明”。会上发布《论文集》，共收6个大类34篇优秀论文。

11月27日，由市经信委、虹口区人民政府、中国照明学会、中国电子商务协会指导，上海照明电器行业协会、上海生产性服务业促进会、复旦大学软件学院主办，照明快车网、灯66平台承办的“2015第三届互联网+智能照明主题电商论坛”在上海灯具城举行。论坛紧贴行业发展现实和发展趋势，关注行业热点，启发行业发展的思考，为促进照明产业和企业的发展、促进产品和技术的创新，为企业转型、升级、创新、发展、融合搭建了交流平台。

二、组织企业跨界探索“互联网+照明”

协会瞄准国际照明电器产业与应用最新发展趋势，研究探讨照明电器行业加快与互联网的融合发展，通过技术和商业模式创新、转型和升级，进一步提升照明电器行业核心竞争力。组织和互联网相关的交流活动7次，已有品牌企业与互联网企业达成全面战略合作意向。

三、组织企业参与展会和评比活动

11月25-27日，协会主办“2015上海LED国际照明展览会”，展会主题是“绿色节能，让生活更美好”。协会组织6家企业参展，并有多家会员单位到场参观。展会为企业搭建了解LED照明新技术、产业发展新趋势、提升企业品牌认知度，助推照明企业转型、升级、创新发展的大平台。

协会组织会员单位参加各类有影响的行业评比活动，如阿拉丁神灯奖评比等。上海亚明照明有限公司的国展中心照明工程项目获得“阿拉丁优秀工程奖”。

四、搭建服务平台促进企业发展

协会简报自1996年10月创刊至今，共发行227期。通过简报，分享协会新闻、行业资讯、技术发展动态、会员企业成果，受到读者的欢迎。9月1日起，协会简报改版为官方微信形式，使各类资讯的发布、互动更加迅捷和方便。至12月31日，已推送各类资讯120多条。

1月、2月、6月分别召开会长和理事会议，交流上海照明电器制造业的现状和发展趋势，审议通过年度工作报告和财务报告，坚定会员企业抱团合作、转变观念、坚持创新、脚踏实地、使协会各项工作再上新台阶的信心。

组织会员企业进行各类形式的交流、参展活动。如上海灯具城3·15国际消费者权益日专题活动，3月11—14日上海虹桥·中国博览会会展综合体的上海国际照明展，3月30日上海新国际展览中心第24届上海国际酒店用品博览会，6月9日广州中国进出口商品交易会展馆第二十届广州国际照明展览会，8月24日的“2015年上海照明电器行业电子商务平台会”等。

五、进一步加强与扩大对外交流

6月18—19日，在海宁盐官参加由浙江省电器照明电器行业协会举办的“2015年中国（浙江）第五届LED照明产业链择优配套会议”、7月22—23日，参加在上海国际会议中心由中国照明电器行业协会举办的“2015（第五届）中国LED照明论坛”、10月18—19日，参加在广东东莞由中国照明电器行业协会举办的第三十一届全国照明电器材料大会暨LED照明产品供应商链大会、12月3—4日，参加在南京举行的江苏省学术年会等。

六、加强自身建设，践行服务宗旨

在开展规范化建设的基础上，重点增强协会的服务功能，提高服务能力和服务水平，认真落实政府制定的产业政策，完成政府交办的相关任务，积极参加政府组织的各项活动，及时向政府传递行业信息，优化产业环境，主动对接政府，随时为承接新课题作好准备。

配合市经信委都市产业处做好行业每季度的经济运行分析，内容包括：行业数据分析、行业经营状况概述、提供全国照明行业发展现状和趋势、国内外最新的行业信息，以及企业诉求，提供相关领导决策，并将上海照明行业经济运行情况分析及时发布，为会员企业提供参考。

走访16家会员单位，宣传政府的相关政策，传递行业的相关信息，让协会新人员熟悉企业，了解企业生产经营状况，了解企业诉求，有针对性地为企业提供服务。

年内吸纳13家企业为会员单位。增加LED生产制造、LED材料、LED电源等会员单位，扩大会员企业性质的覆盖面和代表性。

（任秋萍）

上海市信息家电行业协会

上海市信息家电行业协会成立于2002年3月，为上海市信息家电行业企事业单位自愿组成的跨部门、跨所有制非营利的行业性社会团体法人，现有会员单位106户。

2015年主要工作：

一、吸纳新业态企业加盟，增强协会发展后劲

协会会长单位成功完成改革转型，以东方明珠新媒体股份有限公司全新姿态亮相，为协会进一步发展提供强有力支撑。协会吸收站在智能电视、智慧家庭、智慧社区新技术、新产品、新业态前沿，代表行业和产业发展方向的企业加盟协会，共同推进智能电视和智慧家庭产业新一轮创新发展，共同创造行业和产业发展的新天地。

二、深入企业调研，倾听企业心声

通过实地走访、座谈交流、问卷调查等多种形式展开调研，了解企业最新发展状况，广泛听取企业对产业政策、行业发展、协会工作的意见和建议，发挥协会所具有的公信力、权威性和拥有的政府、专家、社会等资源优势，为会员企业提供多元化服务。全年走访调研企业42家次，包括：会同工信部电子信息司视听产品处周海燕处长一行分别前往上海东方明珠新媒体股份有限公司、上海未来伙伴机器人、小i机器人、弗徕威智能机器人、型与行电子等企业，考察服务机器人产业；会同市经信委、市质监局，前往百视通网络电视技术发展有限责任公司、上海仪电数字技术股份有限公司、微鲸科技有限公司等企业，开展专题调研。

三、加强合作沟通，开展课题研究

协会加强与市经信委、市社团局、市科委等政府有关部门的联系与合作，配合各部门开展一系列工作。主要包括：配合市经信委开展“2016年上海市软件和集成电路产业发展专项资金”项目指南征集工作，召开专题座谈会，编写上报关于信息家电行业2016年度软集项目指南的建议；向市经信委等部门提交“关于部分进口配件关税税率调整”的建议，被国家税务总局和上海相关部门采纳，产品进口关税获得大幅降低，企业获得减负等。协会被授予市科委研发公共服务平台“2014年度上海研发公共服务平台优秀服务站点”称号和市经团联系统“2014—2015年度先进行业协会”称号；协会因成功主办“第七届上海数字电视发展论坛”而获上海现代服务业联合会“年度优秀活动奖”。

承接多项课题的研究，为政府决策提供参考。协会承担的《智能电视固定终端产业生态研究》课题通过市专题专家组验收；承担的浦东新区经信委《物联网智能家居与浦东适应性发展趋势研究报告》课题通过验收；申报的《关于制订信息家电产品安全性标准的建议》课题获市经信委2015年度行业协会专项资金支持。

四、搭建交流合作平台，提升创新服务能力

协会围绕行业发展方向与重点，在与时俱进的开拓创新中，不断提高服务能力，创新服务样式。为会员企业提供丰富的资源共享平台、企业维权平台、会员交流平台、政府与企业沟通平台等多元化服务平台体系，促进信息家电行业的健康发展。

主办2015第八届上海信息家电发展论坛，论坛以“智慧家庭，让生活更精彩”为主题，旨在推动智能家电产业健康快速发展；召开“智能电视产业和市场信息交流会”，海尔、海信、长虹、TCL、创维、康佳六大国内电视机厂商及三星、东芝等国外厂商的老总出席交流会，交流智能电视产业和市场信息；主办“智能家居如何互联互通形成无缝无感封闭式体验”主题沙龙活动，邀请工信部电子司周海燕处长出席指导；召开“智慧社区建设项目方案论证会”，就上海安逆杰信息技术有限公司的智慧社区建设项目方案进行专家论证；召开浦东新区物联网智能家居产业专题座谈会，浦东新区经信委陈春兰副主任出席；召开信息家电产品绿色节能标准制订可行性分析研讨会；组织宏曲电子、澜腾智能等会员企业参观国家级杭州湾上虞高新技术开发区建设现场，并进行座谈交流；协会推荐会员单位上海宏曲电子科技有限公司赴日本参加由上海市知识产权服务中心与日本知识产权协会联合主办的第九届中日知识产权研讨会，并代表中方发言；组织泰国曼谷国家电力部门一行参观协会副会长单位的上海电信信息生活体验馆。还协办“超高清电视产业生态发展高峰论坛及中美数字电视标准ATSC3.0创新及产业对接峰会”“中国电信IPTV4K/HEVC技术与业务”研讨会及业务演示、第四届“上海十大杰出青商”评选活动，推荐小i机器人有限公司总裁朱频频荣获上海十大杰出青商称号。

协会分别与上海国际科普产品博览会、CES Asia（亚洲消费电子展）、GSMA（世界移动大会）、NAB Show GIX（上海全球跨媒体创新峰会）等知名会展峰会主办方建立合作关系。组织会员企业观展，加强电子信息领域产业链上下游企业的沟通交流，开阔企业视野；组织会员企业参展，为企业开拓市场、扩大品牌影响力提供优质服务；协会参与举办2015第二届上海国际科普产品博览会，获“最佳组织奖”；协办NAB Show GIX上海全球跨媒体创新峰会。

五、加强协会信息平台建设，提升服务能力与水平

协会加强对网站和《上海信息家电》电子会刊的更新维护力度，真实、客观报道国家相关行业政策、产业重大新闻事件、展示会员风采、协会工作动态等信息。对行业重要会议、大型活动及展览会，制作专题专栏进行信息发布。协会通过合作、协作、共建等方式，联合挖掘与用好各会员企业的优势资源，探索信息平台运营新模式，努力打造各项服务的集成平台。协会官方微信平台从订阅号正式升级为服务号，为协会借助新路径增强与会员企业的紧密联系，更有针对性地服务好企业创造条件。

（朱珍妮）

上海市无线电协会

上海市无线电协会成立于2003年12月18日，是具有社会团体法人资格的社团组织，是由无线电管理研究、设计、生产及运用单位自愿组成的本地区无线电业的专业性、非营利性的社会团体。2015年，上海市无线电协会会员112户。其中理事长、副理事长单位15户，理事单位14户。

2015年主要工作：

一、开展台站年检培训工作

为了提高无线电管理专管员的业务技术，规范办事能力，协会配合上海市无线电管理局台站处组织开展无线电管理专题培训。培训内容包括无线电台站管理政策、无线电频率管理政策、无线电设备检测要求等。协会主要负责培训场地落实及时间安排、培训人员的召集、培训人员食宿安排、培训资料证书准备、培训教师安排等工作。完成第一期的培训工作，培训人数78人次。

二、开展诚信体系建设工作

协会大力增强对无线电销售设备市场规范化的自律力

度，促进依法销售、合法使用；建立公平、公正、有序的市场竞争环境和行业诚信体系。

规范销售无线电发射产品企业行为。参加销售单位自愿申请，经过检查、审核，符合条件的方可挂牌经营。同时，通过网站、报刊等多种形式对社会公开，并且对这些单位建立诚信档案，纳入《全市企业联合征信系统》。对违反承诺的行为记录在案，并根据失信程度给予不同惩戒。

为规范上海市无线电和通信网络建设市场，加强对无线电通信网络技术设计的资质管理，促进无线电通信网络建设技术工作的健康发展，结合无线通信行业的实际情况，凡从事无线电通信网络技术设计的企业均需取得无线电通信网络技术设计资质后，方可从事无线电通信网络技术设计工作。无线电通信网络技术设计资质由协会统一印制，并由协会组织对无线电通信网络技术设计资质企业每年的审证工作。

加入“公用移动通信室内信号覆盖分布系统集成企业”以及“移动通信室内信号覆盖分布系统代维企业”，必须以自愿为前提，参加单位自愿申请，协会组织检查、评审，符合条件的，授予“公用移动通信室内信号覆盖分布系统集成企业推荐证书”。同时，通过网站、公报等多种形式对社会公布。对这些单位建立诚信档案，对违反承诺的行为将记录在案，并根据失信程度给以惩戒。

由于“物联网”中无线电产品的使用频段是对外开放的，在新技术新产品不断涌现的同时，也给保护该频段的电磁环境提出很高要求。为了维护无线电管理的正常秩序，保护合法使用电波用户的利益，协会开展“WLAN 无线电产品生产销售规范企业”活动，对于行业内规范生产、规范使用、规范销售 WLAN 产品的企业进行评比和推荐，旨在通过此项活动引导消费者购买合格产品，为物联网产业发展创造良好的电磁环境。

开展“无线电频率使用规范企业”活动。该活动是在积极提倡运用高科技通讯技术同时，充分认识无线电发射设备是一种特殊产品，必须合法使用国家频率资源，共同维护空中电波秩序正常，才能保证通讯信息正常、有序的传播。对于行业内诚信度较高，频率使用较为规范的企业，颁发该资质。

三、开展无线电环境优化工作研究

为运营商开展基站外部干扰的排查协调服务。由于日益复杂的电磁环境，非法设台等现象比较严重，运营商基站受到外部干扰现象频发。如何快速有效的解决干扰问题将直接影响到运营商网络的整体质量。协会已为中国电信和中国联通公司开展电磁环境优化服务，主要涉及电信 C 网、联通 G 网以及 LTE 网络，取得了良好效果。年内共为电信公司解决干扰问题 208 起，为联通公司解决干扰问题 26 起。此外，为移动公司开展服务的相关工作正在研究和协议中。

四、开展无线电政策宣传及咨询

协会致力于为企业提供频率、台站方面的技术和政策咨询，帮助企业获得合法的频率使用和台站设置许可。主要内容包括无线电管理局台站政策调研、无线电管理局频率政策调研、无线电系统升级方案制定及终验审批等。

（沈嘉怿）

上海集成电路行业协会

上海集成电路行业协会成立于 2001 年 4 月 19 日，现有会员单位 499 户，占全行业 95% 左右。会员覆盖集成电路设计、制造、封装、测试、设备、材料整个产业链。协会现有理事单位 147 户，其中常务理事单位 48 户，正副会长单位 26 户。理事会下设设计、制造、封装测试、设备材料、智能传感器和智能卡 6 个专业委员会。

2015 年主要工作：

一、认真宣传贯彻落实《国家集成电路产业发展推进纲要》

积极推进国家“大基金”对上海集成电路产业的关注和投资，中微半导体成为国家集成电路产业发展投资基金第一个完成投资的项目，投资总额达到 4.8 亿元。协助政府制定和完善对封装、测试、专用材料、设备企业所得税优惠等政策的实施细则和配套措施。配合政府做好“全程保税试点”工作，协会参与并及时了解新试点企业进展情况，收集台湾有关集成电路的产业政策和海关管理规定，供政府部门参考。帮助组织财政、税务、发改委和张江管委会领导去台湾拜访台积电、日月光等公司，学习集成电路产业方面的政策和具体操作流程，结合本行业实际制定进一步深化方案。

组织集成电路产业链上下游的互动与合作。推荐上海市集成电路行业科技创新项目 13 项。组织举办 4 期“集成电路产业 CEO 联谊会”，推进国内制造企业优先使用国内自主研发的集成电路设备、材料产品。两次专题讨论如何运用国家成立集成电路产业发展基金，发展本土的半导体产业，把产业的市场化做快、做实。协助市经信委编制《2016 年上海市集成电路项目指南》。召开 34 家企业主要负责人会议，就企业正在研发并实现产业化的项目进行信息沟通和组织申报。依据 27 家企业申报的项目，编制《2016 年上海市集成电路项目指南》，提交市经信委电子信息产业处。落实国家支持集成电路产业发展的政策，做好2015年集成电路生产企业的认定、年审工作。上海9家芯片制造企业已获国家四部委批准。28家封装测试企业认定材料已上报中国半导体协会，正在协调审批中。

开展2014年度集成电路企业设计人员专项奖励的申报审核工作。获批准集成电路企业44家，个人2595人，均比2013年增加。

二、积极推进集成电路产业参与上海科创中心建设

承办“张江发布”集成电路专场，携手产业四大领军企业同台发布创新成果，张江“芯”军团表态为上海科创中心建设提供创新“核”动力。建立由18位专家组成的“集成电路行业资深专家库”，为政府决策提供服务，为各级基金投资项目提供专家决策咨询。为配合财政部关税司调研上海试行集成电路芯片设计业务全程保税制度情况，协会收集主要生产环节各类企业经营情况、存在问题和对完善现行集成电路行业税收政策体系的建议，整理成34条上报市发改委和市财政局税政处。

配合市科委实施创新行动计划，走访20多家设计企业，了解企业最新产品和潜在研发能力，将44家重点企业，按专业细分进行资料汇编，为市科委提供一手信息。组织整机与集成电路设计企业的对接和供需深度合作，召集上海从事物联网、高清数字电视、多媒体及图像处理、智能移动终端、信息安全、智能制造应用芯片专业的31家企业负责人会议，就企业正在研发并实现产业化的项目进行信息沟通并组织申报。

三、架起企业和政府之间的桥梁，做好服务工作

为充分利用张江自贸区扩容新政，探讨进一步支持集成电路产业发展举措，协会特邀浦东海关关长一行来协会了解企业在办理海关事务时遇到的问题和困难，听取对海关进一步支持企业发展的建议和要求。组织会员企业配合政府开展2015年集成电路生产企业免税进口自用生产性原材料、消耗品目录增补条目建议工作。协会多次向工信部和财政部关税司书面反映，征得两部门同意后，组织7家晶圆制造企业相关人员进行反复讨论，征求意见，并两次到财政部汇报和提供行业意见，最终于2015年11月16日四部委下达“特急”文件，增补242项免税目录，解决了长期困扰企业的进口自用生产性原材料、消耗品免税问题。践行“互联网+”，建立国内首家国产集成电路及电子元器件公共服务平台，免费为会员企业宣传企业形象，推广企业产品。协会联合上海海德众业技术创新工程有限公司，用两年时间建立“中芯网——国产集成电路与电子元器件公共服务平台。采用与集成电路设计厂商、制造厂商共建模式，构建一个“大而全”的国产集成电路展示平台，方便电子产品制造商的采购。中芯网正式上线发布活动有百余家会员企业参加。

积极与海关沟通协调帮助企业解决急难愁。为企业反映集成电路自动测试系统海关归类问题，协会联手江苏省半导体协会向上海海关归类分中心反映测试仪归类问题，先后组织进口测试仪情况、国外归类情况调查，同上海海关归类分中心多次沟通并提出税则调整建议方案，向中半协报告向总署反映。为松下半导体公司技术转让费问题，向海关价格信息处说明实际情况，为海关准确审价提供参考意见。为日月光封装测试公司进口设备免税额度延期问题，向海关、商务委进行咨询，提供解决方案。因特种气体高压容器不能进入供应商在外高桥保税区仓库对生产企业带来的影响，多次协调进口特种气体容器暂时进出口简易程序执行过程中出现的问题，沟通海关、供应商和芯片制造企业之间的信息。协助向上海海关呼吁，并引起市政府的重视，目前正由商务委、保税区管委会等部门协调解决中。

协会先后为10余家企业申请著名商标出具市场占有率证明。为联芯、博通、格易等设计企业申报市科委创新项目评估提供书面推荐意见。行业中的11家会员企业入选2015年中国电子信息百强，3位企业高管获2015年上海市“白玉兰荣誉奖”和“白玉兰纪念奖”。

四、开展课题调研，为政府主管部门决策和企业经营提供依据

编写发行《2015年上海集成电路产业发展研究报告》1500本。完成大基金委托的《加速发展我国大陆及上海半导体高端装备制造业的战略研究报告》课题。编写《关于进一步加速上海集成电路产业发展和采取推进产业发展抉择措施》报告。完成市发改委委托的《2015—2020年上海半导体高端装备制造业发展战略研究》课题。开展02专项集成电路先进封装研究课题——《先进封装设备》编写工作。开展《“十三五”上海集成电路产业发展规划建议的研究》课题工作。开展市科委委托的《IGBT技术产业趋势和规划研究》课题工作。完成浦东经信委委托的《浦东新区集成电路产业若干问题分析》课题。编写《集成电路各国（或地区）产业政策分析及研究》报告。

五、做好行业国际国内合作交流工作

9月2-8日，在市经信委、市台办和国台办的支持下，协会组团50余人赴台参与“SEMICON台湾2015”活动。成功举办“2015年海峡两岸（上海）集成电路产业合作发展论坛”。市经信委、市台办相关领导和两岸业界精英200余人参加论坛。成功协办“2015 SEMI China”第12届上海国际信息化博览会，参观人数达到18万人次。展会期间，市政协主席吴志明、市经信委主任李耀新等参加巡馆活动，协会共有34家会员企业参展。

（孙美玉）

上海家用电器行业协会

上海家用电器行业协会成立于1985年8月，是上海市家用电器行业企事业单位自愿组成的跨部门、跨所有制的非营利性的行业性社会团体法人。现有各种所有制会员单位532户。下设家用中央空调、家电维修、水家电等3个专业委员会。

2015年主要工作：

一、认真履行协会职责，做好对政府和企业的两个服务工作

一是做好家电维修上门服务证的培训，配合政府部门规范家电维修市场秩序，精心组织会员单位员工分批培训，全年共计培训1364人。

二是组织技术工等级培训、制冷工安全特种操作证培训和开展技术工劳动竞赛取得成效。开办制冷初、中级工培训班两个，参加培训人员57人；53人报名参加由协会与上海市科技管理学校合作举办的制冷工初、中、高级劳动竞赛；开办各类安全上岗证培训班5个，参加培训人员137人。

三是与法律顾问上海山田律师事务所一起，为会员企业做好在经营活动中的法律服务。根据企业需求，走访8家企业，为他们提供法律支持和服务。

四是坚持收集企业月度统计情况，并以此作为积累考察，真实反映产品的市场表现，帮助企业做好品牌申报工作。

五是开展诚信企业评选推荐活动，经品牌企业提名，协会审核上报，有66家企业获“2013—2014年信得过家电维修服务企业”荣誉称号。

六是关心扶植新建和创业公司等小微企业的经营发展。当小微企业急需运营资金而一时又告贷无力时，协会主动寻找金融机构，帮助企业排难解忧。当上下游企业之间有合作意向时，协会及时提供相关信息，帮助企业之间建立合作关系。

七是协会关注企业的各种信息和诉求，向政府输送意见和建议，为政府问政咨询建言献策。如当得知参与2012年“节能惠民工程”活动的企业政府补贴款没有到账的情况后，协会及时反映到政府有关部门，促使问题得到解决。

八是大力支持家电行业转型升级。如华克斯公司抓住互联网技术的机遇，希望开发互联网家电维修大平台，协会多次组织研究，给予积极支持。

九是积极维护消费者权益。协会与市消费者协会家电专业办公室、上海电子协会共同组织3·15活动，以“宣传新消法、贯彻新消法、规范诚信服务”为主题，有50多个主要品牌企业参加，共接待咨询270人次，投诉3起，还免费发放有关选择优质家电器具常识和放心维修名录手册，取得良好效果。

十是积极组织各类公益活动。协会组织会员企业参加社区为老服务，到养老院免费进行空调清洗。协会专家委员会多次受邀到上海电视台和广播电台，向观众和听众讲解家用电器安全使用和维护保养知识；在家电维修过程中如何加强自我保护意识等。对于消费者的来电、来访、咨询投诉，协会工作人员都耐心受理解答或帮助处理，全年共计340余次。

二、巩固和发展会员队伍，积极为规范行业夯实组织基础

协会把积极开展培训工作作为培植诚信服务的修枝剪叶，把巩固发展会员队伍作为固本培土，对于新进和退出行业的公司企业做好会员资质的接纳核销手续。年内发展新会员单位41家，因业务变更退出单位19家。

三、注重协会长远发展，加强内部自身建设，发挥党支部领导作用

根据市工经联党委部署，协会党支部开展民主评议党员活动，组织党员认真学习，进行自查自评，发现问题，解决问题。在协会日常工作中，更好地体现党员的作用和影响力，自觉将党支部工作与协会日常工作紧密结合在一起。家电协会分工会组织开展职工教育、技术培训，关心员工，开展帮困扶贫活动。夏季高温期间，下基层企业慰问，发挥了工会组织的作用。

协会重视与其他行业协会的沟通交往，互相学习取长补短，用兄弟协会的经验来丰富自身的实践。协会被中国五金品牌联盟授牌定为“战略合作单位”，并在全国家电行业商（协）会二届一次秘书长联席会议上受到表彰。7月，被中国家用电器商业协会评为“2014年优秀全国家电行业商（协）会”。

四、以专委会活动为载体，运用大数据功能，促进企业信息交流和经济发展

协会以专业委员会为单位开展行业活动。以互联网技术崛起为契机，聘请专家为企业授课，给企业经营提供建议，帮助企业健康发展。年内组织第五届专委会会员单位水家电沙龙活动，30余家会员企业参加活动，深得益处。协会在维修委员会的工作会议上，组织会员企业介绍创新经验、推广发布新品等。协会3个专业委员会和1个信息中心的工作人员经常走访企业，听取会员单位的建议和诉求，为他们解决一些实际问题，协调企业间的信息交流沟通，扩大企业间的友好合作。

在国家实行统计实报后，协会抓好各生产企业的统计工作，每季度进行上海家电统计汇总和经济运行分析，每年定期召开两次统计会议，并根据市商务委要求，在统计会议上进行政策解读，帮助有对外贸易业务的企业了解相关政策。协会统计工作获市统计局颁发的2015年统计工作二等奖。

五、抓好社会经济新常态下的宣传对接

协会利用《上海家电》报和《中央空调》刊物以及协会网站宣传“新常态”形势，以及“大众创业、万众创新”的新举措，报道家电业内走创新驱动和内生增长、外向扩展之路的行销方式，采访介绍业界人士的经营管理之道和思想精神面貌，为形成“人人创新”、“万众创新”的新局面，为家电发展再上新水平作贡献。

协会创建微信平台，发布微信公众号，加强微信平台管理，及时刷新页面，更新内容，让会员单位获得最新资讯，受到受众广泛欢迎。

（李富春）

上海空调清洗行业协会

上海空调清洗行业协会（原上海空调风管清洗协会）成立于2007年4月，是从事空调清洗、净化、消毒、检测服务与相关设备、产品生产、经营以及技术研究、开发的非营利社会团体法人。现有会员单位174户，下设空调水处理专业委员会和集中空调通风系统卫生检测机构工作活动小组。

2015年主要工作：

一、举办“空调卫生机构的社会责任”论坛

在空调卫生机构的社会责任论坛上，来自政府管理部门、行业协会、空调清洗机构、空调卫生第三方检测机构及空调设备管理方从不同的角度阐述了近年来空调卫生事业的发展和明确了各自所要承担的社会责任。

二、参与第二十六届中国制冷展

由协会主办的中国制冷展是冷冻空调行业的全球性大型展览会，第26届国际制冷展会分设制冷、空调、供暖、通风及食品冷冻加工展区，展会期间空调清洗行业协会向观众发放了《空调清洗》杂志等宣传资料和广告物品，并对观众提出的空调清洗相关问题一一作耐心讲解。

三、圆满完成换届工作

协会第二届理事会于2015年6月24日任期届满。根据市社团局换届改选工作要求，协会成立由会长单位代表人为组长、二届秘书长为副组长的5人换届改选工作领导小组。6月24日前完成换届改选工作的各项程序，顺利选举产生第三届会长、副会长、理事及监事等协会的领导班子，圆满完成协会换届工作。

四、成立协会团总支

协会内青年员工占较大比例，协会团总支的成立，标志着协会的团员和青年有了自己的组织，青年员工可积极向组织靠拢，加入共青团组织。新组建的协会团总支表示要积极响应上级党组织的号召，团结和带领广大团员青年立足岗位，开拓进取，艰苦奋斗，自觉奉献，做好党的后备军。以饱满的热情、务实的态度、求实的作风、创新的精神将团总支建成一个朝气蓬勃、团结鼓劲的大家庭。

五、制定行业协会安全管理程序与标准

协会将质量控制中心改名为质量安全控制中心，协会秘书处设置一名安全专员；建立健全会员单位主管安全的负责人、安全管理员档案；建立安全管理微信群；建立空调清洗工程中安全员和操作工的安全备案体系；建立空调清洗工程安全管理程序。协会质量安全控制中心工程质控安全检查内容，参照冷冻空调安装施工安全标准，制定一套空调清洗施工安全的设备标准、药剂使用标准、制服安全标准、升降机和扶梯安全标准、电器安全标准和辅助设备安全系列标准。

六、建立空调通风系统清洗工程价格体系

成立由专家委员会专家和理事单位代表参与的“空调通风系统清洗工程的价格体系建设”研讨小组，会同行业协会秘书处先后五次召开空调通风系统清洗工程价格体系建设座谈会。在广泛听取意见的基础上，制定出一整套完整的空调通风系统清洗工程价格体系，尤其在盘管、风管、空调箱、空调出风口的工时定额、耗材定额、安全保护、防护方面的费用作了反复斟酌。价格体系的建立促进了整个空调清洗行业的进一步规范。

七、筹备成立空调洁净设备专业委员会

协会秘书处联络考察和参观部分空调洁净设备专业企业，包含空调清洗设备企业、空调专业消毒设备企业、空调过滤器设备生产企业、集中空调净化设备以及空调新风系统生产服务企业。由于此类单位比较多而且标准不一，因此协会重点将具有代表性的，对能够提高集中空调通风系统清洁度设备的企业纳入空调洁净设备专业委员会。

八、制定空调循环水系统评定标准及规程

协会空调水处理专业委员会制订并通过空调循环水系统示范项目的评定标准及规程，专委会将按标准和规程从严评定一批工程项目作为空调循环水系统清洗的示范性项目。

（吴永英）

上海冷冻空调行业协会

上海冷冻空调行业协会成立于1985年12月，是以生产制造空调设备的企业为主，包括科研、设计、院校、工程安装、维修机商贸等企事业单位和社会团体自愿组成的跨地区、跨部门的行业组织。现有各种所有制会员单位599户，分布在机械、电子、轻工、航天、航空、商业、建筑等多个部门。

2015年主要工作：

一、贴近企业、服务企业，多为企业排忧解难，使协会真正成为企业的“娘家”

强化与企业的沟通，建立互动、互信、互助机制。协会秘书处分别与相关企业对口联系，了解企业生产经营状况和企业的实际需求，及时提供服务。4月底，协会通过市质监局评审，获得“产品质量鉴定组织单位”的资格，成为行业组织中为数不多的具备该项资格的单位。11月，为上海海立特种制冷设备有限公司的“军用方舱”产品许可证问题组织专家论证。

积极帮助企业开拓市场，宣传新技术，推广新产品。12月20日，协会与谛能（上海）制冷科技有限公司共同举办“互联网＋制冷工程技术”研讨会，交流传统的制冷工程技术在互联网时代的新问题、新特征和新发展，有50多名专家和工程负责人、技术人员参加研讨会。协会走访三菱电机、俊乐自控、雄川制冷、开立空调、祥明电机、大金空调、恒联空调、吉来冷配、博湾建设、盛琍发实业等公司，进一步增强与会员单位的沟通和联系。4月8–10日，协会与贸促会北京分会、中国制冷学会、中国制冷空调工业协会和上海市制冷学会举办“26届国际制冷展”，展区面积103500平方米，其中海外展区29705平方米，国内展区面积73795平方米；参展厂商1132家，其中海外厂商290家，国内厂商842家，上海厂商超过100家；参观者54102人次，其中海外5507人次，国内48595人次，国别105个。协会不仅做好会务组织工作，接待众多的参观者，还对相关厂家和产品进行广泛宣传和报道。

强化对工程安装维修类企业的指导功能。一是做好工程商日常管理，全年新办资质证企业共33家，其中A级资质14家，B级资质13家，C级资质6家；完成资质证复审企业共118家，其中A级资质48家，B级资质46家，C级资质24家；吊销资质证企业共7家，其中A级2家，B级1家，C级4家，目前在册具有资格的工程商399家。二是小企业安全评估工作进展良好，完成评估企业24家，完成复审企业63家。培训人数143人，通过134人，合格率为93.7%。三是举行两年一度的“优质工程评比”活动，共收到22个申报项目，经专家评审和现场考察，根据施工规模和技术难度，共采纳四新技术、节能环保、绿色施工和提高效率6个方面的条件，评选出一等奖3个、二等奖6个、三等奖7个和6个入围奖。四是落实制冷维修商备案工作，召开多个工程商座谈会，引导鼓励工程商进行制冷维修商备案。同时，受环保局委托对备案企业进行技术审查，第一批42家通过备案的企业已由环保局正式下发。正在进行第二批申报备案企业的技术审查。

协会成立会员管理部，加强对会员单位的管理工作：全年接纳新会员36家，在册会员数达到599家；加强和会员的沟通，走访会员单位260多家；清理多年未交会费，不参加协会活动，处于“失联”状态的企业10家，并在协会八届六次常务理事会上通过审查，予以除名。

二、面向市场、面向改革，使协会工作真正“聚焦”到政府要求、行业自律、企业发展的中心点上

推进节能减排工作的深入。做好节能产品的申报和节能政策的落实，组织6家企业的产品申报“上海市节能产品”，其中三菱电机、新晃空调、祥明电机3家企业的产品通过评审。组织9家行业企业共同制定《空气源变流量冷热水空调系统能效限定值及能效等级》标准，共召开6次会议，形成征求意见稿。6月，召开9家企业技术人员和4位专家参加的标准讨论会，形成标准送审稿，并于9月1日通过市质监局组织的专家审查会审查，以沪质技监标（2015）477号文下发实施。协会编制《制冷空调末端产品能效标准贯标实施方案》，并与市能效中心和市质监局讨论实施细则，形成实施方案上报能效中心。

推进建立科学使用制冷剂长效管理机制。从单个项目合作到年度整体项目的合作，经过协会对政府合作项目正常申请、投标、质疑和完成开标、评标，3月31日，协会与市环保局ODS环境管理办公室签署近20万元的工作合同，标志协会与政府部门合作进入新的空间。经过半年多努力，完成合同规定的工作内容，于10月19日通过ODS办公室组织的专家评审和项目验收。《保护臭氧层50问》科普宣传手册成功发行，经市环保局向环保部推荐作为制冷空调维修行业良好操作培训的辅助教材向全国各地环保局推广，第一批5000册已全部售完。开展新一轮制冷剂使用的调研，除了了解工程维修企业外，还走访家电协会、冷藏库协会、宾馆协会、物业协会、空调清洗协会等，深入其他领域了解制冷剂的使用情况。组织进行制冷剂回收体系建设的课题研究，召开环保处理企业座谈会，完成《关于上海地区建立各类制冷剂回收处理体系报告》。

协会与上海科技管理学校共同申报《中国制冷维修行业维修良好操作国家级培训中心》项目，经环保部审核批准，于2014年年底揭牌，首批师资培训班开班。2015年完成两批共10家企业44名学员的“科学使用制冷剂”的操作培训。协会和市环保局建立工作例会制度，协会秘书长还受邀参加市环保局组织的“上海、深圳、青海加强消耗臭氧层物质淘汰履约能力建设项目交流会”。组织进行“贯彻条例，提前达标”宣传活动，9月16日是国际保护臭氧层日，协会会同市环保局ODS环境管理办公室、上海市制冷学会、同济大学环境学院，组织到同济北苑居民社区、同济大学四平路校区进行宣传，并召开“纪念《保护臭氧层维也纳公约》30周年”报告会，市环保局专家、同济大学教授和协会秘书长分别从政策法律、制冷剂替代及长效管理机制三个方面向师生们作了演讲和宣传。

三、转变观念，转变作风，努力提高秘书处的工作能力和办事效率

加强横向联系，促进交流，取长补短，共同提高。在制冷展期间，协会接待河北省空调制冷行业协会，双方交流信息，建立了联系。6月30日，协会组织16位专家、领导赴河北，参观空调博物馆、新众业集团公司、博纳德公司，并向空调博物馆捐赠部分史料，协会秘书长在交流中作“政府职能转变与行业组织功能提升”的专题演讲。年内，协会两次赴安徽省马鞍山市含山县，组织企业领导和专家对“制冷配件生产基地”进行考察和交流，与当地责任部门开展互访学习活动，推动长三角地区制冷空调行业的产业转型和升级。与美国上海总商会联系，扩大会员单位的产品出口及对外发展。协会邀请制冷、冷藏库、冷冻食品、空调清洗、物业、旅游协会饭店分会、通用机械、铝业、家电、交家电等协会，举办秘书长沙龙，交流经验，互通信息。12月6、7日，协会会同上海理工大学与日本著名的前川公司进行“NewTon氨－CO2冷冻冷藏机组”新设备的应用交流活动。

加强信息服务，扩大协会影响。完成协会信息工作的人员交替和《上海制冷信息》的出版，共登载各类信息265篇。开辟“信息”网络版。加强协会网站的维护和信息更新。

开展《上海制冷史》的编撰工作。协会积极依靠专家委员会的专家，收集整理大量珍贵资料，启动应用篇的编撰工作，收集资料近80万字，旅居海外的专家也发来相关资料，已完成初稿5万多字。

加强专家委员会的工作，组织专家参与项目咨询、技术交流、业务培训以及“制冷史”的编撰工作，专家参加各类活动，全年累计人数达150多人次，专家和协会之间的联系也越来越密切。

召开协会八届六次常务理事会和会长办公会议。8月25日，协会召开八届六次常务理事会，秘书长向与会领导汇报上半年工作及下半年打算，以及财务收支情况；审核并通过增补上海科技管理学校和上海市建筑科学研究院两个单位为常务理事，10家会员单位除名的决议；听取秘书处关于协会成立30周年纪念活动的方案。

（邵乃宇）

上海锅炉压力容器行业协会

上海锅炉压力容器行业协会成立于2003年8月，是由锅炉压力容器设计、制造、销售、安装、技术咨询等相关服务的企事业单位、高等院校、研究所自愿组成的行业性社会团体。现有会员单位79户。

2015年主要工作：

一、贯彻中央精神，开展“三严三实”学习活动

协会党支部以“解决问题、推动工作”为导向，组织全体党员开展“三严三实”学习活动，努力把群众路线学习、提升管理和落实“四个服务”紧密结合起来，以学习促工作，做到工作学习“两不误”、“两促进”；把以经济为中心和落实会员单位的诉求作为协会的工作重点；不断提升适应新常态的政治思想素质，不断增强服务意识和本领；从思想上明确新常态下的新定位，从作风上明确党对协会工作的新要求，为全年工作高效有序开展奠定基础。

二、积极做好AAA级协会评审，以评促建，提升协会管理水平

协会申报“上海市社会组织规范化建设”AAA级协会评审。严格对照AAA级协会评审的“四级指标”进行为期6个月紧张而细致的内部自查工作。自评小组先后召开10次专题会议，学习和理解“四级指标”评估标准细则，做到分工明确。在全体成员密切配合下，对协会历年工作进行规范、有序的梳理，汇总编辑资料册（共5册），按时做好迎检的各项工作。

11月中旬，由市工经联、市经信委、市社团局等组成的专家组对协会申报AAA级协会进行评审验收。专家评审组认真审阅资料，充分肯定协会的工作，也为改进和提升协会工作指明方向。评审过后，秘书组及时召开会议，认真落实整改措施，以“学习、反思、提高”的理念，严格按照“四级指标”要求不断改进工作，自觉提升自身能力和管理水平，AAA级协会资格已经上海市权威机构认定。

三、自觉履行协会的服务宗旨，坚持以企业需求为导向做好各项服务

协会领导先后走访28家（38批次）会员单位，了解会员单位在改革开放新形势下的经营、生产、销售等情况，听取会员单位对政府、行业、协会工作的诉求，将协会工作与会员单位进行沟通和交流。这项“接地气”的工作已成为协会经常性工作，既为协会开展工作不断提供新的思路，也为协会服务企业提供更有效的切入点。

协会先后接待10家（16批次）来访会员单位，听取他们的意见、建议及需求，并认真作好来访记录，对来访单位所提出的要求，协会尽最大努力给予帮助。有两家会员单位经过认真审定和严格整改，成为另一家会员单位的合格供应商，协会发挥“强强联手，合作共赢”的作用，增强协会对会员单位的凝聚力。

四、搞好“专业技术职务资格认证”评审，满足会员单位的需求

近3年，协会开展“专业技术职务资格认证”评审，为会员单位提供“初级专业技术职务资格认证”评审和“中级专业技术职务资格认证”的推荐上报工作。年内“上海市工程机械初级、中级专业技术职务资格认证”评审工作进展顺利，协会对参加资格认证的8家会员单位28人进行评审，其中20人通过初级评审，1人经协会初审符合中级评审要求已推荐上报到市专家评审组。协会继续做好一年一度的“上海市工程机械中级专业技术职务资格认证”推荐工作，一如既往服务好会员单位。

五、加强高技能人才队伍建设，提升企业综合竞争力

协会与上海锅炉厂有限公司联合举办上锅“第二期技师继续教育培训”，有70余名学员参加。通过培训使学员们进一步掌握“四新知识”，拓展创新思路，增强质量意识，提升了技师团队素质和个人职业道德素养，为企业提质增效做了高技能人才的储备。

“无损检测（三级）职业技能等级”立项、培训如期完成。2014年11月，协会启动无损检测中级、高级的资质申请，经过行业需求调研、立项报告、培训方案申报、题库开发等一系列前期工作，于2015年6月通过市人社局的验收，取得无损检测高级工的办班资质。协会举办“无损检测（三级）职业技能等级”培训班，参加培训的55名学员经过3个月的理论培训，于11月14、15日进行培训鉴定，培训任务如期完成。

完成首席技师千人计划项目申报并获项目资助。协会与上海核电设备有限公司进行沟通，推荐上海第一机床厂有限公司张学昆为首席技师资助名额。在协会配合下，收集完善申报资料并上报市技师协会，经市人力资源社会保障局组织专家评审张学昆符合首席技师千人计划项目资助条件，获得政府资助。

推荐“机械工业第三届高技能人才优秀论文”并获奖。由协会推荐的三篇论文，经专家组评审均获得奖项。会员单位上海锅炉厂有限公司高级工程师、高级技师金德华的《成排弯管机电气控制系统改造与设计》、高级技师季永平的《外1103集箱与后屏散管小口径管对接焊操作法》和高级技师黄继才的《V形坡口板对接横焊操作法》分别获论文一等奖、二等奖和优秀论文奖，秘书长陆樑华获优秀组织者。协会获“机械工业第三届高技能人才培养示范单位”称号。

六、运用统计分析、提升经济运行质量

协会统计工作再次被市统计局评为三等奖，这与会员单位积极配合，坚持每月按统计法要求及时、准确地将行业数据统计上报协会是分不开的。

七、依据协会《章程》，拓宽服务领域

一是承接市“十三五”发展规划的前期研究工作，完成“行业的产业结构低碳化转型方向”的政府调研课题项目。二是组织专家小组召开“拓宽技术服务工作”专题研讨会，就拓宽技术服务工作的形式、方法、途径，集思广益献计献策开展热烈讨论。三是认真履行协会《章程》，开辟“创新驱动，服务企业”的新举措。协会签订技术咨询服务合同4项，落实“服务社会、服务企业”的职能。四是协会与市技监局主动联系，通过沟通与交流，获得认可并把部分政府职能转移到协会，对协会开展工作起到积极推动作用。协会已和市技监局、特种设备监督处签订工作合同并已确认工作预案，2016年，协会将组织和协调相关专家对20余家取得《锅炉、压力容器及压力管道特种设备资格许可证》的制造企业进行取证后的监督抽查工作。

（陆樑华）

上海市电梯行业协会

上海市电梯协会成立于1988年8月，2003年3月正式更名为上海市电梯行业协会，为5A级行业协会和上海市的先进行业协会。会员来自电梯制造、安装、维保公司及大专院校、建筑设计、房地产业、物业管理、政府部门等，现共有会员单位280余户。

协会下设6个专业委员会：安全和制造专业委员会、安装专业委员会、维修保养专业委员会、质量专业委员会、技术咨询委员会和配件专业委员会。

2015年主要工作：

一、推进上海市“诚信电梯行业”建设

协会围绕电梯行业社会信用体系建设要求，完成上海市地方标准《电梯维修保养服务规范》的编制及通过报批后的专家评审；《电梯安装维修保养施工现场安全标准化规范》的立项批准和草案的初稿修改；《上海市电梯行业生产企业诚信建设要求》的立项报批手续；向市经信委申报上海市电梯行业人力资源信用信息平台建设和上海市电梯安全运行信息平台建设的专项资金资助申请，其中上海市电梯行业人力资源信用信息平台建设获得22万元的专项资金资助；完成上海市电梯行业协会网站包括诚信建设在内的改版和上线试运行。

二、加强对电梯行业职业技能人才的培训

完成电梯安装维修职业技能5、4、3、2、1级鉴定大纲和5、4、3级试题库的编制；上海市电梯行业高技能人才培训基地申报并获得批准；协会会同永大等单位开展电梯安装维修工岗位技能、安全专业知识讲座等内容的培训活动，总计参加130人次；开展电梯安装工程监理师的岗位技能复训和培训，初、复训总计527人。继续开展联合办学，为企业输送人力资源。全年为企业输送应届毕业生48名，拓展了与陕西汉中职业技术学院和河北邯郸职业技术学院两家学校联合办学。

三、促进城市电梯运行安全

协会积极履行社会责任，组织青年志愿者服务活动。利用与东方书报亭合作参与城际书展和深入社区宣传等多种形式，积极宣传电梯安全法规和电梯企业的安全文化，树立“诚信电梯行业”的良好形象；会同物业管理协会，开展推动城市住宅电梯运行安全的调查研究，促进住宅电梯运行安全管理水平的提升；针对本市老旧电梯数量增长以及全国各地多有电梯和自动扶梯事故发生，社会和媒体、公众高度关注的实际情况，及时召开新闻发布会，配合电视台做好有关电梯安全的节目报道；配合上海市质量技术监督局的质量月宣传活动，再版制作两部儿童安全乘用电梯专题宣教片光盘2万张，向市民免费发放《上海市电梯安全管理办法》宣传小册子和儿童安全乘用电梯宣教片共计1.5万余份。

四、积极开展行业调研寻求电梯市场商机

撰写上海市电梯行业“十三五”分析报告，为引领本市电梯行业企业在“十三五”期间的发展取向提供相关信息数据和参考。继续推进旧楼加装电梯和旧梯改造，拓展电梯市场。旧楼加装电梯事关社会老龄化问题，也是媒体关注的热点，而旧梯改造则事关电梯安全运行，同样是媒体关注的热点。为此，协会除通过媒体和相关渠道，向社会和公众进行必要的宣传外，还在协会网站上开辟专栏，引进社会第三方服务机制，帮助有需求的社区居民和物业协办相关事务和技术服务事宜，以此推进此项工程的实施。

组织企业参加国际展会，寻求海外电梯市场商机。协会在有关部门的支持下，组织企业赴国外电梯展会参观，了解国外市场信息与需求，此举得到会员单位大力支持。在展会期间，协会与德国电梯协会、意大利电梯协会、欧洲中小企业协会、俄罗斯电梯协会以及阿根廷电梯协会进行友好商谈，得到各方愿与上海市电梯行业协会在电梯标准、电梯技术、市场信息、电梯展会、市场准入等方面展开合作的响应。同时，协会还与美国电梯杂志、意大利电梯杂志、阿根廷电梯杂志等海外媒体进行交流并达成合作意向。

五、利用多种载体加大协会宣传力度

《上海电梯》紧紧围绕电梯技术这个主题，根据标准法规、安全技术、安装维保及翻译国外电梯技术等栏目的要求，多方位约稿，刊登各类文章101篇，其中电梯管理、行业标准、电梯技术、事故分析及国外电梯技术翻译文章65篇；安装维保、电梯检测、电梯史话、招投标等文章36篇。

协会通过上海埃略凡特文化传播有限公司，结合市质监局对安全乘用电梯的宣传要求，在2015年第六期DM（快讯商品广告）上刊登正确使用电梯的漫画，并配发两张协会制作的安全乘用电梯光盘及由市质监局印制的安全乘用电梯宣传单，连同杂志一起通过东方书报亭向广大市民免费发放，宣传安全乘用电梯，达到短时间内密集宣传的效果。协会编辑出版《超高层建筑与超高速电梯》和《国内整机和配件电梯企业》两期特刊。

继续做好中英文网站建设。全年网站总点击量比上年提高18%。协会开通的微信平台，关注人数从年初的300多人上升到年底的1800多人，成为服务业内外用户，扩大协会影响的一个宣传平台。8 月，网站将 Goole 推广上线，到 10 月份点击量达到 2750 次。12 月 18 日，协会完成中英文网站的改版工作。

扩大拓展杂志的发行。协会走访相关行业协会和杂志编辑部；与面向市民发行的东方书报亭开展合作；先后与意大利电梯杂志、美国电梯杂志签订广告互换协议；与印度电梯展、与贸促会建立信息交流平台等。

六、开展长三角电梯行业协会联席会议推进工作

2015 年泛长三角电梯行业协会联席会议先后在浙江温州和杭州举行。会议就充分发挥长三角电梯行业协会联席会的活动机制、在长三角经济区域推进电梯维修保养企业的“诚信建设与信用管理”制度建设、如何提高长三角电梯联席会内容的时效性和质量，把事关行业的规划、发展，诚信建设、职业技能竞赛等需要相互借鉴的经验教训等内容展开充分研讨，达成共识。会议一致推选上海市电梯行业协会为联席会议工作研讨组的牵头单位。协会已就联席会议工作研讨组的工作形成《工作意见（征求意见稿）》。

（秦　炯）

上海市电力行业协会

上海市电力行业协会成立于 2004 年 9 月 28 日，是由上海市电力企事业单位自愿组成的跨部门、跨所有制的非营利的行业性社会团体法人。现有电网、发电、电力建设和工程施工、电力设备制造和物资供应、科研院校等会员单位 161 户。

2015 年主要工作：

一、抓好重大课题研究，促进行业改革发展

3 月 15 日，中共中央、国务院《关于进一步深化电力体制改革的若干意见》文件正式发布。协会根据市发改委、市经信委和国家能源局华东监管局等政府部门的委托，组织上海发电和电网的骨干企业以及相关高等院校，开展有关“国家电力体制改革新形势下上海电力体制改革贯彻落实方案”课题研究。结合上海实际，从贯彻落实国家电力体制改革的重要性与紧迫性、深化电力体制改革需求、深化电力体制改革的总体思路和基本原则、贯彻落实电力体制改革的重点任务等四个方面着手，提出并形成一系列成果，形成相关报告和工作建议，为市政府决策提供依据。

继完成市经信委和美国能源基金会委托的“上海市电力需求侧管理城市综合试点”课题研究后，协会受上述机构委托，继续开展“上海电力需求响应及市场交易研究”的课题研究，已基本完成“上海市电力需求侧管理平台实施标准研究”和“需求侧管理实施办法研究”及“上海市电力需求响应平台实施标准研究”等上报稿，得到国家发改委有关职能部门和美国能源基金会的肯定。

针对大规模区外来电所引起的上海电力供应格局变化，为推动电力市场化工作，协调市内发电与市外来电关系，保障电力供应安全，受市发改委和国家能源局华东监管局委托，协会开展“大规模区外来电背景下电力市场优化”的课题研究，组织专家围绕“电能交易和辅助服务市场调研和研究”“区外来电对上海电网调峰和备用等影响及价格补偿机制研究”“跨区水电与火电补偿机制的研究”等子课题开展研究工作。

受市经信委委托，协会开展“上海电网电力系统节能环保综合指标体系研究”的课题研究，并在《上海市供用电条例》的“大纲研究”课题成果的基础上，配合市人大法工委开展《上海市供用电条例》的立法研究。此外，协会完成“上海碳排放交易机制下发电企业应对策略研究”课题的研究，配合市环境保护局开展《燃煤电厂大气污染物排放标准》的意见征求工作。

二、坚持依法合规运作，有效推进协会建设

4 月 21 日，协会召开第三届理事会第二次会议，听取并审议协会工作报告、会费使用情况及预算安排报告等年度工作文件，明确 2015 年协会工作的总体要求及五项主要工作。鉴于国网上海市电力公司主要领导调整，理事会听取关于协会副会长调整议案的说明，经审议，理事会按照协会章程规定罢免冯军的副会长职务，选举李桂生同志担任协会第三届副会长。

9 月，协会收到中国华能集团华东分公司来函，获悉华能华东分公司原总经理、党组书记瞿文光同志退休，华能华东分公司建议由现任总经理、党组书记张茂义同志接替瞿文光同志担任上海市电力行业协会副会长一职。协会根据章程的有关规定，以通讯方式征求各理事单位意见，并向协会 43 名理事寄发《关于上海市电力行业协会副会长变更的征询意见函》。在收到所有理事书面同意的复函后，协会以第三届理事会第三次会议决议的形式确认张茂义同志担任协会第三届副会长。

根据理事会决议要求，科研院校、建设施工、装备制造和物流等 3 个专业分会先后于 2 月、10 月和 12 月召开成立大会。协会认真指导各分会积极筹备，制定分会章程、工作条例等相关制度，确立分会工作目标及任务。先期成立的相关分会已组织成员单位开展多次活动，如专题讲座、学术交流、走访观摩等。

为扩大行业影响力和覆盖面，协会大力推进新会员单位的发展工作，全年在电网、装备制造、科研院校等领域发展吸收25家企业加入协会，使协会会员单位增至161家，进一步优化协会层级结构的比例和会员单位的类别，提升了协会的影响力和应有的地位。

三、履行行业服务职能，提升协会服务水平

3月18－19日，协会召开2015年上海市电力行业QC小组活动成果发布会，发布40个课题成果。经过协会的评审和推荐，相关集体和个人共获17项国家级荣誉、18项省部级荣誉。协会组织QC活动骨干参加相关机构举办的质量管理专业培训，组织业内企业参加上海市质量月和全国优质服务月等活动，鼓励企业实施卓越绩效管理模式，不断改进质量、努力降本增效。

协会做好行业统计管理工作，定期编制和发布电力行业生产和社会用电统计数据，与会员单位和社会分享行业统计成果。年底，协会会同国网上海市电力公司召开有60多个单位参加的2015年度上海市发电生产统计年报会议，总结全年发电统计工作，分析全市电力生产、经济发展和社会用电情况，预测新一年社会经济发展和用电需求变化趋势，为业内企业生产安排提供信息支撑。

协会坚持每季定期召开教育培训工作例会，为会员单位加强沟通和互相学习搭建平台。各会员单位教育培训工作开展得有声有色，培训质量有新的提高；许多单位完成系统内岗位技能培训、安全规程考核、新员工入职教育等传统培训项目，还拓展外省市乃至境外的培训市场。协会搭建的培训平台起到行业培训资源优势互补的桥梁作用，使业内企业和师资力量、课件编写、教学能力、教学设备和实训基地等软、硬件设施的利用效能得以最大程度地发挥，达到合作共赢的目标。

协会做好《上海电力行业信息》的编印和协会网站的管理工作，改进刊物和网站的版面设计，通过“高层信息”“政策传递”等栏目介绍行业改革和发展的重要信息，通过“电力广角”“热点追踪”“天南地北”等栏目刊发企业干部员工广泛关注的热点问题。通过增设“家电顾问”栏目来普及用电常识，增加阅读趣味性，收到会员单位的好评和欢迎。

为推进行业资源共享和会员单位间合作共赢，协会启动《上海市电力行业协会会员单位信息名录》编制工作，在制作纸质版的同时增加电子版，并考虑在协会网站上予以刊载并建立动态调整机制。

2015年是《上海市志（1978—2010）· 工业分志 · 电业卷》编写工作启动后的第二年。协会积极推动《电业卷》的资料搜集和编纂工作。95个参编单位（部门）按照《编纂任务书》和《行文规范》要求开展资料搜集工作，及时报送资料卡片、资料长编和初稿。除《电业卷》外，上海电业史志编辑室还参与《上海市志 · 人民政府分志(1978—2012)》编纂工作，完成相关部分的资料搜集、资料长编编制及初稿编写工作。

协会协助中电联在沪举办第十届上海国际电力设备及技术展览会，并接待中电联副秘书长沈维春一行来沪，协调在沪电力单位参加有关工作座谈以及展会活动。协会继续协办第17届中国国际工业博览会，会同上海市物业管理行业协会在工博会上共同举办“发展新能源汽车、加快充电桩设施建设”研讨会。协会在市发委能源处的主持下，组织对“东海大桥海上风电项目二期工程”进行竣工验收，按照相关验收规程成立竣工验收委员会和技术、综合两个专家组，经过21名专家组成的竣工验收委员会的严格审查，该项目顺利通过验收。

2015年，协会通过社团年检审查和财务年报审计，按照《章程》规定做好会员单位会籍的动态管理及会费收取工作，重新制作并颁发会员证。

（朱辛放）

上海市汽车行业协会

上海市汽车行业协会成立于1996年，是上海市汽车行业企事业单位自愿组成的跨部门、跨所有制的非营利的行业性社会团体法人。现有会员单位319户。

2015年主要工作：

一、适应经济新常态，加快转型发展，提高行业核心竞争力

认真学习宣传中央经济工作会议精神和中共上海市委十届七次会议精神，充分利用会刊和网站，宣传新形势、新任务、新常态，为加快行业的转型发展、提高核心竞争力，巩固汽车产业在经济发展中的支柱地位，起到行业协会的宣传、引领作用。

结合2014年汽车自主品牌十一连降的不利形势，关注自主品牌的发展态势，冷静分析面临的挑战和机遇，大力宣传自主品牌的发展战略，支持会员企业的自主创新活动，把自主创新作为工作的主线和战略任务加以推进。

重视新能源汽车的发展。从国家战略高度积极推动新能源汽车的加快发展，大力宣传各项政策和优惠措施，关心新能源汽车核心技术的掌控趋势和创新开发，支持政府和社会各项配套措施的不断完善，使新能源汽车在2015年有新的发展。

二、坚持为会员服务的宗旨，认真做好各项服务工作

结合汽车市场常态回归和出现的新情况、新问题，及时掌握市场动态，定期发布市场信息，配合和帮助会员企业适应市场、拓展市场、驾驭市场。适时组织市场信息发布和形势报告会，利用网站定期发布政策导向、洽谈商机，开展技术、咨询和讲座等活动，加强会员企业的相关业务培训工作。统计信息部坚持每月市场预测和分析，及时公布市场分析报告。定期上报统计数据，配合有关部门加强市场预测。市统计局根据《上海市工业统计工作考核评比办法》的规定进行综合考评，协会获一等奖。做开2014年统计信息工作年会，开展相关业务和知识培训。

发挥协会网站、会刊的信息传播作用，网站定期更新信息，加强会员间的工作交流，推介企业转型升级的经验和做法，为会员企业的发展提供舆论支持。做好《上海汽车工业志》编辑的有关资料配合工作，动员上汽集团外会员企业按总体进度要求提供相关材料，确保编辑工作按计划完成。

大力推进上海新能源汽车的稳步发展。推进上海新能源汽车基地建设，大力推介新能源汽车各项优惠政策，做好市场信息收集和反馈工作。配合上海市场新能源汽车的推广和销售，增强与销售、维修等协会联系，共同为新能源汽车做好用户售后服务工作，加大对相关技术知识的宣传和释疑解惑工作。开展上海新能源专用车市场的摸底调查，进一步发挥专用车专业委员会对新能源汽车开发和应用的指导作用，配合专用车企业的资源整合，推进上海新能源专用车的发展。稳妥开展协会新能源汽车分会的筹建工作，关注新能源汽车关键零部件的研发和应用。参与上海新能源客车产业联盟的协调工作，配合相关企业落实产业联盟的项目实施、政策推介，促进新能源客车的快速发展。

继续推进节能减排工作。关注并推动混合动力汽车和甲醇汽车的研发和应用，配合会员企业做好市场推广和信息收集工作。发挥动力总成分会作用，组织主机厂开展发动机排放的测试和改进工作，推进发动机、变速器的新产品开发，落实节能降耗目标。发挥各级专家队伍作用，组织专家帮助企业开展行业升级和技术改造等节能减排项目的实施工作，把节能降耗落到实处。依托行业内的专业公司和人才资源，为行业和会员的节能减排做好牵线搭桥，落实节能项目。深化会员单位的JJ小组活动，把节能减排与自主创新、技术改造、班组建设、合理化建议等活动有机结合，协调开展。被市经团联评为2014—2015年度节能减排JJ小组活动推广实施“优秀行业协会”。

开展会员企业的“名牌产品”“自主创新产品”“守信用企业”评选活动，帮助会员企业按评审要求做好材料审核等服务。推动“诚信企业”评选，有计划、有步骤地推进，提高覆盖率。推进会员企业“社会责任”自律行动，开展企业社会责任的宣传推广活动，增强企业的社会服务意识。配合市文化创意产业领导小组做好汽车行业的创意设计。坚持协会领导定期走访会员企业制度，有重点、按计划落实走访活动，加强与会长单位和理事单位的联系和沟通，了解企业需求，帮助企业解决实际困难。

三、深化平台建设，为会员企业提供特色服务

深化“二会二中心”平台服务功能。发挥上海机动车检测中心的资源优势，制订和完善汽车内饰件产品质量标准，推进儿童座椅的安全检测工作。发挥上汽培训中心和教育基金会的优质资源，开展会员企业的各项培训、政策宣讲、自主创新交流等项工作。为专用车、改装车企业提供人才、管理、技术、准入标准和产品公告等方面的贯宣和服务。配合上海汽车及零部件出口基地建设，组织会员企业开展法规、标准、安全、排放等业务知识培训。

推进“进出口公平贸易汽车行业工作站”的深化工作。在市商务委公平贸易处的指导下，协会工作站加强双方联系和沟通，开展工作互动与合作，为促进行业外贸方式转变做好各项服务。结合企业实际开展“二反一保”知识培训，帮助出口企业了解出口动态及应对措施，提高防范意识。开展市场调研，完善进出口数据统计网络，加强与相关企业的联系，及时掌握有关信息。健全数据分析系统，在做好产业安全数据直报的同时，加强产业损害预警分析，确保产业安全。参与上海市行业质量工作促进会工作，做好行业的质量促进服务工作。稳妥开展经济合同纠纷的调解，提供相关法律业务支持。推进行业自律和社会信用体系的构建，加强知识产权保护的服务。做好上海研发公共服务平台行业服务站工作，配合市研发服务平台做好为行业中小企业的各项服务活动。配合市质监局开展车内空气和安全座椅的质量安全检测，完善检测标准和手段，维护好消费者的合法权益。

四、重视发挥专家及分支机构的作用

结合行业转型升级的需要，组织各级专家开展技术咨询、项目认证和课题调研等活动；围绕新能源汽车的推广和普及，组织专家进行相关知识的培训及宣传。

坚持分会特色，提供专业、针对性服务。铸造分会以行业节能降耗、技术创新为目标，开展各项专业服务；专用车专业委员会大力发展节能环保专用车，推进新能源专用车的试制及应用，重视新能源汽车的出口市场拓展；动力总成分会利用技术检测优势，推进节能减排的不断深化，开展节能学术研讨；电子电器专业委员会推进会员企业核心技术的研发和掌控，为行业节能、安全、环保提供技术支撑；服务分会，加强市场分析，做好售后服务工作，落实“三包”措施。

加强与外省市分部的定期联系，做好信息互通和工作配合；关注和总结各分部的工作经验，切实帮助解决工作中的困难，推进外省市分部工作的有序有效开展；关注南京汽车生产基地的发展壮大，探索建立南京、仪征、上海三地协会合作联盟协调机制的运作模式，加强三地的信息互通和工作联系；加强与宁波、武汉、长沙等基地的沟通，以便适时成立相关分部。

五、当好政府参谋，促进产业健康发展

配合市政府有关部门做好新能源汽车的推广，及时提供信息和政策建议。做好行业产销统计分析，及时上报相关产业安全预警资料。认真完成市政府有关部门的调研课题和发展报告。组织开展“十三五”规划制定的各项调研和编定工作。

六、加强与国内外同行的合作交流

坚持上海汽车产业链行业协会秘书长联席会议制度，开展工作互动，协调行动，提高汽车产业链协会的社会公信力和知名度。加强与长三角地区行业协会的沟通和联系，实现资源共享、合作共赢。巩固上南合作成果。深化与“上海行业协会沙龙”、市知识产权服务中心、市中小企业服务中心、市文化产业推进领导小组的合作，开展行业协会之间的工作交流和互动，共同推进行业协会的发展。加强与全国各省市有关政府和协会间的交流与合作，协助开好全国省市汽车行业协会联席会议。开展汽车国际交流活动，配合使领馆及商务代表处的技术交流、商务洽谈、研讨讲座等活动，探索协会对外交流互动合作方式和渠道。

七、抓好协会组织和秘书处自身建设

按2015年工作计划，分解落实目标进度，明确职责，落实工作责任和时间进度要求，确保各项工作顺利完成。坚持工作例会制度，定期交流工作情况，检查工作进度，确保工作质量。巩固规范化建设成果，加强协会的基础建设，进一步健全和完善秘书处各项工作制度和体制机制。坚持定期走访会员企业，密切与会员企业的联系，把各项服务工作落实到底。发挥会长和理事单位的领导作用，落实会长办公会议和理事会议等工作制度。加强会员管理，积极发展新会员，做好相关清理调整工作。加强会费的收缴力度。做好协会党支部工作，发挥党员先锋模范作用，落实中央各项规定，做好廉洁自律，不断提高党员勤政、自律的自觉性。

（练维洁）

上海船舶工业行业协会

上海船舶工业行业协会是由上海市从事船舶及配套设备的研究、设计、制造、修理、检验、经贸、教学及相关的企事业单位以及其他相关经济组织自愿组成、实行行业服务和自律管理的非营利性社会团体法人，现有会员单位103户。

2015年主要工作：

一、顺应新常态下新要求，努力提高“三服务”的自觉性和执行力

编写《大力发展远洋渔业》专题报告送国家有关部门，支持和发展远洋渔业；分析市场需求和趋势，提出发展贴近民生的旅游休闲船舶产品的建议，建议上海船舶产业发展邮轮游艇等贴近国家鼓励发展的民生项目，引动和培育休闲船舶关联产业链的发展，促进形成国家新的消费和经济增长点。

协会秘书处通过学习、讨论，充分认识行业协会运行环境的变化。在提高认识基础上，提高为政府、行业、企业服务的自觉性和执行力。在获得四星级行业协会和上海市优秀行业协会基础上，进一步加强自身建设，健全协会内部制度建设，推进项目负责制；吸纳年轻人和中年人，推进人员结构合理化；坚持党内学习和党支部正常生活。

10月27日，协会召开第四届理事会第五次会议，启动换届选举工作。会后，协会秘书处面向各会员单位就协会章程修改、新一届理事会人选推荐和建议、监事人选推荐和建议、会费收取标准和管理办法等征求意见。12月25日，协会举行“协会换届改选大会暨第五届一次会员大会”，审议通过《协会第四届理事会工作报告》《协会章程》《协会第四届理事会财务收支审计报告》，表决通过《协会会费收取标准和管理办法》，选举产生第五届理事会组成人员和监事。召开协会第五届一次理事会（扩大）会议，上海外高桥造船有限公司董事长、党委书记王琦当选为协会第五届理事会新会长，由新会长提名，默广斌任协会秘书长。王琦代表新一届理事会表示，将坚定信心、勇于担当；服务社会、服务政府；服务企业、服务行业，进一步规范化办会、专业化办会，做好行业代表、行业服务、行业自律和行业协调，促进行业的发展。

二、围绕政府部门工作重点，做好行业协会的配合工作

协会受政府委托从事行业政策研究，参与行业规划、行业标准的编制与推行，开展行业统计和调查、咨询评估和论证，组织和参与行业产品质量检测与监督；制订与实施“行规行约”，规范行业行为，协调行业争议。协会开展产业发展战略研究和产业竞争力、发展可行性研究；开展行业技术及管理咨询服务；编发《船舶行业信息》月刊；推进关联行业合作。

完成上海市船舶工业十三五规划建议方案、2014年上海船舶工业经济运行分析报告、2014年《上海市国民经济和社会发展报告》船舶工业部分。受市经信委委托，开展工信部《船舶工业统计报表制度》在上海的组织上报工作。开展《浦东工业年鉴》《上海年鉴》等编撰工作。

三、服务行业，积极开展有益行业发展的各项工作

向全国政协经济委员会汇报“江海联运、有利降低雾霾”情况；配合国务院四部委召开的关于促进我国游艇和滨水休闲旅游产业发展暨关联装备本土化工作座谈会，为中国滨水休闲装备国产化六部委文件出台做相关工作；向国家有关部委提交《关于提升旅游消费和投资，促进增长就业的若干意见》补充建议等。参与国家标技委有关船舶、船艇标准制、修订和国际标准等同国家标准制定工作，参与“关于发动机最大额定功率为15Kw及以上的艇、气胀式救生艇、机动游艇空气噪声评估”“一氧化碳（CO）探测系统”等国际标准等同国家标准审查、制定等工作。认真办好协会会刊，为传播和光大船舶行业形象和交流经验服务。举办第20届上海国际船艇技术设备展览会及系列专题会议。

四、服务企业，助推企业创新发展和开展合作交流

开展跨界、跨地区互动活动，沟通与兄弟行业协会的互相了解，组织参观上海工博会，与上海机器人行业协会合作，参观展览会机器人、机械手专业展区和组织关联学术交流会，参加浙江嘉兴五金和紧固件展览会，了解关联配套和五金结构件的材料和配套工具的发展变化。支持出版和扶持专利技术，组织行业专家对民企上海析易船舶技术有限公司的创新项目“仿生飞轮掠水船”产品进行评审；组织开展上海船企参与现代化管理成果评审等。

（赵　岚）

上海有色金属行业协会

上海有色金属行业协会成立于2002年1月，拥有会员单位182户，基本覆盖上海地区主要的有色金属骨干企业。下设有色金属信息服务、会议会展、会员服务、技术检测、培训鉴定等服务平台。

2015年主要工作：

一、以科技创新为引领，推进有色新材料发展

编制行业“十三五”规划建议推进有色新材料进程。协会2014年承担市经信委关于“十三五”发展规划有色金属工业的前期调研课题，经走访调研、听取专家意见、修改、补充后，形成《上海有色金属工业“十三五”发展规划建议》。规划建议，“十三五”期间，上海有色金属工业应以科技创新为引领，以推进培育“专、精、特、新”企业为重点，立足国内新兴产业需求，加强产学研合作，鼓励协同创新，大力发展高新技术产品，大力推进循环经济，实现上海有色金属工业向新材料产业成功转型。

开展行业研究，引导行业转型升级。2015年，协会完成《2015年上海有色金属行业国际竞争力调研报告》《上海有色金属行业经济运行报告》《2015上海有色金属行业发展白皮书》等多篇报告，为反映上海工业系统的整体现状、政府决策有色行业的转型升级提供第一手资料。同时，协会承接“自贸区扩区后，上海制造业突破发展研究”课题，围绕自贸区发展制造业的终极目的，提出有色金属产业链向微笑曲线两端发展的新思路、新模式，为行业发展探索新路径。

突破发展领域，助推轻量化技术。为助力交通装备领域的轻量化发展，搭建国内化轻量化领域交流合作平台，11月，协会与《先进制造业》全媒体等联合主办2015（第四届）国际交通运输装备轻量化峰会暨展示会，共设置20场精彩主旨报告，两场圆桌讨论会。市经信委副主任马静到会祝贺并演讲。与参会嘉宾聚焦交通运输领域轻量化进程和发展未来趋势，探求污染少、强度高的节能材料以及工艺和技术，助力国产交通运输装备的轻量化进展。

二、建设有色金属新材料高技能人才基地，促进科创中心建设

5月下旬，上海市新材料协会、上海有色金属行业协会、华东理工大学等联合筹建上海市新材料产业高技能人才培养基地。经多次调研、讨论、规划、筹建后，12月份基地获批，本协会成为基地的实施单位，这标志着有色新材料的高技能人才培养纳入上海市高技能人才基地，将进一步推动有色高技能人才的培养，为建设科创中心夯实人才基础。

多方面开展技术评审与技能鉴定。协会通过有色金属职业特有工种66号技能鉴定站，上海市工程系列有色金属（专业）学科组职称评审委员会两个载体，开展行业特有工种职业技能鉴定和专业技术职称的评审工作，为企业各类人才提供多层次服务，提高有色金属行业职工和管理人员队伍素质，增强企业各类人才核心竞争力。鉴定站先后开展8个批次、173人的鉴定，覆盖12个工种的二级到五级四个等级，并第一次跨出上海，服务于江苏、浙江的企业。同时，协会继续做好市级、行业职称评审工作，让更多科技管理人员自身价值的体现提供通道和平台。

三、抓住“一带一路”契机，交流合作共谋发展

沪甘对接，推动两地经济发展。6月，应甘肃省政府和甘肃省冶金有色工业协会邀请，协会组团率上海胜华电缆集团等企业的企业家赴甘肃学习考察，参观兰州新区、白银市和金昌市的近10家有色金属企业。同月，甘肃省考察团一行由甘肃省副省长李荣灿带队进行回访，在两天的交流座谈中，双方达成多项合作意向。8月，协会与甘肃省冶金有色协会签署战略合作框架协议，达成7项共识。11月，在市经信委组织举行的上海—甘肃产业合作对接会上，上海蓄电池环保产业联盟与白银市工业和信息化委员会、上海皖同金属材料有限公司与金昌宇恒镍网股份有限公司签署合作框架协议，为巩固和发展两省市有色金属工业及其服务业合作起到推进作用。

加强与各地交流，架起合作共建桥梁。协会积极争取中国有色金属行业协会再生金属分会、中国电池工业协会的支持，共同探索长三角铅酸蓄电池环保产业的发展；争取上海市工商业联合会的支持，联合8家行业协会，为会员单位走出去，做好前期铺垫工作；参与由市经信委组团的赴新疆喀什考察对接产业援疆工作，考察上海对口支援的工业园区、重点企业和试点项目，为上海有色行业参与“一带一路”国家战略牵线搭桥。

四、推动上海铅酸蓄电池回收体系建设，促进有色金属绿色循环发展

铅酸蓄电池配送回收体系标准化试点项目是上海市质量技术监督局2014年第一批循环经济和节能环保标准化试点计划项目之一，2014年6月获批，同年9月，项目正式启动。在此后的一年多时间，起草组在收集、整理、分析了大量相关资料，走访31家企业、政府有关部门的基础上，经过多次研讨，于2015年12月完成《铅酸蓄电池营销及回收管理规范（试行）》的起草工作。作为全国首部环保和资源利用方面的社团标准，为全国有色行业起到引领作用。同月，《铅酸蓄电池营销及回收管理规范（试行）》举行实施仪式，共有16家企业参与试运行，企业自律将涉及6省2市的48家单位，基本涵盖蓄电池生产、销售代理、回收、物流、再生等整个产业链的各个环节。

搭建回收平台，促进蓄电池有序回收。继上海鑫云蓄电池配送回收中心金山基地成立之后，12月，宝山基地举行揭牌仪式，宝山基地是上海首家同时获得废铅酸蓄电池短期中转暂存和集中收集资质的企业，年配送和回收蓄电池能力各200万只（折合各4万吨），是以蓄电池贮存、配送、回收为一体化物流服务平台，建有贮存、配送等作业场所，并配有专用车辆；对作业场所实施24小时监控管理，将进一步推动上海铅酸蓄电池配送回收创新体系的建设。

（史爱萍）

上海铝业行业协会

上海铝业行业协会成立于1989年3月，是上海及长三角地区从事铝加工的生产企业和铝加工产业链中设备、贸易、科研等相关企业单位自愿组成的行业性社会团体。协会有会员单位324户，会员广泛分布在上海及江苏、浙江、安徽、江西、山东、河北、福建、贵州等省市。

2015年协会主要工作：

一、换届改选并产生第七届理事会

4月，协会启动换届改选工作。6月，召开六届八次理事会审议，通过关于协会换届改选的工作方案，成立以徐国涛理事长为组长的换届改选领导小组和以袁永达秘书长为组长的换届改选工作小组。7月，协会发出《关于民主推荐（自荐）第七届理事会理事单位及民主推荐（自荐）第七届监事单位的通知》，在全体会员单位中开展民主推荐（自荐）程序，并在走访会员单位时广泛听取意见。9月，协会召开换届改选领导小组会议，听取并审议提请六届九次理事会议审议的七届理事会候选人员名单和七届监事单位和监事名单。11月，在协会六届九次理事会议上，选举产生第七届理事会。整个换届改选工作充分体现民主集中制原则，顺利实现新老领导机构的更替。

二、加强协会队伍建设，做大做强上海铝协

一是推荐“具有经营规模、规范企业管理、重视品牌建设、关注行业发展、热心协会工作”的会员单位充实进理事会，理事单位从2014年底的72户增至85户。为加强理事会的领导工作，六届六次理事会议决定增设常务副理事长。年内，理事会两次召开会议，听取并审议秘书处工作汇报，审议决定协会重大议题议案，审议决定协会发展的重大方向和主要工作目标。理事长和秘书长建立每月一次的定期交流工作机制，定期研究协会工作。二是加强会员队伍建设，开展走访会员，服务会员，发展会员的工作。与此同时，因一些会员企业关闭、转产和长期不缴纳会费等种种原因，取消部分企业的会员资格，提升协会队伍整体素质。三是加强专家队伍建设，及时增补各专业、各门类、各学科的行业资深专家进入铝协专家委员会。协会建立专家委员会全体会议和小型专题会议相结合的活动机制，编辑出版各类《论文集》，协会很多专家应会员单位要求，开展一系列技术服务工作，充分发挥协会专家在推进行业技术进步和产业发展中的引领指导作用。四是加强秘书处工作班子建设，完善工作机构，提高管理水平。秘书处工作人员积极热情的工作和周到细致的服务，赢得会员单位的点赞和肯定。协会秘书处坚持老中青相结合，充实和培养年轻人加盟协会工作，年内提拔一位29岁的年轻人担任秘书长助理，并第一次招聘一位金属材料专业的研究生加盟秘书处工作。

三，拓展协会服务功能，用心服务会员企业

协会通过整合政府资源、社会资源、大学资源、会员资源，不断拓展服务功能，推进协会各类服务平台建设。继续开展技术职称任职资格评审工作。开展各类技术服务活动，推进技术平台建设，先后为20多家会员企业开展现场技术咨询活动，为浙江宁海地区、上海地区、江苏泗阳地区的会员单位开展现场技术培训、市场营销培训等活动，为10多家会员单位专题召开各类技术质量鉴定会、新产品成果鉴定会、产品推荐会等，并出具相应的鉴定报告。协会召开“第七届长三角铝业高峰论坛”，邀请国内铝行业知名嘉宾演讲，就会员单位普遍关心的热点开展技术研讨交流，并召开铝型材、铝板带、再生铝等专业技术研讨会，编辑相关《论文集》。坚持每月走访30家左右的会员单位，倾听会员单位需求，组织开展各类会员单位所欢迎的活动，做好信息交流、市场对接等工作，尽力为会员单位牵线搭桥、排忧解难。组团赴国外考察学习，不断加强与外企外资的交流，扩大协会的对外影响力，并积极策划筹备2016年铝加工业国际论坛。

四，积极发挥会员企业和政府之间的纽带和桥梁作用

受政府委托，协会参与编制《上海铝加工行业“十三五”发展规划建议》。开展群众性节能降耗工作，多次组织有关培训，建立30多家JJ活动小组和8个攻关小组，组织有关单位参加市经信委技改节能项目申报和验收工作，牵头完成订立两个市级能耗标准，即铝型材能耗标准和铝复合材料能耗标准。因开展群众性节能降耗工作成效明显，协会和相关企业受到市工经联奖励。协会组织部分进出口企业开展“双反”（反倾销、反补贴）预警机制培训，先后与市商务委联合召开反倾销、反补贴案件处理协调会议，协助涉案企业开展反倾销案件应对处理。协会选派的3家会员单位进入商务部和市商务委的产业安全重点企业信息采集平台，他们在产业安全方面得到政府更多的关注和支持。协会认真做好行业统计工作，配置专职人员负责行业统计任务，受到政府有关部门的好评。协会严格按照协会《章程》办会，积极发挥党支部战斗堡垒作用和共产党员先锋模范作用。

五、编制协会未来五年发展规划

为了促进协会可持续发展，进一步做好做强做大行业协会，秘书处编制完成《上海铝业行业协会五年发展规划(2015−2019)（初稿)》，并经六届七次理事会议审议通过。《规划》清晰描绘协会未来五年的发展前景和目标：会员队伍进一步壮大，会员总数达400家左右；理事会成员单位进一步扩大，理事单位总数达100家左右；专家队伍进一步扩容，专家委员会成员达80位左右；协会秘书处专职工作人员在老中青相结合的基础上，进一步年轻化、专业化，专职工作人员达16人；协会服务功能进一步拓展，服务内容覆盖面更广，服务能力更强；协会向国际化发展上（同国外同行的交流、联系、合作方面）将迈出实质性步伐；协会的影响力、会员的凝聚力进一步得到提升。

（范垦程）

上海市电镀协会

上海市电镀协会成立于1984年6月，是上海地区电镀企业为主体和相关的设备、经营、设计、科研、教育等单位自愿参加组成的社团法人。现有会员210户，下设清洁生产、热镀锌、电子电镀、青年工作者、老电镀工作者5个专业委员会和秘书处。

2015年主要工作：

一、努力服务政府

完成市禁毒委员会、市公安局缉毒支队要求的易制毒化学品、危险化学品从业人员的复训工作；完成市公安局、市经信委、市安监局交办的69家企业剧毒危险化学品氰化物用量审核工作；完成市清洁生产推进办公室、市环保局要求的32家企业清洁生产启动工作，至2015年年底已完成验收11家，评估24家，预评估17家；协助配合市、区公安局、安监局对奉贤区、浦东新区、嘉定区、松江区等电镀企业的剧毒含氰化学品使用、运输、储存的监管、检查工作；配合浦东新区环保局完成浦东新区电镀企业现状调查和金山区电镀企业升级调整工作；配合市经信委开展环境污染物第三方治理试点工作（废水委托第三方处理）；参与市发改委产业结构调整研讨工作；协助中国表面工程协会清洁生产办公室完成《国家环保局清洁生产审核规范程序》课题研究；参与并协助金山区电镀行业安全生产宣传工作。

二、积极服务企业

协会和上海机械工艺研究所的联合实验室，为35家电镀企业提供93次盐雾、金相、结合力、厚度、材料分析等测试。协会技术咨询服务热线为国内100多家企业提供技术咨询服务，为这些企业解决工艺、设备技术等疑难问题。协会和上海轻工研究所合作的镀镍废水装置与60家电镀企业进行合作，共安装119套镀镍废水回收设备，从镀镍废水中回收27吨镍，减少废水排放59万吨，提高70%的废水回用率，取得1200万元的经济效益，使企业得到环境与经济的双赢。协会网站进一步扩展，经过多次改动，更好地适应企业发展要求，成为一个真正的行业信息平台。《上海电镀》调整栏目，编辑出版6期，近30万字的内容和协会网站互动，及时报道行业动态，政策法规、技术信息、企业管理等，较好发挥讯息平台作用。编辑、出版《上海市电镀行业安全生产实用指南》《上海市电镀行业废水分析实用技术》工具书。协会组织参观国家荷兰水处理展览会、华东地区国际表面处理展览会、全国印制线路版展览会。召开菲希尔新产品推广会、安美特环保电镀添加剂交流会、康普节能电源、铬回收装置推广会，为更多企业了解新产品、新工艺、新技术的发展和使用效果提供渠道。

三、加强行业自律

协会召开七届四次常务理事会、七届五次理事会、七届六次理事长工作会、七届六次理事会汇报、商讨协会年度工作，制定工作计划。按照上海电镀行业准入条件，发放89张准入证，其中3年期证49家。根据市政府有关要求，对全行业企业进行梳理（主要是处于104、195、198地块的电镀企业）并对不在工业园区和没有完成清洁生产审核要求整改的40家企业发放一年期证。有效控制了企业盲目发展，使行业管理工作更加有序。

四、认真学习交流

企业谋发展，产业要调整，学习交流是必然的途径，协会利用接触面广、信息量大的这一交流平台，组织多方面的交流活动。全年组织热镀锌工作联谊会、青年电镀工作交流会、重阳敬老联谊会。接待深圳、重庆、金华、大连、香港、台湾以及美国、韩国等协（学）会来沪参观考察团；参与中国印刷板行业国际交流、浙江永康电镀工业园区评审、中国表面工程协会废水处理高峰论坛、中表协厦门经济发展国际论坛。考察参观福州长乐工业园（电镀）、组织并协办上海国际（荷兰）水处理展览会、印制线路板行业（电镀）上海台湾联谊会、废镍资源回收利用研讨会、电镀污泥处置研讨会、海峡两岸印制板行业交流会、第二届海峡两岸电子及表面处理学术交流会、长三角电镀行业联谊会、航天航空表面处理上海交流会、国际表面处理精饰论坛上海新闻发布会等活动。

（王纪民）

上海电机行业协会

上海电机行业协会成立于1987年5月，是以上海电机行业企事业单位为主自愿组成的跨地区、跨部门、跨所有制的非营利的行业性社会团体法人，也是全国最早成立的电机行业协会之一。现有会员单位100余户，电机产量产值占全国1/3以上，拥有一批质量好、技术高、效益佳、创新意识强的企业，在国内同行业中具有较高的知名度。

2015年主要工作：

一、充分发挥龙头骨干企业在行业发展的中流砥柱作用

上海电机厂、ABB、日用－友捷、马拉松－革新、大同和浙江卧龙、金龙、江苏大中等企业均进入良性发展模式，在行业内乃至全国都具有一定影响力。一批中小型企业以创新思维求发展，工作颇具特色，抓住有利时机努力做大做强，部分企业已在细分领域名列前茅。

二、召开会长和理事会议，推进行业创新务实工作

1月30日，协会在召开2015年会长扩大会议，总结协会工作，商量全年工作，交流工作经验。4月，协会召开2015年年会暨七届四次理事会。上海电机厂、上海日用－友捷和江苏大中、重庆赛力等企业交流创新改革及高效节能减排等方面的工作经验和体会。协会还运用快讯、微信、网络、会议等各种形式，宣传推广行业内外企业发展的先进经验和工作体会等。

三、推进行业“四新”技术（新材料、新工艺、新技术、新产品）的发展

协会携手江苏邳州高新材料经济开发区和企业，对当地综合利用永磁材料和非晶带材的开发与资源，将国家大力提倡发展的永磁电机和国内外已研发成功的节能高效非晶带材作为交流的主题和合作的内容。5—10月，协会3次组织30余家企业赴邳州考察学习。10月18日，协会组织的行业四新技术交流会和邳州组织的新材料产业发展高峰论坛同期举行，共商新材料的推广和运用。

四、将节能高效和低碳排放有机结合向纵深推进

协会把推进高效电机与推进电机低碳环保产品认证结合起来，组织企业参加国家发改委 CQC 低碳产品认证证书的培训工作，协同相关企业携手院校，研发超超高效电机。7月，协会组织上电、大同、国检局、百特等企业拜会台电机电子工业同业公会，听取台电专案办专家关于产品生命周期的节能减排工作以及碳足迹，绿色工厂和碳中和以及能源网和运筹网的工作介绍。开展 JJ（节能减排缩写）小组活动，3月10日召开分管此项工作的领导参加的推进会，上报不少项目。协会和市节能减排小组有关领导和成员，走访上电、百特等企业，共同研究开展这项工作的具体内容，进行现场指导。8月26日，协会举行首届“节能减排”小组活动培训班，百特、大速、出入境等企业50余名干部职工参加培训。

五、与院校及国家专门机构携手，为企业人才培养和技术研发提供支撑

许多企业十分注重加强科技力量的培养，注重与院校和国家专门机构的合作，协会一方面努力为大家服务，另一方面积极搭建平台，牵手双赢：上海电机学院和上海国检局，运用其雄厚的人才培育资源和技术开发力量及专门的检测检验设备和资质，全方位积极为企业提供优质服务，受到企业欢迎。协会还为上海、江苏等10余家企业与企业，学校与企业，学校与专门机构之间搭桥铺路，开展多方位沟通协作，有的已取得初步成效。

六、继续开展专业技术职称资格评审工作

继2014年开展行业企业专业技术职称资质认证工作之后，经过审报、初审、补充材料等程序，3月，协会召开职称评审专家工作会议，对评审人员进行职称评定，对高级职称评审人员进行规范答辩，通过率为88.9%。

七、举办协办多种展会和考察，为企业走向更大市场提供服务

6月，协会主办第十四届中国（国际）电机博览会暨发展论坛。展会突出节能高效和新材料、新工艺，举办数场专题报告会。4月，协会与工信部二十一所共同组团赴德国柏林的绕线展和意大利相关展会进行参展及业务洽谈，进一步拓展企业了解国际市场的思路与眼界。协会组织参观中国（上海）国际技术进出口交易会、协助台电电公会举办2015昆山电子电机暨设备博览会，受到企业和举办方的欢迎，中国国际技术交易会还专门发来感谢信。

八、拓展和加速信息服务，建立协会网络平台

协会建立《快讯》、网站、统计信息和微信网络等多种信息服务系统，及时快速为企业提供信息服务。《快讯》是全国第一份电机行业的综合类刊物，创刊28个年头，不仅彩版排印，开辟行业聚焦、节能减排、企业与企业家、创新发展等10多个栏目，内容丰富、图文并茂、信息量大、深受企业家们的欢迎。

协会的统计信息员网是一支建立20多年来从未间断过的信息队伍。企业数和总产值数超过全国统计数的半壁江山，成为行业发展的重要窗口。协会从2014年开始开通“随时、随地、随身”的协会微信群，由一群发展到二群，进行信息、技术、资源、招商展会等的信息交流。被大家称为“协会官办”微信，贴心放心，真可谓“一机在手，信息不漏”。

九、加强党建和自身建设，适应形势发展的需要

在市工经联党委的领导和指导下，电机、化工、都市型行业协会党组织携手组建市工经联党委第九党建工作站，集中各方优势，合力开展党建工作，推进协会工作。秘书处抽空走访企业，掌握信息，协助企业解决一些实际困难和需求。2015年正遇会长工作调动和协会秘书处成员调整，人手减少，大家齐心协力，任劳任怨，共同挑起服务企业的重担。

（邵海泉）

上海市铸造行业协会

上海市铸造行业协会成立于1984年1月，是以铸造企业为主体，并吸收与铸造相关的科研、设计、教学等企事业单位组成的跨行业、跨部门、不论经营类型，具有独立法人资格的社会团体。现有会员单位250余户。

2015年主要工作：

一、达标评议工作

在2015年达标评议中，协会在理念上突破过去往往把达标评议与产业结构调整混为一体的局限。凡合法（持有工商营业执照）、客观存在的铸造企业，尽可能将其纳入行业自律监管。注重把行业自律落实到位，加强对企业整改情况的跟踪检查，对于个别至今管理仍然比较原始粗放、状态不佳的企业，明确提出整改意见，并要求企业整改后拍照把照片传给协会，力促企业加快改变面貌。

二、行业准入工作

铸造行业准入公告是工信部于2013年开始实施的一项政府监管措施，主要目的是加强对铸造企业的后续监管，促进全行业降低能耗，减少污染排放，提升企业综合素质。2015年申报行业准入公告的企业有8家。在行业准入申报工作中，加强与中国铸造协会的沟通，特别是对两家“在线”生产企业，针对申报表格设计上的缺陷等问题，通过与中铸协的沟通，确保符合准入条件的企业顺利通过。

三、清洁生产审核

协会在电镀协会支持下，负责开展上海艾诺特殊钢铸造有限公司的清洁生产审核工作，并确定由年轻人担任审核报告主笔。经过近一年半的辛苦努力，11月通过专家验收，获得91分高分，使协会今后深入开展企业清洁生产审核有了良好开端。

四、铸造通讯和网站

为了加强对上海铸造创新发展和行业领军人物进行导向宣传，协会对《上海铸造通讯》进行改版，首页登载“封面人物”形象以及相关的事迹、企业业绩介绍。在内容上，较大幅度增加与企业经营生产密切相关的信息量，如最新的环保法律法规信息、行业动态信息、铸造工艺和技术方面的交流信息、人才交流信息、当前经济新常态下企业面临的困境和诉求等等。对协会网站及时进行更新。

五、加强基础管理

对企业生产经营、能源消耗、环境保护、技术创新等方面信息资料的收集统计，是搞好行业自律管理，深入开展为企业服务的最基础工作之一。协会加强对企业信息调查表的收集和整理，对会员单位按经营性质（铸件生产、原辅料供应、设备生产商等）、产权性质、工艺、是否专业生产等情况进行分类，使已得到并经统计分析后的信息数据尽可能准确和符合行业实际。

六、规范秘书处工作

协会规范化建设的核心，在于应具有“精、气、神”。协会借用毛泽东为抗大题写的校训“团结、紧张、严肃、活泼”，作为秘书处全体工作人员在工作中始终贯彻如一的行为准则和道德规范。

为了加强对会员单位的管理，制定《关于会员单位规范加入和退出协会的实施条例》。在秘书处内部，重新签订工作人员劳动合同或聘用协议，制定《工作人员去企业现场考查的若干规定》，其中既规定工作人员必须尊重企业，遵守企业有关劳防安全制度，也规定反腐倡廉有关条款。年中，秘书处全体工作人员自愿为身患重症的保洁工师傅捐款，慈善博爱的精神进一步得到弘扬。

（谈悦晨）

上海市焊接协会

上海市焊接协会是1986年经上海市民政局批准成立的市级专业协会，下设行业管理、教育培训、交流出版和组织建设等4个专业委员会。现有会员企业243户。

2015年主要工作：

一、技术培训方面

全年经培训和考核，共为本市和外地企业培训1400多名符合各类技术标准的焊工。其中，国际标准550人，AWS标准的国际注册300名，EN标准焊工250人。3月28日，成功承办第六届上海市“星光计划”第六届职业院校焊接项目技能大赛。10月15日，协会应伟创力（上海）金属件有限公司邀请，现场观摩和指导该公司第六届劳动技能竞赛的焊接比赛，对每位参赛焊工的比赛“作品”逐一进行点评。

7月，协会召开上半年培训工作交流会，新时达机器人有限公司、上海电站辅机厂和市人社局技能鉴定中心有关人员作了交流。8月，协会与摩迪（上海）有限公司组团赴美国考察美国焊接学会，考察AWS的组织架构和运作经验，并商谈双方深化技术培训合作，按照国际权威的AWSD16.4标准，开展焊接机器人技术标准培训，以适应贯彻落实“中国制造2025”和互联网＋精神，企业产业升级、结构调整和技术进步对焊接机器人日益增长的需求。

二、在技术服务方面

为市内外企业完成50余项焊接咨询和技术攻关、技术咨询服务项目，包括上海电机厂大型发电机转子补焊、上海大众汽车新厂房焊接项目和大型水箱焊接质量监理等。如，上海电机厂的大型电机转子因金属切削加工出现瑕疵，需要采用合适的焊接技术进行修补，协会向电机厂提出两点建议：一是进行转子补焊的焊接工艺评定，摸索最佳的焊接工艺；二是对焊工进行ASME标准的技术培训，掌握发电机产品的焊接技术。最终帮助发电机厂解决了问题。经严格的质量检测，补焊后的转子质量完全符合设计要求。

三、中外技术交流方面

组织参加11次技术交流会。主要有恒通公司新产品推介和机器人现场演示交流会、《电弧焊机能效限定值及能效等级标准》学习研讨会、上海与天津焊接协会第15次交流会、与摩迪（上海）咨询有限公司和美国焊接学会合作举办“焊接技术新思维”研讨会、参加华东六省一市焊接技术交流会，以及与宝山区焊接技术协会联合举办“船舶与海洋工程装备焊接技术发展论坛”“2015宝山焊接论坛——工业机器人智能化焊接技术应用与发展论坛”。

6 月 18 日，由上海市焊接协会（SWA）、摩迪（上海）咨询有限公司（MSC）主办，美国焊接学会（AWS）协办，上海通用重工集团（TAYOR）承办“焊接技术新思维”研讨会，来自上海焊接界和美国焊接学会的贵宾共 200 多人参加。中美双方还举行了市焊接协会焊接机器人培训基地揭牌仪式。12 月，在上海发那科机器人公司和林肯电气有限公司、宝山区焊接技术协会、捷锐企业（上海）有限公司协办“2015 华东区焊接技术交流会”。这些技术交流活动在国内外均产生较大影响。

为了集思广益，编制上海市焊接行业“十三五”规划建议，协会于 10 月召开两次专题研讨会。综合各行业专家建议，明确“十三五”时期需要研究解决的重点问题。

四、行业节能名优产品评选方面

协会确定 2015 年起行业名优产品评选以贯彻落实国家《电弧焊机能效限定值及能效等级标准（GB28736-2012）》为依据，并制定评选的实施细则；与国家确定的电焊机检测单位成都电焊机研究所联系，将上报参评的电焊机送达该所检测，以提高评选的权威性；同时新增新型焊接材料列入行业节能名优产品评选。

所有报送产品经严格检测并经 11 月 28 日七届五次理事会审核通过，上海东升焊接集团有限公司等 5 家企业的逆变焊机评为 2015 年上海焊接行业节能名优产品。上海大西洋焊接材料股份有限公司等 4 家企业生产的焊接材料被评为 2015 年上海焊接行业新型焊接材料。与历次评选行业名优产品不同，2015 年突出两点：一是突出电焊机节能效果。凡是达不到《电弧焊机能效限定值及能效等级标准》（GB28736-2012）标准的产品实行一票否决制。5 家企业被评为年度行业名优产品的电焊机，全部是经过国家专业权威部门程度电焊机研究所检测，并符合国家 GB28736-2012 标准的节能产品。二是突出新型焊接材料。焊接材料首次进入行业名优产品评选，目的是为了推动焊接材料行业技术进步和产品升级，更好更多地研发和生产适应核电、海洋工程、航天航空行业等高精尖产品需要的各种新型焊接材料，加快国产化步伐。

经国家有关部门认证，上海沪工焊接集团股份有限公司、上海威特力焊接设备制造股份有限公司和上海通用电焊机股份有限公司等 3 家企业生产的逆变手工直流弧焊机、逆变直流弧焊机、逆变二氧化碳气体保护焊机，首批通过中国质量认证中心（CQC）的 GB28736-2012 认证（全国仅 13 家企业），并进入国家工业和信息化部第五批节能机电设备（产品）推荐目录。

五、协会组织建设方面

一是按照协会章程，召开七届五次理事会和理事长会议，研究和审议协会 2015 年工作、名优产品评选、2016 年工作设想以及协会成立 30 周年活动等重大工作。

二是吸纳行业中青年焊接人才，充实协会专家组，形成 36 人的老中青相结合的协会专家组，以更好地发挥协会智库优势，为会员企业提供各种技术服务。

三是增补南通振康焊接机电有限公司董事长汤子康为协会副理事长，增补摩迪（上海）咨询有限公司副总经理施凯丰为协会副秘书长，获得七届五次理事通过。

四是开展会员单位调研，先后到南通振康、无锡汉神、新时达机器人、中洲特材、伟创力（上海）公司等会员企业调研，沟通协会工作信息，了解企业的生产经营情况，征求企业的服务需求。

六、加强行业宣传方面

全年编辑出版《上海焊接》杂志 6 期，共刊登文章 69 篇，内容涵盖协会动态、焊接技术、焊接市场、政策信息等。1 月起对“上海焊接网”进行改版，并新开设上海市焊接协会微信平台，及时反映协会各项重点工作和上海焊接行业的新面貌。全年《上海焊接》杂志和“上海焊接网”共有 16 篇文章被《金属加工》和《现代焊接》等全国性的行业期刊转载。

（柳国炎）

上海市气体工业协会

上海市气体工业协会成立于 2007 年 1 月，是由从事气体生产、储运和经营，相关仪器仪表、附件和设备制造，以及科研、工程设计、教育培训、检测机构、社会团体和大专院校等相关企事业单位，并包括在本专业领域内具有一定影响力的个人自愿组成的专业性非营利性社会团体法人。现有会员单位 102 户。

2015 年主要工作：

一、加强协会自身建设，积极开拓稳健发展

3 月 12 日，协会召开第三届第一次会员大会暨第一次理事会，共有 97 家单位会员和个人会员 135 名代表出席会议。会议通过《上海市气体工业协会第二届理事会工作报告》和《上海市气体工业协会第二届理事会财务工作报告》，并修改《上海市气体工业协会章程》。在会员大会上，进行第三届理事会换届改选，27 家单位和个人被当选为协会理事。随后，新一届理事会选举会长、副会长和秘书长等协会领导。

协会根据上海地区经济转型和行业发展的要求，对会员单位重新遴选，更换会员单位达1/3以上，并向行业的上下游进行延伸，进一步扩大在行业内的影响力。换届后会员单位数量从97家增至102家，理事数量从24家增至27家。

协会将增强自身技术能力作为发展的重要任务，组织力量进行技术攻关和技术创新，提高协会的技术水平，增强自身实力。经过一年努力，协会获得计算机软件著作权1项、中国机械工业科学技术二等奖1项、市质技监局标准化推进专项资金资助项目两项。

二、面向行业与政府，认真履行服务和管理职能

协会面向行业和政府，开展以下服务和管理工作：

参与国家改进道路运输液体危险货物罐车管理制度的调研，组织召开全国“构建危险化学品储运装备动态监管和运维服务‘互联网＋’体系研讨会”。参加上海市空分装置能耗及碳排放交易研究的相关工作、国家质检总局组织的全国爆破片制造单位的监督检查及全国焊接绝热气瓶的监督抽查工作、山东省东营市河口金泰加气站管束式集装箱火灾事故的调查、天津滨海新区瑞海国际物流有限公司危险品仓库爆炸事故的调查。派专家为全国气瓶、移动式压力容器充装单位安全负责人鉴定评审人员培训班授课，举办全国2015年C类压力容器设计鉴定评审员培训与考核班，负责国内移动容器、低温容器产品的企标评审和技术评审工作，派专家参加中国工业气体协会气瓶专委会制造许可证的评审。承担我国低温压力容器、低温绝热气瓶、低温绝热管及管件型式试验许可工作，承担全国带泵罐车定点卸液监控信息公共服务平台的改进及管理工作，承担全国应变强化深冷容器制造信息公共服务平台的建设工作。

协会作为上海市3家具有气瓶和移动式压力容器充装许可鉴定评审资格的机构之一，通过开展相关的气体充装许可评审和咨询工作，规范上海地区气体充装企业安全技术行为，确保气体充装的安全，促进气体行业经济和谐发展。

10月，协会联合中国气协举办气体质量检验人员职业资格培训班，为行业内企业培训一批气体质量检验人员。

受市质技监局委派，协会组织专家检查组，对气瓶充装和移动式压力容器充装单位的进行证后监管检查工作。7—9月，共对10家单位11处充装站进行检查。通过检查发现充装单位在资源条件、质量管理体系及充装工作质量中的多处缺陷与不足，为安全监察机构了解充装单位的实际运行状况，规范气瓶充装和移动式压力容器充装程序，保障充装安全提供详实、可靠的技术资料。

三、积极参与国家标准、行业标准和地方标准的制修订工作

协会作为国家标准化技术委员会的落户单位，积极组织和参与移动式压力容器、低温容器标准制修订与相关的标准化管理工作。批准发布GB/T31480-2015《深冷容器用高真空多层绝热材料》、GB/T31481-2015《深冷容器用材料与气体的相容性判定导则》国家标准两项。报批GB18564.1《道路运输液体危险货物罐式车辆第1部分金属常压罐体技术要求》国家标准1项。送审GB/T10478《液化气体铁道罐车》、GB/T19905《液化气体运输车》、JB/T4781《液化气体罐式集装箱》国家标准3项。完成并复审通过GB18564.2-2008《道路运输液体危险货物罐式车辆第2部分：非金属常压罐体技术要求》、GB/T18443.1-2010《真空绝热深冷设备性能试验方法第1部分：基本要求》、GB/T18443.2-2010《真空绝热深冷设备性能试验方法第2部分：真空度测量》、GB/T18443.3-2010《真空绝热深冷设备性能试验方法第3部分：漏率测量》、GB/T18443.4-2010《真空绝热深冷设备性能试验方法第4部分：漏放气速率测量》、GB/T18443.4-2010《真空绝热深冷设备性能试验方法第5部分：静态蒸发率测量》、GB/T18443.4-2010《真空绝热深冷设备性能试验方法第6部分：漏热量测量》、GB/T18443.4-2010《真空绝热深冷设备性能试验方法第7部分：维持时间测量》、GB/T18443.4-2010《真空绝热深冷设备性能试验方法第8部分：容积测量》等国家、行业标准10项。正在修订GB/T10478《液化气体铁道罐车》、GB/T19905《液化气体运输车》、GB/T18442.7《固定式真空绝热深冷压力容器第7部分奥氏体不锈钢应变强化技术要求》等国家标准3项和NB/TXXXXX《液化气体罐式集装箱》、NB/TXXXXX《液体危险货物罐式集装箱》等行业标准4项。

四、参与对口ISO/TC220国际标准化事务

根据国标委和锅容标委的委托，协会秘书处承担ISO/TC220“低温容器标准化技术委员会”的对口联络工作。秘书处开展ISO/TC220相关工作，取得成果。一是秘书处代表SAC完成对ISO/TC220低温容器相关标准投票表决工作10余项次；二是6月17—19日，在北京国家会议中心组织召开2015年ISO/TC220年度工作会议，参加会议的有来自国内外低温容器相关行业的30余名代表，其中，美国、加拿大、法国、德国、日本等国外专家代表20名，国家标准化管理委员会、国家质检总局特设局、全国锅炉压力容器标准化技术委员会代表10余名；三是及时跟踪ISO/TC220动态，不定期公告相关信息。

（黄剑峰）

上海市热处理协会

上海市热处理协会成立于1984年6月4日，是以上海地区和部分其他省市的热处理企业为主，以及热处理设备设计制造、热处理冷却质研发制造、教育等单位自愿组成的社会团体法人。现有会员单位284户，下设感应加热、真空、控制气氛等专业委员会。

2015年主要工作：

上海热处理行业拥有国际一流的先进热处理装备和国内前列的热处理工艺技术，多年来上海瞄准国际热处理先进水平，加快专业化、规模化和高新技术化建设，不断发展先进工艺技术，淘汰落后装备，推进行业的产业结构调整与优化。为上海先进装备制造业、汽车、航天航空、港机、核电、轨道交通、电气电站、船舶、军工等行业的发展提供重要支撑。

协会受市技监局委托，在上海市能源技术标准化委员会指导下组织行业骨干企业起草编制完成《金属真空热处理工序单位产品能源消耗限额》《黑色金属控制气氛热处理工序单位产品能源消耗限额》地方标准。受市经信委委托，编制完成《上海市热处理行业准入条件》。

2015年，上海市热处理行业在引进消化吸收国际先进热处理技术和装备的基础上，以企业为主体、市场为导向、产学研相结合，发挥企业主观能动作用，加强企业原始创新能力，取得提高创新能力和提升专业技术水平的硕果。如上海交通大学已鉴定国家重点基础研究项目热处理项目两项，重大专项4项，科技攻关项目两项；上海大学的热处理科研项目34项，热处理专利10项，获得热处理科技进步二等奖1项；上海上大热处理有限公司在提高汽车零部件热处理质量的生产过程中，十分重视技术创新，获得感应热处理和氮化处理方面的创新专利6项，并获得国家创新基金的支持和高新技术产业、科技小巨人培育企业的称号；上海恒精机电设备有限公司截至5月，取得证书专利66项，其中发明专利1项，实用新型专利63项；上海汽车变速器有限公司积极发展渗碳热处理真空气淬技术、高温油淬技术、表面强化技术、多用炉气体渗碳和氮碳共渗技术、强喷与压淬控形技术，获得4项专利和3项高新技术成果转化项目。上海丰东热处理、上海汇森益发工业炉有限公司的工业炉炉衬为国家发明专利。上海热处理正朝着智能化热处理设备和机器人热处理企业方向发展。

（李金兴）

上海市模具行业协会

上海市模具行业协会成立于1994年12月，为上海模具行业及相关企事业单位、大专院校及社会团体自愿组成的跨部门、跨所有制非营利的行业性社会团体法人。协会现有各种所有制会员单位587户，协会下设经营管理、模具技术、模具标准件、模具材料、信息化、标准化、汽车模具、教育培训、特种加工和专家等10个专业委员会。

2015年主要工作：

一、“互联网+”助推模具行业创新发展

2015年，上海模具工业从以前两位数增长降至2015年5%左右的增速，形势非常严峻。协会秘书处通过调研发现，处高端市场产品技术含量高，或经销先进进口产品的企业如模具材料和模具精密加工设备代销商受的影响较小，而处中、低端市场的众多企业经营困难。经济形势对上海模具市场有冲击，但影响不算特别大，关键取决于企业产品含金量。为了帮助业内企业走出困境，协会宣传、推广“互联网+模具”，鼓励企业通过技术创新，转型升级来提高自身核心竞争力，在会员单位大力支持下，按年初制定的工作目标，开展一系列活动。

二、加强协会基础工作建设

协会拥有网站“上海模具行业信息网”，定期出版《上海模具工业》（月刊）；发展会员单位20家；走访及电话联系企业300余次，加强与企业联系和交流；召开会长会议，执行协会章程；召开专委会主任会议，探索行业发展新思路；完善秘书处工作制度，落实各部门职责；举办2015年上海模具界敬老联谊。

三、拓展为企业服务功能

制定上海市模具行业“十三五”发展规划；加强供求合作，帮助企业拓展业务，为模具及模具相关企业介绍模具和零部件加工、模具设计、模具材料采购等各类业务200余次，涉及会员单位及模具企业上百家；举办国际模展，组织

35家独资、合资、国有、民营企业，邀请13家用户单位参展，共计展位188个，展示面积1693平方米；举办多场技术交流会、新产品推介会，帮助企业构筑推广、联络、互动平台。3月26日，DMGMORI集团新落成的上海工厂技术中心盛大开幕仪式在上海举行，协会组织部分模具企业、相关单位以及有关专家50余人参加本次活动。3月27日，由荣格工业传媒有限公司召开“2015高效加工技术研讨会”，协会应邀组织部分会员单位出席会议。4月14日，协会联合深圳网蓝通用科技有限公司携手日本JSOL珠式会社举办“冲压模具仿真关键技术应用研讨会”，邀请业内专家、学者、工程技术人员约90余人出席研讨会，为大家提供技术交流的平台。6月16日，“沙迪克公司3D金属打印复合加工机技术研讨会”举行，协会组织相关模具企业专家、工程技术人员共40余人出席会议。9月8日，协会联合约翰内斯·海德汉博士有限公司、英国Dlecam和玛泰克机床股份有限公司共同举办“汽车模具智能制造技术交流会”。协会邀请业内企业家、专家、学者、工程技术人员共100余人出席会议。

四、推进行业信息化、智能化建设

3月17日，协会召开“促进管理信息化，运用云计算”座谈会，交流和探讨我国模具制造如何顺应数字化、网络化、智能化的发展趋势，加快云计算在模具领域的推广和运用。6月18日，第八届东方模具产业论坛在余姚举办，协会应邀参加，并以“如何加快实施模具行业互联网的发展”为题，阐述“互联网＋模具”发展的重要性，重点介绍互联网＋模具的发展蓝图和物联网＋模具材料、标准件、刀工具的构想。7月9日，协会召开“互联网＋模具”座谈会，探讨如何在行业内开展“互联网＋模具”工作。8月18日，协会举行“模具界企二代联谊会”，就模具行业这一传统产业如何通过与互联网相结合实现智能制造、转型升级、创新发展发表思路和想法。10月30日，协会主办“中国首届互联网＋高峰论坛”，来自模具界企业家、专家、学者、工程技术人员共200余人出席会议。论坛邀请11位嘉宾作精彩演讲。本次论坛对进一步完善模具工业体系，提高行业整体实力，对我国模具行业走出困境，创新发展具有促进作用。11月29日，协会与上海市工业技术学校联合举办“模具智造创新论坛”会，邀请业内院校领导、企业及学生代表及协会特种加工委员会成员共80余人参加，论坛会采取互动方式，内容紧贴生产实际，为行业实现智能制造、打造智能工厂提供新的思路和理念。

五、参加社会活动、扩大协会影响

协会组织参加“上海行业协会沙龙”活动24次；发起成立上海行业协会沙龙联谊会，10月31日，组织25家以上海工业系统为主的行业协会秘书长们，齐聚上海理工大学，与上海理工大学的党政领导及该校材料学院院长、书记、教授们开展一场交心对白的沙龙活动，与学者、教授们展开坦诚的交流和互动。

六、加强同行之间联系和交流

举办2015模具界联谊会增进友谊和感情；协办第二十一届华东地区模协（扩大）会议；助推浙江省模具工业联合会成立；出席黄岩模协换届改选大会；加强与各地模协互动。接待河北、青岛、安徽、江苏、无锡、昆山、黄岩、南京、余姚、宁波、大连、福建、厦门等模协与代表团，拜访黄岩、余姚、宁波、昆山、江苏等模协。

七、各专委会积极开展活动

专业委员会工作是协会工作的重要组成部分，基本上都按年初制定的工作计划开展活动，发挥专委会的作用。在新的一年，协会秘书处将进一步加强自身建设，充分发挥专业委员会作用，拓展为企业社会服务功能，满足企业需求，倾听企业呼声，紧紧依靠全体会员单位，加快“互联网＋模具”在行业内推广、运用，鼓励企业通过技术创新和现代化管理来增强核心竞争力和抗风险能力。努力打造智能工厂，实现智能制造。全面提升行业整体管理水平，使上海模具工业持续健康发展。

（范　芃）

上海钢管行业协会

上海钢管行业协会成立于2000年4月。现有会员单位63户。企业遍布江浙沪两省一市，是上海市第一家由企业发起，自下而上组建的全市性行业组织。会员中除宝钢为国有企业外，其余皆为民营企业。上海地区会员单位钢管产量300多万吨，占全市钢管产量的90%以上。

2015年主要工作：

一、坚持协会为企业服务的宗旨，为会员企业搭建开拓市场的平台

协会主办“第十届上海（国际）钢管展”，参展企业300多家，观众2万余人次。会员企业上海天阳钢管有限公司在展会上推出的科技新产品“高性能复合管”，引起用户单位的广泛关注。协会联系中钢协，为天阳钢管组织省部级鉴定会，“高性能复合管”顺利通过新产品鉴定。协会搭建合作平台，会员企业之间开展产能互补，做到订单不流失、产能不放空，效果十分显著。

二、积极配合政府相关部门，做好进出口公平贸易工作

协会是商务部首批命名的全国27个公平贸易基层工作点之一，市商务委授予的第一批“上海市进出口公平贸易行业工作站”。协会将进出口公平贸易纳入秘书处常态化工作，通过会议、简报、培训、研讨等形式，不断丰富、充实进出口公平贸易工作。在市商务委的指导下，组织双反协调会两次，公平贸易培训1次。协会派员参加上海市组织的商事调解培训，协会拥有两名上海市商事调解员，可为会员单位提供商事调解服务。

三、积极推进品牌工作，不断提升会员企业产品市场竞争力

协会积极协助企业申报“上海名牌”和“上海市著名商标”。为申报企业提供建设性建议，做到评审一批、培育一批，不断提升会员企业钢管产品的市场竞争力。年内，会员企业新增一家“上海名牌”产品。截至年底，上海钢管行业协会会员单位共有9家企业的产品获得“上海名牌”称号；4家企业被授予“上海著名商标”；两家企业申报“中国驰名商标”。

四、加强会员间信息传递工作，办好行业网站和行业简报

协会《钢管行业》网站发布行业信息2000条，行业上下游信息1000余条，价格信息2500多条，协会工作信息50余条，会员单位信息40余条。网站发布的独家信息，经常被其他网站转载，网站注册会员有130多家。《上海钢管行业简讯》全年共出版54期，每期约5000字，给会员提供近期钢铁行业形势，钢管产业技术信息和协会、会员动态信息等。

五、加强协会自身建设，创新协会工作方法

协会秘书处坚持在国家法律法规和国家政策的指导下开展工作，依法按时履行登记手续，执行民间非营利组织财务管理制度。年内举行1次会员大会、3次理事会、两次专业会议，开展公平贸易培训1次。协会还组织两个月一次的会长办公会，参会率达到95%以上。

2015年是协会换届改选年，依照社团管理要求，协会成立换届改选领导小组和工作小组，起草《换届改选工作实施方案》《四届理事会工作报告》，修改《协会章程》，审计四届理事会财务收支情况，进行一系列的换届改选文件和会务准备。秘书处驻会工作人员由过去的1人增加到4人，平均年龄由过去的66岁下降为51岁，全部为大专以上文化水平。

（卢致逵）

上海市轻工业协会

上海市轻工业协会于2007年6月21日成立，是一个由轻工企事业单位以及相关社会组织自愿组成的联合性的5A级社会团体，会员单位258户，理事会成员包括上海轻工行业各大集团公司和17家专业行业协会。

2015年主要工作：

一、抓住“一带一路”战略机遇，加强国内外经济合作交流，促进合作共赢、共同发展

9月10—13日，组团参展在银川举行的“2015中国—阿拉伯国家博览会”。英雄金笔、中华铅笔、蝴蝶缝纫机、上海手表等上海轻工名品亮相，促进上海轻工在“一带一路”战略引领下寻求新的合作机遇。11月3日，在市经信委和甘肃省工信委共同主办的“上海—甘肃产业合作对接会暨框架协议签署仪式”上，协会与甘肃省轻工业联合会签订《产业合作框架协议》，搭建沪甘两省市轻工产业发展对接平台。

二、承接政府购买服务，完成多项重要调研课题，为上海轻工业在新常态下的新发展提出对策建议

根据市经信委要求，承担《新常态下上海轻工产业发展建议报告》的调研和报告撰写工作，3月报送市经信委。5月完成市经信委品牌培育管理体系建设咨询服务项目。8月完成《上海轻工行业“十三五”发展规划前期研究》项目，报送市经信委。11月，参与市政府和中国轻工业联合会共建战略合作框架协议的筹划工作。

三、围绕新老自主品牌建设，开展评选上海轻工卓越、知名品牌（产品）和服务品牌建设立功竞赛活动

经企业自主申报、行业协会审核推荐、专家评审及协会门户网站公示，4月29日，审定公布，分别评选出38个“上海轻工卓越品牌（产品）”和48个“上海轻工知名品牌（产品）”。9月2日，举行授牌和入选品牌（产品）图板展示。协同上海轻工业工会联合会组织开展“服务品牌建设、推动转型发展”自主品牌企业立功竞赛（第二阶段）活动，产生13家先进企业、26名先进个人、10个优秀案例和24个立功竞赛活动“工人先锋号”。

四、巩固“上海轻工行业设计服务中心”，促进创意创新活动的深入开展

与上海轻工业工会联合会合作，组织开展以“梦上海，我的上海印象”为主题的第七届（2015 年）“上海轻工杯”上海特色旅游商品创意设计大赛，收到来自社会各界的参赛设计稿件 318 件，评选出一等奖 3 名、二等奖 7 名、三等奖 9 名。9 月 2 日，进行作品展示和颁奖。继续支持或参与上海室内设计节等各项文创活动。协会推荐的上海思乐得不锈钢制品有限公司、上海包装造纸（集团）有限公司被市经信委等认定为第 21 批上海市企业技术中心。协助企业开展 2015 年上海市产业转型升级发展专项资金（品牌经济发展）项目申报。受市商务委委托开展“老字号”项目初审工作。

五、举办或协办各类展会，做好经济运行情况分析，推广应用节能减排新技术

6 月 12—16 日，组织 8 家企业参展在昆明举办的第 3 届中国—南亚博览会暨第 23 届中国昆明进出口商品交易会，销售总额超过 66 万元。10 月 22—26 日，组团参展第七届中国（大连）轻工商品博览会，现场销售总额超过 60 万元；在“万花杯创新产品奖”评选中获金奖 10 项、银奖两项。持之以恒做好上海轻工企业参加广交会、华交会的全程服务。

组织自行车、缝纫机、钟表“三大件”参加 11 月第 17 届中国国际工业博览会。上海上工蝴蝶缝纫机有限公司选送的“JX550L-W 无线操控家用缝绣一体机”入选中国工业设计创新奖。组织上海表业、太太乐食品、冠生园食品、佰草集化妆品、晨光文具、民乐一厂等品牌企业参与上海设计之都促进中心佛罗伦萨意大利米兰世博会外围展，荣获参展荣誉证书。组织 5 家企业参加“2015 第 3 届上海国际生活用品家居装饰品及美容美发健康展览会（春季）”。

多次与市经信委都市产业处共同召开行业协会、企业座谈会。先后形成 2014 年和 2015 年一季度、上半年、三季度上海轻工行业经济运行情况报告。完成《2014 年上海轻工行业能耗情况》报告。配合市经信委电力处推进电力需求侧管理；12 月，上海申美饮料食品有限公司荣获工信部“全国工业领域电力需求侧管理示范企业”称号。协会被市计划用水办公室评为“上海市 2015 年度节约用水先进集体”。参与中国轻工业联合会 2014 年度轻工行业十强、轻工业百强企业推荐工作。参与上海市企业联合会和上海市经济团体联合会共同举办的“2015 上海百强企业排序活动”。

六、做好科技推广和质量技术服务工作

举办品牌专项政策、高新技术成果转化等 6 场专题培训班。协助企业申报市级企业技术中心、高新技术企业等专项。服务指导 25 家企业加入与上海产研院、中科院等产学研合作攻关对接的专项申报，不少企业达成合作攻关联合体。服务指导企业推进卓越绩效 GB19580 的标准宣贯和实施，伽蓝集团获上海市政府质量金奖；双鹿上菱集团、民乐一厂等产品获得全国用户满意产品奖。9 月，以“质量安全”为主题组织召开 2015 年质量月宣传活动座谈会。编制《2014 年上海轻工行业质量状况分析（白皮书）》。受市质监局委托，召开转换器产品、自行车、工具、童车等产品质量分析会。

七、开展轻工特有工种职业技能培训与鉴定工作

全年开办民族拉弦、弹拨乐器制作工、贵金属首饰手工制作工、圆珠笔制作工、自来水笔制作工等工种技能培训班 11 个，培训 247 人，完成考试鉴定 121 人。分别举办“班主任培训班”和“教师培训班”。全年评审高级工程师 94 人、工程师 317 人。

八、做好会员联络工作，积极发展新会员

2 月 4 日，协会在冠生园（集团）有限公司召开部分会员单位座谈会，通报协会年度工作总结、要点并听取意见建议，举行“互动新媒体对轻工行业的功能及作用专题讲座”。开展会员单位通讯数据的修改、更新、完善工作和新会员发展、会费催缴工作。

九、积极开展舆论宣传和信息发布

全年《上海轻工业》杂志出版 6 期，先后刊发光明食品、晨光文具、上海表业、马利画材、第一铅笔、双鹿上菱等企业创新驱动、转型发展的典型，提供论文发表交流渠道。协会门户网站发挥新闻发布、信息公示作用，接受社会监督，在市文创办和市经团联的信息采用量居各行业协会前茅。撰写《上海市志 · 工业分志 · 综合卷》和《中国轻工业年鉴》《上海经济年鉴》等上海轻工业部分文稿；撰写上海轻工业 2014 年度大事记报送市经信委。

十、加强协会自身建设，成功实行换届改选

协会第二届理事会 2015 年 7 月届满。年初把换届选举作为全年工作的主要内容之一，5 月制定实施《换届改选工作实施方案》。7 月 24 日，召开二届七次理事会研究换届事项。9 月 2 日，召开三届一次会员大会和理事会、监事会，审议通过了第二届理事会工作报告等重要事项，选举产生由 82 人组成的第三届理事会和由 3 人组成的监事会；选举吕永杰为会长、方加亮等 28 人为副会长，姚志贤为秘书长、黄莅国为监事长。新的秘书处领导到任后，深入企业登门拜访部分副会长，主动听取意见，将协会办成有活力、有特色、有创新，受企业欢迎的行业组织。

十一、强化党建工作，发挥党组织的保证作用

党支部围绕协会工作重点，巩固党的群众路线教育实践活动成果，抓好党员党性和理想信念教育，学习弘扬焦裕禄精神，发挥党员先锋模范作用；抓党风廉政教育，保障监督中央“八项规定”的落实。2015 年年底，协会党支部还完成了换届工作。

（范伟民　徐伟堃）

上海市标准化协会

上海市标准化协会成立于1981年4月，是上海从事标准化工作的社会团体。现有团体会员单位201户，个人会员1089名。拥有组织、科普学术、技术咨询、教育培训等4个工作委员会及汽车、化工、纺织、船舶、轻工、机电、仪电、宇航、航空、包装印刷、信息、能源、服务、蔬菜、种植、水产、饲料、粮油、花卉苗木、有色金属、建筑建材等21个专业委员会。协会多次获得中标协、市科协、市质监局等部门授予的示范单位、先进集体、四星级学会等荣誉。2015年，经上海市民政局、上海市社会团体管理局组织第三方机构实地考评、上海市社会组织评估委员会审定，市标协评为5A级社会组织。

2015年主要工作：

一、组织国际研讨，推进国际交流

协会联合美国质量学会主办“上海第十七届工博会科技论坛——科技创新与标准化”国际研讨会。中国标协、市质监局、市科协领导与会致贺词，美领馆商务官员专程与会祝贺。

协会副理事长、美国质量学会创新分会主席、欧盟标准化驻华专家、西门子、施耐德、霍尼韦尔等国际著名企业，中国商飞C919大型客机总质量师、海尔集团标准部长等国内外专家、学者、企业界人士交流科技创新与标准化的经典案例，为促进国内外企业、组织机构交流合作提供平台，推进本市标准国际化步伐。

二、创导学术研究，引领理论创新

围绕“改革、发展与创新”主旋律，组织两次学术论文征集活动，参加中标协年度征文，获得“最佳组织奖”荣誉。联手江浙沪标协，开展长三角论文交流与评审，并对优秀论文表彰奖励，年内各专委会举办各类学术会议22场。

三、承接政府职能，组织标准编制

按照《上海市标准化优秀成果奖评审办理办法》，设立上海市标准化优秀成果奖评审办公室，履行“负责标准化成果奖项目受理、形式审查、组织专家组评审等相关事宜的日常工作”。组织多方专家开展评审，推荐标准化优秀技术成果39项，学术成果63项。市标协各专委会协同行业组织，完成国家、行业、地方标准制修订近200项，航空、纺织、轻工等专委会还结合专业特点，参与多项国际标准立项与制定，取得可喜的成效。

四、推进标准化改革，创新标准化建设

结合企业标准化改革，协会组织企业座谈会，了解情况，解读政策，发挥承上启下的作用，为企业提供“一站式”服务，并无偿为中小企业开展多期专题培训，助力本市标准化改革顺利推进。

五、开展专业交流，提升创新能力

组织会员赴青岛海尔开展标准化研讨交流，会同市农产品质量安全中心、光明食品集团，举办“标准化走进都市农业”考察交流。抓住企业关心热点，举办“两化融合高级研修班”，邀请交大教授和两化融合示范企业专题讲授；应对国际TPP协议，建设“一带一路”的发展战略，邀请上海科技情报所专家深入浅出进行讲解。

六、重视教育培训，致力人才开发

协会受理2015年上海市标准化工程师考试报名，并组织标准化专家开展考前培训，受理考试报名328人、组织培训267人，为方便学员，培训班开设到松江、青浦。协会各专委会也组织各类专业交流与培训400余次，参加交流与培训总计9300余人。

七、倾情公益活动，科普服务社会

围绕“节能有道、节俭有德”的主题，开展“建筑节能与标准化”及“节能标准化进社区——节能有道、节俭有德”主题活动。市质监局、市建科院、建筑建材专业委员会领导、专家及企业代表百余人参加研讨会，与会代表参观市大型公共建筑能耗监测平台，通过观摩进一步认识到大数据、信息化对于节能和技术改造支持。协会联合湖南路街道，在襄阳公园通过协会微信公众号、设置展板、发放宣传册等方式宣传节能小常识，吸引2500余名市民前来参与。

八、申报规范化评审，健全内部治理

协会与各专业委员会共同努力，按照市社团局关于规范化建设的116项评价标准，持续完善内部管理，积极、主动服务企业，服务政府，服务社会，服务会员，经市社团局组织第三方机构专家评价，通过5A级社团组织考评。2015年经协会申报，市科协评审与公示，协会副理事长兼秘书长谢燕同志当选首届上海市科技社团优秀秘书长。经协会推荐与中国标准化协会等机构联合评审，协会副理事长马宝发同志获得中标协“2015年中国标准化十佳管理者”荣誉。

（朱建南）

上海市摩托车行业协会

上海市摩托车行业协会成立于1995年，是以上海市生产、销售、研制摩托车的企业单位自愿组成的跨地区、跨部门、跨所有制的非营利行业性社会团体。现有团体会员54户。

2015年主要工作：

配合政府主管部门，通过走访和座谈等方式，对上海市摩托车企业进行大量调查协调工作，了解企业的困难和诉求。通过市经团联搭建与政府沟通的平台，代表行业向政府部门反映行业意见，如上海小批量进口摩托车政策的现状等，与相关政府部门进行沟通。

协会以协会专家组为核心，各专业公司为基础，开展对摩托车生产企业的委托服务。开展的项目有：产品造型设计、企业文化培训、技术服务等。年内组织召开电动摩托车标准宣贯会议、《机动车辆间接视野装置性能和安装要求》等摩托车标准研讨会议。

办好《摩托车行业信息》，为会员单位提供信息服务。

开展学术交流活动，促进企业规范运作，如摩托车新法规专题研讨会议等。

经过大量准备工作，协会于8月31日召开第六届第一次会员大会，选举产生第六届理事会、监事，修改协会章程，制定并通过《上海市摩托车行业协会会费标准和管理办法》，并由第六届第一次理事会选举产生新一届会长和副会长，聘任秘书长。

（黄　岚）

上海市自行车行业协会

上海市自行车行业协会成立于1988年11月，为上海自行车行业企事业单位自愿组成的跨部门、跨所有制的非营利的行业性社会团体法人。现有各种所有制会员单位220余户。下设电动车专业委员会。

2015年主要工作：

一、协会蝉联“先进行业协会”称号

鉴于自行车行业协会工作紧紧把握上海“创新驱动、转型发展”这一主线，秉承“服务企业、规范行业、发展产业”的宗旨，为推动上海自行车行业稳定发展发挥重要作用，在2月9日上海市经济团体联合会（上海市工业经济联合会）举行的“上海市先进行业协会”“上海市先进行业协会工作者”“上海市企业管理现代化创新成果”表彰仪式上，协会被授予“2013-2014年度先进行业协会”称号。

二、开展行业自律检查，建立生产和销售诚信机制

6月，协会成立“上海市自行车行业协会自律公约监督委员”，监督委员由行业中的骨干企业组成。

6月4日，协会召开有100余人参加的“行业自律工作会议”，宣读六条措施，倡导全行业“讲诚信、建规范、树形象、促和谐”，建立起“一处失信，处处受限”的诚信机制。会议要求全行业自觉遵守《上海市非机动车管理办法》，对继续销售超标车、非目录产品采取“零容忍”态度，维护来之不易的良好市场环境。

会后，各企业按“上海市电动自行车行业自律公约”规定进行自查，对存在的问题进行自我整改。6月15日开始，协会将全市19个区县分成若干个检查小组，不定期开展市场监督检查，对违规企业通报处理。

6月24日，协会监督检查小组抽查松江区20余家电动自行车商店。在检查中一旦发现超标车销售，协会即对相关企业进行约谈，要求企业召回有关产品。还对严重违反自律公约的情况根据《上海非机动车管理办法》第七条规定，建议对目录中有关产品给予删除的处罚。

三、制定《电动道路型轮椅车》团体标准，引导行业转型

2015年初，国务院下达《关于深化标准化工作改革方案》。上海积极响应，开展团体标准的先行先试工作。在市政府有关部门的支持下，3月，协会先后启动《电动道路型轮椅车》和《快递揽投专用电动自行车》两个团体标准的制定工作。

3月30日，《电动道路型轮椅车》团体标准起草小组于成立。经过“讨论稿”“征求意见稿”并在广泛听取各有关方面意见的基础上形成“送审稿”，对“送审稿”召开两次审定会进行审定，最终形成“报批稿”到市技监局备案，历时6个月。新标准与原先的《电动轮椅车》标准比较，有10个方面变化，项目内容由31项增至38项。

《电动道路型轮椅车》团体标准事关残疾人的切身利益，受到市区二级政府的高度重视，市政府召开多次“研究残疾人轮椅车专题会议”。市政府副秘书长陈靖对标准提出不少修改建议和批示。市经信委、市质监局也召开研讨会和专题会议进行研究，市质监局领导和普陀区市场管理局领导也到协会进行工作指导。协会主持制定的《电动道路型轮椅车》团体标准已印刷出版。为此，市技监局已将协会列为市“标准化示范试点”单位。

四、承担快递揽投专用电动自行车标准制定和项目开发

3月，市邮政管理局对《快递揽投专用电动自行车》项目进行立项，并委托协会承担整个项目。市邮政管理局与协会签订《上海市邮政管理局邮政专用电动自行车研制工作委托协议》。4月10日，起草小组成立，经过“讨论稿”“征求意见稿”并在广泛听取各有关方面意见的基础上形成“送审稿”审定通过后，最终形成“报批稿”报市质监局备案，历时7个月。标准已印刷出版，样品试制单位按照标准要求，对样品作进一步改进，并按照电动自行车上牌的程序进行申报。

五、不断推进自行车文化建设，积极开展自行车骑行活动

4月23日，协会与捷安特（中国）有限公司上海销售部、捷安特电动车（昆山）有限公司共同举办 e+Cycling（全智能电动自行车）老年骑行活动，全程80公里，参加者平均年龄65岁，最大年龄76岁，使大家得到“轻松移动，健康生活，感受幸福”的体验。

5月23日，上海轻工业工会联合会、协会和上海捷安特共同组织“轻捷乐骑，环骑横沙”的骑行活动。50多名职工参与该项骑行活动，全程约29公里。

11月15日，协会、上海青年志愿者协会、上海青年环保志愿者联盟、上海老港固废综合开发公司、上海惠众绿色公益发展促进中心主办的首届“上海青年绿色公益环保骑行活动”举行出发仪式。200多位骑友，身着环保志愿者马甲，背带分好类的干、湿垃圾，向沿路市民宣传垃圾分类，呼吁更多市民“开通绿色账户，践行绿色生活”。一路骑行近100公里，3个多小时后抵达上海老港固废基地再生能源利用中心。以“垃圾分类、绿色账户”为主题的绿色公益环保骑行尚属首次。

上海自行车业余联赛是上海市自行车（运动）协会认证的官方业余赛事，协会是协办单位。赛事规定于4—10月分别在崇明、浙江平湖、淳安等地举行。12月26日，举行2015上海自行车业余联赛季后赛。上海自行车业余联赛的赛事安排已经接近自行车专业运动项目，其社会影响力越来越大，协会的影响力也随之不断扩大，有力促进了自行车文化建设。

六、协会日常工作有条不紊

协会利用“上海市自行车行业协会”网站和《自行车动态》杂志的宣传功能，介绍各阶段工作重点及上海和全国自行车行业发展动态。

为企业开展各项荣誉申报，通过企业申报和评比，行业内有7家企业获得“2014年上海轻工卓越、知名品牌（产品）”称号。

协会配合政府有关部门做好电动自行车产品目录管理工作，如前期基础性的资料审查、产品实物审查等。年内协会召开6次产品评审会，共评审812个型号电动自行车进入目录的条件，供政府有关部门参考。

2015年，上海老品牌自行车内销扭转长期的沉寂，中高档自行车销售比例出现大幅度增长，特别是网购自行车方面在全国领先。这意味着上海自行车老企业的转型出现曙光，上海老品牌的中高档自行车产品已获得高层次消费者的认可。同时，上海在高档自行车零件的生产方面也取得较大突破，上海生产的碳纤维自行车车架、车把、轮辋等零件的品质在全国处于领先水平，已经成为国外高档自行车的配件。

（办公室）

上海电器行业协会

上海电器行业协会成立于1987年，是以上海地区电器行业的企事业单位及其他经济组织自愿组成的行业性的非营利性社会团体法人。

2015年主要工作：

一、服务企业，当好桥梁纽带上新水平

着力提升服务质量，提高会员满意度。一是大力宣传政府节能减排项目、优惠扶持政策和产业结构导向，帮助企业积极争取和申报政府补贴、融资贷款政策和奖励资助项目，把政府支持、倡导的项目和资金政策、信息及时传达到企业，促进政府和企业更有效地对接。二是抓好信息服务和载体建设，为广大会员提供全方位的信息共享平台。重点抓好协会网站建设和《输配电技术信息》发行。三是重视跟踪、收集企业的生产、销售、新产品和重点产品等相关信息，及时了解、反映全行业的生产经营动态，不断提高统计人员能力，开展统计业务培训，及时做好会员单位的销售统计排序和发布工作，一方面为企业对标分析提供依据，另一方面为政府产业决策提供参考。

着力丰富服务内容，增强协会凝聚力。一是围绕行业趋势和产品技术标准，举办智能电网技术系列知识、成套开关设备制造工艺规范、企业应收款信用风险管理、电器行业现状与发展趋势、低压电器国内外标准发展动态、互联网+、新产品市场投放等业务培训和讲座。二是定期组织力量、邀请专家到会员企业调研和专访，做到典型企业、重点企业全覆盖，一方面了解企业技术水平、生产能力和管理状况，提出解决企业实际问题的建议；另一方面对各大类企业概况作出总体评估，提出行业发展的指导意见。

着力延伸增值服务，扩大行业影响力。一是举办配电开关应用与创新技术论坛，通过展会和论坛，起到交流信息、推广产品、宣传企业的积极作用。二是加大与上海电缆等行业协会的联系合作，并以团体会员加入中国电器工业协会。通过搭建平台，促进行业间相互学习、加强交流，促进企业间相互合作、携手共进。三是组织会员赴德国汉诺威机械工业展，考察西门子柏林工厂。组织参观参展第十五届中国国际电力电工设备暨智能电网展。组织经营者赴华为等国内知名企业参观交流。通过组织企业走出去，提高会员企业的国际化视野，把握行业最前沿的趋势和动态，充分体现协会为会员带来的增值服务。

二、规范行业，促进可持续发展有新成效

推进行业诚信体系建设，树立一批星级示范企业。协会有131家企业获得上海市“诚信创建企业”活动组委会命名的各星级创建单位。其中五星级19家，四星级25家，三星级10家。

推进社会团体标准试点，制定实施首个企业联盟标准。根据市技监局部署，协会作为上海市第一家社会团体标准试点单位，组织开展“企业联盟标准”制定与实施工作。获得市质监局颁发的首张标准证书“成套开关设备和控制设备制造共用技术要求”，对内有利于提高企业产品质量，对外有助于企业“走出去”，推动企业转型升级、共同提高。

三、发展产业，推动品牌建设和技术进步有新发展

围绕品牌建设，坚持开展行业名优产品评审推荐。有52家企业、144项产品，分别获得行业名优产品和名优新产品称号。协会把名优产品评选作为对会员企业的一项重要增值服务，通过刊登名优产品公告、汇编名优产品目录、面向重点用户推介、开展市场占有率调查等举措，全力支持和协助企业开展各类名牌产品创建、著名（驰名）商标推荐、文明单位评选等工作，帮助企业扩大知名度、提高美誉度。

围绕技术进步，组织专家深入企业开展技术咨询。一是结合行业名优产品评选开展专家回访咨询服务。有178人次到22家企业回访咨询，帮助各企业解决名优产品在工艺、技术、设备、生产、试验等环节中的改进问题。二是深入现场帮助企业专题会诊技术难题。对企业新品研发、新材料使用、新标准贯标、产品可靠性试验、零部件质量、工艺流程、工装布局等各方面的问题，提供行之有效的解决方案和改进措施，受到企业的欢迎，发挥行业专家会诊疑难杂症、解决技术难题的水平与作用。

四、创新主业，加强协会自身建设有新举措

注重以需求为导向，找准工作重点。协会在会员中开展需求问卷调研，准确把脉企业的真实需求，调整协会工作重点。一方面，把企业急需的市场、人才、管理等纳入协会的工作内容中，扩大协会的服务面，改变过去较单一的服务体系；另一方面，创新企业战略联盟、专家技术咨询、企业互访交流等活动载体和方式，更加注重满足大、中、小型企业个性化需求，实现差异化服务，得到会员企业的好评。

注重以增值为目标，组织创新活动。一是围绕企业如何创新、创优、创名牌、办特色企业、做特色产品，组织企业交流会，介绍行业新产品、新技术，交流企业做精品、创名牌的经验，促进广大企业思想碰撞、相互启发。二是围绕企业间增进信任、相互协作，积极牵线配套、搭建平台，帮助小企业生存发展，助力大企业做大做强，努力构建行业“大手牵小手，一起向前走”的氛围。三是围绕协会间加强共赢合作，加大与上海电力行业协会、上海电气工程设计研究协会的合作交流，积极推动和促进设计、制造和用户行业组织的互动合作。四是围绕贯彻政府要求、服务政府与产业需求，积极购买政府服务项目，组织开展各类课题调研活动，完成《高压电缆产业发展》专题报告，为政府制定产业政策、引导企业发展提供了重要参考。

注重以能力为根本，加强自身建设。加强协会制度梳理，完善档案管理，做好协会会长交接和组织建设，加大对各类人员的培训力度，提高秘书处人员的业务能力和整体素质。

（马学能）

上海市锻造协会

上海市锻造协会成立于1984年6月，是由上海及周边地区的锻造企业及相关企业事业单位自愿组成的跨地区、跨部门、跨所有制的非营利的社会团体法人。现有团体会员123户。

2015年主要工作：

一、认真做好人才培养方面的工作

开展人才需求研究。全面了解本市锻造专业人才的规模、结构和发展水平，对本市锻造产业现状、人才需求状况和实际存在的问题进行预测和深入研究。开展《锻造行业职业标准》制定工作。指导企业用人实践、专业培训及人才培养工作，使职业教育更好地服务于行业。积极推动产教融合、校企合作。搭建院校间、院校与企业间交流平台，交流经验，积极探索创新校企合作的体制机制，提高院校办学水平和人才培养质量。建立有效的人才库，按锻造技术人员、热处理技术人员、锻工等级等不同层次分类，充分发挥其作用，根据企业实际要求，进行分类指导，邀请锻造行业有知名度的教授进行针对性的专业培训工作。举办各类信息、技术交流活动，让各企业技术骨干有机会进行技术交流，通过学习交流，促进技能水平有效提升，并利用各种有效渠道，提供四新以及先进技术、管理理念等方面的信息。

二、认真做好锻造企业生产达标的管理工作

协会按照《上海市锻造企业生产基本条件达标》要求，认真组织企业的评审工作，年内有27家企业获得企业达标证书，并积极协助政府部门做好产业结构调整工作，全市共关闭32家锻造企业。

三、认真做好信息服务工作

协会在抓好网站建设的同时，进一步加强与企业的沟通和了解，及时发布最新的行业动态，按月发行协会刊物，及时向会员单位宣传有关政策及专业知识。

四、认真做好协会自身建设工作

4月1日，协会完成了2014年能耗统计分析工作。4月23日，协会召开七届四次会员大会，参加会议的有中国锻压协会副秘书长韩木林，以及法国Transvalor公司、江阴蓝天工业炉窑制造有限公司、上海远陆中频感应加热设备有限公司、重庆众城精密模锻有限公司等单位，出席代表在会上作了交流发言。11月11日，协会召开第七届第八次理事长办公会议。一是讨论有关审核课题研究报告“四新”企业发展需求的人才培养机制；二是协会换届改选工作有关事项；三是秘书处具体事务研究。

（陆文渊）

上海重型装备制造行业协会

上海重型装备制造行业协会成立于2004年12月，原名是上海冶金矿山机械行业协会，于2005年12月29日经市民政局、市社团局批准更名为上海重型装备制造行业协会。2015年2月，协会被上海市工业经济联合会授予“2013-2014年度先进行业协会的称号”。

2015年主要工作：

一、开展产业调研，支持企业科技创新，引导行业转型升级

协会在市经信委装备产业处、技术进步处、市商务委公平贸易处的指导下，完成《上海重型装备制造行业转型发展报告——大力发展智能制造技术和装备，推动行业的两化深度融合》《2015年上海重型装备制造业国际竞争力报告》《上海重型装备制造行业产业预警分析报告》《上海重型装备制造行业协会关于3D打印工作的汇报》等多篇调研报告。

支持会员企业不断探索科技创新转型发展的新途径，在新产品上下工夫，并在行业中宣传推广和应用，形成新产业、新技术、新模式、新业态“四新”效应。如上海重矿连铸技术工程有限公司在国内率先引进美国3D金属打印成套生产线，开发3D金属打印技术和产品，产品已用于上汽厂、上柴厂、大众汽车等企业，很受欢迎。上海博览达信息科技有限公司国内率先开发多体系统“机械、电气、控制”三合一的仿真优化软件，是以机械、电气、控制集成仿真为核心的开发平台。上海尚职纳米科技有限公司的纳米金属技术已在3D金属打印中得到应用。上海重型装备制造行业的构成不断优化，行业和企业正朝着高端装备制造进行转型升级。

二、开展人才教育培训服务，进行行业职称评审

6月，行业技术职称评审工作启动，并在简讯和网站上公告及宣传。经过材料预审、论文和技术工作总结、答辩

（高工）等综合考评环节，有10名技术人员取得技术职称资格，其中2名获得高工资格，3名获得工程师资格，5名获得助理工程师资格。

三、开展群众性JJ小组活动，推进企业节能减排

协会在会员单位继续深入开展群众性的节能减排JJ小组活动，通过JJ小组活动开展，取得企业管理水平不断提高、技术改造项目得到落实、节能减排成果显著的成效。围绕上海市和装备制造业的节能减排目标和任务，制定《节能减排JJ小组活动三年行动计划（2015—2017）》。组织会员单位开展节能减排JJ小组活动，加快实现产业的转型升级。开展节能减排小组活动知识培训，共40人培训考试合格后获得培训证书。

四、开展全球五金品牌走进重装行业对接活动，提升企业市场竞争能力

6月，协会携手中国五金品牌联盟，举办“全球五金品牌走进重装行业对接会”，搭建五金工具深度携手重型装备行业交流的平台，把最优质的五金品牌工具带进重型装备制造业，助推先进制造业发展。由品牌工具企业介绍和展示产品，需方技术工人现场试用，了解终端对产品的真正需求及需方产品采购流程，实现零距离厂需对接交流。

五、用好上海市进出口公平贸易服务平台，提高行业的国际竞争力

通过上海市进出口公平贸易工作站，建立行业与政府的相关部门沟通平台和产业损害预警机制。协会组织有关会员单位参加由商务部组织的商事调解培训。协会拥有两名上海市商事调解员，为会员单位提供商事调解服务。协会在市商务委公平贸易处的指导下撰写《2015年上海重型装备制造行业国际竞争力报告》，并每季度发布《上海重型装备制造产业预警信息》。

六、组织举办十城市智能制造企业家峰会，促进企业创新发展

10月21日，协会和启东市人民政府联合主办的《2015中国高端装备制造业发展论坛暨智能装备制造企业家峰会》召开。来自“高端装备制造业协会合作联盟”专家委员会成员以及来自十城市协会的会长、秘书长、企业家近300人出席峰会，这次会议的主题是聚焦智能装备制造，促进中国制造由大变强。通过这次峰会，加强对当前新技术革命和产业变革的认识，为中国智能制造的发展奠定坚实的装备基础，促进我国由世界制造业大国成为制造业强国。

七、加强协会自身建设、提升协会规范化管理水平

协会秘书处、专家委员会的全体人员，不断创新、各尽其职、通力合作，出色地完成各自岗位工作。

协会党支部积极开展“三严三实”教育活动和“党建工作规范化建设”，充分发挥党支部政治核心作用，结合协会党支部和秘书处的自身建设，不断增强行业协会秘书处的内部基础管理。4月，在市工经联党委的领导和支持下，由协会党支部和铸造、电镀、焊接、热处理协会联合党支部组成行业第七党建工作站，起到促进党建、促进队伍建设、促进协会建设，提升了党支部核心作用和协会的业务水平。

（唐　波）

上海起重机械行业协会

上海起重机械行业协会成立于2003年11月。协会下设5个专业委员会，现有会员单位84户。

2015年主要工作：

一、扩大合作，积极为会员单位服务

会长、秘书长带队调研新时达等多家企业，开发机器人、智能化起重机等创新产品，组织助推企业海外市场。组织会员单位参加市商委、市工商联等组织的印度市场推介交流和咨询业专家互动等活动，为企业提供有用信息，避免跨境合作风险。主办“2015上海散货机械技术交流会”，使企业获得国际上最前沿技术信息。组织专家对企业涉嫌侵权的产品论证，为立案调查提供技术说明。走访主管部门和协调特种设备检验单位，解决企业产品第三方产品许可的服务需求。

二、加强行业自律、规范自身行为

协会选举产生新一届党支部，通过市社团局年检。按照关于上海市社会组织实施评估指标、规范社团组织建设要求，按照基础条件、内部治理、工作绩效、社会评价四大部分，逐步整理近3年50项分类指标，进一步做好健全规章制度工作，秘书处签订全员退聘人员合同。

三、搭建行业诚信建设网络平台

经过多年努力，协会有28家会员企业参加上海市“企业诚信创建”活动。年内，1家升为上海市“四星级诚信创建企业”，15家被评为上海市“三星级诚信创建企业”。

四、积极发展会员单位

在协会秘书长协调和推荐下，协会发展上海安杰尼尔机械技术咨询有限公司等3家理事单位，吸收上海嘉怡环保设备工程有限公司、利拿达机械科技（上海）有限公司等19家会员单位。

五、组织各类展会讲座，拓展企业视野

组织会员单位参观由协会和中国重机协会等单位主办的2015中国（上海）矿山、起重运输机械展览会，由国家发改委主办的2015第17届中国国际工业博览会、2015年中国（上海）国际重型机械装备展及多场论坛会，市商务委举办的“国际市场知识产权策略研究专题讲座”等活动，帮助企业了解科技创新最新技术、最新市场、知识产权和公平贸易知识，扩大交流平台和互利共赢市场。

六、走出去、请进来，组织企业开拓海外市场

协会组织力量编辑和出版反映行业新技术新产品的“广告宣传册”，通过企业海外办事处分发到海外市场。组团会员单位赴德国参观汉诺威国际物流展览会，了解工业自动化等最新技术和海外市场要素。

七、开展行业统计分析，做好协会宣传和职称评审工作

协会积极编制统计资料信息，为企业发展和产能布局提供依据。协会简讯连续编辑发行61期，为大众提供了解上海起重运输机械行业窗口和开展业务的平台，还为企业新搭建“起重机朋友”、“起重机智能化论坛”、“协会理事会”微信群平台。继续开展技术职称评审工作，按规定程序评审出行业初级工程技术人员资格5人，中级工程技术人员资格7人。

（徐大伟）

上海市建筑材料行业协会

上海市建筑材料行业协会成立于1986年12月。协会现有流通、建筑陶瓷卫生洁具、地板、厨柜衣柜、新型墙体和建筑节能材料、采暖与建筑新能源应用、建筑钢材、建筑绿化、创意与工程设计、干混砂浆、木质板材等11个专业委员会（分会）和涂料、门窗、管材、板材、水泥玻璃、综合6个工作部，会员单位1300余户。

协会先后获“全国先进民间组织”“全国建材行业先进协会”“上海工业先进行业协会”“AAAA级社会组织”“上海市三八红旗集体”“上海新经济组织、新社会组织五好党组织”“五星级社会组织党组织”等荣誉称号。

2015年主要工作：

一、标准培训，调研自律

协会牵头主编的《地面辐射供暖技术规程》作为上海市地方性工程建设规范于2015年9月出台。《上海市采暖产品买卖合同示范文本》《上海市采暖安装施工合同示范文本》修订工作初步完成，进入发文程序。

参与《混凝土模卡砌块技术要求》《绿色建材评价通用技术标准》《反射隔热涂料组合脱硫石膏轻集料砂浆保温系统应用技术规程》《非承重蒸压灰砂空心砌块和灰砂多孔（空心）砖》等地方标准的编制工作。

以上海干混砂浆技术研究基地为平台，10月，向干混砂浆行业会员单位征询标准立项意见，收到3个标准立项申报，成立标准编制小组，推动行业技术提升。

根据上海市建筑节能材料及钢筋加工行业备案的相关要求，对建筑节能材料、钢筋加工企业开展诚信自律备案。建筑节能材料备案年度换证通过企业143家，钢筋加工备案获证企业77家。为明确产品质量责任，建立产品质量追溯体系，建筑钢材分会继续推广电子吊牌。

依据《关于做好本市新型墙体材料标识的通知》要求，继续做好对新型墙体材料企业标识的告知和换证工作。配合市市场管理总站关于新型墙体材料企业第4批认定工作，完成通过15家墙体企业认定。召开加气砌块诚信服务中心联席会议，就环保、循环经济等焦点问题与政府、企业沟通解决。

开展系统性的调研，完成《上海市建筑节能系统材料及工程质量状况调研报告》《上海市新型墙体材料行业调研报告》《上海市建筑节能材料行业调研报告》《上海市建筑钢筋行业调研报告》，为行业发展和管理提供参考。

参与上海市建设工程材料禁限目录（第四批）的配合工作、关于无机保温砂浆系统脱落问题研讨会、无机保温砂浆系统应用工作研讨会，组织骨干企业参加相关管理部门提供行业数据信息，为管理部门决策提供参考依据。

开展多种形式的专业培训、技术研讨、标准宣贯，提高企业的管理水平和技术水平。

二、品质品牌，质量提升

协会重视建材行业品牌培育工作，协助市政府开展对企业的培训扶持，配合上海名牌的初审工作及开具行业推荐证明等。

协会在行业自律诚信管理的基础上，开展上海建材行业名优产品、技术革新奖、精品建材、质量管理星级评估、合格贸易供应商、施工等级评定、信得过产品等一系列扶优扶强工作，形成行业品牌建设的梯队。

4月，启动“新绿创意奖”活动，最终14个产品获2015年度“新绿创意奖”最佳创意产品称号。

6月30日，在协会2015绿色建筑建材博览会上召开“服务用户品质提升”行业质量服务保障体系启动仪式暨新闻发布会，全面启动“行业质量服务保障体系”，行业承诺先行赔付，为消费者提供无忧的行业售后保障。

组织开展企业质量信用评价报告，共有5家企业获得质量信用等级报告。

三、绿博盛会，发展开拓

6月30日－7月2日，2015国际绿色建筑建材（上海）博览会在上海新国际博览中心举办。十二大展馆整体规模近15万平方米，汇聚来自30多个国家的近千家企业参展，吸引海内外专业观众约10万人次。同期举办各类高峰论坛、技术交流、产品发布等活动60多场，内容丰富精彩，率先把绿色建筑系统集成作为从建筑节能到绿色建筑的跨越式发展，推动建筑建材行业在提高城市环境质量、建设生态宜居城市中的重要作用。

11月20日，2015国际绿色建筑建材（重庆）博览会在重庆市南坪国际会展中心举办。整体规模将近1万平方米，来自多个不同国家及地区的91家企业参展，共吸引专业观众8000人次。同期与重庆绿色建筑节能协会共同主办“新技术·新模式·新趋势——长江流域绿色建筑发展论坛”，共同推动绿色建筑建材的推广和应用。

四、互动交流，桥梁纽带

根据企业和行业需要，开展多种形式的论坛、座谈会、沙龙、对接等活动，针对行业焦点、市场热点、企业难点，搭建企业与政府、媒体、同行之间的沟通渠道，激荡思想，开拓眼界，寻求新的思路和出路。

4月28日，召开“上海干混砂浆技术研究基地揭牌、参观活动”，借助上海干混砂浆技术研究基地行业平台，为会员单位服务，促进行业效益增长价值。

作为《上海市志·建筑业分志》“建材篇”协作组的承编单位，召集协作组会议和专家咨询会，协调编纂单位工作、汇总编纂资料，按照分工收集整理建材相关资料。

形成以平面媒体、网络媒体、新媒体、内部综合管理系统为框架的多层次服务体系。协会网站“上海建材信息网”着重提升会员系统功能及体验。官方微信号“上海市建筑材料行业协会”及各分会微信号定位推广，形成互联时代服务会员及行业的便捷高效新平台。协会出刊信息刊物有《建材行情》、年刊《上海地板》、年刊《建筑绿化》、双月刊《上海采暖与新能源应用》，以及《厨房消费实用手册》《衣柜消费告知书》《陶瓷、卫浴消费告知书》《流通市场简报》等。

五、民主办会，和谐发展

协会及各分会按照章程要求，召开会长工作会、会员代表大会，充分发挥企业家办会的主动性和积极性，落实各项行业工作。

在上级党委领导下，协会党支部定期召开组织生活会、民主测评会、党的活动小组会议等，就“群众路线教育实践活动”、“三严三实”、“八项规定”等专题进行学习。组织参观犹太难民纪念馆、70周年阅兵式感想交流、对接党支部联谊活动等。

（张春玲）

上海市交通电子行业协会

上海市交通电子行业协会由上海汽车集团股份有限公司、中国航空无线电电子研究所、上海外高桥造船有限公司、上海轨道交通设备发展有限公司等单位发起并于2008年7月成立。至2015年，协会现有会员单位160余户，涵盖汽车电子、航空电子、船舶电子、轨交电子等领域企业、高校、科研院所。协会业务领域具有跨行业、跨学科的专业化特征。下设汽车、航空、船舶和轨交电子4个专业委员会。

2015年主要工作：

一、发挥专家智库作用，开展行业研究

协会积极发挥行业专家智库作用，承担《上海公共汽电车信息化标准体系研究》《上海卫星导航产业统计模型研究》《上海促进民用航空产业发展政策研究》等8项课题研究和多项咨询服务工作，为政府和企业提供决策参考依据，具有较高的专业价值，在业界产生较大影响。同时，协会轨交电子和航空电子专委会分别就上海有轨电车产业发展和交通行业工程技术咨询中心的建设方案及其工作定位、公益性、权威性等内容开展专题研讨活动。

二、拓展模式创新，成立上海智能交通系统（ITS）产业联盟

年初，在市经信委、市交通委的指导下，在协会组建上海车联网联盟“三位一体”运营模式成功的基础上，集聚40家智能交通系统产业领域的主要骨干企业和科研院所，成立上海智能交通系统（ITS）产业联盟，为探索上海车联网与智能交通网融合发展，以及对“互联网＋交通”的创新示范应用起到资源叠加、融合互补的积极作用。

三、建立车联网产业推进公共服务平台

协会推动市经信委“车联网产业推进公共服务平台”项目，先后与机动车检测中心、软测中心等国内外专业8家检测机构签约，共同致力于推动上海车联网产业应用评测、认证、公示和标准化组件应用等公共服务。7月，平台正式开通上线，已在评测资源共享、行业信息推送、活动信息发布等方面开展工作，发挥良好的平台服务功能。

四、着力“四新”经济发展，拓展平台服务功能

在服务政府方面，协会接受市区两级政府部门的委托，发挥协会综合资源优势，组织完成多项专题服务任务。主要包括：

受市经信委委托，开展车联网、交通网、位置网“三网合一”方案制定，并组织相关企业和科研院所对车联网与智慧照明应用合作进行专项服务。

受市经信委委托，联合浦东经信委就“车联网＋大数据创新”和“车联网走进智慧城市（浦东站）——道路停车技术应用”主题，共组织80家涉及车联网、大数据和道路停车企业参加交流。

受市科委委托，发挥车联网和ITS联盟的联动作用，联合市城乡院、上汽集团等单位承担市科委《上海车路协同系统（CVIS）标准体系和系列标准编制研究》项目研究，提出上海车路协同标准体系的初步构想及重点标准框架。

受市经信委委托，开展2015年度上海汽车电子、汽车电子嵌入式软件、车联网、卫星导航等产业统计分析工作，初步建立上海卫星导航产业评价体系模型。

在服务行业方面，6月，协会由吴诗仲会长带队，组织30家会员单位共60人参观上海紫竹国家高新技术产业开发区、国家网络视听基地、上海东软和上海飞机客服等单位，开展交通电子各领域的跨界学习与交流。

8月，协会联手安吉物流召开“互联网＋”的背景下物流运营模式转变探索会。来自清华大学、安吉物流、市交通委、市城乡院等专家围绕汽车物流环境变化、创新及思考三方面，开展交流研讨。联手上海船研所召开交通电子行业发展预测及跨界协调推进创新高层探讨会。就“船联网”、“智能船舶、航运系统和航运电商”、“航运信息化”等“e航运”新技术、新业态领域的前瞻性产业趋势进行深入交流讨论。11月，协会副会长带队，携上海仪电、卡斯柯、上海自仪、上海富欣、上海普天邮通、华域汽车、东软集团、上海信耀、华东汽电等单位赴湖南湘潭、株洲等开发区，考察吉利汽车、泰富重工、中车集团、中车研究所等单位，并进行两地座谈交流。

协会注重标准规范的行业服务，建立车载信息服务，汽车经销商信息服务管理规范；车载终端与手机互联应用规范第一部分：应用技术规范；基于车载实时交通信息应用服务规范3项地方标准。

在服务企业方面，4月，协会受腾讯（上海）委托，组织市交通信息中心、市交通卡公司、上海航盛、上海博泰等单位就“互联网＋交通”领域交通信息数据服务与腾讯（上海）技术团队进行跨行业交流探讨。5月，协会和浦东新区信息化推进中心共同举办“新三板融资”与“出口信用保险”讲座。讲座拓宽企业未来的发展思路，帮助中小企业提高对接资本市场和融资的能力。进一步支持企业“走出去”，规避出口信用风险，解决企业出口业务中遇到的实际问题，增加市场竞争力。

9月，协会召开车载多通道多跳自组网（V2V、V2X高速通信）技术研讨会，拓宽企业在技术创新、产品应用、提升核心竞争力等方面的发展思路，进一步加强车联网技术在缓解交通拥堵、提高运输效率、提升现有道路交通能力等方面的功能。

协会紧贴行业发展趋势，发挥会员单位和专委会的积极性，以跨业界、跨领域融合为主线，以主题性、多元性交流为特色，开展包括“2015年度上海车联网产业联盟年度工作大会”“2015（第七届）中国汽车电子产业发展国际高峰论坛”“2015工博会——互联网＋智能车联＆智慧交通主题展”等一系列论坛会展活动，形成协会主题活动的品牌效应。

五、协会会员管理和宣传党建工作规范有序

协会运用“互联网＋”思维，加大在网站服务、工作简报、微信建群等方面的宣传力度，进一步提升协会的社会公信力和影响力。根据市经团联枢纽式管理要求，协会联合“党建工作站”，积极参加社会公益性慈善工作，携手浦东塘桥社区开展敬老、便民服务。

（邱　烨）

上海市工具行业协会

上海市工具行业协会成立于1987年10月，是以上海市工具行业企事业单位为主，外省市相关企业自愿参加的跨部门、跨地区、跨所有制的非营利的行业性社会团体法人。

协会现有各种经济属性的所有制会员单位118户，其中民营企业占98%。

2015年主要工作：

一、了解掌握行业经济状况

由于受到国际经济金融局势影响和国内经济发展模式调整带来的压力，工具行业与其他行业一样，生产销售受到极大影响，许多企业陷入生存困境。针对行业现状，协会努力服务企业，协同会员单位适应经济发展新常态，妥善应对风险挑战，在求生创新中艰难前行。

二、完成理事会换届工作

年初，协会召开六届四次会员大会对换届改选工作作专项布置。从2月份起开始起草实施方案，上报市社团局及市经信委业务主管单位经过调研准备阶段、实施细化阶段和完善落实阶段，走访近50家企业会员单位，召开两次会员座谈会，起草一系列文件、报告，并在六届五次理事会预审通过。8月20日，召开“上海市工具行业协会第七届会员大会暨七届一次理事会”，审议通过第六届理事会工作报告、第六届财务收支决算报告和修改后的协会章程。选举产生第七届理事会和监事。在七届一次理事会上产生新一届会长、副会长，聘任秘书长。新任会长徐东海作施政演说，市社团局、市经信委和市经团联的领导作讲话，参加会议有会员单位和媒体代表共计110人。协会秘书处调整工作人员，专职人员平均年龄从原来的64岁降至59岁，在传承好的作风和开拓新局面上，新一届理事会对秘书处有了更明确的目标和要求。

三、注重加强党支部建设

协会秘书处党支部建立于2005年，支部书记由秘书长兼任，坚持做到把党建工作融入协会日常工作之中。在抓党风和廉政教育中，党员能自觉自律。由于秘书处党员人数少，在市工经联党委的关心指导下，11月26日，由上海模具行业协会党支部、上海冷冻空调行业协会党支部和上海市工具行业协会党支部联合成立经团联系统第十党建工作站，既解决秘书处党员人数少、流动性大、年龄偏大、不易集中等问题，又达到支部集聚、相互学习、相互沟通、相互交流的目的。党建工作站已经开展两次活动。

四、坚持诚信建设和资源共享

协会坚持稳步推进诚信企业创建工作，至2015年年底，有18家企业分别获得不同星级称号，其中有9家企业获得“五星级诚信创建企业”称号。秘书长杨映远连续两年参加市社团局组织的上海市行业协会规范化建设评估活动专家组工作。

“整合资源，求同存异”，是协会始终如一的方向。协会先后与其他社团组织共同筹办和参加12次大型活动和论坛。如与上海社科院品牌研究促进中心举办的第二届长三角城市品牌发展论坛、与“精品五金”杂志社举办的新常态、新格局、新机遇中国五金经销商发展高峰论坛暨经销商千人大会、协助浙江省紧固件行业协会主办的2015年中国商端紧固件产业及设备自动化博览会及论坛等等。

6月，徐东海会长率中国工具五金代表团出席在美国纽约召开的ISOTC29SCIO第32次国际标准会议。协会曾鸿炼副会长亲自挂帅，在第32次会议上拿下《棘轮梅花扳手》的国际标准起草权，并争取到2017年在中国上海召开的ISOTC29/SCIO第34次国际标准会议的举办权。

2015年，协会与近20家产业链的兄弟协会建立良好的合作关系，在“上海五金合作平台”上，协会也和会员企业真诚合作、资源共享。

五、认真做好舆论宣传和信息工作

年底，协会对网站进行改版，增设栏目，建立协会会员单位微信群，筹划建立信息员网络等，以加强和提高与各会员企业之间的联系沟通，并坚持走访企业和发展新会员。

协会坚持做好与全国的、地方的、产业链的商协会和科研院校以及政府有关部门的联系、合作、交流工作，6次组团参加各种规模的展览会。工具行业工会分会协助市总工会和上海轻工业工会联合会一起开展“上海轻工知名、卓越品牌（产品）”活动，有1家企业获上海轻工卓越品牌产品，两家企业获上海轻工知名品牌产品，3家企业获上海轻工优秀品牌产品。在以“品牌在我心中”为主题的“服务品牌建设、推动转型发展”自主品牌企业立功竞赛活动中，有3家企业分别获得先进企业、先进个人和优秀企业荣誉称号。在上海市轻工业工会联合会的大力支持和帮助下，工具分会为两家企业争取到职工困难补助金1000元，为企业帮困工作尽了一份力。

（张寿菊）

上海市化工行业协会

上海市化工行业协会成立于1997年6月18日，是由从事化工生产、施工、科研、教育、设计及服务等活动的企事业单位、社会团体自愿参加组建的非营利性社团组织，现有各种所有制会员单位190多户，分别从事于石油加工炼焦业、化学原料、化学肥料、化学农药、涂料、染料、颜料、塑料、合成材料、化学试剂、助剂、日用化学品、生物制品业、化学纤维及橡胶制品等。

2015年主要工作：

一、坚持更好服务企业，支持企业健康持续发展

协会主动对接企业需求，服务企业，提升企业信誉，助力企业创新发展，为企业健康持续发展提供服务支持。协会面向上海化工企业，做好企业负责人、安全管理和从业人员的危化品、易制毒化学品等安全管理培训工作。开设班组长上岗证、内部审计人员、消防易燃易爆危险物品从业人员等培训项目，为企业强化安全管理意识和能力提供有效保障。

组织近 60 家名牌产品申报企业，举办化工行业上海名牌工作总结会暨培训班，组织学习品牌建设经验；参与《上海市化工名牌产品评审标准》编制审定；组织 14 家会员企业开展《企业质量信用评价》工作。一年来，有 41 家企业 45 只产品进入专家组推荐评审，42 只产品被认定为上海市名牌产品。

组织完成“中天科盛 2,5- 降冰片二烯合成项目国内首次工艺安全可靠性专家论证”、“赢创聚甲基丙烯酰亚胺刚性泡沫板材切割成型项目”鼓励类确认事项论证；组织会员单位申报 2015 年上海市产业转型升级发展专项资金项目，并利用广泛的技术和专业优势，积极为行业和企业提供技术咨询、审核认证等项目服务。

结合行业特点和形势要求，努力办好《上海化工信息》杂志，重点推出“石化大趋势”“市场预测”等深度前瞻栏目和文章；新辟“禁毒专栏”，宣传政策法规、强化动态报道。为企业提升管理、转型升级传播正能量。积极发挥网络传播优势，加强网站建设，及时更新发布行业动态、企业新闻、协会工作与服务讯息。

二、坚持更好服务行业，搭建国内外合作交流平台

积极为上海化工高端发展、“走出去”发展搭建平台，为企业拓展海外市场、为中小企业融资发展提供服务和支持。“化工出口基地”是化工集群贸易的新模式，对于促进企业走向世界、提升国际竞争力具有重要的推动作用。协会完成由 19 家拥有自主品牌、出口规模的化工企业组建的新型贸易联合体。通过走访企业、宣讲政策、实务操作专项培训，指导企业开展中央外贸发展专项资金申报，推动基地的实质性运作，取得良好成效。

4 月，协会与“上股交”合作成立上海化工“上股交”孵化基地，为化工中小企业走向资本市场提供帮助。

协会向 30 余家企业介绍合同能源管理做法；举办 JJ 小组活动培训班，介绍节能减排途径、方法和工具使用专业知识；完成行业 6 家企业、65 个节能减排项目申报；承接并完成节能减排 JJ 小组活动调研报告。

加强与省际行业协会间的交流。年内，协会共接待十多家外省市业界同行；协助举办化工产业对接转移推介会；与商务委合作筹备 2015（第六届）中国国际石油化工大会；主办“第十二届华东地区协作会议”；率多家会员单位，参展第十七届中国国际工业博览会，并获得优秀组织奖。

加强与国际化工业界的交流，组织会员单位参加国外投资推介会，接待国外公司来访。

三、坚持更好服务政府，充分发挥协会专业管理优势

协会承接并于年内完成上海化工“十三五”规划报告（第三稿），报送市经信委。协会主动承接政府职能部门交办的各项任务，为各项相关政策提供意见和建议，参与市经信委组织的《上海化工产业发展与产业链研究》项目；完成《上海工业年鉴》材料整理编制，以及《上海石化产业发展总量控制》等课题申报。做好本市化工主要产品数据的收集、统计和分析，每月向市经信委提供上海化工行业经济运行分析报告。通过年报、“石化行业经济运行分析”等，为政府职能部门加强行业管控，发现问题，指导行业和企业调结构、转方式，提供科学依据和决策支持。

继续做好 2015 年度易制毒化学品监管服务项目，为市经信委提供易制毒化学品管理综合情况报告；发挥易制毒化学品管理网站网上申报系统功能，至年底，申报单位达 324 家，上报产品数共 1455 个；年内，协会与市公安局、市禁毒办、市经信委等政府部门合作，编撰易制毒化学品管理人员培训教材，经七稿修改，即将付印使用。

与市检验检疫局合作，对上海轮胎行业遭遇国外技术性贸易措施方面的情况进行专题调研，为政府有关部门和企业提出应对方法；组织企业参加市出入境检验检疫局召开的“多国化学品 TBT 通报评议会”；举办关于“国外化学品法规实施进展及应对策略”专题讲座；配合市商委开展“化工行业示范点”项目招标。

四、坚持更好服务社会，切实履行协会应尽的社会责任

在做好“三个服务”的同时，主动履行服务社会责任，在推进化工安全生产、建设美丽城市、强化社会服务等方面积极作为。向涉及化工的企业发出《同创安全化工、共建美丽城市——上海化工安全发展宣言》，签署承诺书，郑重承诺，对上海平安城市建设和化工安全和谐发展发挥积极的推动作用。主动配合政府职能部门，大力开展禁毒工作和易制毒化学品管理宣传，让全社会了解毒品危害、关注禁毒和易制毒化学品管理工作，积极履行社会责任。

在市安监局指导和牵头下，协会与安信农保正式签约，主动接受其委托的行业危险化学品承保企业防灾减损服务工作。承接相关宣传与培训、企业安全技术咨询服务等工作，为提高本市危化品管理水平和企业本质安全度履行义务、出力尽责。协会利用自身的优势，积极服务社区和企业，主动参与各项活动，为地区提升员工操作技能、工作质量提供帮助。

五、坚持加强自身建设，提升协会服务意识和能力

围绕“积极打造企业热爱、行业认可、政府信赖的专业性行业协会”的自身建设目标，切实加强自身队伍建设，着力发挥“服务企业、规范行业、发展产业”的功能，提升协会影响力和竞争力。

进一步优化组织和人员结构，形成以市场、科技、培训、信息、咨询、财务和办公室为主体的组织体系，提高服务工作针对性，做好人员更替和调整工作，满足协会工作新的发展要求。加强协会团队建设，强化服务意识、奉献意识，提升工作水平，推进协会自身建设。

（陈青如）

上海市润滑油品行业协会

上海市润滑油品行业协会创立于2005年6月，是全国首家成立的跨部门、跨所有制的非营利性、自愿组成的润滑油品行业社会团体法人，汇集了润滑油脂及其添加剂的生产、研发、质检、销售、服务等企事业单位。协会下设两个分支机构：添加剂专委会、金属加工液专委会，2015年会员单位128户。

2015年主要工作：

一、以组织建设为中心，强化会员交流

年内召开两次（三届四次、五次）理事会议和添加剂专委会第六次主任会议，确定协会、添加剂专委会全年工作重点并审议通过相关工作议案，新发展会员单位15户。

协会对会员企业进行走访、考察，了解企业情况，为开展服务和互联合作打好基础，使新会员发展工作更加规范和扎实。组织召开部分江、浙、沪地区会员单位区域座谈会，广泛听取会员单位意见和建议。应会员企业要求，与物流、模具、新材料、有色金属等协会开展工作交流与对接。通过走访、考察、了解会员企业情况、做好相关服务工作，较好地凝聚会员企业，形成协会团队的支撑力量。

提供会刊和网站交流行业信息。全年编辑出版《上海润滑油信息》12期，刊登文章111篇，简讯40余条，信息员及读者来搞20多篇。免费为理事单位、会员单位做形象宣传，为扩大行业影响力起到重要作用。集中力量办好技术专栏，刊登文章17篇。采写专题文章近20篇，提升了会刊的可读性。召开信息员工作会议，表彰优秀信息员，对信息工作和与会信息员提出具体要求。完成《2015年度上海市润滑油品行业协会大事记》。在网站上发布新闻、消息100余篇，其中有20多篇新闻内容由协会会员单位主动投稿。继续利用网站首页做好会员单位形象宣传。

二、以主题活动为导向，实施各项重点工作

6月26日，协会在浦东假日大酒店召开协会成立10周年10周年庆典暨三届三次会员大会。来自上海和全国各地的新老领导、嘉宾、协会会员单位及兄弟行业协会同仁180余人参加这一盛会。组织召开"润滑油行业技术信息交流会"，100多位会员单位代表和行业专业人士参加了技术交流。

11月11日，由6家单位发起，在上海国际展览中心举行协会金属加工液专业委员会揭牌成立仪式，为金属加工液（添加剂）生产企业提供一个更有组织、有效率、有发展、有权威的交流平台，为国内金属加工液市场良性发展提供行业和技术支撑。

4月15日，举办润滑油过滤技术交流会，为会员企业提升润滑油产品清洁度、及时了解并采用过滤新技术提供帮助。5月12日，为促进润滑油生产企业与包装设备企业的交流，通过座谈交流、展示新颍的国内包装技术和设备，为相关会员单位提供商机，搭建合作共赢的平台。

开展行业技术职称评审工作，召开技术职称申报培训会议，邀请专家进行培训和辅导，对论文由专家和指导老师评阅，组织专家进行论文答辩。经对13名评审对象量化打分和综合考评，通过高级职称1名、中级职称5名、初级职称7名。

组织会员企业组团参加"2015中国模具展"，完成主办"2015中国（重庆）润滑油展"及同期相关活动，完成协办第十六届中国国际润滑油品及应用技术展览会，主办"2015中国润滑油品产业发展高峰论坛"，并结合行业发展需要延续举办主题为"基础油与添加剂"分论坛交流活动。

三、以技术功能为先导，服务会员和政府

搭建适用平台，协调促进相关会员企业合作。协会先后协助中石化润滑油上海研究院，组织会员单位参与金属加工液外承包对接会；组织召开"舰船用油产品推介、军民对接"咨询会议，引导会员单位积极参与；协同中石化上海高桥分公司，组织召开由18家会员企业参加的润滑油基础油系列产品供需见面会，做好牵线搭桥工作；为苏州三利特种油有限公司出具产品石油磺酸盐防锈剂系润滑油添加剂而非成品润滑油的证明文书，并联系国家石油化工产品质量监督检验中心（安庆）与其合作，建立石油磺酸盐检验标准。

承接、咨询会员单位提出的技术性服务。全年接受润滑油、添加剂及基础油方面重大技术咨询10余项次，一般咨询70余次；协会还先后为会员单位解析产品标准、开展售后服务工作，咨询油品化验、标准、产品及钛合金拉拔油、低躁音轴承脂的检测，打桩机的密封等问题。

做好跨行业技术交流服务。参与ATC汽车技术会议、SGS2015风电行业润滑剂运维论坛、第四届中国汽车发动机技术论坛、2015中国（上海）高端装备制造业发展论坛等。举办"装备维修与润滑油"技术交流会，聚焦润滑管理和清洁油品，取得生产与应用结合，维修与油品结合的效果。

探索购买政府服务工作尝试。做好行业协会专项资金申报，按时上报“电梯等设备导轨润滑用油的重要质量监控指标系统性标准化的推进”项目。协会注重上海研发公共服务平台行业协会服务站共建活动，加强网络相互链接，及时发布有关政务服务、公共资源信息。在会刊、网站和会员座谈会上，宣传试点开展上海市科技创新工作，帮助小微企业积极争取享受政府相关资源。

四、以培训认证为抓手，提升行业协会影响力

坚持做好行业专业培训及注册认证。油品分析检测和润滑质量工程培训认证，是协会坚持多年的常规化、系列化培训工作。年内举办油品分析检测培训第31-34期，初级注册22人，中级注册10人。

与兄弟协会、大专院校及专业培训机构合作，为会员单位提供多方位专题培训、交流。组织润滑油液监测技术专题、润滑油液分析技术专题、油品及添加剂元素分析专题、润滑油品红外分析专题、油品检测结果分析及报告专题、实验室规范与建设专题、工业品营销流程管理专题、装备维修与润滑油品技术专题等方面内容的培训、交流。结合新经济形势，开展行业专题讲座，与律师事务所合作，就企业技术创新、保护知识产权、利用融资租赁发展企业的课题进行研讨。

与行业标杆企业加强互利合作。协会第三方检测基地和培训实验基地在协会的培训和技术服务工作中起到重要作用，协会注重与这部分企业加强互利合作，通过合作，努力把他们打造成行业技术和质量监测方面的标杆。协会利用展览会、技术交流会、《上海润滑油信息》会刊和协会网站对他们作专题性推介。在开展的各类技术交流活动中，第三方检测基地和培训实验基地在派出专业技术人员、提供场所、准备仪器设备、安排指导老师等方面都作了精心安排。

发挥专家作用，献计行业发展。召开专家工作座谈会，重点讨论协会在技术交流、技术论坛、技术合作等方面的工作。专家对协会技术论坛及交流主题、技术培训、技术咨询服务和行业职称评审、“推荐应用产品”等工作提出中肯的意见和建议，对行业发展及专家活动的主题和方向也积极建言献策。

（冯彦辉）

上海防静电工业协会

上海防静电工业协会成立于2004年9月，是从事防静电产业的企业、事业单位自愿组成的专业性、跨行业、跨地区协会。会员单位主要覆盖长三角地区的生产防静电服装、地板、耗材、设备或有关设计、检测等领域的骨干企业，现有会员单位114户。协会设标准化委员会、专家委员会等，另有“上海工业静电技术研发服务中心”，专门负责技术咨询、检测、培训、项目开发等。内部季刊为《上海防静电工业》。

2015年主要工作：

一、组织参与展会论坛，拓展合作渠道

年初，协会分别与慕尼黑展览（上海）有限公司和北京励德展览有限公司上海分公司区组织“中国电子工业静电防护高峰论坛”；协会首次与上海劳防用品协会、中国电子器材总公司、中电会展公司签订合作协议，共同打造防静电主题展，介绍会员单位参与，并在论坛上演讲；在11月举办的第86届中国（上海）电子展论坛上，协会组织专家进行两场演讲。协会利用会刊、网站、会议、邮件等多种形式发布信息，帮助联系展会和专家，准备论坛演讲专题，收集会员单位的宣传资料等。

协会组织13个会员单位参加各类展会；组织5场论坛，12人次的专家演讲；向各个展会、演讲会发送会刊400多份、调查问卷230份；接待咨询包括北京、西安、郑州及江浙多地城市50余人次。

二、及时反映诉求，争取购买服务

协会领导先后走访市质监局、市安监局等部门和职能处室，及时反映会员单位想法，帮助企业了解工业产品生产许可证颁发、监督抽查程序及“防静电服”与“洁净服”等标准的区别。

完成2014年政府购买服务项目“上海电子行业静电防护标准执行情况调研”；6月，如期提交《重视智慧城市建设中的静电隐患——城市运行系统电子类产品静电防护现状、问题及对策研究》调查报告；参加2015年上海市安全生产重点研究课题“探索建立政府与市场力量相结合的安全生产监管新模式”项目投标；向市经信委申请购买“上海防静电工业协会网站功能升级”“机器人时代静电隐患对电子工业的影响和挑战调研”等服务项目。

三、重视标准制修定，参与国内标准改革

重视国标“防静电服”修订工作。2014年国标“防静电服”修订信息在网上公示后，协会秘书处会刊《上海防静电工业》通过发电子邮件，召开专题会议等多种形式，向相关23户及时收集意见建议并向有关部门反映。

协会参加市经团联召开的团体标准研讨交流会。参与本行业团体标准的制定。经努力，协会成为上海市第二批制定行业团体标准试点单位之一。在广泛征求和听取意见的基础上，初步拟定团体标准《电子工业用防静电服通用技术规范》，下发给有关27个会员单位。

四、新编培训教材，举办第十期培训

协会自2004年成立以来，在市经信委及职业能力考试院认证二部等部门支持下，根据企业需求，及时编写2015版培训教材，开展静电专业知识普及培训工作。根据分工，通过讲师们的共同努力，于5月8日完成2015版新教材的编制工作。2015年版《培训教材》增加静电防护标准体系、国际动态最新成果等内容，使新教材更具实务性、系统性。

5月13-14日，协会举办第十期"静电专业职称申报培训"。11位学员参加培训，其中报考初级、高级职称各1人，报考中级职称9人。

五、加强国际交流，接受规范化评估

为加强国际同行交流、增进会员之间了解，2015年9月27日—10月2日，协会组团访问美国，考察美国静电协会第37届年会。年会同时举办各种会议，内容广泛，时间紧凑，信息量大，开阔了考察团成员的国际视野。

年内，协会再次报名参加行业协会规范化建设评估。

（顾根良）

上海橡胶工业同业公会

上海橡胶工业同业公会成立于1986年12月，是由长三角地区橡胶加工，橡胶机械和橡胶原辅材料及其他经济组织为主的自愿组成的非营利性的社会团体。实行行业服务和自律管理的跨地区、跨部门、跨所有制的行业性社会团体法人。现有会员企业120户。分别从事轮胎、力车胎、自行车胎、胶鞋、胶带、胶管、各类胶种和用途的橡胶制品及橡胶机械、模具，橡胶原辅材料的生产和经营。拥有"双钱"、"回力"、"骆驼"等多个著名品牌。

2015年主要工作：

一、认真筹备，开好九届二次会员大会暨理事会议

4月23-24日，公会假座召开九届二次会员大会暨理事会议，审议通过2015年工作计划、2014年财务决算和2015年财务预算报告以及《公会企业诚信创建实施办法的报告》。会议公布2015年度上海橡胶行业名优产品评选结果和2014年3月-2015年3月获得市诚信创建企业的表彰名单。

二、走访调研，不断提高公会的务实精神和凝聚力

公会走访调研会员企业70余次，其重点为：一是在筹备召开会员大会暨理事会议期间，走访正、副理事长和有关理事单位，向他们通报年会筹备工作情况，听取他们的意见和建议。二是把调研重心放在因多种原因未曾出席会议的会员企业和新入会的企业上，向他们传达会员大会暨理事会的有关会议精神和当前的经济形势。三是急企业所急，为企业生产经营活动中的各种需求服务，帮助企业排忧解难。如"天碧实业有限公司"由于市政建设，企业碰到搬迁问题，急需处置多余的设备。秘书处了解情况后，将其处置的设备型号、名称、生产厂家刊登在《橡胶同业信息》杂志上，还多次介绍有意向购买二手设备的同行到天碧公司洽谈，使企业十分感动。秘书处走访新上橡汽车胶管有限公司，了解到汽车胶管橡胶切除下来的废料无法处理时，及时与康艳制品公司联系，帮助处理。浙江双箭公司驻沪办事处要求公会帮助解决橡胶非标设备测绘制图工程师，秘书处立即与上海橡机一厂联系，帮助解决。宏益高分子合作材料有限公司，购置一台二手四辊压延机，急需要有客户和机器维修人员，找到同业公会后，公会积极帮助解决。

公会还就市商会公平贸易处调研"十三五"规划，上海合成橡胶产业发展趋势进行调研，并就橡胶行业目前合成橡胶的生产、销售、经营和发展趋势，进行汇总并上报商委公平贸易处，给政府有关部门决策提供参考。

三、撰写行业"十三五"规划，促进橡胶工业可持续发展

在市经信委和市工经联领导下，公会秘书处对撰写"十三五"规划十分重视。年初，成立正、副秘书长为组长的"十三五"规划工作小组并将行业产品划分为轮胎、胶带、胶管、胶鞋和工程橡胶五大类，按历史现状，世界排名和发展目标方面，提出撰写要求，通知相关会员单位，按时间节点写出各单位的规划初稿，报送公会秘书处。公会秘书处在各单位汇报材料基础上，进行加工、组合、撰写出上海橡胶工业同业公会"十三五"规划建议（草案），于6月报上海市工业经济联合会。

四、推进节能减排，积极探索环境保护新路子

6月24日，公会召开上海橡胶工业同业公会节能减排推进会。上宏鞋业公司、上海回力鞋业公司、双钱载重分公司等20家生产企业的代表共计30余人出席会议。与会人员首先参观节能设备，再进行讨论。大家对上宏鞋业，用电加热油锅炉的绿色环保节能设备深受启发，受益匪浅。

五、认真开展行业名优产品评选活动，培育和树立行业品牌

公会启动第四次橡胶行业名优产品评选工作，上半年企业在自愿的基础上报名；下半年，公会遵循公正、公平、公开的原则，组成专家组对17家企业，20只产品进行评审；12月7日，在《中国化工报》第三版上刊登公示，同时在市诚信信息网、公会网站和同业信息上刊登。通过评审、公示，双钱集团股份有限公司、双钱、回力汽车轮胎等17家公司的20只产品被评为“上海橡胶工业同业公会2015年度名优产品”（有效期为2015—2017年）。

六、开展诚信创建活动，提升公会企业信用等级

公会把创建诚信企业列为重要的工作抓手，并使之常态化。公会诚信创建已有4家公司到期失效，29家在翻牌之中，另有7家企业已申报。

七、加强行业自律，不断提升公会工作质量

一是着手公会规范化建设工作模拟运行。二是积极发展新会员，不断加强公会队伍建设。三是及时完成秘书处的日常工作。提高会刊《橡胶同业》质量，全年出版发行12期约16万余字的会刊内容。公会网站进行12次更新调整。四是公会秘书处按市社团局和市经信委的有关规定，及时完成社团年鉴工作。按照中共中央办公厅、国务院办公厅印发的《行业协会商会与行政机关脱构总体方案》，积极进行“五分离”的政策任务自查，并填表上报市社团局和市经信委。

八、认真学习党的十八届三中、四中、五月中全会精神，确保公会工作健康发展

组织动员党员认真开展民主评议党员活动，按照市经信委党委和市工经联党委《关于第一批教育实践活动单位基层党组织召开专题组织生活，开展民主评议党员工作的通知》精神，召开专题民主评议组织生活会。建立党建工作站，积极参与党建工作站活动。深化学习教育，以“三严三实”专题教育为契机，不断提高党员的党性修养。落实党风廉政建设责任制，公会党支部书记与工经联党委书记签订了党风廉政建设责任书。

（钱宜庆）

上海涂料染料行业协会

上海涂料染料行业协会是中国社会组织评估等级3A级单位，原名是上海染料农药工业行业协会，2002年第一次改名为上海染料行业协会，2005年第二次改名为上海涂料染料行业协会。协会现有会员单位180户。会员成员主要分布在上海市和长江三角洲地区，在行业中具有举足轻重地位，产品从涂料、油漆到涂料原材料，从纺织染料、食用色素到油墨和有机、无机颜料，从涂料、染料助剂到化工专用机械，从大化工到精细化工产品，广泛应用于国民经济各个领域。

2015年主要工作：

一、成功主办第四届“绿色涂料发展论坛”和“安全生态染料颜料发展论坛”

4月13—15日，协会成功主办“第四届绿色涂料发展论坛”和“第四届安全生态染料颜料发展论坛”。华谊精化公司、立邦涂料（中国）有限公司、巴斯夫涂料公司、嘉圆公司、宜瓷龙公司等单位就绿色涂料问题作大会发言。华东理工大学、东华大学、恒彩公司、石岘纸业、圣泉公司、温州大学、璟江瑞华公司等单位就染料、有机颜料及中间体的安全生态问题发言。会上，金山二工区副总经理彭喜军就园区创新、转型升级作介绍。中国涂协秘书长杨渊德、中国染协副秘书长康宝祥也作讲话。

著名专家徐子成、崔晓明、章杰和沈永嘉出席论坛并分别围绕把握新常态，涂染颜行业融入生态圈，着力推进绿色环保的主题发表演讲。

二、积极参与《中国涂料工业年鉴》的编写工作

协会深入企业调查研究，参加《中国涂料工业年鉴》区域涂料发展篇的编写工作。重点介绍上海华谊精细化工有限公司（涂料板块）业绩增长和确定开源节流、绿色转型的未来走向。立邦涂料上海工厂重视清洁生产审核工作，为涂料行业环境友好起了推动作用。上海巴斯夫涂料有限公司在上海化学工业区的REACH项目按照计划节点完成项目建设，顺利完成项目试生产和客户端认证，并于2015年达产。第二期项目抓紧推进，更注重水性汽车涂料生产企业和产品的特色。

三、开展“十三五”规划工作，为行业发展提出建议

协会依靠专家库，提出上海涂料行业“十三五”规划建议。协会统计部门拜访市统计局，就涂料“十三五”期间经济指标发展目标提出预测。协会会长吴惊雷、有机颜料专委会主任张水鹤出席中染协10月30日在北京召开的理事长办公会议，参加讨论染颜料工业“十三五”发展规划指导意见，对发展目标、发展重点、发展方向、发展内容提出意见和建议。

四、努力打造“全国高性能涂料生产示范基地”

8月28日，在协会和金山二工区共同努力下，举行“全国高性能涂料示范基地”挂牌仪式。中国涂协理事长孙莲英、秘书长杨渊德到会授牌并就创建示范基地提出要求。上海市经团联副会长陈振浩向上海涂染协会授予“上海涂料染料行业协会驻金山二工区高性能涂料生产示范基地工作站”的铭牌。

五、积极参加中涂协活动，百年涂料再创精彩未来

10月20日，协会参加中涂协在北京举行的百年涂料庆典和中涂协成立30周年活动。上海华谊精细化工有限公司总经理杨红妹、亚士漆上海公司董事长李金钟、捷虹颜料公司董事长张合义、上海华谊精细化工有限公司常务副总蒋清华、上海华谊精细化工有限公司总工俞剑峰、上海涂料染料行业协会秘书长张水鹤先生受到大会表彰。

11月27日，会长单位上海华谊精化公司举办“庆祝‘中华第一家·涂料企业诞辰100周年”活动。精化公司董事长何扣宝、总经理杨红妹、开林厂厂长朱承锋等先后发表讲话。老总工程师汪道彰与华谊精细公司现任总工程师俞剑峰进行“百年涂料薪火相传”火炬接力仪式，涂料人一代接一代，涂料事业更兴旺！

六、积极贯彻落实新《环保法》，推进产品升级

4月13日，协会邀请华东理工大学修光利教授作落实新环保法、加大大气治理的学术报告。在《上海染料》期刊上发布协会副会长单位百合花集团董事长陈立荣谈绿色化工的报告及杭州地区治理污染措施的办法，引起行业的高度关注。

9月17日，协会与华东理工大学联合举办“VOCs控制与监测技术交流研讨会”。100多位代表出席，共同研究大气治理技术。

2015年，在市环保局的指导下，参与制定《涂料、油墨及其类似产品制造工业大气污染物排放标准》。

12月21日，协会组织行业专家、主要涂料公司的企业负责人及环保部门负责人对市经信委下达的专门项目《涂料行业对雾霾的影响与对策》进行评审。

4月14日，在华东理工大学组建“全国阳离子染料创新联盟”。该联盟成立后，会同东华大学专家教授，对阳离子产品升级和废水处理进行深入探讨，制定产品改进的方案。

七、强化“互联网+”宣传，寻找合作商机

协会贯彻中央、国务院关于推动“互联网+”时代战略，邀请化工产品创新联盟发起人姜付江作互联网、大数据、云计算与工业4.0关系的演讲。

1月8日，协会派代表参加四极公司昊客云台的新版上线仪式。5月24日，协会参加一品公司筹办的“颜料商城”上线开幕式。协会与东吴公司、丽王公司沟通“七彩云”电子商务平台事宜，推广“颜钛云台”的经验等等。9月，协会会同有关从事智能机器人制造公司到梅堰三友公司参观学习，并就该公司车间改造中如何实现自动化、智能化，提出可供比较的方案。

八、国内外横向联系，促进信息交流

7月29日，协会会同有机颜料专委会邀请台湾染颜料同业公会到昆明交流技术，还邀请美国太阳化工、科莱恩、东洋油墨等外国公司到有机颜料年会上发表论文。

8月19日，协会在“百川资讯”组织的中国工业萘及下游市场高峰论坛上发表论文，促进产业市场信息交流。

9月24日，协会组织华谊精化、立邦、中精、颜钛、中南和藤仓等公司赴南京学习江苏涂料行业发展的经验，并参加首届“华东地区涂料企业发展论坛”。

10月26—30日，协会举办“第十六期全国有机颜料技术应用培训班暨水性有机颜料分散体在水性涂料和水性油墨中的应用高级研修班”。

11月10日，协会配合中国化工信息中心，在上海召开第十五届化工原料大会，并在大会上作题为“‘创新’永恒的主题，破解发展难题，环保压力下染料及中间体发展的新常态”报告。

11月27日，协会派代表赴广州与《涂饰商情》开展市场交流活动。

12月初，会同中国染料工业协会有机颜料专业委员会组团参观了在印度由中国染协主办的亚洲染料、有机颜料展览会。

（郑家琨）

上海塑料行业协会

上海塑料行业协会成立于1990年2月，是以上海市塑料及相关企业为主，自愿组成的跨部门、跨地区、跨所有制的非营利行业性社会团体。现有会员单位179户，涵盖石化、化工、轻工、机电、建材等系统的国有、民营、合资、独资和相关高校、科研院所，覆盖树脂、制品、助剂、模具和加工机械等整个塑料产业链。下设聚氯乙烯（PVC）制品专业委员会、塑料包装专业委员会、工程塑料专业委员会和技术咨询部。

2015年主要工作：

一、顺利完成换届选举工作

上半年，协会着手会员大会准备工作，成立领导小组和工作小组。12月15日，召开第五届五次理事会、第六届一次会员大会、第六届一次理事会，通过会员大会投票选举产生新一届理事会成员，理事会投票选举会长、常务副会长、副会长，举手表决通过名誉会长和秘书长人选。中国石化化工销售有限公司华东分公司当选为会长单位，中国石化上海石油化工股份有限公司当选为常务副会长单位，上海心尔新材料科技股份有限公司等18家当选为副会长单位。

二、把握产业发展良好机遇，着力推进行业品牌建设

协会坚持以行业品牌建设为抓手，以公正、公开、公平的原则开展行业名优品牌评选工作。有14家企业的产品参加行业名优的评选，其中两家企业为新参加企业，12家企业获得重新认定。协会在网站和“塑料通讯”会刊上分批宣传这些产品，推荐这些产品参加各种专业展会、技术交流推广会等。协会组织会员企业积极参加轻工业协会组织的“上海轻工创新设计展”，鼓励企业参加上海轻工“知名、卓越”品牌产品的评选活动。在此基础上，协会向市工商局等推荐评选上海市名牌产品、上海市著名商标，对申报单位或业内企业征集相关信息后出具协会推荐意见。中国石化上海石化股份有限公司等8家会员单位获得上海市级31项名优品牌。

三、接受政府委托购买服务，完成行业课题研究

协会积极争取、主动承接政府委托项目和购买服务项目，完成市经信委下达的建议及对策等课题，牵头组织编制上海市地方标准工作。

2014年起协会着手编写《上海塑料行业“十三五”规划建议》，协会技术咨询部认真开展行业调研，召开专题座谈会，听取企业及行业内专家的意见和建议。2015年7月，完成《上海塑料行业“十三五”规划建议》稿，上报市经信委、市工经联和中国塑料加工工业协会。该规划建议具有一定参考价值，得到同行的关注。

四、合作举办“中国国际橡塑展”

5月20—23日，“2015国际橡塑展”在广州举行。协会组织中国石化上海石化塑料部、上海塑料制品公司、上海海湾石化公司和上海国嘉高分子材料公司等10余家会员单位及业内企业参展参观，并参与同期活动；受主办方委托，协会组织华东地区8家省市同业协会的会长和秘书长出席。

五、组织国际塑料业界交流，促进行业技术进步

1月8日，土耳其工商业协会（TUSIAD）董事成员ODE公司主席奥尔罕·图兰先生来上海工商联塑料行业商会拜访式交流。上海塑料行业商会邀请上海赛科公司和副会长单位上海新上化公司进行介绍交流。

9月21日，第15届中国塑料交易会组委会在台州交易会期间举办“中外塑料行业协会联席会议”。会上，协会秘书长秦建旺作题为“‘一带一路’国家战略迎来塑料工业的新发展”的演讲。

9月25日，协会与印度古吉拉特邦塑料制造商协会签订为期3年的合作备忘录。

通过上述一系列国际活动，协会组织会员企业参加交流和互动，创造条件学习国际塑料工业先进技术，推进本地塑料行业的技术进步。

六、利用社会服务平台资源，增强协会服务功能

中小企业公共服务平台为会员企业解决融资、挂牌上市等问题；研发公共服务平台为企业解决产品测试、技术咨询等困难；人力资源服务平台开展专业技术人员职称评定，年内，共评审通过高级、中级、初级专业技术职称23人；“上海市进出口公平贸易行业工作站”，为协会提供企业进出口业务服务的功能，并为出口企业的出口贸易搭建沟通平台。

信息服务平台功能提升明显，网页内容更为丰富，信息更新及时，成为协会办公及对外沟通、信息发布、广告宣传、传达行业资讯的重要窗口。协会会刊不断增加原创性文章，报道会员单位改革创新中的新鲜事例，增加有关塑料行业经济性、技术性和科普性方面的内容，以求实求新的理念注入于办刊之中，增强可阅读性和可借鉴性。

七、加强协会自身建设，规范行业自身行为

协会加强内部管理和制度建设，制定、修订18项内部管理制度，并且认真贯彻执行。协会将规范化建设评估作为加油站，认真整改评估中暴露的薄弱环节，从人员上、管理上提高水平。

2015年协会又招聘两人。并对信息部主任、技术咨询部主任和信息主管等进行调整，对PVC专委会秘书长（兼职）进行更替，协会三个专业委员结合本专业积极开展活动。

协会按照章程规定定期召开会员大会、理事会和会长办公会。年内新增会员20家，并按协会章程清理部分会员单位。再次修订会费收缴和管理办法，部分调整会费标准，大多数会员单位都能按期缴纳会费。

（侯培民）

上海日用化学品行业协会

上海日用化学品行业协会是由上海化妆品、洗涤用品、香精香料、口腔护理用品4个行业组成，现有会员单位200户。

2015年主要工作：

一、开展新常态下化妆品发展趋势研究报告撰写工作

协会对国内外在上海的日化企业进行深入调研，查阅相关资料，详细梳理化妆品市场与发展现状，分析新常态下行业的发展特点及供求关系，研究行业竞争状态下与区域市场状况，通过借鉴国内外优秀化妆品企业的成功经验，为本土品牌崛起与突破提供有力依据。该课题共分13个大类，共422页。报告详细分析化妆品生产、销售渠道，以及新品种、新工艺、新材料、新包装、新营销策略。提出化妆品行业发展战略和产业升级重点建议。

二、编写上海日用化学品行业"十三五"发展规划

承担市经信委下达的上海日用化学品行业"十三五"发展规划专项课题，在分析和厘清日化企业现状特征的基础上提出"十三五"发展目标：至2020年，工业总产值达到600亿元以上，每年递增在8%以上；销售收入达800亿元以上，百亿元销售收入企业3至5家；30亿—50亿元产值企业4至5家；10亿—30亿元产值企业5—6家；出口比例达到12%以上；国际化妆品总部即研发中心和销售公司总部设在上海的要达到30家以上；每年技术开发项目在10项以上；拥有专利数达100项以上；获得国际国内领军奖项10项以上；劳动就业人数达到10万人以上；国家级技术中心达到2—3个；上海市技术中心10个；获得国内领先的自主品牌20个以上。利用上海自贸区的开放和"一带一路"的合作，使上海日化行业更加具备国际化前景，率先成为化妆品国际化的时尚之都。并提出七项对策建议。

三、组织各类培训，提高行业整体水平

协会组织化妆品法规和企业质量检验员、质量经理、技术工艺经理、化妆品现场管控、微生物检验员等专业人员的法规培训、标准培训、实务操作、品牌策划、超级产品做大品牌营销培训等多项培训，推进行业的整体质量水平，形成行业自律诚信守法的新气象。上海化妆品企业在国抽、市抽和各项检查中合格率达99%以上，高于全国各省市水平。上海市化妆品企业在网上备案的特殊用途化妆品达到5万多个，基本涵盖了消费者需要的各个品类化妆品。

四、重视营销渠道创新，推进行业互联网T渠道深耕

协会组织两次营销渠道变更的交流，一是在上海美臣化妆品有限公司现场交流"打造'全是美'互联网＋商超"美妆新模式，刮起传统渠道与互联网结合的美妆旋风。二是在上海卓瑞投资控股集团公司现场召开互联网＋化妆品企业供应链管理现场研讨会。会议交流和学习卓瑞投资控股集团和SKU360的合作，通过为化妆品生产优化设计方案，为客户提供OEM组装加工，量身定制库存管理、采购代理、现场包装、现场配送等增值服务，以实现成本和流程的持续优化。

五、注重化妆品示范区建设，搭建公共技术服务平台

协会注重推进时尚行业化妆品公共技术服务平台，香精香料化妆品协同创新公共技术服务平台等专项平台建设，利用公共服务资源为小微企业服务，为品牌示范打好基础。如协会与上海轻工研究所共同组建的上海时尚产业化妆品公共技术服务平台，不但面向化妆品企业及时发布国际国内法规、标准和市场信息，而且建立面向小微企业的化妆品时尚品牌和组分数据库，将12个国际著名时尚品牌450种化妆品组分采集入库，涵盖70多个国家和组织，190万条专利数据库，为化妆品企业分析时尚趋势、掌握专利、开展配方设计提供信息支撑。上海应用技术大学所属香料香精化妆品科技创新中心平台则同行业协会、上海家化、伽蓝集团、爱普香料、苏州检验检疫局、市质检院等联合开展化妆品发展趋势研究、化妆品安全性评价的动物替代试验法研究与初步应用、精油产品中呋喃香类有害物质的测定方法研究、化妆品部分禁限用原料和功效成分检测和风险防范研究、进出口化妆品毒理安全性及风险防范机制的研究等，利用协会检测机构、高校、知名企业、政府部门等专家及学者深入产业科技领域的研究、探索，推进行业水平提升。

六、与专业展会和国际机构联合开展招商引资、展销展览

协会与英富曼展览公司合作专题开展化妆品防衰老新原料推广专题论坛，与天祥检测公司合作开展化妆品毒理性功能评价论坛，与法国、日本、韩国、中国台湾化妆品协会、学会开展招商引资，商贸洽谈及展览展示等多项活动，提高企业的知名度和美誉度。协会还为企业与国际出口市场牵线搭桥，提供合规性文件，推动企业走向国际市场。协会为配合节能减排活动，召集30多家会员单位，在2015年上海锅炉供热节能专题研讨会上交流利用节能环保安全技术改造生活环境的体会，部分企业对生产用锅炉等环保产品颇感兴趣，并同主办方进行交流洽谈。协会与创新、自动化、环保科技集一体的亚洲橡塑展合作，组织会员单位参观展会与论坛，在提高企业产品包装基础上进一步加强技术装备，创造一流企业。

七、加强协会秘书处自身建设，完善党建工作

协会按照章程努力做好企业与政府之间的桥梁，认真学习十八大以来的各项文件和各项产业政策、法规文件，围绕产业的难点、热点，提高自身理论水平和专业能力，为企业经营出谋策划。同时在行业制约、提升质量诚信上配合政府部门努力做好各项工作。

（金　坚）

上海医疗器械行业协会

上海医疗器械行业协会成立于1987年3月，是全市医疗器械行业企事业单位自愿组成的跨部门、跨所有制的非营利的行业性社会团体法人。现有会员单位745户。

2015年，协会坚持以“服务为本”为出发点，把会员单位与行业、与协会的兴衰捆绑在一起，不断拓展服务功能，延伸服务领域，加强行业自律，履行社会责任，促进和推动了行业和协会的可持续发展。

2015年主要工作：

一、发挥协会纽带作用，助推行业科技发展

在市科委的倡导下，协会相继促成“上海微创手术器械产业技术创新联盟”等10家技术创新联盟成立。由上海诺诚牵头的上海电生理与康复技术创新联盟，以国家需求和市场为导向，强化以电生理和康复技术龙头企业为主体的产学研医相结合的创新平台。通过开放式的联盟形式加强合作创新，整合行业科技资源、促进信息、临床、技术、仪器设备等资源共享，提高行业科技创新的整体能力，组织瓶颈技术创新攻关，加快研究成果共享与转化，优化产业链，推动电生理与康复产业整体升级，提高电生理与康复领域国内外竞争能力和市场占有率，取得较好成效。

积极为会员单位提供技术成果转移平台，先后组织或参与上海交通大学、复旦大学上海医学院、上海市生物医药科技产业促进中心等产学研医项目对接会。以上累计有119个项目进行对接，其中上海浦卫医疗向上海市新华医院引进的漏斗胸微创矫形钢板项目获得成功是典型案例，该项目获得上海市第25届新产品优秀发明金奖，为儿童漏斗胸患者带来福音。同时，也为科研单位和生产企业创造可观的经济效益和社会效益。

受市经信委委托，根据行业“十二五”发展规划的要求，协会开展“上海医疗器械产业关键和共性技术课题”研究、“上海医用生物材料课题”研究、“上海智慧医疗产业发展战略研究”。申报“上海高端医疗装备产业发展基本思路调研报告”。通过对这些细分领域的深入研究，收集生产企业、研究机构、临床、学校各方面的现状、趋势和不足，研究成果将为政府决策提供参考，为会员单位规划提供思路。

协会开展两年一次的“上海医疗器械名优产品”评选活动。评出上海医疗器械名优产品累计92只。在此基础上，推荐并参与上海市名牌产品的评选，共有16只品牌入选；推荐和参与上海市著名商标的认定，有15只品牌入选。

协会在市科协的指导下，年底成立院士专家服务中心。该中心建设坚持“企业为主体，智力为基础，需求为核心，实效为根本”的基本原则，坚持为企业战略发展服务；为企业人才队伍培养服务；为企业关键技术研发服务；为科技成果转化应用服务。提高医疗器械生产企业的技术水平、市场竞争力，培养行业高技术人才，形成长效机制。

二、扩展协会服务功能，积聚行业人才高地

新监管条例出台后，协会开展专业培训，参加人员非常踊跃。新开发的管理者代表任职培训、注册员岗位培训和医疗器械生产质量管理规范培训解决了许多工作上的难点，受到参学者的欢迎。年内共举办各类专业技能培训10期，参加学习达1552人次。

协会自2012年被市人社局认定为行业职业鉴定所起，相继开发X线放射电器组装调试工、医疗器械检验工、医用电子仪器修理工3个职业的（高级）技能鉴定工作。年内协会完成物流师（医药）工种的开发以及口腔修复工工种的立项工作。全年共鉴定3个职业的学员635人，合格取得三级（高级）资格证书的361人，为学校、企业、社会培养大量应用型人才。

协会是上海市医药工程类专业职业资格评审委员会医疗器械学科职称申报受理点。为了解决申报难的问题，协会全过程参与，拓宽服务内涵，增加前期辅导。面对医疗器械工程系列职称评审申报人员的论文写作和发表困难，协会专题举办职称评审专题辅导讲座，邀请医疗器械杂志的编辑授课，帮助申报者掌握要领。有6名申报者获得高级工程师职称资格，17名申报者获得工程师职称资格。

吸引本地高校医疗器械专业毕业生为上海医疗器械产业服务，年内组织举办、参与高校招聘会4场，累计参与企业数88户次，提供就业／实习岗位千余个，受益学生200多人。为学校、学生和社会提供更多择业机会，为会员单位提供有用之才。

下半年，根据上海医疗器械企业规模以中小为主，企业对各类技能人才求贤若渴，但同时培训力量薄弱或缺失的特点，协会向市经信委、市人社局申报上海市智慧医疗高技能人才培养基地项目，进一步提升在高技能人才培养方面的作用，为社会业界打造更好的公共实训平台，得到市人社局的批准。

三、担负协会社会责任，倡导行业诚信维权

协会参加市企业诚信创建活动，扩大会员企业参与度。至年底，又有68家企业投身活动，总增量达89.5%。剔除有9家企业因产权变更，主体资格灭失等原因，现有各等级的诚信企业135家，其中五星级及持续保五星级63家，四星级9家，三星级22家，二星级25家，一星级16家。绝大多数参与企业都能按组委会要求按时逐年升星，总转换率达93.8%。

6月，协会第二次参加“上海市企业社会责任报告发布会”，发布行业社会责任报告，向社会公开信息，明确担当，作出承诺。

在市工商联的支持和徐汇区司法局的指导下，协会成立上海市医疗器械行业人民调解委员会。调委会把立足点放在“以普及法律知识为抓手，以调解纠纷为手段，以化解矛盾为目的”，为上海医疗器械行业发展提供和谐、宽松、有序的环境。

四、凸显协会中介作用，搭建行业服务平台

协会先后组团参展、参观以色列、澳大利亚、爱尔兰等大型知名的国际医疗器械博览会。受邀参加英国威廉王子首次访华的英国创意节“创意英伦”盛典、参拿大魁北克省政府访华团举办的医疗健康行业圆桌会议。通过参加活动，进一步扩大行业地位和知名度，深化双方的了解和友谊，促进医疗器械双边贸易的发展。

年内，第73届医博会在上海召开，协会帮助参展单位了解并融入主办方和上海展团的规范体系，共同做好上海展团的组团参展工作，受到主办方好评。全年协会共组团参加境内各类展览会6个，提供标准展位734个，展览面积6606平方米，参展单位480户次。

协会网站信息工作日每天更新，力求信息及时、全面、丰富。网站点击率（IP）达46834次，刊登的信息总量2497多条。3月中旬，协会年鉴出版，发送至各会员单位，维护行业信息的连续性。协会月刊“上海医疗器械简讯”内容逐步充实、图文并茂，及时报道业内及协会最新动态。协会每月定期对十大类产品的工业销售产值完成情况进行统计分析，为政府宏观决策提供参考，为企业发展提供信息，企业每月统计上报率均达到95%左右。相关数据的完整性、准确性和及时性得到提升。

协会主动引入第三方专业服务，有法律、金融、商标、软件、注册、投资、租赁、园区和政策咨询等20多户专业服务机构，全方位、多角度的为会员单位提供服务。招商银行为行业量身定制金融服务方案，受到欢迎。协会与近20个国家与地区的领馆商务处和代表处建立合作关系，为对外贸易交流提供较大便利。

五、反映行业共同意愿，注重规范民主办会

参加政府各有关部门就有关医疗器械规划、标准、价格、处罚等研讨和听证，发表行业协会的独立见解。积极回应政府主管部门在制度制定过程中的意见征求，及时反映会员单位的诉求。协会先后接待市食品药品监督管理局副局长徐徕、市社团局副局长贾勇等领导来会，向到访领导汇报企业在发展中遇到的困惑和需解决的问题，共同沟通商讨行业、企业和协会发展的对策。

3月，协会完成会长的新老交替，使协会领导班子符合发展要求。近年来，协会先后同江西、浙江、福建、江苏等省，以及宁波、厦门等市的医疗器械行业协会建立交流合作机制，扬长避短，增进交流与合作。

协会体外诊断系统专业委员会就不同热点开展多项主题活动。植入介入器材专业委员会邀请政府有关部门的领导围绕“医疗器械的创新与监管”作主题演讲。口腔工艺专业委员会帮助制定企业标准，召开《定制式正畸矫治器》企业标准本稿研讨会。经营工作委员会根据行业发展需要进行改制，将原来的工作形态向推进市场（包括产品、资本等）发展的形态转变。

（蒋建群）

上海市生物医药行业协会

上海市生物医药行业协会成立于2002年12月，是由上海及相关省市生物医药企业、相关大学、科研院所和产业园区等单位自愿结成的社会团体。现有会员单位205户。

2015年主要工作：

一、发挥平台作用，积极推进产业专项服务

开展行业信息服务。不断提高会刊《生物技术产业》的质量，除增加信息量、提高可读性外，通过举办协会信息员交流会，紧密联系协会与会员单位的信息交流；每日更新门户网站，每周向企业发送电子医药信息简报，为企业提供及时、有效、全面的信息服务。1-12 月共出版会刊 12 期，网站更新信息共 4890 条，发送简报共 48 期。

举办产业政策解读等专题报告会。协会通过举办各类主题活动，为企业提供政策服务，为企业搭建技术和商务交流的平台，通报行业发展和创新前沿动态。召开中小企业政策解读会，为企业讲解有关技术改造项目申报及项目管理、上海生物医药产业扶持政策和国家有关制药排污标准最新动态等政策信息；举办上海生物医药大讲堂和上海市生物医药工程专业技术人员继续教育培训；组织召开市服务外包企业培训会，为企业讲解上海服务外包发展现状、政策和前景；与上海张江创新学院联合主办“抗体新药研制和产业化”专题培训班。

针对行业热点，组织开展各类研讨会。协会主办或参与组织各类研讨会、展会等。如第 17 届上海国际生物技术与医药讨论会（Bio Forum）、第三届中国（上海）国际技术进出口交易会、“2015 个体化诊疗与转化医学”论坛、上海大虹桥（青浦）创新合作投资交流会、第 14 届中国制药和生命科学与健康行业高峰年会、第七届国际生物医药研发创新亚洲峰会、“China Bio”2015、核酸药物和生化药物产学研科技沙龙活动、宁波杭州湾新区生命健康产业推介会暨新区产业年度研究报告发布会、2015 年大丰港经济开发区盐城海洋生物产业园生物医药产业推介会等。

二、发挥桥梁作用，积极推进产业有序发展

畅通政企交流渠道。积极听取行业、企业的需求，主动反映行业诉求，协助政府制定更符合产业发展导向和需求的政策。协会代表企业向市发改委、市经信委、浦东科委提出发展生物医药“十三五”重点发展领域建议和政策需求；向市科委提供生物医药统计数据；向市经信委提出发展“四新”经济的相关需求和建议，提出推进智慧医疗产业发展的研究和思考；向浦东新区科委提出发展智慧医疗产业的相关建议；向市政府发展研究中心汇报 2015 年上海生物医药行业经济形势分析。

参与项目评审和推荐。协会积极有效地推进企业项目申报服务和推荐工作。推荐张江生物医药产业基地公司成功申报上海市服务贸易示范基地；向市经信委、张江高新技术产业开发区管委会推荐 2015 年度上海市“四新”经济创新基地建设试点单位。另外，为绿谷制药、金和生物、美吉生物、联合赛尔等企业出具证明函，为企业申请名牌产品和著名商标提供依据。

三、发挥资源优势，积极推进产业研究咨询

受市经信委委托，承担完成《上海生物医药产业“十三五”发展规划前期研究》《2014 年上海产业和信息化发展报告——工业转型升级》及《上海智慧医疗产业若干重点领域发展研究》。受市现代服务业联合会的委托，编写完成《上海现代服务业发展报告 2014》中生物医药行业部分。参与上海市知识产权局的知识产权纠纷调解试点工作项目，并撰写总结报告。与复旦大学宁波研究院开展合作，完成《宁波杭州湾新区生命健康产业发展年度研究报告》。承担浦东新区科委委托的浦东新区生物医药产业统计工作，并编写《2014 年度浦东新区生物医药产业统计报告》。完成《上海年鉴（2015）》《2015 年上海市国民经济和社会发展报告》及《上海工业年鉴（2015）》相关条目编撰工作。

四、加强行业联合，积极推进产业有效发展

协会联合同济大学附属东方医院、复旦大学附属中山医院、新华医院，上海金仕达卫宁软件股份有限公司、上海联影医疗科技有限责任公司、上海生物芯片有限公司、上海创业投资行业协会、上海南汇工业园区投资发展有限公司等 9 家单位发起成立上海市智慧医疗产业创新联盟，致力于推动智慧医疗产业发展“创新基地 + 产业基金 + 创新联盟 + 实训基地”的充分结合，这也是沪上首个集医院，研究所（院），大学，生物医药企业领域为一体的创新联盟。

五、践行社会责任，积极推进产业健康发展

“谈家桢生命科学奖”是经国家科技部批准、联合基因集团出资设立、上海复星医药（集团）有限公司赞助的奖项，由协会进行具体承办。11 月 16 日，第八届谈家桢生命科学奖颁奖仪式在云南大学举行，评选产生谈家桢生命科学成就奖两名、产业化奖 1 名和创新奖 9 名。

六、组织会员交流，积极促进行业互动

协会发起成立上海市生物医药行业协会羽毛球俱乐部（现华东生物医药行业羽毛球联盟），增强协会的凝聚力。5 月 23 日，由协会、华东生物医药行业羽毛球联盟主办的“复星医药杯”首届华东生物医药行业羽毛球公开赛举行。有近 200 人次的企业羽毛球运动爱好者参与比赛。

七、拓展国际交流，积极推进产业项目合作

协会与各国家驻沪领事馆或地区代表处保持良好的联络机制，同一些国家的生物医药相关协会建立合作关系，取得一定成效。如召开各国领事馆商务交流会；与奥地利驻沪总领事馆商务处共同举办“2015 年奥地利生命科学研讨会暨 B2B 洽谈会”；与韩国大韩贸易投资振兴公社（KOTRA），举办 2015 韩国投资环境说明会，促进中韩两国在生物医药领域的交流。6 月，协会应美国伊利诺州政府的邀请，组织复星医药、生物芯片、先锋医药、伯豪生物、同济大学等企业、院校赴美国考察，参加在美国费城宾夕法尼亚展览中心举办的“2015 年美国生物技术大会暨展览会（BIO2015）”，与世界各国代表交流生物科学发展情况、有关项目或创新技术等，并积极宣传上海生物医药企业。

八、强化内部管理，促进协会健康发展

协会始终按照5A级行业协会的标准严格要求自己，不断完善工作机制，加强自身建设和规范发展，提升服务功能。

一是加强党建创新工作。协会党支部被市工经联党委授予第六党建工作站铜牌。通过党建工作站，探索行业党组织加强党建工作的新方法、新路径，促进各支部党的建设和协会工作上一个新的台阶。

二是提升党建对口服务。党支部努力推进南汇工业园区智城基地申报上海市经信委生物医药跨界四新产业基地工作。党支部还接受上级主管部门委托提出行业经济政策建议，为政府产业调控决策提供基础性信息资料与数据，并向市经信委专题汇报上海智慧医疗产业发展研究情况。

三是加强自身能力建设。稳步推进四项基本工作制度，包括绩效考核制度，日常管理制度，建立健全协会宣传沟通平台以及保持会员走访慰问制度。

四是严格财务管理。协会继续保持严格管理，建立科学合理的帐套体系，财务状况良好。协会科学化、规范化、标准化的财务制度，得到上级单位的认可和支持。通过努力，协会获得非营利组织2014—2018年免税资格。

（周家祺）

上海医药行业协会

上海医药行业协会成立于1987年1月5日，是上海医药工业为主的企事业单位自愿组成的跨所有制的非营利性社会团体法人。现有会员单位230多户，涵盖制药工业、生物医药、药品辅料、药品包装材料、制药机械、大专院校、科研院所等领域。2015年，会员企业占本市医药工业销售总值80%以上。

2015年主要工作：

一、抓创新，开展“二月花”奖评选、举办高级研修班

为了推动上海医药行业“四新”（新技术、新产业、新模式、新业态）的发展，激励企业家的创新才能，年初，协会设立行业的《推动企业家创新奖励金》。并将该奖项冠名为“二月花”奖（出自郑板桥：“删繁就简三秋树，领异标新二月花”）。

申报第一届“二月花”奖，得到会员企业积极响应，共有36家企业递交申报表。其中董事长、总经理（总裁）占绝大多数。经过初评和评审委员会评审，中信国健总经理王俊林、信谊百路达董事长兼总经理胡林森、昊海生物总经理吴剑英、黄海制药董事长卞化石、一生化药业总经理陈彬华、和黄药业总经理周俊杰、常州四药董事长总经理屠永锐、复星医药副总裁邵颖、医药分销控股总经理李永忠、卡乐康包衣技术亚太区执行总裁Simon Tasker（唐西朋）等10位企业家被评为上海医药行业第一届“二月花”奖获得者。

10月29日，举行首届“二月花奖”颁奖大会。会上，向这10位企业家颁奖。获奖者结合自己创业创新的历练分别作激情演讲。黄彦正会长在讲话中指出，上海医药的企业家队伍强大起来之时，必定是上海医药产业实现再飞跃之际。市工经联蒋以任会长对获奖的10位企业家表示热烈祝贺。会后，周波副市长与10位获奖企业家举行座谈，高度赞扬上海医药行业协会此次奖励创新企业家的深远意义，并与企业家们就上海医药产业的发展进行了座谈交流。

8月，根据市人社局《关于印发专业技术人才知识更新工程2015年上海市高级研修班项目计划的通知》，协会和有关部门共同举办以临床需求为导向的中国特色药品研发新路”为主题的“2015年上海医药行业专业技术人员知识更新继续教育高级研修班。这次高研班有四个特点：一是参加学员范围广，专家多。100余位来自各地制药企业高级研究人员参加。邀请政府、临床和研发机构的13位专家到会授课。二是理论联系实际的授课方式。来自临床的专家，对不同领域疾病传达临床上对治疗药物的需求，介绍国内外最新的治疗方法和研究进展。三是加强产学研医联盟。医药研发与临床的综合发展是上海的一大特色，企业、医院、相关科研单位携手协作加强产学研医的联盟，力求学科创新性发展。四是探索如何更好发挥医和药相互联系的桥梁作用，为专业技术人才知识更新，培养、培训高层次专业技术人才服务。

二、促服务，紧贴企业发展的需求

4月，协会向政府有关部门提出8条建议，坚持以“科技创新、质量优先、价格合理”为原则，不断建立和完善基本药物招标制度，既要将虚高药价降下来，也要杜绝药价虚低，扰乱医药市场，防止出现药品质量风险。

4月，协会与上药集团、信谊药厂及软件公司联合举办“走向智能制造——上海医药企业两化融合论坛”。40家会员企业80余人参会。论坛以上药信谊贯标“两化融合企业管理体系”成果为主线条展开，多家信息化优秀企业的成果案例和软件公司以“医药和互联网+”热门话题被分享。

4月10日，协会和《上海医药》杂志社主办“新医改下的政策解读会”解读已经和即将出台的医药相关政策，研判医改趋势。会议邀请市卫计委药政处、市发改委物价局收费管理处和市人社局医保处负责人对医改、药价及药品招标相关政策进行解析。全国各地医药企业近 200 人参加了会议。

上半年，协会与上海市生物医药科技产业促进中心联合举办医药行业专业技术人员系列培训，共有 87 家企业的 1700 多人次参加培训，帮助企业提高执行新版药典的能力，熟悉和规范药品注册程序，加强企业药品生产质量管理队伍的建设。

在市经信委指导下，协会和上海中信国健药业股份有限公司携手编撰《单克隆抗体类生物治疗产品行业质量标准指南》（草案）。该标准指南由“基本要求”“单抗前期研发的控制”“单抗的小试”“单抗的中试”“单抗的生产”“产品检定”“单抗质量检测的新技术”等 14 部分组成。协会还组织医药企业数字化营销、企业节能等论坛、评选市名牌产品、国外考察、参加国际水展、现代制药装备展等活动。

三、严自律，增强行业社会责任担当

协会推行行规行约，推荐企业发布社会责任报告，对连续 3 年在上海市企业社会责任报告发布会上发布报告的国药控股、和黄药业、现代制药、常州四药等企业予以表彰。中信国健、现代制药、上生所、上海罗氏、联合赛尔、凯茂生物、荣盛生物等企业被市诚信办评为五星级诚信创建企业。

协会连续 3 年发布行业的社会责任报告，被市经团联授予“推进企业社会责任建设优秀组织奖”。有 10 多家会员企业发布企业社会责任报告。协会将动员更多药企发布社会责任报告。

协会严格按章程开展各项工作，加强自身建设，提高服务能力。为了使《上海医药》杂志更好发挥联系制药企业和医院的桥梁作用，经过程序在原来章程中增加“学术会议”、“学术交流”等内容，杂志社根据企业和医院临床需求，举办多次学术交流会议，大大提高了《上海医药》的影响力，拉近了制药企业和临床医生的距离。

（范小俊）

上海中药行业协会

上海中药行业协会成立于 1989 年 12 月，是以上海市中药工商企业为主体的社会团体。现有会员单位 2200 户，会员覆盖率达到上海市中药行业企业总数的 97%。

2015 年主要工作：

一、顺应改革形势，推进中药行业发展

年初，协会成立中药行业“十三五”发展规划建议书编制小组，通过下发调研表、召开调研会、走访重点企业等方式，为编写《上海中药行业“十三五”发展规划建议书》打下基础。编写规划课题在 2015 年市经信委组织的行业协会发展专项中成药立项并通过专家评审。

根据三个委办局《关于进一步加强医疗机构中药饮片煎药管理的通知》要求，协会开展医疗机构委托煎药资质企业评估工作，共有 50 家饮片生产和经营企业申请“医疗机构委托中药煎药加工单位”资质评估。由医疗机构、行业专家及协会三方组成的评估检查小组，分批进行现场评估。通过评估，47 家企业取得“医疗机构委托煎药资质企业合格证”，有效促进医疗机构委托中药煎药服务的规范和发展。

根据国家关于药品价格市场化有关精神，受市物价局的委托，协会对中成药低价药品价格进行核对；受医保药事所委托，对低价药中的优质优价品种进行整理。配合市中发办对中药饮片价格放开进行调研，并根据中药饮片的特点及时提出建议，使饮片价格在步入市场化过程中趋于稳定。配合医保局相关部门进行中药饮片医保支付参考价的调研，完善中药饮片医保管理办法。根据医保中心《关于完善本市基本医疗保险中药饮片信息库的通知》精神，完善中药饮片编码纳入基本药品目录，为中药饮片纳入“阳光采购”提供了依据。

落实 2015 版药典修订内容研核工作，协会组织饮片生产企业对 122 个品种新标准进行研究核实，总结出有 48 个对照药材和标准品处于断供状态；新增显微鉴别项 44 个品种中有 7 个品种个别组织显微结构未找到；个别品种的灰分、浸出物、含量等检测达标困难等问题，并以详实的数据为基础，向药典委提交报告。

为落实新版上海市中药炮制规范修订工作，协会召开饮片质量工作小组会议，听取 2015 版中国药典的执行与 08 版上海炮规在标准上的差异所带来的影响，听取对新版上海炮规的修改意见。在调研的基础上，协会专题报告市食药监局。协会与药监部门密切合作，成立炮规编修小组，确保编修工作常态化开展。

协会参与医保联合工作组，开展对零售药店纳入医保定点的检查及评审工作。年中新增医保定点 227 家，使全市医保定点达到 716 家。经医保联合工作组授权，协会开展第四批中药饮片医保申报、检查、上报和发布工作，使市内中药饮片医保经营点达到 223 家，促进了零售药店中药饮片的销售。同时参与医保部门对新一批中医坐堂门诊进入医保的申报和现场考评工作。

协会除了承担中国医药工业信息中心的工业统计外，还根据市科委、市商务委、市医保办、市食药监局等有关部门的要求，分别对上海中药工业经济数据、中药大品种、医保中药饮片零售、中医坐堂门诊、中药柜台方等经济数据进行汇总统计，为政府部门提供中药行业经济情况。

二、重视会员需求，提高协会服务效率

针对野山参在市场经营中质量参差不齐的现状，协会组织行业参茸专家深入东北野山参主产区考察，以及对野山参市场的调研，制定并发布《上海中药行业野山参等级规格》，为中药行业鉴别野山参和等级规格区分提供依据。为培养行业鉴别人才，协会举办第一届野山参鉴别培训班，20多位具有野山参鉴别经验的企业骨干参加为期10天的培训，提升鉴别能力，为行业规范野山参市场起到积极作用。

根据国家规定，2015年年底，药品生产企业必须通过新版GMP。协会对尚未进行新版GMP认证的饮片企业进行排摸，牵头组织行业GMP专家赴部分企业现场进行指导，至年底，上海中药饮片生产企业全部通过新版GMP认证。

为拓宽视野，8月，协会组织制药专业委员会主任、副主任成员单位赴辽宁好护士药业（集团）有限公司进行考察和交流学习；组织部分中药饮片企业赴内蒙古全国中药材联盟企业，日出东方药业有限公司考察交流。11月，制药专业委员会举办现代中药提取物制造设备的技术和应用讲座。会后，部分企业派员到常熟设备制造厂进行实地考察。

为提升中药产品知名度，协会积极推进市名牌产品和行业名优产品评审工作，按照《（中成药与中药饮片）上海名牌评审规范》，组织中药行业的专家，对12家中药生产企业申报2015年市名牌产品进行评审，共有37个中成药产品和7家中药饮片企业的系列饮片获得市名牌产品。协会开展上海市中药行业名优产品推荐评审活动，通过企业自报、专家评审推荐、提交会长会议审议等流程，共有24家中药生产企业84个品种获得上海市中药行业名优产品。

协会培训中心承担行业技能培训职责，全年中药技能培训等级工588人，新版GSP培训1398人，中药师备案培训426人，中药煎药和定制膏方培训211人。同时，协会加强对高级以上人员的继续教育，重新设计并编制高级以上继续教育授课内容及教学计划。

提高协会办刊质量和知名度，《中成药》杂志继续在中国中文核心期刊中药学类期刊名列第七；中国科技核心期刊的中药学类期刊中名列第三；中国学术期刊影响力指数排名第6位。

三、加强行业自律，促进行业诚信体系建设

年初，协会召开中药饮片专业委员会主任扩大会议，通报国家在飞检中栀子、柴胡等10个高危药材和饮片品种市场现象，要求中药饮片企业自查进货渠道及库存质量检验。从采购源头把好质量关，排除这些品种的质量隐患。

按照市中发办要求，协会组织力量，克服定制膏方集中加工时间短这一特性，按规范要求分别设计不同的检查表格，对65家加工企业全部进行了静、动态检查。对检查发现的问题，协会专题调查和研究，补充完善定制膏方管理规范。

协会根据市商联会统一部署与要求，在行业内组织开展“2015年商业创先争优评选表彰活动”。经企业申报、协会初审推荐、市商联会综合评选，上海童涵春堂药业股份有限公司总经理卢国生被授予“2015年上海商业十大杰出人物”；协会还配合《青年报》开展第四届上海十大杰出青商评选活动，组织行业内青年领导参加评选，上海康桥中药饮片有限公司总经理陈翔获得第四届上海十大杰出青商荣誉。

（赵　婷）

上海市食品协会

上海市食品协会成立于1982年2月，是改革开放后本市第一个以协会形式实施行业管理的跨系统、跨部门、跨所有制按自愿原则参加的综合性行业社团组织。现有会员单位478户，90%左右为中小企业。其中工业占40.05%，商业占56.94%，事业（学校、研究所等）占1.85%，其他占1.16%；国有占7.64%，股份制占9.72%，独资占3.94%，合资占9.03%，集体占3.47%，民营占65.97%，社团占0.23%。

2015年主要工作：

一、以评优和会展为载体，推进品牌建设和食品安全，提升并展示上海食品业形象

经联合相关行业协会及专家审定，有106家企业的165款产品被认定为2015年度“上海名优食品”；7家企业的11种产品被认定为2015年度“上海市食品行业优秀新产品”；4家企业的5个产品被互认为“长三角名优食品”。

组团参与2015中国上海国际食品博览会，上海团达到68个展位，40家企业参展，体现了上海食品产业在转型创新中不断地发展和壮大。

将上海特色旅游食品评选展示融入上海旅游节活动。一是组织23家企业参加第12届（上海）世界旅游博览会暨第17届上海旅游商品博览会。二是开展第六届上海特色旅游食品评选，18家企业的26款产品入选2015年上海特色旅游食品，并对2012年入选有效期届满的产品进行复评。至此，已有100余款产品被评为上海特色旅游食品。推荐杏花楼豆沙月饼、大白兔奶糖、国际饭店蝴蝶酥、静安面包房锦云礼盒、城隍庙五香豆等5款产品参加国家旅游局举办的中国特色旅游食品金、银奖评选。三是作为2015上海旅游节活动之一，在上海旅游纪念品中心举办上海特色旅游食品总评和展示展销活动，并移师普陀区梅川路步行街展销。期间，举办“上海特色旅游食品发展与包装提升”论坛，整个活动成为2015上海旅游节的活跃环节。

承办中国轻工业联合会“第16届全国焙烤职业技能竞赛（国家级竞赛）”；与全国工商联烘焙业工会联合主办“‘行业之力’2015中国烘焙行业发展峰会”，探索以“会”带“展”形式，就烘焙长线产品、伴手礼产品、电商经营模式等方面作专题深入剖析，为烘焙行业带来新的健康持续增长理念和信息。

参加2015迎春农副产品大联展和举办2015上海国际调味品及食品配料展览，组织参观台湾名优食品博览会。

二、发挥协会现有平台作用，开展多形式服务，推动行业健康发展

发挥“诚信管理体系评价机构资质”的平台作用，推进行业诚信建设，完成两家企业的诚信管理体系建设评审，并对8家企业开展监督复审，使诚信管理体系建设工作逐步走上制度化、常态化。

用好“上海市中小企业服务平台”“上海中小商贸流通企业公共服务平台”，多形式为企业服务。一是信息服务。利用行业统计资源，定期编写食品工业经济运行分析，供政府及有关部门参考，与会员企业共同分享；从3月开始，协会推出二维码和微信服务平台，形成《上海食品》、网站、二维码和微信以及简报的四联动信息服务格局。二是“企业家沙龙”和“食品安全和食品产业发展前沿知识高级研修班”平台。“企业家沙龙”是为企业领导人了解国际国内宏观大局和科技进步前沿知识建立的高端交流平台，既请专家学者主讲，又有现场答疑和企业交流互动，年内进行3次。食品安全和食品产业发展前沿知识高级研修班是为企业中层管理者搭建的及时了解国家政策法规信息，以适应我国食品安全和食品产业发展需要，提升质量管理水品，促进品牌发展的平台，举办六期讲座和一次考察活动。三是区（县）商务委（经信委）联席会议平台。四是咨询服务平台。对虹口糕团厂、上房物业集团、宝燕一号等3家企业的食品安全管理体系和质量管理体系实施咨询指导。五是合作交流平台。配合中国食品工业协会、中国焙烤食品糖制品工业协会、全国工商联烘焙业公会举办（承办）国家级展会，与上海市旅游行业协会、上海市包装技术协会、上海市食品学会联合举办上海特色旅游食品评选；与上海10个兄弟协会和长三角协会协作，共同推进名优食品评审（互认）工作；组织会员在FTA签订前考察韩国；联手参与社会会展公司各种展览展销会的观摩和论坛；积极帮助加中商会、希腊、波兰等商务机构，以及安徽巢湖、河南漯河、湖北荆州等开展招商引资等工作；受德国农业部邀请，组织专家在汉诺威“推动农产品出口”论坛上作进口食品的食品安全及法律法规宣传等。贸易分会为澳大利亚牛肉经营商介绍上海市场销售代理商，协助洽谈相关项目等。

三、受政府部门委托开展行业调查，为行业发展建言献策

受市商务委委托，开展关于“本市无序设摊现状和对策”调研，完成调研报告。受市商务委和市民宗委委托，开展上海清真食品业“十三五”工作调研，完成调研报告。编制上海特色旅游食品新五年发展规划，为未来5年上海特色旅游食品的发展提出了主要目标和任务。受市社团局和市经团联委托，发布2014年行业社会责任报告。

四、关注企业升级转型，助推建立两大市场配置资源平台

推动组建上海自贸区咖啡交易中心。7月，上海市自贸区咖啡交易中心有限公司挂牌成立。9月，上海自贸区咖啡交易中心首家线下体验店落户上海环球港云品馆。

支持组建上海嘉永南北干货市场。协会支持会员企业按照政策规定，将其承接改建为南北干货市场，由市场帮助解决4000多摊主遗留问题等诸多困难，并建立爱心慈善基金。7月1日，上海嘉永南北干货市场开业。

五、职业技能培训规模、层级和品牌打造均有新的提升

2015年，上海现代食品职业技能培训中心办班63个，共培训学员2452人，比上年增长21%；中、高技能人才703人，占39%。其中培训西点师2268人，烘焙营业员184人。承办“第十六届全国焙烤职业技能竞赛”和全国婚礼蛋糕大赛，举办“英联马利杯”第八届上海市食品行业西式面点师和2015年徐汇区西式面点师、营业员职业技能竞赛。培训中心获得首席技师政府资助，被市人社局认定为上海市2012—2014年度职业培训机构办学质量和诚信等级A级单位。

咖啡专业委员会参与咖啡师五、四、三级职业技能鉴定题库开发。

六、发挥专业委员会专业服务功能，为行业发展服务

贸易分会协助会员企业开发金山枫泾镇农业稻虾种养项目，参与金山科技农业的发展。调味品专业委员会参与国家政策、法规、标准的制、修订及发布前的信息意见收集、反馈和宣贯、培训等；与大学、高职学院保持良好的协作，为学生提供毕业实习岗位，进行会员企业所需人才的对接。烘焙、生鲜、食品机械和营销等专业委员会，都根据各自特点，开展为企业、为行业发展服务的活动。烘焙、调味品、生鲜等专业委员会联合开展食品工业废弃用油处理情况调研。协会还根据秘书处人员变动，调整分工，以人尽其才，更好发挥专业人员的作用。

（谢伟忠）

上海市食品添加剂和配料行业协会

上海市食品添加剂和配料行业协会成立于2004年1月16日。现有会员单位124户，会员企业数占全市工商注册食品添加剂企业总数的80%以上。鉴于会员范围的扩大，协会名称于2015年初由“上海市食品添加剂行业协会”更名为“上海市食品添加剂和配料协会”。

2015年主要工作：

一、积极作为，努力为会员单位和行业做好服务工作

一是帮助企业解决日常经营工作中的困难。协会重视企业提出的各类与产品有关的法规、标准、技术等方面的问题，力所能及的积极予以解决，有困难的则积极同政府监管部门、法规标准制定部门沟通，在合理、合情、合法、合规的前提下，帮助企业解决生产许可证、产品标准、标签标识等重大监管事件。

二是做好法规知识培训。新的《食品安全法》10月1日起正式实施。9月15日，协会举办新《食品安全法》免费培训，赠送培训相关资料。会员企业的技术、法规、质监等部门的负责人共100多人参加培训。12月3日，协会邀请市药监局巢强国处长向协会所属食品添加剂和配料企业宣讲新《食品安全法》，对食品添加剂生产监管的法律基础、法规要求、监管办法等作系统解说，并解答企业提出的问题。

三是认真做好《食品添加剂使用标准GB2760—2014》培训工作。《食品添加剂使用标准GB2760—2014》5月24日起实施。协会在3月和4月为本协会及兄弟协会的食品、食品添加剂企业的技术人员和管理人员进行培训，宣贯新标准的内容和使用方法。为配合新标准的实施，协会秘书长吉鹤立教授编写《〈食品添加剂使用标准GB2760—2014〉使用指南》。以《指南》为主要教材，在短短3个多月的时间内先后为本协会和上海、浙江、江苏相关行业协会进行多场培训，为新标准在相关行业的贯彻落实，以及以科学的态度正确认识和使用食品添加剂、促进食品添加剂产业健康发展，起到促进作用。

四是应闵行区食品药品监督管理局的邀请，协会秘书长吉鹤立教授于5月12日为该区食品药品监管执法人员和辖地相关企业负责人解读《食品添加剂使用标准（GB2760—2014)》，共有100多人参加培训。

二、为社会稳定和行业发展尽责，积极宣传普及食品添加剂知识

一是协会专家接受上海有关新闻媒体的多次采访，由于专家观点客观、准确，见解深刻，有理有据，受到上海媒体的好评，与上海电台、电视台、《解放日报》、《新民晚报》等媒体建立良好的沟通渠道。

二是6月25日，协会受博华展览公司委托，举办亚洲食品配料展第八次“食品安全与食品添加剂”研讨会。上海10多个食品相关行业和兄弟协会的会长、秘书长亲自带队，组织下属近百家企业老总、技术管理人员到场听讲。研讨会以“功能糖应用和发展趋势”、“大豆蛋白产业现状及发展”、“含硒食品发展”等课题为重点进行研讨，邀请浙江工业大学食品学科带头人孙培龙教授，江南大学食品国家重点实验室副主任陈洁教授介绍相关内容。荷兰合作银行在沪负责人前来参加研讨会。

三、健全组织结构，不断拓展协会工作职能

一是新成立的教育培训中心、技术产业部、国际合作部三个工作部门作用得以发挥。教育培训中心重点围绕新版《食品安全法》和《食品添加剂使用标准（GB2760—2014)》等法规标准文件，针对会员企业在食品添加剂标准、法规及使用方面遇到疑难问题做好培训工作，受到会员企业好评。技术产业部对上海食品添加剂产业进行调查，提出上海食品添加剂产业发展“十三五”规划。国际合作部于7月组织美国食品市场考察，参观美国食品科技展览会、美国食品添加剂和配料协会，与美国名校食品专业进行学术交流和当地食品文化探索等。9月25日，斯里兰卡斯里贾瓦德纳普拉大学Ranil De Silva教授来华参加研讨会，应斯里兰卡上海领事馆邀请，会员单位上海万香日化有限公司张长征总经理、南京泰合众联生物科技有限公司王俊总工程师到领事馆做客，参加天然香料生产技术、质量控制和市场应用小型研讨会。

二是第二届食品安全与食品添加剂专家委员会作用得以发挥。7月31日—8月1日，召开食品安全与食品添加剂专家委员会二届二次会议，汇报专家委员会一年来的工作，介绍下一年工作打算。华宝集团食品及日用香精香料总监兼华宝孔雀公司董事长陈虎高级工程师作产学研创新途径探索主题报告，上海师范大学食品研究所所长魏新林教授作“关于建立高校食品及食品添加剂应用研发中心可行性”报告，华东理工大学食品工程系周家春教授汇报协会食品添加剂标准(GB2760-2014)培训及FiaC研讨会情况，上海健音食品科技有限公司万剑吟总经理作协会首次组团赴美食品考察报告。会上，企业方推出四项课题，院校方推出两项课题。与会专家围绕产学研结合创新展开热烈的讨论。

三是秘书处日常工作管理不断完善。10月22日，通过行业协会规范化评估，协会进一步完善日常工作管理，严格执行费用报销制度、工作人员考勤制度、档案管理制度、消息披露和宣传制度、会员企业咨询服务制度等，对专、兼职人员做好考核和奖惩工作，调动秘书处工作人员的积极性。

四、立足食品安全大局，加强泛长三角地区行业协会交流合作

4月2日上午，召开浙江、江苏、江西、上海食品添加剂和配料行业协会及昆山香料香精化妆品工业协会会长、秘书长等领导参加的长三角地区行业协会联席会议。协会与山东德州经济技术开发区联合举办食品产业开发研讨会。与会专家围绕德州经济技术开发区食品产业发展发表意见和建议。

11月21日，泛长三角地区食品添加剂和配料行业联席会议第五次会议在安徽滁州召开。江苏、浙江、江西、安徽、上海、昆山的行业协会代表出席会议。会上，举行安徽省食品添加剂和配料行业协会成立仪式；通报由泛长三角地区食品添加剂和配料行业专家通力合作编写的《中国食品添加剂使用手册》审稿及出版时间进度。会议号召泛长三角地区行业联席会议要继续发扬抱团取暖、联合发声的精神，为食品添加剂和配料行业生存发展建言发声，创造良好的法律法规、技术进步、咨询服务等环境。

（王武航）

上海硅酸盐工业协会

上海硅酸盐工业协会成立于2003年12月5日。是由江浙沪等地区从事陶瓷、玻璃、晶体、耐火材料、无机生物和环保材料、无机涂层及膜材料的生产、设备、检测仪器等制造企业，以及与之相关的大专院校、科研和设计咨询机构组成的社会团体，协会现有会员单位61户。

2015年主要工作：

一、积极推进产学研工作，服务企业经济转型升级

为切实做好为民营企业服务工作，提升民营企业的技术创新能力，协会秘书处走访5家会员单位，了解企业生产、设备情况，以及产品质量控制和现场管理过程，同技术人员进行交流。协会按会员单位的不同技术要求，定制并上门举办4场技术讲座培训，涵盖原料、产品工艺、性能控制、性能检测、质量管理等课题。协会接待久江控股集团有限公司、卡贝尼精密陶瓷制造有限公司、上海索邦陶瓷科技有限公司、上海德朗能动力电池有限公司、日本入江株式会社、韩国精细陶瓷协会的来访，交流沟通在创新品牌、企业转型等方面的合作意向。

二、不断推进对外国际交流，共同谋取行业发展

11月，协会会长应韩国精细陶瓷协会的邀请，赴韩国参加韩国陶瓷日暨中日韩陶瓷发展研讨会，并作“特种陶瓷研发情况简介”的报告。通过交流，了解到韩国和日本在无机材料行业方面的发展情况。会议认为，在经济全球化和区域合作蓬勃发展形势下，三国应加强交流对接，打造三方合作新品牌。

6月10日，协会主办的“2015年上海国际工业陶瓷展览会”开幕。展会3天参观人数达1.3万人次。期间，举办耐磨陶瓷专题专业技术研讨会，特邀中科院上海硅酸盐研究所、湖南大学、上海铂悦仪器有限公司、韩国Diceratech公司专家，介绍先进陶瓷耐磨材料的发展、新型涂层材料、X光荧光分析技术及最新检测仪器、陶瓷材料的化学分析、陶瓷耐磨材料测试方法等，近百人参加会议。协会与韩国、日本、德国等国家的参展商进行交流，沟通合作意向。

三、加强协会自身建设，提升协会服务能力

为了支持会员企业培育专业技术人才，协会学术委员会召开职称评审会，院士专家评委会对参评人员进行认真严格的评审，会员单位的1名工程技术人员申报并通过玻璃工艺高级工程师的评审，3名技术人员通过玻璃、陶瓷工艺助理工程师的评审。

1月6日，协会召开上海硅酸盐工业协会第三届会员大会暨理事会换届改选会，向会员通报第二届理事会工作报告、财务审计情况，以及协会章程修改情况说明。会议举手表决通过上海硅酸盐工业协会第二届理事会工作报告、财务审计报告，以及章程修改情况说明等文件，选出上海硅酸盐工业协会第三届理事会的13位理事。经过理事无记名投票选举，选出新一届理事会会长、4名副会长以及秘书长。新班子表示：将继承协会优良传统，开拓进取竭尽全力为协会和行业发展服务。

（顾中华）

上海长三角非织造材料工业协会

上海长三角非织造材料工业协会成立于2004年1月9日，现有会员单位包括长三角4省1市的163家非织造材料企业及相关单位。

2015年主要工作：

一、加强协会秘书处建设

协会贯彻落实规范化建设形成的一系列制度并予以相应考核，提升工作质量。走访行业内重点企业，了解企业在结构调整中面临的困难与诉求，并向政府部门反映，千方百计地帮助会员单位共克时艰、化危为机；为行业和企业传递大量创新驱动、调整产品结构、谋求新发展的信息和服务。

二、完成《上海及长三角非织造材料工业“十三五”发展规划建议》的起草工作

《上海及长三角非织造材料工业“十三五”发展规划建议》包括上海及长三角非织造工业“十二五”发展回顾；率先实施创新驱动、结构调整和转变发展模式，引领并辐射长三角非织造产业链；上海及长三角非织造材料产业以创新驱动、调整结构、转变发展模式的“十三五”发展规划目标与任务三大章节。内容涵盖大力促进非织造材料科技创新中心（平台）建设；总量保持稳定增长；产业结构明显优化，建成高档非织造产品制造企业集群；提高先进非织造装备国产化水平，建成先进非织造装备制造企业集群；“绿色”、“低碳”及环境友好要迈大步；加强非织造材料标准化体系建设；完善长三角非织造材料产业的公共服务体系；加快非织造材料产品自主品牌建设；提升非织造企业竞争实力等。

三、完成市质监局下达的《非织造产品（医卫、清洁、个人防护、保健）碳排放计算方法》地方标准制定项目

该标准从2016年1月1日起实施，使相关非织造企业产品的碳排放计算具有量化的依据，为合理评价和约束碳排放提供条件。完成上海纺织工业发展白皮书有关产业用非织造材料分报告。

四、举行论坛及创新活动

6月11—13日，成功举办协会年会及第六届(2015)非织造材料创新及产业应用发展论坛。与会110家企业的150多名代表共同分享内容精彩纷呈的演讲报告。本次论坛的论文集收录24篇专题报告，给企业推动转型升级，技术创新提供大量资讯以及信息。会上，业界同仁们就非织造材料设备、工艺技术及产品等进行广泛交流和讨论，反响热烈。9月22日，召开纪念（CNTA成立30周年全国非织造技术协会）活动以及非织造技术创新大会，工程院院士郁铭芳、俞建勇出席，俞院士及14位报告人作技术创新报告。

五、帮助提高专业技术人员能力

继续为推进长三角非织造材料工业的技术进步与企业发展，提高非织造材料行业内技术人员的自主创新能力，鼓励技术人员在技术创新、产品开发和节能减排方面积极探索。开展区域内行业专业技术人员的资格认证工作，重点推进长三角地区非织造产业的技术进步；解决中、小规模民营非织造企业急需人才的热点、难点问题；提高企业培养自身发展所需的技术人才积极性，解决企业要不到人才、留不住人才的困难。

六、推进节能减排工作

4月，协会完成《2015年工作计划和中期节能减排规划》报告。参加市经团联等七部门倡导的节能减排活动“JJ”小组试点工作，试点企业有两家：上海金熊造纸网毯有限公司承担《提高产量，对后道设备技术改进，保证提高生产的连续性，降低能源消耗》项目，上海联畅化学纤维厂承担节能降耗减少碳排放即《现有高耗能落后电机进行改造》项目。项目针对生产运行中的能源消耗与污染问题，进行管理和开展技术手段开展改进措施，以小组、车间、部门为组织形式，开展节能减排活动，以此提高设备的效率、降低能耗、减少碳排放。2015年协会获得上海市节能减排JJ小组活动“先进组织”奖牌。

七、协办展览会

5月13—15日，协助举办的ANEX2015亚洲非织造材料展览会暨SINCE2015第16届上海国际非织造材料展览会及GNS全球非织造材料工业企业家高峰论坛开幕。

八、为行业高新技术企业复审指导、培训等工作提供服务

6月，组织企业参加常州纺织服装职业技术学院“2015毕业生专场供需洽谈会”，帮助企业招聘合格人才。帮助企业申请专利、发展两家新会员单位、加强信息工作、协会秘书处出版6期快讯，并更新网页。

（黄雪娟）

上海市家用纺织品行业协会

上海市家用纺织品行业协会（原为上海市纺织复制行业协会）成立于1988年10月，是由毛巾被单、纺织装饰、手帕和制线织带业的企事业单位自愿组成，不受地区、部门和所有制限制的非营利性的社会团体法人。现有团体会员110户，其中，民营企业占85%，理事单位34户。下设毛巾被单（含纺织装饰）、手帕、制线织带等3个专业委员会。

2015年主要工作：

一、参与制定新一轮家纺产业发展规划

协会通过调研，完成市经信委委托的《上海家纺行业“十三五”发展规划的前期研究》课题项目，向市经团联上报《上海家纺行业“十三五”发展规划建议》报告，为政府制定纺织产业发展政策提供决策依据。协会参与中国家纺行业协会和上海市文化创意产业办公室编制“十三五”发展规划的有关工作。根据市经信委要求，向政府部门提出家纺产业发展的建议要求、上报家纺重点企业名单和重点发展项目。配合上海科创中心建设，根据市经团联要求，提出家纺行业科技创新的建议。

二、推进家纺自主品牌建设

一是为企业申报上海名牌和著名商标进行指导和服务。组织8家企业参加培训，为15家（次）企业出具推荐函和行业排行等证明材料。二是参与品牌调研和展示。组织工信部和市政府重点跟踪培育的6家企业参加由中国纺织工业联合会品牌工作办公室开展的2015年纺织行业品牌建设调研活动；5家企业参加工信部开展的品牌培育试点和国家质检总局开展的品牌价值评价活动；6家企业参加首届中国品牌经济论坛；8家企业参加中国国际家纺博览会。通过参与国家级的品牌推进活动，既有利于促进企业建立并运行品牌培育管理体系，又有利于提升企业品牌的形象和影响力。三是组织品牌和文创专项资金的申报。及时把申报项目告知相关企业，并帮助出具推荐函和请专家咨询申报，有1家企业获得专项资金。协会还协助中国家纺协会承办软装先锋设计论坛。

三、围绕热点和重点，组织经验交流培训和招商

一是加强调研。3月、7月，配合中国家纺行业协会杨兆华会长来沪调研，就企业经济运行、趋势预判、“十三五”发展设想和建议等进行座谈和考察。4月中旬，组织7家企业参加由中国纺织工业联合会组织开展的第20期《中国纺织企业经营管理者调查问卷》，为领导提供家纺企业经济状况的第一手资料。由市企业联合会、市经团联共同举办的“2015上海百强企业排序活动”启动后，协会推荐7家符合条件的民营企业申请百强企业。二是组织交流培训。秘书处总结业内电商和品牌运作发展等经验，在会员大会介绍，给与会者带来启迪和帮助。11月，协会组织40余人参加在海门召开的中国家纺大会，参加国际交流合作会议以及“融合共通，聚力产业变革”“智造领航，探寻创新发展”两个论坛。为了帮助中小企业提高抗风险能力，协会与山田事务所共同举办防范风险的法律讲座。组织相关企业参加“国际市场开拓中的知识产权策略研究专题讲座”、“‘一带一路’新贸易·新商机高峰论坛”。三是组织企业参观第25届中国华东进出口商品交易会、沪喀经济合作暨第十一届“喀交会”招商招展推介会等。

四、开展经济运行分析，努力为企业和政府服务

一是召开2015年度统计工作年会，把握数据的真实性、准确性和上报时间的及时性，使统计工作再上新台阶。二是认真做好经济运行数据上报和分析，坚持做到32家重点企业主要经济指标月报表按时上报政府部门；坚持每半年编报上海家纺行业经济运行情况分析报告，向政府报送、向企业发布。协会还参与2014上海纺织产业发展报告家纺篇编写工作。三是抓好产业数据直报，继续组织8家企业每月把基本涵盖家纺的九大类产品向商务部直报，还向市商务委和商务部成功申报4家龙头企业，及时向政府部门反映企业经济运行的情况，为政府提供产业安全数据分析信息。四是组织6家企业参加中国纺织工业联合会2014—2015年度全纺经济实力500强评选活动，有4家企业榜上有名。

五、积极实施“互联网+行动，推进产业变革发展

一是组织参加有关培训和论坛，包括解读互联网+；移动互联网时代的传统产业变革；新一代互联网与家纺产业智能化发展机遇；中国家纺互联网财富论坛等，引导大家拓展思路、掌握信息。二是建立家纺协会微信网站。宣传和扩大上海家纺行业的影响力，推介家纺企业开设微信平台，促进互联网与家纺行业的融合。三是组织10余家企业参观由会员企业开发制造的拉布、修边、裁切、堆叠一体化的电脑自动设备，推广生产过程自动化和智能化。协会还组织35名企业负责人参观由上海纺织（集团）有限公司、中国国际贸易促进委员会上海市分会共同主办的2015上海纺机展，用技术创造效益。

六、反映企业诉求，努力为企业排忧解难

年初，不少企业向协会反映执行标准和产品质量抽检中碰到的问题和困惑，秘书处加强调研，形成书面材料，向政府有关部门反映企业的想法和建议。协会还利用参加有关会议向政府及有关部门建言献策。如秘书长参加由市企业联合会组织召开的2015年关于最低工资标准听取意见座谈会，代表家纺企业汇报行业现状、困难、趋势及意见。

在经济增长下行的压力下，企业尤其是小微企业遇到不少困难，协会努力为企业服务，如介绍融资机构给有需求的企业，帮助解决融资困难；推荐老字号企业帮助新成长小企业提供销售渠道、为企业资产转让、供应商与采购商业务对接牵线搭桥；及时提供职称评审信息；组织大学生招聘会；推荐上海水星家纺公司发布企业社会责任报告；组织3家重点企业的法务经理和参加国际贸易商事调解员高级研修班。协会参加中国自贸区、上海现代服务业联合会举行的行业协会、企业单位《调解优先承诺书》签约活动，用商事调解的理念、制度来促进商事纠纷解决的双赢。

（吴淑仪）

上海纺织协会

上海纺织协会是由8个专业协会、学会和4个分会组成的联合会。协会坚持深入贯彻落实党的十八大精神，正确把握社会组织改革与发展的方向，在经济新常态下进一步增强市场意识，紧紧围绕“服务企业、规范行业、发展产业的目标”，以创新思路、拓展突破为重点，顺应形势，找准定位，主动承接政府转移的职能，努力打造与上海国际大都市相适应的行业协会品牌。

2015年主要工作：

一、以谋划行业“十三五”发展蓝图为抓手，深入思考上海纺织在经济新常态下的发展

协会邀请东华大学副校长中国工程院院士俞建勇，市经信委、市文办等专家作专题演讲。会长席时平率协会代表团先后考察上海、北京、山东、广东、云南、浙江等地20多家纺织服装代表性企业，为制定上海纺织“十三五”发展规划进行前期调研。同时，依靠各专业协会、分会，从产业发展现状、发展趋势、发展战略，开展前期研究，编制完成“在新常态下促进本市纺织工业发展”的课题，得到政府相关部门的肯定。在此基础上编制完成《上海纺织行业“十三五”发展规划前期研究和规划框架》。

每季度行业经济运行分析是协会的常态工作之一。市经信委每年与协会签订《上海纺织行业经济运行分析委托协议》，协会注重发挥各专业协会、分会的作用，实时反映重点行业和企业的经济运行状况，提供政府相关部门决策参考；关注纺织业尤其是外贸和服务业的形势和发展趋势，特别是大虹桥服装服饰出口创新基地成立后，协会与市商务委及基地企业建立互动交流平台，提供务实服务，得到市商务委和企业的认同。

通过核心会员体系、协会信息中心、创研中心、纺织产品质量管理中心和分会、专业协会等渠道，广泛收集国内外纺织产业、企业信息，经行业专家、学者的系统分析，建立健全行业信息收集、整理、分析、发布体系和市场信息监测调控系统，逐步实现“依靠行业促协会，协会发展促行业”的良性运作模式。

二、以搭建大虹桥服装服饰出口创新基地专业委员会为契机，推动上海纺织国际贸易转型升级

为了推进“上海大虹桥服装服饰出口创新基地”的运作，协会搭建“上海大虹桥服装服饰出口创新基地专业委员会”公共服务平台。一是迅速建立秘书处合署办公的工作机制，提升秘书处服务、协调和创新功能。二是增添基地新鲜血液，吸收6家企业为大虹桥基地的新成员。三是建立基地会员、基地理事两个微信群和大虹桥微信公众号，疏通秘书处与基地成员间、基地成员相互间的信息传递渠道。四是做好“外贸公共服务平台建设专项资金申报工作”的组织和指导。帮助基地企业顺利完成专项资金的申报，及时享受到政策红利。经审核和专家评审，24家企业申报的项目全部获准。五是为基地企业跨界融合牵线搭桥。

三、以强化拓宽服务功能为宗旨，当好政府决策参谋，规范行业、发展产业

一是参与制定和完善纺织相关法律法规和政策，承接政府项目：会同上海逸尚信息咨询有限公司共同申报市文创专项资金项目——《服饰设计公共服务平台》；行业协会发展专项资金项目——《上海纺织产业跨界融合发展战略研究》。参与市推进品牌建设专项资金和文创专项资金的准备、推荐和评审工作，全年近40多个项目得到政府专项资金的支持。

二是联手POP时尚网络机构成立的“上海纺织协会时尚创研中心”平台，被列为市政府重点扶持支持的品牌公共服务平台，运转取得阶段性成果，得到政府、企业、社会的认同。作为服务于全国80多万注册企业用户的专业服装、服饰流行趋势服务机构，将时尚流行趋势进行有效的整合，搭建O2O的面料平台让设计师和面辅料企业直接对接，大大提升上海纺织企业的整体研发能力和创造力。

三是职业装是纺织服装领域一个特殊和新兴产业，协会偕同中国循环经济协会废旧纺织品联盟成为展会协办方之一，扶植主办方协会理事单位灵硕集团控股有限公司开启这一领域的探索与实践，搭建有效合作平台，为中国职业装产业创造一个公平、正义、平等的市场竞争环境。

四是引导企业推广应用“减碳先进技术”，以发布目录、召开推广会等方式推广一批重大节能低碳技术及装备。协同中纺联举办“中纺圆桌•资源再利用”论坛暨“旧衣零抛弃——2014/2015我国废旧纺织品回收与再利用研究报告”发布仪式。

四、以国家“一带一路”战略决策为机遇，助力上海纺织产业拓展西部和新兴国际市场

会同上海国际广告展览有限公司举办“重走丝路，再铸辉煌2015年度纺织行业‘一带一路’市场需求发布会”。引领上海纺织服装企业开拓“一带一路”沿线新兴国家市场，进一步提升国际竞争力和创新能力。

协同市政府合作交流办与轻工、老字号协会率企业组建上海市经贸代表团，先后参加“2015年南亚博览会暨第23届中国昆明进出口商品交易会”、“2015中国——阿拉伯国家博览会”、“长春第十届中国——东北亚博览会”。参展企业不但提高品牌在东南亚市场的知名度，也进一步加强两地的合作与交流，推进新形势、新常态下的上海对口支援与区域合作交流工作。

五、以促进行业发展为根本，开展调研跟踪产业发展趋势，引领行业创新驱动、科学发展

深入开展行业调研，编纂第六册《上海纺织产业发展报告（2014−2015）白皮书》。通过对上海纺织行业转型升级对策研究，提出品牌梳理与产业发展再定位的政策建议。“上海纺织‘十三五’规划”前期研究篇，通过对上海纺织的现状及与国内外纺织产业的对标分析，提出上海纺织“十三五”规划框架。

加强和完善协会的门户网站建设，发挥协会网站便捷、信息流量大的特色，为广大会员提供更多权威、及时、有效的资讯和行业信息。在此基础上，协会建立“上海纺织协会大虹桥服装基地”微信公众号。

六、以开展协会规范化建设为载体，加强党组织建设，提升协会能级

一是强化民主办会，坚持会员代表大会制度和定期秘书长例会制度，做到与会员、理事单位沟通交流及时，促进协会秘书处决策制度化。二是强化会员管理，加强会员数据库的建设、维护与管理。三是强化秘书处管理，定期或不定期开展政治、各项业务技能的学习教育与培训，提高团队综合素质。四是强化制度建设，建立科学管理模式，完善协会各项管理制度，提高工作效率。

加强协会党组织建设和协会党风廉政建设。一是制定年度协会党组织活动计划，举办各种形式的党内活动，组织党员参加上级党委举行的各种党员先进性学习和党的群众路线教育实践活动等，注重发挥党组织的政治核心作用、战斗堡垒作用和党员的先锋模范作用。二是根据上级党委部署组织开展专题组织生活会和民主评议党员工作，认真组织学习，开展谈心谈话，汇总意见建议，列出问题清单。召开专题组织生活会，进行民主测评，促进党内形成学习先进、崇尚先进、争当先进的良好氛围。三是继续巩固、扩大党的群众路线教育实践活动成果，推进协会廉洁从业风险防控机制运行，通过完善各项管理制度，不断加强党风廉政建设。

协会还进一步加强毛纺织分会、棉纺织印染等各分会的规范化建设，实施对分会财务、档案等工作的统一管理。

（章徽玲）

上海市室内装饰行业协会

上海市室内装饰行业协会成立于1987年10月15日，现有会员近1000户，下设室内设计、室内装饰材料、环境艺术、室内装饰与吊顶、装饰工程监理、互联网＋装饰装修等6个专业委员会。协会由本市从事室内装饰及产品制造、室内设计、科研院校相关企事业单位自愿组成，是跨部门、跨所有制的非营利性社会团体法人。协会以提升室内设计师在行业中的龙头地位，运用室内装饰服务业的载体，带动促进室内装饰制造业的创新，谋求室内装饰产业链的共同发展。

2015年主要工作：

一、成功举办第六届“上海国际室内设计节”

2015上海国际室内设计节连续举办一系列重要活动，设计节内涵丰富，被上海设计之都活动周组委会授予“组织贡献奖”。9月10日，举行2015上海国际室内设计节开幕仪式暨中国互联网＋家装高峰论坛。会上，“互联网＋装饰装修专业委员会”“中国互联网＋装饰装修（华东）联盟”宣告成立；上海同济高技术有限公司、创域智慧科技（上海）有限公司、上海进念建筑设计装饰有限公司等3家企业被命名为“互联网＋装饰装修示范企业”；上海荣欣装潢有限公司被命名为“工业化装饰示范企业”；东易日盛、土巴兔、齐家网等30家企业成为“联盟”第一批理事单位。

同日，举行2015上海国际室内建筑设计流行趋势发布会暨金座杯颁奖仪式“诠释设计师之夜”。首次以探索白皮书形式发布《走向“后碳空间”——室内建筑设计可持续发展趋势报告》。以色列国际著名建筑师渡堂海作“生命之气，生态和谐之于后碳时代”演讲。

组委会为以色列著名建筑师渡堂海、中国著名建筑结构工程师、中国工程院院士江欢成颁发“金座杯国际建筑室内设计大师奖”；为清华大学美术学院教授、博士生导师杨冬江等6人颁发“金座杯国际建筑室内设计卓越奖”。

9月11日，举行国际绿色空间与竹材装饰应用高峰论坛暨第二届中国酒店装饰与竹材装饰设计应用推介峰会，对竹材装饰的应用作深层次探讨。

9月9—15日，举办上海国际家居设计周系列活动。由中国家具协会主办、上海国际室内设计节组委会与上海博华国际展览有限公司携手承办“第21届中国国际家具展览会”。

9月10日，举行琉璃竹筒长卷壁画展揭幕仪式。《艺术与建筑对话》——“心相山水”琉璃竹筒长卷壁画展，成为设计节首次把高端国宝级工艺美术作品与室内装饰两个产业融合的精彩亮点。

9月11日，举行“中国家居设计师大会”和“中国家居设计师金点奖颁奖仪式暨设计之夜”，彰显“大设计＋大家居”的产业融合。

9月10—13日，分别举办欧洲设计学院设计师公开课。“欧洲设计学院”卡曼罗·扎波拉、迪勒塔·托妮罗两位教授为设计师作“创意空间设计的演绎”和“米兰设计周的设计流行趋势”主题演讲，传递当今创意软装设计新趋势。9月11日，协会组织近70位设计师与外籍专家一起在外滩老码头“奢居会”屋顶举办“欢聚浦江，设计师之夜”活动。

9月21日－10月11日，举行“魔方空间－海派软装设计展”。8个创意“魔方空间”汇集来自国振家具、亚振家具、兰博基尼等15个品牌，展示高雅、时尚、创意的家居生活，彰显“设计，让生活更美好”的时代气韵。

设计节期间，家装交易服务中心和有关企业充分借助设计节平台优势，开展各具特色的惠民公益服务活动。协会支持一批企业以各种方式举办与百姓家居装饰相关的公益服务活动，让广大消费者也能在融入设计节的氛围中受益，使本届设计节通过“接地气”赢得良好的社会效应。

二、建立“上海互联网＋装饰装修专业委员会”和“中国互联网＋装饰装修（华东）联盟”

协会七届七次理事会审议通过“关于筹建上海互联网＋装饰装修专业委员会”的提案。筹建期间，协会与“进念·佳园”“创域科技”和“同济经典”等3家牵头企业做了大量基础工作。“互联网＋装饰装修专业委员会”和“中国互联网＋装饰装修（华东）联盟”的建立将为互联网思维和技术在室内装饰行业中的应用发挥重要作用。

三、在行业自律服务中增强企业市场竞争力

开展企业工程消防安全备案全覆盖配套服务，协会与市、区二级消防安全管理部门加强对接，结合行业资质年检，先后四次组织200多家施工、设计资质企业开展“企业安全与消防管理培训班”，邀请市安全局、市消防局、市质检站等专家讲解备案程序和实施规范。加强工程质量报监备案、管理、服务建设，发挥协会与上海市室内装饰质量监督检测检验站合作优势，及时为企业在建项目提供质量检验检测，为竣工项目提供有效的评估鉴定服务。协会对原有施工合同进行充实完善，修订后的新版《2015上海市室内装饰行业施工合同示范文本》正式启用。协会为中国室内装饰协会提供《上海市室内装饰行业“十三五”发展规划建议纲要》。协会持续开展诚信体系建设，为72家企业建立信息评估报告档案、诚信等级评估注册，提升企业诚信服务质量，增强企业的软实力。进一步加强室内装饰监理专委会工作，制定行业监理服务标准，开设专业网站，编印监理宣传刊物，扩大行业分支机构的社会影响，有效推进专业监理与质量保证的协调发展。

四、以产业融合的新举措增强企业品牌知名度

协会聚焦绿色、低碳、环保，先后组织有关企业与欧琳厨具、荣欣装潢、进念设计·佳园装潢、国振家居、云丽莎艺术家具、福乐阁涂料、希诺建材、裕丰地板、美力新、大金空调、上海灯具城等一批知名品牌企业开展产业联动和国际同行的交流，通过设计、施工等应用的对接，扩大材料产品企业的知名度。3月，上海裕丰集团有限公司的“誉丰地板”被上海市轻工业协会认定为“上海轻工知名品牌奖”。

五、积极开展“竹材”在室内装饰领域的应用与推广

协会搭建“中国竹材装饰（上海）设计应用推广中心”，在全国竹材加工企业中逐渐形成集聚效应，4月16日，举行中国竹材装饰第三次工作会议；举行“中国室内装饰竹材利用展示馆和宾馆装饰成品基地”奠基仪式。设计节期间，该“中心”举办国际绿色空间与竹材装饰应用高峰论坛暨第二届中国酒店装饰与竹材装饰设计应用推介峰会；积极参与2015上海设计之都活动周创意成果展。“中心”帮助企业探索竹材纳米炭技术在新能源汽车、高铁等领域的应用，为服务全国竹材装饰事业起到助推作用。

六、为企业搭建文化创意产业平台

按照上海市文化创意产业推领导小组办公室关于开展“2015上海市文化创意产业项目申报工作”的要求，协会开展行业调研，先后为企业搭建国际室内建筑设计师团体联盟亚洲分部专项建设、上海30家居形态与城市文化发展服务中心和互联网家居装饰应用服务中心3个文创平台，并向市、区二级文创办推荐申报，其中，国际室内建筑设计师团体联盟亚洲分部专项建设和上海30家居形态与城市文化发展服务中心成功进入市文创服务平台，得到政府专项资金扶持。

七、充实加强行业理事会领导班子力量

7月，协会召开七届七次理事会议，完成协会法定代表人变更程序；经投票选举，增补欧琳集团董事长徐剑光为协会理事、副会长单位。

八、参加中国室内设计双年展大赛活动

11月20日，“2015年中国室内设计活动周”在北京举行，协会组织企业、设计师积极投入“第十一届中国国际室内设计双年展设计大赛”，推荐参赛作品61幅，共获得32个奖项，其中，创意设计奖5名，创新设计提名奖2名，公共空间奖11名、公共空间提名奖7名，居住空间奖4名，居住空间提名奖3名。

九、开展行业执业人员岗位资格培训

年内，协会培训出中级室内设计师452名、高级室内设计师7名；培训出项目经理70名、监理师54名，培训出持证上岗安全员108名；与上海市室内装饰质量检测检验站共同举办施工安全报监员、质量报监员培训，及时为增强企业工程管理人才需求做好配套服务。同时，协会还持续为室内设计师取得中、高级工艺美术师职称的评定做好服务工作。

十、积极为企业树形象创品牌做好宣传服务

《室内装饰会刊》改版以来，行业动态、企业诉求和产业交流等信息发布更趋丰富；《室内装饰官网》也在改进中不断完善。通过宣传，扩大行业、企业的社会影响度，为服务政府、服务行业、服务会员起到纽带和桥梁作用。

上海市室内装饰行业协会在全体理事、会员单位的共同努力下，取得一定成绩，被市经团联评为“2015年度先进协会”。

（李兴龙）

上海工艺美术行业协会

上海工艺美术行业协会成立于1996年2月，为上海工艺美术生产、经营、科研、教育、设计及服务行业企事业单位自愿组成的跨部门、跨所有制的行业性社会团体法人，现有会员单位400余户。下设红木雕刻专业委员会、旅游纪念（礼）品专业委员会。

2015年主要工作：

一、稳步“推进三年行动计划”各项工作

启动世界手工艺产业博览园、世界手工艺教育联盟筹建工作。9月20日“世界手工艺教育联盟、世界手工艺产业博览园签约仪式”在上海“世界你好美术馆”成功举行。市政府相关领导和世界手工艺理事会五大洲主席出席签约仪式。

作为《三年行动计划》的重点项目之一，“2015首饰艺术博览会”于10月15—18日成功举办。本次博览会邀请海峡两岸的知名首饰设计师参加。

挂牌成立“中式艺术家具设计中心”。上海艺尊轩红木家具有限公司借助“上海海派红木艺术博物馆”作为展示红木文化艺术窗口的独有优势，把“中式艺术家具设计中心”设立在博物馆四楼，使两者有机结合。围绕“设计中心”项目第一阶段的工作计划，组织行业专家召开专题研讨会，扩大影响力。

在秘书处协调下，课题组深入开展调研工作，先后收集整合行业相关统计资料，召开各区、县专题研讨会，考察各文玩市场，走访市、区统计局和企业，组织专家论证，在充分征求意见，汇集各方智慧的基础上，审议通过《上海市工艺美术产业统计体系研究报告》，并于7月正式提交市经信委。

二、深入开展规划研究，继续完善评审及考试工作

根据市政府统一部署，协会积极参加相关座谈会，成立上海市工艺美术产业“十三五”规划研究编制工作小组并部署推进相关工作。“十三五”规划编制建议于6月提交市经信委，协会同步启动“十三五”规划编制研究工作。已完成“十三五”规划研究提纲和部分重点项目表等，为规划编制工作奠定良好基础。

全面完成第三轮“三项评审”工作。1月，协会在上海工艺美术博物馆举办“第三批上海市工艺美术大师申报作品实物展”。7月，召开第三批上海市工艺美术大师颁证会，授予38位工艺美术专业人员上海市工艺美术大师荣誉称号。较之前两轮评审，第三轮“三项评审”工作取得两项突破性成果：一是审批改革取得突破。对传统工艺美术大师的认定转由市工艺美术行业协会组织专家评审认定。二是协会首次在网上申报和审核材料，开展专业小组活动和专家网上票选。

稳步实施《保护办法》制定和“考试用书”修订工作。《上海市传统工艺美术保护规定》及4个实施细则于2015年4月到期，通过总结改进原《规定》中的不足和三批“三项评审”工作中存在的问题和教训，吸取其他省市工艺美术保护规定中的相关经验，使之更契合实务、更具可操作性。工艺美术初中级职称考试自2005年推出，其中《工艺美术》考试用书是2009年修订，为此，组织专家学者再次修订《工艺美术》考试用书扩充相关内容，将在2016年初中级考评中正式启用。

三、多渠道多形式向社会推广传统工艺美术，促进与相关产业的跨界融合发展

在市文广局的指导下，6月，上海市民文化节首次举办“指上乾坤—上海市民手工艺大赛”，由宝山区人民政府和本协会共同主办并承办。经过区县初选推荐和市里终评，30件“上海手工艺精品”和100名“上海市民手工艺达人”脱颖而出。11月8—18日，在上海市文化艺术馆举办“市民手工大赛”成果展。

按照“三年行动计划”，协会推进工艺美术进社区、进学校工作。11月，在徐家汇街道社区学校举办工艺美术教学成果展。同时，推进徐家汇街道工艺美术“绒绣项目”进学校，目前已进入市四中学、上海世界外国语学校的拓展课程中，受到师生的广泛欢迎。

4月8日，上海市文化创意产业推进工作会议在科学会堂召开。通过文创行业各细分行业的成果分享交流，激发新思路、新理念，探索行业发展的新模式、新业态，取得明显成果。年内，有6家会员单位的6个项目获得“上海市促进文化创意产业发展财政扶持资金”。

四、加强政社合作，共同维护行业良性发展

为进一步规范全实木工艺品市场秩序，上海市红木家具标准化技术委员会于4月向行业相关单位发放《关于启用全实木工艺品标识的通知》。5月9日，在上海工艺美术博物馆举办本市首次“红木雕刻玩物免费鉴赏交流活动”。自9月1日起，市消保委家具办召集上海家具行业协会、上海工艺美术行业协会等有关部门及媒体，开展为期7天的“2015年下半年家具市场实木工艺品监督检查”活动。

为浦东新区高桥促进基层街镇产业发展、民生保障工作，协会与镇政府就国家级非物质文化遗产“绒绣”项目进行合作，就“绒绣”的合理利用开发、建设“绒绣业产城一体化”等达成共识，探索“政社合作”新模式，并于11月28日举行镇政府与协会合作签约仪式。

五、国内、国际交流与合作硕果累累

5月1日，“2015米兰世博会”开幕，协会组织会员单位参与其中，上海市工艺美术大师程美华和钱月芳的作品入选“米兰世博会”。7月20日，协会会员单位——亚振家具迎来“米兰世博中国馆亚振日”，一展上海市非物质文化遗产的风采；协会会员单位——上海工艺美术职业学院师生打造的最炫3D项目亮相米兰世博园区中国企业联合馆。

参加各项全国性大型展会和展览。协会组织会员单位参加五个全国性工艺美术类展览。一是3月26—30日，“第50届全国工艺品交易会”在青岛国际会展中心举行，10余家企业组成“上海展团”参加交易会展览。经过评选，最终获得4金2银1优秀的优异成绩。二是4月16—19日，“第十届中国玉雕精品博览会·2015中国漆器艺术精品展”在扬州国际展览中心举行。三是10月22—26日，“第七届中国（大连）轻工商品博览会”在大连星海会展中心举行。四是10月20—27日，“榫卯之美——陈标艺术作品展”在上海工艺美术博物馆多功能厅举行。五是10月29日—11月2日，“第十六届中国工艺美术大师作品暨国际艺术精品博览会”在扬州国际展览中心举行，共有59件作品参评，获得8金7银13铜7优秀的不俗成绩。

六、大力加强协会秘书处自身建设

协会在取得成绩的同时，针对存在的问题，将不断加强自身学习和锻炼，努力提高自身能力水平修养，坚持创新发展新理念，以更加扎实有效的工作，全面完成《上海市工艺美术产业发展三年行动计划》。

（柴晶鑫）

上海市家具行业协会

上海市家具行业协会成立于1994年，是由上海及周边地区从事家具及相关行业的生产、销售、科研、检测业务的企事业单位自愿组成的行业性社会团体法人。协会经上海市社团管理局核准成立。现有会员单位近400户，其中理事及理事以上单位103户。

2015年主要工作：

一、完成换届改选工作，顺利实现新老班子交替

秘书处从3月起开始筹划换届工作，两次下发征询意见函，并在协会杂志上公示，广泛征询会员单位对换届工作的想法意见，对新一届领导班子的期望以及对新一届理事会成员人选的建议。同时，协会成立由会长领衔和4位副会长组成的换届工作领导小组，形成换届工作领导有力，集思广益，公开透明的总基调。7月30日，召开换届选举会员大会，作第五届理事会的工作报告，表决通过协会新章程和会费管理办法等重要议项，选举产生新一届理事会及新会长，并首次成立监事会，使协会的法人治理结构更趋完善。

二、制订行业服务标准，规范市场经营行为

由协会主持制定的《家具经营服务规范》（DB31T 8572014）地方标准于2月1日起正式实施。围绕《规范》实施，4月8日，协会召开由市技监局、市区消保委领导以及各家具商场和生产企业负责人出席的标准宣贯会，解读标准内容及评价细则，并对标准的进一步落实和评价进行部署。同时，协会对红星美凯龙沪南店和曹家渡家具商场两家星级规范商场分别进行标准评价试点，验证、完善评价细则和打分方式，建立合理的评价流程。

协会制定并下发《关于规范全实木工艺品标识和销售的通知》，编制实木工艺品规范标价签。协会以管理基础较扎实的家具卖场为标杆，开展规范红木小件零售市场的工作，与市消保委家具办共同制定并下发《关于规范全实木工艺品标识和销售的通知》，发布6条意见和实木工艺品的规范标价签，实行一物一签，明码标价，产品材质参照家具行规行约作规范标识。

三、企业诚信评价活动迈上新台阶

协会以《家具经营服务规范》和《企业质量信用分级评价准则第一部分：制造业企业》两项上海市地方标准为依据，全面推动企业诚信评价再升级，以行业骨干商场为基础，加快《规范》的贯彻落实，以点带面，通过主流家具卖场先行达标，形成“规范达标基准线”，并在行业和消费者中达成广泛共识，逐步覆盖到非会员商场。对于制造型企业，参照《企业质量信用分级评价准则》进行评定，评价要求更偏重于产品质量、企业信用、技术条件和创新能力，促使企业在这些方面不断进步，挖掘潜力，提升内涵，形成核心竞争力。

四、与政府部门联动，开展市场监督、消费咨询和标准化服务

3月，在上海新消费者权益保护条例正式实施前，协会与市消保委家具办共同就家具商场和企业如何认真贯彻新消条，保护消费者合法权益进行讲解和探讨，并督促家具卖场在日常经营中规范签订《家具买卖（定作）合同》，明确权责，执行好行规行约。此外，与全国家具标委会联合举办家具标准化培训，服务中小企业。年内，协会举办营业员上岗培训班8期，总计培训462人。

五、务实创新，认真制定第六届理事会工作规划

在新一届理事的领导下，协会秘书处着手制订理事会工作规划。规划制定遵循务实、全面、创新、前瞻的原则，前期进行大量走访调研，对行业内各类型企业征求建议、摸清情况。在此基础上，协会制定第六届理事会四年工作规划，确定前瞻性的总体目标，从搭建行业共享平台、助推“互联网+”、加强对外交流合作、推动设计创新、推动行业标准化建设、协会自身改革发展、加强行业培训与咨询服务、推动协会议事决策机制与活动形式创新等八个方面制定计划和措施，引导行业发展取得实效。

六、发挥桥梁纽带作用，促进国内外同行交流和产业上下游对接

协会通过与意大利家协、泰国、印尼领馆、瑞典木业协会的交流、参与和组织活动，寻求未来双方企业间的合作机会，了解传达市场讯息。通过微信QQ群等渠道，及时将手中的行业资讯、动态、数据与会员分享，为企业和政府部门提供咨询服务。努力将上海的优秀企业、知名品牌推向全国，震旦等6家企业获得中国家协全国行业优秀企业称号。鼓励和大力支持会员企业创新设计、拓展市场和品牌建设等活动。

（邱　烨）

上海宝玉石行业协会

上海市宝协成立于1996年5月。2006年8月，上海市宝玉石协会和上海珠宝玉石加工行业协会合并重组为上海宝玉石行业协会，主管单位上海市经济与信息化委员会。协会具设计制造、商贸会展、鉴测评估、行业标准、教育培训、文博收藏等服务功能。协会现有会员单位423户，包括珠宝、玉器、钻石、贵金属的设计制造与经营销售企业，教育培训、检测鉴定单位，以及拍卖、古玩单位等等，主要分布在上海，还有外地和国外、港台的企业。协会聚集一批专家、学者、大师、专业技术骨干，协会内设玉石、珍珠、水晶、鉴测等专业委员会和专家工作委员会。

2015年主要工作：

一、打造品牌活动，提升协会整体形象

协会举办2015“老庙黄金”第七届上海玉龙奖珠宝玉器评选活动，报名参评的有来自全国各地及海外的玉雕精品1000余件，从中初选出700余件展出。与往届相比，参评作品质量高，优秀作品多，组织更加专业，评审更加严格，吸引更多玉雕新人新作参加评选，充分体现海派玉雕“海纳百川、兼容并蓄”的特有属性，以及玉龙奖鼓励新人新品新作的宗旨。本届玉龙奖评选期间举办3场专业论坛，探讨新常态下上海玉雕的新角色这个大课题，反响热烈。

5月，在中宝协的支持下，协会组织数十位上海玉石雕刻大师工作室及第七届玉龙奖获奖精品第一次以展团形式参加上海国际珠宝首饰博览会，展示上海玉雕雄厚的整体实力，展现协会的新风貌。

年底，协会举办2015年度上海宝玉石行业诚信企业（门店）和销售明星的评选表彰活动，评选出30余家行业诚信销售门店和销售明星，树立诚信经商、爱岗敬业的行业典范，展示上海宝玉石行业的窗口形象。

协会组织第二届上海玉石雕刻大师评审工作，经过严格的初审、部分成员专业考试、公示和复审，评审委员会最终审定上海特级玉石雕刻大师（终身）两人、上海特级玉石雕刻大师19人、上海玉石雕刻大师71人、上海玉石雕刻师63人，海外玉石雕刻大师两人，并为新评大师颁发证书。

二、发挥协会优势，开展合作交流

协会发挥自身优势，开展多层次高质量的学术交流活动，加强与兄弟协会、外省市和国际间的合作交流。由协会和新疆和田玉市场信息联盟商会等7家兄弟协会联合发起的“中国和田玉市场信息产业联盟”在第七届玉龙奖期间正式成立，联盟在制定和田玉行业标准、加强和田玉文化推广、提升和田玉行业素质、规范和田玉行业经营秩序等方面将作进一步的探索和合作。

协会参与组织大英博物馆古文化研究和保护专家玛格丽特女士中国行活动，走访大师工作室，并组织讲座论坛，进行关于中国当代玉雕艺术的中西方对话。协会还组织数十家会员单位参加“山梨珠宝意见交流会”，与日本珠宝企业深入交流。

三、拓展会员服务面，提升协会凝聚力

协会注重会员开展各类活动，提升协会凝聚力。利用各种平台和有效资源，扩大会员覆盖面，壮大会员队伍。对多年来为协会做出积极贡献的单位和个人予以表彰。

协会领导带队多次走访会员单位和玉石雕刻大师工作室，定期开展会员下午茶活动，通过交流研讨，增进会员之间的了解，共享资源和信息，拓展合作可能性；协助创建个性化的“大师玉雕定制中心”，尝试玉雕营销、服务新模式，带动玉雕艺术创作与收藏价值步入新的发展阶段，并提供一个跨领域、跨行业的公关服务性平台。

协会关心、满足外地大师的需求，组织推荐一批符合条件的会员申报上海首席技师千人计划。充分利用上海人才引进政策，与政府部门积极沟通，解决部分外地大师落户上海问题，已有实质性进展。

为保持与会员单位快捷、通畅的交流与沟通，协会在年初建立微信公众平台，保持每天更新一条信息，为会员单位及时提供行业资讯。

（庄绍白）

上海市乐器行业协会

上海市乐器行业协会成立于2009年2月，是由上海生产、经营各类乐器的企业以及相关的专业院校等自愿组成的非营利性的社会团体法人。现有团体会员单位40户。2015年，协会在全体会员的共同努力，携手共进，顺利完成了既定工作。

2015年主要工作：

一、注重与会员的沟通与交流，促进协会工作健康开展

协会召开3次会员大会，5次理事会。通过各项会议，分阶段向与会人员通报前期工作情况，以及下一步工作打算。在会上组织与会人员进行沟通和交流，通过信息互动，对了解市场动态、增强应对能力、提高发展信心，起到良好作用。会议听取各成员对协会工作的意见和建议，对协会部署阶段性工作起到积极作用。

组织理事会员单位参观湖北宜昌长江钢琴有限公司。通过参观学习，交流心得，大家对进一步抓改革促发展形成共识。

协会秘书处主动邀请上海轻工业杂志领导，分别采访上海柏斯琴行、上海海音琴行乐器有限公司和中华口琴会，并在上海轻工杂志上报道民族品牌“长江”牌钢琴的创建和发展、海音乐器琴行将销售和培训相互结合的成功经验。杂志提供沟通平台，提高会员企业的知名度，扩大企业在市场的影响力，将文化因素逐渐植入企业生产经营思路中，进一步促进和提高企业发展能级。

二、继续加强钢琴调律师鉴定工作的基础管理

在上海国际乐器展期间，中国钢琴调律协会召开换届大会，上海乐器协会根据要求认真考察，推荐年轻、有发展潜力的钢琴调律师当选为理事。按照会员企业生产、经营发展的需要，协会组织钢琴调律师鉴定考核工作，将有潜力的技术人才介绍、推荐给企业。钢琴调律师鉴定工作加强基础管理，健全有关制度，实行规范化管理，师资队伍经过培训考核得以壮大。2015年全国钢琴调律师鉴定考核和上海鉴定中心委托鉴定考核的人数比上年增加。

三、积极协办各项乐器相关展会及品牌评比活动

协助中国乐器协会在上海办好2015年上海国际乐器展。做好上海国际乐器展的招商策划、前期准备和展期中各参展单位的管理工作。上海民乐一厂、柏斯琴行、上海钢琴公司、上海公爵钢琴公司、上海国光口琴厂等单位都展出各自的新技术、新产品，得到现场观众的赞赏。在参与、协办各类相关展会中，协会积极配合，不但组织参展，还提供力所能及的帮助，得到主办机构的满意认可，上海轻工业联合会还专门颁发 2015“工会、协会合作奖”，以示表彰。

2015 年，上海轻工协会和轻工工会联合会组织产品品牌评比活动，协会动员和组织相关会员企业参加申报。经协会慎重推荐，及审评组委会的严格评审，最终上海市民族乐器一厂“敦煌”牌乐器被评为上海市轻工行业卓越品牌；上海钢琴有限公司“施特劳斯”品牌钢琴、上海市柏斯琴行“长江”牌钢琴和上海公爵钢琴公司“公爵”牌钢琴，被评为上海市轻工行业知名品牌。

协会为推动会员单位业务发展，协办“邂逅、浪漫”KAWAI2015 产品品鉴会，帮助柏斯琴行提高产品销售的知名度，促进企业销售业务，取得了良好的经济效益和社会影响力。为纪念口琴传入中国 95 周年，由协会主办，上联口琴会承办的上海口琴界七团体交流音乐会，11 月 7 日在曹家渡街道演出厅举办，取得很好的社会效应，推动口琴演奏的普及和发展。

四、顺利完成协会换届选举，会员队伍不断扩大

9 月，协会完成 4 年一次的换届选举工作。经过民主协商、理事会讨论，报上级同意和会员大会民主选举，正式产生协会第四届理事会成员，及监事、副会长、会长等。至年底，上海幽篁里文化发展股份有限公司等 6 家新会员加入协会，还有数家企业申请办理入会手续。另外，9 位个人成为协会新成员。随着会员名单的扩展，进一步激发协会的活力，提高协会发展壮大的能力和动力。

五、加强党组织建设，推进协会良性发展

协会党支部组织党员学习和贯彻党的十八届三中、四中全会精神，按照上级党委的部署开展教育活动，在“七一”前后组织党员参观陈云同志 100 周年纪念展。在党的群众路线教育活动中，联系协会实际，激励党员做好本职工作，发挥先锋模范作用。下半年，党支部组织党员重新学习党章、党纪和党规。党支部与上级党委签订反腐倡廉责任书。党支部书记参加上级党委举办的支部书记学习班。通过努力，工作取得良好效果，为推进协会工作顺利开展发挥积极作用。

六、深化协会功能提高服务能力

结合协会特点，深入挖掘和利用资源，拓展渠道，充分发挥协会的组织、协调功能；加强行业内的沟通，深入企业，多提供信息交流平台，为企业管理、经营出谋划策，提高协会的凝聚力，将服务工作做得更加扎实。

（办公室）

上海市钟表行业协会

上海市钟表行业协会成立于 1996 年。为上海钟表、钟表配件及计时仪器行业企事业单位自愿组成的跨部门、跨所有制非营利的行业性社会团体法人。协会现有各种所有制会员单位 90 多户，涵盖了上海钟表制造、营销、科研、教育、培训等方面的精干主体。

2015 年主要工作：

一、坚持服务企业，推进品牌建设

一是协会与上海市工业技术学校合作，共建钟表文化宣传、技术交流、知识普及的服务平台。8 月初，完成《上海钟表文化科普馆》布展大纲评审，初步完成实物采购、文字编写、图片收集工作。上海钟表文化科普馆将为青少年普及钟表知识、宣传钟表文化提供有形载体，也为企业进行品牌宣传、技术交流提供场所。

二是协会多次组织企业与上海市工业技术学校在数控机床加工技术、模具、机电技术等方面进行考察与交流，帮助企业学习提升精密机械加工的最新技术与知识，以产学研合作方式让新技术的运用服务于企业。

三是服务于品牌发展，推动品牌建设。协助上海表业有限公司主办“凝聚荣耀与梦想”上海牌手表诞生 60 周年座谈会及展示会，利用协会网站、《上海钟表》杂志，宣传上海牌手表。协会推荐上海牌手表、九鼎钟业、星钻秒表等品牌企业参加上海轻工知名、卓越品牌（产品）申报评审。经评审委员会评审，上海牌手表获“上海轻工卓越品牌（产品）”称号；上海九鼎钟业、星钻秒表获“上海轻工知名品牌（产品）”称号。

5 月上旬，协会组织张稻品牌、上海牌手表、青雅实业时钟、三五石英精品、宫艺钟表、九鼎钟业、星钻秒表及工业技术学校参加第二届海峡两岸（厦门）钟表珠宝博览会。上海牌手表、九鼎钟业参加上海国际工业博览会的产品展出。

四是组织手表装配大赛，提高行业企业手表装配质量和装配水平。12 月 25–26 日，协会联合上海轻工业工会联合会、上海轻工业工会联合会钟表分会、上海市工业技术学校举办“国表 60 年”上海市钟表维修（装配）技能大赛，参赛选手 34 名，通过理论知识、实际操作两门考试全部合格，其中总评优秀两名，总评良好 11 人。参赛选手全部获得上海市职业技能鉴定中心颁发的钟表维修初级证书。协会及大赛组委会对获得优异成绩者进行表彰，共评选出一等奖 1

名、二等奖2名、三等奖3名、优胜奖7名、单项满分奖5名。通过大赛，让从事手表装配的员工技术上得到提高和锻炼，增强了职工敬业爱岗、学习钟表技术的意识。

二、完成协会换届改选，实现理事会新老交替

为了做好换届选举工作，协会秘书处前期做大量准备工作，起草10多份相关审议文件及选举材料，广泛征求各方面意见。6月4日，行业协会召开五届一次会员大会，完成换届选举工作，大会审议通过董国璋会长作的《第四届理事会工作报告》，吴伟跃副会长作的《章程修改意见》，以及第四届理事会的《财务报告》等相关文件。大会以无记名投票方式产生第五届理事会理事28位及监事1位，并产生新一任的会长及副会长。

三、积极做好推进行业发展的相关工作

协会配合中国钟表协会开展关于“中国百年钟表工业感动行业人物”推荐工作，上海地区获“行业先驱”称号的有孙梅堂，获“企业楷模”的有马民良等14人。

推荐上海汉斯、上海珐艺参加第二届中国（恒丽·蓝光杯）钟表设计大赛，通过投票评审，上海珐艺钟表制造公司的锦绣珐琅落地钟、上海汉斯钟业有限公司的竹节飞摆获得银奖。上海表业有限公司的立面旋转陀飞轮、上海汉斯钟业有限公司的别有洞天、上海珐艺钟表制造公司的珐琅皮套钟（闹钟）、上海汉斯钟业有限公司的鼓型苏钟获得铜奖。上海汉斯钟业有限公司的天使壁挂钟、竹木苏钟获得优秀奖。

1月29日，第二届中国钟表大师颁奖典礼在上海举行，上海表业的朱兴祥、王洪庆荣膺第二届“中国钟表大师”称号，成为国家级的钟表技术人才，为上海牌手表增添荣誉。

5月，在上海市残疾人就业服务中心、崇明县残联支持及协会指导下，崇明县第一个由残疾人自主创业的钟表维修屋开业，为推动上海残疾人自主创业提供示范效应。

协会与上海轻工工会联合会共同完成的《上海钟表制造业在岗职工工资水平的调研报告》获2015年度中国财贸轻纺烟草工会的优秀调研报告、上海市总工会的调研报告三等奖。

四、积极推进钟表质量工作，做好钟表质量检测及鉴定

协助公安、检察院、法院、海关、物价局及消费者鉴定手表真伪、估价共计96只，其中假冒品牌手表16只，各类品牌30多种，为司法机关及消费者提供鉴定证明及材料。

上海市钟表质量监督检验站完成156批次钟表产品质量送检工作，其中，手表139批次、时钟17批次，涉及90多个钟表品牌。协会对合格的钟表品牌在网站、杂志予以公示，起到宣传作用。

协会根据中央四部委《关于加快推进我国钟表自主品牌建设的指导意见》，积极开展工作，努力促进上海钟表制造业的升级换代，加强钟表品牌建设，使上海钟表业得到更快发展。

（蔡辉明）

上海市纸业行业协会

上海市纸业行业协会成立于2003年8月，是经上海市民政局注册登记的社会团体。协会是以造纸生产企业、加工纸生产企业、纸制品生产企业、造纸机械生产企业、造纸化学品生产企业、纸张纸品经销商等相关企事业单位自愿组成的跨部门、跨所有制的非营利的行业性社会团体法人。现有会长、副会长单位6户，理事单位19户，会员单位70余户。

2015年主要工作：

一、加强协会自身建设，提高行业管理能力

6月17日，协会召开三届三次理事会，讨论通过2013—2014年度理事会工作报告及2015年工作打算；讨论通过财务收支情况的报告；通过协会住所变更事宜；审议通过增补上海开伦造纸印刷集团有限公司为副会长单位；讨论通过增补上海宏图纸业有限公司为理事单位；审议通过关于按市社团局要求新修订的上海市纸业行业协会制度。

稳固和加强行业诚信创建工作，至年底，行业内有18家企业参加诚信创建活动，其中，五星级企业6家，四星级企业5家，三星级企业两家，二星级企业4家，1家企业关闭。

注重创新，注重品质，加强品牌建设，不断提高和提升造纸产品的时尚性、完用性。协会组织企业参加上海轻工行业举办的“轻工知名、卓越品牌”的参选、评比。上海东冠华洁纸业有限公司“洁云”生活用纸获上海轻工卓越品牌（产品）；上海安兴汇东纸业有限公司“传美”、“宏图”、“大地”复印纸获“上海轻工知名品牌（产品）”。

二、服务企业、社会、政府，发挥桥梁纽带作用

协会与行业分工会一起开展建设职工之家活动，推进基层工会组织建设，建立企业和谐劳动关系，营造和倡导企业文化。上海金大纸业有限公司工会、上海唯爱纸业有限公司工会，获“2015年度上海轻工业先进职工之家”称号。协会会同有关企业申报“2015年上海市企业转型升级发展专项资金项目”，并获得支持。

参加市商务各项活动，结合行业实际状况和需求，向市商委公平贸易处提供“产业预警体系建设”的相关意见。支持发展利乐包等纸、塑、铝包装材料循环经济再利用工程。参加市质监局、市质量工作促进会的系列工作，并根据行业现状发展要求，参加市质监局主编并由12个委、办、局，两家研究院，7家大型企业集团共同参与编写的“2014年上海市质量状况分析报告”。参加“全球液态食品百强年会”等创新型论坛，并作嘉宾演讲，阐述行业观点、获取市场信息、会同企业交流。组织企业参加燃煤锅炉燃料结构改造、节能减排技术项目交流活动。

加强党建工作，巩固党的群众路线教育实践活动成果，提高做好新形势下群众工作的能力。与行业分工会一起会同会员单位积极建设和谐企业，营造和倡导企业文化，建立企业和谐劳动关系。

（张智平）

上海都市型工业协会

上海市都市型工业协会成立于2001年6月，是以上海从事都市型工业生产、经营的企业以及有关高校、科研机构等事业单位自愿组成的跨部门、跨所有制、非营利的行业性社会团体法人。

2015年主要工作：

一、顺利完成协会换届改选工作

4月，协会成立换届工作领导小组和工作小组，完成上届理事会工作总结（草案）、修订新的章程（草案），会费调整和管理办法（草案），进行财务审计，听取协会原理事单位对第四届候选理事单位的意见及有关文件准备情况。确定审核37家候选理事单位和两家候选特别理事单位。

9月16日，协会第四届会员大会和第四届一次理事会召开，选举上海三银集团投资管理有限公司董事长黄银贤为新会长、新沪商世纪论坛执行主席纪军为常务副会长和其他11家副会长单位，选举产生理事单位39家（含两家特别理事）。选举产生协会的监事（由上海德人都高级人才顾问有限公司董事长徐永亮兼任）。协会邀请上届协会会长田海涛为本届协会名誉会长。通过协会新的章程。

二、开展园区对接服务

在金山、青浦工作部的支持下，协会工作和功能扩大地域范围，增大工作面，增强协会在市区边缘的影响，加大对边缘企业的服务。协会将法律服务、人才服务、专利服务、培训服务的部门整合在一起，联合组团去园区介绍协会各色服务，推介政府各项政策，将协会的服务功能与企业的需求对接，受到园区企业和单位的欢迎。

3月25日，秘书处与培训部走访金山两个工业园区的7家企业。分别在引进专业技术人才、办理人才居住证、提高企业管理人员学历、技术人员职称评定、员工技术和员工培训、专利申报和专利报告撰写、使用残疾人优惠政策等方面提供咨询服务和解决方案，受到园区和企业的热诚欢迎。特别是有家企业在人才居住证办理严重受阻，协会与有关部门沟通，给予有效帮助。

4月2日，秘书处和协会有关部门到E通世界工业园，为入驻企业提供信息对接，近40家企业管理人员参加政策推介会。推介工作结束后，很快就收到与会单位的反馈意见，有的提出咨询，有的需要协会上门服务。多家企业来电咨询职称申报、人才引进、人才居住证以及夫妻分居户籍入户的办理等。上海创鸣资产管理有限公司是一家微小创业园，希望与协会建立长效的服务合作机制。4月3日，协会与其签订入驻园区的微小企业服务协议，形成互助共赢的局面。

三、开展各类讲座、沙龙和培训活动

协会借助上海图书馆的资源开办讲座，举行沙龙活动和进行各类培训。1月19日，和会员单位上海智鹏举办“不同年代人的管理特征”讲座。3月26日，协会和培训服务部举办“新常态、新机遇的人力资源管理”讲座。4月23日，举办第七期企业人力资源“HR”沙龙活动，围绕主题与资深的专家一起开展探讨。4月28日，举办“中国制造2025战略与精益工艺”主题沙龙，中国质量协会首席讲师、上海质量技术咨询事务所副所长姚玮明和上海市质检院孙斌主任与大家分享经验和知识。6月4日，举办本年度职称专题讲座，介绍如何写好论文、工作业绩报告、职称考评、申报等方面专题知识。解答听课人员提出的问题。7月28日，组织企业HR沙龙活动，重点对企业招聘、留住需要的人、新常态下如何管理人等进行探讨。9月22日，召开怎样用好专利的讲座。介绍产业图书的运用及国外专利的借鉴。11月18日，协会和会员单位班库（上海）商务咨询有限公司举办管理技能提升研讨会，帮助管理者有效运用现有人力、机器和材料，提升工作效率与质量。

四、充分利用协会服务平台，帮助会员业务对接

协会促进会员单位间的业务对接，使参与方从中得到实惠。如副会长单位水晶石数字科技有限公司与汇茂律师事务所业务对接，帮助特别理事江苏启东经济开发区管委会与上海绿色工业和产业发展促进会对接；协助会长单位到特别理事海盐元通工业发展有限公司现场交流沟通；帮助会员单位上海无真忧企业管理咨询有限公司承接残疾人劳动人事培训班。

五、努力为企业提供传统服务项目

协会通过共性服务项目，密切协会与会员单位的联系，为企业提供方便。如为企业提供品牌、质量、专利、法律、人力资源管理、人事代理、业务培训、专业技术职称的考试和评定，代为发表论文，进行人才居住证办理、人才引进、解决夫妻分居入户、海外人才引进、申报高新技术企业、高新成果转化项目、创新基金等方面的咨询和指导。为企业员工提升学历、关心员工文化生活等提供服务，协助企业完善企业管理制度提供咨询等服务。

六、积极参与绿色能源项目的推广，促进节能减排

协会会同浙江精工能源集团在会员单位中推广绿色能源，促进光伏能源的利用。4月8日，举行《让上海的天更蓝——光伏屋顶项目》推介会，近30家会员企业参加该光伏发电项目的推广活动。

七、继续开展《上海市残疾人就业培训管理体系构建与试点》课题的研究

协会在走访会员单位和园区中宣传残疾人就业政策，了解企业录用残疾人的情况，对残疾人需求企业提供方便，对解决残疾人使用中出现的问题提出建议。如协会发现企业财务和劳动人事部门有较多岗位适合残疾人就业，提出在残疾人中开办劳动人事方面的培训，并建议由协会会员单位上海无真忧企业管理咨询有限公司担任培训任务。经市残疾人就业中心和华东师范大学残疾人课题组派人对上海无真忧企业管理咨询有限公司的考察，同意由他们承接残疾人的培训任务。第一批报名的残疾人有53人，实到上课人数48人。12月20日，参加培训的残疾人参加全国《人力资源实务》统一考试。

八、积极开展协会日常工作

一是展开上海地区园区企业的摸底工作。经统计，国家级的园区15家，市级园区97家，其他园区28家，区属园区150多家，其中包括大量的民营园区。经了解，嘉定区20家，宝山区10家，中心城区19家，浦东新区8家，青浦区26家，松江区29家，闵行区9家，奉贤区18家，金山区13家，总计300多家园区企业。协会将发展园区会员单位，壮大协会的园区队伍。

二是调整对金山工作部负责人。由于金山工作部的主要领导情况发生变化，协会重新物色人选，并安排到位开始有效工作。

三是对协会工作部门进行调整补充。协会原有人力资源工作部、法律工作部、广告宣传部、会展服务部、专利服务部、培训服务部、旅游服务部、融资服务部等近10个服务部门，机构不够精简。根据会长提议，协会对工作部门重新组合和调整，缩编为5个工作部：人力资源部、政策研究部、宣传部、融资服务部、综合服务部。工作部门减少，但服务内容没有减少，在保留原有服务项目的基础上扩大服务范围，增加服务内容和服务对象，更好地发挥协会作用。

四是组织部分会员单位参加10月22—23日在上海图书馆举办的2015竞争情报上海论坛，为企业人士及创业者和创客提供了学习、提升、激发灵感和拓宽视野的机会。

五是开展推荐“战略新兴板”上市后备民营企业的工作，对协会内部的民营企业是一次极佳的融资机遇，在经济上助推企业发展，促进民营企业发展与转型升级。经推荐，有两家单位进入上市后备名单。

（刘志勇）

上海市糖制食品协会

上海市糖制食品协会成立于1988年6月，是由上海地区从事食糖、糖果、巧克力、糕点、饼干、冷冻饮品、休闲食品、馅料生产经营企业和科研院所、大专院校等单位自愿参加组成的，跨部门、跨所有制的非营利的行业性社会团体。现有会员单位106户，涵盖上海市场90%中西糕点的经营大户和食糖经营龙头企业，囊括上海现有的15户经营焙烤食品、糖制食品的中华老字号企业。

2015年主要工作：

一、深化诚信经营，规范行业行为

规范产销，确保质量。近年我国食品安全事故频发，整个食品行业成了高危行业。协会逢会必谈，遇事必讲，倡导诚信经营，强调食品安全工作。在各企业努力下，行业内食品安全工作取得显著成效。一季度，市食药监局多次抽查中，所有种类食品的合格率都在95%以上，粽子抽查合格率100%，月饼抽查合格率99.5%。6月15日，《协会信息》上发出《确保夏令食品安全，严格落实三管理》的通知，提醒企业确保夏季食品安全。

加强引导，稳定价格。协会通过广泛宣传、市场预测、交流沟通、规范经营等多种形式引导企业稳物价、少涨价，确保上海食品市场价格平稳。

二、做好市场预测，促进产业发展

做好节令市场预测。协会通过调查研究，收集各种相关数据，了解市场信息，把握食品市场走势，及时写出春节市场和月饼市场分析预测，刊登于《上海糖制食品信息》上，为企业决策提供参考。

做精上海名特优糖制食品。协会连续第13年开展名特优食品评选活动，4月10日，协会组织交流评选，有23家企业的43种产品获“2015年上海名特优食品”称号，其中17款是新评上产品、26款复评产品中，有10款产品连续3年、4款产品连续6年、3款产品连续9年、9款产品连续12年，获“上海名特优产品”称号，协会于4月17日在《劳动报》登报公示。此外，协会积极配合、帮助企业做好上海市著名商标、上海市品牌产品的申报工作，为多家企业办理相关证明，提供相关数据。

开展青团质量交流活动。3月6日，组织开展青团质量交流活动，评出11家企业的17个品种为“2015年上海优质青团”。3月10日，在劳动报上公示并召开“2015上海青团高层会议”，交流“如何提高质量，做好青团产销”议题，通过交流取得共识，为青团销售起到推波助澜的作用。

组织月饼交流评比。8月12日，开展月饼质量交流，44家企业的136款产品被评为“2015年光明食品杯上海名特优月饼”，8月20日，在《劳动报》上给予以公示。

做强节令食品产销。协会及时做好传统节日商品宣传，跟踪报道销售热点。在春节前宣传企业迎春新产品和营销新举措，清明节做出“搞好青团产销工作设想”、端午节前发布粽子价格信息，中秋节前及时报道月饼产销情况，中秋节后及时做好月饼产销统计，写出月饼产销总结，召开月饼产销工作总结会，引导企业不失时机发展节令食品生产，拓展上海节令食品市场。

开展百厂千店参加市商务委、市发改委组织的市民低碳专项践行活动，积极引导全行业形成合理消费、节能消费、环保消费、低碳消费的理念和生活方式，享受低碳环保带来的生活乐趣。做到食品质量有新提高、包装减量有新成效、简化包装食品有新发展。通过宣传报道、先进表彰等一系列活动，推动行业的节电、节水、节油、节煤、节约资源，减少浪费、减少废水、废气、废物的排放工作，受到市商务委、市发改委好评和鼓励。

三、服务会员企业，推进对话交流

5月7日，协会召开“2015年上海月饼信息发布暨原料展示会”。50多家企业参加，5家企业展示月饼馅料300余种，5家企业交流发言，分别介绍企业规范生产和确保馅料质量的情况，并承诺要以诚信经营为根本，向月饼生产企业提供优质的馅料和一流的服务。协会对月饼市场作了分析和预测，获得与会者认可。会上向17家获得“2015年上海名特优食品”称号企业颁发奖牌证书。

办好协会信息。年内共发《上海糖制食品信息》24期，刊登各类稿件信息124篇，专题资料4份，统计分析5份，及时为会员提供各种信息。其中4篇被上海和全国有关报刊和信息刊物选登。年底，更新协会网站，使协会网上信息更新更及时，方便会员查阅相关国家法律法规。开通微信服务平台，设计启用新的协会logo。7月16日，平台正式开通，并启用协会新设计的logo。每周一次企业互动，及时发布企业产品，营销活动、企业介绍，技术交流等鲜活的信息，为企业宣传起到良好的促进作用。

为企业排忧解难办实事。为35家企业提供70余次咨询、协调服务。例如：指导规范生产、解答有关政策法规、为企业人才需求牵线搭桥，为企业产品开发提供建议，提供原料最新价格信息等，帮助企业发展、深受企业的欢迎。

组织培训与参观。4月23日，与上海市食品添加剂协会联合举办《食品添加剂使用标准》（GB2760-2014）培训，有20家企业的22名学员参加，为新标准的实施打下良好基础。牵头组织7家企业参观6月在上海举办的“第十七届亚洲食品配料中国展”，同时参加添加剂协会举办的“食品安全与食品添加剂研讨会”。10月30日，召开月饼工作总结大会暨新《食品安全法》讲座。11月18日，牵头组织15家企业专业人员参观“包装世界（上海）博览会”、“光明食品展”，另外还组织部分企业参观西区老大房、新雅、沈大成、功德林、华月食品厂等。这些活动为会员提供多方位学习的机会，受到会员的欢迎。

召开信息交流会。年内共召开四次产销信息交流会，通过交流，相互启发，达到取长补短促进产销的目的。

举办光明食品杯上海月饼节。一是召开上海月饼节工作会议，组织鉴证百厂千店签定“喜迎中秋欢度国庆”诚信公约并向社会宣誓。二是组织月饼质量交流评比。三是举办月饼节开幕式，请市民免费品尝获奖月饼，为获奖企业颁奖。四是开展微信平台市民参与评选我最喜爱的月饼品牌活动。整个月饼节活动，有计划、有步骤、有报道，有统计、有总结，既弘扬传统中秋文化，又为提高月饼销售起到宣传作用。

加强与媒体联系。清明节、端午节、中秋节等产销旺季，协会都接受媒体的采访，向社会宣传行业发展情况，介绍节令食品的销售热点和食品安全情况，让消费者放心购买。参加上海市商联会在静安公园举办的3.15大型咨询活动，为市民提供鉴别，咨询服务，颁发《西式糕点知识问答》和《上海名特优产品》宣传资料，起到了良好的宣传作用。

四、促进协会自律，增强服务意识

开好理事会和会员大会，完成理事会换届工作。5月21日，召开七届六次理事会、八届一次会员大会、八届一次理事会，27位理事出席、69家会员企业参加。七届六次理事会审议通过2010—2014工作总结、2014年工作总结和财务收支情况报告；2015 年协会工作计划；八届理事会候选人产生说明；新章程修改说明；调整会费收取标准说明，投票通过 2013—2014 年度优秀企业家和两家节能环保单项奖等。八届一次会员大会，审议通过第七届理事会工作报告及财务收支情况报告、调整会费收取标准、投票选举第八届理事会理事及监事等。八届一次理事会投票选举产生第八届理事会理事长，副理事长及聘任秘书长人选等。

做好行业统计工作，并对统计结果进行分析，及时发布在协会《信息》上，让会员企业了解更多市场信息，把握节令产品的销售趋势，为来年的产销计划提供参考。根据 2014 年行业产销统计写出《上海糖制食品行业经济运行情况分析》，对行业产销情况及趋势作深入剖析，受到上级领导和会员企业的肯定。

年内发展新会员 4 家，保持协会的凝聚力。协会获市商业联合会颁发的“上海商业行业协会先进集体”称号和市经团联颁发的“行业先进集体”称号。

（仲梅丽）

上海市汽车销售行业协会

上海市汽车销售行业协会成立于 2003 年 10 月 15 日，是由上海汽车销售行业企事业单位自愿组成的跨部门、跨所有制的非营利的行业性社会团体法人。现有会员企业 315 户。

2015 年主要工作：

一、提升服务能级，完善服务功能

回报社会，展现自我平台。9 月 12 日—10 月 11 日，主题为“车行天下绿动未来”的第八届上海市汽车销售服务节完美收官。此次活动由上海市商业联合会主办，上海市汽车销售行业协会承办，活动得到上海购物节组委会办公室、上海市消费者权益保护委员会汽车专业办公室中国平安财产保险股份有限公司上海分公司等相关组织的共同支持。三场巡展吸引近 6 万人次的观众现场观展，车展期间销售车辆 35 台，活动每日进行订单有礼的抽奖环节。此外现场有效客户数 500 余人，重点客户数 210 余人，邀约试乘试驾 80 余人，索取车型资料数 2000 余份。本次活动评选出“最具人气经销商”6 家、“最佳销售团队”6 家、“最佳创新团队”6 家及“杰出贡献奖”1 家。

开展诚信服务星级企业评选活动。多年来，协会在规范行业经营行为，提升服务能级方面发挥积极作用，开展 2013—2014 年度诚信服务星级企业评选活动，推进诚信品牌战略，创建规范更优质的汽车销售环境。共有 34 家企业获得诚信服务星级企业称号。

协会推荐评选出来的优秀集体、个人、门店参加市商业联合会的评选，最终上海华星鸿和汽车销售服务有限公司被评为商业服务品牌（柜组）。

做好“上海名牌”的培育、推荐工作。协会引导符合条件的企业申报“上海名牌”，对申报“上海名牌”的企业上报材料，按照“上海市汽车销售服务行业名牌评审规范”作出客观、公平、公正的评审意见，使“上海名牌”的数量和质量都得到提升。年内，参与“上海名牌”申报的新增企业 3 家，复评企业 7 家。

发挥网刊微信作用，体现动态效应。网刊及微信是协会服务企业的重要平台，依托网站开放的平台，扩大容量，拓展功能，提供及时有效的信息、包罗万象的资源及丰富多样的服务，建立与企业沟通的便捷渠道，树立协会在汽车行业内的形象。月刊进一步提高质量，囊括信息介绍、行业分析及案例剖析等相关内容，为行业发展及企业需求提供有益信息，展示企业先进理念及精神风貌。在协会已有微信服务号的基础上增设微信订阅号，每日及时更新汽车行业相关信息，微信则更及时、快速地提供当前行业内热门信息及关注热点。

做好汽销行业数据统计工作。协会对 30 家具有代表性的经销商集团企业进行抽样调查，统计数据占上海地区汽车销售数量及金额的 75% 左右。为了让统计数据更具全面性及权威性，协会完善现有统计队伍、扩大统计范围、扩展统计项目及类别、增加统计频度等，加强统计数据准确性和实用性。

二、加强行业自律，促进产业发展

组建商用车专业委员会。解决经销商在销售过程中遇到的瓶颈问题及便于与政府有关方面进行沟通，6 月 2 日，协会召开筹建商用车专委会会议，成立上海市汽车销售行业协会商用车专业委员会筹建领导小组，已开展相关申报及准备工作。

应会员企业要求，协会组织部分会员企业主要负责人赴外高桥平行进口汽车展厅学习参观，使参观者获益匪浅。

协会根据市商务委要求，对《汽车销售管理办法（征求意见稿）》组织 20 余家 30 人次汽车销售企业的老总和负责人进行逐条讨论研究，大家纷纷建言献策，提出很多有建树的意见和建议。

协会会长姚丰会同协会秘书处工作人员赴上海国际汽车

城（集团）有限公司进行学习交流。了解国际汽车城的发展和主推“电动车分时租赁”业务情况，希望通过协会这一交流平台互通有无、资源共享，共同推动上海地区新能源汽车的长远发展。

制定起草《汽车销售服务管理规范》。2015 年 4 月，协会成立由汽车行业内各院校专家和企业相关人员组成的起草小组，在广泛吸收多家规模较大的汽销企业服务管理精华的基础上，拟制《汽车销售服务管理规范》，已形成第三稿。

三、加强自身建设，完善内部机制

协会坚持“以满足会员企业需求为目标，以创新服务理念为抓手，以会员企业满意度为标准”开展各项服务工作。年初，会长率领协会秘书处工作人员走访会员企业，倾听会员企业对协会工作的要求和建议，通过与会员企业的了解和沟通，促使秘书处工作上一个新台阶。

协会每季度召开一次信息员、联络员工作会议，增进联络员、信息员的联系沟通，发挥他们的积极性和参与度。要求信息员及时上报企业相关活动信息，建立资源共享体系，协助做好网站、月刊等信息采集工作。

协会召开 2 次理事会，坚持做到大事要事必经理事会议审议，认真听取理事意见和建议，切实落实理事会议决议。每周一定期召开秘书处工作例会，安排部署阶段性工作。协会还注重加强与兄弟协会间的沟通联系，从中获得更多的管理经验，促进协会各项工作的全面展开。

四、发挥党组织核心作用，推进党建工作

在市商联会党委的领导下，协会认真、积极开展党建工作。协会党支部探索开展社团组织党支部的工作实践，紧密结合协会工作特点，学习党的方针路线，加强党的思想教育，较好地发挥党组织在协会工作中的积极作用。

（冯　菲）

上海市豆制品行业协会

上海市豆制品行业协会成立于 1986 年 9 月，为上海豆制品生产、经营企业以及相关企事业单位自愿组成的跨部门、跨所有制的非营利的行业性社会团体法人。现有各种所有制会员单位 85 户。

2015 年主要工作。

一、助推清洁能源替代工作，争取行业扶持政策

为改善大气环境质量，市有关部门文件规定，至年底，全行业所有锅炉必须使用清洁能源。33 家豆制品生产企业的 42 台燃煤锅炉需要更换，导致燃料成本骤增，企业难于承受，协会对煤改气的成本进行详细测算，及时向市有关部门反映。经市商务委、市经信委、市清洁能源替代办公室等政府有关部门的多次调研、协调，同意对本行业实施阶段性的用气价格优惠政策性扶持。

协会与双良公司签订战略合作框架协议，7 家豆制品生产企业与双良集团签订 13 台燃气锅炉（106 蒸吨）的购销合同。双良公司给予团购价格，使企业得到很大优惠，也有利于推动燃煤锅炉的替代工作，达到多方互利共赢的效果。

有些企业因天然气管道不能铺设到位，协会想方设法为企业寻找可以替代的清洁能源，先后与 LNG 经营公司、新醇燃料供应公司、生物质锅炉公司等企业洽谈。对新醇燃料生产、使用情况的调研情况刊登在行业动态上，供企业参考。

二、宣贯《食品安全法》，加强行业自律

为更好地宣贯新的《食品安全法》及国家食品药品监督管理总局第 16 号令《食品生产许可管理办法》，10 月，协会举办《食品安全法》讲座，邀请市食药监局食品生产监督管理处黄启明老师宣讲。协会参与的上海市食品研究所负责的市科委项目“豆制品煎炸用油专题研究课题”经过一年多时间的研究，取得阶段性成果。为此，召开专题研讨座谈会，介绍课题进展，探讨今后研究方向。

协会对食品安全要求较高的即食豆浆产品进行市场抽检，共抽取 8 家企业 8 个批次产品 40 个样品，均符合产品标准要求。协会对企业大豆原料进行飞行检查，共抽取 32 家企业，71 个大豆样品。检查结果反映绝大多数企业对大豆进货有较好的把控制度，个别管理不善的企业，协会责令整改。并以专报上报市食药监局、下发有关会员企业。

协会对近 50 家豆制品生产会员企业进行春季卫生检查，企业加工设施和环境卫生在原有的基础上都有新的提升，企业管理和各生产环节监控更加严格与规范。

4 月，国家食品药品监督总局、农业部、国家卫生和计划生育委员会联合发布《关于豆芽生产经营中禁止使用 6-苄基腺嘌呤等物质的公告》，协会立即转发至工业化豆芽生产经营企业，要求企业必须严格按照公告的要求组织生产和经营。5 月 14 日，协会秘书处召开豆芽生产企业负责人会议，专题学习讨论贯彻“公告”精神。原野公司开设专卖柜，尝试豆芽在菜市场包装上市，在包装袋上印制二维码，消费者用手机“扫一扫”就能查阅豆芽生产的一些基本信息，此举得到市有关部门的认可，《劳动报》进行专题报道。

三、推进“互联网＋豆制品”行动，努力实现行业提质增效

5月，协会专门发文，规定在送货单上加印追溯码，协会在网站上公示使用单位名称、送货单追溯码等信息，方便社会公众监督、查证。

7月，市长杨雄签发《上海市食品安全信息追溯管理办法》，规定豆制品等食品和食用农产品纳入网上追溯管理。12月1日起，内酯豆腐先行实施。协会举办培训班，利用PPT介绍必须上传的信息内容和操作方法。33家生产内酯豆腐的会员企业都按规定要求上传信息内容，实现内酯豆腐质量安全网上可追溯。

推广应用云技术提升行业管理水平。一些大型企业已经使用ERP管理系统，为提高中小企业管理水平，协会要求会员企业上海勤润信息科技有限公司利用云技术开发适合中小型企业信息化管理应用系统，引导豆制品生产企业使用。

协会重视网站的维护，指定专人负责，每天更新网站信息，内容图文并茂，点击量逐年增加。协会还开通上海豆协微信群，行业动态、有关标准等信息通过微信群以最快的速度传递到会员企业，通过微信群加强企业与企业，企业与协会间的信息沟通。

四、加强自身建设，促进行业蓬勃发展

编制行业“十三五”愿景规划。协会成立以会长任组长的编制小组。通过走访、座谈、查阅资料等方式，于12月完成豆制品行业“十三五”规划的编制工作。

参与制定行业用水定额。协会配合由华东师范大学和上海市供水管理处共同承担的豆制品用水定额科研项目，提供协会编写的用水调研报告，和他们一起探讨用水定额确定方法，提出根据企业特点设置不同定额的建议，为最终科学确定豆制品生产用水定额基准值起到积极的作用。

粉皮、麻腐类产品按照传统工艺，在生产时必须添加硫酸铝铵才能生产出符合要求的产品。由于标准原因，此类产品不准使用该添加剂。协会通过调研、做试验、查阅国内外资料，向国家卫计委提出硫酸铝铵扩大使用范围至粉皮类制品的要求，经两年多的努力，于11月获得国家卫计委的批准。这一标准的修改将有利于此类产品质量水平的提高和生产的发展。

继续开展各种先进评优和推优工作，12家豆制品生产企业的29只产品被评为2015年度上海名优食品，3家豆制品生产企业的5只产品被评为2015年度优秀新产品。艺杏公司获2005—2015年金篮子品牌，冯达、阳洋、力德尔公司的商标被评为第十一届（2015）上海食用农产品优质畅销品牌。

加强对秘书处人员的思想教育。协会每周组织一次秘书处人员的集中学习、交流。6月、7月分别参加市商联会党委组织的纪念中国共产党成立94周年党课教育活动和参观上海四行仓库抗战纪念馆活动。9月，协会党支部结合纪念抗战胜利70周年，秘书处全体人员参观南京大屠杀纪念馆和雨花台烈士陵园。通过学习参观使大家铭记历史，珍爱和平，更加热爱祖国、热爱工作、热爱生活。

（张建秋）

上海市酿酒专业协会

上海市酿酒专业协会创建于1989年2月，它是由上海市专门从事酒类生产和经营相关的企业及有关酒类科研、教育等单位自愿组织的跨部门、跨系统的行业组织，经上海市商业委员会批准，上海市社会团体管理局核准登记，具有法人资格的社会经济团体组织。协会现有会员单位89户，涵盖上海市啤酒、黄酒、葡萄酒、白酒、老白酒、配制酒、洋酒等所有酒种的生产企业和部分酒类经销商，其中酒类生产企业占上海合法酒类生产企业的50%，包含国有、三资、私有、股份合作等性质的企业，其会员企业的产量占全市酒品产量的95%以上。

2015年主要工作：

一、实施名牌战略，开展酒类品牌建设系列活动

响应市政府培育一批中国乃至世界级名牌的号召，协会组织开展上海市名优食品的评比活动。与上海食品协会合作，推荐和评选29只酒类产品为上海市名优食品，获得企业和市商务委的好评和肯定。

围绕上海市开展的新一轮“上海名牌”评选活动，协会审核推荐金枫石库门等7家企业的8个品牌再次荣获上海名牌称号。

为了重振上海轻工产品的地位，提升上海市轻工产品品牌知名度，市轻工行业协会与轻工各协会共同组织“上海市轻工行业服务品牌建设、推动转型发展，创建‘知名品牌、卓越品牌’活动”。协会组织金枫、华佗、神仙、新晖、皇家、巴克斯等6家会员企业参加此次活动。其中石库门、和、华佗等品牌获“卓越品牌”称号，神仙、谷和、沪、锐澳等品牌获“知名品牌”称号。

协会与市商联会等共同发起组织“上海酒类市场‘金樽奖’”评选活动，将优质产品推荐给广大消费者，引导消费，帮助协会所属企业的优质产品更畅通、更便捷地进入家庭，提高广大消费者对酒水的认知度，促进消费。金枫、华佗、神仙、新晖、皇家、申马等会员企业的品牌获得“金樽奖”。

为推动行业自主创新品牌的建设，协会推荐金枫、巴克斯等会员企业给市经信委，作为行业创新企业，争取获得政府的政策和资金支持。

二、开展食品安全活动，提高行业食品安全意识

与市食品安全工作联合会共同组织召开上海食品、饮料生产与流通安全会议，探讨并解决产品生产与流通存在的安全问题。在上海市食品行业秘书长联席会议上提出酒类商品流通领域维权打假和消除食品安全隐患的建设性意见。

参与酒类食品危险评估与监控的专家咨询会议，组织会员企业参加在上海举行的“亚太食品科技创新峰会”，并发表演讲，介绍上海酒业创新发展的情况。

三、参与对行业的“清洁生产”和“产业政策”现场审查

协会参与市经信委、市环保局、市环科院共同对全市酿酒行业“清洁生产”的预审和审查工作，提出上海市啤酒、黄酒、白酒等企业清洁生产的有关数据和标准的参考意见。帮助4家会员企业通过“清洁生产”的审定或预审，达到国家“清洁生产”企业的标准。经市经信委和市环保局的检查、审核，酿酒行业基本完成上海市“十二五”规划对节能减排的任务，燃煤、燃油锅炉全部被更清洁能源的锅炉所替代。

继续与英国Cochran公司、德国Eisenmann公司合作推进本行业锅炉升级换代工作，协助小企业解决燃煤锅炉淘汰和燃气锅炉替代以及产生废水和尾气的处理等技术问题。

四、主办和参与多个行业、政府的相关活动

在第15届“中国清洁展”期间，协会举行“食品生产企业清洁论坛”，邀请美国、德国、日本等国清洁生产方面的专家介绍国际最新的清洁生产技术和现场装备的操作演示，组织70多家会员企业派出专业人员参加此次论坛，还邀请江苏、浙江等周边地区部分酿酒企业来沪参与。协会借中国国际供热及热动力技术展览会HEATEC暨中国（上海）国际锅炉、辅机及工艺设备展览会在沪举办之际，召开“酿酒行业锅炉产品和改造案例技术交流会”。旨在配合市政府2015年之前淘汰燃煤、燃油锅炉的相关工作，将最新型的锅炉产品、使用案例、维护经验和优秀企业推荐给酿酒行业各相关企业，同时帮助企业着力加强技术创新、促进产业转型升级和产业技术水平显著提升。协会邀请英国、美国、日本等国际知名的锅炉制造企业来沪介绍和推广国际节能、环保的锅炉技术，有20多家会员企业以及其他长三角地区的30多家企业参加交流会。

2015年，中国酒业协会以“理性文明、拒绝酒驾”为主题的我国第一个“全国理性饮酒日活动”在全国举行。每年10月第三个周五被定为“全国理性饮酒日”。上海作为一个分中心，由国际洋酒协会主承办“理性饮酒日”活动，协会组织十几家会员企业参与活动。

协会与8家食品类生产、流通、进出口贸易协会，共同组织召开“一带一路”研讨会，邀请境内外相关组织和机构、企业的专业人士共同探讨“一带一路”国家战略给现在和未来所带来的商机和影响，推动上海食品业进一步走向国际化，增强我国食品业在国际市场的影响力。

组织企业参观、考察上海自贸区；邀请法律界人士介绍相关法律、法规和政策；邀请自贸区国内外企业的高管交流运作的经验。推动有条件的企业进驻自贸区，发展国际贸易，拓展企业发展的新途径。

协会分别与意大利米兰市政府的代表和香港贸发局的代表进行交流，学习和借鉴现代化国际大都市发展的经验，了解他们在发展中的优劣势，以提前做好适应国际化大都市的工作。

五、主办上海国际葡萄酒与烈酒展览会

协会举办第13届上海国际葡萄酒与烈酒展览会，构建国际酒业贸易、交流平台，为满足广大国外酒商更方便进入我国市场起到桥梁作用。展览会共有来自18个国家的360多家参展商参展，3700多专业人士前来参观、洽谈，还进行一系列的报告会、讲座、品酒等活动。

协会组织9家国内外会员企业参展“上海国际食品博览会”，在展会期间协会举办商贸合作洽谈等活动。

六、进一步加强跨境交流

协会广泛开展与国内外同行间的合作交流。尤其是与法国、意大利、西班牙、美国、匈牙利、奥地利等国同行的联系较为密切。协会与国外驻沪机构交往日益增多，包括法国食品协会、美国农贸处、西班牙商务处、意大利贸易处、德国工商大会、法国亚玛内克白兰地联盟等。年内，协会分别接待芬兰、美国、捷克、加拿大等11个国家的15个政府、协会和酒商代表团，还为德国、捷克等国的啤酒举办品评推广活动。

（吴建华）

上海市物流协会

上海市物流协会成立于2007年4月，是由上海物流与商贸流通企业及其他经济组织自愿组成的跨系统、跨部门、跨所有制的非营利社会团体法人。现有团体会员1100余户。

2015年主要工作：

一、主动参与，承担责任，协助政府部门推动行业发展

协助市发改委召集上海物流业行业协会座谈编制“十三五”上海现代物流业发展规划意见和建议，举行上海物流行业协会组织合作联盟工作例会。

1月19日，协会召集上海物流业行业协会座谈会，征询编制“十三五”上海现代物流业发展规划意见和建议，同时组织合作联盟举行首次例会。11家协会会长、秘书长参加，介绍各协会的发展情况，面临的问题和对“十三五”发展规划的建议。书面汇总上报市发改委，供政府编制规划时参考。

4年一次的全国物流行业劳动模范评选是上海物流行业的一件大事。在市商务委、市公务员局的领导下，6月起，交通运输行业协会、国际货代行业协会、仓储行业协会、物流企业家协会和物流协会以及相关区县和社团，组织开展2015年全国物流行业劳动模范、先进集体的推荐评选工作，评选办公室设在物流协会。共收到16家单位申报先进集体材料，35家单位申报先进工作者和劳动模范材料，经民主推荐和公示，领导小组办公室严格按照评选条件并经公务员局同意，12月，向全国评选办推荐上报3个先进集体，10名劳动模范。

受市商务委委托，协会参与推进上海市物流标准化。1月7日，协会参加市商务委、市财政局、市质监局、上海标准化研究院、上海投资咨询公司就物流标准化试点实施方案的研讨工作会议。参与制定《上海市物流标准化试点方案》及《上海市物流标准化试点专项资金使用和管理办法》。此后，协会配合政府部门推进物流标准化项目建设，发动连锁行业企业、电商企业、托盘设备设施运营服务商、第三方物流企业、物流信息平台等龙头企业进行预申报，共收到企业申报项目104个。经第三方专业咨询机构评审，形成首批拟支持项目共26家。此外，协会做好商务部对上海仓储物流的统计工作，有26家上海仓储物流企业按要求完成了统计。

11月22日，市交通委、市商务委召开“高污染货运车治理暨绿色物流发展推进会”。协会组织会员企业参加会议，并与8家物流业相关协会向大卖场、连锁经营、城市配送、快递等重点物流企业发出倡议，坚决执行政府决策，带头落实治理措施，加快淘汰国三柴油货运机动车，积极承担社会责任，带头实行绿色物流。

二、敢于担当，发挥作用，促进长三角区域物流合作联动机制的稳定和持续

协会与浙江省物流与采购协会协调后，5月6日召开2015长三角（上海）物流节暨2015亚洲生鲜配送展和第二届浦江发展论坛。上海物流节系列活动包括论坛、展览、研讨和对接等多个内容，得到各方的欢迎。

5月6日，协会主办的“长三角地区‘新常态下物流业走势’暨‘十三五’物流发展研讨会”召开。大家围绕主题，就跨境电商业态的发展前景；抓住三个新红利推进物流业发展；义乌跨境电商贸易与物流的新亮点；浙江省政府激发市场主体活力的举措；加强产业融合和资源整合等建言献策，对两省一市制定《十三五物流发展规划》和“十三五”期间长三角物流业更好发展发挥积极作用。

5月6日，长三角物流联席会议暨合作联盟秘书处工作会议召开，由协会主持，秘书处成员单位代表40余人参加。协会代表秘书处作“2014年工作回顾与2015年工作设想的报告”。与会代表围绕“报告”提出的2015年工作要实行“三个不变三个改变”的建议，进行热烈探讨，形成共识，即联席会议与合作联盟已经成为长三角物流的重要品牌和平台，应予坚持；5·6物流活动日由苏浙沪轮值主办，并自主确定；深化合作联动的内涵，更好服务长三角物流企业；开好秘书处会议，加强协商和协调。会议对长三角区域物流合作与联动的持续运展，起到稳定器和加速度的功效。

6月16日，协会作为协办方之一，召集10家会员企业组团，参加由江苏省经信委、中国物流技术协会和江苏省现代物流协会共同举办的2015中国国际物流科技博览会。在着力推进苏浙沪物流业联动发展的同时，展示上海物流技术和服务以及供应链管理经验。

开幕式当天还举办由江苏省现代物流协会与上海市物流协会、浙江省物流与采购联合会共同举办的“互联网时代的物流发展论坛”。上海欣海报关的跨境电子商务商业模式物流模式解析和上海点觉信息技术的WTMS－让物流更轻松的专题演讲，得到与会代表的欢迎和好评。

三、加强服务，优化功能，推动会员企业转型创新和发展

开展A级物流企业评估，至年底，协会评估办共评估A级物流企业42家（其中5A级1家，4A级25家，3A级13

家，2A级3家），使上海地区国家标准A级物流企业达到168家（其中5A级17家，4A级86家，3A级56家，2A级9家）。完成91家A级物流企业的复核工作。有两家企业被评为国家标准首批五星级冷链物流企业。协会评估办被中国物流与采购联合会评为先进评估办，两名个人被授予特殊贡献奖和优秀审核员荣誉。

在市人社局、市经信委支持下，协会申报上海市高技能人才培训基地已经获批。基地下设4个实施单位和9个合作单位，将开展物流高技能人才的量化培训。协会开展两期高级物流师培训，有104名物流企业中高层管理和经营人员参加培训和国家统一考试。协会与市职教集团合作，以购买服务的方式，开展中高职直通点面选拔，为四所中专职校的学生开启直通高职的发展之路。编制了教材，建立考试题库，12月举办选拔考试。

5月22日，协会组织19家会员企业，参加由上海交通物流职业教育集团举办的2015年春季人才供需招聘会，提供岗位330个，受到学生和企业的欢迎。

12月6日，协会履行上海现代物流行业专家组组长的职责，在协会组织召开评审会，对2015年申报市物流服务名牌的企业进行审核，通过17家企业的申请，报市名牌办审定。

编辑撰写《上海物流指南（2013-2014）》，4月底出版，刊物突出2013—2014年的物流相关数据、物流新技术、获奖论文等，全书共48万字。协会与上海现代服务业联合会合作编写《上海物流年鉴》。协会撰写上海物流业（2014）发展报告并发行，撰写2014年物流行业社会责任报告并发布。

四、规范运作，完善构架，加强协会自身建设

8月19日，协会召开二届四次会员代表大会暨理事会，审议并通过协会工作报告等5个文件，听取湖州市高新技术园区关于中国物流谷建设情况的介绍，考察湖州市物流园区和物流装备企业。市政府物流主管部门的领导出席会议并提出工作要求。4月29日，协会召开协会二届四次常务理事会。市发改委殷飞处长出席并作上海宏观经济发展报告。与会代表审议并通过相关文件，贺涛会长在讲话中提出多为会员企业服务，积极反映企业呼声，要有新亮点、新作为的工作要求。

12月19日，东方海外、第二工业大学等20余家制造业企业、商贸业企业和高校研究机构发起成立上海市物流协会逆向物流分会。逆向物流分会通过开办论坛讲座，组织咨询和技术服务，建立行业标准，进行调研和统计等，努力使上海的逆向物流走在全国前列。协会的冷链物流分会筹备工作也已基本完成。

根据协会年度工作计划，秘书处细化为32项目工作实施项目，这既是协会更好服务会员、服务行业、服务政府的具体体现，也是协会巩固发展规范化建设成果的工作措施。协会秘书处积极落实，按时间节点推进，除协会换届改选一项因故推迟外，其余均在年内完成任务，实现目标。

（朱泽榕）

上海工业设计协会

上海工业设计协会成立于1993年3月，是以从事产品设计的企事业单位为主体、工业设计师等专业人员自愿联合组成的跨行业、非营利性及专业性的社会团体法人。现有会员单位229户。协会分设装备设计、交通工具、家具设计、陶瓷设计、青年设计师等多个专业委员会。

2015年主要工作：

一、坚持深入走访企业，倾听会员心声

协会按照“开拓进取，扎实工作”的要求，深入了解企业发展现状、存在问题，帮助会员单位理清发展思路、破解工作难题，为会员单位在项目准入、市场拓展、评审表彰、品牌提升等方面提供多元化服务，努力为企业排忧解难。促进协会与会员间的良性互动，激励会员踊跃参与、鼎力支持协会工作。

二、坚持创新发展，开展小型多样的活动

协会以会员单位为主体，在8号桥上海文化创意产业园区、上海国际设计交流中心等单位开展有针对性的设计产品发布、展览、展示及论坛活动。4月11日，协会和上海国际设计交流中心共同举办“‘四新’经济引领下的工业设计趋势微论坛暨作品展”，来自上海北区域的龙域设计、福乐门设计、新怡设计、春谷设计、威曼设计、柏菲设计、玖点设计等单位嘉宾作精彩演讲，展示公司设计研发的优秀产品。

三、举办各类创意设计大赛

认真实施上海“十二五”规划中有关工业设计重点发展“机械及装备设计、消费品设计”等目标任务，协会与上海电气（集团）股份有限公司共同主办“上海电气杯”第十四届工业设计大奖赛，聚焦全国各地的工业设计师的优秀创新产品和全国高校设计学院的创意概念作品，推动上海乃至全国机械及装备设计产业的发展。同时，贯彻落实工信部有关中国优秀工业设计奖评选工作的要求，配合中国工业设计协会和市经信委等部门，在培育一批上海工业设计优秀产品的基础上，组织开展宣传及推荐工作，为2015年中国优秀工业设计奖评奖活动的开展奠定扎实基础。

四、加强与国内外设计界的合作交流

通过“一起读书”读书会以及“创意发声”等活动，加强协会会员单位间的互动交流，营造共同学习的良好氛围。

进一步加强同江苏、浙江等长三角地区以及深圳等省市的设计协会、设计企业、设计学院的交流活动。10月9日，协会会长王日华应江苏省经信委邀请参加第二届“江苏工业设计周”，发挥协会所属会员单位构建的创意设计公共服务平台向外辐射服务的功能与作用。

加强与国外，特别是北欧四国设计企业、设计学院的交流，支持同济大学设计创意学院、设计企业“走出去”参与全球资源配置，进一步促进上海与境外工业设计界以及创意设计界的合作交流活动。

五、加强队伍建设，创新服务方式

理事会成员与时俱进，坚持做到观念上能适应、认识上能到位、方法上能对路，工作上得心应手，坚持发展、主动作为，进一步创新与完善为会员服务方式、管理方式和活动形式，增强协会大家庭的向心力、凝聚力、创新力，更多运用市场化、社会化、信息化方式提高为会员办事的效率。

协会组织“一起读书”读书会，通过工作之余“一人阅读，众人分享、品评”的形式，加强青年设计师的理论修养，更新知识，增强学习力和创新力。同时，形成跨界交流，推动青年设计师观念和经验的协同进步。众多会员单位自发组织形式丰富多样、内容精彩纷呈的读书活动，营造出爱读书、会读书、勤读书的良好氛围。

协会青年设计师专业委员会、交通工具专业委员会、机械及装备设计专业委员会、家具设计专业委员会、交互设计专业委员会和陶瓷艺术设计专业委员会等发挥能动作用，特别是国际合作专业委员会主任娄永琪院长不仅在国际交流中具有国际影响力，担任国际工业设计协会理事，而且，在国内经常邀请国内外的学者专家举办公益性的国际论坛等活动。新成立不久的3D打印专委会充分发挥行业的资源优势，组织发动开展针对本专业设计师们的创新互动交流活动。

（陈建萍）

上海市创意制作行业协会

上海市创意制作行业协会成立于2014年7月10日，经由上海市经济和信息化委员会和上海市民政局批准，并在上海市社会团体管理局登记的本市非营利性社会团体，由上海市从事文化艺术类、传媒类、设计类、软件服务类、休闲生活类等相关企业秉着自主自愿原则组建而成。2015年有会员单位73户。

2015年主要工作：

一、拓展战略合作伙伴

协会致力于为会员单位拓展服务边界，拓展新的合作伙伴，搭建更多向外界延展的合作及传播渠道。年初，协会分别与华东理工大学艺术设计与传媒学院、上海申冈经济城发展有限公司、上海联业律师事务所签订战略合作协议，加强不同领域的协作、互动，打造法律援助平台，促进行业与高等教育、行业与园区间的共同发展，建立优势互补、长期合作的战略合作关系，为协会发展建桥铺路。

二、创建上海市创意制作基地

上海市创意制作基地是由协会发起，10家小微企业参与，围绕艺术类、传媒类、设计类、软件服务类、休闲生活类几个文化创意产业的重点类别提供制作的基地。聚集小微企业的力量，发挥其主观能动性，根据市场运营机制“投入—营销—创意—生产”，实现完整产业链，达到资源共享、共同发展的目标。

基地发展宗旨是集聚众多小微企业，将企业的主攻业务或专业技能叠加，实现资源共享，推动小微企业快速发展。企业也可以自由组合，结合专业团队相关力量，进行头脑风暴，创造出更多适应市场化运作及产业化发展的新思维。以基地开发的一款产品——微宣传片为例，该宣传片彻底颠覆传统的以PPT、邮件和实物照的宣传方式，以360度视角展示企业及相关产品形象，但制作成本相对较高，中小型企业难以接受。基地针对这一问题，发动4家企业专业人才展开思考，最终开发出一项适用于中小型企业的“微宣传片”，成本降至5万元以内，已经在三大园区内大力推广并受到相关行业内各中小型企业的关注，正通过百度及各大平台积极推广。

三、制定、实施《上海市视频制作合同示范文本》

为规范创意制作行业内所属视频行业的日常交易合同行为，维护合同双方合法利益，5月，协会起草《上海市视频制作合同示范文本》，11月1日正式发布实施。合同示范文本的制定和推广，一是有利于加强合同双方规范经营和自我维权意识，引导当事人自觉依法经营，达到规范视频行业交易行为的目的。二是有利于明确合同双方权责，树立合法经商、文明经商、诚信经商的氛围，推动视频行业的诚信建设。三是有利于防范和减少合同纠纷的产生，保证合同顺利履行，维护视频行业良好的经营秩序，使视频行业得到更好更快的发展。

四、制定、实施《上海市创意制作能力等级评定标准》

2014年12月，协会起草编制《上海市创意制作能力等级评定标准》，期间，在市质监局及市经团联的指导以及战略合作伙伴的支持下，对相关条例不断完善。2015年11月1日，标准正式发布实施，促进企业在竞争激烈的文化市场环境下打响自己的品牌，扩大社会影响力，确立起创意制作这一新兴行业在市场竞争中无可替代的地位。

五、制定、实施《上海市初（中、高）级创意制作师专业技术水平认证资格标准及申请办法》

针对创意制作行业中高级职业人才缺乏的现状，协会开展职业资格认证制度的编制工作，制定统一标准，并与三大高校共同制定培训计划。采用人才培养以学校为主、资格水平认证以行业协会为主、聘用考核以企业为主的三方链接机制，使职业技术人才的培养与企业和市场的需求有机结合起来。

六、与版权局签订授权协议

在市版权局授权协会作为版权登记平台的同时，协会授权石榴甜（中国最专业的宣传片视频门户网站），作为合法、有效的视频公示及交易平台，通过上下链结构流程关系提高创意制作行业内相关企业的版权意识，维护自身利益积极申请版权、合法授权交易，避免不必要的版权法律纠纷。该项工作于9月1日起发布实施，协会大力推广，将版权意识渗透至会员单位，乃至整个创意制作行业内，达到初步效果。

七、举办“上海市创意制作行业协会科研部揭牌仪式暨华东理工大学艺术设计与传媒学院企业导师授证仪式”

10月16日，成立“协会科研部”并组建“协会专家及企业导师”团队，开辟一条顺应国家政策、引领行业发展、带动市场效应的新路子。在培养行业人才、加强协会与高校合作、推进协会工作为主旨的同时，提升创意制作行业的发展空间及社会效应。

八、其他工作

8月14日，闸北区副区长吴斌和闸北区商务委员会主要领导一行莅临协会参观指导，听取协会工作情况汇报，还就协会服务现状、运作模式、会员状况及未来规划等作了交流。

10月22日，闸北区市场监督管理局副局长林文龙、标准处科长朱昀莅临协会参观指导，重点对《上海市创意制作能力等级评定标准》作相关指示。协会将根据市、区两级质监局的指导意见，进行团体标准及试点申请工作。2015年，协会还接受《青年报》、人民网等媒体的采访，扩大协会影响力。

（邱莉莉）

上海市咨询业行业协会

上海市咨询业行业协会前身为上海市科技咨询协会，成立于1987年3月，1994年更名为上海市咨询协会，2004年4月更名为上海市咨询业行业协会。协会是由多种所有制从事咨询业的企事业单位自愿组成的非营利性的行业性社会团体法人，现有会员单位162户。

2015年主要工作：

一、顺利完成年度重要工作

一是参评的2015年度第十一届上海市信誉咨询企业（机构）中有39家经过专家组评审通过，提交理事会审议。其中工程咨询22家，管理咨询9家，技术咨询8家。新参评的有上海得民颂信息科技发展有限公司1家。

二是完成上海市青年咨询精英的评审工作。参评2015年度第九届上海青年咨询精英的有14个单位23人，其中工程咨询19人、管理咨询两人、技术咨询两人。通过专家评审，经综合平衡，评出8名上海青年咨询精英和8名上海青年咨询精英提名奖。

三是完成《上海市咨询业发展研究报告》。协会参与市政府发展研究中心与上海现代服务业联合会联合编纂的《上海服务业2014发展研究报告》的编纂工作，完成《上海咨询服务业发展报告》，形成约2万字的稿件。40家协会商会参加撰写此《发展报告》，最终18家协会入选，本协会为18家入选单位之一。

四是继续开展《咨询资质证书》发放工作。协会受理6家会员单位的申报，经审核后予以颁发《咨询资质证书》，至此共有52家咨询会员单位获证，为企业在招投标工作中提供资质证明，提高会员单位在市场竞争中的能力，受到咨询服务企业的欢迎。

二、加强行业管理

年内，协会召开七届三次理事会和七届三次会员大会，讨论通过协会重大事项，总结安排下一步工作。协会根据《中组部关于规范退（离）休领导干部在社会团体兼职问题的通知》精神，对第七届理事会理事增补和调整的情况作了说明。聘任万隆科技公司总经理吴越为协会副秘书长，负责科技咨询专业委员会工作。

全年发展新会员12家。协会还积极沟通会员单位，了解企业发展状况。年内走访会员单位共计8家。

三、做好会员单位的服务工作

8月26日，协会举行筹建“一带一路”建设项目服务平台座谈会，形成找准市场服务对象、培育本地公司、走出国门、培育跨国经营的人才等共识，借助几个大型运输、重装备交通运输等有条件的企业先行先试。

四、做好继续教育和培训工作，提升咨询人员就业技能

全年开展专题讲座继续教育培训工作10次，出席人员约350人次。涉及法律、互联网+、IT项目的财务审计、调研报告撰写、智慧城市规划编制项目申报等，此项目分别获市科协2015年继续教育示范项目提名奖和上海现代服务业联合会颁发的“2014年度优秀活动奖”。同时，针对工程建设行业的机场建设项目开设专题培训，组织有上下游关系的会员单位共建产业链的沙龙活动等。

为使各会员单位建立和谐用工环境，提升专业咨询能力，协会举办《用工争议审理实务》专题讲座，涉及贯彻《劳动法》《企业合同用工》等内容。

协会邀请北京思创佳域企业管理顾问有限公司作“互联网+时代商业模式”专题报告，加深会员单位同仁、咨询专家、咨询师对互联网思维的认识。

协会举办《调研报告的资料收集与结构布局》的专题培训。为了解决企业在开展信息系统的软件与硬件系统建设中存在的价格困惑，协会请拥有15年信息系统审计经验的专家、协会副秘书长作《信息系统中软件和硬件价格审计的要点和案例分析》指导。协会举办《智慧城市建设项目方案的编制》讲座，提高大家在编制这类项目时的分析能力。

由协会主办，上海机场集团培训学院、上海建工集团久创建设管理有限公司等3家单位承办的机场综合交通与枢纽规划设计研讨暨培训班，来自全国50多家机场单位共计103人参加培训活动。

协会与建设银行上海分行造价中心联合举办“项目开发、项目合作沙龙”活动。帮助会员单位搭建一个业务交流平台，沟通上下游的业务需求，在这个平台上，会员单位资源互享，取长补短，合作共赢。

五、加强与兄弟协会的横向交流，努力提升行业服务管理水平

与深圳市管理咨询行业协会联合，签署《中国首席咨询网战略合作协议》，实现沪深两地的信息共享、资源共享，共同开拓南方地区的咨询市场打下基础。

5月，上海科技开发交流中心与嘉善县人民政府共同主办“上海—嘉善科技对接交流活动”。协会组团参加这次活动。

协会携会员单位代表15余人前往湖南省咨询业协会学习交流，就“一带一路”形势发展和“互联网+“对咨询业的发展带来的机遇与挑战进行讨论和分析。

4月18日，协会与国际可再生能源网联合主办“醇基清洁燃料工业锅炉应用技术交流会”。

应江苏启东科协邀请，协会组织参观考察启东新民建设港口等项目，并与启东科协交流上海地区可提供服务的项目，为下一步合作打下基础。

六、加强协会的信息工作，扩大与会员单位信息交流

协会网站全年发布通知公告23余条、行业资讯42条、咨询专论60篇、培训信息6条、法规7条、咨询案例15个、专业期刊12期、链接单位75家。出版发行《上海咨询信息》杂志共12期（24页／每期），每期发行约1000册。为会员单位及相关部门提供有价值的信息及论文180篇计40万多字，政策解读7篇，得到读者好评。全年特刊载“一带一路”财经资讯105条，供致力投身“一带一路”的会员单位参考。组织会员参加市经信委组织的《智慧城市讲座》发布信息5次；组织会员单位参加市科协组织的科普讲座5次；组织会员单位参加上海现代服务业联合会的多次讲座；参加市经团联组织的双月报告会和《企业社会责任指南》培训班等。

（郭德利）

上海市会展行业协会

上海市会展行业协会成立于2002年4月，是由上海市从事会议、展览及相关业务的企事业单位自愿组成的跨部门、跨所有制、非营利性的行业性社会团体法人。现有会员单位572户。

2015年主要工作：

一、牵头起草上海会展业“十三五”发展规划

根据国务院《关于进一步促进展览业改革发展的若干意见》文件要求，受市商务委委托，协会牵头起草关于落实国务院上述文件精神的实施意见，以及《“十三五”会展业发展规划》《加快建设上海国际会展之都的主要任务、路径与具体举措研究》等文件。起草过程中，协会领导分别率队赴几十家会员企业调研，深入了解存在的问题，共同探讨解决方案，为文件起草工作奠定基础。

二、创新服务形式，提升协会影响力和凝聚力

为扩大服务内容，提升服务质量，增强协会会员之间的凝聚力，自4月起，协会每月组织一次沙龙活动，每次沙龙均有不同的主题，至年底共举办8期。主题设计力求抓住行业发展的热点、难点和关键点，会员参与度很高，增强会员借助协会平台开展交流的积极性。

协会微信平台每周发布3次，每次3条信息，既有协会活动发布，又有业内展会资询、行业热点、观点的分享。微信公众号的推送，提高协会信息发布频率，拓宽协会服务宣传的途径。

1月，协会和上海市会展业促进中心联合主办2015国际会展业CEO峰会，以其国际性、高端性和前瞻性的特点在国际展览业界产生深远的影响，被誉为目前国内展览行业最高水平的国际论坛。

年内，协会发展新会员90家，退会54家。其中包括业务转移主动退会20家和不交会费取消会员资格34家。至年底，572家协会有效会员中，场馆类会员企业25家，主承办会员企业84家，展示工程会员企业354家，会议主办及旅游服务类会员企业40家，其他配套服务会员企业69家。基本涵盖会展业三大主体及会展物流、教育培训、活动策划等整个产业链，具有较强的广泛性和代表性。

三、开展企业资质评审和信用体系建设

协会有9家展示工程企业通过资质复评，21家展示工程企业通过资质初评。其中，亿信天诚展览展示（上海）有限公司、上海富强建筑装饰有限公司、创意科影视设备贸易（上海）有限公司等4家企业经过初评获得展示工程企业一级资质；上海科技会展有限公司、上海佳利信会展服务有限公司、上海寅午装饰工程有限公司等4家经过复评，保持展示工程一级资质。至12月底，获得资质证书的展示工程企业共计145家。

协会与第三方评估机构合作完成长三角国际展会参展商信用信息核查产品的应用推广（一期）项目。这是协会初步探索将行业信用体系建设范围扩展至长三角区域。

四、制定地方展览系列标准

在市技监局的指导下，协会开展展览业地方系列标准即《展览经营与服务规范》的制定。其中“展览主（承）办机构”的服务规范已正式出版。展示工程企业的服务规范通过上海市服务标准委员会预审，市质监局将于2016年组织专家组审定。

五、积极开展会展人才培训

5月，协会就行业培训认证工作与市职业能力考试院领导沟通交流，共同商议进一步做好业内从业人员的培训工作。协会还与华东师范大学就继续推进会展行业人才培训和行业研究等方面开展合作事宜。

2015年的会展管理（中级）认证培训班，无论从课程的设计，还是师资的配备，协会更注重于务实和对培训人员职业能力的提升。配备的10位讲课老师中，有7位是来自会展企业的高层管理者，另外3位是来自知名高校的会展专业教师。有43人参加会展管理（中级）培训，有32人参加水平认证考试，其中23人获得市职业能力考试院颁发的会展管理（中级）水平认证资格证书。

协会还就会展管理初级培训进行探索，与会员单位合作，根据具体业务发展的需要，开设3期讲解员培训班，47名来自全国各地规划馆的讲解员完成培训，获得协会颁发的培训结业证书。

六、对外交流活动

协会接待中国对外贸易中心集团、中国展览馆协会、大连贸促会、青海商务厅、昆明市博览局、四川省外贸中心、昆山市贸促会及各高校老师、中山大学会展经济与管理系的学生、山东潍坊展览公司等外省市会展机构及企业高校的来访。

组织会员企业参加西博会上海推介会、安徽省贸促会芜湖国际会展中心推介会、昆明会展（上海）推介暨沪昆会展业交流洽谈活动，以及在苏州文化艺术中心的CEO峰会等一系列交流活动。

接待泰国会议展览局、香港贸发局、台湾贸易中心及南港国际展览中心、香港BSG公司、俄罗斯圣彼得堡展览馆等会展组织的来访。2015意大利米兰世博会期间，协会组织两个考察团参观米兰世博会；派员赴韩国首尔，中国台北、澳门等地参加会展机构的交流活动。尤其是协会组团赴意大利参加82届国际展览业协会（UFI）会员大会，作为下一届协会年会的承办方，协会在会上作精彩陈述，得到与会代表的一致好评。

七、加强行业党建，不断提升行业发展持续性

协会党委认真学习党的十八大精神，贯彻落实十八届三中、四中、五中全会精神，根据行业发展特点，探索与创新党建工作，强化党建引领，突出行业参与，发挥会员单位应有的作用。

协会党委走访调研12家建有党支部或工会组织的企业；完成浦东、浦西两个“党建服务中心”建设，拓宽党员教育和培训的途径，提升党员队伍整体素质；建立微信平台，每周不少于两次推送学习交流党的有关文件精神和要求，及时传达上级党委精神；遵循发展党员的“十六字”方针，年内发展新党员4名，预备党员转正5名；结合纪念中国抗战胜利和世界反法西斯战争胜利70周年，协会党委组织基层支部书记、工会负责人以及部分党员同志赴青浦陈云纪念馆进行参观学习，接受老一辈革命家陈云同志群众路线的思想教育；组织党员收看历史文献纪录片《筑梦中国》；前往上海迪士尼宝藏湾工地现场慰问为奋战在一线的乃村装饰有限公司的工程建设者。组织各支部、会员积极参加社工委组织的一系列活动。

（吴星贤）

2016 · 上海工业年鉴

SHANGHAI INDUSTRIAL YEARBOOK

2015年上海市经济和信息化大事记

1月

6日 副市长周波赴上海化工区检查安全生产工作，察看上海化工区总体布局和园区应急指挥中心，听取园区安全生产、三区联动联控工作开展情况汇报。市安全监管局局长齐峻，市经信委副主任马静，市交通委副主任杨小溪，市政府办公厅副主任、市应急办主任熊新光等陪同。

15日 市经信委与市教委、中航工业商发共同签署《上海市商用航空发动机领域联合创新计划三方工作备忘录》，构建产学研同城协同创新的新机制，联合培养高水平人才，共同提升商用航空发动机技术创新能力。

23日 本市召开区县"四新"经济工作会议，副市长周波出席会议并作重要讲话，市政府副秘书长徐逸波主持会议。

27—28日 徐子瑛副主任、戎之勤秘书长带队赴杭州调研浙江在"四新"经济发展、产业结构调整升级、优化创新创业环境、政府职能适应"四新"经济发展跨界融合要求等方面的先进经验。

28日 以"未来低碳城市——城市发展的最佳实践"为主题的上海2015低碳国际论坛开幕。此次论坛由上海和伦敦两座城市的有关方面携手举办，旨在实现中、英双方在区域性低碳领域的战略合作，探讨中国未来低碳城市发展模式。

29日 副市长时光辉召开沪苏大丰集聚区建设推进工作专题会议，听取临港集团关于沪苏大丰集聚区开发建设总体思路的汇报。马静副主任代表沪苏大丰产业联动集聚区开发建设推进协调领导小组办公室进行补充汇报。

30日 上海市产业结构调整联席会议召开，副市长周波出席会议并作重要讲话。原清海总工程师汇报本市产业结构调整2014年工作总结和2015年工作计划。

2月

3日 市经济和信息化工作党委、市经济和信息化委2015年度工作会议召开，副市长周波出席会议并作重要讲话。市经济和信息化工作党委书记陆晓春主持会议。

是日 上海智能交通系统产业联盟成立。该联盟的成立有助于加快启动基于"车联网、交通网、位置网"三网融合的智慧交通专项，更好地推动"四新"经济的发展，推进上海智慧城市智能交通建设。

4日 市国防科工办召开2015年上海市国防科技工业工作会议，贯彻国防科工局2015年国防科技工业工作会议精神，总结2014年工作，部署2015年工作任务。副市长周波出席会议并作重要讲话，市政府副秘书长徐逸波主持会议。

5日 上海市文创企业服务国家重大活动工作恳谈会举行，30余位企业代表和工艺美术（艺术）大师代表恳谈服务2014年APEC会议的经验和体会。市政府副秘书长、市文创办主任徐逸波，市文创办副主任陈跃华出席会议

5—6日 工信部规划司冯飞司长一行赴上海调研，并组织召开推进智能制造产业发展座谈会。会后，冯飞司长赴宝信软件、上海工业自动化仪表研究院、上海电气自动化研究所、同济大学工业4.0智能工厂实验室等单位开展实地调研，徐子瑛副主任、戎之勤秘书长、史文军副巡视员分别陪同调研活动。

6日 市经济和信息化工作党委召开2015年系统党的工作会议，副市长周波出席会议并讲话。市经济和信息化工作党委书记陆晓春作工作报告。

是日 主题为"互联网时代与品牌经济"的"长三角城市品牌发展论坛"召开。市经信委副主任陈跃华、市合作交流办姚新、上海社会科学院谢京辉等共同为"长三角城市经济协调会品牌建设专业委员会"揭牌。

10日 市经信委与浦发银行召开业务合作交流会，签订建立战略合作机制的协议。吴磊副主任、史文军副巡视员出席会议。

11日 C919大型客机首架机后机身后段由中国航天科工三院航天海鹰（镇江）特种材料有限公司完成制造并通过适航检查，正式交付中国商飞公司，为C919首架机机体对接奠定坚实基础。

15日 市经信委召开2015年度直属（归口）单位安全生产工作会议。马静副主任出席会议并讲话，市核电办等20多家直属单位领导参加会议。

25日 上海市第三次经济普查的主要综合数据正式公布。这次普查的标准时点为2013年12月31日，普查时期资料为2013年年度资料。普查对象是在本市行政区域内从事第二产业和第三产业的全部法人单位、产业活动单位和个

体经营户。

26日 市征信管理办公室、申通地铁集团有限公司、市公共信用信息服务中心举行战略合作签约仪式。

3月

4日 副市长周波赴上海新时达机器人公司调研本市工业机器人产业发展情况。市经信委吴磊副主任陪同调研。

5日 副市长周波、副秘书长徐逸波赴上海华虹（集团）有限公司调研，听取集团经营情况和集团在参与上海科技创新中心建设方面的总体思路、具体措施及意见建议等。

5日 上海市智慧城市信息安全保障工作会议召开，通报了本市信息安全主管部门打击网络虚假宣传、销售伪劣产品、处理违规经营网站、取缔“伪基站”，查处侵害公民个人信息、黑客攻击等网络违法犯罪活动的工作情况。

是日 本市召开推进无线城市建设联席（扩大）会议，进一步贯彻落实国家“宽带中国”战略和《上海智慧城市建设2014—2016年行动计划》要求。副市长周波出席并作重要讲话，徐逸波副秘书长主持会议，市经信委刘健副主任等参加会议。

6日 副市长周波赴上海核工程研究设计院调研并召开专题座谈会，要求进一步扩大本市在核电技术领域的优势。

9日 市经信委领导率部分企业家赴云南“走市场、看企业、谈合作、促发展”，围绕沪滇两地产业战略合作及“四新”经济交流发展进行实地考察。

12日 市智慧城市建设领导小组办公室召集成员单位和相关部门，召开全市智慧城市建设工作推进会，领导小组办公室主任、市政府副秘书长徐逸波出席会议并作工作动员。市经信委刘健副主任通报工作。

13日 副市长周波召开市政府专题会议，重点研究讨论推进区县社会信用体系建设、网上政务大厅建设与推进、政务数据资源共享和开放等相关工作。

17—19日 第12届上海国际信息化博览会在浦东新国际博览中心举行。本届展会参观总人数突破历史纪录，达到18万人次。

19日 市经信委和虹桥商务区管委会共同签署“智慧虹桥”战略合作框架协议。市经信委副主任刘健等出席签约仪式。

24日 副市长周波到中国电信上海公司调研，参观体验大人流监控、智慧交通、智慧医疗和翼支付等。

24日 上海召开工业区发展联席会议第三次全体会议，副市长周波出席会议并作重要讲话，市经信委汇报推进本市工业区转型升级创新工作总体情况和2015年工作安排。

31日 市委副书记、市长杨雄出席上海市产业园区“区区合作、品牌联动”现场推进会。副市长周波主持会议，副市长时光辉作相关工作部署。

4月

1日 市政府召开上海市2015年节能减排和应对气候变化暨产业结构调整工作会议，部署本市2015年节能减排和产业结构调整工作。副市长蒋卓庆出席会议并作工作部署。

2日 工信部毛伟明副部长来沪，专题调研中芯国际集成电路制造有限公司，了解中芯国际在创新发展取得的成果、听取中芯国际发展规划。工信部产业政策司司长冯飞，中芯国际董事长周子学参加调研。

8日 2015年上海市文化创意产业推进工作会议召开。市委常委、宣传部部长、市文化创意产业推进领导小组组长徐麟出席会议并讲话。副市长、市文化创意产业推进领导小组副组长翁铁慧主持会议。

9日 副市长周波带队走访中国核工业集团公司，与钱智民总经理就推进中核集团“十三五”期间在沪产业发展等问题进行会谈。

是日 市政协“加快本市新能源车的推广运用”重点协商办理提案专题座谈会召开。市政协主席吴志明、副主席李良园及15位市政协委员出席座谈会，市经信委副主任马静等作为提案主办单位领导出席会议并汇报工作。

13日 市政府与腾讯公司在沪签署战略合作框架协议。市委副书记、市长杨雄，腾讯公司董事会主席兼CEO马化腾出席签约仪式。副市长周波与腾讯公司副总裁殷宇分别代表双方签约。

21日 副市长周波到上海移动调研指导，听取上海移动整体发展情况以及在智慧城市建设、大数据能力输出、科技创新等方面的重点工作汇报。

22日 上海－云南珠宝玉石及文化创意产业发展战略合作框架协议签约仪式在云南举行。市委副书记、市长杨雄出席签约仪式。

25日 2015中国品牌经济（上海）论坛首次在沪举办。工信部副部长怀进鹏、副市长周波等应邀出席并致辞。

是日 上海市政府与中国纺织工业联合会签署《共建上海国际时尚之都战略合作框架协议》，双方将全面合作，共同推进上海建设具有国际影响力的时尚之都。副市长周波，市经信委副主任陈跃华等出席签约仪式。

30日 副市长周波分别到上海博泰集团和博科资讯公司调研本市智能汽车和互联网产业发展情况。

5 月

5 日 副市长周波主持召开 2015 年本市新能源汽车推广应用专题会议，听取本市新能源汽车推广应用 2014 年工作情况和 2015 年工作计划。

6 日 副市长周波、市政府副秘书长徐逸波到上海华为技术有限公司调研科技创新工作。

7 日 上海召开政务数据资源共享和开放推进工作会议。副市长周波出席会议，并点击开通上海市政府数据服务网 2.0 版。

9 日 首席信息官（CIO）论坛暨上海首席信息官联盟成立大会在中国浦东干部学院举行。工信部原副部长杨学山、市人大常委会副主任郑惠强、市政协副主席王志雄出席，市政府副秘书长徐逸波出席并致辞。

14 日 副市长周波一行到大麦村智能硬件生态孵化器、IC 咖啡等创业服务组织调研，了解上海智能硬件众创生态环境营造推进情况。

是日 上海市政府与阿里巴巴集团在沪签署战略合作框架协议。市委副书记、市长杨雄，阿里巴巴集团董事局主席马云出席签约仪式。副市长周波与阿里巴巴集团总裁金建杭代表双方签约。市政府秘书长李逸平出席签约仪式。市政府副秘书长徐逸波主持签约仪式。双方将围绕云计算大数据、智慧城市、电子商务、互联网金融、智慧健康、社会信用体系等领域开展合作，推动“互联网+”战略落地，助力上海向具有全球影响力的科技创新中心迈进。

15 日 上海市政府与中国兵器工业集团公司在沪签署战略合作框架协议，推进双方在军民融合领域的合作。市委副书记、市长杨雄，中国兵器工业集团公司总经理温刚，中科院院士、北斗系统高级顾问孙家栋出席签约仪式。副市长周波与中国兵器工业集团公司副总经理石岩代表双方签约。市政府秘书长李逸平出席签约仪式，市政府副秘书长徐逸波主持签约仪式。

21 日 副市长周波带队市经信委、市发改委、市商务委、市科委、市建设管理委、市农委、市食药监局等部门相关人员到上海电子商务“双推”平台典型企业调研产业领域电子商务工作。

是日 2015（第六届）中国物联网大会开幕。工信部原副部长、中国首席信息官联盟技术专委会主任、中国信息化百人会学术委员会主席杨学山，市经信委副主任徐子瑛等为大会致辞。这是中国物联网大会自 2010 年举办以来首次移师上海。

27 日 副市长周波一行到中芯国际集成电路制造有限公司调研，听取企业发展现状、先进技术研发进展等情况介绍，并重点沟通了中芯国际未来 5–10 年在上海发展的定位、规划、政策需求等内容。

28 日 首届上海 3D 打印产业大会暨增材制造产业推进和技术应用论坛举行。会上，上海市增材制造协会、上海 3D 打印产业联盟正式揭牌成立。

28 日 上海市信息服务产业基地联盟正式成立。首批 26 家联盟成员单位高管齐集上海浦东软件园，共商园区集聚创新、联动发展新模式。

6 月

13 日 “2015 年上海市节能宣传周”系列活动启动。市政府副秘书长徐逸波出席“长三角燃煤锅炉清洁能源替代合作备忘录签约仪式”并宣布 2015 长三角锅炉清洁能源替代综合解决方案展开幕。

24 日 上海市政府与中国核工业集团公司在沪签署战略合作框架协议。市委副书记、市长杨雄，中核集团党组书记、董事长孙勤出席签约仪式。市副市长周波与中核集团党组副书记、总经理钱智民代表双方签署协议。市政府秘书长李逸平出席签约仪式，签约仪式由市政府副秘书长徐逸波主持。

30 日 副市长周波主持召开“上海推进智能制造加快发展”专题会，研究《上海加快发展智能制造助推全球科技创新中心建设的实施意见》编制工作。

7 月

15—17 日 “2015 上海国际信息消费节”和“世界移动大会 · 上海”（MWC）大会在上海新国际博览中心举行。“世界移动大会 · 上海”（MWC）大会的主题是“移动无极限”，将聚焦移动互联网、企业物联网、可穿戴技术、互联汽车、智慧制造、创新城市等行业共同关心的话题。

21 日 市经信工作党委、市经信委召开系统 2015 年年中工作会议，传达学习十届市委九次全会精神，通报市委第一巡视组巡视市经信委以及合并巡视单位的反馈意见，总结上半年工作、部署下半年任务。

23 日 副市长周波调研上海正信方晟资信评估有限公司和市公共信用信息服务平台，了解本市信用服务行业发展工作。

31 日 市委副书记、市长杨雄，市政府秘书长李逸平到国家电网上海市电力公司 220 千伏连云变电站，慰问实施 3 号主变扩建工程的建设者和站内运行值守人员，并听取公司关于上海电力迎峰度夏工作情况的汇报。

8月

13日 副市长周波主持召开专题会议，研究本市产业经济运行有关情况。

是日 副市长周波召开专题会议，研究《上海市推进大数据发展若干意见》制定工作和《上海市推进“互联网+”行动实施意见（2015–2017年）》制定工作。

14日 工博会组委会副主任、副市长周波主持召开第十七届工博会专题工作会议，要求进一步提高工博会办展水平，工博会组委会常务副秘书长、市政府副秘书长徐逸波出席会议。

19日 副市长周波调研利用物联网进行城市运行安全和生产安全监管的情况。

27日 副市长周波赴东方明珠新媒体公司和澜起科技集团公司调研本市科创中心建设情况。

9月

9日 第十七届工博会组委会秘书长会议在北京召开，研究工博会筹备工作。工博会组委会常务副秘书长、市政府副秘书长徐逸波出席会议并讲话。

12—13日 工信部副部长怀进鹏来沪调研集成电路产业发展，副市长周波出席座谈。

15日 由上海市企业联合会、企业家协会和经济团体联合会主办的2015上海百强企业发布会召开。副市长周波、市经团联会长蒋以任、市企联会长胡茂元和市经信委副巡视员史文军出席会议。

19日 第二届“诚信上海”信用创新论坛暨“长三角区域信用联动奖惩机制试点工作”启动仪式举行。

20日 由国家集成电路产业投资基金联合行业龙头企业及金融机构发起设立的国内首家集成电路产业融资租赁公司——芯鑫融资租赁有限责任公司揭牌暨战略合作协议签署仪式在上海举行。副市长周波与国家集成电路产业投资基金有限公司董事长王占甫共同为公司揭牌。

24日 副市长周波出席经济沙龙暨上海发展论坛系列活动之智能制造论坛，并和与会专家进行互动交流。

25日 2015上海设计之都活动周核心活动“设计城中城”在上海展览中心开幕。

10月

9日 工信部与上海市政府在沪签署《推进“四新”经济实践区建设、促进上海产业创新转型发展战略合作协议》。工信部部长苗圩和上海市市长杨雄代表双方签约。副市长周波出席。市政府秘书长李逸平主持签约仪式，副秘书长徐逸波出席。

是日 上海领导干部贯彻落实《中国制造2025》专题研讨班在市委党校开班。工信部部长苗圩作专题辅导报告。上海市市长杨雄作开班动员。

11日 作为长江流域园区与产业合作对接会的第三项活动，由市经信委承办的“上海产业合作交流平台——凤凰联盟”信息发布会在上海国际展览中心举办。

20日 副市长周波召开专题会议，研究本市工业、外贸稳增长工作。

22日 由工信部信息化和软件服务业司、市经信委和市国资委指导，上海首席信息官联盟主办、畅享网承办的首届两化融合创新高峰论坛暨2015年上海“互联网+制造业”大会在上海成功召开。

23—29日 以“践行网络文明，共护网络安全”为主题的第五届上海市信息安全活动周举行。

26日 副市长周波召开市政府专题会议，听取《上海市公共信用信息归集和使用管理办法（草案）》编制情况的汇报。

11月

2日 我国首架C919大型客机在沪总装下线。中共中央政治局委员、国务院副总理马凯宣读习近平总书记、李克强总理的重要批示，并在下线活动讲话。中共中央政治局委员、上海市委书记韩正，工信部部长苗圩，市长杨雄，上海市副市长周波出席下线仪式。

3日 第十七届中国国际工业博览会在国家会展中心举行开幕式。中共中央政治局委员、国务院副总理马凯出席并宣布工博会开幕。中共中央政治局委员、上海市委书记韩正出席并颁发本届工博会特别荣誉奖。市长杨雄致欢迎辞。工业和信息化部副部长冯飞代表主办单位致辞。副市长周波主持开幕式。

是日 市经信委与甘肃省工业和信息化委员会在沪召开“上海—甘肃产业合作对接会”。市经信委领导与甘肃省工业信息化委主任汪海洲代表双方签订产业合作框架协议。

是日 由市经信委指导，上海电信等10多家单位发起的上海“互联网+”创新发展联盟正式成立。市经信委副主任邵志清、上海电信总经理马益民、微软大中华区副总裁严治庆、尼尔森大中华区总裁严旋等出席成立仪式。

12日 副市长周波出席“央企话科创”主题沙龙活动，介绍上海建设全球科创中心的内涵和思路。副秘书长徐逸波出席。

14日 由市经信委和市交通委主办，中国工业设计研究院承办的“游族杯”上海开放数据创新应用大赛决赛顺利结束。

26 日 2015“上海诚信活动周”在沪拉开帷幕。

12 月

1 日 市政府举行新闻发布会，周波副市长介绍《上海市推进“互联网 +”行动实施意见》的重点内容。

是日 2015 上海智慧城市体验周开幕式暨首届智慧城市市民沙龙举行。

2 日 全球最大规模车联网年度盛会——2015TC 汽车互联网（Telematics@China）大会在沪举行。

16 日 副市长周波出席以“智能制造，标准引领”为主题的首届中德智能制造／工业 4.0 发展与标准化交流会，介绍上海智能制造工作情况。

16 日 “中国制造千人会 2016 暨第二届互联网 + 制造高峰论坛”召开。这标志着中国制造千人会正式启动，中国制造千人会是国内首个以推动中国制造业在“互联网 +”时代转型升级为目的的第三方机构。

18 日 市人大常委会组织市人大代表并邀请在沪全国人大代表 80 余人，围绕工业转型升级，视察海立集团和上海华为公司。

21 日 市委常委、常务副市长屠光绍出席市经信党委、市经信委“三严三实”专题民主生活会。

28 日 市长杨雄出席上海股权托管交易中心“科技创新板”开盘仪式并敲响开市锣，常务副市长屠光绍出席并讲话，副市长周波出席。

（刘　芸）

2016·上海工业年鉴
SHANGHAI
INDUSTRIAL
YEARBOOK
特载
综述
专题
区县工业
企业简介
上市股份公司
行业协会简介
大事记
经济法规
统计资料
企业形象

2015 年部分法律法规、政策目录

中华人民共和国大气污染防治法

（1987 年 9 月 5 日第六届全国人民代表大会常务委员会第二十二次会议通过，根据 1995 年 8 月 29 日第八届全国人民代表大会常务委员会第十五次会议《关于修改〈中华人民共和国大气污染防治法〉的决定》修正，2000 年 4 月 29 日第九届全国人民代表大会常务委员会第十五次会议第一次修订，2015 年 8 月 29 日第十二届全国人民代表大会常务委员会第十六次会议第二次修订）

国务院关于积极推进“互联网 +”行动的指导意见

（国发〔2015〕40 号，国务院 2015 年 7 月 1 日）

国务院关于推进国际产能和装备制造合作的指导意见

（国发〔2015〕30 号，国务院 2015 年 5 月 13 日）

国务院关于印发《中国制造 2025》的通知

（国发〔2015〕28 号，国务院 2015 年 5 月 8 日）

国务院办公厅关于发展众创空间推进大众创新创业的指导意见

（国办发〔2015〕9 号，国务院办公厅 2015 年 3 月 2 日）

上海市供用电条例

（2015 年 12 月 30 日上海市第十四届人民代表大会常务委员会第二十六次会议通过）

上海市公共信用信息归集和使用管理办法

（2015 年 12 月 30 日上海市人民政府令第 38 号公布）

上海市人民政府关于贯彻《国务院关于推进文化创意和设计服务与相关产业融合发展的若干意见》的实施意见

（沪府发〔2015〕1 号，上海市人民政府 2015 年 1 月 9 日）

中华人民共和国大气污染防治法

（1987 年 9 月 5 日第六届全国人民代表大会常务委员会第二十二次会议通过，根据 1995 年 8 月 29 日第八届全国人民代表大会常务委员会第十五次会议《关于修改〈中华人民共和国大气污染防治法〉的决定》修正，2000 年 4 月 29 日第九届全国人民代表大会常务委员会第十五次会议第一次修订，2015 年 8 月 29 日第十二届全国人民代表大会常务委员会第十六次会议第二次修订）

第一章 总则

第一条 为保护和改善环境，防治大气污染，保障公众健康，推进生态文明建设，促进经济社会可持续发展，制定本法。

第二条 防治大气污染，应当以改善大气环境质量为目标，坚持源头治理，规划先行，转变经济发展方式，优化产业结构和布局，调整能源结构。

防治大气污染，应当加强对燃煤、工业、机动车船、扬尘、农业等大气污染的综合防治，推行区域大气污染联合防治，对颗粒物、二氧化硫、氮氧化物、挥发性有机物、氨等大气污染物和温室气体实施协同控制。

第三条 县级以上人民政府应当将大气污染防治工作纳入国民经济和社会发展规划，加大对大气污染防治的财政投入。

地方各级人民政府应当对本行政区域的大气环境质量负责，制定规划，采取措施，控制或者逐步削减大气污染物的排放量，使大气环境质量达到规定标准并逐步改善。

第四条 国务院环境保护主管部门会同国务院有关部门，按照国务院的规定，对省、自治区、直辖市大气环境质量改善目标、大气污染防治重点任务完成情况进行考核。省、自治区、直辖市人民政府制定考核办法，对本行政区域内地方大气环境质量改善目标、大气污染防治重点任务完成情况实施考核。考核结果应当向社会公开。

第五条 县级以上人民政府环境保护主管部门对大气污染防治实施统一监督管理。

县级以上人民政府其他有关部门在各自职责范围内对大气污染防治实施监督管理。

第六条 国家鼓励和支持大气污染防治科学技术研究，开展对大气污染来源及其变化趋势的分析，推广先进适用的大气污染防治技术和装备，促进科技成果转化，发挥科学技术在大气污染防治中的支撑作用。

第七条 企业事业单位和其他生产经营者应当采取有效措施，防止、减少大气污染，对所造成的损害依法承担责任。

公民应当增强大气环境保护意识，采取低碳、节俭的生活方式，自觉履行大气环境保护义务。

第二章 大气污染防治标准和限期达标规划

第八条 国务院环境保护主管部门或者省、自治区、直辖市人民政府制定大气环境质量标准，应当以保障公众健康和保护生态环境为宗旨，与经济社会发展相适应，做到科学合理。

第九条 国务院环境保护主管部门或者省、自治区、直辖市人民政府制定大气污染物排放标准，应当以大气环境质量标准和国家经济、技术条件为依据。

第十条 制定大气环境质量标准、大气污染物排放标准，应当组织专家进行审查和论证，并征求有关部门、行业协会、企业事业单位和公众等方面的意见。

第十一条 省级以上人民政府环境保护主管部门应当在其网站上公布大气环境质量标准、大气污染物排放标准，供公众免费查阅、下载。

第十二条 大气环境质量标准、大气污染物排放标准的执行情况应当定期进行评估，根据评估结果对标准适时进行修订。

第十三条 制定燃煤、石油焦、生物质燃料、涂料等含挥发性有机物的产品、烟花爆竹以及锅炉等产品的质量标准，应当明确大气环境保护要求。

制定燃油质量标准，应当符合国家大气污染物控制要求，并与国家机动车船、非道路移动机械大气污染物排放标准相互衔接，同步实施。

前款所称非道路移动机械，是指装配有发动机的移动机械和可运输工业设备。

第十四条 未达到国家大气环境质量标准城市的人民政府应当及时编制大气环境质量限期达标规划，采取措施，按照国务院或者省级人民政府规定的期限达到大气环境质量标准。

编制城市大气环境质量限期达标规划，应当征求有关行业协会、企业事业单位、专家和公众等方面的意见。

第十五条 城市大气环境质量限期达标规划应当向社会公开。直辖市和设区的市的大气环境质量限期达标规划应当报国务院环境保护主管部门备案。

第十六条 城市人民政府每年在向本级人民代表大会或者其常务委员会报告环境状况和环境保护目标完成情况时，应当报告大气环境质量限期达标规划执行情况，并向社会公开。

第十七条 城市大气环境质量限期达标规划应当根据大气污染防治的要求和经济、技术条件适时进行评估、修订。

第三章 大气污染防治的监督管理

第十八条 企业事业单位和其他生产经营者建设对大气环境有影响的项目，应当依法进行环境影响评价、公开环境影响评价文件；向大气排放污染物的，应当符合大气污染物排放标准，遵守重点大气污染物排放总量控制要求。

第十九条 排放工业废气或者本法第七十八条规定名录中所列有毒有害大气污染物的企业事业单位、集中供热设施的燃煤热源生产运营单位以及其他依法实行排污许可管理的单位，应当取得排污许可证。排污许可的具体办法和实施步骤由国务院规定。

第二十条 企业事业单位和其他生产经营者向大气排放污染物的，应当依照法律法规和国务院环境保护主管部门的规定设置大气污染物排放口。

禁止通过偷排、篡改或者伪造监测数据、以逃避现场检查为目的的临时停产、非紧急情况下开启应急排放通道、不正常运行大气污染防治设施等逃避监管的方式排放大气污染物。

第二十一条 国家对重点大气污染物排放实行总量控制。

重点大气污染物排放总量控制目标，由国务院环境保护主管部门在征求国务院有关部门和各省、自治区、直辖市人民政府意见后，会同国务院经济综合主管部门报国务院批准并下达实施。

省、自治区、直辖市人民政府应当按照国务院下达的总量控制目标，控制或者削减本行政区域的重点大气污染物排放总量。

确定总量控制目标和分解总量控制指标的具体办法，由国务院环境保护主管部门会同国务院有关部门规定。省、自治区、直辖市人民政府可以根据本行政区域大气污染防治的需要，对国家重点大气污染物之外的其他大气污染物排放实行总量控制。

国家逐步推行重点大气污染物排污权交易。

第二十二条 对超过国家重点大气污染物排放总量控制指标或者未完成国家下达的大气环境质量改善目标的地区，省级以上人民政府环境保护主管部门应当会同有关部门约谈该地区人民政府的主要负责人，并暂停审批该地区新增重点大气污染物排放总量的建设项目环境影响评价文件。约谈情况应当向社会公开。

第二十三条 国务院环境保护主管部门负责制定大气环境质量和大气污染源的监测和评价规范，组织建设与管理全国大气环境质量和大气污染源监测网，组织开展大气环境质量和大气污染源监测，统一发布全国大气环境质量状况信息。

县级以上地方人民政府环境保护主管部门负责组织建设与管理本行政区域大气环境质量和大气污染源监测网，开展大气环境质量和大气污染源监测，统一发布本行政区域大气环境质量状况信息。

第二十四条 企业事业单位和其他生产经营者应当按照国家有关规定和监测规范，对其排放的工业废气和本法第七十八条规定名录中所列有毒有害大气污染物进行监测，并保存原始监测记录。其中，重点排污单位应当安装、使用大气污染物排放自动监测设备，与环境保护主管部门的监控设备联网，保证监测设备正常运行并依法公开排放信息。监测的具体办法和重点排污单位的条件由国务院环境保护主管部门规定。

重点排污单位名录由设区的市级以上地方人民政府环境保护主管部门按照国务院环境保护主管部门的规定，根据本行政区域的大气环境承载力、重点大气污染物排放总量控制指标的要求以及排污单位排放大气污染物的种类、数量和浓度等因素，商有关部门确定，并向社会公布。

第二十五条 重点排污单位应当对自动监测数据的真实性和准确性负责。环境保护主管部门发现重点排污单位的大气污染物排放自动监测设备传输数据异常，应当及时进行调查。

第二十六条 禁止侵占、损毁或者擅自移动、改变大气环境质量监测设施和大气污染物排放自动监测设备。

第二十七条　国家对严重污染大气环境的工艺、设备和产品实行淘汰制度。

国务院经济综合主管部门会同国务院有关部门确定严重污染大气环境的工艺、设备和产品淘汰期限，并纳入国家综合性产业政策目录。

生产者、进口者、销售者或者使用者应当在规定期限内停止生产、进口、销售或者使用列入前款规定目录中的设备和产品。工艺的采用者应当在规定期限内停止采用列入前款规定目录中的工艺。

被淘汰的设备和产品，不得转让给他人使用。

第二十八条　国务院环境保护主管部门会同有关部门，建立和完善大气污染损害评估制度。

第二十九条　环境保护主管部门及其委托的环境监察机构和其他负有大气环境保护监督管理职责的部门，有权通过现场检查监测、自动监测、遥感监测、远红外摄像等方式，对排放大气污染物的企业事业单位和其他生产经营者进行监督检查。被检查者应当如实反映情况，提供必要的资料。实施检查的部门、机构及其工作人员应当为被检查者保守商业秘密。

第三十条　企业事业单位和其他生产经营者违反法律法规规定排放大气污染物，造成或者可能造成严重大气污染，或者有关证据可能灭失或者被隐匿的，县级以上人民政府环境保护主管部门和其他负有大气环境保护监督管理职责的部门，可以对有关设施、设备、物品采取查封、扣押等行政强制措施。

第三十一条　环境保护主管部门和其他负有大气环境保护监督管理职责的部门应当公布举报电话、电子邮箱等，方便公众举报。

环境保护主管部门和其他负有大气环境保护监督管理职责的部门接到举报的，应当及时处理并对举报人的相关信息予以保密；对实名举报的，应当反馈处理结果等情况，查证属实的，处理结果依法向社会公开，并对举报人给予奖励。

举报人举报所在单位的，该单位不得以解除、变更劳动合同或者其他方式对举报人进行打击报复。

第四章　大气污染防治措施

第一节　燃煤和其他能源污染防治

第三十二条　国务院有关部门和地方各级人民政府应当采取措施，调整能源结构，推广清洁能源的生产和使用；优化煤炭使用方式，推广煤炭清洁高效利用，逐步降低煤炭在一次能源消费中的比重，减少煤炭生产、使用、转化过程中的大气污染物排放。

第三十三条　国家推行煤炭洗选加工，降低煤炭的硫分和灰分，限制高硫分、高灰分煤炭的开采。新建煤矿应当同步建设配套的煤炭洗选设施，使煤炭的硫分、灰分含量达到规定标准；已建成的煤矿除所采煤炭属于低硫分、低灰分或者根据已达标排放的燃煤电厂要求不需要洗选的以外，应当限期建成配套的煤炭洗选设施。

禁止开采含放射性和砷等有毒有害物质超过规定标准的煤炭。

第三十四条　国家采取有利于煤炭清洁高效利用的经济、技术政策和措施，鼓励和支持洁净煤技术的开发和推广。

国家鼓励煤矿企业等采用合理、可行的技术措施，对煤层气进行开采利用，对煤矸石进行综合利用。从事煤层气开采利用的，煤层气排放应当符合有关标准规范。

第三十五条　国家禁止进口、销售和燃用不符合质量标准的煤炭，鼓励燃用优质煤炭。

单位存放煤炭、煤矸石、煤渣、煤灰等物料，应当采取防燃措施，防止大气污染。

第三十六条　地方各级人民政府应当采取措施，加强民用散煤的管理，禁止销售不符合民用散煤质量标准的煤炭，鼓励居民燃用优质煤炭和洁净型煤，推广节能环保型炉灶。

第三十七条　石油炼制企业应当按照燃油质量标准生产燃油。

禁止进口、销售和燃用不符合质量标准的石油焦。

第三十八条　城市人民政府可以划定并公布高污染燃料禁燃区，并根据大气环境质量改善要求，逐步扩大高污染燃料禁燃区范围。高污染燃料的目录由国务院环境保护主管部门确定。

在禁燃区内，禁止销售、燃用高污染燃料；禁止新建、扩建燃用高污染燃料的设施，已建成的，应当在城市人民政府规定的期限内改用天然气、页岩气、液化石油气、电或者其他清洁能源。

第三十九条　城市建设应当统筹规划，在燃煤供热地区，推进热电联产和集中供热。在集中供热管网覆盖地区，禁止新建、扩建分散燃煤供热锅炉；已建成的不能达标排放的燃煤供热锅炉，应当在城市人民政府规定的期限内拆除。

第四十条　县级以上人民政府质量监督部门应当会同环境保护主管部门对锅炉生产、进口、销售和使用环节执行环境保护标准或者要求的情况进行监督检查；不符合环境保护标准或者要求的，不得生产、进口、销售和使用。

第四十一条　燃煤电厂和其他燃煤单位应当采用清洁生产工艺，配套建设除尘、脱硫、脱硝等装置，或者采取技术改造等其他控制大气污染物排放的措施。

国家鼓励燃煤单位采用先进的除尘、脱硫、脱硝、脱汞等大气污染物协同控制的技术和装置，减少大气污染物的排放。

第四十二条 电力调度应当优先安排清洁能源发电上网。

第二节 工业污染防治

第四十三条 钢铁、建材、有色金属、石油、化工等企业生产过程中排放粉尘、硫化物和氮氧化物的，应当采用清洁生产工艺，配套建设除尘、脱硫、脱硝等装置，或者采取技术改造等其他控制大气污染物排放的措施。

第四十四条 生产、进口、销售和使用含挥发性有机物的原材料和产品的，其挥发性有机物含量应当符合质量标准或者要求。

国家鼓励生产、进口、销售和使用低毒、低挥发性有机溶剂。

第四十五条 产生含挥发性有机物废气的生产和服务活动，应当在密闭空间或者设备中进行，并按照规定安装、使用污染防治设施；无法密闭的，应当采取措施减少废气排放。

第四十六条 工业涂装企业应当使用低挥发性有机物含量的涂料，并建立台账，记录生产原料、辅料的使用量、废弃量、去向以及挥发性有机物含量。台账保存期限不得少于三年。

第四十七条 石油、化工以及其他生产和使用有机溶剂的企业，应当采取措施对管道、设备进行日常维护、维修，减少物料泄漏，对泄漏的物料应当及时收集处理。

储油储气库、加油加气站、原油成品油码头、原油成品油运输船舶和油罐车、气罐车等，应当按照国家有关规定安装油气回收装置并保持正常使用。

第四十八条 钢铁、建材、有色金属、石油、化工、制药、矿产开采等企业，应当加强精细化管理，采取集中收集处理等措施，严格控制粉尘和气态污染物的排放。

工业生产企业应当采取密闭、围挡、遮盖、清扫、洒水等措施，减少内部物料的堆存、传输、装卸等环节产生的粉尘和气态污染物的排放。

第四十九条 工业生产、垃圾填埋或者其他活动产生的可燃性气体应当回收利用，不具备回收利用条件的，应当进行污染防治处理。

可燃性气体回收利用装置不能正常作业的，应当及时修复或者更新。在回收利用装置不能正常作业期间确需排放可燃性气体的，应当将排放的可燃性气体充分燃烧或者采取其他控制大气污染物排放的措施，并向当地环境保护主管部门报告，按照要求限期修复或者更新。

第三节 机动车船等污染防治

第五十条 国家倡导低碳、环保出行，根据城市规划合理控制燃油机动车保有量，大力发展城市公共交通，提高公共交通出行比例。

国家采取财政、税收、政府采购等措施推广应用节能环保型和新能源机动车船、非道路移动机械，限制高油耗、高排放机动车船、非道路移动机械的发展，减少化石能源的消耗。

省、自治区、直辖市人民政府可以在条件具备的地区，提前执行国家机动车大气污染物排放标准中相应阶段排放限值，并报国务院环境保护主管部门备案。

城市人民政府应当加强并改善城市交通管理，优化道路设置，保障人行道和非机动车道的连续、畅通。

第五十一条 机动车船、非道路移动机械不得超过标准排放大气污染物。

禁止生产、进口或者销售大气污染物排放超过标准的机动车船、非道路移动机械。

第五十二条 机动车、非道路移动机械生产企业应当对新生产的机动车和非道路移动机械进行排放检验。经检验合格的，方可出厂销售。检验信息应当向社会公开。

省级以上人民政府环境保护主管部门可以通过现场检查、抽样检测等方式，加强对新生产、销售机动车和非道路移动机械大气污染物排放状况的监督检查。工业、质量监督、工商行政管理等有关部门予以配合。

第五十三条 在用机动车应当按照国家或者地方的有关规定，由机动车排放检验机构定期对其进行排放检验。经检验合格的，方可上道路行驶。未经检验合格的，公安机关交通管理部门不得核发安全技术检验合格标志。

县级以上地方人民政府环境保护主管部门可以在机动车集中停放地、维修地对在用机动车的大气污染物排放状况进行监督抽测；在不影响正常通行的情况下，可以通过遥感监测等技术手段对在道路上行驶的机动车的大气污染物排放状况进行监督抽测，公安机关交通管理部门予以配合。

第五十四条 机动车排放检验机构应当依法通过计量认证，使用经依法检定合格的机动车排放检验设备，按照国务院环境保护主管部门制定的规范，对机动车进行排放检验，并与环境保护主管部门联网，实现检验数据实时共享。机动车排放检验机构及其负责人对检验数据的真实性和准确性负责。

环境保护主管部门和认证认可监督管理部门应当对机动车排放检验机构的排放检验情况进行监督检查。

第五十五条 机动车生产、进口企业应当向社会公布其生产、进口机动车车型的排放检验信息、污染控制技术信息和有关维修技术信息。

机动车维修单位应当按照防治大气污染的要求和国家有关技术规范对在用机动车进行维修，使其达到规定的排放标准。交通运输、环境保护主管部门应当依法加强监督管理。

禁止机动车所有人以临时更换机动车污染控制装置等弄虚作假的方式通过机动车排放检验。禁止机动车维修单位提供该类维修服务。禁止破坏机动车车载排放诊断系统。

第五十六条 环境保护主管部门应当会同交通运输、住房城乡建设、农业行政、水行政等有关部门对非道路移动机械的大气污染物排放状况进行监督检查，排放不合格的，不得使用。

第五十七条 国家倡导环保驾驶，鼓励燃油机动车驾驶人在不影响道路通行且需停车三分钟以上的情况下熄灭发动机，减少大气污染物的排放。

第五十八条 国家建立机动车和非道路移动机械环境保护召回制度。

生产、进口企业获知机动车、非道路移动机械排放大气污染物超过标准，属于设计、生产缺陷或者不符合规定的环境保护耐久性要求的，应当召回；未召回的，由国务院质量监督部门会同国务院环境保护主管部门责令其召回。

第五十九条 在用重型柴油车、非道路移动机械未安装污染控制装置或者污染控制装置不符合要求，不能达标排放的，应当加装或者更换符合要求的污染控制装置。

第六十条 在用机动车排放大气污染物超过标准的，应当进行维修；经维修或者采用污染控制技术后，大气污染物排放仍不符合国家在用机动车排放标准的，应当强制报废。其所有人应当将机动车交售给报废机动车回收拆解企业，由报废机动车回收拆解企业按照国家有关规定进行登记、拆解、销毁等处理。

国家鼓励和支持高排放机动车船、非道路移动机械提前报废。

第六十一条 城市人民政府可以根据大气环境质量状况，划定并公布禁止使用高排放非道路移动机械的区域。

第六十二条 船舶检验机构对船舶发动机及有关设备进行排放检验。经检验符合国家排放标准的，船舶方可运营。

第六十三条 内河和江海直达船舶应当使用符合标准的普通柴油。远洋船舶靠港后应当使用符合大气污染物控制要求的船舶用燃油。

新建码头应当规划、设计和建设岸基供电设施；已建成的码头应当逐步实施岸基供电设施改造。船舶靠港后应当优先使用岸电。

第六十四条 国务院交通运输主管部门可以在沿海海域划定船舶大气污染物排放控制区，进入排放控制区的船舶应当符合船舶相关排放要求。

第六十五条 禁止生产、进口、销售不符合标准的机动车船、非道路移动机械用燃料；禁止向汽车和摩托车销售普通柴油以及其他非机动车用燃料；禁止向非道路移动机械、内河和江海直达船舶销售渣油和重油。

第六十六条 发动机油、氮氧化物还原剂、燃料和润滑油添加剂以及其他添加剂的有害物质含量和其他大气环境保护指标，应当符合有关标准的要求，不得损害机动车船污染控制装置效果和耐久性，不得增加新的大气污染物排放。

第六十七条 国家积极推进民用航空器的大气污染防治，鼓励在设计、生产、使用过程中采取有效措施减少大气污染物排放。

民用航空器应当符合国家规定的适航标准中的有关发动机排出物要求。

第四节 扬尘污染防治

第六十八条 地方各级人民政府应当加强对建设施工和运输的管理，保持道路清洁，控制料堆和渣土堆放，扩大绿地、水面、湿地和地面铺装面积，防治扬尘污染。

住房城乡建设、市容环境卫生、交通运输、国土资源等有关部门，应当根据本级人民政府确定的职责，做好扬尘污染防治工作。

第六十九条 建设单位应当将防治扬尘污染的费用列入工程造价，并在施工承包合同中明确施工单位扬尘污染防治责任。施工单位应当制定具体的施工扬尘污染防治实施方案。

从事房屋建筑、市政基础设施建设、河道整治以及建筑物拆除等施工单位，应当向负责监督管理扬尘污染防治的主管部门备案。

施工单位应当在施工工地设置硬质围挡，并采取覆盖、分段作业、择时施工、洒水抑尘、冲洗地面和车辆等有效防尘降尘措施。建筑土方、工程渣土、建筑垃圾应当及时清运；在场地内堆存的，应当采用密闭式防尘网遮盖。工程渣土、建筑垃圾应当进行资源化处理。

施工单位应当在施工工地公示扬尘污染防治措施、负责人、扬尘监督管理主管部门等信息。

暂时不能开工的建设用地，建设单位应当对裸露地面进行覆盖；超过三个月的，应当进行绿化、铺装或者遮盖。

第七十条 运输煤炭、垃圾、渣土、砂石、土方、灰浆等散装、流体物料的车辆应当采取密闭或者其他措施防止物料遗撒造成扬尘污染，并按照规定路线行驶。

装卸物料应当采取密闭或者喷淋等方式防治扬尘污染。

城市人民政府应当加强道路、广场、停车场和其他公共场所的清扫保洁管理，推行清洁动力机械化清扫等低尘作业方式，防治扬尘污染。

第七十一条 市政河道以及河道沿线、公共用地的裸露地面以及其他城镇裸露地面，有关部门应当按照规划组织实施绿化或者透水铺装。

第七十二条 贮存煤炭、煤矸石、煤渣、煤灰、水泥、石灰、石膏、砂土等易产生扬尘的物料应当密闭；不能密闭的，应当设置不低于堆放物高度的严密围挡，并采取有效覆盖措施防治扬尘污染。

码头、矿山、填埋场和消纳场应当实施分区作业，并采取有效措施防治扬尘污染。

第五节 农业和其他污染防治

第七十三条 地方各级人民政府应当推动转变农业生产方式，发展农业循环经济，加大对废弃物综合处理的支持力度，加强对农业生产经营活动排放大气污染物的控制。

第七十四条 农业生产经营者应当改进施肥方式，科学合理施用化肥并按照国家有关规定使用农药，减少氨、挥发性有机物等大气污染物的排放。

禁止在人口集中地区对树木、花草喷洒剧毒、高毒农药。

第七十五条 畜禽养殖场、养殖小区应当及时对污水、畜禽粪便和尸体等进行收集、贮存、清运和无害化处理，防止排放恶臭气体。

第七十六条 各级人民政府及其农业行政等有关部门应当鼓励和支持采用先进适用技术，对秸秆、落叶等进行肥料化、饲料化、能源化、工业原料化、食用菌基料化等综合利用，加大对秸秆还田、收集一体化农业机械的财政补贴力度。

县级人民政府应当组织建立秸秆收集、贮存、运输和综合利用服务体系，采用财政补贴等措施支持农村集体经济组织、农民专业合作经济组织、企业等开展秸秆收集、贮存、运输和综合利用服务。

第七十七条 省、自治区、直辖市人民政府应当划定区域，禁止露天焚烧秸秆、落叶等产生烟尘污染的物质。

第七十八条 国务院环境保护主管部门应当会同国务院卫生行政部门，根据大气污染物对公众健康和生态环境的危害和影响程度，公布有毒有害大气污染物名录，实行风险管理。

排放前款规定名录中所列有毒有害大气污染物的企业事业单位，应当按照国家有关规定建设环境风险预警体系，对排放口和周边环境进行定期监测，评估环境风险，排查环境安全隐患，并采取有效措施防范环境风险。

第七十九条 向大气排放持久性有机污染物的企业事业单位和其他生产经营者以及废弃物焚烧设施的运营单位，应当按照国家有关规定，采取有利于减少持久性有机污染物排放的技术方法和工艺，配备有效的净化装置，实现达标排放。

第八十条 企业事业单位和其他生产经营者在生产经营活动中产生恶臭气体的，应当科学选址，设置合理的防护距离，并安装净化装置或者采取其他措施，防止排放恶臭气体。

第八十一条 排放油烟的餐饮服务业经营者应当安装油烟净化设施并保持正常使用，或者采取其他油烟净化措施，使油烟达标排放，并防止对附近居民的正常生活环境造成污染。

禁止在居民住宅楼、未配套设立专用烟道的商住综合楼以及商住综合楼内与居住层相邻的商业楼层内新建、改建、扩建产生油烟、异味、废气的餐饮服务项目。

任何单位和个人不得在当地人民政府禁止的区域内露天烧烤食品或者为露天烧烤食品提供场地。

第八十二条 禁止在人口集中地区和其他依法需要特殊保护的区域内焚烧沥青、油毡、橡胶、塑料、皮革、垃圾以及其他产生有毒有害烟尘和恶臭气体的物质。

禁止生产、销售和燃放不符合质量标准的烟花爆竹。任何单位和个人不得在城市人民政府禁止的时段和区域内燃放烟花爆竹。

第八十三条 国家鼓励和倡导文明、绿色祭祀。

火葬场应当设置除尘等污染防治设施并保持正常使用，防止影响周边环境。

第八十四条 从事服装干洗和机动车维修等服务活动的经营者，应当按照国家有关标准或者要求设置异味和废气处理装置等污染防治设施并保持正常使用，防止影响周边环境。

第八十五条 国家鼓励、支持消耗臭氧层物质替代品的生产和使用，逐步减少直至停止消耗臭氧层物质的生产和使用。

国家对消耗臭氧层物质的生产、使用、进出口实行总量控制和配额管理。具体办法由国务院规定。

第五章 重点区域大气污染联合防治

第八十六条 国家建立重点区域大气污染联防联控机制，统筹协调重点区域内大气污染防治工作。国务院环境保护主管部门根据主体功能区划、区域大气环境质量状况和大气污染传输扩散规律，划定国家大气污染防治重点区域，报国务院批准。

重点区域内有关省、自治区、直辖市人民政府应当确定牵头的地方人民政府，定期召开联席会议，按照统一规划、统一标准、统一监测、统一的防治措施的要求，开展大气污染联合防治，落实大气污染防治目标责任。国务院环境保护主管部门应当加强指导、督促。

省、自治区、直辖市可以参照第一款规定划定本行政区域的大气污染防治重点区域。

第八十七条 国务院环境保护主管部门会同国务院有关部门、国家大气污染防治重点区域内有关省、自治区、直辖市人民政府，根据重点区域经济社会发展和大气环境承载力，制定重点区域大气污染联合防治行动计划，明确控制目标，优化区域经济布局，统筹交通管理，发展清洁能源，提出重点防治任务和措施，促进重点区域大气环境质量改善。

第八十八条 国务院经济综合主管部门会同国务院环境保护主管部门，结合国家大气污染防治重点区域产业发展实际和大气环境质量状况，进一步提高环境保护、能耗、安全、质量等要求。

重点区域内有关省、自治区、直辖市人民政府应当实施更严格的机动车大气污染物排放标准，统一在用机动车检验方法和排放限值，并配套供应合格的车用燃油。

第八十九条 编制可能对国家大气污染防治重点区域的大气环境造成严重污染的有关工业园区、开发区、区域产业和发展等规划，应当依法进行环境影响评价。规划编制机关应当与重点区域内有关省、自治区、直辖市人民政府或者有关部门会商。

重点区域内有关省、自治区、直辖市建设可能对相邻省、自治区、直辖市大气环境质量产生重大影响的项目，应当及时通报有关信息，进行会商。

会商意见及其采纳情况作为环境影响评价文件审查或者审批的重要依据。

第九十条 国家大气污染防治重点区域内新建、改建、扩建用煤项目的，应当实行煤炭的等量或者减量替代。

第九十一条 国务院环境保护主管部门应当组织建立国家大气污染防治重点区域的大气环境质量监测、大气污染源监测等相关信息共享机制，利用监测、模拟以及卫星、航测、遥感等新技术分析重点区域内大气污染来源及其变化趋势，并向社会公开。

第九十二条 国务院环境保护主管部门和国家大气污染防治重点区域内有关省、自治区、直辖市人民政府可以组织有关部门开展联合执法、跨区域执法、交叉执法。

第六章 重污染天气应对

第九十三条 国家建立重污染天气监测预警体系。

国务院环境保护主管部门会同国务院气象主管机构等有关部门、国家大气污染防治重点区域内有关省、自治区、直辖市人民政府，建立重点区域重污染天气监测预警机制，统一预警分级标准。可能发生区域重污染天气的，应当及时向重点区域内有关省、自治区、直辖市人民政府通报。

省、自治区、直辖市、设区的市人民政府环境保护主管部门会同气象主管机构等有关部门建立本行政区域重污染天气监测预警机制。

第九十四条 县级以上地方人民政府应当将重污染天气应对纳入突发事件应急管理体系。

省、自治区、直辖市、设区的市人民政府以及可能发生重污染天气的县级人民政府，应当制定重污染天气应急预案，向上一级人民政府环境保护主管部门备案，并向社会公布。

第九十五条 省、自治区、直辖市、设区的市人民政府环境保护主管部门应当会同气象主管机构建立会商机制，进行大气环境质量预报。可能发生重污染天气的，应当及时向本级人民政府报告。省、自治区、直辖市、设区的市人民政府依据重污染天气预报信息，进行综合研判，确定预警等级并及时发出预警。预警等级根据情况变化及时调整。任何单位和个人不得擅自向社会发布重污染天气预报预警信息。

预警信息发布后，人民政府及其有关部门应当通过电视、广播、网络、短信等途径告知公众采取健康防护措施，指导公众出行和调整其他相关社会活动。

第九十六条 县级以上地方人民政府应当依据重污染天气的预警等级，及时启动应急预案，根据应急需要可以采取责令有关企业停产或者限产、限制部分机动车行驶、禁止燃放烟花爆竹、停止工地土石方作业和建筑物拆除施工、停止露天烧烤、停止幼儿园和学校组织的户外活动、组织开展人工影响天气作业等应急措施。

应急响应结束后，人民政府应当及时开展应急预案实施情况的评估，适时修改完善应急预案。

第九十七条 发生造成大气污染的突发环境事件，人民政府及其有关部门和相关企业事业单位，应当依照《中华人民共和国突发事件应对法》、《中华人民共和国环境保护法》的规定，做好应急处置工作。环境保护主管部门应当及时对突发环境事件产生的大气污染物进行监测，并向社会公布监测信息。

第七章 法律责任

第九十八条 违反本法规定，以拒绝进入现场等方式拒不接受环境保护主管部门及其委托的环境监察机构或者其他负有大气环境保护监督管理职责的部门的监督检查，或者在接受监督检查时弄虚作假的，由县级以上人民政府环境保护主管部门或者其他负有大气环境保护监督管理职责的部门责令改正，处二万元以上二十万元以下的罚款；构成违反治安管理行为的，由公安机关依法予以处罚。

第九十九条 违反本法规定，有下列行为之一的，由县级以上人民政府环境保护主管部门责令改正或者限制生产、停产整治，并处十万元以上一百万元以下的罚款；情节严重的，报经有批准权的人民政府批准，责令停业、关闭：

（一）未依法取得排污许可证排放大气污染物的；

（二）超过大气污染物排放标准或者超过重点大气污染物排放总量控制指标排放大气污染物的；

（三）通过逃避监管的方式排放大气污染物的。

第一百条 违反本法规定，有下列行为之一的，由县级以上人民政府环境保护主管部门责令改正，处二万元以上二十万元以下的罚款；拒不改正的，责令停产整治：

（一）侵占、损毁或者擅自移动、改变大气环境质量监测设施或者大气污染物排放自动监测设备的；

（二）未按照规定对所排放的工业废气和有毒有害大气污染物进行监测并保存原始监测记录的；

（三）未按照规定安装、使用大气污染物排放自动监测设备或者未按照规定与环境保护主管部门的监控设备联网，并保证监测设备正常运行的；

（四）重点排污单位不公开或者不如实公开自动监测数据的；

（五）未按照规定设置大气污染物排放口的。

第一百零一条 违反本法规定，生产、进口、销售或者使用国家综合性产业政策目录中禁止的设备和产品，采用国家综合性产业政策目录中禁止的工艺，或者将淘汰的设备和产品转让给他人使用的，由县级以上人民政府经济综合主管部门、出入境检验检疫机构按照职责责令改正，没收违法所得，并处货值金额一倍以上三倍以下的罚款；拒不改正的，报经有批准权的人民政府批准，责令停业、关闭。进口行为构成走私的，由海关依法予以处罚。

第一百零二条 违反本法规定，煤矿未按照规定建设配套煤炭洗选设施的，由县级以上人民政府能源主管部门责令改正，处十万元以上一百万元以下的罚款；拒不改正的，报经有批准权的人民政府批准，责令停业、关闭。

违反本法规定，开采含放射性和砷等有毒有害物质超过规定标准的煤炭的，由县级以上人民政府按照国务院规定的权限责令停业、关闭。

第一百零三条 违反本法规定，有下列行为之一的，由县级以上地方人民政府质量监督、工商行政管理部门按照职责责令改正，没收原材料、产品和违法所得，并处货值金额一倍以上三倍以下的罚款：

（一）销售不符合质量标准的煤炭、石油焦的；

（二）生产、销售挥发性有机物含量不符合质量标准或者要求的原材料和产品的；

（三）生产、销售不符合标准的机动车船和非道路移动机械用燃料、发动机油、氮氧化物还原剂、燃料和润滑油添加剂以及其他添加剂的；

（四）在禁燃区内销售高污染燃料的。

第一百零四条 违反本法规定，有下列行为之一的，由出入境检验检疫机构责令改正，没收原材料、产品和违法所得，并处货值金额一倍以上三倍以下的罚款；构成走私的，由海关依法予以处罚：

（一）进口不符合质量标准的煤炭、石油焦的；

（二）进口挥发性有机物含量不符合质量标准或者要求的原材料和产品的；

（三）进口不符合标准的机动车船和非道路移动机械用燃料、发动机油、氮氧化物还原剂、燃料和润滑油添加剂以及其他添加剂的。

第一百零五条 违反本法规定，单位燃用不符合质量标准的煤炭、石油焦的，由县级以上人民政府环境保护主管部门责令改正，处货值金额一倍以上三倍以下的罚款。

第一百零六条 违反本法规定，使用不符合标准或者要求的船舶用燃油的，由海事管理机构、渔业主管部门按照职责处一万元以上十万元以下的罚款。

第一百零七条 违反本法规定，在禁燃区内新建、扩建燃用高污染燃料的设施，或者未按照规定停止燃用高污染燃料，或者在城市集中供热管网覆盖地区新建、扩建分散燃煤供热锅炉，或者未按照规定拆除已建成的不能达标排放的燃煤供热锅炉的，由县级以上地方人民政府环境保护主管部门没收燃用高污染燃料的设施，组织拆除燃煤供热锅炉，并处二万元以上二十万元以下的罚款。

违反本法规定，生产、进口、销售或者使用不符合规定标准或者要求的锅炉，由县级以上人民政府质量监督、环境保护主管部门责令改正，没收违法所得，并处二万元以上二十万元以下的罚款。

第一百零八条 违反本法规定，有下列行为之一的，由县级以上人民政府环境保护主管部门责令改正，处二万元以上二十万元以下的罚款；拒不改正的，责令停产整治：

（一）产生含挥发性有机物废气的生产和服务活动，未在密闭空间或者设备中进行，未按照规定安装、使用污染防治设施，或者未采取减少废气排放措施的；

（二）工业涂装企业未使用低挥发性有机物含量涂料或者未建立、保存台账的；

（三）石油、化工以及其他生产和使用有机溶剂的企业，未采取措施对管道、设备进行日常维护、维修，减少物料泄漏或者对泄漏的物料未及时收集处理的；

（四）储油储气库、加油加气站和油罐车、气罐车等，未按照国家有关规定安装并正常使用油气回收装置的；

（五）钢铁、建材、有色金属、石油、化工、制药、矿产开采等企业，未采取集中收集处理、密闭、围挡、遮盖、清扫、洒水等措施，控制、减少粉尘和气态污染物排放的；

（六）工业生产、垃圾填埋或者其他活动中产生的可燃性气体未回收利用，不具备回收利用条件未进行防治污染处理，或者可燃性气体回收利用装置不能正常作业，未及时修复或者更新的。

第一百零九条 违反本法规定，生产超过污染物排放标准的机动车、非道路移动机械的，由省级以上人民政府环境保护主管部门责令改正，没收违法所得，并处货值金额一倍以上三倍以下的罚款，没收销毁无法达到污染物排放标准的机动车、非道路移动机械；拒不改正的，责令停产整治，并由国务院机动车生产主管部门责令停止生产该车型。

违反本法规定，机动车、非道路移动机械生产企业对发动机、污染控制装置弄虚作假、以次充好，冒充排放检验合格产品出厂销售的，由省级以上人民政府环境保护主管部门责令停产整治，没收违法所得，并处货值金额一倍以上三倍以下的罚款，没收销毁无法达到污染物排放标准的机动车、非道路移动机械，并由国务院机动车生产主管部门责令停止生产该车型。

第一百一十条 违反本法规定，进口、销售超过污染物排放标准的机动车、非道路移动机械的，由县级以上人民政府工商行政管理部门、出入境检验检疫机构按照职责没收违法所得，并处货值金额一倍以上三倍以下的罚款，没收销毁无法达到污染物排放标准的机动车、非道路移动机械；进口行为构成走私的，由海关依法予以处罚。

违反本法规定，销售的机动车、非道路移动机械不符合污染杨徘放标准的，销售者应当负责修理、更换、退货；给购买者造成损失的，销售者应当赔偿损失。

第一百一十一条 违反本法规定，机动车生产、进口企业未按照规定向社会公布其生产、进口机动车车型的排放检验信息或者污染控制技术信息的，由省级以上人民政府环境保护主管部门责令改正，处五万元以上五十万元以下的罚款。

违反本法规定，机动车生产、进口企业未按照规定向社会公布其生产、进口机动车车型的有关维修技术信息的，由省级以上人民政府交通运输主管部门责令改正，处五万元以上五十万元以下的罚款。

第一百一十二条 违反本法规定，伪造机动车、非道路移动机械排放检验结果或者出具虚假排放检验报告的，由县级以上人民政府环境保护主管部门没收违法所得，并处十万元以上五十万元以下的罚款；情节严重的，由负责资质认定的部门取消其检验资格。

违反本法规定，伪造船舶排放检验结果或者出具虚假排放检验报告的，由海事管理机构依法予以处罚。

违反本法规定，以临时更换机动车污染控制装置等弄虚作假的方式通过机动车排放检验或者破坏机动车车载排放诊断系统的，由县级以上人民政府环境保护主管部门责令改正，对机动车所有人处五千元的罚款；对机动车维修单位处每辆机动车五千元的罚款。

第一百一十三条 违反本法规定，机动车驾驶人驾驶排放检验不合格的机动车上道路行驶的，由公安机关交通管理部门依法予以处罚。

第一百一十四条 违反本法规定，使用排放不合格的非道路移动机械，或者在用重型柴油车、非道路移动机械未按照规定加装、更换污染控制装置的，由县级以上人民政府环境保护等主管部门按照职责责令改正，处五千元的罚款。

违反本法规定，在禁止使用高排放非道路移动机械的区域使用高排放非道路移动机械的，由城市人民政府环境保护等主管部门依法予以处罚。

第一百一十五条 违反本法规定，施工单位有下列行为之一的，由县级以上人民政府住房城乡建设等主管部门按照职责责令改正，处一万元以上十万元以下的罚款；拒不改正的，责令停工整治：

（一）施工工地未设置硬质围挡，或者未采取覆盖、分段作业、择时施工、洒水抑尘、冲洗地面和车辆等有效防尘降尘措施的；

（二）建筑土方、工程渣土、建筑垃圾未及时清运，或者未采用密闭式防尘网遮盖的。

违反本法规定，建设单位未对暂时不能开工的建设用地的裸露地面进行覆盖，或者未对超过三个月不能开工的建设用地的裸露地面进行绿化、铺装或者遮盖的，由县级以上人民政府住房城乡建设等主管部门依照前款规定予以处罚。

第一百一十六条 违反本法规定，运输煤炭、垃圾、渣土、砂石、土方、灰浆等散装、流体物料的车辆，未采取密闭或者其他措施防止物料遗撒的，由县级以上地方人民政府确定的监督管理部门责令改正，处二千元以上二万元以下的罚款；拒不改正的，车辆不得上道路行驶。

第一百一十七条 违反本法规定，有下列行为之一的，由县级以上人民政府环境保护等主管部门按照职责责令改正，处一万元以上十万元以下的罚款；拒不改正的，责令停工整治或者停业整治：

（一）未密闭煤炭、煤矸石、煤渣、煤灰、水泥、石灰、石膏、砂土等易产生扬尘的物料的；

（二）对不能密闭的易产生扬尘的物料，未设置不低于堆放物高度的严密围挡，或者未采取有效覆盖措施防治扬尘污染的；

（三）装卸物料未采取密闭或者喷淋等方式控制扬尘排放的；

（四）存放煤炭、煤矸石、煤渣、煤灰等物料，未采取防燃措施的；

（五）码头、矿山、填埋场和消纳场未采取有效措施防治扬尘污染的；

（六）排放有毒有害大气污染物名录中所列有毒有害大气污染物的企业事业单位，未按照规定建设环境风险预警体系或者对排放口和周边环境进行定期监测、排查环境安全隐患并采取有效措施防范环境风险的；

（七）向大气排放持久性有机污染物的企业事业单位和其他生产经营者以及废弃物焚烧设施的运营单位，未按照国家有关规定采取有利于减少持久性有机污染物排放的技术方法和工艺，配备净化装置的；

（八）未采取措施防止排放恶臭气体的。

第一百一十八条 违反本法规定，排放油烟的餐饮服务业经营者未安装油烟净化设施、不正常使用油烟净化设施或者未采取其他油烟净化措施，超过排放标准排放油烟的，由县级以上地方人民政府确定的监督管理部门责令改正，处五千元以上五万元以下的罚款；拒不改正的，责令停业整治。

违反本法规定，在居民住宅楼、未配套设立专用烟道的商住综合楼、商住综合楼内与居住层相邻的商业楼层内新建、改建、扩建产生油烟、异味、废气的餐饮服务项目的，由县级以上地方人民政府确定的监督管理部门责令改正；拒不改正的，予以关闭，并处一万元以上十万元以下的罚款。

违反本法规定，在当地人民政府禁止的时段和区域内露天烧烤食品或者为露天烧烤食品提供场地的，由县级以上地方人民政府确定的监督管理部门责令改正，没收烧烤工具和违法所得，并处五百元以上二万元以下的罚款。

第一百一十九条 违反本法规定，在人口集中地区对树木、花草喷洒剧毒、高毒农药，或者露天焚烧秸秆、落叶等产生烟尘污染的物质的，由县级以上地方人民政府确定的监督管理部门责令改正，并可以处五百元以上二千元以下的罚款。

违反本法规定，在人口集中地区和其他依法需要特殊保护的区域内，焚烧沥青、油毡、橡胶、塑料、皮革、垃圾以及其他产生有毒有害烟尘和恶臭气体的物质的，由县级人民政府确定的监督管理部门责令改正，对单位处一万元以上十万元以下的罚款，对个人处五百元以上二千元以下的罚款。

违反本法规定，在城市人民政府禁止的时段和区域内燃放烟花爆竹的，由县级以上地方人民政府确定的监督管理部门依法予以处罚。

第一百二十条 违反本法规定，从事服装干洗和机动车维修等服务活动，未设置异味和废气处理装置等污染防治设施并保持正常使用，影响周边环境的，由县级以上地方人民政府环境保护主管部门责令改正，处二千元以上二万元以下的罚款；拒不改正的，责令停业整治。

第一百二十一条 违反本法规定，擅自向社会发布重污染天气预报预警信息，构成违反治安管理行为的，由公安机关依法予以处罚。

违反本法规定，拒不执行停止工地土石方作业或者建筑物拆除施工等重污染天气应急措施的，由县级以上地方人民政府确定的监督管理部门处一万元以上十万元以下的罚款。

第一百二十二条 违反本法规定，造成大气污染事故的，由县级以上人民政府环境保护主管部门依照本条第二款的规定处以罚款；对直接负责的主管人员和其他直接责任人员可以处上一年度从本企业事业单位取得收入百分之五十以下的罚款。

对造成一般或者较大大气污染事故的，按照污染事故造成直接损失的一倍以上三倍以下计算罚款；对造成重大或者特大大气污染事故的，按照污染事故造成的直接损失的三倍以上五倍以下计算罚款。

第一百二十三条 违反本法规定，企业事业单位和其他生产经营者有下列行为之一，受到罚款处罚，被责令改正，拒不改正的，依法作出处罚决定的行政机关可以自责令改正之日的次日起，按照原处罚数额按日连续处罚：

（一）未依法取得排污许可证排放大气污染物的；

（二）超过大气污染物排放标准或者超过重点大气污染物排放总量控制指标排放大气污染物的；

（三）通过逃避监管的方式排放大气污染物的；

（四）建筑施工或者贮存易产生扬尘的物料未采取有效措施防治扬尘污染的。

第一百二十四条 违反本法规定，对举报人以解除、变更劳动合同或者其他方式打击报复的，应当依照有关法律的规定承担责任。

第一百二十五条 排放大气污染物造成损害的，应当依法承担侵权责任。

第一百二十六条 地方各级人民政府、县级以上人民政府环境保护主管部门和其他负有大气环境保护监督管理职责的部门及其工作人员滥用职权、玩忽职守、徇私舞弊、弄虚作假的，依法给予处分。

第一百二十七条 违反本法规定，构成犯罪的，依法追究刑事责任。

第八章 附则

第一百二十八条 海洋工程的大气污染防治，依照《中华人民共和国海洋环境保护法》的有关规定执行。

第一百二十九条 本法自2016年1月1日起施行。

国务院关于积极推进“互联网+”行动的指导意见

国发〔2015〕40号

各省、自治区、直辖市人民政府，国务院各部委、各直属机构：

“互联网+”是把互联网的创新成果与经济社会各领域深度融合，推动技术进步、效率提升和组织变革，提升实体经济创新力和生产力，形成更广泛的以互联网为基础设施和创新要素的经济社会发展新形态。在全球新一轮科技革命和产业变革中，互联网与各领域的融合发展具有广阔前景和无限潜力，已成为不可阻挡的时代潮流，正对各国经济社会发展产生着战略性和全局性的影响。积极发挥我国互联网已经形成的比较优势，把握机遇，增强信心，加快推进“互联网+”发展，有利于重塑创新体系、激发创新活力、培育新兴业态和创新公共服务模式，对打造大众创业、万众创新和增加公共产品、公共服务“双引擎”，主动适应和引领经济发展新常态，形成经济发展新动能，实现中国经济提质增效升级具有重要意义。

近年来，我国在互联网技术、产业、应用以及跨界融合等方面取得了积极进展，已具备加快推进“互联网+”发展的坚实基础，但也存在传统企业运用互联网的意识和能力不足、互联网企业对传统产业理解不够深入、新业态发展面临体制机制障碍、跨界融合型人才严重匮乏等问题，亟待加以解决。为加快推动互联网与各领域深入融合和创新发展，充分发挥“互联网+”对稳增长、促改革、调结构、惠民生、防风险的重要作用，现就积极推进“互联网+”行动提出以下意见。

一、行动要求

（一）总体思路。

顺应世界“互联网+”发展趋势，充分发挥我国互联网的规模优势和应用优势，推动互联网由消费领域向生产领域拓展，加速提升产业发展水平，增强各行业创新能力，构筑经济社会发展新优势和新动能。坚持改革创新和市场需求导向，突出企业的主体作用，大力拓展互联网与经济社会各领域融合的广度和深度。着力深化体制机制改革，释放发展潜力和活力；着力做优存量，推动经济提质增效和转型升级；着力做大增量，培育新兴业态，打造新的增长点；着力创新政府服务模式，夯实网络发展基础，营造安全网络环境，提升公共服务水平。

（二）基本原则。

坚持开放共享。营造开放包容的发展环境，将互联网作为生产生活要素共享的重要平台，最大限度优化资源配置，加快形成以开放、共享为特征的经济社会运行新模式。

坚持融合创新。鼓励传统产业树立互联网思维，积极与“互联网+”相结合。推动互联网向经济社会各领域加速渗透，以融合促创新，最大程度汇聚各类市场要素的创新力量，推动融合性新兴产业成为经济发展新动力和新支柱。

坚持变革转型。充分发挥互联网在促进产业升级以及信息化和工业化深度融合中的平台作用，引导要素资源向实体经济集聚，推动生产方式和发展模式变革。创新网络化公共服务模式，大幅提升公共服务能力。

坚持引领跨越。巩固提升我国互联网发展优势，加强重点领域前瞻性布局，以互联网融合创新为突破口，培育壮大新兴产业，引领新一轮科技革命和产业变革，实现跨越式发展。

坚持安全有序。完善互联网融合标准规范和法律法规，增强安全意识，强化安全管理和防护，保障网络安全。建立科学有效的市场监管方式，促进市场有序发展，保护公平竞争，防止形成行业垄断和市场壁垒。

（三）发展目标。

到2018年，互联网与经济社会各领域的融合发展进一步深化，基于互联网的新业态成为新的经济增长动力，互联网支撑大众创业、万众创新的作用进一步增强，互联网成为提供公共服务的重要手段，网络经济与实体经济协同互动的发展格局基本形成。

——经济发展进一步提质增效。互联网在促进制造业、农业、能源、环保等产业转型升级方面取得积极成效，劳动生产率进一步提高。基于互联网的新兴业态不断涌现，电子商务、互联网金融快速发展，对经济提质增效的促进作用更加凸显。

——社会服务进一步便捷普惠。健康医疗、教育、交通等民生领域互联网应用更加丰富，公共服务更加多元，线上线下结合更加紧密。社会服务资源配置不断优化，公众享受到更加公平、高效、优质、便捷的服务。

——基础支撑进一步夯实提升。网络设施和产业基础得到有效巩固加强，应用支撑和安全保障能力明显增强。固定宽带网络、新一代移动通信网和下一代互联网加快发展，物联网、云计算等新型基础设施更加完备。人工智能等技术及其产业化能力显著增强。

——发展环境进一步开放包容。全社会对互联网融合创新的认识不断深入，互联网融合发展面临的体制机制障碍有效破除，公共数据资源开放取得实质性进展，相关标准规范、信用体系和法律法规逐步完善。

到 2025 年，网络化、智能化、服务化、协同化的“互联网 +”产业生态体系基本完善，“互联网 +”新经济形态初步形成，“互联网 +”成为经济社会创新发展的重要驱动力量。

二、重点行动

（一）“互联网 +”创业创新。

充分发挥互联网的创新驱动作用，以促进创业创新为重点，推动各类要素资源聚集、开放和共享，大力发展众创空间、开放式创新等，引导和推动全社会形成大众创业、万众创新的浓厚氛围，打造经济发展新引擎。（发展改革委、科技部、工业和信息化部、人力资源社会保障部、商务部等负责，列第一位者为牵头部门，下同）

1．强化创业创新支撑。鼓励大型互联网企业和基础电信企业利用技术优势和产业整合能力，向小微企业和创业团队开放平台入口、数据信息、计算能力等资源，提供研发工具、经营管理和市场营销等方面的支持和服务，提高小微企业信息化应用水平，培育和孵化具有良好商业模式的创业企业。充分利用互联网基础条件，完善小微企业公共服务平台网络，集聚创业创新资源，为小微企业提供找得着、用得起、有保障的服务。

2．积极发展众创空间。充分发挥互联网开放创新优势，调动全社会力量，支持创新工场、创客空间、社会实验室、智慧小企业创业基地等新型众创空间发展。充分利用国家自主创新示范区、科技企业孵化器、大学科技园、商贸企业集聚区、小微企业创业示范基地等现有条件，通过市场化方式构建一批创新与创业相结合、线上与线下相结合、孵化与投资相结合的众创空间，为创业者提供低成本、便利化、全要素的工作空间、网络空间、社交空间和资源共享空间。实施新兴产业“双创”行动，建立一批新兴产业“双创”示范基地，加快发展“互联网 +”创业网络体系。

3．发展开放式创新。鼓励各类创新主体充分利用互联网，把握市场需求导向，加强创新资源共享与合作，促进前沿技术和创新成果及时转化，构建开放式创新体系。推动各类创业创新扶持政策与互联网开放平台联动协作，为创业团队和个人开发者提供绿色通道服务。加快发展创业服务业，积极推广众包、用户参与设计、云设计等新型研发组织模式，引导建立社会各界交流合作的平台，推动跨区域、跨领域的技术成果转移和协同创新。

（二）“互联网 +”协同制造。

推动互联网与制造业融合，提升制造业数字化、网络化、智能化水平，加强产业链协作，发展基于互联网的协同制造新模式。在重点领域推进智能制造、大规模个性化定制、网络化协同制造和服务型制造，打造一批网络化协同制造公共服务平台，加快形成制造业网络化产业生态体系。（工业和信息化部、发展改革委、科技部共同牵头）

1．大力发展智能制造。以智能工厂为发展方向，开展智能制造试点示范，加快推动云计算、物联网、智能工业机器人、增材制造等技术在生产过程中的应用，推进生产装备智能化升级、工艺流程改造和基础数据共享。着力在工控系统、智能感知元器件、工业云平台、操作系统和工业软件等核心环节取得突破，加强工业大数据的开发与利用，有效支撑制造业智能化转型，构建开放、共享、协作的智能制造产业生态。

2．发展大规模个性化定制。支持企业利用互联网采集并对接用户个性化需求，推进设计研发、生产制造和供应链管理等关键环节的柔性化改造，开展基于个性化产品的服务模式和商业模式创新。鼓励互联网企业整合市场信息，挖掘细分市场需求与发展趋势，为制造企业开展个性化定制提供决策支撑。

3．提升网络化协同制造水平。鼓励制造业骨干企业通过互联网与产业链各环节紧密协同，促进生产、质量控制和运营管理系统全面互联，推行众包设计研发和网络化制造等新模式。鼓励有实力的互联网企业构建网络化协同制造公共服务平台，面向细分行业提供云制造服务，促进创新资源、生产能力、市场需求的集聚与对接，提升服务中小微企业能力，加快全社会多元化制造资源的有效协同，提高产业链资源整合能力。

4．加速制造业服务化转型。鼓励制造企业利用物联网、云计算、大数据等技术，整合产品全生命周期数据，形成面向生产组织全过程的决策服务信息，为产品优化升级提供数据支撑。鼓励企业基于互联网开展故障预警、远程维护、质量诊断、远程过程优化等在线增值服务，拓展产品价值空间，实现从制造向“制造＋服务”的转型升级。

（三）“互联网＋”现代农业。

利用互联网提升农业生产、经营、管理和服务水平，培育一批网络化、智能化、精细化的现代“种养加”生态农业新模式，形成示范带动效应，加快完善新型农业生产经营体系，培育多样化农业互联网管理服务模式，逐步建立农副产品、农资质量安全追溯体系，促进农业现代化水平明显提升。（农业部、发展改革委、科技部、商务部、质检总局、食品药品监管总局、林业局等负责）

1．构建新型农业生产经营体系。鼓励互联网企业建立农业服务平台，支撑专业大户、家庭农场、农民合作社、农业产业化龙头企业等新型农业生产经营主体，加强产销衔接，实现农业生产由生产导向向消费导向转变。提高农业生产经营的科技化、组织化和精细化水平，推进农业生产流通销售方式变革和农业发展方式转变，提升农业生产效率和增值空间。规范用好农村土地流转公共服务平台，提升土地流转透明度，保障农民权益。

2．发展精准化生产方式。推广成熟可复制的农业物联网应用模式。在基础较好的领域和地区，普及基于环境感知、实时监测、自动控制的网络化农业环境监测系统。在大宗农产品规模生产区域，构建天地一体的农业物联网测控体系，实施智能节水灌溉、测土配方施肥、农机定位耕种等精准化作业。在畜禽标准化规模养殖基地和水产健康养殖示范基地，推动饲料精准投放、疾病自动诊断、废弃物自动回收等智能设备的应用普及和互联互通。

3．提升网络化服务水平。深入推进信息进村入户试点，鼓励通过移动互联网为农民提供政策、市场、科技、保险等生产生活信息服务。支持互联网企业与农业生产经营主体合作，综合利用大数据、云计算等技术，建立农业信息监测体系，为灾害预警、耕地质量监测、重大动植物疫情防控、市场波动预测、经营科学决策等提供服务。

4．完善农副产品质量安全追溯体系。充分利用现有互联网资源，构建农副产品质量安全追溯公共服务平台，推进制度标准建设，建立产地准出与市场准入衔接机制。支持新型农业生产经营主体利用互联网技术，对生产经营过程进行精细化信息化管理，加快推动移动互联网、物联网、二维码、无线射频识别等信息技术在生产加工和流通销售各环节的推广应用，强化上下游追溯体系对接和信息互通共享，不断扩大追溯体系覆盖面，实现农副产品“从农田到餐桌”全过程可追溯，保障“舌尖上的安全”。

（四）“互联网＋”智慧能源。

通过互联网促进能源系统扁平化，推进能源生产与消费模式革命，提高能源利用效率，推动节能减排。加强分布式能源网络建设，提高可再生能源占比，促进能源利用结构优化。加快发电设施、用电设施和电网智能化改造，提高电力系统的安全性、稳定性和可靠性。（能源局、发展改革委、工业和信息化部等负责）

1．推进能源生产智能化。建立能源生产运行的监测、管理和调度信息公共服务网络，加强能源产业链上下游企业的信息对接和生产消费智能化，支撑电厂和电网协调运行，促进非化石能源与化石能源协同发电。鼓励能源企业运用大数据技术对设备状态、电能负载等数据进行分析挖掘与预测，开展精准调度、故障判断和预测性维护，提高能源利用效率和安全稳定运行水平。

2．建设分布式能源网络。建设以太阳能、风能等可再生能源为主体的多能源协调互补的能源互联网。突破分布式发电、储能、智能微网、主动配电网等关键技术，构建智能化电力运行监测、管理技术平台，使电力设备和用电终端基于互联网进行双向通信和智能调控，实现分布式电源的及时有效接入，逐步建成开放共享的能源网络。

3．探索能源消费新模式。开展绿色电力交易服务区域试点，推进以智能电网为配送平台，以电子商务为交易平台，融合储能设施、物联网、智能用电设施等硬件以及碳交易、互联网金融等衍生服务于一体的绿色能源网络发展，实现绿色电力的点到点交易及实时配送和补贴结算。进一步加强能源生产和消费协调匹配，推进电动汽车、港口岸电等电能替代技术的应用，推广电力需求侧管理，提高能源利用效率。基于分布式能源网络，发展用户端智能化用能、能源共享经济和能源自由交易，促进能源消费生态体系建设。

4．发展基于电网的通信设施和新型业务。推进电力光纤到户工程，完善能源互联网信息通信系统。统筹部署电网和通信网深度融合的网络基础设施，实现同缆传输、共建共享，避免重复建设。鼓励依托智能电网发展家庭能效管理等新型业务。

（五）“互联网＋”普惠金融。

促进互联网金融健康发展，全面提升互联网金融服务能力和普惠水平，鼓励互联网与银行、证券、保险、基金的融合创新，为大众提供丰富、安全、便捷的金融产品和服务，更好满足不同层次实体经济的投融资需求，培育一批具有行业影响力的互联网金融创新型企业。（人民银行、银监会、

证监会、保监会、发展改革委、工业和信息化部、网信办等负责）

1．探索推进互联网金融云服务平台建设。探索互联网企业构建互联网金融云服务平台。在保证技术成熟和业务安全的基础上，支持金融企业与云计算技术提供商合作开展金融公共云服务，提供多样化、个性化、精准化的金融产品。支持银行、证券、保险企业稳妥实施系统架构转型，鼓励探索利用云服务平台开展金融核心业务，提供基于金融云服务平台的信用、认证、接口等公共服务。

2．鼓励金融机构利用互联网拓宽服务覆盖面。鼓励各金融机构利用云计算、移动互联网、大数据等技术手段，加快金融产品和服务创新，在更广泛地区提供便利的存贷款、支付结算、信用中介平台等金融服务，拓宽普惠金融服务范围，为实体经济发展提供有效支撑。支持金融机构和互联网企业依法合规开展网络借贷、网络证券、网络保险、互联网基金销售等业务。扩大专业互联网保险公司试点，充分发挥保险业在防范互联网金融风险中的作用。推动金融集成电路卡（IC卡）全面应用，提升电子现金的使用率和便捷性。发挥移动金融安全可信公共服务平台（MTPS）的作用，积极推动商业银行开展移动金融创新应用，促进移动金融在电子商务、公共服务等领域的规模应用。支持银行业金融机构借助互联网技术发展消费信贷业务，支持金融租赁公司利用互联网技术开展金融租赁业务。

3．积极拓展互联网金融服务创新的深度和广度。鼓励互联网企业依法合规提供创新金融产品和服务，更好满足中小微企业、创新型企业和个人的投融资需求。规范发展网络借贷和互联网消费信贷业务，探索互联网金融服务创新。积极引导风险投资基金、私募股权投资基金和产业投资基金投资于互联网金融企业。利用大数据发展市场化个人征信业务，加快网络征信和信用评价体系建设。加强互联网金融消费权益保护和投资者保护，建立多元化金融消费纠纷解决机制。改进和完善互联网金融监管，提高金融服务安全性，有效防范互联网金融风险及其外溢效应。

（六）“互联网＋”益民服务。

充分发挥互联网的高效、便捷优势，提高资源利用效率，降低服务消费成本。大力发展以互联网为载体、线上线下互动的新兴消费，加快发展基于互联网的医疗、健康、养老、教育、旅游、社会保障等新兴服务，创新政府服务模式，提升政府科学决策能力和管理水平。（发展改革委、教育部、工业和信息化部、民政部、人力资源社会保障部、商务部、卫生计生委、质检总局、食品药品监管总局、林业局、旅游局、网信办、信访局等负责）

1．创新政府网络化管理和服务。加快互联网与政府公共服务体系的深度融合，推动公共数据资源开放，促进公共服务创新供给和服务资源整合，构建面向公众的一体化在线公共服务体系。积极探索公众参与的网络化社会管理服务新模式，充分利用互联网、移动互联网应用平台等，加快推进政务新媒体发展建设，加强政府与公众的沟通交流，提高政府公共管理、公共服务和公共政策制定的响应速度，提升政府科学决策能力和社会治理水平，促进政府职能转变和简政放权。深入推进网上信访，提高信访工作质量、效率和公信力。鼓励政府和互联网企业合作建立信用信息共享平台，探索开展一批社会治理互联网应用试点，打通政府部门、企事业单位之间的数据壁垒，利用大数据分析手段，提升各级政府的社会治理能力。加强对“互联网＋”行动的宣传，提高公众参与度。

2．发展便民服务新业态。发展体验经济，支持实体零售商综合利用网上商店、移动支付、智能试衣等新技术，打造体验式购物模式。发展社区经济，在餐饮、娱乐、家政等领域培育线上线下结合的社区服务新模式。发展共享经济，规范发展网络约租车，积极推广在线租房等新业态，着力破除准入门槛高、服务规范难、个人征信缺失等瓶颈制约。发展基于互联网的文化、媒体和旅游等服务，培育形式多样的新型业态。积极推广基于移动互联网入口的城市服务，开展网上社保办理、个人社保权益查询、跨地区医保结算等互联网应用，让老百姓足不出户享受便捷高效的服务。

3．推广在线医疗卫生新模式。发展基于互联网的医疗卫生服务，支持第三方机构构建医学影像、健康档案、检验报告、电子病历等医疗信息共享服务平台，逐步建立跨医院的医疗数据共享交换标准体系。积极利用移动互联网提供在线预约诊疗、候诊提醒、划价缴费、诊疗报告查询、药品配送等便捷服务。引导医疗机构面向中小城市和农村地区开展基层检查、上级诊断等远程医疗服务。鼓励互联网企业与医疗机构合作建立医疗网络信息平台，加强区域医疗卫生服务资源整合，充分利用互联网、大数据等手段，提高重大疾病和突发公共卫生事件防控能力。积极探索互联网延伸医嘱、电子处方等网络医疗健康服务应用。鼓励有资质的医学检验机构、医疗服务机构联合互联网企业，发展基因检测、疾病预防等健康服务模式。

4．促进智慧健康养老产业发展。支持智能健康产品创新和应用，推广全面量化健康生活新方式。鼓励健康服务机构利用云计算、大数据等技术搭建公共信息平台，提供长期跟踪、预测预警的个性化健康管理服务。发展第三方在线健康市场调查、咨询评价、预防管理等应用服务，提升规范化和专业化运营水平。依托现有互联网资源和社会力量，以社区为基础，搭建养老信息服务网络平台，提供护理看护、健康管理、康复照料等居家养老服务。鼓励养老服务机构应用基于移动互联网的便携式体检、紧急呼叫监控等设备，提高养老服务水平。

5．探索新型教育服务供给方式。鼓励互联网企业与社会教育机构根据市场需求开发数字教育资源，提供网络化教育服务。鼓励学校利用数字教育资源及教育服务平台，逐步探索网络化教育新模式，扩大优质教育资源覆盖面，促进教育公平。鼓励学校通过与互联网企业合作等方式，对接线上线下教育资源，探索基础教育、职业教育等教育公共服务提供新方式。推动开展学历教育在线课程资源共享，推广大规模在线开放课程等网络学习模式，探索建立网络学习学分认定与学分转换等制度，加快推动高等教育服务模式变革。

（七）“互联网＋”高效物流。

加快建设跨行业、跨区域的物流信息服务平台，提高物流供需信息对接和使用效率。鼓励大数据、云计算在物流领域的应用，建设智能仓储体系，优化物流运作流程，提升物流仓储的自动化、智能化水平和运转效率，降低物流成本。（发展改革委、商务部、交通运输部、网信办等负责）

1．构建物流信息共享互通体系。发挥互联网信息集聚优势，聚合各类物流信息资源，鼓励骨干物流企业和第三方机构搭建面向社会的物流信息服务平台，整合仓储、运输和配送信息，开展物流全程监测、预警，提高物流安全、环保和诚信水平，统筹优化社会物流资源配置。构建互通省际、下达市县、兼顾乡村的物流信息互联网络，建立各类可开放数据的对接机制，加快完善物流信息交换开放标准体系，在更广范围促进物流信息充分共享与互联互通。

2．建设深度感知智能仓储系统。在各级仓储单元积极推广应用二维码、无线射频识别等物联网感知技术和大数据技术，实现仓储设施与货物的实时跟踪、网络化管理以及库存信息的高度共享，提高货物调度效率。鼓励应用智能化物流装备提升仓储、运输、分拣、包装等作业效率，提高各类复杂订单的出货处理能力，缓解货物囤积停滞瓶颈制约，提升仓储运管水平和效率。

3．完善智能物流配送调配体系。加快推进货运车联网与物流园区、仓储设施、配送网点等信息互联，促进人员、货源、车源等信息高效匹配，有效降低货车空驶率，提高配送效率。鼓励发展社区自提柜、冷链储藏柜、代收服务点等新型社区化配送模式，结合构建物流信息互联网络，加快推进县到村的物流配送网络和村级配送网点建设，解决物流配送“最后一公里”问题。

（八）“互联网＋”电子商务。

巩固和增强我国电子商务发展领先优势，大力发展农村电商、行业电商和跨境电商，进一步扩大电子商务发展空间。电子商务与其他产业的融合不断深化，网络化生产、流通、消费更加普及，标准规范、公共服务等支撑环境基本完善。（发展改革委、商务部、工业和信息化部、交通运输部、农业部、海关总署、税务总局、质检总局、网信办等负责）

1．积极发展农村电子商务。开展电子商务进农村综合示范，支持新型农业经营主体和农产品、农资批发市场对接电商平台，积极发展以销定产模式。完善农村电子商务配送及综合服务网络，着力解决农副产品标准化、物流标准化、冷链仓储建设等关键问题，发展农产品个性化定制服务。开展生鲜农产品和农业生产资料电子商务试点，促进农业大宗商品电子商务发展。

2．大力发展行业电子商务。鼓励能源、化工、钢铁、电子、轻纺、医药等行业企业，积极利用电子商务平台优化采购、分销体系，提升企业经营效率。推动各类专业市场线上转型，引导传统商贸流通企业与电子商务企业整合资源，积极向供应链协同平台转型。鼓励生产制造企业面向个性化、定制化消费需求深化电子商务应用，支持设备制造企业利用电子商务平台开展融资租赁服务，鼓励中小微企业扩大电子商务应用。按照市场化、专业化方向，大力推广电子招标投标。

3．推动电子商务应用创新。鼓励企业利用电子商务平台的大数据资源，提升企业精准营销能力，激发市场消费需求。建立电子商务产品质量追溯机制，建设电子商务售后服务质量检测云平台，完善互联网质量信息公共服务体系，解决消费者维权难、退货难、产品责任追溯难等问题。加强互联网食品药品市场监测监管体系建设，积极探索处方药电子商务销售和监管模式创新。鼓励企业利用移动社交、新媒体等新渠道，发展社交电商、“粉丝”经济等网络营销新模式。

4．加强电子商务国际合作。鼓励各类跨境电子商务服务商发展，完善跨境物流体系，拓展全球经贸合作。推进跨境电子商务通关、检验检疫、结汇等关键环节单一窗口综合服务体系建设。创新跨境权益保障机制，利用合格评定手段，推进国际互认。创新跨境电子商务管理，促进信息网络畅通、跨境物流便捷、支付及结汇无障碍、税收规范便利、市场及贸易规则互认互通。

（九）“互联网＋”便捷交通。

加快互联网与交通运输领域的深度融合，通过基础设施、运输工具、运行信息等互联网化，推进基于互联网平台的便捷化交通运输服务发展，显著提高交通运输资源利用效率和管理精细化水平，全面提升交通运输行业服务品质和科学治理能力。（发展改革委、交通运输部共同牵头）

1．提升交通运输服务品质。推动交通运输主管部门和企业将服务性数据资源向社会开放，鼓励互联网平台为社会公众提供实时交通运行状态查询、出行路线规划、网上购票、智能停车等服务，推进基于互联网平台的多种出行方式信息服务对接和一站式服务。加快完善汽车健康档案、维修诊断和服务质量信息服务平台建设。

2．推进交通运输资源在线集成。利用物联网、移动互联网等技术，进一步加强对公路、铁路、民航、港口等交通运输网络关键设施运行状态与通行信息的采集。推动跨地域、跨类型交通运输信息互联互通，推广船联网、车联网等智能化技术应用，形成更加完善的交通运输感知体系，提高基础设施、运输工具、运行信息等要素资源的在线化水平，全面支撑故障预警、运行维护以及调度智能化。

3．增强交通运输科学治理能力。强化交通运输信息共享，利用大数据平台挖掘分析人口迁徙规律、公众出行需求、枢纽客流规模、车辆船舶行驶特征等，为优化交通运输设施规划与建设、安全运行控制、交通运输管理决策提供支撑。利用互联网加强对交通运输违章违规行为的智能化监管，不断提高交通运输治理能力。

（十）“互联网＋”绿色生态。

推动互联网与生态文明建设深度融合，完善污染物监测及信息发布系统，形成覆盖主要生态要素的资源环境承载能力动态监测网络，实现生态环境数据互联互通和开放共享。充分发挥互联网在逆向物流回收体系中的平台作用，促进再生资源交易利用便捷化、互动化、透明化，促进生产生活方式绿色化（发展改革委、环境保护部、商务部、林业局等负责）

1．加强资源环境动态监测。针对能源、矿产资源、水、大气、森林、草原、湿地、海洋等各类生态要素，充分利用多维地理信息系统、智慧地图等技术，结合互联网大数据分析，优化监测站点布局，扩大动态监控范围，构建资源环境承载能力立体监控系统。依托现有互联网、云计算平台，逐步实现各级政府资源环境动态监测信息互联共享。加强重点用能单位能耗在线监测和大数据分析。

2．大力发展智慧环保。利用智能监测设备和移动互联网，完善污染物排放在线监测系统，增加监测污染物种类，扩大监测范围，形成全天候、多层次的智能多源感知体系。建立环境信息数据共享机制，统一数据交换标准，推进区域污染物排放、空气环境质量、水环境质量等信息公开，通过互联网实现面向公众的在线查询和定制推送。加强对企业环保信用数据的采集整理，将企业环保信用记录纳入全国统一的信用信息共享交换平台。完善环境预警和风险监测信息网络，提升重金属、危险废物、危险化学品等重点风险防范水平和应急处理能力。

3．完善废旧资源回收利用体系。利用物联网、大数据开展信息采集、数据分析、流向监测，优化逆向物流网点布局。支持利用电子标签、二维码等物联网技术跟踪电子废物流向，鼓励互联网企业参与搭建城市废弃物回收平台，创新再生资源回收模式。加快推进汽车保险信息系统、“以旧换再”管理系统和报废车管理系统的标准化、规范化和互联互通，加强废旧汽车及零部件的回收利用信息管理，为互联网企业开展业务创新和便民服务提供数据支撑。

4．建立废弃物在线交易系统。鼓励互联网企业积极参与各类产业园区废弃物信息平台建设，推动现有骨干再生资源交易市场向线上线下结合转型升级，逐步形成行业性、区域性、全国性的产业废弃物和再生资源在线交易系统，完善线上信用评价和供应链融资体系，开展在线竞价，发布价格交易指数，提高稳定供给能力，增强主要再生资源品种的定价权。

（十一）“互联网＋”人工智能。

依托互联网平台提供人工智能公共创新服务，加快人工智能核心技术突破，促进人工智能在智能家居、智能终端、智能汽车、机器人等领域的推广应用，培育若干引领全球人工智能发展的骨干企业和创新团队，形成创新活跃、开放合作、协同发展的产业生态。（发展改革委、科技部、工业和信息化部、网信办等负责）

1．培育发展人工智能新兴产业。建设支撑超大规模深度学习的新型计算集群，构建包括语音、图像、视频、地图等数据的海量训练资源库，加强人工智能基础资源和公共服务等创新平台建设。进一步推进计算机视觉、智能语音处理、生物特征识别、自然语言理解、智能决策控制以及新型人机交互等关键技术的研发和产业化，推动人工智能在智能产品、工业制造等领域规模商用，为产业智能化升级夯实基础。

2．推进重点领域智能产品创新。鼓励传统家居企业与互联网企业开展集成创新，不断提升家居产品的智能化水平和服务能力，创造新的消费市场空间。推动汽车企业与互联网企业设立跨界交叉的创新平台，加快智能辅助驾驶、复杂环境感知、车载智能设备等技术产品的研发与应用。支持安防企业与互联网企业开展合作，发展和推广图像精准识别等大数据分析技术，提升安防产品的智能化服务水平。

3．提升终端产品智能化水平。着力做大高端移动智能终端产品和服务的市场规模，提高移动智能终端核心技术研发及产业化能力。鼓励企业积极开展差异化细分市场需求分析，大力丰富可穿戴设备的应用服务，提升用户体验。推动互联网技术以及智能感知、模式识别、智能分析、智能控制等智能技术在机器人领域的深入应用，大力提升机器人产品在传感、交互、控制等方面的性能和智能化水平，提高核心竞争力。

三、保障支撑

（一）夯实发展基础。

1．巩固网络基础。加快实施“宽带中国”战略，组织实施国家新一代信息基础设施建设工程，推进宽带网络光纤化改造，加快提升移动通信网络服务能力，促进网间互联互通，大幅提高网络访问速率，有效降低网络资费，完善电信普遍服务补偿机制，支持农村及偏远地区宽带建设和运行维护，使互联网下沉为各行业、各领域、各区域都能使用，人、机、物泛在互联的基础设施。增强北斗卫星全球服务能力，构建天地一体化互联网络。加快下一代互联网商用部署，加强互联网协议第6版（IPv6）地址管理、标识管理与解析，构建未来网络创新试验平台。研究工业互联网网络架构体系，构建开放式国家创新试验验证平台。（发展改革委、工业和信息化部、财政部、国资委、网信办等负责）

2．强化应用基础。适应重点行业融合创新发展需求，完善无线传感网、行业云及大数据平台等新型应用基础设施。实施云计算工程，大力提升公共云服务能力，引导行业信息化应用向云计算平台迁移，加快内容分发网络建设，优化数据中心布局。加强物联网网络架构研究，组织开展国家物联网重大应用示范，鼓励具备条件的企业建设跨行业物联网运营和支撑平台。（发展改革委、工业和信息化部等负责）

3．做实产业基础。着力突破核心芯片、高端服务器、高端存储设备、数据库和中间件等产业薄弱环节的技术瓶颈，加快推进云操作系统、工业控制实时操作系统、智能终端操作系统的研发和应用。大力发展云计算、大数据等解决方案以及高端传感器、工控系统、人机交互等软硬件基础产品。运用互联网理念，构建以骨干企业为核心、产学研用高效整合的技术产业集群，打造国际先进、自主可控的产业体系。（工业和信息化部、发展改革委、科技部、网信办等负责）

4．保障安全基础。制定国家信息领域核心技术设备发展时间表和路线图，提升互联网安全管理、态势感知和风险防范能力，加强信息网络基础设施安全防护和用户个人信息保护。实施国家信息安全专项，开展网络安全应用示范，提高“互联网+”安全核心技术和产品水平。按照信息安全等级保护等制度和网络安全国家标准的要求，加强“互联网+”关键领域重要信息系统的安全保障。建设完善网络安全监测评估、监督管理、标准认证和创新能力体系。重视融合带来的安全风险，完善网络数据共享、利用等的安全管理和技术措施，探索建立以行政评议和第三方评估为基础的数据安全流动认证体系，完善数据跨境流动管理制度，确保数据安全。（网信办、发展改革委、科技部、工业和信息化部、公安部、安全部、质检总局等负责）

（二）强化创新驱动。

1．加强创新能力建设。鼓励构建以企业为主导，产学研用合作的“互联网+”产业创新网络或产业技术创新联盟。支持以龙头企业为主体，建设跨界交叉领域的创新平台，并逐步形成创新网络。鼓励国家创新平台向企业特别是中小企业在线开放，加大国家重大科研基础设施和大型科研仪器等网络化开放力度。（发展改革委、科技部、工业和信息化部、网信办等负责）

2．加快制定融合标准。按照共性先立、急用先行的原则，引导工业互联网、智能电网、智慧城市等领域基础共性标准、关键技术标准的研制及推广。加快与互联网融合应用的工控系统、智能专用装备、智能仪表、智能家居、车联网等细分领域的标准化工作。不断完善“互联网+”融合标准体系，同步推进国际国内标准化工作，增强在国际标准化组织（ISO）、国际电工委员会（IEC）和国际电信联盟（ITU）等国际组织中的话语权。（质检总局、工业和信息化部、网信办、能源局等负责）

3．强化知识产权战略。加强融合领域关键环节专利导航，引导企业加强知识产权战略储备与布局。加快推进专利基础信息资源开放共享，支持在线知识产权服务平台建设，鼓励服务模式创新，提升知识产权服务附加值，支持中小微企业知识产权创造和运用。加强网络知识产权和专利执法维权工作，严厉打击各种网络侵权假冒行为。增强全社会对网络知识产权的保护意识，推动建立“互联网+”知识产权保护联盟，加大对新业态、新模式等创新成果的保护力度。（知识产权局牵头）

4．大力发展开源社区。鼓励企业自主研发和国家科技计划（专项、基金等）支持形成的软件成果通过互联网向社会开源。引导教育机构、社会团体、企业或个人发起开源项目，积极参加国际开源项目，支持组建开源社区和开源基金会。鼓励企业依托互联网开源模式构建新型生态，促进互联网开源社区与标准规范、知识产权等机构的对接与合作。（科技部、工业和信息化部、质检总局、知识产权局等负责）

（三）营造宽松环境。

1．构建开放包容环境。贯彻落实《中共中央国务院关于深化体制机制改革加快实施创新驱动发展战略的若干意见》，放宽融合性产品和服务的市场准入限制，制定实施各行业互联网准入负面清单，允许各类主体依法平等进入未纳入负面清单管理的领域。破除行业壁垒，推动各行业、各领域在技术、标准、监管等方面充分对接，最大限度减少事前准入限制，加强事中事后监管。继续深化电信体制改革，有序开放电信市场，加快民营资本进入基础电信业务。加快深化商事制度改革，推进投资贸易便利化。（发展改革委、网

信办、教育部、科技部、工业和信息化部、民政部、商务部、卫生计生委、工商总局、质检总局等负责）

2．完善信用支撑体系。加快社会征信体系建设，推进各类信用信息平台无缝对接，打破信息孤岛。加强信用记录、风险预警、违法失信行为等信息资源在线披露和共享，为经营者提供信用信息查询、企业网上身份认证等服务。充分利用互联网积累的信用数据，对现有征信体系和评测体系进行补充和完善，为经济调节、市场监管、社会管理和公共服务提供有力支撑。（发展改革委、人民银行、工商总局、质检总局、网信办等负责）

3．推动数据资源开放。研究出台国家大数据战略，显著提升国家大数据掌控能力。建立国家政府信息开放统一平台和基础数据资源库，开展公共数据开放利用改革试点，出台政府机构数据开放管理规定。按照重要性和敏感程度分级分类，推进政府和公共信息资源开放共享，支持公众和小微企业充分挖掘信息资源的商业价值，促进互联网应用创新。（发展改革委、工业和信息化部、国务院办公厅、网信办等负责）

4．加强法律法规建设。针对互联网与各行业融合发展的新特点，加快“互联网+”相关立法工作，研究调整完善不适应“互联网+”发展和管理的现行法规及政策规定。落实加强网络信息保护和信息公开有关规定，加快推动制定网络安全、电子商务、个人信息保护、互联网信息服务管理等法律法规。完善反垄断法配套规则，进一步加大反垄断法执行力度，严格查处信息领域企业垄断行为，营造互联网公平竞争环境。（法制办、网信办、发展改革委、工业和信息化部、公安部、安全部、商务部、工商总局等负责）

（四）拓展海外合作。

1．鼓励企业抱团出海。结合“一带一路”等国家重大战略，支持和鼓励具有竞争优势的互联网企业联合制造、金融、信息通信等领域企业率先走出去，通过海外并购、联合经营、设立分支机构等方式，相互借力，共同开拓国际市场，推进国际产能合作，构建跨境产业链体系，增强全球竞争力。（发展改革委、外交部、工业和信息化部、商务部、网信办等负责）

2．发展全球市场应用。鼓励“互联网+”企业整合国内外资源，面向全球提供工业云、供应链管理、大数据分析等网络服务，培育具有全球影响力的“互联网+”应用平台。鼓励互联网企业积极拓展海外用户，推出适合不同市场文化的产品和服务。（商务部、发展改革委、工业和信息化部、网信办等负责）

3．增强走出去服务能力。充分发挥政府、产业联盟、行业协会及相关中介机构作用，形成支持“互联网+”企业走出去的合力。鼓励中介机构为企业拓展海外市场提供信息咨询、法律援助、税务中介等服务。支持行业协会、产业联盟与企业共同推广中国技术和中国标准，以技术标准走出去带动产品和服务在海外推广应用。（商务部、外交部、发展改革委、工业和信息化部、税务总局、质检总局、网信办等负责）

（五）加强智力建设。

1．加强应用能力培训。鼓励地方各级政府采用购买服务的方式，向社会提供互联网知识技能培训，支持相关研究机构和专家开展“互联网+”基础知识和应用培训。鼓励传统企业与互联网企业建立信息咨询、人才交流等合作机制，促进双方深入交流合作。加强制造业、农业等领域人才特别是企业高层管理人员的互联网技能培训，鼓励互联网人才与传统行业人才双向流动。（科技部、工业和信息化部、人力资源社会保障部、网信办等负责）

2．加快复合型人才培养。面向“互联网+”融合发展需求，鼓励高校根据发展需要和学校办学能力设置相关专业，注重将国内外前沿研究成果尽快引入相关专业教学中。鼓励各类学校聘请互联网领域高级人才作为兼职教师，加强“互联网+”领域实验教学。（教育部、发展改革委、科技部、工业和信息化部、人力资源社会保障部、网信办等负责）

3．鼓励联合培养培训。实施产学合作专业综合改革项目，鼓励校企、院企合作办学，推进“互联网+”专业技术人才培训。深化互联网领域产教融合，依托高校、科研机构、企业的智力资源和研究平台，建立一批联合实训基地。建立企业技术中心和院校对接机制，鼓励企业在院校建立“互联网+”研发机构和实验中心。（教育部、发展改革委、科技部、工业和信息化部、人力资源社会保障部、网信办等负责）

4．利用全球智力资源。充分利用现有人才引进计划和鼓励企业设立海外研发中心等多种方式，引进和培养一批“互联网+”领域高端人才。完善移民、签证等制度，形成有利于吸引人才的分配、激励和保障机制，为引进海外人才提供有利条件。支持通过任务外包、产业合作、学术交流等方式，充分利用全球互联网人才资源。吸引互联网领域领军人才、特殊人才、紧缺人才在我国创业创新和从事教学科研等活动。（人力资源社会保障部、发展改革委、教育部、科技部、网信办等负责）

（六）加强引导支持。

1．实施重大工程包。选择重点领域，加大中央预算内资金投入力度，引导更多社会资本进入，分步骤组织实施“互联网+”重大工程，重点促进以移动互联网、云计算、大数据、物联网为代表的新一代信息技术与制造、能源、服

务、农业等领域的融合创新，发展壮大新兴业态，打造新的产业增长点。(发展改革委牵头)

2．加大财税支持。充分发挥国家科技计划作用，积极投向符合条件的“互联网+”融合创新关键技术研发及应用示范。统筹利用现有财政专项资金，支持“互联网+”相关平台建设和应用示范等。加大政府部门采购云计算服务的力度，探索基于云计算的政务信息化建设运营新机制。鼓励地方政府创新风险补偿机制，探索“互联网+”发展的新模式。(财政部、税务总局、发展改革委、科技部、网信办等负责)

3．完善融资服务。积极发挥天使投资、风险投资基金等对“互联网+”的投资引领作用。开展股权众筹等互联网金融创新试点，支持小微企业发展。支持国家出资设立的有关基金投向“互联网+”，鼓励社会资本加大对相关创新型企业的投资。积极发展知识产权质押融资、信用保险保单融资增信等服务，鼓励通过债券融资方式支持“互联网+”发展，支持符合条件的“互联网+”企业发行公司债券。开展产融结合创新试点，探索股权和债权相结合的融资服务。降低创新型、成长型互联网企业的上市准入门槛，结合证券法修订和股票发行注册制改革，支持处于特定成长阶段、发展前景好但尚未盈利的互联网企业在创业板上市。推动银行业金融机构创新信贷产品与金融服务，加大贷款投放力度。鼓励开发性金融机构为“互联网+”重点项目建设提供有效融资支持。(人民银行、发展改革委、银监会、证监会、保监会、网信办、开发银行等负责)

(七) 做好组织实施。

1．加强组织领导。建立“互联网+”行动实施部际联席会议制度，统筹协调解决重大问题，切实推动行动的贯彻落实。联席会议设办公室，负责具体工作的组织推进。建立跨领域、跨行业的“互联网+”行动专家咨询委员会，为政府决策提供重要支撑。(发展改革委牵头)

2．开展试点示范。鼓励开展“互联网+”试点示范，推进“互联网+”区域化、链条化发展。支持全面创新改革试验区、中关村等国家自主创新示范区、国家现代农业示范区先行先试，积极开展“互联网+”创新政策试点，破除新兴产业行业准入、数据开放、市场监管等方面政策障碍，研究适应新兴业态特点的税收、保险政策，打造“互联网+”生态体系。(各部门、各地方政府负责)

3．有序推进实施。各地区、各部门要主动作为，完善服务，加强引导，以动态发展的眼光看待“互联网+”，在实践中大胆探索拓展，相互借鉴“互联网+”融合应用成功经验，促进“互联网+”新业态、新经济发展。有关部门要加强统筹规划，提高服务和管理能力。各地区要结合实际，研究制定适合本地的“互联网+”行动落实方案，因地制宜，合理定位，科学组织实施，杜绝盲目建设和重复投资，务实有序推进“互联网+”行动。(各部门、各地方政府负责)

国务院

2015年7月1日

国务院关于推进国际产能和装备制造合作的指导意见

国发〔2015〕30号

各省、自治区、直辖市人民政府，国务院各部委、各直属机构：

近年来，我国装备制造业持续快速发展，产业规模、技术水平和国际竞争力大幅提升，在世界上具有重要地位，国际产能和装备制造合作初见成效。当前，全球产业结构加速调整，基础设施建设方兴未艾，发展中国家大力推进工业化、城镇化进程，为推进国际产能和装备制造合作提供了重要机遇。为抓住有利时机，推进国际产能和装备制造合作，实现我国经济提质增效升级，现提出以下意见。

一、重要意义

(一) 推进国际产能和装备制造合作，是保持我国经济中高速增长和迈向中高端水平的重大举措。当前，我国经济发展进入新常态，对转变发展方式、调整经济结构提出了新要求。积极推进国际产能和装备制造合作，有利于促进优势产能对外合作，形成我国新的经济增长点，有利于促进企业不断提升技术、质量和服务水平，增强整体素质和核心竞争力，推动经济结构调整和产业转型升级，实现从产品输出向产业输出的提升。

(二) 推进国际产能和装备制造合作，是推动新一轮高水平对外开放、增强国际竞争优势的重要内容。当前，我国对外开放已经进入新阶段，加快铁路、电力等国际产能和装备制造合作，有利于统筹国内国际两个大局，提升开放型经济发展水平，有利于实施“一带一路”、中非“三网一化”合作等重大战略。

（三）推进国际产能和装备制造合作，是开展互利合作的重要抓手。当前，全球基础设施建设掀起新热潮，发展中国家工业化、城镇化进程加快，积极开展境外基础设施建设和产能投资合作，有利于深化我国与有关国家的互利合作，促进当地经济和社会发展。

二、总体要求

（四）指导思想和总体思路。全面贯彻落实党的十八大和十八届二中、三中、四中全会精神，按照党中央、国务院决策部署，适应经济全球化新形势，着眼全球经济发展新格局，把握国际经济合作新方向，将我国产业优势和资金优势与国外需求相结合，以企业为主体，以市场为导向，加强政府统筹协调，创新对外合作机制，加大政策支持力度，健全服务保障体系，大力推进国际产能和装备制造合作，有力促进国内经济发展、产业转型升级，拓展产业发展新空间，打造经济增长新动力，开创对外开放新局面。

（五）基本原则。

坚持企业主导、政府推动。以企业为主体、市场为导向，按照国际惯例和商业原则开展国际产能和装备制造合作，企业自主决策、自负盈亏、自担风险。政府加强统筹协调，制定发展规划，改革管理方式，提高便利化水平，完善支持政策，营造良好环境，为企业“走出去”创造有利条件。

坚持突出重点、有序推进。国际产能和装备制造合作要选择制造能力强、技术水平高、国际竞争优势明显、国际市场有需求的领域为重点，近期以亚洲周边国家和非洲国家为主要方向，根据不同国家和行业的特点，有针对性地采用贸易、承包工程、投资等多种方式有序推进。

坚持注重实效、互利共赢。推动我装备、技术、标准和服务“走出去”，促进国内经济发展和产业转型升级。践行正确义利观，充分考虑所在国国情和实际需求，注重与当地政府和企业互利合作，创造良好的经济和社会效益，实现互利共赢、共同发展。

坚持积极稳妥、防控风险。根据国家经济外交整体战略，进一步强化我国比较优势，在充分掌握和论证相关国家政治、经济和社会情况基础上，积极谋划、合理布局，有力有序有效地向前推进，防止一哄而起、盲目而上、恶性竞争，切实防控风险，提高国际产能和装备制造合作的效用和水平。

（六）主要目标。力争到2020年，与重点国家产能合作机制基本建立，一批重点产能合作项目取得明显进展，形成若干境外产能合作示范基地。推进国际产能和装备制造合作的体制机制进一步完善，支持政策更加有效，服务保障能力全面提升。形成一批有国际竞争力和市场开拓能力的骨干企业。国际产能和装备制造合作的经济和社会效益进一步提升，对国内经济发展和产业转型升级的促进作用明显增强。

三、主要任务

（七）总体任务。将与我装备和产能契合度高、合作愿望强烈、合作条件和基础好的发展中国家作为重点国别，并积极开拓发达国家市场，以点带面，逐步扩展。将钢铁、有色、建材、铁路、电力、化工、轻纺、汽车、通信、工程机械、航空航天、船舶和海洋工程等作为重点行业，分类实施，有序推进。

（八）立足国内优势，推动钢铁、有色行业对外产能合作。结合国内钢铁行业结构调整，以成套设备出口、投资、收购、承包工程等方式，在资源条件好、配套能力强、市场潜力大的重点国家建设炼铁、炼钢、钢材等钢铁生产基地，带动钢铁装备对外输出。结合境外矿产资源开发，延伸下游产业链，开展铜、铝、铅、锌等有色金属冶炼和深加工，带动成套设备出口。

（九）结合当地市场需求，开展建材行业优势产能国际合作。根据国内产业结构调整的需要，发挥国内行业骨干企业、工程建设企业的作用，在有市场需求、生产能力不足的发展中国家，以投资方式为主，结合设计、工程建设、设备供应等多种方式，建设水泥、平板玻璃、建筑卫生陶瓷、新型建材、新型房屋等生产线，提高所在国工业生产能力，增加当地市场供应。

（十）加快铁路“走出去”步伐，拓展轨道交通装备国际市场。以推动和实施周边铁路互联互通、非洲铁路重点区域网络建设及高速铁路项目为重点，发挥我在铁路设计、施工、装备供应、运营维护及融资等方面的综合优势，积极开展一揽子合作。积极开发和实施城市轨道交通项目，扩大城市轨道交通车辆国际合作。在有条件的重点国家建立装配、维修基地和研发中心。加快轨道交通装备企业整合，提升骨干企业国际经营能力和综合实力。

（十一）大力开发和实施境外电力项目，提升国际市场竞争力。加大电力“走出去”力度，积极开拓有关国家火电和水电市场，鼓励以多种方式参与重大电力项目合作，扩大国产火电、水电装备和技术出口规模。积极与有关国家开展核电领域交流与磋商，推进重点项目合作，带动核电成套装备和技术出口。积极参与有关国家风电、太阳能光伏项目的投资和建设，带动风电、光伏发电国际产能和装备制造合作。积极开展境外电网项目投资、建设和运营，带动输变电设备出口。

（十二）加强境外资源开发，推动化工重点领域境外投资。充分发挥国内技术和产能优势，在市场需求大、资源条件好的发展中国家，加强资源开发和产业投资，建设石化、化肥、农药、轮胎、煤化工等生产线。以满足当地市场需求为重点，开展化工下游精深加工，延伸产业链，建设绿色生产基地，带动国内成套设备出口。

（十三）发挥竞争优势，提高轻工纺织行业国际合作水平。发挥轻纺行业较强的国际竞争优势，在有条件的国家，依托当地农产品、畜牧业资源建立加工厂，在劳动力资源丰富、生产成本低、靠近目标市场的国家投资建设棉纺、化纤、家电、食品加工等轻纺行业项目，带动相关行业装备出口。在境外条件较好的工业园区，形成上下游配套、集群式发展的轻纺产品加工基地。把握好合作节奏和尺度，推动国际合作与国内产业转型升级良性互动。

（十四）通过境外设厂等方式，加快自主品牌汽车走向国际市场。积极开拓发展中国家汽车市场，推动国产大型客车、载重汽车、小型客车、轻型客车出口。在市场潜力大、产业配套强的国家设立汽车生产厂和组装厂，建立当地分销网络和维修维护中心，带动自主品牌汽车整车及零部件出口，提升品牌影响力。鼓励汽车企业在欧美发达国家设立汽车技术和工程研发中心，同国外技术实力强的企业开展合作，提高自主品牌汽车的研发和制造技术水平。

（十五）推动创新升级，提高信息通信行业国际竞争力。发挥大型通信和网络设备制造企业的国际竞争优势，巩固传统优势市场，开拓发达国家市场，以用户为核心，以市场为导向，加强与当地运营商、集团用户的合作，强化设计研发、技术支持、运营维护、信息安全的体系建设，提高在全球通信和网络设备市场的竞争力。鼓励电信运营企业、互联网企业采取兼并收购、投资建设、设施运营等方式“走出去”，在海外建设运营信息网络、数据中心等基础设施，与通信和网络制造企业合作。鼓励企业在海外设立研发机构，利用全球智力资源，加强新一代信息技术的研发。

（十六）整合优势资源，推动工程机械等制造企业完善全球业务网络。加大工程机械、农业机械、石油装备、机床工具等制造企业的市场开拓力度，积极开展融资租赁等业务，结合境外重大建设项目的实施，扩大出口。鼓励企业在有条件的国家投资建厂，完善运营维护服务网络建设，提高综合竞争能力。支持企业同具有品牌、技术和市场优势的国外企业合作，鼓励在发达国家设立研发中心，提高机械制造企业产品的品牌影响力和技术水平。

（十七）加强对外合作，推动航空航天装备对外输出。大力开拓发展中国家航空市场，在亚洲、非洲条件较好的国家探索设立合资航空运营企业，建设后勤保障基地，逐步形成区域航空运输网，打造若干个辐射周边国家的区域航空中心，加快与有关国家开展航空合作，带动国产飞机出口。积极开拓发达国家航空市场，推动通用飞机出口。支持优势航空企业投资国际先进制造和研发企业，建立海外研发中心，提高国产飞机的质量和水平。加强与发展中国家航天合作，积极推进对外发射服务。加强与发达国家在卫星设计、零部件制造、有效载荷研制等方面的合作，支持有条件的企业投资国外特色优势企业。

（十八）提升产品和服务水平，开拓船舶和海洋工程装备高端市场。发挥船舶产能优势，在巩固中低端船舶市场的同时，大力开拓高端船舶和海洋工程装备市场，支持有实力的企业投资建厂、建立海外研发中心及销售服务基地，提高船舶高端产品的研发和制造能力，提升深海半潜式钻井平台、浮式生产储卸装置、海洋工程船舶、液化天然气船等产品国际竞争力。

四、提高企业“走出去”能力和水平

（十九）发挥企业市场主体作用。各类企业包括民营企业要结合自身发展需要和优势，坚持以市场为导向，按照商业原则和国际惯例，明确工作重点，制定实施方案，积极开展国际产能和装备制造合作，为我拓展国际发展新空间作出积极贡献。

（二十）拓展对外合作方式。在继续发挥传统工程承包优势的同时，充分发挥我资金、技术优势，积极开展“工程承包＋融资”、“工程承包＋融资＋运营”等合作，有条件的项目鼓励采用BOT、PPP等方式，大力开拓国际市场，开展装备制造合作。与具备条件的国家合作，形成合力，共同开发第三方市场。国际产能合作要根据所在国的实际和特点，灵活采取投资、工程建设、技术合作、技术援助等多种方式，与所在国政府和企业开展合作。

（二十一）创新商业运作模式。积极参与境外产业集聚区、经贸合作区、工业园区、经济特区等合作园区建设，营造基础设施相对完善、法律政策配套的具有集聚和辐射效应的良好区域投资环境，引导国内企业抱团出海、集群式“走出去”。通过互联网借船出海，借助互联网企业境外市场、营销网络平台，开辟新的商业渠道。通过以大带小合作出海，鼓励大企业率先走向国际市场，带动一批中小配套企业“走出去”，构建全产业链战略联盟，形成综合竞争优势。

（二十二）提高境外经营能力和水平。认真做好所在国政治、经济、法律、市场的分析和评估，加强项目可行性研究和论证，建立效益风险评估机制，注重经济性和可持续性，完善内部投资决策程序，落实各方面配套条件，精心组织实施。做好风险应对预案，妥善防范和化解项目执行中的各类风险。鼓励扎根当地、致力于长期发展，在企业用工、采购等方面努力提高本地化水平，加强当地员工培训，积极促进当地就业和经济发展。

（二十三）规范企业境外经营行为。企业要认真遵守所在国法律法规，尊重当地文化、宗教和习俗，保障员工合法权益，做好知识产权保护，坚持诚信经营，抵制商业贿赂。注重资源节约利用和生态环境保护，承担社会责任，为当地经济和社会发展积极作贡献，实现与所在国的互利共赢、共同发展。建立企业境外经营活动考核机制，推动信用制度建设。加强企业间的协调与合作，遵守公平竞争的市场秩序，坚决防止无序和恶性竞争。

五、加强政府引导和推动

（二十四）加强统筹指导和协调。根据国家经济社会发展总体规划，结合“一带一路”建设、周边基础设施互联互通、中非“三网一化”合作等，制定国际产能合作规划，明确重点方向，指导企业有重点、有目标、有组织地开展对外工作。

（二十五）完善对外合作机制。充分发挥现有多双边高层合作机制的作用，与重点国家建立产能合作机制，加强政府间交流协调以及与相关国际和地区组织的合作，搭建政府和企业对外合作平台，推动国际产能和装备制造合作取得积极进展。完善与有关国家在投资保护、金融、税收、海关、人员往来等方面合作机制，为国际产能和装备制造合作提供全方位支持和综合保障。

（二十六）改革对外合作管理体制。进一步加大简政放权力度，深化境外投资管理制度改革，取消境外投资审批，除敏感类投资外，境外投资项目和设立企业全部实行告知性备案，做好事中事后监管工作。完善对中央和地方国有企业的境外投资管理方式，从注重事前管理向加强事中事后监管转变。完善对外承包工程管理，为企业开展对外合作创造便利条件。

（二十七）做好外交服务工作。外交部门和驻外使领馆要进一步做好驻在国政府和社会各界的工作，加强对我企业的指导、协调和服务，及时提供国别情况、有关国家合作意向和合作项目等有效信息，做好风险防范和领事保护工作。

（二十八）建立综合信息服务平台。完善信息共享制度，指导相关机构建立公共信息平台，全面整合政府、商协会、企业、金融机构、中介服务机构等信息资源，及时发布国家“走出去”有关政策，以及全面准确的国外投资环境、产业发展和政策、市场需求、项目合作等信息，为企业“走出去”提供全方位的综合信息支持和服务。

（二十九）积极发挥地方政府作用。地方政府要结合本地区产业发展、结构调整和产能情况，制定有针对性的工作方案，指导和鼓励本地区有条件的企业积极有序推进国际产能和装备制造合作。

六、加大政策支持力度

（三十）完善财税支持政策。加快与有关国家商签避免双重征税协定，实现重点国家全覆盖。

（三十一）发挥优惠贷款作用。根据国际产能和装备制造合作需要，支持企业参与大型成套设备出口、工程承包和大型投资项目。

（三十二）加大金融支持力度。发挥政策性银行和开发性金融机构的积极作用，通过银团贷款、出口信贷、项目融资等多种方式，加大对国际产能和装备制造合作的融资支持力度。鼓励商业性金融机构按照商业可持续和风险可控原则，为国际产能和装备制造合作项目提供融资支持，创新金融产品，完善金融服务。鼓励金融机构开展PPP项目贷款业务，提升我国高铁、核电等重大装备和产能“走出去”的综合竞争力。鼓励国内金融机构提高对境外资产或权益的处置能力，支持“走出去”企业以境外资产和股权、矿权等权益为抵押获得贷款，提高企业融资能力。加强与相关国家的监管协调，降低和消除准入壁垒，支持中资金融机构加快境外分支机构和服务网点布局，提高融资服务能力。加强与国际金融机构的对接与协调，共同开展境外重大项目合作。

（三十三）发挥人民币国际化积极作用。支持国家开发银行、中国进出口银行和境内商业银行在境外发行人民币债券并在境外使用，取消在境外发行人民币债券的地域限制。加快建设人民币跨境支付系统，完善人民币全球清算服务体系，便利企业使用人民币进行跨境合作和投资。鼓励在境外投资、对外承包工程、大型成套设备出口、大宗商品贸易及境外经贸合作区等使用人民币计价结算，降低“走出去”的货币错配风险。推动人民币在“一带一路”建设中的使用，有序拓宽人民币回流渠道。

（三十四）扩大融资资金来源。支持符合条件的企业和金融机构通过发行股票、债券、资产证券化产品在境内外市场募集资金，用于“走出去”项目。实行境外发债备案制，募集低成本外汇资金，更好地支持企业“走出去”资金需求。

（三十五）增加股权投资来源。发挥中国投资有限责任公司作用，设立业务覆盖全球的股权投资公司（即中投海外直接投资公司）。充分发挥丝路基金、中非基金、东盟基金、中投海外直接投资公司等作用，以股权投资、债务融资等方式，积极支持国际产能和装备制造合作项目。鼓励境内私募股权基金管理机构“走出去”，充分发挥其支持企业“走出去”开展绿地投资、并购投资等的作用。

（三十六）加强和完善出口信用保险。建立出口信用保险支持大型成套设备的长期制度性安排，对风险可控的项目实现应保尽保。发挥好中长期出口信用保险的风险保障作用，扩大保险覆盖面，以有效支持大型成套设备出口，带动优势产能“走出去”。

七、强化服务保障和风险防控

（三十七）加快中国标准国际化推广。提高中国标准国际化水平，加快认证认可国际互认进程。积极参与国际标准和区域标准制定，推动与主要贸易国之间的标准互认。尽早完成高铁、电力、工程机械、化工、有色、建材等行业技术标准外文版翻译，加大中国标准国际化推广力度，推动相关产品认证认可结果互认和采信。

（三十八）强化行业协会和中介机构作用。鼓励行业协会、商会、中介机构发挥积极作用，为企业“走出去”提供市场化、社会化、国际化的法律、会计、税务、投资、咨询、知识产权、风险评估和认证等服务。建立行业自律与政府监管相结合的管理体系，完善中介服务执业规则与管理制度，提高中介机构服务质量，强化中介服务机构的责任。

（三十九）加快人才队伍建设。加大跨国经营管理人才培训力度，坚持企业自我培养与政府扶持相结合，培养一批复合型跨国经营管理人才。以培养创新型科技人才为先导，加快重点行业专业技术人才队伍建设。加大海外高层次人才引进力度，建立人才国际化交流平台，为国际产能和装备制造合作提供人才支撑。

（四十）做好政策阐释工作。积极发挥国内传统媒体和互联网新媒体作用，及时准确通报信息。加强与国际主流媒体交流合作，做好与所在国当地媒体、智库、非政府组织的沟通工作，阐释平等合作、互利共赢、共同发展的合作理念，积极推介我国装备产品、技术、标准和优势产业。

（四十一）加强风险防范和安全保障。建立健全支持“走出去”的风险评估和防控机制，定期发布重大国别风险评估报告，及时警示和通报有关国家政治、经济和社会重大风险，提出应对预案和防范措施，妥善应对国际产能和装备制造合作重大风险。综合运用外交、经济、法律等手段，切实维护我国企业境外合法权益。充分发挥境外中国公民和机构安全保护工作部际联席会议制度的作用，完善境外安全风险预警机制和突发安全事件应急处理机制，及时妥善解决和处置各类安全问题，切实保障公民和企业的境外安全。

国务院

2015 年 5 月 13 日

国务院关于印发《中国制造 2025》的通知

国发〔2015〕28 号

各省、自治区、直辖市人民政府，国务院各部委、各直属机构：

现将《中国制造 2025》印发给你们，请认真贯彻执行。

国务院

2015 年 5 月 8 日

中国制造 2025

制造业是国民经济的主体，是立国之本、兴国之器、强国之基。十八世纪中叶开启工业文明以来，世界强国的兴衰史和中华民族的奋斗史一再证明，没有强大的制造业，就没有国家和民族的强盛。打造具有国际竞争力的制造业，是我国提升综合国力、保障国家安全、建设世界强国的必由之路。

新中国成立尤其是改革开放以来，我国制造业持续快速发展，建成了门类齐全、独立完整的产业体系，有力推动工业化和现代化进程，显著增强综合国力，支撑我世界大国地位。然而，与世界先进水平相比，我国制造业仍然大而不强，在自主创新能力、资源利用效率、产业结构水平、信息化程度、质量效益等方面差距明显，转型升级和跨越发展的任务紧迫而艰巨。

当前，新一轮科技革命和产业变革与我国加快转变经济发展方式形成历史性交汇，国际产业分工格局正在重塑。必须紧紧抓住这一重大历史机遇，按照“四个全面”战略布局要求，实施制造强国战略，加强统筹规划和前瞻部署，力争通过三个十年的努力，到新中国成立一百年时，把我国建设成为引领世界制造业发展的制造强国，为实现中华民族伟大复兴的中国梦打下坚实基础。

《中国制造 2025》，是我国实施制造强国战略第一个十年的行动纲领。

一、发展形势和环境

（一）全球制造业格局面临重大调整。

新一代信息技术与制造业深度融合，正在引发影响深远的产业变革，形成新的生产方式、产业形态、商业模式和经济增长点。各国都在加大科技创新力度，推动三维（3D）打印、移动互联网、云计算、大数据、生物工程、新能源、新材料等领域取得新突破。基于信息物理系统的智能装备、智能工厂等智能制造正在引领制造方式变革；网络众包、协同设计、大规模个性化定制、精准供应链管理、全生命周期管理、电子商务等正在重塑产业价值链体系；可穿戴智能产品、智能家电、智能汽车等智能终端产品不断拓展制造业新领域。我国制造业转型升级、创新发展迎来重大机遇。

全球产业竞争格局正在发生重大调整，我国在新一轮发展中面临巨大挑战。国际金融危机发生后，发达国家纷纷实施“再工业化”战略，重塑制造业竞争新优势，加速推进新一轮全球贸易投资新格局。一些发展中国家也在加快谋划和布局，积极参与全球产业再分工，承接产业及资本转移，拓展国际市场空间。我国制造业面临发达国家和其他发展中国家“双向挤压”的严峻挑战，必须放眼全球，加紧战略部署，着眼建设制造强国，固本培元，化挑战为机遇，抢占制造业新一轮竞争制高点。

（二）我国经济发展环境发生重大变化。

随着新型工业化、信息化、城镇化、农业现代化同步推进，超大规模内需潜力不断释放，为我国制造业发展提供了广阔空间。各行业新的装备需求、人民群众新的消费需求、社会管理和公共服务新的民生需求、国防建设新的安全需求，都要求制造业在重大技术装备创新、消费品质量和安全、公共服务设施设备供给和国防装备保障等方面迅速提升水平和能力。全面深化改革和进一步扩大开放，将不断激发制造业发展活力和创造力，促进制造业转型升级。

我国经济发展进入新常态，制造业发展面临新挑战。资源和环境约束不断强化，劳动力等生产要素成本不断上升，投资和出口增速明显放缓，主要依靠资源要素投入、规模扩张的粗放发展模式难以为继，调整结构、转型升级、提质增效刻不容缓。形成经济增长新动力，塑造国际竞争新优势，重点在制造业，难点在制造业，出路也在制造业。

（三）建设制造强国任务艰巨而紧迫。

经过几十年的快速发展，我国制造业规模跃居世界第一位，建立起门类齐全、独立完整的制造体系，成为支撑我国经济社会发展的重要基石和促进世界经济发展的重要力量。持续的技术创新，大大提高了我国制造业的综合竞争力。载人航天、载人深潜、大型飞机、北斗卫星导航、超级计算机、高铁装备、百万千瓦级发电装备、万米深海石油钻探设备等一批重大技术装备取得突破，形成了若干具有国际竞争力的优势产业和骨干企业，我国已具备了建设工业强国的基础和条件。

但我国仍处于工业化进程中，与先进国家相比还有较大差距。制造业大而不强，自主创新能力弱，关键核心技术与高端装备对外依存度高，以企业为主体的制造业创新体系不完善；产品档次不高，缺乏世界知名品牌；资源能源利用效率低，环境污染问题较为突出；产业结构不合理，高端装备制造业和生产性服务业发展滞后；信息化水平不高，与工业化融合深度不够；产业国际化程度不高，企业全球化经营能力不足。推进制造强国建设，必须着力解决以上问题。

建设制造强国，必须紧紧抓住当前难得的战略机遇，积极应对挑战，加强统筹规划，突出创新驱动，制定特殊政策，发挥制度优势，动员全社会力量奋力拼搏，更多依靠中国装备、依托中国品牌，实现中国制造向中国创造的转变，中国速度向中国质量的转变，中国产品向中国品牌的转变，完成中国制造由大变强的战略任务。

二、战略方针和目标

（一）指导思想。

全面贯彻党的十八大和十八届二中、三中、四中全会精神，坚持走中国特色新型工业化道路，以促进制造业创新发展为主题，以提质增效为中心，以加快新一代信息技术与制造业深度融合为主线，以推进智能制造为主攻方向，以满足经济社会发展和国防建设对重大技术装备的需求为目标，强化工业基础能力，提高综合集成水平，完善多层次多类型人才培养体系，促进产业转型升级，培育有中国特色的制造文化，实现制造业由大变强的历史跨越。基本方针是：

——创新驱动。坚持把创新摆在制造业发展全局的核心位置，完善有利于创新的制度环境，推动跨领域跨行业协同创新，突破一批重点领域关键共性技术，促进制造业数字化网络化智能化，走创新驱动的发展道路。

——质量为先。坚持把质量作为建设制造强国的生命线，强化企业质量主体责任，加强质量技术攻关、自主品牌培育。建设法规标准体系、质量监管体系、先进质量文化，营造诚信经营的市场环境，走以质取胜的发展道路。

——绿色发展。坚持把可持续发展作为建设制造强国的重要着力点，加强节能环保技术、工艺、装备推广应用，全面推行清洁生产。发展循环经济，提高资源回收利用效率，构建绿色制造体系，走生态文明的发展道路。

——结构优化。坚持把结构调整作为建设制造强国的关键环节，大力发展先进制造业，改造提升传统产业，推动生产型制造向服务型制造转变。优化产业空间布局，培育一批具有核心竞争力的产业集群和企业群体，走提质增效的发展道路。

——人才为本。坚持把人才作为建设制造强国的根本，建立健全科学合理的选人、用人、育人机制，加快培养制造业发展急需的专业技术人才、经营管理人才、技能人才。营造大众创业、万众创新的氛围，建设一支素质优良、结构合理的制造业人才队伍，走人才引领的发展道路。

（二）基本原则。

市场主导，政府引导。全面深化改革，充分发挥市场在资源配置中的决定性作用，强化企业主体地位，激发企业活力和创造力。积极转变政府职能，加强战略研究和规划引导，完善相关支持政策，为企业发展创造良好环境。

立足当前，着眼长远。针对制约制造业发展的瓶颈和薄弱环节，加快转型升级和提质增效，切实提高制造业的核心竞争力和可持续发展能力。准确把握新一轮科技革命和产业变革趋势，加强战略谋划和前瞻部署，扎扎实实打基础，在未来竞争中占据制高点。

整体推进，重点突破。坚持制造业发展全国一盘棋和分类指导相结合，统筹规划，合理布局，明确创新发展方向，促进军民融合深度发展，加快推动制造业整体水平提升。围绕经济社会发展和国家安全重大需求，整合资源，突出重点，实施若干重大工程，实现率先突破。

自主发展，开放合作。在关系国计民生和产业安全的基础性、战略性、全局性领域，着力掌握关键核心技术，完善产业链条，形成自主发展能力。继续扩大开放，积极利用全球资源和市场，加强产业全球布局和国际交流合作，形成新的比较优势，提升制造业开放发展水平。

（三）战略目标。

立足国情，立足现实，力争通过“三步走”实现制造强国的战略目标。

第一步：力争用十年时间，迈入制造强国行列。

到 2020 年，基本实现工业化，制造业大国地位进一步巩固，制造业信息化水平大幅提升。掌握一批重点领域关键核心技术，优势领域竞争力进一步增强，产品质量有较大提高。制造业数字化、网络化、智能化取得明显进展。重点行业单位工业增加值能耗、物耗及污染物排放明显下降。

到 2025 年，制造业整体素质大幅提升，创新能力显著增强，全员劳动生产率明显提高，两化（工业化和信息化）融合迈上新台阶。重点行业单位工业增加值能耗、物耗及污染物排放达到世界先进水平。形成一批具有较强国际竞争力的跨国公司和产业集群，在全球产业分工和价值链中的地位明显提升。

第二步：到 2035 年，我国制造业整体达到世界制造强国阵营中等水平。创新能力大幅提升，重点领域发展取得重大突破，整体竞争力明显增强，优势行业形成全球创新引领能力，全面实现工业化。

第三步：新中国成立一百年时，制造业大国地位更加巩固，综合实力进入世界制造强国前列。制造业主要领域具有创新引领能力和明显竞争优势，建成全球领先的技术体系和产业体系。

2020 年和 2025 年制造业主要指标

类别	指标	2013 年	2015 年	2020 年	2025 年
创新能力	规模以上制造业研发经费内部支出占主营业务收入比重（%）	0.88	0.95	1.26	1.68
	规模以上制造业每亿元主营业务收入有效发明专利数[1]（件）	0.36	0.44	0.70	1.10
质量效益	制造业质量竞争力指数[2]	83.1	83.5	84.5	85.5
	制造业增加值率提高	–	–	比 2015 年提高 2 个百分点	比 2015 年提高 4 个百分点
	制造业全员劳动生产率增速（%）	–	–	7.5 左右（“十三五”期间年均增速）	6.5 左右（“十四五”期间年均增速）
两化融合	宽带普及率[3]（%）	37	50	70	82
	数字化研发设计工具普及率[4]（%）	52	58	72	84
	关键工序数控化率5（%）	27	33	50	64
绿色发展	规模以上单位工业增加值能耗下降幅度	–	–	比 2015 年下降 18%	比 2015 年下降 34%
	单位工业增加值二氧化碳排放量下降幅度	–	–	比 2015 年下降 22%	比 2015 年下降 40%

类别	指标	2013年	2015年	2020年	2025年
绿色发展	单位工业增加值用水量下降幅度	–	–	比2015年下降23%	比2015年下降41%
	工业固体废物综合利用率（%）	62	65	73	79

[1] 规模以上制造业每亿元主营业务收入有效发明专利数＝规模以上制造企业有效发明专利数／规模以上制造企业主营业务收入。

[2] 制造业质量竞争力指数是反映我国制造业质量整体水平的经济技术综合指标，由质量水平和发展能力两个方面共计12项具体指标计算得出。

[3] 宽带普及率用固定宽带家庭普及率代表，固定宽带家庭普及率＝固定宽带家庭用户数／家庭户数。

[4] 数字化研发设计工具普及率＝应用数字化研发设计工具的规模以上企业数量／规模以上企业总数量（相关数据来源于3万家样本企业，下同）。

[5] 关键工序数控化率为规模以上工业企业关键工序数控化率的平均值。

三、战略任务和重点

实现制造强国的战略目标，必须坚持问题导向，统筹谋划，突出重点；必须凝聚全社会共识，加快制造业转型升级，全面提高发展质量和核心竞争力。

（一）提高国家制造业创新能力。

完善以企业为主体、市场为导向、政产学研用相结合的制造业创新体系。围绕产业链部署创新链，围绕创新链配置资源链，加强关键核心技术攻关，加速科技成果产业化，提高关键环节和重点领域的创新能力。

加强关键核心技术研发。强化企业技术创新主体地位，支持企业提升创新能力，推进国家技术创新示范企业和企业技术中心建设，充分吸纳企业参与国家科技计划的决策和实施。瞄准国家重大战略需求和未来产业发展制高点，定期研究制定发布制造业重点领域技术创新路线图。继续抓紧实施国家科技重大专项，通过国家科技计划（专项、基金等）支持关键核心技术研发。发挥行业骨干企业的主导作用和高等院校、科研院所的基础作用，建立一批产业创新联盟，开展政产学研用协同创新，攻克一批对产业竞争力整体提升具有全局性影响、带动性强的关键共性技术，加快成果转化。

提高创新设计能力。在传统制造业、战略性新兴产业、现代服务业等重点领域开展创新设计示范，全面推广应用以绿色、智能、协同为特征的先进设计技术。加强设计领域共性关键技术研发，攻克信息化设计、过程集成设计、复杂过程和系统设计等共性技术，开发一批具有自主知识产权的关键设计工具软件，建设完善创新设计生态系统。建设若干具有世界影响力的创新设计集群，培育一批专业化、开放型的工业设计企业，鼓励代工企业建立研究设计中心，向代设计和出口自主品牌产品转变。发展各类创新设计教育，设立国家工业设计奖，激发全社会创新设计的积极性和主动性。

推进科技成果产业化。完善科技成果转化运行机制，研究制定促进科技成果转化和产业化的指导意见，建立完善科技成果信息发布和共享平台，健全以技术交易市场为核心的技术转移和产业化服务体系。完善科技成果转化激励机制，推动事业单位科技成果使用、处置和收益管理改革，健全科技成果科学评估和市场定价机制。完善科技成果转化协同推进机制，引导政产学研用按照市场规律和创新规律加强合作，鼓励企业和社会资本建立一批从事技术集成、熟化和工程化的中试基地。加快国防科技成果转化和产业化进程，推进军民技术双向转移转化。

完善国家制造业创新体系。加强顶层设计，加快建立以创新中心为核心载体、以公共服务平台和工程数据中心为重要支撑的制造业创新网络，建立市场化的创新方向选择机制和鼓励创新的风险分担、利益共享机制。充分利用现有科技资源，围绕制造业重大共性需求，采取政府与社会合作、政产学研用产业创新战略联盟等新机制新模式，形成一批制造业创新中心（工业技术研究基地），开展关键共性重大技术研究和产业化应用示范。建设一批促进制造业协同创新的公共服务平台，规范服务标准，开展技术研发、检验检测、技术评价、技术交易、质量认证、人才培训等专业化服务，促进科技成果转化和推广应用。建设重点领域制造业工程数据中心，为企业提供创新知识和工程数据的开放共享服务。面向制造业关键共性技术，建设一批重大科学研究和实验设施，提高核心企业系统集成能力，促进向价值链高端延伸。

专栏1　制造业创新中心（工业技术研究基地）建设工程

围绕重点行业转型升级和新一代信息技术、智能制造、增材制造、新材料、生物医药等领域创新发展的重大共性需求，形成一批制造业创新中心（工业技术研究基地），重点开展行业基础和共性关键技术研发、成果产业化、人才培训等工作。制定完善制造业创新中心遴选、考核、管理的标准和程序。

到2020年，重点形成15家左右制造业创新中心（工业技术研究基地），力争到2025年形成40家左右制造业创新中心（工业技术研究基地）。

加强标准体系建设。改革标准体系和标准化管理体制，组织实施制造业标准化提升计划，在智能制造等重点领域开展综合标准化工作。发挥企业在标准制定中的重要作用，支持组建重点领域标准推进联盟，建设标准创新研究基地，协同推进产品研发与标准制定。制定满足市场和创新需要的团体标准，建立企业产品和服务标准自我声明公开和监督制度。鼓励和支持企业、科研院所、行业组织等参与国际标准制定，加快我国标准国际化进程。大力推动国防装备采用先进的民用标准，推动军用技术标准向民用领域的转化和应用。做好标准的宣传贯彻，大力推动标准实施。

强化知识产权运用。加强制造业重点领域关键核心技术知识产权储备，构建产业化导向的专利组合和战略布局。鼓励和支持企业运用知识产权参与市场竞争，培育一批具备知识产权综合实力的优势企业，支持组建知识产权联盟，推动市场主体开展知识产权协同运用。稳妥推进国防知识产权解密和市场化应用。建立健全知识产权评议机制，鼓励和支持行业骨干企业与专业机构在重点领域合作开展专利评估、收购、运营、风险预警与应对。构建知识产权综合运用公共服务平台。鼓励开展跨国知识产权许可。研究制定降低中小企业知识产权申请、保护及维权成本的政策措施。

（二）推进信息化与工业化深度融合。

加快推动新一代信息技术与制造技术融合发展，把智能制造作为两化深度融合的主攻方向；着力发展智能装备和智能产品，推进生产过程智能化，培育新型生产方式，全面提升企业研发、生产、管理和服务的智能化水平。

研究制定智能制造发展战略。编制智能制造发展规划，明确发展目标、重点任务和重大布局。加快制定智能制造技术标准，建立完善智能制造和两化融合管理标准体系。强化应用牵引，建立智能制造产业联盟，协同推动智能装备和产品研发、系统集成创新与产业化。促进工业互联网、云计算、大数据在企业研发设计、生产制造、经营管理、销售服务等全流程和全产业链的综合集成应用。加强智能制造工业控制系统网络安全保障能力建设，健全综合保障体系。

加快发展智能制造装备和产品。组织研发具有深度感知、智慧决策、自动执行功能的高档数控机床、工业机器人、增材制造装备等智能制造装备以及智能化生产线，突破新型传感器、智能测量仪表、工业控制系统、伺服电机及驱动器和减速器等智能核心装置，推进工程化和产业化。加快机械、航空、船舶、汽车、轻工、纺织、食品、电子等行业生产设备的智能化改造，提高精准制造、敏捷制造能力。统筹布局和推动智能交通工具、智能工程机械、服务机器人、智能家电、智能照明电器、可穿戴设备等产品研发和产业化。

推进制造过程智能化。在重点领域试点建设智能工厂／数字化车间，加快人机智能交互、工业机器人、智能物流管理、增材制造等技术和装备在生产过程中的应用，促进制造工艺的仿真优化、数字化控制、状态信息实时监测和自适应控制。加快产品全生命周期管理、客户关系管理、供应链管理系统的推广应用，促进集团管控、设计与制造、产供销一体、业务和财务衔接等关键环节集成，实现智能管控。加快民用爆炸物品、危险化学品、食品、印染、稀土、农药等重点行业智能检测监管体系建设，提高智能化水平。

深化互联网在制造领域的应用。制定互联网与制造业融合发展的路线图，明确发展方向、目标和路径。发展基于互联网的个性化定制、众包设计、云制造等新型制造模式，推动形成基于消费需求动态感知的研发、制造和产业组织方式。建立优势互补、合作共赢的开放型产业生态体系。加快开展物联网技术研发和应用示范，培育智能监测、远程诊断管理、全产业链追溯等工业互联网新应用。实施工业云及工业大数据创新应用试点，建设一批高质量的工业云服务和工业大数据平台，推动软件与服务、设计与制造资源、关键技术与标准的开放共享。

加强互联网基础设施建设。加强工业互联网基础设施建设规划与布局，建设低时延、高可靠、广覆盖的工业互联网。加快制造业集聚区光纤网、移动通信网和无线局域网的部署和建设，实现信息网络宽带升级，提高企业宽带接入能力。针对信息物理系统网络研发及应用需求，组织开发智能控制系统、工业应用软件、故障诊断软件和相关工具、传感和通信系统协议，实现人、设备与产品的实时联通、精确识别、有效交互与智能控制。

专栏2 智能制造工程

紧密围绕重点制造领域关键环节，开展新一代信息技术与制造装备融合的集成创新和工程应用。支持政产学研用联合攻关，开发智能产品和自主可控的智能装置并实现产业化。依托优势企业，紧扣关键工序智能化、关键岗位机器人替代、生产过程智能优化控制、供应链优化，建设重点领域智能工厂／数字化车间。在基础条件好、需求迫切的重点地区、行业和企业中，分类实施流程制造、离散制造、智能装备和产品、新业态新模式、智能化管理、智能化服务等试点示范及应用推广。建立智能制造标准体系和信息安全保障系统，搭建智能制造网络系统平台。

到2020年，制造业重点领域智能化水平显著提升，试点示范项目运营成本降低30%，产品生产周期缩短30%，不良品率降低30%。到2025年，制造业重点领域全面实现智能化，试点示范项目运营成本降低50%，产品生产周期缩短50%，不良品率降低50%。

（三）强化工业基础能力。

核心基础零部件（元器件）、先进基础工艺、关键基础材料和产业技术基础（以下统称“四基”）等工业基础能力薄弱，是制约我国制造业创新发展和质量提升的症结所在。要坚持问题导向、产需结合、协同创新、重点突破的原则，着力破解制约重点产业发展的瓶颈。

统筹推进“四基”发展。制定工业强基实施方案，明确重点方向、主要目标和实施路径。制定工业“四基”发展指导目录，发布工业强基发展报告，组织实施工业强基工程。统筹军民两方面资源，开展军民两用技术联合攻关，支持军民技术相互有效利用，促进基础领域融合发展。强化基础领域标准、计量体系建设，加快实施对标达标，提升基础产品的质量、可靠性和寿命。建立多部门协调推进机制，引导各类要素向基础领域集聚。

加强“四基”创新能力建设。强化前瞻性基础研究，着力解决影响核心基础零部件（元器件）产品性能和稳定性的关键共性技术。建立基础工艺创新体系，利用现有资源建立关键共性基础工艺研究机构，开展先进成型、加工等关键制造工艺联合攻关；支持企业开展工艺创新，培养工艺专业人才。加大基础专用材料研发力度，提高专用材料自给保障能力和制备技术水平。建立国家工业基础数据库，加强企业试验检测数据和计量数据的采集、管理、应用和积累。加大对“四基”领域技术研发的支持力度，引导产业投资基金和创业投资基金投向“四基”领域重点项目。

推动整机企业和“四基”企业协同发展。注重需求侧激励，产用结合，协同攻关。依托国家科技计划（专项、基金等）和相关工程等，在数控机床、轨道交通装备、航空航天、发电设备等重点领域，引导整机企业和“四基”企业、高校、科研院所产需对接，建立产业联盟，形成协同创新、产用结合、以市场促基础产业发展的新模式，提升重大装备自主可控水平。开展工业强基示范应用，完善首台（套）、首批次政策，支持核心基础零部件（元器件）、先进基础工艺、关键基础材料推广应用。

专栏 3　工业强基工程

开展示范应用，建立奖励和风险补偿机制，支持核心基础零部件（元器件）、先进基础工艺、关键基础材料的首批次或跨领域应用。组织重点突破，针对重大工程和重点装备的关键技术和产品急需，支持优势企业开展政产学研用联合攻关，突破关键基础材料、核心基础零部件的工程化、产业化瓶颈。强化平台支撑，布局和组建一批”四基”研究中心，创建一批公共服务平台，完善重点产业技术基础体系。

到 2020 年，40% 的核心基础零部件、关键基础材料实现自主保障，受制于人的局面逐步缓解，航天装备、通信装备、发电与输变电设备、工程机械、轨道交通装备、家用电器等产业急需的核心基础零部件（元器件）和关键基础材料的先进制造工艺得到推广应用。到 2025 年，70% 的核心基础零部件、关键基础材料实现自主保障，80 种标志性先进工艺得到推广应用，部分达到国际领先水平，建成较为完善的产业技术基础服务体系，逐步形成整机牵引和基础支撑协调互动的产业创新发展格局。

（四）加强质量品牌建设。

提升质量控制技术，完善质量管理机制，夯实质量发展基础，优化质量发展环境，努力实现制造业质量大幅提升。鼓励企业追求卓越品质，形成具有自主知识产权的名牌产品，不断提升企业品牌价值和中国制造整体形象。

推广先进质量管理技术和方法。建设重点产品标准符合性认定平台，推动重点产品技术、安全标准全面达到国际先进水平。开展质量标杆和领先企业示范活动，普及卓越绩效、六西格玛、精益生产、质量诊断、质量持续改进等先进生产管理模式和方法。支持企业提高质量在线监测、在线控制和产品全生命周期质量追溯能力。组织开展重点行业工艺优化行动，提升关键工艺过程控制水平。开展质量管理小组、现场改进等群众性质量管理活动示范推广。加强中小企业质量管理，开展质量安全培训、诊断和辅导活动。

加快提升产品质量。实施工业产品质量提升行动计划，针对汽车、高档数控机床、轨道交通装备、大型成套技术装备、工程机械、特种设备、关键原材料、基础零部件、电子元器件等重点行业，组织攻克一批长期困扰产品质量提升的关键共性质量技术，加强可靠性设计、试验与验证技术开发应用，推广采用先进成型和加工方法、在线检测装置、智能化生产和物流系统及检测设备等，使重点实物产品的性能稳定性、质量可靠性、环境适应性、使用寿命等指标达到国际同类产品先进水平。在食品、药品、婴童用品、家电等领域实施覆盖产品全生命周期的质量管理、质量自我声明和质量追溯制度，保障重点消费品质量安全。大力提高国防装备质量可靠性，增强国防装备实战能力。

完善质量监管体系。健全产品质量标准体系、政策规划体系和质量管理法律法规。加强关系民生和安全等重点领域的行业准入与市场退出管理。建立消费品生产经营企业产品事故强制报告制度，健全质量信用信息收集和发布制度，强化企业质量主体责任。将质量违法违规记录作为企业诚信评级的重要内容，建立质量黑名单制度，加大对质量违法和假冒品牌行为的打击和惩处力度。建立区域和行业质量安全预警制度，防范化解产品质量安全风险。严格实施产品“三包”、产品召回等制度。强化监管检查和责任追究，切实保护消费者权益。

夯实质量发展基础。制定和实施与国际先进水平接轨的制造业质量、安全、卫生、环保及节能标准。加强计量科技基础及前沿技术研究，建立一批制造业发展急需的高准确度、高稳定性计量基标准，提升与制造业相关的国家量传溯源能力。加强国家产业计量测试中心建设，构建国家计量科技创新体系。完善检验检测技术保障体系，建设一批高水平的工业产品质量控制和技术评价实验室、产品质量监督检验中心，鼓励建立专业检测技术联盟。完善认证认可管理模式，提高强制性产品认证的有效性，推动自愿性产品认证健康发展，提升管理体系认证水平，稳步推进国际互认。支持行业组织发布自律规范或公约，开展质量信誉承诺活动。

推进制造业品牌建设。引导企业制定品牌管理体系，围绕研发创新、生产制造、质量管理和营销服务全过程，提升内在素质，夯实品牌发展基础。扶持一批品牌培育和运营专业服务机构，开展品牌管理咨询、市场推广等服务。健全集体商标、证明商标注册管理制度。打造一批特色鲜明、竞争力强、市场信誉好的产业集群区域品牌。建设品牌文化，引导企业增强以质量和信誉为核心的品牌意识，树立品牌消费理念，提升品牌附加值和软实力。加速我国品牌价值评价国际化进程，充分发挥各类媒体作用，加大中国品牌宣传推广力度，树立中国制造品牌良好形象。

（五）全面推行绿色制造。

加大先进节能环保技术、工艺和装备的研发力度，加快制造业绿色改造升级；积极推行低碳化、循环化和集约化，提高制造业资源利用效率；强化产品全生命周期绿色管理，努力构建高效、清洁、低碳、循环的绿色制造体系。

加快制造业绿色改造升级。全面推进钢铁、有色、化工、建材、轻工、印染等传统制造业绿色改造，大力研发推广余热余压回收、水循环利用、重金属污染减量化、有毒有害原料替代、废渣资源化、脱硫脱硝除尘等绿色工艺技术装备，加快应用清洁高效铸造、锻压、焊接、表面处理、切削等加工工艺，实现绿色生产。加强绿色产品研发应用，推广轻量化、低功耗、易回收等技术工艺，持续提升电机、锅炉、内燃机及电器等终端用能产品能效水平，加快淘汰落后机电产品和技术。积极引领新兴产业高起点绿色发展，大幅降低电子信息产品生产、使用能耗及限用物质含量，建设绿色数据中心和绿色基站，大力促进新材料、新能源、高端装备、生物产业绿色低碳发展。

推进资源高效循环利用。支持企业强化技术创新和管理，增强绿色精益制造能力，大幅降低能耗、物耗和水耗水平。持续提高绿色低碳能源使用比率，开展工业园区和企业分布式绿色智能微电网建设，控制和削减化石能源消费量。全面推行循环生产方式，促进企业、园区、行业间链接共生、原料互供、资源共享。推进资源再生利用产业规范化、规模化发展，强化技术装备支撑，提高大宗工业固体废弃物、废旧金属、废弃电器电子产品等综合利用水平。大力发展再制造产业，实施高端再制造、智能再制造、在役再制造，推进产品认定，促进再制造产业持续健康发展。

积极构建绿色制造体系。支持企业开发绿色产品，推行生态设计，显著提升产品节能环保低碳水平，引导绿色生产和绿色消费。建设绿色工厂，实现厂房集约化、原料无害化、生产洁净化、废物资源化、能源低碳化。发展绿色园区，推进工业园区产业耦合，实现近零排放。打造绿色供应链，加快建立以资源节约、环境友好为导向的采购、生产、营销、回收及物流体系，落实生产者责任延伸制度。壮大绿色企业，支持企业实施绿色战略、绿色标准、绿色管理和绿色生产。强化绿色监管，健全节能环保法规、标准体系，加强节能环保监察，推行企业社会责任报告制度，开展绿色评价。

专栏4　绿色制造工程

组织实施传统制造业能效提升、清洁生产、节水治污、循环利用等专项技术改造。开展重大节能环保、资源综合利用、再制造、低碳技术产业化示范。实施重点区域、流域、行业清洁生产水平提升计划，扎实推进大气、水、土壤污染源头防治专项。制定绿色产品、绿色工厂、绿色园区、绿色企业标准体系，开展绿色评价。

到2020年，建成千家绿色示范工厂和百家绿色示范园区，部分重化工行业能源资源消耗出现拐点，重点行业主要污染物排放强度下降20%。到2025年，制造业绿色发展和主要产品单耗达到世界先进水平，绿色制造体系基本建立。

（六）大力推动重点领域突破发展。

瞄准新一代信息技术、高端装备、新材料、生物医药等战略重点，引导社会各类资源集聚，推动优势和战略产业快速发展。

1．新一代信息技术产业。

集成电路及专用装备。着力提升集成电路设计水平，不断丰富知识产权（IP）核和设计工具，突破关系国家信息与网络安全及电子整机产业发展的核心通用芯片，提升国产芯片的应用适配能力。掌握高密度封装及三维（3D）微组装技术，提升封装产业和测试的自主发展能力。形成关键制造装备供货能力。

信息通信设备。掌握新型计算、高速互联、先进存储、体系化安全保障等核心技术，全面突破第五代移动通信（5G）技术、核心路由交换技术、超高速大容量智能光传输技术、“未来网络”核心技术和体系架构，积极推动量子计算、神经网络等发展。研发高端服务器、大容量存储、新型路由交换、新型智能终端、新一代基站、网络安全等设备，推动核心信息通信设备体系化发展与规模化应用。

操作系统及工业软件。开发安全领域操作系统等工业基础软件。突破智能设计与仿真及其工具、制造物联与服务、工业大数据处理等高端工业软件核心技术，开发自主可控的高端工业平台软件和重点领域应用软件，建立完善工业软件集成标准与安全测评体系。推进自主工业软件体系化发展和产业化应用。

2．高档数控机床和机器人。

高档数控机床。开发一批精密、高速、高效、柔性数控机床与基础制造装备及集成制造系统。加快高档数控机床、增材制造等前沿技术和装备的研发。以提升可靠性、精度保持性为重点，开发高档数控系统、伺服电机、轴承、光栅等主要功能部件及关键应用软件，加快实现产业化。加强用户工艺验证能力建设。

机器人。围绕汽车、机械、电子、危险品制造、国防军工、化工、轻工等工业机器人、特种机器人，以及医疗健康、家庭服务、教育娱乐等服务机器人应用需求，积极研发新产品，促进机器人标准化、模块化发展，扩大市场应用。突破机器人本体、减速器、伺服电机、控制器、传感器与驱动器等关键零部件及系统集成设计制造等技术瓶颈。

3．航空航天装备。

航空装备。加快大型飞机研制，适时启动宽体客机研制，鼓励国际合作研制重型直升机；推进干支线飞机、直升机、无人机和通用飞机产业化。突破高推重比、先进涡桨（轴）发动机及大涵道比涡扇发动机技术，建立发动机自主发展工业体系。开发先进机载设备及系统，形成自主完整的航空产业链。

航天装备。发展新一代运载火箭、重型运载器，提升进入空间能力。加快推进国家民用空间基础设施建设，发展新型卫星等空间平台与有效载荷、空天地宽带互联网系统，形成长期持续稳定的卫星遥感、通信、导航等空间信息服务能力。推动载人航天、月球探测工程，适度发展深空探测。推进航天技术转化与空间技术应用。

4．海洋工程装备及高技术船舶。大力发展深海探测、资源开发利用、海上作业保障装备及其关键系统和专用设备。推动深海空间站、大型浮式结构物的开发和工程化。形成海洋工程装备综合试验、检测与鉴定能力，提高海洋开发利用水平。突破豪华邮轮设计建造技术，全面提升液化天然气船等高技术船舶国际竞争力，掌握重点配套设备集成化、智能化、模块化设计制造核心技术。

5．先进轨道交通装备。加快新材料、新技术和新工艺的应用，重点突破体系化安全保障、节能环保、数字化智能化网络化技术，研制先进可靠适用的产品和轻量化、模块化、谱系化产品。研发新一代绿色智能、高速重载轨道交通装备系统，围绕系统全寿命周期，向用户提供整体解决方案，建立世界领先的现代轨道交通产业体系。

6．节能与新能源汽车。继续支持电动汽车、燃料电池汽车发展，掌握汽车低碳化、信息化、智能化核心技术，提升动力电池、驱动电机、高效内燃机、先进变速器、轻量化材料、智能控制等核心技术的工程化和产业化能力，形成从关键零部件到整车的完整工业体系和创新体系，推动自主品牌节能与新能源汽车同国际先进水平接轨。

7．电力装备。推动大型高效超净排放煤电机组产业化和示范应用，进一步提高超大容量水电机组、核电机组、重型燃气轮机制造水平。推进新能源和可再生能源装备、先进储能装置、智能电网用输变电及用户端设备发展。突破大功率电力电子器件、高温超导材料等关键元器件和材料的制造及应用技术，形成产业化能力。

8．农机装备。重点发展粮、棉、油、糖等大宗粮食和战略性经济作物育、耕、种、管、收、运、贮等主要生产过程使用的先进农机装备，加快发展大型拖拉机及其复式作业机具、大型高效联合收割机等高端农业装备及关键核心零部件。提高农机装备信息收集、智能决策和精准作业能力，推进形成面向农业生产的信息化整体解决方案。

9．新材料。以特种金属功能材料、高性能结构材料、功能性高分子材料、特种无机非金属材料和先进复合材料为发展重点，加快研发先进熔炼、凝固成型、气相沉积、型材加工、高效合成等新材料制备关键技术和装备，加强基础研究和体系建设，突破产业化制备瓶颈。积极发展军民共用特种新材料，加快技术双向转移转化，促进新材料产业军民融合发展。高度关注颠覆性新材料对传统材料的影响，做好超导材料、纳米材料、石墨烯、生物基材料等战略前沿材料提前布局和研制。加快基础材料升级换代。

10．生物医药及高性能医疗器械。发展针对重大疾病的化学药、中药、生物技术药物新产品，重点包括新机制和新靶点化学药、抗体药物、抗体偶联药物、全新结构蛋白及多肽药物、新型疫苗、临床优势突出的创新中药及个性化治疗药物。提高医疗器械的创新能力和产业化水平，重点发展影像设备、医用机器人等高性能诊疗设备，全降解血管支架等高值医用耗材，可穿戴、远程诊疗等移动医疗产品。实现生物 3D 打印、诱导多能干细胞等新技术的突破和应用。

专栏 5　高端装备创新工程

组织实施大型飞机、航空发动机及燃气轮机、民用航天、智能绿色列车、节能与新能源汽车、海洋工程装备及高技术船舶、智能电网成套装备、高档数控机床、核电装备、高端诊疗设备等一批创新和产业化专项、重大工程。开发一批标志性、带动性强的重点产品和重大装备，提升自主设计水平和系统集成能力，突破共性关键技术与工程化、产业化瓶颈，组织开展应用试点和示范，提高创新发展能力和国际竞争力，抢占竞争制高点。

到 2020 年，上述领域实现自主研制及应用。到 2025

年，自主知识产权高端装备市场占有率大幅提升，核心技术对外依存度明显下降，基础配套能力显著增强，重要领域装备达到国际领先水平。

（七）深入推进制造业结构调整。

推动传统产业向中高端迈进，逐步化解过剩产能，促进大企业与中小企业协调发展，进一步优化制造业布局。

持续推进企业技术改造。明确支持战略性重大项目和高端装备实施技术改造的政策方向，稳定中央技术改造引导资金规模，通过贴息等方式，建立支持企业技术改造的长效机制。推动技术改造相关立法，强化激励约束机制，完善促进企业技术改造的政策体系。支持重点行业、高端产品、关键环节进行技术改造，引导企业采用先进适用技术，优化产品结构，全面提升设计、制造、工艺、管理水平，促进钢铁、石化、工程机械、轻工、纺织等产业向价值链高端发展。研究制定重点产业技术改造投资指南和重点项目导向计划，吸引社会资金参与，优化工业投资结构。围绕两化融合、节能降耗、质量提升、安全生产等传统领域改造，推广应用新技术、新工艺、新装备、新材料，提高企业生产技术水平和效益。

稳步化解产能过剩矛盾。加强和改善宏观调控，按照“消化一批、转移一批、整合一批、淘汰一批”的原则，分业分类施策，有效化解产能过剩矛盾。加强行业规范和准入管理，推动企业提升技术装备水平，优化存量产能。加强对产能严重过剩行业的动态监测分析，建立完善预警机制，引导企业主动退出过剩行业。切实发挥市场机制作用，综合运用法律、经济、技术及必要的行政手段，加快淘汰落后产能。

促进大中小企业协调发展。强化企业市场主体地位，支持企业间战略合作和跨行业、跨区域兼并重组，提高规模化、集约化经营水平，培育一批核心竞争力强的企业集团。激发中小企业创业创新活力，发展一批主营业务突出、竞争力强、成长性好、专注于细分市场的专业化“小巨人”企业。发挥中外中小企业合作园区示范作用，利用双边、多边中小企业合作机制，支持中小企业走出去和引进来。引导大企业与中小企业通过专业分工、服务外包、订单生产等多种方式，建立协同创新、合作共赢的协作关系。推动建设一批高水平的中小企业集群。

优化制造业发展布局。落实国家区域发展总体战略和主体功能区规划，综合考虑资源能源、环境容量、市场空间等因素，制定和实施重点行业布局规划，调整优化重大生产力布局。完善产业转移指导目录，建设国家产业转移信息服务平台，创建一批承接产业转移示范园区，引导产业合理有序转移，推动东中西部制造业协调发展。积极推动京津冀和长江经济带产业协同发展。按照新型工业化的要求，改造提升现有制造业集聚区，推动产业集聚向产业集群转型升级。建设一批特色和优势突出、产业链协同高效、核心竞争力强、公共服务体系健全的新型工业化示范基地。

（八）积极发展服务型制造和生产性服务业。

加快制造与服务的协同发展，推动商业模式创新和业态创新，促进生产型制造向服务型制造转变。大力发展与制造业紧密相关的生产性服务业，推动服务功能区和服务平台建设。

推动发展服务型制造。研究制定促进服务型制造发展的指导意见，实施服务型制造行动计划。开展试点示范，引导和支持制造业企业延伸服务链条，从主要提供产品制造向提供产品和服务转变。鼓励制造业企业增加服务环节投入，发展个性化定制服务、全生命周期管理、网络精准营销和在线支持服务等。支持有条件的企业由提供设备向提供系统集成总承包服务转变，由提供产品向提供整体解决方案转变。鼓励优势制造业企业“裂变”专业优势，通过业务流程再造，面向行业提供社会化、专业化服务。支持符合条件的制造业企业建立企业财务公司、金融租赁公司等金融机构，推广大型制造设备、生产线等融资租赁服务。

加快生产性服务业发展。大力发展面向制造业的信息技术服务，提高重点行业信息应用系统的方案设计、开发、综合集成能力。鼓励互联网等企业发展移动电子商务、在线定制、线上到线下等创新模式，积极发展对产品、市场的动态监控和预测预警等业务，实现与制造业企业的无缝对接，创新业务协作流程和价值创造模式。加快发展研发设计、技术转移、创业孵化、知识产权、科技咨询等科技服务业，发展壮大第三方物流、节能环保、检验检测认证、电子商务、服务外包、融资租赁、人力资源服务、售后服务、品牌建设等生产性服务业，提高对制造业转型升级的支撑能力。

强化服务功能区和公共服务平台建设。建设和提升生产性服务业功能区，重点发展研发设计、信息、物流、商务、金融等现代服务业，增强辐射能力。依托制造业集聚区，建设一批生产性服务业公共服务平台。鼓励东部地区企业加快制造业服务化转型，建立生产服务基地。支持中西部地区发展具有特色和竞争力的生产性服务业，加快产业转移承接地服务配套设施和能力建设，实现制造业和服务业协同发展。

（九）提高制造业国际化发展水平。

统筹利用两种资源、两个市场，实行更加积极的开放战略，将引进来与走出去更好结合，拓展新的开放领域和空间，提升国际合作的水平和层次，推动重点产业国际化布局，引导企业提高国际竞争力。

提高利用外资与国际合作水平。进一步放开一般制造业，优化开放结构，提高开放水平。引导外资投向新一代信息技术、高端装备、新材料、生物医药等高端制造领域，鼓励境外企业和科研机构在我国设立全球研发机构。支持符合条件的企业在境外发行股票、债券，鼓励与境外企业开展多种形式的技术合作。

提升跨国经营能力和国际竞争力。支持发展一批跨国公司，通过全球资源利用、业务流程再造、产业链整合、资本市场运作等方式，加快提升核心竞争力。支持企业在境外开展并购和股权投资、创业投资，建立研发中心、实验基地和全球营销及服务体系；依托互联网开展网络协同设计、精准营销、增值服务创新、媒体品牌推广等，建立全球产业链体系，提高国际化经营能力和服务水平。鼓励优势企业加快发展国际总承包、总集成。引导企业融入当地文化，增强社会责任意识，加强投资和经营风险管理，提高企业境外本土化能力。

深化产业国际合作，加快企业走出去。加强顶层设计，制定制造业走出去发展总体战略，建立完善统筹协调机制。积极参与和推动国际产业合作，贯彻落实丝绸之路经济带和 21 世纪海上丝绸之路等重大战略部署，加快推进与周边国家互联互通基础设施建设，深化产业合作。发挥沿边开放优势，在有条件的国家和地区建设一批境外制造业合作园区。坚持政府推动、企业主导，创新商业模式，鼓励高端装备、先进技术、优势产能向境外转移。加强政策引导，推动产业合作由加工制造环节为主向合作研发、联合设计、市场营销、品牌培育等高端环节延伸，提高国际合作水平。创新加工贸易模式，延长加工贸易国内增值链条，推动加工贸易转型升级。

四、战略支撑与保障

建设制造强国，必须发挥制度优势，动员各方面力量，进一步深化改革，完善政策措施，建立灵活高效的实施机制，营造良好环境；必须培育创新文化和中国特色制造文化，推动制造业由大变强。

（一）深化体制机制改革。

全面推进依法行政，加快转变政府职能，创新政府管理方式，加强制造业发展战略、规划、政策、标准等制定和实施，强化行业自律和公共服务能力建设，提高产业治理水平。简政放权，深化行政审批制度改革，规范审批事项，简化程序，明确时限；适时修订政府核准的投资项目目录，落实企业投资主体地位。完善政产学研用协同创新机制，改革技术创新管理体制机制和项目经费分配、成果评价和转化机制，促进科技成果资本化、产业化，激发制造业创新活力。加快生产要素价格市场化改革，完善主要由市场决定价格的机制，合理配置公共资源；推行节能量、碳排放权、排污权、水权交易制度改革，加快资源税从价计征，推动环境保护费改税。深化国有企业改革，完善公司治理结构，有序发展混合所有制经济，进一步破除各种形式的行业垄断，取消对非公有制经济的不合理限制。稳步推进国防科技工业改革，推动军民融合深度发展。健全产业安全审查机制和法规体系，加强关系国民经济命脉和国家安全的制造业重要领域投融资、并购重组、招标采购等方面的安全审查。

（二）营造公平竞争市场环境。

深化市场准入制度改革，实施负面清单管理，加强事中事后监管，全面清理和废止不利于全国统一市场建设的政策措施。实施科学规范的行业准入制度，制定和完善制造业节能节地节水、环保、技术、安全等准入标准，加强对国家强制性标准实施的监督检查，统一执法，以市场化手段引导企业进行结构调整和转型升级。切实加强监管，打击制售假冒伪劣行为，严厉惩处市场垄断和不正当竞争行为，为企业创造良好生产经营环境。加快发展技术市场，健全知识产权创造、运用、管理、保护机制。完善淘汰落后产能工作涉及的职工安置、债务清偿、企业转产等政策措施，健全市场退出机制。进一步减轻企业负担，实施涉企收费清单制度，建立全国涉企收费项目库，取缔各种不合理收费和摊派，加强监督检查和问责。推进制造业企业信用体系建设，建设中国制造信用数据库，建立健全企业信用动态评价、守信激励和失信惩戒机制。强化企业社会责任建设，推行企业产品标准、质量、安全自我声明和监督制度。

（三）完善金融扶持政策。

深化金融领域改革，拓宽制造业融资渠道，降低融资成本。积极发挥政策性金融、开发性金融和商业金融的优势，加大对新一代信息技术、高端装备、新材料等重点领域的支持力度。支持中国进出口银行在业务范围内加大对制造业走出去的服务力度，鼓励国家开发银行增加对制造业企业的贷款投放，引导金融机构创新符合制造业企业特点的产品和业务。健全多层次资本市场，推动区域性股权市场规范发展，支持符合条件的制造业企业在境内外上市融资、发行各类债务融资工具。引导风险投资、私募股权投资等支持制造业企业创新发展。鼓励符合条件的制造业贷款和租赁资产开展证券化试点。支持重点领域大型制造业企业集团开展产融结合试点，通过融资租赁方式促进制造业转型升级。探索开发适合制造业发展的保险产品和服务，鼓励发展贷款保证保险和信用保险业务。在风险可控和商业可持续的前提下，通过内保外贷、外汇及人民币贷款、债权融资、股权融资等方式，加大对制造业企业在境外开展资源勘探开发、设立研发中心和高技术企业以及收购兼并等的支持力度。

（四）加大财税政策支持力度。

充分利用现有渠道，加强财政资金对制造业的支持，重点投向智能制造、“四基”发展、高端装备等制造业转型升级的关键领域，为制造业发展创造良好政策环境。运用政府和社会资本合作（PPP）模式，引导社会资本参与制造业重大项目建设、企业技术改造和关键基础设施建设。创新财政资金支持方式，逐步从“补建设”向“补运营”转变，提高财政资金使用效益。深化科技计划（专项、基金等）管理改革，支持制造业重点领域科技研发和示范应用，促进制造业技术创新、转型升级和结构布局调整。完善和落实支持创新的政府采购政策，推动制造业创新产品的研发和规模化应用。落实和完善使用首台（套）重大技术装备等鼓励政策，健全研制、使用单位在产品创新、增值服务和示范应用等环节的激励约束机制。实施有利于制造业转型升级的税收政策，推进增值税改革，完善企业研发费用计核方法，切实减轻制造业企业税收负担。

（五）健全多层次人才培养体系。

加强制造业人才发展统筹规划和分类指导，组织实施制造业人才培养计划，加大专业技术人才、经营管理人才和技能人才的培养力度，完善从研发、转化、生产到管理的人才培养体系。以提高现代经营管理水平和企业竞争力为核心，实施企业经营管理人才素质提升工程和国家中小企业银河培训工程，培养造就一批优秀企业家和高水平经营管理人才。以高层次、急需紧缺专业技术人才和创新型人才为重点，实施专业技术人才知识更新工程和先进制造卓越工程师培养计划，在高等学校建设一批工程创新训练中心，打造高素质专业技术人才队伍。强化职业教育和技能培训，引导一批普通本科高等学校向应用技术类高等学校转型，建立一批实训基地，开展现代学徒制试点示范，形成一支门类齐全、技艺精湛的技术技能人才队伍。鼓励企业与学校合作，培养制造业急需的科研人员、技术技能人才与复合型人才，深化相关领域工程博士、硕士专业学位研究生招生和培养模式改革，积极推进产学研结合。加强产业人才需求预测，完善各类人才信息库，构建产业人才水平评价制度和信息发布平台。建立人才激励机制，加大对优秀人才的表彰和奖励力度。建立完善制造业人才服务机构，健全人才流动和使用的体制机制。采取多种形式选拔各类优秀人才重点是专业技术人才到国外学习培训，探索建立国际培训基地。加大制造业引智力度，引进领军人才和紧缺人才。

（六）完善中小微企业政策。

落实和完善支持小微企业发展的财税优惠政策，优化中小企业发展专项资金使用重点和方式。发挥财政资金杠杆撬动作用，吸引社会资本，加快设立国家中小企业发展基金。支持符合条件的民营资本依法设立中小型银行等金融机构，鼓励商业银行加大小微企业金融服务专营机构建设力度，建立完善小微企业融资担保体系，创新产品和服务。加快构建中小微企业征信体系，积极发展面向小微企业的融资租赁、知识产权质押贷款、信用保险保单质押贷款等。建设完善中小企业创业基地，引导各类创业投资基金投资小微企业。鼓励大学、科研院所、工程中心等对中小企业开放共享各种实（试）验设施。加强中小微企业综合服务体系建设，完善中小微企业公共服务平台网络，建立信息互联互通机制，为中小微企业提供创业、创新、融资、咨询、培训、人才等专业化服务。

（七）进一步扩大制造业对外开放。

深化外商投资管理体制改革，建立外商投资准入前国民待遇加负面清单管理机制，落实备案为主、核准为辅的管理模式，营造稳定、透明、可预期的营商环境。全面深化外汇管理、海关监管、检验检疫管理改革，提高贸易投资便利化水平。进一步放宽市场准入，修订钢铁、化工、船舶等产业政策，支持制造业企业通过委托开发、专利授权、众包众创等方式引进先进技术和高端人才，推动利用外资由重点引进技术、资金、设备向合资合作开发、对外并购及引进领军人才转变。加强对外投资立法，强化制造业企业走出去法律保障，规范企业境外经营行为，维护企业合法权益。探索利用产业基金、国有资本收益等渠道支持高铁、电力装备、汽车、工程施工等装备和优势产能走出去，实施海外投资并购。加快制造业走出去支撑服务机构建设和水平提升，建立制造业对外投资公共服务平台和出口产品技术性贸易服务平台，完善应对贸易摩擦和境外投资重大事项预警协调机制。

（八）健全组织实施机制。

成立国家制造强国建设领导小组，由国务院领导同志担任组长，成员由国务院相关部门和单位负责同志担任。领导小组主要职责是：统筹协调制造强国建设全局性工作，审议重大规划、重大政策、重大工程专项、重大问题和重要工作安排，加强战略谋划，指导部门、地方开展工作。领导小组办公室设在工业和信息化部，承担领导小组日常工作。设立制造强国建设战略咨询委员会，研究制造业发展的前瞻性、战略性重大问题，对制造业重大决策提供咨询评估。支持包括社会智库、企业智库在内的多层次、多领域、多形态的中国特色新型智库建设，为制造强国建设提供强大智力支持。建立《中国制造 2025》任务落实情况督促检查和第三方评价机制，完善统计监测、绩效评估、动态调整和监督考核机制。建立《中国制造 2025》中期评估机制，适时对目标任务进行必要调整。

各地区、各部门要充分认识建设制造强国的重大意义，加强组织领导，健全工作机制，强化部门协同和上下联动。各地区要结合当地实际，研究制定具体实施方案，细化政策措施，确保各项任务落实到位。工业和信息化部要会同相关部门加强跟踪分析和督促指导，重大事项及时向国务院报告。

国务院办公厅关于发展众创空间推进大众创新创业的指导意见

国办发〔2015〕9号

各省、自治区、直辖市人民政府，国务院各部委、各直属机构：

为加快实施创新驱动发展战略，适应和引领经济发展新常态，顺应网络时代大众创业、万众创新的新趋势，加快发展众创空间等新型创业服务平台，营造良好的创新创业生态环境，激发亿万群众创造活力，打造经济发展新引擎，经国务院同意，现提出以下意见。

一、总体要求

（一）指导思想。全面落实党的十八大和十八届二中、三中、四中全会精神，按照党中央、国务院决策部署，以营造良好创新创业生态环境为目标，以激发全社会创新创业活力为主线，以构建众创空间等创业服务平台为载体，有效整合资源，集成落实政策，完善服务模式，培育创新文化，加快形成大众创业、万众创新的生动局面。

（二）基本原则。

坚持市场导向。充分发挥市场配置资源的决定性作用，以社会力量为主构建市场化的众创空间，以满足个性化多样化消费需求和用户体验为出发点，促进创新创意与市场需求和社会资本有效对接。

加强政策集成。进一步加大简政放权力度，优化市场竞争环境。完善创新创业政策体系，加大政策落实力度，降低创新创业成本，壮大创新创业群体。完善股权激励和利益分配机制，保障创新创业者的合法权益。

强化开放共享。充分运用互联网和开源技术，构建开放创新创业平台，促进更多创业者加入和集聚。加强跨区域、跨国技术转移，整合利用全球创新资源。推动产学研协同创新，促进科技资源开放共享。

创新服务模式。通过市场化机制、专业化服务和资本化途径，有效集成创业服务资源，提供全链条增值服务。强化创业辅导，培育企业家精神，发挥资本推力作用，提高创新创业效率。

（三）发展目标。到2020年，形成一批有效满足大众创新创业需求、具有较强专业化服务能力的众创空间等新型创业服务平台；培育一批天使投资人和创业投资机构，投融资渠道更加畅通；孵化培育一大批创新型小微企业，并从中成长出能够引领未来经济发展的骨干企业，形成新的产业业态和经济增长点；创业群体高度活跃，以创业促进就业，提供更多高质量就业岗位；创新创业政策体系更加健全，服务体系更加完善，全社会创新创业文化氛围更加浓厚。

二、重点任务

（一）加快构建众创空间。总结推广创客空间、创业咖啡、创新工场等新型孵化模式，充分利用国家自主创新示范区、国家高新技术产业开发区、科技企业孵化器、小企业创业基地、大学科技园和高校、科研院所的有利条件，发挥行业领军企业、创业投资机构、社会组织等社会力量的主力军作用，构建一批低成本、便利化、全要素、开放式的众创空间。发挥政策集成和协同效应，实现创新与创业相结合、线上与线下相结合、孵化与投资相结合，为广大创新创业者提供良好的工作空间、网络空间、社交空间和资源共享空间。

（二）降低创新创业门槛。深化商事制度改革，针对众创空间等新型孵化机构集中办公等特点，鼓励各地结合实际，简化住所登记手续，采取一站式窗口、网上申报、多证联办等措施为创业企业工商注册提供便利。有条件的地方政府可对众创空间等新型孵化机构的房租、宽带接入费用和用于创业服务的公共软件、开发工具给予适当财政补贴，鼓励众创空间为创业者提供免费高带宽互联网接入服务。

（三）鼓励科技人员和大学生创业。加快推进中央级事业单位科技成果使用、处置和收益管理改革试点，完善科技人员创业股权激励机制。推进实施大学生创业引领计划，鼓励高校开发开设创新创业教育课程，建立健全大学生创业指导服务专门机构，加强大学生创业培训，整合发展国家和省级高校毕业生就业创业基金，为大学生创业提供场所、公共服务和资金支持，以创业带动就业。

（四）支持创新创业公共服务。综合运用政府购买服务、无偿资助、业务奖励等方式，支持中小企业公共服务平台和服务机构建设，为中小企业提供全方位专业化优质服务，支持服务机构为初创企业提供法律、知识产权、财务、咨询、检验检测认证和技术转移等服务，促进科技基础条件平台开放共享。加强电子商务基础建设，为创新创业搭建高效便利的服务平台，提高小微企业市场竞争力。完善专利审查快速通道，对小微企业亟需获得授权的核心专利申请予以优先审查。

（五）加强财政资金引导。通过中小企业发展专项资金，运用阶段参股、风险补助和投资保障等方式，引导创业投资机构投资于初创期科技型中小企业。发挥国家新兴产业创业投资引导基金对社会资本的带动作用，重点支持战略性新兴产业和高技术产业早中期、初创期创新型企业发展。发挥国家科技成果转化引导基金作用，综合运用设立创业投资子基金、贷款风险补偿、绩效奖励等方式，促进科技成果转移转化。发挥财政资金杠杆作用，通过市场机制引导社会资金和金融资本支持创业活动。发挥财税政策作用支持天使投资、创业投资发展，培育发展天使投资群体，推动大众创新创业。

（六）完善创业投融资机制。发挥多层次资本市场作用，为创新型企业提供综合金融服务。开展互联网股权众筹融资试点，增强众筹对大众创新创业的服务能力。规范和发展服务小微企业的区域性股权市场，促进科技初创企业融资，完善创业投资、天使投资退出和流转机制。鼓励银行业金融机构新设或改造部分分（支）行，作为从事科技型中小企业金融服务的专业或特色分（支）行，提供科技融资担保、知识产权质押、股权质押等方式的金融服务。

（七）丰富创新创业活动。鼓励社会力量围绕大众创业、万众创新组织开展各类公益活动。继续办好中国创新创业大赛、中国农业科技创新创业大赛等赛事活动，积极支持参与国际创新创业大赛，为投资机构与创新创业者提供对接平台。建立健全创业辅导制度，培育一批专业创业辅导师，鼓励拥有丰富经验和创业资源的企业家、天使投资人和专家学者担任创业导师或组成辅导团队。鼓励大企业建立服务大众创业的开放创新平台，支持社会力量举办创业沙龙、创业大讲堂、创业训练营等创业培训活动。

（八）营造创新创业文化氛围。积极倡导敢为人先、宽容失败的创新文化，树立崇尚创新、创业致富的价值导向，大力培育企业家精神和创客文化，将奇思妙想、创新创意转化为实实在在的创业活动。加强各类媒体对大众创新创业的新闻宣传和舆论引导，报道一批创新创业先进事迹，树立一批创新创业典型人物，让大众创业、万众创新在全社会蔚然成风。

三、组织实施

（一）加强组织领导。各地区、各部门要高度重视推进大众创新创业工作，切实抓紧抓好。各有关部门要按照职能分工，积极落实促进创新创业的各项政策措施。各地要加强对创新创业工作的组织领导，结合地方实际制定具体实施方案，明确工作部署，切实加大资金投入、政策支持和条件保障力度。

（二）加强示范引导。在国家自主创新示范区、国家高新技术产业开发区、小企业创业基地、大学科技园和其他有条件的地区开展创业示范工程。鼓励各地积极探索推进大众创新创业的新机制、新政策，不断完善创新创业服务体系，营造良好的创新创业环境。

（三）加强协调推进。科技部要加强与相关部门的工作协调，研究完善推进大众创新创业的政策措施，加强对发展众创空间的指导和支持。各地要做好大众创新创业政策落实情况调研、发展情况统计汇总等工作，及时报告有关进展情况。

国务院办公厅
2015 年 3 月 2 日

上海市供用电条例

（2015年12月30日上海市第十四届人民代表大会常务委员会第二十六次会议通过）

第一章 总则

第一条 为了加强电力供应与使用管理，安全、经济、合理地供电和用电，保障供电、用电各方的合法权益，根据《中华人民共和国电力法》、《电力供应与使用条例》等法律、行政法规，结合本市实际，制定本条例。

第二条 本市行政区域内的电力供应与使用，以及相关的保障、管理活动，适用本条例。

第三条 市和区、县人民政府应当加强对电力供应与使用的领导，建立健全电力供应与使用的协调机制。

市经济信息化部门是本市电力运行主管部门，负责本市电力日常运行的监控、协调，并会同有关部门监督供电、用电运行安全。

市发展改革部门负责组织编制本市电网建设规划，协调推进本市电网建设和电力市场建设，统筹电网建设资金平衡，做好电价的监督管理工作。

规划国土、住房城乡建设、工商、环境保护、质量技监、公安、交通、水务、绿化等部门按照各自职责，做好电力供应与使用的相关管理工作。

国家电力监管机构的地方派出机构按照国家有关规定，负责电力监管相关工作。

第四条 供电企业应当按照法律、法规规定和供用电合同约定安全供电，接受社会监督，履行确保居民、农业、重要公用事业和公益性服务等用电的基本责任。

电力用户应当按照法律、法规规定和供用电合同约定安全有序用电，不得损害他人合法权益和社会公共利益。

第五条 供用电应当遵循安全可靠、高效有序、保障民生、节能减排、服务便利的原则，促进经济结构调整和产业转型升级，服务本市经济社会发展。

第六条 鼓励和支持供用电领域的科技创新，发展智能电网，推广应用新技术、新材料、新装置，鼓励使用节能技术和节能产品，推动电力行业发展方式转变和能源结构优化，提高电网发展的现代化水平和电能节约利用水平。

第二章 电力供应

第七条 供电企业应当在其营业场所建立办事公开制度，公示用电办理程序、办理时限、服务规范以及收费项目、标准和依据，向社会公布服务电话和相关管理部门投诉电话。

供电企业应当提供每天二十四小时的报修和投诉受理服务，简化业务办理手续，合理设置收费渠道，开展安全用电宣传，便利电力用户。

第八条 供电企业与电力用户应当按照法律、法规规定，签订供用电合同，确定各方的权利和义务。

供电企业与居民电力用户签订供用电合同采用格式条款的，不得违反法律、法规的强制性规定。在拟订格式条款时，市电力运行主管部门应当组织召开听证会听取公众、社会团体和相关利益方的意见。供电企业应当将格式合同提交市工商行政管理部门和市电力运行主管部门备案。

本条例施行前，供电企业与非居民电力用户尚未签订供用电合同的，应当自本条例施行之日起六个月内协商签订供用电合同。一方逾期不协商签订的，另一方应当进行书面催告。经催告后一方无正当理由拒绝协商签订的，双方均可以不履行供用电合同义务。

第九条 供电企业应当按照法律、法规规定和供用电合同约定的数量、质量、时间、方式供电，提供电力普遍服务，保障基本供电，无歧视地提供报装、计量、抄表、维修等各类供电服务。

在发电、供电系统正常的情况下，供电企业应当连续稳定地向电力用户供电。除法律、法规另有规定或者供用电合同另有约定外，供电企业不得擅自采取限电、停电措施。

第十条 电力用户使用的电力、电量，以计量检定机构依法检定合格的用电计量装置的记录为准。

用电计量装置应当安装在供电设施与受电设施的产权分界处。用电计量装置和供电设施由供电企业维护，受电设施由电力用户维护，当事人另有约定的从其约定。

用电计量装置投入使用后，电力用户不得在装置前放置影响抄表或者计量准确以及危及装置安全的物品。电力用户发现用电计量装置遗失、损坏或者出现故障的，应当及时告知供电企业。供电企业应当免费予以维修或者更换，但因电力用户自身原因造成的除外。

供电企业对用电计量装置进行维护时，电力用户应当给予必要的配合。

第十一条 供电企业和电力用户应当根据供电设施和受电设施的产权归属，分别安装安全保护装置。

安装安全保护装置应当符合相关技术标准。供电企业、电力用户应当定期维护，确保安全保护装置正常工作。

第十二条 市电力运行主管部门应当制定本市处置供电事故应急预案，定期开展处置供电事故应急演练，参与供电事故的调查与评估。

供电企业应当按照本市处置供电事故应急预案，制定具体实施方案，并每年至少组织一次应急演练。

因严重自然灾害或者重大事故引起大面积停电的，供电企业应当尽快抢修，优先对重点地区和重要电力用户恢复供电。

第十三条 供电企业应当在全市范围内合理布置抢修力量，对供电故障及时抢修。自接到报修之时起，到达现场抢修的时限，外环线内不超过六十分钟，外环线外不超过九十分钟。因天气、交通等特殊原因无法在规定时限内到达现场的，应当向报修人作出解释。

第十四条 市电力运行主管部门应当每年制定本市应对电力紧缺或者超负荷运行的有序用电总体方案，并会同有关部门指导、协调有序用电工作。

因电力紧缺或者超负荷运行需要实施限电、停电的，供电企业应当根据有序用电方案确定的序位和措施执行，并通知电力用户。在限电、停电原因消除且符合供电安全要求的情况下，供电企业应当恢复供电，并按照国家和本市有关规定给予电力用户补偿。

非居民电力用户应当按照国家和本市有关规定配合供电企业安装电力负荷管理系统。

第十五条 供电企业因计划检修采用公告方式通知停电的，应当至少提前七日在相关社区、供电企业网站和服务应用软件公告停电区域、停电线路和停电时间，或者通过本市媒体公告。

第十六条 电力用户有下列情形之一的，供电企业可以中止供电：

（一）用电设备对电网供电质量产生干扰与妨碍，导致供电质量不符合相关技术标准或者对供电安全造成危害，在规定期限内未整治合格的；

（二）盗窃电能的；

（三）用电设备存在严重威胁人身安全或者重大财产安全隐患，且不予改正的；

（四）拒不执行有序用电方案，扰乱供用电秩序的；

（五）拒不拆除或者逾期不拆除用于生产经营的违法建筑，拆违实施部门依法作出强制拆除决定，要求停止提供生产经营业务用电的；

（六）因违法排放污染物被市或者区、县人民政府依法作出责令停业、关闭决定，以及被市或者区、县环保部门依法作出责令停产整治决定，要求停止提供生产经营业务用电的；

（七）拒不执行房屋土地征收决定，经人民法院准予强制执行，住房城乡建设或者规划国土部门依法要求停止提供生产经营业务用电的；

（八）存在重大火灾隐患，影响公共安全，公安机关消防机构依法作出整改决定，要求停止提供生产经营业务用电的；

（九）法律、法规规定可以中止供电的其他情形。

因本条第一款第一项规定情形中止供电的，供电企业应当至少提前二十四小时告知电力用户；因第二、三、四项规定情形中止供电的，供电企业应当在中止供电的同时将中止供电的原因告知电力用户。因紧急避险或者不可抗力供电企业中止供电的，不受本款限制。

发生本条第一款第五、六、七、八项规定情形的，有关行政机关应当书面通知供电企业，并附行政处罚、执行等生效法律文书。供电企业应当至少提前二十四小时告知电力用户。

供电企业对电力用户中止供电，应当确保操作安全，不得影响其他电力用户正常用电，不得影响社会公共利益或者危害公共安全。中止供电的原因消除后，供电企业应当尽快恢复供电。

第十七条 供电企业不得实施下列损害电力用户权益的行为：

（一）无法律、法规依据，拒绝向电力用户供电；

（二）为电力用户指定电力设计、施工和设备材料供应单位；

（三）未按照国家电能质量标准供电；

（四）未按照国家和本市制定的电价标准计收电费；

（五）其他损害电力用户权益的行为。

第三章 电力使用

第十八条 电力用户的用电设备接入电网应当符合相关技术标准，不得对电网供电质量或者供电安全产生危害。电力用户对可能产生危害的用电设备应当进行整治，整治后仍不符合相关技术标准的，供电企业可以不予接入电网。

鼓励电力用户使用节能的用电设备，合理用电、节约用电。

第十九条　重要电力用户应当按照相关技术标准，配备多路电源、自备应急电源或者采取其他应急保安措施。供电企业应当建立重要电力用户档案数据库，做好用电指导和检查。重要电力用户供用电安全管理办法由市电力运行主管部门另行制定。

其他电力用户对电能质量、供电连续性的要求高于国家电能质量标准的，应当在供用电合同中予以约定。供电企业不能满足其特殊要求的，电力用户应当自行配备发电设备或者不间断电源。

因重大庆典等活动需要临时特殊供电保障的，供电企业应当参照重要电力用户相关标准，结合实际情况，与电力用户共同做好用电保障工作。

本条例所称的重要电力用户，是指在国家或者本市的社会、政治、经济中占有重要地位，中断供电可能造成人身伤亡、较大环境污染、较大政治影响、较大经济损失，社会公共秩序严重混乱的本市电网供电范围内的电力用户。

第二十条　供电企业和重要电力用户应当定期对各自所有的供电设施和受电设施进行安全隐患排查。

供电企业应当制定重要电力用户安全用电服务制度，根据重要电力用户的等级、行业特性等进行分类服务和指导，定期对重要电力用户的受电设施进行安全检查，电力用户应当予以配合。供电企业进行检查时，工作人员应当出示有效证件。安全检查涉及重要电力用户商业秘密的，供电企业及其工作人员应当保密。

供电企业发现重要电力用户存在用电安全隐患的，应当及时告知，指导、督促其整治，并按照规定报市电力运行主管部门和安全生产监督管理部门备案。

重要电力用户应当制定处置停电事件应急预案，明确人员职责、处置流程，并每年至少组织一次应急演练。

市电力运行主管部门应当组织开展重要电力用户供用电安全的日常监督检查和宣传教育。

第二十一条　供电企业应当加强对电力用户安全用电的指导。市电力运行主管部门应当通过新闻媒体等加强电力用户安全用电知识的宣传。

电力用户应当依法安全用电，对其受电设施加强维护。

第二十二条　按照国家和本市有关规定，居民生活用电施行阶梯电价。

电力用户应当按照法律、法规规定和合同约定，采用抄表付费、预购电、预存电费、分期结算等方式，及时交付电费。

第二十三条　按照法律、法规和国家有关规定，本市对下列非居民电力用户收取高于普通电价的电费：

（一）使用限制类、淘汰类装置的；

（二）使用超过单位产品能耗限额标准的装置的；

（三）因严重违法排放污染物受到行政处罚且尚未改正的。

供电企业应当根据市电力运行主管部门的通知足额收缴电费。差价部分电费单独立账管理，上缴市级财政。

非居民电力用户对征收差别电价提出异议的，由市电力运行主管部门按照本市有关规定协调处理。

第二十四条　电力用户对用电计量装置准确性有异议的，可以委托计量检定机构检定，供电企业应当配合。

经检定，异议成立的，检定费用由供电企业承担；异议不成立的，检定费用由电力用户承担。

计量装置出现计量差错时退补电量、电费的核算，按照相关技术标准执行。

第二十五条　电力用户对供电企业中止供电有异议的，可以向供电企业查询或者向市电力运行主管部门投诉。

供电企业收到异议后，应当尽快核实，并在三个工作日内答复电力用户。异议成立的，应当立即恢复供电。逾期不答复或者电力用户对答复有异议的，电力用户可以向市电力运行主管部门投诉。

市电力运行主管部门应当按照职责依法处理投诉。

第二十六条　电力用户对其用电量、电费、电价、电能计量装置记录等用电信息享有知情权，有权向供电企业查询；除法律、法规另有规定外，供电企业有权拒绝任何单位和个人查询其他电力用户的信息。

第二十七条　电力用户对电费收取有异议的，可以向供电企业查询。

供电企业收到异议后，应当尽快核实，并在五个工作日内答复电力用户。异议成立的，供电企业应当及时返还多收的电费。逾期不答复或者电力用户对答复有异议的，电力用户可以向价格管理部门投诉。

价格管理部门应当按照职责依法处理投诉。

第二十八条　任何单位或者个人不得制造、销售盗窃电能装置。

第二十九条　任何单位和个人发现违反本条例规定的行为，有权向市电力运行主管部门举报。

市电力运行主管部门应当设置专门的举报电话和受理场所。

第四章 供用电保障

第三十条 市发展改革部门应当会同市规划国土部门组织制定本市电网建设规划，并将其纳入相应的城乡规划。本市电网建设规划应当符合本市国民经济和社会发展规划，并与国家电网规划相衔接。

规划国土部门应当结合电网建设规划，对规划控制的变电所（站）、输电线路通道等划定规划控制界线，并明确相关控制指标和要求。

经批准的电网建设规划，应当严格执行，任何单位和个人不得非法占用经规划确定的供电设施用地、输电线路通道。

第三十一条 电网新建项目的审批按照国家和本市有关规定办理。

对已经建成的输电线路通道、变电站增加容量，或者进行改建、扩建的，发展改革、规划国土、住房城乡建设、环境保护、交通、水务、绿化等部门应当根据各自职责和实际情况简化审批程序。

第三十二条 架空电力线路（包括杆、塔基础）建设必须利用他人土地的，该土地的权利人应当提供必要的便利。供电企业应当按照规定，对相关集体土地所有权人、土地承包经营权人或者建设用地使用权人给予一次性经济补偿。

规划国土部门按照项目核准文件、核定规划条件文件、委托区县或者乡镇人民政府开展经济补偿工作的协议等材料，办理建设工程规划许可证。

第三十三条 供电企业维护或者抢修供用电设施需要临时使用相邻不动产的，不动产权利人应当提供必要的便利。供电企业造成不动产权利人财产损失的，应当依法给予补偿。

第三十四条 供电企业负责电动汽车充换电设施从供电设施和受电设施的产权分界点接入公共电网的配套接网工程建设，为电动汽车充换电设施建设提供优质、便捷的配套服务。

第三十五条 供电设施是为全社会服务的公共基础设施。任何单位或者个人不得实施下列危害供电设施建设的行为：

（一）非法侵占供电设施建设用地或者规划控制用地；

（二）涂改、移动、拆除、毁损供电设施建设测量标桩或者其他标识；

（三）破坏、封堵施工道路，截断施工水源或者电源；

（四）其他阻扰、破坏供电设施建设的行为。

第五章 法律责任

第三十六条 违反本条例的规定，法律、行政法规已有处罚规定的，从其规定。

第三十七条 供电企业违反本条例第十三条的规定，无正当理由未在规定时限内到达现场抢修的，或者违反本条例第十五条的规定，未按照要求进行停电公告的，由市电力运行主管部门责令改正，处以一万元以上十万元以下的罚款。

供电企业违反本条例第十四条的规定，未按照规定序位限电、停电的，由市电力运行主管部门责令改正，处以十万元以上一百万元以下的罚款；造成电力用户损失的，依法承担赔偿责任。

供电企业违反本条例第十七条第一、二、三项的规定，实施损害电力用户权益的行为，由国家有关机构依法处理，造成电力用户损失的，依法承担赔偿责任。

供电企业违反本条例第十七条第四项的规定，未按照国家和本市制定的电价标准计收电费的，由价格管理部门依法处理。

第三十八条 重要电力用户违反本条例第十九条第一款的规定，应当配备多路电源、自备应急电源而未配备，或者应当采取其他应急保安措施而未采取，可能造成公共秩序混乱或者他人人身伤害的，由市电力运行主管部门责令改正；逾期未改正的，处以五万元以上三十万元以下的罚款。

第三十九条 违反本条例第二十八条的规定，制造、销售盗窃电能装置的，由市电力运行主管部门责令改正，没收违法所得和盗窃电能装置及其专用生产工具，并处以一万元以上十万元以下的罚款；构成犯罪的，依法追究刑事责任。

第四十条 违反本条例第三十五条的规定，实施危害供电设施建设行为的，由市电力运行主管部门责令改正，处以一万元以上五万元以下的罚款；情节严重的，处以五万元以上三十万元以下的罚款。

第四十一条 违反本条例的规定，市电力运行等行政管理部门工作人员有下列行为之一的，由上级机关或者监察机关按照《中华人民共和国公务员法》、《行政机关公务员处分条例》等相关法律、法规给予行政处分：

（一）未按照规定实施监督管理的；

（二）违法实施行政处罚的；

（三）不依法履行职责，导致发生可以避免的供电事故的；

（四）其他玩忽职守、贻误工作的行为。

第四十二条 相关行政管理部门应当将供电企业、电力用户违反本条例规定受到行政处罚的信息纳入市公共信用信息服务平台，并将企业受到行政处罚的信息通过企业信用信息公示系统向社会公布。

供电企业应当将电力用户拖欠电费等信息纳入市公共信用信息服务平台。

第六章　附则

第四十三条　本条例自2016年6月1日起施行。

上海市公共信用信息归集和使用管理办法

（2015年12月30日上海市人民政府令第38号公布）

第一章　总则

第一条（目的依据）

为了规范公共信用信息的归集和使用，提升社会诚信水平，营造社会诚信环境，根据国务院《社会信用体系建设规划纲要（2014—2020年）》等规定，结合本市实际，制定本办法。

第二条（适用范围）

本市行政区域内公共信用信息的归集、使用和相关管理活动，适用本办法。

本办法所称公共信用信息，是指由行政机关、司法机关、法律法规授权的具有管理公共事务职能的组织以及公共企事业单位、群团组织等，在其履行职责、提供服务过程中产生或者获取的，可用于识别自然人、法人和其他组织（以下统称信息主体）信用状况的数据和资料。

第三条（原则）

公共信用信息的归集和使用应当遵循“合法、安全、及时、准确”的原则，维护信息主体的合法权益，不得泄露国家秘密，不得侵犯商业秘密和个人隐私。

第四条（管理部门）

市经济信息化部门是本市公共信用信息归集和使用工作的主管部门，负责本办法的组织实施，履行下列职责：

（一）制定、发布与公共信用信息归集和使用有关的管理制度；

（二）指导、考核相关部门归集和使用公共信用信息的相关工作；

（三）指导、监督上海市公共信用信息服务平台（以下简称市信用平台）的建设、运行，以及上海市公共信用信息服务中心（以下简称市信用中心）的业务工作。

第五条（平台建设）

市信用平台是本市公共信用信息归集和查询的统一平台，由市信用中心负责建设、运行和维护。

公共信用信息的归集、使用应当以统一社会信用代码作为关联匹配信息主体信用信息的标识。其中，自然人的统一社会信用代码为身份证号码；法人和其他组织的统一社会信用代码为登记管理部门赋予的唯一机构编码。

第六条（市信用中心的职责）

市信用中心履行下列职责：

（一）归集、整理和保存公共信用信息；

（二）提供信息查询服务，处理异议申请；

（三）为行政机关提供统计分析、监测预警等服务；

（四）执行国家和本市信息安全相关规定。

第七条（信息提供和查询单位的责任）

向市信用平台提供公共信用信息的行政机关、法律法规授权的具有管理公共事务职能的组织以及公共企事业单位、群团组织等（以下统称信息提供单位），应当依法做好本单位公共信用信息记录、维护、报送、异议处理以及信息安全等工作，并制定相关管理制度。

向市信用平台查询公共信用信息的行政机关、群团组织、信用服务机构等（以下统称信息查询单位），应当依法开展公共信用信息查询、应用、维护活动，保护信息主体的信息安全，并制定相关管理制度。

第八条（绩效考核）

市和区县人民政府应当将公共信用信息归集和使用的情况，列为对本级政府有关部门和下一级政府及其负责人考核的内容。

第二章　信息归集

第九条（信息来源）

信息提供单位应当通过下列方式，向市信用平台提供其产生或者获取的公共信用信息：

（一）已经向市法人信息共享和应用系统、市实有人口信息管理系统、企业信用信息公示系统等信息系统提供的，由相关信息系统与市信用平台对接；

（二）通过上述信息系统未能归集的，应当按月向市信用平台提供，并逐步实现联网实时提供和动态更新维护。

市信用中心应当与司法机关、中央驻沪单位建立公共信用信息采集机制，归集相关领域产生的公共信用信息。

第十条（公共信用信息的范围）

公共信用信息包括年满 18 周岁的自然人、法人和其他组织的基本信息、失信信息和其他信息。

第十一条（基本信息）

法人和其他组织的基本信息包括下列内容：

（一）名称、法定代表人或者负责人、统一社会信用代码等登记注册信息；

（二）取得的资格、资质等行政许可信息；

（三）产品、服务、管理体系获得的认证认可信息；

（四）其他反映企业基本情况的信息。

自然人的基本信息包括下列内容：

（一）姓名、身份证号码；

（二）就业状况、学历、婚姻状况；

（三）取得的资格、资质等行政许可信息。

第十二条（失信信息）

法人和其他组织的失信信息包括下列内容：

（一）税款、社会保险费欠缴信息；

（二）行政事业性收费、政府性基金欠缴信息；

（三）提供虚假材料、违反告知承诺制度的信息；

（四）适用一般程序作出的行政处罚信息，行政强制执行信息；

（五）被监管部门责令限期拆除违法建筑但拒不拆除或者逾期不拆除，或者被监管部门作出其他责令改正决定但拒不改正或者逾期不改正的信息；

（六）发生产品质量、安全生产、食品安全、环境污染等责任事故被监管部门处理的信息；

（七）被监管部门处以行业禁入的信息；

（八）国家和本市规定的其他失信信息。

自然人的失信信息除前款第三、四、五、七项所列信息外，还包括下列内容：

（一）税款欠缴信息；

（二）乘坐公共交通工具时冒用他人证件、使用伪造证件乘车等逃票信息，在旅游活动中无正当理由滞留公共交通工具、影响其正常行驶等行为信息；

（三）以欺诈、伪造证明材料或者其他手段骗取社会保险待遇的信息，符合出院或者转诊标准无正当理由滞留医疗机构、影响正常医疗秩序等行为信息；

（四）参加国家或者本市组织的统一考试作弊的信息；

（五）国家和本市规定的其他失信信息。

第十三条（其他信息）

自然人、法人和其他组织的其他信息包括下列内容：

（一）各级人民政府及其部门、群团组织授予的表彰、奖励等信息；

（二）参与各级人民政府及其部门、群团组织开展的志愿服务、慈善捐赠活动等信息；

（三）刑事判决信息，涉及财产纠纷的民商事生效判决信息，不执行生效判决的信息；

（四）拖欠水、电、燃气等公用事业费，经催告后超过 6 个月仍未缴纳的信息；

（五）国家和本市规定的其他信息。

第十四条（信息归集的限制）

禁止归集自然人的宗教信仰、基因、指纹、血型、疾病和病史信息以及法律法规禁止采集的其他自然人信息。

第十五条（信息目录）

市经济信息化部门应当组织信息提供单位，按照本办法第十条至第十三条规定的信息范围，每年编制本市公共信用信息目录并向社会发布。公共信用信息目录包括公共信用信息的具体内容、录入规则、查询期限、公开程度等要素。

第十六条（公开程度）

公共信用信息分为公开信息和非公开信息。

下列信息属于公开信息：

（一）信息提供单位已经依法通过政府公报、新闻发布会、互联网以及报刊、广播、电视等方式发布的；

（二）依据法律、法规和规章规定应当主动公开的其他信息。

前款规定以外的信息，属于非公开信息。信息主体本人或者经信息主体授权，可以查询非公开信息。

第十七条（信用信息分类分级指导目录）

信息提供单位应当对本单位提供的公共信用信息反映的信息主体信用状况进行分类分级。市经济信息化部门应当进行汇总，编制本市信用信息分类分级指导目录，向社会公布。

第三章 信息查询

第十八条（政府查询）

行政机关在依法履行下列职责时，应当查询公共信用信息：

（一）发展改革、食品药品、产品质量、环境保护、安全生产、建设工程、交通运输、工商行政管理、社团管理、治安管理、人口管理、知识产权等领域的监管事项；

（二）政府采购、政府购买服务、招标投标、国有土地出让、政策扶持、科研管理等事项；

（三）人员招录、职务任用、职务晋升、表彰奖励等事项；

（四）需要查询公共信用信息的其他事项。

行政机关应当按照合理行政原则，确定与本部门行政管理事项相关联的信用信息范围。市经济信息化部门应当进行汇总，编制信用信息应用目录，并向社会公布。

第十九条（政府查询程序规范）

行政机关应当建立本单位公共信用信息查询制度规范，设定本单位查询人员的权限和查询程序，并建立查询日志，记载查询人员姓名、查询时间、内容及用途。查询日志应当长期保存。

第二十条（社会查询）

市信用中心应当制定并公布服务规范，通过服务窗口、平台网站、移动终端应用软件等方式向社会提供便捷的查询服务。

查询本人非公开信息的，应当提供本人有效身份证明；查询他人非公开信息的，应当提供本人有效身份证明和信息主体的书面授权证明。查询公开信息的，无需提供相关证明材料。

在确保信息安全的前提下，市信用中心可以通过开设端口等方式，为信用服务机构提供适应其业务需求的批量查询服务。

第四章　信息应用

第二十一条（应用标准和规范）

行政机关应当根据行政管理职责，结合相关领域的管理实际，制定公共信用信息应用的标准和规范，并向社会公布。

行政机关应当依据应用标准和规范，基于信息主体的信用状况采取相应的激励和惩戒措施。

第二十二条（激励措施）

对于信用状况良好的自然人、法人和其他组织，行政机关在同等条件下，依法采取下列激励措施：

（一）在行政管理和公共服务过程中，给予简化程序、优先办理等便利；

（二）在财政资金补助、税收优惠等政策扶持活动中，列为优先选择对象；

（三）在政府采购、政府购买服务、政府投资项目招标、国有土地出让等活动中，列为优先选择对象；

（四）国家和本市规定可以采取的其他措施。

第二十三条（惩戒措施）

对于信用状况不良的自然人、法人和其他组织，行政机关依法采取下列惩戒措施：

（一）在日常监管中列为重点监管对象，增加检查频次，加强现场核查等；

（二）在行政许可、年检验证等工作中，列为重点核查对象；

（三）取消已经享受的行政便利化措施；

（四）限制享受财政资金补助、税收优惠等政策扶持；

（五）限制参加政府采购、政府购买服务、政府投资项目招标、国有土地出让等活动；

（六）限制参加政府组织的各类表彰奖励活动；

（七）限制担任企业法定代表人、负责人或者高级管理人员；

（八）国家和本市规定可以采取的其他措施。

第二十四条（严重失信名单）

行政机关应当根据履行职责的需要，对失信情况特别严重的自然人、法人和其他组织建立名录，依法采取不予注册登记等市场禁入措施，或者依法采取取消资质认定、吊销营业执照等市场强制退出措施。

行政机关应当将失信情况特别严重的认定标准向社会公布。

第二十五条（鼓励社会应用）

鼓励自然人、法人和其他组织在开展金融活动、市场交易、企业治理、行业管理、社会公益等活动中应用公共信用信息，防范交易风险，促进行业自律，推动形成市场化的激励和约束机制。

鼓励信用服务机构应用公共信用信息，开发和创新信用产品，扩大信用产品的使用范围。本市对信用服务机构开发信用产品予以扶持。

第五章　权益保护

第二十六条（市信用中心的信息安全职责）

市信用中心应当建立内部信息安全管理制度规范，明确岗位职责，设定工作人员的查询权限和查询程序，建立公共信用信息归集和查询日志并长期保存，保障市信用平台正常运行和信息安全。

第二十七条（信息的删除）

失信信息的查询期限为5年，自失信行为或者事件终止之日起计算，国家或者本市另有规定的除外。查询期限届满，市信用中心应当将该信息从查询界面删除。

信息主体可以要求市信用平台删除本人的表彰奖励、志愿服务、慈善捐赠信息。市信用中心应当在收到通知之日起2个工作日内删除相关信息，并告知信息提供单位。

第二十八条（异议申请）

信息主体认为市信用平台记载的公共信用信息存在下列情形的，可以向市信用中心书面提出异议申请，并提供相关证明材料：

（一）本人公共信用信息记载存在错误或者遗漏的；

（二）侵犯其商业秘密、个人隐私的；

（三）失信信息超过查询期限仍未删除的。

第二十九条（异议处理）

市信用中心应当在收到异议申请之日起2个工作日内，进行信息比对。市信用平台记载的信息与信息提供单位提供的信息确有不一致的，市信用中心应当予以更正，并通知信息主体。市信用平台记载的信息与信息提供单位提供的信息一致的，市信用中心应当将异议申请转至信息提供单位，并通知信息主体。

信息提供单位应当在收到异议申请之日起5个工作日内进行核查，异议成立的，予以更正，并将核查结果告知市信用中心。市信用中心应当及时处理并通知信息主体。

第三十条（异议标注）

异议申请正在处理过程中，或者异议申请已处理完毕但信息主体仍然有异议的，市信用中心提供信息查询时应当予以标注。

信息提供单位未按照规定核查异议信息并将处理结果告知市信用中心的，市信用中心应当中止向社会提供该信息的查询。

第三十一条（保密义务）

信息提供单位、信息查询单位、市信用中心及其工作人员不得实施下列行为：

（一）越权查询公共信用信息；

（二）篡改、虚构、违规删除公共信用信息；

（三）泄露未经授权公开的公共信用信息；

（四）泄露涉及国家秘密、商业秘密、个人隐私的公共信用信息；

（五）法律、法规和规章禁止的其他行为。

第六章　法律责任

第三十二条（行政责任）

行政机关及其工作人员有下列行为之一，造成不良后果的，由所在单位或者上级主管部门对直接负责的主管人员和其他直接责任人员给予警告；情节严重的，给予记过或者记大过处分：

（一）违反本办法第九条第一款第二项规定，未按照规定归集公共信用信息的；

（二）违反本办法第十八条第一款规定，在相关活动中不查询公共信用信息的；

（三）违反本办法第十九条规定，未建立本单位公共信用信息查询制度规范，未建立或者长期保存查询日志的。

行政机关及其工作人员有下列行为之一，造成不良后果的，由所在单位或者上级主管部门对直接负责的主管人员和其他直接责任人员给予警告、记过或者记大过处分；情节较重的，给予降级或者撤职处分；情节严重的，给予开除处分：

（一）违反本办法第二十九条第二款规定，未按照规定处理异议申请的；

（二）违反本办法第三十一条规定，未履行保密义务的。

第三十三条（市信用中心的法律责任）

市信用中心及其工作人员有下列情形之一的，由市经济信息化部门责令限期改正，予以警告；给信息主体造成损失的，依法承担民事责任；构成犯罪的，依法追究刑事责任：

（一）违反本办法第十四条规定，归集禁止采集的自然人信息的；

（二）违反本办法第二十六条规定，未履行信息安全职责的；

（三）违反本办法第二十七条第一款规定，未删除查询期限届满的失信信息的；

（四）违反本办法第二十九条第一款、第三十条规定，未按照规定处理异议申请，或者未进行异议标注的；

（五）违反本办法第三十一条规定，未履行保密义务的。

第三十四条（其他主体的法律责任）

违反本办法第二十条第二款规定，伪造、变造信息主体授权证明，获取他人非公开信息的，由市经济信息化部门予以警告；给信息主体造成损失的，依法承担民事责任；构成犯罪的，依法追究刑事责任。

信用服务机构违反本办法第二十条第二款规定，伪造、变造信息主体授权证明，获取他人非公开信息的，或者违反本办法第三十一条规定，未履行保密义务的，由市经济信息化部门予以警告，并通报信用服务行业协会。已经开通市信用平台批量查询权限的，由市信用中心予以取消。给信息主体造成损失的，依法承担民事责任；构成犯罪的，依法追究刑事责任。

公共企事业单位违反本办法第二十九条第二款规定，未按照规定处理异议申请，或者违反本办法第三十一条规定，未履行保密义务的，由市经济信息化部门采取约谈等方式进行劝诫，情节严重的，予以警告；给信息主体造成损失的，依法承担民事责任；构成犯罪的，依法追究刑事责任。

第七章 附则

第三十五条（有关用语的含义）

本办法所称公共企事业单位，是指提供水、电、燃气、交通、医疗等与人民群众利益相关的社会公共服务的企业或者事业单位。

第三十六条（参照适用）

本市行政区域内行业协会以及其他社会组织所产生或者获取的信用信息的归集和使用方式，参照本办法执行。

第三十七条（施行日期）

本办法自2016年3月1日起施行。

上海市人民政府关于贯彻《国务院关于推进文化创意和设计服务与相关产业融合发展的若干意见》的实施意见

沪府发〔2015〕1号

各区、县人民政府，市政府各委、办、局：

为了贯彻《国务院关于推进文化创意和设计服务与相关产业融合发展的若干意见》（国发〔2014〕10号），围绕本市“创新驱动发展、经济转型升级”的总体部署，推动创新型经济和品牌经济的发展，促进文化创意和设计服务与实体经济深度融合，加快新技术、新产品、新业态、新商业模式的经济发展。结合本市实际，提出以下实施意见。

一、主要任务

（一）提升制造业能级和比较优势

以推进文化创意和设计服务与制造业融合发展为主要任务，围绕高端化、集约化、服务化、融合化发展要求，充分发挥文化创意和设计服务促进“四新”经济发展和引领制造业转型升级的作用，加强工业设计相关新材料、新技术、新工艺等的研究和应用，提升产品设计创新能力和技术水平，推动“传统制造”向“智能型制造、服务型制造”高端方向发展。战略性新兴产业和高端装备制造业，要大力提升总体设计、系统集成、节能环保、绿色智能、试验验证、应用转化等能力，加强产品和关键性零部件的外观、材料、结构、功能和系统的设计。消费品领域，要顺应市场需求和现代生活方式，融入传统文化和现代时尚元素，强化创意和设计在产品创新、品牌建设、营销策划和质量管理等方面的作用，提高产品附加值，重塑和提升产业竞争力。生产性服务业，要加大社会各类研发设计资源的整合力度，鼓励发展基于互联网的众包设计等新模式，提高生产性服务业专业化、社会化、信息化和国际化水平。（责任部门：市发展改革委、市经济信息化委、市科委等）

（二）加快数字内容产业和信息服务业发展

深入推进文化和科技融合发展行动计划，加快推动数字内容产业发展，推动文化产品和服务在生产、传播、展现、消费等环节的数字化、网络化进程，促进新技术、新工艺、新材料、新装备在文化内容开发中的应用。加快出版、广电、电影、文化舞台等产业领域的数字化发展，开展数字内容共性关键技术的设计研发，支持新型技术的应用和推广，鼓励和引导社会力量投入数字内容产业领域，激发原创内容创作活力，打造一批双向深度融合的文化科技工程。发挥软件产品和服务对信息服务业的支撑作用，加快研发具有自主知识产权的软件产品和技术，提升软件产业核心竞争力，培育信息服务业新业态、新模式，力争形成一批专业性强、行业优势显著、产业带动效应明显的信息服务业产业集群，着力创建中国软件名城。（责任部门：市委宣传部、市科委、市文广影视局、市新闻出版局、市经济信息化委等）

（三）提高设计领域产业化水平

以创建国际著名的“设计之都”为主要任务，以融合发展为引领，通过创意、创新、创造和创业，不断提升设计产业规模和集聚辐射能力。大力发展工业设计、时尚设计、建筑设计、多媒体艺术设计、展览展示设计，基本形成与服务经济相适应的设计产业形态、合理的设计人才结构和功能特色鲜明的设计产业基地。实施“设计之都”企业设计创新能力提升、自主设计品牌培育推广、设计人才培育引进、国内外合作交流、示范街区、宣传推广等工程，培育发展设计经纪业市场，积极推进中国工业设计研究院、昌平路时尚设计集聚带、环同济建筑设计基地、环东华时尚创意产业集聚区、江南智造创意产业集聚区、上海国际时尚中心等项目建设。（责任部门：市经济信息化委、市人力资源社会保障局等）

视性政策和其他不合理收费，推动落实文化创意和设计服务企业用水、用电、用气、用热与工业同价。（责任部门：市审改办、市经济信息化委、市规划国土资源局、市发展改革委、市工商局、市地税局等）

三、组织实施

各区县、各部门要按照本实施意见的要求，加强区县间、部门间、产业间的统筹协调，结合本区县、本部门实际，加强领导，各司其职，深化细化工作方案。要组织编制《上海市文化创意产业发展“十三五”规划》，编制“设计之都”、“世界工业设计之都”、工艺美术发展等相关行动计划和工作方案，制定相关政策措施和管理配套文件，并重视完善文化创意产业和设计服务业的统计制度，加强产业统计、核算和分析。要加强宣传，营造氛围。加快发展和规范相关行业协（商、学）会、中介组织，充分发挥行业组织在行业研究、标准制定等方面的作用。对国家部委相关要求，要结合本市实际认真落实，并对本实施意见的落实情况进行跟踪、监督检查，及时做好总结分析和上报工作。

本实施意见自2015年2月1日起施行，有效期至2020年1月31日。

上海市人民政府

2015年1月9日

2016·上海工业年鉴

SHANGHAI
INDUSTRIAL
YEARBOOK

历年工业总产值及指数

（单位：亿元）

年份	工业总产值 （亿元）	工业总产值指数 （以 1978 年为 100）	工业总产值指数 （以上年为 100）
1978	514.01	100.0	
1979	556.30	108.6	108.6
1980	598.75	115.7	106.5
1981	620.12	120.0	103.7
1982	634.65	125.6	104.7
1983	663.53	134.4	107.0
1984	728.12	147.7	109.9
1985	862.73	167.7	113.5
1986	952.21	177.0	105.5
1987	1073.84	188.9	106.7
1988	1304.66	208.8	110.5
1989	1524.67	215.0	103.0
1990	1642.75	223.6	104.0
1991	1947.18	255.2	114.1
1992	2429.96	306.7	120.2
1993	3327.04	368.2	120.1
1994	4255.19	435.3	118.2
1995	5349.53	510.9	117.4
(1995)	(4547.47)		
1996	5126.22	590.1	115.5
1997	5649.93	675.7	114.5
1998	5763.67	728.5	107.8
1999	6213.24	805.1	110.5
2000	7 022.98	913.7	113.5
2001	7 806.18	1 063.8	116.4
2002	8 730.00	1 219.1	114.6
2003	11 708.49	1 601.9	131.4
2004	14 595.29	1 927.1	120.3
2005	16 876.78	2 195.0	113.9
2006	19 631.23	2 500.1	113.9
2007	23 108.63	2 892.6	115.7
2008	25 968.38	3 126.9	108.1
2009	24 888.08	3 227.0	103.2
2010	31 038.57	3 966.0	122.9
2011	33 834.44	4 227.8	106.6
2012	33 186.41	4 215.1	99.7
2013	33 899.38	4 396.3	104.3
2014	34 071.19	4 466.7	101.6
2015	33 211.57	4 444.3	99.5

注：从 1996 年开始，工业总产值按新规定计算，括号内数为 1995 年新规定数。以下同。

资料来源：上海市统计局。

2015 年规模以上工业企业主要经济指标（一）

（单位：万元）

类 别	单位数	从业人员年平均人数	工业总产值现价	工业销售产值	出口交货值
总计	**8994**	**2332011**	**313226240**	**312143211**	**75951573**
按登记注册类型分					
内资	5177	993665	122959204	122000401	11367736
国有	59	30636	9476399	9483912	66958
集体	73	8929	603262	573245	25684
股份合作	37	5138	283363	276547	28357
国有联营	1	84	10400	8889	
集体联营	1	21	24894	24894	
国有与集体联营	10	1133	114552	113062	1963
其他联营	1	32	1887	1908	
国有独资公司	81	50558	7554700	7387738	2318684
其他有限责任公司	895	283046	48216337	47948058	3574765
股份有限公司	170	104554	19268166	19175714	2038953
私营独资	80	8074	584437	625821	31671
私营合伙	10	698	206282	205825	10
私营有限责任公司	3492	449894	32212763	31857489	2646422
私营股份有限公司	258	49591	4306159	4219149	627227
其他内资	9	1277	95603	98150	7042
港澳台商投资	1081	376681	45611506	45246120	22523031
合资经营（港或澳、台资）	288	93023	7583768	7569840	1880369
合作经营（港或澳、台资）	75	13551	904069	878991	300954
港澳台商独资	685	241767	28693074	28391738	19255169
港澳台商投资股份有限公司	32	28309	8422302	8397749	1086540
其他港澳台商投资	1	31	8294	7804	
外商投资	2736	961665	144655530	144896690	42060806
中外合资经营	628	243757	63541219	63263375	5231327
中外合作经营	107	36590	3069299	3067188	627210
外商独资企业	1959	643237	72806574	73324295	33877157
外商投资股份有限公司	31	34036	5021341	5000671	2221040
其他外商投资	11	4045	217098	241162	104073
按控股情况分					
国有控股	689	417964	115365833	114495746	7669897
集体控股	213	46032	3985837	3914530	164396
私人控股	4334	622462	46573554	46174221	4743204
港澳台控股	931	306256	34588000	34233000	21326652
外商控股	2474	838100	101489123	102016309	40704059
其他控股	353	101197	11223893	11309405	1343365
按企业规模分					
大型企业	272	852325	167354152	166747695	51490835
中型企业	1248	663240	65568368	65423677	12970793
小型企业	7474	816446	80303721	79971839	11489946

资料来源：上海市统计局。

2015 年规模以上工业企业主要经济指标（二）

（单位：万元）

类 别	主营业务收入	主营业务成本	销售费用	主营业务税金及附加	利润总额
总计	**341722182**	**275964265**	**13133336**	**10967853**	**26805310**
按登记注册类型分					
内资	132473778	105780673	4320455	7808524	11385949
国有	9616087	9047497	21139	28570	437105
集体	592936	508269	13692	2044	24339
股份合作	277568	238760	6606	929	11683
国有联营	8889	3904	1588	92	2343
集体联营	24894	22792	109	32	1124
国有与集体联营	112972	109326	993	313	−5700
其他联营	1910	1797	24		−84
国有独资公司	8627614	7588385	131814	134832	240961
其他有限责任公司	51699553	38152978	1246587	6379549	4418476
股份有限公司	23363670	18674989	1431894	1123119	4038748
私营独资	702710	571673	18423	3029	64113
私营合伙	204819	195786	222	273	6733
私营有限责任公司	32869382	27339674	1200500	121083	1630163
私营股份有限公司	4269045	3249952	235403	14182	505782
其他内资	101728	74892	11461	478	10162
港澳台商投资	48216018	40081129	1717967	1442674	2675670
合资经营（港或澳、台资）	8094071	6507254	369106	21882	751678
合作经营（港或澳、台资）	862146	732921	34051	1939	5364
港澳台商独资	30834860	26873335	1167191	44836	1170864
港澳台商投资股份有限公司	8417138	5961260	147104	1374001	747527
其他港澳台商投资	7804	6358	516	17	237
外商投资	161032386	130102463	7094914	1716655	12743692
中外合资经营	75182538	59409829	2105430	1532032	8393834
中外合作经营	3223291	2613502	232264	17298	120820
外商独资企业	77313446	63495850	4535348	161612	4006387
外商投资股份有限公司	5084207	4380807	215450	5466	217442
其他外商投资	228905	202476	6422	247	5209
按控股情况分					
国有控股	134300244	104908140	2555367	10421254	14751618
集体控股	3971244	3519736	83083	11964	199868
私人控股	47654708	38882972	2196829	167473	2775573
港澳台控股	36832478	31695218	1487411	60670	1729276
外商控股	107590729	88006274	6112080	257532	6275474
其他控股	11372779	8951926	698565	48961	1073501
按企业规模分					
大型企业	187767467	150623711	5470206	10324949	17091917
中型企业	69332656	55076356	4090785	352518	5357041
小型企业	84622059	70264198	3572344	290386	4356353

资料来源：上海市统计局。

2015年规模以上工业企业主要经济指标（三）

（单位：万元）

类 别	税金总额	亏损企业亏损额	固定资产总计	流动资产合计	存货	其中：产成品
总计	**20097298**	**3206025**	**86806305**	**213744406**	**45637564**	**15177928**
按登记注册类型分						
内资	12362776	1423041	48122520	105333991	22533142	6941689
国有	347478	20324	13609046	3161609	395904	71292
集体	23046	6205	97569	463809	120476	52066
股份合作	8956	146	49690	189327	47634	20477
国有联营	1091		1556	10816	168	9
集体联营	491		105	7030	1717	1597
国有与集体联营	2651	5855	21170	81498	23608	15882
其他联营		84	161	861	85	5
国有独资公司	143728	194656	3562241	9693855	2878505	371732
其他有限责任公司	8781616	920050	15083452	40882051	9471037	2357713
股份有限公司	1892352	41450	8366070	20902768	2720077	1076432
私营独资	27403	1397	100183	459643	70721	30594
私营合伙	2369	12	9171	21499	3094	2071
私营有限责任公司	985112	216601	6389864	24784844	5960761	2573519
私营股份有限公司	130195	16261	813226	4613967	827633	361681
其他内资	16290		19017	60416	11723	6622
港澳台商投资	2281702	324559	9255617	24784643	4919602	1969528
合资经营（港或澳、台资）	206877	60260	2777892	5760457	1250161	586281
合作经营（港或澳、台资）	18215	46384	171773	663110	167954	73037
港澳台商独资	285725	210822	4468862	15758361	2765767	1114188
港澳台商投资股份有限公司	1770710	7094	1836481	2599815	735248	195760
其他港澳台商投资	175		609	2900	472	262
外商投资	5452820	1458425	29428169	83625772	18184820	6266711
中外合资经营	4071762	390300	11740839	33497915	6462841	2507970
中外合作经营	84512	70398	564821	2248375	457820	113199
外商独资企业	1274812	984850	14920305	41551520	9181959	3524436
外商投资股份有限公司	18310	11377	2156523	6148604	2057866	113332
其他外商投资	3425	1499	45680	179359	24335	7774
按控股情况分						
国有控股	15725242	1038552	47638939	77883099	15779746	3760444
集体控股	123001	13028	570962	2362745	539169	249825
私人控股	1439891	420738	9512705	39020776	8792015	3909335
港澳台控股	404462	296696	5796703	20501281	3773429	1573715
外商控股	1961585	1288227	20862131	62867078	14594914	4978738
其他控股	443118	148784	2424865	11109426	2158291	705870
按企业规模分						
大型企业	15625829	894480	50213951	101596438	21232964	5562365
中型企业	2033801	809314	16038018	50345046	10232848	3971406
小型企业	2437669	1502231	20554337	61802921	14171752	5644158

资料来源：上海市统计局。

2015 年规模以上工业企业主要经济指标（四）

（单位：万元）

类　别	资产总计	负债合计	所有者权益	成本费用总额	管理费用	财务费用
总计	**373069514**	**181110540**	**190884029**	**312739162**	**22178767**	**1462795**
按登记注册类型分						
内资	205784327	92194435	113168678	120045259	9083521	860610
国有	21063662	6341857	14711979	9234714	174144	−8065
集体	591472	306106	284764	577634	49942	5731
股份合作	247869	107581	140288	271323	23840	2117
国有联营	12861	2412	10450	6528	1094	−58
集体联营	7135	3590	3545	23737	844	−8
国有与集体联营	104791	81691	23101	120156	9631	206
其他联营	1082	191	891	1994	174	−1
国有独资公司	16285977	11208853	5082236	8553585	751351	82036
其他有限责任公司	69923416	33647185	36026927	42727878	3070057	258256
股份有限公司	54697302	16616179	38062630	22193611	1907674	179055
私营独资	629989	315419	312475	642621	47413	5111
私营合伙	32376	16618	15338	198167	2110	49
私营有限责任公司	35271888	20291843	14875042	31529678	2688945	300559
私营股份有限公司	6804708	3199509	3574668	3866971	347507	34110
其他内资	109799	55401	44347	96664	8797	1514
港澳台商投资	39703695	19396037	20230814	44488456	2554760	134601
合资经营（港或澳、台资）	10285348	5058055	5223729	7641414	701468	63586
合作经营（港或澳、台资）	886624	553115	333340	862581	56159	39450
港澳台商独资	21991400	12076005	9842285	29424281	1382592	1163
港澳台商投资股份有限公司	6535865	1708429	4827436	6552579	413848	30367
其他港澳台商投资	4458	433	4024	7603	693	35
外商投资	127581492	69520068	57484536	148205447	10540487	467583
中外合资经营	52318390	29804302	22334411	66211597	4658693	37645
中外合作经营	2915997	1237455	1660710	3068121	225976	−3621
外商独资企业	61432988	31719820	29429744	73589212	5261068	296945
外商投资股份有限公司	10671352	6659535	3915863	5109075	375743	137075
其他外商投资	242766	98957	143809	227443	19006	−461
按控股情况分						
国有控股	174373266	76666046	97487870	115798722	7880881	454334
集体控股	3414616	1782381	1626496	3847266	228697	15750
私人控股	57038035	30920430	25925694	45518658	3984474	454382
港澳台控股	30143589	15026006	15040904	35076897	1840980	53289
外商控股	92384735	48649385	43165908	101907618	7339334	449930
其他控股	15715272	8066292	7637157	10590002	904402	35110
按企业规模分						
大型企业	199979612	92763411	106807963	166729945	10172627	463401
中型企业	78960635	39827026	39041673	64848935	5362067	319727
小型企业	94129267	48520103	45034394	81160283	6644073	679667

资料来源：上海市统计局。

2015年国有控股工业企业主要指标

（单位：万元）

指 标	国有控股企业	其 中	
		#大型企业	#中型企业
单位数（个）	689	79	161
#亏损企业单位数	147	7	31
工业总产值	115365833	89769409	12559567
工业销售产值	114495746	89106552	12428383
#出口交货值	7669897	6257324	856094
从业人员年平均人数（人）	417964	262709	95420
年末资产总计	174373266	135877579	21571024
流动资产合计	77883099	58788468	10912854
#存货	15779746	11728763	2424611
#产成品存货	3760444	2274766	811182
固定资产合计	47638939	36469287	5545058
年末负债合计	76666046	55496754	12184673
年末所有者权益	97487870	80218423	9381022
主营业务收入	134300244	105148363	14668312
主营业务成本	104908140	79421592	12707533
销售费用	2555367	1886938	361518
主营业务税金及附加	10421254	10203883	162734
管理费用	7880881	6227455	937031
财务费用	454334	126854	176013
营业利润	13938675	12656239	705067
利润总额	14751618	13190732	859019
税金总额	15725242	14827156	489775
亏损企业亏损总额	1038552	442977	308566
本年应交增值税	5303989	4623274	327041

资料来源：上海市统计局。

2015 年工业企业经济效益指数

类别	总资产贡献率（%）	资本保值增值率（%）	资产负债率（%）	流动资产周转率（次）	成本费用利润率（%）	工业产品销售率（%）
总计	**12.84**	**111.06**	**48.55**	**1.65**	**8.32**	**99.65**
国有控股	17.59	111.32	43.97	1.80	12.23	99.25
按隶属关系分						
中央工业	17.40	104.17	43.77	1.57	8.88	99.28
地方工业	11.29	113.94	50.16	1.67	8.22	99.74
按企业规模分	12.84	111.06	48.55	1.65	8.32	99.65
大型	16.36	112.31	46.39	1.90	9.94	99.64
中型	9.87	110.19	50.44	1.44	7.97	99.78
小型	7.83	108.93	51.55	1.40	5.26	99.59

资料来源：上海市统计局。

2015 年 6 个重点工业行业主要指标

（单位：万元）

行业	单位数（个）	从业人员年平均人数（人）	工业总产值	工业销售产值	其中：出口交货值	年末资产总计	主营业务收入	利润总额	税金总额
总计	**3957**	**1327862**	**209643567**	**208984367**	**61097498**	**236461759**	**231816589**	**18324802**	**9123274**
占全市比重 (%)	44.0	56.9	66.9	67.0	80.4	63.4	67.8	68.4	45.4
电子信息产品制造业	981	520877	62851258	62847019	43360689	48101806	66921338	1918932	53178
汽车制造业	522	228759	52237997	52034125	2229942	60331575	65741872	10781108	3654144
石油化工及精细化工制造业	658	120844	33591191	33784246	3014412	27702904	35209060	2043602	3809142
精品钢材制造业	82	32566	11529137	11512273	1092215	21898992	13917732	148710	261550
成套设备制造业	1349	332181	40318345	40028675	10111191	63654753	40707437	2089268	809246
生物医药制造业	365	92635	9115639	8778028	1289048	14771729	9319150	1343182	536014
在总计中：信息产品制造业	981	520877	62851258	62847019	43360689	48101806	66921338	1918932	53178
通信设备制造	72	124972	18330567	18781791	15589335	9387204	19402830	399824	−210642
雷达制造业	1	274	16043	16043		19044	16043	3920	1266
广播电视设备制造	11	2421	184875	178821	43189	149710	218742	11781	5126
电子计算机制造	50	99284	18956688	18661083	16060492	8990646	21488289	−11268	24865
家用视听设备制造	11	7521	1584650	1606899	840871	727123	1592779	44699	7449
电子测量仪器制造	110	19936	1738937	1726484	669033	1900701	1823652	227981	38343
电子专用设备制造	119	32159	2344708	2323169	1135746	2730605	2495115	119014	43960
电子元件制造	257	98934	6362050	6298559	3240203	6463520	6418436	508652	83782
电子器件制造	131	85647	7674716	7687266	5130486	12574922	7809441	322293	−27822
电子机电产品制造	206	47725	5408064	5321765	533578	4852193	5408610	283202	82537
电子专用材料制造	13	2004	249962	245139	117756	306138	247403	8835	4315

资料来源：上海市统计局。

高技术产业（制造业）主要情况（2014—2015年）

（单位：万元）

类　别	单位数（个）	从业人员年平均人数（人）	工业总产值	工业销售产值	年末资产总计	主营业务收入	利润总额	税金总额
2015年总计	**1020**	**571217**	**68099250**	**67766608**	**59965255**	**72130115**	**2849851**	**423193**
占全市比重(%)	**11.3**	**24.5**	**21.7**	**21.7**	**16.1**	**21.1**	**10.6**	**2.1**
按登记注册类型分								
国有经济	8	4707	472757	476662	753702	477254	78199	14835
集体经济	1	123	4341	3710	3224	3710	580	310
股份合作企业	3	263	10978	11075	18193	11075	1351	972
股份制经济	431	123881	9526814	9237660	17527925	9988182	421838	298851
外商及港澳台投资	565	440607	57981876	57937530	41559188	61551122	2327964	89358
其他经济	12	1636	102484	99970	103023	98772	19920	18867
按技术领域分								
医药制造业	199	60652	6559855	6237989	10362258	6593475	1083872	449267
航空、航天器及设备制造业	17	23620	1982986	1877899	3977017	1929006	61587	5386
电子及通信设备制造业	473	329307	35431544	35820109	30703394	36776015	1218812	−159843
计算机及办公设备制造业	60	103821	19510586	19267692	9391864	22080136	22382	23440
医疗仪器设备及仪器仪表制造业	261	52025	4380344	4333756	5234931	4520015	454446	100754
信息化学品制造业	10	1792	233935	229163	295790	231468	8753	4190
2014年总计	**1013**	**582668**	**66483397**	**66034690**	**56012674**	**70813224**	**3041291**	**682611**
占全市比重(%)	**10.7**	**23.6**	**20.4**	**20.3**	**15.8**	**20.0**	**11.5**	**3.6**
按登记注册类型分								
国有经济	9	4970	450349	448404	612825	448497	72673	15063
集体经济	3	485	34278	34278	52759	32747	5499	968
股份合作企业	3	291	12818	12307	18417	12311	1297	817
股份制经济	408	107717	8016615	7678439	13375073	8348570	635911	301514
外商及港澳台投资	581	468192	57921483	57812636	41920914	61918641	2317130	360390
其他经济	9	1013	47853	48627	32687	52458	8782	3858
按技术领域分								
医药制造业	198	61984	6227223	5848309	9324715	6160728	826424	366527
航空、航天器及设备制造业	16	13095	1215494	1199898	2438029	1234464	60276	6948
电子及通信设备制造业	475	273127	23702223	23532693	26066470	24671274	1258688	184250
计算机及办公设备制造业	58	180269	30893568	31044703	13398368	34140410	395253	7114
医疗仪器设备及仪器仪表制造业	256	52121	4192047	4165910	4465674	4362044	482690	113623
信息化学品制造业	10	2072	252843	243178	319418	244304	17960	4149

资料来源：上海市统计局。

2015 年各区、县工业企业主要指标

（单位：万元）

地 区	单位数（个）	从业人员（万人）	工业总产值	出口交货值	年末资产总计	主营业务收入	利润总额	税金总额
总计	**8994**	**224.65**	**313226240**	**75951573**	**373069514**	**341722182**	**26805310**	**20097298**
浦东新区	1718	59.11	91777985	29639586	123980050	108729408	8980916	3628302
黄浦区	17	0.86	890738	25375	1163276	1757271	88844	50359
徐汇区	112	3.00	5504339	877780	6150924	6447851	1115689	140305
长宁区	31	1.83	1119619	104582	2096449	1113171	30695	25314
静安区	4	0.12	104494		367487	103211	−14798	11111
普陀区	112	2.26	1929130	165121	2945178	2401395	223385	130531
闸北区	52	1.72	2436922	346440	4283114	2548968	79860	44846
虹口区	22	0.77	1048848	229792	3743871	1082126	332987	41860
杨浦区	71	2.04	11667470	485239	15861728	11478374	2530392	7768517
闵行区	996	26.74	31681636	7290383	38088613	34136082	2519871	1104864
宝山区	494	11.02	19031722	1826904	31267298	21960757	756186	538262
嘉定区	1241	29.91	49444421	4309725	39809540	51261044	5661597	2948614
金山区	740	13.52	16435630	1833429	14823554	16536389	851116	1923154
奉贤区	1075	17.24	15127369	3058045	19924881	15365006	970793	414781
松江区	1280	31.36	36048408	19900836	28002592	36838866	1363128	535444
青浦区	864	17.87	15102899	3722496	16401092	15508460	969317	489602
崇明县	124	3.54	3415744	1441344	6215685	3063785	−49345	40329
其他	41	1.75	10458869	694495	17944179	11390021	394677	261103

资料来源：上海市统计局。

2015 年都市型工业基本情况

（单位：万元）

类　别	单位数（个）	从业人员年平均人数（人）	工业总产值	工业销售产值	其中：出口交货值	年末资产总计	主营业务收入	利润总额	税金总额
总计	**1808**	**443921**	**35267864**	**35224071**	**6631211**	**35728637**	**38939797**	**2959694**	**1292623**
按登记注册类型分									
内资	999	188329	14422568	14445070	1110774	14861143	16523617	1353535	518256
国有	11	1316	73767	74581	16380	111909	75698	650	2793
集体	9	1287	36652	31946	3323	56436	46171	1526	3325
股份合作	8	1175	42310	41951	10263	48001	41923	2430	1178
国有与集体联营	2	116	3981	3753		4078	3753	−108	173
其他联营	1	32	1887	1908		1082	1910	−84	
国有独资公司	8	3062	291759	290733	8235	331986	312595	22405	18797
其他有限责任公司	155	40446	5443325	5426144	267892	4185587	6725984	428616	140909
股份有限公司	29	29613	2400296	2512171	67972	3990340	3114183	489317	147784
私营独资	12	860	46518	48429	8465	34023	48986	5596	2207
私营合伙	2	144	3400	3423		2430	3608	148	116
私营有限责任公司	720	100731	5450265	5412677	692845	5163446	5512391	284086	169668
私营股份有限公司	37	8750	574095	540843	28356	901785	582104	116079	29939
其他内资	5	797	54312	56512	7042	30041	54311	2874	1367
港澳台商投资	277	93346	6782190	6772854	2255274	7408009	7157170	694674	229316
与港澳台商合资经营	67	23742	1549674	1559499	306848	1863421	1582308	202688	58530
与港澳台商合作经营	21	4076	190733	190101	60371	228814	189559	6633	6180
港澳台商独资	176	57156	3820466	3841430	961768	3944525	4172049	370068	157664
港澳台商投资股份有限公司	13	8372	1221317	1181824	926286	1371249	1213254	115285	6942
外商投资	532	162246	14063107	14006147	3265164	13459485	15259010	911485	545051
中外合资经营	119	29451	3439742	3508107	844935	2837176	3833359	256783	72678
中外合作经营	31	14378	941166	938935	277176	859147	990210	49304	43259
外资企业	374	113561	9439432	9325629	2109993	9366195	10141609	591683	413308
外商投资股份有限公司	5	3601	202229	193004	21471	357443	251271	12109	14450
其他外商投资	3	1255	40538	40472	11588	39525	42562	1605	1355
按企业规模分									
大型企业	50	115670	9268876	9211373	2293927	9705081	10419104	1048993	385613
中型企业	299	155173	12678624	12713504	2081228	12612299	14281766	1054474	498127
小型企业	1459	173078	13320365	13299194	2256056	13411257	14238927	856227	408882
按行业分									
服装服饰业	374	80943	3793361	3817391	1124778	3872683	4129434	86464	77635
食品加工制造业	356	108594	9828636	9846204	337371	10325307	11570329	685321	556145
包装、印刷业	246	39868	2641897	2612725	267803	3237048	2701417	213696	109939
室内装饰用品制造业	394	76812	6540606	6389411	1489700	6120364	6593143	569793	176313
化妆品及清洁洗涤用品制造业	124	30282	3532131	3586959	321366	4683486	3794070	692892	224527
工艺美术品、旅游用品制造业	155	45352	4441419	4473779	790456	3190708	5611030	372883	98014
小型电子信息产品制造业	159	62070	4489813	4497602	2299737	4299042	4540375	338644	50050

（续表）

类　别	单位数（个）	从业人员年平均人数（人）	工业总产值	工业销售产值	其中：出口交货值	年末资产总计	主营业务收入	利润总额	税金总额
按地区分：									
浦东新区	310	90478	8658645	8626543	1954345	9174610	9089471	758038	249325
黄浦区	7	3194	216811	255961	15369	226109	811627	29227	21830
徐汇区	29	6361	2759259	2778514	117099	1170472	3285762	175862	35536
长宁区	9	3553	130372	130927	72050	170507	132814	8434	2233
静安区	1	873	32549	32549		17601	32549	4099	3381
普陀区	36	9693	664674	660236	50270	1101325	790353	63691	44898
闸北区	11	1454	109147	105286	6565	121134	115007	10167	3295
虹口区	4	2053	319044	303072	8001	806980	302620	281355	21991
杨浦区	17	2718	235802	230821	16587	200143	275696	13502	9360
闵行区	215	63083	5003699	4926591	768337	4736368	5924398	349725	273926
宝山区	70	11765	796431	797767	149320	928741	843372	35485	40306
嘉定区	223	55641	4790821	4764574	1028554	4437114	5070579	463409	140941
金山区	162	36422	2154683	2116588	455470	2481482	2139298	125784	51058
奉贤区	217	49861	2706187	2799385	453615	3251326	3036186	213725	146778
松江区	309	60413	4295676	4317715	820950	4564821	4692619	306179	165494
青浦区	172	44431	2279939	2262045	702127	2228123	2281810	112615	78932
崇明县	13	1845	79842	80453	12554	79124	80332	4225	1960

资料来源：上海市统计局。

2015 年主要工业产品生产、销售和库存

产 品 名 称	年初库存	生产量	销售量	年末库存
天然原油（吨）	7293	68328	56658	18531
饲料（吨）	45075	1776229	1739701	57352
#配合饲料（吨）	14547	903065	898827	15526
混合饲料（吨）	5162	140438	141377	3896
精制食用植物油（吨）	101379	1114455	1095878	119437
乳制品（吨）	3335	499686	500126	2895
罐头（吨）	2952	39825	40236	2541
啤酒（千升）	9859	610775	611484	8895
黄酒（千升）	12903	97491	97269	9925
软饮料（吨）	136846	2622921	2603146	143152
卷烟（万支）	501941	9917923	9713977	703747
纱（吨）	3543	31108	30332	4312
布（万米）	1002	9428	7332	818
#棉布（万米）	87	2454	2436	102
棉混纺布（混纺交织布）（万米）	60	2133	2138	55
化学纤维布（纯化纤布）（万米）	855	4841	2758	661
服装（万件）	5267	44867	43387	6259
皮鞋（万双）	197	1865	1867	173
机制纸及纸板（吨）	31448	657904	657562	28050
#新闻纸（吨）	1910	35713	37321	
汽油（吨）	57768	5373138	5403589	27317
煤油（吨）	52055	2929252	2953018	28289
柴油（吨）	79888	7610029	7631641	56997
润滑油（吨）	32368	496287	407504	33347
燃料油（吨）		278242	277835	407
焦炭（吨）		5344797		
硫酸（折 100%）（吨）	2282	193782	152916	4527
氢氧化钠（烧碱）（折 100%）（吨）	20905	687812	494325	15007
乙烯（吨）	16662	2107610	310778	16920
纯苯（吨）	11029	858519	487435	14623
冰醋酸（吨）	9380	682241	624902	15982
农用氮、磷、钾化学肥料总计（吨）	71	15306	15283	94
#氮肥（折含 N 100%）（吨）	71	15251	15228	94
化学农药原药（折有效成分 100%）（吨）	1897	10399	11042	1254
涂料（吨）	144753	1909629	1926340	123428
染料（吨）	5660	51699	49187	7777
初级形态的塑料（塑料树脂及共聚物）（吨）	141275	3871200	3832863	162854
合成橡胶（吨）	3633	204902	181840	6234
合成纤维单体（吨）	46051	2101625	1612680	42968
合成纤维聚合物（吨）	64399	1094590	1020542	57292

(续表)

产　品　名　称	年初库存	生产量	销售量	年末库存
合成洗涤剂(吨)	16289	387257	380675	17433
化学药品原药(化学原料药)(吨)	1256	43338	39357	1750
中成药(吨)	1191	6721	5952	1361
化学纤维(吨)	38876	458457	448106	45352
#合成纤维(吨)	38584	456678	446287	45101
橡胶轮胎外胎(轮胎外胎)(条)	1150349	9710013	9518535	1325490
塑料制品(吨)	143738	1792274	1774763	151727
#农用薄膜(吨)	1733	28170	28165	1305
水泥(吨)	109044	4335856	4372225	68667
生铁(吨)		16866551	9471	
粗钢(吨)	1668	17837714	295284	2468
钢材(吨)	584466	22027183	21769900	808835
#中板(吨)	45367	891724	904001	33090
冷轧薄板(吨)	28353	417404	419205	26550
中厚宽钢带(吨)	43361	3885331	3869372	59320
热轧薄宽钢带(吨)	16986	1120862	1119822	18026
冷轧薄宽钢带(吨)	73117	5392018	5381692	82838
镀层板(带)(吨)	112764	4445564	4399439	158889
涂层板(吨)	8864	598976	591894	15946
电工钢板(带)(吨)	49721	1483077	1336396	196402
无缝钢管(吨)	33326	723037	712173	44190
十种有色金属(吨)	1413	45602	44293	1413
#精炼铜(铜)(吨)	1413	45602	44293	1413
铜材(铜加工材)(吨)	16345	297023	296777	15206
铝材(吨)	29824	508586	499949	35919
日用不锈钢制品(吨)	1440	20262	20398	1304
电站锅炉(蒸发量吨)	28411	37709	51603	14517
发动机(千瓦)	11684869	239278576	143436645	6831734
金属切削机床(台)	5696	36371	36349	5114
#数控金属切削机床(台)	591	2455	2463	583
缝纫机(台)	131044	770267	800253	101035
汽车(辆)	12663	2429706	2428723	13336
#基本型乘用车(轿车)(辆)	10537	2039139	2041877	7559
客车(辆)	1190	24277	23440	2027
新能源汽车(辆)	310	39131	37705	1732
民用钢质船舶(载重吨)		7398400	7398400	
摩托车(辆)	50885	738580	705173	84292
两轮脚踏自行车(辆)	92990	3318199	3309011	102178
发电设备(千瓦)	11420500	20806878	26979135	5253884
交流电动机(千瓦)	7955552	18932826	16451938	10436271

(续表)

产 品 名 称	年初库存	生产量	销售量	年末库存
电力电缆（千米）	422358	1873123	1767903	527552
光缆（芯千米）	196892	5573235	5648303	121824
太阳能电池（千瓦）	44587	377164	420858	893
家用电冰箱（台）	169805	1481769	1467077	182256
房间空气调节器（台）	175926	3273305	3287566	158615
家用电风扇（台）	97180	220597	299700	108463
吸排油烟机（台）	12282	79190	75989	15396
电饭锅（个）	264055	2018883	2067522	215416
微波炉（台）	32896	3458166	3454179	34849
家用洗衣机（台）	34365	1602725	1612070	25020
家用吸尘器（台）	2237	494320	482921	13636
家用燃气热水器（台）	140080	1736155	1712328	161471
微型电子计算机（台）	5574788	36519811	36598221	5486131
服务器（台）	260	368944	367944	1260
显示器（台）		619565	619565	
程控交换机（万线）	14	95	97	13
#数字程控交换机（万线）		61	61	
移动通信基站设备（信道）		262396	262396	
移动通信手持机（手机）(台)	2465124	67474971	67406699	2405619
#智能手机（台）	1244094	52893170	52028719	1980768
彩色电视机（台）	18102	1353913	1353064	18946
#液晶电视机（台）	17848	1353531	1352433	18946
#智能电视（台）	11100	907504	911161	7438
组合音响（台）	151298		3537456	350693
集成电路（万块）	141295	2173552	2152727	161565
集成电路圆片（万片）	16	443	440	19
表（万只）		41	41	
光学仪器（台）	18482	309855	320313	8024
发电量（万千瓦小时）		7926969	6298500	

资料来源：上海市统计局。

2015 年度上海名牌产品 / 服务 / 明日之星推荐名单

序号	品牌	推荐产品	企业
		一、产品类——生产资料类（共 300 项）	
1	白天鹅	二氧化钛	上海澎博钛白粉有限公司
2	飞虎	聚酯型漆，卷材涂料系列，苯丙乳胶漆	上海涂料有限公司振华造漆厂
3	奥威	十二烷基醚硫酸钠，十二烷基硫酸钠	上海奥威日化有限公司
4	奔驰牌	焦亚硫酸钠	上海嘉定马陆化工厂有限公司
5	申峰牌	聚氯乙烯全系列	上海氯碱化工股份有限公司
6	申峰牌	烧碱全系列	上海氯碱化工股份有限公司
7	匀可灵	匀可灵染色助剂	上海雅运纺织助剂有限公司
8	SJ	甲醇	上海华谊能源化工有限公司
9	SJ	邻苯二甲酸酐	上海华谊能源化工有限公司
10	吴泾	工业冰乙酸	上海华谊能源化工有限公司
11	一品	氧化铁系颜料	上海一品颜料有限公司
12	振泰	特种氧化镁系列	上海实业振泰化工有限公司
13	CALMTRY	水性复膜胶	上海奇想青晨新材料科技股份有限公司
14	图案	分子筛	上海恒业分子筛股份有限公司
15	鳄鱼鳄鱼漆 ALLIGATOR	内外墙涂料	鳄鱼制漆（上海）有限公司
16	ANOKY+ 图案	安诺其纺织用染料	上海安诺其集团股份有限公司
17	ECH	工业循环冷却水复合水处理剂	上海洗霸科技股份有限公司
18	生农图案商标	杀菌剂戊唑醇	上海生农生化制品有限公司
19	三人牌	工业用乙烯等 24 项产品	中国石化上海石油化工股份有限公司
20	泗联牌	印刷油墨，着色剂（有机颜料，印花涂料色浆）	上海泗联实业有限公司
21	网讯	通信电缆光缆用金属塑料复合带	上海网讯新材料科技股份有限公司
22	MFE	乙烯基酯树脂	华东理工大学华昌聚合物有限公司
23	眼睛牌	聚氨酯类漆，丙烯酸类漆，过氯乙烯类漆	上海造漆厂
24	百润（Bairun）	香精香料	上海百润香精香料股份有限公司
25	HUIDE	聚氨酯（pu）树脂系列产品	上海汇得化工有限公司
26	乘鹰及图	专用外包装涂料	上海维凯光电新材料有限公司
27	经典	木器涂料	上海展辰涂料有限公司
28	光明 + 图案	船舶漆，重防腐蚀涂料	上海华谊精细化工有限公司 上海开林造漆厂
29	图形商标	改性聚醚，聚羧酸减水剂聚醚，聚乙二醇单甲基醚	上海台界化工有限公司
30	SUNNY+ 图形	PP 改性专用料	上海日之升新技术发展有限公司
31	JCC	纺织品用共聚酰胺（PA）热熔胶	上海天洋热熔粘接材料股份有限公司
32	富臣	木器涂料、墙面涂料	上海展辰涂料有限公司
33	喜登	烟用香精	华宝食用香精香料（上海）有限公司
34	图案	墙面涂料，木器涂料	上海三银制漆有限公司
35	爱普	香精香料	爱普香料集团股份有限公司
36	牡丹牌	“牡丹牌”印刷油墨	上海牡丹油墨有限公司
37	CGD	高、低压成套开关柜	上海光大科技（集团）有限公司
38	ZBB	变压器	中变集团上海变压器有限公司
39	上微牌	精密微型深沟球轴承，角接触球轴承	上海天安轴承有限公司

(续表)

序号	品牌	推荐产品	企业
40	HG（图形）	阀门	上海沪工阀门厂（集团）有限公司
41	新昕	采煤机低烟低卤屏蔽橡套软电缆、塑料绝缘安全清洁电缆	上海胜华电缆（集团）有限公司
42	图形	非晶合金变压器	上海飞晶电气股份有限公司
43	图形	低压成套开关设备	上海西屋成套设备有限公司
44	天正	高、低压成套开关设备	上海天正机电（集团）有限公司
45	金峰	液压柱塞泵，液压柱塞马达	上海电气液压气动有限公司
46	SH · APOLLO	核电站系列用泵	上海阿波罗机械股份有限公司
47	图形	高低压成套设备	上海新力成套设备（集团）有限公司
48	百富勤	风机盘管空调机组、组合式空调机组、柜式风机盘管机组（变风量空调机组）、大温差风机盘管机组	上海百富勤空调制造有限公司
49	图案	单螺杆空气压缩机	上海飞和压缩机制造有限公司
50	SMK	闸阀、球阀	上海美科阀门有限公司
51	SPMC	水泵	上海水泵制造有限公司
52	TATUNG	三相异步电动机、非晶质干式变压器	大同（上海）有限公司
53	上海电气	E、F 级燃气轮机	上海电气电站设备有限公司
54	上海电气	1000MW、600MW、300MW 等级汽轮发电机	上海电气电站设备有限公司
55	上海牌	φ200 规格系列外圆磨床	上海第三机床厂
56	上海电气	1000MW、600MW、300MW 等级凝汽器	上海电气电站设备有限公司
57	DESRAN	550KW 以下压缩机及空气干燥器	德斯兰压缩机（上海）有限公司
58	上海电气	400MW 等级燃气轮发电机	上海电气电站设备有限公司
59	外高桥造船（图案）	自升式钻井平台	上海外高桥造船有限公司
60	四通（图案）	高、低压开关柜	上海四通电力设备（集团）有限公司
61	GAIRS 佳力士	单螺杆空气压缩机	上海佳力士机械有限公司
62	上海电气	1000MW、600MW、300MW 等级汽轮机	上海电气电站设备有限公司
63	SEAW	MNS 系列低压成套开关设备和控制设备、KYN28A 系列户内金属铠装移开式开关设备	上海电器成套厂有限公司
64	上海电气	1000MW、600MW、300MW 等级除氧器	上海电气电站设备有限公司
65	“工”字牌	闸阀，截止阀，止回阀，球阀	上海良工阀门厂有限公司
66	CNEKE（图案）	高低压输配电开关设备	上海一开投资（集团）有限公司
67	冠龙	给排水阀门	上海冠龙阀门机械有限公司
68	SGEG（图案）	高低压开关成套设备	上海广电电气（集团）股份有限公司
69	图案	水车式增氧机，多功能涌浪机	喃嵘水产（上海）有限公司
70	上鼓	电站轴流式、离心式风机组	上海鼓风机厂有限公司
71	上城	高强度螺栓连接副	上海申光高强度螺栓有限公司
72	斯可络、SCR	双螺杆空气压缩机	上海斯可络压缩机有限公司
73	三荣电梯	电梯	上海三荣电梯制造有限公司
74	连成	SLZ 低噪音系列离心泵	上海连成（集团）有限公司
75	浦江	索结构产品	上海浦江缆索股份有限公司
76	TAYOR	电焊机	上海通用电焊机股份有限公司
77	图形	泵阀	上海康大泵业制造有限公司
78	海立 HIGHLY	空调压缩机	上海日立电器有限公司

（续表）

序号	品牌	推荐产品	企业
79	DONSUN（图案）	电焊机	上海东升焊接集团有限公司
80	SGG	SGG 牌燃油燃气锅炉	上海工业锅炉有限公司
81	上机牌	磨床	上海机床厂有限公司
82	TSP	风力发电机塔架	上海泰胜风能装备股份有限公司
83	新业	锅炉	上海新业锅炉高科技有限公司
84	图形	泵阀	上海瑞邦机械集团有限公司
85	东富龙	真空冷冻干燥机	上海东富龙科技股份有限公司
86	上海电气	1000MW、600MW、300MW 等级高、低压加热器	上海电气电站设备有限公司
87	品星	电动机	上海品星防爆电机有限公司
88	外高桥造船（图案）	好望角型散货船	上海外高桥造船有限公司
89	裕生	漆包圆绕组线、聚氯乙烯绝缘电缆（电线）、不可拆线插头电源线	上海裕生企业发展有限公司
90	申光	工业洗涤设备	上海申光洗涤机械集团有限公司
91	正丰	阀门	上海正丰阀门制造有限公司
92	天地科技（图案）	MG 系列电牵引采煤机	天地上海采掘装备科技有限公司
93	SNaiji	高低压成套开关设备	上海耐吉电力集团有限公司
94	UNITY	数控激光切割机	上海团结普瑞玛激光设备有限公司
95	大速	高效率电动机	上海大速电机有限公司
96	固牌商标（图案）	电力金具	上海永固电力器材有限公司
97	敬道电气	固体绝缘环网柜	上海敬道电气有限公司
98	SMC 实迈	35kV 及以下交联聚乙烯绝缘电力电缆	上海华普电缆有限公司
99	上海电气	风力发电机组	上海电气风电设备有限公司
100	HD	工业阀门	上海华电阀门集团有限公司
101	皓月	电容器	上海皓月电气有限公司
102	浦大	交联聚乙烯绝缘电力电缆	浦大电缆集团有限公司
103	ECC	高压开关柜，低压开关柜，智能开关柜	上海中科电气（集团）有限公司
104	崇磁	漆包圆绕组线	上海崇明特种电磁线厂
105	上一（图案）	带式输送机	上海科大重工集团有限公司
106	图案	40.5kv 及以下智能化成套配电设备	上海航星通用电器有限公司
107	chint	500kV 及以下金属氧化物避雷器与高压互感器	正泰电气股份有限公司
108	chint	500kV 及以下变压器	正泰电气股份有限公司
109	chint	252kV 及以下开关设备	正泰电气股份有限公司
110	jinyou	光伏电缆	上海金友金弘电线电缆股份有限公司
111	STEP 新时达	电梯控制系统	上海新时达电气股份有限公司
112	神农机械	蒸发设备	上海神农机械有限公司
113	上探、金泰	液压连续墙抓斗	上海金泰工程机械有限公司
114	合丰	离心式风叶轮	上海合丰电器有限公司
115	HH	集装箱用铰链	上海海航集装箱配件有限公司
116	图案	储气罐	上海申江压力容器有限公司
117	盾牌	筛网	上海盾牌矿筛有限公司
118	置信	非晶合金变压器	上海置信电气股份有限公司

（续表）

序号	品牌	推荐产品	企业
119	ROXZ	中高压电气用绝缘件	上海雷博司电气股份有限公司
120	南变	110kV 等级以下电力变压器（站）	上海南桥变压器有限责任公司
121	SEC（上海电气）SD	Y 系列异步电机，Z 系列直流电机，TDZBS 交流调速同步电动机	上海电气集团上海电机厂有限公司
122	S & L	混合机	双龙集团有限公司
123	point	高层建筑维护用设备（擦窗机）	上海普英特高层设备有限公司
124	图案	换热器系列产品	上海南华换热器制造有限公司
125	GREATWAY 及图形	电焊接设备	上海广为焊接设备有限公司
126	图案	电梯	上海富士电梯有限公司
127	摩恩	110kV 及以下电线电缆（含铝合金电缆、柔性防火电缆、变频电缆、具有屏蔽和耐化学药品功能电缆、陶瓷化高温耐火电缆、纳米介入式中压耐火电力电缆、耐热耐寒电缆、耐高低温电缆、计算机电缆、补偿电缆、生态安全电缆、矿物绝缘电缆等）	上海摩恩电气股份有限公司
128	远跃（图案）	中药提取、浓缩设备、真空干燥机	上海远跃制药机械有限公司
129	图案	自动化立体仓库系统	上海精星仓储设备工程有限公司
130	图形	10kV 及以下电气装备用电缆	上海南洋电材有限公司
131	K（图案）	工业阀门	上海开维喜集团股份有限公司
132	MOONS	混合式步进电机	上海鸣志电器股份有限公司
133	南洋藤仓，NANYANG FUJIKURA	电线电缆	上海南洋－藤仓电缆有限公司
134	图案	电缆，电线	上海爱谱华顿电子工业有限公司
135	锐奇 KEN	电动工具	上海锐奇工具股份有限公司
136	锐奇	电动工具	上海锐奇工具股份有限公司
137	HM	自动检票机	上海华铭智能终端设备股份有限公司
138	南洋牌	南洋牌电线电缆	上海南洋电缆有限公司
139	快鹿	聚氯乙烯绝缘护套、阻燃动力电缆	上海快鹿电线电缆有限公司
140	柘中（图案）	40.5KV 及以下高低压开关柜	上海柘中电气有限公司
141	熊猫＋图案	离心泵	上海熊猫机械（集团）有限公司
142	sieyuan	6kV~66kV 级铁心电抗器	思源电气股份有限公司
143	爱登堡	乘客电梯	上海爱登堡电梯股份有限公司
144	NANDA+ 图形	电线电缆	上海南大集团有限公司
145	BST	升降机操作设备	上海贝思特电气有限公司
146	长顺	电梯电缆及配件	上海长顺电梯电缆有限公司
147	RENLE	电机软起动器	上海雷诺尔科技股份有限公司
148	HANBELL	制冷设备及空气压缩机	上海汉钟精机股份有限公司
149	PEOPLE	聚氯乙烯绝缘电力电缆，交联聚氯乙烯绝缘电力电缆	人民电器集团上海有限公司
150	上华	高低压开关设备	上海大华电器设备有限公司
151	RENLE	变频调速器	上海雷诺尔科技股份有限公司
152	熊猫	电线、电缆	上海熊猫线缆股份有限公司
153	上工	麻花钻，丝锥，硬质刀具	上海工具厂有限公司
154	PEOPLE	12-40.5KV 高压开关成套设备	人民电器集团上海有限公司

（续表）

序号	品牌	推荐产品	企业
155	Sieyuan	电力电容器及其成套装置	上海思源电力电容器有限公司
156	上联牌 + 图案	万能式断路器、塑料外壳式断路器	上海电器股份有限公司人民电器厂
157	南华兰陵	高压成套开关设备	上海南华兰陵电气有限公司
158	沪工 + 图案	电焊机	上海沪工焊接集团股份有限公司
159	追日	电动机软起动控制	上海追日电气有限公司
160	图形商标（上海三菱）	微机网络控制变压变频调速电梯、自动扶梯及自动人行道	上海三菱电梯有限公司
161	huili 汇丽	防火涂料，木器涂料，地坪涂料，内（外）墙乳胶漆，聚氨酯防水材料，木门，阳光板	上海汇丽集团有限公司
162	图形	大理石	上海斯逸石业装饰有限公司
163	名兔	细木工板，胶合板	上海丽翔企业发展有限公司
164	DOVE 鸽	木器涂料，内墙涂料，外墙涂料	乐意涂料（上海）有限公司
165	JIANGHE	建筑幕墙	上海江河幕墙系统工程有限公司
166	元财	排水管材，管件	上海元财塑胶有限公司
167	耀皮	浮法、彩釉、中空、钢化、镀膜、夹层、汽车玻璃	上海耀皮玻璃集团股份有限公司
168	图案	管材，管件	上海万朗管业有限公司
169	SHRH、瑞河	塑料管材、管件	上海瑞河企业集团有限公司
170	欣旺	壁纸	上海欣旺壁纸有限公司
171	天力	建筑用聚丙烯管道系统，建筑用耐热聚乙烯管道系统	上海天力实业（集团）有限公司
172	龑牌（图案）	铝合金门窗、塑料门窗	上海平安门窗有限公司
173	古猿人	人造石	上海古猿人石材有限公司
174	图形	木工板	上海骏雄实业发展有限公司
175	SHJIX 吉祥	铝塑复合板、铝单板	上海吉祥科技（集团）有限公司
176	浙东	铝合金建筑型材	上海浙东铝业股份有限公司
177	伟星	新型塑料管道	上海伟星新型建材有限公司
178	申泰	JCTA 系列粘合剂	上海曹杨建筑粘合剂厂
179	汉斯	浸渍纸层压木质地板	上海汉斯木业有限公司
180	南方、崛荣	P.O42.5 通用硅酸盐水泥	上海金山南方水泥有限公司
181	洋生 YS	FRPP 加筋管 PVC 加筋管 HDPE 双壁波纹管 FRPP 双壁加筋波纹管 HDPE 中空壁缠绕管	上海金山洋生管道有限公司
182	申华声学	全采光隔声通风节能窗，钢质隔热防火门，声屏障，消声器，隔声门，隔声室，隔声罩，微穿孔板异型吸声体，换流站渐变式空腔吸声装置。	上海申华声学装备有限公司
183	图形	PP-R 管材，PP-R 管件	上海天净管业有限公司
184	R & F	燃气用聚乙烯（PE）管材管件	上海日高科技集团有限公司
185	索邦	塑料管道产品	上海皮尔萨管业有限公司
186	图形	轻钢龙骨	上海叶宇装饰材料有限公司
187	ERA 公元	埋地排水用硬聚氯乙烯管材、聚乙烯管材、聚丙烯管材	上海公元建材发展有限公司
188	安安	钢质隔热防火门	上海森林特种钢门有限公司
189	金博 + 图案	饰面石材	金博（上海）建工集团有限公司
190	亚大	燃气用埋地聚乙烯（PE）管材	上海亚大塑料制品有限公司
191	上丰	塑料管道	上海上丰集团有限公司
192	华垒牌	天然石材制品及应用服务	上海华垒石材有限公司

（续表）

序号	品牌	推荐产品	企业
193	亚虹模具	塑料模具	上海亚虹模具股份有限公司
194	华源	铝塑复合板	上海华源复合新材料有限公司
195	祥欣	种猪	上海祥欣畜禽有限公司
196	谷霖	微生物腐秆剂，生物有机肥	上海联业农业科技有限公司
197	嘉仕久	汽车转向节	上海嘉仕久企业发展有限公司
198	骆驼牌＋图案	汽车离合器	上海萨克斯动力总成部件系统有限公司
199	郎特	催化转化器	上海郎特汽车净化器有限公司
200	上格、图形	消防车	上海格拉曼国际消防装备有限公司
201	LUOSHI	发动机液压悬置总成	上海骆氏减震件有限公司
202	东风，上柴动力	135、G，C，D，E，H，R，W 系列柴油机	上海柴油机股份有限公司
203	SDS	汽车传动轴总成	上海纳铁福传动系统有限公司
204	瀚氏	汽车零部件	上海瀚氏模具成型有限公司
205	申沃、申豪	城市客车，团体客车	上海申沃客车有限公司
206	依相动力	车用燃气系统套件	上海依相动力系统有限公司
207	图案	工业脚轮	上海林春企业发展（集团）有限公司
208	上齿牌	汽车变速器总成	上海汽车变速器有限公司
209	onwings	汽车修补漆	上海东来科技有限公司
210	KF	坤孚化油器、汽化器供油装置	上海坤孚企业（集团）有限公司
211	XM 图形商标	轴承	上海向明轴承股份有限公司
212	通领	汽车饰件	上海通领汽车饰件有限公司
213	TOPSEAL	汽车轮胎气门嘴	上海保隆汽车科技股份有限公司
214	图形	汽车遮阳板产品	上海子元汽车零部件有限公司
215	图形	汽车隔音隔振产品（NVH 系列）	上海华特汽车配件有限公司
216	D、JINTUO	马达和引擎启动器、非陆地车辆发动机	上海晋拓金属制品有限公司
217	亿森 YS	汽车外覆盖件模具	亿森（上海）模具有限公司
218	GREATWAY 及图形	汽车用应急电源	上海广为电器工具有限公司
219	图形＋北特＋BEITE	高精度轿车保安杆件	上海北特科技股份有限公司
220	GREATWAY 及图形	汽车用电线	上海广为电器工具有限公司
221	蝴蝶牌（图案）	汽车换挡变速器	德韧干巷汽车系统（上海）有限公司
222	JTD 坦达	高速列车座椅	上海坦达轨道车辆座椅系统有限公司
223	顺达牌	轿（汽）车用 QF 系列散热器风扇	上海马陆日用友捷汽车电气有限公司
224	申雅＋图案	车用橡胶密封件	申雅密封件有限公司
225	SONGZ	客车空调	上海加冷松芝汽车空调股份有限公司
226	声佳牌	电子电器	上海实业交通电器有限公司
227	声佳牌	电动玻璃升降器	上海实业交通电器有限公司
228	声佳牌	电喇叭	上海实业交通电器有限公司
229	SSB（易通）	汽车空调压缩机	上海三电贝洱汽车空调有限公司
230	双钱牌、回力牌	汽车轮胎	双钱集团股份有限公司
231	SK	汽车灯具	上海小糸车灯有限公司
232	UAES	电动燃油泵	联合汽车电子有限公司
233	普利特 PRET	汽车用塑料复合材料	上海普利特复合材料股份有限公司

（续表）

序号	品牌	推荐产品	企业
234	NT	金属包装桶	上海新树金属制品有限公司
235	KingBO 无限创造	标识，标牌	上海金标实业有限公司
236	图形	塑料托盘	上海鑫鹏塑料制品有限公司
237	图形	采油筛管	思达斯易能源技术（集团）有限公司
238	派瑞特	塑料托盘	上海派瑞特塑业有限公司
239	安字牌 + 图案	抽芯铆钉	上海安字实业有限公司
240	环球牌	BOPP 封箱胶粘带	上海环城包装制品有限公司
241	海菱	海菱牌工业缝纫机	上海标准海菱缝制机械有限公司
242	金杨	电池钢壳、配件及电池材料	上海金杨金属表面处理有限公司
243	VANCOM（万虹）	自行车内外胎	上海天马万虹胶制品有限公司
244	EHC	电梯扶手带	依合斯电梯扶手（上海）有限公司
245	物豪（图案）	塑料周转箱	上海物豪塑料有限公司
246	WAP SiSTEM we are partner	核定使用商品（第 6 类）	世仓物流设备（上海）有限公司
247	Bestway	夹网水池	上海荣威塑胶工业有限公司
248	ZHONGDA+ 图案	圆平网感光制版材料	上海洁润丝新材料股份有限公司
249	紫日	激光模压防伪喷铝纸及纸板	上海紫江喷铝环保材料有限公司
250	海克 HECMAC	厨房设备	上海酒店设备股份有限公司
251	图案	环保型易排废压敏胶标签材料	上海金大塑胶有限公司
252	力卡	塑料托盘	上海力卡塑料托盘制造有限公司
253	博应	RFID 电子标签	上海博应信息技术有限公司
254	图形	候车亭（自动指示牌）	上海帝邦智能化交通设施有限公司
255	永冠 + 图案	高环保、易降解胶粘带	上海永冠胶粘制品股份有限公司
256	纳尔	网格布，刀刮布，车身贴，单透膜	上海纳尔数码喷印材料股份有限公司
257	TECHSUN 天臣	防伪标识系列产品	上海天臣防伪技术股份有限公司
258	上工	工业缝纫机	上工申贝（集团）股份有限公司
259	LX	真空镀铝纸	上海绿新包装材料科技股份有限公司
260	紫泉	高透明聚乙烯热收缩印刷膜	上海紫泉标签有限公司
261	紫泉	PVC 聚氯乙烯热收缩薄膜标签	上海紫泉标签有限公司
262	紫泉	OPP 绕贴标签	上海紫泉标签有限公司
263	亚德林 YADELIN	铝合金压铸件	上海亚德林有色金属有限公司
264	申和	N 型单晶硅棒	上海申和热磁电子有限公司
265	上上	流体输送用不锈钢无缝钢管	上海上上不锈钢管有限公司
266	图形（南亚）	覆铜箔板	上海南亚覆铜箔板有限公司
267	奉钢	精密无缝钢管	上海奉贤钢管厂有限公司
268	申花钢管	异型高频焊管	上海申花钢管有限公司
269	Tianyang	精密无缝钢管	上海天阳钢管有限公司
270	佳艺商标（图形和文字）	结构用冷弯型钢	上海佳冷型钢有限公司
271	宝田牌	矿渣微粉	上海宝田新型建材有限公司
272	HUAJIAN，华建	微机型综合保护监控装置，微机型低压电动机保护监控装置	上海华建电力设备股份有限公司

（续表）

序号	品牌	推荐产品	企业
273	letel	通信配线、配套设备	上海乐通通信设备（集团）股份有限公司
274	飞鸽	高低速离心机	上海安亭科学仪器厂
275	图形 SK	电子变压器	上海埃斯凯变压器有限公司
276	UPUN	电气连接模块，电度表接线盒，开关信号灯	上海友邦电气（集团）股份有限公司
277	图案	条码打印计价秤，价格标签秤	上海大华电子秤厂
278	贝岭	集成电路芯片	上海贝岭股份有限公司
279	1923	金属卤化物灯，高压钠灯，荧光高压汞灯，陶瓷金卤灯	上海亚明照明有限公司
280	Grandway 光维	光通信仪器仪表及设备	上海光维通信技术股份有限公司
281	图形	自动化仪表及控制系统	上海自动化仪表有限公司
282	DDG	DDG 警用刑侦产品	上海良相智能化工程有限公司
283	亚	金属卤化物灯，高压钠灯，荧光高压汞灯，陶瓷金卤灯，荧光灯，电感镇流器，电子镇流器，电子触发器，灯具，LED 光源，LED 灯具	上海亚明照明有限公司
284	棱光上分	可见分光光度计、紫外 - 可见分光光度计、原子吸收分光光度计、荧光分光光度计、火焰分光光度计、气相色谱仪、液相色谱仪、生化测试仪	上海仪电分析仪器有限公司
285	HH 鸿辉	光缆阻水填充膏	上海鸿辉光通科技股份有限公司
286	雷磁	电化学仪器	上海仪电科学仪器股份有限公司
287	和成牌、国盾	单、三相电能表，采集器，集中器	上海金陵智能电表有限公司
288	SEARI 上电科	3SNET 智能网络配电与控制系统	上海电器科学研究所（集团）有限公司
289	WAY-ON，维安	高分子 PTC 热敏电阻器	上海长园维安电子线路保护有限公司
290	天逸电器	信号灯、电开关	上海天逸电器股份有限公司
291	YAOHUA	XK3190 系列称重指示器	上海耀华称重系统有限公司
292	shanshantech	锂离子电池负极材料 - 复合人造石墨（FSN）	上海杉杉科技有限公司
293	三思	LED 显示屏	上海三思电子工程有限公司
294	斐讯	调制解调器	上海斐讯数据通信技术有限公司
295	MicroPort、微创	冠脉雷帕霉素洗脱钴基合金支架系统	上海微创医疗器械（集团）有限公司
296	绿谷 GREENVALLEY	注射用丹参多酚酸盐	上海绿谷制药有限公司
297	图案	EEPROM、智能卡	聚辰半导体（上海）有限公司
298	PrimoD-RIE	等离子体刻蚀机	中微半导体设备（上海）有限公司
299	图案	注射用重组人尿激酶原（商品名：普佑克）	上海天士力药业有限公司
300	图案	舌面脉信息采集体质辨识系统、舌面诊测信息采集系统、脉象诊测信息采集系统	上海道生医疗科技有限公司
		二、产品类——日用消费类（共 172 项）	
1	水星	床上用品	上海水星家用纺织品股份有限公司
2	恒源祥	绒线，羊毛衫，羊绒衫，内衣，床上用品，衬衫，西服，西裤，茄克衫，童装，袜子，羊毛裤	恒源祥（集团）有限公司
3	coolsmart 库思玛	库思玛凉感纤维	上海德福伦化纤有限公司
4	恒大牌	涤纶短纤维	上海德福伦化纤有限公司
5	海欣牌	针织人造毛皮	上海海欣集团股份有限公司
6	图形	床上用品	南方寝饰科技有限公司
7	申安纺织	特殊再生纤维素纤维混纺纱	上海申安纺织有限公司

（续表）

序号	品牌	推荐产品	企业
8	恐龙	床上用品	上海恐龙纺织装饰品有限公司
9	福沁（图案）	福沁床上用品	上海福沁卧室用品制造有限公司
10	金兔	羊绒衫、羊毛衫	上海金兔企业发展有限公司
11	菊花牌	针织内衣	上海龙头（集团）股份有限公司
12	春竹牌、SPRINGBAMBOO	羊毛、羊绒衫裤	上海春竹企业发展有限公司
13	皮皮狗 + 图案	羊绒衫	上海皮皮狗服饰股份有限公司
14	民光牌	家纺	上海龙头家纺有限公司
15	风雪	PP 纺粘法无纺布	上海枫围服装辅料有限公司
16	上卧牌	床上用品	上海卧室用品有限公司
17	GOOD LUCK GLADIUS	羊毛、羊绒衫裤	上海欧祺亚鲨鱼服饰有限公司
18	劲霸，k-boxing	服装（茄克、裤、T 恤、棉服、羽绒服、衬衫、西装、毛皮服等）	劲霸男装（上海）有限公司
19	古今	文胸内衣系列产品	上海古今内衣集团有限公司
20	LILY	女装	上海丝绸集团股份有限公司
21	开开	衬衫，羊毛衫，西服，西裤，针织内衣	上海开开实业股份有限公司
22	裘格	女装	裘格（上海）服饰有限公司
23	d ‘zzit	服装	地素时尚股份有限公司
24	百爱神	衬衫	上海开开实业股份有限公司
25	BONO	男女西服套装、男女衬衫	上海宝鸟服饰有限公司
26	培罗蒙	西服	上海培罗蒙西服公司
27	YESHON	羽绒服装	上海雁皇羽绒制品有限公司
28	一见棒	西裤	上海华日服装有限公司
29	斯尔丽	女装	上海斯尔丽服饰有限公司
30	健生	学生服	上海健生实业股份有限公司
31	全泰	中老年女上衣	上海全泰服饰鞋业有限公司
32	福太太	中老年女装	上海浦东嘉事达制衣有限公司
33	海螺	衬衫、西服	上海海螺服饰有限公司
34	巴布豆及图	童装	巴布豆（中国）儿童用品有限公司
35	菲林格尔（图案）	强化地板、实木复合地板	上海菲林格尔木业股份有限公司
36	誉丰	木地板	上海誉丰实业（集团）有限公司
37	亚振 A-Zenith	家具	上海亚振家具有限公司
38	LOYOKO	智能洁身器	上海亚虹模具股份有限公司
39	林 + 图案	实木地板	上海昆昊木业有限公司
40	宝路 bolo	卫生洁具	上海宝路卫浴陶瓷有限公司
41	好力家	实木地板	上海好力家木业有限公司
42	澳凡（图案）	家具	上海诚龙木业有限公司
43	颖创地板	实木地板	上海颖创木业有限公司
44	HU[1] Made 华明地板	实木地板	上海益明木业有限公司
45	斯米克（CIMIC）	斯米克瓷砖	上海斯米克控股股份有限公司
46	德意达	铝木复合门窗、铝合金门窗	上海德意达门窗有限公司

（续表）

序号	品牌	推荐产品	企业
47	立明	铝合金门窗	上海玻机智能幕墙股份有限公司
48	皇母	蟠桃	上海绿益果品园艺有限公司
49	东海滩	大米	上海沧海桑田生态农业发展有限公司
50	联蜂	蜂产品（含蜂蜜、蜂王浆及其冻干粉、蜂花粉、蜂胶）	上海沪郊蜂业联合社有限公司
51	明珠湖	冷鲜肉（猪肉）	上海明珠湖肉食品有限公司
52	施泉	葡萄	上海施泉葡萄专业合作社
53	果立方	梨，猕猴桃，黄桃，葡萄	上海市瑞华实业公司
54	越亚	南汇 8424 西瓜、甜瓜、水蜜桃、草莓	上海越亚农产品种植专业合作社
55	多利农庄、TONYSFARM	有机蔬菜	上海多利农业发展有限公司
56	集农	南美白对虾冷冻小包装水产品	上海集贤虾业养殖专业合作社
57	森鲜馆	番茄，黄瓜，芥蓝，广东菜心，茼蒿，茄子，大蒜，苦瓜，豇豆	上海瀛久农业科技发展有限公司
58	茸城	鸡、鸡蛋	上海太平洋禽蛋专业合作社
59	桂峰台农	草莓	上海桂峰果蔬专业合作社
60	大众	帕萨特、朗逸、桑塔纳、途观、波罗、途安	上海大众汽车有限公司
61	斯柯达	速派、明锐、昕锐、昕动、晶锐、野帝	上海大众汽车有限公司
62	荣威	荣威系列产品轿车	上海汽车集团股份有限公司
63	MG	MG 系列产品轿车	上海汽车集团股份有限公司
64	延锋	汽车饰件产品	延锋汽车饰件系统有限公司
65	雪佛兰	创酷、科帕奇、迈锐宝、景程、赛欧、爱唯欧、科鲁兹	上海通用汽车有限公司
66	别克	昂科威，昂科拉，GL8，君威，君越，英朗，凯越，及其系列车型	上海通用汽车有限公司
67	凯迪拉克	凯迪拉克 XTS，凯迪拉克 ATS-L	上海通用汽车有限公司
68	《老凤祥》牌	金银铂饰品、钻、翠、珠、玉、石等珠宝首饰及工艺品摆件	上海老凤祥有限公司
69	老庙	黄金、铂金、钻石镶嵌、翡翠、玉器等首饰	上海老庙黄金有限公司
70	牡丹	牡丹卷烟	上海烟草集团有限责任公司
71	红双喜	红双喜卷烟	上海烟草集团有限责任公司
72	中华	中华卷烟	上海烟草集团有限责任公司
73	熊猫	熊猫卷烟	上海烟草集团有限责任公司
74	美加净	美加净系列产品	上海家化联合股份有限公司
75	佰草集	佰草集系列产品	上海家化联合股份有限公司
76	高夫	高夫系列产品	上海家化联合股份有限公司
77	六神	六神系列产品	上海家化联合股份有限公司
78	FLYCO 飞科	电动剃须刀	上海飞科电器股份有限公司
79	美素	化妆品	伽蓝（集团）股份有限公司
80	红双喜 DHS	红双喜乒乓器材	上海红双喜股份有限公司
81	相宜本草	相宜本草系列化妆品	上海相宜本草化妆品股份有限公司
82	亚一	黄金、铂金、钻石饰品	上海亚 金店有限公司
83	晨光（图案）	中性笔	上海晨光文具股份有限公司
84	思乐得	不锈钢真空保温产品	上海思乐得不锈钢制品有限公司

（续表）

序号	品牌	推荐产品	企业
85	艾录包装	食品包装用牛皮纸袋	上海艾录包装股份有限公司
86	蜂花	“蜂花”牌洗发水，护发素	上海华银日用品有限公司
87	英雄牌	自来水笔	上海英雄（集团）有限公司
88	英雄牌	英雄牌墨水	上海英雄（集团）有限公司
89	马利牌，Maries	美术颜料	上海实业马利画材有限公司
90	图形（沃施）	园艺工具、园艺产品	上海益森园艺用品有限公司
91	优生	奶瓶系列	上海优生婴儿用品有限公司
92	白象牌	电池	上海白象天鹅电池有限公司
93	双鹿	电冰箱	上海双鹿上菱企业集团有限公司
94	回力及图	运动鞋、休闲鞋	上海回力鞋业有限公司
95	bestch 百思佳	百思佳床垫、枕头、坐垫、靠垫等	上海高裕家居科技有限公司
96	兄妹猫	童鞋	上海兄妹猫儿童用品有限公司
97	绿林（图案）	塑料框条、塑料相框	上海英科实业有限公司
98	文正	圆珠笔	上海文正笔业有限公司
99	杰宝．大王	保险箱、柜	上海杰宝大王企业发展有限公司
100	BINY	灯	上海博昂电气有限公司
101	奇美	奇美女鞋	上海淮海企业发展有限公司
102	日用消费类	金银珠宝	上海天宝龙凤金银珠宝有限公司
103	万象牌	日用容器系列	上海宏晨家庭用品有限公司
104	绿亮	电动自行车	上海绿亮电动车有限公司
105	凤凰	自行车，电动车	金山开发建设股份有限公司
106	爱舒	床垫	上海爱舒床垫家居有限公司
107	界龙	平版印刷工艺制品	上海界龙实业集团股份有限公司
108	花牌	女鞋	上海皮鞋厂
109	真彩 TRUECOLOR	文具	上海乐美文具有限公司
110	申花	电冰箱	上海杜氏实业有限公司
111	蓝棠，博步	皮鞋	上海蓝棠－博步皮鞋有限公司
112	lanhua	篮、足、排、水球、艺术体操球	上海兰华制球有限公司
113	达芙妮 DAPHNE	鞋子	永恩实业（上海）有限公司
114	图形（城隍）	黄金、铂金、翡翠、白玉饰品	上海城隍珠宝有限公司
115	培生＋PEISHENG	赛艇，皮艇，划艇	上海培生船艇有限公司
116	依莱达＋图案	电动车	上海依莱达企业发展有限公司
117	美加净	美加净牙膏	上海美加净日化有限公司
118	中华	中华牙膏	上海美加净日化有限公司
119	上海	上海牙膏	上海美加净日化有限公司
120	火车牌	篮排足球	上海皮革有限公司
121	健生	学生簿册	上海健生实业股份有限公司
122	小绵羊	小绵羊电热毯电热垫	上海小绵羊电器有限公司
123	白猫	白猫洗衣粉，白猫洗洁精，白猫洗涤用品，佳美洗衣粉	上海和黄白猫有限公司
124	图形	玩具	上海玩具进出口有限公司
125	日加满	日加满牌日加满饮品	日加满饮品（上海）有限公司

（续表）

序号	品牌	推荐产品	企业
126	好成	果糖	上海好成食品发展有限公司
127	开饭乐	开饭乐犬、猫粮	上海比瑞吉宠物用品有限公司
128	Hi-Road	植脂奶油	上海海融食品工业有限公司
129	天容皇	腌腊肉制品（咸肉，香肠，禽肉类）	上海天容肉制品集团有限公司
130	奕方	果酱	上海奕方农业科技股份有限公司
131	图形	饼干	上海三牛食品有限公司
132	贝智康	婴儿配方乳粉	上海花冠营养乳品有限公司
133	纽贝滋	纽贝滋“金装”系列	上海纽贝滋营养乳品有限公司
134	海皇	餐饮专用大豆油	上海嘉里粮油工业有限公司
135	禾煜	禾煜南北货	上海裕田农业科技有限公司
136	乐惠牌	大米	上海乐惠米业有限公司
137	百味林	百味林	上海百味林实业有限公司
138	沪药	丹参酮IIA磺酸钠注射液	上海上药第一生化药业有限公司
139	生物	脏器生化类注射剂系列（注射用糜蛋白酶，注射用二丁酰环磷腺苷钙，注射用三磷酸腺苷辅酶胰岛素，肝素钠注射液）	上海上药第一生化药业有限公司
140	佰备	玻璃酸钠注射液	上海景峰制药股份有限公司
141	上药牌	麝香保心丸胆宁片生脉注射液首乌延寿片消肿片	上海和黄药业有限公司
142	纷乐	硫酸羟氯喹片（纷乐）	上海中西制药有限公司
143	奥派，奥思平，奥麦伦	精神类系列药品：阿立哌唑片（奥派），盐酸度络西汀肠溶片（奥思平），盐酸氟西汀胶囊（奥麦伦）	上海中西制药有限公司
144	中西	丹参类注射液：丹香冠心注射液，丹参注射液	上海中西制药有限公司
145	上生	上生水痘减毒活疫苗	上海生物制品研究所有限责任公司
146	上生	上生流感病毒裂解疫苗、上生麻腮风联合减毒活疫苗、上生人血白蛋白、上生静注人免疫球蛋白	上海生物制品研究所有限责任公司
147	斯泰隆杏灵	银杏酮酯片（胶囊、颗粒），银杏叶片	上海杏灵科技药业股份有限公司
148	双益	注射用还原型谷胱甘肽	上海复旦复华药业有限公司
149	图形	医用手套系列	上海科邦医用乳胶器材有限公司
150	双鸽	一次性使用无菌注射器，一次性使用输液器	上海聚民生物科技有限公司
151	玉兔	血压计、表；益生系列治疗和抢救设备	上海医疗器械股份有限公司
152	公谊	兽药	上海公谊兽药厂
153	神象	参茸类产品	上海雷允上药业有限公司神象参茸分公司
154	蓝怡 AILEX	医用生化诊断试剂	上海蓝怡科技有限公司
155	龙虎，天坛	清凉油，龙虎花露水，风油精，清凉工坊（沁肤膏，怡神露）	上海中华药业有限公司
156	上虹	中药饮片、参茸制品	上海虹桥中药饮片有限公司
157	信谊	双歧杆菌三联活菌胶囊等41个产品（双歧杆菌三联活菌系列（培菲康）、雷贝拉唑钠肠溶片、利巴韦林气雾剂、格列吡嗪片、辅酶Q10胶囊、法莫替丁片、地高辛片、盐酸二甲双胍片、氨麻美敏片（Ⅲ）、华法林钠片、氯氮平片、盐酸胺碘酮片、枸橼酸莫沙必利胶囊、双氯芬酸钠缓释片（Ⅰ）、氯化钾注射液、盐酸氨溴索口服溶液、法莫替丁注射液，甲硫酸新斯的明注射液、N（2）-L-丙氨酰-L-谷氨酰胺注射液、硫酸沙丁胺醇	上海信谊药厂有限公司

（续表）

序号	品牌	推荐产品	企业
157	信谊	雾化吸入溶液、银黄含片、替米沙坦片、柳氮磺吡啶肠溶片、厄贝沙坦胶囊、多潘立酮片、硝苯地平缓释片（Ⅱ）、硫酸沙丁胺醇粉雾剂、丙酸倍氯米松粉雾剂、复方木香铝镁片、盐酸地尔硫卓（缓释）片、盐酸地尔硫卓片、异维A酸软胶囊、维生素E软胶囊、陈香露白露片、赖诺普利片、奥美拉唑肠溶胶囊、红霉素肠溶胶囊、阿法骨化醇软胶囊、辛伐他汀片、复方亚油酸乙酯软胶囊、别嘌醇片）	上海信谊药厂有限公司
158	图案（童涵春堂）	中药（不含淫羊藿、白菊花）	上海童涵春堂中药饮片有限公司
159	上雷	“上雷”中药滋补品（不含护肝宁片）	上海雷允上药业西区有限公司
160	百路达	银杏叶胶囊	上海信谊百路达药业有限公司
161	名流	天然胶乳橡胶避孕套	上海名邦橡胶制品有限公司
162	沪光牌	中药材、饮片及相关的复制品、加工品（不含西洋参）	上海华宇药业有限公司
163	亚牌	注射用头孢曲松钠，注射用头孢噻肟钠，注射用头孢呋辛钠，注射用果糖二磷酸钠，复方酮康唑软膏，林可霉素利多卡因凝胶	上海新亚药业有限公司
164	双海	扶正化瘀胶囊（片）	上海黄海制药有限责任公司
165	图案	比卡鲁胺片	上海朝晖药业有限公司
166	古华	中药饮片系列	上海古华药业有限公司
167	四星牌	注射用盐酸头孢替安	上海新亚药业有限公司
168	三花牌	注射用头孢曲松钠，注射用头孢噻肟钠，注射用头孢哌酮钠，注射用头孢哌酮钠舒巴坦钠，注射用头孢他啶	上海新亚药业有限公司
169	伽玛莱士	静注人免疫球蛋白（pH4）	上海莱士血液制品股份有限公司
170	安普莱士	人血白蛋白	上海莱士血液制品股份有限公司
171	雷氏	六神丸、珍菊降压片、藿胆滴丸、丹参片、复方紫荆消伤巴布膏、左归丸、萆薢分清丸、复方丹参片、强力天麻杜仲胶囊、猴头菌片、乌鸡白凤丸、珍珠粉、杞菊地黄胶囊、柘木糖浆、金果饮、半夏糖浆、板蓝根颗粒、三七伤药片、感冒退热颗粒、牛黄解毒片、珍合灵片、银翘片、补肾强身胶囊、龙荟丸、蟾乌凝胶膏、贝羚胶囊、百蕊片、大补阴丸	上海雷允上药业有限公司
172	诵芬	中药饮片	上海雷允上中药饮片厂

三、服务类（共178项）

序号	品牌	推荐服务领域	企业
1	丰收日	餐饮服务	上海丰收日餐饮发展有限公司
2	大富贵	餐饮服务	上海大富贵酒楼有限公司
3	绿波廊	餐饮服务	上海豫园旅游商城股份有限公司绿波廊酒楼
4	味千拉面	餐饮服务	上海领先餐饮管理有限公司
5	新雅牌	餐饮服务	上海杏花楼（集团）股份有限公司新雅粤菜馆
6	博海	餐饮服务	上海博海餐饮集团有限公司
7	梅龙镇	餐饮服务	上海梅龙镇酒家股份有限公司
8	麦金地	热链桶板、热链盒饭、餐厅托管	上海麦金地集团股份有限公司
9	上海人家	餐饮服务	上海人家餐饮管理有限公司
10	红房子	红房子西菜服务	上海新亚富丽华餐饮股份有限公司
11	凯司令	餐饮服务	上海凯司令食品股份有限公司

（续表）

序号	品牌	推荐服务领域	企业
12	小绍兴	餐饮服务	上海小绍兴餐饮连锁有限公司
13	掌櫃的店	餐饮服务	上海掌柜的店餐饮管理有限公司
14	宝燕壹号	餐饮服务	上海宝燕海鲜餐饮管理有限公司
15	大众	客运出租汽车服务	大众交通（集团）股份有限公司
16	上海南站长途客运有限公司	城市交通服务	上海南站长途客运有限公司
17	大众	汽车租赁服务	大众汽车租赁有限公司
18	强生	出租汽车客运服务	上海强生出租汽车有限公司
19	上海南空	汽车维修	上海南空汽车修理厂
20	万兴汽车	机动车维修	上海万兴世界汽车销售服务有限公司
21	兰升	市容环卫保洁	上海兰升环境服务有限公司
22	强丰	环卫保洁	上海强丰物业管理有限公司
23	申鄂保洁	建构筑物清洗保洁	上海申鄂环保科技有限公司
24	盛旺雅洁	建构筑物清洗保洁	上海盛旺雅洁环境管理有限公司
25	图形	检测认证	上海机动车检测中心
26	SAC	检测认证	上海质量体系审核中心
27	BSIT	检验检测服务	上海金艺检测技术有限公司
28	浦公 PUGONG	建设工程质量检验、检测	上海浦公建设工程质量检测有限公司
29	春秋之旅	北京长城五星双飞 5 日贵族之旅重庆大足石刻、武隆仙女山、天生三硚双飞 4 日、张家界森林公园、袁家界、杨家界、猛洞河漂流、凤凰古城纯玩双飞 5 日游长白山、聚龙温泉、白山湖、万达度假小镇双飞 4 日半自由行、溧阳天目湖御水温泉汽车 2 日、游桂林、漓江、阳朔纯玩双飞 4 日贵族之旅、桂林、漓江、阳朔、龙胜纯玩双飞 5 日贵族之旅、西安兵马俑、华山、华清池四星纯玩双飞 4 日、荔波大小七孔、西江千户苗寨、安顺黄果树纯玩双飞 5 日新华东六市 + 水乡乌镇六日纯玩游、乌镇西栅 + 民宿 2 日自由行、南京、黄山、千岛湖、杭州、乌镇、上海 6 日游	上海春秋国际旅行社（集团）有限公司
30	春秋假期	都市观光巴士游、台湾环岛 8 日 7 晚全景文化游、台北、日月潭、阿里山、高雄、垦丁 6 日 5 晚纯玩团、东京、大阪、京都、长野、富士山 6 日深度游、福冈、别府、佐贺、鹿儿岛 6 日 5 晚温泉美食环岛游、首尔 4 日周末美容体验游、济州岛 4 日 3 晚深度游、柬埔寨吴哥窟全景纵览之旅、法国、瑞士、意大利、深度瑞士金色环游 12 日、美国东西海岸黄石公园羚羊峡谷大瀑布 17 日穿越之旅、捷克、奥地利、匈牙利尊爵四星 10-11 日、英国、法国、瑞士、意大利 12-14 日、纯色美西一号公路美国东西海岸黄石 12 日穿越之旅首尔济州岛 5 日 4 晚品质游、普吉岛 6 日 4 晚纯玩团、巴厘岛 6 日 4 晚尊爵游 & 蜜月游、澳大利亚大堡礁东海岸全览 11 日游	上海春秋国际旅行社（集团）有限公司
31	图案	旅游景区服务	上海野生动物园发展有限责任公司
32	锦粹	放眼看台湾 - 净享纯玩之旅；巴厘甜蜜蜜；韩国白金之旅港澳全新体验之旅；日本九州大纵断 5 日游	上海锦江旅游有限公司
33	锦悦	情谊台湾夕阳红之旅；香港快乐游；韩国新发现 5 日游【韩国樱花季】韩国釜山庆州镇海温泉樱花 4 日舒适游【鲜为人知，走进朝鲜】朝鲜 5 日深度游美国西海岸黄石公园 12 日	上海锦江旅游有限公司

（续表）

序号	品牌	推荐服务领域	企业
34	走天下	加拿大东西海岸落基12日10晚、蓝色土耳其10日7晚全景之旅、动感之旅-韩国首尔济州5日游、爱上巴厘岛6日4晚（雅加达转机；蓝梦岛+黑沙滩）、尊享家*宁波保国寺五星十七房开元2日、惠玩家*醉美神农架宜昌三峡大坝纯玩单飞单动5日	上海中国青年旅行社有限公司
35	看天下	妈咪宝贝游澳洲-澳大利亚海豚岛8日游、多瑙河名城之旅*奥地利、捷克、匈牙利11日9晚、"青"近自然，爱"美"之旅-美国旧金山、洛杉矶、拉斯维加斯、黄石公园、盐湖城14日12晚、魅力兰卡*斯里兰卡7日（香港转机，世界遗产线）	上海中国青年旅行社有限公司
36	锦丽	潮人之旅—广东潮州古城南澳岛东山湖温泉双飞4日游、兵马俑爱上九寨沟—九寨、西安连线四飞6日游丝路风情—兰州、张掖彩色丹霞、平山湖、嘉峪关、敦煌、雅丹双飞一动一卧7日游、陶醉山村—黄山、西海大峡谷、宏村、温泉汽车3日游、价值连城—连城冠豸山、永定土楼、古田双飞3日游、爱上首都——北京精典高去飞返纯玩4日游、绝美云南——昆明、大理、丽江双飞6日游	上海锦江旅游有限公司
37	图案	旅游景区服务	上海市青少年校外活动营地——东方绿舟
38	图案	福泉山遗址陈云故居练塘古镇红色之旅1日、陈云故居太阳岛俱乐部青浦博物馆红色之旅2日、东方绿舟水果采摘绿色之旅1日、朱家角淀山湖大观园东方绿洲绿色之旅2日、朱家角大观园古色之旅1日、福泉山遗址曲水园大观园报国寺古色之旅2日、三色青浦1日游系列、三色青浦2日游系列	上海联航国际旅行社有限公司
39	欢乐谷	旅游景区服务	上海华侨城投资发展有限公司
40	时空之旅	超级多媒体梦幻剧《ERA——时空之旅》	上海时空之旅文化发展有限公司
41	乐趣	有故事的台湾-品味台湾环岛8日游、舌尖上的澳洲-澳大利亚大堡礁纯玩8日游、太阳之宠-西班牙葡萄牙12日游、日本本州品质6日游、新游记-巴厘岛4晚6日游沙漠王国-迪拜"金樽"6日游、泰国曼谷芭提雅5晚6日品质之旅	上海国旅国际旅行社有限公司
42	强生旅游	昆明、大理、丽江五星美食温泉6日三飞游、贵州黄果树、大小七孔、凯里苗寨6日游、经典桂林纯玩品质4日游、成都九寨黄龙青城山四飞5日游	上海强生国际旅行社有限责任公司
43	上海古猗园	旅游景区服务	上海古猗园
44	乐航之旅	澳大利亚、大堡礁纯玩八日、冰川岛屿湾11日深度游巴厘岛4晚6日游、澳港双园4晚5日品质游、首尔3晚4日游、首尔济州4晚5日游、加拿大东西海岸+落基山脉12天全景之旅、美国西部探索七大国家公园及三大秘境纯玩12日、美国西海岸精华12日（AMTRAK景观火车+美食）、泰国普吉岛缤纷精华4晚6天游、爱在冲绳4日海洋亲密之旅、吴哥窟4晚6日艺术人文之旅、台湾"随心随行"东游6晚7日游台湾环岛7晚8日游、"印象欧罗巴"之浪漫之路-情系德瑞奥10日、璀璨双城-帝俄金环9日游、印象欧罗巴之-东欧（德奥捷斯匈）10日之旅、法瑞意舒适11日游、西班牙葡萄牙休闲12日游、英国深度休闲10日	上海航空国际旅游（集团）有限公司

（续表）

序号	品牌	推荐服务领域	企业
45	上航假期	“醉美黔东南”-贵州荔波小七孔、西江千户苗寨、肇兴侗寨双飞5日团队游、“环游云南”西双版纳、香格里拉、丽江、大理、昆明三飞8日团队游、桂林、兴坪漓江、阳朔、银子岩、大榕树半自助双飞4日团队游、北京5日团队游、海天之恋—三亚分界洲岛、南山双飞5日游（三亚进出）、厦门鼓浪屿、高北土楼双飞四星四日、“丝绸之路”-兰州-张掖-嘉峪关-玉门关-雅丹魔鬼城-敦煌-新疆吐鲁番-天池动飞八日游爸妈放心游——长沙、韶山、德夯苗寨、凤凰古城、张家界双卧7日纯玩团队游、张家界、凤凰古城、天门山、天门洞、宝峰湖、袁家界双飞5日团队游、“青甘联线”-梦里敦煌-兰州，敦煌，嘉峪关，张掖，青海湖，不走回头路双飞8日、广元、九寨沟、黄龙、乐山、峨眉山（半山）、明月峡、千佛崖、锦里双飞7日	上海航空假期旅行社有限公司
46	X.TD	知青怀旧之旅——大丰2日游	上海新天地旅业集团有限公司
47	红苹果公益旅行	贵阳.西江千户苗寨.凯里三棵树腰落苗寨小学“红苹果”公益旅行双飞4日游、云南临沧佤族原始村寨.崖画谷·中贺勐村小学“红苹果”公益旅行双飞5日游、四川南充·阆中古城·剑门关·神溪小学“红苹果”公益旅行双飞5日游	上海航空假期旅行社有限公司
48	同行江南	小华东双水乡夜宿周庄、华东五市一晚升级五星、小华东+普陀山、“乾隆下江南”-大华东全5A景点	上海航空假期旅行社有限公司
49	七宝九星	园区服务	上海九星控股（集团）有限公司
50	INTEX SHANGHAI CO LTD	其他	上海国际展览中心有限公司
51	图形	利隆路演	上海利隆新媒体股份有限公司
52	“中国美容博览会”	会展服务	上海百文会展有限公司
53	NCG	文化传媒创意	上海新文化传媒集团股份有限公司
54	图形 EnergySource	广告创意服务	上海恺达广告有限公司
55	800show	创意园区服务、展览展示服务	上海八佰秀企业管理有限公司
56	8号桥	8号桥园区管理服务	上海八号桥房屋租赁有限公司
57	慧谷科技园	园区服务	上海交大科技园有限公司
58	E通世界	园区服务	上海莎欧科技发展有限公司
59	杨艺园林+图案	园林创意设计及配套服务	上海杨艺园林工程有限公司
60	Asiaray 雅仕维	户外广告服务	上海雅仕维广告有限公司
61	SHLCD	其他（创意）	上海园林工程设计有限公司
62	杨浦创业	科技企业孵化服务	上海杨浦科技创业中心有限公司
63	唐神	唐神广告传媒（其他类）	上海唐神广告传播有限公司
64	正章	洗、烫、织补、皮革保养	上海正章实业有限公司
65	郑氏万通+图案	高端智能数字化印刷服务	上海万通印务有限公司
66	华联家维	家电交电	上海百联电器科技服务有限公司
67	fengpu	园区品牌服务	上海市工业综合开发区有限公司
68	图形 SHP	园区服务	上海希望城经济发展有限公司
69	协通集团	汽车销售服务	上海协通（集团）有限公司
70	永达汽车	汽车销售服务	上海宝诚汽车销售服务有限公司

（续表）

序号	品牌	推荐服务领域	企业
71	华星鸿和 HUA XING HONG HE 及图	汽车销售服务	上海华星鸿和汽车销售服务有限公司
72	HXYT 华星亚特	汽车销售服务	上海华星亚特汽车销售有限公司
73	永达汽车	汽车销售服务	上海永达通途汽车销售服务有限公司
74	大众交通	汽车销售服务	上海大众交通汽车销售有限公司
75	安吉及图形	汽车销售服务	上海汽车工业销售有限公司
76	上海华星	汽车销售服务	上海华星众捷汽车销售有限公司
77	图案	汽车销售服务	上海怡通汽车服务有限公司
78	百联汽车	汽车销售服务	上海百联汽车服务贸易有限公司
79	中智 CIIC	人力资源综合服务	中智上海经济技术合作公司
80	外服	人力资源服务	上海市对外服务有限公司
81	FESCO	人才服务派遣外包类	北京外企德科人力资源服务上海有限公司
82	东浩人力资源（图标）	人力资源服务	上海东浩人力资源有限公司
83	亚洲人才	人事代理，劳务派遣，社保代理、代理招聘	众大亚洲人才资源开发（上海）有限公司
84	HR-CHANNEL 中企人力	人力资源外包服务	上海中企人力资源咨询有限公司
85	人才	人力资源服务	上海浦东新区人才市场
86	巾帼园	人力资源服务	上海市妇女儿童服务指导中心（巾帼园）
87	肯耐珂萨	人力资源服务	上海肯耐珂萨人才服务股份有限公司
88	漕河泾	人力资源服务（培训、招聘、代理）	上海临港漕河泾人才有限公司
89	BLUESEA	人力资源服务	上海蓝海人力资源股份有限公司
90	东方国际集团	人才外包、人才中介、顾问咨询	上海国际服务贸易（集团）有限公司
91	仙川	人才外包服务	上海仙川人力资源开发有限公司
92	恒隆（PLAZA66）	商业零售服务	上海恒邦房地产开发有限公司
93	茂昌	商业零售服务	上海三联（集团）有限公司
94	礼在东方	商业零售服务	东方商厦有限公司
95	老庙	商业零售服务	上海老庙黄金有限公司
96	汇金	商业零售服务	上海汇金百货有限公司
97	群力	商业零售服务	上海群力草药店
98	五番街	商业零售服务	上海美罗城商业管理有限公司
99	图形	商业零售服务	上海怡黄木业有限公司
100	童涵春堂	商业零售服务	上海童涵春堂药业连锁经营有限公司
101	聲達	商业零售服务	上海声达木业有限公司
102	来伊份	商业零售服务	上海来伊份股份有限公司
103	宝岛眼镜	商业零售服务	上海小林眼镜有限公司
104	TAIKANG	商业零售服务	上海市泰康食品有限公司泰康分公司
105	新世界（图形）	商业零售服务	上海新世界股份有限公司
106	泉字牌	商业零售服务	上海张小泉刀剪总店有限公司
107	亚细亚食品（集团）	商业零售服务	上海亚细亚食品（集团）公司
108	香雪海 Sunny Share	商业零售服务	上海香雪海国际贸易有限公司

（续表）

序号	品牌	推荐服务领域	企业
109	舒馨	商业零售服务	上海百联百货经营有限公司上海时装商店
110	城市超市 CITY SHOP	商业零售服务	上海城市超市有限公司
111	农工商	商业零售服务	农工商超市（集团）有限公司
112	可得网	商业零售服务	上海可得光学科技有限公司
113	剪刀石头布	商业零售服务	上海剪刀石头布家居实业有限公司
114	百联中环购物广场	商业零售服务	上海百联中环购物广场有限公司
115	徐重道（不含饮片生大黄零售）	商业零售服务	上海药房股份有限公司
116	上实（图案）	物业管理服务	上海上实物业管理有限公司
117	图案	物业管理服务	上海陆家嘴物业管理有限公司
118	漕河泾	物业管理服务	上海漕河泾开发区物业管理有限公司
119	上海古北物业管理有限公司	物业管理服务	上海古北物业管理有限公司
120	中企物业	物业管理服务	上海中企物业管理有限公司
121	吉晨	物业管理服务	上海吉晨卫生后勤服务管理有限公司
122	联源物业	物业管理服务	上海联源物业发展有限公司
123	仙霞物业	物业管理服务	上海新长宁集团仙霞物业有限公司
124	图案	物业管理服务	上海科瑞物业管理发展有限公司
125	B	物业管理服务	上海百联物业管理有限公司
126	上海纺织物业经营管理有限公司	物业管理服务	上海纺织物业经营管理有限公司
127	新市北	物业管理服务	上海新市北企业管理服务有限公司
128	中远物业	物业管理服务	上海中远物业管理发展有限公司
129	SPDC	现代物流服务	上海医药物流中心有限公司
130	德邦物流 DEPPON	现代物流服务	德邦物流股份有限公司
131	远成集团	现代物流服务	远成物流股份有限公司
132	图案（久信）	现代物流服务	上海东方久信集团有限公司
133	顺丰	现代物流服务	顺丰速运集团（上海）速运有限公司
134	新大洲，SUNDIRO，图案	现代物流服务	上海新大洲物流有限公司
135	JJCL	现代物流服务	上海锦江国际低温物流发展有限公司
136	上海青旅国际货运有限公司	现代物流服务	上海青旅国际货运有限公司
137	JHJ	现代物流服务	锦海捷亚国际货运有限公司
138	HC	现代物流服务	上海会成物流有限公司
139	经贸	现代物流服务	上海经贸国际货运实业有限公司
140	同程物流	现代物流服务	上海同程物流发展有限公司
141	TIL	现代物流服务	上海东泽国际物流有限公司
142	LINKSTAR，精裕捷星	现代物流服务	上海精裕捷星物流有限公司
143	上海虹迪物流科技有限公司	现代物流服务	上海虹迪物流科技有限公司

（续表）

序号	品牌	推荐服务领域	企业
144	syntrans	现代物流服务	上海新新运国际货物运输代理有限公司
145	WONDERS	信息服务	万达信息股份有限公司
146	新眼光	信息服务	上海新眼光医疗器械股份有限公司
147	网址导航 2345.COM	信息服务	上海二三四五网络科技有限公司
148	图案	信息服务	上海天玑科技股份有限公司
149	杉德	信息服务	杉德银卡通信息服务有限公司
150	我爱我家	信息服务	上海鸿洋电子商务有限公司
151	林果科技及图	信息服务	上海林果实业股份有限公司
152	希姆通	信息服务	希姆通信息技术（上海）有限公司
153	启明软件	信息服务	上海启明软件股份有限公司
154	帝联科技	信息服务	上海帝联信息科技股份有限公司
155	延华	信息服务	上海延华智能科技（集团）股份有限公司
156	AMT	信息服务	上海企源科技股份有限公司
157	众恒科技 TRIMAN	信息服务	上海众恒信息产业股份有限公司
158	爱姆意在线 ME	信息服务	上海爱姆意机电设备连锁有限公司
159	图案	信息服务	上海航天能源股份有限公司
160	远东资信	信息服务	上海远东资信评估有限公司
161	上农信	信息服务	上海农业信息有限公司
162	珍岛	信息服务	上海珍岛信息技术有限公司
163	图案	信息服务	上海钢联电子商务股份有限公司
164	搜搜钢	信息服务	上海钢联电子商务股份有限公司
165	CHUWA	信息服务	上海中和软件有限公司
166	东方社区信息苑	信息服务	上海东方数字社区发展有限公司
167	富宝	信息服务	上海昊钰软件信息技术有限公司
168	上海公共交通卡	信息服务	上海公共交通卡股份有限公司
169	付费通	信息服务	上海付费通信息服务有限公司
170	欧坊	家居设计	上海欧坊装饰设计有限公司
171	正飞	家居装饰	上海正飞装饰工程有限公司
172	嘉春	室内装饰设计	上海嘉春装饰设计工程有限公司
173	宝信	信息技术服务	上海宝信软件股份有限公司
174	浦软	信息技术服务	上海浦东软件园股份有限公司
175	博彦科技	信息服务	博彦科技（上海）有限公司
176	图案	信息技术服务	上海亿通国际股份有限公司
177	Beyondbit/必优必达	电子政务信息技术服务	上海互联网软件有限公司
178	富欣	轨道交通和有轨电车信号与通信集成服务	上海富欣智能交通控制有限公司

四、明日之星（共 11 项）

序号	品牌	推荐项目	企业
1	达科	LED 显示类	达科电子（上海）有限公司
2	上海嘉成	城市轨道交通站台屏蔽门	上海嘉成轨道交通安全保障系统股份公司
3	YUKING	新型缓控剂 - 均聚 N- 乙烯基丁内酰胺超高分子链保护性干燥方法及其产品	上海宇昂水性新材料科技股份有限公司

（续表）

序号	品牌	推荐项目	企业
4	上海恒安聚氨酯股份有限公司	透气、透湿热塑性聚氨酯弹性体	上海恒安聚氨酯股份有限公司
5	图案	分布式光纤测温系统	上海波汇通信科技有限公司
6	易百	客户忠诚度服务平台	易百信息技术（上海）有限公司
7	华依 W-Ibeda	机械检测台架及软件控制	上海华依科技发展股份有限公司
8	再生元	BIOMARKETBOX 再生医学临床细胞治疗技术平台整体解决方案	上海奇康生物科技开发有限公司
9	ViaCloud	信息服务	上海世纪互联信息系统有限公司
10	老大房	商业零售	上海西区老大房实业公司
11	复展	照明及燃气产品研发测试服务	上海复展智能科技股份有限公司

2016·上海工业年鉴

SHANGHAI INDUSTRIAL YEARBOOK

企 业 形 象

（排列不分先后）

90　上海数讯信息技术有限公司
91　上海思华科技股份有限公司
92-93　欧特克（中国）软件研发有限公司
94　上海智臻智能网络科技股份有限公司
95　上海天地软件创业园有限公司
96　上海超级计算中心
97　上海众人网络安全技术有限公司
98　上海鑫方迅通信科技有限公司
99　上海卫星装备研究所
100　上海船舶研究设计院
101　申佳船厂
102　江南造船（集团）有限责任公司
103　中交第三航务工程局有限公司
104　中船第九设计研究院工程有限公司
105　中船航海科技有限责任公司
106　上海中远船务工程有限公司
107　中船工业成套物流有限公司
108　上海睿智化学研究有限公司
109　杨子江药业集团上海海尼药业有限公司
110　云健康基因科技（上海）有限公司
上海现代药物制剂工程研究中心有限公司
111　上海信谊药厂有限公司
112　上海海顺新型药用包装材料股份有限公司
113　上海昊海生物科技股份有限公司
114　上海申康医院发展中心
115　上海伯豪生物技术有限公司
116　华领医药技术（上海）有限公司
117　上海上药第一生化药业有限公司
118　中国科学院上海硅酸盐研究所
中石油东部管道有限公司
119　上海化工研究院
120　上海奥威日化有限公司
121　上海晶华胶粘新材料股份有限公司
122　喜威(上海)液化石油气有限公司
123　上海中镭新材料科技有限公司
124　亚士创能科技（上海）股份有限公司
125　上海正欧实业有限公司
126　上海金发科技发展有限公司
127　国网上海市电力公司浦东供电公司
128-129　上海电力股份有限公司
130-131　国网上海市电力公司
132-133　中国电建集团上海能源装备有限公司
134　中国核工业第五建设有限公司
135　上海浦城热电能源有限公司
136　上海上电漕泾发电有限公司
137　科大智能科技股份有限公司
138　上海晨光文具股份有限公司
139　上海紫丹印务有限公司
140　上海翔港包装科技股份有限公司
141　上海老凤祥有限公司
142-143　上海晨冠乳业有限公司
144　华润雪花啤酒（上海）有限公司
145　上海东北亚新纺织科技有限公司
146　上海毅昊自动化有限公司
上海表业有限公司
147　上海麒麟食品有限公司
上海红马饲料有限公司
148　上海中隆纸业有限公司
远纺工业（上海）有限公司
149　上海市基础工程集团有限公司
150-151　上海联博安防器材有限公司
152　保集控股集团有限公司
153　上海中建航建筑工业发展有限公司
154-155　中科建设开发总公司
156　上海建为历保工程科技股份有限公司
157　上海隧道工程有限公司
158　上海市机械施工集团有限公司
159　宜航（上海）航空技术有限公司
160　上海市工商外国语学校
161　中国银行
162-163　证通股份有限公司
164-165　上海东浩兰生国际服务贸易（集团）有限公司
166-167　上海青浦工业园区发展（集团）有限公司
168-169　上海市工业综合开发区有限公司
170-171　莘庄工业区
172-173　上海桃浦科技智慧开发建设有限公司
174　上海市嘉定工业区经济发展有限公司
175　上海嘉定出口加工区发展有限公司
176　上海嘉定工业区
177　上海奉贤生物科技园区开发有限公司
178　松江经济技术开发区管理委员会
179　上海宝山城市工业园区
180　上海临港产业区港口发展有限公司
181　上海市临港地区开发建设管理委员会
182　上海张江火炬创业园投资开发有限公司
183　顾村工业公司
184　上海罗店资产经营有限公司
185　上海远中实业有限公司
186　闵行区招商服务中心
187　公安部第三研究所
188　上海市中小企业发展服务中心
189　上海南汇压力容器厂有限公司（赞助）

华谊集团

上海华谊(集团)公司奋发有为，大力推进“改革、创新、发展、调整”，实现平稳发展。2015年，主营业务收入635亿元，利润总额4.3亿元，其中上市资产包内的企业实现利润总额7.8亿元。以双钱股份为平台，整合7家公司核心资产整体上市，规模位列上半年A股10大并购重组项目之一。2015年7月20日，重组方案获得证监会正式核准批复，集团核心资产重组上市工作取得实质性成果。2016年2月，“双钱集团股份有限公司”更名为“上海华谊集团股份有限公司”。2016年5月18日，经申请并经上海证券交易所核准，“双钱股份”变更为“华谊集团”，“双钱B股”变更为“华谊B股”，上海华谊(集团)公司完成核心资产整体上市。

上海华谊(集团)公司“十二五”发展，以“高端发展、跨市发展、创新发展、一体化发展、绿色发展”为主线，聚焦“能源化工、先进材料、绿色轮胎、精细化工和化工服务”五大业务，主营业务收入年均增长率11.6%，利润总额累计实现53.2亿元。化工服务营业收入占比由2010年的14.4%上升至2015年的33%，年均增长率达到33.4%，化工制造业和化工服务业“双核驱动”业务发展新模式初显成效。主动推进产品、产业结构调整，先后关停27个产业结构调整项目，降低能耗55万吨。跨市发展步伐提速，在6个外省市建设的21家工厂及生产基地，化工制造主业市外产品收入比例由“十一五”末的25%提升至2015年的38%，“一个华谊、全国业务”布局基本形成。研发创新投入37亿元，申请专利445项，获得授权378项，新产品收入基本维持在70亿元左右，新产品产值率保持在20%以上。

面对核心资产重组上市和“十三五”发展新起点，开启向着世界化工50强进军的新征程。“十三五”规划期间，上海华谊(集团)公司将围绕“智能制造、价值增长、效益提升、海外发展”的原则，推进业务转型升级，提升并购、创新能力；打造智能制造、精益运营体系；按照上市公司的要求，改革组织架构；抓住中国制造2025、“一带一路”、“互联网+”、上海建设“科创中心”等战略机遇，力争实现主营收入1000亿元，开创集团发展的新局面。

面对发展的新起点、新征程，上海华谊(集团)公司要以“绿色化工，美好生活”的发展理念、“开放、责任、诚信、实干、包容”的华谊文化、“知行合一，常德不离”的价值观，以及“阳光华谊、以人为本、团队协作、自强不息”的品牌内涵来统一全体华谊人的价值取向，造就一支与集团价值观相一致、与战略目标相适应的干部员工队伍，推动集团实现“打造具有国际竞争力和影响力的化工企业集团，成为社会需要、受人尊重的公司”的美好愿景。

欧冶

Ouyeel

共建 共享 值得信赖

扫码得真相

互联网+钢 铁

Internet plus Steel

构筑最具活力的钢铁生产企业、钢铁贸易公司、物流加工服务商、
金融服务企业、钢材用户等多方主体共生共赢的生态圈

爱上汽车

畅行天下
上汽集团

中国石化上海石油化工股份有限公司（简称上海石化）位于上海市金山区，占地面积 9.40 平方千米，是中国最大的炼油化工一体化综合性石油化工企业之一，也是中国第一家股票在上海、香港、纽约三地同时上市的股份制企业。上海石化前身为创建于 1972 年的上海石油化工总厂，1993 年 6 月改制为上海石油化工股份有限公司，2000 年 10 月更名为现名。上海石化下设炼油部、烯烃部、芳烃部、化工部、腈纶部、涤纶部、塑料部、热电部、物资供应部、销售部、储运部、环保水务部、公用事业部和精细化工部以及质量管理中心、统计中心、保卫部、总务部、培训中心、新闻中心、员工交流安置中心等单位，并由资本运营部管理对外投资企业。2015 年末，上海石化总资产

上海石化热电部 6 号机组完成锅炉脱硝改造和脱硫旁路改造并网投入运行

2015 年北京田径世锦赛期间，上海石化可降解绿色聚酯产品亮相中国石化美好生活馆

280.22亿元，在职员工总数12032人。上海石化具有1600万吨／年综合加工原油能力和乙烯70万吨／年、塑料树脂100万吨／年、合纤原料109万吨／年、合纤聚合物59万吨／年、合成纤维28万吨／年的生产能力。上海石化主要生产石油制品、中间化工原料、合成树脂及塑料制品、合纤原料及合成纤维四大类产品。2015年，公司被复评为全国用户满意企业；蝉联全国文明单位称号，已连续四届荣获该荣誉；在上海市2015年工业税收排名前100位企业名单中列第3位；在2014年度上市公司信息披露工作评价中被认定为A级；名列中国上市公司环境责任信息披露前五位，在上海上市公司社会责任发展指数评价中，获得四星级评价。

上海石化用心打造“家文化”

上海石化过程控制实训教学基地通过中交验收

上海石化厂区道路交通测速监控系统投用

中国石化上海高桥石油化工有限公司

高桥石化成立于1981年11月，是我国第一个跨行业、跨部门的特大型经济联合体，隶属于中国石油化工集团公司。

公司位于浦东新区，占地面积4.2平方公里，共有76套生产装置，主要产品有汽油、航空煤油、柴油、润滑油基础油、石蜡、合成橡胶、有机化工原料、合成塑料以及精细化工产品等。公司拥有炼油能力1250万吨/年、化工产品生产能力100万吨/年，自备电厂具有装机容量19.5万千瓦。

公司积极开展对外合作交流，分别与德国巴斯夫公司、美国雪佛龙公司、韩国SK公司、

日本三井化学公司等世界著名企业合作，成立合资公司。

公司以建设“效益高桥、绿色高桥、和谐高桥”为企业愿景，积极应对经济发展新常态，全面履行国有企业的经济、政治和社会责任。

上海化学工业区

化工品码头及储罐区

烧碱和聚氯乙烯装置原料仓

高桥石化苯酚丙酮装置

工业气体与烧碱二氯乙烷装置

上海化学工业经济技术开发区位于杭州湾北岸，规划面积29.4平方公里，管理面积36.1平方公里，是以石油化工及其衍生产品为主的专业开发区，已经构建了以乙烯为龙头的循环经济产业链，形成以化工新材料为主导的特色产业集群，成为全国集聚知名跨国化工企业最多、经济开放度最大、循环经济水平最高的开发区之一。2015年，上海化工区再次被中国石化联合会评为全国20强化工园区之首，连续第四次荣获“上海品牌园区”称号。全年，化工区（包括金山、奉贤分区）共完成工业总产值915.74亿元，销售收入948.72亿元；引进项目投资10.73亿美元，完成固定资产投资64.39亿元；区内注册企业实现利润41.94亿元，实缴税金80.42亿元；万元产值能耗1.050吨标准煤。截至2015年底，化工区累计批准项目总投资255.81亿美元，累计完成固定资产投资1280.95亿元人民币。

地　　址：上海市目华路201号
邮　　编：201507
电　　话：67120000
传　　真：67122222
市区办事处：上海市高安路18弄10号

上海仪电(集团)有限公司

上海仪电(集团)有限公司(简称上海仪电)是上海市国有资产监督管理委员会所属的国有大型企业集团。

上海仪电以“引领信息产业发展,服务智慧城市建设”为使命,致力于成为智慧城市整体解决方案的提供商和运营商。聚焦以物联网、云计算为特征的新一代信息技术产业,形成了以信息技术产业为核心,商务不动产业和非银行金融服务业为支撑的新型产业构架。

上海仪电秉承“以人为本、以基础设施为载体、以信息技术为先导、以资本为后盾”的基本原则,倾力打造“智慧城市生态圈”,面向政府、企业、居民等智慧城市服务对象,聚集智慧建筑、智慧交通、平安城市、智慧溯源、智慧政务、智慧水务、智慧教育、智慧医疗等行业领域,提供从智慧城市顶层设计与规划、集成实施和运维到融资保障的全面服务。

上海仪电期待与您携手相伴、共赢发展,INESA 城市整体解决方案让生活更加美好!

INESA

VIACERO PÔŽIČIEK
SI SPOJTE DO JEDNEJ
电话:
0086-021-33633096
General Enquiries:
0086-021-33633096

中国华信
CHINA
能源产业与金融服务
高度融合的国际投行
The energy industry and
financial services highly
integrated international
investment banks
CHINA CEFC ENERGY COMPANY LIMITED
CEFC
中国华信
CEFC CHINA
platan
www.cefc.co

上海新型建材岩棉有限公司是国内唯一一家专业生产各种优质岩棉制品的国有企业，成立于1989年。公司拥有“樱花”和“ABM”两个品牌，“樱花”商标荣获“上海市著名商标”；“樱花”岩棉获得“上海市名牌产品”、“上海建材行业名优产品”、“上海市节能产品”等称号，已成为国内优质岩棉的代名词；“ABM”商标在20余个国家和地区注册，在国际上具有较高的知名度和美誉度。

公司连续多年保持国内同行业产销量和出口量第一，产品主要涉及建筑、工业、船舶、农业领域，公司除对产品虔心专研外，还对岩棉系统应用进行深入研究，可以为客户提供各种系统的咨询或解决方案。

为扩大企业经营规模、做大做强岩棉产业，公司已在江苏省大丰市建立岩棉生产基地，占地面积325亩，全套引进国际先进的岩棉生产线，届时将实现15万吨的年产量。公司将继续秉承“节约下来的能源是最绿色的能源”的经营理念，以建立“亚洲第一，世界一流”的大型岩棉制造集团为目标，全力打造出一个具有自身特色的新型国有企业。

上海新型建材岩棉有限公司
SHANGHAI ABM ROCK WOOL CO., LTD.

地址：上海市青浦区沪青平公路3828弄99号
电话：021-59752024
网址：www.cnabm.com
E-mail：info@cnabm.com
传真：021-59751037
邮编：201703

特种钢板生产线

合金钢棒材生产线

特种无缝钢管生产线

特冶锻造生产线

连铸合金圆坯生产线

中信泰富特钢集团
CITIC PACIFIC SPECIAL STEEL HOLDINGS

中信泰富特钢集团（简称中特集团），是中国中信股份有限公司全资子公司，下属江阴兴澄特种钢铁有限公司、湖北新冶钢有限公司、大冶特殊钢股份有限公司、铜陵泰富特种材料有限公司和扬州泰富特种材料有限公司，形成了沿长江流域产业链的战略布局。

中特集团具备年产900万吨优特钢生产能力，工艺技术和装备具世界先进水平，是目前全球钢种覆盖面大、涵盖品种全、产品类别多的精品特殊钢生产基地，拥有合金钢棒材、特种中厚板材、特种无缝钢管、特冶锻造、合金钢线材、连铸合金圆坯“六大产品群”以及调质材、银亮材、汽车零部件、磨球等深加工产品系列，品种规格配套齐全、品质卓越并具有明显市场竞争优势，产品畅销全国并远销美国、日本以及欧盟、东南亚等60多个国家和地区，获得了一大批国内外高端用户的青睐。

中特集团秉承“诚信、高效、创新、超越”的理念，以造福社会为己任，努力建设环境友好型、资源节约型和社会和谐型企业，着力打造全球最具竞争力的特钢企业集团。

中特集团真诚与海内外各界朋友共创美好未来！

中特集团总部
电话：021-61713366　　传真：021-61710111
地址：上海市南京西路1168号中信泰富广场15楼　　邮编：200041
网址：www.cp-ssteel.com

中特集团兴澄特钢
电话：0510-86193388　　传真：0510-86191400
地址：江苏省江阴市滨江东路298号　　邮编：214429
网址：www.jyxc.com

中特集团新冶钢
电话：0714-6297888（总机）　0714-6297777（销售）
传真：0714-6297792（总经办）
地址：湖北省黄石市黄石大道316号　　邮编：435001
网址：www.xinyegang.com

湖北新冶钢有限公司

上海长江联合金属交易中心有限公司

上海长江联合金属交易中心有限公司是经上海市商务委、市金融办批准，长发集团长江投资实业股份有限公司，联合南京长江发展股份有限公司、上海冉荣贵金属有限公司、上海千圣贵金属有限公司共同发起设立的股份制公司。

混合模式，先行先试

上海长江联合金属交易中心是上海地区首家混合经济模式交易中心，他的成立是在“长江经济带”国家战略格局下的新尝试，也是上海市现货贸易流通与互联网金融建设发展的尝试，旨在真正意义上降低实体经济的交易成本、物流成本，并推动实体经济的集约化、市场化和规模化发展。

战略合作，助力发展

上海长江联合金属交易中心将充分依托长发集团长江投资实业股份有限公司现有的物流、仓储、矿业资源优势，联合号百信息服务有限公司、上海陆上货运交易中心等战略合作方，为金属市场提供交易、信息、仓储、运输、结算等第三方服务，为金属的生产、贸易、消费和投资等环节提供公开、公信的市场交易平台。

展望未来，争创领先

在未来，上海长江联合金属交易中心将凭借卓越的管理团队和丰富的经验，在“规范运作、稳健发展”的运营理念指导下，以助力中国多层次商品市场建设为己任。交易中心积极响应“长江经济带”国家战略，成立海外事业部进行市场的全面拓展。长江联合金属交易中心通过互联网进行金融与产业融合，把国内乃至国际的各大金属产业集团的各类金属及金属材料资源进行高效整合，努力将上海长江联合金属交易中心打造成为国内领先并具有国际影响力的世界级金属交易平台。

■ 五大优势

地域优势，创造稳固条件

上海长江联合金属交易中心坐落于具有“东方巴黎”美誉的国际金融中心城市——上海，背靠“自贸区”和世界级枢纽港。上海良好的经济基础环境为金属现货市场的蓬勃发展创造了优厚的发展空间。

上海以便捷的信息化通道、物流及港口优势、国际标准化服务水平等，近年来将现货贸易及金融资源充分融合并发展。与此同时上海做为银行业聚集地，也为金属产业链上下游企业提供多种金融服务，为全国金属贸易提供交易保障。

背景优势，打造专业平台

上海长江联合金属交易中心是经上海市商务委与金融办批准成立的上海地区首家混合经济模式交易平台，是国有资本和民营资本的融合、互联网与平台经济的融合。上海长江联合交易中心在深入研究全球主要商品交易所交易制度的基础上，结合国内和国际市场特殊属性，通过规范有效的现货交易模式，建立更加科学、公平、合理的交易平台。

硬件优势，有效网络保障

上海长江联合金属交易中心联合中国电信号百信息服务有限公司，为会员单位及交易商提供稳定的技术支持。交易中心机房进驻上海五星级南汇数据中心，是上海电信建设等级最高、规模最大的唯一五星级数据中心。其有效保障网络的稳定性及高速性的同时，提供国内优质、通常的交易速度，以及优质的共置服务器品质。

信息优势，提高市场联动

上海长江联合金属交易中心与中国电信集团号百信息服务有限公司开展战略合作。中国电信集团号百信息服务有限公司以网络及信息技术作为支撑，为市场推广及服务方提供高效便捷的沟通渠道，全面革新会员沟通拓展渠道。

物流优势，打通流通环节

上海长江联合金属交易中心依托长江联合发展集团旗下的上海陆上货运交易中心，以及现有的物流、仓储、矿业资源和战略合作伙伴的生产商、终端客户资源，上海长江联合金属交易中心力争成为一个集功能、规模、综合服务等优势为一体交易平台。

上海长江联合金属交易中心将运用电子商务技术，逐步扩大贸易流通规模、优化资源配置、整合金属产业链，提供交易、融资、物流、支付、信息、仓储、法律、资讯及其他增值服务等，真正做到服务实体经济。

■ 雄厚实力助推发展

银行对接系统：安全便捷有保障

上海长江联合金属交易中心已与中国工商银行、中国建设银行、中国农业银行、招商银行、上海浦东发展银行、中国光大银行、中国民生银行这七家银行建立对接系统。

市场参与方，可通过银行网银及市场端选择同一帐户绑定主副多银行资金往来关系，以高效、便捷、实时的资金往来业务，助力全球联动24小时交易。

网上开户平台：便捷化开户体验

上海长江联合金属交易中心推出网上开户功能，交易商可通过该平台更加便捷的自助办理开户相关业务。

通过网上开户平台可实现：交易商自助申请实盘交易账号、自助选择提供服务的会员单位、签署入市协议、银行签约等业务。无纸化的开户流程在丰富开户渠道同时，提升开户效率。

手机交易端：市场信息“一手掌握”

为进一步优化市场参与方的便捷操作，上海长江联合金属交易中心苹果IOS版以及安卓版手机交易端已正式上线使用。通过手机交易端，从根本解决市场参与方难于实时了解交易动态的需求。

市场参与方可通过手机交易端及时了解价格及相关信息，并可使用手机交易端进行帐户查询、账户管理及现货交易等操作。

上市品种：促进投资多元化

经过上海长江联合金属交易中心充分的市场调研、完备的系统测试及安全评测，前瞻性部署：多品种、全规格、具有市场差异化周期的商品供交易商选择。

与此同时，上海长江联合金属交易中心在业务规则、商品质量管控、层级体系监管等细节设置上通过专业的管理团队及多年行业经验，更好满足广大交易商的需求，继而不断完善交易品种多元化，及市场多品种补足周期的稳定发展。

上海宝康电子控制工程有限公司

SHANGHAI BAOKANG ELECTRONIC CONTROL ENGINEERING CO.,LTD.

宝康电子创建于1994年，是由宝钢集团有限公司旗下的上海宝信软件股份有限公司(75%)和香港康宁电子有限公司(25%)成立的中外合资高科技公司,注册资金5000万元人民币,年营业额超过3亿元。

宝康电子是中国智能交通与公共安防领域具有核心能力的创新解决方案提供商和专业综合服务提供商，亦是国内具有广泛影响的道路交通优化专家。公司为用户提供全生命周期的专业综合服务，涵盖以交通设计为基础的一城一策咨询服务，以信息技术为基础的系统集成服务,以专业技能为基础的售后运维服务。

近年来,公司主要围绕城市智能交通和公共安全防范,把握市场及其发展脉络,先后开发了多类具有完全自主知识产权的产品,产品行销全国百余个城市,并形成了完善的产品研发、设备制造、工程实施、售后服务于一体的现代服务制造企业,成为具有相当知名度的行业内领军企业之一。

公司资质:

公共安全防范工程设计施工单位一级资质
计算机系统集成企业资质
建筑智能化工程专业承包资质
安全生产许可证

ISO9001 质量管理体系认证
ISO20000 IT服务管理体系认证
ISO27000 信息安全管理体系认证
国家火炬计划重点高新技术企业
上海市高新技术企业
上海市知识产权优势企业

资信等级(AAA级)
合同信用等级(AAA级)

公司荣誉:

中国智能交通三十强企业
城市交通指挥平台五大最具影响力品牌
城市智能交通行业十大最具影响力系统集成商品牌
中国电子警察行业十大最具影响力品牌
中国交通信号控制器行业十大优秀企业
城市智能交通行业十大优秀集成商
中国电子警察行业十大优秀企业
上海市名牌产品(2012年初评,2014年蝉联)
上海市重点新产品
上海市自主创新产品
中国国际专利与名牌博览会金奖
中国国际专利与名牌博览会十佳企业

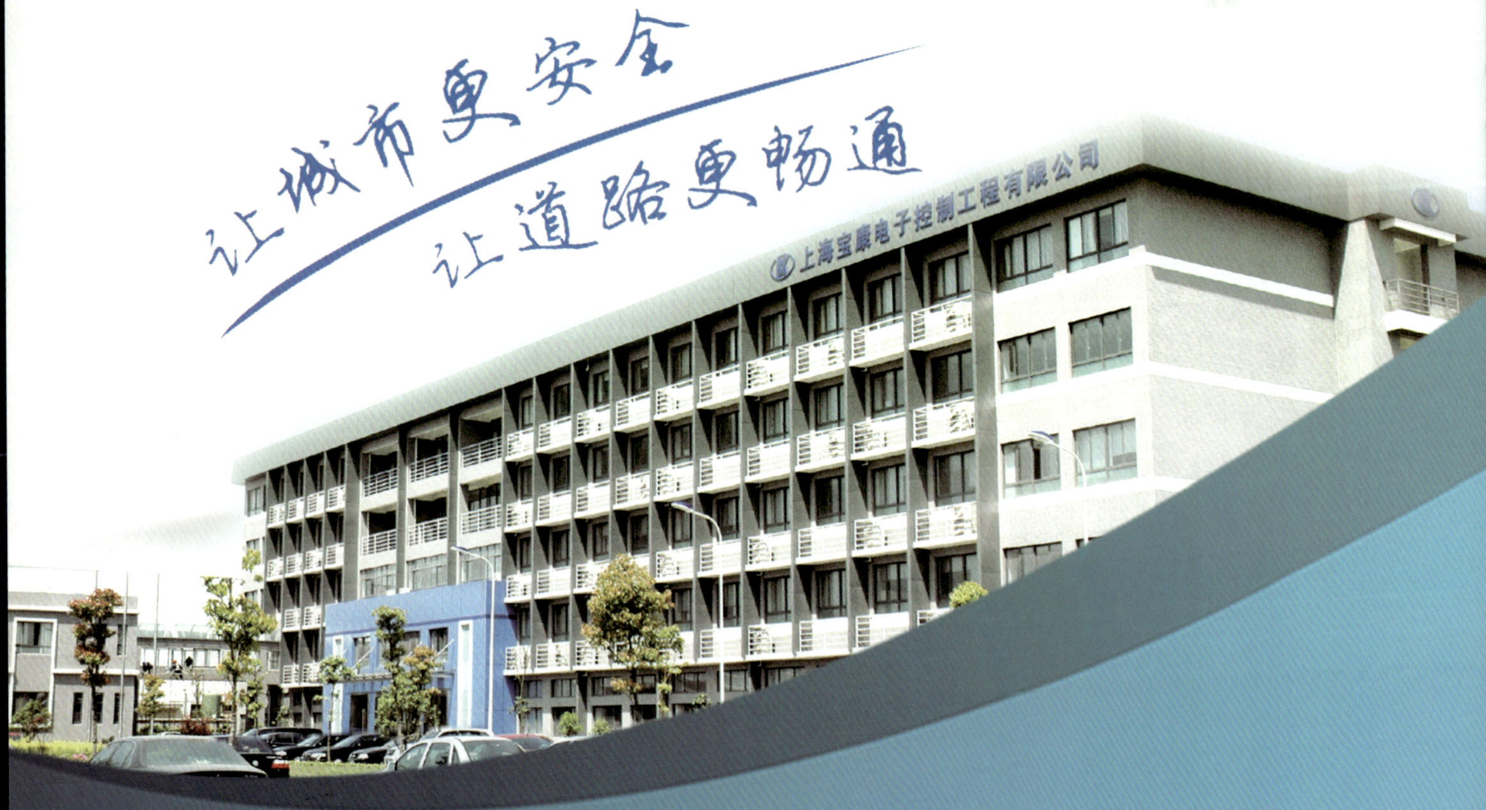

让城市更安全
让道路更畅通

地址：上海市杨行工业园区锦富路298号210室
电话：(021)5693 1088 - 81116
手机：156 1806 5165
传真：(021)5102 7219
Email：zhangwei@shbaokang.com

欧冶电商（上海钢铁交易中心）

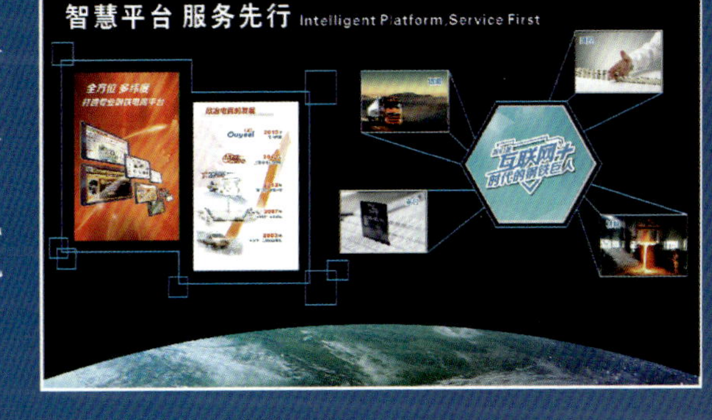

欧冶电商前身是由国内钢铁巨头宝钢集团和上海市宝山区政府在2013年5月共同筹建的上海钢铁交易中心，它凝聚了宝钢数十年来在钢铁制造、贸易和电子商务方面的智慧，结合最新的信息和网络技术，按照“政府推动、社会参与、企业运营、多元合作”的原则，为钢铁行业上下游客户提供在线交易、资金、物流、加工、技术、信息等全流程、一站式的服务，力争成为国内领先的第三方钢铁B2B电子商务平台，助力中国钢铁流通行业通过电子商务实现产业升级。

欧冶电商平台目前拥有钢铁行业各类用户4.1万家，国内主流钢厂几乎都在平台实现了交易，年交易额过430亿元。随着平台和用户的日趋成熟，欧冶电商逐步形成了供应链上下游企业频繁往来的交易圈、社交圈，让传统的钢铁贸易变的安全、简单而有趣，为中国钢铁产业的创新转型探索出了一条全新的道路。

欧冶电商将基于规模化的实盘交易形成钢铁交易和服务的“上海价格”和“上海标准”，构建了现代化钢铁供应链服务体系，引领钢铁流通变革，提高钢铁流通效率，提升钢铁服务业水平，更好地集聚产业优势、资源优势和区位优势，充分发挥示范带动作用，以创新的商业模式拉动制造与服务的结合，实现“二三产业联动”，引领中国钢铁工业转型升级。

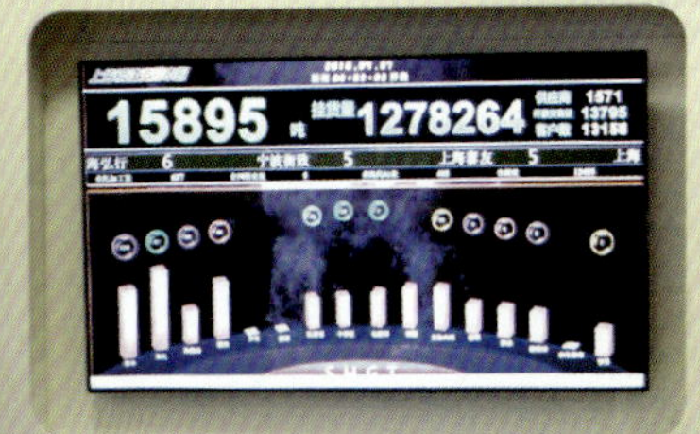

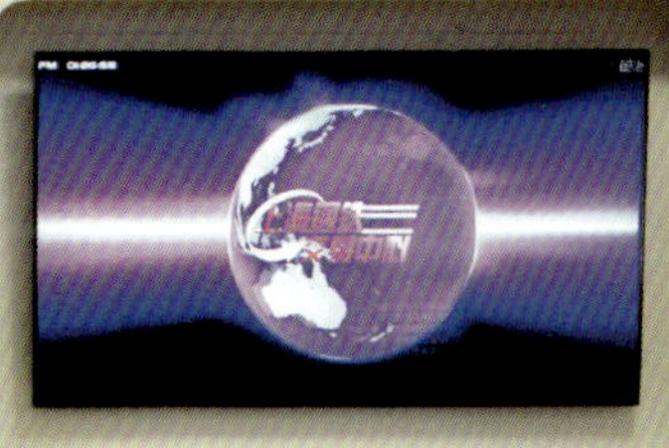

上海民强电镀有限公司

上海民强电镀有限公司创建于1980年1月，是一个以电镀表面处理加工为主的企业，上海市电镀协会会长单位，公司占地面积49950平方米，建筑面积24500平方米，注册资金人民币1200万元。

公司现有微电脑控制全部生产程序的自动生产线13条及半自动线2条、手工线2条，主要为通用、大众、福特等各种型号的汽车饰件及电子产品、军工产品、核潜艇产品、核电站产品、机械电器等部件的电镀加工。

公司实施煤改气工程，用环保型天然气锅炉代替原燃煤锅炉，杜绝二氧化硫排放。废水治理升级改造，有二套全自动斜板式废水自动沉淀装置，三套镍、铬、氰废水自动处理装置及自动控制系统，电镀生产线实施废气治理设施隔封及吸风处理装置升级改造，废水全部实施分质、分道治理，保证废水治理稳定达标排放，废气经处理后有组织排放。

为保证公司有强劲的市场潜力和电镀质量保证能力，2002年公司通过ISO9001:2000质量管理体系认证，2008年通过上海市经信委、市环保局的清洁生产达标验收，2014年被中国电镀协会评为清洁生产示范企业，2015年通过ISO14001-GB/T24001环境管理体系认证，公司有电镀生产准入证及电镀污染物排放许可证。

▲自动生产线

▲天然气锅炉房

上海航天精密机械研究所

航天自主研制大型五轴联动数控铣／切／焊复合加工装备实现工程应用

火箭贮箱壁板网格铣削加工

火箭贮箱瓜瓣激光切割

上海航天精密机械研究所（俗称800所）隶属中国航天科技集团上海航天技术研究院，是国防事业单位，是我国运载火箭、探月轨道器、战术武器等航天产品的主要研制单位。

在新型号航天产品重要结构件制造需求牵引下，通过工信部“高档数控机床与基础制造装备”科技重大专项2013年课题“运载火箭箭体结构制造关键成套装备与工艺”支持，自主研制出了国内首台高速铣削、激光切割、激光焊接、在线测量及状态监控集成一体化的大型五轴联动数控铣／切／焊复合加工装备，通过自动更换摆动头部实现铣削、切割、焊接工艺复合加工。该装备配备了10kW光纤激光器，主轴最大转速40000r/min，有效加工范围为8m×3.5m×1.6m，X/Y/Z轴最大速度30m/s，X/Y/Z轴最大加速度5m/s^2。

目前，该装备已应用于运载火箭贮箱壁板网格铣削（如图1），以及贮箱瓜瓣减轻槽铣削、余边切割和拼焊（如图2）。此类装备是航天航空等领域急需的高档装备，其成功研制及应用打破国际技术封锁，提升航天制造高端装备自主保障能力，为我国航天器、运载火箭、民航飞机等产业的发展奠定了良好基础。

"担当、诚信、透明、规范"

上海电气核电集团

核电装备制造是上海电气核心业务之一。作为国内最早从事核电设备制造的集团，自"728"秦山核电开始，上海电气经过30年的发展，已成为国内核电设备制造领域历史最久、业绩最多、配套最全的制造集团，为国内二代、二代加、三代、高温气冷堆、低温堆、快堆等多种堆型的核电站提供了大批核岛、常规岛、仪控仪表等关键设备及配套设备。

为巩固已有核电市场地位，开拓核电新市场与新业务，形成核岛设备集成供货和综合服务能力，为中国核电"走出去"战略提供更有力支持，上海电气战略性整合旗下核电业务，于2014年8月26日组建成立上海电气核电集团。

核电集团拥有全球集中度最高的核电设备制造基地——临港基地，以核电核岛主设备制造为主营业务，产品涵盖核岛的压力容器、蒸汽发生器、稳压器、堆内构件、控制棒驱动机构、主泵到核二、三级泵和装卸料机等，并可提供核电非标设备总成套等业务配套服务。旗下有4家全部以核电作为主营业务的子公司：上海电气核电设备有限公司、上海第一机床厂有限公司、上海电气凯士比核电泵阀有限公司及上海核电技术装备有限公司。

核电集团秉承"凡事有章可循、凡事有据可查、凡事有人负责、凡事有人监督"的理念，以"成为制造业核安全文化示范基地、核电设备集成供货和综合服务的装备集团、国内领先、受行业尊敬的品牌供应商"为发展目标，通过完善核安全文化培训体系，形成"担当、诚信、透明、规范"的核安全文化理念。在管理方面获得了一系列荣誉，核电集团下属企业分别荣获上海市质量金奖荣誉称号、上海市质量管理奖称号、上海核电设备制造先进单位等殊荣。

核电集团积极培育核电站核岛主设备集成供应技术能力及自主创新能力。在院士工作站等高端智力资源的支持下，已成功建设核电装备技术研究中心、核电装备焊接及检测工程技术研究中心及核电工程设备试验中心。截止2015年底，核电集团共获得33项各类奖励，其中国家级25项，上海市级8项。如"我国首台国产化百万千瓦级核电堆内构件制造技术"获国家能源科技进步奖一等奖，"CPR1000蒸汽发生器"获第十一届中国国际工业博览会金奖，"核岛主设备接管安全端异种金属焊接工艺"获第十六届中国专利优秀奖等。

地址：上海浦东新区层林路77号
邮编：201306
电话：021-38220597
传真：021-38220121

上海电气风电集团

上海电气风电集团是上海电气旗下的新能源产业板块，是上海电气集团股份有限公司（上证 A 股 601727 和香港 H 股 2727)的核心资产之一。

2015 年 3 月，上海电气以上海电气风电设备有限公司等企业为核心组建了上海电气风电集团，注册资本为 21.4 亿元，主要业务包含大型风力发电机组研发、设计、制造、技术咨询、工程总承包等。

上海电气风电集团，将用先进的风机技术，国际化的项目管理理念和海上风电领域所拥有的丰富专业知识及运行经验，以为用户提供全生命周期、全方位服务为目标，致力于成为国内领先的风电整体方案解决者。

上海电气风电以许可证方式引进德国 Dewind 公司 1.25MW 风机技术，取得德国 Aerodyn 公司全套设计平台及其源代码的所有权，成功开发了拥有自主知识产权的 2MW 系列风机和 3.6MW 海上风机，与德国西门子合作引进其 2.5MW、4MW、6MW 产品技术。

上海电气风电集团汇聚整合欧洲先进风电技术，形成了上海电气风电完整的核心技术体系和强大的研发团队，具备了独立自主研发大型陆上和海上风电发电机的能力。

上海电气风电集团拥有机械、电气、材料、动力、控制等关键工程技术领域的专业人才，依托强大的技术实力及具有国际视野的工程团队，可为用户提供测风、选址、风资源评估、EPC 总包、工程安装、备品备件、运行维护、风功率预测等全生命周期的优质服务，以丰富的经验保证风机发电高效、稳定。

风资源评估、微观选址和机组选型

上海电气风电集团凭借深厚的专业基础，优秀的技术团队，大量的气象数据，丰富的选址经验，睿智的选型能力，保证了风电项目的最佳收益。

EPC 工程总承包

上海电气风电集团具有从技术准备、设计优化、设备采购、设备制造到设备供应、安装、调试、运行、质量保证等方面为客户提供一整套完善的解决方案的能力，形成了工程总承包的核心竞争优势。

运维服务

上海电气风电集团拥有专业的工程服务团队，在全国建有 7 个区域服务中心，形成了辐射全国的服务网络；通过对大数据的积累和故障诊断案例的分析，形成了高温、高寒、高原和海上等各种特殊环境个性化的服务解决方案，为提升可利用率，提高发电量，提供了强有力的保证。

2.5MW 风力发电机组

3.6MW 风力发电机组

4MW 风力发电机组

2MW 风力发电机组

HIGHLY 海立

精心劲动力

改善人们的居住环境
保护人类的生存环境

舒适的春夏秋冬，是海立追求的"境界"

全球第二的海立压缩机，从空调到睿能热泵的丰富性能，提升人类生活品质；从环保冷媒应用到能效提升的领先技术，实践节能减排。

海立对环境的用心不遗余力，还在继续努力……

使命
创造更低碳环保的生活环境

愿景
成为流体机电产业的世界领导品牌

价值观
关爱、敬业、诚信、创新、卓越

地址：金山区亭枫公路8289号　电话：021-57350280/31106868　邮编：201501

HANBELL

上海汉钟精机股份有限公司

上海汉钟精机股份有限公司(股票代码：002158，注册资本2.95亿元)，坐落于自然环境优美的上海市金山区枫泾古镇，地处沪杭高速公路、沪杭高铁与320国道交会处,位居长三角中心位置、地理位置优越。

”汉钟”，寓意敲响大汉民族产业之钟声，历经20年，汉钟已逐渐发展成由多个事业部与多个分、子公司组成的集团公司,并逐步形成了以“创造更低碳环保的生活环境”为使命、“成为流体机电产业的世界领导品牌”为愿景、“关爱、敬业、诚信、创新、卓越”为价值观的完整企业文化体系。

汉钟是专门从事螺杆式压缩机相应技术的研究开发、生产销售及售后服务的企业,主要产品为制冷压缩机、空气压缩机、冷冻压缩机、真空泵,广泛运用于商用冷冻空调、空气动力、半导体、光伏等行业,是重要的通用设备之一.坚持“以创新为动力”,经过多年努力和积累,汉钟在螺杆式压缩机领域拥有了雄厚的技术实力,这一技术可应用于不同的工作工质,如空气、真空、制冷剂、特殊气体等,使汉钟成为全球应用工质最多的螺杆式压缩机生产企业之一。同时，汉钟也拥有将电动机优化设计、智能化控制技术和变频节能技术等综合运用到螺杆式压缩机领域的技术能力,研制出了具有节能降耗特点的变频式螺杆压缩机，居全球技术开发的前列。2006年以来，汉钟产品不仅在国内的市场占有率始终遥遥领先于同行业，还远销东南亚、澳洲、美洲等50多个国家。汉钟已成为在中国大陆最具实力的压缩机生产厂家之一。

截至2015年,汉钟获得了“高新技术企业”、“上海名牌”、“上海市著名商标”、“工信部品牌培育示范企业”、“上海市质量金奖”、“中国机械工业质量诚信企业”、“中国制冷学会优秀单位会员”、“2015中国制造业上市公司创造价值100强”、“压缩机领先企业”、“第七届中国制冷学会科学技术奖进步奖二等奖”“金山区科技进步奖三等奖”等荣誉。

尾牙活动

员工亲子运动会

高校奖助学金

上海腾辉锻造有限公司

上海腾辉锻造有限公司成立于 2002 年，注册资本 4000 万元，2014 年迁建至上海市奉贤区平港路 388 号，占地面积 40 亩。拥有现代化的锻造、热处理、机加工车间及检测大楼，合计建筑面积 18662 平方米。

公司是以专业生产各种合金钢、不锈钢、高温合金以及铜锻件为主，集科技研发、产品制造、重大项目配套的高新技术企业。公司拥有先进的加工设备和全套检测设备，主要为国内电站电气集团、船舶、海上石油钻井平台等生产各种规格型号的锻造件。

8吨电液锤

公司 2009 年通过了 ISO9001：2008 质量保证体系认证；2010 年获得上海市奉贤区科技小巨人企业认定，2011 年获得上海市高新技术企业称号；2012 年通过上海市经信委的超超临界发电机组铬青铜推力轴承瓦块产业化项目；2013 年获得中国船级社工厂认可证书，公司生产的锻件产品获得压力容器用钢锻件产品安全注册证书，A 级压力管道元件制造许可证。公司拥有 13 项实用新型专利和 1 项发明专利，是上海市锻造达标企业、上海市锻造协会理事单位、中国锻压协会会员单位。

主要业绩

2010 年公司开发的 PDS13425DA 铬青铜推力轴承瓦块获得上海市重点新产品证书，是国内首家、也是唯一的研制成功单位，打破了铬青铜轴承瓦块锻件市场始终由国外公司垄断局面。

轴承瓦块口
（PDS13425DA铬青铜）

2013 年公司开发的 NiCr20TiAl 阀杆阀碟获得发明专利，并据此申请了 2014 年上海市高新技术成果转化项目认定。

天然气加热炉

科研设备

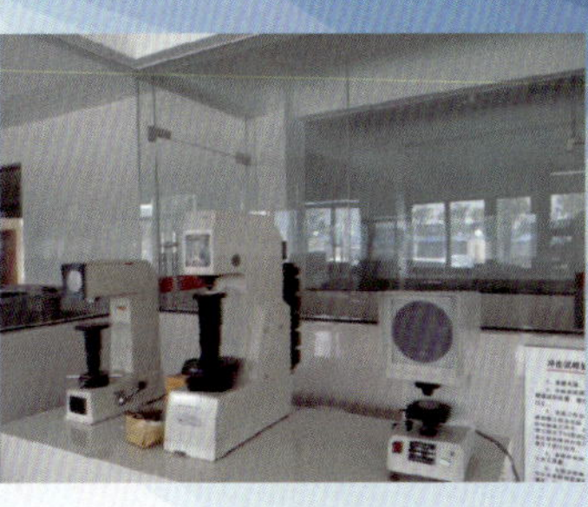

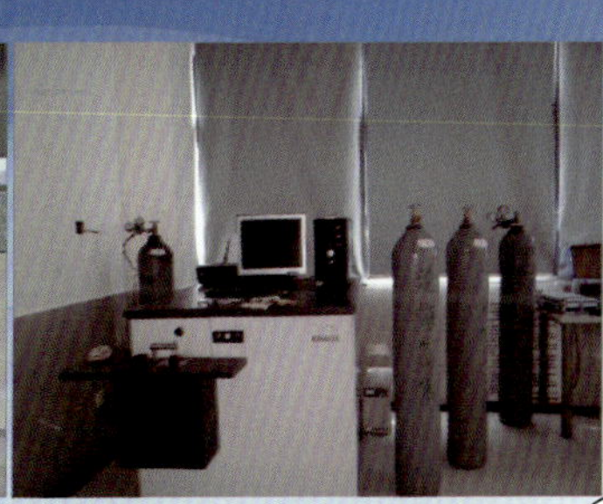

上海电气凯士比核电泵阀有限公司

上海电气凯士比核电泵阀有限公司（简称SEC-KSB）是上海电气股份有限公司和德国凯士比集团于2008年6月最新成立的合资公司。其中，上海电气持股55%，凯士比集团持股45%。

SEC-KSB 主要负责核1级反应堆冷却剂泵（主泵）及核2、3级泵、阀的商业活动，包括：销售、订单处理、工程和设计、制造、装配、试验和售后服务。

RCP Test Loop 主泵试验台

经过短短几年的发展，公司已按照ISO9001，HAF003和IAEA要求建立了完善的质量管理和质量保证体系，并已取得ISO9001证书、ASME N和NPT认证证书。

自2011年投产运行以来，公司已生产、交付了超过100台套的核1，2，3级泵，包括首座AP1000堆型海阳核电站和三门核电站余热排出泵；海南昌江核电站主泵（RSR）等。同时正在为我国自主研发的“华龙一号”福清5、6号机组设计、制造余热排出泵、上充泵、安注安喷泵；并为我国首座自主研发的国家重大专项——CAP1400核电技术示范项目开发研制CAP1400 50HZ湿绕组电机主泵（RUV）样机。同时，正在开发我国自主开发的华龙一号堆型用主泵和小堆主泵等产品。

公司地址：上海市浦东新区临港新城倚天路257号
邮　　编：201306
电　　话：021-38221500
网　　址：www.sec-ksb.com

RSR 主泵

RER 主泵

RUV 主泵

思达斯易能源技术（集团）有限公司是一家集采油机械装备、石油工具、流量计量仪表研发与制造、技术服务、资源投资为一体的综合性国际化公司。注册于上海，总部设在北京，全面统筹管理整体运营。

集团公司由苍南众星实业有限公司、上海思达斯易石油设备有限公司、上海思达斯易仪器仪表有限公司、思达斯易（北京）油田技术服务有限公司、思达斯易（北京）能源技术服务有限公司组成；主要经营石油机械设备、井下工具、仪器仪表、钻完井工程、油田技术服务、资本运作和国际贸易等。

我们秉承企业“创一流产品，行优质服务”的一贯宗旨，发扬“团结、拼搏、创新、图强、开拓、进取”的企业精神，执行“追求创新、打造优质产品，持续发展、提供高效服务，提高意识、强化保护环境，以人为本、保障健康安全”的管理方针，奉行“以诚信为本、以效益为中心”的经营理念，不断去迎接新的挑战，全体员工上下一心、团结一致、共同推动思达斯易集团走向一个更加辉煌的明天。

■公司产品

筛管类产品：

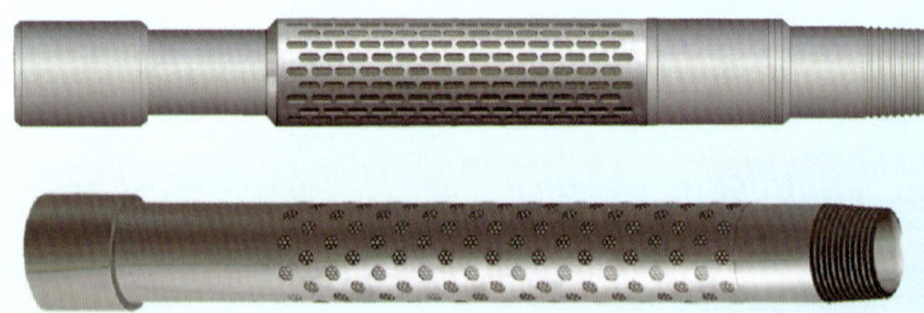

NO. 2 STARS 优质星孔筛管

井下工具类产品：

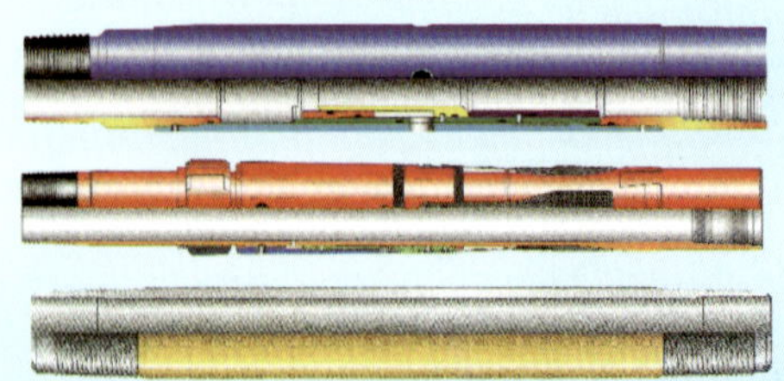

仪表类产品：

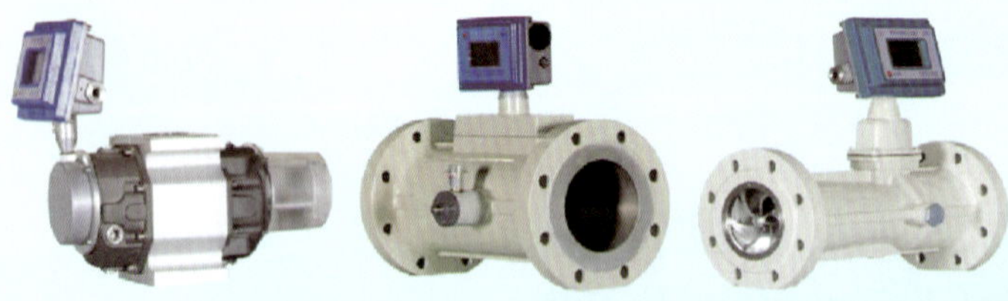

思达斯易能源技术（集团）有限公司

地址：上海市松江区车墩镇香闵路509号 邮编：201611
电话：021-57775926/57776622/57776655 传真：021-37837233
网址：www.starse.com.cn

上海中广核核电技术产业研发中心鸟瞰图

上海中广核工程科技有限公司

◆ 公司简介

上海中广核工程科技有限公司于 2007 年 8 月注册成立，依托中广核在核电工程研发、设计及建造领域积淀的强大 AE 能力和产业资源，重点围绕核电高端设备研发、产业化及系统集成，致力于打造核电业内知名的系统集成供应商和先进技术服务商。公司投资管理的上海中广核核电技术产业研发中心位于闵行区紫竹国家高新区，定位为中广核集团在长三角地区的发展基地和形象窗口，于 2013 年 9 月投入使用。

◆ 业务范围

核能发电技术及设备领域内的技术开发、技术转让、技术咨询、技术服务，货物与技术的进出口，工程技术咨询，工程管理服务，工程勘察设计，机电设备的销售、安装及维修，会务服务，经销化工原料及产品、金属材料等。

公司主要业务包括核电站关键设备研发、产品供应及集成供货，海水淡化等核电站水处理业务以及核电工程管理培训等，并于 2014 年取得 ISO 9001 质量体系认证。

◆ 经营业绩

公司自主和联合研发的火警探测仿真系统、防火包覆、非能动保护系统等成功应用于国内核电项目；HDPE 联合实验室取得上海市经信委科研资助。在化学分析仪表、实验室仪表等集成供货领域，已顺利取得阳江、防城港等核电项目 10 余项供货合同；并联合国内单位，为红沿河，宁德项目提供海水淡化系统供应服务。核电工程管理培训领域，已形成“公开课 + 内训”两大产品体系，可根据客户需求提供“菜单 + 订单”式服务，客户包括广东火电、泰国电力公司等国内外知名单位。

未来公司将继续大力推进核电和新能源领域先进产品研发，加大与上海市周边地区科研院所、核电装备企业合作，早日将上海中广核核电技术产业研发中心打造成为核电和新能源“产业生态园”。

核级喷射器

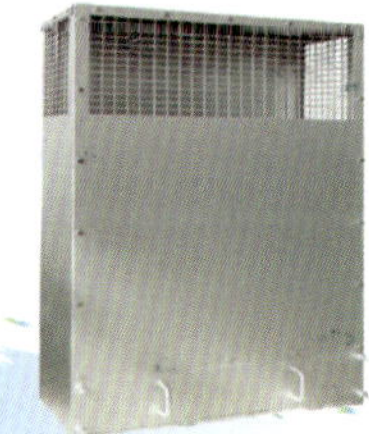

非能动氢复合器

深圳中广核工程设计有限公司（上海分公司）

◆ 公司简介

深圳中广核工程设计有限公司是国内首家具备核电站工程咨询、全厂总体设计、核岛、常规岛、电站辅助设施工程设计能力的高新技术企业。深圳中广核工程设计有限公司上海分公司成立于 2006 年 8 月，主要负责三代核电技术 AP1000 相关的工程业务，并承担着推动中广核集团在上海地区资源统筹和业务发展的使命。

◆ 业务范围

公司具备工程咨询核工业甲级、核电甲级；电力行业火力发电专业甲级、新能源发电及变电工程专业乙级；核工业行业反应堆工程甲级等核电厂工程设计全部资质及部分新能源领域设计资质，并通过 ISO9001、ISO14001 等体系认证。

公司可提供核电工程设计服务、核技术应用综合性设计服务、核电在退役及相关衍生业务的综合设计服务，以及基于大型复杂工程系统集成的高端设计服务、新能源领域设计服务及 EPC 服务等。

◆ 核电业绩

公司具备 AP1000 工程咨询、总体设计、核岛初步设计及施工设计、全三维设计等核心设计能力，先后参与 9 个核电项目的可行性研究、28 台机组的初步设计及 22 台机组的施工图设计工作，业务范围遍布东北、华东、华南等地区。

◆ 科技研发

作为国家能源核电工程建设技术研发中心上海分中心，公司围绕放射性废物处理处置、结构模块建造技术、仪控设备鉴定与软件 V&V、核电材料应用等方向，广泛开展科技创新；利用区域优势资源，公司积极与上海交大、华东理工、上海市核电办等单位开展交流合作，部分项目已获市主管部门立项支持。

◆ 发展方向

未来，公司将围绕 AP1000 技术路线及高端非核业务，大力推进科技研发及业务拓展，致力于开发具备自主知识产权的先进非能动核电技术路线，提升设计服务及工程总承包业务水平，打造国内一流的清洁能源综合设计企业。

上海盾构设计试验研究中心有限公司

上海盾构设计试验研究中心有限公司是在国家科技部的牵头下，由上海隧道工程股份有限公司发起，上海科技投资公司、中铁隧道股份有限公司、上海市城市建设设计研究总院、浙江大学科技创业投资有限公司、上海同济岩土建筑实业有限公司以及武汉华中科技大产业集团有限公司联合组成的，是一家集产、学、研、用一体的盾构专业技术研究企业。是国家级的盾构掘进机装备的研究、设计、调试、试验、鉴定、检测、标准制定的技术性权威机构，是国家级泥水平衡盾构工程研究中心。

2009 年 9 月公司获得了上海市科委授予的 " 上海盾构工程技术研究中心 "。2011 年 3 月成为市科委首批盾构工程专业技术公共服务平台，并是市科委 " 万户工程 " 平台。2011 年 12 月获得国家科技部正式批准组建 " 国家泥水平衡盾构工程技术中心 "。同时，公司还是中国岩石力学与工程学会隧道掘进机工程应用分会以及上海市力学学会产学研联动与促进工作委员会基地。

公司研发团队总人数达到 54 人，其中高级研究人员 15 人，中级研究人员 29 人，初级研究人员 10 人；并由上海隧道工程股份有限公司、上海隧道设计院、上海地铁盾构公司、中铁隧道股份有限公司、上海市城市建设设计研究院、上海大学、同济大学、浙江大学、东南大学等近二十余位专家组成的专家顾问组，涉及土建、机械、电气、自动化控制等领域，同时兼备高校客座资源，科研开发技术资源力量雄厚。

公司将始终坚持开放、建设、运营、合作的宗旨。通过股东组合，吸纳国内相关的企业、高等院校和研究院所；通过产学研合作，进行项目攻关；通过吸引国外的相关厂家和技术专家，进行国际合作；通过加强与国内掘进机制造商和供货商的合作，进行成果推广。力争在较短时间内提升我国掘进机装备的设计、制造技术水平，形成比较完善的产业链，服务于我国的经济发展和基础设施的建设。

大型下沉式盾构掘进机综合模拟试验平台

盾构生产基地

上海永乾机电有限公司

上海永乾机电有限公司是一家致力于提供全方位的智能工厂建设的研发型企业，专注于机器人、自动化和信息化领域。目前员工总数700人，工程师队伍358人，是国内为数不多的能够提供定制化、工业生产智能化解决方案的企业之一。

智能装配线（电力装配线）

工业机器人

公司成立于1999年，始终坚持"高效低耗、术业专攻"的工作方针，通过多年来的不懈努力，已稳居业内领先地位。公司于2009年和2010年分别通过了ISO9001：2008国际质量体系认证和欧盟CE认证，2012年被认定为高新技术企业。

智能物流线

智能仓储线

目前公司主营业务包括，工业机器人、智能化生产线、智能工厂信息化系统。工业机器人主要包括："半自动机器人"、"通用机器人"、"专用机器人"，工业机器人完美的工业造型、先进的控制系统、高度的自动化水平，能够轻松实现生产的自动化、无人化；智能化生产线包括："智能装配线"、"智能物流线"、"智能仓储线"，适用于各种轻型、中型、重型产品在其生产制造过程中所需要完成的各种工件的传输、配送、交换、装配、测试等功能；智能工厂信息化系统包括："MES系统"、"WMS系统"、"数控RGV"等。通过对生产数据的实时采集与分析，从而优化生产过程、改善生产工艺、提高产品质量等。

智能装配线
（汽车零配件装配线）

永乾致力于智能工厂的建设，凭借十几年的专业经验和遥遥领先的设计水平，将"工业机器人"、"智能化生产线"这两项"硬件设施"与"智能工厂信息化系统"这个"软件设施"完美的融合于一体，为客户打造出高效、先进、高性价比的智能工厂。

"探索工业智能的未来"是我们始终坚持的企业宗旨。

地址：上海市嘉定区联星路99号
邮编：201804
电话：021-59590800-8899
传真：021-59591800

智能装配线（机器人装配）

Feidiao飞雕

上海金山标准件有限公司位于上海西大门——国家4A级旅游景区古镇枫泾，地处沪杭铁路、沪杭高铁、沪甬高速公路的交接处，也是320国道必经之路，南临浙江，依托公路、铁路、水路，交通十分方便。

公司前身是上海市金山标准件厂，成立至今已有近40年历史，1998年经金山区体改委批准改制成现在的股份合作制企业。

本公司是上海市紧固件工业协会理事单位，专业生产六角头螺栓、六角螺母，产品主要有国标（GB）、美标（ANSI）、英标（BS）、德标（DIN）等各类标准产品。2014年产量近3万吨，规格从M5—M24，年产6.5亿件，工业总产值、销售额均超1.5亿元。企业占地面积50600平方米，建筑面积20000平方米，职工近200人，拥有专业冷镦设备近100台（套），辅助金切设备40余台。

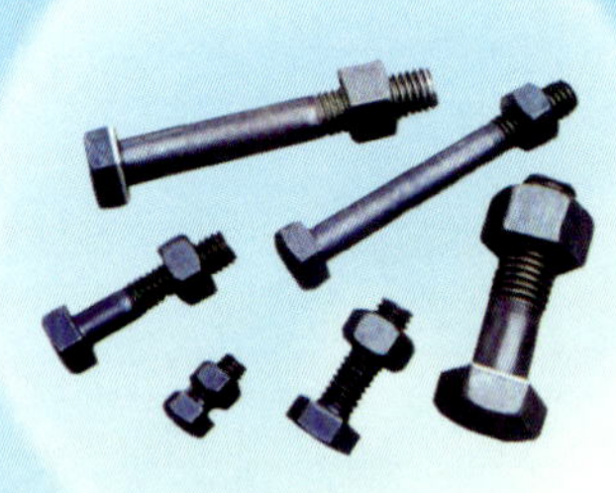

企业生产的《金山牌》螺栓、螺母产品被上海市名牌产品推荐委员会推荐为2007年度、2009年度"上海名牌"产品。

企业先后荣获国家二级企业、金山区重点企业、上海市先进企业、金山区文明单位、金山区"名、特、优"产品企业、上海市中小企业"品牌产品""品牌企业"、特级信用企业等称号，企业有健全的质量管理体系，并通过ISO9001:2008质量管理体系认证。

通过近40余年的辛勤培育，《金山牌》产品在国内市场拥有较高的知名度，在全国各地有经营网点和直销厂商，市场占有率不断提高。在国际市场方面，企业拥有自主出口权，产品远销欧美、东南亚、中东等地区。

董事长兼总经理徐兴林及全体员工，热忱欢迎各位光临，洽谈合作事宜，实现双赢。

地址：上海市金山区 枫泾工业园区 王圩东路1586号
电话：021-67355302 67355762 67355691
传真：021-67355061

上海金山标准件有限公司

上海申光高强度螺栓有限公司

【公司简介】

上海申光高强度螺栓有限公司位于国家级上海临港重装备产业区内，是生产成套风力发电机组用高强度螺栓、核电装备用紧固件、钢结构用高强度螺栓连接副、电弧螺柱焊用圆柱头焊钉、高强度环槽铆钉及非标准专用高强度紧固件产品的专业公司。

公司年产高强度紧固件 3 万多吨。公司拥有一整套国内先进的风力发电紧固件产品专用的生产和检测设备，已成为我国风力发电行业主要供应商，产品广泛应用于 1.5~6 兆瓦的主机、塔架、叶片和基础部件。同时，公司产品也广泛应用于核电装备、电站锅炉钢结构、机电装备、机场机库、大跨度桥梁、高层建筑、高速客运列车、铁路道岔等领域中，在国内高强度紧固件行业享有盛誉，公司综合实力和产销规模名列行业前茅。

公司通过 ISO9001:2008 质量体系认证，产品通过德国劳氏船级社的 GL 认证和德国 TUV 的 CE 认证，试验中心通过国家 CNAS 实验室认可。公司是上海市高新技术企业和上海市企业技术中心单位，拥有自主知识产权，产品技术性能指标达到国内领先水平。公司生产设备齐全、工艺科学合理，具有国际先进水平的自动冷镦成型机和工业机器人自动控温热锻生产线，同时能满足各类表面处理的要求。产品选择优质的合金结构钢，产品质量稳定可靠，检测手段先进齐全，质量保证体系完善。

公司是 GB/T3098.1《紧固件机械性能 螺栓、螺钉和螺柱》、GB/T3632《钢结构用扭剪型高强度螺栓连接副》、GB/T18230.1~18230.7《栓接结构用紧固件》、GB/T10433《电弧螺柱焊用圆柱头焊钉》等标准的起草单位，并参与了 GB/T1228~1231《钢结构用高强度大六角头螺栓、大六角螺母、垫圈及技术条件》的标准制定。

公司“上城”牌高强度螺栓连接副被评为“上海市著名商标”“上海名牌产品”；公司被评为“上海市文明单位”，AAA 级“重合同守信用”单位，并多次荣获紧固件行业“优秀企业”称号。

我们热忱欢迎国内外客商前来考察、指导、开展广泛的技术交流和业务合作，我们将为您提供优质的产品、优良的服务和优惠的价格！

上海铼钠克数控科技股份有限公司

真正的五轴五联动系统
直线电机应用专家

公司简介

上海铼钠克数控科技股份有限公司是集研发、制造、销售数控系统为一体的高新技术企业。成立六年以来，一直秉承“梦想·激情·超越”的企业文化和“高速度·高精度·高品质”的品质追求，不断为数控机床和自动化行业创造价值。公司的经营理念是做诚信之人、做有价值的产品、做有意义之事。经过团队多年来坚持不懈的努力，铼钠克在直线电机应用和驱动控制领域已成为国内的领导者，并在5轴5联动方面处于国内的领先地位。虽然是国内高档数控系统的一支新兴力量，铼钠克已为许多世界著名的机床企业提供了多项核心控制装置，并且拥有了大量的自主知识产权。

公司业务

铼钠克致力于高端数控系统、软件的开发，以及数控设备、直线电机的集成与应用，现公司主推的数控系统产品型号有N3、U3、U5、N5等，满足不同客户的不同需求。“开放化、人性化”的系统给客户提供卓尔不群的产品和整体解决方案。

联系地址

总部：上海铼钠克数控科技股份有限公司（ShangHai Lynuc CNC Technology Inc.）
ADD：上海市徐汇区平福路279号
TEL:021-61837766　FAX:021-60720487
WEB:www.lynuc.cn　微信服务号：lynuc_cnc（铼钠克）

华南办事处：
ADD：广东省东莞市长安镇锦厦社区振安路聚合国际机械模具五金城首层B区17A号
TEL:0769-89320399

代理商：

青岛英瑞智控电气技术有限公司
ADD：青岛市市北区普集路普吉新区2号楼1单元3201室
TEL:0532-82088998

苏州铼钠克数控科技有限公司
ADD：青岛市市北区普集路普吉新区2号楼1单元3201室
TEL:0532-82088998

深圳铼钠克数控设备有限公司
ADD：深圳市龙岗区中心城龙平西路与和谐路交汇处喜福汇38号商铺
TEL:0755-28925481

杭州台银机电科技有限公司
ADD：杭州市西湖区转塘街道凌家桥317号（行地集团内）
TEL:0571-86535982

控制器　　机床测试间　　研发团队

上海八佰秀企业管理有限公司

“800 秀”文化创意产业示范园区，位于上海市静安区常德路 800 号，占地面积 20 余亩，建筑面积约 30000 平方米。园区紧邻地铁 7 号线，距南京西路不足千米。交通便利，地理位置优越，与南京路高档 CBD 商圈形成呼应，成为上海中心城区集创意办公、休闲娱乐、时尚发布和品牌展示于一体的高品质文化创意园区。

“800 秀”前身是上海人民电机厂，记载着 20 世纪 30、40 年代民族工业的振兴史。经过“保留且以修旧如旧”为主、“拆除与新建”为辅的改建工程，于 2009 年底以全新的面貌转身成为文化创意产业园区。原来老旧高大的厂房被逐一修整，尽可能地保留了工业历史的痕迹，同时也增添了现代的时尚元素，完美提升“800 秀”的总体品质。

自开业以来，“800 秀”已举办了众多极富影响力的大型时尚文化创意类活动，其中不乏影响重大的社会公益活动。

目前园区每年承办各类时尚、文化、创意活动近百场，发布品牌达 300 多个，切实为众多时尚品牌提供了一个展示演绎的新载体，成为上海时尚品牌的集聚、展示和高端品牌产业链延伸的重要舞台。

同时，“800 秀”作为一个文化创意园区的新地标，已成功引进来自不同国家和地区的优质企业入驻，集聚了时尚、创意和设计行业中的一流品牌企业以及两大创新创业平台，共同“以‘800 秀’之力助推创意产业中国梦的实现”。

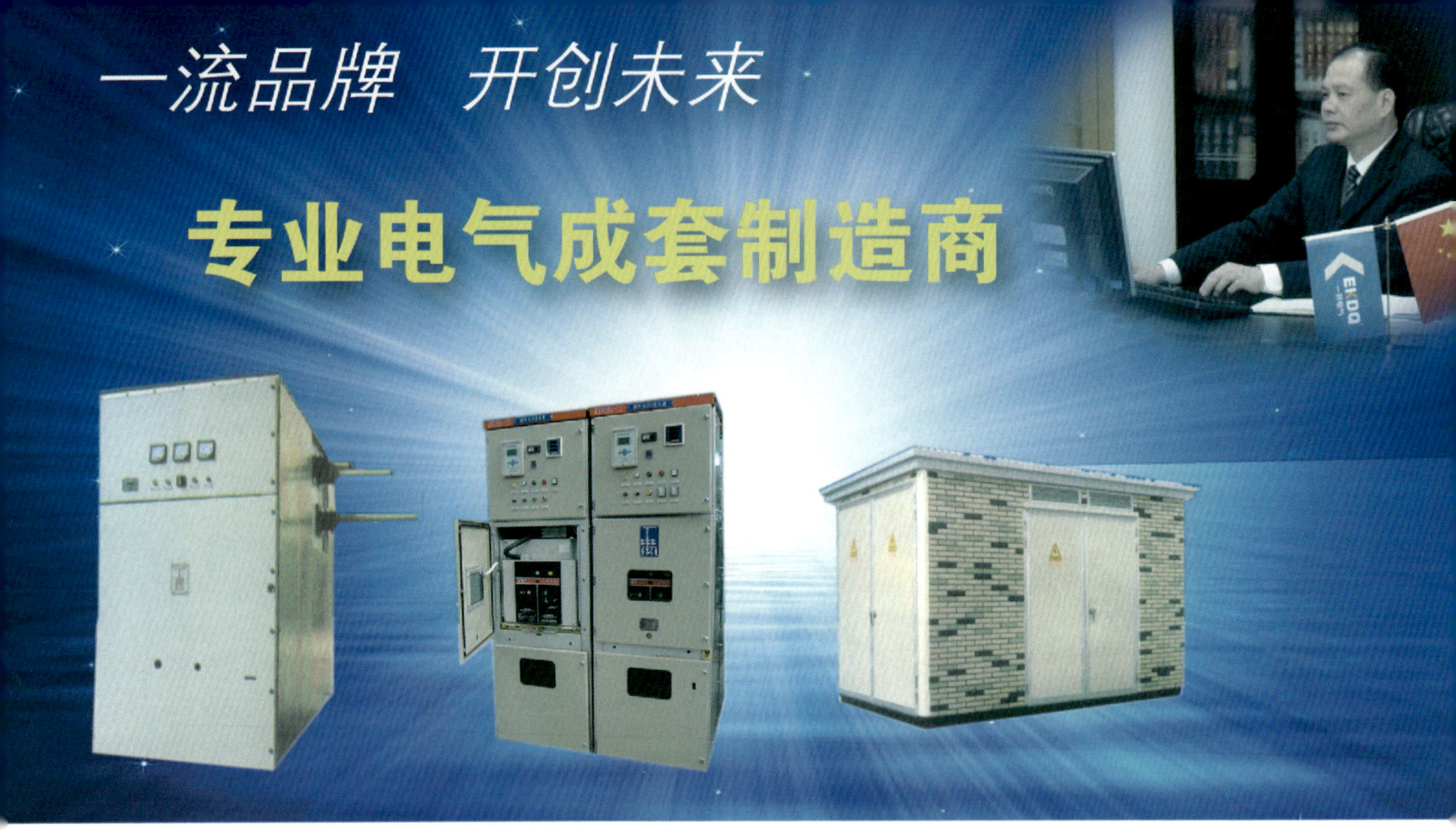

一流品牌 开创未来

专业电气成套制造商

上海市名优产品
上海市著名商标

上海一开电气集团有限公司

SHANGHAI YIKAI ELECTRIC GROUP CO.,LTD

地址：上海市青浦区外青松公路5688号 邮编：201700
电话：021－69210000（总机） 传真：021－69212222
E-mail：ekdqyikai@163.net http://www.yikai.com

中航耀华

企业简介

中航工业上海耀华称重系统有限公司成立于 1992 年，是世界上最大的专业研制、生产和销售电子称重仪表的高新技术企业，《电子称重仪表》国家标准的修订者，上海市科技小巨人培育企业和中国衡器协会副理事长单位。

耀华商标被评为“上海著名商标”，公司生产的 XK-3190 系列称重仪表是上海市名牌产品，年仪表生产能力达 150 万台。市场占有率和覆盖率排名行业第一。现有员工 300 多人，其中中高级工程师、博士、硕士等专业人员约占 35%。

充分发挥民主机制，调动全员积极参与和主动关心公司事务是耀华的优良传统；不断培养接班人，培养一个团队是耀华的传承机制；耀华是优秀员工的耀华，在竞争和相互比较中不断地评选出优秀员工并成为企业的新股东和主人，是耀华持续发展的动力机制；耀华从机制设计和文化建设上确保企业发展基业长青。

上海庞源机械租赁有限公司

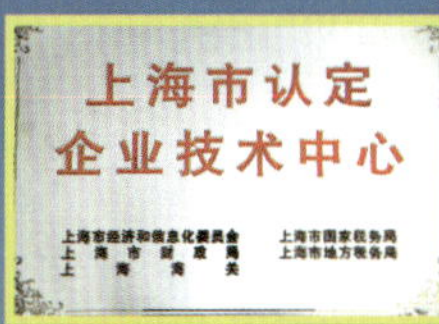

上海庞源机械租赁有限公司(简称:庞源租赁 PY RENTAL)成立于2001年,专业从事建筑工程、能源工程、交通工程等国家和地方重点基础设施建设所需工程机械设备的租赁、安拆和维修业务,是国内规模最大的工程机械设备从进场安装、现场操作、设备维修到拆卸离场的一站式工程技术综合解决方案提供商。拥有"特种设备安装改造维修许可证——A类"和"起重设备安装工程专业承包一级资质(含机电三级)"资质。公司总部注册于上海市青浦区,总部办公位于上海普陀区,在上海、北京、南京、南通、杭州、广州、海口、福州、郑州、成都、武汉、贵阳、济南、乌鲁木齐、昆明、长沙等地设有16家全资子公司和1家区域项目管理部。

公司自成立以来,秉承"感恩、诚信、专业、敬业"的企业价值观,聚焦工程机械租赁行业,充分发挥自身优势,抓住中国经济高速发展的大好机遇创新发展,十几年来,公司资产总值达30亿元。截至目前,拥有各种型号塔式起重机1939台,(履带式起重机24台,额定起重总量4230吨),施工电梯605台,架桥机11台,其中塔式起重机起重力矩合计达到41万吨米,被国际起重机杂志《Cranes Today》(起重机行业公认的权威杂志)评为国际自有塔式起重机总吨米数量排名第一和全球工程机械租赁服务商第七十二名,亚洲第十一名,已成为中国机械租赁行业的龙头企业。

公司租赁业务范围覆盖全国除港、澳、台以外的所有地区。曾参与的重大项目有:奥运会体育场馆鸟巢、国家博物馆改建工程、央视新址搭建、中国水利博物馆、上海环球金融中心、上海世博会主题馆与阳光谷建设、广州电视台、杭州湾大桥观光塔、浙江北仑电厂、新疆会展中心、天津会展中心、黄石鄂东长江大桥、重庆朝天门长江大桥、青藏铁路、西藏拉萨圣地洲际大饭店等一系列国际国内的标志性工程项目建设。

公司是中国工程机械工业协会工程机械租赁分会副理事长单位。被认定为"上海市高新技术企业"、"青浦区企业技术中心"、"青浦区专利试点企业"。先后荣获"2014年度上海市建设机械租赁20强企业"、"2009、2010、2011、2013、2014年度上海市建筑施工安全生产先进企业"、"2010年、2012、2014年建筑机械租赁品牌(塔吊)"、"2010、2011、2012、2014、2015年全国建筑施工机械租赁50强企业"、"全国质量信誉有保障优秀服务单位"、"第十一、十二、十三届全国建筑施工企业、建筑机械租赁设备管理优秀单位"、"2011年度中国财务价值优秀品牌奖"、"2011、2013、2014年度起重设备安装质量表扬单位"、"2012年度建筑起重机械'中联杯'智力竞赛一等奖"、"2011、2013年度安全工作先进单位"、"上海市五星级诚信企业"、"2014、2015年度工程机械租赁行业十大最具竞争力品牌(上海庞源、庞源租赁)"。诸多荣誉见证了庞源公司日趋增长的行业优势地位和强劲的发展后劲。

建筑工程机械租赁业务所面对的工程千差万别、环境复杂多样,所用机械设备的施工技术方案及安全措施各有特点。庞源公司在多年的技术服务中,非常注重技术创新,积累了丰富的建筑特种设备安拆、维修及规范化操作的经验。目前企业已申请专利51项,其中,获授权专利27项;企业还积极致力于行业标准化建设,参与编制了《塔式起重机安全评估规程》、《施工升降机安全评估规程》、《塔式起重机安全监控系统》等4项行业标准的编写工作,为推进行业的标准化进程贡献一份力量。

上海方科汽车部件有限公司

上海方科汽车部件有限公司成立于2004年,公司注册资金4000万元,坐落在上海金山工业开发区内。占地近80,000平方米,办公厂房面积58000平方米。为高新技术企业、区级技术中心、区工程技术中心、专精特新企业及专利工作示范单位。主要从事汽车方向盘、方向盘骨架、多功能按键、汽车内饰件的设计与制造,是大众汽车、上海通用汽车、福特、北京现代等汽车厂家的二级配套商,同时还为世界500强的被动安全系统公司ZF TRW、AUTOLIV、TAKATA、TOYODA-GOSEI、延锋百利得等公司配套。

上海方科汽车部件有限公司还是镁合金压铸行业国家标准《镁合金铸件X射线实时成像检测方法》(GB/T23600-2009)、《镁合金压铸转向盘骨架坯料》(GB/T26495-2011)和《镁及镁合金压铸缺陷术语》(GB/T29092-2012)等标准负责起草单位。每年开发20余款新产品,拥有国家发明专利2件,实用新型专利25件。2014年6月公司同上海交通大学签订产学研战略项目合作协议,为开发设计高强度轻量化镁合金方向盘骨架提供了强大的技术支持。

上海汽车制动系统有限公司
Shanghai Automotive Brake Systems Co., Ltd.

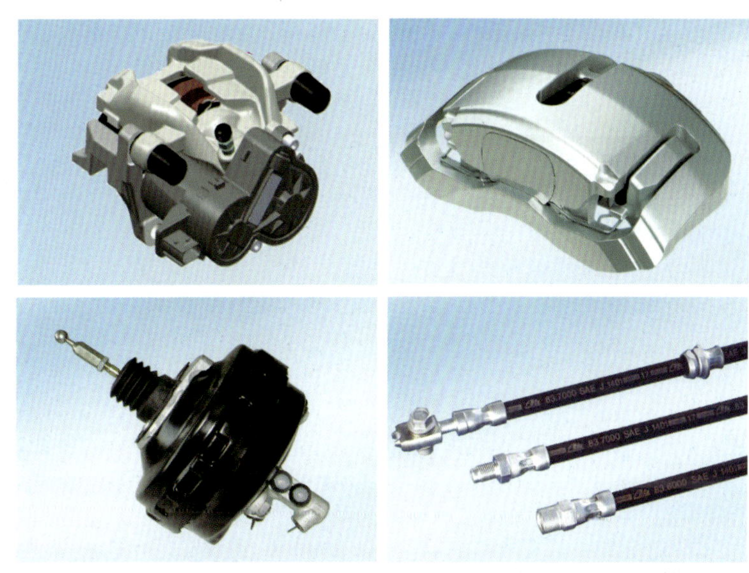

上海汽车制动系统有限公司（SABS）系华域汽车系统股份有限公司（HASCO）与德国大陆股份公司（Continental AG）共同设立的一家合资企业，公司成立于 1994 年 7 月，位于上海嘉定。经过近 20 年的发展，公司已成为国内领先的乘用车制动系统产品和系统集成解决方案的提供者，是知名整车企业：上海汽车、上海大众、上海通用、一汽大众、长安福特、北京奔驰、华晨宝马等公司的核心供应商。

公司愿景：依靠技术进步和富有责任使命的员工队伍，以更具安全可靠的产品，把 SABS 打造和提升为全球汽车零部件供应的一流品牌。

公司核心价值观：成功源于对责任的庄严承诺。

公司的人才观："造车育人，'智'动未来"，追求个人与企业共同协调发展，实现员工与企业的双赢。

公司地址：上海嘉定区招贤路 385 号　传真：39163333

上海菲格瑞特汽车科技股份有限公司

公司证券简称：菲格瑞特
公司证券代码：836480

住址：青浦区华新镇淮海村华丹路 888 号第 4 幢　网址：http://www.feigeshanghai.com.cn
陈勇：18721928931　邮箱：1173052499@qq.com

企业介绍

上海菲格瑞特汽车科技股份有限公司是一家集汽车造型设计、汽车模型验证、汽车工程样车研制等于一体的专业汽车设计服务公司，公司现有员工 284 人，2015 年公司实现销售收入 1028 亿元，实现净利润 1920 万元。

经营范围：汽车配件、模型、模具领域内的技术开发、技术咨询、生产加工模型，从事货物及技术的进出口业务。

信用代码：913100006942017XB　法定代表人：黄新洪　有限公司设立时间：2009 年 9 月 10 日；股份公司设立日期：2015 年 11 月 10 日；　注册资本：5.000.00 万元

主要客户：包括上汽集团、上海大众、上海通用、法国 PSA 集团、东风雪铁龙、东风标致、海马汽车、奇瑞汽车和宝钢集团等国内外知名企业。

主营业务

1、设计服务类：

造型设计、数字化设计、工程设计。公司现有大批有经验的工程技术人员，公司设计人员大部分在国内主要汽车工厂或者有着国外的工作经历，掌握和了解国内外汽车模型制造，汽车内外饰设计的工艺和技术，并且公司大部分技术工程师具有多个整车设计开发项目经验。

2、验证模型：

主要以油泥和代木为原材料制作的油泥模型、整车验证模型、局部验证模型、色彩模型、整车内外饰型等。

3、工程样车研制：

以钣金和钢材等原材料一比一打造的工程样车，该样车主要用途包括市场前期的启动样车和汽车的道路测试、气候测试等。

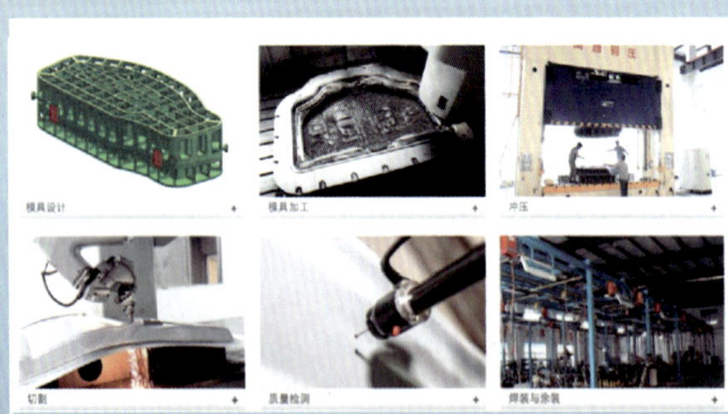

4、技术检测：

依托为客户制作的工程样车和模型车，为客户提供工程设计验证、工艺可行性验证和数据验证等技术检测服务。

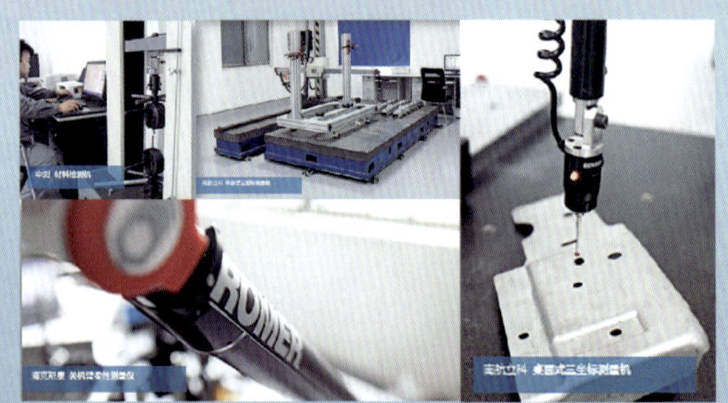

公司荣誉及证书

1、上海市高新技术企业　2、上海市科技企业　3、青浦区企业技术中心　4、青浦区文化创意企业　5、上海市守合同重信用企业　6、AAA 级合同信用等级　7、ISO9001 质量认证体系

科技企业资质证书

上海赛科利汽车模具技术应用有限公司

上海赛科利汽车模具技术应用有限公司（简称上海赛科利）是华域汽车系统股份有限公司(占股75%)、上海汽车工业香港有限公司(占股25%)共同出资组建而成的合资企业。公司总投资2亿美元，现有员工2200余人，分别在上海、南京、烟台三地建立生产基地，并一体化运营，总占地面积660亩(44万平方米)。其中上海本部占地面积300亩(20万平方米)，员工1300余人。2015年三地合并销售收入逾34亿元。公司拥有国际一流的联合厂房，模具制造设备和冲压焊接生产设备，并且吸引了一大批模具设计及制造的高级技术和技能人才。

上海赛科利的核心业务是汽车车身冲压模具，具备年产350副汽车车身外覆盖件模具设计和制造能力。为国内外多家知名整车厂提供侧围、翼子板、铝板前盖、四门两盖、前后地板等大型车身覆盖件和结构件模具。2012年，《大型汽车车身零件级进模模具制造与应用》荣获中国汽车工业科学技术奖三等级；2013年，上海通用昂科拉(SGM G60)侧围外板模具获得中国模具工业协会颁发的2010~2012年度精模奖一等奖；2013年，《大型复杂精密冲压模具优化设计制造关键技术及应用》荣获中国机械工业科学技术奖一等奖。

上海赛科利还拥有完善的车身配套制造工艺能力。目前，上海基地已形成2.7万平方米105万套的白车身四门两盖焊接能力、480万冲次的白车身大型覆盖件冲压能力、810万冲次带清洗的开卷落料能力、120万冲次的热成形件冲压能力、年产6500吨的白车身大型覆盖件的模具设计制造能力和原型车白车身样件制作与模具开发能力。公司为上海通用，上海汽车和上海大众提供了多款车型的门盖总成产品和开卷落料冲压板料。先后通过ISO/TS16949，ISO14000，OHSAS18001，ISO9001，VDA6.4等体系认证，夯实了产品的质量体系建设。

自2004成立以来，上海赛科利屡创佳绩，多次荣获上海通用授予的优秀供应商奖，并获得社会各方广泛认可，先后荣获上海市文明单位、上海市高新技术企业、上海市模范职工之家、中国机械工业管理示范企业等荣誉称号。上海赛科利凭借一流的产品质量和卓越的服务水平赢得了众多国内外客户的信赖和赞许。

上海赛科利始终秉承“第一次把事情做对”的企业精神，牢记“建一流企业，创百年基业，扬中国制造魅力”企业使命，立志成为一流的汽车车身金属成型和模具制造专业公司。

上海市浦东新区金穗路775号　　邮编：201209

联系电话：021-31089888　　网址：www.ssdt.com.cn

上海汽车制动系统有限公司

Shanghai Automotive Brake Systems Co., Ltd.

上海汽车制动系统有限公司（SABS）系华域汽车系统股份有限公司（HASCO）与德国大陆股份公司（Continental AG）共同设立的一家合资企业，公司成立于 1994 年 7 月，位于上海嘉定。经过近 20 年的发展，公司已成为国内领先的乘用车制动系统产品和系统集成解决方案的提供者，是知名整车企业：上海汽车、上海大众、上海通用、一汽大众、长安福特、北京奔驰、华晨宝马等公司的核心供应商。

公司愿景：依靠技术进步和富有责任使命的员工队伍，以更具安全可靠的产品，把 SABS 打造和提升为全球汽车零部件供应的一流品牌。

公司核心价值观：成功源于对责任的庄严承诺。

公司的人才观："造车育人，'智' 动未来"，追求个人与企业共同协调发展，实现员工与企业的双赢。

公司地址：上海嘉定区招贤路 385 号　传真：39163333

上海菲格瑞特汽车科技股份有限公司

公司证券简称：菲格瑞特
公司证券代码：836480

住址：青浦区华新镇淮海村华丹路 888 号第 4 幢　网址：http://www.feigeshanghai.com.cn
陈勇：18721928931　邮箱：1173052499@qq.com

企业介绍

上海菲格瑞特汽车科技股份有限公司是一家集汽车造型设计、汽车模型验证、汽车工程样车研制等于一体的专业汽车设计服务公司，公司现有员工 284 人，2015 年公司实现销售收入 1028 亿元，实现净利润 1920 万元。

经营范围：汽车配件、模型、模具领域内的技术开发、技术咨询、生产加工模型，从事货物及技术的进出口业务。

信用代码：913100006942017XB　法定代表人：黄新洪　有限公司设立时间：2009 年 9 月 10 日；股份公司设立日期：2015 年 11 月 10 日；注册资本：5.000.00 万元

主要客户：包括上汽集团、上海大众、上海通用、法国 PSA 集团、东风雪铁龙、东风标致、海马汽车、奇瑞汽车和宝钢集团等国内外知名企业。

主营业务

1、设计服务类：

造型设计、数字化设计、工程设计。公司现有大批有经验的工程技术人员，公司设计人员大部分在国内主要汽车工厂或者有着国外的工作经历，掌握和了解国内外汽车模型制造，汽车内外饰设计的工艺和技术，并且公司大部分技术工程师具有多个整车设计开发项目经验。

2、验证模型：

主要以油泥和代木为原材料制作的油泥模型、整车验证模型、局部验证模型、色彩模型、整车内外饰型等。

3、工程样车研制：

以钣金和钢材等原材料一比一打造的工程样车，该样车主要用途包括市场前期的启动样车和汽车的道路测试、气候测试等。

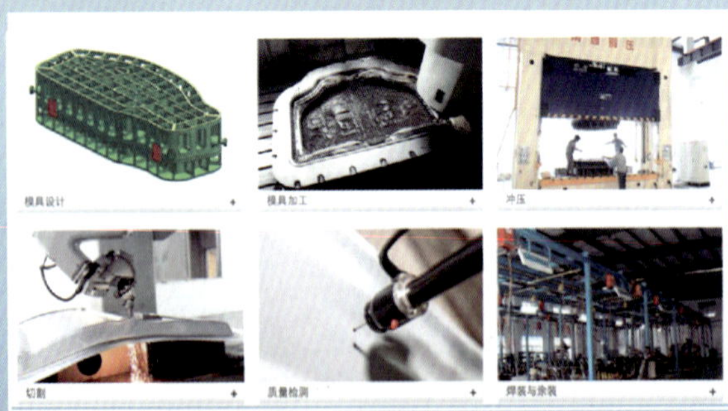

4、技术检测：

依托为客户制作的工程样车和模型车，为客户提供工程设计验证、工艺可行性验证和数据验证等技术检测服务。

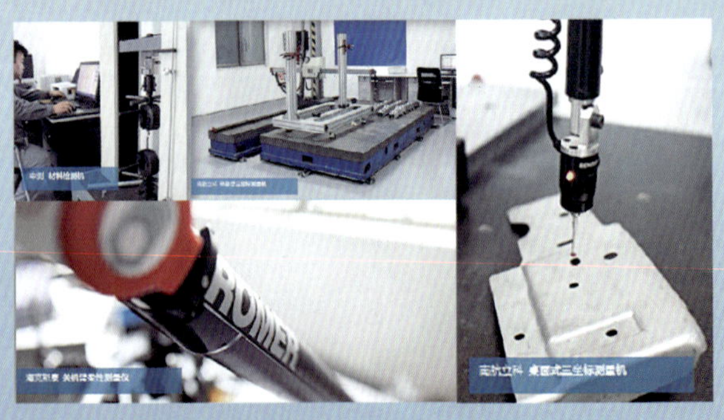

公司荣誉及证书

1、上海市高新技术企业　2、上海市科技企业　3、青浦区企业技术中心　4、青浦区文化创意企业　5、上海市守合同重信用企业
6、AAA 级合同信用等级　7、ISO9001 质量认证体系

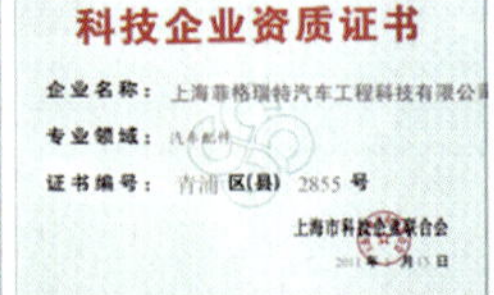

上海赛科利汽车模具技术应用有限公司

上海赛科利汽车模具技术应用有限公司（简称上海赛科利）是华域汽车系统股份有限公司(占股75%)、上海汽车工业香港有限公司(占股25%)共同出资组建而成的合资企业。公司总投资2亿美元，现有员工2200余人，分别在上海、南京、烟台三地建立生产基地，并一体化运营，总占地面积660亩(44万平方米)。其中上海本部占地面积300亩(20万平方米)，员工1300余人。2015年三地合并销售收入逾34亿元。公司拥有国际一流的联合厂房，模具制造设备和冲压焊接生产设备，并且吸引了一大批模具设计及制造的高级技术和技能人才。

上海赛科利的核心业务是汽车车身冲压模具，具备年产350副汽车车身外覆盖件模具设计和制造能力。为国内外多家知名整车厂提供侧围、翼子板、铝板前盖、四门两盖、前后地板等大型车身覆盖件和结构件模具。2012年，《大型汽车车身零件级进模模具制造与应用》荣获中国汽车工业科学技术奖三等级；2013年，上海通用昂科拉(SGM G60)侧围外板模具获得中国模具工业协会颁发的2010~2012年度精模奖一等奖；2013年，《大型复杂精密冲压模具优化设计制造关键技术及应用》荣获中国机械工业科学技术奖一等奖。

上海赛科利还拥有完善的车身配套制造工艺能力。目前，上海基地已形成2.7万平方米105万套的白车身四门两盖焊接能力、480万冲次的白车身大型覆盖件冲压能力、810万冲次带清洗的开卷落料能力、120万冲次的热成形件冲压能力、年产6500吨的白车身大型覆盖件的模具设计制造能力和原型车白车身样件制作与模具开发能力。公司为上海通用，上海汽车和上海大众提供了多款车型的门盖总成产品和开卷落料冲压板料。先后通过ISO/TS16949, ISO14000, OHSAS18001, ISO9001, VDA6.4等体系认证,夯实了产品的质量体系建设。

自2004成立以来，上海赛科利屡创佳绩，多次荣获上海通用授予的优秀供应商奖,并获得社会各方广泛认可,先后荣获上海市文明单位、上海市高新技术企业、上海市模范职工之家、中国机械工业管理示范企业等荣誉称号。上海赛科利凭借一流的产品质量和卓越的服务水平赢得了众多国内外客户的信赖和赞许。

上海赛科利始终秉承“第一次把事情做对”的企业精神，牢记“建一流企业，创百年基业，扬中国制造魅力”企业使命，立志成为一流的汽车车身金属成型和模具制造专业公司。

上海市浦东新区金穗路775号　　邮编：201209

联系电话：021-31089888　　网址：www.ssdt.com.cn

■ 公司简介

上海晓奥享荣汽车工业装备有限公司始建于 1992 年 6 月，是国内知名制造系统解决方案供应商，为国家高新技术企业。2015 年被上海新时达电气股份有限公司收购，成为其控股子公司。现公司员工 302 人，其中中高级技术管理人员 220 人。通过 20 余年的稳步发展和潜心研发，晓奥积累了丰富的汽车白车身装备设计制造和集成的经验，其产品和技术已达到国内先进水平，客户遍布全国，包括一汽集团、上汽集团、长安汽车集团、东风集团、广汽集团、北汽集团、华晨汽车集团、江铃汽车、长城汽车、吉利汽车、奇瑞汽车、比亚迪汽车、力帆汽车等企业，部分产品还远销国外。现年产值达 7.5 亿元。

公司获得 ISO9001 质量体系的国际认证，奉行“以优良产品和服务获得客户和社会的信任”的质量方针，愿竭诚为国内外汽车生产企业及相关单位提供一流的设备和服务。

晓奥作为行业内工程解决方案的提供者和领导者，期望通过我们先进的技术和创新的解决方案来不断提高我们的产品、工艺与服务，以满足广大客户不断变化的需求，以超越客户的期望以及得到有竞争力结果作为我们的奋斗目标。

■ 企业文化

在晓奥，我们一直致力于客户为本，人文为本的原则。

晓奥最重要的价值理念就是为客户提供量身打造的可持续性绿色解决方案。可靠性，灵活性，高效性，环保性是我们不懈的追求。

上海晓奥享荣汽车工业装备有限公司

■ 荣誉证书

■ 业务单元

白车身柔性解决方案　车架焊装线　航天军工　标准化产品

JING-JIN ELECTRIC 精进电动

精进电动是全球新能源汽车电机系统和电驱动总成领域领军企业，以卓越的产品和系统的解决方案大力支持新能源汽车市场的快速发展，凭借一流的品质和技术优势赢得了全球客户的信赖，成功把中国新能源汽车电驱动产品推向产业化和国际化，驱动电机系统产销量和出口量均稳居中国行业首位，确立了在全球市场的领先地位。

高功率密度水冷电机系统

精进电动新一代高转速、高功率密度驱动电机，转速达到12,000 ~ 14,000rpm，转矩达到150 ~ 300Nm，三个直径系列，功率覆盖90kW, 100kW, 120kW级别。

90kW驱动电机

100kW驱动电机

120kW驱动电机

油冷双电机机电耦合驱动系统

精进电动开发出具有国际水平的高效油冷双电机机电耦合驱动系统，适用于插电、增程和深度混合动力乘用车。该系统开始应用于国内主流乘用车车型，可以实现高效纯电驱动，插电/增程运行，在混合动力模式下节油率 达40%以上，其性能丝毫不逊色于常规动力车。同时，优化成本、保障质量、实现高性价比，不依赖与任何自动变速器，不需要更改发动机。

驱动电机：140kW/500Nm
ISG电机 ：53kW/180Nm

精进电动上海产业化基地及研发中心

精进电动上海产业化基地及研发中心

总装车间

自动化生产线

上海霍富汽车锁具有限公司

上海霍富汽车锁具有限公司是德国一家有着一百多年生产奔驰、奥迪等国际品牌汽车配件历史的霍富国际有限公司的子公司。公司于1998年8月20日正式成立并运营，其注册资本为801万欧元，总投资1600万欧元。公司坐落在上海市宝山城市工业园区园泰路396号，占地面积为50,000平方米。

公司拥有院士专家工作站及市企业技术中心研发机构，公司为上海市外商投资先进技术企业、中国优秀制锁企业；公司从2005年至今始终为上海市高新技术企业；2012年被认定为上海市科技小巨人企业。2005年4月至今已获得了TUV NORD公司的ISO14000环境管理体系国际第三方认证，同年5月至今获得了DNV公司的ISO/TS16949质量管理体系国际第三方认证的企业。

公司主要经营范围是生产各种中高档轿车用的CASIM机电一体化成套锁及配件，其中包括汽车遥控锁系统、PEPS SYSTEM无钥匙进入/启动系统、汽车胎压监测系统、汽车电子立柱锁、汽车转向锁、汽车杂物箱锁、汽车行李箱锁、汽车油箱锁、汽车内外门把手和基座等相关零部件，销售自产产品，并提供售后服务。目前，公司的产品已为上海大众汽车有限公司、上海通用汽车有限公司、上海汽车股份有限公司、通用中国汽车有限公司、东风本田汽车有限公司、广汽集团、海马集团及观致汽车有限公司等主机厂的各种车型配套，产品销售额已达7亿元左右。

霍富中国分部情况
Huf China Locations

城市客车

新能源客车

校车

国际品质

International Qua

底盘车间

焊装车间

上海申龙客车有限公司位于国际大都市上海，占地20万平方米，年产能超过1万辆。公司专门致力于客车整车研发、制造和销售，产品涵盖公路客运、旅游、公交、校车、团体等各个细分市场，是上海唯一、国内为数不多的综合性客车制造企业。

公司自成立以来，不断创新，坚持自主设计制造满足客户需求。严格执行TS16949标准、获得国家3C认证，已形成了6米至13.7米，中高档产品档次的20多类200多个客车品种的完整产品链。经过几年的发展，开发出拥有柴油、天然气、混合动力、氢燃料等动力燃料的系列产品，积数年沉淀，“申龙客车”已被业内公认为“外观时尚、服务优良、性价比高”的知名客车品牌。

房车

天然气客车

公路客车

绿色领航

y Green Navigator

上海安吉星信息服务有限公司

Shanghai OnStar Telematics Co., Ltd.

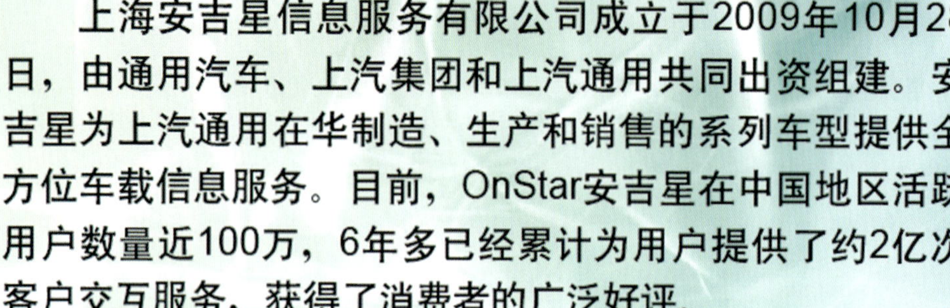

上海安吉星信息服务有限公司成立于2009年10月28日，由通用汽车、上汽集团和上汽通用共同出资组建。安吉星为上汽通用在华制造、生产和销售的系列车型提供全方位车载信息服务。目前，OnStar安吉星在中国地区活跃用户数量近100万，6年多已经累计为用户提供了约2亿次客户交互服务，获得了消费者的广泛好评。

OnStar 安吉星

吉星呵护 一路随行

安吉星小O手机应用

安吉星用户可直接通过自助语音系统进行目的地查询、违章查询、安吉星服务查询和远程遥控操作，还可以跟小O互动吐槽，为服务提供意见反馈。

安吉星车载4G LTE

安吉星车载4G LTE首创车载Wi-Fi热点（Car-Fi），可支持多达7台设备同时接入，网络覆盖面积达700平方米，为车主提供高速、稳定、安全、便捷的无线网络环境。

安吉星专席管家服务提供滴滴代驾、高尔夫预订、机票酒店预订、商旅租车、异地酒店租车，以及当地特色商旅路线等服务项目，更为凯迪拉克车主推出季节限定特惠礼遇，畅享经典度假线路。

安吉星凯迪拉克专席管家服务

专席服务再度升级

商旅度假尊崇相伴

商旅租车服务 • 专业度假服务 • 季节限定度假产品礼遇

安吉星微信服务号二维码

安吉星手机应用二维码

安吉星微信订阅号二维码

欲了解更多安吉星服务，敬请登录www.onstar.com.cn，请关注安吉星官方微信订阅号和微信服务号描安吉星手机应用二维码进行服务体验。

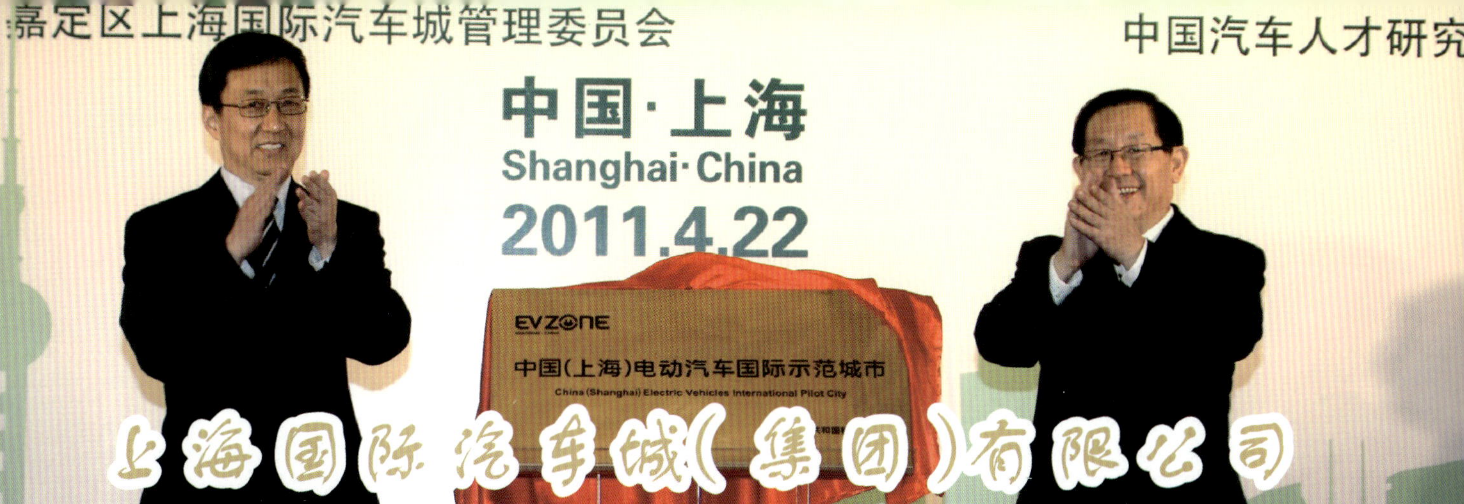

上海国际汽车城(集团)有限公司

上海国际汽车城(集团)有限公司于2009年12月14日正式成立，全面承担上海国际汽车城核心区25平方公里的开发建设任务。集团注册资本14亿元，由嘉定区国资委100%控股。

上海国际汽车城是一个集汽车研发、制造、贸易、博览、运动、旅游等功能于一体的综合性汽车产业基地和现代化宜居新城，规划占地面积100平方公里，2001年建设至今总投资规模已近800亿元。目前汽车城内有国内最大的轿车生产基地上海大众、国内F1大奖赛唯一承办权、国内投资规模最大的机动车产品质量检测检验中心、国内首家汽车博物馆、国内最大的地面交通工具风洞中心、国内唯一的城市轨道交通试验线、国内最大的新能源汽车生产基地之一、国内首座加氢站，同时上海国际汽车城还是国内首个电动汽车国际示范城市、首个智能网联汽车试点示范区。

“十二五”以来，汽车城集团以打造产城融合示范区为目标，重点打造汽车产业高地并建设宜居城市。汽车产业高地建设坚持“中国(上海)电动汽车国际示范城市”一个高度以及“科技创新港、同济科技园、新能源汽车及关键零部件产业基地”三个支撑，发展成为全国汽车产业的制高点，并力争在国际上占一席之地。汽车创新港2015年10月正式开园，保时捷工程技术、蔚来汽车、上汽阿里巴巴、意大利宾尼法利纳等10多家知名研发企业已入驻，员工人数已达500余人；同济科技园一期216亩土地于2013年3月摘牌，项目公司已正式运作；新能源汽车及关键零部件产业基地规划面积9.5平方公里，先期开发2.64平方公里，现已入驻精进电机、电驱动、海能等30家企业，2015年基地规模以上工业实现总产值50亿元。

宜居城市建设方面，汽车城内高端商业商务、医疗、教育等配套渐趋完善，建成了嘉亭荟城市生活广场、颖奕皇冠假日酒店、瑞仕花园、嘉亭菁苑、安亭新镇(德绍豪斯)等一大批优质项目，引进了华东师范大学附属双语学校、三之三幼儿园、瑞仕东方幼儿园、东方肝胆医院、上海瑞金广慈国际医疗健康诊所等教育、医疗机构。

竞争性业务方面，Evcard新能源汽车租赁已建成分时租赁服务网点近500个，累计超过1500辆电动车投入分时运营，目前已在上海、北京、丽水等地顺利推广分时租赁模式；驿动文旅电动大巴业务已进入实际运营阶段，现有纯电动大巴、中巴153辆，已开通2条共享班车专线。

“十三五”期间，汽车城集团将继续推进核心区的土地开发，加强市政、公建及道路绿化配套建设，打造高品质国际化社区，积极推进汽车研发设计高地建设，打造国际汽车产业创新中心。此外，集团还将继续探索并拓展新能源汽车、智能汽车、汽车文化等竞争性业务：继续扩大电动汽车分时租赁业务规模，提升EVcard品牌效应，加强与其他区域间的合作；继续发展电动大巴业务，开辟汽车文化旅游线路并带动汽车文化产业发展；分期启动智能网联汽车项目，打造智能网联汽车示范区，从“一路两园”向环形路测区直至汽车城核心区不断拓展示范区域，努力建设成为中国智能网联汽车先进技术展示发布窗口，标准规范发起与落地、检测测试基地，以及智能网联汽车产业的孵化基地、产业集聚地。

上海众大汽车配件有限公司是上海大众汽车有限公司的配套企业，是桑塔纳共同体成员。上海众大汽车配件有限公司目前是国内规模较大、技术含量较高、行业管理经验丰富、人才梯队齐备、专业化强的汽车零部件生产企业。

公司1994年成立，注册资本为1200万元，2008年增资为3600万元。股权结构：上海大众联合发展有限公司40%、安亭镇南安村40%、上海大众联合车身配件有限公司20%。

公司注册地址为上海市嘉定区园国路1488号，毗邻沪宁高速、上海郊环高速公路、312国道以及上海市轨道交通11号线，交通便利，地理位置优越，处于连接江、浙、沪的枢纽地位。厂区占地面积37867平方米，建筑面积16761.86平方米。

公司注重质量管理，采用国际标准质量管理控制体系，自1999年以来先后通过了ISO9001、ISO/TS16949认证，是上海大众A级供货商，具有完善的质量管理体系和物流服务体系。公司十分重视自主创新工作，目前已获得实用新型专利80件，发明专利7件。

公司投资数千万元，购置先进的冲压设备，提升加工设备的自动化水平和产品质量保证能力，努力创造世界一流的汽车冲压件生产企业。主要产品：汽车车身冲压件，如备胎仓、轮罩、天窗加强板等。主要客户有：上海大众、上海汽车等。

公司凭借雄厚的技术开发力量，为用户提供全过程、全方位的技术服务。从用户的车体CAD数据出发，设计开发匹配优化的汽车冲压件产品。提高开发工作的技术能级，缩短产品的试制周期。同时，众大公司建立了一整套有效的产品检测体系，拥有从国外引进的先进检测器具和设备，确保从原材料购入至成品产出全过程的监控。

面对全球经济一体化的浪潮，公司充分发挥产品优势，积极推行国际化采购及供货的发展趋势，以先进的工艺、设备、创新的设计、加工能力，优越的投资环境，良好的信誉，阔步走向世界。

上海众大汽车配件有限公司

上海人本集团有限公司

公司成立于2004年4月，是人本集团在上海设立的一家集研发、制造、营销为一体的科技型企业，是国内最大的中高端轿车轴承专业制造基地；拥有“国家认可实验室”，是奉贤区首家“国家级企业技术中心”和“国家创新示范企业”，先后被评为“全国职工教育培训优秀示范点”、“上海市文明单位”、“上海市企业文化建设示范基地”、“上海市专利工作试点企业”、“上海市标准化良好行为AAA级企业”、“上海市高技能人才培养基地”、“上海市职工科技创新示范基地”等；“人本”商标为“中国驰名商标”，“人本”轴承为“中国名牌产品”。公司主导产品质量定位高端轿车轴承，具有全系列轿车轴承配套能力，主机市场平均占有率达到30%以上，产品的品种规格、规模位居行业首位；主导产品为中高级轿车三代轮毂轴承单元、汽车水泵轴连轴承、汽车空调压缩机双列深沟球轴承、长寿命低噪音汽车圆锥滚子轴承、精密机床主轴轴承、冶金和纺织机械轴承等，以及轴承专用加工设备；产品成功配套通用汽车、福特汽车、大众汽车、日产汽车、格特拉格、麦格纳、博世、三菱电机等国内外知名企业，畅销世界30多个国家和地区。

公司现有下属成员企业10多家，员工一千多人，2015年实现营业收入9.9亿元，纳税1.04亿元。

水泵轴连轴承作为上海人本集团的先锋产品，其技术、等级及产销量在国内细分市场产量遥遥领先，达到世界领先水平，占有世界第三、国内第一的份额，是国内仅有的获得福特、大众等知名客户批量供货资格的名族企业。在水泵轴连轴承的引领下，其他汽车类轴承产品迅速占领国内大部分市场，并逐步走向国际市场。振兴名族工业，打断国外品牌垄断，是“人本”轴承义不容辞的责任。

上海福耀客车玻璃有限公司

上海福耀客车玻璃有限公司，于 2007 年 3 月在上海嘉定区安亭镇注册成立，注册资金 20000 万元，总投资为 40000 万元。公司毗连上海大众，占地面积约 168 亩，主营业务为制造和销售汽车安全玻璃和工业技术玻璃。主要生产配套 OEM 轿车 /OEM 大巴玻璃。年生产能力为：轿车夹层前挡 112 万片，轿车天窗包边 400 万片，轿车边窗后档包边 500 万片，大巴夹层前挡 8.5 万片，大巴钢化侧窗 58 万片。2013 年销售收入 8.67 亿元，2014 年销售收入达 10.2 亿元，利润总额 2.6 亿，产量 376.4 万平方米。2015 销售收入 12 亿元。

从德国 BBG 公司引进的 20 台天窗 PU 注塑机，从百塑引进的 21 台侧窗、后档 PVC 注塑机，夹层轿车玻璃生产线 3 条，大巴玻璃前挡生产线 13 条，钢化玻璃生产线 6 条，其中代表最先进的连续钢化炉外炉生产线 3 条，平弯钢化炉生产线 2 条，垂直钢化炉生产线 1 条，中空玻璃生产线 1 条。能够为汽车厂提供整车套的玻璃供应商。

核心技术及产品的自主创新及研发情况

天窗总成后处理全自动技术研究

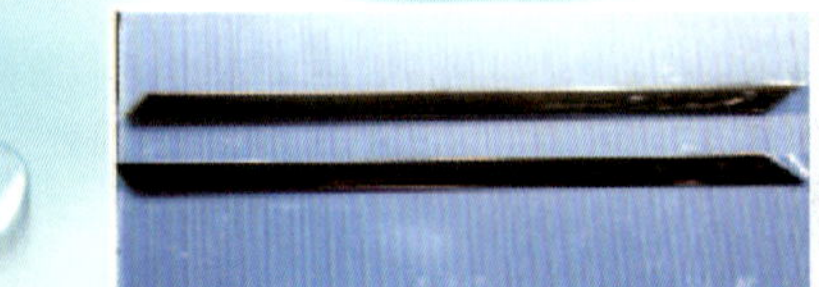

PMMA 高光亮饰条的研发

半钢化夹层全景天窗

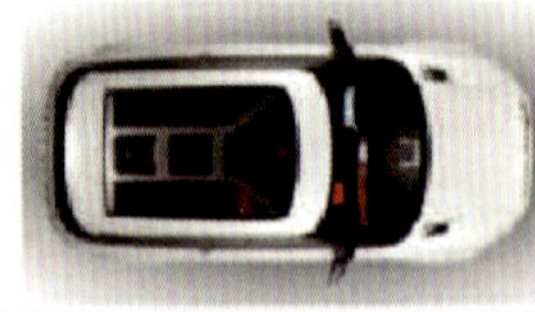

半钢化夹层天窗包边玻璃技术创新

框架全景天窗玻璃制造技术研究

高光学性能汽车天窗玻璃总成制造新技术

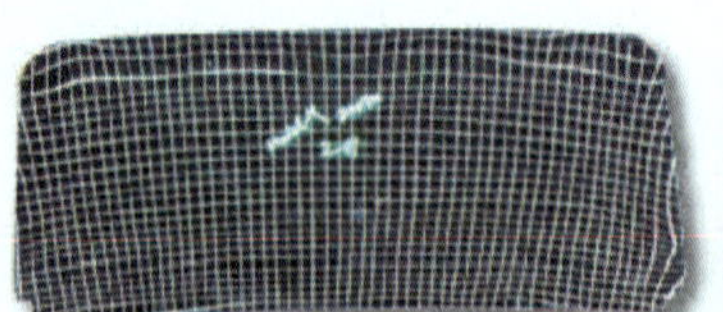

改善前光学性能差

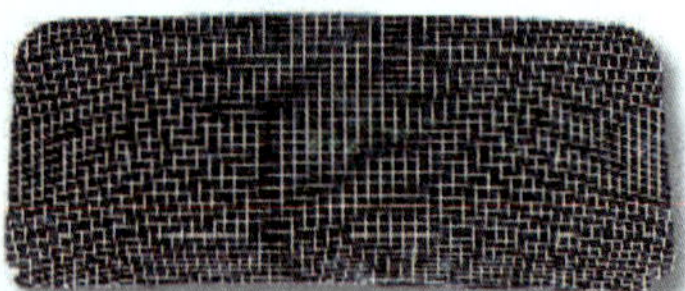

改善后光学性能好

带导轨天窗整体注塑技术研究

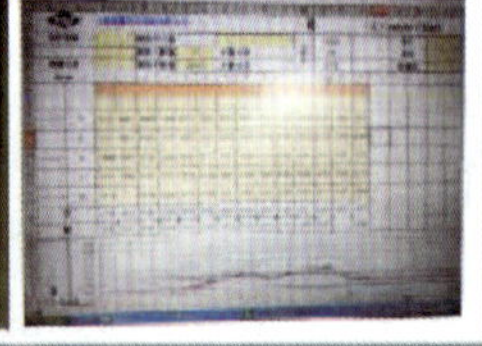

高精度天窗玻璃总成制造新技术

本企业在行业和国民经济发展的地位和作用

企业在行业技术进步中的示范和带动作用

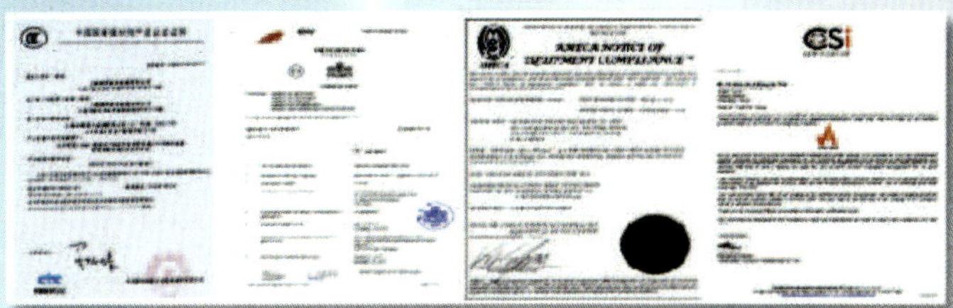

企业技术中心的运行机制

①、技术中心体制的运行机制：上海客车公司领导高度重视和对企业技术中心运转实施总经理领导下的技术中心主任负责制，对技术中心主任、主管、项目开发人员、基层技术人员，都制定相应机制，根据其职责和工作绩效建立系列的奖惩制度，保证技术中心高效运行。在运转过程中成绩显着的技术中心主任由公司总经理给与表彰奖励；技术中心主任对成绩显著的主管、项目开发人员、基层技术人员给与表彰奖励；对违反其规定的视其程度给与批评教育，直至给与处分、除名。

②、科研经费的运行机制：技术开发经费主要从企业销售收入中按一定比例提取，用作技术研究和产品开发，中心日常运作经费由企业拨款。

③、院校、国内外高端客户合作机制：与北京化工大学合作共同开发天窗包边材料。通过与国内外高端客户和顶级供应商合作进行同步设计，提高了企业的研发思路和效率。

企业技术中心的研发团队情况

我司技术中心专业研发人员173人，占职工总数的14.81%，主要技术带头人19人，高级工程师5人，外部专家1人。其中大专120人，本科53人。

我司企业技术中心拥有一支年龄结构合理、行业经验丰富、创新意识较强、职业道德良好的高素质、专业化、年轻化的优秀研发队伍，技术中心成员均为机械、材料、电子信息领域的高级专业人才，有的曾在行业内知名企业担任重要职务，有的具备出色的教育背景、有的拥有丰富的技术与管理经验。技术中心有专业从事汽车、大巴及包边玻璃产品研发部门和模检具设计制造中心，具备了持续的自主研发能力和技术创新能力。

荣誉证书

高新企业、小巨人企业、技术中心认定证书

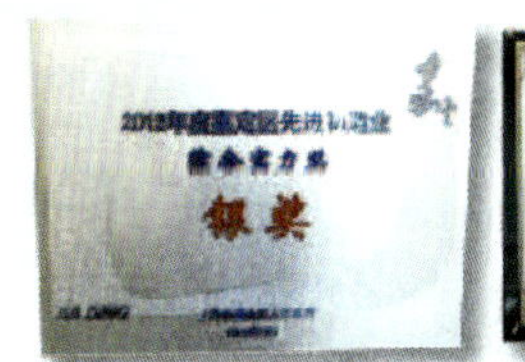

获得嘉定区综合实力、优秀经营者荣誉证书

获得毓恬冠佳、海格、伟巴斯特全球、恩坦华优秀供应商证书

上海航天汽车机电股份有限公司

Shanghai Aerospace Automobile Electromechanical Co.,LTD

上海航天汽车机电股份有限公司(简称航天机电)成立于1998年5月28日，股票代码600151，是中国首家以“航天”命名的上市公司，是航天技术应用产业化的重要平台。

航天机电是隶属于中国航天科技集团的国有控股上市公司，依托央企资源，把握国家战略性产业发展方向，经过多年不懈努力，现已形成新能源光伏、高端汽配和新材料应用三大产业格局，建成了垂直一体化的航天光伏产业链，打造了集研发、制造、营销于一体的高端汽配产业和军民融合的新材料产业平台，创建了上海、内蒙古、江苏三大产研基地，拥有一个国家级、七个省级技术研发中心、九家高新技术企业，以及境内外两个资本运作平台。

航天机电主要从事多晶硅、太阳能电池、电池组件、集中式和分布式太阳能光伏电站系统集成及电站运维服务；车用空调系统、EPS系统、传感器、电器控制器、新能源离合器缸等汽车电子系统产品；宇航等领域的复合材料应用产品的研发、生产和销售。旗下品牌广泛享有国际国内市场盛誉，先后与众多世界知名企业建立了战略合作伙伴关系。

秉持“航天技术，美好生活！”的品牌文化理念，航天机电始终致力航天技术应用产业的发展，为中国乃至全球提供优质的产品和服务，并努力打造“可持续发展，有社会责任感，给股东合理回报的百亿级上市公司”。在企业科学发展的同时，履行节能环保的全球性社会责任，用心创造人类可持续发展的美好未来。

上海耀皮康桥汽车玻璃有限公司

上海耀皮康桥汽车玻璃有限公司（简称康桥汽玻），前身为成立于1994年7月的中美合资上海福华玻璃有限公司，2002年为配合世博动迁从上海耀华路700号搬迁至上海康桥工业区康柳路55号。资产重组后成为台港澳与境内合资企业，股比为上海耀皮玻璃集团股份有限公司50.26%、上海建材集团有限公司42.64%、香港海建实业有限公司7.1%。总资产18350万美元，注册资金11556.71万美元，占地面积120000平方米，建筑面积55000平方米。康桥汽玻下属有三家子公司，分别为上海耀皮世进粘贴玻璃有限公司、仪征耀皮汽车玻璃有限公司和武汉耀皮康桥汽车玻璃有限公司。年生产能力400万套汽车玻璃。

康桥汽玻是一家为汽车产业进行玻璃配套的专业化配套企业，专业生产销售各类汽车前风挡、车门、侧窗、后风挡玻璃。为上海通用、上海大众、上汽商用、上汽乘用、东风悦达起亚、南汽、福建东南等国内诸多汽车厂家及澳洲通用、澳洲福特、法国标致雪铁龙等国际汽车厂商的合格供应商并批量供货。公司曾荣获上海市外商投资双优企业、上海市外商投资先进技术型企业、上海市高新技术企业、上海市专利工作试点企业、上海市文明单位、科技企业创新奖等殊荣。生产的卡迪拉克SGM980配套玻璃、通用景程整车玻璃、上海大众帕萨特轿车玻璃获上海市重点新产品奖；澳大利亚福特独木舟整车玻璃、上海赛欧整车玻璃获得上海市科学技术成果奖。

康桥汽玻发展目标是通过调整企业产品结构、转变发展方式，实现管理集约化，运营精细化、布局区域化、竞争差异化和服务一体化，为企业跨越式发展奠定坚实基础。发展方向具体可概括为“五大片区、三大板块，努力实现效益最大化”。

“五大片区”：东北大区、西南大区、华南大区、华中大区、华东大区，并在每个大区内设立办事处或配备专职营销人员。将康桥汽玻的供货范围从原来单一的华东及周边地区扩展为全国范围。通过加快五个大区市场开拓步伐，形成具有康桥汽玻特色的供应链和产业体系。

“三大板块”：将康桥汽玻的业务从原来单一的汽车玻璃创新性拓展为轨道交通玻璃、天窗玻璃总成及高端家电玻璃。通过创新产业链的延伸以及跨界的整合，通过对产品结构的调整，增加高附加值产品比例，从而实现销售收入和利润新的增长点。目前新市场的创新业务正在加快孕育、加速成长，形成了康桥汽玻持续、快速、健康发展的新动力。

康桥汽玻于2007年被评为上海市技术中心企业。技术中心设三个部门：同步开发中心、产品开发中心、模具中心。在硬件上，技术中心建筑面积2300平方米，设置了技术中心办公室、文件档案室和新品成果展示厅。在软件上，拥有许多先进设计分析、开发软件。技术中心团队在对这些先进技术进行系统的消化和吸收的基础上，有针对性地进行前沿性研究，进行前瞻性汽车玻璃开发。如加热玻璃、HUD玻璃、镀膜技术、全景天窗技术的开发。自主开发的半钢化夹层车门玻璃，可吸收紫外线99%，抗冲击力较普通玻璃提高了20倍，降低了6分贝风噪音，率先为国产高档轿车提供了高级隔音夹层汽车安全玻璃。并加强应用研究，通过差异化提升公司的核心竞争力，提高企业经济效益。如LOW－E玻璃在汽车玻璃上的应用，这不仅符合国家节能降耗政策、优化集团产业链，而且解决了汽车厂小排量汽车动力系统和空调系统不足的问题。形成了一些公司的自主专有技术，如模具检具自主设计制造技术、小曲率半径玻璃磨边技术、有限元仿真技术、同步开发技术、逆向建模技术、后挡风热线印刷补丁技术、夹层车门玻璃技术等。这些技术在国内保持着领先，企业的科研成果经检索和专家鉴定均为国际先进水平。

康桥汽玻制造部设有钢化车间、夹层车间、总成车间，车间的先进生产设备分别从英国、芬兰、美国、德国引进。钢化车间的前、后档预处理玻璃清洗机在清洗玻璃时循环利用水资源，坚持环保原则，进行绿色生产。两次印刷线印刷机在印刷时采用边到边的技术，定位精度高，误差在正负0.2mm内。CPB钢化炉采用了全型面控制压制成型工艺，重复性好，生产速度快，自主开发的CPB电炉的VPB功能，采用炉外电热阳模压制成型的工艺技术，使CPB电炉不仅能生产车门同时可以生产较复杂双曲面后挡玻璃。于2015年引进的JK双曲钢化炉，生产效率高，能耗低，同时为CPB电炉生产难度更大的后挡提供产能空间；夹层车间的LAMINO夹层玻璃生产线增加了底部加热系统，从而可以生产大球面和复杂型面的前挡玻璃，所有夹层流水线都采用全电脑控制，避免了人工设置的误差。于2015年引进的EPBL夹层压制炉、前挡整片玻璃钨丝布线机，为前瞻性产品的研究开发上完善应用性研究提供了保障；模具加工中心采用CAM系统及三轴加工机床、五轴加工机床进行设计加工，提高了生产效率，极大地节约了开发成本。

康桥汽玻有一套完整的质量体系保证公司产品的过程开发及生产。通过了ISO9002、QS9000、VDA6.1、ISO/TS16949、ISO14001、OHS18000等体系认证；获得了美国DOT标准、欧共体ECE标准及中国3C标准的认证。并按TS16949质量体系制定了相应的程序性文件，对关键工序的操作工进行上岗培训并考核合格后方能上岗，专职检验及测试人员经过国家安全玻璃中心培训及考核合格后方能上岗，确保重要岗位处于受控状态。将精益生产、过程SPC控制、贯穿于生产整个过程。JIS、5S、看板、ERP、EDI交换系统等手段使生产活动更集约化，物流、信息流更加顺畅、高效。数据库技术稳定优化了生产工艺，为设备故障诊断、技术经验积累提供原始信息。并不断提升精细管理、精益生产水平，为打造节能、绿色、安全汽车玻璃产业基地而努力。

地址：上海浦东康柳路55号　电话：021-68193000-1821　传真：68194622　邮箱：yding@sypglass.com

上海中核浦原有限公司

上海中核浦原有限公司，是中国核工业集团公司在沪子公司，隶属于中核集团所属中核控股板块，是以仪器仪表制造、进出口贸易和不动产经营为核心业务的高科技投资控股公司。

浦原公司坚持自主创新、锲而不舍、攻坚克难，在仪表制造业拥有 18 项专利，创造了多项国内第一，积累了丰富的工程应用业绩，产品广泛应用于核电、核燃料、中石油、中石化等工程。

浦原公司贸易业务成功进入日本、欧盟等跨国公司供应链。为上海电气集团、东方电气集团等大型设备制造企业，以及大众汽车二期工程、广东省石化工程等国内外重点工程提供良好的物资供应服务。

浦原公司不动产经营板块核心——浦原科技园区，先后吸引 50 多家信息、通讯等 IT 企业入驻，获得徐汇区四星级产业园区和上海市创意产业聚集区称号。

秉持中核集团“开放、包容、合作、共赢”的经营理念，浦原公司在“十二五”期间，继续坚持走“专业化发展，特色化经营”的道路，创新突破、转型升级、加快发展。2014 年实现营业收入 50.54 亿元，实现利润 5442 万元。

“十二五”发展目标：

到 2015 年，将浦原公司建成中核集团公司过程控制仪表专业供应商，国内过程控制仪表领先企业；中核集团公司贸易主力军；上海市优秀科技创意产业园。成为技术领先、综合竞争力强的高科技投资控股公司。

企业宗旨：科技兴业，服务中核

做强做大高科技流量仪表系列产品，成为中核集团核仪器仪表的供应商和主渠道。展示中核集团在沪窗口单位形象，为中核集团实现战略目标，提供优良服务。

企业精神：锲而不舍，敬业奉献

无论前进的征程中有多少艰难险阻，都不能阻挡我们勇往直前的坚定步伐；诚心尽力，以中国核事业的强盛为己任，为浦原的发展壮大作贡献。

企业理念：创新是魂，人才为本，和谐奋进

创新是企业发展之魂，勇于创新，善于创新，在竞争中立于不败之地。创建人尽其才，才尽其用的良好机制，将育人、用人同企业的发展融为一体，为建设浦原的美好未来携手并进。

上海太阳能科技有限公司

上有厂 2MW 分布式光伏电站　河北井陉 25MW 光伏电站　云南砚山 50MW 光伏电站

宁夏中卫 30MW 光伏电站　甘肃高台 50MW 光伏电站　宁夏宁东 150MW 光伏电站

上海太阳能科技有限公司(HT-Shanghai Solar)是由上海航天汽车机电股份有限公司(沪市代码:600151)、上海申能新能源投资有限公司、上海空间电源研究所合资成立的股份公司，正式注册成立于2000年元月，注册资金2亿元，是中国最早从事光伏相关业务的企业之一。

公司依托航天优势，主要从事国内外独立和大型并网光伏电站、BIPV独立光伏系统工程及相关系统产品的设计研制、开发、销售、施工和服务。先后承建了西藏光明工程、上海世博中心光伏兆瓦级电站、上海闵行航天城光伏停车场并网发电工程、国内首个兆瓦级BIPV电站——上海太阳能工程技术中心光伏并网发电项目，以及国内首座BIPV光伏建筑一体化生态示范办公楼。在集中式电站方面，公司成功开发、建设中国西部首个百兆瓦级大型荒漠光伏电站——嘉峪关130MW光伏电站、宁夏地区首个百兆瓦级的光伏电站——宁东一期100MW光伏电站等项目，累计装机容量已超过700MW。并积极开拓分布式发电项目的开发和建设，战略布局已拓展至甘肃、宁夏、青海、新疆、河北、山西、云南等十余省。

2014年，公司被国际权威光伏市场调研机构IHS评选为全球光伏EPC企业第四名，全国第二名。

公司以"展航天精神 建精品工程"为企业精神，以"技术先进 成本领先 质量可靠 创造价值"为经营理念，以"进入光伏系统应用前三甲，成为行业内受尊敬的企业"为愿景，始终致力于光伏系统应用开发，为客户提供全面、高效的太阳能系统集成解决方案。

【概况】

上海航天科工电器研究院有限公司隶属于中国航天科工集团第十研究院，是行业内电连接器及电子控制组件的专业研制单位。企业是上海市高新技术企业、上海市专利试点企业、上海市专精特新企业、上海市中小企业信息化应用示范单位、普陀区企业技术中心、普陀区科技小巨人企业。

公司以"致力高科技领域，追求卓越，共享成就"的企业使命，坚持"市场开发、产品开发"两个开发工作不动摇，紧紧抓住装备发展、行业趋势，精准定位市场需求，在高速传输、光纤/光电、传输一体化、射频及射频组件、宇航高可靠等重点专项产品方面取得了快速突破。公司在高频率/高速率/光互连集成技术、空间飞行器特殊用途连接技术、光电微传输技术等前沿技术研究方向不断推进，为公司产品技术成功转型升级奠定了基础。

CASIC 上海航天科工电器研究院有限公司

【2015年经济工作情况】

2015年上海航天科工电器研究院紧密围绕重点项目、重点市场、重点领域的开发，强化支撑保障措施。深入贯彻"以顾客为中心、勇于争先、体现奋斗价值"的核心价值观，进一步改进科研管理机制，强化科研队伍建设，加快重点项目进度。

公司每年申请专利均在40项左右，截止2015年已获得授权发明专利35项，实用新型专利84项。以公司自主研发的高速传输连接器为代表的创新成果，突破了欧美国家的技术垄断，其产品为我国各领域整机电子系统配套，提升了国内基础电子元器件的国际地位和影响力，同时推动了行业技术发展，为国内电子元器件国产化、新型电子元器件的研究与开发奠定了坚实的基础。

【2016年发展趋势】

2016年是"十三五"的开局之年，也是公司全面落实技术、管理"双创新"的关键之年。2016年公司将致力于宇航用自控连接器、宇航用大功率圆形连接器及宇航特种环境高可靠大功率连接器的研制以进一步满足新一代通讯卫星、空间站等装备的需求；针对新一代武器装备信息化、网络化、智能化的发展需求，建立健全连接器数字化设计平台，全面实现正向设计，从研发流程、软硬件配置、数据管理、仿真优化、动态试验验证等多方面提升连接器的结构、电、热、流体、等全方位研发能力，在需要的交叉学科领域实现连接器多物理场耦合仿真，真正实现连接器在复杂军用环境下的仿真设计与模型验证。同时，将自动化技术从零件生产全面延伸到产品装配，通过产业链的升级，实现产品质量一致性和生产效率的提高。

地址：上海市普陀区祁连山南路2891弄93号

桥弘数控科技(上海)有限公司

——专业的自动化控制系统供应商

桥弘数控科技(上海)有限公司(简称桥弘数控),正式成立于2004年,注册资本8631.7万,是弘讯科技(沪市代码:603015)旗下子公司,是弘讯科技集团核心零组件伺服驱动器设计研发与制造中心,以及集团部分新产品开发试制中心,负责伺服节能系统新型产品及系统解决方案相关产品的研发、试制和销售。

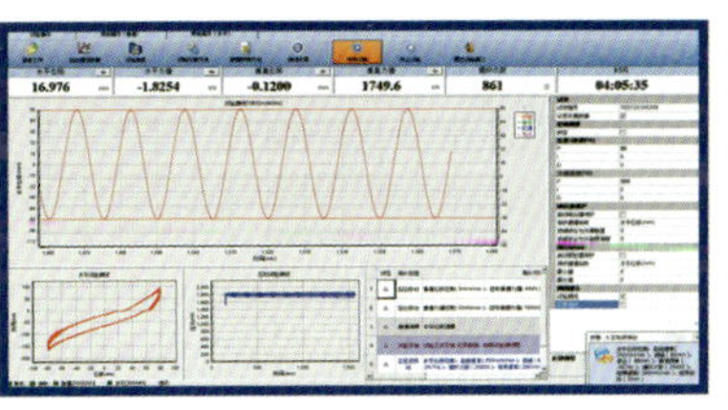

桥弘数控一贯注重科技、品质与环保节能,先后通过了ISO9001国际质量管理体系认证、ISO14001环境体系认证、清洁生产,2015年顺利通过"高新技术企业"认证复审。

桥弘数控生产的伺服驱动器采用运动控制专用数字信号处理器(DSP)、FPGA、IPM等技术设计和EtherCAT、CAN等现场总线技术,实现多种应用控制模式、多种参数设定方式、多种保护机制,支持多种通讯控制,并且搭配强大的上位机调整软件。该类产品搭配弹性大,可靠性高,满足各种不同规格的特殊需求。工作过程中的高速响应、高重复精度保证了产品的稳定性与精密性;闭环状态下的压力波动量小,保压值时的转速小,实现了高效节能。根据不同生产条件,较传统液压动力系统,其最大节电达70%,由此提高产品品质,降低生产成本,提高企业竞争力。

桥弘数控多年来精心致力于伺服驱动技术和自动化控制技术的研究与开发,在设计思路和生产工艺上日臻成熟和完善。公司积极响应装备制造业十二五发展规划以"信息和科技带动工业化,全面提升装备制造水平"为重点和顺应"工业4.0"发展趋势,自主研发具有企业自身管理特色的生产管理系统,提升生产品质和管理水平。"向客户提供高技术、高可靠性产品,并提供优质快捷的服务"是回报用户的最佳方式,桥弘数控将以真诚谦和的态度和始终如一的行动持续为客户创造价值。

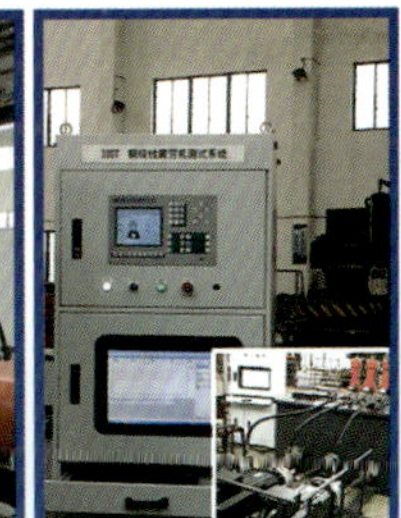

中国航空无线电电子研究所

China Aeronautical Radio Electronics Research Institute

中国航空无线电电子研究所(简称615所)始建于1957年，隶属于中国航空工业集团公司。总部位于紫竹科技园区，军机航空电子研发分部位于漕河泾经济技术开发区。

615所长期从事军、民机航空电子系统综合技术研究。承担座舱显示控制系统、航空电子核心处理系统、信息综合处理系统、无人机一体化控制系统以及航空无线电通信导航等设备研制，为海陆空等军兵种提供先进的航空电子装备，是集科研、生产、服务一体化的高新技术企业。

经过近60年的发展，615所确立了航电系统综合技术、座舱显控及人机工效、综合任务管理、核心处理平台、无人机一体化控制、通信导航监视等八大一级专业，构建了学科健全、体系完善的专业技术架构。十二五期间，承担了总装、工信部、科技部、科工局等机关和空军、海军和陆航等军方预先研究课题。在基础理论研究方面，615所作为首席专家单位承担了国防973、科技部973项目，成为了国内引领航空电子领域创新的重要力量。近30年来，承担了空海军和陆航重点型号研制，为国防装备发展做出了突出贡献，荣获国防科技进步一等奖等重要荣誉。

近年来，615所把握无人机发展契机，创新发展，研发了新一代无人机、空军一体化控制通用地面站。把握软件无线电专业发展的机遇，联合十一家企业开展技术研发，形成了面向下一代武器装备的无线电通信导航核心技术，为武器装备"信息化、网络化、体系化"发展打下了基础。充分利用C919落户上海的战略机遇，承担了座舱显示系统研制任务，成为国内首个民机A级系统供应商，率先融入世界航空产业链。充分把握国家逐步开放低空空域的政策契机，代表国家开展与美国宇航局(NASA)合作，与重庆、石家庄等地区开展战略合作，快速布局空管与低空运营保障产业，面向用户、需求牵引，通过创新商业模式等方式成为国内通用航空领域内技术领先的系统解决方案提供商。

在上海科创中心建设进程中，615所积极响应军民融合发展战略，探索军用技术民用产业化发展，重点在空中交通管理、通航服务保障、民用无人系统装备、民用飞机航空电子、智慧交通、智慧海洋等领域进行产业化发展。在上海市经信委的产业指导下，各民用产业发展正在稳步推进。

集团领导来所授课

航空科普进校园

党员干部赴钱学森图书馆参观学习

上海市委书记韩正来所调研

上电所出席昂际航电巴黎航展首秀

科研研制现场

上电所图传系统随某型预警机参加"1509"阅兵活动

新员工培训

第六届青年论坛

上海西门子线路保护系统有限公司（简称 SCPS）成立于 1995 年，是西门子（中国）有限公司与上海电气集团股份有限公司共同投资组建的中外合资企业，西门子中国投资 75%，上海电气集团投资 25%。注册资本为 966.4000 万欧元。公司于 2015 年 10 月搬入位于金山区时代大道的全新的现代化厂房，占地面积 36653.5 m²，在职员工 700 余人。新厂房地理位置更优越，交通更便利。在新厂房里，巨大的生产车间占据单独的一个楼面，其面积将近原来的一倍，物料仓储紧挨着这个生产车间，办公区域被整合在这栋大楼里，给公司的精益生产带来更多灵活性，更有效地缩短生产周期、提升生产效率，新工厂的设计产能是目前的一倍多，为我们提供了持续业务投资和增长的空间。

上海西门子线路保护系统有限公司主要生产小型断路器（MCB），主要包括 5SY、5SN、5SL 和 5SJ 系列产品；剩余电流动作断路器（RCBO），主要包括 5SM9、5SV9、5SU9 2MW 和 5SU9 1MW 系列产品；剩余电流装置（RCD），主要包括 3VA9 和 3VM9 系列装置模块；隔离开关（Switch-disconnector），主要包括 5TL1 系列产品；附件（Accessory），主要包括 5ST30-0CC 系列和 5ST30-2 带测试按钮系列附件；自动转换开关电器（ATSE），主要包括 5TR 和 5TM 系列产品，以及其他电气线路保护类产品。

1999 年开始公司通过了由德国莱茵公司对 ISO-9001 国际质量体系的认证。2002 年开始至今公司陆续获得了由 CQC 颁发的 3C 证书，共计 54 张。2011 年 9 月，公司通过了由德国莱茵公司对 ISO14001:2004 环境管理体系的认证。2011 年 10 月，公司通过了由德国莱茵公司对 OHSAS18001:2007 职业健康安全管理体系的认证。2013 年，公司获得了由上海电器行业协会颁发的诚信创建企业称号。2015 年，获得了上海电器行业协会颁发的上海电器行业名优产品称号。上海西门子线路保护系统有限公司从 2009 年至今连续获得高新技术企业证书。

作为西门子中低压业务全球生产网络中的一个关键运营公司，上海西门子线路保护系统有限公司秉承以客户为导向的管理，通过提供高质量的产品和一流的服务，很好地适应变化的市场条件，以向我们的客户提供充足的，可靠的产品和更快的响应，获得了客户和市场的一致认可！

展望未来，上海西门子线路保护系统有限公司明确定义了更高的发展目标，并积极倡导主人翁精神的企业文化，不断奋斗，力争卓越。上海西门子线路保护系统有限公司正沿着达成目标的轨道不断前进！开启发展的新篇章！

上海西门子线路保护系统有限公司

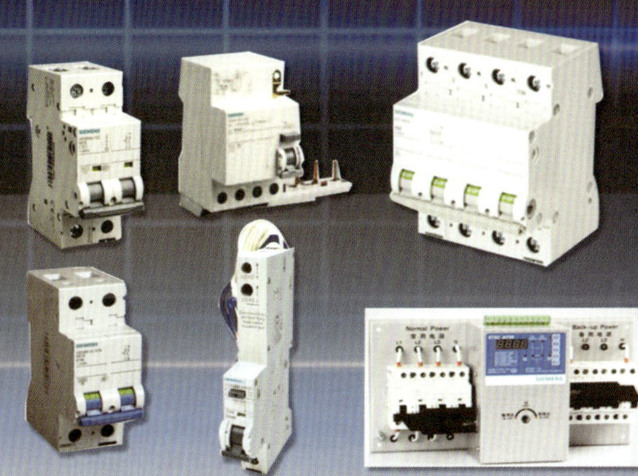

上海华测导航技术股份有限公司

上海华测导航技术股份有限公司是专注于全球卫星导航系统(GNSS)的研发、生产、销售于一体的高新技术企业。现有员工700余人，拥有博士、硕士为主的200余人的专业研发技术团队。华测导航是国内高精度GNSS设备著名品牌，世界知名品牌。公司产品已经广泛应用在全球100多个国家和地区。

华测导航是我国第一款自主知识产权的测量型GNSS接收机的研制者和推广使用者，目前已获软件著作权240多项，专利110多项，技术成果多次荣获上海市科技进步奖，相关产品已连续多次入选国家和上海市重点新产品。华测导航蝉联“上海市著名商标”称号，国家火炬计划重点高新技术企业，上海市小巨人培育企业，是首次到达南极内陆最高点的国产测绘品牌，也是我国三江源大型科考活动唯一指定品牌。

华测导航目前拥有的核心技术：GNSS算法技术，基带射频板卡技术，北斗GNSS接收机开发技术，行业应用软件解决方案以及机械自动导航和控制技术。华测导航致力于在高精度数据的采集和应用中为客户提供帮助，涵盖大地测量、移动测绘、三维扫描、无人机、GIS、监测集成、精细农业、数字施工、智能交通、海洋测绘等领域的高精度卫星导航产品和解决方案，努力提高客户高精度数据获取和利用效率，最大化实现客户价值。

温良昌平 WLCP

上海温良昌平电器科技股份有限公司

上海温良昌平电器科技股份有限公司，是一家专业从事柔性电路板生产、销售的高新技术企业。公司主要产品分为两大系列：高像素摄像头线路板和LED汽车车灯线路板；产品涉及到集成电路、高像素手机模组、汽车照明等领域。

上海温良昌平电器科技股份有限公司，距虹桥机场20余公里，水、陆、空交通十分便捷。公司创建于2003年8月，现注册资金3000万元，总资产约8000万元。公司致力于光化学蚀刻技术的研究与应用，拥有先进的整体生产流水线及高精度的检测设备，2014年生产能力为2万平方米，销售额达到1亿元左右。公司计划到2017年销售目标为2.5亿元。

在青浦区政府和园区主管部门的支持和关怀下，公司通过自主研发，目前拥有2项软件著作权、8项实用新型和4项正在申请中的发明专利。公司于2014年通过了上海市高新技术企业的认定。一直以来，公司坚持秉承“更好的质量，更好的服务”的质量方针和“坚持做一流的产品，使客户满意”的经营理念，全面推行ISO9000\TS16949质量管理体系及精益生产管理理念，以优质的服务满足顾客的要求，以良好的品质与交期作为后盾，不断发展，通过十年的进程，高像素摄像头线路板成为了华东区域行业内的佼佼者、LED汽车车灯线路板也在短短几年时间内成为汽车照明行业的领头羊并且得到了国内外知名品牌客户的充分认可。在2014年年底已在上海股交中心成功挂牌。

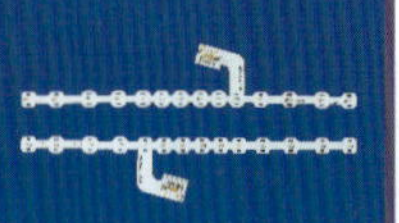

昂华（上海）自动化工程股份有限公司

昂华（上海）自动化工程股份有限公司是一家专注于为客户提供优质非标自动化设备交钥匙工程的高新技术企业， 公司 2011 年成立于上海浦东，目前在广西柳州、江苏海安、广东佛山、重庆设有分支机构及办事处。2012 年在上海股权托管交易中心 N 版挂牌， 已完成 A+轮融资。2015 年 12 月 28 日成为上海市股权托管交易中心“科技创新版”首批挂牌企业，是国内少有的可以提供工业 4.0 智能工厂完整解决方案的企业。

公司集非标设备设计、加工、制造能力于一体，产品主要包括：MES 系统、机器人柔性系统、自动化装配设备、检测及测试设备、整线解决方案及智能工厂规划。产品广泛应用于汽车动力总成，汽车零部件，新能源汽车动力系统，飞机制造等领域，可以满足客户的各种差异化需求。同时，公司也为客户提供现有生产线及设备的自动化改造升级服务。

昂华秉承“诚信、责任、专业、坚持”的价值观，致力于成为高端装配自动化行业的领军企业，引领“中国设计”走向世界舞台。

新能源动力电池生产线　　FLEXCUBE 智能机器人机加平台

汽车发动机生产线　　公司外景图

Anwha (Shanghai) Automation Engineering Co., Ltd
Add：NO.3 workshop 2388 Xiupu Road,Pudong,Shanghai Tel：+86 21 6817 3509/3510

公司简介 About Seeyao

上海信耀电子有限公司成立于 2002 年 4 月，是在中国科学院上海冶金研究所（现上海微系统与信息技术研究所）与上海汽车工业（集团）总公司联合共建的上海汽车电子工程中心的基础上转制而成，是集专业研发、生产与销售汽车 LED 车灯照明、汽车电子模块、汽车传感器、汽车专用集成电路等电子产品为一体的高新技术企业；是上海最早的产学研试点单位。公司严格按照 ISO9001、ISO/TS16949 质量体系流程作业，产品广泛应用于上海通用、一汽轿车、上海汽车、上海大众、日本丰田等汽车。同时承担、完成了国家科技部、上市科委、上海汽车科技发展基金等多项汽车电子科研任务。

服务宗旨

以专业为核心，以顾客满意度为宗旨，做行业里的佼佼者。

质量方针

诚信 以诚待客，诚信经营

创新 技术创新，管理创新，以满足客户不断变化的潜在需求

优质 以优质的技术服务和高质量的产品确保广大客户的满意

高效 高效率的服务，及时处理客户提出的要求

主要产品 Main Products

汽车控制器

AFS(智能前照灯系统)、LDM(LED 驱动模块)、HID Ballast(HID 镇流器)、马达控制器、ADAS(高级驾驶辅助系统)。

汽车传感器

汽车高度传感器、位置传感器、压力传感器、角度传感器。

汽车执行器

直流调光执行器、永进电机调光执行器、电磁阀、直流无刷风扇。

汽车灯具

LED 汽车灯具、PES（投射灯单元)、大灯清洗器。

联系方法 Contact Information

地址：上海市嘉定工业区招贤路 928 号（Add：No.928 Zhaoxian Rd）
邮编：201821（Zip Code：201821）
电话：+86-021-69528633（Tel：+86-021-69528633）
传真：+86-021-69528631（Tel：+86-021-69528631）

上海英内物联网科技股份有限公司

上海英内物联网科技股份有限公司（原上海英内电子标签有限公司）是一家专业从事RFID标签天线设计、研发和生产的高科技企业。公司的核心技术人员从2001年开始就研制开发RFID标签天线的生产工艺，并于2006年6月正式成立生产型公司，进行规模化生产。公司拥有RFID铝蚀刻天线的国家发明专利，并参与制定了该产品的行业标准。

公司拥有全球同行业中最为先进的生产流水线和检测仪器，生产的RFID产品已通过ISO9001与ISO14001双体系认证，目前已具备年产各种RFID高频（HF）及超高频（UHF）铝蚀刻天线100亿张以上的能力，并拥有了一支经验丰富，技术和经营管理能力强的高效团队。

凭借先进的技术和过硬的产品，英内在业内广受赞誉，至今已为全球100多家知名RFID标签封装企业和RFID系统集成公司提供累计超过百亿张的铝蚀刻天线，被大量应用于铁路交通、图书管理、资产追踪、物流供应链、医药、地铁单程票、大型会议及展览会门票等多个领域。

公司产品

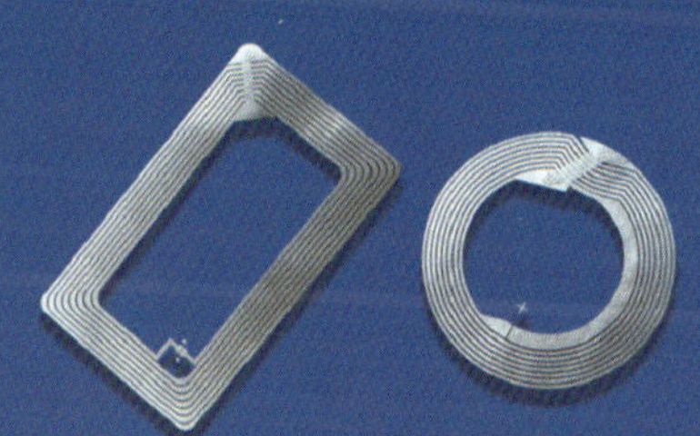

产品信息
类 别 高频天线(HF Antenna)
结 构 铝箔/PET基材/铝箔

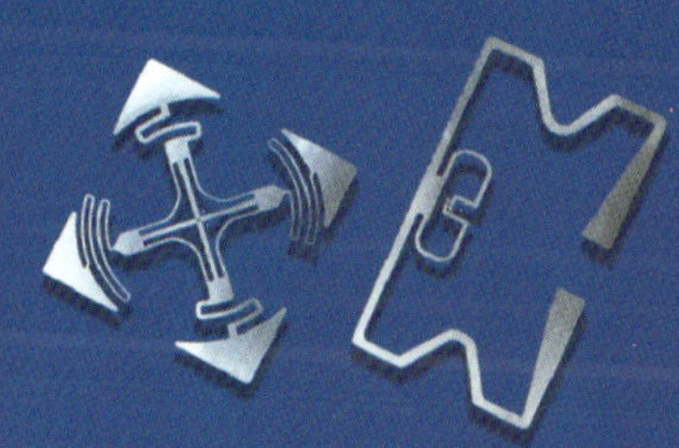

产品信息
类 别 超高频天线(UHF Antenna)
结 构 铝箔/PET基材

公司资质

公司研发力量

上海英内研究院

我们拥有一支经验丰富，技术扎实，重质量，强管理的高效团队，公司也十分重视对于技术研发力量的培养和挖掘，目前上海英内已经拥有了三十多项的技术专利，并且在持续地进行新技术的研发。

公司合作伙伴

SMARTRAC

上海威贸电子股份有限公司

Shanghai Weimao Electronic Co.,Ltd

上海威贸电子股份有限公司成立于1998年6月，注册地位为：上海市青浦区练塘镇朱枫公路南6181号58幢，注册资金4000万元。是一家集研发、生产、销售、服务于一体的电子信息行业配套产品专业制造企业。公司产品主要包括电子线束系列、PCB电子线路板产品等300多个系列、4000多种型号产品。产品可广泛应用于汽车、风力发电、机器人、高铁、计算机、家电等高端制造产业。企业于2014年被认定为高新技术企业。2015年8月，上海威贸电子股份有限公司成功登陆新三板市场，股票代码：833346。

公司总占地面积逾13000平方米，其中研发场所约2000平方米。公司自成立以来，坚持以专业化为核心，以国际化为标尺，着力培育核心竞争力，公司现拥有员工378余名，拥有一支专业技术研发团队，配备了国际先进的生产和检测设备，从而为公司近几年的蓬勃发展及建立海内外知名企业的OEM合作伙伴奠定了有力的基础，与德国法雷奥集团(VALEO)、福维克集团(VORWERK)、EBMPAPST，法国SEB集团以及日本DIGI集团等多个国家的集团公司建立了长期友好的合作关系。

公司一贯重视产品质量，注重树立员工牢固的质量意识。2000年以来连续通过ISO9001质量体系认证、ISO16949汽车体系认证和美国UL认证。产品质量符合相关行业标准以及欧盟ROHS标准。同时公司注重知识产权保护，共申请发明专利1项，实用新型专利31项、外观设计专利10项。除发明专利处于实审阶段外，其余专利均已获得授权。公司每年投入约占销售收入5%的经费用于新产品研发。

公司一贯以技术创新为核心；以研发新项目、开发新产品为目标；采用网上销售模式，在全球知名搜索网站上均有搜索关键词，销售范围覆盖全球。公司凭借广泛的采购网络、充足的原厂货源、强大的售后服务系统为基础，能够全方位保证实现客户的最大利益。目前公司已发展成为国内著名的民营企业电子零件制造厂家，与国内同类型企业相比，公司具有明显的规模化成本效应，在同行业中具备较高的竞争优势和较为广泛的知名度。

华勤通讯技术有限公司

华勤通讯技术有限公司创建于2005年8月，注册资金2.7亿元，是全球领先的手机设计研发公司，多年来，秉持“改善人们的沟通与生活”的经营使命，专注于手机、平板电脑、可穿戴设备等智能产品的研发设计、生产制造，为海内外客户提供有竞争力的产品，致力于成为全球卓越的智能产品服务商。总部位于中国上海浦东新区，并在上海、西安、深圳、东莞、香港等地设有研发中心和生产基地。

华勤公司拥有“软件企业”、“高新技术企业”、“中国手机方案设计十佳企业”、“上海市创新型企业”、“国家级软件企业”、“上海市明星软件企业”等一系列荣誉称号，先后获得13项高新技术成果转化项目，已拥有的自主知识产权过千项，并通过ISO9001/ISO14001/OHSAS18001/QC080000的四合一管理体系认证。

华勤成立以来，一直保持快速、稳健成长。至2015年，公司累计出货超2亿部。产品遍及海内外100多个国家和地区，服务全球200多家运营商。华勤的创新技术、产品品质、研发交付等整体服务能力获得了客户高度的认可。华勤的知识产权申请和授权数量在业内首屈一指，至2015年12月授权专利达到1238项，发明专利达到112项。

未来，华勤将持续秉承“成就客户、拥抱变化、诚信、协作、敬业、激情”的企业文化理念，致力于为客户提供更先进、更具竞争力的产品，与客户共创可持续发展的美好未来。

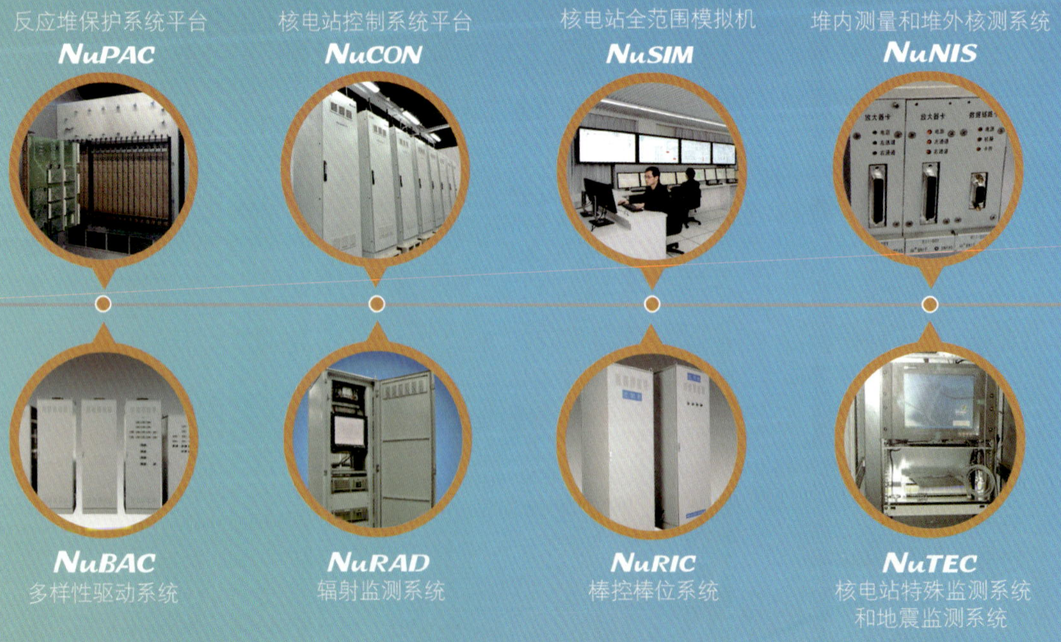

上海和辉光电有限公司（简称和辉光电）是一家专注于中小尺寸AMOLED显示屏生产和下一代显示技术研发的高科技公司。和辉光电是由上海市政府和金山区政府共同投资建成的上海市战略性新兴产业重点项目，一直得到政府的大力支持。该项目的顺利推进在当地形成联动互补的产业格局，促进产业结构的调整，带动地区相关产业的发展。

和辉光电成立于2012年10月，公司一期项目于2012年11月破土动工，目前已建成国内第一条、设备最完善、技术最先进的第4.5代低温多晶硅（LTPS）AMOLED量产线。公司首批产品于2014年4月亮相，2014年第四季度开始大批量出货。公司自成立以来，在经营战略上，专注于AMOLED领先技术、专注于中小尺寸显示屏、专注于中国市场，致力于打造中国最好的AMOLED显示屏；在市场上，和辉光电希望与国内品牌厂商携手，共同打造属于中国的旗舰产品；在目标上，一期项目所有的战略指标均已提前完成，并率先在国内实现AMOLED显示屏的量产，产品获得了市场的高度认可。

和辉光电致力于生产"以颠覆性技术，让所有人都能享受更真实、亮丽、健康的AMOLED显示屏"，秉承着"廉洁为心、安全为体、敬业为本、创新为翼、共赢之志"的核心价值观念，努力营造公正、公平、安全、敬业、创新的公司环境，并且与国内外众多知名品牌企业建立了良好、稳固的合作伙伴关系，逐步形成了强大的人才、技术和品牌优势。项目成立后，和辉光电迅速吸引了国内外众多人才加盟。截止2016年3月公司人数已超过1700人，搭建了国内最完整的AMOLED技术团队，其中核心的技术团队中拥有硕士以上学历的员工占总人数的49%，拥有8年以上相关经验的员工超过了70%。

智能化浪潮席卷全球，而中国已经成为全球智能化产品的最大市场。AMOLED显示屏天生具有的色彩逼真、反应速度快、视角更广等优秀性能，已经成为智能化浪潮的宠儿和旗舰产品的首选。显示技术在消费电子及智能穿戴领域占据着至关重要的地位，尤其是先进显示技术一直为国外厂商垄断。作为AMOLED国际市场上的后来者，和辉光电在产品规格的提升上一直超速前进，自2014年3月首片高清HD显示屏点亮起，在不到一年半的时间内完成FHD、WQHD(2.5K屏)到UHD(4K屏)三级跳，6寸4K屏的点亮标志着和辉在AMOLED技术层面已经达到了国际领先水平。同时，和辉光电也是国内首家实现AMOLED显示屏量产的企业，目前和辉光电的AMOLED显示屏产品涵盖智能手机、智能穿戴、虚拟现实、车载显示等多种应用领域。特别是全球首款1.4寸圆形AMOLED显示屏的推出，已成功配合本土品牌大厂冲击国际高端市场；超高清解析度显示屏产品也得到虚拟现实应用，获得多家国际知名企业青睐；同时，发布的全球首款8寸车载全高清AMOLED显示屏，将掀起全球车载显示领域的新一轮技术革新。

公司发展至今，和辉光电不但聚集了一支最全面的技术团队，还积累了多项专利技术，开发了应用于各个领域的AMOLED显示屏产品，不断改善生产良率，扎扎实实的实现了AMOLED显示屏的批量生产，引领中国AMOLED显示产业，填补了国内市场空白。和辉光电致力于由"中国制造"转型为"中国智造"，希望抓住在国内AMOLED领域暂时领先的优势。目前公司正在积极筹备二期项目，为AMOLED显示屏的发展提供更好平台。

产品资讯

面向智能手机显示

5.5"FHD(窄边框)AMOLED显示屏
5.5"FHD AMOLED显示屏
5.2"HD AMOLED显示屏
5.0"HD AMOLED显示屏

虚拟现实显示

3.5"1K AMOLED显示屏

智能穿戴显示

0.95"方形AMOLED显示屏
1.2"圆形AMOLED显示屏
1.41"方形AMOLED显示屏
1.4"圆形AMOLED显示屏

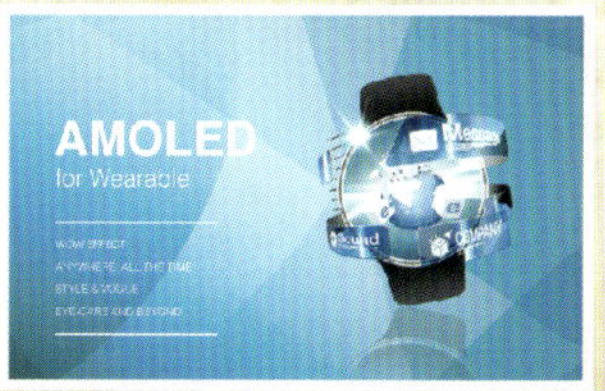

车载应用显示

8"FHD AMOLED显示屏

AMOLED技术简介：

显示器作为为用户带来直接感官体验的产品，对卓越性能的追求从未止步——高画质、超轻薄、长寿命、低功耗等均是衡量平板显示器产品的重要指标。AMOLED（Active Matrix/Organic Light Emitting Diode)，即有源矩阵有机发光二极体面板，以其卓越画质、轻薄外形、宽温操作、户外可视、节能省电等特性，尤其是在健康护眼方面的巨大优势，得到了业界的广泛关注，有望成为继阴极射线管显示器（CRT），液晶显示器（LCD）之后的第三代主流显示技术。

公司概况：

上海东源计算机自动化工程有限公司（简称东源公司）是中交第三航务工程勘察设计院有限公司全资子公司，是一个在交通工程领域以计算机技术、自动控制工程为主的科技型企业，公司主要经营范围有港口、电厂、钢厂、化工厂等工矿企事业单位自动控制项目的设计、软件开发、设备成套、安装调试直至项目总承包，企业信息管理系统（MIS）的软件开发、集成及楼宇自动化工程以及港口码头、物流园区综合管网信息系统（GIS）研制。

公司自2002年起成为上海市高新科技企业和上海市软件企业，并连续多年通过复审和软件业年检。公司于2007年起通过英国劳氏公司的ISO 9001质量管理认证、ISO 14001环境管理认证和OHSAS 18001（GB 28001）职业健康安全认证。2009年被评为上海市徐汇区小巨人企业，2010年被评为上海市科技小巨人培育企业。

[2015年经济工作情况]

2015年，东源公司以技术创新为根本，公司上下团结一心，迎难而上，实现销售收入2.5亿元。

公司经营多年的自动控制设计、软件开发，以质量优、服务佳继续在各领域广泛应用。公司研发的智能全自动堆取料系统，实现了远程化作业甚至堆场全自动作业，提高作业效率，节省人力成本，改善工作环境。本系统所具有的智能化指标，在国内同行业中，处于领先的管理水平和技术水平。

2015年，公司成功申报并评为上海市科技小巨人企业。截止2015年，公司已获软件著作权37项，已获得授权的发明专利1件，2项实用新型专利，其余发明专利正在受理。

[2016年发展趋势]

2016年，公司坚持以科技创新为动力，注重新技术、新领域的开拓和发展。利用雄厚的技术力量和先进的管理机制，不断调整产品结构。公司愿以“一流质量、一流服务”与广大客户共创未来。

中国电子科技集团公司
第五十研究所

全国文明单位

全国五一劳动奖状

中国电子科技集团公司第五十研究所（又称上海微波技术研究所），隶属中国电子科技集团公司。具有"GB/T19001-2008 质量体系认证证书"、"一级保密资格单位证书"、"GB/T24001-2004 环境管理体系认证证书"、"GB/T28001-2011 职业健康安全管理体系认证证书"、"上海市高新技术企业证书"、"AAA 级资信等级证书"。近年来获得"全国文明单位"、"全国五一劳动奖状"、"中央企业思想政治工作先进单位"、"上海市劳模集体"等多种荣誉称号。

五十所地处上海，在普陀区、松江区拥有三个所区。其中，常和路所区占地约 70 亩，规划建筑面积约 100,000 平方米，是五十所本部及主要军工产业园区；武宁路所区占地 25.3 亩，建筑面积 36,683 平方米，是五十所的主要民品产业园区；佘山所区占地 23 亩，规划建筑面积 10,000 平方米，是五十所的外场试验与培训基地。截止 2015 年，五十所现有从业人员 1100 余名，下属八个科研生产部门、十二个管理部门，及三家产业化公司（上海协同科技股份有限公司、上海五零盛同信息科技有限公司、上海申达自动防范系统工程有限公司）。建所以来获得国家级、省部级等各类科技进步奖近 300 项，获得各类专利及软件著作权授权近 300 件，授权制定国家标准、军用及民用技术标准 12 项。

五十所坚持"以军为本、以民为主、军民融合"的发展方针，形成了军民结合的四大产业结构，即军工电子、电力电子、市政电子和安全电子。在军工电子领域，重点发展战术通信系统与装备、特种雷达及特种仪器，为我军武器装备现代化建设做出了重要贡献。在民品产业领域，电力用户用电信息采集与需求侧管理系统、数字化市政监控系统及设备、安全防范与探测系统及设备等已大量运用于国民经济建设各领域，产生了较好的社会效益和经济效益。2015 年全所实现营业收入 16.7 亿元，利润 1.7 亿元。

五十所十分注重企业文化建设，形成了以"创新、诚信、友爱、奉献"为核心的企业文化体系，为所的发展起到了重要的促进作用。

经过几十年的探索与追求，五十所已发展成为四大主营业务特色显著，人才队伍结构合理，创新体系和管理体系运行高效，团结和谐、诚信务实的高科技型研究所。

常和路所区效果图

韩正到所调研

周波到所调研

所大门

中国人民解放军第四七二四工厂

（上海海鹰机械厂）

中国人民解放军第四七二七四工厂，又名上海海鹰机械厂，是海军装备部直属的航空装备保障性企业，组建于 1958 年 4 月，地处上海市闸北区场中路 3127 号，占地面积 450 亩，现有职工 1400 余名，固定资产 5.6 亿元。

建厂五十多年来，在上级党委的正确领导下，经过几代海鹰人的不懈努力，尤其是“十一五、十二五”期间专项建设，工厂已经从小到大、由弱变强，现已形成专业齐全、设备精良、技术全面、管理科学、质量可靠、环境整洁等众多优势，是一家具有一定生产规模和实力的军队装备保障性企业。

在企业经济建设发展中，工厂始终坚持以党的方针、政策指导改革发展工作，以军队保障性企业的使命、任务为立足点，以狠抓技术、质量和基础管理为动力，以全面提升企业综合维修保障能力为目标，全面规划、周密部署、精心组织、合理安排，促进了生产、建设的快速发展，取得了良好的军事效益和经济效益。连续被评为海军优秀企业、海军思想政治工作优秀企业、全军思想政治工作优秀企业。先后被授予上海市“文明单位”、全国“守合同、重信用”单位和全国“企业文化建设先进单位”、全国“实施卓越绩效模式先进企业”等荣誉称号。

上海麦杰科技股份有限公司成立于2000年10月，注册于上海市张江高科技园区浦东软件园，注册资本4415万元。公司被评为上海市高新技术企业和软件企业，2008年荣获上海市科技进步奖，2009年获得国家工信部实时数据库产业发展基金支持，2010年荣获上海市科技小巨人培育企业，2012年荣获浦东新区科技进步奖，截至目前公司已获得三项研发专利近六十三项软件著作权及软件产品登记。

自2000年创建以来，公司始终专注于实时数据库及生产信息化管理软件的研发，已成为国内最大的实时数据库产品及技术服务供应商，公司自主研发的openPlant® 实时数据库产品凭借先进的技术和良好的服务，在智慧工厂（如：核电、火电、清洁能源、石油、化工、食品、制药、造纸、采矿、冶金和数据中心等）和智慧城市（环保、物流、交通、隧桥、建筑物、地下管网、能耗监测、智能电网和智能家居等）领域得到了广泛的应用，改变了进口实时数据库产品垄断行业市场的局面，为国产基础软件在与国外产品的竞争中赢得了一席之地。

作为国内实时数据库行业的领先企业，公司将继续利用技术优势、人才优势，洞察行业需求，采用领先、优异的技术，秉承与时俱进的态度，不断推出基于openPlant® 实时数据库技术的一体化解决方案，为用户优化流程、优化设备运行提供技术支持，提高工作效率，实现成本节约和利润增长。

openPlant® 实时数据库系统是上海麦杰科技自主研发，具有独特安全认证机制的国产基础软件，能够保障国家信息安全。

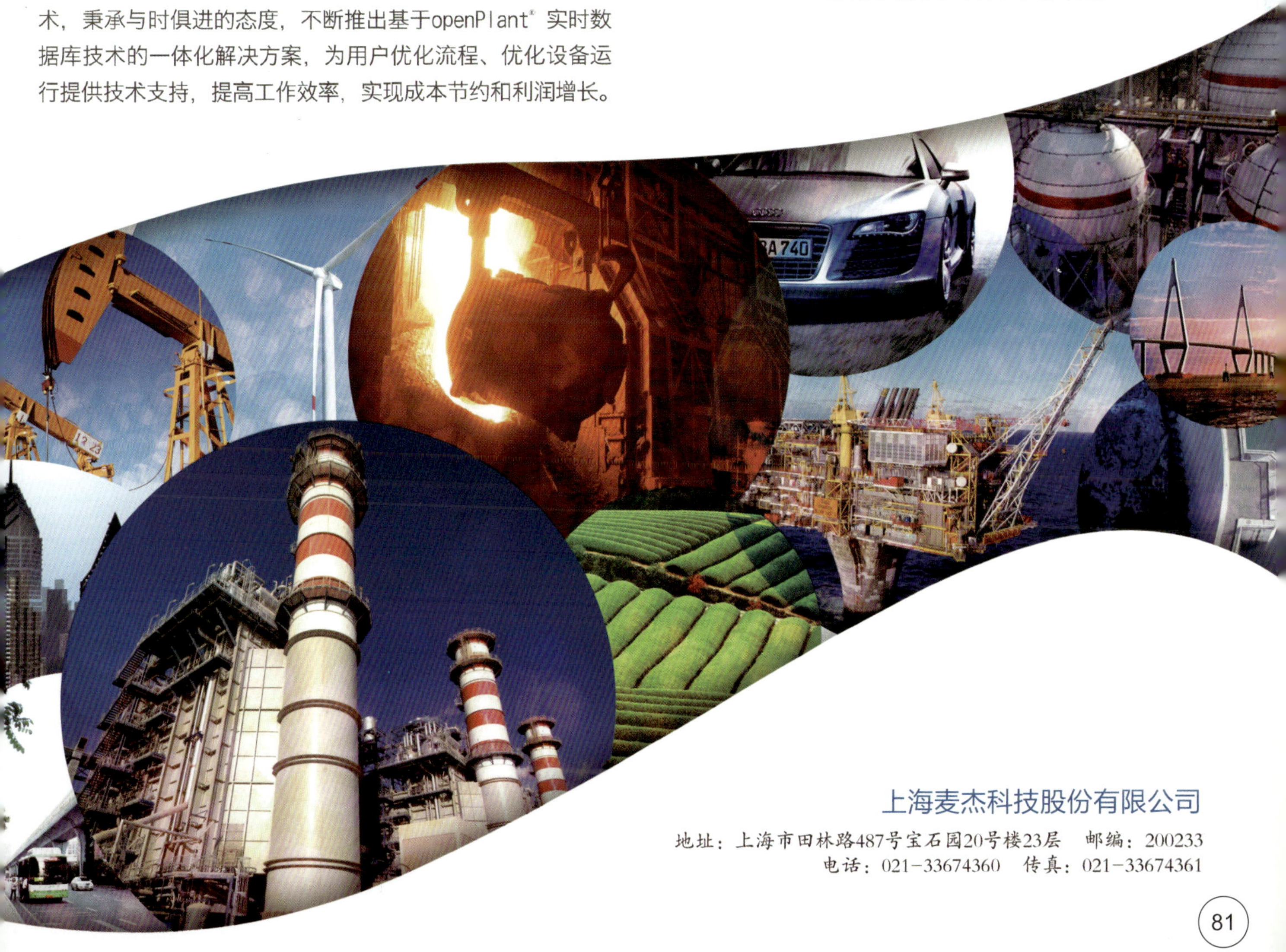

上海麦杰科技股份有限公司
地址：上海市田林路487号宝石园20号楼23层 邮编：200233
电话：021-33674360 传真：021-33674361

上海虎符通信科技股份有限公司

Shanghai Tigercel Communication Technologies Corp.

上海虎符通信科技股份有限公司是技术领先的移动智能外设开发商和通信服务解决方案提供商，于2015年1月22日登陆新三板(股票代码：831751)，凭借3G/4G路由器及智慧通信整体解决方案成为公司基础稳定的业务增长点，同年公司以1000万人民币全资注册子公司"上海易符智能科技有限公司"，开拓以包括安全监控、益智健康、学习教育等全方位概念的智能儿童硬件产品系列，以及以智能照明为先期产品的智能家居，力图成为公司另外两个主营核心业务。

虎符通信已全面服务于全球主流运营商及企业网客户，目前拥有的商业合作伙伴有沙特电信(STC)、印度Linkwell、斯洛伐克电信、韩国电信(KT，SKT)、Axesstel、Beetel、Vodafone、Airtel、Claro、奥飞动漫、大头儿子等多家海内外知名厂商，销售覆盖几十个国家和地区。

2016年1季度末，智能儿童系列产品率先进入消费品市场。主打的智能儿童手表以双向通话、精准定位、紧急呼救、科学护眼、环保健康等几个卖点，将产品定位于中高端市场，将成为同类产品的佼佼者。公司另一核心产品智能儿童牙刷以食品级材质、时时监控指导、趣味刷牙互动、健康医生守护等四个产品特性，投向目前较新、但发展潜力巨大的新兴市场。还有一款创意无限的智能儿童助眠灯，有温馨助眠、爱的陪伴、贴心定制、操作便捷等特点，能够帮助家长解决儿童睡前依赖父母的问题。

目前公司所有智能儿童产品均与国内一线动漫品牌超级飞侠和深受孩子喜爱的《大头儿子小头爸爸》开展战略合作，增加了产品的核心卖点，保证拥有强大及广泛的吸引力。

2016年上半年，智能儿童产品和智能家居照明将会在线上电商旗舰店、线下大卖场、母婴渠道、ICT渠道、玩具渠道、家居卖场、装饰装潢公司等全面上线。通信业务主要销售渠道包括：海内外通信运营商、商用路由器解决方案需求商、3G/4G路由器产品需求方等。

作为高新技术企业，公司具备较高的研发水平，拥有多项国家专利并获得"上海市重点推荐新产品"、"上海科技孵化企业创新奖"、"创新创业大赛优胜奖"、"国家创新基金"、"上海市创新基金"、"上海市徐汇区高新技术产业项目专项资金"、"知识产权工作优秀企业"等殊荣。2015年10月，公司在物联网通信软硬件研发及销售领域获得了GB/T19001-2008/ISO9001：2008质量管理体系要求认证证书。该证书的取得，意味着公司已在管理、实际工作、供应商和分销商关系及产品、市场、售后服务等所有方面建立起一套完善的质量管理体系，体现了公司规范的管理水平、可靠的信誉及不俗的市场竞争力。

虎符通信目前已制定了明确的以"品牌产品＋云服务＋大数据"作为未来发展的战略，凭借创新技术核心，通过满足用户的智慧生活需求为理念，把云服务和大数据分析为支持，致力于成为一流的通信服务提供商和移动智能产品开发运营商。同时，公司把战略重点放到智能儿童产品领域及智能家居产品领域，以"高品质＋高辨识度"的产品确立在智能硬件市场的强势地位，公司必将进一步获得快速发展机会，成功转型，全面稳步提升。

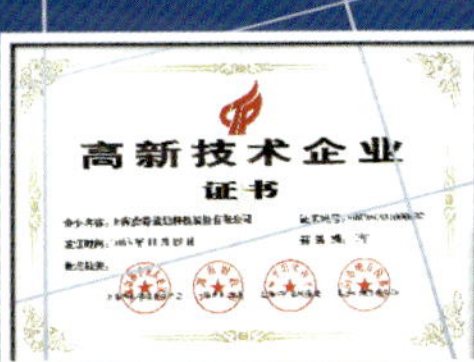

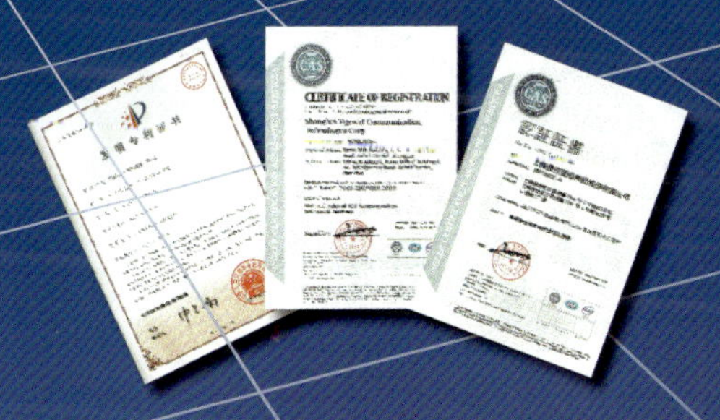

上海天跃科技股份有限公司

上海天跃科技股份有限公司创建于2002年，系新三板挂牌企业，证券简称天跃科技，证券代码430675。作为一家"专家级的安防服务商"，公司专注于为用户提供"技防＋人防＋报警运营＋云服务"全方位安防服务解决方案。

天跃科技立足行业发展前沿，以创新为本。公司先后获得近100余项软件著作权和专利，多项产品获评为国家和上海市重点新产品奖。行业解决方案广泛应用于金融、教育、能源、大型企业等众多行业。多年耕耘铸就领先优势，迄今已成功建设了近300个全国、省、市级各种规模的金融行业安防监控联网系统，在教育行业亦树立多所著名高校行业应用典范。

天跃科技先后成为国家标准委全国安防标准委员会(SAC/TC100)委员单位、中国安防协会副理事长单位、中国建筑智能协会常务理事单位、上海报警协会副理事长单位。并作为主要起草单位，参与了包括《银行安防报警监控联网技术要求》(GB/T16676-2010)、《普通高等院校安防系统技术要求》、《安全防范系统光端机技术要求》等多项国家、公安部、上海地方标准的编制。

天跃科技现有员工400余人，两家子公司，在北京、上海、广州、西安、武汉、成都等地设立26家直属分公司，在全国50个城市设有办事处，拥有覆盖全国的营销和技术支持体系，为用户提供高效快捷的本地化服务与支持。2014年，天跃科技成立子公司上海信安保安服务有限公司，开启公司人防、报警运营等安防运营业务新领域。全面致力于为行业用户提供高品质、全方位的安防服务。

中国联合网络通信有限公司上海市分公司

中国联合网络通信集团有限公司(简称中国联通)于2009年1月6日在原中国网通和原中国联通的基础上合并而成,在国内31个省(自治区、直辖市)和境外多个国家和地区设有分支机构,是一家同时在纽约、香港、上海三地上市的电信运营企业,连续多年入选"世界500强企业"。

中国联通主要经营固定通信业务,移动通信业务,国内、国际通信设施服务业务,卫星国际专线业务、数据通信业务、网络接入业务和各类电信增值业务,与通信信息业务相关的系统集成业务等。中国联通于2009年4月28日推出全新的全业务品牌"沃",承载了联通始终如一坚持创新的服务理念,为个人客户、家庭客户、集团客户提供全面支持。

中国联合网络通信有限公司上海市分公司(简称上海联通)是中国联通在上海的重要分支机构,拥有包括移动和固定通信业务在内的全业务经营能力。自融合重组以来,上海联通经营业绩稳步提升,主营收入从融合之时的39.12亿元增长到2015年的87.77亿元,在中国联通集团公司的综合业绩考核中,连续七年名列前茅。

上海联通始终把打造精品网络,实现网络能力升级作为服务上海经济建设与社会发展的基础与保障。2015年全年投资完成率达到100%,在集团率先实现U900进城,累计完成1300个站点开通和区域整体优化。LTE载波聚合完成50个热点场景的建设和测试验证,具备了300Mbps峰值速率;基本建成全面覆盖上海市区、全面支持所有号码和4G用户的VoLTE试商用网络,成为全国唯一同时应用ATCA和NFV双技术平台的城市。上海迪士尼等一批市政重大工程进入建设阶段;顺利完成第二批地铁线路无限覆盖系统的回购等工作;持续深化智能新型运维模式,累计完成网络隐患整治234项。

上海联通还积极推进"互联网+"行动计划,正式发布了《"互联网+"白皮书》。作为秉承"创新改变世界"理念的上海本地运营商,上海联通通过自身互联网化转型,致力于成为"互联网+"的推动者和赋能者。一方面提升企业自身和城市互联网能力,一方面将互联网能力通过技术手段赋予实体经济。

上海联通突破了传统运营商的局限,以技术领先的软件化智能通信网络和云技术为基础,以灵活敏捷的能力开放平台为核心,以功能强大的大数据为重要手段,辅以海量用户和丰富线上线下渠道资源,重新定义了"云、管、端"的概念,形成全面完整的"互联网+"能力,具备发挥互联网在生产要素配置中的优化和集成作用的能力,帮助各企业乃至各行业重构信息传递方式、资源调配方式、生产管理方式、营销组织方式及客户管理方式,实现信息传递互联网化、资源调配智能化、生产定制化、销售电商化、经营精准化、客户管理个性化的互联网转型目标,从而提升实体经济的创新力和生产力。

上海联通将努力提供数字世界的生产性服务,构建本土数字生态系统,连接全行各业创新能力,推动实体经济转型升级,共同获取"互联网+"经济发展红利,全力提高上海城市信息化水平,助力科创中心建设,为上海参与"一带一路"建设提供国际通信业务支持,为形成以互联网为基础设施和实现工具的经济发展新形态而贡献力量。

今后,上海联通仍将在上海市委、市政府和中国联合网络通信有限公司的领导下,围绕全面建设小康社会的宏伟目标,严格履行对社会的承诺,全力创新通信产品,不断提升服务水平。为中国电信业的改革发展,为上海城市建设和经济发展作出应有的贡献。

QhsePlant管控一体化智造平台

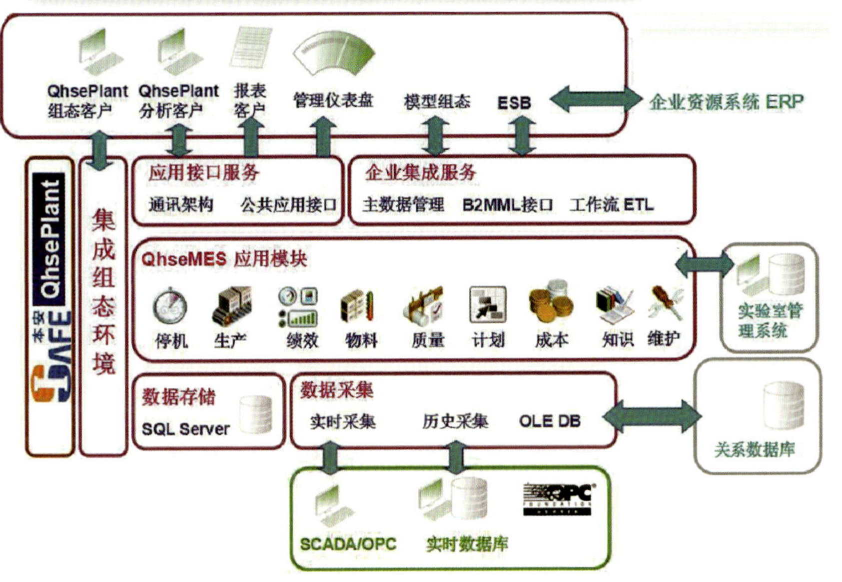

QhsePlant 是超力本安信息技术有限公司推出的全数字化智能制造整体解决方案。以统一的数据管理、统一的通信、统一的平台，调度和优化各自独立产品、服务和流程，实现集管理、控制、优化、调度经营于一体的综合自动化智能制造管理平台，全面提升企业与企业联盟的产品、服务全生命周期管理。

QhsePlant 包括的强大的数据采集与逻辑组态分析平台 EmsPlus，全方位的数据集成实时数据库 ZG3，和可组态制造执行系统组态与运行平台 CL-MES。

ZG3实时数据库一致力于全方位的数据集成

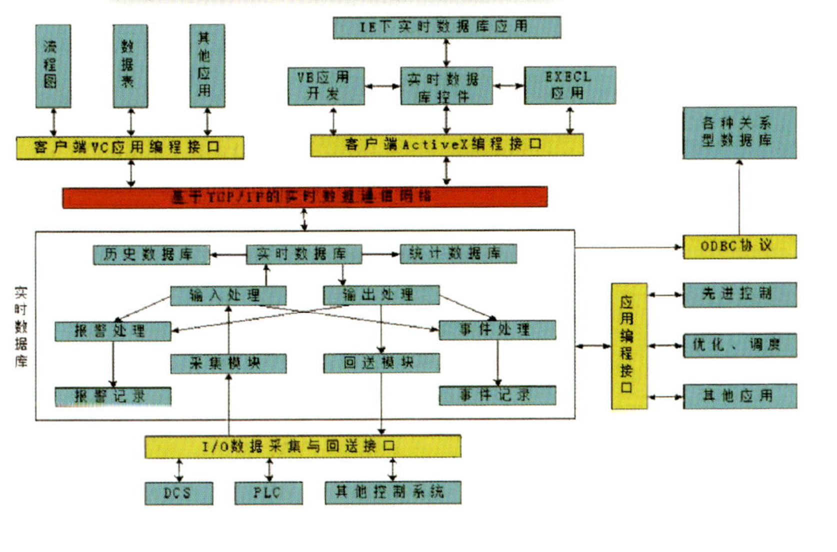

ZG3实时数据库

是为企业生产过程管理和生产过程优化一体化解决方案提供生产信息数据和高级应用软件的运行平台，是一个过程实时信息管理平台和综合集成平台。为各层次生产管理人员和高级应用软件提供统一数据源。

★ **质量** 通过数据挖掘、信息集成、精益管理技术、企业门户、绩效与价值链分析等技术，提高企业产品与服务的质量，最终提升企业的综合竞争力。

★ **健康与永续经营** 对影响企业、设备和人的健康的因素进行全产品生命周期的监控与管理

★ **安全** 利用各种高度可靠的控制系统、检测单元和执行机构对生产设备与装置的运行提供保证，对关键装置进行健康管理与故障诊断。

★ **环境与效率** 通过先进的建模技术、控制技术、在线优化技术、在线流程模拟技术、综合计划调度与排产技术，来实现节能增效。

目前，QhsePlant 优势在于支持 IT 行业的标准如 SOA；支持所有自动化设备的数据采集；支持本安的硬件设备和第三方控制设备的集成；支持 ISA95、B2MML 以及与 ERP 的标准接口。

上海市信息管线有限公司是根据上海市委、市政府为加强本市基础通信管道建设与管理的决策，由上海市信息投资股份有限公司投资成立的专业经营集约化通信管线的企业。自成立以来，公司积极开展本市各类信息通信基础设施（包括市政道路管道和商业楼宇、居住小区、基站机房和企事业单位管线接入等）的集约化建设，为各电信、有线电视和通信服务运营商公平开展业务提供了必要的信息通信管网平台，有效地提高了有限的地下管位资源的利用率，减少了道路的重复开挖，加快了上海信息化的进程。公司已为本市各通信、有线电视和信息服务运营商以及有关政府部门和企事业单位提供了超过 29000 余孔公里的信息管道，完成了本市道路上约 10000 皮长公里信息架空线缆入地，有效地改善了市容环境。

上海市信息管线有限公司

地址：徐汇区小木桥路 681 号 12 楼（200032）
电话：61325200　　传真：61325300

GDS 万国数据

科技成为服务 共享人类智慧
Bring Technology to Service Share the Smarts and Intelligence

1
国内第1家通过ISO20000、ISO27001、ISO9001、BS25999资质认证的服务供应商
国内第1家获得灾难恢复类信息安全服务资质认证的企业

15+
超过15年的IT服务经验

17
截止2014年底，全国运营有17个数据中心

35,000
合计可提供超过35000 m² 的机房面积

115,000
拥有数据中心建筑面积达115000 m²

万国数据（GDS）拥有世界级新一代数据中心与高可用IT服务经验及卓越的产业链整合能力，是基于世界级数据中心的高可用IT服务供应商。

灾备・数据中心
运维外包
云计算・咨询

官方微信

7x24小时服务热线：
4000 724 366
邮箱：marketing@gds-services.com
网址：www.gds-services.com

上海有孚网络股份有限公司创立于2001年,公司总部位于上海,在北京、深圳设立有分支机构,是国内领先的企业级云计算运营商。公司以软件即服务(SaaS)、基础架构即服务(IaaS)、云数据中心服务(IDC)以及专业的SAP管理云即服务(SAP MCaaS)等为主营业务,致力于"让企业信息化更简单!"

有孚网络专注于企业信息化领域,以云桌面为入口,将协同办公、管理应用软件、云计算平台、大数据平台整合在一起,通过数据网络,以服务的方式提供给用户。有孚的云计算应用及服务模式,让企业能够以租用服务的方式建设其全部信息化架构,不仅可以打破信息化壁垒,消除数据孤岛,同时无需担心信息化平台的安全稳定,从而可以更专注于业务。

有孚现有产品线包括云托管、专线、云主机、云存储、云解决方案、云邮箱、企业级SaaS应用,以及针对行业打造的金融云、教育云、医疗云、电商云,面向智慧园区提供的"拎包入住"解决方案等等。经过多年探索,公司还成功打造了面向中小企业用户的服务品牌"阳光互联"。作为在线自动开通平台,"阳光互联"的业务范围主要包括顶级域名注册、云虚拟主机、云服务器、云邮箱、域名安全证书产品等等。

目前,有孚网络正竭诚为包括全球500强在内的10万多家企业和政府机构提供核心的信息化解决方案,使越来越多的客户真正体验到云计算带来的快速部署、按需服务、服务超值、成本低廉的巨大好处!

上海东方有线数据服务有限公司

OCN 东方有线

"视尚生活"数字电视平台

● 焦点展示位
视频/动图播放

● 推广位
点击可进入下一级页面

● 推广位
点击可进入下一级页面

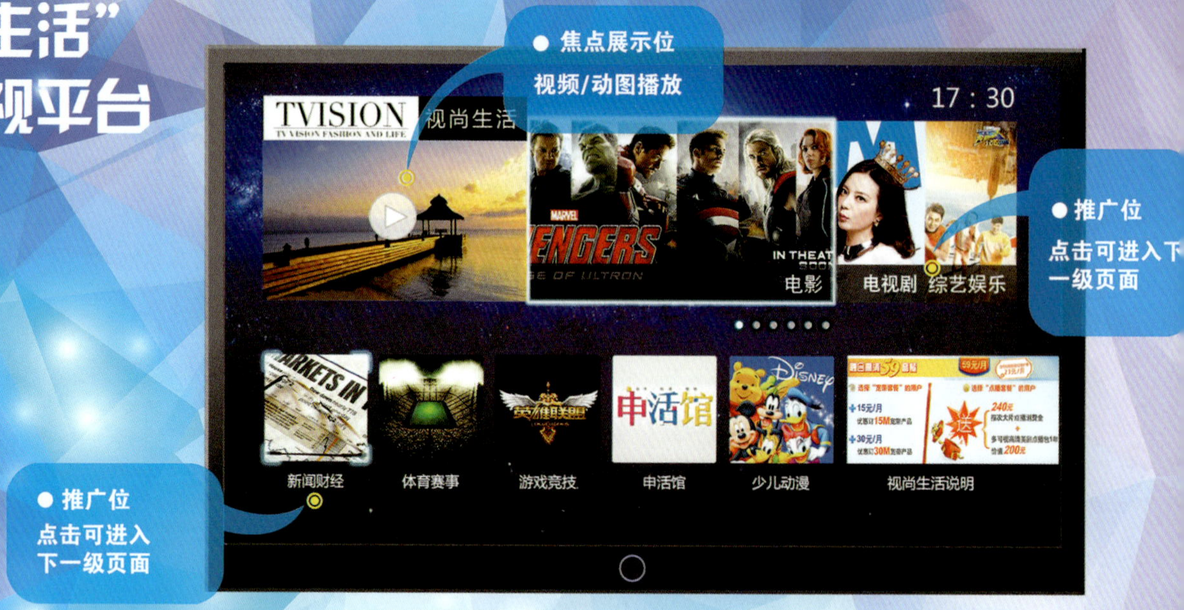

平台性质

"视尚生活"数字电视平台为B2B2C的高清互动服务平台，致力于打造企业行业形象展示及信息发布的专业平台，同时为广大申城居民提供高品质的时尚生活服务。

业务特点

"视尚生活"是面向公司NGB区域内，已具备有线电缆接入条件的定制产品，以"企业信息发布+高清大片"为内容，以"用户体验为中心"为理念，为企事业客户提供专业的企业形象及内容展示位，并致力于打造企业专属的信息发布专区。

商业模式

"视尚生活"数字电视平台包括二级页面，首页包括1个焦点展示区域及6个上部推荐广告位、6个下部广告位。其中，每个广告位均可点击进入第二级页面，二级页面有4种展示形式：全屏视频展示、全屏图片展示、专题展示（可做多个热点展示）、菜单式展示。客户可根据自身实际需求DIY合适的方式进行信息发布展示。

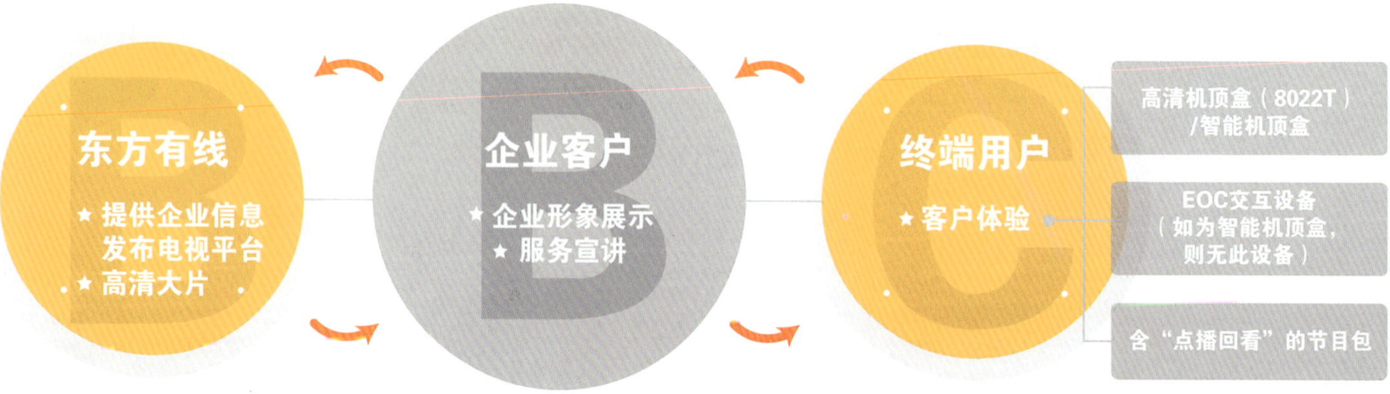

东方有线
★ 提供企业信息发布电视平台
★ 高清大片

企业客户
★ 企业形象展示
★ 服务宣讲

终端用户
★ 客户体验

高清机顶盒（8022T）/智能机顶盒

EOC交互设备（如为智能机顶盒，则无此设备）

含"点播回看"的节目包

上海东方有线数据服务有限公司
浦东世纪大道1168号东方金融广场A座1104室

企业客服电话：962877
企业网站：www.ocn.net.cn

上海数讯信息技术有限公司

公司简介

上海数讯信息技术有限公司成立于 1999 年。作为面向全球的 ISP 和 DC 服务提供商，业务范围涵盖：数据中心、网络通信、信息系统集成以及电信增值服务等。

公司拥有多个数据中心及丰富的网络和宽带资源，在上海建设运营了 3 个数据中心，其中包括按国际机房标准 ANSI/TIA-942 最高等级 Tier4 设计建造的、业界领先的数讯国际数据中心(IDX®)，数讯北京国际数据中心也即将启动建设。

我们将一如既往的秉承“用户至上、诚信经营、以人为本、效率效益”的理念，创新业务，完善运营，精益求精，为客户提供更加优质的服务。

上海思华科技股份有限公司

上海思华科技股份有限公司于2000年在上海成立，是一家长期专注于互动媒体平台解决方案的设计、开发、实施和技术服务的高新技术企业。公司现有员工300多人，总部位于上海张江,并在北京、杭州、广州、成都、西安、南京、济南、沈阳设有营销和技术服务中心。

思华科技是上海市高新技术企业和软件企业，是国家发展和改革委员会、工业和信息化部、商务部、国家税务总局联合审核认定的2010年国家规划布局内重点软件企业。

思华科技汇聚了来自海内外和全球知名企业的技术及管理精英，构建了一支结构合理、专业能力强、具有团队协作精神的产品研发和技术服务队伍。公司目前拥有200多人的技术团队，78.9%为本科以上学历。核心研发和技术人员有着雄厚的技术实力，具有良好的知识背景、创新的方案整合能力、扎实的研发和技术服务技能以及丰富的内容运营产品研发经验。

思华科技始终以行业技术发展趋势和客户需求为导向，持续不断推出新技术和新产品，经过十几年的不断技术研发和积累，在互动媒体平台领域，已经拥有68项软件著作权、22项经登记的软件产品，以及6项技术发明专利。

思华科技是国内少数能够提供跨广电和通信运营商互动媒体平台解决方案的供应商之一，公司的互动媒体平台解决方案是广电运营商、通信运营商和其他行业用户开展以互动电视、互联网电视、IPTV、手机电视为主的互动媒体业务所必需的业务运营平台软件，在国内众多通信运营商和广电运营商得到应用，获得广泛好评。

思华科技凭借持续专注的行业经验积累，持续创新的软件产品和全面的平台解决方案，已与华数集团、东方有线、陕西广电网络、重庆广电、河北广电、广东有线、天威视讯、中国电信、中国联通、中国移动等众多行业领先的广电运营商和大型通信运营商建立了长期稳定的合作关系，并建立了良好的品牌知名度。公司亦多次受邀参与国家新闻出版广电总局以及核心客户的技术规范和标准制订，公司产品的技术水平和研发能力得到了业界的充分认可。

帮助人们想象、设计和创造一个更美

欧特克公司

欧特克是全球三维设计、工程及娱乐软件的领导者。自1982年推出AutoCAD软件以来，欧特克一直不断为全球市场开发种类繁多的3D软件产品。

欧特克的客户遍及制造、建筑设计、建筑楼宇、建造工程和传媒娱乐等行业，包括近十九年来获得奥斯卡“最佳视觉效果奖”的全部影片，都采用欧特克软件完成从设计、可视化到模拟的各个环节，从而将想法和创意呈现在大众面前。从各种视效大片到自产能源的楼宇，从电动汽车到为它们提供动能的电池，用户借助欧特克3D软件创造的事物遍及我们生活的各个角落。

通过众多在iPhone, iPad, iPod, 和安卓设备上触手可得的软件应用，欧特克正在让每一个人，无论是专业设计师，业余设计师，还是居家人员、学生和随性的创作者，都能够借助设计将自己的想象力一一实现，并与全世界分享创意和灵感。

- 全球拥有8,500多名员工
- 拥有超过100种产品
- 产品提供17种语言版本
- 2,400多家渠道合作伙伴
- 4,000多名“欧特克开发者网络”成员
- 1,900多家欧特克授权培训中心
- 36万多名AUGI（欧特克国际用户组）成员
- 258万Subscription固定期限使用许可用户
- 1200多万专业产品用户
- 超过2亿消费应用用户
- 超过6.8亿学生与教育工作者免费试用欧特克软件

● 全球总部 ● 区域分支机构 ● 欧特克画廊（Autodesk Gallery）

好的世界

欧特克（中国）软件研发有限公司

欧特克全球最大设计、工程和娱乐软件研发中心

2003年，欧特克中国应用开发中心（CADC）在上海成立，在国内开发世界领先的核心设计软件，并带动外包软件公司及其第三方软件公司的迅速成长，对中国软件产业发展起了很大的推进作用。

2008年1月8日，欧特克全球最大的研发机构——欧特克中国研究院（ACRD）在上海正式成立。欧特克中国研究院拥有1300名研发工程师，是目前跨国企业在中国建立的规模最大的软件研发机构之一。欧特克中国研究院不仅能够对中国本土客户进行更贴近的支持和产品本地化研发工作，更承担欧特克全球产品开发和领先技术的研究工作，真正做到了立足中国，放眼全球。

自成立10多余年来，欧特克逐步完善了在中国本土的研发体系，为本土人才培养、技术研究、产品开发、业务创新提供了强大的平台。正如欧特克中国研究院成立时所提出的口号一样：根植中国、融聚未来。因不断创新而铸就辉煌的欧特克，将凭借其永不熄灭的创新热情和对中国的长久承诺，携手本土伙伴开启创新篇章，设计无限未来。

敬请关注欧特克中国微博
及时了解欧特克最新动向和
您所感兴趣的各行业新鲜资讯

小i机器人
www.xiaoi.com

上海智臻智能网络科技股份有限公司

地址：上海市金沙江西路1555弄慧创国际398号3楼　电话：021-39518811　网址：www.xiaoi.com

让智能机器从科幻进入现实

2015年被称为“智能机器元年”，全球人工智能正在步入第三次高潮期。虚拟客户助理（Virtual Customer Assistants）是智能机器产生商业价值的重要尝试，在中国，由于小i机器人的大规模产业化应用，让它在许多领域实现了快速落地，进入大爆发的前夕。

VCA概况

以人工智能为基础的VCA将网厅、短厅、IM、微博、APP、微信等渠道整合在一起，提供拟人化的智能服务，通过包括文本、语音、图片、视频等多媒体形式，以高智商、高情商的人机智能交互，让客户服务变得高效、便捷，同时降低成本。VCA以独有的商业价值从传统的对客服要求高的行业逐渐普及至各个行业，让智能机器人在客服领域率先落地。

从运营商、金融到电子商务、电子政务、智能终端……小i机器人已为包括国内前30大银行中的20家银行，中国电信、中国移动、中国联通，小米、联想、海尔、三星、顺丰、通用汽车、万达集团、携程等知名企业在内的超过几百家大中型企业和政府、几十万小企业及开发者提供服务，服务用户超过5亿，VCA逐步走上了全电子渠道整合、多媒体支持、基于智能化服务、融合现有人工呼叫中心并整合了客服与营销双重功能的客户关系管理新台阶。

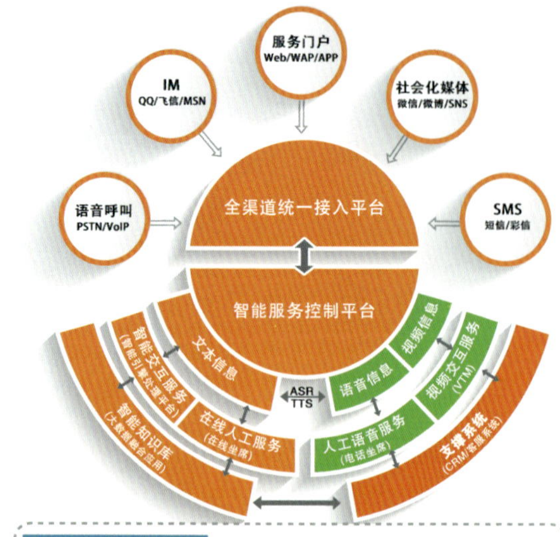

VCA在各领域中的典型应用

金融领域

招行信用卡用户可以通过加好友的形式，与招行信用卡中心智能微信客服进行互动，通过银行卡或身份证号与招行网银系统进行绑定对接，开展还款，转账、积分兑换等复杂业务。该平台可以24小时不间断的为招行用户在线服务，交流界面友好、通俗易懂。

交通银行及其信用卡中心在银行业内率先实现手机银行语音交互和全媒体渠道的整合。微信渠道上，提供随时随地的7*24小时互动服务。通过自然语言实现信息查询、账户管理、还款、转账等功能。采用小i机器人智能解决方案实现多渠道拟人化交互，在降低呼叫中心成本同时，增强用户体验，实现了金融服务的全面智能化。

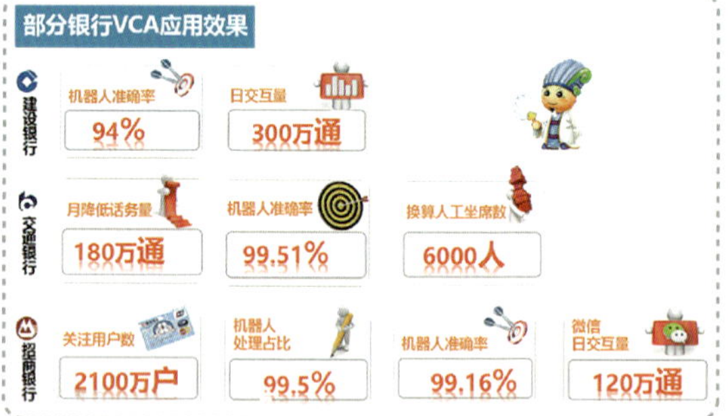

数据来源：小i机器人

运营商

广东移动通过1年的时间，构建起了一个桌面PC（网站）+移动终端（微信、APP）+呼叫中心人工在线客服+营业厅人工服务的立体化服务体系，保证多渠道、全天候为客户提供服务。在电子渠道上（web、微信、APP）上，引入以小i机器人智能机器人技术为基础的VCA应用，搭建机器人智能服务平台，完成机器人服务与人工服务的整合。

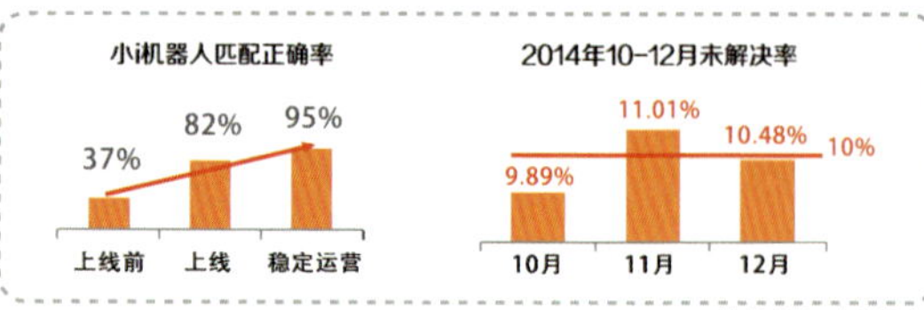

数据来源：广东移动

通用领域

在魅族官方网站及官方微信上，手机用户可以通过文字和语音两种方式与取名为“魅妹”的VCA进行沟通，咨询魅族产品和服务等的问题，办理相关业务。

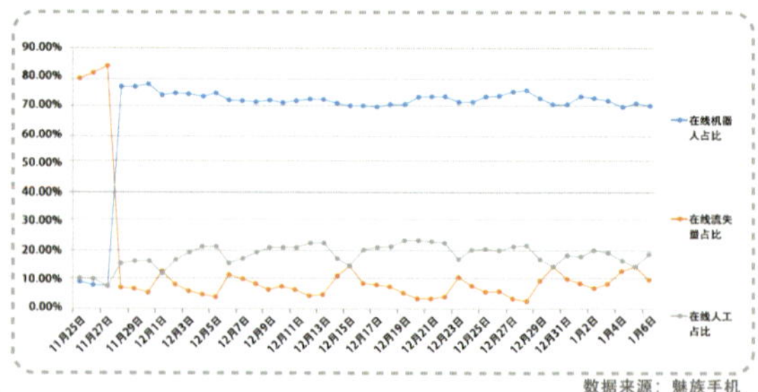

数据来源：魅族手机

从VCA到实体智能机器的延伸

VCA的核心是让机器具有理解人并与人正确交互的能力，而这种类人交互能力可以被赋予实体机器人，实现智能机器“从虚拟到实体”的产业延伸。

具有通用智能机器人平台和架构输出能力的小i机器人，于2015年底发布智能机器人云操作系统，可以被嵌入到家用电器、车载、玩具、实体机器人等一切终端设备中，使实体机器具备来自云端的思考和智能交互的能力，实现从VCA到实体智能机器的延伸，扩宽了机器理解人的技术的应用领域，加速了智能机器进入人类生活的步伐。

上海天地软件园

上海天地软件园是由普陀区政府于2004年投资建设的以文化创意产业、软件和信息服务业为主的高科技产业园区，由26栋花园式标准厂房和3幢现代商务楼宇组成，建筑面积18万平方米，是上海中心城区中规模最大的高科技产业园区之一。

十一年的辛勤开垦使得天地软件园的发展一路走来张弛有道、规划有序，园区每年在产值、产业规模上都呈现出健康、平稳的增长态势。2015年园区产值达130亿元，实现税收4.6亿元。园区荣获包括国家级文化产业基地、国际服务贸易(信息技术)示范基地、上海市品牌园区、上海市文化创意产业示范园区、2015年度上海市明星软件园(特色型)、上海市首批四新经济创新基地等称号，吸引了300余家高科技企业入驻，容纳了2万多名优秀人才创业，园区已成为区域经济增长的新亮点，技术创新的活跃点和人才荟萃的高地。

多年来，天地软件园坚持以服务为核心竞争力的发展理念，不断完善基础设施，优化园区发展环境；致力增值服务体系建设，提高园区竞争力；采取专业化产业链招商，集聚园区产业特色；打造专业管理团队，为企业提供贴心服务。十一年间，园区不断发展壮大，从一个名不见经传的小园区逐步成长为市级软件产业基地和国家级文化产业示范基地。

作为上海中心城区规模最大的高科技产业集聚地之一，多年来，天地软件园重点发展软件和信息服务业、文化创意产业、以及电子商务等产业。园区先后引进包括拉卡拉、科锐光电、汇潮信息、开弈集团、波克城市、帝联信息、新浩艺、方寸信息等优秀高科技企业300多家，吸纳了2万多名优秀人才创业，拥有各类著作权和专利3000多个，十年来引进资金累计达30亿元，累计总产值达250亿元，上缴税收超20亿元。园区荣获包括国家级文化产业示范基地、上海品牌园区、上海市首批文化创意产业示范园区、上海市信息服务产业基地、上海市服务外包专业园区、上海市软件出口(创新)园区、上海市电子商务示范园区、2015年度上海明星软件园（领先型）称号，十一年的辛勤开垦，天地软件园已成为充满商机、汇聚人才的发展热土。

UNITY 天地港"孵化器项目

天地应用谷－全球移动游戏创新基地"项目

良好环境＋优质服务，天地软件园成创新创业热土

上海超级计算中心

企业简介>>>

上海超级计算中心成立于 2000 年 12 月，作为国内第一个面向社会开放、资源共享的高性能计算公共服务平台，已形成一套较成熟的高性能计算服务体系，为科研及工程应用领域提供高性能计算服务和咨询服务，中心用户数逐年上升，业务呈可持续发展趋势。自 2015 年中心开始转型发展，随着云计算、大数据时代的到来，以及上海正在建设的具有国家影响力的科技创新中心和国家科学中心，给中心发展带来了新的机遇和挑战。经过积极筹划，中心从业务方向、运维模式、建设模式、人才结构、体制机制等方面谋划转型，并不断完善服务体系，提升服务能力和增值能力，力争成为全国最具影响力和综合实力最强的高性能计算中心与大数据服务中心；成为国家科学中心最重要的基础设施和成员单位；成为新一代信息技术的研究创新、应用服务、产业孵化、人才培养和体制机制创新的重要基地。

上海众人网络安全技术有限公司

上海众人网络安全技术有限公司是专业从事网络信息安全技术研发和产品生产的高新技术企业，是国家密码管理局正式批准的商用密码产品生产定点单位和销售许可单位，已通过ISO9001 质量管理体系和 ISO27001信息安全管理体系认证。企业成立于2007 年，主要技术和产品包括拥有完全自主知识产权的动态密码身份认证系统、基于云的统一身份认证平台、智慧城市公共区域安全网络系统、可应用于移动互联网的 SOTP 创新安全认证技术等，已广泛应用于政府、军队、金融、电信等涉及国家和民众网络信息安全的重要领域等。

众人科技坚持“自主研发、自主设计、自主生产”的“国产化”发展战略，是国内信息安全关键细分领域——身份认证的领航企业，申报国家专利过百项，核心技术“填补国内空白，达到国际同类产品先进水平”，是国产信息安全标准的积极参与者和推动者。最新发明的创新密码技术—SOTP，即多因素动态可重构的确定真实性认证技术，实现了密钥与算法的融合，在无需增加硬件的前提下，采用软件方式解决了移动设备中存储密钥的关键性问题；同时基于“一人一密”+“一次一密”的安全特性，保护了移动互联网用户的身份认证安全、个人信息安全以及应用数据安全，并实现了云端统一化认证；再次填补了国际、国内空白，实现了认证的安全与便捷的平衡，必将为移动互联网带来颠覆性的安全认证变革！

地址 /Add.：上海市浦东新区祖冲之路 899 号 9 幢

邮编 /Postcode：201203　电话 /Tel.：8621-33933330

传真 /Fax：8621-33933339　网址 /Website:www.people2000.net

上海鑫方迅通信科技有限公司

上海鑫方迅通信科技有限公司(方迅医生集团)成立于2009年，作为智慧医疗行业的引领者和开拓者，拥有顶级医疗资源，专注并致力于打造智慧医疗+智慧健康+智慧养老的一站式整体解决方案的服务平台，公司核心团队均是来自通信领域和医疗领域拥有20年以上丰富经验的资深专业人士，现已在北京，河北，湖北，浙江，安徽，河南，宁夏等多处设立分公司。

2012年，公司与解放军总医院(301医院)战略合作共建国家科技支撑项目《面向军地协同的跨区域医疗服务应用示范》，之后成功完成成果转化为军地协同远程医学平台，与301健康管理，社区智慧养老三大平台，上海鑫方迅作为唯一独立运营方。

2013年公司成为中国老年保健医学研究会理事与信息化健康服务促进会副会长单位、中国老年医学会医养结合促进会副会长单位，与中国老年医学会战略合作并推广居家养老慢病与健康管理业务。2014年与杭州市江干区卫生局合作建设智慧医疗医养护一体化服务平台，形成了医养结合，分级诊疗与远程监测样板点，获得国务院有关领导的肯定与好评。

同时与优秀医疗器械公司合作推出搭载云医疗服务平台的智能穿戴式系列设备，如健康一体机，宝心通，掌上血糖仪、掌上自检仪等，相关产品获得多项设计奖项和专利，建立直接面向医疗服务和社区及养老机构等的终端定制和专业服务渠道。

2016年，公司倾力打造的首个线下健康管理中心将落地北京并正式运营，通过与健康物联网、健康云平台和海量顶级专家资源有效结合，形成O2O互联网医疗健康的闭环服务。

上海卫星装备研究所

上海空间环境模拟与验证工程技术研究中心

上海空间环境模拟与验证工程技术研究中心是我国重要的空间环境模拟与验证基地，中心隶属于上海市科学技术委员会，依托单位为上海卫星装备研究所(中国航天科技集团公司第八研究院第八一二研究所)。

中心配备有100余台套大、中、小系列环模设备，为航天器工程提供复杂空间环境模拟试验验证平台及评估技术。近年来，中心致力于发挥开放性公共平台的作用，为用户提供环境试验和相关测试、分析等方面的服务，主要业务包括：产品真空环境模拟试验、太阳辐照模拟试验、大吨位振动及噪声试验、电磁兼容性测试、热循环试验、热变形测量、磁测试等。

空间环境模拟试验系统

空间环境下太阳模拟试验系统

噪声试验系统

部组件真空热试验

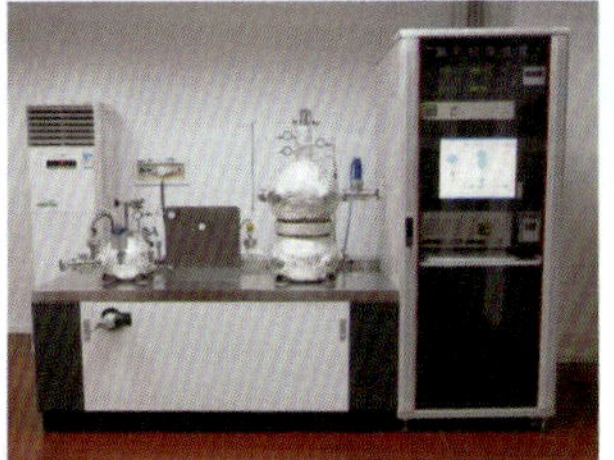

高精度真空漏率校准系统

真空微波吸收测试系统

空间环境试验测控中心

部组件热循环试验

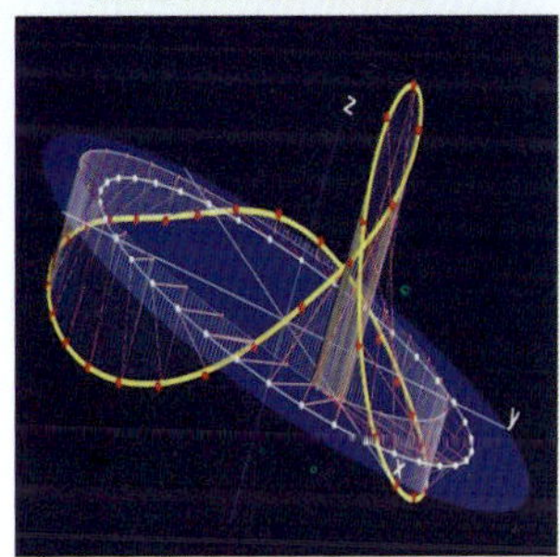

磁测试技术

微波屏蔽暗室

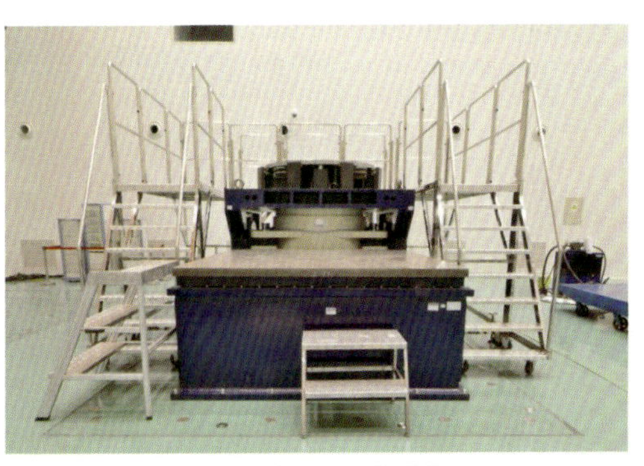

大吨位振动试验系统

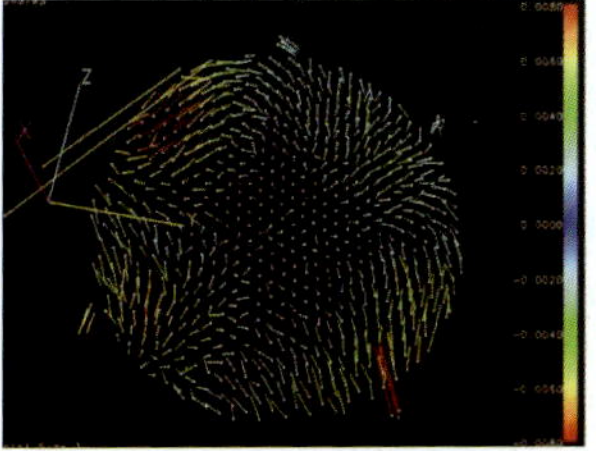

热变形测量技术

系方式
址：上海市闵行区华宁路251号　　邮编：200240
话：021-54759800　　传真：021-64620812　　邮箱：sast_casc_812@126.com

上海船舶研究设计院

上海船舶研究设计院（SDARI）成立于1964年，隶属于中国船舶工业集团公司，是目前我国民船设计领域规模最大、船型最丰富、市场占有率最高、人才队伍最稳定的研究设计单位之一。

Green Dolphin 38800DWT 散货船

上海船舶研究设计院（SDARI）新大楼，位于浦东新区张江祖冲之路2633号，是集科研、设计、实验、办公为一体的现代化综合大楼，现已成为张江集电港地区标志性建筑。大楼总建筑面积26 917.4m^2，地上建筑面积16 423.4m^2，地下建筑面积10 494m^2，地上15层，地下2层，建筑总高度58米。新大楼的外观以浩瀚的海洋为基调，融入水立方和船舶元素，凸显了绿色、节能、环保理念。新大楼的建成为员工提供了现代化的工作环境，更为SDARI百年大计提供了坚实的硬件保障。

SDARI现有员工500余人，各专业人才齐全，具备三维设计平台和各种先进软件。SDARI的服务范围涵盖了前期可行性论证、方案设计、基本设计、详细设计、直至生产设计的全过程。设计产品主要包括LNG船、散货船、集装箱船、液货船、矿砂船、滚装/客滚船、多用途船、特种工程船、海洋工程辅助船、海洋工程作业船、海洋平台等。自建院以来，SDARI累计开发新船型853型。多次承担并出色完成国家重大科技攻关项目和重大技术装备攻关研制任务。截至2012年底，共获得国家、省部级和学会科技成果241项。

SDARI遵循“精心设计、质量第一、讲究信誉、持续改进”的质量方针，依靠技术进步牢固确立了在船型研究设计方面的国内领先地位，鼎力支持中国成为世界第一造船大国。随着SDARI品牌价值不断凸显，务实创新的SDARI人正朝着“国内领先、国际一流”的发展目标稳步迈进。

30000m^3 LNG 船

16 000 kW 多用途海洋拖船

多功能水下作业船“海洋石油286”

领衔48年船舶设计坚强基石

新装备研仿中心

3000吨船台

风雨棚

船坞

4805厂全景图

吊车

新装备备件研制中心设备

申佳船厂

申佳船厂位于上海市浦东新区，毗邻雄伟的杨浦大桥。工厂占地面积约30万平方米，主要生产设备约2000余台套，拥有近千米的码头岸线，万吨干船坞，国内最大的3000吨垂直升降船台以及600吨船排各一座，是黄浦江沿岸设施设备较为齐全的修造船厂。

工厂现有职工1400余人，各类专业人才齐全。拥有新时代质量体系和法国BV27质量体系认证证书，质量保证体系覆盖各类产品。主营军民品船舶的建造、修理、改装，兼营大型钢结构制作，化工、冶金、食品、包装等行业设备制造，已具备了海军各型常规主战装备和辅助船的修理能力，具备了批量建造中小型军船的能力，具备了自行研制部分高科技含量备品备件的能力，具备了修理建造大型船舶的能力，形成了化学品船、拖船、油船、消磁船和游艇的建造线。工厂是上海市文明单位，上海市"双拥"模范单位，上海市平安示范单位，上海市治安安全合格单位，全国和上海市设备管理先进单位，上海市"五一"劳动奖状获得企业。

在建设发展的征程上，工厂坚持大力弘扬全力保障，追求卓越的企业精神，坚持"诚信双赢"的经营理念，坚持客户满意为关注焦点，以公道的价格，优异的质量，周到的服务竭诚为客户服务，励精图治，同心协力，共同谱写工厂美好的明天。

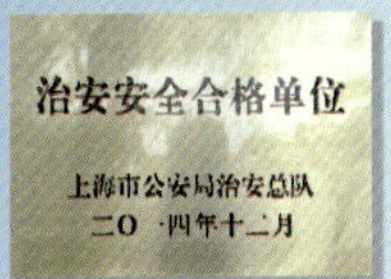

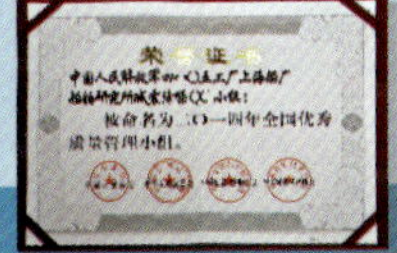

丙型交通艇

10007油船

化学品船

消防船

太阳能船

南拖189

瑞宁号公务船

World's Largest Semi-pressurized Ethylene Carrier - "Camel E"
世界最大的半冷半压式乙烯运输船 - "Camel E"

江南造船（集团）有限责任公司是中国唯一有能力自主设计、建造和交付全系列液化气运输船的企业。江南液化气系列船的货物容纳系统包括适用于液化石油气（LPG）运输的全冷型A型舱和适用于LPG、液化乙烯气（LEG）和液化天然气（LNG）运输的半冷半压式C型罐。江南液化气系列船都有自己的昵称，并根据不同船型的技术特点，以动物名命名。例如21,000 cbm液化气运输船的昵称是"Lusitano P"（野马），而具有双叶C型货液罐设计的37,500 cbm乙烯气运输船的昵称则是"Camel E"（骆驼）。江南的"Camel E"运用了一系列的前沿节能环保技术，其中包括将LNG作为船舶推进燃料的技术，江南拥有自主知识产权的"VS-Bow"新型球鼻艏和"CAPRO"螺旋桨节能装置设计等。"另外正如前述所言，"Camel E"的名称来源于该船型的技术特点："Camel"（骆驼）"善负载而寡饮食"（Eat Less & Carry More），英文字母"E"则意味该船型可运载乙烯（Ethylene）、且具有经济优化（ECO）、环境友好(Environment Friendly)、节能（Energy saving）等特点。

地址：上海市.长兴岛.长兴江南大道988号 邮编：201913

电话：66993388 传真：66993488

我们以“诚”为本，
一以贯之，为您雕铸精品。

我们以“新”致远，
与时俱进，与您共创未来。

中交第三航务工程局有限公司是一个以港口工程施工为主，全土木多元化发展、国际化经营的国有大型骨干施工企业。
具有港口与航道工程施工总承包特级资质
公路、市政公用2个施工总承包一级资质
地基与基础工程、桥梁、隧道等5个专业承包一级资质
水运行业工程设计甲级资质
被冠以“中国的脊梁”国有企业称号
公司总部设在上海，
下设30个全资子公司、1个教育培训中心。
工程地域涉及全国各地及东南亚、中东、非洲、南美等近20个国家和地区。
打造港航、路桥、市政、铁路和轨道交通、海上风电、投资建设6个核心板块。
近年来，积极贯彻“五商中交”，实现转型升级，成为集投资建设、设计咨询、设备安装、物流商贸、船舶服务等业务为一体的综合性优秀现代建筑企业。

三航“风华”号

1000吨自升式风电安装平台船
装载国内首创大型绕桩式全回转起重机、
最先进的液压插销式抬升系统及动力定位系统
集运输、打桩和风机安装于一体

地址：上海市平江路139号

中船第九设计研究院工程有限公司

中船第九设计研究院工程有限公司是中国船舶工业集团公司下属的大型综合性设计院工程公司，成立于 1953 年 5 月，由初建时期的第一机械工业部船舶设计室逐步发展成为六机部、中国船舶工业集团总公司、中国船舶工业集团公司的第九设计研究院工程有限公司，沿革近 60 年的发展历史，取得辉煌的业绩，为中国船舶工业建设和国防海军事业的发展做出了积极的和重要的贡献，成为中国船舶工业行业独一无二的大型综合型的骨干设计院，在船舶工业一直处于行业龙头地位。从 2001 年到 2006 年，九院公司完成了改企建制，经历了由事业单位改为企业，又改制为工程公司的重要发展阶段，明确了走国际工程公司道路的发展目标，形成了以设计咨询为龙头、做大做强工程承包的生产经营管理模式。在中国创建世界第一造船大国中，承担着践行环渤海湾地区、长三角地区、珠三角地区的船舶工业规划设计"国家队"的角色。九院公司具有适应企业发展和船舶工业建设领域新技术新工艺研发的技术创新能力，建立了较完善的创新体制和运行机制，近年来公司技术开发和科研业务建设辐射面更加宽泛，依托公司综合优势，开展多方面、多层次的技术研发。研发成果使九院公司在造船工艺规划设计、大型船坞建设、大型船厂起重机和坞门、船厂环境治理新技术等方面持续保持国内领先水平，甚至达到国际先进水平。不但为企业的发展提供技术支持，也为整个行业的发展建立了新坐标。

2007年1月，九院公司按照现代企业制度的管理模式正式成立了"中船第九设计研究院工程有限公司"。新公司集船舶集团知名的造船企业、科研单位于一体，形成较有利的科研、建设和管理的优势。同时新组建的九院工程公司在现代企业制度建设的过程中注重生产流程的再造，注重企业组织机构的调整，不断适应新的科研、生产和管理工作的需要。九院公司已逐步形成了较为完善的工程公司管理模式和运行体系。九院公司目前除职能管理部门外，有 10 个生产所、1 个科研所和 7 家全资及控股的子公司。

九院公司主营业务是从事工程咨询、工程设计、工程项目管理和工程总承包业务，承担着船舶工业建设和国防保障工程建设的任务，具备船舶、军工、机械、水运、建筑、电子、环境、工程咨询、工程监理、工程总承包等 26 个甲级设计资质和对外工程总承包、国外设计顾问及施工图审查的资质。2009 年公司获得国家建设部颁发的工程设计综合甲级资质，取得了涉及多个行业的多领域开拓发展的资格。2010 年公司获得了由商务部颁发的承接援外工程的资格，真正跻身援外工程设计领域，为九院公司拓展海外市场提供了必备的条件。2011 年 3 月公司取得国家建筑企业房屋建筑工程施工总承包一级资质，7 月取得上海市安全生产许可证，具备独立承接施工总承包业务的能力和资质。此外公司还具备国家武器装备科研生产单位一级保密资质。公司在多年的发展和建设中积淀了雄厚的专业技术和企业文化，已获得"全国设计百强单位"、"ENR 中国承包商和工程设计企业双 60 强"（由美国《工程新闻纪录》（ENR）和中国《建筑时报》联合评选）、"全国优秀企业形象单位"、"上海市文明单位"、"上海市优秀工业企业形象单位"、"国家高新技术企业单位"、"国家认定企业技术中心"、"国家火炬计划重点高新技术企业""上海市创新型企业"等称号。

九院公司从 1994 年开始，按照 GB/T19001 质量保证模式要求建立和实施公司的质量管理体系，并于 1998 年起获得质量管理体系认证至今。2008 年公司获方圆标志认证中心 GB/T24001-2000 环境管理体系标准认证证书、GB/T28001-2000 职业健康安全管理体系标准认证证书和国际认证联盟（IQNET）的环境管理体系认证证书及职业健康安全管理体系认证证书。九院公司目前现有职工 998 人，其中各类专业技术人员 874 人（其中研究员 98 人、高级工程师 241 人、工程师 300 人；注册建筑师、注册结构师、注册造价师、注册建造师、注册监理工程师等各类注册工程师 303 人）。公司先后有 30 多位专家荣获国家特殊贡献或者享受国家特殊津贴，相继有 4 位工程技术人员获中国工程设计大师称号，1 位获中国工程监理大师称号。

中船航海科技有限责任公司

中船航海科技有限责任公司组建于 2014 年 11 月 25 日，公司由上海航海仪器有限责任公司和中国船舶工业系统工程研究院导航研究室、舰桥研究室合并组建而成。

原上海航海仪器有限责任公司是中国船舶工业集团公司下属国有独资全资子公司，是专业研发生产舰船精密导航仪器设备的主要基地，是全国重点保军骨干企业，国家一级军工保密单位，上海市文明单位，上海市花园单位，公司地处上海浦东新区金桥出口加工区，占地面积 8.6 万平方米，建筑面积近 5.3 万平方米，其中用于生产的超净厂房、恒温厂房、空调厂房共计 1.4 万平方米。上海航海仪器有限责任公司是老军工企业，1960 年开始为海军装备服务至今，积累了丰富的精密导航仪器设备的研发与生产经验，至今已形成了平台罗经、电控罗经、多普勒计程仪、鱼雷航向姿态陀螺和普通导航仪器等五大系列的舰船导航产品。

1996 年起，上海航海仪器有限责任公司按 GJB/Z9001-96 标准和 GB/T19001-94 标准建立质量保证体系，并于同年取得中国新时代认证中心和中国船级社认证公司军、民品的认证证书，并持续至今。2012 年公司通过了总装备部“装备承制单位资格”的续审。2013 年通过了国防科工局武器装备生产许可证的书面审查。

原中国船舶工业系统工程研究院导航研究室、舰桥研究室的业务领域包括航海、导航领域的产品、研发、生产及服务，承担了大量的综合导航系统、综合舰桥、电子海图系统的设计、开发、集成工作，承担了综合导航系统、综合舰桥、电子海图系统中核心设备的研制和服务。

公司现有各类主要加工设备 200 余台；各类计量检测设备 300 台。公司现有在岗正式职工 370 名，其中：各类专业技术职称人员 100 名。公司具有完善的产品设计、开发、生产、服务的能力，形成了较完善的自我发展的质量保证体系能力和稳定地提供顾客及适用的法律法规要求产品的能力。

上海中远船务工程有限公司

海工模块装运经过外滩

上海中远船务工程有限公司的前身是上海远洋运输公司下属的航修站，成立于1970年7月，2003年1月改制重组，成为中远船务集团旗下的六家修造船企业之一。

公司地处上海市黄浦江上游，临近徐浦大桥，地理位置优越，占地面积近40000平方米，拥有包括3万和8万吨级浮船坞各一座、5070门机、大型龙门吊等设施、设备。业务范围涵盖中外船舶修理改装、特种船修理改装、海工产品研发、设计、制造、调试、总包。2013年，获上海市"高新技术企业"认定；2014年，获"全国五一劳动奖状"荣誉称号；2015年，获全国交通运输行业"文明单位"荣誉称号和上海市"诚信创建企业"荣誉称号。

公司现有员工500多人，其中特种船舶修理、改装和海工项目技术研发、设计队伍120余人(其中包括海内外知名海工专家10余人、高级设计师24人)，技术力量雄厚。同时，公司还拥有一支强大的、能征善战的海工产品建造队伍，项目管理能力超强。

上海中远船务成立以来，不断优化产品结构，大踏步进军高技术含量的特种船舶修理和改装领域，承接了大量LPG船、化学品船、冷藏船和自卸式水泥船等特种船舶的修理和改装，得到了船东的高度赞誉，拥有一张全球通行的特种船修改"名片"，客户遍及亚、欧、非、美洲等30多个国家和地区，并与德国、荷兰、希腊、新加坡、韩国、日本等多个国外航运公司建立了长期合作关系。

2011年以来，公司以技术输出方式进入海工市场，赢得了一批FPSO、新型钻井船等海工项目设计、制造和调试等技术服务订单，并在提供优质技术服务的基础上不断进行技术创新，先后中标FPSO和钻井船海工模块建造项目，近年又承接FPSO和钻井船和总包设计、建造和调试"交钥匙工程"。2013年8月1日，上海市经信委领导在上海船务首制FPSO系列海工模块交付仪式上给予了"在航运需求持续低迷、船舶产业陷入低谷的非常时期，上海中远船务积极进取，主动作为，在竞争激烈的市场中审时度势，准确定位，成功实现了从传统修船产业进入特种船舶修理、改装和海洋工程装备产业制造领域的战略转型，取得令人瞩目的成绩"的高度评价。

公司在转型发展的过程中，培育创造了"勇于亮剑、智慧经营、严爱管理、一次做对、超越自我、奉献感恩"的亮剑文化，创造了一个又一个业界奇迹。上海中远船务在上海市委市政府的重视和支持下，以中国远洋海运集团有限公司"6+1"产业布局和"四个一"系统工程为引领，抓住机遇，勇于亮剑，创新驱动，开拓进取，拼搏奉献，为实现上海中远船务安全、科学、可持续发展和"中远长兴"企业愿景努力奋斗。

11月20日14：10
N612FB 驶经外滩

11月23日10：16
N612DF 吊装到位

第一批驻巴西顾问组

杂货船改自卸式水泥船"达亚玛安轮"

上海市龙吴路2600号　Tel：021-54825615　Fax: 021-54825542
Mobil:13601758270　E-mail:jiangwanming@cosco-shipyard.com

中船工业成套物流有限公司

科技园大楼

公司大楼

中船工业成套物流有限公司是中国船舶工业集团公司于2012年8月在中船集团公司物资部的基础上成立的全资子公司，注册资金10亿元，目前已成为中船集团公司实施全面转型发展、多元发展的主力军。

公司业务从中船集团公司内部物资集中采购向集团公司外部延伸产业链，目前已形成铁矿石、钢材、能源、再生资源、成套设备和仓储物流六大产业板块，建立了稳定的物资供应渠道和销售客户群，同国内外多家大型造船企业、钢铁企业、知名机电设备制造商、能源类企业及金融界等建立了战略合作关系，2014年公司销售收入534亿元，2015年销售收入947亿，2016年销售收入将超过1000亿元。

“十三五”期间，公司将紧紧抓住国家建设海洋强国和国家能源战略的重大机遇，适应经济新常态，树立创新、协调、绿色、开放、共享的发展理念，以服务集团、反哺集团主业为使命，以提高发展质量和效益为中心，以专业化、国际化、信息化为路径，以商业模式创新、增值服务和资本运作为引领，深耕细作、做稳做强做大“集中采购、钢贸物流、能源贸易仓储”业务，拓展培育“成套设备、再生资源、LNG”业务，探索实践集团化管控模式，积极构建和完善专业化现代物流服务体系，确保经济规模持续增长、质量效益持续改善、发展水平持续提高。到2020年，公司在综合实力、产业发展、创新能力、管理水平、人才队伍等方面大幅提升，打造钢贸物流国内领先、能源仓储地区市场占有率高、集中采购覆盖范围广的集贸易、物流、金融、信息为一体的跨国现代物流集团公司。

战略合作签约

东海物流仓储基地

板块卷板

先进基层党组

副部级荣誉证书

公司地址：上海市杨浦区周家嘴路3255号(上海船舶大楼)12楼。
电　　话：021—65886588　传真：021—65886600　公司网站：cslc.cssc.net.cn

尚华医药研发服务集团

上海睿智化学研究有限公司

上海睿智化学研究有限公司（简称睿智化学）是中国目前行业领先、规模最大、富有综合实力的生物医药研发服务外包企业（CRO）—尚华医药研发服务集团（简称“尚华医药”）的全资子公司，注册资本1900万美元，由海外归国学子惠欣先生2003年创办于知名的中国药谷—张江高科技园区生物医药基地。

睿智化学的业务涵盖了合成化学、组合化学、药物化学、药物筛选、生物制剂、毒理研究、动物实验、原料药小试中试生产与工艺优化等临床前新药研发各环节，为客户提供整合一体化的的新药研发外包服务。睿智化学以其先进的人才优势、技术优势、独特的“BOT”商业运作模式、以及完善的客户服务管理体系已经和国内外500多家客户建立合作关系，特别是和全球排名前20位的生物及制药企业建立合作关系，经过近10多年的努力发展，随着与客户合作关系的不断稳固、客户研发项目的逐渐推进，所提供的产品数量在不断增加，产品的种类也在不断丰富。

公司拥有国际一流标准的实验场所46,500平方米，AAALAC认证动物房逾7,000平方米，高级标准细胞实验室2,000平方米，均配备国际一流的高端研发设备，其中80%以上为进口仪器设备。公司汇集了一支近1400人，65%以上拥有硕士以上学位，80%以上为专业研发人员，公司高层管理团队由100多位海外留学归国创业的高级科研专家和管理人才组成，他们平均都拥有10年以上海外跨国公司工作经验，其中包括一名上海市“千人计划”创新人才。

睿智化学先后获得高新技术企业、上海市科技小巨人企业、技术先进性服务企业、上海市重点服务外包企业、上海市认定技术中心、上海浦东新区生物医药科研设备共享网络平台服务提供单位、张江高科技园区“最具成长潜力”企业等资质和荣誉认可，尚华医药先后被国家商务部评选为“中国十大服务外包领军企业”、“中国服务外包医疗卫生业之星”企业和“最具活力服务贸易企业50强”。

睿智化学以其先进的技术优势、具有竞争力的人才优势、以及完善的客户服务管理体系，已经为海内外客户提供了获得一致认可的国际标准化新药研发服务。尚华医药还建立了临床前药理药效学研究、制剂研究与药物分析研究、cGMP规范药物制剂开发生产三大服务平台，帮助推动国内外创新医药公司的研究成果产业化。公司在积累经验的同时不断积极创新，热衷于为国内众多的医药公司提供高质高效的服务，致力于打造“张江创新，中国制造”的国际一流CRO品牌，睿智化学誓将成为全球医药创新事业，特别是打造中国民族品牌的卓越合作伙伴，并积极承担诚信负责、员工信赖、贡献社会的企业公民职责。

尚华医药研发服务集团
上海睿智化学研究有限公司
地址：上海市张江高科技园区
哈雷路998号5号楼
总机：51320088
邮编：201203
E-mail：teinform@chempartner.cn
Http：www.chempartner.cn

扬子江药业集团
上海海尼药业有限公司

扬子江药业集团上海海尼药业有限公司由扬子江药业集团有限公司投资成立，是一家产学研相结合、科工贸一体化的国家大型医药企业。现有员工600余人，总占地面积约20万平方米，总资产超过23亿元。企业的全部生产厂房和剂型均已通过新版GMP认证，并通过了ISO14001、OHSAS18001、ISO9001三项体系国际认证。公司成立以来先后被评为上海市高新技术企业、上海市创新型企业、上海市科技小巨人企业等；海尼药物研究所先后被认定为国家博士后工作站、上海市企业技术中心、上海市院士专家工作站；2013年公司被授予"浦东新区区长质量奖"，2014年被授予"上海市质量管理奖"，2015年被授予"上海市质量奖金奖"，目前公司已跻身全国制药行业百强排行榜。

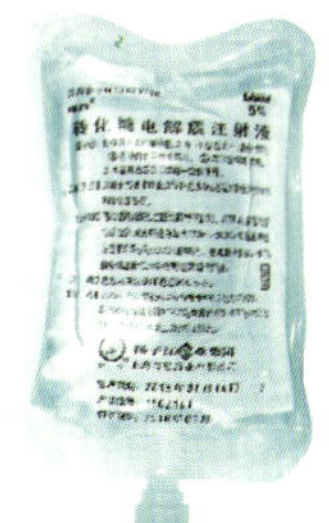

田力产品

上海海尼药业成立以来坚持走"科技兴企"、"科技强企"的发展道路，制定了"三高一特"（即高科技含量、高附加值、高市场容量和疗效独特）的新品开发战略，以化药为主、中西药并举，集中精力致力于心脑血管、抗生素、肠外营养补充剂等领域研究和开发。公司产品"兰迪"（苯磺酸氨氯地平胶囊）、"田力"（转化糖电解质注射液）先后被评为"上海市重点新产品"、"国家重点新产品"、"上海市著名商标"。几年来，公司先后承担了国家科技型中小企业技术创新基金项目、国家重点新产品项目、上海市引进技术的吸收与创新项目、上海市"科技创新行动计划"项目等国家级和上海市级项目40余项；申请发明专利45项，其中授权14项。除了自主研制以外，公司还与上海市高校及科研院所建立了产学研联盟，共同开发新产品。

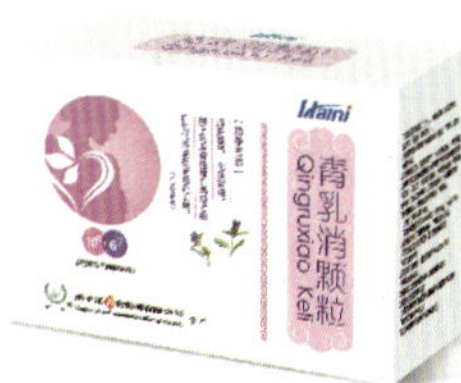

青乳消6袋装

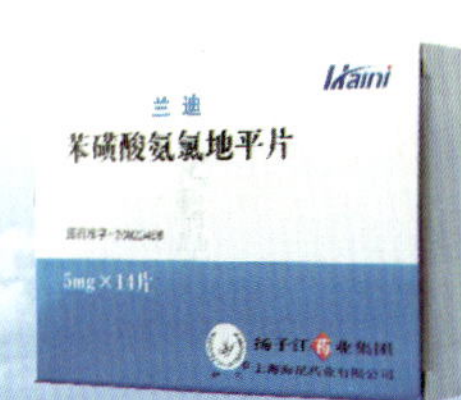

苯磺酸氨氯地平片

"做国际企业，靠质量取胜"是海尼药业的发展愿景。经过十多年的岁月风华，在"高质惠民，质量强企"的道路上，海尼人奋力前行，收获荣光，展望未来。我们满怀信心，奋进中的海尼药业以产业报国的情怀竭诚为全人类的健康服务。

上海市质量金奖　浦东新区区长质量奖　上海市创新型企业

云健康基因科技（上海）有限公司

云健康基因科技（上海）有限公司坐落于上海奉贤生物科技园区，是一家行业内领先的专注为健康和临床研究提供全基因组检测和精准健康医疗解决方案的高科技企业。云健康医疗科技集团建立了全球最先进超高通量全基因测序技术平台 HiSeq X Ten，提供从基因检测到健康解决方案，致力于倡导和引领预防医学，精准医疗事业的发展，推进中国健康产业的发展，提升大众的健康生活品质，降低疾病风险。

X10 测序中心

大数据中心

云健康集团下设云健康基因工厂、云健康分子医学检验所、云健康基因大数据分析管理中心、云健康基因研究院、云健康生命中心、云健康高端诊所、云健康医生之家、云健康院士专家工作站。云健康先后与上海超级计算中心、国家组织工程研究中心、生物芯片上海国家工程研究中心暨上海生物芯片有限公司等近十家全球著名机构和企业达成战略合作伙伴关系。成立了由多位国内外著名院士专家组成的云健康院士专家工作站。拥有国家“千人计划”特聘专家领衔的国内外生命科学和生物信息专业技术团队近百人。由此建立了集基因检测、高端体检、健康咨询、健康调理、专家交流等服务于一体的综合大健康精准医疗服务平台。

药物制剂国家工程研究中心致力于新型药物制剂开发与工程化研究，科研团队由中国工程院侯惠民院士领衔，下辖 CFDA 食品药品包装材料科研检测中心、药代动力学研究部以及十多个新制剂与新释药系统开发与工程化研究技术平台，是我国新型药物制剂开发与工程化研究的引领者。2014 年，负责承担多项国家重大新药创制科技重大专项课题；作为核心协同成员承担国家 2011 协同创新中心（长三角绿色制药协同创新中心）建设；获得国家发改委关于国家工程研究中心创新能力建设专项资助，进行二期工程建设，预期 2015 年年底竣工。

药物制剂国家工程研究中心　www.nperc.com

上海上药信谊药厂有限公司

上海上药信谊药厂有限公司1916年始创于上海，目前由上药集团100%全资控股，是全国化学制剂行业中品种最多、剂型最全，集制造、销售、研发为一体的知名大型民族医药骨干企业。旗下拥有7家工业企业、4大销售公司、2家市级研发中心。

作为上海市高新技术企业，国家火炬计划高新技术企业、创新型企业、上海市诚信企业、知识产权示范企业、专利示范企业。“信谊”品牌从2001年起就被上海市工商行政管理局评为“上海市著名商标”。2010年，“信谊”品牌被国家工商行政管理总局评为“中国驰名商标”。培菲康、新帕尔克、辅酶Q10胶囊、信韦林气雾剂等十余个品种一直以来被评为上海市名牌产品。企业的核心价值观：“除了好药，还有信誉和友谊”“以信治厂，以谊为人”“用心承载，聚合优势”“凝聚正能量，打造幸福信谊”

企业定位：全国品牌仿制药的领军企业，重点在消化道、心血管和儿科，打造信谊品牌美誉度。

在保持化学制剂竞争优势的基础上，信谊还确立了微生态、生化制剂在全国的领先地位，并形成气雾剂、眼药水、缓控释制剂等特色剂型。随着历史的变迁，信谊在促进民族医药发展、维护生命健康、承担社会责任、提高人民生活质量等方面做出了巨大的贡献。

地址：上海浦东新金桥路905号 电 话：86 21 58995818*2302/2112/5000

传真：86 21 58995721 Email: sinegmo@126.com

上海海顺新型药用包装材料股份有限公司

上海海顺新型药用包装材料股份有限公司成立于2005年1月18日，企业专业从事直接接触药品的高阻隔包装材料研发、生产和销售，主要产品包括冷冲压成型复合硬片、PTP铝箔和SP复合膜。目前公司在上海和苏州分别建立了生产基地，拥有面积超过6000平方米的十万级净化车间，是国内药包材主要生产企业之一。自设立以来，公司始终坚持高起点、高标准引进新的生产设备和研发设备，建成了先进的产品检测实验室和研发技术中心，为充分满足客户的需求提供了完善的硬件支持。

企业一直致力于为制药企业客户提供高阻隔性、高延展性、高耐候性、高稳定性的药品包装材料，积累了丰富的外观设计、材料研发和售后服务经验，企业及苏州海顺获得了国家药监局核发的17个药品包装材料和容器注册证，主要产品冷冲压成型复合硬片、PTP铝箔和SP复合膜获得美国FDA的DMF备案。公司产品在中国市场占有率达60%以上，并出口到美国，英国，西班牙，印度，埃及，越南，爱尔兰等十几个国家。2011年企业成为世界五百强企业美国霍尼韦尔聚三氟氯乙烯产品的指定合作商。企业主要客户有云南白药、养生堂、修正药业、三金药业、哈药集团等多家知名制药企业。

公司通过在医药包装市场上的长期经营，与全国“2013年度中国医药工业百强企业榜单”中半数以上医药企业建立了合作关系，由此奠定了公司作为新型药包材生产企业的优势地位，并通过对资金、人才、技术、市场等各方面资源的不断整合，综合实力和行业影响力获得持续提升。

经过多年的发展，公司已成为国内优秀的医药包装企业，形成以冷冲压成型复合硬片产品为核心，涵盖中高端医药包装产品的包装材料研发、设计与生产相结合的服务体系。公司通过包装设计、印刷工艺控制与材料生产的结合，形成了较好的生产制造平台，能够快速灵活地为用户提供大批量、高稳定性、高安全性的药包材产品和服务。

截至目前公司拥有发明专利6项，实用新型专利19项。2008年公司被认定为“高新技术企业”，2011年、2014年公司两度被评为“松江区先进企业”，2012年企业被认定为“上海市科技小巨人（培育）企业”，2012年、2013年企业连续两年荣获洞泾镇“纳税企业三等奖”，2014年企业技术中心被认定为“松江区企业技术中心”，公司品牌被上海市名牌推荐委员会推荐为2014年度“上海名牌”，公司也多次被上海市合同信用促进会评为“上海市合同重信用企业AAA”。

上海昊海生物科技股份有限公司
Shanghai Haohai Biological Technology Co.,Ltd.

弘扬科研自主创新 争做医药行业先锋

昊海生物科技主办“2016 中国医疗美容产业投资领袖峰会”

昊海生物科技登陆香港主板市场

昊海生物科技获高新技术企业证书

医用几丁糖获国家科技进步二等奖

上海昊海生物科技股份有限公司是专注于研发、生产和销售的可吸收生物医用材料的高新技术企业。公司成立以来，保持持续、高速增长。2015 年 4 月 30 日，昊海生物科技（06826.HK）成功在香港联交所主板挂牌上市，募集资金 23.6 亿港币，市值近百亿港币。2015 年度，在医药行业整体增速放缓的形势下，昊海生物科技实现营业收入 6.64 亿元，净利润达到 2.73 亿元。

昊海生物科技拓展了国内医用可吸收生物材料市场快速增长的骨科、防粘连及止血、眼科、创面护理及组织填充等四大领域，主要产品线包括医用透明质酸、医用几丁糖、医用胶原蛋白、重组人表皮生长因子等。其中医用几丁糖具有自主知识产权，是世界上首个获批准的应用于人体的专利医用几丁糖产品；重组人表皮生长是国际上第一个获批的分子结构与人体天然氨基酸结构相同的国家一类新药产品；这两个产品均为国家科技二等奖获奖品种。昊海生物科技遍布全国的销售网络由 1300 多家经销商组成，产品覆盖国内 90% 的三级医院和 40% 的二级医院。以 2014 年销售收入计，昊海生物科技在骨关节腔粘弹补充剂、手术防粘连剂及眼科粘弹剂三大领域均稳居国内市场份额第一位。

公司坚持专业引领、创新驱动的发展理念，积极借助中国各大高校、科研院所和大型三级医院的力量联合科研，将产学研合作与产品引进相结合，打造国际领先的研发平台。公司受上海市科委委托和有关政府部门认定，牵头成立上海医用可吸收生物材料创新转化促进中心、上海医用可吸收生物材料工程技术研究中、上海市企业技术中心、国家博士后科研工作站，已成为立足上海，引领全国的医用可吸收生物材料的行业龙头企业。

在香港联交所主板成功上市之后，公司将利用募集资金进一步巩固其在中国生物医用材料领域的领军地位，扩充产品线，强化在美容整形、创面护理、手术止血等新产品领域的市场份额和品牌影响力，为成为国际领先的跨国生物医药企业集团奋进。

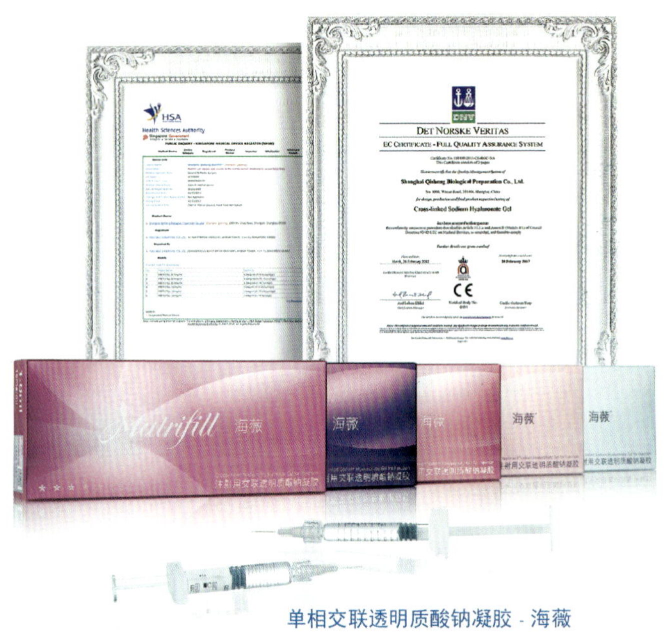

单相交联透明质酸钠凝胶 - 海薇

上海申康医院发展中心

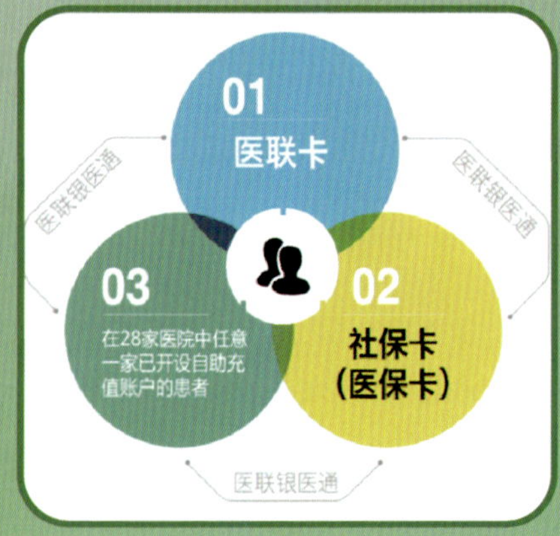

随着移动互联和云计算等新兴技术的发展、智能终端和APP应用的普及以及互联网、物联网基础设施的不断完善，互联网正在逐步渗透到经济和社会的各个传统行业中。近年来，上海申康医院发展中心以医联工程为建设应用基础，积极探索将移动互联网等新兴信息技术与传统医疗健康服务相融合，利用移动互联网医疗平台加强医患沟通，改善医疗服务体验，促进医疗服务模式的转变。

上海申康医院发展中心是市级公立医疗机构国有资产投资、管理、运营的责任主体和政府办医的责任主体，于2015年推出全国首家O2O移动健康管理服务平台，发布"医联云健康"APP。"医联云健康"基于移动互联网和物联网技术，依托于申康医联大数据平台，整合线上线下医疗健康服务资源，实现上海全市38家三级医院医疗能力外延，为上海居民提供专业的智慧医疗O2O服务。目前已经实现预约挂号、检验报告查询、跨院一站式付费及余额查询、智能导诊分诊、医院实景导航、健康资讯、微信在线服务等医疗健康服务，系统下载量达到58万人次，积极为广大市民提供规范和统一的智能健康管理。

面向公众用户，"医联云健康"的实现和广泛应用可以缓解居民看病难、看病贵的问题，为民众提供全方位的医疗健康服务，转变传统的就诊习惯，减少预约挂号、就诊排队、取报告时间和成本，使患者与医生交流更加充分，提高了民众享有医疗健康服务的便捷性。

面向医疗机构，"医联云健康"促进实现上海市级三级医疗机构门诊预约、检验检查等资源的集约化管理，统筹合理分配优质医疗资源，进一步提升医院管理水平和服务效率。

面向医疗健康行业，"医联云健康"整合线上线下医疗健康服务资源，开展专病专区资讯频道、医院实景导航就医地图、一站式付费查询、健康专家咨询等服务，实现跨行业资源的多方整合，为带动打造医疗健康服务产业链起到有效示范。

客户分布网络图

上海伯豪生物技术有限公司（Shanghai Biotechnology Corporation）是上海生物芯片有限公司/生物芯片上海国家工程研究中心根据国内外研发外包发展的需要，整合旗下系统技术平台、商业化服务体系、高素质服务团队等资源成立的致力于研发外包服务的专业化公司。

上海市
高新技术企业
上海市科学技术委员会颁发

2012年上海伯豪被批准为上海市高新技术企业

上海伯豪生物技术有限公司拥有六大服务平台：生物样品分析平台、微阵列芯片平台、新一代测序平台、生物标志物平台、分子检测平台、生物信息平台，凭借高标准的技术平台和多样化的服务等竞争优势，公司向国内外企业和相关单位提供系统的生物学研究全面解决方案。目前正在为多达18家跨国制药企业（包括排名前10位的跨国制药企业）和超过3000家的国内科研机构、医院等提供基因表达谱、基因分型、比较基因组学、DNA甲基化、miRNA、生物标志物筛选及确认、生物信息等技术服务。

公司拥有一支以上海为基础，辐射全国的强大市场营销队伍和销售网络，已设立华北、华南、华东三个大区十五个办事处，推广公司的主导技术服务、代理产品，快速提升公司品牌的知名度，扩大影响力。过去10年承接项目数超过10000个，用户单位3000家以上，协助客户发表SCI论文700余篇（影响因子共计3000多分），全面推动了中国基因组学服务产业的发展。

上海上药第一生化药业有限公司(简称上药第一生化)成立于1994年，由历史悠久的上海第一制药厂与上海生物化学制药厂组建而成。2010年成为上海医药集团股份有限公司全资子公司，作为集团核心企业，下属子公司包括上海紫源制药有限公司、上海三维生物技术有限公司、上海实业联合集团长城药业有限公司。一并成为上药集团生物生化聚集产业。

上药第一生化主要生产基地位于闵行区剑川路1317号，占地面积：54417平方米；建筑面积：35547平方米，拥有员工近千名。连续15年获得“上海市高新技术企业”、“上海市文明单位”，公司产品丹参酮IIA磺酸钠注射液、维生素注射剂系列、脏器生化类注射剂系列获得“上海市名牌产品”称号。

上药第一生化产品资源丰富，涵盖生化原料，化学原料和天然药物提取物及其无菌水针粉针制剂。重点品种包括：丹参酮IIA磺酸钠注射液、注射用糜蛋白酶、注射用二丁酰环磷腺苷钙、肝素钠注射液、瓜蒌皮注射液。上药第一生化拥有了生物提取、纯化、中草药提取和原料药制剂一体化生产核心技术，产品具有独特的竞争优势。

上药第一生化始终以“稳定，完善、发展”为前提，紧紧围绕新上药的战略决策，开创新的局面，不断完善公司内部机制和规范公司各项管理工作；以“企业对员工好，员工对产品好，产品对客户好，客户才能对企业好”为理念，推行“温馨文化”、“快乐工作文化”，令企业感恩员工，员工回报于企业。

上药第一生化拥有勇于承担、锐意进取的优秀团队。研发团队凭借拥有自主知识产权的技术优势，承担着国家重大专项以及市级多个科技项目；质量团队视质量如生命，在具有国际先进水平的原料药和冻干粉针、水针等制剂生产线上实施新版GMP管理。

上药第一生化在产学研合作方面，与山东中医药大学、上海生物制品研究所、中科院上海药物研究所等高等院校进行合作研发，如与山东中医药大学合作开发瓜蒌皮注射液质量控制研究及瓜蒌规范化种植基地、与无锡麦涛岚华生物技术有限公司合作开发一类新药多肽类受体抑制剂药物47肽项目，该项目同时也得到了国家重大新药创制科技重大专项——”产学研联盟”专项的资金支持。

上药第一生化以减轻患者的痛苦，生产出合格的药品为使命，虚心向国内优秀企业学习，在独立自主的基础上，打造成为中国注射剂制造的领先企业。

上药第一生化将秉承"针针献深情，一生可信赖"的企业精神以及“您的健康，我们的追求”的经营理念，以民众的健康为己任，以高科技、高品质的产品，热情周到的服务和无私的奉献精神，与各界同仁和朋友们一道，同心同德，全心全意做好药，开拓进取，为医药事业的明天和全人类的健康严谨求索，不懈努力。

中国科学院上海硅酸盐研究所

主办2015古陶瓷科学技术国际讨论会

中国科学院上海硅酸盐研究所渊源于 1928 年成立的国立中央研究院工程研究所，1953 年更名为中国科学院冶金陶瓷研究所。1959 年独立建所，定名为中国科学院硅酸盐化学与工学研究所，1984 年改名为中国科学院上海硅酸盐研究所。经五十多年的发展，上海硅酸盐研究所已成为一个以基础性研究为先导，以高技术创新和应用发展研究为主体的无机非金属材料综合性研究机构，形成了"基础研究—应用研究—工程化研究、产业化工作"有机结合的较为完备的科研体系。

现有在职职工 700 余人，其中高级专业技术人员 290 余人，中国科学院院士 2 名，中国工程院院士 3 名(1 名为双院士)(截止 2015 年底)。

学科方向是先进无机材料科学与工程，主要研究领域涵盖了人工晶体、高性能结构与功能陶瓷、特种玻璃、无机涂层、生物环境材料、能源材料、复合材料及先进无机材料性能检测与表征等，是该领域科学研究单位中门类最为齐全的研究所。

历年来，累计取得科技成果 1031 项，获得国家、中国科学院、上海市等省部级以上各类科技奖项 410 项，其中国家发明奖 29 项，国家自然科学奖 8 项，国家科技进步奖 14 项。历年来申报专利 2507 项，批准专利 1276 项(截止 2015 年底)。

研究所具有先进的科研条件，大规模的园区建设使实验室的工作环境焕然一新；知识创新经费的支持，促进了科研设备的现代化；国家级无机材料测试中心的建立使材料的性能与表征具有可靠性和权威性；图书、情报、刊物良好的支撑系统，充分显示了追求信息动态的高效率。主办发行的《无机材料科学报》已进入核心学术期刊，并为 SCIE 收录引用。与自然出版集团签署协议，合作出版 npj Computational Materials(《npj-计算材料学》)，这是中国首个"自然合作期刊"(Nature Partner Journal，NPJ)。

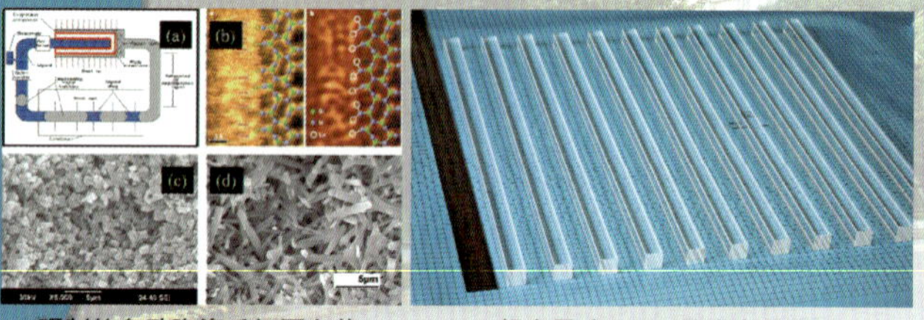

研制的多孔陶瓷毛细泵主芯首次成功应用于高分 9 号卫星

超大尺寸 BGO 晶体应用于我国首颗暗物质粒子探测卫星

研究所与美国、日本、德国、英国、法国、俄罗斯等国家的著名大学和科研机构以专家互访、讲学、合作研究等方式广泛进行学术交流，与国际著名的大公司或西欧核子研究中心等国际化组织进行工程化产业化的合作及出口高技术产品的业务洽谈与往来。

上海硅酸盐所是硕士、博士学位授予单位，设有博士后流动站。几年来，还与美国、加拿大、法国、德国、日本、瑞士、斯洛文尼亚、香港等国家和地区进行联合培养了多名研究生。

中国石油西气东输管道(销售)公司

PetroChina West East Gas Pipeline Company

总经理、党委书记 李文东

站内巡检

抢修演练

管道保护

夜间作业

用户座谈

企业文化

中国石油西气东输管道(销售)公司，是中国石油天然气股份有限公司直属的地区公司，负责辖区内西气东输管道工程建设、生产运营管理和天然气市场开发与销售等业务。

西气东输管道分公司和西气东输销售分公司实行合署办公，注册地在上海。目前，公司在上海机关设 14 个职能部门和 1 个附属机构，下设 14 个地区管理处，1 个市场开发与销售部，1 个计量测试中心，1 个科技信息中心，3 个工程项目部，4 个股权管理单位；管理 2 个中国石油天然气大流量计量站天然气流量分站(南京、广州)，共有员工 3500 余人。

公司运营管理 2 条干线管道(西气东输一线 59# 阀室－上海段、西气东输二线 68# 阀室－广州段)、9 条支干线、7 条联络线、16 条支线、长宁兰银线(甘宁交界至银川段)和香港支线，管道总长 11016.9 公里；2 座地下储气库(金坛、刘庄)、1 个计量测试中心、152 座站场。管线途经 14 个省(市、自治区)和香港特别行政区，下游销售及分输用户达 313 家，供气范围覆盖西北东部、中原、华东、华中、华南地区，并向华北、西南地区转供天然气，形成了塔里木、柴达木、长庆、川渝四大气区以及中亚、中缅、进口 LNG 联网供气格局。

西气东输自正式投入运行以来，在上海市经信委、中国石油天然气集团公司党组、中国石油天然气股份有限公司管理层的正确领导和亲切关怀下，在工程建设、生产运行、市场销售同步进行的较大压力和繁重任务面前，紧紧围绕确保管道安全平稳高效运营这一中心，坚定不移地抓好管道运营和市场销售主营业务，持续深化经营管理，不断加强党建和精神文明建设，圆满完成了各项业绩指标。十余年来，公司累计实现天然气管输商品量近 2700 亿立方米，使天然气在我国一次能源消费结构中的比例提高 1 个百分点以上，占我国新增天然气消费量的 50%，较好地履行了政治责任、社会责任和经济责任，为促进天然气工业和地方经济发展，调整能源结构，改善生态环境，提高人民生活质量做出了贡献。公司先后荣获全国"五一劳动奖状"，首届"国家环境友好工程"、"国家开发建设项目水土保持示范工程"和"新中国成立六十周年百项经典暨精品工程"称号。西气东输管道工程通过国家验收。"西气东输工程技术及应用"项目荣获 2010 年度国家科技进步一等奖，公司参与项目"我国油气战略通道建设与运行关键技术"荣获 2014 年度国家科技进步一等奖。公司项目《超大型天然气长输管道复杂工程建设与运营管理》获第十九届国家级企业管理现代化创新成果一等奖。

地址：上海浦东世纪大道 1200 号中国石油上海大厦　　邮　　编：200122

电话：021-50958811　　传真：021-50958800　　管道安全报警电话：800-820-0375

上海化工研究院

上海化工研究院全景图

上海化工研究院（简称上化院）成立于1956年9月，于1999年转制，现已成为国家级高新技术企业，是以化工技术为基础、集多学科为一体的综合性应用型科研院所，服务于新材料、公共安全、生物医药、节能环保以及新能源等领域。获得了国家认定企业技术中心、国家创新型企业、国家技术创新示范企业、国家技术转移示范机构、中国产学研合作创新示范企业等资质与荣誉。

历年来，上化院完成了国家科研项目1000多项，获国家级、省部级科技奖励200多项，拥有400多项科研成果和专利技术。拥有国家和行业工程技术中心、标准化委员会、技术归口单位、重点实验室等19个。拥有专业技术服务平台2个；产业联盟、平台、产学研合作、联合研究所等15个。拥有集聚了政府特贴专家、上海市“千人计划”专家、上海市领军人才、技术带头人、国际标准化专家、教授级高工等行业高端人才为骨干的科技人才队伍。是国内外知名的聚烯烃催化剂和超高材料的研发及产业化基地，是国内服务量最大的危化品鉴定机构，是国内领先的稳定同位素技术开发和产业化基地。

上化院正努力打造成为战略新兴产业的“行业技术中心”，成为高新技术成果“孵化转化中心”，建设“国内一流，国际知名”的集团型科研院所。

化工院规划立体图

上海奥威日化有限公司

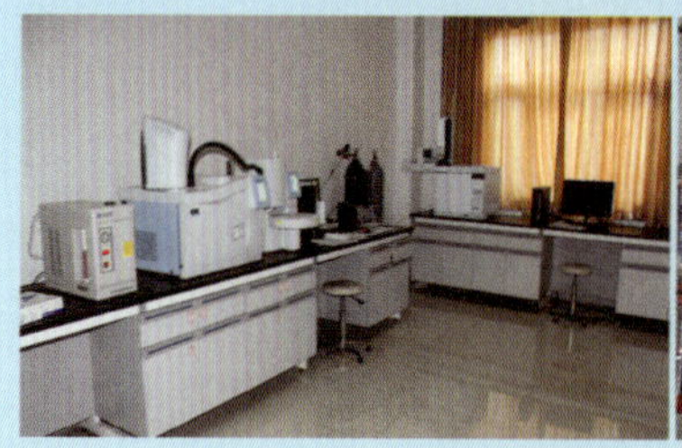

上海奥威日化有限公司位于上海市金山区第二工业区，是一家集研发、生产、销售和服务于一体，专业制造多功能新型表面活性剂的企业。公司成立于 2009 年 11 月，注册资本 2000 万元，系湖南丽臣股份有限公司之全资子公司。主要产品有：十二烷基苯磺酸、脂肪醇聚氧乙烯醚硫酸钠（AES）、脂肪醇硫酸钠（K12）等系列新型表面活性产品，产品具有功能多样、天然、环保等特征，属于国家重点鼓励发展的产业。公司经过六年的发展，各类产品产量达到 6.5 万吨，产值达 3.5 亿元。奥威公司市场份额在国内同行居于前三位，高端产品居国内首位。公司与多家跨国公司和国内著名企业建立了长期战略合作关系。

公司引进国内首套真空干燥 K12 生产装置，与传统高塔喷粉工艺相比更先进环保、更经济高效，确立了公司在国内 K12 生产的独家优势。

公司重视产品安全性的提升，表面活性剂产品中副产物二噁烷的含量可控制在 10ppm 之下，获得了欧盟颁发的 REACH 预注册证书。目前公司的产品延伸到了海外市场。

公司的质量优势源于公司良好的质量控制体系及在同行业的技术优势，奥威“**AW**”商标被授予 “中国驰名商标”，是行业内唯一一个中国驰名商标。公司获得了法国 AFAQ 机构颁发 ISO9001：2008 国际标准质量体系认可证书和 ISO14000：2008 版环境体系证书。2015 年经专家评审，公司的脂肪醇硫酸钠、脂肪醇聚氧乙烯醚硫酸钠产品获得了上海名牌产品的荣誉称号。

上海奥威的管理人员、技术人员大部分都具有二十年以上的行业技术能力和管理经验。公司致力于为用户提供绿色、环保、安全的产品以及全方位的技术服务。

上海晶华胶粘新材料股份公司

上海晶华胶粘新材料股份公司是一家集研发、生产、销售、服务于一体的专业生产各类胶粘制品的大型高科技企业，现有员工900多人，旗下包括广东晶华科技有限公司、江苏晶华新材料科技有限公司、浙江晶鑫特种纸业有限公司等遍布全国的多家分子公司。上海晶华是上海市高新技术企业、上海市科技小巨人企业、中国胶粘剂和胶粘带工业协会理事单位。

产品涵盖美纹纸胶粘带、布基胶粘带、电子胶粘带等各类产品，广泛应用于建筑装饰、汽车制造及汽车美容、电子电器产品制造、家具制造、文具、包装、鞋材、航空、船舶、高铁等领域的喷漆遮蔽、粘接、固定和保护等方面，远销美洲、欧洲、中东、东南亚及非洲等五十多个国家及地区。

随着公司精密涂胶技术、新产品研发能力不断提高，公司产品系列日益丰富，目前已是国内领先的美纹纸胶粘带制造商及知名的胶粘材料制造商之一。

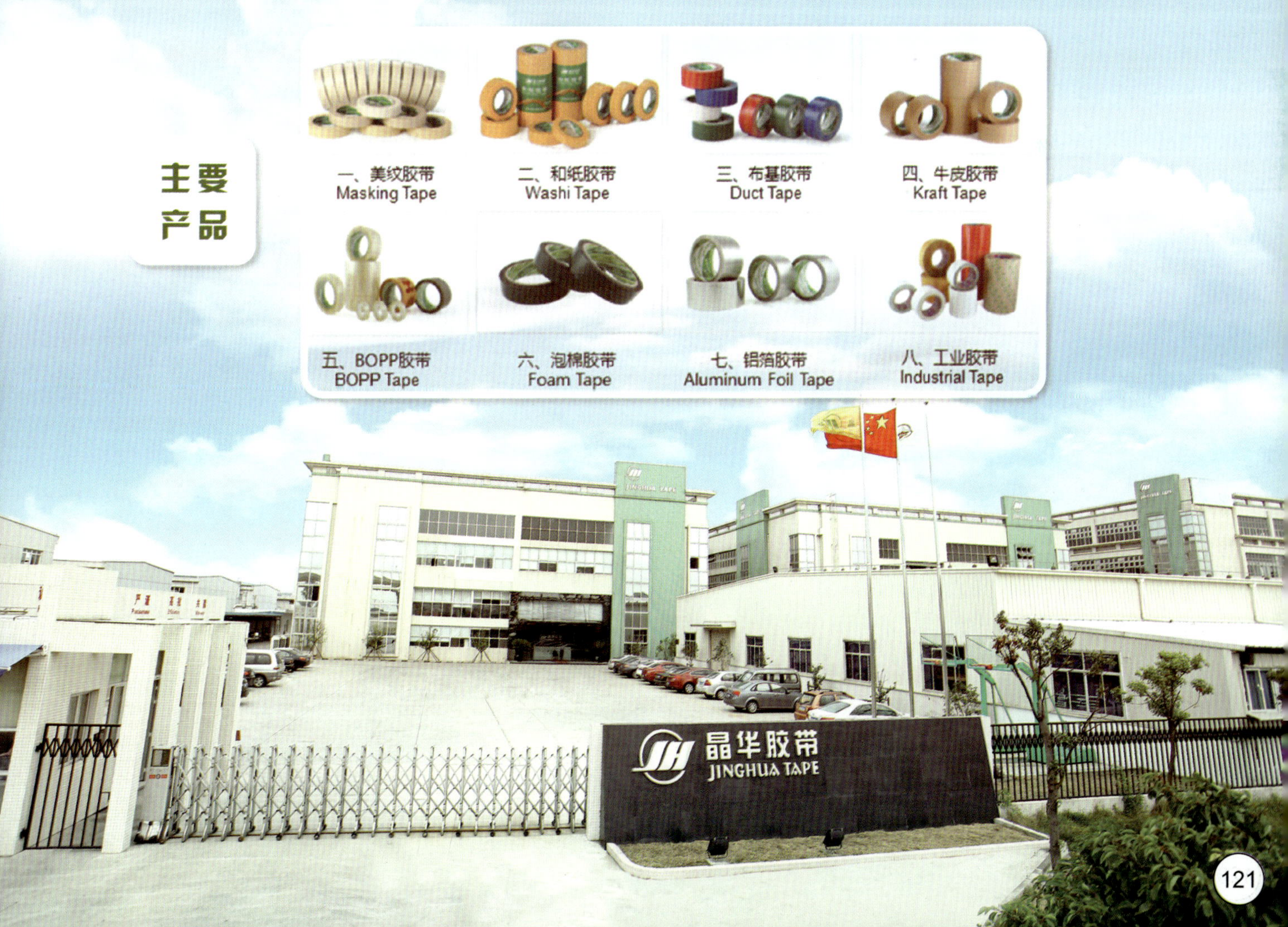

SHV 控股公司是荷兰最大的家族企业，1896 年于荷兰的乌特勒支由多家大型煤炭贸易企业合并组建而成。目前，SHV 控股集团分布在全球 48 个国家，全球雇员超过 55000 人，年销售额超过 180 亿欧元。在 2013 年世界 500 强中位列 456 位。

SHV 集团自 1994 年进入中国，并成立喜威中国。主要从事液化石油气（LPG）和天然气（LNG/CNG）的相关业务。目前，喜威的产品和服务涉及 30 多个应用领域，拥有 130 万客户，年销售量处于全国领先。在工业用气、商业用气、家庭用气、车用燃气、卡式气等众多业务领域均处于行业领先地位，尤其在 LPG 叉车、高能气、EPE 等新应用领域取得了显著成就。

喜威中国积极寻求业务发展的机会，并成功实现对其整合与管理。20 年来，喜威在中国的业务发展迅速，陆续在珠江三角洲及长江三角洲等地投资，目前已在上海、徐州、广州、珠海、江门、阳江、东莞、佛山拥有多家控股公司，更于 2013 年全资收购了碧辟（BP）液化石油气在以上地区的业务。

喜威上海区域公司包括上海百斯特能源发展有限公司和喜威（上海）液化石油气有限公司，是上海最大的液化气分销商之一，业务横跨黄浦江两岸，辐射江浙两省。旗下拥有 3 个液化气储配站以及 70 多个液化气供应站，年销量逾 9 万吨。拥有包括洗瓶机、充装转盘、检漏机、检斤称、塑封机在内的自动充装线，充分保证每一瓶出库气体严格符合安全和质量标准，钢瓶清洁美观，符合客户需求。

中镭科技成立于 2009 年 6 月 18 日，是一家具有自主知识产权的高端改性工程塑料研发、生产以及销售的高新技术企业，是一家全球技术领先的科技型公司，是一家逐渐面对全球市场并拥有国际视野的现代化企业。企业的核心竞争力是其持续的创新能力、独创的创新体系以及追求全球领先的价值理念。公司定位在高端改性工程塑料，坚持自主创新，加大研发投入，立志成为国内改性工程塑料行业的名牌企业，以领先的技术和宽广的视野及丰富的企业经营经验，成为行业标准制定者。

公司已成功开发出 8 个系列的改性工程塑料：改性 PC 系列、PC/ABS 合金系列、PC/PET 合金系列、PLA/PC 等合金。产品各方面性能指标均达到国际先进水平，打破了长期以来跨国巨头公司（GE，拜耳等）在高性能工程塑料产品领域的垄断。

产品已成功打入汽车、IT 通讯、电子电气等行业，客户包括一汽大众、上海大众、华为、西门子等。公司产品已获得一汽大众、德国大众、华为等多项认证。

公司成立 6 年来，取得以下荣誉及资质：

- 6 项发明专利、两项实用新型专利及一项外观专利。。
- 获高新技术企业认定。
- 电镀级 PC/ABS 获科学技术部颁发的国家火炬计划证书。
- 中镭科技技术中心获浦东新区研发机构认定。
- PC/PBT（PET）产品获上海市科委高新技术成果转化认定。
- 电镀级 PC/ABS 合金获上海市科委高新技术成果转化认定。
- 公司产品通过 SGS 环保认证及 UL 产品安全认证。
- 通过汽车行业 TS16949 质量体系认证。
- 获国家工信部中小企业发展专项资金支持。
- 生物降解塑料合金获经信委技术改造专项资金支持。
- 生物降解塑料 PLA/PC 项目获上海市创新基金。
- 获上海市经信委“购买国际先进研发仪器设备”资金资助。
- 上海市引进技术的吸收与创新计划项目资助。

公司定位在高端改性工程塑料，坚持自主创新，加大研发投入，立志成为国内改性工程塑料行业的名牌企业，以领先的技术和宽广的视野及丰富的企业经营经验，成为行业标准制定者。

公司地址：上海市浦东新区宣桥镇宣夏路 293 号 邮编：201300
网址 :www.zhongleiscience.com 联系电话 :021-51925902

中镭科技

上海中镭新材料科技有限公司
Shanghai Zhonglei New Material Science Co., Ltd.

亚士集团

亚士成立于 1998 年，是一家集涂料、保温装饰成品板、防火保温新材料研发、制造和服务于一体的高新技术企业。

目前，“五线一团”在全国拥有 4 大生产基地、7 个工厂；13 个区域营销中心、30 个分公司和 90 个办事处。

亚士漆（上海）有限公司（第2工厂）　亚士集团所在地

亚士创能科技（上海）股份有限公司（第3工厂）　亚士瑞卡新材料（上海）有限公司（第4工厂）　亚士创能科技（上海）股份有限公司（第5工厂）建设中

亚士创能真金板新材料有限公司（第6工厂）

亚士创能科技（天津）有限公司（第7工厂）

亚士创能科技（乌鲁木齐）有限公司（第8工厂）

亚士业务

行业专业化、领域多元化。

我们坚持以价值为导向，满足市场需求为根本进行产品及模式的创新，获取涂料及涂料行业相关领域的核心竞争能力，谋得企业的可持续发展。

至今，亚士业务拥有跨行业、跨领域的服务能力。

功能型涂料
保温装饰成品板
地坪漆
外墙外保温
真金防火保温板
木器漆
内墙涂料
涂料
成品板
真金板
三大业务

三大业务：

- 亚士功能型建筑涂料
- 亚士创能保温装饰成品板
- 亚士创能真金防火保温板

亚士感恩

17 年来，亚士的发展得到各界的帮助与支持，我们感恩这些曾经与现在仍关心与支持亚士的人。亚士也努力承担起应有的社会责任——爱护员工、致力环保、坚持慈善。

…

水立方

世博中国馆

亚士集团　上海市青浦工业园区新涛路28号　邮编：201707　电话：021-59705888 60825777
传真：021-59705808 60829007　网址：www.asia-paint.com　www.cuanon.com

正欧系列企业集研发、生产、施工服务于一体，注册资金共计1.125亿元，建有先进的生产基地和设施完备的实验中心。是上海市高新技术企业，中国质量检验协会会员单位，先后荣获有关部门及行业数十项荣誉及表彰。

公司投入超过 1 亿元，优化了设施，采用电脑控制的全封闭自动化流水线生产设备，大大改善了工作环境，提高了品质可靠性，遏制污染和跑冒滴漏现象产生。树立了企业良好的社会责任形象。是目前民族品牌中最大的地坪材料生产厂。

公司地坪材料产品全，施工经验丰富，设备先进，尤其擅长大项目突击作业。积累了2亿多㎡各类地坪的施工指导经验,广受客户好评。

从发展之初的产品同质化，无核心竞争力，到品质达到国际先进水平，在激烈的市场竞争中脱颖而出，我们克服了很多困难和挑战。

我们将不断的增加研发投入，不仅自己坚持创新探索，还积极与科研院校开展合作；一如既往地和用户保持密切联系，了解实际工程中碰到的疑难和新需求。使“正欧”成为国际品质商标的象征。

上海正欧实业有限公司
上海正欧涂料有限公司
上海正欧化工有限公司

地址：上海市金山区金环路228号
电话：400-779-1988、59959188
传真：021-59951582、59951952
网站：www.zheng.cc

生命之泉涌流不息

实验室

上海金发科技发展有限公司

上海金发科技发展有限公司是一家专业从事高性能改性塑料研发、制造、销售和服务的高新技术企业。公司2001年10月注册成立，注册资金3.7亿元，占地面积138亩，已通过ISO9001：2008、ISO 14001：2004、ISO/TS16949：2009等认证。公司现有员工885人，其中大专及以上学历人员占302人。公司的新材料产品主要应用于交通运输、家电、IT、电动工具、节能照明、体育运动器材以及军工等产业领域。2014年全年销售超过37.8亿元，连续多年评为上海市企业百强。公司与众多世界500强企业在内的客户和供应商共同构建了塑料改性与应用的产业价值链，已成为全球塑料改性行业应用覆盖面最广的企业，为新一轮发展奠定了坚实基础。

公司建立了上海市认定企业技术中心、上海工程塑料功能化工程技术研究中心、企业博士后科研工作站等3大技术创新平台，研发团队中拥有16名博士，60名硕士，自主创新能力强。公司先后承担国家重大产业技术开发专项、上海市高新技术产业化重点项目、上海市科研计划项目等重大项目，自主研发的产品已申请专利超过926件，其中发明专利所占比例超过78%；21项通过高新技术成果转化的新产品技术水平达到国际先进水平。公司列入首批上海市“科技小巨人企业”，先后获得中国优秀民营科技企业、上海市专利工作示范企业、上海市第一批创新示范试点企业、上海市最具活力科技企业、上海市知识产权示范企业、上海名牌、上海市优秀高新技术企业和上海市创新型企业等荣誉称号。同时公司还是中国塑协工程塑料专委会副理事长单位、上海改性塑料产业技术创新战略联盟理事长单位、上海市新材料协会、上海市科技企业联合会等副会长单位。

改性塑料新材料的创新和产业化，将链接上游石化合成树脂产业和下游制品应用行业，并推动塑料机械、精细化工、纳米功能助剂、无机矿物材料等众多学科和行业的发展与技术推广。上海金发科技发展有限公司以科技创新为引领、大力实施高新技术产业化、不断做大做强改性塑料新材料，力争在全球经济和产业秩序重塑过程中把握先机，引领改性塑料新材料新一轮的创新与应用发展，并致力于完善“化工-改性塑料-新材料应用”的产业价值链，为上海经济又好又快发展做出更大贡献。

你用电·我用心

国网上海市电力公司浦东供电公司于2010年1月正式挂牌成立，并于2012年12月升格为国家电网公司大型重点供电企业，主要承担上海市浦东新区的电网规划、建设和供电服务任务，供电面积约1210平方公里，辖区内拥有各类用电客户222万户，最高用电负荷709万千瓦，2015年售电量达276.42亿千瓦时。曾先后获得“中国质量奖”、“中央企业先进集体”、全国“五一劳动奖状”、全国文明单位、全国电力行业质量管理小组活动优秀企业、全国“安康杯”竞赛优胜单位、上海市重点工程实事立功竞赛“金杯公司”、上海服务质量创新企业、电力安全生产标准化一级企业等荣誉，连年被授予“国家电网公司先进集体”，在浦东新区政风行风测评排名连续14年蝉联第一。2015年前三季度，国网大供企业业绩对标综合评价排名第一，上海公司“综合标杆、业绩标杆、管理标杆”排名第一。

浦东电网是上海电网的重要组成部分，位于上海东南部，分属顾路、杨高、远东和南桥分区；网内有外高桥一厂、二厂、三厂和上临燃机电厂等4座主力电厂，总装机容量7781兆瓦；拥有4座500千伏变电站、27座220千伏变电站、20座110千伏变电站和170座35千伏变电站，35千伏及以上变电总容量23205.5兆伏安；222座35千伏及以上用户站，主变容量6947兆伏安；近700座10千伏开关站，各类变配电站近1.8万余座，架空线10766公里，电缆23607公里。浦东电网供电可靠率99.9900%，综合电压合格率99.999%。浦东电网的快速发展，为浦东新区经济社会跨越式发展和人民生活水平持续提高提供了有力的供用电保障。

浦东新区是落实中央“四个全面”国家战略的重要承载地，是全国改革开放排头兵中的排头兵，也是科学发展先行者中的先行者，地位极其重要，示范效应巨大。随着上海“四个中心”深入推进、科技创新中心启动建设、自贸区进一步扩容辐射以及浦东综合配套改革不断深化，临港、陆家嘴、世博前滩等重点区域加速开发，重大基础设施建设稳步提速，跨国企业地区总部云集，高精尖领先行业汇聚，超高层办公、住宅楼宇林立，用电需求持续增长并日趋多样化。这对电网先行发展、客户优质服务、安全可靠供电提出了更高标准、更严要求。面对机遇和挑战，公司重任在肩、责无旁贷。未来，公司将在国家电网公司和国网上海市电力公司的坚强领导下，以国家电网公司“两个一流”为目标，秉承“诚信、责任、创新、奉献”的核心价值观，践行“四个服务”宗旨，不断优化业务流程，完善组织结构，创新管理模式，确保浦东主网架和城市供电的安全，全面提升地区供电可靠性和优质服务水平，全力保障浦东新区经济建设，继续争当国家电网公司大型重点供电企业和国网上海市电力公司“排头兵”，为上海加快推进“四个率先”、建设“四个中心”和浦东新区“二次创业”做出新的更大的贡献。

国网上海市电力公司浦东供电公司

花滑保电

浦东供电上门服务

浦东公司员工正在陆家嘴区域对线路进行不停电检修

上海电力股份有限公司
SHANGHAI ELECTRIC POWER CO.,LTD

上海电力股份有限公司(简称"上海电力")的历史可以追溯到1882年，成立于1998年6月4日，2003年10月29日上海电力股票在上海交易所挂牌交易。上海电力是国家电力投资集团公司的控股企业，是上海市主要的综合能源供应商和服务商之一。

2011年至2015年，上海电力装机容量从575.78万千瓦增长到936.27万千瓦，清洁能源比重从11.77%上升到30.79%，煤电装机从88.23%下降到69.21%；综合厂用电率从5.41%下降到4.35%，供电煤耗从297.79克/千瓦时下降到283.58克/千瓦时。

公司主营业务收入增长10.60%，EVA率逐年递增，利润总额增长553%，净利润增长691%，每股收益涨幅达到592%，公司服务业利润增长842.11%。

公司信誉进一步提高，除获得中诚信AAA最高等级信用评级外，还取得了国际三大信用评级机构惠誉、标普、穆迪分别给予上海电力BBB+、BBB和Baa2的主体国际信用高级别评级(投资级)。

海洋，是联系世界的蓝色纽带；

经济，是传承文明的活力载体。

上海电力积极融入国家"一带一路"战略，正用发展的、国际的眼光走向世界。在上海市政府、集团公司的大力支持下，上海电力的国际业务已经涉及19个国家，并与合作方实现了利益共享。

"有朋自远方来，不亦乐乎。"

上海电力正是这样一个有着东方传统美德的中国电力企业，在开拓能源市场的过程中，我们愿与国际合作伙伴共同分享能源新技术的推广应用，现代化电站的建设与管理，以及技术、管理人才的培养。

上海电力，你的朋友，世界电力的朋友！

江苏东台风电

日本大阪光伏

马耳他D3电厂

上海市电力公司

上海市电力公司系国家电网公司的全资子公司，是经授权的一级法人单位。公司是负责上海电网规划、建设、运行、管理的大型电力企业，供电营业区覆盖整个上海市行政区，供电面积6340.5平方公里。公司通过所属的供电公司和专业公司，对辖区内电网进行规划、建设、运行维护，为客户供电，并提供相应的服务，对全市的安全用电、节约用电进行监督和指导。

公司拥有客户1007万户，资产总额达1809.93亿元。全市35～1000千伏变电站1031座，变电容量145485.5兆伏安，10～1000千伏输配电线路总长度91230.406公里。

公司以"建设世界一流电网，建设国际一流企业"作为全体员工的共同愿景，在实践"诚信、责任、创新，奉献"的核心价值观中，为客户提供高可靠性电力和优质服务。2015年以来，公司深入贯彻落实国家电网公司决策部署，以卓越绩效模式为持续改进平台，全面推进"三集五大"体系建设，转变公司发展方式，实现了管理效率、效益"双提升"。公司已连续四年蝉联"全国供电可靠性金牌企业（A级）"第一名，连续十一年荣获上海市政风行风测评第一名，荣获"全国安全文化建设示范企业"称号并名列国家电网公司系统第一名。公司故障抢修平均到达时间和修复效率在国家电网公司系统名列前茅，圆满完成了抗击台风"海葵"的保电任务，经营业绩创历史最好水平。

国家电网
STATE GRID
国家电网公司
STATE GRID CORPORATION OF CHINA

中国电建集团上海能源装备有限公司
POWERCHINA SPEM COMPANY LIMITED

中国电建集团上海能源装备有限公司(原上海电力修造总厂有限公司)成立于1956年，是世界500强企业中国电力建设集团旗下，集研究设计、制造成套、服务咨询于一体的电力装备制造企业，是国内最大的电站调速给水泵组生产研发基地。

公司致力于配套大型火电、核电站调速锅炉给水泵组、液力偶合器、高温高压电站阀门和新型焊接材料等系列产品的研发和制造，在中国电力工业发展史上创造了多项第一，开创了国产化的新纪元。随着国内环保节能意识的增强,公司在节能改造与新能源领域方面勇于改开拓，积极进行电厂节能改造技术研究及推广，为电厂创造良好经济效益的同时积累了丰富的技术经验。此外公司与英国Enegry10、美国SunEdison等知名公司合作。致力于垃圾高温分解技术以及光伏光热等可再生能源领域的研究服务于设备制造。

公司将以领先的技术，诚信的理念，全方位的顾客服务方案，全球性的战略发展视野，为客户提供优质产品，提供满意服务；为企业灿烂辉煌的明天，为中国电站装备工业的发展，谱写浓墨重彩的篇章。

地址：中国.上海航都路80号　邮编：201316　传真：+86 21 3375 8818
电话：+86 21 3375 8800　网址：http://www.spem.com.cn　电子邮箱：spem@spem.com.cn

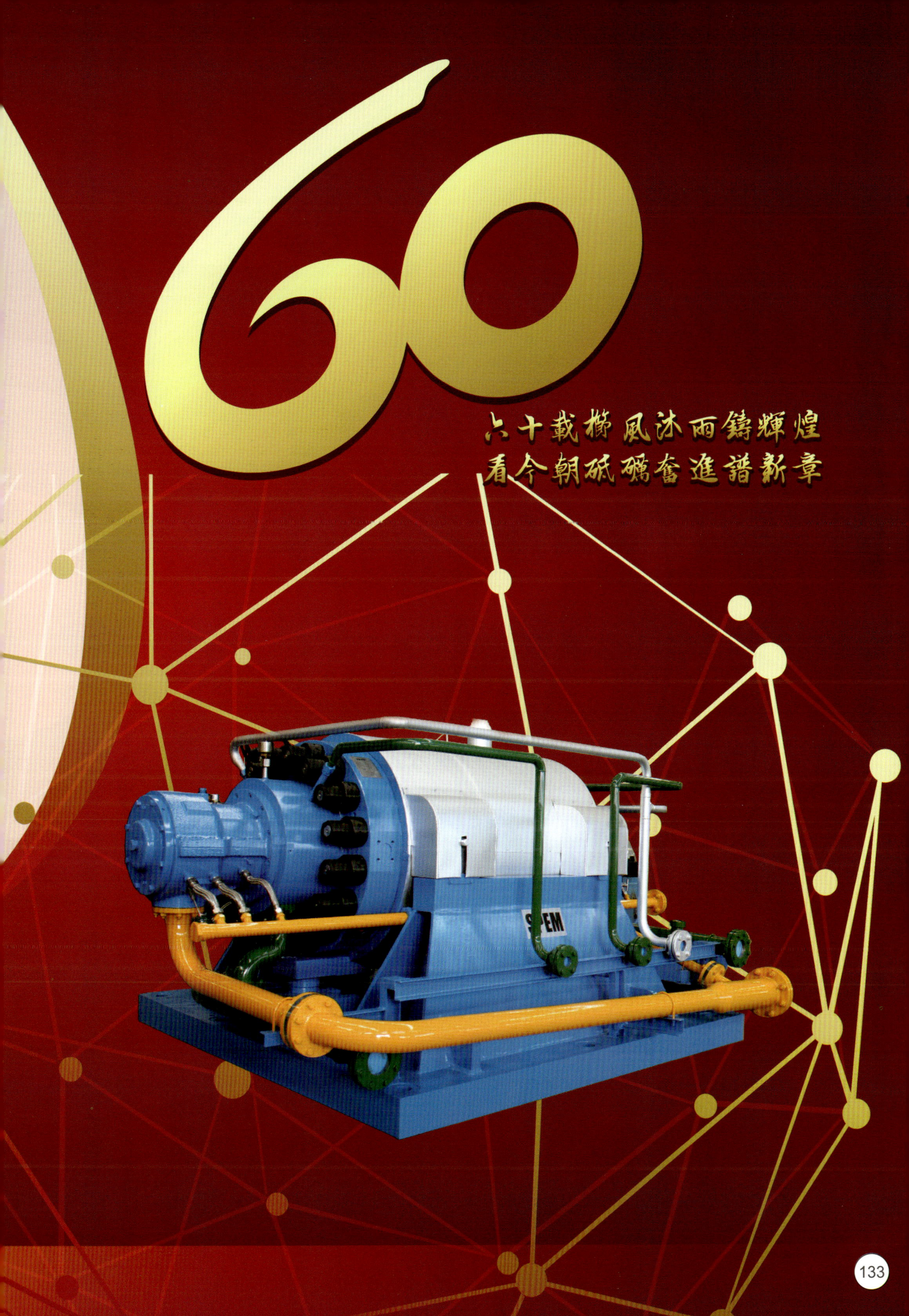
60
六十载栉风沐雨铸辉煌
看今朝砥砺奋进谱新章
SPEM

AP1000 核电站 1 号核岛
最大模块 CA20 就位

AP1000 核电压力
容器吊装就位

AP1000 核电站主管道焊按

浙江三门 AP1000 非能动压水堆核电站

中国石化股份有限公司武汉分公司 80 万吨
/ 年乙烯项目中间罐区土建工程

靖边能源化工综合利用启动项目 DMTO
联合装置烯烃分离单元建筑工程

中国石油天然气股份有限公司广西石化分公司石油公寓

海南液化天然气(LNG)站线项目储罐工程

中国核工业第五建设有限公司

CHINA NUCLEAR INDUSTRY FIFTH CONSTRUCTION CO.,LTD.

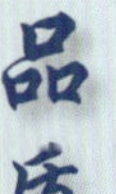

中国核工业第五建设有限公司组建于 1964 年，隶属于中国核工业建设股份有限公司，是一家以国防工程，核工程、核电工程和工业与民用建筑安装工程业务为主的具有建筑、安装总承包资质的大型综合性建筑安装企业。

公司具有电力(核电)工程、化工石油工程、机电安装工程、房屋建筑工程等四个施工总承包一级资质；核工程、钢结构工程、起重设备安装工程、化工石油设备管道安装工程等四个专业承包一级资质；取得了中华人民共和国民用核安全设备制造、安装许可证，压力管道安装、压力容器制造、锅炉安装和起重机械安装维修资质许可证；取得了中国合格评定国家认可委员会实验室认可证书及国家核安全局认定的民用核安全设备焊工焊接操作工考核中心认可证书，同时具有对外经济合作经营资格的施工企业。

在核电建造领域，公司是国内唯一一家具有核电站核岛、常规岛建造业绩的企业。率先成为国内第一家核电站核岛建安施工总承包企业，并在第三代核电 AP1000 自主化依托项目三门、海阳一期核岛工程施工中有效实施。

在非核工程领域，公司立足上海，以“长三角”为主要发展基地，向“珠江三角”等多个区域拓展，具备土建、安装施工总承包的能力，在 LNG 工程领域具备 EPC 总承包能力，在石油化工、电子医药、非标制作、吊装运输领域具有一定的社会知名度。

公司曾先后荣获中国建筑工程鲁班奖、国家优质工程金奖、银奖、省部级优质工程奖、上海市白玉兰杯、申安杯优质工程奖等多个奖项，是上海市建筑企业综合实力前 50 强企业。

上海浦城热电能源有限公司

上海浦城热电能源有限公司是一家垃圾资源化的综合运营企业，管理国内首座千吨级生活垃圾焚烧发电厂——御桥生活垃圾发电厂和负责浦东城区垃圾收集与清运的上海浦发环境服务有限公司，实现了浦东生活垃圾收集、清运、焚烧和发电的产业链管理。

上海浦城热电能源有限公司为上海浦东发展（集团）有限公司和德国费赛亚巴高克环境工程公司共同出资经营管理的一家环保能源企业。该合作开拓了在城市基础设施领域的跨国合作先例，为开拓环保产业市场化道路进行了有益的探索。

公司依靠完善的管理和现代化的流程，实现了垃圾处理的减量化、资源化和无害化操作。2003－2006 年年均处理垃圾约 45 万吨，售电约 8680 万度。

采用拥有专利技术的炉排，通过使垃圾沿炉排表面向前移动、翻转、混合，使垃圾充分燃烧。

垃圾焚烧产生的热能通过加热余热锅炉中的水，并将水转化为水蒸汽，由水蒸汽推动汽轮机叶片，快速旋转的汽轮机带动发电机进行电磁转化，产生电能。

拥有一套先进的环保控制设备，确保生产的无害化和排放达标。

建成日处理能力 300 吨的渗沥水处理站，采用国际先进的专业渗沥水处理工艺，处理后达到上海市《污水综合排放标准》中三级标准排放，进一步改善环境质量体现，为中国生活垃圾发电厂的渗沥水就地处理树立了典范，也为同类项目再建提供良好的借鉴作用。

2006 年，通过 ISO9001 质量管理体系和 ISO14001 环境管理体系认证，进一步完善了标准化管理体系的建设，确立了绿色浦城的发展目标。

主控室

垃圾焚烧炉炉排

作为环保示范型工程和环保教育实践基地，我们积极承担起环保宣传和先进工艺展示的社会责任。每年接待约 2000 人次的参观访问。

伴随着浦东环保事业的发展，我们将继续为建设更美好的生态环境而努力。

主厂房

地址：浦东北蔡御桥路 869 号　邮编：201204　电话：68931581

上海上电漕泾发电有限公司

中电投集团公司 SHANGHAI SHANGDIAN-CAOJING POWER GENERATION CO., LTD.

上海上电漕泾发电有限公司作为中电投集团公司首座建成投产的百万等级燃煤电厂，是国内首个以“上大压小”核准建成的百万千瓦超超临界燃煤电厂。现有1号、2号机组分别于2010年1月、4月投产。厂区环境优美，布局科学，堪称一座现代花园式工业建筑，具有良好的生态效应。投产以来截止2012年底，累计完成发电量333.39亿千瓦时，上缴利税10.2719亿元，为上海市社会经济发展作出了积极贡献。企业相继荣获“世博保电先进单位”、“水土保持示范工程”、“国家优质工程金质奖”、“国优三十年经典工程”、“‘十一五’全国减排先进集体”、“电力安全生产标准化一级企业”、“中国美丽电厂”等称号。

展望未来，我们将努力保障安全、稳定、和谐发展，奉献绿色能源，服务社会公众。

名称：上海上电漕泾发电有限公司。

地址：上海市金山区漫华路8号。

传真：021-37996699。

CSG科大智能

智能科技 智慧未来

科大智能科技股份有限公司（简称：科大智能，股票代码：300222)成立于2002年，是知名企业集团和著名高校成功合作的产物，是“中国制造2025”时代智能电网配用电设备以及国产智能制造装备系统解决方案的提供者和创新者，专注于智能配电网自动化及新能源领域产品、高端装备智能制造与机器人应用产业、电力专网和运营商通信设备三大领域。作为中国国内技术领先的高效能源和资源节约型技术供应商之一，科大智能在工业智能化相关领域、机器人应用、驱动和软件解决方案、配用电自动化、通信与信息技术产品等领域占据国内领先地位。

中国制造业正经历从“中国制造”向“中国智造”的转型，科大智能作为国内为数不多的专业从事定制化工业生产智能化综合解决方案的设计、产品研制、系统实施与技术服务的企业，积极为制造行业客户提供定制化的工业生产智能化综合解决方案，帮助国内制造企业提升企业管理水平、生产效率和产能，向先进制造企业迈进。

面临能源系统的诸多挑战，实现电网配电系统正常运行及事故情况下的监测、保护、控制、用电和配电管理的智能化，是资源优化配置的重要手段。科大智能作为国内仅有的少数几个既熟悉我国配电网运行状况又掌握核心产品技术的配电网自动化系统供应商和技术服务商，能够为电力行业用户提供完整的配用电自动化系统解决方案，帮助电力客户建设安全可靠、优质高效、灵活互动的电网基础设施。

公司注册资金60269.2884万元，公司拥有科大智能科技股份公司总部（上海）及各地多家分子公司，包括上海永乾机电有限公司、华晓精密工业（苏州）有限公司、上海冠致工业自动化有限公司、科大智能电气技术有限公司、科大智能（合肥）科技有限公司和烟台正信电气有限公司等，现有研发人员和技术人员1000多人，形成了一支致力于高新技术产业、高素质且富有创造性和开拓性的员工队伍。

科大智能以“智能科技，智慧未来”为愿景，将“领先应用技术，创造客户价值”作为经营理念，以质量体系、环境体系、职业健康三大体系作为公司的运行标准，以科技为先导，持续创新，为客户提供有价值的产品和最满意的服务。

科大智能科技股份有限公司 分支机构

上海永乾机电有限公司
地址：上海市嘉定区联星路99号
电话：021-59590800

上海冠致工业自动化有限公司
地址：上海市青浦区新达路1218号
电话：021-69210777

华晓精密工业（苏州）有限公司
地址：苏州市新区科懔路110号
电话：0512-68088856

科大智能电气技术有限公司
地址：合肥市望江西路5111号
电话：0551-65322333

烟台科大正信电气有限公司
地址：烟台开发区古现工业园湘潭路12号
电话：0535-2161678

科大智能（合肥）科技有限公司
地址：合肥市望江西路5111号
电话：0551-65322333

如需获取科大智能更多内容
请致电我们的客服、登录官方网站或官方微信平台

4006-300-222

www.csg.com.cn

M&G 上海晨光文具股份有限公司
SHANGHAI M&G STATIONERY INC.

上海晨光文具股份有限公司是一家"整合创意价值与服务优势的综合文具供应商"。主要从事"M&G 晨光"品牌书写工具、学生文具、办公文具等产品的设计、研发、制造和销售，拥有"4 大类，51 个品项，4,000 余品种"的文具产品系列，文具产品线广度和深度均位居国内前列，系文具内销市场的龙头企业。

公司率先在国内文具行业成功地规模化开展零售终端的品牌销售管理与特许经营管理，在全国范围内构建了"30 家一级(省级)合作伙伴、近 1,200 家二、三级合作伙伴，涉及超过 6.8 万家零售终端的庞大营销网络，各类终端在全国校边商圈的覆盖率超过 80%，居行业领先地位。

经过不断的技术创新和积累，公司已自主掌握书写工具主要制造环节的各项技术，规模化应用于产品制造。在笔头与墨水匹配技术、自主模具开发技术等领域已处于行业领先地位。在笔头与墨水匹配技术方面，晨光拥有多项核心技术与工艺。

"M&G 晨光"系中国驰名商标，连续多年评为上海市著名商标，已成为中国制笔行业最优秀品牌之一；晨光牌书写笔被评为中国制笔名牌、上海名牌。

2011 至 2015 年连续五年在中国轻工业制笔行业十强企业中排名第一，2015 年资产总额达 29.02 亿元，营业收入 37.49 亿元，上缴税收 2.9 亿元。

公司 2015 年 1 月在上海证券交易所鸣锣，标识着晨光正式在 A 股主板上市(股票简称：晨光文具 股票代码：603899)。上市以后，晨光将以更加雄厚的实力，开展新一轮的发展计划：拓展办公直销业务，探索直营旗舰大店业务模式，营销网络扩充及升级，加快"书写工具制造及技术、材料研发基地"建设。营销网络的升级和产能的进一步扩大，必将提升公司业绩，实现多方共赢。

Let 自由我 ideas fly 创意!

地址：上海市奉贤区金钱公路 3469 号　　电话：86-021-57474488

上海紫丹是上海紫江企业股份有限公司全资控股的纸包装印刷专业工厂。旗下包括上海紫丹印务有限公司和上海紫丹食品包装印刷有限公司。紫丹商标于 2008 年、2013 年连续两次被认定为上海市著名商标。

上海紫丹印务有限公司

上海紫丹印务有限公司占地 3.5 万平方米，投资总额 2998 万美元。

公司装备了当今世界最具水准的印前制作、彩色印刷、印后加工等工艺设备；拥有完善的质量保证和环境管理体系；拥有企业资源计划（ERP）计算机管理系统。

公司业务范围涉及食品、医药、日用品、电子等行业。生产的主要产品有各类卡纸盒、包装纸、礼盒、彩色说明书等。飞利浦、博士伦、金佰利、卡夫、雀巢、罗氏、雅培、强生（中国）、通用汽车等跨国公司都与紫丹建立了长期的业务合作关系。

上海紫丹食品包装印刷有限公司

上海紫丹食品包装印刷有限公司占地面积 4.1 万平方米。公司包含了两大生产中心：食品包装制造部和精细瓦楞包装制造部。

食品包装制造部装备了当今世界最具水准的柔印版印刷机、立体糊盒机、平面糊盒机、制袋机等设备。公司拥有 10 万级的净化车间；拥有企业资源计划（ERP）计算机管理系统；拥有完善的食品安全管理体系。公司业务以食品纸包装印刷为主，先后与肯德基、麦当劳、汉堡王等知名公司建立了长期业务合作关系。

精细瓦楞包装制造部装备了当今世界最具水准的制瓦、裱贴联线一体机、大幅面胶印机等工艺设备和全自动物流系统；拥有完善的质量保证、环境管理体系和食品安全管理体系。部门业务范围涉及食品饮料、医药、日用品、电子等行业。生产的主要产品有各类精美印刷的瓦楞纸盒、披萨盒、展示包装盒、礼盒等。公司以其独有的精美瓦楞产品，深受百胜、卡夫、迪奥、不凡帝等跨国公司青睐。

C 平方印刷机

博斯特模切机

8 色 + 双上光 + 联线冷烫 + UV 干燥 + 连线质量检测印刷机

上海翔港科技包装股份有限公司，成立于 2006 年，注册资本 7500 万元。公司位在浦东新区康桥工业园区，占地面积 26000 平方米，建筑面积 3.5 万平方米，公司固定总资产总投资 2.1 亿元。公司以质高价廉的产品、灵活快捷的服务，赢得联合利华、雅诗兰黛、Dior、欧莱雅、辉瑞制药、好时、雅培、相宜本草、百雀羚等众多国际著名品牌企业的青睐。

公司拥有全新曼罗兰 5 色、6 色、7 色 UV 印刷机等多台国际顶级印刷包装生产线、以及目前亚洲第一台高科技高配置曼罗兰 8 色 +2UV+ 联机冷烫 + 联线自动检测印刷机，并配套多条 BOBST 全自动模切机、高速糊盒机等后道生产加工设备，公司新增美国麦安迪 12 色 + 联线冷烫清废柔印标签印刷机、德国捷拉斯 RCS 系列组合式标签印刷机、韦冈 6 色轮转标签印刷机，填补了中国印刷行业高端冷烫及印刷包装、可满足客户多层次包装印刷要求，生产技术工艺达到欧美等先进印刷企业水平。

上海翔港包装科技股份有限公司创立于 2006 年，座落于浦东新区康桥镇康桥西路 666 号(康桥管委会)，注册资金 7500 万元，公司总资产 2.9 亿元，建设占地面积 28263.2 平方米的花园式厂房厂区。公司致力于投资建设物联网可变二维码项目于 2014 年在上海临港泥城工业产业园区征地 53 亩，建筑面积 5 万平方米的研发生产基地，总投资为 5 亿元。公司正在通过资源整合于资本运作计划未来 2 年实现在主板上市，使之成为行业内高新技术领先企业，在 5 年内通过新产品上市、产能扩大组成年销售额 10 亿元生产联合体。

2011 年起至今被认定为上海市高新技术企业，上海市小巨人企业，上海包装印刷工程技术研究中心，上海市科技进步奖；公司吸收国内外市场先进的工艺技术的同时，积极开展校企合作，不断提高自身技术水平。先后与上海产业技术研究院、上海理工大学合作框架协议，实现校企联合、强强合作，共同开发筹建物联网可变二维码项目，为印刷包装行业技术提供有力支持，将进一步扩大公司在印刷包装行业的技术优势。

◆◆

2016 上海国际奢侈品包装展于 4 月 14 日在上海展览中心圆满落幕。展会一如既往地保持积极活跃的商业氛围，展商和观众均对此表示高度的肯定和赞赏。作为专注于创意包装的精品展览，第九届展会汇聚了全球 150 余家顶级包装企业，其中新展商约占 25%。展商提供了最全面的包装解决方案，涵盖各类材料(塑料、纸板、玻璃、金属、陶瓷、皮革…)，并呈现瓶罐、容器、包装盒、设计、标签材料、管类包装、促销礼品等各类前沿包装技术和技艺。观众人数保持持续增长，在为期两天的展览中，一系列精彩活动为与会者提供第一手行业信息，并预览最新包装潮流资讯。上海国际奢侈品包装展为本土及国际品牌和制造商提打造一个专属创新技术、潮流趋势以及行业信息为核心的创意包装商务平台。

做为首次参加本次展会的新锐力量，公司领导非常重视，调集精兵强将，从上到下团结一心，向客户展现我公司的强大的生产与研发能力，良好的客户端体验，完备的售后服务，给参展客商留下了深刻印象，受到参展客商的好评。

本次展会特别设立的"奢侈品包装绿色革命大奖"颁发给：上海翔港包装科技股份有限公司选送的环保笔筒。

本公司选送的三件产品：环保笔筒 / 星钻冷烫盒 / 梅兰竹菊面膜盒全部入围，环保笔筒更获得本次大会唯一的"奢侈品包装绿色革命大奖"。

经过与会专家评委的认真甄别，在众多的入围作品中评委们一致认为：我公司的环保笔筒，包装理念先进，结构简洁巧妙，环保、绿色、节能。为客户创造了最大化利益，为社会做出了杰出贡献。

获得这个奖项不仅是荣誉更是一种动力，我们需要更加努力，与客户一起携手共进，创造翔港美好的明天。

上海翔港包装科技股份有限公司

TEL: (021)51093618*8006
FAX: (021)5812 6086
E-mail: red@sunglow-tec.com
工厂地址：上海市浦东新区康桥西路 666 号

上 海 翔 港 印 务 有 限 公 司

TEL: (021)51093618*8006
FAX: (021)5812 6086
E-mail: red@sunglowprinting.com
工厂地址：上海市浦东新区康桥西路 666 号

老鳳祥 ®SINCE1848

高级定制

优质的个性化服务是老凤祥一贯的承诺

陆莲莲

宋 菁

周百均

张心一

张京羊

刘红宝

中国工艺美术大师

■ 上海晨冠乳业有限公司 成立于2002年，总部设在上海奉贤生物科技园区，是上海市首家进入国家重点奶粉推荐品牌的企业。

■ 晨冠一直专注于高端婴幼儿配方奶粉及乳制营养品的研发、生产和销售。公司拥有GMP规范建设的全封闭生产车间和现代化检测中心，配备了国际一流的产品生产线和精密检测仪器。并通过了ISO9001质量管理体系、ISO14001环境管理体系、HACCP危害分析与关键控制点体系认证，及诚信管理体系评价，同时还建成了一套完善的人力资源、市场营销、物流供应、财务运作等综合管理体系。

■ 晨冠积极投入研发资金，建成了国际领先的婴幼儿配方奶粉研发中心，以“配方科学精确、营养全面均衡、品质安全卓越、容易消化吸收”为研发理念，与国内外知名营养研究机构、高校科研院所的营养学专家、乳品专家、全球知名乳品企业合作，依照CODEX国际食品法典及中华人民共和国国家标准，针对婴幼儿生理特征及营养需求，特别添加活性益生菌，保护宝宝肠道健康。

■ 晨冠始终奉行“以质量为生命、以客户为中心、以市场为导向、以服务为纽带”的经营理念，在立足发展的同时，将社会责任纳入到公司战略及日常经营和管理中。2012年起，晨冠牵手中国扶贫基金会“母婴平安120行动”、并启动“晨冠关爱留守儿童项目”，累计捐赠近500万元。

■ 晨冠将秉承“关爱、责任、诚信、创新”的企业价值观，坚持“致力国人营养事业，科技成就健康之美”的发展愿景，肩负“追求营养健康，你我一起成长”的企业使命，为实现晨冠“健康中国”的梦想而不懈努力。

SCRPF

聪尔壮

婴幼儿配方奶粉

上海晨冠乳业有限公司

被推荐为　二〇一四年度

上海名牌

上海市名牌推荐委员会

二〇一四年十二月三十一日颁发

有效期至 二〇一六年十二月三十一日

上海市著名商标

Hikid
聪尔壮

商标注册证号：　11925321 5137148 6009607

商标注册人：　上海晨冠乳业有限公司

类　　别：　5

认定商品或服务：　婴儿奶粉

证书有效期：　2016.01.01—2018.12.31

上海市工商行政管理局

二〇一六年一月

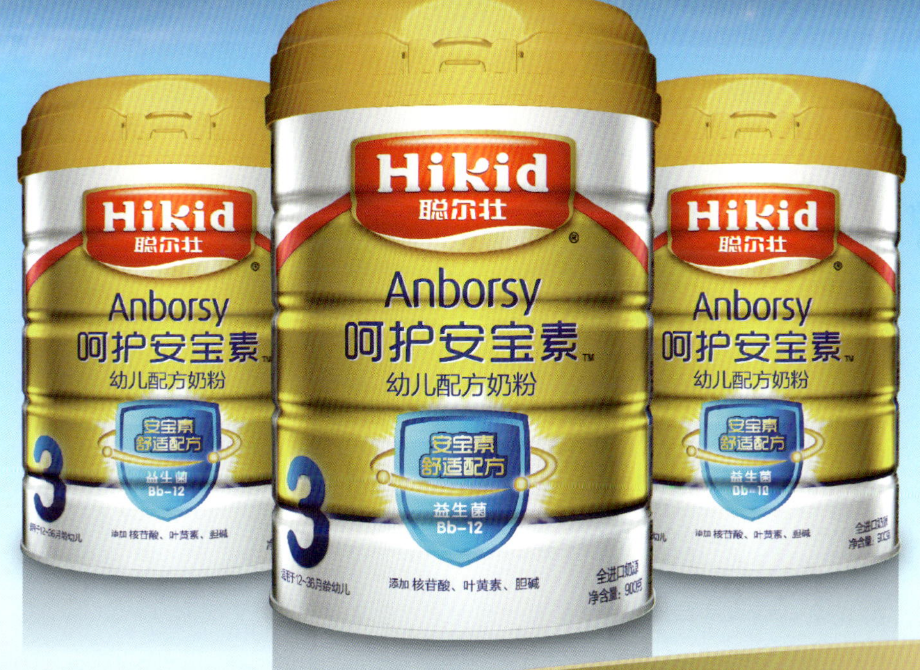

雪花 | 华润雪花啤酒（上海）有限公司

华润雪花简介

华润雪花啤酒（中国）有限公司成立于 1994 年，是一家生产、经营啤酒的全国性专业啤酒公司。其股东是华润创业有限公司和全球第二大啤酒集团 SABMiller。

目前华润雪花啤酒在中国大陆 25 个省市经营超过 100 家啤酒厂，旗下“雪花啤酒”品牌及 30 多个区域品牌共占有中国啤酒市场 24% 的份额。

2014 年，华润雪花啤酒年产能达 1900 万千升，年销量达 1189 万千升。自 2005 年起，连续 10 年全国啤酒销量第一，且“雪花”啤酒在 2013 年实现单一啤酒品牌过千万吨，世界销量第一。华润雪花啤酒正式员工总数已超过 5 万人。

公司简介

华润雪花啤酒（上海）有限公司，成立于 2008 年 12 月，是华润雪花啤酒（中国）有限公司旗下公司，公司有员工 322 人，2014 年销售量 21 万千升，销售额 4.8 亿元。

公司占地面积 19 万平方米，总投资 10413.99358 万美元（人民币 64879.18 万元），分两期建设。一期于 2008 年 12 月 18 日奠基开工，2010 年 1 月 10 日正式投产；二期于 2014 年 11 月开工，预计 2015 年 7 月投产，届时宝山工厂的年产能将达到 46 万千升。

公司主要产品：雪花勇闯天涯、雪花系列、东海系列，目前雪花啤酒已成为上海地区啤酒品牌中的佼佼者。

公司管理

集团有一套严格的质量管理程序，采用独特的质量管理方法 – 消费点质量管理，直接从消费者面对的我们产品进行品评分析，同时集团对各工厂产品质量进行综合评比，实行 IQMS 质量体系。

公司拥有一流的进口检测仪器，主要有超净工作台、HAFFMANS 浊度仪、Anton Paar 啤酒全自动分析仪、协定糖化仪、精密恒温水浴锅、PU 仪（HAFFMANS）、溶氧测定仪（HAFFMANS）、定氮仪（瑞典 FOSS）、分光光度计（上海尤尼卡）、EBC 粉碎机（德国 BUHLER）、麦芽脆度仪（德国 PFEUFFER）、高精度水浴（德国 Julabo）、显微镜、气象色谱仪等。

强化食品安全制度建设：制定制度监控和验证质量管理体系的有效性，保障质量管理体系和制度的持续有效运行。原辅料控制严格，供应商资质必须经过验证，原辅料必须合格方可入厂，原辅料储运均采取措施避免污染。

认真开展食品从业人员培训：公司每年制定年度培训计划，由人力资源部、制造部、生产部等各个部门对员工展开各个层面的培训，使每位员工能够受到全方位培训。

公司投资背景 >>>

上海东北亚新纺织科技有限公司（简称东北亚新公司）是由上海中昊针织有限公司（简称中昊公司）于2014年6月4日出资建立，致力于发展成为集研发、设计、生产为一体的总部经济型企业。

中昊公司于2000年4月6日注册于上海市沪青平公路2386号，是一家国际贸易型企业，产品出口欧洲、北美等国。据中国纺织品进出口商会发布的海关统计显示，上海中昊公司的袜类单类产品出口连续多年位居全国第一。2015年全年出口2.68亿美元，是中国纺织品行业出口百强TOP20。

公司成立背景与目标 >>>

在进入经济新常态的大背景下，传统纺织行业举步维艰。唯有以智能制造为突破口，推进两化深度融合，才能实现转型升级。国家大力支持北斗系统普及和应用产业化，北斗产业将作为其他产业连接点，进行产业“价值链嵌入”，实现战略突破以及利润创造。智能可穿戴设备与智能纺织产品市场规模逐年增大，前景广阔。

为了长远发展，中昊公司高层领导决定共同建立东北亚新公司，总投资4.23亿元，建设“基于北斗定位技术的智能纺织产品开发及一次成型技术升级改造项目”。项目技术与入驻上海西虹桥北斗导航产业基地的上海位盟信息技术有限公司合作，将高新技术融入传统纺织产品，通过跨界融合与集成创新，催生出新一代的智能可穿戴产品—智能袜，符合“四新经济”的发展方向。

上海作为现代化国际化大都市，经济繁荣、地理位置优越、文化底蕴浓厚，历来是众多公司投资的首选之地。为实现快速发展，东北亚新公司选址于上海青浦徐泾镇沪青平公路2400号，毗邻上海西虹桥北斗导航产业基地、国家会展中心、上海虹桥机场等，交通便捷，资源丰富，努力为上海经济发展贡献自己的一份力量。

上海东北亚新纺织科技有限公司

公司发展现状 >>>

公司聘请德国工程师设计布局整个工业4.0系统，严格按照工业4.0的要求建造实施，通过一个中央管理系统来管理所有设备，已投入5000万元；截止2015年底，公司已引进智能纺织设备356台，价值8250万元，完成一期设备引进。

公司现生产智能袜45万双／年、高档棉袜1200万双／年，达到设计产能的25%。订单纷至沓来，产品远销欧美等国家，广受客户好评。预计2018年，公司可实现年产智能袜180万双、高档棉袜5090万双，实现销售收入73450万元。

SYH 上海毅昊自动化有限公司

地址：上海市张江高科技园区毕升路 299 弄 10 号楼　电话：021-2022 8202
传真：021-2022 8202　邮编：201204　网址：www.syhpower.com

企业简介

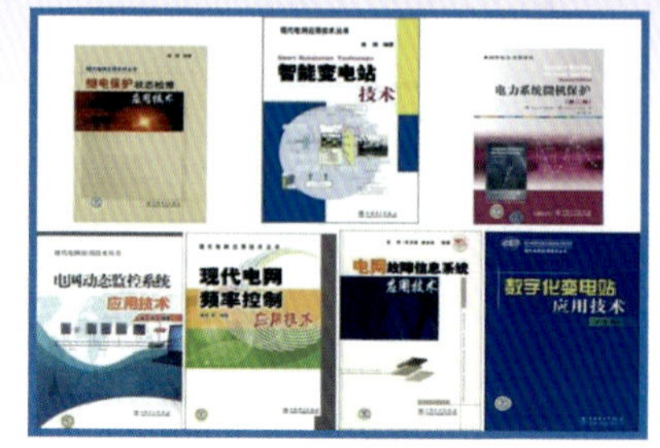

公司位于国家级高新技术园区，浦东张江国家级高新科技园区。依托智能电网的发展背景，结合 IEC61850 体系特征，基于提升二次系统可靠性、安全性的理念，提供智能变电站二次系统智能化运维解决方案。降低继电保护隐性故障造成的电网事故和大面积停电事件发生的几率，实现运行监视可视化、事故分析智能化。

公司创始人具有在美国从事智能化电网相关领域技术研究的背景，核心团队具有长期从事电力二次技术领域研究、开发、应用经验，在智能变电站技术应用领域具有系统性的理论体系和丰富的实践经验，拥有诸多智能变电站二次系统运维技术的发明专利，在上海交通大学国家能源智能电网(上海)研发中心具有联合研发平台。

公司致力于"可靠、便利"的解决方案，为推进"变电站无人值守""调控一体化""运维一体化"管理模式提供可靠的技术支撑，为智能变电站二次系统全生命周期管理提供有效手段，以提升电网"安全、稳定、经济"运行水平。

随着智能变电站工程应用的推进，IEC61850 成为一种必然选择，现阶段中国所实施的 IEC61850 标准变电站比全球的站还要多。与欧洲电网类似，国内在实施基于 IEC61850 标准的变电站自动化系统过程中发现很多问题，主要原因是 IEC61850 很大程度上定义了一个框架，涉及保护装置工程应用细节并未确定。因此，国内在诸多工程基础上完成了 Q/GDW396—2009《IEC61850 工程继电保护应用模型》。2011 年，浙江省电力公司接受国网公司的委托，组织开展《智能变电站配置描述文件 SCD 全过程管理和标准化研究》，项目执行时间：2012 年 1 月至 2013 年 12 月。在该科研项目竞标过程中，公司以在智能变电站技术领域方面的独到见解和国际化结合能力脱颖而出，获得项目的研发任务，经过研究提出了实现 SCD 设计、配置、运行一体化管理的技术方案，并在浙江电网 220kV 方圆变、枫桥变获得实际应用。项目研究成果构成浙江省电力公司"智能变电站运维关键技术"研究重要支撑，2015 年，获得浙江省电力公司科技进步一等奖，国家电网公司科技进步二等奖及浙江省科技进步二等奖。

公司自 2011 年以来连续开展三十多个智能变电站科研项目研究，获得多项发明专利及软件著作权，撰写 6 项技术专著，并形成丰富的技术积累，实现华东、华北地区 10 个 220kV 及以上智能变电站的"保护在线监测系统"RSS-501 的应用，具有技术与市场领先优势。

上海表业有限公司

上海 SHANGHAI

1955 年，中国第一批细马机械手表在上海试制成功，开创了中国手表制造业的新时代。60 年来，上海牌手表始终与民族精神相交融，充分展示了美好生活的精彩时刻。

上世纪，坚持精益求精的上海牌手表争先夺冠，屡获殊荣，并以累计产量 1.2 亿，占全国生产总量 1/4 的手表，丰富了人民群众物质文化生活，书写了世界手表史上的传奇。

进入新世纪，由原上海手表厂改制重组的上海表业有限公司，传承上海牌手表光荣传统，努力构建时尚化、个性化和高能级产品平台，精心打造了 22 项产品专利、12 项专用技术，先后推出了多功能手表、露摆手表、计时段手表和陀飞轮手表四大系列，以品种多、规格全、产品精的综合优势，成为国内制表业的亮点企业。

2008 年，公司精心研制的神七航天表机心，已载入中国航天人舱外行走的光辉史册；2010 年，上海牌手表荣获国家商务部认定的"中华老字号"称号。

在未来的岁月里，凝聚荣耀与梦想的上海牌手表将在创新驱动、转型发展的轨道上一路前行，再创民族品牌的辉煌。

地址：上海市榆林路 200 号
电话：65450436
网址：www.shwatch.cn

上海麒麟食品有限公司

上海麒麟食品有限公司位于上海市嘉定区安亭镇泰顺路888号。公司占地面积$30000m^2$，建筑面积$20000m^2$。上海麒麟食品有限公司是创立于2007年的外资独立企业，。目前生产各种饮料及纯净水。是国内目前利用最新生产工艺，生产饮料的企业之一。

公司产品加工全部采用先进设备作为产品质量的保障基础，并且按照企业发展进行添置和更新，拥有齐全的检测设备以保证合格的产品送达顾客。

公司2014年12月完成上海市燃煤(重油)锅炉清洁能源替代工作,2015年5月获得节水型企业称号。

公司于2010年通过ISO22000质量体系的认证，目前已按2009版要求进行运行。以保证产品符合顾客的要求，并更有效果地和更高效率地管理企业。

上海麒麟食品有限公司的全体员工秉承着以"高素养创一流产品质量"的理念，长期保持产品和过程的持续改进，为广大消费者提供更加优质的产品。

上海红马饲料有限公司

上海红马饲料有限公司是主营畜牧饲料、水产饲料、添加剂与管理咨询业务的国家级高新技术企业，年生产各类饲料、饲料添加剂5万多吨。公司总部位于全国的经济中心上海市，是上海市农业产业化重点龙头企业，也是中国较早通过ISO9001国际质量管理体系和HACCP食品安全管理体系认证的饲料企业，"红马"是公司的著名商标。

红马公司创建于1999年，历经十年，铸就辉煌，从创业之初的1万元启动资金到现在1.5亿多元的销售额，以平均每年不低于20%的速度在高速成长。另外由于广东红马的相继投产，预计2011年销售额达2.5亿元。红马公司的成长在同行业中更是异军突起，公司也被评为长三角地区最具成长潜力的科技型企业。

高速度的增长离不开员工的辛勤努力，公司现有员工300人，中层管理人员27人，大专学历以上的人员占总员工的38%，直接从事研发的人员45人。红马人时刻秉持着"质量是企业生命、科技是第一生产力"的理念，成立了以动物营养专家、食品工程博导、人类营养博士后为带头人，以博士、硕士为研发骨干的上海红马饲料技术研究所，建立了公司自己的企业技术中心，并被评为金山区企业技术中心。公司依托上海交通大学、南京农业大学、合肥工业大学等高校的科研实力，与各高校、科研院所展开全方位的交流与合作，企业自身的科研实力大幅提高，公司也被评为上海市科技小巨人培育企业。

在强大科技支撑的基础上，公司也逐步加大了对知识产权的保护力度，已拥有各类专利共6项，均为发明专利，另有各类专有技术10多项。专利技术的产业化带来的利润超过公司总利润的60%。

在实施技术进步的同时，公司始终把管理提升与营销进步作为提升企业运作效能的有效手段，尤其在产品生产质量控制管理方面，不仅通过了ISO9001，通过了ISO14001，还取得了出口实用动物饲用饲料生产企业登记备案证。

优异的质量带来产品销售的上升，通过全体员工的努力，公司的营销网络也日趋完善，营销网点遍布全国二十多个省市。居安思危，红马人深知，没有优秀的客户就没有成功的红马，再好的技术增值也需要市场网络平台的支持。公司通过引进和自身形成了一支强有力的技术研发团队，产品研究和开发组织体系完善，为公司的快速发展提供了强有力的后盾。

发展是硬道理。创新是原动力，是树之根、水之源。营销模式的创新，产品技术的更新，组织机构和用人机制的革新，这一切是决定一个企业发展的重中之重。上海红马，对内严谨，苦练自修，对外开放，广纳贤才，"成就客户，快乐自己"，以"跨越行业巅峰"为目标，呈现一派"和谐诞生力量"兴旺发达的勃勃生机。

红马公司将一如既往地以"和谐诞生力量"为企训，以"传递典范技术，服务中国农牧"为己任，携社会各界同仁，共创美好未来。

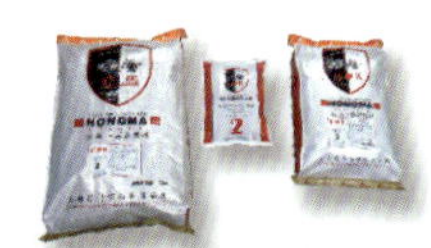
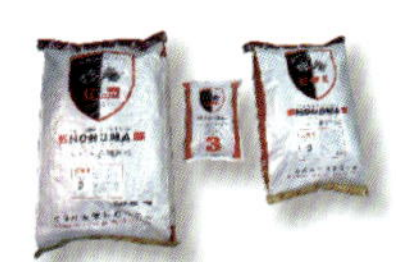

【企业简介】

上海中隆纸业有限公司为中隆控股旗下唯一一家造纸公司，成立于2002年10月，并于2004年11月正式投产，工厂设于上海市级康桥工业园区内，占地面积22.2公顷，是由台湾最大的工业用纸及纸器制造上市公司——正隆股份有限公司投资。

公司目前拥有一部世界一流水准的工业用纸抄纸机，主要产品为高档箱纸板、高级瓦楞原纸、年产能约42万吨，产品能耗达到世界领先水平。抄纸、制浆设备均采用国际知名厂牌，主要有德国VOITH及芬兰METSO等设备，均采用电脑制程控制，并设有基重/水分控制设备(B/M计)，以确保品质稳定，并已获ISO9000质量管理体系、ISO14000环境管理体系认证通过，并导入推行全面生产管理(TPM)活动，追求"零故障、零不良、零灾害"三零目标。

中隆公司成立十余年来，积极推动工业减废、资源及能源节流，提高废纸利用率，以最佳设备、技术及管理治理三废，维持高度环保标准。公司在开厂之初就确认了环保路线，我们的原材料选用90%以上的回收废纸加少量木浆造纸，采用高循环率，用最省的水，多次循环，产出最多的纸；我们的汽电和废水处理采用高效脱硫、除尘和低氧燃烧器以及废水处理先进的厌氧技术，产出最干净的纸。同时，中隆早在2009年，成为上海清洁生产审核试点企业。在成立的这些年里荣获"节能减排"奖、"轻工业节能减排十佳金点子"奖等多项集体、个人荣誉。公司更积极参与森林认证(FSC)，向消费者保证了产品来自于能满足当代和后代社会、经济、生态需求的森林，也是对绿色和平的支持。

未来，公司将一如既往秉持对社会、对环保事业的责任，努力朝着"关心生活、善用资源、贡献社会"之愿景不断迈进。

上海中隆纸业有限公司

Shanghai Chung Loong Paper Co., Ltd.

地址：上海市浦东新区康桥工业园区秀浦路489号
邮编：201315
电话：021-58129798(117)

远纺工业（上海）有限公司

Far Eastern Industries (Shanghai) CO, LTD.

远纺公司是台湾远东新世纪股份有限公司在上海的子公司，创建于1996年，现在总投资为5.26亿美元。公司位于上海浦东陆家嘴金融贸易区，下属工厂坐落在奉贤区星火开发区。工厂占地面积643600平方米。

制造、加工聚酯瓶级切片、高功能聚酯薄（胶）片、涤纶差别化短纤维、涤纶差别化长丝、弹力丝，并销售公司自产产品；同时从事自产产品上下游产品（如PTA、MEG等）的进出口业务。

2000年，远纺公司被评为上海市外商投资先进技术企业。2001-2004年先后通过DNV（挪威船级社）ISO 9001: 2000国际质量管理体系认证，ISO-14000环境管理体系认证，ISO-CHSAS-18000职业健康安全管理体系认证。2001-2008年多次被评为上海市外商投资企业50强、100强，上海市企业100强，上海市进出口企业100强。全国外商投资双优企业、对外贸易企业500强、制造业企业500强。

产品名称	产能（吨/年）
聚酯瓶级切片	500000
聚酯薄（胶）片	36000
涤纶短纤维	110000
涤纶长丝	43000

立业精神　产品、产能

诚、勤、朴、慎、创新

公司地址：上海市浦东东方路800号宝安大厦31-33，21楼
电话：021-68751888　传真：021-68764775　邮编：200122
工厂地址：上海市浦东星火开发区白沙路198号
电话：021-57501888　传真：021-57503241　邮编：201419

上海联博安防器材股份有限公司

上海联博，是一家专业从事个人防护装备、警用械具等产品的研发、生产、销售及服务的高新技术企业。公司体系完备、管理先进、经营完善，拥有员工近200人，其中高级技术人员占30%以上，拥有先进的生产和检测设备200多台，注册资金5000万元。公司已经通过GJB9001B-2009武器装备质量管理体系认证、ISO9001：2008质量管理体系认证、ISO 14001：2004环境管理体系认证，目前已拥有防弹衣、防刺服、防弹防刺服、防弹头盔、防弹插板、防弹盾牌、单兵防护组件(防暴服)、防割手套、防暴警棍、约束服等多条生产线，同时，在新型防弹材料、功能性面料的研发及应用方面也拥有雄厚的实力。

公司自成立以来，一直积极为全国各地的公、检、法、司、武警等部门和解放军总装备部、总后勤部提供各类安防产品，并得到广大客户的好评及肯定。荣获中国人民解放军装备承制单位、我军反恐维稳军械装备定点采购单位、军队物资总后勤部军需装备入围企业、国家二级保密资格单位、公安部警用装备入围企业、公安部012装备采购中心入围企业、全国警用装备标准化技术委员会委员、上海公安应急装备物质联动保障单位、中国安防行业科技创新质量创优十佳知名品牌、上海市高新技术企业、上海市守合同重信用企业、上海市培育型科技小巨人企业等荣誉资质。

“科技缔造安全”，公司拥有一支高素质的研发团队，与国内外科研院所和大专院校进行科研合作，每年研发费用占销售收入6%以上，几十项高新科研成果问世并投入应用。公司已获得20余项国家发明及实用新型专利，承担的“一种用于制作防弹防刺服的材料”项目获得了上海市科技型中小企业技术创新基金支持。

上海联博始终坚持对品质的“精益求精”。2009年，公司承担了总装备部“反恐维稳专项”装备的研发生产任务，本着精益求精的品质要求，所有产品的技术指标均优于现有标准，经中国人民解放军驻五十所军代室验收合格。

2010-2011年，联博安防利用转移印花技术，配合自主开发的新型转印介质，实现热固性树脂胶黏剂对芳纶布的转移涂胶，成功开发了一种防刺性能优异、质量可靠稳定的增韧树脂基芳纶复合材料，显著提高了芳纶材料二次加工后的防弹、防刺性能，并将该技术应用于防弹防刺服、防弹头盔等防护装备，产品具有质量轻、防护性能

高、使用安全舒适等优势，得到了上海、浙江、内蒙等公安部门的一致认可和信赖，为上海亚信峰会等大型活动提供了强有力的安全保障。

2011 年 10 月，公司的 I、II 型防弹防刺服均顺利通过公安部装备财务局的方案评审，以及现场考察，在参加评审的 50 多家工厂中成绩名列前茅；2012 年 1 月，公司成功入围公安部防弹防刺服生产企业目录，成为全国五家 I 型、II 型防弹防刺服均入围企业之一。

2013-2014 年，公司承担了由中国人民解放军总装备部下达的反恐维稳装备 -- 新型单兵防护组件的研制任务。此款产品是集防暴、防弹、防刺等多种功能于一体的新型防护装备。产品经过反复论证试验，达到了任务书要求的全部战术技术指标、通过了 25 项严格测试，通过了项目鉴定评审，顺利完成这一光荣而艰巨的任务，填补了国内外相关领域的空白。成为现有单兵防护组件中抵御能力最强、使用便捷灵活、穿着舒适的一款新型反恐维稳装备。

2014 年成功研制的约束服、开关式新型伸缩警棍防暴装备，成为公安部公装财局征集部分单警装备改进升级方案中全国 27 家安防企业中的唯一送报 2 种新装备的单位，在评审的产品中独占鳌头，并受到上海市广大客户的认可和好评。

公司深知，我们的产品关系着所有一线警务人员的安全与生命，因此，所有出品，均严格按照军品质量管理体系和国家军品标准进行质量管理和控制，经权威机构检测合格后方可出库，立志为广大客户提供高科技、高性能、优质放心的安防器材产品和专业服务，为我国军队和公安装备建设做出更大的贡献！

内穿式防弹衣

迷彩防刺服

迷彩防弹衣

军用防弹头盔

警用防弹头盔

防割手套

防弹防刺服

全防护防弹衣

马夹式内穿防弹衣

防暴服

约束衣

伸缩警棍

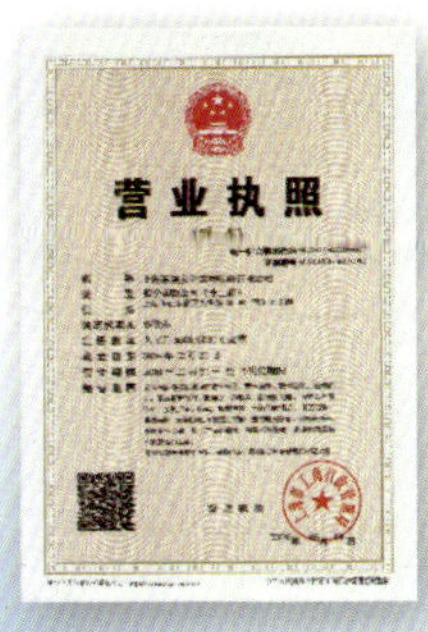

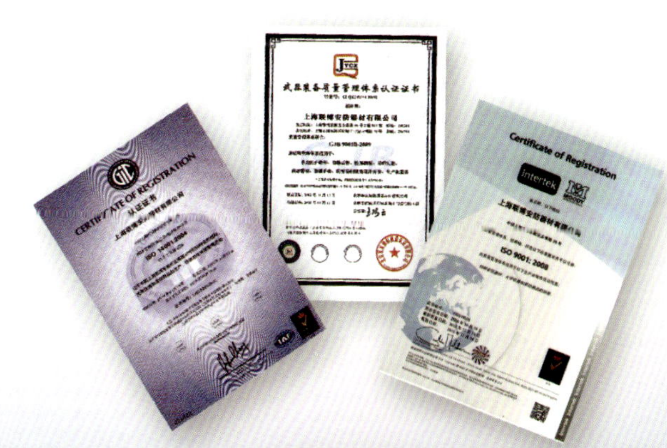

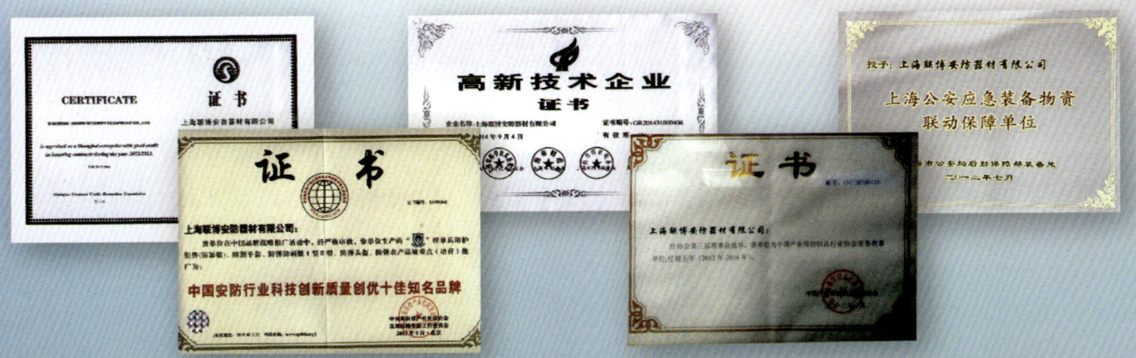

保集控股集团成立于 1996 年，总部设在上海，目前业务主要涵盖地产开发、国际贸易、金融投资、资产管理以及产业投资等五大板块，已发展为在全球拥有近 40 家全资子公司的多元化集团企业。

地产方面，开发区域以上海、浙江等长三角城市为中心，辐射京津冀、中三角，并深耕金华、南昌等城市。2015 年在金华区域，湖海塘项目和外滩项目分别获得区域年度销售冠、亚军；宁波区域保集蓝郡在象山获得区域年度销售第一名。到 2015 年底累计开发 21 个项目达 200 多万平方米，很多住宅项目均获得了省部级以上的奖项和表彰。2007 年，保集首次获得“中国房地产百强企业”称号，到目前为止已经连续七年誉为“中国房地产百强企业”。“保集”地产品牌通过多年精品项目的建设和客户良好口碑的积累，已赢得了市场的尊重和社会的好评。

贸易板块，聚焦实体自营贸易和全球化视野的大消费贸易业务，稳健提升中电业务、低风险套利业务；整合澳洲、日本、欧洲、美国等大消费资源，快速推进联盟合作，共同开展跨境电商业务。随着低风险业务的开展、化工贸易品种、交易量的增加，自营贸易额及总销金额均较上年翻倍增长，目前下属共计有 13 家贸易公司，业务涵盖军工、化工、建材等，积极探索互联网时代商业模式，大力发展跨境电商，推动贸易板块形成“服务平台 + 贸易 + 金融创新”的贸易新格局。

金融板块，2011 年开始投资上海国和基金，进入金融投资领域，已拥有华融、爱建、钜派、民生、建行和农行等近 50 家合作机构和战略合作伙伴。集团按照“产业 + 基金 + 上市公司”的模式，已成立和正在成立产业引导基金、地产开发基金、养老基金和海外发展基金等四大类基金。目前，与国内顶级团队深度合作，通过资本市场、股权基金及发债打通直接融资通道，通过二级市场定增、PE 投资等多种业务手段，控股进入人寿保险及金融租赁业务，投资并购符合未来集团战略转型的产业，稳定持续获取金融投资业务的收益和回报。

资产管理方面，通过过去几年自有商业项目运营管理的积累，结合新常态下房地产开发在资本运作上的新要求，成立了资产管理公司，变开发思维为运营思维，整合商业资源、提升运营能力、搭建资本平台，同时，顺应银行坏账增加、惜贷（对小企业）以及加强金融风险管控的形势，抓住机遇布局和拓展资产包整理业务等，围绕新一轮的城市更新发展和产业的转型升级，建立商业联盟，开创新的盈利模式。

产业板块方面，着力发展智能制造和大健康两大明星产业。智能制造项目位于宝山顾村上海机器人产业园内，总占地约 300 亩，以智能制造为产业核心，集科技孵化、产品研发、金融商务服务三位一体，将建成总规模约 28 万平方米的智能科技产业新城，打造成为“基金 + 园区 + 互联网 + 上市公司”四位一体”的上海市最大的智能制造营销集聚中心。大健康产业以高端养老社区、医养结合护理中心和嵌入式社区养老运营为基础，发展与智能制造相关的大健康上下游产业链产业。代表项目为保集富椿佘山养生养老项目，位于佘山脚下，占地 15 万平方米，将打造成国内一流、国际知名的高端养生社区。

海外方面，2004 年起开始积极拓展海外市场，并在香港、日本、加拿大、澳大利亚等地设立控股机构。目前已完成了日本酒店收购、澳洲悉尼房地产项目开发销售等。另外，跨境电商和海外地产或产业发展基金均在积极研究和推进过程中，同时向农业项目、酒店、旅游及贸易方向研究并推进，海外业务布局和拓展实现了新的突破。

目前，集团正按照“一核三体，顺势而为”的战略定位，从以地产为主，金融、产业为辅，逐步转型为以投资为主，地产、产业、金融并举的新格局，最终实现投资控股 + 多元化产业布局的新局面。

保集金华外滩

保集上海智能制造示范基地

金华保集湖海塘

上海保集澜湾

保集上海佘山富椿养老养生项目

保集象山府

上海中建航建筑工业发展有限公司

公司外景

上海中建航建筑工业发展有限公司是由中国建筑第八工程局有限公司、中交第三航务工程局有限公司、中国建筑发展有限公司共同投资组建的致力于建筑产业现代化的公司。公司以装配式建筑构配件生产为主业，厂区位于上海市浦东新区东塘路 684 号，紧邻外高桥自贸区。西临黄浦江，水路运输便利；东临东塘路，陆路交通便利，具有得天独厚的区位优势。附近有高桥化工热电厂、三航局船舶公司等企业，可为厂区提供蒸汽动力及其他机械设备支持。

公司以建筑产业现代化为总目标，运用工业化的生产方式，将房屋建造的设计、开发、生产、施工、管理的全过程形成一体化产业链，建成国内一流的混凝土 PC 构件生产工厂。公司引进了国内先进的装配式构件自动化流水生产线，具备年生产 20 万立方米的生产能力，其中一期年产量为 12 万立方米，二期年产量为 8 万立方米。除此之外，公司还配有固定模台生产线、钢筋自动化生产线、模板车间、混凝土搅拌站，设有甲级试验室、污水处理净化系统等配套设施。

公司可为上海市及周边地区提供各种商品混凝土产品、钢筋加工服务，以及预制墙板、叠合楼板、阳台、楼梯、梁、柱等预制混凝土构件的设计、加工、安装等全套解决方案。

【产 品】

夹心保温墙　石材饰面反打　堆场　楼梯 　瓷砖饰面反打

Tel:021-60123826 Mob: 18516770661 E-mail:zhglb@cscecpc.com

中科建设开发总公司是经国家住建部和国家工商总局批准注册成立的国家一级企业，其前身为中国人民解放军军事科学院工程局，系军转地综合性企业。1999年划归于中国科学院管理。公司原总部设在北京中关村中国科学院，2014年总部迁入上海。

总公司下辖北京、华东、华南、西南、西北、东南、宁波、南京、重庆、上海等六十多家分公司、子公司。公司现有房屋建筑工程施工总承包、市政公用工程施工总承包、建筑装修装饰工程专业承包、钢结构工程专业承包、机电设备安装工程专业承包五个一级资质。公司有专业技术、经营管理人员2400多名，其中高级工程师108名，具备高级职称的项目经理150多名。公司已通过了质量管理体系认证、职业健康安全管理体系认证和环境管理体系认证。

中科建设开发总公司长期从事部队营房建造、国防建设和国家重点项目建设，继承和发扬了军队作风严谨、团结实干、艰苦奋斗和敢打硬仗的工作作风。长期遵循"永葆诚信、质量为本、科学管理、求实创新"的经营理念，始终坚持"诚信是根本，质量是生命，创新是活力，科学管理是保证"的企业信条。坚持以经营业务为中心，突出项目管理为重点，贯彻以人为本，构建企业文化，加强队伍建设，强化成本控制，严格财务管理，效益逐年提高。

中科建设开发总公司已由专注于工程建设施工企业转型为集投融资、建设、开发、国内外贸易、新材料研发生产、PPP项目城市投资建设、矿业、生物技术等多板块的，为城市建设发展提供整体方案和一体化服务的大型国有投资建设集团。

2015年7月29日，中科建设开发总公司作为驻沪央企的代表，由总经理顾玮国同志率团参加了上海市委副书记、市长杨雄率领的上海市代表团赴辽宁省学习考察，签署了相关的投资框架协议，投资规模近300亿，已落实沈阳石油产品交易中心及相关基础设施建设项目。中科建设开发总公司依托中国科学院强大的技术支持，对气凝胶等高科技产业项目进行投资生产。并在江苏、浙江、福建、广东、湖南、四川、陕西、甘肃、河南、河北等地区进行相关的产业投资和建设。

目前，中科建设开发总公司，积极响应国家"一带一路"战略，为实现公司"跨越式发展"战略目标，不断更新观念，创新体制机制，走现代国际化企业之道，立足上海，辐射全国，放眼世界，建百年企业，树世纪品牌。我们坚信，在新的历史时期，全体中科同仁同心同德、锐意进取、勇于创新、团结实干，就一定能迎接挑战，实现跨越式发展。

中科建设承建的永康项目——中科鑫天地

上海地铁10号线，其内部装饰装修项目由中科建设承建

由中科建设承建的中国商飞飞机设计研究院

中科建设承建项目——
上海陆家嘴国金中心钢结构

由中科建设承建的北京中电国际项目

宁波柏悦酒店，该酒店的装饰装修项目由中科建设承建

中科建设开发总公司

公司简介

上海建为历保工程科技股份有限公司，注册成立于2009年，是一家专业从事历史建筑（包括文物建筑）保护的国家高新技术企业。2015年11月10日，成功登陆全国中小企业股份转让系统（即新三板）挂牌交易，证券代码为834154，是历保行业内第一家挂牌上市的专业公司。

公司以“对历史建筑保护提供全过程服务”为宗旨，以“物联网实时监测技术”为手段，开创了独特的商业模式。是上海市首批获得文物保护工程施工资质的公司之一。

公司拥有专业的历史建筑保护设计、施工队伍，能提供涵盖“勘察、检测、设计、施工、维护、保养、监测”的全过程服务。此外，公司与高校开展校企合作，创办“历史建筑保护工程”专业，培养行业实用型人才。

公司注重技术研发，现已申报专利31项，授权19项，并完成2项科技成果转化。同时，公司承接多项国家课题，编译国外历史建筑保护技术导则。公司长期策划行业研讨会和学术交流会，积极引进国外的先进设备与材料。公司于2015年8月28-30日在上海成功举办了中国首届（上海）国际建筑遗产保护博览会，业内反响极为热烈。

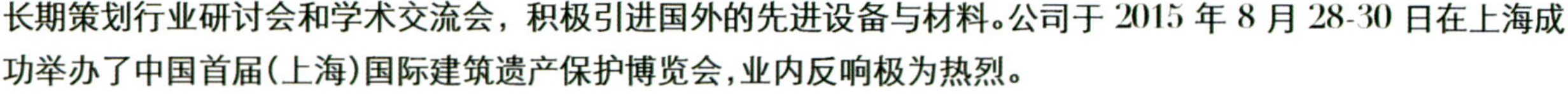

上海建为历保工程科技股份有限公司，立志在历史建筑保护领域走专业化道路，以提供全产业链服务为基础，以“物联网＋互联网”创新为依托，努力成为历史建筑保护领域的标杆企业。

上海建为历保工程科技股份有限公司

矩形盾构

武汉三阳路隧道

上海隧道工程有限公司

上海隧道工程有限公司始建于1965年，是中国最早开展盾构法隧道技术研发和施工应用的专业公司。2014年，公司重组整合专业施工力量，围绕隧道建设前沿不断创新技术，进一步强化在超大直径隧道、轨道交通工程、超深基坑等核心领域的强大优势。

上海隧道拥有市政公用工程施工总承包特级、建筑工程施工总承包壹级、公路工程施工总承包壹级、机电工程施工总承包壹级、隧道工程专业承包壹级、地基基础工程专业承包壹级、公路交通工程专业承包壹级（公路机电工程分项）和市政行业工程设计甲级等资质。经营业务包括基础设施投资、设计、施工总承包及运营养护，先进装备制造、建材配套等。业务遍及长三角、珠三角、京津冀以及昆明、郑州、武汉、乌鲁木齐等地外，还深入新加坡、印度、日本等国际市场，综合实力位居行业前列，是国内最具专业性和发展潜力的建筑企业之一。

近年，上海隧道从传统总承包商向设计施工总承包商、工程总集成商成功转型，先后投资建设成宁波常洪隧道、上海大连路隧道、杭州钱江通道、昆明南连接线、南京地铁机场线等一批重大基础设施项目。

作为中国地下工程领域的开拓者，上海隧道拥有国家级企业技术中心、国家级盾构工程中心和中国首家施工企业博士后工作站，也是国内为数不多的建筑施工行业高新技术企业，积聚了雄厚的科研实力。近5年先后承担国家863计划等40项国家及地方重大科研课题，获省部级以上科技进步奖80项，形成自主知识产权466项，编制国家级工法36项。

在发展历程中，上海隧道始终秉持“为民造福，实现自我”的核心价值观，将成为“引领隧道工程领域发展的国际一流企业”作为企业愿景，创下了业内诸多“第一”：建成国内首条越江隧道——上海打浦路隧道、世界首条15米级盾构法隧道——上海长江隧道、世界首例复杂环境下大直径土压平衡盾构法隧道——上海外滩通道、国内首条双层公路隧道——上海上中路隧道；研制了我国首台具有自主知识产权的“先行号”土压平衡盾构和“进越号”大型泥水平衡盾构，率先实现国产盾构装备的产业化与批量出口。

截至2016年，上海隧道累计建设的隧道里程已达700公里；其中14米级以上大直径盾构隧道建设里程达70公里，占全国总里程的78%。公司荣获全国质量奖、全国优秀施工企业、国家科技进步一等奖、全国用户满意企业、全国文明单位、中国最佳雇主企业等荣誉。

SCG **上海市机械施工集团有限公司** 是上海建工集团股份有限公司的核心企业之一。五十多年来，公司致力于建筑施工的机械化和现代化，积极承揽超高层钢结构、特殊公用建筑、大型工业厂房；开拓城市地铁、磁浮快线、大型深基坑、高架立交、特大桥梁等高难施工项目，承担了4项国家863计划，50余项省部级项目，60余项国家和省部级科学技术奖。在共和国建设的各个历史时期留下众多杰作。

上海机施具有房屋建筑、市政公用工程施工总承包和钢结构工程等壹级资质，以及轻型钢结构设计专项资质和建筑幕墙施工设计一体化资质。26次荣获“上海市重大工程立功竞赛优秀公司”称号，三次荣获“上海市重大工程立功竞赛金杯公司”称号，2011～2015年荣获“上海市用户满意施工企业”，连续十一年荣获“上海市建筑施工企业综合实力排名30强企业”，2014年荣获国家工商行政管理总局“2012-2013年度‘守合同重信用’企业”，2015年荣获“上海市‘三星级诚信创建企业’称号”等殊荣。近三年，公司被认定为国家高新技术企业、国家火炬计划重点高新技术企业、上海市专利工作示范企业。

上海中心大厦

上海市闸北区洛川中路701号
电话：26101999转
http://www.chinasmcc.com

广州新电视塔

上海迪士尼

上海东方体育中心

北京国家大剧院

世博一轴四馆

昆山中环

质量、环境、职业健康安全方针：
精吊细筑，保证质量；
节能减排，保护环境；
以人为本，保障安全。

国家会展中心

SMCC·unceasingLY Pursuit Construction Modernization

施工现代化--上海机施不懈的追求

宜航航空
SHANGHAI EASYFLY AVIATION
宜航航空
是一家立足中美
面向亚太，以国际化标准
建立和管理的航空产业跨国
运营商。集团中国总部位于上海
虹桥机场，美国总部位于亚利桑那
格伦代尔在亚洲、北美拥有固定航空基地
在中国大陆境内10余个省市设立有分公司和
办事处服务机构辐射全国
宜航航空致力成为中国通用航空教育与航空培训领域中最具影响力的品牌
同时，以此为核心，积极布局航空金融、直升机运营、航空器托管、航空
产业园开发与建设、特勤训练、紧急救援、航空贸易、私人飞行俱乐部等
多元化发展路径。
EASYFLY
AVIATION
宜航航空

上海市工商外国语学校

浦江西畔，植物园南，坐落着一所朝气蓬勃、活力充沛的中等专业学校——上海市工商外国语学校。

走进这所直属于上海市经济和信息化委员会的国家级重点中专、上海市特色示范校建设学校、市文明单位，就会被一种激情和活力所吸引。

作为沪上唯一以"外国语"命名的中职校，英德法西俄日韩七个语种，使之名副其实。十一个各具特色的专业，构成了财经商贸、信息技术、数控技术三大专业群。五年一贯制的中高职贯通专业和七年一贯制的中本贯通专业，更使学校办学层次得到显著提升。

坚持"夯实基础，注重技能，突出外语，强化素质"的教育理念，紧扣上海"四个中心"建设对职业教育的需求，学校形成了国际化办学的鲜明特色，为学生打造出了多元化的成才通道。

综合素质好，竞争能力强，是该校毕业生的突出特征；就业范围广，升学层次高，是该校毕业生的有力优势。

98%以上的就业率，60%以上的外向型岗位；96%以上的升学率，20%以上的三校生高考全市本科计划占有率……一个个闪光的数据，彰显出学校雄厚的建设基础和强大的办学实力。

科学严谨的管理体系，爱岗敬业的师资队伍，扎实深入的校企合作，先进完善的设备设施……为教育的腾飞，提供了强力的支撑。

以德治校的教育理念，严格扎实的学生管理，争奇斗艳的社团活动，丰富多彩的国际交流……为人才的成长，创造了良好的环境。

"立人立业，知行合一"，工商外人正在国际化特色示范校的建设之路上，奋然前行。

地址：徐汇区百色支路35号（平福路66号） 网址：www.sgsw.edu.cn

立人立業 知行合一

中国银行
BANK OF CHINA

证通股份有限公司

证通股份有限公司成立于2015年1月8日，是由国内众多主流证券公司、基金公司、期货公司等证券业机构及支付公司等产业相关机构以市场化方式共同发起成立的综合性互联网金融服务企业。公司注册于中国（上海）自由贸易试验区，注册资本金为人民币25.1875亿元。

公司定位于面向证券业的重要基础设施和互联网创新服务平台，将加快实现证券业互联互通、有效服务证券业创新发展需要作为公司设立使命。公司秉持“以客户为中心”的服务理念，扎根于国内资本市场，按照现代企业制度开展市场化运作，并纳入中国证监会的业务监管和风险监管，同时加入中国证券业协会接受自律管理。

面向证券机构投行化转型和互联网金融加快发展大趋势，公司正加快与广大证券机构和其他金融机构的连接合作，共同打造面向证券行业的互联网金融服务生态圈。

证通
E-Capital Transfer

上海东浩兰生国际服务贸易（集团）有限公司（简称东浩兰生集团）是由市政府批准，由上海东浩国际服务贸易（集团）有限公司和上海兰生（集团）有限公司联合重组，于2013年12月11日成立的大型现代服务业国有骨干企业集团。

东浩兰生集团的主营业务是人力资源业务、会展传播业务、现代贸易业务和置业管理业务。2015年集团完成营业收入1189亿元，同比增长9.76%。其中，从事人力资源业务的上海对外服务有限公司全国直营服务网点达到112个，服务雇员数152万人，从2007年起连续九年在全国人力资源行业位居第一。在会展业务中，集团建成上海世博展览馆等综合性展馆，负责承办的中国国际工业博览会、上海国际技术进出口交易会、中国华东进出

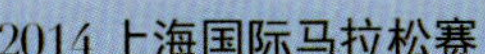

2014 上海国际马拉松赛

上海东浩兰生女排比赛现场

集团领导

国家会展中心（上海）实景图

口商品交易会、上海国际广告技术设备展览会等成为国内外知名展会，2015 年集团举办展会活动 60 个，展览面积 99.3 万平方米。贸易业务在地方国有外贸集团中名列前茅，2015 年集团实现进出口总额 33.5 亿美元，集团拥有全国第一家外贸上市公司 —— 上海兰生股份有限公司，

东浩兰生集团积极参与中国 2010 上海世界博览会的筹办工作。世博会结束后，集团出资并参与商务部和上海市合作的重大项目 —— 国家会展中心（上海）的建设，该项目位于虹桥商务区核心区内，项目建设于 2015 年 8 月底基本完成工程验收，已通过市"白玉兰"奖评审，并获得中国质量最高奖项 -- 中国建设工程鲁班奖（国家优质工程）。国家会展中心（上海）总建筑面积 147 万平方米，可展览面积 50 万平方米，是目前世界上面积最大的建筑单体和会展综合体。

东浩兰生集团积极发展体育产业。2014 年集团成立了东浩兰生赛事管理公司，承办上海国际马拉松赛事，获得圆满成功，先后被国际田联授予路跑金标赛事称号，被中国田径协会授予金牌赛事称号。集团成立了上海东浩兰生女排俱乐部，冠名并运营上海女排。上海女排荣获 2014 中国女排锦标赛冠军和 2015—2016 全国女排联赛季军。2014 年 2 月 9 日集团在上海世博展览馆举办的"东浩杯"双千人双人桥牌大赛，成为迄今为止世界上全场规模最大、参赛人员最多的桥牌赛事，创下了大世界吉尼斯纪录。

示服务贸易(集团)有限公司

nsheng International (Group) CO.,Ltd.

东浩兰生集团在 2015 年全国企业 500 强中排名第 133 位，在全国服务业 100 强企业中位列第 49 位。东浩兰生集团将以"一流的现代服务业领跑者"为发展愿景，持续提升国际化竞争能力，努力争创全球布局、跨国经营的现代服务贸易大集团。

地址 \Add.：中国●上海市延安中路 837 号 \837 Yan'an Road, Shanghai ●China
电话 \Tel.：+86 (21) 22068888 传真 \Fax：+86 (21) 62895799

上海青浦工业园区是1995年11月25日，经上海市人民政府批准成立的九大市级工业开发区之一。规划面积16.1平方公里，区域范围东至油墩港、南至上达河、西至青赵路、北至北青公路。是上海通往江苏、浙江两省的交汇点，不仅位于长三角"之"字型经济圈的交接处，而且是长三角制造业产业带的中心，具有承东启西、东联西进产业带的枢纽作用和对长三角、华东地区的辐射作用。

经过20年的发展，上海青浦工业园区基础设施配套完善，在园区已开发区域内的基础设施配套已达到"九通一平"的能力，开发建设已具有一定规模，并接近国际化标准水平，已成为上海西部地区中外客商最好的投资热土。目前，园区已形成了以德国海德堡印刷设备为代表的印刷传媒产业，以日立电梯设备为代表的精密机械产业，以腾讯云计算中心、日本NEC光电为代表的电子信息产业，以高田汽配为代表的汽车零部件产业，以美国英威达、日本尤尼佳为代表的纺织新材料产业，成功引进日本尤妮佳、日本天田等2个青浦区首家中国区总部，美国派克汉尼芬、南大苏富特等9个项目相继获得上海市高新技术产业化认定，为园区的转型发展奠定了扎实基础。为呼应产城联动，坚持高品质开发，引进深圳卓越集团对中央商务区进行开发，正打造成以卓越世纪中心为主体的业态合理、功能齐全、综合配套、环境高雅的商业商贸中心，进一步完善园区的产业发展环境和功能配套，优化园区的投资环境。园区综合实力、社会形象不断提升，连续两年被评为"上海市品牌园区"。

为适应新形势、谋求新发展，上海青浦工业园区提出大力发展总部经济和生产性服务业。将以上海淀山湖生产性服务业功能区为载体，以淀山湖总部基地城市规划为引领，以跨国公司地区总部和国内外龙头企业为标杆，依托园区坚实的内外资实体型企业和巨大的民营经济基础，将功能区打造成园区转型发展的示范区、经济效益的高产区、才智集聚的智慧之谷、活力集聚的动力之湾、人气集聚的生态之园。截止2014年底，总部基地已累计实现投资145亿元，累计固定资产投资达到50亿元。2014年，总部基地企业合计完成营业收入121亿元，纳税9.4亿元。目前淀山湖总部基地一区项目正在全力推进中，预计2017年投运，这一项目的建成将进一步完善淀山湖生产性服务业功能区的配套，为研发总部项目提供物理空间。

目前，园区上下充分发扬"团结、高效、务实、奉献、廉洁"的园区精神，紧紧围绕创新驱动、转型发展，坚持突出重点不变调、攻克难点不懈怠、打造亮点不放松，以实干精神和认真态度，关注"三个转变"（在产业上向"优二强三进四"转变、在规划上向产城融合转变、在经营上向多元化投资转变），做到重点项目有推进，重点区域出形象，重要指标稳增长。积极规划"一廊"、"一片"、"一区"、"一批"，使之成为园区产城融合的新地标、示范区、主战区和集聚区，打造一个富有活力、拥有实力、积聚潜力、彰显魅力的"升级版"园区。

园区总部大楼

中央商务区核心岛区

总部基地

上海市工业综合开发区
SHANGHAI FENGPU INDUSTRIAL PARK
出口加工区 EXPORT PROCESSING ZONE

上海市工业综合开发区经过20年的开发建设，园区基础设施不断完善，功能配套不断健全，产业结构不断优化，科技创新不断进步，品牌形象不断提升，综合实力不断增强，已经创建成为上海市品牌园区、上海市首批新型工业化示范基地，目前正积极创建国家级生态工业园。截至2013年，共引进实业型企业303个，涉及25个国家和地区，形成了电子信息、新能源、汽车配件、生物医药、装备制造、输配电六大产业。2013年，103家规模以上企业实现工业总产值379.9亿元，税收总额28.9亿元，成为了区域经济的重要阵地，为上海“十二五”期间重点发展的三个新城之一——南桥新城的产城融合发展奠定了良好的产业支撑。

2014年，是上海市工业综合开发区全面贯彻落实党的十八届三中全会精神的重要一年。随着区域内轻轨5号线延伸段建

地址：中国•上海奉贤环城西路3111号

ADD:No.3111 West Huancheng Rd.Fengxian.Shanghai.China

Tel:0086-21-3365[illegible]

设、虹梅路金海路越江隧道建设等大交通改善，开发区以成立20周年庆典为新的起点，围绕“创新驱动、转型发展”，充分发挥“张江奉贤工业综合园”、“千人计划创业园”主体实施区域和“欧盟中小企业园”的政策优势，立足当前，着眼长远，把推进“二次创业、二次开发”作为创新转型发展的突破口，进一步加强招商引资，积极推进产业转型，大力发展现代服务业，探索实施土地“退二进三”方案，全面推动工业综合开发区实现转型升级，为区域新一轮产业发展再作贡献！

奉贤在上海的位置

上海市莘庄工业区

Shanghai Xinzhuang Industry Park

上海莘庄高新技术产业园

Shanghai Xinzhuang High-tech Industrial Park

10月13日莘庄工业区公司总经理丁峻松在艾珍机械新厂房落成仪式上

9月21日郑时龄、鲍鹏山、杜德斌、吉朋松、董增平在莘庄工业区第二届工业文化周暨园区成立20周年纪念活动“企业社会责任论坛”上

9月21日市科技党委委员、市科委副主任干频，闵行区委常委、副区长张国坤，莘庄工业区党工委书记、公司董事长王备军等与嘉宾在莘庄工业区第二届工业文化周暨园区成立20周年纪念活动“企业社会责任论坛”上

共融共赢 · 精进创新

Integrate for All-win·Innovate for Advancing

2015年，莘庄工业区在闵行区委区政府的坚强领导下，紧抓上海创新驱动发展的战略机遇，围绕区委、区政府"创新引领，民生优先"工作主线，肩负"引领绿色智造，实现产城融合"的时代使命，坚定不移地推动"三大转型"战略目标的实施，积极适应经济新常态，各项工作取得了一定成果，较为圆满地为"十二五"规划画上了句号。

■ 经济建设

2015年实现财政总收入96.10亿元，同比上年-1.20%。实现地方财政收入21.21亿元，同比增长4.57%。实现工业总产值810.37亿元，同比上年-1.85%，增加值280.78亿元，同比增长3.99%。其中，第二产业增加值196.11亿元，同比上年-1.85%，第三产业增加值83.64亿元，同比增长21.50%。实现合同外资16610万美元，新办与迁入项目48个，新增世界500强投资项目1个（丰田合成管理总部）；到位外资1.4亿美元；注册内资46.6亿人民币。正式成为国家循环经济试点示范单位，是国家第二批、上海市第一批、闵行区首家通过验收的示范单位。

■ 社会事业建设

完成敬老院二期工程、20个无障碍坡道改造工程、回租房改造、职业技能培训等9个民生实施项目。截至年底，各类社区工程项目共有60项，总投入约570万元。发放各类民生福祉约253.966万元。"康乐福"为老服务项目已惠及过5000名社区老人。发放帮扶帮困、低保、医疗救助等各类救助金额达600多万元。失地农民权益持续保障，合作社股民实际净分红率达12%。"掌柜晓骏法律服务中心"进一步淡化政府色彩，微信公众号现已成为闵行区法宣工作品牌，受众近万。"可充生活卡"目前发卡覆盖率已达90%，更多惠民便民功能正在逐步拓展中。

■ 城市建设

完成一条道路新建、两条老区道路改造、三条道路中修。西七河、北庙泾河道疏浚工程按期底完工，六磊塘及周边水系整治工程现已进入施工阶段。完成四条道路绿化改造，进一步推进春申塘绿地改造、银都路轻轨站东侧绿地改造项目设计与完善。全面开展拆违和环境综合整治，提出了"决战2016"的整治工作目标，明确三大重点整治区域、"10+1"整治领域。截至年底，已按计划完成3.86万平方米的存量违法建筑的拆除整治工作。

■ 文化建设

2015年，莘庄工业区被正式认定为"上海市企业文化建设示范基地"。成功举办第二届工业文化周暨园区20周年活动。在"科创与人文——具有全球影响力科技创新中心的人文价值期待"企业社会责任论坛、第三届"反哺民生，彰显责任"企业社会和文化公益项目义拍等活动中，社会各界人士共同见证了园区发展至今的各项成果，取得较好社会反响，彰显了工业区的人文情怀。在中国经济品牌论坛作了《走绿色智造之路，现在很美未来更美》主题演讲，为社会各界展现园区未来以"绿色智造"为发展方向的美好蓝图。

上海市闵行去金都路3688号

NO.3688 JIN DU ROAD,MINHANG DISTRICT SHANGHAI

P.R.C. 201108

TEL:0086-021-54221111/54425442(**总机** SW)

邮编： 201108

WWW.SHXIP.COM

上海桃浦科技

上海桃浦科技智慧城开发建设有限公司(原名上海普陀产业投资有限公司)成立于2008年10月，为普陀区国资委全资成立的国有独资公司，注册资本10亿元，主要从事上海桃浦科技智慧城的开发建设、运营管理、物业服务等工作，使之成为具有集聚和辐射力的科技智慧新城。

桃浦科技智慧城位于上海市“西大门”，普陀区西北角，北起沪嘉高速，东至真北路，南邻沪宁铁路，西至外环线，占地7.9平方公里。其中核心区4.2平方公里（北起沪嘉高速，东至南何支线，南邻沪宁铁路，西至外环线），为原桃浦工业区，是上世纪50年代建成的以化工、医药、纺织化纤、轻工产业为主的老工业基地。1997年桃浦重污染地区正式摘帽，之后十年按照“去劣留优”和“提高门槛”的思路，建设桃浦都市型工业园。2009年被认定为市级生产性服务业功能区。2012年3月，时任上海市市长韩正到普陀桃浦地区调研时作出重要指示，同年10月17日，韩正召开桃浦地区转型发展专题会议中明确指出，要以高起点、高水平来完成桃浦地区转型发展。自此，桃浦地区拉开了新一轮转型升级的序幕。

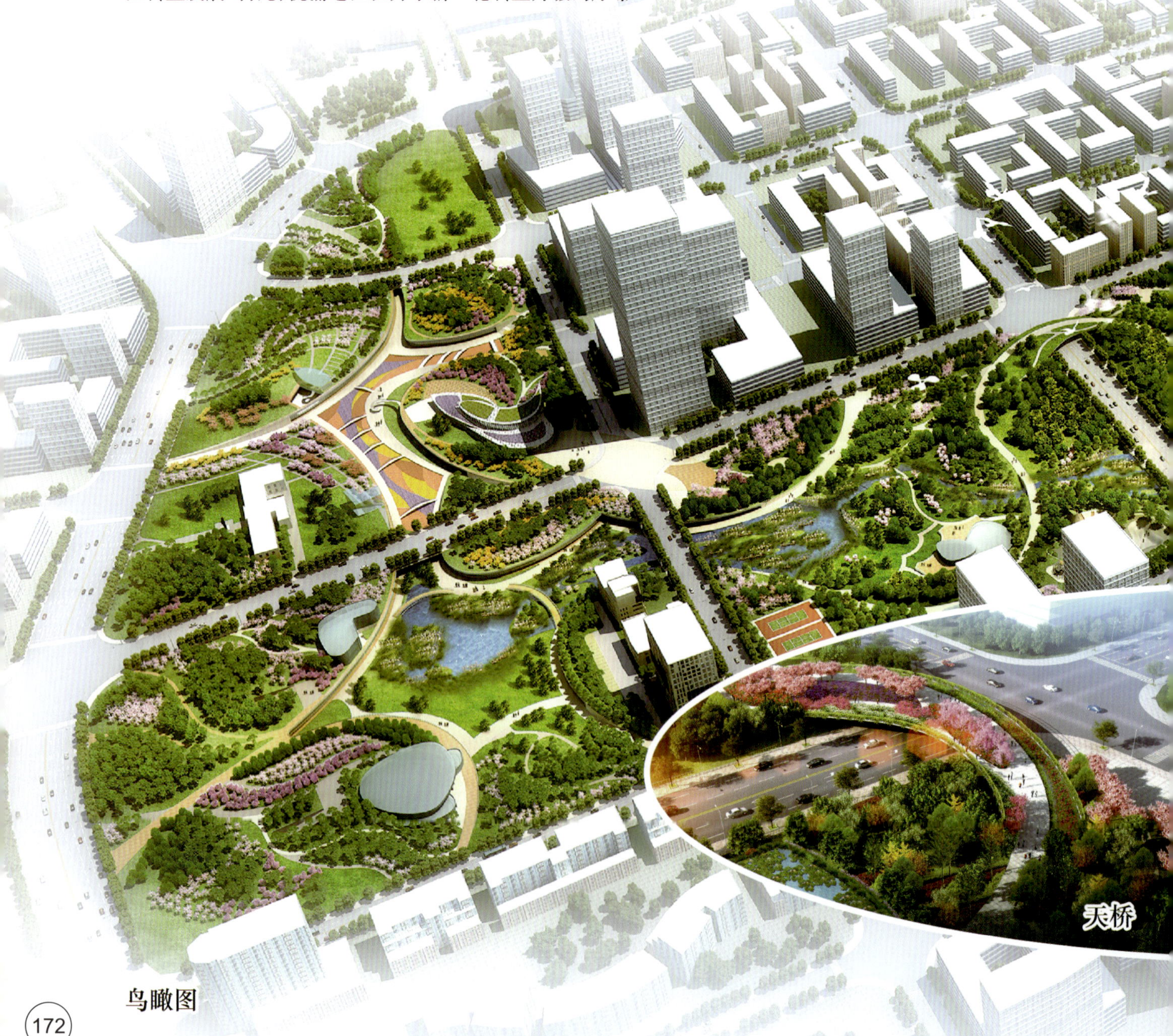

天桥

鸟瞰图

智慧城开发建设有限公司

根据市委、市政府的精神将按照黄浦江两岸的开发标准和现代化国际大都市中心城区的一流标准来规划建设桃浦科技智慧城。城市规划设计秉承“小尺度、高密度、人性化、高贴线率”的要求，形成“一轴、一心、两带、多街区”的布局结构。在产业定位上，聚焦智慧安防、节能环保、生命健康、文化休闲等领域，集聚创新要素，全面发展科技和现代服务经济，建成总部经济主导、“四新”特征显著、“智慧、智能、智力”集聚的现代服务业集聚区。

桃浦科技智慧城是上海市今后一段时期着力规划建设的重点区域之一，也是首个中心城区成片转型发展的区域。通过高标准的规划定位、高强度的产业调整、高效率的推进机制，充分体现“产城深度融合、低碳绿色生态、城市设计人性化”的发展理念，将建设成为“上海市西北中心城区的新地标、产城融合发展的新亮点、老工业基地转型发展的示范区”。

地址：上海市永登路277弄汇智天地4号楼
手机：13701971763
传真：+86-021-63637915
邮编：200331

上海嘉定工业区经济发展有限公司成立于1995年，注册地位于上海市级工业园区——嘉定工业区叶城路925号，是上海嘉定工业区开发（集团）有限公司旗下全资国有企业。

自成立以来，公司一直致力于打造职业化的专业招商、服务机构，为中外客商提供良好的产业招商及财政扶持政策，营造科学、持续、和谐发展的投资环境，奉献优质高效的工商、税务等办证办照、协调服务体系。经过二十余年的发展，已逐步壮大成为嘉定区税收总量第一、服务优质、知名度较高的经济园区。

在公司历任领导的带领下，不断开拓招商领域、勇于创新招商方式，依靠全体员工的不懈努力，赢得了众多投资者的信任，集聚了9600余户中外企业的落户，行业集聚汽车零部件研发、制造、销售，电子商务、文化创意、信息软件等。2015年，公司完成税收总量45.5亿元，成为嘉定区第一个税收突破40亿元的经济小区。近年来，公司按照嘉定工业区党工委、管委会、集团公司的总体部署与要求，潜心钻研新兴产业领域的招商，努力转变招商方式，大力推动电子商务、文化创意等新兴转型产业在园区的发展，引进了京东华东总部、国美在线中国总部、新蛋中国、聚美优品、际恒品牌、安瑞信杰、盟博中国、宝迪广告等知名一批电子商务和文化信息创意产业企业。正是由于产业的集聚效应，2012年，嘉定工业区被评为第一批国家级电子商务示范基地和国际级广告示范园区。上汽变速器、小糸车灯、麦格纳斯太尔、埃贝赫汽车排气系统等一大批汽车及部件研发、制造企业相继入驻。2012年，公司顺利引进了沃尔沃汽车中国销售中心、依维柯商用车中国总经销等著名品牌整车销售企业，形成了以汽车及其零部件制造、整车销售为中心的汽车产业群。

公司已连续8年荣获嘉定区经济小区特别贡献奖；公司招商部已连续7年荣获“嘉定区先进集体”称号，荣获“2011-2012年度嘉定区青年文明号”称号。

公司一贯秉持“需求服务”的理念，凭借良好的政策、更好的服务，为企业创造良好的发展空间。公司在北京、上海、广州等地均设有办事处，方便企业办事，协调解决企业需求。

我们诚邀广大中外客商投资前来嘉定工业园区实地考察、投资落户。我们将从您的需求出发，为您提供专业、优质的服务，为您的投资发展提供出谋划策。

衷心感谢社会各界对公司的关心与厚爱！热忱期待在以后的成长之路上与您交集，共同成就我们更为辉煌的明天。

上海市嘉定工业区经济发展有限公司

地址：上海市嘉定区叶城路925号 邮编：201821 电话：69526583

上海嘉定出口加工区发展有限公司

园区概况

上海嘉定出口加工区

上海嘉定出口加工区于 2005 年 6 月 3 日经国务院批准设立，2008 年 4 月 1 日正式封关运作。上海嘉定出口加工区座落于既定工业区的西北板块，总规划面积 5.96 平方公里，分为出口加工区、发展备用区和配套区三个功能结构分区。出口加工区围网内规划面积为 3 平方公里，一期围网面积为 0.989 平方公里。嘉定出口加工区以汽车零部件，新型材料及电子产业等现代制造业为主导产业，并大力开展保税物流、研发、检测、维修、货物贸易和服务贸易等各项业务。在园区内可设立国际采购中心、配送中心、展求中心、检测中心、研发中心、维修中心等。

嘉境通简介

嘉境通国际贸易有限公司

上海嘉境通国际贸易有限公司于 2015 年 1 月 8 日由“跨境通”与“嘉定出口加工区”合资成立。“嘉境通”是嘉定出口加工区于“东方支付”“跨境通”三方精诚合作的结晶，整合融合了各自优势优质资源，公共服务平台是目前上海最先进、最具创新性，同时也是最有效的跨境电商服务平台。利用这个平台，实现了国外优质商品与国内消费者需求的对接，可为广大跨境电商提供一站式、全流程、菜单式的综合服务。

嘉境通从事个人物品跨境贸易的企业各类商品的进境提供仓储服务和报关报检服务，货物存储、分拣、包装、申报、包裹配送的服务。

上海嘉定发展跨境电商产业计划

按照上海市提出的“到 2020 年，跨境电商发展水平居全国前列”总体要求，嘉定出口加工区正按”一年做通、两年做大、三年做强“的目标，积极推进跨境电商试点工作。

园区致力打造四个平台建设：

跨境电子商务平台	汽车及其零部件展示交易平台	食品化妆品的展示交易平台	离岸金融服务平台（后期）

上海嘉定工业区开发（集团）有限公司是嘉定区国资委下属的国资子公司，主要负责嘉定工业区的开发和建设。园区已通过了 ISO9001 质量体系认证和 ISO14001 国际环境认证。2008 年首次被市政府授予"上海市品牌园区"称号，并于 2010 年、2012 年和 2014 年通过了复评认定。2015 年被评为国家新型工业化产业示范基地，并获得"互联网金融"和"高端医疗器械"两块上海市"四新经济"创新基地铭牌，目前正向着创建国家级经济技术开发区这一目标不断努力。

作为嘉定转型驱动和创新发展的主战场、主阵地、主力军，嘉定工业区立足嘉定建设上海科创中心重要承载区核心区的功能定位，主动适应经济发展新常态，围绕区委、区政府提出的"产业转型发展、城市品质发展、社会和谐发展"三大奋斗目标，主动加快转型升级步伐，初步形成了包括汽车及其零部件、高端设备制造、总部经济、电子商务、文化创意、互联网和互联网金融、新能源新材料、国家重大战略产业化项目在内的重点突出、优势明显的八大支柱产业体系，同时在集成电路及物联网、新能源汽车及汽车智能化、高性能医疗设备及精准医疗、智能制造及机器人等新兴产业领域取得了一定领先优势，吸引了来自世界 40 多个国家和地区的 2600 多家实体型企业落户，其中不乏联影医疗、沃尔沃、大众动力、大陆泰密克、山特维克等重量级的先进制造业企业。实现了经济规模壮大、结构效益优化的有机统一，各项经济指标持续快速增长。

2015 年，嘉定工业区规模以上工业完成总产值 837.4 亿元，实现增加值 245.4 亿元，同比增长 9.5%；税收和商品销售总额分别突破百亿元和千亿元大关，实现税收 105.2 亿元，同比增长 10%，实现商品销售总额 1116.2 亿元，同比增长 19.2%；实现地方财政收入 24.6 亿元，同比增长 17.8%；完成固定资产总投资 50.9 亿元。各项经济指标及其增幅均在全市各大工业区中名列前茅。

嘉定工业区着力高起点布局、多功能定位、全产业覆盖。以国家级张江自主创新示范区嘉定分园、国家级嘉定电子商务产业园、国家级中广国际广告创意产业园区、国家级嘉定出口加工区等四大国家级基地为引领，促使现代服务业向园区集聚，为转型发展提供有力支撑。

其中，国家级张江自主创新示范区嘉定分园目前已引进国家级企业技术中心 3 家，省市级及以上企业技术中心 30 余家，经认定的高新技术企业近 200 家。国家级嘉定出口加工区积极落实《嘉定区对接自贸区、深化改革工作方案》要求，不断加快转型升级步伐。2015 年，嘉定出口加工区被认定为上海跨境电商示范园区。同年 11 月 26 日，位于出口加工区的嘉定跨境电商平台正式开通。国家级嘉定电子商务产业园以电子商务为发展主线，重点引进电子商务、信息软件、设计研发及其相关上下游企业，先后获批"上海市电子商务示范园区"、"国家电子商务示范基地"等称号。目前已吸引 560 余家电子商务（网络销售）企业入驻。成立于 2007 年的国家级中广国际广告创意产业园区于 2012 年获评第一批"国家广告产业园区"。基地规划用地 3000 亩，目前有近千家企业注册于此。2015 年园区实现收入 195 亿元，同比增长 118.4%。此外，由联合 · 上海金融谷、全通 · 上海金融谷和中青昆仑组团形成的互联网金融产业基地也正在蓬勃发展。该基地于 2014 年荣获市经信委颁发的"上海市互联网金融产业基地"称号。全市仅有 5 个，该基地是最大的一个。

上海奉贤经济开发区生物科技园区

上海奉贤经济开发区生物科技园区(原奉贤现代农业园区)成立于2001年,园区占地面积18.49平方公里,地处奉贤区中部,北起大叶公路,南至浦南运河,西起S4高速公路,东至金汇港。园区地理位置优越,交通条件便捷,配套功能完善,综合环境优越,是上海"品牌园区",2011年通过ISO9001质量管理体系认证和ISO14001环境管理体系认证。

园区以生物科技产业和生产性服务业为主导产业。生物科技产业以生物制品、医疗器械为功能定位,重点打造以生物制品研发、中试、工艺设计、产品营销、服务外包、教育培训、金融投资等为一体的产业综合体。围绕打造"北杭州湾生物港"的目标,园区加快生物科技项目集聚,已引进上生所、莱士血液、海利生物、云健康等一批生物医药行业龙头企业。2009年,园区分别被国家发改委和国家商务部及科技部列为"上海国家生物产业基地"以及"国家科技兴贸创新基地(生物医药)"。生产性服务业重点发展企业总部、研发设计中心、运营销售中心、管理服务中心等"一部三中心"相关产业。围绕推进"产城融合"发展和打造高端产业社区的目标,园区加快生产性服务业项目集聚,已引进漕河泾南桥园区、聚惠领域、上海石油化工交易中心、南郊电子商务、上海农交所等一批行业领先的生产性服务业项目。2010年,园区被上海市批准为"上海南郊生产性服务业功能区",并于2011年获批"上海市服务业综合改革试点"。

为进一步推动产业发展,园区不断优化发展环境,改善企业服务质量,加快软环境打造,构建了涵盖企业服务、产业公共平台、项目培育孵化、资金融通支持、人才发展扶持等在内的全方位产业支撑体系,为园区企业转型升级、做大做强提供有力支撑。近年来,园区先后获评"上海市企业服务优秀园区"、"上海市知识产权试点园区"、"上海市知名品牌创建示范区"、"上海市产业园区转型升级试点"和"上海市新药创制服务产业创新基地"。

松江经济技术开发区位于上海市西南部，距上海市中心30公里，地处沪杭经济发展轴上的重要节点位置，交通便捷，区位优势突出，配套设施完善。园区前身为上海市松江工业区，于1992年7月正式启动开发建设，1994年5月经批准成为上海市郊首家市级工业区，先后于2000年4月和2003年3月经国务院批准成立国家级松江出口加工区A区及B区，成为全国首批15个出口加工区之一，规划面积均为2.98平方公里。2006年，经国家发改委和国土资源部公告，明确四周范围，包含松江试点园区、松江工业区石湖荡分区和练塘绿色工业园区，总规划面积57.77平方公里。

2013年3月，经国务院批准，上海市松江工业区（含国家级松江出口加工区）正式升级为国家级经济技术开发区，形成了"一核多区，一区多园"的格局。"一核"即开发区核心区（松江工业区与出口加工区A区及B区），"多区"指新桥分区、车墩分区、石湖荡分区、小昆山分区、国际中小企业城及青浦练塘分区。"一区多园"是指将开发区核心区分成四大板块：东部为以新兴制造业为内涵的中小企业创新产业园；中部为以行业主导为内涵的外商投资集聚产业园，出口加工区为以自由贸易为内涵的综合保税园区；西部为以智力、智慧、智能为内涵的科技产业园。

松江经济技术开发区

20多年来，园区深入贯彻落实科学发展观，坚持走集约发展的道路，围绕电子信息、现代装备、精细化工、食品饮料、节能及新能源产业、现代物流和研发设计、文化创意、总部经济等重点领域，以科技进步为依托，积极扩大对内对外开放，壮大支柱产业，提高运行质量，不断增强产业集聚度。截至2015年底，松江经济技术开发区核心区域（含松江出口加工区）共批准外资企业487家，总投资120亿美元，注册资本55.2亿美元，福特、松下、依视路、雀巢、台积电等40余家全球500强企业，以及NTN、凸版、大同利美特、ICI、普茨迈斯特等一大批地区总部、研发中心先后入驻园区。引进内资企业736家，累计注册资本70.6亿元。2015年，松江经济技术开发区核心区工业总产值2310.8亿元，完成销售收入2370.9亿元，完成利润总额64.3亿元，出口创汇300.7亿美元，税收51.5亿元。目前园区的产值规模位居上海市市级以上开发区的前列，已成为上海市先进制造业和出口创汇的重要基地、外资企业的重要集聚地。

迈入"十三五"，开发区将坚持发展是第一要务，紧紧围绕创新驱动发展战略和经济体制改革的方向，深入贯彻落实"创新、协调、绿色、开放、共享"五大发展理念，紧紧围绕"调整、改造、转型、提升"的工作主线，瞄准世界科技前沿领域和顶尖水平，构建活跃的创新创业环境，实现开发区科创能力和关键技术领域的不断突破；牢牢把握产业革命的发展趋势，合理布局产业转型，优化和升级现有产业体系，推动优势产业不断向价值链高端延伸，加速推进先进制造业和现代服务业的融合发展；牢牢把握创新要素，促进人才、金融等资源在开发区的集聚，支持原创型企业的成长，培育出一批具有行业影响力的龙头企业；推动开发区创新功能、产业功能和城市功能的融合，将开发区建设成为"全球引领、开放创新、市场推动、龙头凸显"的具有国际竞争力的多功能综合性产业园区，成为东部沿海地区老工业开发区二次创业、转型升级、提质增效的示范区，成为承接新一轮国际产业转移、发挥外资积极作用的实践区，为有力推动松江区产业与城市、经济与环境的进一步融合发展，为实践"创新驱动、转型发展"做出更大贡献！

宝山城市工业园区

宝山城市工业园区是1995年由上海市人民政府批准建立的高科技、外向型、综合性市级工业园区，2014年正式纳入上海张江高新区，成为张江高新技术产业开发区宝山分园的重要组成部分。

园区占地面积5.98平方公里，位于宝山区西南角，紧靠外环线宝山段，是距离市中心最近的市级工业园区，交通便捷，地理位置优越。园区内基础设施及周边配套日臻完善，并拥有便捷的航空、水运、公路、铁路、轨道交通等外部交通网络。2015年园区完成工业销售产值143.79亿元，增加值55.87亿元，财政收入3.42亿元。招商引进合同外资1600万美元，引进企业注册资金45亿元，认缴资金5000万以上的项目26家。

目前已有246家中外企业落户园区，以汽车配套、新能源、先进智造、生物医药等先进制造业为发展基础，以生产性服务业、研发总部基地为发展方向，以"生态型、个性化、精品城"为园区发展目标。

上海临港产业区港口发展有限公司

上海南港继续以大件作业品牌为基础，成功实现了汽车滚装及内贸商品箱业务零的突破，进一步丰富了装卸货种种类，提升了南港的市场形象。同时，有效推进功能建设和各项业务合作，德国大众进口汽车整车堆存业务落地，大力推进南港仓储业务的发展。明年上海洋山保税港区将上海南港及周边部分区域纳入扩区范围，届时将丰富南港保税功能。新的伊始，上海南港将继续为上海航运中心及临港的发展做出应有的贡献。

件杂货业务

上海南港在巩固风电叶片业务的同时，开拓了啤酒罐、钻井平台、锌锭、各类钢材等新的货种， 丰富了南港件杂货的作业品种，持续打造南港品牌。

集装箱业务

今年完成内贸集装箱作业，开拓新的货种，进一步推动上海南港多功能港区建设。

滚装业务

工程车辆、巴士汽车等滚装业务在上海南港相继开展，50000吨级大型滚装船舶的成功靠泊，开启了上海南港滚装业务的新篇章。新配备的CIQ检测线为南港开展汽车滚装业务提供强大助力。未来上海南港以汽车产业链与供应链结合为主线，逐步建立集汽车铁公水装卸运输、汽车仓储配送物流服务、汽车金融商贸功能的临港汽车中心。

仓储业务

富裕的堆场、仓库资源及优质的配套设施，进一步提升上海南港多功能开放口岸的品牌。 港区新建8000平米保税仓库，为广大客户提供保税仓储服务。

联系方式：

公司电话：021-38298811
码头地址：浦东新区层林路58号
邮编：201308

1、**产业投资及招商情况。**

2015 年，临港地区项目落地投资总额为 156.7 亿元，完成年度项目落地 150 亿元任务的 104%，同比增长 2.6%；新设企业内资注册资本 1089.7 亿元、同比增长 35.28%；产业项目固定资产投资累计完成 78.5 亿元，占全年计划的 105%，同比下降 20.3%；1-12 月，工业总产值完成 657.4 亿元，完成年计划的 82%，同比增长 6.2%。

2、**加快重点产业项目推进。**

推进一批项目落地，加快 IC 装备及智能制造产业园建设。目前凯世通、上海小卫星工程中心、华进泰思特高端芯片封装测试设备项目、江苏艾科半导体测试装备制造项目已经落户临港。凯世通项目建设用地正在办理招拍挂前期手续；小卫星项目已获取项目土地，正在抓紧办理报建手续，计划于 2016 年 5 月底开工；华进泰思特项目已装修完毕，现已开始进设备；艾科项目已完成意向合作及厂房租赁协议签约，已经开始装修，争取 2016 年 4 月完工；盛美项目已完成项目预审，现正办理储备立项，因需"三委两局"给予新增建设用地指标，项目单位正在调整申报方案。

3、**加快科技创新工作推进。**

发布临港智能制造行动方案及支持政策，协调推进临港科技创新城建设，并开展了入驻企业租金及物业管理费补贴工作；协助临港软件园及临港地区四所高校开展市创新创业大赛，推动地区首个众创空间"上海海洋国家大学科技园众创空间"正式挂牌成立，初步形成地区科技创新联盟；联合各开发主体开展系列政策培训会和资本对接会；抓紧研究完善《关于进一步支持临港地区创业创新的实施意见》及其细则；联合临港产业区企业协会，建设临港地区公共仪器设备服务平台，形成 2015 上海临港工艺设备手册；积极利用产业专项扶持企业，有 5 家科技小巨人培育企业、四家家市级科技孵化器、21 个企业自主创新项目、20 个重点技改项目获得扶持，批复扶持金额总计 15960 万元。

4、**外资外贸完成情况良好。**

2015 年，临港地区年初计划完成合同外资 2 亿美金，一季度完成全年工作任务，但由于新区对外资考核指标由合同外资调整为实到外资，目标锁定在 4500 万美元。在了解指标调整后我办积极跟踪服务重大在建、续建项目，靠前服务，在 8 月份完成全年实到外资任务。至 2015 年 12 月底，外资企业共有 391 家，投资总额共计 47.18 亿美元，合同外资共计 19.32 亿美元，实到外资共计 6.55 亿美元。1-12 月，新增外资企业 79 家，完成合同外资 5.02 亿美元，同比增长 42%。实到外资 4747 万美元。1-12 月，办理生产能力证明企业 13 家，完成审批加工贸易合同 102 份，涉及进口合同 8.33 亿美元，出口合同 12.45 亿美元。根据临港地区 20 家进入上海外贸进出口调查监测系统的企业反馈，2015 年超过半数的企业对未来进出口预期较为乐观或平稳。

太阳能

上海市临港地区开发建设管理委员会

上海机器人产业园

上海机器人产业园，是2012年9月经上海市经信委批准设立的，以顾村工业园区（顾村工业园区成立于1994年，2006年经上海市政府批准整合升级为市级工业园区，列入为上海市104产业园区，总占地面积3.09平方公里，南至宝安公路、北至湄浦河、东至富长路、西至潘泾河）产业调整地块为基地，通过园区整体转型建立以发那科机器人为基础、相关先进制造业与生产性服务业共同发展的、以机器人产业为主体的智能装备制造产业集聚区。

上海机器人产业园位坐落于人文、生态、宜居的上海北部新城—顾村镇。园区地理位置极佳，区位优势突出。东临吴淞港，南靠S20外环高速，西临上海最大的郊野森林公园—顾村公园。

上海机器人产业园以市、区"十二五"产业发展规划和宝山区顾村镇区域发展规划为引领，以机器人全产业链、智能装备制造、高端生产性服务业作为传统工业园区转型升级、产业调整的新主题方向，以机器人研发、设计、集成、展示培训、技术服务等为特色，倾力构建国际化、专业化、集约化、规范化的机器人产业应用研发设计全优服务体系，打造具有国际机器人最高端的技术、产品、应用和研发实力的机器人产业集聚基地。

目前已入驻园区的知名企业有：上海发那科机器人有限公司、上海航空工业(集团)有限公司、上海东方泵业(集团)有限公司、上海法维莱交通车辆设备有限公司、上海欧际柯特回转支承有限公司、上海柱信汽车电子燃油系统有限公司等。

上海机器人产业园初步确定"一主一辅一配套"的功能定位和"三区两轴一核心"的整体规划布局。

"一主一辅一配套"的功能定位包括："主"以建设机器人产业链为核心的产业集群；"辅"以建设相关职能装备制造基地；建设高端生产性服务业集群为"配套"。

"三区两轴一核心"的规划布局中，"三区"是指机器人研发及成果转化区、总部经济区、智能装备制造区。"两轴"指沿横贯园区、东西向的友谊西路主干道打造的现代化、多元化综合性商务轴和沿纵贯园区、南北向的富联路打造的体现工业生态和谐共融的生态景观轴。"一核"指机器人产业园公共服务核心区。

我们充分认识到，机器人产业是未来十年内成长性最快的行业之一，行业发展前景无可限量；同时我们也充分认识到，作为一个新兴产业，机器人产业目前在我国尚处于起步阶段，作为上海市首家机器人产业园区，我们未来的工作任重而道远。今后我们将以更大的力度探索和推进园区的转型建设，争取早日实现上海机器人产业园的建设目标。

上海罗店工业园区——上海罗店资产经营投资有限公司

罗店工业园区设立于 1999 年，由上海市宝山区人民政府宝府(1999)51 号文《宝山区人民政府关于确认罗店工业小区的批复》批准设立，东起潘泾河、南至月罗路、西邻抚远路、北至石太路，规划面积约为 2.39 平方公里。享受市级工业园区的相关政策待遇，以统一规划、合理布局、综合开发、集中配套的原则构划发展蓝图，同时规划建设公共配套区域，并设有金融、邮电、税务等服务机构，以期成为功能齐全，设施一流的高科技、外向型、综合性的现代化工业园区。园区位于上海北翼交通便利，距上海虹桥国际机场 30 公里、上海浦东国际机场 55 公里、上海吴淞港 12 公里、上海火车站 21 公里、市中心人民广场 25 公里、距轨道交通 7 号线终点站美兰湖 2 公里。园区基础设施完善，实现“七通一平”，有 3.5 万伏变电站 2 座、1 万伏开关站 2 座；有能供工业和 8—10 万人口用气的煤气调压站一座；日供水量 4 万吨的自来水管网、日排污量达 3.5 万吨的污水管网；年供蒸汽量 19.8 万吨的蒸汽管网贯通园区。经过十多年的建设和发展，园区确立了以新材料生产研发、先进装备制造、生物医药、电子电器、汽车零部件制造等产业为主导产业。2014 年经上海市人民政府沪府 [2014]48 号文《上海市人民政府关于同意上海张江高新技术产业开发区第三次扩大管理范围并命名一批市级高新园区的批复》纳入张江高新技术产业园管理范围。

园区已开发土地面积约 2328 亩，落户企业 53 家。近年来，罗店工业园区按照科学发展观的要求，根据“发展优势产业、稳定均势产业、淘汰劣势企业”的产业方针，坚持招商选资原则，提高引进项目质量，加大产业结构调整力度，进一步优化产业布局，提高资源配置效率，切实转变经济发展方式，园区开发建设水平和项目能级都有了新的提高。

根据宝山区整体发展规划，“十二五”期间，罗店工业园区将以现有产业基础为依托，在大力发展以“钢铁制品深加工、汽车零配件、电子电器、生物医药”等特色产业为主的先进制造业的同时，重点发展新材料等高新技术产业以及以研发总部经济为主导的生产性服务业，突出先进制造业与生产性服务业两条主线融合发展，从而带动产业结构的不断提升，同时通过不断进行产业结构调整，优化产业能级，进一步转变经济增长方式，努力使罗店工业园区成为上海一流的高科技先进制造业产业园区以及高附加值的生产性服务业示范基地。

努力使罗店工业园区成为——上海一流的高科技先进制造业产业园区以及高附加值的生产性服务业示范基地。

闵行区招商服务中心

（一）概述

上海市闵行区招商服务中心成立于2012年5月，是上海市闵行区政府为优化投资环境，推介招商形象，统筹招商资源而设立的专门机构。主要负责统筹全区的招商资源、招商政策、重点招商项目的引进和落地推进工作，以及加强企业服务和行业研究等工作，重点要运作好"企业扶持政策、项目准入、企业服务"等三个平台。今年以来，根据区委、区政府关于做实做强招商服务中心的指示要求，招商中心的力量不断增强，各项工作推进顺利。

（二）主要举措

1、加强区级统筹，增强招商实效

区招商服务中心把重点放在做好全区招商引资工作体制机制的顶层设计、重大招商项目的推进落地、招商考核的目标导向与问题导向，进一步加强与虹桥商务区的对接与联系，提高统筹全区招商引资工作的能力和水平。

2、加快建设综合业务服务平台

加紧完善修改综合业务服平台运行维护的管理办法，继续推进项目开发功能完善，落实具体模块，加快完成平台建设力争通过"三库一网"即"招商资源信息管理库"、"重点项目库"和"企业服务库"及投资闵行网商务版建设，进一步完善和统筹区级招商引资和企业服务，推介闵行投资环境。

3、加大招商宣传策划力度

招商宣传策划对于招商服务的核心职能起到重要的支持、辅助作用，通过精心组织宣传内容，借助不同形式，准确、真实展示闵行在经济、人文、生活和配套环境等方面的信息，使得投资者"了解闵行、喜欢闵行、投资闵行"。

4、完善中小企业服务体系建设

进一步加强对"专精特新"中小企业的培育和支持，促进中小企业走专业化、精细化、特色化、新颖化发展之路。加大与专业机构、高等院校等合作，为企业提供专业化培训和讲座。

5、培育优质公共服务平台

挖掘区内优质服务机构，对全区园区、服务机构情况进行梳理，汇总一批有潜力的服务机构做为重点培育对象，重点推荐其申报市中小企业服务机构。建立与各街镇、莘庄工业区企业、各园区服务部门的沟通机制，培育一批专业化的区级企业公共服务机构，加大对公共服务机构的扶持力度，建立对公共服务机构的认定、考核、监督、评估、激励机制。

6、优化扶持政策，深化培训体系

积极落实新产业扶持政策的出台，力争在吸引股权投资企业和股权投资管理企业集聚、鼓励产业资本与金融资本对接、鼓励企业进入战略新兴板、科创板等方面研究制定一系列优惠扶持政策，加快打造资本市场上"闵行板块"的步伐。

公安部第三研究所

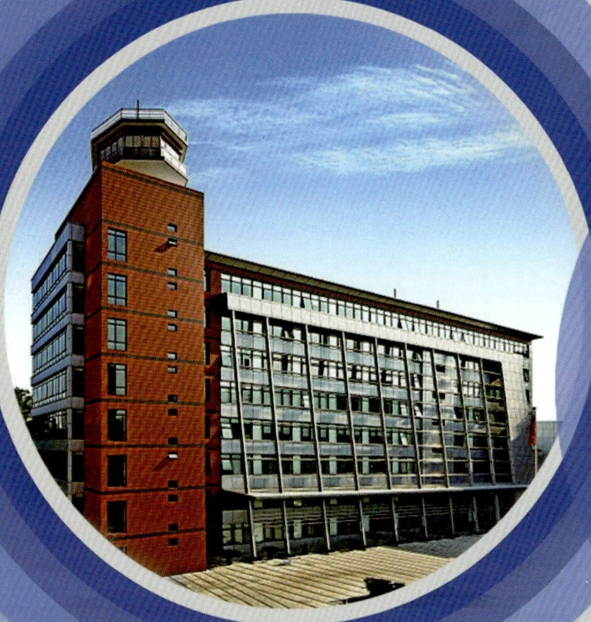

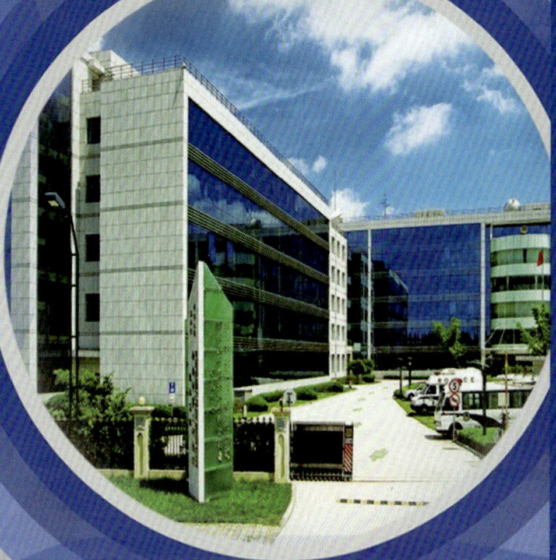

海盾
HAIDUN

公安部第三研究所创建于1978年，是公安部直属科研单位，肩负着科技强警重任，为公安一线提供技术支撑与服务。所本部位于上海市岳阳路76号，在浦东张江高科技园区及北京市区分别设有研究基地、业务机构。现有干部职工1700余人，其中科研人员1300余人，具有博士、硕士研究生以上学历人员520余人。

三所主要研究领域包括信息网络安全、物联网、特种通讯、禁毒、反恐防爆、图像处理和传输以及社会公共安全防范技术等。拥有博士后科研工作站、国家反计算机入侵和防病毒研究中心、信息网络安全公安部重点实验室、电子数据司法鉴定实验室等一批国家级、部级专业技术实验室。先后承担了国家科技支撑计划、“863”、高新技术产业化项目和发改委、科技部、公安部、上海市等国家级、省部级重要课题的研究任务，在网络电子身份认证（eID）、视频结构化描述（VSD）、射频识别（RFID）、警用数字化单兵（PDD）等领域取得显著成绩，多次获得国家级、省部级科学技术奖励。自1995年至今，连续被上海市科委认定为高新技术单位。2005年通过了ISO9001质量管理体系认证。

三所将以创建公安科技领域一流研究所为战略目标，以服务公安实战为使命，以＂敢为人先，引领发展，科技强警，励志报国＂的核心价值观为引领，按照＂科研与实战一体化、科研与产业一体化、科研与检测服务一体化、科研与教育培训一体化＂的工作布局，＂苦干加巧干＂的发展思路，坚持与时俱进、开拓创新，热情服务，不断破解公安实战中的关键技术难题，为科技强警做出新的贡献。

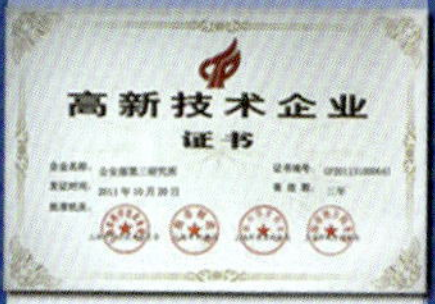

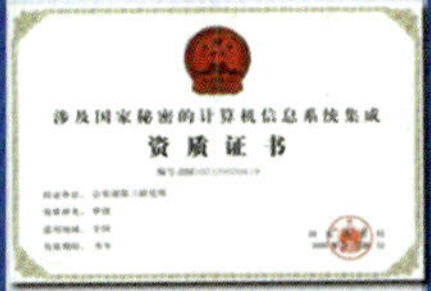

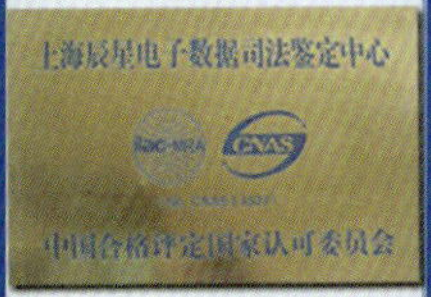

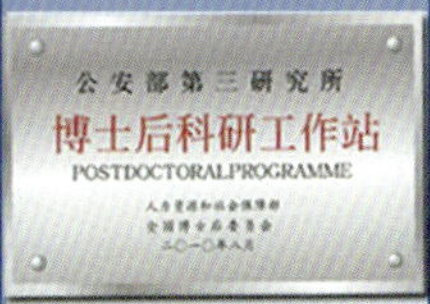

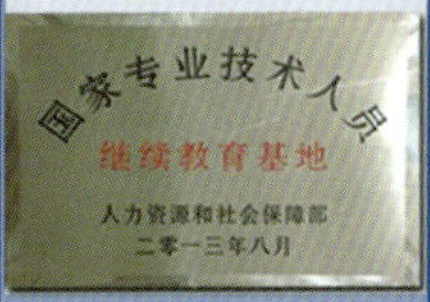

上海市中小企业发展服务中心

上海市中小企业发展服务中心是经市政府批准的，专司中小企业发展的综合性公共服务机构；中心隶属于上海市经济和信息化委员会，是市财政全额拨款的公益性事业单位；中心是中小企业与政府之间的桥梁，是上海中小企业服务体系的枢纽，是国家工业和信息化部认定的国家级中小企业公共服务示范平台。

中心协助政府部门贯彻落实国家和本市有关中小企业发展的法律法规和方针政策，协助推进中小企业服务体系和诚信体系建设，协调和组织中小企业跨行业、跨区域活动等。中心在市经济和信息化委的领导下，以市委、市政府发展中小企业的战略要求为目标，以服务中小企业为宗旨，在推动政策落实、反映企业诉求、建设服务体系、组织服务对接等方面发挥市级综合性服务机构的引领性、协调性和示范性作用，整合国内外社会资源，联系和引导中介服务机构为本市中小企业提供政策咨询、诉求受理、人才培训、法律服务、信息传递、信息化推进、金融支持、科技服务、国内外市场开拓等服务。

上海市副市长周波，工信部党组成员、总工程师朱宏任等领导启动首届精品展。

2011.5.9. 杨定华 王新奎为18区县服务中心揭牌

地址：大木桥路108号6楼
邮编：200032

图书在版编目（CIP）数据

上海工业年鉴．2016 / 上海市经济和信息化委员会编．——上海：上海社会科学院出版社，2016
ISBN 978-7-5520-0740-4

Ⅰ．①上… Ⅱ．①上… Ⅲ．①地方工业经济－上海－2016－年鉴Ⅳ．①F427.51-54

中国版本图书馆 CIP 数据核字（2016）第 203891 号

上海工业年鉴（2016）

编　　者：上海市经济和信息化委员会
责任编辑：董汉玲
封面设计：上海宝舜会展服务中心
出版发行：上海社会科学院出版社
（上海市顺昌路 622 号　电话 021−63315900　邮编 200025）
（http://www.sassp.org.cn　E-mail: sassp@sass.org.cn）
照　　排：上海宝舜会展服务中心
印　　刷：上海长城绘图印刷厂
开　　本：889 × 1194 毫米　1/16 开
印　　张：40
插　　页：12
字　　数：930 千字
版　　次：2016 年 8 月第 1 版　2016 年 8 月第 1 次印刷
印　　数：0001-4000

ISBN 978-7-5520-0740-4/F · 433　　定　价：350.00 元